මහමෙව්නාවේ බෝධිඥාන ත්‍රිපිටක ග්‍රන්ථ මාලා 01

සූත්‍ර පිටකයට අයත්

ආශ්චර්යවත් ශ්‍රී සද්ධර්මය

දීඝ නිකායේ

(පළමු කොටස)

සීලස්කන්ධ වර්ගය

පරිවර්තනය

පූජ්‍ය කිරිබත්ගොඩ ඤාණානන්ද ස්වාමීන් වහන්සේ

ප්‍රකාශනය

මහාමේඝ ප්‍රකාශකයෝ

වඩුවාව, යටිගල්ඔළුව, පොල්ගහවෙල.

දුර : 037 2053300, 076 8255703

ඊ-මේල් : mahameghapublishers@gmail.com

ශ්‍රී. බු.ව. 2550 ව්‍යවහාර වර්ෂ : 2006

මහමෙව්නාවේ බෝධිඥාන ත්‍රිපිටක ග්‍රන්ථ මාලා 01

සූත්‍ර පිටකයට අයත් ආශ්චර්යවත් ශ්‍රී සද්ධර්මය

දීඝ නිකාය – පළමු කොටස
සීලස්කන්ධ වර්ගය

පරිවර්තනය : පූජ්‍ය කිරිබත්ගොඩ ඤාණානන්ද ස්වාමීන් වහන්සේ

ISBN : 978-955-0614-98-1

ප්‍රථම මුද්‍රණය   : ශ්‍රී බුද්ධ වර්ෂ 2550/ ව්‍යවහාරික වර්ෂ   2006

- පරිගණක අකුරු සැකසුම සහ ප්‍රකාශනය -
මහාමේඝ ප්‍රකාශකයෝ
වඩුවාව, යටිගල්ඔළුව, පොල්ගහවෙල.
දුර : (+94) 37 20 53 300, (+94) 76 82 55 703
ඊ-මේල් : mahameghapublishers@gmail.com

Mahamevnawa Bodhiñāna Tripitaka Series, Volume 01

The Wonderful Dhamma in the SuttntaPitaka

DĪGHA NIKĀYA

(THE LONG DISCOURSES OF THE TATHAGATA SAMMASAMBUDDHA)

Part-1
Silakkhandha Vagga

Translated
By
VEN. KIRIBATHGODA ÑĀNĀNANDA BHIKKHU

PUBLISHED BY:

Mahamegha Publishers
Waduwawa, Yatigal-oluwa, Polgahawela, Sri Lanka.
Tel : (+94) 37 20 53 300, (+94) 76 82 55 703
e-mail : mahameghapublishers@gmail.com

B. E. 2550   C.E. 2006

**“ධම්මෝ හි වාසෙට්ඨා, සෙට්ඨෝ ජනේතස්මිං
දිට්ඨේ චේව ධම්මේ, අභිසම්පරායේච.”**

වාසෙට්ඨයෙනි, මෙලොවෙහි ත්, පරලොවෙහි ත් ජනයා අතර
ධර්මය ම ශ්‍රේෂ්ඨ වෙයි !

- අපගේ ශාස්තෲන් වහන්සේ

පටුන

දීඝ නිකාය - පළමු කොටස

1. සීලස්කන්ධ වර්ගය

01. බ්‍රහ්මජාල සූත්‍රය 13
දෘෂ්ටි ජාලය ගැන වදාළ දෙසුම

02. සාමඤ්ඤඵල සූත්‍රය 66
පැවිදි දිවියෙන් ලබන ප්‍රයෝජන ගැන වදාළ දෙසුම

03. අම්බට්ඨ සූත්‍රය 109
අම්බට්ඨ මාණවකයාට වදාළ දෙසුම

04. සෝණදණ්ඩ සූත්‍රය 157
සෝණදණ්ඩ බ්‍රාහ්මණයාට වදාළ දෙසුම

05. කූටදන්ත සූත්‍රය 177
කූටදන්ත බ්‍රාහ්මණයාට වදාළ දෙසුම

06. මහාලි සූත්‍රය 229
මහාලි ලිච්ඡවි හට වදාළ දෙසුම

07. ජාලිය සූත්‍රය 246
ජාලිය පිරිවැජියා හට වදාළ දෙසුම

08. සීහනාද සූත්‍රය 252
අචේලකස්සපට වදාළ සිංහනාදයක් බඳු දෙසුම

09. පොට්ඨපාද සූත්‍රය 273
පොට්ඨපාද පිරිවැජියාට වදාළ දෙසුම

7

10. සුභ සූත්‍රය 306
සුභ මාණවකයාට වදාළ දෙසුම

11. කේවඩ්ඪ සූත්‍රය 336
කේවඩ්ඪ ගෘහපති පුත්‍රයාට වදාළ දෙසුම

12. ලෝහිච්ච සූත්‍රය 373
ලෝහිච්ච බ්‍රාහ්මණයාට වදාළ දෙසුම

13. තේවිජ්ජ සූත්‍රය 410
ත්‍රිවිද්‍යාව යනු කුමක්දැයි වදාළ දෙසුම

දීඝ නිකායෙහි පළමු කොටස වන සීලස්කන්ධ වර්ගය මෙතෙකින් සමාප්ත වේ.

දසබලසේලප්පභවා නිබ්බානමහාසමුද්දපරියන්තා
අට්ඨංග මග්ගසලිලා ජිනවචනනදී චිරං වහතූති

දසබලයන් වහන්සේ නමැති ශෛලමය පර්වතයෙන් පැන නැඟී
අමා මහ නිවන නම් වූ මහා සාගරය අවසන් කොට ඇති
ආර්ය අෂ්ටාංගික මාර්ගය නම් වූ සිහිල් දිය දහරින් හෙබි
උතුම් ශ්‍රී මුඛ බුද්ධ වචන ගංගාව (ලෝ සතුන්ගේ සසර දුක් නිවාලමින්)
බොහෝ කල් ගලාබස්නා සේක්වා !

(සළායතන සංයුත්තය - උද්දාන ගාථා)

සූත්‍ර පිටකයට අයත්

දීඝ නිකාය

පළමු කොටස

සීලස්කන්ධ වර්ගය

නමෝ තස්ස භගවතෝ අරහතෝ සම්මාසම්බුද්ධස්ස
ඒ භාග්‍යවත් අරහත් සම්මා සම්බුදුරජාණන් වහන්සේට නමස්කාර වේවා!

සූත්‍ර පිටකයට අයත්

දීඝ නිකායේ

සීලස්කන්ධ වර්ගය

1. බ්‍රහ්මජාල සූත්‍රය

දෘෂ්ටි ජාලය ගැන වදාළ දෙසුම

1. **මා** හට අසන්නට ලැබුණේ මේ විදිහටයි. ඒ දිනවල භාග්‍යවත් බුදුරජාණන් වහන්සේ පන්සියයක් පමණ මහත් වූ භික්ෂු සංඝයා සමඟ රජගහ නුවරටත්, නාලන්දා නුවරටත් අතරේ දිගු ගමන් මාර්ගයකට පැමිණ වදාළා. එහිදී සුප්පිය නම් වූ පිරිවැජියාත්, ඔහුගේ ශිෂ්‍යයකු වන බ්‍රහ්මදත්ත නම් තරුණයාත් සමඟ රජගහ නුවරටත්, නාලන්දා නුවරටත් අතරේ දිගු ගමන් මාර්ගයට පැමිණුනා.

එහිදී සුප්පිය පිරිවැජියා නොයෙක් ආකාරයෙන් බුදුරජාණන් වහන්සේට අපහාස කරන්නට වුනා. ශ්‍රී සද්ධර්මයටත් අපහාස කරන්නට වුණා. ආර්ය සංඝ රත්නයටත් අපහාස කරන්නට වුනා. එනමුත් සුප්පිය පිරිවැජියාගේ ශිෂ්‍යයා වන බ්‍රහ්මදත්ත තරුණයා නොයෙක් ආකාරයෙන් බුදුරජාණන් වහන්සේගේ ගුණ වර්ණනා කරන්නට වුනා. ශ්‍රී සද්ධර්මයේ ගුණ වර්ණනා කරන්නට වුනා. ආර්ය සංඝරත්නයේ ගුණ වර්ණනා කරන්නට වුනා. ඉතින් ඔය විදිහට ගුරු ශිෂ්‍ය දෙදෙනා එකිනෙකාට හාත්පසින්ම විරුද්ධ වූ වාද ඇතිව භාග්‍යවතුන් වහන්සේත්, භික්ෂු සංඝයාත් පිටුපසින් ගමන් කරන්නට වුනා.

2. එතකොට භාග්‍යවතුන් වහන්සේ අම්බලට්ඨිකා උයනෙහි රාජාගාරකයෙහි (රජුන් විසින් කරවන ලද ශාලාවෙහි) එක් රැයක් භික්ෂු සංඝයා සමඟ නවාතැන් ගන්නට වැඩම කළා. එකල්හි සුප්පිය පිරිවැජියාත් තම ශිෂ්‍යයා වූ බ්‍රහ්මදත්ත තරුණයා සමඟ ඒ අම්බලට්ඨිකාවේ රාජාගාරකයටම එක් රැයක් නවාතැන් පිණිස පැමිණියා. ඉතින් එතැනදීත් සුප්පිය පිරිවැජියා නොයෙක් ආකාරයෙන් බුදුරජාණන් වහන්සේට අපහාස කරන්නට වුනා. ශ්‍රී සද්ධර්මයටත් අපහාස කරන්නට වුනා. ආර්ය සංඝරත්නයටත් අපහාස කරන්නට වුනා. එනමුත් සුප්පිය පිරිවැජියාගේ ශිෂ්‍යයා වන බ්‍රහ්මදත්ත තරුණයා නොයෙක් ආකාරයෙන් බුදුරජාණන් වහන්සේගේ ගුණ වර්ණනා කරන්නට වුනා. ශ්‍රී සද්ධර්මයේ ගුණ වර්ණනා කරන්නට වුනා. ආර්ය සංඝරත්නයේ ගුණ වර්ණනා කරන්නට වුනා. ඉතින් ඔය විදිහට ගුරු ශිෂ්‍ය දෙදෙනා එකිනෙකාට හාත්පසින්ම විරුද්ධ වූ වාද ඇතිවයි වාසය කළේ.

3. ඉතින් රෑ පාන්දරින් අවදි වෙලා රැස්වීම් ශාලාවේ එකතුවෙලා සිටි බොහෝ භික්ෂූන් වහන්සේලා අතර මේ කතාබහ ඇතිවුනා. "ප්‍රිය ආයුෂ්මතුනි, ආශ්චර්යයයි! ප්‍රිය ආයුෂ්මතුනි, පුදුම සහගතයි! දත යුතු සියල්ල දන්නා වූත්, දැක්ක යුතු සියල්ල දක්නා වූත්, ඒ භාග්‍යවත් අරහත් සම්මා සම්බුදුරජාණන් වහන්සේ විසින් සත්වයන්ගේ එකිනෙකා අතර ඇති මේ වෙනස් අදහස් ඇති බව මොනතරම් පැහැදිලි ලෙසද තේරුම් අරගෙන තියෙන්නේ. මේ සුප්පිය පිරිවැජියා නොයෙක් අයුරින් බුදුරජාණන් වහන්සේට අගුණයක්ම කියනවා. ශ්‍රී සද්ධර්මයටත් අගුණයක්ම කියනවා. ආර්ය සංඝයාටත් අගුණයක්ම කියනවා. ඒ වුණාට සුප්පිය පිරිවැජියාගේ ගෝලයා වන බ්‍රහ්මදත්ත තරුණයා නම් බුදුරජාණන් වහන්සේට ප්‍රශංසාවක්මයි කරන්නේ. ශ්‍රී සද්ධර්මයට ප්‍රශංසාවක්මයි කරන්නේ. ආර්ය සංඝරත්නයට ප්‍රශංසාවක්මයි කරන්නේ. ඔය විදිහට ගුරු ගෝල දෙදෙනා එකිනෙකාට හාත්පසින්ම විරුද්ධ වාද ඇතිව භාග්‍යවතුන් වහන්සේගේත්, භික්ෂු සංඝයාගේත් පස්සෙන්ම ආවා නෙව" කියලා.

4. එතකොට ඒ භික්ෂූන්ගේ මේ කතාබහ දැන වදාළ භාග්‍යවතුන් වහන්සේ රැස්වීම් ශාලාවට වැඩම කොට වදාළා. වැඩම කරලා පණවන ලද අසුනෙහි වැඩසිටියා. වැඩසිටිය භාග්‍යවතුන් වහන්සේ "පින්වත් මහණෙනි, දැන් කවර කතාවකින් යුතුවද ඔබ එක්රැස්වෙලා සිටියේ? ඔබ අතරේ කවර කථාවක්ද අඩාල වුනේ?"

මෙසේ වදාළ විට ඒ භික්ෂූන් භාග්‍යවතුන් වහන්සේට මෙකරුණ පැවසුවා. "ස්වාමීනී, මෙහි රෑ පාන්දරින් අවදිවී රැස්වීම් ශාලාවේ එකතුවෙලා සිටි අප අතර මේ කතාබහ ඇතිවුනා. 'ප්‍රිය ආයුෂ්මතුනි, ආශ්චර්යයයි! ප්‍රිය

ආයුෂ්මතුනි, පුදුම සහගතයි! දත යුතු සියල්ල දන්නා වූත්, දැක්ක යුතු සියල්ල දක්නා වූත් ඒ භාග්‍යවත් අරහත් සම්මා සම්බුදුරජාණන් වහන්සේ විසින් සත්වයන්ගේ එකිනෙකා අතර ඇති මේ වෙනස් අදහස් ඇති බව මොනතරම් පැහැදිලි ලෙසද තේරුම් අරගෙන තියෙන්නේ. මේ සුප්පිය පිරිවැජියා නොයෙක් අයුරින් බුදුරජාණන් වහන්සේට අගුණයක්ම කියනවා. ශ්‍රී සද්ධර්මයටත් අගුණයක්ම කියනවා. ආර්ය සංඝයාටත් අගුණයක්ම කියනවා. ඒ වුනාට සුප්පිය පිරිවැජියාගේ ගෝලයා වන බ්‍රහ්මදත්ත තරුණයා නම් බුදුරජාණන් වහන්සේට ප්‍රශංසාවක්මයි කරන්නේ. ශ්‍රී සද්ධර්මයට ප්‍රශංසාවක්මයි කරන්නේ. ආර්ය සංඝරත්නයට ප්‍රශංසාවක්මයි කරන්නේ. ඔය විදිහට ගුරු ගෝල දෙදෙනා එකිනෙකාට හාත්පසින්ම විරුද්ධ වාද ඇතිව භාග්‍යවතුන් වහන්සේගේත් භික්ෂු සංඝයාගේත් පස්සෙන්ම ආවා නෙව' කියලා. ස්වාමීනී, අපගේ මේ කථාවයි අඩාල වුනේ. එතකොටමයි භාග්‍යවතුන් වහන්සේ වැඩම කොට වදාළේ."

5. "පින්වත් මහණෙනි, පිටස්තර උදවිය මට වුනත් අපහාස කරනවා නම්, ධර්මයට වුනත් අපහාස කරනවා නම්, සංඝයාට වුනත් අපහාස කරනවා නම් ඒ කියුම් ගැන ඔබ විසින් තරහ බැඳගැනීම් නොකළ යුතුයි. අමනාපය ඇති නොකර ගත යුතුයි. සිතේ නොකැමැත්තක් ඇති නොකර ගත යුතුයි. පින්වත් මහණෙනි, පිටස්තර උදවිය මට දොස් කියන විට, ධර්මයට දොස් කියන විට, සංඝයාට දොස් කියන විට ඒ ගැන ඉඳින් ඔබ කෝප වෙනවා නම්, අසතුටු වෙනවා නම්, එයින් ඔබටමයි අන්තරායක් වන්නේ. පින්වත් මහණෙනි, පිටස්තර උදවිය මට දොස් කියන විට, ධර්මයට දොස් කියන විට, සංඝයාට දොස් කියන විට ඒ ගැන ඉඳින් ඔබ කෝප වෙනවා නම්, අසතුටු වෙනවා නම්, එතකොට පිටස්තර උදවිය කියන දේවල් යහපත්ව කියනවාද අයහපත්ව කියනවාද යන්න ඔබ තේරුම් ගන්නේ කොහොමද?" "ස්වාමීනී, එය නොවේමයි."

"පින්වත් මහණෙනි, පිටස්තර උදවිය මට දොස් කියන විට, ධර්මයට දොස් කියන විට, සංඝයාට දොස් කියන විට ඒ ගැන ඔබ විසින් කළ යුත්තේ 'මේ කාරණයෙන් ඕක නම් නැති දෙයක්මයි. මේ කාරණයෙන් ඕක නම් අසත්‍යයක්මයි. ඔය කියන දෝෂය අප තුළ නැති දෙයක්. ඔය දෝෂය අප අතර දකින්න නෑ' කියලා අසත්‍යය අසත්‍යය වශයෙන්ම තේරුම් ගෙන ලිහා ඉවත් කිරීමයි.

6. පින්වත් මහණෙනි, මා ගැන වුනත් පිටස්තර උදවිය ගුණ වර්ණනා කරනවා නම්, ධර්මය ගැන වුණත් ගුණ වර්ණනා කරනවා නම්, සංඝයා ගැන වුනත් ගුණ වර්ණනා කරනවා නම්, ඒ ගැන ඔබ විසින් අමුතුවෙන් සතුටු විය යුතු නෑ. සොම්නස් විය යුතු නෑ. සිතෙහි උද්දාමයකට පත්විය යුතු නෑ.

පින්වත් මහණෙනි, මා ගැන වුනත් පිටස්තර උදවිය ගුණ වර්ණනා කරන විට, ධර්මය ගැන වුනත් ගුණ වර්ණනා කරන විට, සංඝයා ගැන වුනත් ගුණ වර්ණනා කරන විට, ඒ ගැන ඔබ විසින් අමුතු සතුටක් ඇති කරගන්න ගියොත් සිත සතුටු කරගෙන උද්දාම වෙන්න ගියොත් ඒකෙන් අන්තරායක් වන්නේ ඔබටමයි. පින්වත් මහණෙනි, මා ගැන වුනත් පිටස්තර උදවිය ගුණ වර්ණනා කරන විට, ධර්මය ගැන වුනත් ගුණ වර්ණනා කරන විට, සංඝයා ගැන වුනත් ගුණ වර්ණනා කරනවිට, ඒ ගැන ඔබ විසින් කළ යුත්තේ 'මේ කාරණයෙන් ඕක නම් ඇති දෙයක්මයි. මේ කාරණයෙන් ඕක නම් සත්‍යයක්මයි. ඔය කියන ගුණය අප තුළ තියෙනවා. ඔය ගුණය අප අතර දකින්නට ලැබෙනවා' කියලා සත්‍යය සත්‍යය වශයෙන්ම තේරුම් ගැනීමයි.

7. පින්වත් මහණෙනි, පෘථග්ජනයා යම් කරුණකින් තථාගතයන් වහන්සේගේ ගුණ කියයි නම් ඒ ගුණය අල්ප මාත්‍ර දෙයක්මයි. ස්වල්ප දෙයක්මයි. සීල ගුණ මාත්‍රයක්මයි. පින්වත් මහණෙනි, යම් කරුණකින් පෘථග්ජනයා තථාගතයන් වහන්සේගේ ගුණ කියනවා නම් ඒ අල්ප මාත්‍ර වූත්, ස්වල්ප වූත්, සීල ගුණ මාත්‍ර වූත් දෙය කුමක්ද?

8. 'ශ්‍රමණ ගෞතමයන් වහන්සේ සතුන් මැරීම අත්හැර දාලා සතුන් මැරීමෙන් වැළකී සිටින කෙනෙක්. දඬු මුගුරු අත්හළ කෙනෙක්, අවි ආයුධ බැහැර කළ කෙනෙක්, පවට ලැජ්ජා ඇති කෙනෙක්. සතුන් කෙරෙහි දයාවන්ත කෙනෙක්, සියලු ප්‍රාණීන් කෙරෙහි හිතානුකම්පීවයි වාසය කරන්නේ' කියලා, පින්වත් මහණෙනි, ඔය විදිහටයි පෘථග්ජනයා තථාගතයන් වහන්සේගේ ගුණ කියතොත් කියන්නේ.

9. 'ශ්‍රමණ ගෞතමයන් වහන්සේ නුදුන් දේ ගැනීම අත්හැරලා නුදුන් දේ ගැනීමෙන් වැළකී සිටින කෙනෙක්. දුන් දේ පමණක් පිළිගන්නා කෙනෙක්. දුන් දේ පමණක් පිළිගනු කැමති කෙනෙක්. සොර රහිත සිතින් යුතු වූ පිරිසිදු සිතින් යුතු වූ ජීවිතයකිනුයි වාසය කරන්නේ' කියලා, පින්වත් මහණෙනි, ඔය විදිහටයි පෘථග්ජනයා තථාගතයන් වහන්සේගේ ගුණ කියතොත් කියන්නේ.

10. 'ශ්‍රමණ ගෞතමයන් වහන්සේ අබ්‍රහ්මචාරී බව අත්හැරලා බ්‍රහ්මචාරීව ඉන්න කෙනෙක්. ලාමක දෙයක් වූ මෛථුන සේවනයෙන් වැළකී එය දුරින්ම දුරුකළ කෙනෙක්' කියලා, පින්වත් මහණෙනි, ඔය විදිහටයි පෘථග්ජනයා තථාගතයන් වහන්සේගේ ගුණ කියතොත් කියන්නේ.

11. 'ශ්‍රමණ ගෞතමයන් වහන්සේ බොරු කීම අත්හැරලා, බොරු කීමෙන් වැළකී සිටින කෙනෙක්. සත්‍යය කතා කරන කෙනෙක්. සත්‍යය ගලපන

කෙනෙක්. ස්ථිරව පිහිටලා කතාකරන කෙනෙක්. පිළිගත හැකි දේ කතා කරන කෙනෙක්. ලෝකයාව නොරවටන කෙනෙක්' කියලා, පින්වත් මහණෙනි, ඔය විදිහටයි පෘථග්ජනයා තථාගතයන් වහන්සේගේ ගුණ කියතොත් කියන්නේ.

12. 'ශ්‍රමණ ගෞතමයන් වහන්සේ කේලාම් කීම අත්හැරලා කේලාම් කීමෙන් වැළකුණු කෙනෙක්. මෙතැනින් අහලා මේ අය බිඳවන්නට අතන කියන්නෙ නෑ. අතනින් අහලා ඒ උදවිය බිඳවන්නට මෙතැන කියන්නේ නෑ. මේ අයුරින් බිඳුණු උදවිය සමගි කරවනවා. සමගි වූවන්ට අනුබල දෙනවා. සමගි වූවන් හා වාසයට කැමතියි. සමගි වූවන් හා එක්ව වසනවා. සමගි වූවන් සමඟ සතුටු වෙනවා. සාමය උදෙසා සාමකාමී වචන කතා කරන කෙනෙක්' කියලා, පින්වත් මහණෙනි, ඔය විදිහටයි පෘථග්ජනයා තථාගතයන් වහන්සේගේ ගුණ කියතොත් කියන්නේ.

13. 'ශ්‍රමණ ගෞතමයන් වහන්සේ පරුෂ වචනය අත්හැරලා පරුෂ වචනයෙන් වැළකී ඉන්න කෙනෙක්. යම් වචනයක් දොස් රහිත නම්, කනට සැප නම්, ආදරවන්ත නම්, හෘදයාංගම නම්, ශිෂ්ට සම්පන්න නම්, බොහෝ ජනයා කැමති නම්, බොහෝ ජනයාට ප්‍රියමනාප නම් එබඳු වූ වචන පවසන කෙනෙක්' කියලා, පින්වත් මහණෙනි, ඔය විදිහටයි පෘථග්ජනයා තථාගතයන් වහන්සේගේ ගුණ කියතොත් කියන්නේ.

14. 'ශ්‍රමණ ගෞතමයන් වහන්සේ තේරුමක් නැති කතා බහ අත්හැරලා තේරුමක් නැති කතා කීමෙන් වැළකී සිටින කෙනෙක්. කල් යල් බලා කතා කරන කෙනෙක්, ඇත්ත කතා කරන කෙනෙක්, අර්ථවත් දෙය කතා කරන කෙනෙක්, ධර්මයම කතා කරන කෙනෙක්, විනයම කතා කරන කෙනෙක්, සිත්හි ලා දරාගැනීමට සුදුසු, වෙලාවට ගැලපෙන උපදේශ සහිත වූ මදිපාඩුකම් නොතබා ප්‍රමාණවත් පරිදි දෙලොව යහපත පිණිස වූ දේ පවසන කෙනෙක්' කියලා, පින්වත් මහණෙනි, ඔය විදිහටයි පෘථග්ජනයා තථාගතයන් වහන්සේගේ ගුණ කියතොත් කියන්නේ.

15. 'ශ්‍රමණ ගෞතමයන් වහන්සේ පැළවෙන බීජ හා පැළවුන ගස් කොළන් විනාශ කිරීමෙන් වැළකී සිටින කෙනෙක්. එක් වරුවේ බොජුන් වළඳන කෙනෙක්. රාත්‍රී ආහාරයෙන් වැළකී විකාල භෝජනයෙන් වැළකී සිටින කෙනෙක්. නැටුම්, ගැයුම්, වැයුම් හා විසූක දර්ශනයන් නැරඹීමෙන් වැළකී සිටින කෙනෙක්. මල් සුවඳ විලවුන් දැරීමෙන්ද, ඇඟපත සැරසීමෙන්ද, විසිතුරු වස්ත්‍රාභරණයෙන් සැරසීමෙන්ද වැළකී සිටින කෙනෙක්. ප්‍රමාණය ඉක්ම වූ උස් ආසනද, වටිනා සුඛෝපභෝගී ආසනද පරිහරණයෙන් වැළකී සිටින කෙනෙක්. රන් රිදී මිල

මුදල් පිළිගැනීමෙන් වැළකී සිටින කෙනෙක්. අමු ධාන්‍ය පිළිගැනීමෙන් වැළකී සිටින කෙනෙක්. අමු මස් පිළිගැනීමෙන් වැළකී සිටින කෙනෙක්. ස්ත්‍රීන්, කුමරියන් පිළිගැනීමෙන් වැළකී සිටින කෙනෙක්. දාසි දස්සන් පිළිගැනීමෙන් වැළකී සිටින කෙනෙක්. එළුබැටළුවන් පිළිගැනීමෙන් වැළකී සිටින කෙනෙක්. කුකුළන් ඌරන් පිළිගැනීමෙන් වැළකී සිටින කෙනෙක්. ඇතුන්, ගවයන්, අසුන්, වෙළඹුන් පිළිගැනීමෙන් වැළකී සිටින කෙනෙක්. කෙත් වතු පිළිගැනීමෙන් වැළකී සිටින කෙනෙක්. ශ්‍රමණ ගෞතමයන් වහන්සේ ගිහි කටයුතු සඳහා දූත මෙහෙවර කිරීමෙන් වැළකී සිටින කෙනෙක්. වෙළහෙළදාම් කිරීමෙන් වැළකී සිටින කෙනෙක්. තරාදියෙන් රැවටීම, නොවටිනා දෙයින් රැවටීම, මිනුමෙන් රැවටීම යන මෙයින් වැළකී සිටින කෙනෙක්. අල්ලස් ගෙන හිමිකරුවන්ගේ දේ අහිමි කිරීම, වංචා කිරීම, බාල දේ වටිනා දේ හැටියට පෙන්වීම ආදී නොයෙක් වංචනික දෙයින් වැළකී සිටින කෙනෙක්. අත්පා කැපීම්, මැරීම්, බන්ධන කිරීම්, මං පැහැරගැනීම්, ගම් පැහැර ගැනීම් ආදී සැහැසි දෙයින් වැළකී සිටින කෙනෙක්' කියලා. පින්වත් මහණෙනි, ඔය විදිහටයි පෘථග්ජනයා තථාගතයන් වහන්සේගේ ගුණ කියතොත් කියන්නේ.

කුඩා සීලය නිමාවිය.

16. 'ඒ වගේම ඇතැම් භවත් ශ්‍රමණ බ්‍රාහ්මණයන් ඉන්නවා. ඔවුන් ශ්‍රද්ධාවෙන් දුන් දන් අනුභව කරලා මේ විදිහට පැළවෙන දේ හා ගස් කොළන් ආදිය වනසමින් ඉන්නවා. ඒ කියන්නේ මුලින් පැළවෙන දේවල්, කඳින් පැළවෙන දේවල්, පුරුකින් පැළවෙන දේවල්, දල්ලෙන් පැළවෙන දේවල්, පස්වෙනුව බිජුවටින් පැළවෙන දේවල් යන ආදිය වනසමින් ඉන්නවා. නමුත් ශ්‍රමණ ගෞතමයන් වහන්සේ ගස් කොළන් සිඳලීම් ආදී මෙවැනි දේවල්වලිනුත්, මෙවැනි වෙනත් දේවල්වලිනුත් වැළකී සිටින කෙනෙක්' කියලා, පින්වත් මහණෙනි, ඔය විදිහටයි පෘථග්ජනයා තථාගතයන් වහන්සේගේ ගුණ කියතොත් කියන්නේ.

17. 'ඒ වගේම ඇතැම් භවත් ශ්‍රමණ බ්‍රාහ්මණයන් ඉන්නවා. ඔවුන් ශ්‍රද්ධාවෙන් දුන් දන් අනුභව කරලා මේ ආකාර වූ දේ රැස්කරගෙන පරිභෝග කරමින් වාසය කරනවා. ඒ කියන්නේ කෑම වර්ග රැස්කරලා තියාගන්නවා. බීම වර්ග රැස්කරලා තියාගන්නවා. වස්ත්‍ර රැස්කරලා තියාගන්නවා. යානවාහන රැස්කරලා තියාගන්නවා. ඇඳ පුටු මේස රැස්කරලා තියාගන්නවා. සුවඳ වර්ග රැස්කරලා තියාගන්නවා. තවත් ආමිස රැස්කරලා තියාගන්නවා. නමුත් ශ්‍රමණ ගෞතමයන් වහන්සේ මෙවැනි හෝ මෙවැනි වෙනත් දේවල් හෝ රැස්කරගෙන පරිහරණය කිරීමෙන් වැළකී සිටින කෙනෙක්' කියලා, පින්වත්

මහණෙනි, ඔය විදිහටයි පෘථග්ජනයා තථාගතයන් වහන්සේගේ ගුණ කියතොත් කියන්නේ.

18. 'ඒ වගේම ඇතැම් භවත් ශ්‍රමණ බ්‍රාහ්මණයන් ඉන්නවා. ඔවුන් ශ්‍රද්ධාවෙන් දුන් දන් අනුභව කරලා මේ ආකාරයේ විසූක දර්ශනයන් නැරඹීමෙහි යෙදිලා ඉන්නවා. ඒ කියන්නේ නැටීම්, ගැයුම්, වැයුම්, නාටක, පැරණි කථා රඟදැක්වීම්, අත්තාල ගසා නැටීම්, වේතාල නැටීම්, බෙර වාදන කිරීම්, රඟමඬළෙහි දේවතාවන්ට පූජා පිණිස නැටුම්, උණ ගසින් කරන ක්‍රීඩා, මිනී ඇට මැද තබා වටකොට නැටීම්, ඇත් යුද බැලීම්, අශ්ව යුද බැලීම්, ගොන් පොර බැලීම්, එළු පොර බැලීම්, බැටළු පොර බැලීම්, කුකුළු පොර බැලීම්, වටු පොර බැලීම්, පොලු හරඹ බැලීම්, මිටි හරඹ බැලීම්, මල්ලව පොර බැලීම්, යුද සේනා බලන්නට යෑම, බලසෙන් ගණින තැන් බලන්නට යාම, බලසෙනග විසිරුවන තැන් බලන්නට යාම ආදී දේවල්වල යෙදෙමින් ඉන්නවා. නමුත් ශ්‍රමණ ගෞතමයන් වහන්සේ මෙවැනි දේවල්වලිනුත්, මෙවැනි වෙනත් දේවල්වලින් යුතු විසූක දර්ශන නැරඹීම්වලින් වැළකී සිටින කෙනෙක්' කියලා, පින්වත් මහණෙනි, ඔය විදිහටයි පෘථග්ජනයා තථාගතයන් වහන්සේගේ ගුණ කියතොත් කියන්නේ.

19. 'ඒ වගේම ඇතැම් භවත් ශ්‍රමණ බ්‍රාහ්මණයන් ඉන්නවා. ඔවුන් ශ්‍රද්ධාවෙන් දුන් දන් අනුභව කරලා තමාව ප්‍රමාදයට පත්කරවන මේ ආකාර වූ සූදු කෙළියෙන් කල් යවනවා. ඒ කියන්නේ හතරැස් කොටු අටකින් යුතුව කරන සූදුව, කොටු දහයකින් කරන සූදුව, අහසේ රූ අඳිමින් කරන සූදුව, කොටු පැනීමෙන් කරන සූදුව, සන්තික නම් වූ සූදුව, දාදු කැටයෙන් කරන සූදුව, කල්ලි ගැසුම, බූරුවා ගැසීම, ගුළ කෙළිය, නළා පිඹීම, කරණම් ගැසීම, මුගුරක් ගෙන උඩ යට වැටෙන පරිදි උඩට ගැසීම, කොළවලින් කළ ගොටුවලින් තරඟෙට වැලි මැනීම, කුඩා රිය තරඟ, කුඩා දුනුවලින් විදීමේ තරඟ, අකුරු ලිවීමේ සෙල්ලම, සිතූ දේ කියන සෙල්ලම, විකලාංග අනුකරණයෙන් හිනැස්සීමේ සෙල්ලම ආදී දේ කිරීමයි. නමුත් ශ්‍රමණ ගෞතමයන් වහන්සේ මේ දෙයිනුත්, මෙවැනි තවත් දේවල් ඇත්නම් එයිනුත් වැළකී ප්‍රමාදයට පත්වන සූදුවෙන් වැළකී සිටින කෙනෙක්' කියලා, පින්වත් මහණෙනි, ඔය විදිහටයි පෘථග්ජනයා තථාගතයන් වහන්සේගේ ගුණ කියතොත් කියන්නේ.

20. 'ඒ වගේම ඇතැම් භවත් ශ්‍රමණ බ්‍රාහ්මණයන් ඉන්නවා. ඔවුන් ශ්‍රද්ධාවෙන් දුන් දන් අනුභව කරලා මේ ආකාර වූ පමණ ඉක්මවා උස් වූ ආසනත්, වටිනා සුඛෝප භෝගී ආසනත් පරිහරණය කරනවා. ඒ කියන්නේ දිග හාන්සි පුටු, කවිච්චි, ලොකු පලස් යෙදූ ආසන, විසිතුරු ගෙත්තම් කළ එළු ලොම් ඇතිරිලි, සුදු එළු ලොමින් කළ ඇතිරිලි, මල් යෙදූ එළු ලොමින් කළ ඇතිරිලි, පුළුන්

යෙදූ මෙට්ට, සත්ව රූපවලින් සැරසූ එළු ලොම් ඇතිරිලි, මුළුමණින්ම එළු ලොමින් කළ ඇතිරිලි, රන් නූලෙන් සැරසූ කලාල, පට නූලෙන් කළ කලාල, නාට්‍යාංගනාවන්ට ඒ මත නැටිය හැකි එළු ලොමින් කළ කලාල, ඇතුන් පිට යොදන ඇතිරිලි, අසුන් පිට යොදන ඇතිරිළි, රථවල යොදන ඇතිරිලි, අඳුන් දිවි සමෙන් කළ ඇතිරිලි, කදලි මුව සමෙන් කළ කලාල, හිස දෙපැත්තට රතු විල්ලුද කොට්ට තබා රතු උඩුවියන් බැඳ සැදූ වටිනා යහන් ආදිය පරිහරණය කරයි. නමුත් ශ්‍රමණ ගෞතමයන් වහන්සේ මෙවැනි දෙයිනුත්, මෙවැනි වෙන දේවල්වලිනුත් වැළකී උස් අසුන්, මහා අසුන් පරිහරණයෙන් වැළකී සිටින කෙනෙක්' කියලා, පින්වත් මහණෙනි, ඔය විදිහටයි පෘථග්ජනයා තථාගතයන් වහන්සේගේ ගුණ කියතොත් කියන්නේ.

21. 'ඒ වගේම ඇතැම් භවත් ශ්‍රමණ බ්‍රාහ්මණයන් ඉන්නවා. ඔවුන් ශ්‍රද්ධාවෙන් දුන් දන් අනුභව කරලා මේ ආකාරයෙන් ඇඟපත සැරසීමෙන් හා විසිතුරු වස්ත්‍රාභරණ පැළඳීමෙන් යුක්තව කල් ගෙවනවා. ඒ කියන්නේ සුවඳ වර්ග ඇඟ තවරා සිරුර සිනිඳු කිරීම, තෙල් වර්ග ගා සම්බාහනය කොට සිරුර හැඩ කිරීම, සුවඳපැන් නෑම, උරහිස් ආදියෙහි මස් වැඩීමට මුගුරෙන් තැලීම, කැඩපතින් මුහුණ බලා සැරසීම, ඇස්වල අඳුන් ගෑම, මල් හා සුවඳ විලවුන් දැරීම, මුව සුවඳ කිරීම, මුව විලවුන් දැරීම, අත්වල ආභරණ දැමීම, හිසෙහි කුඩුම්බි දැරීම. විසිතුරු සැරයටි දැරීම, විසිතුරු බෙහෙත් නල දැරීම, විසිතුරු කඩු දැරීම, විසිතුරු කුඩ දැරීම, විසිතුරු පාවහන් දැරීම, නලල් පට දැරීම, මැණික් පැළඳීම, චාමර දැරීම, දිග වාටි ඇති සුදු වස්ත්‍ර දැරීම ආදියෙන් යුතුවෙයි. නමුත් ශ්‍රමණ ගෞතමයන් වහන්සේ මෙවැනි දෙයිනුත්, මෙවැනි වෙන දේවල්වලිනුත් වැළකී ඇඟපත සැරසීම් හා විසිතුරු වස්ත්‍රාභරණ සැරසීමෙන් වැළකී සිටින කෙනෙක්' කියලා, පින්වත් මහණෙනි, ඔය විදිහටයි පෘථග්ජනයා තථාගතයන් වහන්සේගේ ගුණ කියතොත් කියන්නේ.

22. 'ඒ වගේම ඇතැම් භවත් ශ්‍රමණ බ්‍රාහ්මණයන් ඉන්නවා. ඔවුන් ශ්‍රද්ධාවෙන් දුන් දන් අනුභව කරලා මෙබඳු වූ තිරිසන් කථාවල යෙදී වාසය කරනවා. ඒ කියන්නේ, රජවරුන් ගැන කථා, සොරුන් ගැන කථා, මහ ඇමතිවරුන් ගැන කථා, හමුදාවන් ගැන කථා, භය ඇතිවෙන දේවල් ගැන කථා, ආහාර වර්ග ගැන කථා, බොන දේවල් ගැන කථා, ඇඳුම් පැළඳුම් ගැන කථා, ඇඳ පුටු ගැන කථා, මල් වර්ග ගැන කථා, සුවඳ වර්ග ගැන කථා, නෑදෑයන් ගැන කථා, යාන වාහන ගැන කථා, ගම්මාන ගැන කථා, නියම් ගම්මාන ගැන කථා, නගර ගැන කථා, රටවල් ගැන කථා, ස්ත්‍රීන් ගැන කථා, පුරුෂයින් ගැන කථා, කුමාරයින් ගැන කථා, කුමාරියන් ගැන කථා, ශූරයින් ගැන කථා, මංමාවත් ගැන කථා, වළං

පොලේ දේවල් ගැන කථා, මියගිය උදවිය ගැන කථා, තව තව දේවල් ගැන කථා, ලෝකය ගැන කථා, සාගරය ගැන කථා, මෙහෙමයි වුනේ මෙහෙමයි නොවුනේ කියන දේ ගැන කතා කරකර ඉන්නවා. නමුත් ශ්‍රමණ ගෞතමයන් වහන්සේ මෙවැනි දෙයිනුත්, මෙවැනි වෙන දේවල්වලිනුත් වැළකී මෙබඳු වූ තිරිසන් කථාවෙන් වැළකී සිටින කෙනෙක්' කියලා, පින්වත් මහණෙනි, ඔය විදිහටයි පෘථග්ජනයා තථාගතයන් වහන්සේගේ ගුණ කියතොත් කියන්නේ.

23. 'ඒ වගේම ඇතැම් භවත් ශ්‍රමණ බ්‍රාහ්මණයන් ඉන්නවා. ඔවුන් ශ්‍රද්ධාවෙන් දුන් දන් අනුභව කරලා මේ ආකාරයෙන් එකිනෙකා අතර බැණ දොඩා ගන්නා කථාවෙන් යුතුවයි ඉන්නෙ. ඒ කියන්නේ "නුඹ මේ ධර්ම විනය දන්නෙ නෑ. මම තමයි මේ ධර්ම විනය දන්නේ, ආ... එහෙමද එතකොට නුඹද මේ ධර්ම විනය දන්නේ? නුඹ ඉන්නේ මිථ්‍යා වැඩපිළිවෙලකයි. මම තමයි නියම වැඩපිළිවෙල තුළ ඉන්නේ. මං කරුණු සහිතවයි කියන්නේ. නුඹේ කීම කරුණු රහිතයි. නුඹ කලින් කිවයුතු දේ පස්සේ කිව්වා. පස්සේ කිවයුතු දේ කලින් කිව්වා. නුඹ කලක් තිස්සේ කියපු දේ කණපිට පෙරළුනා. මා විසින් නුඹට වාද නංවලයි තියෙන්නේ. නුඹට නිග්‍රහ කරලයි තියෙන්නේ. වාදයෙන් නිදහස් වීමට මගක් හොයාගෙන පලයන්. පුළුවන් නම් ලිහාගනින්" යනාදිය කියමින් ආරවුල් හදා ගන්නවා. නමුත් ශ්‍රමණ ගෞතමයන් වහන්සේ මෙවැනි දෙයිනුත්, මෙවැනි වෙන දේවල්වලිනුත් වැළකී මෙබඳු වූ බැණ දොඩාගන්නා කථාවෙන් වැළකී සිටින කෙනෙක් කියලා, පින්වත් මහණෙනි, ඔය විදිහටයි පෘථග්ජනයා තථාගතයන් වහන්සේගේ ගුණ කියතොත් කියන්නේ.

24. 'ඒ වගේම ඇතැම් භවත් ශ්‍රමණ බ්‍රාහ්මණයන් ඉන්නවා. ඔවුන් ශ්‍රද්ධාවෙන් දුන් දන් අනුභව කරලා ගිහියන්ගේ පණිවිඩපණත් ගෙන යන මෙබඳු වූ දූත මෙහෙවරෙහි යෙදෙනවා. ඒ කියන්නේ, "මෙහෙ යන්න, අසවල් තැනට එන්න, මේක (අපේ මේ පණිවිඩය) අරන් යන්න. අසවල් තැනට මේක අරන් යන්න" යනාදී රජුන්ගේ, රාජමහා ඇමැතිවරුන්ගේ, ක්ෂත්‍රියයන්ගේ, බ්‍රාහ්මණයන්ගේ, ගෘහපතියන්ගේ, කුමාරවරුන්ගේ පණිවිඩපණත් ගෙනියනවා. නමුත් ශ්‍රමණ ගෞතමයන් වහන්සේ මෙවැනි දෙයිනුත්, මෙවැනි වෙන දේවල්වලිනුත් වැළකී මෙබඳු වූ පණිවිඩපණත් ගෙනයන ගිහියන්ගේ දූත මෙහෙවරෙන් වැළකී සිටින කෙනෙක්' කියලා, පින්වත් මහණෙනි, ඔය විදිහටයි පෘථග්ජනයා තථාගතයන් වහන්සේගේ ගුණ කියතොත් කියන්නේ.

25. 'ඒ වගේම ඇතැම් භවත් ශ්‍රමණ බ්‍රාහ්මණයන් ඉන්නවා. ඔවුන් ශ්‍රද්ධාවෙන් දුන් දන් අනුභව කරලා කුහක (උඩින් වෙන ජීවිතයක් පෙන්වමින් යටින් වෙනත්) ජීවිත ගෙවනවා. ලාභ සත්කාර ලැබෙන විදිහට (පුහු වර්ණනා කිරීම්,

තොදොල් කිරීම්, නැති ගුණ කීම් ආදී) චාටු බස් කියනවා. දායකයින් හට නොදී බැරි තත්වයට පත්වෙන ආකාරයේ නිමිති දක්වමින් කතා කරනවා. තමන්ට ලැබෙන විදිහට අනුන්ට ගරහනවා. ලාභයෙන් ලාභය හොයනවා. නමුත් ශ්‍රමණ ගෞතමයන් වහන්සේ මෙවැනි දෙයිනුත් මෙවැනි වෙන දේවල්වලිනුත් වැළකී මෙබඳු වූ කුහකකමින් චාටුබස්වලින් වැළකී සිටින කෙනෙක්' කියලා, පින්වත් මහණෙනි, ඔය විදිහටයි පෘථග්ජනයා තථාගතයන් වහන්සේගේ ගුණ කියතොත් කියන්නේ.

මධ්‍යම සීලය නිමාවිය.

26. 'ඒ වගේම ඇතැම් භවත් ශ්‍රමණ බ්‍රාහ්මණයන් ඉන්නවා. ඔවුන් ශ්‍රද්ධාවෙන් දුන් දන් අනුභව කරලා මෙවැනි වූ තිරශ්චීන විද්‍යාවෙන් යුතුව මිථ්‍යා ආජීවයෙන් ජීවත් වෙනවා. ඒ කියන්නේ ශාරීරික අංග බලලා ඵලාඵල කියනවා, නිමිති බලලා ඵලාඵල කියනවා, උත්පාත බලලා ඵලාඵල කියනවා, සිහින ඵලාඵල කියනවා, ශාරීරික ලක්ෂණ බලලා ඵලාඵල කියනවා, මීයන් කෑ වස්ත්‍ර බලලා ඵලාඵල කියනවා, ගිනි පූජා පවත්වනවා, හැන්දෙන් පූජා පවත්වනවා, ධාන්‍ය පොතුවලින් පූජා පවත්වනවා, කණ නම් වූ සහලින් කළ පූජා පවත්වනවා, සහලින් පූජා පවත්වනවා, ගිතෙලින් පූජා පවත්වනවා, තල තෙලින් පූජා පවත්වනවා, විශේෂ කොට කරන පූජා පවත්වනවා, සතුන් මරා ලේ පුදා කරන පූජා පවත්වනවා, අංග විද්‍යාව, වාස්තු විද්‍යාව, දේශපාලන විද්‍යාව, වාසනාව උරගා බැලීමේ (ලොතරැයි) විද්‍යාව, භූත විද්‍යාව, පොළොව යට බිම් ගෙයක ඉඳ මැතිරීමෙන් කරන (භූරි) විද්‍යාව, සර්ප විද්‍යාව, විෂ විද්‍යාව, වෘශ්චික විද්‍යාව, මූසික විද්‍යාව, පක්ෂි විද්‍යාව, විශාල පක්ෂි විද්‍යාව, ඉදුණු දේ මුල් කොට අනාවැකි කියන විද්‍යාව, මතුරන ලද ඊතල විද ආරක්ෂා කරන විද්‍යාව, මෘග පක්ෂ යනාදී මිථ්‍යා ආජීවයෙන් ජීවත් වෙනවා. නමුත් ශ්‍රමණ ගෞතමයන් වහන්සේ මෙවැනි දෙයිනුත්, මෙවැනි වෙන දේවල්වලිනුත් වැළකී මෙබඳු වූ තිරශ්චීන විද්‍යාවෙන් යුතු මිථ්‍යා ආජීවයෙන් වැළකී සිටින කෙනෙක්' කියලා, පින්වත් මහණෙනි, ඔය විදිහටයි පෘථග්ජනයා තථාගතයන් වහන්සේගේ ගුණ කියතොත් කියන්නේ.

27. ඒ වගේම ඇතැම් භවත් ශ්‍රමණ බ්‍රාහ්මණයන් ඉන්නවා. ඔවුන් ශ්‍රද්ධාවෙන් දුන් දන් අනුභව කරලා මෙබඳු වූ තිරශ්චීන විද්‍යාවෙන් යුතුව මිථ්‍යා ආජීවයෙන් ජීවත් වෙනවා. ඒ කියන්නේ මැණික්වල සුභ අසුභ ලකුණු කීම, දඬුවල සුභ අසුභ ලකුණු කීම, වස්ත්‍රවල සුභ අසුභ ලකුණු කීම, කඩු ආදී සලකුණුවලින් සුභාසුභ ලකුණු කීම, ඊතල ආදී සලකුණුවලින් සුභාසුභ ලකුණු කීම, දුනු ආදී

සලකුණුවලින් සුභාසුභ ලකුණු කීම, ආයුධ ආදී සලකුණුවලින් සුභාසුභ ලකුණු කීම, ස්ත්‍රීන්ගේ හැඩරුවින් සුභාසුභ ලකුණු කීම, පුරුෂයන්ගේ හැඩරුවින් සුභාසුභ ලකුණු කීම, දරුවන්ගේ හැඩරුවින් සුභාසුභ ලකුණු කීම, දූරියන්ගේ හැඩරුවින් සුභාසුභ ලකුණු කීම, දාසයන්ගේ හැඩරුවින් සුභාසුභ ලකුණු කීම, දාසියන්ගේ හැඩරුවින් සුභාසුභ ලකුණු කීම, ඒ ඒ කටයුතු සඳහා තෝරා ගත යුතු ඇතුන්ගේ ලකුණු කීම, අසුන්ගේ ලකුණු කීම, ඔටුවන්ගේ ලකුණු කීම, වෘෂභයන්ගේ ලකුණු කීම, ගවයන්ගේ ලකුණු කීම, එළුවන්ගේ ලකුණු කීම, බැටළුවන්ගේ ලකුණු කීම, කුකුළු පොර ආදියට සුදුසු කුකුළන්ගේ ලකුණු කීම, වටුවන්ගේ ලකුණු කීම, සුහුනන් ඇඟ වැටීමේ සහ හඬනැගීමේ ඵලාඵල කීම, කණෙහි පළඳාගත් උපකරණවලින් ඵලාඵල කීම, කැස්බෑවන්ට මතුරා ඵලාඵල කීම, මුවන්ට මතුරා ඵලාඵල කීම ආදී තිරශ්චීන විද්‍යාවෙන් යුතු මිථ්‍යා ආජීවයෙන් කල් ගෙවනවා. නමුත් ශ්‍රමණ ගෞතමයන් වහන්සේ මෙවැනි දෙයිනුත්, මෙවැනි වෙන දේවල්වලිනුත් වැළකී මෙබඳු වූ තිරශ්චීන විද්‍යාවෙන් යුතු මිථ්‍යා ආජීවයෙන් වැළකී සිටින කෙනෙක් කියලා, පින්වත් මහණෙනි, ඔය විදිහටයි පෘථග්ජනයා තථාගතයන් වහන්සේගේ ගුණ කියතොත් කියන්නේ.

28. 'ඒ වගේම ඇතැම් භවත් ශ්‍රමණ බ්‍රාහ්මණයන් ඉන්නවා. ඔවුන් ශ්‍රද්ධාවෙන් දුන් දන් අනුභව කරලා මෙබඳු වූත් තිරිසන් විද්‍යාවෙන් යුතුව මිථ්‍යා ආජීවයෙන් ජීවිකාව ගෙවනවා. ඒ කියන්නේ, "අසවල් නැකතට රජතුමාගේ යුද පිණිස නික්මීම වන්නේය. අසවල් නැකතින් ආපසු නුවරට ඇතුළ්වීම සිදු කළ යුත්තේය. අසවල් නැකතින් රට ඇතුළේ සිට පිටත සතුරු රජුන් හමුවීමට රජුගේ ගමන කළ යුත්තේය. අසවල් නැකතින් පිටත සිටින රජවරු රට ඇතුළට පැමිණීම වන්නේය. අසවල් නැකතින් රට ඇතුළේ සිටින රජුගේ ඉවත්වීම සිදුවන්නේය. අසවල් නැකතින් රට ඇතුළේ සිටින රජුට ජය වන්නේය. අසවල් නැකතින් බාහිර රජුනට පරාජය වන්නේය. අසවල් නැකතින් බාහිර රජුන්ට ජය වන්නේය. අසවල් නැකතින් රට ඇතුළේ රජුට පරාජය වන්නේය කියලා 'මොහුට ජය වෙනවා, මොහුට පරාජය වෙනවා' ආදී වශයෙන් පවසමින් තිරිසන් විද්‍යාවෙන් යුතු මිථ්‍යා ආජීවයෙන් කල් ගෙවනවා. නමුත් ශ්‍රමණ ගෞතමයන් වහන්සේ මෙවැනි දෙයිනුත්, මෙවැනි වෙන දේවල්වලිනුත් වැළකී මෙබඳු වූ තිරශ්චීන විද්‍යාවෙන් යුතු මිථ්‍යා ආජීවයෙන් වැළකී සිටින කෙනෙක් කියලා, පින්වත් මහණෙනි, ඔය විදිහටයි පෘථග්ජනයා තථාගතයන් වහන්සේගේ ගුණ කියතොත් කියන්නේ.

29. 'ඒ වගේම ඇතැම් භවත් ශ්‍රමණ බ්‍රාහ්මණයන් ඉන්නවා. ඔවුන් ශ්‍රද්ධාවෙන් දුන් දන් අනුභව කරලා මෙබඳු වූත් තිරිසන් විද්‍යාවෙන් යුතුව මිථ්‍යා ආජීවයෙන්

ජීවිකාව ගෙවනවා. ඒ කියන්නේ, "අසවල් දින චන්ද්‍රග්‍රහණයක් සිදුවෙනවා. අසවල් දින සූර්යග්‍රහණයක් සිදුවෙනවා. අසවල් දින නැකත් ග්‍රහණයක් සිදුවෙනවා. අසවල් දින සඳ හිරුගේ නිසිමඟින් යෑම සිදුවෙනවා. අසවල් දින සඳ හිරුගේ නොමඟින් යෑම සිදුවෙනවා. අසවල් දින නැකත් තරුවල නිසිමඟින් යෑම සිදුවෙනවා. අසවල් දින නැකත් තරුවල නොමඟින් යෑම සිදුවෙනවා. අසවල් දින උල්කාපාත වැටෙනවා. අසවල් දින අසවල් දිශාවේ උෂ්ණත්වය වැඩිවෙනවා. අසවල් දින භූමිකම්පාවක් සිදුවෙනවා. අසවල් දින වැසි රහිතව අහස ගුගුරනවා. හිරු සඳු හා නැකත්වල උදාව, බැසීම, කෙලෙසීම, පිරිසිදු වීම මේ මේ වෙලාවට සිදුවෙනවා. චන්ද්‍ර ග්‍රහණය ලෝකයට මෙවැනි ඵල විපාක ලබාදෙනවා. සූර්ය ග්‍රහණය ලෝකයට මෙවැනි ඵල විපාක ලබාදෙනවා. නැකත් ග්‍රහණය ලෝකයට මෙවැනි ඵල විපාක ලබාදෙනවා. හිරු සඳුගේ නිසිග මන මෙවැනි ඵල විපාක ලබාදෙනවා. හිරු සඳුගේ නොමඟින් යෑම මෙවැනි ඵල විපාක ලබා දෙනවා. උල්කාපාත වැටීම මෙවැනි ඵල විපාක ලබාදෙනවා. දිශා දාහය මෙවැනි ඵල විපාක ලබාදෙනවා. භූකම්පන මෙවැනි ඵල විපාක ලබාදෙනවා. වැසි නැතිව අහස ගිගිරීම මෙවැනි ඵල විපාක ලබාදෙනවා. හිරු සඳු හා නැකත්වල උදාව, බැසීම, කෙලෙසීම, පිරිසිදු වීම ලෝකයට මෙවැනි විපාක ලබාදෙනවා" කියලා තිරිසන් විද්‍යාවෙන් යුතුව මිථ්‍යා ආජීවයෙන් ජීවත් වෙනවා. නමුත් ශ්‍රමණ ගෞතමයන් වහන්සේ මෙවැනි දෙයිනුත්, මෙවැනි වෙන දේවල්වලිනුත් වැළකී මෙබඳු වූ තිරශ්චීන විද්‍යාවෙන් යුතු මිථ්‍යා ආජීවයෙන් වැළකී සිටින කෙනෙක්' කියලා, පින්වත් මහණෙනි, ඔය විදිහටයි පෘථග්ජනයා තථාගතයන් වහන්සේගේ ගුණ කියතොත් කියන්නේ.

30. ඒ වගේම ඇතැම් භවත් ශ්‍රමණ බ්‍රාහ්මණයන් ඉන්නවා. ඔවුන් ශ්‍රද්ධාවෙන් දුන් දන් අනුභව කරලා මෙබඳු වූත් තිරිසන් විද්‍යාවෙන් යුතුව මිථ්‍යා ආජීවයෙන් ජීවිකාව ගෙවනවා. ඒ කියන්නේ, මේ කාලයේදී වැස්ස වහිනවා. මේ කාලයේදී නියඟය ඇතිවෙනවා. මේ කාලයේදී ආහාරපානාදියෙන් සරුවෙනවා. මේ කාලයේදී දුර්භික්ෂය ඇතිවෙනවා. මේ කාලයේදී රට සරුවෙනවා. මේ කාලයේදී බිය සැක නැතිව ඉන්නවා. මේ කාලයේදී භය උපදිනවා. මේ කාලයේදී රෝග ඇතිවෙනවා. මේ කාලයේදී නීරෝග බව ඇතිවෙනවා කියමින් ඵලාඵල පැවසීමත්, මුද්‍රා, ගණිත, සංඛ්‍යාන, කාව්‍ය ශාස්ත්‍ර, ලෝකායත ශාස්ත්‍ර ආදී තිරිසන් විද්‍යාවෙන් යුතුව මිථ්‍යා ආජීවයෙන් ජීවත් වෙනවා. නමුත් ශ්‍රමණ ගෞතමයන් වහන්සේ මෙවැනි දෙයිනුත්, මෙවැනි වෙන දේවල්වලිනුත් වැළකී මෙබඳු වූ තිරශ්චීන විද්‍යාවෙන් යුතු මිථ්‍යා ආජීවයෙන් වැළකී සිටින කෙනෙක්' කියලා,

පින්වත් මහණෙනි, ඔය විදිහටයි පෘථග්ජනයා තථාගතයන් වහන්සේගේ ගුණ කියතොත් කියන්නේ.

31. 'ඒ වගේම ඇතැම් භවත් ශ්‍රමණ බ්‍රාහ්මණයන් ඉන්නවා. ඔවුන් ශ්‍රද්ධාවෙන් දුන් දන් අනුභව කරලා මෙබඳු වූත් තිරිසන් විද්‍යාවෙන් යුතුව මිථ්‍යා ආජීවයෙන් ජීවිකාව ගෙවනවා. ඒ කියන්නේ, විවාහයට නැකත් කීම, ආවාහයට නැකත් කීම, වෙන් වූ අඹු සැමියන් එක් කිරීමට නැකත් සෑදීම, එක් වූ අඹු සැමියන් වෙන් කිරීමට නැකත් සෑදීම, දීපු ණය එකතු කිරීමට නැකත් සෑදීම, මුදල් ණයට පොලියට දීමට නැකත් සෑදීම, දියුණු වීමට ගුරුකම් කිරීම, පාළු වී නැති වීමට ගුරුකම් කිරීම, දරුගැබ් රැකෙන්නට ගුරුකම් කිරීම, දිව අගුළු බැඳෙන්නට ගුරුකම් කිරීම, හනු තද කරන්නට ගුරුකම් කිරීම, අත් පෙරලෙන්නට ගුරුකම් කිරීම, හනු සිරවෙන්නට ගුරුකම් කිරීම, කන් අගුළු වැටෙන්නට ගුරුකම් කිරීම, කණ්ණාඩියෙන් භූතයන් කැඳවා ප්‍රශ්න විචාරීම, ගෑණු දරුවන් ලවා පේන කීම, දෙවියන් ලවා පේන කීම, සූර්ය වන්දනාව, මහ බඹු වන්දනාව, මන්ත්‍ර බලයෙන් කටින් ගිනිදැල් පිටකිරීම, මන්ත්‍ර බලෙන් ලක්ෂ්මී පූජා කිරීම යනාදී තිරිසන් විද්‍යාවෙන් යුතුව මිථ්‍යා ආජීවයෙන් ජීවත් වෙනවා. නමුත් ශ්‍රමණ ගෞතමයන් වහන්සේ මෙවැනි දෙයිනුත්, මෙවැනි වෙන දේවල්වලිනුත් වැළකී මෙබඳු වූ තිරශ්චීන විද්‍යාවෙන් යුතු මිථ්‍යා ආජීවයෙන් වැළකී සිටින කෙනෙක්' කියලා, පින්වත් මහණෙනි, ඔය විදිහටයි පෘථග්ජනයා තථාගතයන් වහන්සේගේ ගුණ කියතොත් කියන්නේ.

32. 'ඒ වගේම ඇතැම් භවත් ශ්‍රමණ බ්‍රාහ්මණයන් ඉන්නවා. ඔවුන් ශ්‍රද්ධාවෙන් දුන් දන් අනුභව කරලා මෙබඳු වූත් තිරිසන් විද්‍යාවෙන් යුතුව මිථ්‍යා ආජීවයෙන් ජීවිකාව ගෙවනවා. ඒ කියන්නේ, ශාන්ති කර්ම කිරීම, බාර ඔප්පු කිරීම, පොළොව යට හිඳ මතුරා ගුරුකම් කිරීම, නපුංසකයා පිරිමියෙකු කිරීම, පිරිමියා නපුංසකයෙකු කිරීම, ගෙවල් තැනීමේ දිශාවන් පෙන්වා දීම, අළුතෙන් නිවාස තැනීමේදී පුද පූජා පැවැත්වීම, වතුර මතුරා මූණ සේදවීම, වතුර මතුරා නැහැවීම, ගිනිපිදීම, ලය විරේක කරවීම, බඩ විරේක කරවීම, වමනය කරවීම, වස්ති කරවීම, ශීර්ෂ විරේකය, කණට තෙල් පිඹීම, ඇස් වෙදකම, නස්න කිරීම, ඇස්වලට අඳුන් සෑදීම, ප්‍රතිඅංජන සෑදීම, ශල්‍යකර්ම කිරීම, ළදරු චිකිත්සාව, කාය චිකිත්සාව, වණවලට බෙහෙත් බැඳීම ආදී තිරිසන් විද්‍යාවෙන් යුතුව මිථ්‍යා ආජීවයෙන් ජීවත් වෙනවා. නමුත් ශ්‍රමණ ගෞතමයන් වහන්සේ මෙවැනි දෙයිනුත්, මෙවැනි වෙන දේවල්වලිනුත් වැළකී මෙබඳු වූ තිරශ්චීන විද්‍යාවෙන් යුතු මිථ්‍යා ආජීවයෙන් වැළකී සිටින කෙනෙක්' කියලා, පින්වත් මහණෙනි, ඔය විදිහටයි පෘථග්ජනයා තථාගතයන් වහන්සේගේ ගුණ කියතොත් කියන්නේ.

33. පින්වත් මහණෙනි, පෘථග්ජනයා යම් කරුණකින් තථාගතයන් වහන්සේගේ ගුණ කියතොත් කියනවා නම් ඒ මෙවැනි අල්ප මාත්‍ර දෙයකි. ස්වල්ප දෙයකි. සීල මාත්‍රයකි.

මහා සීලය නිමාවිය.

34. පින්වත් මහණෙනි, වෙනත් දේවල් තියෙනවාමයි. ඒවා ගාම්භීරයි. දැකීමට දුෂ්කරයි. අවබෝධයට දුෂ්කරයි. ශාන්තයි. ප්‍රණීතයි. ඒ වගේම තර්ක ගෝචරයෙන් තොරයි. සියුම්. නුවණැත්තන්ට විෂය වන දෙයක්. තථාගතයන් වහන්සේ ස්වකීය විශිෂ්ට වූ ප්‍රඥාවෙන් අවබෝධ කරලා යම් දෙයක් ලෝකයට ප්‍රකාශ කරනවා නම්, අන්න එබඳු දේවල්වලින් තමයි තථාගතයන් වහන්සේගේ යථාර්ථ වශයෙන්ම තිබෙන ගුණ ගැන මනාකොට වර්ණනා කරනවා නම් කළ යුත්තේ. පින්වත් මහණෙනි, තථාගතයන් වහන්සේ ස්වකීය විශිෂ්ට ප්‍රඥාවෙන් සාක්ෂාත් කරපු යම් දේවල් ඇද්ද, ඒ දේවල්වලින් තථාගතයන් වහන්සේගේ යථාර්ථ වශයෙන් තිබෙන ගුණය වර්ණනා කරනවා නම්, වර්ණනා කළ යුතු දේ වන ගාම්භීර වූත්, දැකීමට දුෂ්කර වූත්, අවබෝධයට දුෂ්කර වූත්, ශාන්ත වූත්, ප්‍රණීත වූත්, තර්ක ගෝචරයෙන් තොර වූත්, සියුම් වූත්, නුවණැත්තන්ට විෂය වූත් ඒ දේවල් මොනවාද?

35. පින්වත් මහණෙනි, ඇතැම් ශ්‍රමණ බ්‍රාහ්මණයින් ඉන්නවා. ඔවුන් අතීත ජීවිතයේ කෙළවර පිළිබඳව කල්පනා කරමින් අතීත ජීවිත කෙළවර ගැන ගොඩනඟාගත් මතවාදවලින් යුක්තයි. ඔවුන් අතීත ජීවිතයේ ආරම්භක කෙළවර අරභයා දහඅට කරුණකින් යුතුව නොයෙක් ආකාරයෙන් මතවාද ප්‍රකාශ කරමින් කරුණු කියනවා. අතීත ජීවිත කෙළවර පිළිබඳව කල්පනා කරමින් අතීත ජීවිත කෙළවර ගැන මතවාද ගොඩනඟා ගත් ඒ භවත් ශ්‍රමණ බ්‍රාහ්මණයින් නොයෙක් ආකාරයෙන් මතවාද ප්‍රකාශ කරමින් කරුණු දහඅටකින් තම මත පවසන්නේ කුමකට පැමිණිලාද? කුමක් අරභයාද?

36. පින්වත් මහණෙනි, ශාස්වතවාදී (සදාකාලික දේවල් ඇත යන මතවාදය පවසන) ඇතැම් ශ්‍රමණ බ්‍රාහ්මණයින් ඉන්නවා. ඔවුන් තමා ගැනත්, ලෝකය ගැනත් ශාස්වතයි කියලා කරුණු හතරකින් උගන්වනවා. ඒ ශාස්වතවාදී වූ භවත් ශ්‍රමණ බ්‍රාහ්මණයින් තමා ගැනත්, ලෝකය ගැනත් ශාස්වතයි (සදාකාලිකයි) කියලා කරුණු හතරකින් උගන්වන්නේ කුමකට පැමිණිලාද? කුමක් අරභයාද?

37. පින්වත් මහණෙනි, මෙහි ඇතැම් ශ්‍රමණයෙක් හෝ බ්‍රාහ්මණයෙක් හෝ ඉන්නවා. ඔහු කෙලෙස් තවමින් වීරිය කරනවා. අධික වීරිය කරනවා. යළි යළිත් වීරිය කරනවා. අප්‍රමාදීව භාවනා වඩනවා. හොඳට සිත හසුරුවනවා.

යම් අයුරකින් සිත සමාහිත වෙලා අනේකවිධ වූ අතීතයේ ගතකළ ජීවිත සිහි කරනවා නම් එවැනි චිත්ත සමාධියක් ඇති කර ගන්නවා. ඒ කියන්නේ එක උපතක්ද, උපත් දෙකක්ද, උපත් තුනක්ද, උපත් හතරක්ද, උපත් පහක්ද, උපත් දහයක්ද, උපත් විස්සක්ද, උපත් තිහක්ද, උපත් හතලිහක්ද, උපත් පනහක්ද, උපත් සියයක්ද, උපත් දාහක්ද, උපත් ලක්ෂයක්ද වශයෙන් නොයෙක් සිය ගණනින් ගෙවන ලද අතීත ජීවිත, නොයෙක් දහස් ගණනින් ගෙවන ලද අතීත ජීවිත, නොයෙක් ලක්ෂ ගණනින් ගෙවන ලද අතීත ජීවිත සිහි කරනවා. "මං අසවල් තැන හිටියා. එතකොට මගේ නම මේකයි, ගෝත්‍ර නාමය මේකයි, රූප සෝභාව මෙහෙමයි, කෑවෙ බිව්වෙ මෙහෙමයි, සැපදුක් වින්දේ මෙහෙමයි, මෙහෙමයි ජීවිතය අවසන් වුනේ, ඊට පස්සේ මං එතැනින් චුතවෙලා අසවල් තැනයි උපන්නේ, එහෙදි මට ලැබුනෙ මේ නම, මේක තමයි ගෝත්‍ර නාමය, රූප සෝභාව මෙහෙමයි, කෑවෙ බිව්වෙ මෙහෙමයි, සැපදුක් වින්දේ මෙහෙමයි, මෙහෙමයි ජීවිතය අවසන් වුනේ, ඊට පස්සේ මං එතැනින් චුතවෙලා මෙහි උපන්නා" කියලා. මේ විදිහට කරුණු සහිතව, පැහැදිලි කිරීම් සහිතව, නොයෙක් අයුරින් කලින් ගතකළ ජීවිත ගැන සිහි කරනවා.

එතකොට ඔහු මෙහෙම කියනවා. 'ආත්මයත් ලෝකයත් සදාකාලිකයි. වඳබැහැල තියෙන්නේ. ගිරිකූළක් වගේ තියෙන්නේ. නගර මැද නොසෙල්වෙන පරිදි සිටුවා තිබෙන ඒෂිකා ස්ථම්භයක් වගේ. ඒ සත්වයන්මයි, එක එක තැන උපදින්නේ. භවයෙන් භවයට සැරිසරා යන්නේ. චුතවෙන්නේ, උපදින්නේ. සදාකාලික වස්තු වගෙයි පවතින්නේ' කියලා. ඒකට හේතුව කුමක්ද? මං කෙලෙස් තවන වීර්යයයෙන් යුතුව ගොඩාක් උත්සාහ කරලා, යළි යළිත් උත්සාහ කරලා, අප්‍රමාදීව මැනවින් මෙනෙහි කරලා යම් සමාහිත සිතකින් නොයෙක් අයුරින් පෙර විසූ ජීවිත ගැන සිහි කරනවා නම් මං එබඳු සමාධියක් ඇති කරගත්තා. ඒ කියන්නේ එක උපතක්ද, උපත් දෙකක්ද ....(පෙ).... නොයෙක් ලක්ෂ ගණනින් ගෙවන ලද අතීත ජීවිත මං සිහි කරනවා. මං අසවල් තැනයි හිටියේ. එතකොට මගේ නම මේකයි. ගෝත්‍ර නාමය මේකයි ....(පෙ).... මෙහි උපන්නා කියලා. ඔය විදිහට කරුණු සහිතව පැහැදිලි කිරීම් සහිතව නොයෙක් අයුරින් කලින් ගතකළ ජීවිත ගැන මං සිහි කරනවා. මේ තුළින් තමයි ආත්මයත් ලෝකයත් සදාකාලික බව, වඳබැහැලා තියෙන බව, ගිරිකූළක් වගේ තියෙන බව, නගර මැද නොසෙල්වෙන පරිදි සිටුවා තිබෙන ඒෂිකා ස්ථම්භයක් වගේ තියෙන බව, ඒ සත්වයන්ම එක එක තැන උපදින බව, භවයෙන් භවයට සැරිසරා යන බව, චුතවෙන උපදින බව, සදාකාලික වස්තු වගේ පවතින බව කියන මං මේ කාරණය (ශාස්වතයි කියලා) දන්නේ.'

පින්වත් මහණෙනි, යමකට පැමිණිලා, යමක් අරභයා ශාස්වතවාදී වූ ඇතැම් ශ්‍රමණ බ්‍රාහ්මණයින් ආත්මයත් ලෝකයත් ශාස්වතයි කියලා උගන්වනවා නම්, මේක තමයි පළමුවෙනි කාරණය.

38. ශාස්වතවාදී වූ භවත් ශ්‍රමණ බ්‍රාහ්මණයින් ආත්මයත් ලෝකයත් ශාස්වතයි කියලා දෙවෙනි කරුණකින් උගන්වන්නේ කුමකට පැමිණිලාද? කුමක් අරභයාද?

පින්වත් මහණෙනි, මෙහි ඇතැම් ශ්‍රමණයෙක් හෝ බ්‍රාහ්මණයෙක් හෝ ඉන්නවා. ඔහු කෙලෙස් තවමින් වීරිය කරනවා. අධික වීරිය කරනවා. යළි යළිත් වීරිය කරනවා. අප්‍රමාදීව භාවනා වඩනවා. හොඳට සිත හසුරුවනවා. යම් අයුරකින් සිත සමාහිත වෙලා අනේකවිධ වූ අතීතයේ ගතකළ ජීවිත සිහි කරනවා නම් එවැනි චිත්ත සමාධියක් ඇති කර ගන්නවා. ඒ කියන්නේ, එක සංවට්ට (පෘථිවිය විනාශ වෙන්නට ගත වන කාලය) විවට්ට (නැවත හැදෙන්නට ගත වන කාලය වශයෙන්) කල්පයක්ද, සංවට්ට විවට්ට කල්ප දෙකක්ද, සංවට්ට විවට්ට කල්ප තුනක්ද, සංවට්ට විවට්ට කල්ප හතරක්ද, සංවට්ට විවට්ට පහක්ද, සංවට්ට විවට්ට දහයක්ද වශයෙන් අතීතය සිහි කරනවා. 'මං අසවල් තැන හිටියා. එතකොට මගේ නම මේකයි, ගෝත්‍ර නාමය මේකයි, රූප සෝභාව මෙහෙමයි, කෑවෙ බිව්වෙ මෙහෙමයි, සැපදුක් වින්දේ මෙහෙමයි, මෙහෙමයි ජීවිතය අවසන් වුනේ. ඊට පස්සේ මං එතැනින් චුතවෙලා අසවල් තැනයි උපන්නේ, එහෙදී මට ලැබුනෙ මේ නම, මේක තමයි ගෝත්‍ර නාමය, රූප සෝභාව මෙහෙමයි, කෑවෙ බිව්වෙ මෙහෙමයි, සැපදුක් වින්දේ මෙහෙමයි, මෙහෙමයි ජීවිතය අවසන් වුනේ, ඊට පස්සේ මං එතැනින් චුතවෙලා මෙහි උපන්නා' කියලා. මේ විදිහට කරුණු සහිතව පැහැදිලි කිරීම් සහිතව නොයෙක් අයුරින් කලින් ගතකළ ජීවිත ගැන සිහි කරනවා.

එතකොට ඔහු මෙහෙම කියනවා. 'ආත්මයත් ලෝකයත් සදාකාලිකයි. වඳබැහැල තියෙන්නේ. ගිරිකූළක් වගේ තියෙන්නේ. නගර මැද නොසෙල්වෙන පරිදි සිටුවා තිබෙන ඒෂිකා ස්ථම්භයක් වගේ. ඒ සත්වයන්මයි, එක එක තැන උපදින්නේ. භවයෙන් භවයට සැරිසරා යන්නේ. චුතවෙන්නේ උපදින්නේ. සදාකාලික වස්තු වගේ තමයි පවතින්නේ. ඒකට හේතුව කුමක්ද? මං කෙලෙස් තවන වීරියයෙන් යුතුව ....(පෙ).... යම් සමාහිත සිතකින් නොයෙක් අයුරින් පෙර විසූ ජීවිත ගැන සිහි කරනවා නම් මං එබඳු සමාධියක් ඇති කරගත්තා. ඒ කියන්නේ එක සංවට්ට විවට්ට කල්පයක්ද, ...(පෙ).... සංවට්ට විවට්ට කල්ප දහයක්ද, වශයෙන් අතීතය සිහි කරනවා. 'මං අසවල් තැන හිටියා. ....(පෙ).... ඊට පස්සේ මං එතනින් චුතවෙලා මෙහි උපන්නා' කියලා. මේ විදිහට කරුණු

සහිතව පැහැදිලි කිරීම් සහිතව නොයෙක් අයුරින් කලින් ගතකළ ජීවිත ගැන මං සිහි කරනවා. මේ තුළින් තමයි ආත්මයත් ලෝකයත් සදාකාලික බව, වඳබැහැල තියෙන බව, ගිරිකුළක් වගේ තියෙන බව, නගර මැද නොසෙල්වෙන පරිදි සිටුවා තිබෙන ඒෂිකා ස්ථම්භයක් වගේ තියෙන බව, ඒ සත්වයන්ම එක එක තැන උපදින බව, භවයෙන් භවයට සැරිසරා යන බව, චුතවෙන උපදින බව, සදාකාලික වස්තු වගේ පවතින බව කියන මේ කාරණය (ශාස්වතයි කියලා) මං දන්නේ.'

පින්වත් මහණෙනි, යමකට පැමිණිලා, යමක් අරභයා ශාස්වතවාදී වූ ඇතැම් ශ්‍රමණ බ්‍රාහ්මණයින් ආත්මයත් ලෝකයත් ශාස්වතයි කියලා උගන්වනවා නම්, මේක තමයි දෙවෙනි කාරණය.

39. ශාස්වතවාදී වූ භවත් ශ්‍රමණ බ්‍රාහ්මණයින් ආත්මයත් ලෝකයත් ශාස්වතයි කියලා තුන්වෙනි කරුණකින් උගන්වන්නේ කුමකට පැමිණිලාද? කුමක් අරභයාද?

පින්වත් මහණෙනි, මෙහි ඇතැම් ශ්‍රමණයෙක් හෝ බ්‍රාහ්මණයෙක් හෝ ඉන්නවා. ඔහු කෙලෙස් තවමින් වීරිය කරනවා. අධික වීරිය කරනවා. යළි යළිත් වීරිය කරනවා. අප්‍රමාදීව භාවනා වඩනවා. හොඳට සිත හසුරුවනවා. යම් අයුරකින් සිත සමාහිත වෙලා අනේකවිධ වූ අතීතයේ ගතකළ ජීවිත සිහි කරනවා නම් එවැනි චිත්ත සමාධියක් ඇති කර ගන්නවා. ඒ කියන්නේ, සංවට්ට විවට්ට කල්ප දහයක්ද, සංවට්ට විවට්ට කල්ප විස්සක්ද, සංවට්ට විවට්ට කල්ප තිහක්ද, සංවට්ට විවට්ට කල්ප හතළිහක්ද වශයෙන් අතීතය සිහි කරනවා. 'මං අසවල් තැන හිටියා. එතකොට මගේ නම මේකයි, ගෝත්‍ර නාමය මේකයි, රූප සෝභාව මෙහෙමයි, කෑවෙ බිව්වෙ මෙහෙමයි, සැපදුක් වින්දේ මෙහෙමයි, මෙහෙමයි ජීවිතය අවසන් වුනේ. ඊට පස්සේ මං එතැනින් චුතවෙලා අසවල් තැනයි උපන්නේ, එහෙදී මට ලැබුනේ මේ නම, මේක තමයි ගෝත්‍ර නාමය, රූප සෝභාව මෙහෙමයි, කෑවෙ බිව්වෙ මෙහෙමයි, සැපදුක් වින්දේ මෙහෙමයි, මෙහෙමයි ජීවිතය අවසන් වුනේ. ඊට පස්සේ මං එතැනින් චුතවෙලා මෙහි උපන්නා' කියලා. මේ විදිහට කරුණු සහිතව පැහැදිලි කිරීම් සහිතව නොයෙක් අයුරින් කලින් ගතකළ ජීවිත ගැන සිහි කරනවා.

එතකොට ඔහු මෙහෙම කියනවා. 'ආත්මයත් ලෝකයත් සදාකාලිකයි. වඳබැහැලා තියෙන්නේ. ගිරිකුළක් වගේ තියෙන්නේ. නගර මැද නොසෙල්වෙන පරිදි සිටුවා තිබෙන ඒෂිකා ස්ථම්භයක් වගේ. ඒ සත්වයන්මයි, එක එක තැන උපදින්නේ. භවයෙන් භවයට සැරිසරා යන්නේ. චුතවෙන්නේ උපදින්නේ.

සදාකාලික වස්තු වගේ තමයි පවතින්නේ. ඒකට හේතුව කුමක්ද? මං කෙලෙස් තවන වීර්යයයෙන් යුතුව ....(පෙ).... යම් සමාහිත සිතකින් නොයෙක් අයුරින් පෙර විසූ ජීවිත ගැන සිහි කරනවා නම් මං එබඳු සමාධියක් ඇති කරගත්තා. ඒ කියන්නේ සංවට්ටවිවට්ට කල්ප දහයක්ද, ...(පෙ).... සංවට්ටවිවට්ට කල්ප හතළිහක් ද වශයෙන් අතීතය සිහි කරනවා. "මං අසවල් තැන හිටියා ....(පෙ).... ඊට පස්සේ මං එතැනින් චුතවෙලා මෙහි උපන්නා" කියලා. මේ විදිහට කරුණු සහිතව පැහැදිලි කිරීම් සහිතව නොයෙක් අයුරින් කලින් ගතකළ ජීවිත ගැන මං සිහි කරනවා. මේ තුළින් තමයි ආත්මයත් ලෝකයත් සදාකාලික බව, වඳබැහැල තියෙන බව, ගිරිකුළක් වගේ තියෙන බව, නගර මැද නොසෙල්වෙන පරිදි සිටුවා තිබෙන ඒෂිකා ස්ථම්භයක් වගේ තියෙන බව, ඒ සත්වයන් ම එක එක තැන උපදින බව, භවයෙන් භවයට සැරිසරා යන බව, චුතවෙන උපදින බව, සදාකාලික වස්තු වගේ පවතින බව කියන මේ කාරණය (ශාස්වතයි කියලා) මං දන්නේ.'

පින්වත් මහණෙනි, යමකට පැමිණිලා, යමක් අරභයා ශාස්වතවාදී වූ ඇතැම් ශ්‍රමණ බ්‍රාහ්මණයින් ආත්මයත් ලෝකයත් ශාස්වතයි කියලා උගන්වනවා නම්, මේක තමයි තුන්වෙනි කාරණය.

40. ශාස්වතවාදී වූ භවත් ශ්‍රමණ බ්‍රාහ්මණයින් ආත්මයත් ලෝකයත් ශාස්වතයි කියලා හතරවෙනි කරුණකින් උගන්වන්නේ කුමකට පැමිණිලාද? කුමක් අරභයාද?

පින්වත් මහණෙනි, මෙහි ඇතැම් ශ්‍රමණ බ්‍රාහ්මණයින් ඉන්නවා. ඔවුන් තර්ක කරනවා. එක එක විදිහට විමසනවා. තර්ක කරමින් කරුණු රැස්කොට විමස විමසා තමන්ට වැටහෙන පරිදි කරුණු රැස්කොට මෙහෙම කියනවා. 'ආත්මයත් ලෝකයත් සදාකාලිකයි. වඳබැහැල තියෙන්නේ. ගිරිකුළක් වගේ තියෙන්නේ. නගර මැද නොසෙල්වෙන පරිදි සිටුවා තිබෙන ඒෂිකා ස්ථම්භයක් වගේ. ඒ සත්වයන්මයි, එක එක තැන උපදින්නේ, භවයෙන් භවයට සැරිසරා යන්නේ, චුතවෙන්නේ උපදින්නේ, සදාකාලික වස්තු වගේ තමයි පවතින්නේ.'

පින්වත් මහණෙනි, යමකට පැමිණිලා, යමක් අරභයා ශාස්වතවාදී වූ ඇතැම් ශ්‍රමණ බ්‍රාහ්මණයින් ආත්මයත් ලෝකයත් ශාස්වතයි කියලා උගන්වනවා නම්, මේක තමයි හතරවෙනි කාරණය.

41. පින්වත් මහණෙනි, මේ කරුණු හතරෙන් තමයි ශාස්වතවාදී (සදාකාලික දේ ගැන මතවාද කියන) වූ ඇතැම් ශ්‍රමණ බ්‍රාහ්මණයින් තමා ගැනත්, ලෝකය ගැනත් ශාස්වතයි කියලා උගන්වන්නේ. පින්වත් මහණෙනි, ඒ ශාස්වතවාදී

වූ භවත් ශ්‍රමණ බ්‍රාහ්මණයින් තමා ගැනත් ලෝකය ගැනත් ශාස්වතයි කියලා උගන්වන්නේ යම් කරුණකින් නම්, ඒ සියළු දෙනාම මේ කරුණු හතරෙන් හෝ මේවායෙන් එක් කරුණක් හෝ ගෙන තමයි උගන්වන්නේ. මෙයින් බාහිර කරුණක් නැත.

42. පින්වත් මහණෙනි, තථාගතයන් වහන්සේ මේ කාරණය අවබෝධයෙන්ම දන්නවා. ඒ කියන්නේ "මේ දෘෂ්ටීන් මේ විදිහට ග්‍රහණය කරගත්තොත්, මේ විදිහට බැඳිලා ගියොත් මේ මේ ආකාරයේ උපත් ලබාගෙන මරණින් මතු මේ මේ විදිහට පරලොව යාවි" කියලා තථාගතයන් වහන්සේ මෙයත් දන්නවා. මෙයට වඩා උත්තරීතර දේවලුත් දන්නවා. ඒවා දැනගත්තා කියලා අමුතුවෙන් ඒවාට බැඳෙන්නේ නෑ. ඒ දෘෂ්ටිවලට හසු නොවෙන නිසාම තමා තුළම නිවීගිය බව තමයි අවබෝධ වෙලා තියෙන්නේ. ඒ වගේම පින්වත් මහණෙනි, තථාගතයන් වහන්සේ (ඔය දෘෂ්ටි හතරට බැඳීමට හේතු වූ ඒ ඒ තැන්වල සැපදුක් විඳි බවට ඇති) වේදනාවන්ගේ හටගැනීමත්, නැතිවී යාමත්, ආශ්වාදයත්, ආදීනවයත්, නිස්සරණයත් ඒ වූ ආකාරයෙන්ම අවබෝධ කරගෙන උපාදාන රහිතව කෙලෙසුන්ගෙන් නිදහස් වෙලයි ඉන්නේ.

43. පින්වත් මහණෙනි, තථාගතයන් වහන්සේ ස්වකීය විශිෂ්ට ප්‍රඥාවෙන් සාක්ෂාත් කරපු යම් දේවල් ඇද්ද, ඒ දේවල්වලින් තථාගතයන් වහන්සේගේ යථාර්ථ වශයෙන් තිබෙන ගුණය වර්ණනා කරනවා නම්, වර්ණනා කළ යුතු දේ වන ගාම්භීර වූත්, දැකීමට දුෂ්කර වූත්, අවබෝධයට දුෂ්කර වූත්, ශාන්ත වූත්, ප්‍රණීත වූත්, තර්ක ගෝචරයෙන් තොර වූත්, සියුම් වූත්, නුවණැත්තන්ට විෂය වූත් ඒ දේවල් යනු මේවා තමයි.

පළමුවෙනි බණවරයි

44. පින්වත් මහණෙනි, ඇතැම් දේවල් සදාකාලිකය යන ශාස්වතවාදී මතයත්, ඇතැම් දේවල් සදාකාලික නැත යන අශාස්වතවාදී මතයත් වශයෙන් මත දෙකක් දරණ ඇතැම් ශ්‍රමණ බ්‍රාහ්මණයින් ඉන්නවා. ඔවුන් තමා ගැනත් ලෝකය ගැනත් ශාස්වතයි කියලත්, අශාස්වතයි කියලත් කරුණු හතරකින් උගන්වනවා. ඒ ශාස්වතවාදී හා අශාස්වතවාදී මත දෙක දරණ භවත් ශ්‍රමණ බ්‍රාහ්මණයින් තමා ගැනත් ලෝකය ගැනත් ශාස්වතයි කියලත්, අශාස්වතයි කියලත් කරුණු හතරකින් උගන්වන්නේ කුමකට පැමිණිලාද? කුමක් අරභයාද?

45. පින්වත් මහණෙනි, ඉතාමත්ම දීර්ඝ කාලයක් ගෙවී ගියාට පසු යම් කලෙක මේ ලෝකය විනාශ වෙනවා නම් එබඳු කාලයක් එනවා. ලෝකය විනාශ වෙද්දී බොහෝ සෙයින්ම සත්වයන් ආභස්සර ලෝකයේ උපදිනවා.

ඔවුන් එහි මනෝමය ශරීර ඇතිව, ප්‍රීතිය අනුභව කරමින්, තමාගේ ශරීරයේ ආලෝකය විහිදුවමින්, අහසේ හැසිරෙමින්, සොඳුරු ලෙස සිටිමින් දීර්ඝ කාලයක් ගතකරනවා.

පින්වත් මහණෙනි, ඉතා දීර්ඝ කාලයක් ගෙවුනාට පසු මේ ලෝකය නැවත සකස් වෙනවා නම් එබඳු කාලයකුත් එනවා. ලෝකය නැවත සකස් වෙද්දී, හිස් බ්‍රහ්ම විමානයක් පහළවෙනවා. එතකොට කවුරුන් හෝ කෙනෙක් ආයුෂ ක්ෂය වීමෙන් හරි, පින ක්ෂය වීමෙන් හරි අර ආභස්සර ලෝකයෙන් චුත වෙලා හිස් බ්‍රහ්ම විමානයේ උපදිනවා. ඔහු එහි ඉන්නෙත් මනෝමය ශරීර ඇතිවයි. ප්‍රීතිය අනුභව කරමින්, ස්වකීය ශරීරාලෝකය විහිදුවමින් අහසේ හැසිරෙමින් සොඳුරු පැවැත්මකින් යුතුවයි. ඒ විදිහට ඉතා දීර්ඝ කාලයක් ඉන්නවා. ඉතින් දීර්ඝ කාලයක් ගතකරන ඔහුට පාළු ගතියක් ඇතිවෙනවා. නොඇල්මක් ඇතිවෙනවා. කැළඹීමක් ඇතිවෙනවා. 'අහෝ..! ඇත්තෙන්ම තවත් කවුරුහරි සත්වයෙක් මේ වගේ ජීවිතයකට පැමිණෙනවා නම් කොයිතරම් දෙයක්ද' කියලා හිතනවා. එතකොට ආයුෂ අවසන් වුන, පින අවසන් වුන අනෙකුත් සත්වයන්ද අර ආභස්සර ලෝකයෙන් චුතවෙලා බ්‍රහ්ම විමානයේ ඒ සත්වයාගේ ස්වභාවයෙන්ම උපදිනවා. ඒ උදවියත් එහි මනෝමය සිරුරු ඇතිවයි ඉන්නේ. ප්‍රීතිය අනුභව කරමින් ස්වකීය ශරීරාලෝක විහිදුවමින් අහසේ හැසිරෙමින් සොඳුරු පැවතුම් ඇතිව බොහෝ කාලයක් ගතකරනවා.

පින්වත් මහණෙනි, එතකොට යම් සත්වයෙක් මුලින්ම ඉපදුනා නම්, ඔහුට මෙවැනි අදහසක් ඇතිවෙනවා. "මං තමයි බ්‍රහ්මයා, මං මහා බ්‍රහ්මයා, මං සියල්ල මැඬලන කෙනා. මාව කාටවත් මැඬලන්න බෑ. මං හැමදේම දකිනවා. මං හැමදේම වසඟයට අරගෙනයි ඉන්නේ. මං තමයි දෙවියන් වහන්සේ. මං තමයි කර්තෘ, මං තමයි ලෝකය නිර්මාණය කළේ. මං තමයි ශ්‍රේෂ්ඨ, ලෝකය සකස් කළේ මං. ලොව වසඟ කළේ මමයි. උපන් සත්වයන් ගේත් ඉපදෙන්නට ඉන්න සත්වයන්ගේත් පියාණන් මම ය" කියලා. ඒකට හේතුව කුමක්ද? කලින්ම මේ විදිහට මටයි හිතුනේ. 'අහෝ..! ඇත්තෙන්ම තවත් කවුරුහරි සත්වයෙක් මේ වගේ ජීවිතයකට පැමිණෙනවා නම් කොයිතරම් දෙයක්ද' කියලා මේක තමයි මගේ මනෝ ප්‍රණිධිය (මගේ ප්‍රාර්ථනාව) වුනේ. එතකොටයි මේ සත්වයන් මේ ජීවිතයට පැමිණුනේ කියලා. ඒ වගේම යම් සත්වයෙක් පසුව උපන්නා නම්, ඔවුන්ට ඇතිවුනේ මේ විදිහේ අදහසක්. "මේ තමයි භවත් බ්‍රහ්මයා. මහා බ්‍රහ්මයා. ලොව මැඬලන කෙනා. වෙන කෙනෙකුන්ට නොමැඬිය හැකි කෙනා. සියල්ල දක්නා කෙනා. ලොව වසඟයෙහි පවත්වන කෙනා. දෙවියන් වහන්සේ. මෙයා තමයි කර්තෘ. නිර්මාතෘ. මෙයා තමයි ශ්‍රේෂ්ඨ කෙනා. ලොව

සකස් කරන කෙනා. පුරුදු කළ වශී ඇති කෙනා. ඉපදුණු උපදින සත්වයන්ගේ පියාණන් වහන්සේ. මේ භවත් බ්‍රහ්මයා විසිනුයි අපව මැව්වේ. ඒකට හේතුව මොකක්ද? මේ ලෝකයෙහි මුලින්ම ඉපදිලා සිටිය මොහුව තමයි අපි දැක්කේ. අපි වනාහී පසුව ඉපදිච්ච අය නෙව" කියලා.

46. පින්වත් මහණෙනි, ඉතින් එහි යම් ඒ සත්වයෙක් මුලින්ම ඉපදුනා නම්, ඔහු ඉතාමත් දිගු ආයුෂයකින් යුතු වුනා. ඉතා සුන්දර වුනා. ඉතාමත් මහේශාක්‍ය වුනා. නමුත් යම් ඒ සත්වයන් පසුව උපන්නාද, ඔවුන්ට ආයුෂ තිබුනේ අල්පයයි. එතරම් ලස්සන වුණේ නෑ. අල්පේශාක්‍ය වෙලයි හිටියේ. පින්වත් මහණෙනි, යම් සත්වයෙක් ඒ ලෝකයෙන් චුතවෙලා මේ මිනිස් ලොවට පැමිණෙනවාය යන මෙකරුණ විද්‍යමාන (දකින්නට ලැබෙන) දෙයක්.

ඉතින්, මිනිස් ලොවට ආපු ඒ කෙනා ගිහිගෙය අත්හැරලා අනගාරික වූ පැවිදි බව ලබනවා. ගිහිගෙයින් නික්මී අනගාරිකව පැවිදි වූ ඔහු කෙලෙස් තවන වීර්යයෙන් යුතුව, මහත් වීර්යයකින් යුතුව, යළි යළිත් වීරිය කොට, අප්‍රමාදීව, ඉතා හොඳින් මනසිකාර කරලා යම් අයුරකින් සිත සමාධිමත් වුන විට ඒ කලින් ගතකළ ජීවිතය සිහි කළ හැකි වෙයිද, එබඳු වූ චිත්ත සමාධියක් ඇති කරගන්නවා. එයින් එහාට සිහි කරන්නට පුළුවන් වෙන්නේ නෑ. එතකොට ඔහු මෙහෙම කියනවා.

"යම් ඒ භවත් බ්‍රහ්මයෙක් ඇද්ද, එයා තමයි මහා බ්‍රහ්මයා. ලොව මැඩලන කෙනා. වෙන කෙනෙකුන්ට නොමැඩිය හැකි කෙනා. සියල්ල දක්නා කෙනා. ලොව වසඟයෙහි පවත්වන කෙනා. දෙවියන් වහනසේ. මෙයා තමයි කර්තෘ. නිර්මාතෘ. මෙයා තමයි ශ්‍රේෂ්ඨ කෙනා. ලොව සකස් කරන කෙනා. පුරුදු කළ වශී ඇති කෙනා. ඉපදුණු උපදින සත්වයන්ගේ පියාණන් වහන්සේ. එයා විසින් තමයි අපව මැව්වේ. එයා නිත්‍යයි. ස්ථිරයි. සදාකාලිකයි. වෙනස් නොවන ස්වභාවයෙන් යුක්තයි. සදාකාලිකව පවතින යමක් ඇද්ද ඒ විදිහටම පවතිනවා. ඒ භවත් දෙවියන් වහන්සේ විසින් මවන ලද්දා වූ යම් වූ අපි වෙමුද, ඒ අප අනිත්‍යයි. අස්ථිරයි. අල්පායුෂයෙන් යුක්තයි. චුතවෙන ස්වභාවයෙන් යුක්තයි. ඒ නිසයි මෙලොවට ආවේ" කියලා.

පින්වත් මහණෙනි, යම් කරුණකට පැමිණිලා යම් කරුණක් අරභයා ඒ ශාස්වතවාදී (මැවුම්කරු සදාකාලිකයි) හා අශාස්වතවාදී (මවන ලද උදවිය අනිත්‍යයි) යන මත දෙක දරණ භවත් ශ්‍රමණ බ්‍රාහ්මණයින් තමා ගැනත් ලෝකය ගැනත් ශාස්වතයි කියලත්, අශාස්වතයි කියලත් උගන්වනවා නම් මේක තමයි ඒ පළමුවෙනි කරුණ.

47. ඇතැම් දේ සදාකාලිකයි යන මතය කියන ශාස්වතවාදී හා ඇතැම් දේ සදාකාලික නැත යන මතය කියන අශාස්වතවාදී මත දෙක දරණ භවත් ශ්‍රමණ බ්‍රාහ්මණයින් තමා ගැනත් ලෝකය ගැනත් ශාස්වතයි කියලත්, අශාස්වතයි කියලත් දෙවෙනි කරුණෙන් උගන්වන්නේ කුමකට පැමිණිලාද? කුමක් අරභයාද?

පින්වත් මහණෙනි, (සෙල්ලමින් කල්ගෙවා ආහාර ගන්නට බැරිවීමෙන් චුතවෙන) 'ඛිඩ්ඩාපදෝසික' නම් වූ දේව කොට්ඨාශයක් ඉන්නවා. ඔවුන් වෙලාව ඉක්මවා යනතුරු ක්‍රීඩා කරමින්, විනෝද වෙමින්, එහිම ඇලෙමින්, ඒ තුළම වාසය කරනවා. එතකොට වේලාව ඉක්මවා යන තුරු ක්‍රීඩා කරමින්, විනෝද වෙමින්, එහිම ඇලෙමින් ඒ තුළම වාසය කරන ඔවුන්ට ආහාර ගන්නට අමතක වෙනවා. සිහි මුලාවීම නිසා ඒ දෙවිවරු ඒ දෙව්ලොවෙන් චුතවෙනවා.

පින්වත් මහණෙනි, යම් සත්වයෙක් ඒ ලෝකයෙන් චුතවෙලා මේ මිනිස් ලොවට පැමිණෙනවාය යන මෙකරුණ විද්‍යමාන (දකින්නට ලැබෙන) දෙයක්. ඉතින්, මිනිස් ලොවට ආපු ඒ කෙනා ගිහිගෙය අත්හැරලා අනගාරික වූ පැවිදිබව ලබනවා. ගිහිගෙයින් නික්මී අනගාරිකව පැවිදි වූ ඔහු කෙලෙස් තවන වීර්යයෙන් යුතුව, මහත් වීර්යයකින් යුතුව, යළි යළිත් වීරිය කොට අප්‍රමාදීව, ඉතා හොඳින් මනසිකාර කරලා යම් අයුරකින් සිත සමාධිමත් වුන විට ඒ කලින් ගතකළ ජීවිතය සිහි කළ හැකි වෙයිද, එබඳු වූ චිත්ත සමාධියක් ඇති කරගන්නවා. එයින් එහාට සිහි කරන්නට පුළුවන් වෙන්නේ නෑ.

එතකොට ඔහු මෙහෙම කියනවා. 'යම් ඒ භවත් දෙවිවරු ඉන්නවා. ඔවුන් ඛිඩ්ඩාපදෝසික දෙවිවරුන් නොවේ. ඔවුන් වෙලාව ඉක්මවා යනතුරු ක්‍රීඩා කරමින්, විනෝද වෙමින්, එහිම ඇලෙමින්, ඒ තුළම වාසය කරන්නෙ නෑ. එතකොට වේලාව ඉක්මවා යනතුරු ක්‍රීඩා කරමින්, විනෝද වෙමින්, එහිම ඇලෙමින්, ඒ තුළම වාසය නොකරන නිසා ඔවුන්ගේ ආහාර ගන්නට ඇති සිහිය මුලාවෙන්නෙ නෑ. සිහි මුලා නොවීම නිසා ඒ දෙවිවරු ඒ දෙව්ලොවෙන් චුතවෙන්නෙ නෑ. ඒ අය නිත්‍යයි. ස්ථිරයි. සදාකාලිකයි. නොවෙනස්වන ස්වභාවයෙන් යුක්තයි. සදාකාලික දේවල් පවතිනවා වගෙයි ඒ අයත් ඉන්නේ. අනේ ඒ වුනාට අපි නම් යම් ඛිඩ්ඩාපදෝසික දෙවිවරුන් වෙලයි හිටියේ. ඒ අපි වෙලාව ඉක්මවා යනතුරු ක්‍රීඩා කරමින්, විනෝද වෙමින්, එහිම ඇලෙමින්, ඒ තුළම වාසය කළා. එතකොට වේලාව ඉක්මවා යන තුරු ක්‍රීඩා කරමින්, විනෝද වෙමින්, එහිම ඇලෙමින්, ඒ තුළම වාසය කළ අපට ආහාර ගැනීමට ඇති සිහිය මුලා වුනා. සිහි මුලාවීම නිසයි අපි ඒ දෙව්ලොවෙන් චුත වුනේ.

අපි අනිත්‍යයි. අස්ථිරයි. අල්පායුෂ්කයි. චුතවෙන ස්වභාවයෙන් යුක්තයි. ඒ නිසයි අපි මෙහි ඉපදුනේ.'

පින්වත් මහණෙනි, යම් කරුණකට පැමිණිලා යම් කරුණක් අරභයා ඇතැම් දෙයක් සදාකාලිකයි කියන ශාස්වතවාදී හා ඇතැම් දෙයක් සදාකාලික නැත කියන අශාස්වතවාදී යන මත දෙක පවසන භවත් ශ්‍රමණ බ්‍රාහ්මණයින් තමා ගැනත් ලෝකය ගැනත් ඇතැම් දෙයක් ශාස්වතයි කියලත්, ඇතැම් දෙයක් අශාස්වතයි කියලත් උගන්වනවා නම් මේක තමයි ඒ දෙවෙනි කරුණ.

48. ඇතැම් දේ සදාකාලිකයි යන මතය කියන ශාස්වතවාදී හා ඇතැම් දේ සදාකාලික නැත යන මතය කියන අශාස්වතවාදී මත දෙක දරණ භවත් ශ්‍රමණ බ්‍රාහ්මණයින් තමා ගැනත් ලෝකය ගැනත් ශාස්වතයි කියලත්, අශාස්වතයි කියලත් තුන්වෙනි කරුණෙන් උගන්වන්නේ කුමකට පැමිණිලාද? කුමක් අරභයාද?

පින්වත් මහණෙනි, (සිත දූෂ්‍ය කරගැනීම නිසා චුතවෙන) 'මනෝපදෝසික' නම් දේව කොට්ඨාශයක් ඉන්නවා. ඔවුන් වේලාව ඉක්මවා යනතුරු එකිනෙකා දෙස කිපුණු සිතින් බලගෙන ඉන්නවා. ඔවුන් වේලාව ඉක්මවා යනතුරු එකිනෙකා දෙස කිපුණු සිතින් බලාගෙන ඉන්න කොට එකිනෙකාගේ සිත් දූෂ්‍ය වෙලා යනවා. එකිනෙකාගේ සිත් දූෂ්‍ය වීමෙන් කය ක්ලාන්ත වෙනවා. සිත ක්ලාන්ත වෙනවා. එතකොට ඒ දෙවිවරුන් ඒ ලෝකයෙන් චුත වෙනවා.

පින්වත් මහණෙනි, යම් සත්වයෙක් ඒ ලෝකයෙන් චුතවෙලා මේ මිනිස් ලොවට පැමිණෙනවා ය යන මෙකරුණ විද්‍යමාන (දකින්නට ලැබෙන) දෙයක්. ඉතින්, මිනිස් ලොවට ආපු ඒ කෙනා ගිහිගෙය අත්හැරලා අනගාරික වූ පැවිදිබව ලබනවා. ගිහිගෙයින් නික්මී අනගාරිකව පැවිදි වූ ඔහු කෙලෙස් තවන වීර්යයෙන් යුතුව, මහත් වීර්යයකින් යුතුව, යළි යළිත් වීරිය කොට, අප්‍රමාදීව, ඉතා හොඳින් මනසිකාර කරලා යම් අයුරකින් සිත සමාධිමත් වුන විට ඒ කලින් ගතකළ ජීවිතය සිහි කළ හැකි වෙයි ද, එබඳු වූ චිත්ත සමාධියක් ඇති කරගන්නවා. නමුත් එයින් එහාට සිහි කරන්නට පුළුවන් වෙන්නේ නෑ.

එතකොට ඔහු මෙහෙම කියනවා. "යම් ඒ භවත් දෙවිවරු ඉන්නවා. ඔවුන් මනෝපදෝසික දෙවිවරු නෙවෙයි. ඔවුන් එකිනෙකා වේලාව ඉක්මවා යන තුරු කිපුණු සිතින් බලාගෙන ඉන්නෙ නෑ. ඉතින් ඔවුන් එකිනෙකා වේලාව ඉක්මවා යනතුරු කිපුණු සිතින් බලාගෙන ඉන්නෙ නැති නිසා එකිනෙකා සිත් දූෂ්‍ය කරගන්නේ නෑ. ඒ නිසා කය ක්ලාන්ත වෙන්නේ නෑ.

සිත ක්ලාන්ත වෙන්නෙත් නෑ. එතකොට ඒ දෙවිවරුන් ඒ ලෝකයෙන් චුත වෙන්නේ නෑ. ඒ දෙවිවරු නම් නිත්‍යයි. ස්ථිරයි. සදාකාලිකයි. නොවෙනස්වන ස්වභාවයෙන් යුක්තයි. සදාකාලික දේවල් වගේම පවතිනවා. ඒ වුනාට යම් ඒ අපි මනෝපදෝසික වුනා නෙව. වේලාව ඉක්මවා යනතුරු අපි එකිනෙකා දෙස කිපුණු සිතින් බලා සිටියා. ඒ අපි වේලාව ඉක්මවා යන තුරු එකිනෙකා දෙස කිපුණු සිතින් බලා සිටිය නිසා එකිනෙකාගේ සිත් දූෂ්‍ය වුනා. ඒ අපි එකිනෙකාගේ සිත් දූෂ්‍ය වීමෙන් ක්ලාන්ත හැදුණු කයක් ඇතිවුනා. ක්ලාන්ත හැදුනු සිතක් ඇතිවුනා. මේ විදිහටයි ඒ ලෝකයෙන් චුත වුනේ. ඒ නිසා අපි අනිත්‍යයි. අස්ථිරයි. අල්පායුෂ්කයි. චුතවෙන ස්වභාවයෙන් යුක්තයි. ඒ නිසයි අපි මෙලොවට ආවේ" කියලා.

පින්වත් මහණෙනි, යම් කරුණකට පැමිණිලා යම් කරුණක් අරභයා ඇතැම් දෙයක් සදාකාලිකයි කියන ශාස්වතවාදී හා ඇතැම් දෙයක් සදාකාලික නැත කියන අශාස්වතවාදී යන මත දෙක පවසන භවත් ශ්‍රමණ බ්‍රාහ්මණයින් තමා ගැනත් ලෝකය ගැනත් ඇතැම් දෙයක් ශාස්වතයි කියලත්, ඇතැම් දෙයක් අශාස්වතයි කියලත් උගන්වනවා නම් මේක තමයි ඒ තුන්වෙනි කරුණ.

49. ඇතැම් දේ සදාකාලිකයි යන මතය කියන ශාස්වතවාදී හා ඇතැම් දේ සදාකාලික නැත යන මතය කියන අශාස්වතවාදී මත දෙක දරණ භවත් ශ්‍රමණ බ්‍රාහ්මණයින් තමා ගැනත් ලෝකය ගැනත් ශාස්වතයි කියලත්, අශාස්වතයි කියලත් හතරවෙනි කරුණෙන් උගන්වන්නේ කුමකට පැමිණිලාද? කුමක් අරභයාද?

පින්වත් මහණෙනි, මෙහි ඇතැම් ශ්‍රමණ බ්‍රාහ්මණයින් ඉන්නවා. ඔවුන් තර්ක කරනවා. එක එක විදිහට විමසනවා. තර්ක කරමින් කරුණු රැස්කොට විමස විමසා තමන්ට වැටහෙන පරිදි කරුණු රැස්කොට මෙහෙම කියනවා. "මේ යමක් ඇස කියලා කියනවාද, කන කියලා කියනවාද, නාසය කියලා කියනවාද, දිව කියලා කියනවාද, කය කියලා කියනවාද මේ ආත්මය නම් අනිත්‍යයි. අස්ථිරයි. සදාකාලික නෑ. වෙනස්වන ස්වභාවයෙන් යුක්තයි. නමුත් මේ යමක් සිත කියලා කියනවාද, මනස කියලා කියනවාද, විඤ්ඤාණය කියලා කියනවාද මේ ආත්මය නිත්‍යයි. ස්ථිරයි. සදාකාලිකයි. නොවෙනස්වන ස්වභාවයෙන් යුක්තයි. සදාකාලික දෙයක් පවතින පරිද්දෙන්ම පවතිනවා" කියලා.

පින්වත් මහණෙනි, යම් කරුණකට පැමිණිලා යම් කරුණක් අරභයා ඇතැම් දෙයක් සදාකාලිකයි කියන ශාස්වතවාදී හා ඇතැම් දෙයක් සදාකාලික නැත කියන අශාස්වතවාදී යන මත දෙක පවසන භවත් ශ්‍රමණ බ්‍රාහ්මණයින්

තමා ගැනත් ලෝකය ගැනත් ඇතැම් දෙයක් ශාස්වතයි කියලත්, ඇතැම් දෙයක් අශාස්වතයි කියලත් උගන්වනවා නම් මේක තමයි ඒ හතරවෙනි කරුණ.

පින්වත් මහණෙනි, මේ කරුණු හතරෙන් තමයි ඇතැම් දේ සදාකාලිකයි යන මතය කියන ශාස්වතවාදී, ඇතැම් දේ සදාකාලික නෑ යන මතය කියන අශාස්වතවාදී ශ්‍රමණ බ්‍රාහ්මණයින් තමා ගැනත්, ලෝකය ගැනත් ඇතැම් දෙය ශාස්වතයි, ඇතැම් දෙය අශාස්වතයි කියලා උගන්වන්නේ.

පින්වත් මහණෙනි, ඇතැම් දේ ගැන ශාස්වතවාදී වූ ඇතැම් දේ ගැන අශාස්වතවාදී වූ භවත් ශ්‍රමණ බ්‍රාහ්මණයින් තමා ගැනත් ලෝකය ගැනත් ඇතැම් දේ ශාස්වතයි කියලත් ඇතැම් දේ අශාස්වතයි කියලත් උගන්වන්නේ යම් කරුණකින් නම්, ඒ සියළු දෙනාම මේ කරුණු හතරෙන් හෝ මේවායෙන් එක් කරුණක් හෝ ගෙන තමයි උගන්වන්නේ. මෙයින් බාහිර කරුණක් නැත.

50. පින්වත් මහණෙනි, තථාගතයන් වහන්සේ මේ කාරණය අවබෝධයෙන්ම දන්නවා. ඒ කියන්නේ "මේ දෘෂ්ටීන් මේ විදිහට ග්‍රහණය කරගත්තොත්, මේ විදිහට බැඳිලා ගියොත් මේ මේ ආකාරයේ උපත් ලබාගෙන මරණින් මතු මේ මේ විදිහට පරලොව යාවී" කියලා තථාගතයන් වහන්සේ මෙයත් දන්නවා. මෙයට වඩා උත්තරීතර දේවලුත් දන්නවා. ඒවා දැනගත්තා කියලා අමුතුවෙන් ඒවාට බැඳෙන්නේ නෑ. ඒ දෘෂ්ටිවලට හසු නොවෙන නිසාම තමා තුළම නිවී ගිය බව තමයි අවබෝධ වෙලා තියෙන්නේ. ඒ වගේම පින්වත් මහණෙනි, තථාගතයන් වහන්සේ (ඔය දෘෂ්ටි හතරට බැඳීමට හේතු වූ ඒ ඒ තැන්වල සැපදුක් විඳි බවට ඇති) වේදනාවන්ගේ හටගැනීමත්, නැතිවී යාමත්, ආශ්වාදයත්, ආදීනවයත්, නිස්සරණයත් ඒ වූ ආකාරයෙන්ම අවබෝධ කරගෙන උපාදාන රහිතව කෙලෙසුන්ගෙන් නිදහස් වෙලයි ඉන්නේ.

51. පින්වත් මහණෙනි, තථාගතයන් වහන්සේ ස්වකීය විශිෂ්ට ප්‍රඥාවෙන් සාක්ෂාත් කරපු යම් දේවල් ඇද්ද, ඒ දේවල්වලින් තථාගතයන් වහන්සේගේ යථාර්ථ වශයෙන් තිබෙන ගුණය වර්ණනා කරනවා නම්, වර්ණනා කළ යුතු දේ වන ගාම්භීර වූත්, දැකීමට දුෂ්කර වූත්, අවබෝධයට දුෂ්කර වූත්, ශාන්ත වූත්, ප්‍රණීත වූත්, තර්ක ගෝචරයෙන් තොර වූත්, සියුම් වූත්, නුවණැත්තන්ට විෂය වූත් ඒ දේවල් යනු මේවා තමයි.

52. පින්වත් මහණෙනි, ලෝකයෙහි කෙළවරක් තිබෙනවා, වගේම කෙළවරක් නැත යන මතය දරණ ඇතැම් ශ්‍රමණ බ්‍රාහ්මණයින් ඉන්නවා. ඔවුන් ලෝකයේ කෙළවරක් ඇත, නැත යන මතය කරුණු හතරකින් උගන්වනවා. ලෝකයෙහි කෙළවරක් තිබෙනවා, වගේම කෙළවරක් නැත යන මතය දරණ ඒ භවත් ශ්‍රමණ

බ්‍රාහ්මණයින් ලෝකයේ කෙළවරක් ඇත, නැත යන මතය කරුණු හතරකින් උගන්වන්නේ කුමකට පැමිණිලාද? කුමක් අරභයාද?

පින්වත් මහණෙනි, මෙහි ඇතැම් ශ්‍රමණයෙක් වේවා, බ්‍රාහ්මණයෙක් වේවා කෙලෙස් තවන වීර්යයෙන් යුතුව, අධික වීර්යයෙන් යුතුව, යළි යළිත් වීරිය කොට, අප්‍රමාදීව භාවනා කොට, මැනවින් මනසිකාර කරලා, යම් අයුරකින් සිත සමාහිත වෙලා ලෝකයෙහි කෙළවරක් ඇත යන හැඟීමෙන් වාසය කරනවා නම් එවැනි චිත්ත සමාධියක් ඇති කර ගන්නවා. එතකොට ඔහු මෙහෙම කියනවා. "මේ ලෝකය කෙළවර සහිතයි. හාත්පසින් වටවෙලයි තියෙන්නේ. එයට හේතුව කුමක්ද? මං ඉතින් ගොඩාක් උත්සාහ කරලා ....(පෙ).... යම් අයුරකින් සිත සමාහිත වෙලා ලෝකයෙහි කෙළවරක් ඇත යන හැඟීමෙන් වාසය කරනවා නම් එවැනි චිත්ත සමාධියක් ඇති කරගත්තා. මේ කාරණය නිසයි මං මෙය දන්නේ. යම් අයුරකින් කෙළවර සහිත නම් මේ ලෝකය එවැනි හාත්පසින් වට වූ දෙයක් කියලා.

පින්වත් මහණෙනි, යම් කරුණකට පැමිණිලා යම් කරුණක් අරභයා ලෝකයෙහි කෙළවරක් තිබෙනවා, වගේම කෙළවරක් නැත යන මතය දරණ ඇතැම් ශ්‍රමණ බ්‍රාහ්මණයින් ලෝකයේ කෙළවරක් ඇත නැත යන ඒ මතය උගන්වනවා නම් මේක තමයි ඒ පළමුවෙනි කරුණ.

53. ලෝකයෙහි කෙළවරක් තිබෙනවා, වගේම කෙළවරක් නැත යන මතය දරණ ඒ භවත් ශ්‍රමණ බ්‍රාහ්මණයින් ලෝකයේ කෙළවරක් ඇත නැත යන මතය දෙවෙනි කරුණෙන් උගන්වන්නේ කුමකට පැමිණිලාද? කුමක් අරභයාද?

පින්වත් මහණෙනි, මෙහි ඇතැම් ශ්‍රමණයෙක් වේවා බ්‍රාහ්මණයෙක් වේවා කෙලෙස් තවන වීර්යයෙන් යුතුව, අධික වීර්යයෙන් යුතුව, යළි යළිත් වීරිය කොට, අප්‍රමාදීව භාවනා කොට, මැනැවින් මනසිකාර කරලා, යම් අයුරකින් සිත සමාහිත වෙලා ලෝකයෙහි කෙළවරක් නැත යන හැඟීමෙන් වාසය කරනවා නම් එවැනි චිත්ත සමාධියක් ඇති කර ගන්නවා. එතකොට ඔහු මෙහෙම කියනවා. "මේ ලෝකය අනන්තයි. හාත්පසින් වටවුන සීමාවක් නෑ. නමුත් යම් මේ ශ්‍රමණ බ්‍රාහ්මණයින් මෙහෙම කියලා තියෙනවා. මේ ලෝකය කෙළවර සහිතයිලු, හාත්පසින් වටවෙලා තියෙනවාලු. ඒක ඔවුන්ගේ බොරුවක්. මේ ලෝකය අනන්තයි. හාත්පසින් වටවුන සීමාවක් නෑ. එයට හේතුව කුමක්ද? මං ඉතින් ගොඩාක් උත්සාහ කරලා ....(පෙ).... යම් අයුරකින් සිත සමාහිත වෙලා ලෝකයෙහි කෙළවරක් නැත යන හැඟීමෙන් වාසය කරනවා නම් එවැනි චිත්ත සමාධියක් ඇති කරගත්තා. මේ කාරණය නිසයි

මං මෙය දන්නේ. යම් අයුරකින් මේ ලෝකය අනන්තයි, හාත්පසින් වටවුන සීමාවක් නෑ කියලා.

පින්වත් මහණෙනි, යම් කරුණකට පැමිණිලා යම් කරුණක් අරභයා ලෝකයෙහි කෙළවරක් තිබෙනවා, වගේම කෙළවරක් නැත යන මතය දරණ ඇතැම් ශ්‍රමණ බ්‍රාහ්මණයින් ලෝකයේ කෙළවරක් ඇත නැත යන ඒ මතය උගන්වනවා නම් මේක තමයි ඒ දෙවෙනි කරුණ.

54. ලෝකයෙහි කෙළවරක් තිබෙනවා, වගේම කෙළවරක් නැත යන මතය දරණ ඒ හවත් ශ්‍රමණ බ්‍රාහ්මණයින් ලෝකයේ කෙළවරක් ඇත නැත යන මතය තෙවෙනි කරුණෙන් උගන්වන්නේ කුමකට පැමිණිලාද? කුමක් අරභයාද?

පින්වත් මහණෙනි, මෙහි ඇතැම් ශ්‍රමණයෙක් වේවා, බ්‍රාහ්මණයෙක් වේවා කෙලෙස් තවන වීර්යයෙන් යුතුව, අධික වීර්යයෙන් යුතුව, යළි යළිත් වීරිය කොට, අප්‍රමාදීව භාවනා කොට, මැනවින් මනසිකාර කරලා, යම් අයුරකින් සිත සමාහිත වෙලා ලෝකයෙහි උඩත් යටත් කෙළවරක් තියෙන නමුත් හරස් අතට කෙළවරක් නෑ යන හැඟීමෙන් වාසය කරනවා නම් එවැනි චිත්ත සමාධියක් ඇති කර ගන්නවා. එතකොට ඔහු මෙහෙම කියනවා. "මේ ලෝකය කෙළවර සහිතයි. ඒ වගේම කෙළවර රහිතයි. නමුත් යම් ඒ ශ්‍රමණ බ්‍රාහ්මණයන් ඉන්නවා මේ විදිහටයි කියන්නේ 'මේ ලෝකය කෙළවර සහිතයි, හාත්පසින් වටවෙලයි තියෙන්නේ' කියලා. ඒක ඔවුන්ගේ බොරුවක්. යම් ඒ ශ්‍රමණ බ්‍රාහ්මණයන් ඉන්නවා මේ විදිහටයි කියන්නේ 'මේ ලෝකය කෙළවරක් නෑ, හාත්පසින් වටවුණ සීමාවක් නෑ' කියලා. ඒකත් ඔවුන්ගේ බොරුවක්. එයට හේතුව කුමක්ද? මං ඉතින් ගොඩාක් උත්සාහ කරලා ....(පෙ).... යම් අයුරකින් සිත සමාහිත වෙලා ලෝකයෙහි උඩත් යටත් කෙළවරක් තියෙන නමුත් හරස් අතට කෙළවරක් නෑ යන හැඟීමෙන් වාසය කරනවා නම් එවැනි චිත්ත සමාධියක් ඇති කරගත්තා. මේ කාරණය නිසයි මං මෙය දන්නේ. යම් අයුරකින් ලෝකය කෙළවර සහිතයි, ඒ වගේම කෙළවරක් නැති දෙයක් කියලා.

පින්වත් මහණෙනි, යම් කරුණකට පැමිණිලා යම් කරුණක් අරභයා ලෝකයෙහි කෙළවරක් තිබෙනවා, වගේම කෙළවරක් නැත යන මතය දරණ ඇතැම් ශ්‍රමණ බ්‍රාහ්මණයින් ලෝකයේ කෙළවරක් ඇත නැත යන ඒ මතය උගන්වනවා නම් මේක තමයි ඒ තුන්වෙනි කරුණ.

55. ලෝකයෙහි කෙළවරක් තිබෙනවා, වගේම කෙළවරක් නැත යන මතය දරණ වූ හවත් ශ්‍රමණ බ්‍රාහ්මණයින් ලෝකයේ කෙළවරක් ඇත නැත යන මතය සතරවෙනි කරුණෙන් උගන්වන්නේ කුමකට පැමිණිලාද? කුමක් අරභයාද?

පින්වත් මහණෙනි, මෙහි ඇතැම් ශ්‍රමණ බ්‍රාහ්මණයින් ඉන්නවා. ඔවුන් තර්ක කරනවා. එක එක විදිහට විමසනවා. තර්ක කරමින් කරුණු රැස්කොට විමස විමසා තමන්ට වැටහෙන පරිදි කරුණු රැස්කොට මෙහෙම කියනවා. "මේ ලෝකය කෙළවරක් සහිත වූවක් නොවෙයි. කෙළවරක් රහිත වූවකුත් නොවෙයි. යම් ඒ ශ්‍රමණ බ්‍රාහ්මණයන් ඉන්නවා මේ විදිහටයි කියන්නේ 'මේ ලෝකය කෙළවර සහිතයි, හාත්පසින් වටවෙලයි තියෙන්නේ' කියලා. ඒක ඔවුන්ගේ බොරුවක්. යම් ඒ ශ්‍රමණ බ්‍රාහ්මණයන් ඉන්නවා මේ විදිහටයි කියන්නේ 'මේ ලෝකය කෙළවරක් නෑ, හාත්පසින් වටවුන සීමාවක් නෑ' කියලා. ඒකත් ඔවුන්ගේ බොරුවක්. ඒ වගේම යම් මේ ශ්‍රමණ බ්‍රාහ්මණයින් ඉන්නවා ඔවුන් කියන්නේ මේ විදිහටයි. 'ලෝකය කෙළවර සහිතයි. ඒ වගේම කෙළවර රහිතයි' කියලා. ඒකත් ඔවුන්ගේ බොරුවක්. මේ ලෝකය කෙළවරකින් යුක්තත් නෑ. කෙළවර රහිතත් නෑ" කියලා.

පින්වත් මහණෙනි, යම් කරුණකට පැමිණිලා යම් කරුණක් අරභයා ලෝකයෙහි කෙළවරක් තිබෙනවා, වගේම කෙළවරක් නැත යන මතය දරණ ඇතැම් ශ්‍රමණ බ්‍රාහ්මණයින් ලෝකයේ කෙළවරක් ඇත නැත යන ඒ මතය උගන්වනවා නම් මේක තමයි ඒ හතරවෙනි කරුණ.

56. පින්වත් මහණෙනි, ලෝකයෙහි කෙළවරක් තිබෙනවා, වගේම කෙළවරක් නැත යන මතය දරණ භවත් ශ්‍රමණ බ්‍රාහ්මණයින් ලෝකයේ කෙළවරක් ඇත නැත යන ඒ මතය මේ කරුණු හතරින් තමයි උගන්වන්නේ. පින්වත් මහණෙනි, ඒ ලෝකයෙහි කෙළවරක් තිබෙනවා, වගේම කෙළවරක් නැත යන මතය දරණ භවත් ශ්‍රමණ බ්‍රාහ්මණයින් ලෝකයේ කෙළවරක් ඇත නැත යන ඒ මතය උගන්වනවා නම්, මේ කරුණු හතරින් තමයි ඒ සියළු දෙනාම උගන්වන්නේ. එක්කෝ මේ කරුණුවලින් එකකිනුයි. මෙයින් බාහිර කරුණක් නම් නෑ.

57. පින්වත් මහණෙනි, තථාගතයන් වහන්සේ මේ කාරණය ගැන අවබෝධ කරගෙනයි ඉන්නේ "මේ දෘෂ්ටීන් මේ විදිහට ග්‍රහණය කරගත්තොත්, මේ විදිහට බැඳිල ගියොත් මේ මේ ආකාරයේ උපත් ලබාගෙන මරණින් මතු මේ මේ විදිහට පරලොව යාවි" කියලා තථාගතයන් වහන්සේ මෙයත් දන්නවා. මෙයට වඩා උත්තරීතර දේවලුත් දන්නවා. ඒවා දැනගත්තා කියලා අමුතුවෙන් ඒවාට බැඳෙන්නට යන්නේ නෑ. ඒ දෘෂ්ටිවලට හසු නොවෙන නිසාමයි තමා තුළම නිවීගිය බව දැනගෙන තියෙන්නේ. ඒ වගේම පින්වත් මහණෙනි, තථාගතයන් වහන්සේ වේදනාවන්ගේ හටගැනීමත්, නැතිවීයාමත් ආශ්වාදයත්, ආදීනවයත්, නිස්සරණයත් ඒ වූ ආකාරයෙන්ම අවබෝධ කරගෙන උපාදාන රහිතව කෙලෙසුන්ගෙන් නිදහස් වෙලයි ඉන්නේ.

58. පින්වත් මහණෙනි, තථාගතයන් වහන්සේ තමන් තුළින්ම උපදවා ගන්නා ලද විශිෂ්ට ඤාණයෙන් අත්දැකල ලොවට පෙන්වා දෙන යම් යම් දේවල් ඇත්නම්, ඒ යම් යම් දේවල්වලින් තථාගතයන් වහන්සේගේ සත්‍ය වශයෙන්ම තිබෙන ගුණත් මනාකොට කියනවා නම්, කිව යුතු වූ ඉතා ගැඹුරු වූ දුකසේ දකින්න තියෙන, දුකසේ අවබෝධ කරන්න තියෙන, ශාන්ත වූ, ප්‍රණීත වූ, තර්කයට හසු නොවන, ඉතා සියුම් වූ, ඒ වගේම නුවණැතියන් විසින්ම දත යුත්තේ මේ දේවල් තමයි.

59. පින්වත් මහණෙනි, ඇඟ බේරාගැනීමට පිළිතුරු දී (ආඳෙකු මෙන් ලිස්සා) ප්‍රශ්නයෙන් මගහැර යන අමරාවික්ෂේපවාදී ඇතැම් ශ්‍රමණ බ්‍රාහ්මණයින් ඉන්නවා. ඔවුන් ඒ ඒ කරුණු අරභයා ප්‍රශ්න ඇසූවිට ක්‍රම හතරකින් වචනවලින් මගහැරලා යනවා. ආඳෙකු මෙන් ලිස්සා යනවා. අමරාවික්ෂේපවාදී වූ භවත් ශ්‍රමණ බ්‍රාහ්මණයින් ද ඒ ඒ කරුණු අරභයා ප්‍රශ්න ඇසූවිට ක්‍රම හතරකින් වචනවලින් මගහැරලා යන්නේ ආඳෙකු මෙන් ලිස්සා යන්නේ කුමකට පැමිණීමෙන්ද? කුමක් අරභයාද?

60. පින්වත් මහණෙනි, මෙහි ඇතැම් ශ්‍රමණ බ්‍රාහ්මණයින් ඉන්නවා. මේක කුසලය කියලා ඒ වූ ආකාරයෙන්ම දන්නෙ නෑ. මේක අකුසලය කියලත් ඒ වූ ආකාරයෙන්ම දන්නෙ නෑ. එතකොට ඔහුට මෙහෙම හිතෙනවා. "මං මේක කුසලය කියලා ඒ වූ ආකාරයෙන්ම දන්නෙ නෑ. මේක අකුසලය කියලත් ඒ වූ ආකාරයෙන්ම දන්නෙ නෑ. ඉදින් මං පවා මේක කුසලය කියලා ඒ වූ ආකාරයෙන්ම නොදන්න කොට, මේක අකුසලය කියලත් ඒ වූ ආකාරයෙන්ම නොදන්න කොට, මේක තමයි කුසලය කියලා මං කිව්වොත්, මේක තමයි අකුසලය කියලා මං කිව්වොත්, එහිදී මගේ ඒ කියමන තුළ කැමැත්තක් හෝ රාගයක් හෝ ද්වේෂයක් හෝ තරහක් හෝ ඇතිවෙන්නට පුළුවනි. යම් කරුණකට මගේ කියමනට කැමැත්තක් හෝ රාගයක් හෝ ද්වේෂයක් හෝ තරහක් හෝ ඇතිවෙන්නට පුළුවන් නම් ඒක මගේ බොරුවක් වෙනවා. මගේ යම් කීමක් බොරු වෙනවා නම් ඒක මට පීඩා සහිතයි. මට යමක් පීඩා සහිත නම් ඒක මට අන්තරාදායකයි.

ඉතින් ඔය විදිහට ඔහු බොරුකීමට බියෙන්, බොරුකීමට පිළිකුලෙන් මේක කුසල්ය කියලා කියන්නෙත් නෑ. මෙය අකුසල්ය කියලා කියන්නෙත් නෑ. ඒ ඒ කරුණු ගැන ප්‍රශ්න ඇසූ විට "මා තුළ ඔවැනි අදහසක් නම් නෑ. මා තුළ ඒ අයුරින් පිළිගැනීමකුත් නෑ. මා තුළ ඔයිට වෙනස් අයුරකින් පිළිගැනීමකුත් නෑ. නොපිළිගන්නවා කියලා දෙයකුත් නෑ. නොපිළිගන්නේ

නැත කියලා දෙයකුත් නෑ" කියලා වචනවලින් මගහැරලා යනවා. ආඳෙකු මෙන් ලිස්සා යනවා.

පින්වත් මහණෙනි, යම් කරුණකට පැමිණිලා යම් කරුණක් අරභයා අමරාවික්ෂේපවාදී ඒ භවත් ශ්‍රමණ බ්‍රාහ්මණයින්ද ඒ ඒ කරුණු අරභයා ප්‍රශ්න ඇසූවිට වචනවලින් මගහැරලා යන්නේ ආඳෙකු මෙන් ලිස්සා යන්නේ නම් මේක තමයි ඒ පළමුවෙනි කරුණ.

61. අමරාවික්ෂේපවාදී ඒ භවත් ශ්‍රමණ බ්‍රාහ්මණයින් ඒ ඒ කරුණු අරභයා ප්‍රශ්න ඇසූවිට වචනවලින් මගහැරලා යන ආඳෙකු මෙන් ලිස්සා යන දෙවෙනි ක්‍රමයට එන්නේ කුමකට පැමිණීමෙන්ද? කුමක් අරභයාද?

පින්වත් මහණෙනි, මෙහි ඇතැම් ශ්‍රමණ බ්‍රාහ්මණයින් ඉන්නවා. මේක කුසලය කියලා ඒ වූ ආකාරයෙන්ම දන්නෙ නෑ. මේක අකුසලය කියලත් ඒ වූ ආකාරයෙන්ම දන්නෙ නෑ. එතකොට ඔහුට මෙහෙම හිතෙනවා. "මං මේක කුසලය කියලා ඒ වූ ආකාරයෙන්ම දන්නෙ නෑ. මේක අකුසලය කියලත් ඒ වූ ආකාරයෙන්ම දන්නෙ නෑ. ඉදින් මං පවා මේක කුසලය කියලා ඒ වූ ආකාරයෙන්ම නොදන්න කොට, මේක අකුසලය කියලත් ඒ වූ ආකාරයෙන්ම නොදන්න කොට, මේක තමයි කුසලය කියලා මං කිව්වොත්, මේක තමයි අකුසලය කියලා මං කිව්වොත්, එහිදී මට ඒ කියමන තුළ කැමැත්තක් හෝ රාගයක් හෝ ද්වේෂයක් හෝ තරහක් හෝ ඇතිවෙන්නට පුළුවනි. යම් කරුණකට මා තුළ කැමැත්තක් හෝ රාගයක් හෝ ද්වේෂයක් හෝ තරහක් හෝ ඇතිවෙන්නට පුළුවන් නම් ඒක මගේ උපාදානයක් (අනවශ්‍ය බැඳීමක්) වෙනවා. මගේ යම් කීමක් උපාදානයක් වෙනවා නම් ඒක මට පීඩා සහිතයි. මට යමක් පීඩා සහිත නම් ඒක මට අන්තරාදායකයි.

ඉතින් ඔය විදිහට ඔහු උපාදානයට බියෙන්, උපාදානයට පිළිකුලෙන් මේක කුසල්ය කියලා කියන්නෙත් නෑ. මෙය අකුසල්ය කියලා කියන්නෙත් නෑ. ඒ ඒ කරුණු ගැන ප්‍රශ්න ඇසූ විට "මා තුළ ඔවැනි අදහසක් නම් නෑ. මා තුළ ඒ අයුරින් පිළිගැනීමකුත් නෑ. මා තුළ ඔයිට වෙනස් අයුරකින් පිළිගැනීමකුත් නෑ. නොපිළිගන්නවා කියලා දෙයකුත් නෑ. නොපිළිගන්නේ නැත කියලා දෙයකුත් නෑ" කියලා වචනවලින් මගහැරලා යනවා. ආඳෙකු මෙන් ලිස්සා යනවා.

පින්වත් මහණෙනි, යම් කරුණකට පැමිණිලා යම් කරුණක් අරභයා අමරාවික්ෂේපවාදී ඒ භවත් ශ්‍රමණ බ්‍රාහ්මණයින්ද ඒ ඒ කරුණු අරභයා ප්‍රශ්න ඇසූවිට වචනවලින් මගහැරලා යන්නේ ආඳෙකු මෙන් ලිස්සා යන්නේ නම් මේක තමයි ඒ දෙවෙනි කරුණ.

62. අමරාවික්ෂේපවාදී ඒ භවත් ශ්‍රමණ බ්‍රාහ්මණයින් ඒ ඒ කරුණු අරභයා ප්‍රශ්න ඇසූවිට වචනවලින් මගහැරලා යන, ආදෙකු මෙන් ලිස්සා යන තුන්වෙනි ක්‍රමයට එන්නේ කුමකට පැමිණීමෙන්ද? කුමක් අරභයාද?

පින්වත් මහණෙනි, මෙහි ඇතැම් ශ්‍රමණ බ්‍රාහ්මණයින් ඉන්නවා. මේක කුසලය කියලා ඒ වූ ආකාරයෙන්ම දන්නෙ නෑ. මේක අකුසලය කියලත් ඒ වූ ආකාරයෙන්ම දන්නෙ නෑ. එතකොට ඔහුට මෙහෙම හිතෙනවා. "මං මේක කුසලය කියලා ඒ වූ ආකාරයෙන්ම දන්නෙ නෑ. මේක අකුසලය කියලත් ඒ වූ ආකාරයෙන්ම දන්නෙ නෑ. ඉදින් මං පවා මේක කුසලය කියලා ඒ වූ ආකාරයෙන්ම නොදන්න කොට, මේක අකුසලය කියලත් ඒ වූ ආකාරයෙන්ම නොදන්න කොට, මේක තමයි කුසලය කියලා මං කිව්වොත්, මේක තමයි අකුසලය කියලා මං කිව්වොත්, මෙහෙම වේවි. පණ්ඩිත වූ, සියුම් නුවණ ඇති, අනුන් හා වාද කරලා ජයගත්තු, ඊතලයෙන් අශ්වලෝමයට විදින දක්ෂ දුනුවායන් වැනි වූ, තමන්ගේ දෘෂ්ටිවලින් නුවණ හසුරුවා අනුන් පරදවන්නන්ව හැසිරෙන යමෙක් ඇද්ද එබඳු ශ්‍රමණ බ්‍රාහ්මණයින් ඉන්නවා. මං කුසල් අකුසල් ගැන කියන්නට ගියොත් ඔවුන් ඒ කරුණු අරභයා මගෙන් ප්‍රශ්න කරන්නට පුළුවනි. කරුණු ඉස්මතු කොට වාදයට එන්නට පුළුවනි. දොස් කියන්නට පුළුවනි. යම් කෙනෙක් මා පවසන කුසල් අකුසල් ගැන මගෙන් ප්‍රශ්න කරද්දී, කරුණු ඉස්මතුකොට වාද කරද්දී, දොස් කියද්දී ඔවුන්ගෙන් කරුණු විමසා මට ප්‍රශ්න කරන්නට බැරිවුනොත්, කරුණු ඉස්මතු කොට වාද කරන්නට බැරි වුණොත්, දොස් කියන්නට බැරි වුනොත් ඒක මට පීඩා සහිතයි. මට යමක් පීඩා සහිත නම් ඒක මට අන්තරාදායකයි.

ඉතින් ඔය විදිහට ඔහු කරුණු ඉස්මතු කොට වාද කිරීමට බියෙන්, කරුණු ඉස්මතු කොට වාද කිරීමට පිළිකුලෙන් මේක කුසල්ය කියලා කියන්නෙත් නෑ. මෙය අකුසල්ය කියලා කියන්නෙත් නෑ. ඒ ඒ කරුණු ගැන ප්‍රශ්න ඇසූ විට "මා තුළ ඔවැනි අදහසක් නම් නෑ. මා තුළ ඒ අයුරින් පිළිගැනීමකුත් නෑ. මා තුළ ඔයිට වෙනස් අයුරකින් පිළිගැනීමකුත් නෑ. නොපිළිගන්නවා කියලා දෙයකුත් නෑ. නොපිළිගන්නේ නැත කියලා දෙයකුත් නෑ" කියලා වචනවලින් මගහැරලා යනවා. ආදෙකු මෙන් ලිස්සා යනවා.

පින්වත් මහණෙනි, යම් කරුණකට පැමිණිලා යම් කරුණක් අරභයා අමරාවික්ෂේපවාදී ඒ භවත් ශ්‍රමණ බ්‍රාහ්මණයින්ද ඒ ඒ කරුණු අරභයා ප්‍රශ්න ඇසූවිට වචනවලින් මගහැරලා යන්නේ ආදෙකු මෙන් ලිස්සා යන්නේ නම් මේක තමයි ඒ තුන්වෙනි කරුණ.

63. අමරාවික්ෂේපවාදී ඒ භවත් ශ්‍රමණ බ්‍රාහ්මණයින් ඒ ඒ කරුණු අරභයා ප්‍රශ්න ඇසූවිට වචනවලින් මගහැරලා යන ආදෙකු මෙන් ලිස්සා යන සතරවෙනි ක්‍රමයට එන්නේ කුමකට පැමිණීමෙන්ද? කුමක් අරභයාද?

පින්වත් මහණෙනි, මෙහි ඇතැම් ශ්‍රමණයෙක් හෝ බ්‍රාහ්මණයෙක් හෝ ඉන්නවා. නුවණ මදි. ඉතා මෝඩයි. ඔහු නුවණ මදි නිසා, බොහෝ සේ මෝඩ නිසා ඒ ඒ කරුණු අරභයා ප්‍රශ්න විමසූ විට එක එක දේවල් කියා වචනවලින් මග අරිනවා. ආදෙකු මෙන් ලිස්සා යනවා. "පරලොවක් තියෙනවාද? කියලා මගෙන් විමසුවොත් එතකොට මට හිතෙනවා නම් පරලොවක් ඇත කියලා මං ඔබට එය විසඳන්නේ පරලොවක් තියෙනවා කියලයි. ඒ වුනාට මා තුළ ඔවැනි අදහසක් නම් නෑ. මා තුළ ඒ අයුරින් පිළිගැනීමකුත් නෑ. මා තුළ ඔයිට වෙනස් අයුරකින් පිළිගැනීමකුත් නෑ. නොපිළිගන්නවා කියලා දෙයකුත් නෑ. නොපිළිගන්නේ නැත කියලා දෙයකුත් නෑ. ඒ වගේම පරලොවක් නැද්ද? කියලා මගෙන් ඇහුවොත් ....(පෙ).... පරලොවක් තියෙනවාද නැද්ද? කියලා ....(පෙ).... පරලොවක් ඇත්තේත් නැද්ද? නැත්තේත් නැද්ද? කියලා ....(පෙ).... ඕපපාතික සත්වයන් ඉන්නවාද? කියලා ....(පෙ).... ඕපපාතික සත්වයන් නැද්ද? කියලා ....(පෙ).... ඕපපාතික සත්වයන් ඇද්ද නැද්ද? කියලා ....(පෙ).... හොඳ නරක කර්මවල ඵලවිපාක තියෙනවාද? කියලා ....(පෙ).... හොඳ නරක කර්මවල ඵල විපාක නැද්ද? කියලා ....(පෙ).... හොඳ නරක කර්මවල ඵලවිපාක ඇත්තේත් නැද්ද? නැත්තේත් නැද්ද? කියලා ....(පෙ).... තථාගතයන් වහන්සේ මරණින් මතු ඉන්නවාද? කියලා ....(පෙ).... තථාගතයන් වහන්සේ මරණින් මතු නැද්ද? කියලා ....(පෙ).... තථාගතයන් වහන්සේ මරණින් මතු ඇත්තේත් නැද්ද? නැත්තේත් නැද්ද? කියලා මගෙන් විමසුවොත් එතකොට මට හිතෙනවා නම් තථාගතයන් වහන්සේ මරණින් මතු අත්තේත් නෑ, නැත්තේත් නෑ කියලා මං ඔබට එය විසඳන්නේ තථාගතයන් වහන්සේ මරණින් මතු ඇත්තේත් නෑ, නැත්තේත් නෑ කියලයි. ඒ වුණාට මා තුළ ඔවැනි අදහසක් නම් නෑ. මා තුළ ඒ අයුරින් පිළි ගැනීමකුත් නෑ. මා තුළ ඔයිට වෙනස් අයුරකින් පිළිගැනීමකුත් නෑ. නොපිළි ගන්නවා කියලා දෙයකුත් නෑ. නොපිළිගන්නේ නැත කියලා දෙයකුත් නෑ.

පින්වත් මහණෙනි, යම් කරුණකට පැමිණිලා යම් කරුණක් අමරාවික්ෂේපවාදී ඒ භවත් ශ්‍රමණ බ්‍රාහ්මණයින්ද ඒ ඒ කරුණු අරභයා ප්‍රශ්න ඇසූ විට වචනවලින් මගහැරලා යන්නේ ආදෙකු මෙන් ලිස්සා යන්නේ නම් මේක තමයි ඒ හතරවෙනි කරුණ.

64. පින්වත් මහණෙනි, අමරාවික්ෂේපවාදී වූ ශ්‍රමණ බ්‍රාහ්මණයින් ඒ ඒ කරුණු පිළිබඳව ප්‍රශ්න විමසද්දී කෙළින් පිළිතුරු නොදී වචනවලින් මගහරින්නේත්,

ආදෙකු මෙන් ලිස්සා යන්නේත් මේ කරුණු හතරින් තමයි. පින්වත් මහණෙනි, අමරාවික්ෂේපවාදී වූ ශ්‍රමණ බ්‍රාහ්මණයින් ඒ ඒ කරුණු පිළිබඳව ප්‍රශ්ණ විමසද්දී කෙළින් පිළිතුරු නොදී වචනවලින් මගහරින්නේත්, ආදෙකු මෙන් ලිස්සා යන්නේත් යම් කරුණුවලින් නම්, ඒ මේ කරුණු හතරින් තමයි. එක්කෝ මේ කරුණුවලින් එකකිනුයි. මෙයින් බාහිර කරුණක් නම් නෑ.

65. පින්වත් මහණෙනි, තථාගතයන් වහන්සේ මේ කාරණය ගැන අවබෝධ කරගෙනයි ඉන්නේ. මේ දෘෂ්ටීන් මේ විදිහට ග්‍රහණය කරගත්තොත්, මේ විදිහට බැඳිලා ගියොත් මේ මේ ආකාරයේ උපත් ලබාගෙන මරණින් මතු මේ මේ විදිහට පරලොව යාවී" කියලා තථාගතයන් වහන්සේ මෙයත් දන්නවා. මෙයට වඩා උත්තරීතර දේවලුත් දන්නවා. ඒවා දැනගත්තා කියලා අමුතුවෙන් ඒවාට බැඳෙන්නට යන්නේ නෑ. ඒ දෘෂ්ටිවලට හසු නොවෙන නිසාමයි තමා තුළම නිවීගිය බව දැනගෙන තියෙන්නේ. ඒ වගේම පින්වත් මහණෙනි, තථාගතයන් වහන්සේ වේදනාවන්ගේ හටගැනීමත්, නැතිවී යාමත්, ආශ්වාදයත්, ආදීනවයත්, නිස්සරණයත් ඒ වූ ආකාරයෙන්ම අවබෝධ කරගෙන උපාදාන රහිතව කෙලෙසුන්ගෙන් නිදහස් වෙලයි ඉන්නේ.

පින්වත් මහණෙනි, තථාගතයන් වහන්සේ තමන් තුළින්ම උපදවා ගන්නා ලද විශිෂ්ට ඥාණයෙන් අත්දැකල ලොවට පෙන්වා දෙන යම් යම් දේවල් ඇත්නම්, ඒ යම් යම් දේවල්වලින් තථාගතයන් වහන්සේගේ සත්‍ය වශයෙන්ම තිබෙන ගුණත් මනාකොට කියනවා නම්, කිව යුතු වූ ඉතා ගැඹුරු වූ, දුකසේ දකින්න තියෙන, දුකසේ අවබෝධ කරන්න තියෙන, ශාන්ත වූ, ප්‍රණීත වූ, තර්කයට හසු නොවන, ඉතා සියුම් වූ, ඒ වගේම නුවණැතියන් විසින්ම දතයුත්තේ මේ දේවල් තමයි.

66. පින්වත් මහණෙනි, හේතුඵල දහමින් තොරව ඉබේ සිදුවෙනවා යන මතය ඇති අධිච්චසමුප්පන්නවාදී ඇතැම් ශ්‍රමණ බ්‍රාහ්මණයින් ඉන්නවා. ඔවුන් ආත්මය ගැනත්, ලෝකය ගැනත් ඉබේ හටගත් දේවල් හැටියට මතවාද දෙකකින් උගන්වනවා. ඒ අධිච්චසමුප්පන්නවාදී භවත් ශ්‍රමණ බ්‍රාහ්මණයින් මතවාද දෙකක් ඔස්සේ ආත්මය ගැනත් ලෝකය ගැනත් ඉබේ හටගත් දේ හැටියට උගන්වන්නේ කුමකට පැමිණීමෙන්ද? කුමක් අරභයාද?

පින්වත් මහණෙනි, (තමාගේ සිතත් කයත් පවතින බව නොදැන ඉපදී සිටින) 'අසඤ්ඤසත්ත' නමින් දෙවිවරු කොටසක් ඉන්නවා. සඤ්ඤාව ඉපදුන සැණින් ඒ දෙවිවරු ඒ ලෝකයෙන් චුත වෙනවා. පින්වත් මහණෙනි, යම් සත්වයෙක් ඒ ලෝකයෙන් චුතවෙලා මේ මිනිස් ලොවට පැමිණෙනවාය යන

මෙකරුණ විද්‍යමාන (දකින්නට ලැබෙන) දෙයක්. ඉතින්, මිනිස් ලොවට ආපු ඒ කෙනා ගිහිගෙය අත්හැරලා අනගාරික වූ පැවිදිබව ලබනවා. ගිහිගෙයින් නික්මී අනගාරිකව පැවිදි වූ ඔහු කෙලෙස් තවන වීර්යයෙන් යුතුව, මහත් වීර්යයකින් යුතුව, යළි යළිත් වීරිය කොට, අප්‍රමාදීව, ඉතා හොඳින් මනසිකාර කරලා යම් අයුරකින් සිත සමාධිමත් වුන විට සඤ්ඤාව ඉපදීම ගැන සිහිකරන්න පුළුවන් වෙනවා නම්, එයින් එහාට සිහි කරන්නට පුළුවන් වෙන්නේ නැත්නම්, එබඳු වූ චිත්ත සමාධියක් ඇතිකර ගන්නවා. එතකොට ඔහුට මෙහෙම හිතෙනවා. ආත්මයත් ලෝකයත් ඉබේමයි හට අරගෙන තියෙන්නේ. මක්නිසාද එහෙම වෙන්නේ? මං කලින් ඉඳලා නෑ. ඒ මං මේ ජීවිතය තුළ තමයි ජීවිතය පිණිස පරිණාමයට පත්වුනේ.

පින්වත් මහණෙනි, අධිච්චසමුප්පන්නවාදී ඇතැම් ශ්‍රමණ බ්‍රාහ්මණයන් ආත්මයත් ලෝකයත් ගැන ඉබේ හටගත් දෙයක් වශයෙන් උගන්වන්නේ යම් කරුණකට පැමිණිලා නම් යමක් අරහයා නම්, මේ ඒ පළමුවෙනි මතවාදයයි.

67. ඒ අධිච්චසමුප්පන්නවාදී වූ භවත් ශ්‍රමණ බ්‍රාහ්මණයන් දෙවෙනි කරුණ හැටියට ආත්මයත් ලෝකයත් ඉබේ හටගත් දෙයක් වශයෙන් උගන්වන්නේ කුමකට පැමිණීමෙන්ද? කුමක් අරහයාද?

පින්වත් මහණෙනි, මෙහි ඇතැම් ශ්‍රමණ බ්‍රාහ්මණයින් ඉන්නවා. ඔවුන් තර්ක කරනවා. එක එක විදිහට විමසනවා. තර්ක කරමින් කරුණු රැස්කොට විමස විමසා තමන්ට වැටහෙන පරිදි කරුණු රැස්කොට මෙහෙම කියනවා. "ආත්මයත් ලෝකයත් ඉබේ හටගෙනයි තියෙන්නෙ" කියලා.

පින්වත් මහණෙනි, අධිච්චසමුප්පන්නවාදී ඇතැම් ශ්‍රමණ බ්‍රාහ්මණයන් ආත්මයත් ලෝකයත් ඉබේ හටගත්තක්ය කියලා උගන්වන්නේ යමකට පැමිණිලා නම්, යමක් අරහයා නම්, මේ ඒ දෙවෙනි කාරණයයි.

68. පින්වත් මහණෙනි, අධිච්චසමුප්පන්නවාදී ශ්‍රමණ බ්‍රාහ්මණයන් ආත්මයත් ලෝකයත් ඉබේ හටගත්ත බවට උගන්වන්නේ ඔය කරුණු දෙකෙන් තමයි. පින්වත් මහණෙනි, අධිච්චසමුප්පන්නවාදී වූ ශ්‍රමණ බ්‍රාහ්මණයින් ආත්මයත් ලෝකයත් ඉබේ හටගත් බවට යම් කරුණුවලින් උගන්වනවා නම්, ඒ සියළුදෙනාම උගන්වන්නේ මේ කරුණු දෙකෙන් තමයි. එහෙම නැත්නම් ඔය දෙකෙන් එක් කරුණකින් තමයි. ඔයිට බාහිර කරුණකින් නොවේ.

69. පින්වත් මහණෙනි, ඔය කාරණය තථාගතයන් වහන්සේ හොඳින් දන්නවා ....(පෙ).... යම් කරුණකින් තථාගතයන් වහන්සේව සැබෑ ලෙසම වර්ණනා කරනවා නම්, වර්ණනා කරන්නේ.

70. පින්වත් මහණෙනි, අතීතයේ කෙළවර ගැන කල්පනා කරන පූර්ව අන්ත කල්පික වූ ඒ ශ්‍රමණ බ්‍රාහ්මණයින් අතීතයේ කෙළවර ගැන ඇති කරගත් මතවාද අනුව කලින් ජීවිතවල කෙළවර අරභයා නොයෙක් ආකාරවලින් අදහස් මතවාදයන් ප්‍රකාශනයන් ඉදිරිපත් කරන්නේ ඔය කරුණු දහඅටෙන් තමයි. පින්වත් මහණෙනි, ඒ පූර්වාන්ත කල්පික වූ ශ්‍රමණ බ්‍රාහ්මණයින් කලින් ජීවිතවල කෙළවර ගැන ඇති කරගත් දෘෂ්ටිය අනුව කලින් ජීවිතවල කෙළවර අරභයා නොයෙක් ආකාරයෙන් අදහස් මතවාද ප්‍රකාශනයන් වශයෙන් යමක් ඉදිරිපත් කරයි නම් ඒ සියළු දෙනාම මේ කරුණු දහඅටෙන් තමයි ඉදිරිපත් කරන්නේ. එහෙම නැත්නම් මේවායින් එක දෙයෙකිනුයි. ඔයින් පිටස්තර කරුණකින් නම් නොවේ.

71. පින්වත් මහණෙනි, තථාගතයන් වහන්සේ මේ කාරණය ගැන අවබෝධ කරගෙනයි ඉන්නේ "මේ දෘෂ්ටීන් මේ විදිහට ග්‍රහණය කරගත්තොත්, මේ විදිහට බැඳිලා ගියොත් මේ මේ ආකාරයේ උපත් ලබාගෙන මරණින් මතු මේ මේ විදිහට පරලොව යාවි" කියලා තථාගතයන් වහන්සේ මෙයත් දන්නවා. මෙයට වඩා උත්තරීතර දේවලුත් දන්නවා. ඒවා දැනගත්තා කියලා අමුතුවෙන් ඒවාට බැඳෙන්නට යන්නේ නෑ. ඒ දෘෂ්ටිවලට හසු නොවෙන නිසාමයි තමා තුළම නිවීගිය බව දැනගෙන තියෙන්නේ. ඒ වගේම පින්වත් මහණෙනි, තථාගතයන් වහන්සේ වේදනාවන්ගේ හටගැනීමත්, නැතිවී යාමත්, ආශ්වාදයත්, ආදීනවයත්, නිස්සරණයත් ඒ වූ ආකාරයෙන්ම අවබෝධ කරගෙන උපාදාන රහිතව කෙලෙසුන්ගෙන් නිදහස් වෙලයි ඉන්නේ.

පින්වත් මහණෙනි, තථාගතයන් වහන්සේ තමන් තුළින්ම උපදවා ගන්නා ලද විශිෂ්ට ඤාණයෙන් අත්දැකල ලොවට පෙන්වා දෙන යම් යම් දේවල් ඇත්නම්, ඒ යම් යම් දේවල්වලින් තථාගතයන් වහන්සේගේ සත්‍ය වශයෙන්ම තිබෙන ගුණත් මනාකොට කියනවා නම්, කිව යුතු වූ ඉතා ගැඹුරු වූ, දුකසේ දකින්න තියෙන, දුකසේ අවබෝධ කරන්න තියෙන, ශාන්ත වූ, ප්‍රණීත වූ, තර්කයට හසු නොවන, ඉතා සියුම් වූ, ඒ වගේම නුවණැතියන් විසින්ම දතයුත්තේ මේ දේවල් තමයි.

72. පින්වත් මහණෙනි, අනාගත ජීවිතයේ කෙළවර ගැන නොයෙක් දෘෂ්ටි ඇතිකරගන්නා අපරාන්ත කල්පික වූ ඇතැම් ශ්‍රමණ බ්‍රාහ්මණයින් ඉන්නවා. ඔවුන් අනාගත ජීවිතයේ කෙළවර ගැන නොයෙක් දෘෂ්ටීන් ඇති කරගෙන අනාගත ජීවිතයේ කෙළවර අරභයා අනේකප්‍රකාර වූ අදහස් දෘෂ්ටි මතවාද ආදිය ප්‍රකාශ කරමින් කරුණු හතළිස් හතරකින් ඉදිරිපත් කරනවා. ඒ පූර්වාන්ත කල්පික වූ භවත් ශ්‍රමණ බ්‍රාහ්මණයින් අනාගත ජීවිතයේ කෙළවර

අරභයා දෘෂ්ටිවාද ඇතිකර ගනිමින් අනාගත ජීවිතයේ කෙළවර පිළිබඳ කරුණු හතළිස් හතරකින් අදහස් මතවාද දෘෂ්ටි ආදිය ඉදිරිපත් කරන්නේ කුමකට පැමිණීමෙන්ද? කුමක් අරභයාද?

73. පින්වත් මහණෙනි, මරණින් මතු ආත්මයක් තියෙනවා යන මතය දරූ උද්ධමාඝාතනික සඤ්ඤීවාදක වූ ඇතැම් ශ්‍රමණ බ්‍රාහ්මණයින් ඉන්නවා. ඔවුන් මරණින් මතු ලබන ඒ ආත්මය සඤ්ඤා සහිත යැයි කරුණු දහසයකින් විස්තර කරනවා. මරණින් මත්තෙහි ආත්මය සඤ්ඤා සහිත යැයි දෘෂ්ටිගතික වූ ඒ භවත් ශ්‍රමණ බ්‍රාහ්මණයින් මරණින් මතු ආත්මය සඤ්ඤා සහිත බවට දහසය කරුණකින් විස්තර කරන්නේ කුමකට පැමිණීමෙන්ද? කුමක් අරභයාද?

කෙනෙක් උගන්වන්නේ "ආත්මය යනු රූපයෙන් හැදුණු දෙයක්. මරණින් මතු නිත්‍ය වෙනවා. සඤ්ඤාවකින් යුතුවෙනවා" කියලයි. තව කෙනෙක් විස්තර කරන්නේ "ආත්මය යනු අරූපී දෙයක්. එය මරණින් මතු නිත්‍ය වෙනවා. සඤ්ඤා සහිත වෙනවා" කියලා. "ආත්මය රූපී වගේම අරූපී දෙයක් ....(පෙ).... ආත්මය රූපීත් නොවෙයි, අරූපීත් නොවෙයි ....(පෙ).... ආත්මය කෙළවරක් ඇති දෙයක් ....(පෙ).... ආත්මය අනන්ත දෙයක් ....(පෙ).... ආත්මය කෙළවරකුත් තිබෙන, කෙළවරකුත් නැති දෙයක් ....(පෙ).... ආත්මය කෙළවරකුත් නැති, අනන්තයකුත් නැති දෙයක් ....(පෙ).... ආත්මය එකම සඤ්ඤාවකින් යුක්ත වූ දෙයක් ....(පෙ).... ආත්මය නානා සඤ්ඤාවලින් යුක්ත දෙයක් ....(පෙ).... ආත්මය කුඩා සඤ්ඤාවකින් යුක්ත දෙයක් ....(පෙ).... ආත්මය අප්‍රමාණ සඤ්ඤාවකින් යුක්ත දෙයක් ....(පෙ).... ආත්මය ඒකාන්ත සැපයෙන් යුක්ත දෙයක් ....(පෙ).... ආත්මය ඒකාන්ත දුකින් යුතු දෙයක් ....(පෙ).... ආත්මය සැප දුක දෙකෙන්ම යුතු දෙයක්. ආත්මය දුක් සැප රහිත වූ දෙයක්. මරණින් මතු නිත්‍ය වූ සඤ්ඤා සහිත වූ දෙයක්" කියලා.

74. පින්වත් මහණෙනි, ඒ උද්ධමාඝාතනික සඤ්ඤීවාදී වූ ඒ ශ්‍රමණ බ්‍රාහ්මණයින් මරණින් මතු සඤ්ඤා සහිත ආත්මයක් තියෙනවා යන දෘෂ්ටිය ඉදිරිපත් කරන්නේ ඔය මතවාද දහසය තුළිනුයි.

පින්වත් මහණෙනි, උද්ධමාඝාතනික සඤ්ඤීවාදී වූ ශ්‍රමණ බ්‍රාහ්මණයින් මරණින් මතු සඤ්ඤා සහිත ආත්මයක් තිබෙන බවට මතවාද ඉදිරිපත් කරන්නේ යම් කරුණකින් නම්, ඒ සියළු දෙනාම ඔය කරුණු දහසයෙන් තමයි කරුණු කියන්නේ. එක්කෝ ඕවායින් එක කරුණකින්. ඔයින් පිටස්තර කරුණු කියන්නේ නෑ.

75. පින්වත් මහණෙනි, තථාගතයන් වහන්සේ මේ කාරණය ගැන අවබෝධ කරගෙනයි ඉන්නේ "මේ දෘෂ්ටීන් මේ විදිහට ග්‍රහණය කරගත්තොත්, මේ විදිහට

බැඳිලා ගියොත් මේ මේ ආකාරයේ උපත් ලබාගෙන මරණින් මතු මේ මේ විදිහට පරලොව යාවී" කියලා තථාගතයන් වහන්සේ මෙයත් දන්නවා. මෙයට වඩා උත්තරීතර දේවලුත් දන්නවා. ඒවා දැනගත්තා කියලා අමුතුවෙන් ඒවාට බැඳෙන්නට යන්නේ නෑ. ඒ දෘෂ්ටිවලට හසු නොවෙන නිසාමයි තමා තුළම නිවීගිය බව දැනගෙන තියෙන්නේ. ඒ වගේම පින්වත් මහණෙනි, තථාගතයන් වහන්සේ වේදනාවන්ගේ හටගැනීමත්, නැතිවී යාමත්, ආශ්වාදයත්, ආදීනවයත්, නිස්සරණයත් ඒ වූ ආකාරයෙන්ම අවබෝධ කරගෙන උපාදාන රහිතව කෙලෙසුන්ගෙන් නිදහස් වෙලයි ඉන්නේ.

76. පින්වත් මහණෙනි, තථාගතයන් වහන්සේ තමන් තුළින්ම උපදවා ගන්නා ලද විශිෂ්ට ඥාණයෙන් අත්දැකල ලොවට පෙන්වා දෙන යම් යම් දේවල් ඇත්නම්, ඒ යම් යම් දේවල්වලින් තථාගතයන් වහන්සේගේ සත්‍ය වශයෙන්ම තිබෙන ගුණත් මනාකොට කියනවා නම්, කිව යුතු වූ ඉතා ගැඹුරු වූ, දුකසේ දකින්න තියෙන, දුකසේ අවබෝධ කරන්න තියෙන, ශාන්ත වූ, ප්‍රණීත වූ, තර්කයට හසු නොවන, ඉතා සියුම් වූ, ඒ වගේම නුවණැතියන් විසින්ම දතයුත්තේ මේ දේවල් තමයි.

දෙවෙනි බණවරයි

77. පින්වත් මහණෙනි, මරණින් මතු සඤ්ඤා රහිත වූ ආත්මයක් තියෙනවාය යන දෘෂ්ටියෙන් යුතු වූ උද්ධමාඝාතනික අසඤ්ඤීවාදී වූ ඇතැම් ශ්‍රමණ බ්‍රාහ්මණයින් ඉන්නවා. ඔවුන් මතවාද අටක් මුල් කරගෙන මරණින් මතු සඤ්ඤා රහිත වූ ආත්මයකින් යුතුවෙනවා කියලා මතවාද පවසනවා. ඒ උද්ධමාඝතනික අසඤ්ඤීවාදී වූ භවත් ශ්‍රමණ බ්‍රාහ්මණයින් මතවාද අටක් තුළින් මරණින් මතු සඤ්ඤා රහිත ආත්මයක් තිබෙන බවට කරුණු කියන්නේ කුමකට පැමිණීමෙන්ද? කුමක් අරභයාද?

78. කෙනෙක් මෙහෙම කියනවා. 'ආත්මය යනු රූපවත් දෙයක්. මරණින් මතු නිත්‍ය වූ සඤ්ඤා රහිත බවට පත්වෙනවා. ආත්මය යනු අරූපී දෙයක් ....(පෙ).... ආත්මය යනු රූපී වූත් අරූපී වූත් දෙයක් ....(පෙ).... ආත්මය යනු රූපීත් නොවන අරූපීත් නොවන දෙයක් ....(පෙ).... ආත්මය යනු කෙළවරක් ඇති දෙයක් ....(පෙ).... ආත්මය යනු කෙළවරක් නැති දෙයක් ....(පෙ).... ආත්මය යනු කෙළවරක් සහිත වූත් කෙළවරක් රහිත වූත් දෙයක් ....(පෙ).... ආත්මය යනු කෙළවරක් ඇත්තේත් නැති, කෙළවරක් නැත්තේත් නැති දෙයක්. මරණින් මතු නිත්‍ය වෙනවා. සඤ්ඤා රහිත වෙනවා' කියලා.

79. පින්වත් මහණෙනි, උද්ධමාඝාතනික අසඤ්ඤීවාදී වූ ශ්‍රමණ බ්‍රාහ්මණයින් මරණින් මතු සඤ්ඤා රහිත වූ ආත්මයකින් යුතුවන බවට මතවාද ඉදිරිපත් කරන්නේ ඔය කරුණු අට මුල් කරගෙනයි. ඒ උද්ධමාඝාතනික අසඤ්ඤීවාදී වූ භවත් ශ්‍රමණ බ්‍රාහ්මණයින් යම් මතවාද මුල්කොට මරණින් මතු සඤ්ඤා රහිත ආත්මයක් ඇති බවට කරුණු කියනවා නම්, ඒ සියළු දෙනාම ඔය කරුණු අට තුළින් තමයි කියන්නට තියෙන්නේ. එක්කෝ ඒ කරුණුවලින් එකකින් තමයි. ඔයින් පිටස්තර කරුණකින් නම් නොවෙයි.

80. පින්වත් මහණෙනි, ඔය කාරණය තථාගතයන් වහන්සේ හොඳින් දන්නවා ....(පෙ).... තථාගතයන් වහන්සේගේ තිබෙන්නා වූ ඒ ගුණ මනාකොට කියනු කැමති නම් ඒ විදිහටයි කිව යුත්තේ.

81. පින්වත් මහණෙනි, මරණින් මතු සඤ්ඤාව ඇත්තේත් නැති නැත්තේත් නැති ආත්මයක් තිබේය යන දෘෂ්ටි ඇති උද්ධමාඝාතනික නේවසඤ්ඤීනාසඤ්ඤීවාදී ඇතැම් ශ්‍රමණ බ්‍රාහ්මණයින් ඉන්නවා. ඔවුන් මරණින් මතු ආත්මය සඤ්ඤාව ඇත්තේත් නැති නැත්තේත් නැති බවට පත්වන්නේය යන දෘෂ්ටිය කරුණු අටකින් ඉදිරිපත් කරනවා. ඒ උද්ධමාඝාතනික නේවසඤ්ඤීනාසඤ්ඤීවාදී භවත් ශ්‍රමණ බ්‍රාහ්මණයින් මරණින් මතු ආත්මය සඤ්ඤාව ඇත්තේත් නැති නැත්තේත් නැති බවට පත්වන්නේ යැයි අට වැදෑරුම් දෘෂ්ටි ඇතිව කරුණු ඉදිරිපත් කරන්නේ කුමකට පැමිණීමෙන්ද? කුමක් අරභයාද?

82. කෙනෙක් මෙහෙම කියනවා. 'ආත්මය යනු රූපවත් දෙයක් මරණින් මතු නිත්‍ය වෙනවා. සඤ්ඤාව ඇත්තේත් නැති නැත්තේත් නැති බවට පත්වෙනවා' කියලා. තව කෙනෙක් මෙහෙම කියනවා. 'ආත්මය අරූපී දෙයක් මරණින් මතු ඇත්තේත් නැති නැත්තේත් නැති දෙයක් බවට පත්වෙනවා' කියලා. තවත් කෙනෙක් මෙහෙම කියනවා. 'ආත්මය රූපී වූත් අරූපී වූත් දෙයක්. මරණින් මතු සඤ්ඤාව ඇත්තේත් නැති නැත්තේත් නැති බවට පත්වෙනවා' කියලා. තවත් කෙනෙක් මෙහෙම කියනවා. 'ආත්මය රූපීත් නොවෙයි අරූපීත් නොවෙයි මරණින් මතු නිත්‍ය වෙනවා. සඤ්ඤාව ඇත්තේත් නැති නැත්තේත් නැති බවට පත්වෙනවා' කියලා. කෙනෙක් මෙහෙම කියනවා. 'ආත්මය යනු කෙළවරක් ඇති දෙයක් මරණින් මතු නිත්‍යය වෙනවා. සඤ්ඤාව ඇත්තේත් නැති නැත්තේත් නැති බවට පත්වෙනවා' කියලා. තව කෙනෙක් මෙහෙම කියනවා. 'ආත්මය කෙළවරක් නැති දෙයක් මරණින් මතු සඤ්ඤාව ඇත්තේත් නැති නැත්තේත් නැති දෙයක් බවට පත්වෙනවා' කියලා. තවත් කෙනෙක් මෙහෙම කියනවා. 'ආත්මය කෙළවරක් ඇත්තා වූත් කෙළවරක් නැත්තා වූත් දෙයක්.

මරණින් මතු සඤ්ඤාව ඇත්තේත් නැති නැත්තේත් නැති බවට පත්වෙනවා' කියලා. තවත් කෙනෙක් මෙහෙම කියනවා. 'ආත්මය කෙළවරක් ඇත්තේත් නොවෙයි කෙළවරක් නැත්තේත් නොවෙයි මරණින් මතු නිත්‍ය වෙනවා. සඤ්ඤාව ඇත්තේත් නැති නැත්තේත් නැති බවට පත්වෙනවා' කියලා.

83. පින්වත් මහණෙනි, ඒ උද්ධමාඝාතනික නේවසඤ්ඤීනාසඤ්ඤීවාදී වූ ශ්‍රමණ බ්‍රාහ්මණයින් මරණින් මතු සඤ්ඤාව ඇත්තේත් නැති නැත්තේත් නැති ආත්මයක් ඇති බවට කරුණු කියන්නේ මේ දෘෂ්ටි අට තුළිනුයි. ඒ උද්ධමාඝාතනික නේවසඤ්ඤීනාසඤ්ඤීවාදී වූ හවත් ශ්‍රමණ බ්‍රාහ්මණයින් මරණින් මතු සඤ්ඤාව ඇත්තේත් නැති නැත්තේත් නැති ආත්මයක් බවට පත්වෙනවාය යන්න උගන්වන්නේ යම් කරුණකින් නම් ඔවුන් සියල්ලන්ටම ඔය කරුණු අටෙන් තමයි උගන්වන්න තියෙන්නේ. එක්කෝ ඔය කරුණු අටෙන් එකකින්. ඔයින් පිටස්තර දෙයක් නම් නෑ.

84. පින්වත් මහණෙනි, ඔය කාරණය තථාගතයන් වහන්සේ හොඳින් දන්නවා ....(පෙ).... තථාගතයන් වහන්සේගේ තිබෙන්නා වූ ඒ ගුණ මනාකොට කියනු කැමති නම් ඒ විදිහටයි කිවයුත්තේ.

85. පින්වත් මහණෙනි, මරණින් මතු සත්වයාගේ පැවැත්මක් නැත යන දෘෂ්ටිය දරණ උච්ඡේදවාදී ඇතැම් ශ්‍රමණ බ්‍රාහ්මණයන් ඉන්නවා. සිටින්නා වූ සත්වයාගේ සම්පූර්ණ නොපැවැත්මත්, විනාශයත්, නැතිවීමත් මතවාද හතක් ඔස්සේ ඔවුන් උගන්වනවා. ඒ උච්ඡේදවාදී හවත් ශ්‍රමණ බ්‍රාහ්මණයින් සිටින්නා වූ සත්වයාගේ සම්පූර්ණ නොපැවැත්මත්, විනාශයත්, නැතිවීමත් මතවාද හතක් ඔස්සේ උගන්වන්නේ කුමකට බැසගෙනද? කුමක් අරභයාද?

86. පින්වත් මහණෙනි, මෙහි ඇතැම් ශ්‍රමණයෙක් හෝ බ්‍රාහ්මණයෙක් හෝ ඉන්නවා. ඔහු මෙවැනි මතයක් පවසන, මෙවැනි මතයක් දරණ කෙනෙක්. "හවත, මේ ආත්මය සතරමහා ධාතූන්ගෙන් හටගත් රූපමය එකක්. මව්පියන් නිසා හැදුණු දෙයක්. යම් කලෙක කය බිඳී යාමෙන් මරණින් මතු නොවෙයිද, විනාශ වෙයිද, හවත, එපමණකින්ම මේ ආත්මය මුළුමණින්ම විනාශ වෙලා යනවා" කියලා. මේ විදිහට සිටින්නා වූ ම සත්වයන්ගේ මුළුමණින්ම නැතිවීමත්, විනාශවීමත්, නොපැවැත්මත් ඇතැම් උදවිය උගන්වනවා.

87. එතකොට ඔහුට වෙන කෙනෙක් මෙහෙම කියනවා. "හවත, ඔබ ඔය කියන ආත්මය තියෙනවා තමයි, ඒක නෑ කියන්නේ නෑ. එනමුත් හවත, ඔය ආත්මය එපමණකින් මුළුමණින්ම නැසී යන්නේ නෑ. හවත, වෙනත් දිව්‍ය වූ ආත්මයක් තියෙනවා, ඒකත් රූපවත්. කාමාවචර දෙව්ලොවටයි අයිති වන්නේ.

ගොරෝසු ආහාර අනුභවයෙන් යුක්තයි. ඒ ආත්මය ගැන ඔබ දන්නේ නෑ. දකින්නෙත් නෑ. නමුත් ඒ ගැන මං දන්නවා වගේම දකිනවා. භවත, ඒ දිව්‍ය ආත්මය නම් කය බිඳී මරණින් මතු නැසී යනවා, විනාශ වෙනවා, පවතින්නේ නෑ. භවත, එපමණකින්මයි මේ ආත්මය මුළුමණින්ම විනාශ වෙන්නේ" කියලා මේ විදිහට සිටින්නා වූ ම සත්වයන්ගේ මුළුමණින්ම නැතිවීමත් විනාශවීමත්, නොපැවැත්මත්, ඇතැම් උදවිය උගන්වනවා.

88. එතකොට ඔහුට වෙන කෙනෙක් මෙහෙම කියනවා. "භවත, ඔබ ඔය කියන ආත්මය තියෙනවා තමයි, ඒක නෑ කියන්නේ නෑ. එනමුත් භවත ඔය ආත්මය එපමණකින් මුළුමණින්ම නැසී යන්නේ නෑ. භවත, වෙනත් දිව්‍ය වූ ආත්මයක් තියෙනවා, ඒකත් සතර මහා ධාතුන්ගෙන් යුක්ත තමයි. නමුත් මනෝමයයි. ඒ වගේම සියළු අඟපසඟ තියෙනවා. ඉඳුරන් හොඳින් තියෙනවා. ඔබ ඒ ආත්මය දන්නේ නෑ. දකින්නෙත් නෑ. නමුත් මං ඒ ගැන දන්නවා. දකිනවා. භවත, ඒ මනෝමය (මනසින් හටගත්) ආත්මය නම් කය බිඳී මරණින් මතු නැසී යනවා, විනාශ වෙනවා, පවතින්නේ නෑ. භවත, එපමණකින්මයි මේ ආත්මය මුළුමණින්ම විනාශ වෙන්නේ" කියලා මේ විදිහට සිටින්නා වූ ම සත්වයන්ගේ මුළුමණින්ම නැතිවීමත්, විනාශවීමත්, නොපැවැත්මත් ඇතැම් උදවිය උගන්වනවා.

89. එතකොට තව කෙනෙක් ඔහුට මෙහෙම කියනවා, "භවත, යම් ආත්මයක් ගැන ඔබ කියනවා නම්, ඒක තියෙනවා තමයි. ඒක නැතෙයි කියන්නේ නෑ. නමුත් භවත, ඔය ආත්මය එපමණකින්ම මුළුමණින්ම නැසිලා යන්නේ නෑ. භවත, වෙනත් ආත්මයකුත් තියෙනවා. සියළු රූප සඤ්ඤාවන් ඉක්මවා ගිහින් ගොරෝසු සඤ්ඤාවන් නැතිවීමෙන් නා නා සඤ්ඤාවන් මෙනෙහි නොකර 'අනන්ත ආකාසය' කියලා මෙනෙහි කිරීමෙන් ආකාසානඤ්චායතනයට පැමිණෙනවා. ඔබ මේ ගැන දන්නෙත් නෑ. දකින්නෙත් නෑ. නමුත් මං මේ ගැන දන්නවා, දකිනවා. භවත, ඒ ආත්මය නම් කය බිඳී මරණින් මතු නැසී යනවා, විනාශ වෙනවා, පවතින්නේ නෑ. භවත, එපමණකින්මයි මේ ආත්මය මුළුමණින්ම විනාශ වෙන්නේ" කියලා මේ විදිහට සිටින්නා වූ ම සත්වයන්ගේ මුළුමණින්ම නැතිවීමත්, විනාශවීමත්, නොපැවැත්මත් ඇතැම් උදවිය උගන්වනවා.

90. එතකොට තව කෙනෙක් ඔහුට මෙහෙම කියනවා, "භවත, යම් ආත්මයක් ගැන ඔබ කියනවා නම්, ඒක තියෙනවා තමයි. ඒක නැතෙයි කියන්නේ නෑ. නමුත් භවත, ඔය ආත්මය එපමණකින්ම මුළුමණින්ම නැසිලා යන්නේ නෑ. භවත, වෙනත් ආත්මයකුත් තියෙනවා. සියළු ආකාසානඤ්චායතනය

ඉක්මවා යෑමෙන් 'අනන්ත වූ විඤ්ඤාණය' කියලා අරූප ධ්‍යාන වැඩීමෙන් විඤ්ඤාණඤ්චායතනයට පැමිණෙනවා. ඔබ මේ ගැන දන්නෙත් නෑ. දකින්නෙත් නෑ. නමුත් මං මේ ගැන දන්නවා, දකිනවා. ඒ ආත්මය නම් කය බිඳී මරණින් මතු නැසීයනවා, විනාශ වෙනවා, පවතින්නේ නෑ. භවත, එපමණකින්මයි මේ ආත්මය මුළුමණින්ම විනාශ වෙන්නේ" කියලා මේ විදිහට සිටින්නා වූ ම සත්වයන්ගේ මුළුමණින්ම නැතිවීමත්, විනාශවීමත්, නොපැවැත්මත් ඇතැම් උදවිය උගන්වනවා.

91. එතකොට තව කෙනෙක් ඔහුට මෙහෙම කියනවා, "භවත, යම් ආත්මයක් ගැන ඔබ කියනවා නම්, ඒක තියෙනවා තමයි. ඒක නැතෙයි කියන්නේ නෑ. නමුත් භවත, ඔය ආත්මය එපමණකින්ම මුළුමණින්ම නැසිලා යන්නේ නෑ. භවත, වෙනත් ආත්මයකුත් තියෙනවා. සියළු විඤ්ඤාණඤ්චායතනය ඉක්මවා යෑමෙන් 'කිසිවක් නැත' කියලා අරූප ධ්‍යාන වැඩීමෙන් ආකිඤ්චඤ්ඤායතනයට පැමිණෙනවා. ඔබ මේ ගැන දන්නෙත් නෑ, දකින්නෙත් නෑ. නමුත් මං මේ ගැන දන්නවා, දකිනවා. භවත, ඒ ආත්මය නම් කය බිඳී මරණින් මතු නැසී යනවා, විනාශ වෙනවා, පවතින්නේ නෑ. භවත, එපමණකින්මයි මේ ආත්මය මුළුමණින්ම විනාශ වෙන්නේ" කියලා මේ විදිහට සිටින්නා වූ ම සත්වයන්ගේ මුළුමණින්ම නැතිවීමත්, විනාශවීමත්, නොපැවැත්මත් ඇතැම් උදවිය උගන්වනවා.

92. එතකොට තවකෙනෙක් ඔහුට මෙහෙම කියනවා, "භවත, යම් ආත්මයක් ගැන ඔබ කියනවා නම්, ඒක තියෙනවා තමයි. ඒක නැතෙයි කියන්නේ නෑ. නමුත් භවත, ඔය ආත්මය එපමණකින්ම මුළුමණින්ම නැසිලා යන්නේ නෑ. භවත, වෙනත් ආත්මයකුත් තියෙනවා. සියළු ආකිඤ්චඤ්ඤායතනය ඉක්මවා යෑමෙන් 'මෙයයි ශාන්ත, මෙයයි ප්‍රණීත' කියලා අරූප ධ්‍යාන වැඩීමෙන් නේවසඤ්ඤානාසඤ්ඤායතනයට පැමිණෙනවා. ඔබ මේ ගැන දන්නෙත් නෑ, දකින්නෙත් නෑ. නමුත් මං මේ ගැන දන්නවා, දකිනවා. භවත, ඒ ආත්මය නම් කය බිඳී මරණින් මතු නැසී යනවා, විනාශවෙනවා, පවතින්නේ නෑ. භවත, එපමණකින්මයි මේ ආත්මය මුළුමණින්ම විනාශ වෙන්නේ" කියලා මේ විදිහට සිටින්නා වූ ම සත්වයන්ගේ මුළුමණින්ම නැතිවීමත්, විනාශවීමත්, නොපැවැත්මත් ඇතැම් උදවිය උගන්වනවා.

93. පින්වත් මහණෙනි, ඒ උච්ඡේදවාදී ශ්‍රමණ බ්‍රාහ්මණයන් ඔය මතවාද හතෙන් තමයි සිටින්නා වූ ම සත්වයාගේ නැසී යාමත්, විනාශ වීමත්, නොපැවැත්මත් උගන්වන්නේ. පින්වත් මහණෙනි, ඒ උච්ඡේදවාදී ශ්‍රමණ බ්‍රාහ්මණයන් සිටින්නා වූ ම සත්වයාගේ නැසී යාමත්, විනාශ වීමත්, නොපැවැත්මත් උගන්වන්නේ යම්

මතවාදවලින් නම් ඔවුන් සියළුදෙනාම මේ මතවාදවලින් තමයි කියාදෙන්නේ. එහෙම නැත්නම් මේවායින් එකකිනුයි. මෙයින් බාහිර දෙයක් නම් නෑ.

94. පින්වත් මහණෙනි, ඔය කාරණය තථාගතයන් වහන්සේ හොඳින් දන්නවා ....(පෙ).... තථාගතයන් වහන්සේගේ තිබෙන්නා වූ ඒ ගුණ මනාකොට කියනු කැමති නම් ඒ විදිහටයි කිවයුත්තේ.

95. පින්වත් මහණෙනි, මේ ජීවිතයේදීම නිවන අත්දකිනවා යැයි මතවාද කියන දිට්ඨධම්ම නිබ්බානවාදී ඇතැම් ශ්‍රමණ බ්‍රාහ්මණයන් සිටින්නා වූ ම සත්වයන්ගේ උතුම් දිට්ඨධම්ම නිබ්බානය මතවාද පහක් ඔස්සේ උගන්වනවා. ඒ දිට්ඨධම්ම නිබ්බානවාදී වූ භවත් ශ්‍රමණ බ්‍රාහ්මණයන් සිටින්නා වූ ම සත්වයා හට මෙලොවදීම දැක්ක හැකි උතුම් නිවන යැයි කියමින් මතවාද පහක් ඔස්සේ උගන්වන්නේ කුමකට බැසගෙනද? කුමක් අරභයාද?

96. පින්වත් මහණෙනි, මෙහි ඇතැම් ශ්‍රමණයෙක් හෝ බ්‍රාහ්මණයෙක් ඉන්නවා. ඔවුන් මෙවැනි මතයක් පවසන්නේ. "භවත, යම් කලෙක මේ ආත්මය රූප, ශබ්දාදී පංච කාම ගුණයෙන් පිනවමින් එහිම ඇලිලා, එහිම සතුටු කරනවාද, භවත, එපමණකින්මයි මේ ආත්මය මෙලොව දැක්ක යුතු උතුම් නිවනට පත්වෙන්නේ" කියලා. ඇතැම් කෙනෙක් ඔය විදිහට සිටින්නා වූ සත්වයා හට මෙලොවදී දැක්ක යුතු උතුම් නිවන කියලා උගන්වනවා.

97. එතකොට තවකෙනෙක් ඔහුට මෙහෙම කියනවා. "භවත, ඔබ ඔය කියන ආත්මය තියෙනවා තමයි. ඒක මං නැතෙයි කියන්නේ නෑ. නමුත් භවත, මේ ආත්මය එපමණකින්ම මේ ජීවිතය තුළදී උතුම් නිවනට පත්වෙන්නේ නෑ. ඒකට හේතුව කුමක්ද? භවත, කාමයන් කියන්නේ අනිත්‍ය දෙයක්. දුක් දෙයක්. වෙනස්වන දහමට අයත් දෙයක්. ඔය කාමයන්ගේ විපරිණාමයෙන්, වෙනස් වීමෙන් තමයි සෝක, වැළපීම්, දුක්දොම්නස්, උපායාස හටගන්නේ. භවත, යම් කලෙක මේ ආත්මය කාමයන්ගෙන් වෙන්වෙලා අකුසල් දහමින් වෙන්වෙලා විතර්ක සහිත වූ විචාර සහිත වූ විවේකයෙන් හටගත් ප්‍රීති සුඛය ඇති පළමුවෙනි ධ්‍යානය උපදවාගෙන වාසය කරනවා නම් භවත, අන්න එපමණකින් තමයි මේ ආත්මය මේ ජීවිතයේදීම උතුම් නිවනට පත්වන්නේ. කියලා. ඇතැම් කෙනෙක් ඔය විදිහට සිටින්නා වූ සත්වයා හට මෙලොවදී දැක්ක යුතු උතුම් නිවන වශයෙන් උගන්වනවා.

98. එතකොට තව කෙනෙක් ඔහුට මෙහෙම කියනවා. "භවත, ඔබ ඔය කියන ආත්මය තියෙනවා තමයි. ඒක මං නැතෙයි කියන්නේ නෑ. නමුත් භවත, මේ ආත්මය එපමණකින්ම මේ ජීවිතය තුළදී උතුම් නිවනට පත්වෙන්නේ

නෑ. ඒකට හේතුව කුමක්ද? භවත, ඔය විතර්ක විචාර කියන දේ ගැන අපට වැටහෙන්නේ ගොරෝසු දේවල් හැටියටයි. එනිසා භවත, යම් කලෙක මේ ආත්මය විතර්ක විචාර සංසිඳුවාගෙන, සිත තුළ ඇති කරගන්නා වූ පැහැදීමෙන් යුතුව, සිතේ එකඟබව ඇතිව සමාධියෙන් හටගත් ප්‍රීති සුඛය ඇති දෙවෙනි ධ්‍යානය උපදවාගෙන වාසය කරනවා නම් භවත, අන්න එපමණකින් තමයි මේ ආත්මය මේ ජීවිතයේදීම උතුම් නිවනට පත්වන්නේ" කියලා. ඇතැම් කෙනෙක් ඔය විදිහට සිටින්නා වූ සත්වයා හට මෙලොවදී දැක්ක යුතු උතුම් නිවන වශයෙන් උගන්වනවා.

99. එතකොට තවකෙනෙක් ඔහුට මෙහෙම කියනවා. "භවත, ඔබ ඔය කියන ආත්මය තියෙනවා තමයි. ඒක මං නැතෙයි කියන්නේ නෑ. නමුත් භවත, මේ ආත්මය එපමණකින්ම මේ ජීවිතය තුළදී උතුම් නිවනට පත්වෙන්නේ නෑ. ඒකට හේතුව කුමක්ද? භවත, ඔය සිතේ ඇති වෙන්නා වූ ප්‍රීති සහගත බවක් ඇද්ද, ඒකෙන් සිත ඉල්පී යනවා. ඒ ගැන අපට වැටහෙන්නේ ගොරෝසු දේ හැටියටයි. එනිසා භවත, යම් කලෙක මේ ආත්මය ප්‍රීතියටද නොඇල්මෙන් උපේක්ෂා සහගතව වාසය කරනවා නම්, සිහි නුවණින් යුතුව කයෙනුත් සැපයක් විඳිනවා නම්, ආර්යයන් වහන්සේලා උපේක්ෂා සහගතව සිහි ඇතිව සුවසේ ඉන්නවා කියා යම් සමාධියකට කියයිද, අන්න ඒ තුන්වෙනි ධ්‍යානය උපදවාගෙන වාසය කරනවා නම් භවත, අන්න එපමණකින් තමයි මේ ආත්මය මේ ජීවිතයේදීම උතුම් නිවනට පත්වන්නේ" කියලා. ඇතැම් කෙනෙක් ඔය විදිහට සිටින්නා වූ සත්වයා හට මෙලොවදී දැක්ක යුතු උතුම් නිවන වශයෙන් උගන්වනවා.

100. එතකොට තව කෙනෙක් ඔහුට මෙහෙම කියනවා. "භවත, ඔබ ඔය කියන ආත්මය තියෙනවා තමයි. ඒක මං නැතෙයි කියන්නේ නෑ. නමුත් භවත, මේ ආත්මය එපමණකින්ම මේ ජීවිතය තුළදී උතුම් නිවනට පත්වෙන්නේ නෑ. ඒකට හේතුව කුමක්ද? භවත, ඔය සිතේ ඇතිවෙන්නා වූ සැපයක් ඇද්ද, ඒ කෙරෙහි සිත නැමී යනවා. ඒ ගැන අපට වැටහෙන්නේ ගොරෝසු දේ හැටියටයි. එනිසා භවත, යම් කලෙක මේ ආත්මය සැපයද ප්‍රහාණය කිරීමෙන්, දුකද ප්‍රහාණය කිරීමෙන් කලින්ම සොම්නස් දොම්නස් නැතිවීමෙන් දුක් සැප රහිත වූ උපේක්ෂා සහගතව පාරිශුද්ධ සතියෙන් යුතුව හතරවෙනි ධ්‍යානය උපදවාගෙන වාසය කරනවා නම් භවත, අන්න එපමණකින් තමයි මේ ආත්මය මේ ජීවිතයේදීම උතුම් නිවනට පත්වන්නේ" කියලා. ඇතැම් කෙනෙක් ඔය විදිහට සිටින්නා වූ සත්වයා හට මෙලොවදී දැක්ක යුතු උතුම් නිවන වශයෙන් උගන්වනවා.

101. පින්වත් මහණෙනි, දිට්ඨධම්මනිබ්බානවාදී වූ ඇතැම් ශ්‍රමණ බ්‍රාහ්මණයන් සිටින්නා වූ ම සත්වයාගේ මෙලොව දැක්ක යුතු උතුම් නිවන යැයි උගන්වන්නේ මේ මතවාද පහ තුළින් තමයි. පින්වත් මහණෙනි, ඒ දිට්ඨධම්මනිබ්බානවාදී වූ ශ්‍රමණ බ්‍රාහ්මණයින් සිටින්නා වූ ම සත්වයාගේ මෙලොව දැක්ක යුතු නිවන යැයි කියා යම් කරුණුවලින් උගන්වනවා නම් ඒ සැම කෙනෙක්ම උගන්වන්නේ ඔය කරුණු පහ තුළින් තමයි, එක්කො මේවායින් එකකිනුයි. මෙයින් බැහැර මොකවත් නෑ.

102. පින්වත් මහණෙනි, ඔය කාරණය තථාගතයන් වහන්සේ හොඳින් දන්නවා ....(පෙ).... තථාගතයන් වහන්සේගේ තිබෙන්නා වූ ඒ ගුණ මනාකොට කියනු කැමති නම් ඒ විදිහටයි කිවයුත්තේ.

103. පින්වත් මහණෙනි, ඒ අනාගතය අරභයා කල්පිත ගොඩනගන අනාගතය අරභයා නොයෙකුත් දෘෂ්ටි ඇති ශ්‍රමණ බ්‍රාහ්මණයන් අනාගතය අරභයා නොයෙක් ආකාරයේ ආකල්ප දෘෂ්ටි මතවාද ඉදිරිපත් කරන්නේ ඔය හතළිස් හතර ආකාරයෙන් තමයි. පින්වත් මහණෙනි, අනාගත කෙළවර ගැන කල්පිත ගොඩනගන අනාගත අන්තයේ දෘෂ්ටිගත් ශ්‍රමණ බ්‍රාහ්මණයින් අනාගතය ගැන නොයෙක් ආකාරයේ කල්පිත මතවාද ඉදිරිපත් කරන්නේ යම් දේවල්වලින් නම් ඒ සියල්ලෝම මේ මතවාද හතළිස් හතර තුළින් තමයි උගන්වන්නේ. එක්කෝ මේවායින් එක්තරා මතයකිනුයි. මේවායින් බැහැරව මතයක් නෑ.

104. පින්වත් මහණෙනි, ඔය කාරණය තථාගතයන් වහන්සේ හොඳින් දන්නවා ....(පෙ).... තථාගතයන් වහන්සේගේ තිබෙන්නා වූ ඒ ගුණ මනාකොට කියනු කැමති නම් ඒ විදිහටයි කිවයුත්තේ.

105. පින්වත් මහණෙනි, අතීත ජීවිතයේ කෙළවර ගැන කල්පිත ගොඩනඟන අනාගත ජීවිතයේ කෙළවර ගැන කල්පිත ගොඩනඟන, අතීතයේත් අනාගතයේත් කල්පිත ගොඩනගන, අතීත අනාගත කෙළවර ගැන දෘෂ්ටි ඇති කරගත් ශ්‍රමණ බ්‍රාහ්මණයින් අතීතයේ හා අනාගතයේ කෙළවර අරභයා අනේකවිධ වූ අදහස් මතවාද ආකල්ප දෘෂ්ටි ඉදිරිපත් කරන්නේ ඔය මතවාද හැටදෙකෙන් තමයි. පින්වත් මහණෙනි, අතීත ජීවිතයේ කෙළවර ගැන කල්පිත ගොඩනගන, අනාගත ජීවිතයේ කෙළවර ගැන කල්පිත ගොඩනඟන, අතීතයේත් අනාගතයේත් කල්පිත ගොඩනගන අතීත අනාගත කෙළවර ගැන දෘෂ්ටි ඇති කරගත් ශ්‍රමණ බ්‍රාහ්මණයින් අතීතයේ හා අනාගතයේ කෙළවර අරභයා අනේකවිධ වූ අදහස් මතවාද ආකල්ප දෘෂ්ටි ඉදිරිපත් කරන්නේ යම් මතවලින් නම් ඒ සියල්ලෝම ඔය මත හැටදෙකෙන් තමයි කරුණු කියන්නේ. එක්කො මේවායින් එක මතයකිනුයි. මෙයින් පිටස්තර වූ කරුණක් නම් නෑ.

106. පින්වත් මහණෙනි, තථාගතයන් වහන්සේ මේ කාරණය ගැන අවබෝධ කරගෙනයි ඉන්නේ "මේ දෘෂ්ටීන් මේ විදිහට ග්‍රහණය කරගත්තොත්, මේ විදිහට බැඳිලා ගියොත් මේ මේ ආකාරයේ උපත් ලබාගෙන මරණින් මතු මේ මේ විදිහට පරලොව යාවී" කියලා තථාගතයන් වහන්සේ මෙයත් දන්නවා. මෙයට වඩා උත්තරීතර දේවලුත් දන්නවා. ඒවා දැනගත්තා කියලා අමුතුවෙන් ඒවාට බැඳෙන්නට යන්නේ නෑ. ඒ දෘෂ්ටිවලට හසු නොවෙන නිසාමයි තමා තුළම නිවීගිය බව දැනගෙන ඉන්නේ. ඒ වගේම පින්වත් මහණෙනි, තථාගතයන් වහන්සේ වේදනාවන්ගේ හටගැනීමත්, නැතිවීයාමත්, ආශ්වාදයත්, ආදීනවයත්, නිස්සරණයත් ඒ වූ ආකාරයෙන්ම අවබෝධ කරගෙන උපාදාන රහිතව කෙලෙසුන්ගෙන් නිදහස් වෙලයි ඉන්නේ.

107. පින්වත් මහණෙනි, තථාගතයන් වහන්සේ තමන් තුළින්ම උපදවා ගන්නා ලද විශිෂ්ට ඥාණයෙන් අත්දැකලා ලොවට පෙන්වා දෙන යම් යම් දේවල් ඇත්නම්, ඒ යම් යම් දේවල්වලින් තථාගතයන් වහන්සේගේ සත්‍ය වශයෙන්ම තිබෙන ගුණත් මනාකොට කියනවා නම්, කිව යුතු වූ ඉතා ගැඹුරු වූ, දුකසේ දකින්න තියෙන, දුකසේ අවබෝධ කරන්න තියෙන, ශාන්ත වූ, ප්‍රණීත වූ, තර්කයට හසු නොවන, ඉතා සියුම් වූ, ඒ වගේම නුවණැතියන් විසින්ම දතයුත්තේ මේ දේවල් තමයි.

108. පින්වත් මහණෙනි, ඒ දෘෂ්ටි අතර යම් ඒ ශාස්වතවාදී වූ ශ්‍රමණ බ්‍රාහ්මණයින් ආත්මයත් ලෝකයත් ගැන කරුණු හතරක් ඔස්සේ සදාකාලිකයි කියලා උගන්වනවාද එය පවා ඒ භවත් ශ්‍රමණ බ්‍රාහ්මණයන්ගේ නොදැනීමක්මයි. නොදැකීමක්මයි. විඳීමකටයි අයිති, තෘෂ්ණාවට පැමිණියා වූ ඔවුන්ගේ කැළඹීමක්මයි, තැති ගැනීමක්මයි.

109. පින්වත් මහණෙනි, ඒ දෘෂ්ටි අතර යම් ඒ ඇතැම් මතවාදයන් ශාස්වතවාදී වූ අනෙක් මතවාදයන් අශාස්වතවාදී වූ ශ්‍රමණ බ්‍රාහ්මණයින් ආත්මයත් ලෝකයත් ගැන කරුණු හතරක් ඔස්සේ එක් කොටසක් සදාකාලිකයි කියලත් අනෙක් කොටස සදාකාලික නෑ කියලත් උගන්වනවාද එය පවා ඒ භවත් ශ්‍රමණ බ්‍රාහ්මණයන්ගේ නොදැනීමක්මයි. නොදැකීමක්මයි. විඳීමකටයි අයිති. තෘෂ්ණාවට පැමිණියා වූ ඔවුන්ගේ කැළඹීමක්මයි. තැති ගැනීමක්මයි.

110. පින්වත් මහණෙනි, ඒ දෘෂ්ටි අතර යම් ඒ අන්ත අනන්තවාදී වූ ශ්‍රමණ බ්‍රාහ්මණයින් ආත්මයත් ලෝකයත් ගැන කරුණු හතරක් ඔස්සේ කෙළවරක් ඇත නැත කියලා උගන්වනවාද එය පවා ඒ භවත් ශ්‍රමණ බ්‍රාහ්මණයන්ගේ නොදැනීමක්මයි. නොදැකීමක්මයි. විඳීමකටයි අයිති. තෘෂ්ණාවට පැමිණියා වූ ඔවුන්ගේ කැළඹීමක්මයි. තැති ගැනීමක්මයි.

111. පින්වත් මහණෙනි, ඒ දෘෂ්ටි අතර යම් ඒ අමරාවික්ෂේපවාදී වූ ශ්‍රමණ බ්‍රාහ්මණයින් ඒ ඒ කරුණු පිළිබඳ ප්‍රශ්න විමසද්දී වචනයෙන් මගහැර යනවා නම්, ආඳෙකු මෙන් ලිස්සා යනවා නම් ඔවුන් එය කරන්නෙත් කරුණු හතරකිනුයි. එය පවා ඒ භවත් ශ්‍රමණ බ්‍රාහ්මණයන්ගේ නොදැනීමක්මයි. නොදැකීමක්මයි. විඳීමකටයි අයිති. තෘෂ්ණාවට පැමිණියා වූ ඔවුන්ගේ කැළඹීමක්මයි. තැති ගැනීමක්මයි.

112. පින්වත් මහණෙනි, ඒ දෘෂ්ටි අතර යම් ඒ අධිච්චසමුප්පන්නවාදී වූ ශ්‍රමණ බ්‍රාහ්මණයින් ආත්මයත් ලෝකයත් ගැන කරුණු දෙකක් ඔස්සේ ඉබේ හටගත්තා කියලා උගන්වනවාද එය පවා ඒ භවත් ශ්‍රමණ බ්‍රාහ්මණයන්ගේ නොදැනීමක්මයි. නොදැකීමක්මයි. විඳීමකටයි අයිති. තෘෂ්ණාවට පැමිණියා වූ ඔවුන්ගේ කැළඹීමක්මයි. තැති ගැනීමක්මයි.

113. පින්වත් මහණෙනි, ඒ දෘෂ්ටි අතර යම් ඒ පූර්ව අන්ත කල්පික වූ පූර්ව අන්ත දෘෂ්ටි ගතික වූ ශ්‍රමණ බ්‍රාහ්මණයින් අතීත කෙළවර ගැන නොයෙක් මතවාද අදහස් දෘෂ්ටි ඔස්සේ මතවාද දහ අටකින් උගන්වනවාද එය පවා ඒ භවත් ශ්‍රමණ බ්‍රාහ්මණයන්ගේ නොදැනීමක්මයි. නොදැකීමක්මයි. විඳීමකටයි අයිති. තෘෂ්ණාවට පැමිණියා වූ ඔවුන්ගේ කැළඹීමක්මයි. තැති ගැනීමක්මයි.

114. පින්වත් මහණෙනි, ඒ දෘෂ්ටි අතර යම් ඒ උද්ධමාඝාතනික සඤ්ඤීවාදී වූ ශ්‍රමණ බ්‍රාහ්මණයින් ආත්මය ගැන කරුණු දහසයක් ඔස්සේ මරණින් මතු සඤ්ඤා සහිත වන්නේය කියලා උගන්වනවාද එය පවා ඒ භවත් ශ්‍රමණ බ්‍රාහ්මණයන්ගේ නොදැනීමක්මයි. නොදැකීමක්මයි. විඳීමකටයි අයිති. තෘෂ්ණාවට පැමිණියා වූ ඔවුන්ගේ කැළඹීමක්මයි. තැති ගැනීමක්මයි.

115. පින්වත් මහණෙනි, ඒ දෘෂ්ටි අතර යම් ඒ උද්ධමාඝාතනික අසඤ්ඤීවාදී වූ ශ්‍රමණ බ්‍රාහ්මණයින් ආත්මය ගැන කරුණු අටක් ඔස්සේ මරණින් මතු සඤ්ඤා රහිත වන්නේය කියලා උගන්වනවාද එය පවා ඒ භවත් ශ්‍රමණ බ්‍රාහ්මණයන්ගේ නොදැනීමක්මයි. නොදැකීමක්මයි. විඳීමකටයි අයිති, තෘෂ්ණාවට පැමිණියා වූ ඔවුන්ගේ කැළඹීමක්මයි, තැති ගැනීමක්මයි.

116. පින්වත් මහණෙනි, ඒ දෘෂ්ටි අතර යම් ඒ උද්ධමාඝාතනික නේවසඤ්ඤානාසඤ්ඤීවාදී වූ ශ්‍රමණ බ්‍රාහ්මණයින් ආත්මය ගැන කරුණු අටක් ඔස්සේ මරණින් මතු සඤ්ඤාව ඇත්තේත් නැති නැත්තේත් නැති බවට පත්වන්නේය කියලා උගන්වනවාද එය පවා ඒ භවත් ශ්‍රමණ බ්‍රාහ්මණයන්ගේ නොදැනීමක්මයි. නොදැකීමක්මයි. විඳීමකටයි අයිති. තෘෂ්ණාවට පැමිණියා වූ ඔවුන්ගේ කැළඹීමක්මයි. තැති ගැනීමක්මයි.

117. පින්වත් මහණෙනි, ඒ දෘෂ්ටි අතර යම් ඒ උච්ඡේදවාදී වූ ශ්‍රමණ බ්‍රාහ්මණයින් සිටින්නා වූ ම සත්වයාගේ උච්ඡේදය විනාශය නොපැවැත්ම ගැන කරුණු හතක් ඔස්සේ උගන්වනවාද එය පවා ඒ භවත් ශ්‍රමණ බ්‍රාහ්මණයන්ගේ නොදැනීමක්මයි. නොදැකීමක්මයි. විඳීමකටයි අයිති. තෘෂ්ණාවට පැමිණියා වූ ඔවුන්ගේ කැළඹීමක්මයි. තැති ගැනීමක්මයි.

118. පින්වත් මහණෙනි, ඒ දෘෂ්ටි අතර යම් ඒ දිට්ඨධම්මනිබ්බානවාදී වූ ශ්‍රමණ බ්‍රාහ්මණයින් සිටින්නා වූ ම සත්වයාගේ පරමදිට්ඨධම්මනිබ්බානය ගැන කරුණු පහක් ඔස්සේ උගන්වනවාද එය පවා ඒ භවත් ශ්‍රමණ බ්‍රාහ්මණයන්ගේ නොදැනීමක්මයි. නොදැකීමක්මයි. විඳීමකටයි අයිති. තෘෂ්ණාවට පැමිණියා වූ ඔවුන්ගේ කැළඹීමක්මයි. තැති ගැනීමක්මයි.

119. පින්වත් මහණෙනි, ඒ දෘෂ්ටි අතර යම් ඒ අපරාන්තකල්පික වූ අපරාන්තදෘෂ්ටිගතික වූ ශ්‍රමණ බ්‍රාහ්මණයින් අපරාන්තය ගැන කරුණු හතළිස් හතරක් ඔස්සේ අනේකවිධ ආකල්ප මතවාද අදහස් දෘෂ්ටි උගන්වනවාද එය පවා ඒ භවත් ශ්‍රමණ බ්‍රාහ්මණයන්ගේ නොදැනීමක්මයි. නොදැකීමක්මයි. විඳීමකටයි අයිති. තෘෂ්ණාවට පැමිණියා වූ ඔවුන්ගේ කැළඹීමක්මයි. තැති ගැනීමක්මයි.

120. පින්වත් මහණෙනි, ඒ දෘෂ්ටි අතර යම් ඒ අපරාන්තකල්පික වූ පූර්වාන්තකල්පික වූ අපරාන්තදෘෂ්ටිගතික වූ පූර්වාන්තදෘෂ්ටිගතික වූ ශ්‍රමණ බ්‍රාහ්මණයින් පූර්වාන්තය හා අපරාන්තය ගැන කරුණු හැටදෙකක් ඔස්සේ අනේකවිධ ආකල්ප, මතවාද, අදහස්, දෘෂ්ටි උගන්වනවාද එය පවා ඒ භවත් ශ්‍රමණ බ්‍රාහ්මණයන්ගේ නොදැනීමක්මයි. නොදැකීමක්මයි. විඳීමකටයි අයිති. තෘෂ්ණාවට පැමිණියා වූ ඔවුන්ගේ කැළඹීමක්මයි. තැති ගැනීමක්මයි.

121. පින්වත් මහණෙනි, ඒ දෘෂ්ටි අතර යම් ඒ ශාස්වතවාදී වූ ශ්‍රමණ බ්‍රාහ්මණයින් ආත්මයත් ලෝකයත් ගැන කරුණු හතරක් ඔස්සේ සදාකාලිකයි කියල උගන්වනවාද එය පවා හටගන්නේ ස්පර්ශය ප්‍රත්‍යයෙනුයි.

122. පින්වත් මහණෙනි, ඒ දෘෂ්ටි අතර යම් ඒ ඇතැම් මතවාදයක් ශාස්වතවාදී වූ ඇතැම් මතවාදයක් අශාස්වතවාදී වූ ශ්‍රමණ බ්‍රාහ්මණයින් ආත්මයත් ලෝකයත් ගැන කරුණු හතරක් ඔස්සේ කොටසක් සදාකාලිකයි, කොටසක් සදාකාලික නෑ කියල උගන්වනවාද එය පවා හටගන්නේ ස්පර්ශය ප්‍රත්‍යයෙනුයි.

123. පින්වත් මහණෙනි, ඒ දෘෂ්ටි අතර යම් ඒ ලෝකය අන්තවත්ය අනන්තවත්ය යන මතවාදයෙන් යුතුව ලෝකය අන්තවත් මෙන්ම අනන්තවත්

යැයි පවසන්නා වූ ශ්‍රමණ බ්‍රාහ්මණයින් ආත්මයත් ලෝකයත් ගැන කරුණු හතරක් ඔස්සේ උගන්වනවාද එය පවා හටගන්නේ ස්පර්ශය ප්‍රත්‍යයෙනුයි.

124. පින්වත් මහණෙනි, ඒ දෘෂ්ටි අතර යම් ඒ අමරාවික්ෂේපවාදී වූ ශ්‍රමණ බ්‍රාහ්මණයින් ඒ ඒ කරුණු පිළිබඳ ප්‍රශ්න විමසද්දී වචනයෙන් මගහැර යනවා නම්, ආඳෙකු මෙන් ලිස්සා යනවා නම් ඔවුන් එය කරන්නේත් කරුණු හතරකිනුයි. එය පවා හටගන්නේ ස්පර්ශය ප්‍රත්‍යයෙනුයි.

125. පින්වත් මහණෙනි, ඒ දෘෂ්ටි අතර යම් ඒ අධිච්චසමුප්පන්නවාදී වූ ශ්‍රමණ බ්‍රාහ්මණයින් ආත්මයත් ලෝකයත් ගැන කරුණු දෙකක් ඔස්සේ ඉබේ හටගත්තා කියල උගන්වනවාද එය පවා හටගන්නේ ස්පර්ශය ප්‍රත්‍යයෙනුයි.

126. පින්වත් මහණෙනි, ඒ දෘෂ්ටි අතර යම් ඒ පූර්ව අන්ත කල්පික වූ පූර්ව අන්ත දෘෂ්ටි ගතික වූ ශ්‍රමණ බ්‍රාහ්මණයින් අතීත කෙළවර ගැන නොයෙක් මතවාද අදහස් දෘෂ්ටි ඔස්සේ මතවාද දහ අටකින් උගන්වනවාද එය පවා හටගන්නේ ස්පර්ශය ප්‍රත්‍යයෙනුයි.

127. පින්වත් මහණෙනි, ඒ දෘෂ්ටි අතර යම් ඒ උද්ධමාඝාතනික සඤ්ඤීවාදී වූ ශ්‍රමණ බ්‍රාහ්මණයින් ආත්මය ගැන කරුණු දහසයක් ඔස්සේ මරණින් මතු සඤ්ඤා සහිත වන්නේය කියලා උගන්වනවාද එය පවා හටගන්නේ ස්පර්ශය ප්‍රත්‍යයෙනුයි.

128. පින්වත් මහණෙනි, ඒ දෘෂ්ටි අතර යම් ඒ උද්ධමාඝාතනික අසඤ්ඤීවාදී වූ ශ්‍රමණ බ්‍රාහ්මණයින් ආත්මය ගැන කරුණු අටක් ඔස්සේ මරණින් මතු සඤ්ඤා රහිත වන්නේය කියලා උගන්වනවාද එය පවා හටගන්නේ ස්පර්ශය ප්‍රත්‍යයෙනුයි.

129. පින්වත් මහණෙනි, ඒ දෘෂ්ටි අතර යම් ඒ උද්ධමාඝාතනික නේවසඤ්ඤානාසඤ්ඤීවාදී වූ ශ්‍රමණ බ්‍රාහ්මණයින් ආත්මය ගැන කරුණු අටක් ඔස්සේ මරණින් මතු සඤ්ඤාව ඇත්තේත් නැති නැත්තේත් නැත් බවට පත් වන්නේය කියලා උගන්වනවාද එය පවා හටගන්නේ ස්පර්ශය ප්‍රත්‍යයෙනුයි.

130. පින්වත් මහණෙනි, ඒ දෘෂ්ටි අතර යම් ඒ උච්ඡේදවාදී වූ ශ්‍රමණ බ්‍රාහ්මණයින් සිටින්නා වූ ම සත්වයාගේ උච්ඡේදය, විනාශය, නොපැවැත්ම ගැන කරුණු හතක් ඔස්සේ උගන්වනවාද එය පවා හටගන්නේ ස්පර්ශය ප්‍රත්‍යයෙනුයි.

131. පින්වත් මහණෙනි, ඒ දෘෂ්ටි අතර යම් ඒ දිට්ඨධම්මනිබ්බානවාදී වූ ශ්‍රමණ බ්‍රාහ්මණයින් සිටින්නා වූ ම සත්වයාගේ පරමදිට්ඨධම්මනිබ්බානය ගැන කරුණු පහක් ඔස්සේ උගන්වනවාද එය පවා හටගන්නේ ස්පර්ශය ප්‍රත්‍යයෙනුයි.

132. පින්වත් මහණෙනි, ඒ දෘෂ්ටි අතර යම් ඒ අපරාන්තකල්පික වූ අපරාන්තදෘෂ්ටිගතික වූ ශ්‍රමණ බ්‍රාහ්මණයින් අපරාන්තය ගැන කරුණු හතළිස් හතරක් ඔස්සේ අනේකවිධ ආකල්ප මතවාද අදහස් දෘෂ්ටි උගන්වනවාද එය පවා හටගන්නේ ස්පර්ශය ප්‍රත්‍යයෙනුයි.

133. පින්වත් මහණෙනි, ඒ දෘෂ්ටි අතර යම් ඒ අපරාන්තකල්පික වූ පූර්වාන්තකල්පික වූ අපරාන්තදෘෂ්ටිගතික වූ පූර්වාන්තදෘෂ්ටිගතික වූ ශ්‍රමණ බ්‍රාහ්මණයින් අපරාන්තය ගැන කරුණු හැටදෙකක් ඔස්සේ අනේකවිධ ආකල්ප මතවාද අදහස් දෘෂ්ටි උගන්වනවාද එය පවා හටගන්නේ ස්පර්ශය ප්‍රත්‍යයෙනුයි.

134. පින්වත් මහණෙනි, ඒ දෘෂ්ටි අතර යම් ඒ ශාස්වතවාදී වූ ශ්‍රමණ බ්‍රාහ්මණයින් ආත්මයත් ලෝකයත් ගැන කරුණු හතරක් ඔස්සේ සදාකාලිකයි කියලා උගන්වනවාද ඔවුන් වනාහී ඒ දෘෂ්ටි ආශ්වාදය ස්පර්ශයෙන් තොරව විඳිනවා යන කරුණ සිදුවිය නොහැකි දෙයක්මයි.

135. පින්වත් මහණෙනි, ඒ දෘෂ්ටි අතර යම් ඒ ඇතැම් මතවාදයන් ශාස්වතවාදී වූ අනෙක් මතවාදයන් අශාස්වතවාදී වූ ශ්‍රමණ බ්‍රාහ්මණයින් ආත්මයත් ලෝකයත් ගැන කරුණු හතරක් ඔස්සේ එක් කොටසක් සදාකාලිකයි කියලත් අනෙක් කොටස සදාකාලික නෑ කියලත් උගන්වනවාද ඔවුන් වනාහී ඒ දෘෂ්ටි ආශ්වාදය ස්පර්ශයෙන් තොරව විඳිනවා යන කරුණ සිදුවිය නොහැකි දෙයක්මයි.

136. පින්වත් මහණෙනි, ඒ දෘෂ්ටි අතර යම් ඒ ලෝකය අන්තවත්ය අනන්තවත්ය යන මතය කියන ශ්‍රමණ බ්‍රාහ්මණයින් ලෝකය අන්තවත්ය, අනනත්වත්ය කියලා කරුණු හතරකින් උගන්වනවාද ඔවුන් වනාහී ඒ දෘෂ්ටි ආශ්වාදය ස්පර්ශයෙන් තොරව විඳිනවා යන කරුණ සිදුවිය නොහැකි දෙයක්මයි.

137. පින්වත් මහණෙනි, ඒ දෘෂ්ටි අතර යම් ඒ අමරාවික්ෂේපවාදී වූ ශ්‍රමණ බ්‍රාහ්මණයින් ඒ ඒ කරුණු පිළිබඳ ප්‍රශ්න විමසද්දී වචනයෙන් මගහැර යනවා නම්, ආඳෙකු මෙන් ලිස්සා යනවා නම් ඔවුන් එය කරන්නෙත් කරුණු හතරකිනුයි. ඔවුන් වනාහී ඒ දෘෂ්ටි ආශ්වාදය ස්පර්ශයෙන් තොරව විඳිනවා යන කරුණ සිදුවිය නොහැකි දෙයක්මයි.

138. පින්වත් මහණෙනි, ඒ දෘෂ්ටි අතර යම් ඒ අධිච්චසමුප්පන්නවාදී වූ ශ්‍රමණ බ්‍රාහ්මණයින් ආත්මයත් ලෝකයත් ගැන කරුණු දෙකක් ඔස්සේ ඉබේ හටගත්තා කියලා උගන්වනවාද ඔවුන් වනාහී ඒ දෘෂ්ටි ආශ්වාදය ස්පර්ශයෙන් තොරව විඳිනවා යන කරුණ සිදුවිය නොහැකි දෙයක්මයි.

139. පින්වත් මහණෙනි, ඒ දෘෂ්ටි අතර යම් ඒ පූර්ව අන්ත කල්පික වූ පූර්ව අන්ත දෘෂ්ටිගතික වූ ශ්‍රමණ බ්‍රාහ්මණයින් අතීත කෙළවර ගැන නොයෙක් මතවාද අදහස් දෘෂ්ටි ඔස්සේ මතවාද දහ අටකින් උගන්වනවාද ඔවුන් වනාහී ඒ දෘෂ්ටි ආශ්වාදය ස්පර්ශයෙන් තොරව විඳිනවා යන කරුණ සිදුවිය නොහැකි දෙයක්මයි.

140. පින්වත් මහණෙනි, ඒ දෘෂ්ටි අතර යම් ඒ උද්ධමාඝාතනික සඤ්ඤීවාදී වූ ශ්‍රමණ බ්‍රාහ්මණයින් ආත්මය ගැන කරුණු දහසයක් ඔස්සේ මරණින් මතු සඤ්ඤා සහිත වන්නේය කියලා උගන්වනවාද ඔවුන් වනාහී ඒ දෘෂ්ටි ආශ්වාදය ස්පර්ශයෙන් තොරව විඳිනවා යන කරුණ සිදුවිය නොහැකි දෙයක්මයි.

141. පින්වත් මහණෙනි, ඒ දෘෂ්ටි අතර යම් ඒ උද්ධමාඝාතනික අසඤ්ඤීවාදී වූ ශ්‍රමණ බ්‍රාහ්මණයින් ආත්මය ගැන කරුණු අටක් ඔස්සේ මරණින් මතු සඤ්ඤා රහිත වන්නේය කියලා උගන්වනවාද ඔවුන් වනාහී ඒ දෘෂ්ටි ආශ්වාදය ස්පර්ශයෙන් තොරව විඳිනවා යන කරුණ සිදුවිය නොහැකි දෙයක්මයි.

142. පින්වත් මහණෙනි, ඒ දෘෂ්ටි අතර යම් ඒ උද්ධමාඝාතනික නේවසඤ්ඤානාසඤ්ඤීවාදී වූ ශ්‍රමණ බ්‍රාහ්මණයින් ආත්මය ගැන කරුණු අටක් ඔස්සේ මරණින් මතු සඤ්ඤාව ඇත්තේත් නැති නැත්තේත් නැති බවට පත් වන්නේය කියලා උගන්වනවාද ඔවුන් වනාහී ඒ දෘෂ්ටි ආශ්වාදය ස්පර්ශයෙන් තොරව විඳිනවා යන කරුණ සිදුවිය නොහැකි දෙයක්මයි.

143. පින්වත් මහණෙනි, ඒ දෘෂ්ටි අතර යම් ඒ උච්ඡේදවාදී වූ ශ්‍රමණ බ්‍රාහ්මණයින් සිටින්නා වූ ම සත්වයාගේ උච්ඡේදය විනාශය නොපැවැත්ම ගැන කරුණු හතක් ඔස්සේ උගන්වනවාද ඔවුන් වනාහී ඒ දෘෂ්ටි ආශ්වාදය ස්පර්ශයෙන් තොරව විඳිනවා යන කරුණ සිදුවිය නොහැකි දෙයක්මයි.

144. පින්වත් මහණෙනි, ඒ දෘෂ්ටි අතර යම් ඒ දිට්ඨධම්මනිබ්බානවාදී වූ ශ්‍රමණ බ්‍රාහ්මණයින් සිටින්නා වූ ම සත්වයාගේ පරමදිට්ඨධම්මනිබ්බානය ගැන කරුණු පහක් ඔස්සේ උගන්වනවාද ඔවුන් වනාහී ඒ දෘෂ්ටි ආශ්වාදය ස්පර්ශයෙන් තොරව විඳිනවා යන කරුණ සිදුවිය නොහැකි දෙයක්මයි.

145. පින්වත් මහණෙනි, ඒ දෘෂ්ටි අතර යම් ඒ අපරාන්තකල්පික වූ අපරාන්තදෘෂ්ටිගතික වූ ශ්‍රමණ බ්‍රාහ්මණයින් අපරාන්තය ගැන කරුණු හතළිස්

හතරක් ඔස්සේ අනේකවිධ ආකල්ප මතවාද අදහස් දෘෂ්ටි උගන්වනවාද ඔවුන් වනාහී ඒ දෘෂ්ටි ආශ්වාදය ස්පර්ශයෙන් තොරව විඳිනවා යන කරුණ සිදුවිය නොහැකි දෙයක්මයි.

146. පින්වත් මහණෙනි, ඒ දෘෂ්ටි අතර යම් ඒ අපරාන්තකල්පික වූ පූර්වාන්තකල්පික වූ අපරාන්තදෘෂ්ටිගතික වූ පූර්වාන්තදෘෂ්ටිගතික වූ ශ්‍රමණ බ්‍රාහ්මණයින් අපරාන්තය ගැන කරුණු හැටදෙකක් ඔස්සේ අනේකවිධ ආකල්ප මතවාද අදහස් දෘෂ්ටි උගන්වනවාද ඔවුන් වනාහී ඒ දෘෂ්ටි ආශ්වාදය ස්පර්ශයෙන් තොරව විඳිනවා යන කරුණ සිදුවිය නොහැකි දෙයක්මයි.

147. පින්වත් මහණෙනි, ඔය දෘෂ්ටිවලට අයත්වන යම් ඒ ශාස්වතවාදී වූ ශ්‍රමණ බ්‍රාහ්මණයන් ආත්මයත් ලෝකයත් මතවාද හතරක් ඔස්සේ සදාකාලිකයි කියලා උගන්වනවාද, යම් ඒ ඇතැම් මතවාදයක් ශාස්වතවාදී වූ ඇතැම් මතවාදයක් අශාස්වතවාදී වූත් මත පවසන ශ්‍රමණ බ්‍රාහ්මණයින් ඉන්නවාද, ඒ වගේම ලෝකය අන්තවත්ය, අනන්තවත්ය යන මතය පවසන යම් ඒ ශ්‍රමණ බ්‍රාහ්මණයින් ඉන්නවාද, ඒ වගේම ප්‍රශ්න විමසද්දී වචනයෙන් මගහැර ආඳෙකු මෙන් ලිස්සා යන අමරාවික්ෂේපවාදී වූ ශ්‍රමණ බ්‍රාහ්මණයින් ඉන්නවාද, ඒ වගේම ලෝකය ඉබේ හටගත් බව පවසන යම් ඒ අධිච්චසමුප්පන්නවාදී වූ ශ්‍රමණ බ්‍රාහ්මණයින් ඉන්නවාද, අතීත ජීවිතයේ කෙළවර ගැන මතවාද පවසන පූර්ව අන්ත දෘෂ්ටිගතික වූ යම් ඒ ශ්‍රමණ බ්‍රාහ්මණයින් ඉන්නවාද, මරණින් මතු සඤ්ඤා සහිත වන්නේ යැයි මතවාද පවසන යම් ඒ උද්ධමාඝාතනික සඤ්ඤීවාදී වූ ශ්‍රමණ බ්‍රාහ්මණයින් ඉන්නවාද, මරණින් මතු සඤ්ඤා රහිත වන්නේ යැයි මතවාද පවසන යම් ඒ උද්ධමාඝාතනික අසඤ්ඤීවාදී වූ ශ්‍රමණ බ්‍රාහ්මණයින් ඉන්නවාද, මරණින් මතු සඤ්ඤා ඇත්තේත් නැති සඤ්ඤා නැත්තේත් නැති බවට පත්වන්නේ යැයි මතවාද පවසන යම් ඒ උද්ධමාඝාතනික නේවසඤ්ඤානාසඤ්ඤීවාදී වූ ශ්‍රමණ බ්‍රාහ්මණයින් ඉන්නවාද, මරණින් මතු මුළුමණින්ම වැනසෙන්නේ යැයි මත පවසන යම් ඒ උච්ඡේදවාදී වූ ශ්‍රමණ බ්‍රාහ්මණයින් ඉන්නවාද, මෙලොවදීම දකින නිවනක් වශයෙන් මතවාද පවසන යම් ඒ දිට්ඨධම්මනිබ්බානවාදී වූ ශ්‍රමණ බ්‍රාහ්මණයින් ඉන්නවාද, අනාගතයෙහි කෙළවර අරභයා මතවාද පවසන යම් ඒ අපරාන්තකල්පික වූ ශ්‍රමණබ්‍රාහ්මණයින් ඉන්නවාද, යම් ඒ පූර්ව අන්ත කල්පික වූ අපරාන්තකල්පික වූ ද පූර්වඅන්ත අපරඅන්ත කල්පික වූ ද, පූර්වාන්ත අපරාන්තදෘෂ්ටිගතික වූ ශ්‍රමණ බ්‍රාහ්මණයින් පූර්වඅන්තය හා අපරාන්තය ගැන කරුණු හැටදෙකක් ඔස්සේ අනේකවිධ ආකල්ප මතවාද අදහස් දෘෂ්ටි උගන්වනවාද, ඒ සියල්ලෝම ඇස් කන් ආදී ස්පර්ශ ආයතන හය තුළින් බාහිර ආයතනයන් ස්පර්ශ කර කර ඒ දෘෂ්ටි

ආශ්වාදයන් විඳිනවා. ඔවුන්ට විඳීම හේතු කොටගෙන තණ්හාව ඇතිවෙනවා. තණ්හාව හේතු කොට ගෙන බැඳීම ඇතිවෙනවා. බැඳීම හේතු කොටගෙන විපාක පිණිස කර්ම සකස් (භවය) වෙනවා. විපාක පිණිස කර්ම සකස්වීම හේතු කොට ගෙන උපදිනවා. ඉපදීම හේතු කොටගෙන ජරාමරණ සෝක වැළපීම් සුසුම් හෙළීම් දුක් දොම්නස් හට ගන්නවා. පින්වත් මහණෙනි, යම් කලෙක භික්ෂුව මේ ස්පර්ශ ආයතනයන් හයේ හටගැනීමත්, නැතිවීමත්, ආශ්වාදයත්, ආදීනවයත්, නිස්සරණයත් ඇතිසැටියෙන්ම අවබෝධ කරගනීද මේ භික්ෂුව ඔය කලින් කියාපු සියලු දෘෂ්ටිවලට වඩා උත්තරීතර දේ (චතුරාර්ය සත්‍යය) දැනගන්නවා.

148. පින්වත් මහණෙනි, යම් කිසි අපරාන්තකල්පික වූ පූර්වාන්තකල්පික වූත් පූර්වාන්ත අපරාන්තදෘෂ්ටිගතික වූ ශ්‍රමණ බ්‍රාහ්මණයින් පූර්වාන්තය හා අපරාන්තය ගැන කරුණු හැටදෙකක් ඔස්සේ අනේකවිධ ආකල්ප මතවාද අදහස් දෘෂ්ටි උගන්වනවාද, ඒ සියල්ලෝම මේ දෘෂ්ටිවාද හැටදෙක නමැති දැළ ඇතුළටම ගිහිල්ලයි ඉන්නේ. ඒ දැලටම බැඳිලයි ඉන්නේ. මේ දෘෂ්ටිවාද නමැති දැල ඇතුළෙමයි උඩට එනවා නම් උඩට මතුවෙන්නේ. ගිලෙනවා නම් ගිලෙන්නේ. මේ දෘෂ්ටිවාද නමැති රාමුව තුළමයි ඉන්නේ. ඒ දැල ඇතුළෙම පැටලිලා උඩට එනවා නම් උඩට එන්නේ. ගිලෙනවා නම් ගිලෙන්නේ. පින්වත් මහණෙනි, ඒක මේ වගේ දෙයක්. දක්ෂ මසුන් මරන්නෙක් ඉන්නවා. එක්කෝ ඔහුගේ ගෝලයෙක් ඉන්නවා. ඔහු සියුම් සිදුරු ඇති දැලක් වතුර ටිකක් තිබෙන දිය වලක අතුරනවා. එතකොට ඔහුට මෙහෙම හිතෙනවා. මේ දිය වලේ යම්තාක් ගොරෝසු සතුන් ඉන්නවා නම්, ඒ සියළු සතුන්ම මේ දැල ඇතුළට අහුවෙනවා. එතකොට මේ දැල තුළමයි තමයි ඔවුන් බැඳිලා ඉන්නේ. දැල තුළමයි උඩට එතොත් උඩට එන්නේ, ගිලුනොත් ගිලෙන්නේ. පින්වත් මහණෙනි, ඔන්න ඔය විදිහමයි යම්කිසි අපරාන්තකල්පික වූ පූර්වාන්තකල්පික වූ පූර්වාන්ත අපරාන්තදෘෂ්ටිගතික වූ ශ්‍රමණ බ්‍රාහ්මණයින් පූර්වාන්තය හා අපරාන්තය ගැන කරුණු හැටදෙකක් ඔස්සේ අනේකවිධ ආකල්ප මතවාද අදහස් දෘෂ්ටි උගන්වනවාද, ඒ සියල්ලෝම මේ දෘෂ්ටිවාද හැටදෙක නමැති දැල ඇතුළටම ගිහිල්ලයි ඉන්නේ. ඒ දැලටම බැඳිලයි ඉන්නේ මේ දෘෂ්ටිවාද නමැති දැල ඇතුළේමයි උඩට එනවා නම් උඩට මතුවෙන්නේ. ගිලෙනවා නම් ගිලෙන්නේ. මේ දෘෂ්ටිවාද නමැති රාමුව තුළ තමයි ඒ දැල ඇතුළෙම පැටලිලා උඩට එනවා නම් උඩට එන්නේ. ගිලෙනවා නම් ගිලෙන්නේ.

149. පින්වත් මහණෙනි, තථාගතයන් වහන්සේගේ බුදු සිරුර තිබෙන්නේ මුළුමණින්ම සිඳුණු භව රැහැන් ඇතිවයි. යම්තාක් කාලයක් තථාගත සිරුර

තිබෙයිද ඒතාක් කල් විතරයි දෙවි මිනිසුන් එය දකින්නේ. ඒ තථාගත සිරුර බිඳී යාමෙන්, ජීවිතය නිමාවීමෙන් පසු දෙවි මිනිසුන්ට ඒ තථාගත සිරුර දකින්නට ලැබෙන්නේ නෑ.

පින්වත් මහණෙනි, ඒක මේ වගේ දෙයක්. අඹ පොකුරක් තියෙනවා. එය මුල් නටුවෙන් ගිලිහුන විට ඒ නටුව හා බැඳුණු යම්තාක් අඹ ඇද්ද, ඒ සැම අඹයක්ම කැඩුණු නටුවත් සමඟම බිම වැටෙනවා. පින්වත් මහණෙනි, අන්න ඒ විදිහටම තථාගතයන් වහන්සේගේ බුදු සිරුර තිබෙන්නේ මුළුමණින්ම සිඳුණු භව රැහැන් ඇතිවයි. යම්තාක් කාලයක් තථාගත සිරුර තිබෙයිද, ඒතාක් කල් විතරයි දෙවි මිනිසුන් එය දකින්නේ. ඒ තථාගත සිරුර බිඳී යාමෙන්, ජීවිතය නිමාවීමෙන් පසු දෙවි මිනිසුන්ට ඒ තථාගත සිරුර දකින්නට ලැබෙන්නේ නෑ."

150. මෙසේ වදාළ විට ආයුෂ්මත් ආනන්ද තෙරුන් භාග්‍යවතුන් වහන්සේට මෙකරුණ පැවසුවා. "ස්වාමීනී, ආශ්චර්යයයි! ස්වාමීනී, පුදුම සහගතයි! ස්වාමීනී, මේ ධර්ම ක්‍රමයට කියන නම මොකක්ද?"

"එහෙම නම් පින්වත් ආනන්ද, මේ ධර්ම ක්‍රමය 'අර්ථජාලය' කියලා මතක තබාගන්න. 'ධර්මජාලය' කියලත් මතක තබාගන්න. 'බ්‍රහ්මජාලය' කියලත් මතක තබාගන්න. දෘෂ්ටිජාලය කියලත් මතක තබාගන්න. 'අනුත්තර සංග්‍රාම විජය (දෘෂ්ටි යුද්ධයෙන් ලැබූ උත්තරීතර ජයග්‍රහණය)' කියලත් මතක තබා ගන්න.

භාග්‍යවතුන් වහන්සේ මෙය වදාළ සේක. සතුටු සිත් ඇති ඒ භික්ෂූන් වහන්සේලා භාග්‍යවතුන් වහන්සේගේ භාෂිතය සතුටින් පිළිගත්තා.

මෙම ව්‍යාකරණය (නවාංග ශාස්තෘ සාසනයෙහිලා ඇතුළත් වන වෙය්‍යාකරණය) වදාරණ කල්හි දස දහසක් ලෝක ධාතු කම්පාවට පත්වුනා.

සාදු ! සාදු !! සාදු !!!

පළමුවෙනි බ්‍රහ්මජාල සූත්‍රය නිමාවිය.

2. සාමඤ්ඤඵල සූත්‍රය
පැවිදි දිවියෙන් ලබන ප්‍රයෝජන ගැන වදාළ දෙසුම

1. **මා** හට අසන්නට ලැබුනේ මේ විදිහටයි. ඒ දිනවල භාග්‍යවතුන් වහන්සේ එක්දහස් දෙසිය පණහක් පමණ වූ මහත් භික්ෂු සංඝයා සමඟ වැඩසිටියේ රජගහනුවර ජීවක කෝමාරභච්චගේ අඹවනයේ. ඒ දිනවලම මගධ රජු වන වේදේහි පුත්‍ර අජාසත් රජතුමා ඒ පසළොස්වක පොහෝ දවසෙහි රාජකීය ඇමතිවරුන් පිරිවරා ගෙන උඩුමහල් තලයෙහි වාඩිවෙලා හිටියා. ඒ පුන් පොහෝ දවස වනාහී සිවුමසක් පිරෙද්දී කුමුදු මල් පිපෙන පිරුණු සඳ ඇති රාත්‍රියයි. ඉතින් වේදේහි පුත්‍ර අජාසත් මගධ රජු ඒ පුන් පොහෝ දවසේ මේ විදිහට උදන් ඇනුවා.

"භවත්නි, ඇත්තෙන්ම කිසි දොසක් නැති රමණීය රාත්‍රියක්! භවත්නි, ඇත්තෙන්ම කිසි දොසක් නැති ඉතා සුන්දර රාත්‍රියක්! භවත්නි, ඇත්තෙන්ම කිසි දොසක් නැති දර්ශනීය රාත්‍රියක්! භවත්නි, ඇත්තෙන්ම කිසි දොසක් නැති ප්‍රසාදනීය රාත්‍රියක්! භවත්නි, ඇත්තෙන්ම කිසි දොසක් නැති ඉතාම ලස්සන රාත්‍රියක්! අද වගේ දවසක අපගේ සිත පහදවාලිය හැකි මොන විදිහේ ශ්‍රමණයෙකු හෝ බ්‍රාහ්මණයෙකු ඇසුරු කරන එකද හොඳ" කියලා.

2. මෙසේ පැවසූ විට එක්තරා රජ ඇමැතියෙක් වේදේහි පුත්‍ර අජාසත් මගධ රජු හට මෙහෙම කිව්වා. "දේවයන් වහන්ස, මේ පූරණ කස්සප ලොකු ගෝල පිරිසක් ඇතුව ඉන්නවා. ගොඩාක් පිරිස ඉන්නවා. ඒ පිරිසට ආචාර්යවරයෙක්. ප්‍රසිද්ධයි. කීර්තිමත්. ආගමික නායකයෙක්. බොහෝ දෙනා අතර හොඳයි කියලා සම්මතයි. පැවිදි වෙලා ගොඩාක් කල් වෙනවා. පිළිවෙලින් වයසට ගිහිල්ලයි ඉන්නේ. දේවයන් වහන්සේ ඒ පූරණ කස්සප ඇසුරු කරන සේක්වා! පූරණ කස්සපයන් ඇසුරු කරන දේවයන් වහන්සේගේ සිත පහදින්නේමය" කියලා. එතකොට වේදේහිපුත්‍ර අජාසත් මගධ රජු (උනන්දුවක් නොදක්වා) නිශ්ශබ්ද වුනා.

3. ඊළඟට වෙනත් රජ ඇමැතියෙක් වේදේහිපුත්‍ර අජාසත් මගධ රජු හට මෙකරුණ පැවසුවා. "දේවයන් වහන්ස, මේ මක්ඛලී ගෝසාල ලොකු ගෝල පිරිසක් ඇතුව ඉන්නවා. ගොඩක් පිරිස ඉන්නවා. ඒ පිරිසට ආචාර්යවරයෙක්. ප්‍රසිද්ධයි. කීර්තිමත්. ආගමික නායකයෙක්. බොහෝ දෙනා අතර හොඳයි කියලා සම්මතයි. පැවිදිවෙලා ගොඩාක් කල් වෙනවා. පිළිවෙලින් වයසට ගිහිල්ලයි ඉන්නේ. දේවයන් වහන්සේ ඒ මක්ඛලී ගෝසාල ඇසුරු කරන සේක්වා! මක්ඛලී ගෝසාලයන් ඇසුරු කරන දේවයන් වහන්සේගේ සිත පහදින්නේමයි" කියලා. එතකොට වේදේහිපුත්‍ර අජාසත් මගධ රජු (උනන්දුවක් නොදක්වා) නිශ්ශබ්ද වුණා.

4. ඊළඟට වෙනත් රජ ඇමැතියෙක් වේදේහිපුත්‍ර අජාසත් මගධ රජු හට මෙකරුණ පැවසුවා. "දේවයන් වහන්ස, මේ කේසකම්බල අජිත ලොකු ගෝල පිරිසක් ඇතුව ඉන්නවා. ගොඩක් පිරිස ඉන්නවා. ඒ පිරිසට ආචාර්යවරයෙක්. ප්‍රසිද්ධයි. කීර්තිමත්. ආගමික නායකයෙක්. බොහෝ දෙනා අතර හොඳයි කියලා සම්මතයි. පැවිදිවෙලා ගොඩාක් කල් වෙනවා. පිළිවෙලින් වයසට ගිහිල්ලයි ඉන්නේ. දේවයන් වහන්සේ ඒ කේසකම්බල අජිත ඇසුරු කරන සේක්වා! කේසකම්බල අජිතයන් ඇසුරු කරන දේවයන් වහන්සේගේ සිත පහදින්නේමයි" කියලා. එතකොට වේදේහිපුත්‍ර අජාසත් මගධ රජු (උනන්දුවක් නොදක්වා) නිශ්ශබ්ද වුනා.

5. ඊළඟට වෙනත් රජ ඇමැතියෙක් වේදේහිපුත්‍ර අජාසත් මගධ රජු හට මෙකරුණ පැවසුවා. "දේවයන් වහන්ස, මේ පකුධ කච්චායන ලොකු ගෝල පිරිසක් ඇතුව ඉන්නවා. ගොඩක් පිරිස ඉන්නවා. ඒ පිරිසට ආචාර්යවරයෙක්. ප්‍රසිද්ධයි. කීර්තිමත්. ආගමික නායකයෙක්. බොහෝ දෙනා අතර හොඳයි කියලා සම්මතයි. පැවිදිවෙලා ගොඩාක් කල් වෙනවා. පිළිවෙලින් වයසට ගිහිල්ලයි ඉන්නේ. දේවයන් වහන්සේ ඒ පකුධ කච්චායන ඇසුරු කරන සේක්වා! පකුධ කච්චායනයන් ඇසුරු කරන දේවයන් වහන්සේගේ සිත පහදින්නේමයි" කියලා. එතකොට වේදේහිපුත්‍ර අජාසත් මගධ රජු (උනන්දුවක් නොදක්වා) නිශ්ශබ්ද වුනා.

6. ඊළඟට වෙනත් රජ ඇමැතියෙක් වේදේහිපුත්‍ර අජාසත් මගධ රජු හට මෙකරුණ පැවසුවා. "දේවයන් වහන්ස, මේ බෙලට්ඨපුත්ත සංජය ලොකු ගෝල පිරිසක් ඇතුව ඉන්නවා. ගොඩක් පිරිස ඉන්නවා. ඒ පිරිසට ආචාර්යවරයෙක්. ප්‍රසිද්ධයි. කීර්තිමත්. ආගමික නායකයෙක්. බොහෝ දෙනා අතර හොඳයි කියලා සම්මතයි. පැවිදිවෙලා ගොඩාක් කල් වෙනවා. පිළිවෙලින් වයසට ගිහිල්ලයි

ඉන්නේ. දේවයන් වහන්සේ ඒ බේලට්ඨපුත්ත සංජය ඇසුරු කරන සේක්වා! බේලට්ඨපුත්ත සංජය ඇසුරු කරන දේවයන් වහන්සේගේ සිත පහදින්නේමයි" කියලා. එතකොට වේදේහිපුත්‍ර අජාසත් මගධ රජු (උනන්දුවක් නොදක්වා) නිශ්ශබ්ද වුනා.

7. ඊළඟට වෙනත් රජ ඇමැතියෙක් වේදේහිපුත්‍ර අජාසත් මගධ රජු හට මෙකරුණ පැවසුවා. "දේවයන් වහන්ස, මේ නාතපුත්ත නිගණ්ඨ ලොකු ගෝල පිරිසක් ඇතුව ඉන්නවා. ගොඩක් පිරිස ඉන්නවා. ඒ පිරිසට ආචාර්යවරයෙක්. ප්‍රසිද්ධයි. කීර්තිමත්. ආගමික නායකයෙක්. බොහෝ දෙනා අතර හොඳයි කියලා සම්මතයි. පැවිදිවෙලා ගොඩාක් කල් වෙනවා. පිළිවෙලින් වයසට ගිහිල්ලයි ඉන්නේ. දේවයන් වහන්සේ ඒ නාතපුත්ත නිගණ්ඨ ඇසුරු කරණ සේක්වා! නාතපුත්ත නිගණ්ඨ ඇසුරු කරන දේවයන් වහන්සේගේ සිත පහදින්නේමයි" කියලා. එතකොට වේදේහිපුත්‍ර අජාසත් මගධ රජු (උනන්දුවක් නොදක්වා) නිශ්ශබ්ද වුනා.

8. ඒ වෙලාවේදී ජීවක කෝමාරභච්චයන් වේදේහි පුත්‍ර අජාසත් මගධ රජුට නුදුරින් නිශ්ශබ්දව වාඩිවෙලා හිටියා. එතකොට වේදේහිපුත්‍ර අජාසත් මගධ රජු ජීවක කෝමාරභච්චයන්ගෙන් මෙහෙම ඇහුවා. "යහළු ජීවකය, ඔබ මොකද නිශ්ශබ්දව ඉන්නේ?"

"දේවයන් වහන්ස, මේ අරහත් වූ සම්මා සම්බුදු වූ භාග්‍යවතුන් වහන්සේ එක්දහස් දෙසිය පනහක් පමණ වූ මහත් භික්ෂු සංඝයා සමඟ අපගේ අඹ වනයෙහි වැඩඉන්නවා. ඒ භාග්‍යවත් ගෞතමයන් වහන්සේ ගැන මෙබඳු කල්‍යාණ වූ කීර්ති ඝෝෂාවක් පැතිර ගිහින් තිබෙනවා. මේ අයුරින් ඒ භාග්‍යවතුන් වහන්සේ අරහං වන සේක! සම්මා සම්බුද්ධ වන සේක! විජ්ජාචරණ සම්පන්න වන සේක! සුගත වන සේක! ලෝකවිදූ වන සේක! අනුත්තරෝ පුරිසදම්ම සාරථී වන සේක! සත්ථා දේවමනුස්සානං වන සේක! බුද්ධ වන සේක! භගවා වන සේක! කියලා. දේවයන් වහන්සේ ඒ භාග්‍යවතුන් වහන්සේව ඇසුරු කළ මැනව. ඒ භාග්‍යවතුන් වහන්සේව ඇසුරු කරන්නා වූ දේවයන් වහන්සේගේ සිත පහදිනවාමයි..

"එහෙමනම් යහළු ජීවකය, ඇත් වාහනයන් පිළියෙල කරන්න."

9. "එසේය දේවයන් වහන්ස" කියලා කෝමාරභච්ච ජීවකයන් වේදේහි පුත්‍ර අජාසත් මගධ රජුට පිළිතුරු දීලා පන්සියයක් පමණ ඇතින්නියන් සරසවලා, රජතුමාටත් නැගීමට සුදුසු හස්තියෙක්ව සරසවලා වේදේහි පුත්‍ර අජාසත් මගධ රජුට "දේවයන් වහන්ස, ඔබ උදෙසා ඇත්වාහනයන් සරසවලා තියෙනවා. යම් ගමනකට දැන් කාලය නම් ඒ ගැන සිතනු මැනව" කියලා දැනුම් දුන්නා.

එතකොට වේදේහි පුත්‍ර අජාසත් මගධ රජු පන්සියයක් ඇතින්නියන් පිට එක් එක් කාන්තාව බැගින් නංවලා තමන්ට නගින්නට සුදුසු ඇතා පිට තමනුත් නැගලා දඬුවැට පහන් දරාගෙන සිටිද්දී මහත් වූ රාජ ආනුභාවය ඇතිව රජගහ නුවරින් නික්මී කෝමාරභච්ච ජීවකගේ අඹ වනය තිබෙන තැනට පිටත් වුනා.

10. එතකොට වේදේහිපුත්‍ර අජාසත් මගධ රජුට අඹ වනයට ළං වෙද්දී භයක්මයි ඇතිවුනේ. තැති ගැනීමකුයි ඇතිවුනේ. ලොමු ඩහගැනීමකුයි ඇති වුනේ. ඉතින් වේදේහි පුත්‍ර අජාසත් මගධ රජු භය වෙලා, තැති අරගෙන, ඇගේ මවිල් කෙලින් කරගෙන ජීවක කෝමාරභච්චයන් හට මෙහෙම කිව්වා. "ඒයි යහළු ජීවකය, මාව රැවැට්ටුවේ නෑ නේද? ඒයි යහළු ජීවකය, මාව මුලා කළේ නෑ නේද? ඒයි යහළු ජීවකය, මාව සතුරන්ට පාවලා දෙන්නේ නෑ නේද? එක්දහස් දෙසිය පණහක් පමණ වූ ඔතරම්ම මහත් භික්ෂු සඟ පිරිසකගේ කිවිසුම් හඬක්වත් නැත්තේ කොහොමද? උගුරපාදන හඬක්වත් නැත්තේ මොකද? කිසිම සද්දයක් නැත්තේ මොකද?"

"මහා රාජයාණෙනි, බිය නොවනු මැනව. මං ඔබව රවටන කෙනෙක් නොවෙයි. මං ඔබව මුලා කරන කෙනෙක් නොවෙයි. මං ඔබව සතුරන්ට පාවලා දෙන්නේ නෑ. මහා රාජයාණෙනි, ඉදිරියටම වඩිනු මැනව. මහා රාජයාණෙනි, ඉදිරියටම වඩිනු මැනව. අර රැස්වීම් ශාලාවේ පහන් දැල්වෙමින් තියෙනවා."

11. එතකොට වේදේහිපුත්‍ර අජාසත් මගධ රජතුමා ඇතුපිටින් යා හැකි තරම් දුර ගොස් ඇතුපිටින් බැස පා ගමනින්ම රැස්වීම් ශාලාවේ දොරටුව තෙක් පැමිණුනා. පැමිණිලා ජීවක කෝමාරභච්චයන්ගෙන් මෙහෙම ඇහුවා. "යහළු ජීවකය, භාග්‍යවතුන් වහන්සේ වැඩඉන්නේ කොහේද?"

"මහා රාජයාණෙනි, අර වැඩඉන්නේ භාග්‍යවතුන් වහන්සේ. මහා රාජයාණෙනි, මැද කණුවට පිට දී පෙරදිගට මුහුණලා භික්ෂු සංඝයා පිරිවරා ගෙන භාග්‍යවතුන් වහන්සේ තමයි අර වැඩඉන්නේ."

12. එතකොට වේදේහිපුත්‍ර අජාසත් මගධ රජතුමා භාග්‍යවතුන් වහන්සේ වැඩසිටින තැනට පැමිණුනා. පැමිණිලා එකත්පස්ව හිටගත්තා. එකත්පස්ව සිටි වේදේහිපුත්‍ර අජාසත් මගධ රජතුමා මනා සේ පහන් වූ දිය ඇති විලක් පරිද්දෙන් ඉතාමත් නිශ්ශබ්දව වැඩසිටිනා භික්ෂු සංඝයා දෙස හොඳින් ඇස් යොමා බලා මේ උදානය පැවසුවා. "දැන් මෙහි වැඩසිටින භික්ෂු සංඝයා යම් සංසිඳීමකින් යුතු නම් මාගේ උදායීභද්‍ර කුමරාද මෙවැනි සංසිඳීමෙන් යුතු වේවා" කියලා.

"පින්වත් මහාරාජ, ඔබේ සිත ප්‍රේමය ඇති දිශාවට ගියා නේද?"

"ස්වාමීනී, උදායි භද්‍ර කුමාරයා මට හරි ප්‍රියයි. ස්වාමීනී, ඒ නිසයි දැන් මෙතැන වැඩසිටින භික්ෂු සංඝයා යම් සංසිඳීමකින් යුක්ත නම් උදායි භද්‍ර කුමාරයාද මෙබඳු සංසිඳීමෙන් යුතු වේවා! යි කියලා හිතුවේ."

13. එවිට වේදේහිපුත්‍ර අජාසත් මගධ රජතුමා භාග්‍යවතුන් වහන්සේට ආදරයෙන් වන්දනා කොට, භික්ෂු සංඝයාටද, ඇඳිලි බැඳ වැඳ එකත්පස්ව වාඩිවුණා. එකත්පස්ව වාඩිවුණ වේදේහි පුත්‍ර අජාසත් මගධ රජතුමා භාග්‍යවතුන් වහන්සේට මෙකරුණ පැවසුවා. "ඉදින් භාග්‍යවතුන් වහන්සේ මා හට ප්‍රශ්නයක් අසන්නට අවසර දෙන සේක් නම් ස්වාමීනී, මං භාග්‍යවතුන් වහන්සේගෙන් සුළු කරුණක් අසන්නට කැමතියි."

"පින්වත් මහාරාජ, යමක් අසන්නට කැමති නම් එය අසනු මැනව."

14. ස්වාමීනී, ඉගෙන ගත යුතු යම් ආකාර වූ ශිල්ප ශාස්ත්‍ර රාශියක් තිබෙනවා. ඒ කියන්නේ ඇතරුවන් ඉන්නවා. අශ්වාරෝහකයන් ඉන්නවා. රියැදුරන් ඉන්නවා. දුනුවායන් ඉන්නවා. කොඩි ඔසවාගෙන යන අය ඉන්නවා. සේනා හසුරුවන අය ඉන්නවා. ආහාර සංවිධානය කරන අය ඉන්නවා. බලසම්පන්න නිල දරණ රාජ පුත්‍රයින් ඉන්නවා. සේනා මැදට පනින සෙබලුන් ඉන්නවා. හස්තිරාජයන් බඳු සෙබලුන් ඉන්නවා. තනියම යුධවදින සෙබලුන් ඉන්නවා. කඩු පළිහ දරණ සෙබලුන් ඉන්නවා. ප්‍රවේණි දාස යෝධයන් ඉන්නවා. ආහාර පිසින සෙබලුන් ඉන්නවා. නාවන සෙබලුන් ඉන්නවා. සූපකාරයන් ඉන්නවා. මල්කරුවන් ඉන්නවා. රෙදි සෝදන අය ඉන්නවා. රෙදි වියන්නන් ඉන්නවා. බටපොතුවියන්නන් ඉන්නවා. වළං හදන්නන් ඉන්නවා. කිරුම් මිනුම් ගණිත ආදිය දන්න අය ඉන්නවා. මෙවැනි තවත් ශිල්ප ශාස්ත්‍ර ඕන තරම් තියෙනවා. ඒ ශිල්ප ශාස්ත්‍ර ඉගෙනගත් උදවිය මේ ජීවිතයේදීම එහි ප්‍රතිඵලවලින් ජීවත් වෙනවා. ඒ ශිල්පය නිසාම තමාවත් සුවපත් කරවනවා, පිනවනවා. දෙමව්පියන්වත් සුවපත් කරවනවා, පිනවනවා. අඹු දරුවන්ව සුවපත් කරවනවා, පිනවනවා. යහළු මිත්‍රයන්ව සුවපත් කරවනවා, පිනවනවා. ශ්‍රමණ බ්‍රාහ්මණයන් කෙරෙහි අනාගතයේ සැප විපාක ඇති සුගතියට පමුණුවන්නා වූ පින් රැස්කිරීමට දන්පැන් පුදනවා. ඉතින් ස්වාමීනී, ගිහි ජීවිතයේදී ඔය විදිහට ප්‍රතිඵල ලබද්දී පැවිදි ජීවිතයෙනුත් ඔය ආකාරයෙන්ම ලබාගන්නා ප්‍රයෝජන දක්වන්නට පුළුවන්ද?

15. "පින්වත් මහාරාජ, ඔබ ඔය ප්‍රශ්නය අනෙක් ශ්‍රමණ බ්‍රාහ්මණයන් ගෙනුත් විමසූ බවක් දන්නවාද?"

"ස්වාමීනී, මං මේ ප්‍රශ්නය අනෙක් ශ්‍රමණ බ්‍රාහ්මණයන්ගෙනුත් ඇසූ බව දන්නවා."

"පින්වත් මහාරාජ, ඒ උදවිය ඔය ප්‍රශ්නයට කොහොමද පිළිතුරු දුන්නේ? ඔබට අපහසුවක් නැත්නම් කියන්න."

"ස්වාමීනී, භාග්‍යවතුන් වහන්සේ හෝ භාග්‍යවතුන් වහන්සේ වැනි කෙනෙක් අභියස මට කිසි අපහසුවක් නැතුව කියන්නට පුළුවනි." "එසේ නම් පින්වත් මහාරාජ, කියන්න."

16. "ස්වාමීනී, මම දවසක් පූරණ කස්සප ළඟට ගියා. ගිහින් පූරණ කස්සපයන් සමඟ සතුටු වුනා. සතුටු විය යුතු පිළිසඳර කතාබහ අවසන් කොට එකත්පස්ව වාඩිවුනා. ඉතින් ස්වාමීනී, එකත්පස්ව වාඩිවුන මං පූරණ කස්සපයන්ට මෙකරුණ කිව්වා. "භවත් කාශ්‍යප, ඉගෙන ගත යුතු යම් ආකාර වූ ශිල්ප ශාස්ත්‍ර රාශියක් තිබෙනවා. ඒ කියන්නේ ඇතරුවන් ඉන්නවා .... (පෙ) .... මෙවැනි තවත් ශිල්ප ශාස්ත්‍ර ඕන තරම් තියෙනවා. ඒ ශිල්ප ශාස්ත්‍ර ඉගෙනගත් උදවිය මේ ජීවිතයේදීම එහි ප්‍රතිඵලවලින් ජීවත් වෙනවා. ඒ ශිල්පය නිසාම තමාවත් සුවපත් කරවනවා, පිනවනවා. දෙමව්පියන්වත් සුවපත් කරවනවා, පිනවනවා. අඹු දරුවන්ව සුවපත් කරවනවා, පිනවනවා. යහළු මිත්‍රයන්ව සුවපත් කරවනවා, පිනවනවා. ශ්‍රමණ බ්‍රාහ්මණයන් කෙරෙහි අනාගතයේ සැප විපාක ඇති සුගතියට පමුණුවන්නා වූ පින් රැස්කිරීමට දන්පැන් පුදනවා. ඉතින් භවත් කාශ්‍යප, ගිහි ජීවිතයේදී ඔය විදිහට ප්‍රතිඵල ලබද්දී පැවිදි ජීවිතයෙනුත් ඔය ආකාරයෙන්ම ලබාගන්නා ප්‍රයෝජන දක්වන්නට පුළුවන්ද?" කියලා.

17. ස්වාමීනී, මං ඔය විදිහට ඇසුවහම පූරණ කස්සප මට මෙහෙම කිව්වා. "මහාරාජ, කරන කෙනාටත්, අනුන් ලවා කරවන කෙනාටත්, අනුන්ගේ අත්පා සිඳින කෙනාටත්, අනුන්ගේ අත්පා සිඳවන කෙනාටත්, අනුන්ව පෙළන කෙනාටත්, පෙළවන කෙනාටත්, අනුන්ව ශෝකයට පත්කරන කෙනාටත්, කරවන කෙනාටත්, අනුන්ව වෙහෙසන කෙනාටත්, වෙහෙසවන කෙනාටත්, අනුන්ව කම්පා කරන කෙනාටත්, කම්පා කරවන කෙනාටත්, සතුන් මරණ කෙනාටත්, මරවන කෙනාටත්, නොදුන් දෙය සොරකම් කරන කෙනාටත්, සොරකම් කරවන කෙනාටත්, ගෙවල් බිඳින කෙනාටත්, බිඳවන කෙනාටත්, මං පහරන කෙනාටත්, මං පහරවන කෙනාටත්, එක් ගෙයක් වට කොට කොල්ලකන කෙනාටත්, මඟ රැක සිට කොල්ලකන කෙනාටත්, පරස්ත්‍රීන් කරා යන කෙනාටත්, බොරු කියන කෙනාටත්, ඒවා කරවන කෙනාටත් එයින් පවක් නොකෙරෙයි. ඉතා තියුණු මුවහත් ඇති ආයුධයක් ගෙන මේ පොළොවෙහි සියලු සතුන් එකම මස්ගොඩක් බවට, එකම මස් පිණ්ඩයක් බවට පත් කෙරුවත්, ඒ හේතුවෙන් සිදුවෙන පවක් නෑ. පාපයෙහි නැවත පැමිණීමක් නෑ. ඉදින් වනසමින්, ඝාතනය කරවමින්, සිඳිමින්, සිඳවමින්, පෙළමින්, පෙළවමින් දකුණු

ගං තෙර දක්වා ගියත් ඒ හේතුවෙන් සිදුවෙන පවක් නෑ. පාපයෙහි නැවත පැමිණීමක් නෑ. ඉදින් දන් දෙමින්, දෙවමින් යාග කරමින්, යාග කරවමින් උතුරු ගං තෙර දක්වා ගියත්, ඒ හේතුවෙන් සිදුවෙන පිනක් නෑ. පිනෙහි නැවත පැමිණීමක් නෑ. දානයෙන්, ඉන්ද්‍රිය දමනයෙන්, සීලසංවරයෙන්, සත්‍ය වචනයෙන් පිනක් ලැබෙන්නේ නෑ. පිනක ආපසු පැමිණීමක් නෑ" කියලා.

ඉතින් ස්වාමීනී, මේ ජීවිතයේදීම පැවිදිබවෙන් ලබන ප්‍රයෝජන ගැන ඇසූ ප්‍රශ්නයට ඔය විදිහට පූරණ කස්සප මට අකිරියවාදය (ක්‍රියාවෙහි ඵල නැතිබව) පැවසුවා. ස්වාමීනී, ඒක මේ වගේ දෙයක්. අඹ ගැන ඇසූ කල්හී දෙල් ගැන කියා දෙනවා වගේ. දෙල් ගැන ඇසූ කල්හී අඹ ගැන කියා දෙනවා වගේ. ඒ අයුරින්ම ස්වාමීනී, මේ ජීවිතයේදීම පැවිදිබවෙන් ලබන ප්‍රයෝජන ගැන ඇසූ ප්‍රශ්නයට ඔය විදිහට පූරණ කස්සප මට අකිරියවාදය (ක්‍රියාවෙහි ඵල නැතිබව) පැවසුවා.

ස්වාමීනී, එතකොට මට මෙහෙමත් හිතුනා. "මං වගේ කෙනෙක් තම විජිතයෙහි වාසය කරන ශ්‍රමණයෙකු හෝ බ්‍රාහ්මණයෙකු හෝ පෙළිය යුතුයි කියලා කොහොම නම් සිතන්නද?" කියලා. ස්වාමීනී, ඒ මං පූරණකස්සපගේ කීම පිළිගත්තේ නෑ. ප්‍රතික්ෂේප කළෙත් නෑ. නොපිළිගෙන, ප්‍රතික්ෂේප නොකොට, නොසතුටු සිතින් යුතුව, නමුත් නොසතුටු සිතින් වචනයක් නිකුත් කරන්නේ නැතිව, ඒ කියමන භාරගන්නේ නැතිව, සිතේ පිහිටුවා නොගෙන අසුනෙන් නැගිට නික්මිලා ගියා.

18. ස්වාමීනී, මං එක්තරා දවසක මක්ඛලී ගෝසාලයන් ළඟට ගියා. ගිහින් මක්ඛලී ගෝසාලයන් සමඟ සතුටු වුනා. සතුටු විය යුතු පිළිසඳර කතාබහ අවසන් කොට එකත්පස්ව වාඩිවුනා. ඉතින් ස්වාමීනී, එකත්පස්ව වාඩිවුණ මං මක්ඛලී ගෝසාලයන්ට මෙකරුණ කිව්වා. "භවත් ගෝසාල, ඉගෙනගත යුතු යම් ආකාර වූ ශිල්ප ශාස්ත්‍ර රාශියක් තිබෙනවා. ඒ කියන්නේ ඇතරුවන් ඉන්නවා .... (පෙ) .... ඉතින් භවත් ගෝසාල, ගිහි ජීවිතයේදී ඔය විදිහට ප්‍රතිඵල ලබද්දී පැවිදි ජීවිතයෙනුත් ඔය ආකාරයෙන්ම ලබාගන්නා ප්‍රයෝජන දක්වන්නට පුළුවන්ද?" කියලා.

19. ස්වාමීනි, මං ඔය විදිහට කිව්වහම මක්ඛලී ගෝසාලයා මට මෙහෙම කිව්වා. "මහාරාජ, සත්වයන්ගේ කිළුටු වීමට හේතු වන දේවල් නැත. උපකාර වන දේවල් නැත. හේතු රහිතවම, ප්‍රත්‍ය රහිතවම සත්වයන් කෙලෙසී යනවා. සත්වයන්ගේ පිරිසිදු වීමට හේතු වන දේවල් නැත. උපකාර වන දේවල් නැත.

හේතු රහිතවම, ප්‍රත්‍ය රහිතවම සත්වයන් පිරිසිදු වෙනවා. පිරිසිදු වීම පිණිස තමා විසින් කළ යුතු දෙයක් නැත. අනුන් විසින් කළ යුතු දෙයක් නැත. පුරුෂයා විසින් කළ යුතු දෙයක් නැත. කායික මානසිකව පවතින බලයක් නැත. වීරියක් නැත. පුරුෂ වීරිය කියා දෙයක් නැත. පුරුෂ පරාක්‍රමය කියා දෙයක් නැත. සියලු සත්වයන්, සියලු ප්‍රාණීන්, සියලු භූතයින්, සියලු ජීවින්, ඉන්නේ තමන්ගේ පාලනයෙන් තොරවයි. බල රහිතවයි. වීරිය රහිතවයි. නියත වශයෙන්ම සසර සැරිසැරීමෙන් මෝරලා යනවා. අභිජාති හය තුළ තමයි ඔවුන් සැප දුක් විඳින්නේ.

මේ ප්‍රධාන යෝනි (උප්පත්ති ස්ථාන) දාහතරලක්ෂයක් තියෙනවා. තවත් යෝනි හයදාහක් තියෙනවා. තව හයසියයකුත් තියෙනවා. කර්ම පන්සියයක් තියෙනවා. තව කර්ම පහක් තියෙනවා. තව කර්ම තුනකුත් තියෙනවා. සම්පූර්ණ කර්මත්, අර්ධ කර්මත් තියෙනවා. ප්‍රතිපදා හැට දෙකක් තියෙනවා. අන්තර කල්ප හැට දෙකක් තියෙනවා. අභිජාති හයක් තියෙනවා. පුරුෂ භූමි අටක් තියෙනවා. ආජීවයන් එකසිය හතළිස් නවයක් තියෙනවා. පරිබ්‍රාජක පැවිදිකම් එකසිය හතළිස් නවයක් තියෙනවා. නාගයන්ගේ වාසස්ථාන එකසිය හතළිස් නවයක් තියෙනවා. ඉන්ද්‍රියයන් එකසිය විස්සක් තියෙනවා. නිරය එකසිය තිහක් තියෙනවා. රජෝධාතු තිස්හයක් තියෙනවා. සඤ්ඤී ගර්භ හතක් තියෙනවා. අසඤ්ඤී ගර්භ හතක් තියෙනවා. නිගණ්ඨ ගර්භ හතක් තියෙනවා. දේව ගර්භ හතක් තියෙනවා. මිනිස් ගර්භ හතක් තියෙනවා. පිසාච ගර්භ හතක් තියෙනවා. මහා විල් හතක් තියෙනවා. මහා ගැට හතක් තියෙනවා. කුඩා ගැට හත් සියයක් තියෙනවා. ප්‍රපාත හතක් තියෙනවා. කුඩා ප්‍රපාත හත්සියයක් තියෙනවා. මහා සිහින හතක් තියෙනවා. කුඩා සිහින හත් සියයක් තියෙනවා. අඥාන උදවියත් නුවණැති උදවියත් යන කවුරුත් කල්ප අසූහතර ලක්ෂයක් සංසාරේ සැරිසරලයි දුක් කෙළවර කරන්නේ.

එහි මේවා නෑ. 'මං මේ සීලයෙන් හරි, ව්‍රතයෙන් හරි, තපසෙන් හරි, බ්‍රහ්මචාරී ජීවිතයෙන් හරි, නොමේරූ කර්මයන් මුහුකුරුවන්නෙමි'යි කියලා හෝ 'මේරූ කර්මයන් විඳව විඳවා කෙළවර කරන්නෙමි'යි කියලා කියනවා නම් එහෙම දෙයක් නෑ. ඔය සැප දුක් කියන්නේ ද්‍රෝණයකින් මැනලා තියෙන දෙයක් වගේ. සංසාරය කෙළවර වෙන්නේ ඒ විදිහටයි. සසරේ පිරිහීමකුත් නෑ. වැඩීමකුත් නෑ. නැගීමකුත් නෑ. බැසීමකුත් නෑ. ඒක හරියට ඈතට වීසි කරපු නූල් බෝලයක් වගේ. ඒ නූල එතිලා තියෙන ප්‍රමාණයටයි ලෙහි ලෙහී යන්නේ. අන්න ඒ වගේ තමයි අඥාන උදවියත්, පණ්ඩිත උදවියත් ලෙහි ලෙහී යමින් සැප දුක් විඳිනවා" කියලා.

ඉතින් ස්වාමීනී, මේ ජීවිතයේදීම පැවිදිබවෙන් ලබන ප්‍රයෝජන ගැන ඇසූ ප්‍රශ්නයට ඔය විදිහට මක්ඛලී ගෝසාල මට සංසාර ශුද්ධිවාදය (ඉබේම සසරින් නිදහස් වෙන බව) පැවසුවා. ස්වාමීනී, ඒක මේ වගේ දෙයක්. අඹ ගැන ඇසූ කල්හී දෙල් ගැන කියා දෙනවා වගේ. දෙල් ගැන ඇසූ කල්හී අඹ ගැන කියා දෙනවා වගේ. ඒ අයුරින්ම ස්වාමීනී, මේ ජීවිතයේදීම පැවිදිබවෙන් ලබන ප්‍රයෝජන ගැන ඇසූ ප්‍රශ්නයට ඔය විදිහට මක්ඛලී ගෝසාල මට සංසාර ශුද්ධිවාදය (ඉබේම සසරින් නිදහස් වෙන බව) පැවසුවා. ස්වාමීනී, එතකොට මට මෙහෙමත් හිතුනා. "මං වගේ කෙනෙක් තම විජිතයෙහි වාසය කරන ශ්‍රමණයෙකු හෝ බ්‍රාහ්මණයෙකු හෝ පෙළිය යුතුයි කියලා කොහොම නම් සිතන්නද?" කියලා. ස්වාමීනී, ඒ මං මක්ඛලී ගෝසාලගේ කීම පිළිගත්තේ නෑ. ප්‍රතික්ෂේප කළෙත් නෑ. නොපිළිගෙන, ප්‍රතික්ෂේප නොකොට, නොසතුටු සිතින් යුතුව, නමුත් නොසතුටු සිතින් වචනයක් නිකුත් කරන්නේ නැතිව, ඒ කියමන භාරගන්නේ නැතිව, සිතේ පිහිටුවා නොගෙන අසුනෙන් නැගිට නික්මිලා ගියා.

20. ස්වාමීනී, මං එක්තරා දවසක කේසකම්බල අජිත ළඟට ගියා. ගිහින් කේසකම්බල අජිතයන් සමඟ සතුටුවුනා. සතුටු විය යුතු පිළිසඳර කතාබහ අවසන් කොට එකත්පස්ව වාඩිවුනා. ඉතින් ස්වාමීනී, එකත්පස්ව වාඩිවුන මං කේසකම්බල අජිතයන්ට මෙකරුණ කිව්වා. "භවත් අජිත, ඉගෙන ගත යුතු යම් ආකාර වූ ශිල්ප ශාස්ත්‍ර රාශියක් තිබෙනවා. ඒ කියන්නේ ඇතරුවන් ඉන්නවා ....(පෙ).... ඉතින් භවත් අජිත, ගිහි ජීවිතයේදී ඔය විදිහට ප්‍රතිඵල ලබද්දී පැවිදි ජීවිතයෙනුත් ඔය ආකාරයෙන්ම ලබාගන්නා ප්‍රයෝජන දක්වන්නට පුළුවන්ද?" කියලා.

ස්වාමීනී, මං ඔය විදිහට කිව්වහම කේසකම්බල අජිත මට මෙහෙම කිව්වා. "මහාරාජ, දීමෙහි විපාක නැත. පුදපූජාවන්වල විපාක නැත. ඇප උපස්ථාන සේවා ආදියෙහි විපාක නැත. කුසල අකුසල කර්මයන්ගේ විපාක නැත. මෙලොව නැත. පරලොවක් නැත. (විශේෂයෙන් සැළකිය යුතු) මවක් නැත. (විශේෂයෙන් සැළකිය යුතු) පියෙක් නැත. ඕපපාතික සත්වයන් නැත. ලෝකයෙහි යහපත් මගෙහි ගමන් කළ, යහපත් ප්‍රතිපදාවෙන් යුතුව මේ ලෝකයත්, පරලොවත් ස්වකීය ප්‍රඥාවෙන්ම අවබෝධ කොට ප්‍රකාශ කරන්නා වූ යම් ශ්‍රමණ බමුණන්ද නැත. සතර මහා ධාතූන්ගෙන් හටගත් මේ පුරුෂයා යම් දවසක කලුරිය කළෝතින් පඨවි ධාතුව, පඨවි ධාතුවට එකතු වෙනවා. ආපෝ ධාතුව, ආපෝ ධාතුවට එකතු වෙනවා. තේජෝ ධාතුව, තේජෝ ධාතුවට එකතු වෙනවා. වායෝ ධාතුව, වායෝ ධාතුවට එකතු වෙනවා. ඉන්ද්‍රියයන් අහස කරා යනවා. මිනී ඇඳ පස්වෙනුවට තබා ගත් පුරුෂයන් මළ සිරුර රැගෙන

යනවා. ගුණ ගායනය තියෙන්නේ ආදාහනය දක්වා විතරයි. ඇට ටික පරවී පැහැ ගැන්වෙනවා. හෝම පූජාවන් අළුවලින් අවසන් වෙනවා. දානය කියා කියන්නේ අඥානයින් පණවා ගත්තු දෙයක්. යම්කිසි කෙනෙක් ඕවා තියෙනවා කියලා කියනවා නම්, ඒවා ඔවුන්ගේ තුච්ඡ වූ බොරු ප්‍රලාප විතරයි. අඥාන උදවියත්, නුවණැති උදවියත් කය බිඳුනට පස්සේ උච්ඡේදයට පත්වෙනවා. වැනසිලා යනවා. මරණින් මතු පැවැත්මක් නෑ" කියලා.

ඉතින් ස්වාමීනී, මේ ජීවිතයේදීම පැවිදිබවෙන් ලබන ප්‍රයෝජන ගැන ඇසූ ප්‍රශ්නයට ඔය විදිහට කේසකම්බල අජිත මට උච්ඡේදවාදය (මරණින් මතු සම්පූර්ණයෙන් වැනසී යාම) පැවසුවා. ස්වාමීනී, ඒක මේ වගේ දෙයක්. අඹ ගැන ඇසූ කල්හී දෙල් ගැන කියා දෙනවා වගේ. දෙල් ගැන ඇසූ කල්හී අඹ ගැන කියා දෙනවා වගේ. ඒ අයුරින්ම ස්වාමීනී, මේ ජීවිතයේදීම පැවිදිබවෙන් ලබන ප්‍රයෝජන ගැන ඇසූ ප්‍රශ්නයට ඔය විදිහට කේසකම්බල අජිත මට උච්ඡේදවාදය (මරණින් මතු සම්පූර්ණයෙන් වැනසී යාම) පැවසුවා. ස්වාමීනී, එතකොට මට මෙහෙමත් හිතුනා. "මං වගේ කෙනෙක් තම විජිතයෙහි වාසය කරන ශ්‍රමණයෙකු හෝ බ්‍රාහ්මණයෙකු හෝ පෙළිය යුතුයි කියලා කොහොම නම් සිතන්නද?" කියලා. ස්වාමීනී, ඒ මං කේසකම්බල අජිතගේ කීම පිළිගත්තේ නෑ. ප්‍රතික්ෂේප කළෙත් නෑ. නොපිළිගෙන, ප්‍රතික්ෂේප නොකොට, නොසතුටු සිතින් යුතුව, නමුත් නොසතුටු සිතින් වචනයක් නිකුත් කරන්නේ නැතිව, ඒ කියමන භාරගන්නේ නැතිව, සිතේ පිහිටුවා නොගෙන අසුනෙන් නැගිට නික්මිලා ගියා.

21. ස්වාමීනී, මං එක්තරා දවසක පකුධ කච්චායනයන් ළඟට ගියා. ගිහින් පකුධ කච්චායනයන් සමඟ සතුටු වුනා. සතුටු විය යුතු පිළිසඳර කතාබහ අවසන් කොට එකත්පස්ව වාඩිවුනා. ඉතින් ස්වාමීනී, එකත්පස්ව වාඩිවුන මං පකුධ කච්චායනයන්ට මෙකරුණ කිව්වා. "භවත් කච්චායන, ඉගෙන ගත යුතු යම් ආකාර වූ ශිල්ප ශාස්ත්‍ර රාශියක් තිබෙනවා. ඒ කියන්නේ ඇතරුවන් ඉන්නවා ....(පෙ).... ඉතින් භවත් කච්චායන, ගිහි ජීවිතයේදී ඔය විදිහට ප්‍රතිඵල ලබද්දී පැවිදි ජීවිතයෙනුත් ඔය ආකාරයෙන්ම ලබාගන්නා ප්‍රයෝජන දක්වන්නට පුළුවන්ද?" කියලා.

ස්වාමීනී, ඔය විදිහට මං කිව්වහම පකුධ කච්චායන මට මෙහෙම කිව්වා. "මහාරාජ, මේ කාය හතක් තියෙනවා. ඒවා කවුරුත් කළ දේවල් නොවෙයි. විධානය කරලා නොවෙයි. දේව මැවිල්ලක් නොවෙයි. වෙන මැවිල්ලකුත් නොවෙයි. වඳ බැහැලයි තියෙන්නේ. පර්වත කූටයක් වගේ ස්ථිරවයි තියෙන්නේ. ඒෂිකා ස්ථම්භයක් වගේ ස්ථිරවයි තියෙන්නේ. ඒවායේ

වෙනස්කම් ඇතිවන්නේ නෑ. පරිණාමයක් වෙන්නේ නෑ. එකිනෙකට බාධා ඇතිවෙන්නේ නෑ. එකිනෙකට සැප පිණිස හෝ දුක් පිණිස හෝ සැපදුක් පිණිස හෝ පවතින්නේ නෑ. ඒ සප්ත කාය කුමක්ද? පඨවිකාය, ආපෝකාය, තේජෝකාය, වායෝකාය, සැප, දුක හා ජීව යන හතයි. මේ තමයි සප්ත කාය. මේවා කවුරුත් කළ දේවල් නොවෙයි. විධානය කරලා නොවෙයි. දේව මැවිල්ලක් නොවෙයි. වෙන මැවිල්ලකුත් නොවෙයි. වඳ බැහැලයි තියෙන්නේ. පර්වත කූටයක් වගේ ස්ථිරවයි තියෙන්නේ. ඒෂිකා ස්ථම්භයක් වගේ ස්ථිරවයි තියෙන්නේ. ඒවායේ වෙනස්කම් ඇතිවන්නේ නෑ. පරිණාමයක් වෙන්නේ නෑ. එකිනෙකට බාධා ඇතිවෙන්නේ නෑ. එකිනෙකට සැප පිණිස හෝ දුක් පිණිස හෝ සැපදුක් පිණිස හෝ පවතින්නේ නෑ. නසන කෙනෙක් නැත. නසවන කෙනෙක්ද නැත. අසන කෙනෙක්ද නැත. අසවන කෙනෙක්ද නැත. දැනගන්නා කෙනෙක්ද නැත. දන්වන්නා වූ කෙනෙක්ද නැත. යම් කෙනෙක් තියුණු ආයුධයක් ගෙන තව කෙනෙකුගේ හිස සින්දොත්, කවුරුවත්, කාගෙවත් ජීවිතය තොර කළේ නෑ. අර සප්තකාය අතරින් ආයුධය සිදුරු කරගෙන ගියා විතරයි" කියලා.

ඉතින් ස්වාමීනී, මේ ජීවිතයේදීම පැවිදිබවෙන් ලබන ප්‍රයෝජන ගැන ඇසූ ප්‍රශ්නයට ඔය විදිහට පකුධ කච්චායන මට එකිනෙකට හාත්පසින් විරුද්ධ දෙයක් පැවසුවා. ස්වාමීනී, ඒක මේ වගේ දෙයක්. අඹ ගැන ඇසූ කල්හී දෙල් ගැන කියා දෙනවා වගේ. දෙල් ගැන ඇසූ කල්හී අඹ ගැන කියා දෙනවා වගේ. ඒ අයුරින්ම ස්වාමීනී, මේ ජීවිතයේදීම පැවිදිබවෙන් ලබන ප්‍රයෝජන ගැන ඇසූ ප්‍රශ්නයට ඔය විදිහට පකුධ කච්චායන මට එකිනෙකට හාත්පසින් විරුද්ධ දෙයක් පැවසුවා. ස්වාමීනී, එතකොට මට මෙහෙමත් හිතුනා. "මං වගේ කෙනෙක් තම විජිතයෙහි වාසය කරන ශ්‍රමණයෙකු හෝ බ්‍රාහ්මණයෙකු හෝ පෙළිය යුතුයි කියලා කොහොම නම් සිතන්නද?" කියලා. ස්වාමීනී, ඒ මං පකුධ කච්චායනගේ කීම පිළිගත්තේ නෑ. ප්‍රතික්ෂේප කළෙත් නෑ. නොපිළිගෙන, ප්‍රතික්ෂේප නොකොට, නොසතුටු සිතින් යුතුව, නමුත් නොසතුටු සිතින් වචනයක් නිකුත් කරන්නේ නැතිව, ඒ කියමන භාරගන්නේ නැතිව, සිතේ පිහිටුවා නොගෙන අසුනෙන් නැගිට නික්මිලා ගියා.

22. ස්වාමීනී, මං එක්තරා දවසක නිගණ්ඨ නාතපුත්ත ළඟට ගියා. ගිහින් නිගණ්ඨ නාතපුත්ත සමඟ සතුටු වුණා. සතුටු විය යුතු පිළිසඳර කතාබහ අවසන් කොට එකත්පස්ව වාඩිවුණා. ඉතින් ස්වාමීනී, එකත්පස්ව වාඩිවුණ මං නිගණ්ඨ නාතපුත්තට මෙකරුණ කිව්වා. "භවත් අග්ගිවෙස්සන, ඉගෙන ගත යුතු යම් ආකාර වූ ශිල්ප ශාස්ත්‍ර රාශියක් තිබෙනවා. ඒ කියන්නේ ඇතරුවන්

ඉන්නවා ....(පෙ).... ඉතින් භවත් අග්ගිවෙස්සන, ගිහි ජීවිතයේදී ඔය විදිහට ප්‍රතිඵල ලබද්දී පැවිදි ජීවිතයෙනුත් ඔය ආකාරයෙන්ම ලබාගන්නා ප්‍රයෝජන දක්වන්නට පුළුවන්ද?" කියලා.

ස්වාමීනී, මං මෙහෙම කිව්වහම නිගණ්ඨ නාතපුත්ත මට මෙහෙම කිව්වා. "මහාරාජ, නිගණ්ඨයා අවස්ථා හතරක සංවරයෙන් සංවරව ඉන්නවා. මහාරාජ, නිගණ්ඨයා අවස්ථා හතරක සංවරයෙන් සංවරව ඉන්නේ කොහොමද? මහාරාජ, මෙහිලා නිගණ්ඨයා සියලු ඇල්දිය පරිහරණයෙන් වැළකී ඉන්නවා. ඒ වගේම සියලු පවින් සංවරව ඉන්නවා. සියලු පව් තපසින් පිඹ හැරලා ඉන්නවා. සියලු පව් දුරු කළ බව ස්පර්ශ කරලා ඉන්නවා. මහාරාජ, ඔය ආකාරයටයි නිගණ්ඨයා චතුයාම සංවරයෙන් යුක්ත වන්නේ. මහාරාජ, මේ නිගණ්ඨයාට කියන්නේ අවශ්‍ය අරමුණට ගිය ආත්මය ඇති කෙනා කියලයි. තවන ලද ආත්මය ඇති කෙනා කියලයි. මැනැවින් පිහිටි ආත්මය ඇති කෙනා කියලයි.

ඉතින් ස්වාමීනී, මේ ජීවිතයේදීම පැවිදිබවෙන් ලබන ප්‍රයෝජන ගැන ඇසූ ප්‍රශ්නයට ඔය විදිහට නිගණ්ඨ නාතපුත්ත මට චතුයාම සංවරය (සංවර වීමේ අවස්ථා හතර) පැවසුවා. ස්වාමීනී, ඒක මේ වගේ දෙයක්. අඹ ගැන ඇසූ කල්හී දෙල් ගැන කියා දෙනවා වගේ. දෙල් ගැන ඇසූ කල්හී අඹ ගැන කියා දෙනවා වගේ. ඒ අයුරින්ම ස්වාමීනී, මේ ජීවිතයේදීම පැවිදිබවෙන් ලබන ප්‍රයෝජන ගැන ඇසූ ප්‍රශ්නයට ඔය විදිහට නිගණ්ඨ නාතපුත්ත මට චතුයාම සංවරය (සංවර වීමේ අවස්ථා හතර) පැවසුවා. ස්වාමීනී, එතකොට මට මෙහෙමත් හිතුනා. "මං වගේ කෙනෙක් තම විජිතයෙහි වාසය කරන ශ්‍රමණයෙකු හෝ බ්‍රාහ්මණයෙකු හෝ පෙළිය යුතුයි කියලා කොහොම නම් සිතන්ටද?" කියලා. ස්වාමීනී, ඒ මං නිගණ්ඨ නාතපුත්තගේ කීම පිළිගත්තේ නෑ. ප්‍රතික්ෂේප කළෙත් නෑ. නොපිළිගෙන, ප්‍රතික්ෂේප නොකොට, නොසතුටු සිතින් යුතුව, නමුත් නොසතුටු සිතින් වචනයක් නිකුත් කරන්නේ නැතිව, ඒ කියමන භාරගන්නේ නැතිව, සිතේ පිහිටුවා නොගෙන අසුනෙන් නැගිට නික්මිලා ගියා.

23. ස්වාමීනී, මං එක්තරා දවසක සංජය බේලට්ඨිපුත්තයන් ළඟට ගියා. ගිහින් සංජය බේලට්ඨිපුත්තයන් සමඟ සතුටු වුනා. සතුටු විය යුතු පිළිසඳර කතාබහ අවසන් කොට එකත්පස්ව වාඩිවුනා. ඉතින් ස්වාමීනී, එකත්පස්ව වාඩිවුණ මං සංජය බේලට්ඨිපුත්තයන්ට මෙකරුණ කිව්වා. "භවත් සංජය, ඉගෙන ගත යුතු යම් ආකාර වූ ශිල්ප ශාස්ත්‍ර රාශියක් තිබෙනවා. ඒ කියන්නේ ඇතරුවන් ඉන්නවා ....(පෙ).... ඉතින් භවත් සංජය, ගිහි ජීවිතයේදී ඔය විදිහට ප්‍රතිඵල ලබද්දී පැවිදි ජීවිතයෙනුත් ඔය ආකාරයෙන්ම ලබාගන්නා ප්‍රයෝජන දක්වන්නට පුළුවන්ද?" කියලා.

ස්වාමීනී, ඔය විදිහට මං කිව්වහම සංජය බෙලට්ඨිපුත්ත මට මෙහෙම කිව්වා. "මහාරාජ, පරලොවක් තියෙනවාද? කියලා මගෙන් විමසුවොත් එතකොට මට හිතෙනවා නම් පරලොවක් ඇත කියලා මං ඔබට එය විසඳන්නේ පරලොවක් තියෙනවා කියලයි. ඒ වුනාට මා තුළ ඔවැනි අදහසක් නම් නෑ. මා තුළ ඒ අයුරින් පිළිගැනීමකුත් නෑ. මා තුළ ඔයිට වෙනස් අයුරකින් පිළිගැනීමකුත් නෑ. නොපිළිගන්නවා කියලා දෙයකුත් නෑ. නොපිළිගන්නේ නැත කියලා දෙයකුත් නෑ. ඒ වගේම පරලොවක් නැද්ද? කියලා මගෙන් ඇහුවොත් ....(පෙ).... පරලොවක් තියෙනවාද නැද්ද? කියලා ....(පෙ).... පරලොවක් ඇත්තේත් නැද්ද? නැත්තේත් නැද්ද? කියලා ....(පෙ).... ඕපපාතික සත්වයන් ඉන්නවාද? කියලා ....(පෙ).... ඕපපාතික සත්වයන් නැද්ද? කියලා ....(පෙ).... ඕපපාතික සත්වයන් ඇද්ද නැද්ද? කියලා ....(පෙ).... ඕපපාතික සත්වයන් ඇත්තේත් නැද්ද? නැත්තේත් නැද්ද? කියලා ....(පෙ).... හොඳ නරක කර්මවල ඵලවිපාක තියෙනවාද? කියලා ....(පෙ).... හොඳ නරක කර්මවල ඵල විපාක නැද්ද? කියලා ....(පෙ).... හොඳ නරක කර්මවල ඵලවිපාක ඇත්තේත් නැද්ද, නැත්තේත් නැද්ද? කියලා ....(පෙ).... තථාගතයන් වහන්සේ මරණින් මතු ඉන්නවාද? කියලා ....(පෙ).... තථාගතයන් වහන්සේ මරණින් මතු නැද්ද? කියලා ....(පෙ).... තථාගතයන් වහන්සේ මරණින් මතු ඉන්නවාද? නැද්ද? කියලා ....(පෙ).... තථාගතයන් වහන්සේ මරණින් මතු ඇත්තේත් නැද්ද නැත්තේත් නැද්ද? කියලා මගෙන් විමසුවොත් එතකොට මට හිතෙනවා නම් තථාගතයන් වහන්සේ මරණින් මතු අත්තේත් නෑ, නැත්තේත් නෑ කියලා මං ඔබට එය විසඳන්නේ තථාගතයන් වහන්සේ මරණින් මතු ඇත්තේත් නෑ, නැත්තේත් නෑ කියලයි. ඒ වුනාට මා තුළ ඔවැනි අදහසක් නම් නෑ. මා තුළ ඒ අයුරින් පිළි ගැනීමකුත් නෑ. මා තුළ ඔයිට වෙනස් අයුරකින් පිළිගැනීමකුත් නෑ. නොපිළි ගන්නවා කියලා දෙයකුත් නෑ. නොපිළිගන්නේ නැත කියලා දෙයකුත් නෑ.

ඉතින් ස්වාමීනී, මේ ජීවිතයේදීම පැවිදිබවෙන් ලබන ප්‍රයෝජන ගැන ඇසූ ප්‍රශ්නයට ඔය විදිහට සංජය බෙලට්ඨිපුත්ත මට අමරාවික්ෂේපවාදය (ප්‍රශ්න අසන්නන් වික්ෂිප්ත වෙන පරිදි ආඳෙකු මෙන් ලිස්සා යාම) පැවසුවා. ස්වාමීනී, ඒක මේ වගේ දෙයක්. අඹ ගැන ඇසූ කල්හී දෙල් ගැන කියා දෙනවා වගේ. දෙල් ගැන ඇසූ කල්හී අඹ ගැන කියා දෙනවා වගේ. ඒ අයුරින්ම ස්වාමීනී, මේ ජීවිතයේදීම පැවිදි බවෙන් ලබන ප්‍රයෝජන ගැන ඇසූ ප්‍රශ්නයට ඔය විදිහට සංජය බෙලට්ඨිපුත්ත මට අමරාවික්ෂේපවාදය (ප්‍රශ්න අසන්නන් වික්ෂිප්ත වෙන පරිදි ආඳෙකු මෙන් ලිස්සා යාම) පැවසුවා. ස්වාමීනී, එතකොට මට මෙහෙම හිතුණා. "මේ පුද්ගලයා මේ ශ්‍රමණ බ්‍රාහ්මණයන්ගෙන් හැමෝටම වැඩිය බාලයෙක්. හැමෝටම වැඩිය මෝඩයෙක්. මේ ජීවිතයේදීම පැවිදිබවෙන්

ලබන ප්‍රයෝජන ගැන විමසද්දී කොහොම නම් අමරාවික්ෂේපය ගැන විස්තර කරන්නේද?" ස්වාමීනී, එතකොට මට මෙහෙමත් හිතුනා. "මං වගේ කෙනෙක් තම විජිතයෙහි වාසය කරන ශ්‍රමණයෙකු හෝ බ්‍රාහ්මණයෙකු හෝ පෙළිය යුතුයි කියලා කොහොම නම් සිතන්නද?" කියලා. ස්වාමීනී, ඒ මං සංජය බේලට්ඨිපුත්තගේ කීම පිළිගත්තේ නෑ. ප්‍රතික්ෂේප කළෙත් නෑ. නොපිළිගෙන, ප්‍රතික්ෂේප නොකොට, නොසතුටු සිතින් යුතුව, නමුත් නොසතුටු සිතින් වචනයක් නිකුත් කරන්නේ නැතිව, ඒ කියමන භාරගන්නේ නැතිව, සිතේ පිහිටුවා නොගෙන අසුනෙන් නැගිට නික්මිලා ගියා.

24. ස්වාමීනී, ඒ මං භාග්‍යවතුන් වහන්සේගෙනුත් අසන්නම්. "ස්වාමීනී, ඉගෙනගත යුතු යම් ආකාර වූ ශිල්ප ශාස්ත්‍ර රාශියක් තිබෙනවා. ඒ කියන්නේ ඇතරුවන් ඉන්නවා ....(පෙ).... ඉතින් ස්වාමීනී, ගිහි ජීවිතයේදී ඔය විදිහට ප්‍රතිඵල ලබද්දී පැවිදි ජීවිතයෙනුත් ඔය ආකාරයෙන්ම ලබාගන්නා ප්‍රයෝජන දක්වන්නට පුළුවන්ද?" කියලා.

"පින්වත් මහාරාජ, ප්‍රයෝජන දක්වන්නට පුළුවනි. එසේ නම් පින්වත් මහාරාජ, මං ඔබෙන්ම මේ කාරණය විමසන්නම්. ඔබ යම් විදිහකට නම් කැමැති ඒ විදිහට පිළිතුරු දෙන්න."

25. "පින්වත් මහාරාජ, මේ ගැන ඔබ කුමක්ද හිතන්නේ? මෙහි ඔබගේ දාස වූ පුරුෂයෙක් ඉන්නවා. ඔහු කම්කරුවෙක්. උදේ පාන්දර නැගිටිනවා. අන්තිමටම නිදනවා. කළ යුතු දේ සොයාබලා කරනවා. සිත් ගන්නා අයුරින් හැසිරෙනවා. ප්‍රිය බස් කියනවා. සතුටු සිතින් ඔබේ මුහුණ බලනවා. ඔහුට මේ විදිහට සිතෙනවා. පින්වල ගතිය නම්, පින්වල විපාක නම් ඒකාන්තයෙන්ම අසිරිමත්, ඒකාන්තයෙන්ම පුදුම සහගතයි. මේ වේදේහිපුත්ත අජාසත් මගධ රජතුමා මනුෂ්‍යයෙක්. මමත් මනුෂ්‍යයෙක්. නමුත් වේදේහිපුත්ත අජාසත් මගධ රජතුමා පංචකාම ගුණයෙන් පිනා ගිහින් එයින් ඉඳුරන් පිනවමින් ඉන්නේ දෙවියෙකු වගෙයි. නමුත් මං එතුමාගේ දාසයෙක්. කම්කරුවෙක්. උදේ පාන්දර නැගිටිනවා. අන්තිමටම නිදනවා. කළ යුතු දේ සොයාබලා කරනවා. සිත් ගන්නා අයුරින් හැසිරෙනවා. ප්‍රිය බස් කියනවා. සතුටු සිතින් ඔබේ මුහුණ බලනවා. එහෙම නම් ඒ මමත් පින් දහම් කළොත් මෙතුමා වගේ වේවි. ඒ නිසා මං කෙස් රැවුල් බාලා, කසාවත් පොරොවා ගෙන ගිහිගෙයින් නික්ම පැවිදි ජීවිතයට පත්වෙන එක තමයි හොඳ" කියලා.

ඔහු පස්සේ කාලෙක කෙස් රැවුල් බාලා, කසාවත් පොරොවා ගෙන ගිහිගෙයින් නික්ම පැවිදි ජීවිතයට පත්වෙනවා. ඔහු ඔය විදිහට පැවිද්දෙක්

වෙලා කයෙන් සංවරව වාසය කරනවා. වචනයෙන් සංවරව වාසය කරනවා. මනසින් සංවරව වාසය කරනවා. කෙලෙස් නැසීමේ උතුම් අරුතෙන් යුතුව හුදෙකලා විවේකයෙහි ඇලී වාසය කරනවා.

එතකොට ඔබගේ රාජපුරුෂයන් අර පුද්ගලයා ගැන මේ විදිහට දැනුම් දෙනවා. "අවසරයි දේවයන් වහන්ස, දන්නවාද? ඔබේ ඒ දාස පුරුෂයෙක් හිටියා. ඔහු කම්කරුවෙක්. උදේ පාන්දර නැගිටිනවා. අන්තිමටම නිදනවා. කළ යුතු දේ සොයාබලා කරනවා. සිත් ගන්නා අයුරින් හැසිරෙනවා. ප්‍රිය බස් කියනවා. සතුටු සිතින් ඔබේ මුහුණ බලනවා. දේවයන් වහන්ස, ඔහු කෙස් රැවුල් බාලා, කසාවත් පොරොවා ගෙන ගිහිගෙයින් නික්ම පැවිදි ජීවිතයට පත්වෙලා ඉන්නවා. ඔහු ඔය විදිහට පැවිද්දෙක් වෙලා කයෙන් සංවරව වාසය කරනවා. වචනයෙන් සංවරව වාසය කරනවා. මනසින් සංවරව වාසය කරනවා. කෙලෙස් නැසීමේ උතුම් අරුතෙන් යුතුව හුදෙකලා විවේකයෙහි ඇලී වාසය කරනවා" කියලා. එතකොට ඔබ මේ විදිහට කියනවාද? "භවත්නි, මාගේ ඒ පුරුෂයා පැමිණේවා! යළිත් මාගේ දාසයා වේවා! කම්කරුවා වේවා! උදේ පාන්දර නැගිටින, අන්තිමටම නිදන, කළ යුතු දේ සොයාබලා කරන, සිත් ගන්නා අයුරින් හැසිරෙන, ප්‍රිය බස් කියන, ඔහු සතුටු සිතින් මගේ මුහුණ බලාවා!" කියලා.

"ස්වාමීනී, එහෙම දෙයක් වෙන්නේ නෑ. එහෙම නම් අපිමයි ඔහුට ආදරයෙන් වඳින්නේ. අපිමයි ඔහු දැක හුනස්නෙන් නැගිටින්නේ. ආසනයක් වුණත් පිළිගන්වන්නේ. චීවර පිණ්ඩපාත සේනාසන ගිලන්පසින් මනාකොට පිළිගන්වන්නේ. උන්වහන්සේට දැහැමින් රැකවරණ සළස්වන්නේ."

"පින්වත් මහාරාජ, ඉතින් ඔය විදිහට කරුණු යෙදෙන කොට ඕක මේ ජීවිතයේදී දැක්ක හැකි පැවිදිබවේ ඵලයක්ද? නැද්ද?"

"ස්වාමීනී, ඔය විදිහට කරුණු යෙදෙන කොට, ඒකාන්තයෙන්ම මේ ජීවිතයේදී දැක්ක හැකි පැවිදිබවේ ඵලයක්මයි."

"පින්වත් මහාරාජ, මෙය වනාහී මා විසින් ඔබට පෙන්වා දෙන පැවිදිබව තුළින් මේ ජීවිතයේදීම ලැබිය හැකි පළමුවෙනි ප්‍රයෝජනයයි."

26. "ස්වාමීනී, පැවිදිබව තුළින් මේ ජීවිතයේදීම අත්විඳිය හැකි ඔය ආකාර වූ වෙනත් ප්‍රයෝජනත් පෙන්වා දෙන්නට පුළුවන්ද?"

"පින්වත් මහාරාජ, ප්‍රයෝජන දක්වන්නට පුළුවනි. එසේ නම් පින්වත් මහාරාජ, මං ඔබෙන්ම මේ කාරණය විමසන්නම්. ඔබ යම් විදිහකට නම්

කැමැති ඒ විදිහට පිළිතුරු දෙන්න. 'පින්වත් මහාරාජ, මේ ගැන ඔබ කුමක්ද හිතන්නේ? මෙහි ඔබගේ ගොවියෙක් වූ ගෘහපතියෙක් ඉන්නවා. ඔහු ඔබට බදු ගෙවනවා. ධනධාන්‍ය වැඩි කර දෙනවා. ඔහුට මේ විදිහට සිතෙනවා. පින්වල ගතිය නම්, පින්වල විපාක නම් ඒකාන්තයෙන්ම අසිරිමත්, ඒකාන්තයෙන්ම පුදුම සහගතයි. මේ වේදේහිපුත්ත අජාසත් මගධ රජතුමා මනුෂ්‍යයෙක්. මමත් මනුෂ්‍යයෙක්. නමුත් වේදේහිපුත්ත අජාසත් මගධ රජතුමා පංචකාම ගුණයෙන් පිනා ගිහින් එයින් ඉඳුරන් පිනවමින් ඉන්නේ දෙවියෙකු වගෙයි. නමුත් මං එතුමාගේ ගොවියෙක් වූ ගෘහපතියෙක්. එතුමාට බදු ගෙවනවා. ධනධාන්‍ය වැඩි කර දෙනවා. එහෙමනම් ඒ මමත් පින් දහම් කළොත් මෙතුමා වගේ වේවි. ඒ නිසා මං කෙස් රැවුල් බාලා, කසාවත් පොරොවා ගෙන ගිහිගෙයින් නික්ම පැවිදි ජීවිතයට පත්වෙන එක තමයි හොඳ' කියලා.

ඔහු පස්සේ කාලෙක ස්වල්ප වූ භෝග සම්පත් අත්හරිනවා. මහත් වූ භෝග සම්පත් අත්හරිනවා. ස්වල්ප වූ නෑදෑයන් අත්හරිනවා. මහත් වූ නෑදෑයන් අත්හරිනවා. කෙස් රැවුල් බාලා, කසාවත් පොරොවා ගෙන ගිහිගෙයින් නික්ම පැවිදි ජීවිතයට පත්වෙනවා. ඔහු ඔය විදිහට පැවිද්දෙක් වෙලා කයෙන් සංවරව වාසය කරනවා. වචනයෙන් සංවරව වාසය කරනවා. මනසින් සංවරව වාසය කරනවා. කෙලෙස් නැසීමේ උතුම් අරුතෙන් යුතුව හුදෙකලා විවේකයෙහි ඇලී වාසය කරනවා.

එතකොට ඔබගේ රාජපුරුෂයන් අර පුද්ගලයා ගැන මේ විදිහට දැනුම් දෙනවා. "අවසරයි දේවයන් වහන්ස, දන්නවාද? ඔබේ ඒ ගොවියෙක් වූ ගෘහපතියෙක් හිටියා. ඔහු ඔබට බදු ගෙව්වා. ධනධාන්‍ය වැඩි කර දුන්නා. දේවයන් වහන්ස, ඔහු කෙස් රැවුල් බාලා, කසාවත් පොරොවා ගෙන ගිහි ගෙයින් නික්ම පැවිදි ජීවිතයට පත්වෙලා ඉන්නවා. ඔහු ඔය විදිහට පැවිද්දෙක් වෙලා කයෙන් සංවරව වාසය කරනවා. වචනයෙන් සංවරව වාසය කරනවා. මනසින් සංවරව වාසය කරනවා. කෙලෙස් නැසීමේ උතුම් අරුතෙන් යුතුව හුදෙකලා විවේකයෙහි ඇලී වාසය කරනවා" කියලා. එතකොට ඔබ මේ විදිහට කියනවාද? "භවත්නි, මාගේ ඒ පුරුෂයා පැමිණේවා! යළිත් මාගේ ගොවියෙකු වේවා! ගෘහපතියෙකු වේවා! බදුගෙවන්නෙකු වේවා! ධනධ්‍යාන්‍ය වැඩි කරන්නෙකු වේවා!" කියලා.

"ස්වාමීනී, එහෙම දෙයක් වෙන්නේ නෑ. එහෙම නම් අපිමයි ඔහුට ආදරයෙන් වඳින්නේ. අපිමයි ඔහු දැක හුනස්නෙන් නැගිටින්නේ. ආසනයක් වුණත් පිළිගන්වන්නේ. චීවර පිණ්ඩපාත සේනාසන ගිලන්පසින් මනාකොට පිළිගන්වන්නේ. උන්වහන්සේට දැහැමින් රැකවරණ සළස්වන්නේ.

"පින්වත් මහාරාජ, ඉතින් ඔය විදිහට කරුණු යෙදෙන කොට ඕක මේ ජීවිතයේදී දැක්ක හැකි පැවිදිබවේ ඵලයක්ද? නැද්ද?"

"ස්වාමීනී, ඔය විදිහට කරුණු යෙදෙන කොට, ඒකාන්තයෙන්ම මේ ජීවිතයේදී දැක්ක හැකි පැවිදිබවේ ඵලයක්මයි."

"පින්වත් මහාරාජ, මෙය වනාහී මා විසින් ඔබට පෙන්වා දෙන පැවිදිබව තුළින් මේ ජීවිතයේදීම ලැබිය හැකි දෙවෙනි ප්‍රයෝජනයයි."

27. "ස්වාමීනී, පැවිදිබව තුළින් මේ ජීවිතයේදීම අත්විඳිය හැකි ඔය ප්‍රයෝජනයන්ටත් වඩා අතිශයින්ම උසස් වූත්, අතිශයින්ම ප්‍රණීත වූත් පැවිදිබවෙන් ලබන වෙනත් ප්‍රයෝජනත් පෙන්වා දෙන්නට පුළුවන්ද?"

"පින්වත් මහාරාජ, ප්‍රයෝජන දක්වන්නට පුළුවනි. එසේ නම් පින්වත් මහාරාජ, මනාකොට සවන් යොමා අසන්න. නුවණින් මෙනෙහි කරන්න. මා කියා දෙන්නම්."

"එසේය ස්වාමීනී," කියලා වේදේහි පුත්‍ර අජාසත් මගධ රජු භාග්‍යවතුන් වහන්සේට පිළිතුරු දුන්නා.

28. භාග්‍යවතුන් වහන්සේ මෙම දෙසුම වදාළා. "පින්වත් මහාරාජ, මෙහි අරහත් වූ සම්මාසම්බුද්ධ වූ, විජ්ජාචරණසම්පන්න වූ, සුගත වූ, ලෝකවිදූ වූ, අනුත්තර පුරිසදම්ම සාරථී වූ, සත්ථා දේවමනුස්සානං වූ, බුද්ධ වූ, භගවා වූ තථාගතයන් වහන්සේ ලෝකයෙහි උපත ලබනවා. උන්වහන්සේ දෙවියන් සහිත වූ, මරුන් සහිත වූ, බඹුන් සහිත වූ, ශ්‍රමණ බමුණන් සහිත වූ දෙව් මිනිස් ප්‍රජාවෙන් යුතු මේ ලෝකය තුළ තමා විසින් උපදවා ගත් විශිෂ්ට ඥාණයෙන් සාක්ෂාත් කරලා ලෝකයට කියා දෙනවා. උන්වහන්සේ දහම් දෙසනවා. ආරම්භය කල්‍යාණ වූත්, මැද කල්‍යාණ වූත්, අවසානය කල්‍යාණ වූත්, අර්ථ සහිත වූත්, පැහැදිලි ප්‍රකාශනවලින් යුතු වූත්, මුළුමණින්ම පිරිපුන් පිරිසිදු බඹසර ප්‍රකාශ කරනවා.

එතකොට ගෘහපතියෙක් වේවා, ගෘහපති පුත්‍රයෙක් වේවා කවර හෝ කුලයක උපන් කෙනෙක් වේවා ඒ ධර්මය අසනවා. ඔහු ඒ ධර්මය අහලා තථාගතයන් වහන්සේ කෙරෙහි ශ්‍රද්ධාව උපදවා ගන්නවා. ඉතින් ඔහු ඒ ශ්‍රද්ධාලාභයෙන් යුක්ත වෙලා මේ විදිහට නුවණින් කල්පනා කරනවා. "ගිහි ගෙදර වාසය කිරීම හරිම කරදරයක්. කෙලෙස් වැඩෙන මාවතක්. නමුත් පැවිදි ජීවිතය ආකාසය වගේ. ගිහිගෙදර වාසය කරමින් මුළුමණින්ම පිරිපුන්, මුළුමණින්ම පිරිසිදු, සුදෝසුදු බඹසර වසනවා යන කාරණය ලෙහෙසි

එකක් නොවේ. ඒ නිසා මං කෙස් රැවුල් බාලා, කසාවත් පොරොවා ගෙන ගිහිගෙයින් නික්ම පැවිද්දට ඇතුළත් වෙන එක තමයි හොඳ" කියලා.

ඔහු පස්සේ කාලෙක ස්වල්ප වූ භෝග සම්පත් අත්හරිනවා. මහත් වූ භෝග සම්පත් අත්හරිනවා. ස්වල්ප වූ නෑදෑයන් අත්හරිනවා. මහත් වූ නෑදෑයන් අත්හරිනවා. කෙස් රැවුල් බාලා, කසාවත් පොරොවා ගෙන ගිහිගෙයින් නික්ම පැවිදි ජීවිතයට පත්වෙනවා. ඔහු ඔය විදිහට පැවිද්දෙක් වෙලා ප්‍රාතිමෝක්ෂ සංවර සීලයෙන් (පැවිද්දෙක් විසින් රැකගත යුතු නිවනට උපකාරී වන උතුම් සිල්පදවලින්) සංවරව ඉන්නවා. යහපත් ඇවැතුම් පැවැතුම්වලින් යුතු වෙනවා. අණුමාත්‍ර වූ වරදෙහි පවා භය දකිනවා. ශික්ෂාපදවල සමාදන්ව හික්මෙනවා. කුසල්සහගත කාය හා වචී කර්මයෙන් යුතු වෙනවා. පිරිසිදු ආජීවයෙන් යුතු වෙනවා. සිල්වත් වෙනවා. අකුසලයෙන් වැළකූ දොරටු ඇතුව ඉන්නවා. නුවණින් සළකා ආහාර ගන්නවා. සිහිනුවණින් යුතුව ඉන්නවා. ලද දෙයින් සතුටුව ඉන්නවා.

29. පින්වත් මහාරාජ, භික්ෂුව සීලයෙන් යුක්ත වන්නේ කොහොමද? පින්වත් මහාරාජ, මෙහි භික්ෂුව සතුන් මැරීම අත්හැර දාලා සතුන් මැරීමෙන් වැළකී ඉන්නවා. දඬු මුගුරු අත්හැර දාලා, අවි ආයුධ බැහැර කරලා, පවට ලැජ්ජා ඇතිව ඉන්නවා. සතුන් කෙරෙහි දයාවන්ත වෙනවා, සියලු ප්‍රාණීන් කෙරෙහි හිතානුකම්පීව වාසය කරනවා. මෙයත් ඔහුගේ සීලයට අයත් දෙයකි.

නුදුන් දේ ගැනීම අත්හැරලා නුදුන් දේ ගැනීමෙන් වැළකී ඉන්නවා. දුන් දේ පමණක් පිළිගන්නවා. දුන් දේ පමණක් පිළිගනු කැමති වෙනවා. සොර රහිත සිතින් යුතු වූ පිරිසිදු සිතින් යුතු වූ ජීවිතයකින් වාසය කරනවා. මෙයත් ඔහුගේ සීලයට අයත් දෙයකි.

අබ්‍රහ්මචාරී බව අත්හැරලා බ්‍රහ්මචාරීව ඉන්නවා. ලාමක දෙයක් වූ මෛථුන සේවනයෙන් වැළකී එය දුරින්ම දුරුකර දමනවා. මෙයත් ඔහුගේ සීලයට අයත් දෙයකි.

බොරු කීම අත්හැරලා, බොරු කීමෙන් වැළකී ඉන්නවා. සත්‍යය කතා කරනවා. ඇත්තෙන් ඇත්ත ගලපනවා. ස්ථිරව පිහිටලා කතාකරනවා. පිළිගත හැකි දේ කතා කරනවා. ලෝකයාව රවටන්නේ නෑ. මෙයත් ඔහුගේ සීලයට අයත් දෙයකි.

කේලාම් කීම අත්හැරලා කේලාම් කීමෙන් වැළකී ඉන්නවා. මෙතැනින් අහලා මේ අය බිඳවන්නට අතන කියන්නේ නෑ. අතනින් අහලා ඒ උදවිය බිඳවන්නට මෙතැන කියන්නේ නෑ. මේ අයුරින් බිඳුණු උදවිය සමගි කරවනවා.

සමගි වූවන්ට අනුබල දෙනවා. සමගි වූවන් හා වාසයට කැමතියි. සමගි වූවන් හා එක්ව වසනවා. සමගි වූවන් සමඟ සතුටු වෙනවා. සාමය උදෙසා සාමකාමී වචන කතා කරනවා. මෙයත් ඔහුගේ සීලයට අයත් දෙයකි.

පරුෂ වචනය අත්හැරලා පරුෂ වචනයෙන් වැළකී ඉන්නවා. යම් වචනයක් දොස් රහිත නම්, කනට සැප නම්, ආදරවන්ත නම්, හෘදයාංගම නම්, ශිෂ්ට සම්පන්න නම්, බොහෝ ජනයා කැමති නම්, බොහෝ ජනයාට ප්‍රියමනාප නම් එබඳු වූ වචන පවසනවා. මෙයත් ඔහුගේ සීලයට අයත් දෙයකි.

තේරුමක් නැති කතා බහ අත්හැරලා තේරුමක් නැති කතා කීමෙන් වැළකී සිටිනවා. කල් යල් බලා කතා කරනවා. ඇත්ත කතා කරනවා. අර්ථවත් දෙය කතා කරනවා. ධර්මයම කතා කරනවා. විනයම කතා කරනවා. සිත්හි ලා දරාගැනීමට සුදුසු, වෙලාවට ගැලපෙන උපදේශ සහිත වූ, මදිපාඩුකම් නොතබා, ප්‍රමාණවත් පරිදි, දෙලොව යහපත පිණිස වූ දේ පවසනවා. මෙයත් ඔහුගේ සීලයට අයත් දෙයකි.

30. පැළවෙන බීජ හා පැළ වුන ගස් කොළන් විනාශ කිරිමෙන් වැළකී ඉන්නවා. එක් වරුවේ බොජුන් වළඳනවා. රාත්‍රී ආහාරයෙන් වැළකී විකාල භෝජනයෙන් වැළකී ඉන්නවා. නැටුම්, ගැයුම්, වැයුම් හා විසූක දර්ශනයන් නැරඹීමෙන් වැළකී ඉන්නවා. මල් සුවඳ විලවුන් දැරීමෙන්ද ඇඟපත සැරසීමෙන්ද විසිතුරු වස්ත්‍රාභරණයෙන් සැරසීමෙන්ද වැළකී ඉන්නවා. ප්‍රමාණය ඉක්ම වූ උස් ආසනද, වටිනා සුඛෝපභෝගී ආසනද පරිහරණයෙන් වැළකී ඉන්නවා. රන් රිදී මිල මුදල් පිළිගැනීමෙන් වැළකී ඉන්නවා. අමු ධාන්‍ය පිළිගැනීමෙන් වැළකී ඉන්නවා. අමු මස් පිළිගැනීමෙන් වැළකී ඉන්නවා. ස්ත්‍රීන්, කුමරියන් පිළිගැනීමෙන් වැළකී ඉන්නවා. දාසි දස්සන් පිළිගැනීමෙන් වැළකී ඉන්නවා. එළුබැටළුවන් පිළිගැනීමෙන් වැළකී ඉන්නවා. කුකුළන්, ඌරන් පිළිගැනීමෙන් වැළකී ඉන්නවා. ඇතුන්, ගවයන්, අසුන්, වෙළඹුන් පිළිගැනීමෙන් වැළකී ඉන්නවා. කෙත් වතු පිළිගැනීමෙන් වැළකී ඉන්නවා. ගිහි කටයුතු සඳහා දූත මෙහෙවර කිරීමෙන් වැළකී ඉන්නවා. වෙළහෙළදාම් කිරීමෙන් වැළකී ඉන්නවා. තරාදියෙන් රැවටීම, නොවටිනා දෙයින් රැවටීම, මිනුමෙන් රැවටීම යන මෙයින් වැළකී ඉන්නවා. අල්ලස් ගෙන හිමිකරුවන්ගේ දේ අහිමි කිරීම, වංචා කිරීම, බාල දේ වටිනා දේ හැටියට පෙන්වීම ආදී නොයෙක් වංචනික දෙයින් වැළකී ඉන්නවා. අත්පා කැපීම්, මැරීම්, බන්ධන කිරීම්, මං පැහැරගැනීම්, ගම් පැහැර ගැනීම් ආදී සැහැසි දෙයින් වැළකී සිටිනවා. මෙයත් ඔහුගේ සීලයට අයත් දෙයකි.

චූලසීලය නිමාවිය

31. ඒ වගේම ඇතැම් භවත් ශ්‍රමණ බ්‍රාහ්මණයන් ඉන්නවා. ඔවුන් ශ්‍රද්ධාවෙන් දුන් දන් අනුභව කරලා මේ විදිහේ පැළවෙන දේ හා ගස් කොළන් ආදිය වනසමින් ඉන්නවා. ඒ කියන්නේ මුලින් පැළවෙන දේවල්, කඳින් පැළවෙන දේවල්, පුරුකින් පැළවෙන දේවල්, දල්ලෙන් පැළවෙන දේවල්, පස්වෙනුවට බිජුවටින් පැළවෙන දේවල් යන ආදිය වනසමින් ඉන්නවා. ගස් කොළන් සිඳලීම් ආදී මෙවැනි දේවල්වලිනුත් මෙවැනි වෙනත් දේවල්වලිනුත් වැළකී ඉන්නවා. මෙයත් ඔහුගේ සීලයට අයත් දෙයකි.

32. ඒ වගේම ඇතැම් භවත් ශ්‍රමණ බ්‍රාහ්මණයන් ඉන්නවා. ඔවුන් ශ්‍රද්ධාවෙන් දුන් දන් අනුභව කරලා මේ ආකාර වූ දේ රැස්කරගෙන පරිභෝග කරමින් වාසය කරනවා. ඒ කියන්නේ කෑම වර්ග රැස්කරලා තියාගන්නවා. බීම වර්ග රැස්කරලා තියාගන්නවා. වස්ත්‍ර රැස්කරලා තියාගන්නවා. යාන වාහන රැස්කරලා තියාගන්නවා. ඇඳ පුටු මේස රැස්කරලා තියාගන්නවා. සුවඳ වර්ග රැස්කරලා තියාගන්නවා. තවත් ආමිස රැස්කරලා තියාගන්නවා. මෙවැනි හෝ මෙවැනි වෙනත් දේවල් හෝ රැස්කරගෙන පරිහරණය කිරීමෙන් වැළකී ඉන්නවා. මෙයත් ඔහුගේ සීලයට අයත් දෙයකි.

33. ඒ වගේම ඇතැම් භවත් ශ්‍රමණ බ්‍රාහ්මණයන් ඉන්නවා. ඔවුන් ශ්‍රද්ධාවෙන් දුන් දන් අනුභව කරලා මේ ආකාරයේ විසූක දර්ශනයන් නැරඹීමෙහි යෙදිලා ඉන්නවා. ඒ කියන්නේ නැටුම්, ගැයුම්, වැයුම්, නාටක, පැරණි කතා රඟදැක්වීම්, අත්තාල ගසා නැටීම්, වේතාල නැටීම්, බෙර වාදන කිරීම්, රඟමඬළෙහි දේවතාවන්ට පූජා පිණිස නැටීම්, උණ ගසින් කරන ක්‍රීඩා, මිනී ඇට මැද තබා වටකොට නැටීම්, ඇත් යුද බැලීම්, අශ්ව යුද බැලීම්, ගොන් පොර බැලීම්, එළු පොර බැලීම්, බැටළු පොර බැලීම්, කුකුළු පොර බැලීම්, වටු පොර බැලීම්, පොලු හරඹ බැලීම්, මිටි හරඹ බැලීම්, මල්ලව පොර බැලීම්, යුද සේනා බලන්නට යෑම, බලසෙන් ගණින තැන් බලන්නට යාම, බලසෙනඟ විසිරුවන තැන් බලන්නට යාම ආදී දේවල්වල යෙදෙමින් ඉන්නවා. මෙවැනි දේවල්වලිනුත් මෙවැනි වෙනත් දේවල්වලින් යුතු විසූක දර්ශන නැරඹීම්වලින් වැළකී ඉන්නවා. මෙයත් ඔහුගේ සීලයට අයත් දෙයකි.

34. ඒ වගේම ඇතැම් භවත් ශ්‍රමණ බ්‍රාහ්මණයන් ඉන්නවා. ඔවුන් ශ්‍රද්ධාවෙන් දුන් දන් අනුභව කරලා තමාව ප්‍රමාදයට පත් කරවන මේ ආකාර වූ සූදු කෙළියෙන් කල් යවනවා. ඒ කියන්නේ හතරැස් කොටු අටකින් යුතුව කරන සූදුව, කොටු දහයකින් කරන සූදුව, අහසේ රූ අඳිමින් කරන සූදුව, කොටු පැනීමෙන් කරන සූදුව, සන්තික නම් වූ සූදුව, දාදු කැටයෙන් කරන සූදුව, කල්ලි

ගැසුම, බූරුවා ගැසීම, ගුළ කෙළිය, නළා පිඹීම, කරණම් ගැසීම, මුගුරක් ගෙන උඩ යට වැටෙන පරිදි උඩට ගැසීම, කොළවලින් කළ ගොටුවලින් තරගෙට වැලි මැනීම, කුඩා රිය තරඟ, කුඩා දුනුවලින් විදීමේ තරඟ, අකුරු ලිවීමේ සෙල්ලම, සිතූ දේ කියන සෙල්ලම, විකලාංග අනුකරණයෙන් හිනැස්සීමේ සෙල්ලම ආදී දේ කිරීමයි. මේ දෙයිනුත් මෙවැනි තවත් දේවල් ඇත්නම් එයිනුත් වැළකී ප්‍රමාදයට පත්වන සූදුවෙන් වැළකී ඉන්නවා. මෙයත් ඔහුගේ සීලයට අයත් දෙයකි.

35. ඒ වගේම ඇතැම් භවත් ශ්‍රමණ බ්‍රාහ්මණයන් ඉන්නවා. ඔවුන් ශ්‍රද්ධාවෙන් දුන් දන් අනුභව කරලා මේ ආකාර වූ පමණ ඉක්මවා උස් වූ ආසනත්, වටිනා සුඛෝපභෝගී ආසනත් පරිහරණය කරනවා. ඒ කියන්නේ දිග හාන්සි පුටු, කවිච්චි, ලොකු පලස් යෙදූ ආසන, විසිතුරු ගෙත්තම් කළ එළු ලොම් ඇතිරිලි, සුදු එළු ලොමින් කළ ඇතිරිලි, මල් යෙදූ එළු ලොමින් කළ ඇතිරිලි, පුළුන් යෙදූ මෙට්ට, සත්ව රූපවලින් සැරසූ එළු ලොම් ඇතිරිලි, මුළුමණින්ම එළු ලොමින් කළ ඇතිරිලි, රන් නූලෙන් සැරසූ කලාල, පට නූලෙන් කළ කලාල, නාටිකාංගනාවන් ඒ මත නැටිය හැකි එළු ලොමින් කළ කලාල, ඇතුන් පිට යොදන ඇතිරිලි, අසුන් පිට යොදන ඇතිරිලි, රථවල යොදන ඇතිරිලි, අඳුන් දිවි සමෙන් කළ ඇතිරිලි, කදලි මුව සමින් කළ කලාල, හිස දෙපැත්තට රතු විල්ලුද කොට්ට තබා රතු උඩුවියන් බැඳ සැදූ වටිනා යහන් ආදිය පරිහරණය කරයි. මෙවැනි දෙයිනුත් මෙවැනි වෙන දේවල්වලිනුත් වැළකී උස් අසුන් මහා අසුන් පරිහරණයෙන් වැළකී ඉන්නවා. මෙයත් ඔහුගේ සීලයට අයත් දෙයකි.

36. ඒ වගේම ඇතැම් භවත් ශ්‍රමණ බ්‍රාහ්මණයන් ඉන්නවා. ඔවුන් ශ්‍රද්ධාවෙන් දුන් දන් අනුභව කරලා මේ ආකාරයෙන් ඇඟපත සැරසීමෙන් හා විසිතුරු වස්ත්‍රාභරණ පැළඳීමෙන් යුක්තව කල් ගෙවනවා. ඒ කියන්නේ සුවඳ වර්ග ඇඟ තවරා සිරුර සිනිඳු කිරීම, තෙල් වර්ග ගා සම්බාහනය කොට සිරුර හැඩ කිරීම, සුවඳපැන් නෑම, උරහිස් ආදියෙහි මස් වැඩීමට මුගුරෙන් තැලීම, කැඩපතින් මුහුණ බලා සැරසීම, ඇස්වල අඳුන් ගෑම, මල් හා සුවඳ විලවුන් දැරීම, මුව සුවඳ කිරීම, මුව විලවුන් දැරීම, අත්වල ආභරණ දැමීම, හිසෙහි කුඩුම්බි දැරීම. විසිතුරු සැරයැටි දැරීම, විසිතුරු බෙහෙත් නල දැරීම, විසිතුරු කඩු දැරීම, විසිතුරු කුඩ දැරීම, විසිතුරු පාවහන් දැරීම, නලල් පට දැරීම, මැණික් පැළඳීම, චාමර දැරීම, දිග වාටි ඇති සුදු වස්ත්‍ර දැරීම ආදියෙන් යුතුවෙයි. මෙවැනි දෙයිනුත් මෙවැනි වෙන දේවල්වලිනුත් වැළකී ඇඟපත සැරසීම් හා විසිතුරු වස්ත්‍රාභරණ සැරසීමෙන් වැළකී ඉන්නවා. මෙයත් ඔහුගේ සීලයට අයත් දෙයකි.

37. ඒ වගේම ඇතැම් භවත් ශ්‍රමණ බ්‍රාහ්මණයන් ඉන්නවා. ඔවුන් ශ්‍රද්ධාවෙන් දුන් දන් අනුභව කරලා මෙබඳු වූ තිරිසන් කතාවල යෙදී වාසය කරනවා. ඒ කියන්නේ, රජවරුන් ගැන කතා, සොරුන් ගැන කතා, මහ ඇමතිවරුන් ගැන කතා, හමුදාවන් ගැන කතා, භය ඇතිවෙන දේවල් ගැන කතා, ආහාර වර්ග ගැන කතා, බොන දේවල් ගැන කතා, ඇඳුම් පැළඳුම් ගැන කතා, ඇඳ පුටු ගැන කතා, මල් වර්ග ගැන කතා, සුවඳ වර්ග ගැන කතා, නෑදෑයන් ගැන කතා, යාන වාහන ගැන කතා, ගම්මාන ගැන කතා, නියම් ගම්මාන ගැන කතා, නගර ගැන කතා, රටවල් ගැන කතා, ස්ත්‍රීන් ගැන කතා, පුරුෂයින් ගැන කතා, කුමාරයින් ගැන කතා, කුමාරියන් ගැන කතා, ශූරයින් ගැන කතා, මංමාවත් ගැන කතා, වළං පොලේ දේවල් ගැන කතා, මියගිය උදවිය ගැන කතා, තව තව දේවල් ගැන කතා, ලෝකය ගැන කතා, සාගරය ගැන කතා, මෙහෙමයි වුණේ මෙහෙමයි නොවුණේ කියන දේ ගැන කතා කරකර ඉන්නවා. මෙවැනි දෙයිනුත් මෙවැනි වෙන දේවල්වලිනුත් වැළකී මෙබඳු වූ තිරිසන් කතාවෙන් වැළකී ඉන්නවා. මෙයත් ඔහුගේ සීලයට අයත් දෙයකි.

38. ඒ වගේම ඇතැම් භවත් ශ්‍රමණ බ්‍රාහ්මණයන් ඉන්නවා. ඔවුන් ශ්‍රද්ධාවෙන් දුන් දන් අනුභව කරලා මේ ආකාරයෙන් එකිනෙකා අතර බැණ දොඩා ගන්නා කතාවෙන් යුතුවයි ඉන්නේ. ඒ කියන්නේ "නුඹ මේ ධර්ම විනය දන්නේ නෑ. මම තමයි මේ ධර්ම විනය දන්නේ, ආ ... එහෙමද එතකොට නුඹද මේ ධර්ම විනය දන්නේ? නුඹ ඉන්නේ මිථ්‍යා වැඩපිළිවෙලකයි. මම තමයි නියම වැඩ පිළිවෙල තුළ ඉන්නේ. මං කරුණු සහිතවයි කියන්නේ. නුඹේ කීම කරුණු රහිතයි. නුඹ කලින් කිවයුතු දේ පස්සේ කිව්වා. පස්සේ කිවයුතු දේ කලින් කිව්වා. නුඹ කලක් තිස්සේ කියපු දේ කණපිට පෙරළුනා. මා විසින් නුඹට වාද නංවලයි තියෙන්නේ. නුඹට නිග්‍රහ කරලයි තියෙන්නේ. වාදයෙන් නිදහස් වීමට මගක් හොයාගෙන පලයන්. පුළුවන් නම් ලිහාගනින්" යනාදිය කියමින් ආරවුල් හදාගන්නවා. මෙවැනි දෙයිනුත් මෙවැනි වෙන දේවල්වලිනුත් වැළකී මෙබඳු වූ බැණ දොඩාගන්නා කතාවෙන් වැළකී ඉන්නවා. මෙයත් ඔහුගේ සීලයට අයත් දෙයකි.

39. ඒ වගේම ඇතැම් භවත් ශ්‍රමණ බ්‍රාහ්මණයන් ඉන්නවා. ඔවුන් ශ්‍රද්ධාවෙන් දුන් දන් අනුභව කරලා ගිහියන්ගේ පණිවිඩ පණත් ගෙන යන මෙබඳු වූ දූත මෙහෙවරෙහි යෙදෙනවා. ඒ කියන්නේ, "මෙහෙ යන්න, අසවල් තැනට එන්න, මේක (අපේ මේ පණිවිඩය) අරන් යන්න. අසවල් තැනට මේක අරන් යන්න" යනාදී රජුන්ගේ, රාජමහා ඇමැතිවරුන්ගේ, ක්ෂත්‍රියයන්ගේ, බ්‍රාහ්මණයන්ගේ, ගෘහපතියන්ගේ, කුමාරවරුන්ගේ, පණිවිඩ පණත් ගෙනියනවා. මෙවැනි

දෙයිනුත් මෙවැනි වෙන දේවල්වලිනුත් වැළකී මෙබඳු වූ පණිවිඩ පණත් ගෙනයන ගිහියන්ගේ දූත මෙහෙවරෙන් වැළකී ඉන්නවා. මෙයත් ඔහුගේ සීලයට අයත් දෙයකි.

40 ඒ වගේම ඇතැම් භවත් ශ්‍රමණ බ්‍රාහ්මණයන් ඉන්නවා. ඔවුන් ශ්‍රද්ධාවෙන් දුන් දන් අනුභව කරලා කුහක (උඩින් වෙන ජීවිතයක් පෙන්වමින් යමින් වෙනත් ජීවිතයක් ගෙවමින් නැති ගුණ පෙන්වා) ජීවිත ගෙවනවා. ලාභ සත්කාර ලැබෙන විදිහට (පුහු වර්ණනා කිරීම්, තොදොල් කිරීම්, නැති ගුණ කීම් ආදී) චාටු බස් කියනවා. දායකයින් හට නොදී බැරි තත්වයට පත්වෙන ආකාරයේ නිමිති දක්වමින් කතා කරනවා. තමන්ට ලැබෙන විදිහට අනුන්ට ගරහනවා. ලාභයෙන් ලාභය හොයනවා. මෙවැනි දෙයිනුත් මෙවැනි වෙන දේවල්වලිනුත් වැළකී මෙබඳු වූ කුහක කමින් චාටුබස්වලින් වැළකී ඉන්නවා. මෙයත් ඔහුගේ සීලයට අයත් දෙයකි.

මධ්‍යම සීලය නිමාවිය.

41. ඒ වගේම ඇතැම් භවත් ශ්‍රමණ බ්‍රාහ්මණයන් ඉන්නවා. ඔවුන් ශ්‍රද්ධාවෙන් දුන් දන් අනුභව කරලා මෙවැනි වූ තිරශ්චීන විද්‍යාවෙන් යුතුව මිථ්‍යා ආජීවයෙන් ජීවත්වෙනවා. ඒ කියන්නේ ශාරීරික අංග බලා ඵලාඵල කියනවා, නිමිති බලා ඵලාඵල කියනවා, උත්පාත බලා ඵලාඵල කියනවා, සිහින ඵලාඵල කියනවා, ශාරීරික ලක්ෂණ බලා ඵලාඵල කියනවා, මීයන් කෑ වස්ත්‍ර බලා ඵලාඵල කියනවා, ගිනි පූජා පවත්වනවා, හැන්දෙන් පූජා පවත්වනවා, ධාන්‍ය පොතුවලින් පූජා පවත්වනවා. කණ නම් සහලින් කළ පූජා පවත්වනවා, සහලින් පූජා පවත්වනවා, ගිතෙලින් පූජා පවත්වනවා, තල තෙලින් පූජා පවත්වනවා, විශේෂ කොට කරණ පූජා පවත්වනවා, සතුන් මරා ලේ පුදා කරන පූජා පවත්වනවා, අංග විද්‍යාව, වාස්තු විද්‍යාව, දේශපාලන විද්‍යාව, වාසනාව උරගා බැලීමේ (ලොතරැයි) විද්‍යාව, භූත විද්‍යාව, පොළොව යට බිම් ගෙයක ඉඳ මැතිරීමෙන් කරන (භූරි) විද්‍යාව, සර්ප විද්‍යාව, විෂ විද්‍යාව, වෘශ්චික විද්‍යාව, මූෂික විද්‍යාව, පක්ෂි විද්‍යාව, විශාල පක්ෂි විද්‍යාව, ඉදුණු දේ මුල් කොට අනාවැකි කියන විද්‍යාව, මතුරන ලද ඊතල විද ආරක්ෂා කරන විද්‍යාව, මෘග පක්ෂ යනාදී මිථ්‍යා ආජීවයෙන් ජීවත් වෙනවා. මෙවැනි දෙයිනුත් මෙවැනි වෙන දේවල්වලිනුත් වැළකී මෙබඳු වූ තිරශ්චීන විද්‍යාවෙන් යුතු මිථ්‍යා ආජීවයෙන් වැළකී ඉන්නවා. මෙයත් ඔහුගේ සීලයට අයත් දෙයකි.

42. ඒ වගේම ඇතැම් භවත් ශ්‍රමණ බ්‍රාහ්මණයන් ඉන්නවා. ඔවුන් ශ්‍රද්ධාවෙන් දුන් දන් අනුභව කරලා මෙබඳු වූ තිරශ්චීන විද්‍යාවෙන් යුතුව මිථ්‍යා ආජීවයෙන්

ජීවත් වෙනවා. ඒ කියන්නේ මැණික්වල සුභ අසුභ ලකුණු කීම, දඬුවල සුභ අසුභ ලකුණු කීම, වස්ත්‍රවල සුභ අසුභ ලකුණු කීම, කඩු ආදී සලකුණුවලින් සුභාසුභ ලකුණු කීම, ඊතල ආදී සලකුණුවලින් සුභාසුභ ලකුණු කීම, දුනු ආදී සලකුණුවලින් සුභාසුභ ලකුණු කීම, ආයුධ ආදී සලකුණුවලින් සුභාසුභ ලකුණු කීම, ස්ත්‍රීන්ගේ හැඩරුවින් සුභාසුභ ලකුණු කීම, පුරුෂයන්ගේ හැඩරුවින් සුභාසුභ ලකුණු කීම, දරුවන්ගේ හැඩරුවින් සුභාසුභ ලකුණු කීම, දැරියන්ගේ හැඩරුවින් සුභාසුභ ලකුණු කීම, දාසයන්ගේ හැඩරුවින් සුභාසුභ ලකුණු කීම, දාසියන්ගේ හැඩරුවින් සුභාසුභ ලකුණු කීම, ඒ ඒ කටයුතු සඳහා තෝරා ගත යුතු ඇතුන්ගේ ලකුණු කීම, අසුන්ගේ ලකුණු කීම, ඔටුවන්ගේ ලකුණු කීම, වෘෂභයන්ගේ ලකුණු කීම, ගවයන්ගේ ලකුණු කීම, එළුවන්ගේ ලකුණු කීම, බැටළුවන්ගේ ලකුණු කීම, කුකුළු පොර ආදියට සුදුසු කුකුළන්ගේ ලකුණු කීම, වටුවන්ගේ ලකුණු කීම, සුහුනන් ඇඟ වැටීමේ සහ හඬනැගීමේ ඵලාඵල කීම, කණෙහි පළඳාගත් උපකරණවලින් ඵලාඵල කීම, කැස්බෑවන්ට මතුරා ඵලාඵල කීම, මුවන්ට මතුරා ඵලාඵල කීම ආදී තිරශ්චීන විද්‍යාවෙන් යුතු මිථ්‍යා ආජීවයෙන් කල් ගෙවනවා. මෙවැනි දෙයිනුත් මෙවැනි වෙන දේවල්වලිනුත් වැළකී මෙබඳු වූ තිරශ්චීන විද්‍යාවෙන් යුතු මිථ්‍යා ආජීවයෙන් වැළකී ඉන්නවා. මෙයත් ඔහුගේ සීලයට අයත් දෙයකි.

43. ඒ වගේම ඇතැම් භවත් ශ්‍රමණ බ්‍රාහ්මණයන් ඉන්නවා. ඔවුන් ශ්‍රද්ධාවෙන් දුන් දන් අනුභව කරලා මෙබඳු වූත් තිරිසන් විද්‍යාවෙන් යුතුව මිථ්‍යා ආජීවයෙන් ජීවිකාව ගෙවනවා. ඒ කියන්නේ, 'අසවල් නැකතට රජතුමාගේ යුද පිණිස නික්මීම වන්නේය. අසවල් නැකතින් ආපසු නුවරට ඇතුළ්වීම සිදු කළ යුත්තේය. අසවල් නැකතින් රට ඇතුළේ සිට පිටත සතුරු රජුන් හමුවීමට රජුගේ ගමන කළ යුත්තේය. අසවල් නැකතින් පිටත සිටින රජවරු රට ඇතුළට පැමිණීම වන්නේය. අසවල් නැකතින් රට ඇතුළේ සිටින රජුගේ ඉවත්වීම සිදුවන්නේය. අසවල් නැකතින් රට ඇතුළේ සිටින රජුට ජය වන්නේය. අසවල් නැකතින් බාහිර රජුනට පරාජය වන්නේය. අසවල් නැකතින් බාහිර රජුන්ට ජය වන්නේය. අසවල් නැකතින් රට ඇතුළේ රජුට පරාජය වන්නේය. මොහුට ජය වෙනවා. මොහුට පරාජය වෙනවා' ආදී වශයෙන් පවසමින් තිරිසන් විද්‍යාවෙන් යුතු මිථ්‍යා ආජීවයෙන් කල් ගෙවනවා. මෙවැනි දෙයිනුත් මෙවැනි වෙන දේවල්වලිනුත් වැළකී මෙබඳු වූ තිරශ්චීන විද්‍යාවෙන් යුතු මිථ්‍යා ආජීවයෙන් වැළකී ඉන්නවා. මෙයත් ඔහුගේ සීලයට අයත් දෙයකි.

44. ඒ වගේම ඇතැම් භවත් ශ්‍රමණ බ්‍රාහ්මණයන් ඉන්නවා. ඔවුන් ශ්‍රද්ධාවෙන් දුන් දන් අනුභව කරලා මෙබඳු වූත් තිරිසන් විද්‍යාවෙන් යුතුව මිථ්‍යා ආජීවයෙන්

ජීවිකාව ගෙවනවා. ඒ කියන්නේ, "අසවල් දින චන්ද්‍රග්‍රහණයක් සිදුවෙනවා. අසවල් දින සූර්යග්‍රහණයක් සිදුවෙනවා. අසවල් දින නැකත් ග්‍රහණයක් සිදුවෙනවා. අසවල් දින සඳ හිරුගේ නිසි මගින් යෑම සිදුවෙනවා. අසවල් දින සඳ හිරුගේ නොමගින් යෑම සිදුවෙනවා. අසවල් දින නැකත් තරුවල නිසි මගින් යෑම සිදුවෙනවා. අසවල් දින නැකත් තරුවල නොමගින් යෑම සිදුවෙනවා. අසවල් දින උල්කාපාත වැටෙනවා. අසවල් දින අසවල් දිශාවේ උෂ්ණත්වය වැඩිවෙනවා. අසවල් දින භූමිකම්පාවක් සිදුවෙනවා. අසවල් දින වැසි රහිතව අහස ගුගුරනවා. හිරු සඳු හා නැකත්වල උදාව, බැසීම, කෙලෙසීම, පිරිසිදු වීම මේ මේ වෙලාවට සිදුවෙනවා. චන්ද්‍ර ග්‍රහණය ලෝකයට මෙවැනි ඵල විපාක ලබාදෙනවා. සූර්ය ග්‍රහණය ලෝකයට මෙවැනි ඵල විපාක ලබාදෙනවා. නැකත් ග්‍රහණය ලෝකයට මෙවැනි ඵල විපාක ලබාදෙනවා. හිරු සඳුගේ නිසි ගමන මෙවැනි ඵල විපාක ලබාදෙනවා. හිරු සඳුගේ නොමග යෑම මෙවැනි ඵල විපාක ලබාදෙනවා. උල්කාපාත වැටීම මෙවැනි ඵල විපාක ලබාදෙනවා. දිශා දාහය මෙවැනි ඵල විපාක ලබාදෙනවා. භූකම්පන මෙවැනි ඵල විපාක ලබාදෙනවා. වැසි නැතිව අහස ගිගිරීම මෙවැනි ඵල විපාක ලබාදෙනවා. හිරු සඳු හා නැකත්වල උදාව, බැසීම, කෙලෙසීම, පිරිසිදු වීම ලෝකයට මෙවැනි විපාක ලබාදෙනවා" කියලා තිරිසන් විද්‍යාවෙන් යුතුව මිථ්‍යා ආජීවයෙන් ජීවත් වෙනවා. මෙවැනි දෙයිනුත් මෙවැනි වෙන දේවල්වලිනුත් වැළකී මෙබඳු වූ තිරශ්චීන විද්‍යාවෙන් යුතු මිථ්‍යා ආජීවයෙන් වැළකී ඉන්නවා. මෙයත් ඔහුගේ සීලයට අයත් දෙයකි.

45. ඒ වගේම ඇතැම් භවත් ශ්‍රමණ බ්‍රාහ්මණයන් ඉන්නවා. ඔවුන් ශ්‍රද්ධාවෙන් දුන් දන් අනුභව කරලා මෙබඳු වූත් තිරිසන් විද්‍යාවෙන් යුතුව මිථ්‍යා ආජීවයෙන් ජීවිකාව ගෙවනවා. ඒ කියන්නේ, "මේ කාලයේදී වැස්ස වහිනවා. මේ කාලයේදී නියගය ඇතිවෙනවා. මේ කාලයේදී ආහාරපානාදියෙන් සරුවෙනවා. මේ කාලයේදී දුර්භික්ෂය ඇතිවෙනවා. මේ කාලයේදී රට සරුවෙනවා. මේ කාලයේදී බිය සැක නැතිව ඉන්නවා. මේ කාලයේදී භය උපදිනවා. මේ කාලයේදී රෝග ඇතිවෙනවා. මේ කාලයේදී නීරෝග බව ඇතිවෙනවා කියමින් එලා එල පැවසීමත් මුද්‍රා, ගණිත, සංඛ්‍යාන, කාව්‍ය ශාස්ත්‍ර, ලෝකායත ශාස්ත්‍ර ආදී තිරිසන් විද්‍යාවෙන් යුතුව මිථ්‍යා ආජීවයෙන් ජීවත් වෙනවා. මෙවැනි දෙයිනුත් මෙවැනි වෙන දේවල්වලිනුත් වැළකී මෙබඳු වූ තිරශ්චීන විද්‍යාවෙන් යුතු මිථ්‍යා ආජීවයෙන් වැළකී ඉන්නවා. මෙයත් ඔහුගේ සීලයට අයත් දෙයකි.

46. ඒ වගේම ඇතැම් භවත් ශ්‍රමණ බ්‍රාහ්මණයන් ඉන්නවා. ඔවුන් ශ්‍රද්ධාවෙන් දුන් දන් අනුභව කරලා මෙබඳු වූත් තිරිසන් විද්‍යාවෙන් යුතුව මිථ්‍යා ආජීවයෙන්

ජීවිකාව ගෙවනවා. ඒ කියන්නේ, විවාහයට නැකත් කීම, ආවාහයට නැකත් කීම, වෙන් වූ අඹු සැමියන් එක් කිරීමට නැකත් සෑදීම, එක් වූ අඹු සැමියන් වෙන් කිරීමට නැකත් සෑදීම, දීපු ණය එකතු කිරීමට නැකත් සෑදීම, මුදල් ණයට පොලියට දීමට නැකත් සෑදීම, දියුණු වීමට ගුරුකම් කිරීම, පාළුවී නැති වීමට ගුරුකම් කිරීම, දරුගැබ් රැකෙන්නට ගුරුකම් කිරීම, දිව අගුළු බැඳෙන්නට ගුරුකම් කිරීම, හනු තද කරන්නට ගුරුකම් කිරීම, අත් පෙරලෙන්නට ගුරුකම් කිරීම, හනු සිරවෙන්නට ගුරුකම් කිරීම, කන් අගුළු වැටෙන්නට ගුරුකම් කිරීම, කණ්ණාඩියෙන් භූතයන් කැඳවා ප්‍රශ්න විචාරීම, ගෑණු දරුවන් ලවා පේන කීම, දෙවියන් ලවා පේන කීම, සූර්ය වන්දනාව, මහ බඹු වන්දනාව, මන්ත්‍ර බලයෙන් කටින් ගිනිදැල් පිටකිරීම, මන්ත්‍ර බලෙන් ලක්ෂ්මී පූජා කිරීම යනාදී තිරිසන් විද්‍යාවෙන් යුතුව මිථ්‍යා ආජීවයෙන් ජීවත් වෙනවා. මෙවැනි දෙයිනුත් මෙවැනි වෙන දේවල්වලිනුත් වැළකී මෙබඳු වූ තිරශ්චීන විද්‍යාවෙන් යුතු මිථ්‍යා ආජීවයෙන් වැළකී ඉන්නවා. මෙයත් ඔහුගේ සීලයට අයත් දෙයකි.

47. ඒ වගේම ඇතැම් භවත් ශ්‍රමණ බ්‍රාහ්මණයන් ඉන්නවා. ඔවුන් ශ්‍රද්ධාවෙන් දුන් දන් අනුභව කරලා මෙබඳු වූත් තිරිසන් විද්‍යාවෙන් යුතුව මිථ්‍යා ආජීවයෙන් ජීවිකාව ගෙවනවා. ඒ කියන්නේ, ශාන්ති කර්ම, බාර ඔප්පු කිරීම, පොළොව යට හිඳ මතුරා ගුරුකම් කිරීම, නපුංසකයා පිරිමියෙකු කිරීම, පිරිමියා නපුංසකයෙකු කිරීම, ගෙවල් තැනීමේ දිශාවන් පෙන්වා දීම, අලුතෙන් නිවාස තැනීමේදී පුද පූජා පැවැත්වීම. වතුර මතුරා මූණ සේදවීම. වතුර මතුරා නැහැවීම, ගිනිපිදීම, ලය විරේක කරවීම, බඩ විරේක කරවීම, වමනය කරවීම, වස්ති කරවීම, ශීර්ෂ විරේකය, කනට තෙල් පිඟීම, ඇස් වෙදකම, නස්න කිරීම, ඇස්වලට අඳුන් සෑදීම, ප්‍රතිඅංජන සෑදීම, ශල්‍යකර්ම කිරීම, ළදරු චිකිත්සාව, කාය චිකිත්සාව, වනවලට බෙහෙත් බැඳීම ආදී තිරිසන් විද්‍යාවෙන් යුතුව මිථ්‍යා ආජීවයෙන් ජීවත් වෙනවා. මෙවැනි දෙයිනුත් මෙවැනි වෙන දේවල්වලිනුත් වැළකී මෙබඳු වූ තිරශ්චීන විද්‍යාවෙන් යුතු මිථ්‍යා ආජීවයෙන් වැළකී ඉන්නවා. මෙයත් ඔහුගේ සීලයට අයත් දෙයකි.

48. පින්වත් මහාරාජ, ඒ භික්ෂුව වනාහී මේ අයුරින් සීලසම්පන්නව සිටින විට ඒ සීලසංවරය හේතු කොටගෙන මොනම අයුරකින්වත් බියක් දකින්නේ නෑ. පින්වත් මහාරාජ, ඒක මේ වගේ දෙයක්. ඔටුනු පළන් රජ කෙනෙක් ඉන්නවා. ඔහු සතුරන් පරදවලා බැහැර කරලයි ඉන්නේ. ඉතින් ඔහු සතුරන් හේතුවෙන් මොනම අයුරකින්වත් භයක් දකින්නේ නෑ. පින්වත් මහාරාජ, භික්ෂුවත් ඔය විදිහමයි. මේ අයුරින් සීලසම්පන්නව සිටින විට ඒ සීලසංවරය හේතු කොට ගෙන මොනම අයුරකින්වත් බියක් දකින්නේ නෑ. ඔහු මේ ආර්ය

වූ සීලස්කන්ධයෙන් සමන්විතව ආධ්‍යාත්මිකව නිවැරදි සැපයක් විඳිනවා. පින්වත් මහාරාජ, ඔන්න ඔය විදිහටයි භික්ෂුව සීලසම්පන්න වන්නේ.

49. පින්වත් මහාරාජ, භික්ෂුව අකුසලයන් වැළකූ ද්වාර ඇති ඉඳුරන් ඇතිව ඉන්නේ කොහොමද? පින්වත් මහාරාජ, මෙහිලා භික්ෂුව ඇසින් රූප දැක නිමිති ගන්නේ නෑ. නිමිත්තක කොටසක්වත් ගන්නේ නෑ. යම් හෙයකින් ඇස නමැති ඉන්ද්‍රිය අසංවරව වසන කෙනෙකුට දැඩි ලෝභයත්, දොම්නසත්, පාපී අකුසලත් ඇති වී අර්බුදයක් හටගන්නවා නම්, එහි සංවරය පිණිස පිළිපදිනවා. ඇස රැකගන්නවා. ඇස නැමැති ඉන්ද්‍රියේ සංවරයට පැමිණෙනවා. කනෙන් ශබ්දයක් අහලා ....(පෙ).... නාසයෙන් ගන්ධයක් ආඝ්‍රාණය කරලා ....(පෙ).... දිවෙන් රසයක් රස විඳලා ....(පෙ).... කයෙන් පහසක් ලබලා ....(පෙ).... මනසින් අරමුණක් දැනගෙන නිමිති ගන්නේ නෑ. නිමිත්තක කොටසක්වත් ගන්නේ නෑ. යම් හෙයකින් මනස නමැති ඉන්ද්‍රිය අසංවරව වසන කෙනෙකුට දැඩි ලෝභයත්, දොම්නසත්, පාපී අකුසලත් ඇති වී අර්බුදයක් හටගන්නවා නම්, එහි සංවරය පිණිස පිළිපදිනවා. මනස රැකගන්නවා. මනස නැමැති ඉන්ද්‍රියයේ සංවරයට පැමිණෙනවා. ඔහු මේ ආර්ය වූ ඉන්ද්‍රිය සංවරයෙන් යුක්තව ආධ්‍යාත්මිකව පීඩා රහිතව සැපයක් විඳිනවා. පින්වත් මහාරාජ, භික්ෂුව අකුසලයෙන් වැළැක් වූ දොරටු ඇති ඉන්ද්‍රියයන් තුළ ඉන්නේ ඔය විදිහටයි.

50. පින්වත් මහාරාජ, භික්ෂුව සිහිනුවණින් යුතුව සිටින්නේ කොහොමද? පින්වත් මහාරාජ, මෙහිලා භික්ෂුව ඉදිරියට යද්දීත්, ආපසු එද්දීත් එය කරන්නේ සිහි නුවණින්මයි. ඉදිරිය බලද්දී, වටපිට බලද්දී එය කරන්නෙත් සිහි නුවණින්මයි. අතපය හකුළද්දී, දිගහරිද්දී එය කරන්නෙත් සිහිනුවණින්මයි. දෙපට සිවුර, පාත්‍රය, අනෙක් සිවුරු ආදිය දරද්දී එය කරන්නෙත් සිහිනුවණින්මයි. වළඳද්දී, පානය කරද්දී, අනුභව කරද්දී, රස විඳිද්දී එය කරන්නෙත් සිහි නුවණින්මයි. වැසිකිළි කැසිකිළි යාමේදී එය කරන්නෙත් සිහි නුවණින්මයි. ගමන් කරද්දී, සිටගෙන සිටිද්දී, වාඩි වී සිටිද්දී, සැතපෙද්දී, නිදිවරද්දී, කතාබස් කරද්දී, නිහඬව සිටිද්දී එය කරන්නෙත් සිහි නුවණින්මයි. පින්වත් මහාරාජ, භික්ෂුව සිහිනුවණින් යුතු වන්නේ ඔය ආකාරයටයි.

51. පින්වත් මහාරාජ, භික්ෂුව ලද දෙයින් සතුටු වන්නේ කොහොමද? පින්වත් මහාරාජ, මෙහිලා භික්ෂුව කය පරිහරණයට සෑහෙන සිවුරෙන්, කුසගිනි නිවෙන්නට සෑහෙන පිණ්ඩපාතයෙන් සතුටු වෙනවා. ඔහු යම් ම තැනකට පිටත් වෙනවා නම්, පාසිවුරු පමණක් අරගෙන යනවා. ඒක මේ වගේ දෙයක්. කුරුල්ලෙක් යම් ම තැනකට පියඹා යනවා නම්, පියාපත් බර

පමණක් සහිතව පියඹනවා වගෙයි. පින්වත් මහාරාජ, ඔය අයුරින්ම භික්ෂුව කය පරිහරණයට සෑහෙන සිවුරෙන්, කුසගිනි නිවෙන්නට සෑහෙන පිණ්ඩපාතයෙන් සතුටු වෙනවා. ඔහු යම් ම තැනකට පිටත් වෙනවා නම්, පාසිවුරු පමණක් අරගෙන යනවා. පින්වත් මහාරාජ, භික්ෂුව ලද දෙයින් සතුටු වන්නේ ඔය විදිහටයි.

52. ඔහු මේ ආර්ය වූ සීලස්කන්ධයෙන් යුක්ත වෙලා, මේ ආර්ය වූ ඉන්ද්‍රිය සංවරයෙන් යුක්ත වෙලා, මේ ආර්ය වූ සිහිනුවණින් යුක්ත වෙලා, මේ ආර්ය වූ ලද දෙයින් සතුටුවීමෙන් යුක්ත වෙලා හුදෙකලා සෙනසුනක වාසය කරනවා. ඒ කියන්නේ අරණ්‍යය, රුක්සෙවණ, පර්වතය, දිය ඇල්ල, ගිරිගුහාව, සොහොන, වනගැබ, ගස් කොළන් රහිත හිස් පිටිය, පිදුරු ගෙය ආදියයි. ඔහු පිණ්ඩපාතය වළඳා, දානයෙන් පසු (එවැනි තැනක) පළඟක් බැඳගෙන, කය ඍජු කරගෙන, භාවනා අරමුණෙහි සිහිය පිහිටුවාගෙන වාඩිවෙනවා.

53. ඔහු ජීවිතය නම් වූ ලෝකය ගැන ඇති විෂම ලෝභය දුරු කොට ඇලීම් රහිත වූ සිතින් වාසය කරනවා. විෂම ලෝභය කෙරෙන් සිත පිරිසිදු කරනවා. තරහ, වෛර ආදිය අත්හැර තරහ නැති සිතින් සියලු සතුන් කෙරෙහි හිතානුකම්පීව වාසය කරනවා. තරහ, වෛර ආදිය කෙරෙන් සිත පිරිසිදු කරනවා. නිදිමත, අලසකම අත්හැර නිදිමත, අලසකමින් බැහැරව ආලෝක සඤ්ඤාවෙන් යුතුව, සිහිනුවණ ඇතිව වාසය කරනවා. නිදිමත, අලසකම කෙරෙන් සිත පිරිසිදු කරනවා. සිතේ විසිරීමත්, පසුතැවීමත් බැහැර කොට නොකැළඹී ගිය සංසිඳුණු සිතින් වාසය කරනවා. සිතේ විසිරීම හා පසුතැවීම කෙරෙන් සිත පිරිසිදු කරනවා. සැකය දුරු කොට කුසල් දහම් ගැන 'කෙසේද? කෙසේද?' යනාදී සැකයෙන් එතෙරව වාසය කරනවා. සැකය කෙරෙන් සිත පිරිසිදු කරනවා.

54. පින්වත් මහාරාජ, එය මෙවැනි දෙයක්. පුරුෂයෙක් ණයක් අරගෙන කර්මාන්තයක යොදවනවා. ඔහුගේ ඒ ව්‍යාපාරය සාර්ථක වෙනවා. එතකොට ඔහු යම් පරණ මුල් ණයක් ඇද්ද, එය සම්පූර්ණයෙන්ම ගෙවලා දානවා. එයින් පසු ඔහුට අඹුදරුවන් පෝෂණය පිණිස ලාභයක් ඉතිරිත් වෙනවා. එතකොට ඔහුට මෙහෙම හිතෙනවා. "මං කලින් ණයක් අරගෙනයි ව්‍යාපාරයක යෙදෙව්වේ. ඒ මගේ ව්‍යාපාරය සාර්ථක වුනා. ඒ මං යම් පරණ මුල් ණයක් ඇද්ද එය සම්පූර්ණයෙන්ම ගෙව්වා. අඹුදරුවන් පෝෂණයටත් මට ආදායම ඉතිරි වුනා" කියලා. ඒ හේතුවෙන් ඔහු මහත් සතුටක් ලබනවා. මහත් සොම්නසක් ලබනවා.

55. පින්වත් මහාරාජ, ඒක මේ වගේ දෙයක්. පුරුෂයෙක් රෝගී වෙලා, දුකට පත්වෙලා, දැඩිසේ ගිලන්ව ඉන්නවා. ඔහුට බත් කෑමටවත් පිරියක් නෑ. ඔහුගේ ඇඟේ පතේ ප්‍රාණවත් ගතියක් නෑ. නමුත් පස්සෙ කාලෙක ඔහු ඒ රෝගයෙන් මිදුණා. ඔහුට දැන් බත් කෑමත් ප්‍රියයි. ඔහුගේ ඇඟපතත් ප්‍රාණවත්. එතකොට ඔහුට මෙහෙම හිතෙනවා. "මං ඉස්සර රෝගී වෙලා, දුකට පත්වෙලා, දැඩිසේ ගිලන්ව හිටියේ. මට බත් කෑමටවත් පිරියක් තිබුනේ නෑ. මගේ ඇඟේ පතේ ප්‍රාණවත් ගතියක් තිබුනේ නෑ. නමුත් දැන් මං ඒ රෝගයෙන් මිදුනා. මට දැන් බත් කෑමත් ප්‍රියයි. මගේ ඇඟපතත් ප්‍රාණවත්" කියලා. ඒ හේතුවෙන් ඔහු මහත් සතුටක් ලබනවා. මහත් සොම්නසක් ලබනවා.

56. පින්වත් මහාරාජ, ඒක මේ වගේ දෙයක්. පුරුෂයෙක් හිරගෙදරක බන්ධනයකට හසුවෙනවා. නමුත් ඔහු පස්සෙ කාලෙක තමන්ගේ ධනය වියදම් නොකොට සුවසේම ඒ බන්ධනාගාරයෙන් නිදහස් වෙනවා. ඔහුගේ සම්පත්වලින් කිසි වියදමක් යන්නේ නෑ. එතකොට ඔහුට මෙහෙම හිතෙනවා. "මං ඉස්සර හිරගෙදරක බන්ධනයකට අහු වුනා. නමුත් ඒ මං දැන් ධන වියදමකින් තොරව සුවසේම ඒ බන්ධනාගාරයෙන් නිදහස් වුනා. මගේ භෝග සම්පත්වලින් කිසිදෙයක් වියදම් වුනේ නෑ" කියලා. ඒ හේතුවෙන් ඔහු මහත් සතුටක් ලබනවා. මහත් සොම්නසක් ලබනවා.

57. පින්වත් මහාරාජ, ඒක මේ වගේ දෙයක්. පුරුෂයෙක් තමාට සිතූ පරිදි ගත කරන්නට බැරි, අනුන්ට යටත් වෙලා වාසය කරන, තමා කැමැති පරිදි යා ගත නොහැකි, දාසයෙක් වෙලා හිටියා. ඔහු පස්සෙ කාලෙක ඒ දාසබවෙන් නිදහස් වුණා. තමාට සිතූ පරිදි ගත කරන, අනුන්ට යටත් නොවන, තමන් කැමැති පරිදි යා හැකි ජීවිතයක් ලැබුනා. එතකොට ඔහුට මෙහෙම හිතුනා. "මං ඉස්සර තමාට සිතූ පරිදි ගත කරන්නට බැරි, අනුන්ට යටත් වෙලා වාසය කරන, තමා කැමැති පරිදි යා ගත නොහැකි දාසයෙක් වෙලා හිටියා. ඒ මං දැන් ඒ දාසබවෙන් නිදහස් වෙලයි ඉන්නේ. මට සිතූ පරිදි ගත කරන, අනුන්ට යටත් නොවන, මං කැමැති පරිදි යා හැකි ජීවිතයක් ලැබිලා තියෙනවා" කියලා. ඒ හේතුවෙන් ඔහු මහත් සතුටක් ලබනවා. මහත් සොම්නසක් ලබනවා.

58. පින්වත් මහාරාජ, ඒක මේ වගේ දෙයක්. පුරුෂයෙක් ධනය ඇතිව, භෝග සම්පත් ඇතිව, ආහාරපාන දුලභ වූ, බිය උවදුරු සහිත කාන්තාර ගමනකට පිවිසෙනවා. නමුත් ඔහු පසු කාලෙක ඒ කාන්තාරයෙන් එතෙර වෙනවා. සුවසේම ගමන අවසන් කොට බිය, උවදුරු නැති ආරක්ෂාව ඇති තැනකට පැමිණෙනවා. එතකොට ඔහුට මෙහෙම හිතෙනවා "මං කලින් ධනය ඇතිව, භෝග සම්පත් ඇතිව, ආහාරපාන දුලභ වූ, බිය උවදුරු සහිත කාන්තාර

ගමනකට පිවිසුනා. නමුත් දැන් මා ඒ කාන්තාරයෙන් එතෙර වුනා. සුවසේම ගමන අවසන් කොට බිය, උවදුරු නැති ආරක්ෂාව ඇති තැනකට පැමිණුනා" කියලා. ඒ හේතුවෙන් ඔහු මහත් සතුටක් ලබනවා. මහත් සොම්නසක් ලබනවා.

59. පින්වත් මහාරාජ, අන්න ඒ විදිහමයි. භික්ෂුවත් (කලින්) ණයක් ගත්තා වගේ, ලෙඩ වුනා වගේ, හිරේවිලංගුවේ වැටුනා වගේ, වහල්බවට පත්වුනා වගේ, නිරුදක කතරකට පැමිණුනා වගේ මේ පංච නීවරණයන් ප්‍රහාණය නොවී තමා තුළ පවතින හැටි දකිනවා. නමුත් පින්වත් මහාරාජ, ඒ ණය ගෙවා දමා ණය රහිත වුනා වගේ, රෝගයෙන් නිදහස් වෙලා නීරෝග වුනා වගේ, වියදම් නැතුව හිරෙන් නිදහස් වුනා වගේ, දාසබවෙන් නිදහස් වුනා වගේ, නිරුදක කතර ගෙවා ආරක්ෂා සහිත ක්ෂේම භූමියකට පැමිණුනා වගේ තමයි. පින්වත් මහාරාජ, අන්න ඒ විදිහමයි භික්ෂුව තමා තුළ මේ පංච නීවරණයන් දුරුවී ඇති ආකාරයත් දකින්නේ.

60. ඔහුට මේ පංච නීවරණයන් තමා තුළ නැති බව දකිද්දී මහත් සතුටක් ඇතිවෙනවා. ඒ ප්‍රමුදිත වීම ඇති කෙනාට ප්‍රීතිය ඇතිවෙනවා. ප්‍රීති මනසක් ඇති කෙනාගේ කය සංසිඳෙනවා. සංසිඳුණු කයින් යුතුව සැපක් විඳිනවා. සැප ඇති කෙනාගේ සිත සමාධිමත් වෙනවා.

61. ඔහු කාමයන්ගෙන් වෙන්ව, අකුසලයන්ගෙන් වෙන්ව, විතර්ක සහිත වූ, විචාර සහිත වූ, විවේකයෙන් හටගත් ප්‍රීති සුඛය ඇති පළමුවෙනි ධ්‍යානය උපදවාගෙන වාසය කරනවා. ඔහු මේ කයම විවේකයෙන් හටගත් ප්‍රීති සුඛයෙන් හොඳට තෙත් කරනවා. මුළුමණින්ම තෙත් කරනවා. එයින් පුරවනවා. පිරිපුන්ව පුරවනවා. ඔහුගේ සියලු කයෙහි විවේකයෙන් හටගත් ප්‍රීති සුඛයෙන් ස්පර්ශ නොකළ කිසිතැනක් නෑ.

62. පින්වත් මහාරාජ, ඒක මේ වගේ දෙයක්. (රජවරුන් ආදී පිරිස් නහවන) දක්ෂ නහවන්නෙක් හෝ නහවන කෙනෙකුගේ ගෝලයෙක් ඉන්නවා. ඔහු ලෝහ බඳුනක නානසුණු විසුරුවනවා. ඊට පස්සේ දිය ඉස ඉස පිඬු කරනවා. එතකොට ඒ නානසුණු පිඬට අර වතුර කාවදිනවා. හොඳින් තෙත් වෙනවා. ඒ නහන පිඬ ඇතුළත පිටත සෑම තැනම හොඳින් දිය පැතිරිලා තියෙනවා. පිටතට වැගිරෙන්නෙත් නෑ.

63. පින්වත් මහාරාජ, ඔය විදිහමයි. භික්ෂුව මේ කයම විවේකයෙන් හටගත් ප්‍රීති සුඛයෙන් හොඳට තෙත් කරනවා. මුළුමණින්ම තෙත් කරනවා. එයින් පුරවනවා. පිරිපුන්ව පුරවනවා. ඔහුගේ සියලු කයෙහි විවේකයෙන් හටගත්

ප්‍රීති සුඛයෙන් ස්පර්ශ නොකළ කිසිතැනක් නෑ. පින්වත් මහාරාජ, මෙයත් අර කලින් කියන ලද ශ්‍රමණ ඵලයන්ට වඩා අතිශයින් සොඳුරු වූත්, ප්‍රණීත වූත් මේ ජීවිතයේදීම ලද හැකි පැවිදි දිවියේ ඵලයකි.

64. පින්වත් මහාරාජ, තවදුරටත් කියනවා නම් භික්ෂුව විතක්ක විචාරයන්ගේ සංසිඳීමෙන් ආධ්‍යාත්මිකව පැහැදීම ඇතිව සිතෙහි මනා එකඟ බවෙන් යුතුව විතර්ක රහිත, විචාර රහිත, සමාධියෙන් හටගත්, ප්‍රීති සුඛය ඇති දෙවෙනි ධ්‍යානය උපදවාගෙන වාසය කරනවා. ඔහු මේ කයම සමාධියෙන් හටගත් ප්‍රීති සුඛයෙන් හොඳට තෙත් කරනවා. මුළුමණින්ම තෙත් කරනවා. එයින් පුරවනවා. පිරිපුන්ව පුරවනවා. ඔහුගේ සියලු කයෙහි සමාධියෙන් හටගත් ප්‍රීති සුඛයෙන් ස්පර්ශ නොකළ කිසිතැනක් නෑ.

65. පින්වත් මහාරාජ, ඒක මේ වගේ දෙයක්. යට දිය උල්පත්වලින් වතුර ගලන ගැඹුරු විලක් තියෙනවා. හැබැයි ඒ විලට නැගෙනහිර පැත්තෙන් වතුර එන මගක් නෑ. දකුණු පැත්තෙන් වතුර එන මගක් නෑ. බටහිර පැත්තෙන් වතුර එන මගක් නෑ. උතුරු පැත්තෙන් වතුර එන මගක් නෑ. වැස්සත් කලින් කලට පිළිවෙලකට වහින්නේ නෑ. එතකොට ඒ විලෙන්ම සීතල දියදහරා උල්පත්වලින් උඩට මතු වෙවී ඒ විලම සීතල ජලයෙන් හොඳට තෙත් කරනවා. මුළුමණින්ම තෙත් කරනවා. වතුරෙන් පුරවනවා. හොඳින් පුරවනවා. ඒ මුළු විලේම සිහිල් ජලයෙන් පහස නොලැබූ කිසි තැනක් නෑ.

පින්වත් මහාරාජ, ඔය විදිහමයි. භික්ෂුව මේ කයම සමාධියෙන් හටගත් ප්‍රීති සුඛයෙන් හොඳට තෙත් කරනවා. මුළුමණින්ම තෙත් කරනවා. එයින් පුරවනවා. පිරිපුන්ව පුරවනවා. ඔහුගේ සියලු කයෙහි සමාධියෙන් හටගත් ප්‍රීති සුඛයෙන් ස්පර්ශ නොකළ කිසිතැනක් නෑ. පින්වත් මහාරාජ, මෙයත් අර කලින් කියන ලද ශ්‍රමණ ඵලයන්ට වඩා අතිශයින් සොඳුරු වූත්, ප්‍රණීත වූත් මේ ජීවිතයේදීම ලද හැකි පැවිදි දිවියේ ඵලයකි.

66. පින්වත් මහාරාජ, තවදුරටත් කියනවා නම් භික්ෂුව ප්‍රීතියටද නොඇලීමෙන් උපේක්ෂාවෙන් යුතුව වාසය කරනවා. සිහියෙන් නුවණින් යුතුව කයෙන් සැපයක්ද විඳිනවා. ආර්යයන් වහන්සේලා යම් ධ්‍යානයකට උපේක්ෂා සහගත සිහිය ඇති සැප විහරණය යැයි පවසනවාද, ඒ තුන්වෙනි ධ්‍යානයත් උපදවාගෙන වාසය කරනවා. ඔහු මේ කයම ප්‍රීති රහිත සුඛයෙන් හොඳට තෙත් කරනවා. මුළුමණින්ම තෙත් කරනවා. එයින් පුරවනවා. පිරිපුන්ව පුරවනවා. ඔහුගේ සියලු කයෙහි ප්‍රීති රහිත සුඛයෙන් ස්පර්ශ නොකළ කිසිතැනක් නෑ.

67. පින්වත් මහාරාජ, ඒක මේ වගේ දෙයක්. මහනෙල් විලක හෝ රතු නෙළුම් විලක හෝ සුදු නෙළුම් විලක හෝ ඇතැම් මහනෙල් වේවා, රතු නෙළුම් වේවා, සුදු නෙළුම් වේවා ඒ නෙළුම් ජලයේමයි හටගන්නේ. ජලයේමයි වැඩෙන්නේ. නමුත් ජලයෙන් උඩට ඇවිත් නෑ. ජලය තුළම ගිලී වැඩෙනවා. එතකොට ඒ නෙළුම් අග දක්වාත්, මුල දක්වාත් සීතල දියෙන් හොඳට තෙත් වෙලා තියෙන්නේ. මුළුමණින්ම තෙත් වෙලා තියෙන්නේ. පිරිලා තියෙන්නේ. හැමතැනම පැතිරිලා තියෙන්නේ. ඒ සෑම මහනෙල්වල, රතු නෙළුම්වල, සුදු නෙළුම්වල සීතල දිය නොපැතුරුණු කිසි තැනක් නෑ.

පින්වත් මහාරාජ, ඔය විදිහමයි. භික්ෂුව මේ කයම ප්‍රීති රහිත සුඛයෙන් හොඳට තෙත් කරනවා. මුළුමණින්ම තෙත් කරනවා. එයින් පුරවනවා. පිරිපුන්ව පුරවනවා. ඔහුගේ සියලු කයෙහි ප්‍රීති රහිත සුඛයෙන් ස්පර්ශ නොකළ කිසිතැනක් නෑ. පින්වත් මහාරාජ, මෙයත් අර කලින් කියන ලද ශ්‍රමණ ඵලයන්ට වඩා අතිශයින් සොඳුරු වූත්, ප්‍රණීත වූත් මේ ජීවිතයේදීම ලද හැකි පැවිදි දිවියේ ඵලයකි.

68. පින්වත් මහාරාජ, නැවතත් කියනවා නම්, භික්ෂුව සැපයද ප්‍රහාණය කිරීමෙන්, දුකද ප්‍රහාණය කිරීමෙන් කලින්ම සොම්නස් දොම්නස් දෙක ඉක්ම යෑමෙන් දුක් සැප රහිත වූ පාරිශුද්ධ උපේක්ෂා සහගත සතිය ඇති සතරවෙනි ධ්‍යානය උපදවා ගෙන වාසය කරනවා. ඔහු මේ කයම පාරිශුද්ධ වූ ප්‍රභාශ්වර සිතින් පතුරුවා ගෙන වාඩි වී ඉන්නවා. ඔහුගේ සියලු කයෙහි පාරිශුද්ධ වූ ප්‍රභාශ්වර සිතින් ස්පර්ශ නොකළ කිසිතැනක් නෑ.

පින්වත් මහාරාජ, ඒක මේ වගේ දෙයක්. සුදු වස්ත්‍රයකින් හිස සහිතව මුළු සිරුරම පොරොවාගෙන වාඩි වී සිටින කෙනෙක් ඉන්නවා. එතකොට ඔහුගේ මුළු කයෙහිම සුදු වස්ත්‍රයෙන් නොවැසුණු කිසි තැනක් නෑ. පින්වත් මහාරාජ, අන්න ඒ වගේමයි භික්ෂුව මේ කයම පාරිශුද්ධ වූ ප්‍රභාශ්වර සිතින් පතුරුවා ගෙන වාඩි වී ඉන්නවා. ඔහුගේ සියලු කයෙහි පාරිශුද්ධ වූ ප්‍රභාශ්වර සිතින් ස්පර්ශ නොකළ කිසිතැනක් නෑ. පින්වත් මහාරාජ, මෙයත් අර කලින් කියන ලද ශ්‍රමණ ඵලයන්ට වඩා අතිශයින් සොඳුරු වූත්, ප්‍රණීත වූත් මේ ජීවිතයේදීම ලද හැකි පැවිදි දිවියේ ඵලයකි.

69. පින්වත් මහාරාජ, තවදුරටත් කියනවා නම් භික්ෂුව ඔය අයුරින් සිත සමාධිමත් වූ විට සිත පිරිසිදු වූ විට, ප්‍රභාෂ්වර වූ විට, කෙලෙසුන්ගෙන් බාධා රහිත වූ විට, උපක්ලේශ බැහැර වූ විට, මෘදුබවට පත් වූ විට, කර්මණ්‍ය (ඕනෑම දෙයකට හැරවිය හැකි පරිදි සකස්) වූ විට, ස්ථිරව පිහිටි විට, අකම්පිතව පිහිටි

විට, ඤාණදර්ශනය (නුවණින් අවබෝධ වීම) පිණිස සිත යොමු කරයි. ඒ දෙසටම නතු කරයි. එතකොට ඔහු මේ විදිහට දැනගන්නවා. "මාගේ මේ කය වනාහී සතර මහා භූතයන්ගෙන් හටගත්, මව්පියන් නිසා හටගත්, බත් ව්‍යංජන ආදියෙන් වැඩුණ, අනිත්‍ය වූ, ඇතිල්ලීම් පිරිමැදීම්වලින් නඩත්තු කළ යුතු වූ, බිඳී වැනසී යන ස්වභාවයට අයත් වූ, රූපවත් (මහාභූත නම් වූ රූපයෙන් හැදුණු) දෙයක්. මාගේ මේ විඤ්ඤාණයද පවතින්නේ මේ සිරුරෙහිමයි. බැඳී තිබෙන්නේත් මෙහිමයි."

70. පින්වත් මහාරාජ, ඒක මේ වගේ දෙයක්. වෛරෝඩි මාණික්‍යයක් තියෙනවා. හරි ලස්සනට පහළ වුන දෙයක්. අටපට්ටම්. හොඳින් ඔපමට්ටම්. ඉතාමත් හොඳයි. ඉතාම ප්‍රසන්නයි. පිවිතුරුයි. මැණිකක තිබිය යුතු හැම දෙයක්ම තියෙනවා. ඉතින් ඔය මැණික තුළ නිල් වේවා, රන්වන් වේවා, රතු වේවා, සුදු වේවා, පඬු පැහැ වේවා, නූලක් අමුණලා තියෙනවා. එතකොට ඇස් ඇති පුරුෂයෙක් මැණික අතට ගෙන හොඳින් විමසා බලනවා. "මේ වෛරෝඩි මැණික හරි ලස්සනට පහළ වුණ දෙයක්. අටපට්ටම්. හොඳින් ඔපමට්ටම්. ඉතාමත් හොඳයි. ඉතාම ප්‍රසන්නයි. පිවිතුරුයි. මැණිකක තිබිය යුතු හැම දෙයක්ම තියෙනවා. මේ මැණික තුළ නිල් වේවා, රන්වන් වේවා, රතු වේවා, සුදු වේවා, පඬු පැහැ වේවා, නූලක් අමුණලා තියෙනවා" කියලා.

පින්වත් මහාරාජ, අන්න ඒ විදිහමයි භික්ෂුව ඔය අයුරින් සිත සමාධිමත් වූ විට, සිත පිරිසිදු වූ විට, ප්‍රභාෂ්වර වූ විට කෙලෙසුන්ගෙන් බාධා රහිත වූ විට, උපක්ලේශ බැහැර වූ විට, මෘදුබවට පත් වූ විට, කර්මණ්‍ය (ඕනෑම දෙයකට හැරවිය හැකි පරිදි සකස්) වූ විට, ස්ථිරව පිහිටි විට, අකම්පිතව පිහිටි විට, ඤාණදර්ශනය (නුවණින් අවබෝධ වීම) පිණිස සිත යොමු කරයි. ඒ දෙසටම නතු කරයි. එතකොට ඔහු මේ විදිහට දැනගන්නවා. "මාගේ මේ කය වනාහී සතර මහා භූතයන්ගෙන් හටගත්, මව්පියන් නිසා හටගත්, බත් ව්‍යංජන ආදියෙන් වැඩුන, අනිත්‍ය වූ, ඇතිල්ලීම්, පිරිමැදීම්වලින් නඩත්තු කළ යුතු වූ, බිඳී වැනසී යන ස්වභාවයට අයත් වූ, රූපවත් (මහාභූත නම් වූ රූපයෙන් හැදුණු) දෙයක්. මාගේ මේ විඤ්ඤාණයද පවතින්නේ මේ සිරුරෙහිමයි. බැඳී තිබෙන්නේත් මෙහිමයි" කියලා. පින්වත් මහාරාජ, මෙයත් අර කලින් කියන ලද ශ්‍රමණ ඵලයන්ට වඩා අතිශයින් සොඳුරු වූත්, ප්‍රණීත වූත් මේ ජීවිතයේදීම ලද හැකි පැවිදි දිවියේ ඵලයකි.

71. ඔහු (ඒ භික්ෂුව) ඔය අයුරින් සිත සමාධිමත් වූ විට සිත පිරිසිදු වූ විට, ප්‍රභාෂ්වර වූ විට, කෙලෙසුන්ගෙන් බාධා රහිත වූ විට, උපක්ලේශ බැහැර වූ

විට, මෘදුබවට පත් වූ විට, කර්මණ්‍ය (ඕනෑම දෙයකට හැරවිය හැකි පරිදි සකස්) වූ විට, ස්ථිරව පිහිටි විට, අකම්පිතව පිහිටි විට, මනෝමය කයක් විශේෂයෙන් මැවීම පිණිස සිත යොමු කරයි. ඒ දෙසටම නතු කරයි. ඉතින් ඔහු මේ කයෙන් වෙනත් වූ සියලු අඟපසඟ ඇති, නොපිරිහුණු ඉඳුරන් ඇති රූපී මනෝමය කයක් විශේෂ කොට මවනවා.

පින්වත් මහාරාජ, ඒක මේ වගේ දෙයක්. පුරුෂයෙක් මුඤ්ජ තණ ගසෙන් තණ ගොබය ඇදලා ගන්නවා. එතකොට ඔහුට මෙහෙම හිතෙනවා. "මේ මුඤ්ජ තණ ගසයි. මේ තණ ගොබයයි. එතකොට මුඤ්ජ තණ ගස වෙන එකක්. තණ ගොබය වෙන එකක්. නමුත් මුඤ්ජ තණ ගසෙන්මයි තණ ගොබය ඇදලා ගත්තේ" කියලා.

පින්වත් මහාරාජ, ඒක මේ වගේ දෙයක්. පුරුෂයෙක් කොපුවෙන් කඩුවක් ඇදලා ගන්නවා. එතකොට ඔහුට මෙහෙම හිතෙනවා. "මේ කඩුව. මේ කොපුව. එතකොට කඩුව අනෙකක්. කොපුව අනෙකක්. නමුත් කොපුවෙන් තමයි කඩුව ඇදලා ගත්තේ" කියලා.

පින්වත් මහාරාජ, ඒක මේ වගේ දෙයක්. පුරුෂයෙක් නයි පෙට්ටියෙන් නයෙකුව ඇදලා ගන්නවා. එතකොට ඔහුට මෙහෙම හිතෙනවා. "මේ තමයි නයා. මේක නයි පෙට්ටිය. එතකොට නයා අනෙකෙක්. නයි පෙට්ටිය අනෙකක්. නමුත් නයි පෙට්ටියෙන් තමයි නයාව ඇදලා ගත්තේ" කියලා.

පින්වත් මහාරාජ, අන්න ඒ විදිහමයි භික්ෂුව ඔය අයුරින් සිත සමාධිමත් වූ විට, සිත පිරිසිදු වූ විට, ප්‍රභාෂ්වර වූ විට, කෙලෙසුන්ගෙන් බාධා රහිත වූ විට, උපක්ලේශ බැහැර වූ විට, මෘදුබවට පත් වූ විට, කර්මණ්‍ය (ඕනෑම දෙයකට හැරවිය හැකි පරිදි සකස්) වූ විට, ස්ථිරව පිහිටි විට, මනෝමය කයක් විශේෂයෙන් මැවීම පිණිස සිත යොමු කරයි. ඒ දෙසටම නතු කරයි. ඉතින් ඔහු මේ කයෙන් වෙනත් වූ සියලු අඟපසඟ ඇති, නොපිරිහුණු ඉඳුරන් ඇති රූපී මනෝමය කයක් විශේෂ කොට මවනවා. පින්වත් මහාරාජ, මෙයත් අර කලින් කියන ලද ශ්‍රමණ ඵලයන්ට වඩා අතිශයින් සොඳුරු වූත්, ප්‍රණීත වූත් මේ ජීවිතයේදීම ලද හැකි පැවිදි දිවියේ ඵලයකි.

72. ඔහු (ඒ භික්ෂුව) ඔය අයුරින් සිත සමාධිමත් වූ විට, සිත පිරිසිදු වූ විට, ප්‍රභාෂ්වර වූ විට, කෙලෙසුන්ගෙන් බාධා රහිත වූ විට, උපක්ලේශ බැහැර වූ විට, මෘදුබවට පත් වූ විට, කර්මණ්‍ය (ඕනෑම දෙයකට හැරවිය හැකි පරිදි සකස්) වූ විට, ස්ථිරව පිහිටි විට, අකම්පිතව පිහිටි විට, ඉර්ධි ප්‍රාතිහාර්ය පිණිස

සිත මෙහෙයවයි. එයට සිත නතු කරයි. තනි කෙනෙක්ව ඉඳගෙන බොහෝ දෙනෙක් වශයෙන් පෙනී සිටිනවා. බොහෝ දෙනෙක් වශයෙන් ඉඳගෙන එක්කෙනෙක් වශයෙන් පෙනී සිටිනවා. පෙනෙන්න සළස්වනවා. නොපෙනී යනවා. බිත්තිය විනිවිද, ප්‍රාකාරය විනිවිද, පර්වතය විනිවිද කිසිවක් හා නොගැටී, අහසේ යන්නාක් මෙන් යනවා. ජලයේ වගේ පොළොවෙහි කිඳාබැසීමත්, උඩට මතුවීමත් කරනවා. පොළොව මතුපිට වගේ ජලය මත නොගිලී ඇවිද යනවා. අහසෙහි පියාසරන කුරුල්ලන් පරිද්දෙන් පළඟක් බැඳගෙන අහසේ යනවා. මේ සා මහත් ඉර්ධි ඇති, මහානුභාව ඇති හිරු සඳු පවා අතින් අල්ලනවා. පිරිමදිනවා. බඹලොව දක්වාම කයෙන් වශී කරගෙන ඉන්නවා.

73. පින්වත් මහාරාජ, ඒක මේ වගේ දෙයක්. දක්ෂ කුඹල්කරුවෙක් හෝ කුඹල්කරුවෙකුගේ අතවැසියෙක් ඉන්නවා. ඔහු ඉතා හොඳින් සකස් කළ මැටිටෙන් යම් ම ආකාරයේ භාජනයක් හදන්න කැමැති නම්, ඒ ඒ ආකාරයේ බඳුන් හදනවා. විශේෂයෙන් නිර්මාණය කරනවා.

පින්වත් මහාරාජ, ඒක මේ වගේ දෙයක්. දක්ෂ ඇත්දත් කැටයම්කරුවෙක් හෝ ඇත්දත් කැටයම්කරුවෙකුගේ අතවැසියෙක් ඉන්නවා. ඔහු ඉතා හොඳින් සකස් කළ ඇත්දතක යම් ම ආකාරයේ ඇත්දළ කැටයමක් කරන්න කැමති නම්, ඒ ඒ ආකාරයේ ඇත්දළ කැටයම් හදනවා. විශේෂයෙන් නිර්මාණය කරනවා.

පින්වත් මහාරාජ, ඒක මේ වගේ දෙයක්. දක්ෂ රන් කැටයම්කරුවෙක් හෝ රන් කැටයම්කරුවෙකුගේ අතවැසියෙක් ඉන්නවා. ඔහු ඉතා හොඳින් සකස් කළ රනක යම් ම ආකාරයේ රන් කැටයමක් කරන්නට කැමති නම්, ඒ ඒ ආකාරයේ රන් කැටයම් හදනවා. විශේෂයෙන් නිර්මාණය කරනවා.

පින්වත් මහාරාජ, අන්න ඒ විදිහමයි භික්ෂුව ඔය අයුරින් සිත සමාධිමත් වූ විට, සිත පිරිසිදු වූ විට, ප්‍රභාෂ්වර වූ විට, කෙලෙසුන්ගෙන් බාධා රහිත වූ විට, උපක්ලේශ බැහැර වූ විට, මෘදුබවට පත් වූ විට, කර්මණ්‍ය (ඕනෑම දෙයකට හැරවිය හැකි පරිදි සකස්) වූ විට, ස්ථිරව පිහිටි විට, ඉර්ධි ප්‍රාතිහාර්ය පිණිස සිත මෙහෙයවයි. එයට සිත නතු කරයි. තනි කෙනෙක් ඉඳගෙන බොහෝ දෙනෙක් වශයෙන් වශයෙන් පෙනී සිටිනවා. බොහෝ දෙනෙක් වශයෙන් ඉඳගෙන එක්කෙනෙක් වශයෙන් පෙනී සිටිනවා. පෙනෙන්නට සළස්වනවා. නොපෙනී යනවා. බිත්තිය විනිවිද, ප්‍රාකාරය විනිවිද, පර්වතය විනිවිද කිසිවක් හා නොගැටී, අහසේ යන්නාක් මෙන් යනවා. ජලයේ වගේ පොළොවෙහි කිඳාබැසීමත්, උඩට මතුවීමත් කරනවා. පොළොව මතුපිට වගේ ජලය මත නොගිලී ඇවිද යනවා. අහසෙහි පියාසරන කුරුල්ලන් පරිද්දෙන් පළඟක් බැඳ

ගෙන අහසේ යනවා. මේසා මහත් ඉර්ධි ඇති, මහානුභාව ඇති හිරු සඳු පවා අතින් අල්ලනවා. පිරිමදිනවා. බඹලොව දක්වාම කයෙන් වශී කරගෙන ඉන්නවා. පින්වත් මහාරාජ, මෙයත් අර කලින් කියන ලද ශ්‍රමණ ඵලයන්ට වඩා අතිශයින් සොඳුරු වූත්, ප්‍රණීත වූත් මේ ජීවිතයේදීම ලද හැකි පැවිදි දිවියේ ඵලයකි.

74. ඔහු (ඒ භික්ෂුව) ඔය අයුරින් සිත සමාධිමත් වූ විට සිත පිරිසිදු වූ විට, ප්‍රභාෂ්වර වූ විට කෙලෙසුන්ගෙන් බාධා රහිත වූ විට, උපක්ලේශ බැහැර වූ විට, මෘදුබවට පත් වූ විට, කර්මණ්‍ය (ඕනෑම දෙයකට හැරවිය හැකි පරිදි සකස්) වූ විට, ස්ථිරව පිහිටි විට, අකම්පිතව පිහිටි විට, දිව්‍ය වූ ශ්‍රවණය පිණිස සිත යොමු කරනවා. එයට සිත නතු කරනවා. එතකොට ඔහු මිනිසුන්ගේ සවන් දීමේ හැකියාව ඉක්මවා ගිය පිරිසිදු වූ, දිව්‍ය වූ ශ්‍රවණයෙන් මානුෂික වූත්, දිව්‍ය වූත් දෙයාකාර වූ දුර ළඟ ශබ්දයන් අසනවා.

75. පින්වත් මහාරාජ, ඒක මේ වගේ දෙයක්. දිගු ගමනකට පිළිපන් පුරුෂයෙක් ඉන්නවා. ඔහු බෙර හඬත්, මිහිඟු බෙර හඬත්, සක්, පනා බෙර, ගැට බෙර හඬත් අසනවා. එතකොට ඔහුට මෙහෙම හිතෙනවා. "මේක බෙර හඬ, මේ තමයි මිහිඟු බෙර හඬ, මේක සක් හඬ, මේක පනා බෙර හඬ, මේක ගැට බෙර හඬ" කියලා.

පින්වත් මහාරාජ, අන්න ඒ විදිහමයි භික්ෂුව ඔය අයුරින් සිත සමාධිමත් වූ විට, සිත පිරිසිදු වූ විට, ප්‍රභාෂ්වර වූ විට, කෙලෙසුන්ගෙන් බාධා රහිත වූ විට, උපක්ලේශ බැහැර වූ විට, මෘදුබවට පත් වූ විට, කර්මණ්‍ය (ඕනෑම දෙයකට හැරවිය හැකි පරිදි සකස්) වූ විට, ස්ථිරව පිහිටි විට, දිව්‍ය වූ ශ්‍රවණය පිණිස සිත යොමු කරනවා. එයට සිත නතු කරනවා. එතකොට ඔහු මිනිසුන්ගේ සවන් දීමේ හැකියාව ඉක්මවා ගිය පිරිසිදු වූ, දිව්‍ය වූ ශ්‍රවණයෙන් මානුෂික වූත්, දිව්‍ය වූත් දෙයාකාර වූ දුර ළඟ ශබ්දයන් අසනවා. පින්වත් මහාරාජ, මෙයත් අර කලින් කියන ලද ශ්‍රමණ ඵලයන්ට වඩා අතිශයින් සොඳුරු වූත්, ප්‍රණීත වූත් මේ ජීවිතයේදීම ලද හැකි පැවිදි දිවියේ ඵලයකි.

76. ඔහු (ඒ භික්ෂුව) ඔය අයුරින් සිත සමාධිමත් වූ විට, සිත පිරිසිදු වූ විට, ප්‍රභාෂ්වර වූ විට, කෙලෙසුන්ගෙන් බාධා රහිත වූ විට, උපක්ලේශ බැහැර වූ විට, මෘදුබවට පත් වූ විට, කර්මණ්‍ය (ඕනෑම දෙයකට හැරවිය හැකි පරිදි සකස්) වූ විට, ස්ථිරව පිහිටි විට, අකම්පිතව පිහිටි විට, අනුන්ගේ සිත් පිරිසිඳ දන්නා නුවණ පිණිස සිත යොමු කරයි. එයට සිත නතු කරයි. එතකොට ඔහු වෙනත් සත්වයන්ගේ, වෙනත් පුද්ගලයන්ගේ සිත තම සිතින් පිරිසිඳ දැනගන්නවා. රාග

සහිත සිත රාග සහිත සිතක් වශයෙන් දැනගන්නවා. රාග රහිත සිත වීතරාගී සිතක් වශයෙන් දැනගන්නවා. ද්වේෂ සහිත සිත ද්වේෂ සහිත සිතක් වශයෙන් දැනගන්නවා. ද්වේෂ රහිත සිත වීතදෝසී සිතක් වශයෙන් දැනගන්නවා. මෝහ සහිත සිත මෝහ සහිත සිතක් වශයෙන් දැනගන්නවා. මෝහ රහිත සිත වීතමෝහී සිතක් වශයෙන් දැනගන්නවා. හැකුළුණු සිත හැකිළුණු සිතක් වශයෙන් දැනගන්නවා. විසිරුණු සිත විසිරුණු සිතක් වශයෙන් දැනගන්නවා. සමාධිමත් සිත සමාධිමත් සිතක් වශයෙන් දැනගන්නවා. සමාධි රහිත සිත සමාධි රහිත සිතක් වශයෙන් දැනගන්නවා. නොදියුණු සිත නොදියුණු සිතක් වශයෙන් දැනගන්නවා. දියුණු සිත දියුණු සිතක් වශයෙන් දැනගන්නවා. එකඟ වෙන සිත එකඟ වෙන සිතක් වශයෙන් දැනගන්නවා. එකඟ නොවෙන සිත එකඟ නොවෙන සිතක් වශයෙන් දැනගන්නවා. කෙලෙසුන්ගෙන් මිදුණු සිත කෙලෙසුන්ගෙන් මිදුණු සිතක් වශයෙන් දැනගන්නවා. කෙලෙසුන්ගෙන් නොමිදුණු සිත කෙලෙසුන්ගෙන් නොමිදුණු සිතක් වශයෙන් දැනගන්නවා.

77. පින්වත් මහාරාජ, ඒක මේ වගේ දෙයක්. ලස්සනට සැරසෙන්නට කැමති ස්ත්‍රියක් හෝ පුරුෂයෙක් හෝ දරුවෙක් හෝ තරුණයෙක් හෝ ඉන්නවා. ඔහු පිරිසිදු දීප්තිමත් කණ්ණාඩියක් ඉදිරියේ හෝ පැහැදිලි දිය ඇති බඳුනකින් හෝ තමන්ගේ මුව මඬල හොඳින් විමසා බලනවා. එතකොට දොස් ඇති තැන දොස් ඇති තැන වශයෙන් දැනගන්නවා. දොස් නැති තැන දොස් නැති තැන වශයෙන් දැනගන්නවා.

පින්වත් මහාරාජ, අන්න ඒ විදිහමයි. භික්ෂුව ඔය අයුරින් සිත සමාධිමත් වූ විට, සිත පිරිසිදු වූ විට, ප්‍රභාෂ්වර වූ විට, කෙලෙසුන්ගෙන් බාධා රහිත වූ විට, උපක්ලේශ බැහැර වූ විට, මෘදුබවට පත් වූ විට, කර්මණ්‍ය (ඕනෑම දෙයකට හැරවිය හැකි පරිදි සකස්) වූ විට, ස්ථිරව පිහිටි විට, අනුන්ගේ සිත් පිරිසිඳ දන්නා නුවණ පිණිස සිත යොමු කරයි. එයට සිත නතු කරයි.

එතකොට ඔහු වෙනත් සත්වයන්ගේ වෙනත් පුද්ගලයන්ගේ සිත තම සිතින් පිරිසිඳ දැනගන්නවා. රාග සහිත සිත රාග සහිත සිතක් වශයෙන් දැනගන්නවා. රාග රහිත සිත වීතරාගී සිතක් වශයෙන් දැනගන්නවා. ද්වේෂ සහිත සිත ද්වේෂ සහිත සිතක් වශයෙන් දැනගන්නවා. ද්වේෂ රහිත සිත වීතදෝසී සිතක් වශයෙන් දැනගන්නවා. මෝහ සහිත සිත මෝහ සහිත සිතක් වශයෙන් දැනගන්නවා. මෝහ රහිත සිත වීතමෝහී සිතක් වශයෙන් දැනගන්නවා. හැකුළුණු සිත ....(පෙ).... විසිරුණු සිත ....(පෙ).... සමාධිමත් සිත ....(පෙ).... සමාධි රහිත සිත ....(පෙ).... නොදියුණු සිත ....(පෙ).... දියුණු සිත ....(පෙ).... එකඟ වෙන සිත ....(පෙ).... එකඟ නොවෙන සිත ....(පෙ).... කෙලෙසුන්ගෙන්

මිදුණු සිත කෙලෙසුන්ගෙන් මිදුණු සිතක් වශයෙන් දැනගන්නවා. කෙලෙසුන් ගෙන් නොමිදුණු සිත කෙලෙසුන්ගෙන් නොමිදුණු සිතක් වශයෙන් දැනගන්නවා. පින්වත් මහාරාජ, මෙයත් අර කලින් කියන ලද ශ්‍රමණ ඵලයන්ට වඩා අතිශයින් සොඳුරු වූත්, ප්‍රණීත වූත් මේ ජීවිතයේදීම ලද හැකි පැවිදි දිවියේ ඵලයකි.

78. ඔහු (ඒ භික්ෂුව) ඔය අයුරින් සිත සමාධිමත් වූ විට සිත පිරිසිදු වූ විට, ප්‍රභාෂ්වර වූ විට කෙලෙසුන්ගෙන් බාධා රහිත වූ විට, උපක්ලේශ බැහැර වූ විට, මෘදුබවට පත් වූ විට, කර්මණ්‍ය (ඕනෑම දෙයකට හැරවිය හැකි පරිදි සකස්) වූ විට, ස්ථිරව පිහිටි විට, අකම්පිතව පිහිටි විට, කලින් ජීවිතය ගත කළ ආකාරය දන්නා නුවණ පිණිස සිත යොමු කරයි. එයට සිත නතු කරයි. ඉතින් ඔහු නොයෙක් ආකාරයෙන් කලින් ජීවිත ගෙවූ හැටි (ආපස්සට) සිහිකරනවා. ඒ කියන්නේ එක ජීවිතයක්, ජීවිත දෙකක්, ජීවිත තුනක්, ජීවිත හතරක්, ජීවිත පහක්, ජීවිත දහයක්, ජීවිත විස්සක්, ජීවිත තිහක්, ජීවිත හතළිහක්, ජීවිත පනහක්, ජීවිත සියයක්, ජීවිත දහසක්, ජීවිත ලක්ෂයක්; අනේකවිධ වූ සංවට්ට කල්පයන්ද, අනේකවිධ වූ විවට්ට කල්පයන්ද, අනේකවිධ වූ සංවට්ට විවට්ට කල්පයන්ද සිහිකරනවා. "මං ඉස්සර සිටියේ අසවල් තැන, එතකොට මගේ නම මේකයි. ගෝත්‍ර නාමය මේකයි. හැඩරුව මෙහෙමයි. කෑම බීම මෙහෙමයි. දුක් සැප වින්දේ මේ විදිහටයි. මේ විදිහටයි ජීවිතය අවසන් වුනේ. ඒ මං එතැනින් චුත වුනා. අසවල් තැන උපන්නා. එතකොට මගේ නම වුනේ මේකයි. ගෝත්‍රනාමය මේකයි. හැඩරුව වුනේ මෙහෙමයි. කෑවේ බිව්වේ මෙහෙමයි. සැප දුක් වින්දේ මෙහෙමයි. මේ විදිහටයි ජීවිතය අවසන් වුනේ. මං එතැනින් චුත වුනා. මේ ලෝකෙ උපන්නා" ආදී වශයෙන් ආකාර සහිතව සවිස්තරව අනේක ප්‍රකාර වූ කලින් ගත කළ ජීවිත ගැන සිහි කරනවා.

79. පින්වත් මහාරාජ, ඒක මේ වගේ දෙයක්. පුරුෂයෙක් තමන්ගේ ගමෙන් වෙනත් ගමකට යනවා. ඒ ගමෙන් තවත් ගමකට යනවා. ඒ ගමෙන් යළි තමන්ගේ ගමට එනවා. එතකොට ඔහුට මෙහෙම හිතෙනවා. "මං මගේ ගමෙන් අසවල් ගමට ගියා. මං එහෙදී මෙහෙමයි හිටියේ. මෙහෙමයි වාඩි වුනේ. මෙහෙමයි කතාබහ කළේ. මෙහෙමයි නිශ්ශබ්දව සිටියේ. ඉතින් මං ඒ ගමෙනුත් අසවල් ගමට ගියා. එහෙ හිටියේ මේ විදිහටයි. වාඩිවුනේ මේ විදිහටයි. කතාබස් කළේ මේ විදිහටයි. නිහඬව සිටියේ මේ විදිහටයි. ඒ මං ඒ ගමෙන් මගේ ගමටම නැවත ආවා" කියලා.

පින්වත් මහාරාජ, අන්න ඒ විදිහමයි, භික්ෂුව ඔය අයුරින් සිත සමාධිමත් වූ විට, සිත පිරිසිදු වූ විට, ප්‍රභාෂ්වර වූ විට, කෙලෙසුන්ගෙන් බාධා රහිත වූ

විට, උපක්ලේශ බැහැර වූ විට, මෘදුබවට පත් වූ විට, කර්මණ්‍ය (ඕනෑම දෙයකට හැරවිය හැකි පරිදි සකස්) වූ විට, ස්ථිරව පිහිටි විට, කලින් ජීවිතය ගත කළ ආකාරය දන්නා නුවණ පිණිස සිත යොමු කරයි. එයට සිත නතු කරයි. ඉතින් ඔහු නොයෙක් ආකාරයෙන් කලින් ජීවිත ගෙවූ හැටි (ආපස්සට) සිහිකරනවා. ඒ කියන්නේ එක ජීවිතයක්, ජීවිත දෙකක්, ජීවිත තුනක්, ජීවිත හතරක්, ජීවිත පහක්, ජීවිත දහයක්, ජීවිත විස්සක්, ජීවිත තිහක්, ජීවිත හතළිහක්, ජීවිත පනහක්, ජීවිත සියයක්, ජීවිත දහසක්, ජීවිත ලක්ෂයක්; අනේකවිධ වූ සංවට්ට කල්පයන්ද, අනේකවිධ වූ විවට්ට කල්පයන්ද, අනේකවිධ වූ සංවට්ට විවට්ට කල්පයන්ද සිහිකරනවා. "මං ඉස්සර සිටියේ අසවල් තැන, එතකොට මගේ නම මේකයි. ගෝත්‍ර නාමය මේකයි. හැඩරුව මෙහෙමයි. කෑම බීම මෙහෙමයි. දුක් සැප වින්දේ මේ විදිහටයි. මේ විදිහටයි ජීවිතය අවසන් වුනේ. ඒ මං එතැනින් චුත වුනා. අසවල් තැන උපන්නා. එතකොට මගේ නම වුනේ මේකයි. ගෝත්‍රනාමය මේකයි. හැඩරුව වුනේ මෙහෙමයි. කෑවේ බිව්වේ මෙහෙමයි. සැප දුක් වින්දේ මෙහෙමයි. මේ විදිහටයි ජීවිතය අවසන් වුනේ. මං එතැනින් චුත වුනා. මේ ලෝකෙ උපන්නා" ආදී වශයෙන් ආකාර සහිතව සවිස්තරව අනේක ප්‍රකාර වූ කලින් ගත කළ ජීවිත ගැන සිහිකරනවා. පින්වත් මහාරාජ, මෙයත් අර කලින් කියන ලද ශ්‍රමණ ඵලයන්ට වඩා අතිශයින් සොඳුරු වූත්, ප්‍රණීත වූත් මේ ජීවිතයේදීම ලද හැකි පැවිදි දිවියේ ඵලයකි.

80. ඔහු (ඒ භික්ෂුව) ඔය අයුරින් සිත සමාධිමත් වූ විට සිත පිරිසිදු වූ විට, ප්‍රභාෂ්වර වූ විට කෙලෙසුන්ගෙන් බාධා රහිත වූ විට, උපක්ලේශ බැහැර වූ විට, මෘදුබවට පත් වූ විට, කර්මණ්‍ය (ඕනෑම දෙයකට හැරවිය හැකි පරිදි සකස්) වූ විට, ස්ථිරව පිහිටි විට, අකම්පිතව පිහිටි විට, සත්වයන්ගේ චුතියත්, උපතත් දකිනා නුවණ පිණිස සිත පිහිටුවනවා. එයට සිත නතු කරනවා. එතකොට ඒ භික්ෂුව මිනිසුන්ගේ දැකීමේ හැකියාව ඉක්මවා ගිය පිරිසිදු වූ දිවැසින් චුත වන්නා වූත්, උපදින්නා වූත් සත්වයන් දකිනවා. ඒ ඒ කර්මයන්ට අනුව හීන ප්‍රණීත වූත්, යහපත් අයහපත් වූත්, සුගති දුගතිවල සිටින්නා වූ සත්වයන් දකිනවා. "අහෝ! මේ භවත් සත්වයන් කයින් දුෂ්චරිතයෙහි යෙදීම නිසා, වචනයෙන් දුෂ්චරිතයෙහි යෙදීම නිසා, මනසින් දුෂ්චරිතයෙහි යෙදීම නිසා, ආර්යයන් වහන්සේලාට අපහාස කරලා, මිසදිටු වෙලා, මිසදිටු දේවල් සමාදන් වෙලා ඉඳලා තියෙනවා. ඔවුන් කය බිඳී මරණයෙන් මත්තේ අපාය නම් වූ දුගතිය නම් වූ විනිපාත නම් වූ නිරයේ ඉපදිලා ඉන්නවා. ඒ වගේම මේ භවත් සත්වයන් කයින් සුචරිතයෙහි යෙදීම නිසා, වචනයෙන් සුචරිතයෙහි යෙදීම නිසා, මනසින් සුචරිතයෙහි යෙදීම නිසා, ආර්යයන් වහන්සේලාට අපහාස නොකොට, සම්දිටු වෙලා, සම්දිටු දේවල් සමාදන් වෙලා ඉඳලා තියෙනවා.

ඔවුන් කය බිඳී මරණයෙන් මත්තේ සුගතිය නම් වූ, ස්වර්ග ලෝකයෙහි ඉපදිලා ඉන්නවා" කියලා. මේ විදිහට මිනිසුන්ගේ දැකීමේ හැකියාව ඉක්මවා ගිය පිරිසිදු වූ දිවැසින් චුත වන්නා වූත්, උපදින්නා වූත් සත්වයන් දකිනවා. ඒ ඒ කර්මයන්ට අනුව හීන ප්‍රණීත වූත්, යහපත් අයහපත් වූත්, සුගති දුගතිවල සිටින්නා වූ සත්වයන් දකිනවා.

81. පින්වත් මහාරාජ, ඒක මේ වගේ දෙයක්. හතරමං හන්දියක තට්ටු නිවසක් තියෙනවා. එහි ඇස් ඇති පුරුෂයෙක් සිටගෙන බලාගෙන ඉන්නවා. ඔහු (පහළ) ගෙට ඇතුළු වන්නා වූත්, නික්මෙන්නා වූත්, වීදියේ එහාට මෙහාට ඇවිදින්නා වූත්, හතරමං හන්දිය මැද වාඩි වී සිටින්නා වූත් මිනිසුන් දකිනවා. එතකොට ඔහුට මෙහෙම හිතෙනවා "මේ මිනිසුන් ගෙට ඇතුළු වෙනවා. මේ උදවිය ගෙයින් නික්මෙනවා. මේ උදවිය වීදියේ එහාට මෙහාට ඇවිදිනවා. මේ උදවිය හතරමං හන්දිය මැද වාඩිවෙලා ඉන්නවා" කියලා.

පින්වත් මහාරාජ, අන්න ඒ විදිහමයි භික්ෂුව ඔය අයුරින් සිත සමාධිමත් වූ විට, සිත පිරිසිදු වූ විට, ප්‍රභාෂ්වර වූ විට, කෙලෙසුන්ගෙන් බාධා රහිත වූ විට, උපක්ලේශ බැහැර වූ විට, මෘදුබවට පත් වූ විට, කර්මණ්‍ය (ඕනෑම දෙයකට හැරවිය හැකි පරිදි සකස්) වූ විට, ස්ථිරව පිහිටි විට, සත්වයන්ගේ චුතියත්, උපතත් දකිනා නුවණ පිණිස සිත පිහිටුවනවා. එයට සිත නතු කරනවා. එතකොට ඒ භික්ෂුව මිනිසුන්ගේ දැකීමේ හැකියාව ඉක්මවා ගිය පිරිසිදු වූ දිවැසින් චුත වන්නා වූත්, උපදින්නා වූත් සත්වයන් දකිනවා. ඒ ඒ කර්මයන්ට අනුව හීන ප්‍රණීත වූත්, යහපත් අයහපත් වූත්, සුගති දුගතිවල සිටින්නා වූ සත්වයන් දකිනවා. "අහෝ! මේ භවත් සත්වයන් කයින් දුෂ්චරිතයෙහි යෙදීම නිසා, වචනයෙන් දුෂ්චරිතයෙහි යෙදීම නිසා, මනසින් දුෂ්චරිතයෙහි යෙදීම නිසා, ආර්යයන් වහන්සේලාට අපහාස කරලා, මිසදිටු වෙලා, මිසදිටු දේවල් සමාදන් වෙලා ඉඳලා තියෙනවා. ඔවුන් කය බිඳී මරණයෙන් මත්තේ අපාය නම් වූ දුගතිය නම් වූ විනිපාත නම් වූ නිරයේ ඉපදිලා ඉන්නවා. ඒ වගේම මේ භවත් සත්වයන් කයින් සුචරිතයෙහි යෙදීම නිසා, වචනයෙන් සුචරිතයෙහි යෙදීම නිසා, මනසින් සුචරිතයෙහි යෙදීම නිසා, ආර්යයන් වහන්සේලාට අපහාස නොකොට, සම්දිටු වෙලා, සම්දිටු දේවල් සමාදන් වෙලා ඉඳලා තියෙනවා. ඔවුන් කය බිඳී මරණයෙන් මත්තේ සුගතිය නම් වූ, ස්වර්ග ලෝකයෙහි ඉපදිලා ඉන්නවා" කියලා. මේ විදිහට මිනිසුන්ගේ දැකීමේ හැකියාව ඉක්මවා ගිය පිරිසිදු වූ දිවැසින් චුත වන්නා වූත්, උපදින්නා වූත් සත්වයන් දකිනවා. ඒ ඒ කර්මයන්ට අනුව හීන ප්‍රණීත වූත්, යහපත් අයහපත් වූත්, සුගති දුගතිවල සිටින්නා වූ සත්වයන් දකිනවා. පින්වත් මහාරාජ, මෙයත් අර කලින් කියන

ලද ශ්‍රමණ ඵලයන්ට වඩා අතිශයින් සොඳුරු වූත්, ප්‍රණීත වූත් මේ ජීවිතයේදීම ලද හැකි පැවිදි දිවියේ ඵලයකි.

82. ඔහු (ඒ භික්ෂුව) ඔය අයුරින් සිත සමාධිමත් වූ විට, සිත පිරිසිදු වූ විට, ප්‍රභාෂ්වර වූ විට, කෙලෙසුන්ගෙන් බාධා රහිත වූ විට, උපක්ලේශ බැහැර වූ විට, මෘදුබවට පත් වූ විට, කර්මණ්‍ය (ඕනෑම දෙයකට හැරවිය හැකි පරිදි සකස්) වූ විට, ස්ථිරව පිහිටි විට, අකම්පිතව පිහිටි විට, ආශ්‍රවයන් ක්ෂය වීම පිළිබඳ දන්නා නුවණ පිණිස සිත පිහිටුවනවා. සිත එයට නතු කරනවා. එතකොට ඔහු මෙය දුක නම් වූ ආර්ය සත්‍යයයි කියලා යථාර්ථ වශයෙන්ම දැනගන්නවා. මෙය දුකේ හටගැනීම නම් වූ ආර්ය සත්‍යයයි කියලා යථාර්ථ වශයෙන්ම දැනගන්නවා. මෙය දුක නිරුද්ධ වීම නම් වූ ආර්ය සත්‍යයයි කියලා යථාර්ථ වශයෙන්ම දැනගන්නවා. මෙය දුක නිරුද්ධ වීම පිණිස පවතින මාර්ගය නම් වූ ආර්ය සත්‍යයයි කියලා යථාර්ථ වශයෙන්ම දැනගන්නවා. මේවා ආශ්‍රවයන් කියලා යථාර්ථ වශයෙන්ම දැනගන්නවා. මෙය ආශ්‍රවයන්ගේ හටගැනීම කියලා යථාර්ථ වශයෙන්ම දැනගන්නවා. මෙය ආශ්‍රව නිරුද්ධ වීම කියලා යථාර්ථ වශයෙන්ම දැනගන්නවා. මෙය ආශ්‍රව නිරුද්ධ වීම පිණිස පවතින ප්‍රතිපදාව කියලා යථාර්ථ වශයෙන්ම දැනගන්නවා. ඒ භික්ෂුව ඔය විදිහට දැනගනිද්දී, ඔය විදිහට දැකගනිද්දී කාම ආශ්‍රවයන්ගෙන් සිත නිදහස් වෙනවා. භව ආශ්‍රවයන් ගෙන් සිත නිදහස් වෙනවා. අවිද්‍යා ආශ්‍රවයන්ගෙන් සිත නිදහස් වෙනවා. නිදහස් වූ විට නිදහස් වුණ බවට ඤාණය ඇතිවෙනවා. "ඉපදීම ක්ෂය වුනා. බඹසර වාසය සම්පූර්ණ කළා. කළ යුතු දෙය කළා. නැවත සසර ගමනක් නැතැ"යි අවබෝධයෙන්ම දැනගන්නවා.

83. පින්වත් මහාරාජ, ඒක මේ වගේ දෙයක්. පර්වත මුදුනක ජලාශයක් තියෙනවා. එහි ජලය ඉතා හොඳයි. හරිම ප්‍රසන්නයි. කැළඹිලා නෑ. එතැන ඇස් ඇති පුරුෂයෙක් ඒ ඉවුරේ සිටගෙන ජලාශය දෙස බලා සිටිනවා. එතකොට ඔහුට සිප්පිබෙල්ලනුත්, සක්බෙල්ලනුත්, කැටකැබලිත්, මාළු රංචු ආදියත් හැසිරෙන අයුරු, සිටින අයුරු දකින්නට ලැබෙනවා. එතකොට ඔහුට මෙහෙම හිතෙනවා. "මේක ඉතා හොඳ ජලය ඇති හරිම ප්‍රසන්න වූ නොකැළඹුණු දිය ඇති විලක්. මෙහි මේ සිප්පිබෙල්ලන්, සක්බෙල්ලන්, කැටකැබලිති, මාළු රංචුත් හැසිරෙනවා නෙව. ඉන්නවා නෙව" කියලා.

පින්වත් මහාරාජ, අන්න ඒ විදිහමයි භික්ෂුව ඔය අයුරින් සිත සමාධිමත් වූ විට, සිත පිරිසිදු වූ විට, ප්‍රභාෂ්වර වූ විට, කෙලෙසුන්ගෙන් බාධා රහිත වූ විට, උපක්ලේශ බැහැර වූ විට, මෘදුබවට පත් වූ විට, කර්මණ්‍ය (ඕනෑම දෙයකට හැරවිය හැකි පරිදි සකස්) වූ විට, ස්ථිරව පිහිටි විට, ආශ්‍රවයන් ක්ෂය වීම පිළිබඳ

දන්නා නුවණ පිණිස සිත පිහිටුවනවා. සිත එයට නතු කරනවා. එතකොට ඔහු මෙය දුක නම් වූ ආර්ය සත්‍යයයි කියලා යථාර්ථ වශයෙන්ම දැනගන්නවා. මෙය දුකේ හටගැනීම නම් වූ ආර්ය සත්‍යයයි කියලා යථාර්ථ වශයෙන්ම දැනගන්නවා. මෙය දුක නිරුද්ධ වීම නම් වූ ආර්ය සත්‍යයයි කියලා යථාර්ථ වශයෙන්ම දැනගන්නවා. මෙය දුක නිරුද්ධ වීම පිණිස පවතින මාර්ගය නම් වූ ආර්ය සත්‍යයයි කියලා යථාර්ථ වශයෙන්ම දැනගන්නවා. මේවා ආශ්‍රවයන් කියලා යථාර්ථ වශයෙන්ම දැනගන්නවා. මෙය ආශ්‍රවයන්ගේ හටගැනීම කියලා යථාර්ථ වශයෙන්ම දැනගන්නවා. මෙය ආශ්‍රව නිරුද්ධ වීම කියලා යථාර්ථ වශයෙන්ම දැනගන්නවා. මෙය ආශ්‍රව නිරුද්ධ වීම පිණිස පවතින ප්‍රතිපදාව කියලා යථාර්ථ වශයෙන්ම දැනගන්නවා. ඒ භික්ෂුව ඔය විදිහට දැනගනිද්දී, ඔය විදිහට දැකගනිද්දී කාම ආශ්‍රවයන්ගෙන් සිත නිදහස් වෙනවා. භව ආශ්‍රවයන් ගෙන් සිත නිදහස් වෙනවා. අවිද්‍යා ආශ්‍රවයන්ගෙන් සිත නිදහස් වෙනවා. නිදහස් වූ විට නිදහස් වුණ බවට ඤාණය ඇතිවෙනවා. "ඉපදීම ක්ෂය වුනා. බඹසර වාසය සම්පූර්ණ කළා. කළ යුතු දෙය කළා. නැවත සසර ගමනක් නැතැ"යි අවබෝධයෙන්ම දැනගන්නවා. පින්වත් මහාරාජ, මෙයත් අර කලින් කියන ලද ශ්‍රමණ ඵලයන්ට වඩා අතිශයින් සොඳුරු වූත්, ප්‍රණීත වූත් මේ ජීවිතයේදීම ලද හැකි පැවිදි දිවියේ ඵලයකි. පින්වත් මහාරාජ, මෙලොවදීම දැක්ක හැකි පැවිදි ජීවිතයේ මෙම ප්‍රතිඵලයට වඩා වෙනස් වූත්, උත්තරීතර වූත්, ප්‍රණීතතර වූත් සන්දිට්ඨික ශ්‍රමණඵලයක් නම් නෑ.

84. මෙසේ වදාළ විට වේදේහි පුත්‍ර වූ අජාසත් මගධරජු භාග්‍යවතුන් වහන්සේට මෙය සැළ කළා. "ස්වාමීනී, භාග්‍යවතුන් වහන්ස, ඉතා සුන්දරයි. ස්වාමීනී භාග්‍යවතුන් වහන්ස, ඉතා සුන්දරයි. යටට හරවා තිබූ දෙයක් උඩු අතට හැරෙව්වා වගෙයි. වහලා තිබුණු දෙයක් ඇරලා පෙන්නුවා වගෙයි. මං මුලා වූවන්ට නියම මග පෙන්වා දෙනවා වගෙයි. ඇස් ඇති උදවියට රූප දකින්නට අඳුරෙහි තෙල් පහනක් දල්වාගෙන දරා සිටිනවා වගෙයි. ඔය විදිහට භාග්‍යවතුන් වහන්සේ විසින් නොයෙක් අයුරින් ශ්‍රී සද්ධර්මය වදාළා. ස්වාමීනී, මේ මමත් භාග්‍යවතුන් වහන්සේව සරණ යනවා. ශ්‍රී සද්ධර්මයත් ආර්ය මහා සංඝ රත්නයත් සරණ යනවා. ස්වාමීනී, මං ගැන අද පටන් දිවි තිබෙන තුරාවටම තෙරුවන් සරණ ගිය උපාසකයෙක් ලෙස සළකන සේක්වා! ස්වාමීනී, බාලයෙක් වගේ, මෝඩයෙක් වගේ, අදක්ෂයෙක් වගේ, යම්බඳු මං ධාර්මික වූත්, ධාර්මික රජකෙනෙකු වූත් පියාණන්ව රාජ ඉසුරු කරණ කොට ගෙන ජීවිතයෙන් තොර කළා. ඒ වරද මාව යට කරගෙන තියෙනවා. ස්වාමීනී, භාග්‍යවතුන් වහන්ස, මාගේ ඒ වරද මත්තෙහි සංවර වීම පිණිස වරදක් වශයෙන්ම පිළිගන්නා සේක්වා!"

85. පින්වත් මහාරාජ, ඒකාන්තයෙන්ම බාලයෙක් වගේ, මෝඩයෙක් වගේ, අදක්ෂයෙක් වගේ සිටිමින් කළ ඒ වරද ඔබව යට කරගෙන ගියා. යම්බඳු ඔබ ධාර්මික වූ, ධාර්මික රජු වූ තම පියාණන් ජීවිතයෙන් තොර කළා නෙව. නමුත් පින්වත් මහාරාජ, ඔබ යම් කලෙක වරද වරද වශයෙන් දැක ධර්මයට අනුව ප්‍රතිකර්ම කරයි නම් ඔබේ ඒ වරද (පිළිගෙන නිවැරදි වූ බවට) අපි පිළිගන්නවා. පින්වත් මහාරාජ, වරද වරද වශයෙන් දැකලා ධර්මානුකූල ප්‍රතිකර්ම කරනවා නම්, මත්තෙහි සංවර වෙනවා නම්, ඒක ආර්ය විනයෙහි (බුදු සසුනෙහි) අභිවෘද්ධියක්මයි.

86. මෙසේ වදාළ විට වේදේහි පුත්‍ර අජාසත් මගධ රජු භාග්‍යවතුන් වහන්සේට මෙකරුණ පැවසුවා. "එහෙම නම් ස්වාමීනී, අපි දැන් යන්නම්. අපට බොහෝ වැඩ තියෙනවා නෙව. බොහෝ කටයුතු තියෙනවා නෙව." "පින්වත් මහාරාජ, යම් ගමනකට කල් දන්නවා නම් දැන් එයට කාලයයි." ඉතින් වේදේහි පුත්‍ර අජාසත් මගධ රජු භාග්‍යවතුන් වහන්සේ වදාළ ධර්මය ආදරයෙන් පිළිගෙන, අනුමෝදන් වෙලා, අසුනෙන් නැගිට භාග්‍යවතුන් වහන්සේට ආදරයෙන් වන්දනා කොට, පැදකුණු කොට නික්ම ගියා.

87. එතකොට වේදේහි පුත්‍ර අජාසත් මගධ රජු පිටත් වී ගිය නොබෝ වේලාවකින් භාග්‍යවතුන් වහන්සේ භික්ෂූන් අමතා වදාළා. "පින්වත් මහණෙනි, මේ රජ්ජුරුවන් දහම දකින වාසනාව නැමැති මුල් ගැලවී ගිය කෙනෙක්, පින්වත් මහණෙනි, මේ රජ්ජුරුවන් දහම දැකීමේ වාසනාව මුළුමණින්ම විනාශ කරගත් කෙනෙක්. පින්වත් මහණෙනි, ඉදින් මේ රජ්ජුරුවන් ධාර්මික වූත්, ධාර්මික රජු වූ තම පියාණන්ව ජීවිතයෙන් තොර කළේ නැත්නම්, මේ ආසනයේදීම කෙලෙස් රහිත වූ, මළ රහිත වූ, දහම් ඇස (සෝවාන්) පහළ වෙලා ඉවරයි." භාග්‍යවතුන් වහන්සේ මෙය වදාළා. සතුටු සිත් ඇති ඒ භික්ෂූන් වහන්සේලා භාග්‍යවතුන් වහන්සේ වදාළ මෙම දේශනය සතුටින් පිළිගත්තා.

සාදු! සාදු!! සාදු!!!

දෙවෙනි සාමඤ්ඤඵල සූත්‍රය නිමාවිය.

3. අම්බට්ඨ සූත්‍රය
අම්බට්ඨ මාණවකයාට වදාළ දෙසුම

1. **මා** හට අසන්නට ලැබුනේ මේ විදිහටයි. ඒ දිනවල භාග්‍යවතුන් වහන්සේ පන්සියයක් පමණ වූ මහත් භික්ෂු සංඝයා සමඟ කොසොල් ජනපදයෙහි චාරිකාවේ වඩිද්දී කොසොල් වැසියන්ගේ ඉච්ඡානංගල නම් වූ බ්‍රාහ්මණ ගමටද වැඩම කළා. එහිදී භාග්‍යවතුන් වහන්සේ ඉච්ඡානංගල ගමෙහි ඉච්ඡානංගල නම් වූ වන ලැහැබෙහි වැඩසිටියා.

2. ඒ කාලයෙහි පොක්ඛරසාතී බ්‍රාහ්මණයා උක්කට්ඨා කියන නගරයේ වාසය කළා. ඒ නගරය ඔහුට පසේනදී කොසොල් රජුගෙන් ලැබුණු තෑග්ගක්. ඒක ශ්‍රේෂ්ඨ තෑග්ගක්. එහි බොහෝ ජනයා ඉන්නවා. තණ සහිත, දර සහිත, ජලය සහිත වූ, බොහෝ ධාන්‍ය තියෙනවා. රාජ පරිභෝග නගරයක්. ඉතින් පොක්ඛරසාති බ්‍රාහ්මණයාට මේ කතාව අසන්නට ලැබුනා.

"භවත්නි, අන්න ශාක්‍ය පුත්‍ර වූ, ශාක්‍ය කුලයෙන් නික්මී පැවිදි වූ ශ්‍රමණ ගෞතමයන් වහන්සේ පන්සියයක් පමණ වූ මහත් භික්ෂු පිරිසක් සමඟ කොසොල් රට චාරිකාවේ වඩිද්දී ඉච්ඡානංගලයටත් වැඩම කරලා ඉච්ඡානංගල ගමේ ඉච්ඡානංගල වන ලැහැබෙහි වැඩඉන්නවා. ඒ භවත් ගෞතමයන් වහන්සේ ගැන මෙවැනි වූ කල්‍යාණ කීර්ති ඝෝෂාවක් පැතිර ගොසින් තියෙනවා. "ඒ භාග්‍යවතුන් වහන්සේ මේ මේ කරුණින් අරහත් වන සේක. සම්මා සම්බුද්ධ වන සේක. විජ්ජාචරණසම්පන්න වන සේක. සුගත වන සේක. ලෝකවිදූ වන සේක. අනුත්තර පුරිසදම්ම සාරථී වන සේක. සත්ථා දේවමනුස්සානං වන සේක. බුද්ධ වන සේක. භගවා වන සේක. උන්වහන්සේ දෙවියන් සහිත වූ, මරුන් සහිත වූ, බඹුන් සහිත වූ, ශ්‍රමණ බමුණන් සහිත වූ දෙව් මිනිස් ප්‍රජාවෙන් යුතු මේ ලෝකය තමා විසින් උපදවා ගත් විශිෂ්ට ඥාණයෙන් සාක්ෂාත් කරලා ලෝකයට කියා දෙනවා. උන්වහන්සේ දහම් දෙසනවා. ආරම්භය කල්‍යාණ වූත්, මැද කල්‍යාණ වූත්, අවසානය කල්‍යාණ වූත්, අර්ථ සහිත වූත්, පැහැදිලි ප්‍රකාශනවලින් යුතු වූත්, මුළුමණින්ම පිරිපුන්

පිරිසිදු බඹසර ප්‍රකාශ කරනවා. එබඳු වූ රහතුන් දැකගන්නට ලැබීම කොතරම් යහපත් දෙයක්ද" කියලා.

3. එසමයෙහි පොක්ඛරසාති බ්‍රාහ්මණයාට අම්බට්ඨ මාණව නමින් ගෝලයෙක් හිටියා. ඔහු වේදය හදාරපු, මන්ත්‍ර පාඩම් කරපු, ත්‍රිවේද පාරප්‍රාප්ත වූ කෙනෙක්. ඔහු භාෂා ශාස්ත්‍ර පිළිබඳ ශික්ෂා නිරුත්ති සහිත අක්ෂර ප්‍රභේද සහිත දැනුමෙන් යුතු ඉතිහාසය පස්වැනි කොට දන්නා කෙනෙක්. ඒ වගේම පද පාඨ, ව්‍යාකරණ දන්නා ලෝකායත ශාස්ත්‍රයත්, මහාපුරුෂ ලක්ෂණත් ගැන මනා නිපුණත්වයක් ඇති කෙනෙක්. ඒ වගේම උගන්වන ලද ත්‍රිවේදයට අදාළ කරුණු ගැන "මං යමක් දන්නවා නම්, (එම්බා ශිෂ්‍යය) ඔබද එය දන්නවා. ඔබ යමක් දන්නවා නම්, මාත් එය දන්නවා" කියලා තමන්ගේ ආචාර්යවරුන් විසින් සම තත්වයෙහිලා සළකනු ලබන කෙනෙක්.

4. එතකොට පොක්ඛරසාති බ්‍රාහ්මණයා අම්බට්ඨ මාණවකයා ඇමතුවා. "පුතේ අම්බට්ඨ, ශාක්‍යපුත්‍ර වූ ශාක්‍ය කුලයෙන් නික්මී පැවිදි වූ මේ ශ්‍රමණ ගෞතමයන් වහන්සේ පන්සියයක් පමණ වූ මහත් භික්ෂු පිරිසක් සමඟ කොසොල් රට චාරිකාවේ වඩිද්දී ඉච්ඡානංගලයටත් වැඩම කරලා ඉච්ඡානංගල ගමේ ඉච්ඡානංගල වන ලැහැබෙහි වැඩඉන්නවා. ඒ භවත් ගෞතමයන් වහන්සේ පිළිබඳව මෙවැනි කළ්‍යාණ කීර්ති රාවයක් පැතිර ගොස් තිබෙනවා. "ඒ භාග්‍යවතුන් වහන්සේ මේ මේ කරුණු නිසා අරහං වන සේක. සම්මාසම්බුද්ධ වන සේක ....(පෙ).... බඹසර ප්‍රකාශ කරනවා. එබඳු වූ රහතුන් දැකගන්නට ලැබීම කොතරම් යහපත් දෙයක්ද."

"පුතේ අම්බට්ඨ, මෙහෙ එන්න. ඔබ ශ්‍රමණ ගෞතමයන් වහන්සේ ළඟට යන්න. ගිහින් ශ්‍රමණ ගෞතමයන් වහන්සේ ගැන දැනගන්න. භවත් ගෞතමයන් වහන්සේ තුළ පවතින්නා වූ ම කීර්ති ඝෝෂාවක්ද පැතිර තියෙන්නේ, එහෙම නැත්නම් නොපවතින දෙයක් ගැන කීර්ති ඝෝෂාවක්ද කියලා. එහෙමත් නැත්නම්, ඒ භවත් ගෞතමයන් වහන්සේ තුළ එබඳු ගුණ තියෙනවාද? නැත්නම් එබඳු ගුණ රහිතද, කියලා ඔය විදිහට අපි ඒ භවත් ගෞතමයන් වහන්සේ ගැන දැනගන්නට කැමැතියි."

5. "භවත, මං කොහොමද ඒ භවත් ගෞතමයන් වහන්සේ ගැන දැනගන්නේ? ඒ කියන්නේ භවත් ගෞතමයන් වහන්සේ තුළ තිබෙන්නා වූ ම ගුණයන් ගැනද ඔය කීර්ති රාවය පැතිර තියෙන්නේ. නොඑසේ නම් නැති ගුණ පිළිබඳවද කියලා? ඒ වගේම භවත් ගෞතමයන් වහන්සේ තුළ එබඳු ගුණ තියෙනවාද? එහෙමත් නැත්නම් එබඳු ගුණ නැද්ද කියලා?"

6. "පුතේ අම්බට්ඨ, අපගේ මන්ත්‍රවල මහා පුරිස ලක්ෂණ තිස් දෙකක් ගැන විස්තර ඇවිල්ලා තියෙනවා නෙව. ඉදින් යම් මහාපුරුෂයෙකුට ඔය ලක්ෂණ තියෙනවා නම්, ඒ උතුමන්ට තියෙන්නේ ගති දෙකයි. වෙන එකක් නෑ. ඉදින් ඔහු ගිහිගෙදර වාසය කරනවා නම්, සක්විති රජකෙනෙක් වෙනවා. ධාර්මික වූ ධාර්මික රජු වූ සිව් මහා සමුද්‍ර ජයගත් කෙනෙක් වෙනවා. ජනපදවල තහවුරු බවට පත්වෙනවා. මාණික්‍ය හතකින් සමන්විත වෙනවා. ඔහුට මෙන්න මේ මාණික්‍යයන් හත ලැබෙනවා. ඒ කියන්නේ, චක්‍ර මැණික, ඇත් මැණික, අශ්ව මැණික, මාණික්‍ය මැණික, ස්ත්‍රී මැණික, ගෘහපති මැණික, පුත්‍ර මැණික කියන්නේ හත්වෙනි එකයි. ඉතින් ඔහුට දාහකට වැඩි පිරිසක් පුතුන් හැටියට ලැබෙනවා. ඔවුන් හරී සූරයි. මහා වීරවරයන්. සතුරු සේනා මඬිනවා. ඔහු මේ සාගරය කෙලවර කොට ඇති පොළොව දඬුවමෙන් තොරව ආයුධයෙන් තොරව ධර්මයෙන්ම සුවිශේෂ ජය ලබාගෙන වාසය කරනවා.

ඉදින් ඒ මහාපුරුෂයා ගිහිගෙය අත්හැර අනගාරිකව පැවිදි වෙනවා නම්, ලෝකයෙහි සියලු පවින් මිදුන අරහත් වූ සම්මා සම්බුදුරජාණන් වහන්සේ නමක් වෙනවා. පුතේ අම්බට්ඨ, මම තමයි ඔබට මන්ත්‍ර දෙන කෙනා. ඔබ ඒ මන්ත්‍ර පිළිගන්නා කෙනා නෙව."

"භවත, එසේය" කියලා අම්බට්ඨ මාණවකයා පොක්ඛරසාති බ්‍රාහ්මණයාට පිළිතුරු දීලා අසුනෙන් නැගිට, පොක්ඛරසාති බ්‍රාහ්මණයාට ආදරයෙන් වන්දනා කොට, ප්‍රදක්ෂිණා කොට වෙළඹුන් යෙදූ රථයක නැගලා, බොහෝ තරුණයින් සමඟ ඉච්ඡානංගල වන ලැහැබ කරා පිටත් වුනා. යානයෙන් යා හැකිතාක් බිම දක්වා ගිහින් යානයෙන් බැහැලා පාගමනින්ම ආරාමයට පිවිසුනා.

7. ඒ වන විට බොහෝ භික්ෂූන් වහන්සේලා එළිමහනෙහි සක්මන් කරනවා. එතකොට අම්බට්ඨ මාණවකයා ඒ භික්ෂූන් කරා එළඹුණා. එළඹ ඒ භික්ෂූන්ට මෙකරුණ පැවසුවා. "භවත්නි, මේ වෙලාවේ ඒ භවත් ගෞතමයන් වහන්සේ වැඩ ඉන්නේ කොහේද? අපි ඒ භවත් ගෞතමයන් වහන්සේව දැකගැනීම පිණිසයි මෙහි ආවේ."

8. එතකොට ඒ භික්ෂූන්ට මෙහෙම හිතුනා. "මේ අම්බට්ඨ මාණවකයා ඉතා සම්භාවනීය පවුලක කෙනෙක්. ඒ වගේම ඉතාමත් ප්‍රසිද්ධ පොක්ඛරසාති බ්‍රාහ්මණයාගේ ගෝලයෙක්. ඉතින් මෙවැනි කුලපුත්‍රයන් සමඟ භාග්‍යවතුන් වහන්සේගේ කතාබහ ඇති වීම කරදරයක් නොවේ" කියලා. ඒ භික්ෂූන් අම්බට්ඨ මාණවකයාට මෙය පැවසුවා. "පින්වත් අම්බට්ඨ, මේ දොර වහලා තියෙන්නේ විහාරය තමයි. ඔබ එතැනට නිශ්ශබ්දව ගිහින් කලබල නැතිව

ආලින්දයට පිවිසිලා උගුර පාදලා දොර අගුලට සෙමින් තට්ටු කරන්න. එතකොට භාග්‍යවතුන් වහන්සේ ඔබට දොර විවර කරන සේක්මය."

9. ඉතින් අම්බට්ඨ මාණවකයා ඒ දොරවසා ඇති විහාරය ඇති තැනට නිශ්ශබ්දව ගිහින් කලබල නොවී ආලින්දයට පිවිසිලා උගුරපාදා සෙමින් දොර අගුලට තට්ටු කළා. භාග්‍යවතුන් වහන්සේ දොර විවර කොට වදාළා. අම්බට්ඨ මාණවකයා ඇතුළට පිවිසුනා. අනෙක් තරුණයනුත් පිවිසිලා භාග්‍යවතුන් වහන්සේ සමඟ සතුටු වුනා. සතුටුවිය යුතු පිළිසඳර කතාබහේ යෙදිලා එකත්පස්ව වාඩිවුනා. නමුත් අම්බට්ඨ මාණවකයා වැඩසිටින්නා වූ භාග්‍යවතුන් වහන්සේ සමඟ ඇවිද ඇවිදත් යම් යම් පිළිසඳර කතාබහේ යෙදෙනවා. වැඩසිටින්නා වූ භාග්‍යවතුන් වහන්සේ සමඟ හිටගෙනත් යම් යම් පිළිසඳර කතාබහේ යෙදෙනවා.

10. එතකොට භාග්‍යවතුන් වහන්සේ අම්බට්ඨ මාණවකයාගෙන් මෙකරුණ විමසුවා. "අම්බට්ඨය, ඔබ වාඩි වී සිටින මාත් සමඟ ඇවිදිමිනුත්, හිටගෙනත් යම් යම් පිළිසඳර කතා බහේ යෙදෙනවා නම්, ඒ විදිහටද වැඩිමහළු, ආචාර්ය ප්‍රාචාර්ය වූ බ්‍රාහ්මණයන් සමඟත් ඔබගේ කතාබහ කෙරෙන්නේ?"

"භවත් ගෞතමනි, එහෙම කරන්නේ නෑ. භවත් ගෞතමයෙනි, ගමන් කරන බ්‍රාහ්මණයා ගමන් කරන බ්‍රාහ්මණයෙකු සමඟ කතා බස් කරන්නට සුදුසුයි. හිටගෙන ඉන්න බ්‍රාහ්මණයා හිටගෙන ඉන්න බ්‍රාහ්මණයෙකු සමඟ කතා බස් කරන්නට සුදුසුයි. වාඩි වී ඉන්න බ්‍රාහ්මණයා වාඩි වී සිටින බ්‍රාහ්මණයෙකු සමඟ කතා බස් කරන්නට සුදුසුයි. සැතපී සිටින බ්‍රාහ්මණයා සැතපී සිටින බ්‍රාහ්මණයෙකු සමඟ කතා බස් කරන්නට සුදුසුයි. එහෙත් භවත් ගෞතමය, යම් ඒ හිසමුඩු කළ උදවිය, ලාමක දිවිගෙවන, පහත් දිවි ගෙවන, කළු වූ මහාබ්‍රහ්මයාගේ යටි පතුලෙන් වැටුණු අය ඉන්නවා නම්, ඔවුන් සමඟ මගේ මෙබඳු වූ කතාබහ තමයි මට තියෙන්නේ. ඒ භවත් ගෞතමයන් සමඟ කතා කරන විදිහයි."

11. "අම්බට්ඨය, ඔබේ මේ ගමන සිදු වුනේ යම්කිසි වැඩක් පිණිසයි. ඉතින් යම්කිසි කටයුත්තක් සඳහා නම් ඔබ ආවේ අන්න ඒ කටයුත්ත ගැනයි හොඳින් මෙනෙහි කළ යුත්තේ. නමුත් භවත්නි, මේ අම්බට්ඨ මාණවකයා, ස්වකීය ධර්මය තුළ නොහික්මී සිටියදීමයි සම්පූර්ණයෙන් හික්මුණු කෙනෙක් හැටියට මාන්නයෙන් ඉන්නේ. මේක නොහික්මුණුකම විනා වෙන කුමක්ද?"

12. එතකොට භාග්‍යවතුන් වහන්සේ විසින් ඇදුරු කුලයෙහි නොහික්මුණු කෙනෙක්ය යන අවුසිතවාදයෙන් පවසනු ලැබූ අම්බට්ඨ මාණවකයා කිපුනා.

නොසතුටු සිත් ඇතිවුනා. භාග්‍යවතුන් වහන්සේටම ආක්‍රෝෂ කරමින්, භාග්‍යවතුන් වහන්සේවම හෙළා කතා කරමින්, භාග්‍යවතුන් වහන්සේටම උපවාද කරමින්, මා විසිනුත් ශ්‍රමණ භවත් ගෞතමයන්ව දෝෂයට පමුණුවනවා කියලා හිතාගෙන මෙහෙම කිව්වා. "භවත් ගෞතමයෙනි, ශාක්‍ය ජාතිය චණ්ඩයි. භවත් ගෞතමයෙනි, ශාක්‍ය ජාතිය එරුෂයි. භවත් ගෞතමයෙනි, ශාක්‍ය ජාතිය ලාමකයි. භවත් ගෞතමයෙනි, ශාක්‍ය ජාතිය රළු වචනයෙන් යුක්තයි. ඔවුන් (බ්‍රාහ්මණයන්ගේ මෙහෙකාර වූ) ගිහියන්ව ඉඳගෙනත් බ්‍රාහ්මණයන්ට සත්කාර කරන්නේ නෑ. බ්‍රාහ්මණයන්ට ගෞරව කරන්නේ නෑ. බ්‍රාහ්මණයන්ට බුහුමන් දක්වන්නේ නෑ. බ්‍රාහ්මණයන්ව පුදන්නේ නෑ. බ්‍රාහ්මණයන්ට යටහත් පැවැතුම් දක්වන්නේ නෑ. එනිසා භවත් ගෞතමයෙනි, ඒ වැඩේ හරි නෑ. ඒක ගැලපෙන එකක් නොවෙයි. යම් මේ පහත් ගති ඇති ශාක්‍යයන් පහත් ගිහි ගති ඇතිවම සිටිද්දී බ්‍රාහ්මණයන්ට සත්කාර කරන්නේ නෑ. බ්‍රාහ්මණයන්ට ගෞරව කරන්නේ නෑ. බ්‍රාහ්මණයන්ට බුහුමන් දක්වන්නේ නෑ. බ්‍රාහ්මණයන්ව පුදන්නේ නෑ. බ්‍රාහ්මණයන්ට යටහත් පැවැතුම් දක්වන්නේ නෑ.

මේ විදිහට අම්බට්ඨ මාණවකයා ශාක්‍යයන් හට මේ ලාමක ගිහිබව (බමුණන්ගේ මෙහෙකාරබව) හෙවත් ඉබ්භවාදය නම් වූ පළමුවෙනි චෝදනාව හෙළුවා.

13. "පින්වත් අම්බට්ඨ, ඔබට ශාක්‍යයන් යම්කිසි වරදක් කරලා තියෙනවාද?"

"භවත් ගෞතමයෙනි, මං එක් කලෙක පොක්ඛරසාති බ්‍රාහ්මණාචාර්යතුමාගේ යම්කිසි කටයුත්තකට කපිලවස්තු නගරයට ගියා. එහි ශාක්‍යයන්ගේ විවේකාගාරයකටත් ගියා. ඒ වෙලාවේ බොහෝ ශාක්‍යයන්, ශාක්‍යකුමාරවරුන් ඒ විවේකාගාරයෙහි උස් ආසනවල ඉඳගෙන හිටියා. එකිනෙකාට ඇඟිලිවලින් කිතිකවා ගනිමින්, මහාහඬින් සිනාසෙමින්, විහිළු තහළු කරමින් හිටියා. ඒක හරියට මටම හිනහාවෙනවා වගේ. ඒ කවුරුවත් මට වාඩිවෙන්න ආසනයක් දුන්නේ නෑ. භවත් ගෞතමයෙනි, ඒ වැඩේ හරි නෑ. ඒක ගැලපෙන එකක් නොවෙයි. යම් මේ පහත් ගති ඇති ශාක්‍යයන් පහත් ගිහි ගති ඇතිවම සිටිද්දී බ්‍රාහ්මණයන්ට සත්කාර කරන්නේ නෑ. බ්‍රාහ්මණයන්ට ගෞරව කරන්නේ නෑ. බ්‍රාහ්මණයන්ට බුහුමන් දක්වන්නේ නෑ. බ්‍රාහ්මණයන්ව පුදන්නේ නෑ. බ්‍රාහ්මණයන්ට යටහත් පැවැතුම් දක්වන්නේ නෑ.

මේ විදිහට අම්බට්ඨ මාණවකයා ශාක්‍යයන් හට මේ ලාමක ගිහිබව (බමුණන්ගේ මෙහෙකාරබව) හෙවත් ඉබ්භවාදය නම් වූ දෙවෙනි චෝදනාව හෙළුවා.

14. "පින්වත් අම්බට්ඨය, කැට කිරිල්ල වුනත් තමන්ගේ කූඩුවේ සිටිද්දී හිතුමනාපෙට කෑගසනවා නෙව. ඉතින් අම්බට්ඨ යම් මේ කපිලවස්තු කියලා කියන්නේ ශාක්‍යවරුන් සතු තමන්ගේම නගරයයි. ඉතින් ඔවැනි අල්පමාත්‍ර වූ කාරණයකට ආයුෂ්මත් අම්බට්ඨයන් වෛරබැඳ සිටින එක සුදුසු නෑ."

15. භවත් ගෞතමයෙනි, මේ වර්ණ (කුල) හතරක් තියෙනවා. ක්ෂත්‍රීය, බ්‍රාහ්මණ, වෛශ්‍ය, ශුද්‍ර කියලා. භවත් ගෞතමයෙනි, මේ වර්ණ හතරෙන් වර්ණ තුනක්, ඒ කියන්නේ ක්ෂත්‍රීය, වෛශ්‍ය, ශුද්‍ර යන කුල තුන ඒකාන්තයෙන්ම බ්‍රාහ්මණයාගේ මෙහෙකරුවන්මයි. එනිසා භවත් ගෞතමයෙනි, ඒ වැඩේ හරි නෑ. ඒක ගැලපෙන එකක් නොවෙයි. යම් මේ පහත් ගති ඇති ශාක්‍යයන් පහත් ගිහිගති ඇතිවම සිටිද්දී බ්‍රාහ්මණයන්ට සත්කාර කරන්නේ නෑ. බ්‍රාහ්මණයන්ට ගෞරව කරන්නේ නෑ. බ්‍රාහ්මණයන්ට බුහුමන් දක්වන්නේ නෑ. බ්‍රාහ්මණයන්ව පුදන්නේ නෑ. බ්‍රාහ්මණයන්ට යටහත් පැවැතුම් දක්වන්නේ නෑ.

මේ විදිහට අම්බට්ඨ මාණවකයා ශාක්‍යයන් හට මේ ලාමක ගිහිබව (බමුණන්ගේ මෙහෙකාරබව) හෙවත් ඉබ්භවාදය නම් වූ තුන්වෙනි චෝදනාව හෙළුවා.

16. එතකොට භාග්‍යවතුන් වහන්සේට මෙහෙම හිතුනා. "මේ අම්බට්ඨ මාණවකයා අතිශයින්ම බාල විදිහට ශාක්‍යන් හට ලාමක ගිහිවාදයෙන් පිරිහෙළා කතා කරනවා. මා මෙයාගේ ගෝත්‍රය කුමක්ද කියලා අහන එක හොඳයි."

ඉතින් භාග්‍යවතුන් වහන්සේ අම්බට්ඨ මාණවකයාගෙන් මෙකරුණ විමසුවා. "අම්බට්ඨයන් කවර ගෝත්‍ර ඇති කෙනෙක්ද?" "භවත් ගෞතමයෙනි, මං කණ්හායන ගෝත්‍රයට අයිති කෙනෙක්."

17. "පින්වත් අම්බට්ඨය, ඔබගේ මව්පියවරුන් අයත් පැරණි නම්ගොත් සිහිකරද්දී ශාක්‍යයන්මයි ඔබගේ ආර්ය (ස්වාමි) පුත්‍රයන් වන්නේ. ඔබ ශාක්‍යයන්ගේ දාසියෙකුගේ පුතෙක්. අම්බට්ඨය, ශාක්‍යවරුන් තමන්ගේ මීමුත්තන් හැටියට සළකන්නේ ඔක්කාක රජතුමායි."

"පින්වත් අම්බට්ඨය, මේක ඉස්සර සිදුවුණු දෙයක්. ඔක්කාක කියලා රජ කෙනෙක් හිටියා. ඔහුට ඉතා ප්‍රියමනාප මහේෂිකාවක් හිටියා. ඇයගේ පුතුට රජකම දෙන්ට ඕන වුනා. ඒ නිසා උක්කාමුඛ, කරණ්ඩක, හත්ථිනික, නිපුර යන ජ්‍යෙෂ්ඨ කුමාරවරුන්ව රටින් පිටුවහල් කළා. ඔවුන් රටින් පිටුවහල් කළාට පස්සේ හිමාල පර්වත ප්‍රදේශයට ගිහින් පොකුණක් අද්දර මහා ගස් ඇති වනගොමුවක වාසය කළා. ඔවුන් තම ජාතිය කිලිටි වේය යන බියෙන් තමන්ගේම සහෝදරියන් සමඟ අඹුසැමියන් සේ වාසය කළා.

ඉතින් අම්බට්ඨ, ඔක්කාක රජ්ජුරුවෝ තම ඇමති පිරිස ඇමතුවා. "භවත්නි, දැන් කුමාරවරු කොහේ ඉන්නවා ඇද්ද?" කියලා.

"දේවයන් වහන්ස, හිමාල පර්වත ප්‍රදේශයේ පොකුණක් අද්දර මහා ගස් ඇති වනාන්තරයක් තියෙනවා. එහෙ තමයි දැන් කුමාරවරු ඉන්නේ. ඔවුන් තම ජාතිය කිලිටි වේය යන බියෙන් තමන්ගේම සහෝදරියන් සමඟ අඹුසැමියන් හැටියට වාසය කරනවා."

එතකොට අම්බට්ඨ, ඔක්කාක රජ්ජුරුවෝ සතුටින් උදන් ඇනුවා. "භවත්නි, ඒකාන්තයෙන්ම කුමාරවරු දක්ෂයි. භවත්නි, ඒකාන්තයෙන්ම කුමාරවරු පරම දක්ෂයි." පින්වත් අම්බට්ඨ, එතැන් පටන් තමයි ශාක්‍යය යන නාමය ඔවුන්ට ලැබුනේ. ඔවුන්ගේ පූර්ව පුරුෂයා වුනේ ඔක්කාක රජතුමායි.

පින්වත් අම්බට්ඨ, ඔය ඔක්කාක රජ්ජුරුවන්ට දිසා කියලා දාසියක් හිටියා. ඒ කණ්හ කියන කෙනාව වැදුවේ ඇයයි. කණ්හ ඉපදුණු ගමන් කෑ ගැසුවා. "අම්මා මාව සෝදන්න. අම්මා මාව නහවන්න. අම්මා මේ අසූචිවලින් මාව මුදවන්න. මං ඔබට යහපත පිණිස වෙන්නම්" කියලා.

පින්වත් අම්බට්ඨ, මේ කාලේ මිනිසුන් පිසාචයන් දැක්කට පස්සේ, පිසාචයන් කියලා හඳුනාගන්නවා වගේ පින්වත් අම්බට්ඨ, ඒ කාලේ මිනිසුන් පිසාචයන් හඳුනාගත්තේ කණ්හ කියලයි. ඔවුන් මෙහෙම කිව්වා. "මෙයා ඉපදුණ ගමන් කෑ ගහලා කතා කළා. කණ්හයෙක් (කළු කෙනෙක්) ඉපදුනා. පිසාචයෙක් ඉපදුනා" කියලා. එදා ඉඳලා තමයි අම්බට්ඨ, කණ්හායන යන ගෝත්‍රය හඳුන්වන්නේ. කණ්හායන ගෝත්‍රිකයන්ගේ පූර්ව පුරුෂයා ඔහු තමයි. ඔය විදිහට පින්වත් අම්බට්ඨ, ඔබගේ මව්පියවරුන් අයත් පැරණි නම්ගොත් සිහිකරද්දී ශාක්‍යයන්මයි ඔබගේ ආර්ය (ස්වාමි) පුත්‍රයන් වන්නේ. ඔබ ශාක්‍යයන්ගේ දාසියෙකුගේ පුතෙක්.

18. මෙසේ වදාළ විට ඒ තරුණයන් භාග්‍යවතුන් වහන්සේට මෙය කියා සිටියා. "භවත් ගෞතමයන් වහන්ස, අම්බට්ඨ මාණවකයාව අතිශයින්ම දැඩි විදිහට දාසිපුත්‍රවාදයෙන් නොපිරිහෙලත්වා! භවත් ගෞතමයන් වහන්ස, අම්බට්ඨ මාණවකයා සුජාත උපතක් ලද කෙනෙක්. අම්බට්ඨ මාණවකයා කුල පුත්‍රයෙක්. අම්බට්ඨ මාණවකයා බහුශ්‍රැතයි. අම්බට්ඨ මාණවකයා කල්‍යාණ වූ වචන කතාබහ කරන කෙනෙක්. අම්බට්ඨ මාණවකයා පණ්ඩිතයි. අම්බට්ඨ මාණවකයා භවත් ගෞතමයන් වහන්සේ සමඟ මේ වචනය පිළිබඳව පිළිතුරු සපයන්නට පොහොසත්" කියලා.

19. එවිට භාග්‍යවතුන් වහන්සේ ඒ මාණවකයන් අමතා වදාළා. "පින්වත් තරුණයිනි, ඉදින් ඔබට මේ විදිහට හිතෙනවා නම්, ඒ කියන්නේ අම්බට්ඨ මාණවකයා ලාමක උපතක් ලද කෙනෙක්. අම්බට්ඨ මාණවකයා අකුල පුත්‍රයෙක්. අම්බට්ඨ මාණවකයා අල්පශ්‍රැතයෙක්. අම්බට්ඨ මාණවකයා අකල්‍යාණ වාක්කරණ ඇති කෙනෙක්. අම්බට්ඨ මාණවකයා දුෂ්ප්‍රාඥ කෙනෙක්. අම්බට්ඨ මාණවකයා ශ්‍රමණ ගෞතමයන් සමඟ මේ වචනය පිළිබඳව ප්‍රත්‍යුත්තර දෙන්නට නොපොහොසත් කෙනෙක්" කියලා අම්බට්ඨ මාණවකයා සිටීවා. ඔබ මා සමඟ මේ වචනය පිළිබඳව පිළිතුරු සපයන්න. ඉදින් ඔබට මෙහෙම හිතෙනවා නම්, ඒ කියන්නේ "අම්බට්ඨ මාණවකයා සුජාත උපතක් ලද කෙනෙක්. අම්බට්ඨ මාණවකයා කුල පුත්‍රයෙක්. අම්බට්ඨ මාණවකයා බහුශ්‍රැතයි. අම්බට්ඨ මාණවකයා කල්‍යාණ වූ වචන කතාබහ කරන කෙනෙක්. අම්බට්ඨ මාණවකයා පණ්ඩිතයි. අම්බට්ඨ මාණවකයා ශ්‍රමණ ගෞතමයන් වහන්සේ සමඟ මේ වචනය පිළිබඳව පිළිතුරු සපයන්නට පොහොසත් කියලා, ඔබ සිටිත්වා. අම්බට්ඨ මාණවකයාම මා සමඟ මේ වචනය පිළිබඳ ව පිළිතුරු කතාබස් කරාවා."

20. "භවත් ගෞතමයන් වහන්ස, අම්බට්ඨ මාණවකයා සුජාත උපතක් ලද කෙනෙක්. අම්බට්ඨ මාණවකයා කුල පුත්‍රයෙක්. අම්බට්ඨ මාණවකයා බහුශ්‍රැතයි. අම්බට්ඨ මාණවකාය කල්‍යාණ වූ වචන කතාබහ කරන කෙනෙක්. අම්බට්ඨ මාණවකයා පණ්ඩිතයි. අම්බට්ඨ මාණවකයා භවත් ගෞතමයන් වහන්සේ සමඟ මේ වචනය පිළිබඳව පිළිතුරු සපයන්නට පොහොසත්. අපි නිශ්ශබ්ද වෙන්නම්. අම්බට්ඨ මාණවකයා භවත් ගෞතමයන් සමඟ මේ වචනය ගැන පිළිතුරු කතාබහ කරාවා."

21. එතකොට භාග්‍යවතුන් වහන්සේ අම්බට්ඨ මාණවකයා හට මෙකරුණ වදාළා. "පින්වත් අම්බට්ඨය, මේ කරුණු සහිතව, පිළිතුරු දිය යුතු ප්‍රශ්නයක් ඔබ වෙත එනවා. අකමැත්තෙන් වුනත් විසඳිය යුතුයි. ඉදින් ඔබ එය විසඳන්නේ නැත්නම්, වෙන වෙන කරුණුවලින් ඒක වහලා දානවා නම්, නිශ්ශබ්දව හෝ සිටිනවා නම්, පැනලා දුවනවා නම්, ඔබගේ හිස මෙහිදීම සත්කඩකට පැලී යාවි. පින්වත් අම්බට්ඨ, මේ ගැන ඔබ කුමක්ද සිතන්නේ? වැඩිමහළු ආචාර්ය ප්‍රාචාර්ය වූ බ්‍රාහ්මණයන් කියන්නා වූ දෙය ඔබ අහලා තියෙන්නේ කොහොමද? කණ්හායන ගෝත්‍රිකයන්ගේ ආරම්භය ඇතිවුනේ කවුරුන්ගෙන්ද? කණ්හායන ගෝත්‍රිකයන්ගේ පූර්ව පුරුෂයා කවුද?"

මෙසේ වදාළ විට අම්බට්ඨ මාණවකයා නිශ්ශබ්ද වුනා. දෙවෙනි වතාවේදීත් භාග්‍යවතුන් වහන්සේ අම්බට්ඨ මාණවකයා හට මෙකරුණ වදාළා.

"පින්වත් අම්බට්ඨ, මේ ගැන ඔබ කුමක්ද සිතන්නේ? වැඩිමහළු ආචාර්ය ප්‍රාචාර්ය වූ බ්‍රාහ්මණයන් කියන්නා වූ දෙය ඔබ අහලා තියෙන්නේ කොහොමද? කණ්හායන ගෝත්‍රිකයන්ගේ ආරම්භය ඇතිවුනේ කවුරුන්ගෙන්ද? කණ්හායන ගෝත්‍රිකයන්ගේ පූර්ව පුරුෂයා කවුද?" දෙවන වතාවටත් අම්බට්ඨ මාණවකයා නිශ්ශබ්ද වුණා.

එතකොට භාග්‍යවතුන් වහන්සේ අම්බට්ඨ මාණවකයාට මෙය වදාළා. "පින්වත් අම්බට්ඨයෙනි, දැන් උත්තර දෙන්න. දැන් ඔබට නිශ්ශබ්දව සිටින්නට කාලය නොවේ. පින්වත් අම්බට්ඨ, තථාගතයන් වහන්සේ විසින් යමෙකුගෙන් තුන්වරක් දක්වා කරුණු සහිතව ප්‍රශ්නයක් විමසන විට පිළිතුරු නොදෙන්නේ නම්, ඔහුගේ හිස එතැනදීම සත්කඩකට පැලී යාවි."

22. ඒ වෙලාවේදී වජ්‍රපාණී යක්ෂයා ගිනිගෙන දිළිසෙන, ගිනිදැල් සහිත මහත් යගදාවක් අතින් ගෙන අම්බට්ඨ මාණවකයාට උඩින් අහසේ හිටියා. ඒ ඉදින් මේ අම්බට්ඨ මාණවකයා තුන්වරක් දක්වා භාග්‍යවතුන් වහන්සේ කරුණු සහිතව ප්‍රශ්නයක් විමසද්දී පිළිතුරු නොදෙන්නේ නම්, මෙහිම මොහුගේ හිස සත්කඩකට පලා දමනවා කියලා. ඒ වජ්‍රපාණී යක්ෂයාව පෙනෙන්නේ භාග්‍යවතුන් වහන්සේටත්, අම්බට්ඨ මාණවකයාටත් විතරයි.

23. එතකොට අම්බට්ඨ මාණවකයා භය වුනා. සංවේග වුනා. ඇගේ මවිල් කෙළින් වුනා. භාග්‍යවතුන් වහන්සේවම රැකවරණය කොට සෙව්වා. භාග්‍යවතුන් වහන්සේවම ආරක්ෂාව කොට සෙව්වා. භාග්‍යවතුන් වහන්සේවම පිළිසරණ කොට සෙව්වා. භාග්‍යවතුන් වහන්සේ ළඟින්ම හිඳගෙන මෙහෙම කිව්වා. "භවත් ගෞතමයන් වහන්ස, මට ඒ කුමක්ද පැවසුවේ? භවත් ගෞතමයන් වහන්සේ ආයෙමත් එය පවසත්වා" කියලා.

"පින්වත් අම්බට්ඨ, මේ ගැන ඔබ කුමක්ද සිතන්නේ? වැඩිමහළු ආචාර්ය ප්‍රාචාර්ය වූ බ්‍රාහ්මණයන් කියන්නා වූ දෙය ඔබ අහලා තියෙන්නේ කොහොමද? කණ්හායන ගෝත්‍රිකයන්ගේ ආරම්භය ඇතිවුනේ කවුරුන්ගෙන්ද? කණ්හායන ගෝත්‍රිකයන්ගේ පූර්ව පුරුෂයා කවුද?"

"භවත් ගෞතමයෙනි, භවත් ගෞතමයන් යම් ආකාරයකින් පැවසුවාහුද ඔය ආකාරයෙන් තමයි මා අසලා තියෙන්නේ. ඔහුගෙන් තමයි කණ්හායන ගෝත්‍රිකයන්ගේ පටන් ගැනීම වෙලා තියෙන්නේ. ඔහු තමයි කණ්හායන ගෝත්‍රිකයන්ගේ පූර්ව පුරුෂයා."

එසේ කී විට ඒ තරුණයන් මහ හඬින්, උස් හඬින් කෑ ගසන්නට පටන්ගත්තා. "භවත්නි, අම්බට්ඨ මාණවකයා දුර්ජාතයිලු. භවත්නි, අම්බට්ඨ

මාණවකයා අකුල පුත්‍රයෙක්ලු. භවත්නි, අම්බට්ඨ මාණවකයා ශාක්‍යයන්ගේ දාසි පුත්‍රයෙක්ලු. භවත්නි, ශාක්‍යයන් අම්බට්ඨ මාණවකයාගේ ස්වාමි පුත්‍රයන්ලු. අපි ධර්මවාදී වූ ශ්‍රමණ ගෞතමයන් වහන්සේ ගැරහිය යුතු කොටයි සිතුවේ" කියලා.

25. එතකොට භාග්‍යවතුන් වහන්සේට මෙහෙම හිතුනා. "මේ තරුණයන් අම්බට්ඨ මාණවකයා හට දාසිපුත්‍රවාදයෙන් අතිශයින්ම දැඩි විදිහට පිරිහෙලා කතා කරනවා. මං මොහුව ඒකෙන් නිදහස් කරවන්ට ඕන." ඉතින් භාග්‍යවතුන් වහන්සේ ඒ මාණවකයන් හට මෙසේ වදාළා. "පින්වත් තරුණයෙනි, අම්බට්ඨ මාණවකයා හට දාසිපුත්‍රවාදයෙන් ඔතරම් දැඩිලෙස පිරිහෙළා කතා නොකරත්වා. ඒ කණ්හ ඍෂිවරයා උදාර වූ කෙනෙක් ඔහු දක්ෂිණ ජනපදයට ගිහින් බ්‍රහ්මමන්ත්‍ර හොඳින් ඉගෙන ගත්තා. ඔක්කාක රජතුමා ළඟට පැමිණුනා. පැමිණිලා මට්ඨරූපී නම් රාජ දියණිය ඉල්ලුවා. එතකොට ඔක්කාක රජතුමා "එම්බල, මාගේ දාසි පුත්‍රයෙක්ව ඉඳගෙනත් මට්ඨරූපී දියණිය මගෙන් ඉල්ලන්ට කවුද මූ?" කියලා කිපිලා, නොසතුටු සිතින් (ඔහුව විද මැරීම පිණිස) ඊතලය දුන්නෙහි පිහිටෙව්වා. නමුත් රජතුමාට ඒ ඊතලය දුන්නෙන් අත්හරින්නට බැරිවුනා. ඇදගන්නටත් බැරිවුනා.

එතකොට පින්වත් තරුණයිනි, ඇමති පිරිස කණ්හ ඍෂිවරයා ළඟට ගිහින් මෙහෙම කිව්වා. "පින්වතුන් වහන්ස, රජතුමාට සෙතක් වේවා. පින්වතුන් වහන්ස, රජතුමාට සෙතක් වේවා" කියලා.

"රජතුමාට සෙතක් වේවි, නමුත් යම් හෙයකින් රජතුමා ඔය ඊතලය යට දිසාවට මුදාහළොත්, රජුගේ රට යම්තාක්ද ඒතාක්ම පොළොව විනාශ වෙලා යාවි."

"පින්වතුන් වහන්ස, රජතුමාට සෙතක් වේවා. රටටත් සෙතක් වේවා."

"රජතුමාට සෙතක් වේවි, රටටත් සෙතක් වේවි, නමුත් යම් විදිහකින් රජතුමා ඔය ඊතලය උඩ දිසාවට මුදාහළොත්, රජුගේ විජිතය යම්තාක්ද ඒතාක් ප්‍රදේශයට සත් අවුරුද්දක්ම වැසි වසින එකක් නෑ."

"පින්වතුන් වහන්ස, රජතුමාට සෙතක් වේවා. රටටත් සෙතක් වේවා. වැස්සද වසීවා."

"රජතුමාට සෙතක් වේවි, රටටත් සෙතක් වේවි, වැස්සත් වසීවි, නමුත් රජතුමා ඔය ඊතලය දෙටු කුමාරයා කෙරෙහි පිහිටුවාවා. එතකොට කුමාරයාට සෙතක් වේවි. ලොමුඩහ ගැනීම් පමණක්වත් ඇති නොවේවි."

එතකොට පින්වත් තරුණයෙනි, ඇමැතිවරුන් ඔක්කාක රජ්ජුරුවන්ට මෙහෙම කිව්වා. "දේවයන් වහන්ස, දෙටු කුමරා කෙරෙහි ඔය ඊතලය පිහිටුවාවා. කුමාරයට කරදරයක් වෙන්නේ නෑ. කුමාරයාට ලොමුඩහ ගැනුම් පමණක්වත් වෙන්නේ නෑ." ඉතින් ඔක්කාක රජතුමා දෙටු කුමරා කෙරෙහි ඊතලය පිහිටෙව්වා. (ඒ දෙසට මුදාහැරියා) කුමාරයාට කරදරයක් වුනේ නෑ. ලොමුඩහගැනීම් ඇතිවුනේ නෑ.

එතකොට ඔක්කාක රජතුමා භය වුනා. සංවේග වුනා. මවිල් කෙළින් වුණා. බ්‍රහ්මදණ්ඩයෙන් තරවටු කරණු ලැබුවා. ඔහුට මට්ඨරූපී දියණිය දුන්නා. පින්වත් තරුණයිනි, ඔය අම්බට්ඨ මාණවකයා දාසපුත්‍රවාදයෙන් දැඩි විදිහට පිරිහෙළන්න එපා. ඒ කණ්හ ඍෂිවරයා උදාර වූ කෙනෙක්."

26. ඉතින් භාග්‍යවතුන් වහන්සේ අම්බට්ඨ මාණවකයා අමතා වදාළා. "පින්වත් අම්බට්ඨ, මේ ගැන ඔබ කුමක්ද හිතන්නේ? මෙහි ක්ෂත්‍රිය කුමාරයෙක් බ්‍රාහ්මණ දියණියක් සමඟ එකට වාසය කරනවා නම්, ඔවුන්ගේ එකට වාසය කිරීමෙන් දරුවෙක් ලැබෙනවා නම්, ඒ ක්ෂත්‍රිය කුමරයා නිසා බ්‍රාහ්මණ දියණියට උපන් දරුවා බ්‍රාහ්මණ සමාජය තුළ අසුනෙන් සැළකීමත්, සංග්‍රහයෙන් සැළකීමත් ලබනවාද?" "භවත් ගෞතමයෙනි, ලැබෙනවා." "එතකොට බ්‍රාහ්මණයන් මළවුන් උදෙසා දෙන දානයේදීත්, මංගල්‍ය දානයේදීත්, යාග දානයේදීත්, ආගන්තුක දානයේදීත්, ඔහුට දන්පැන් දෙනවාද?" "භවත් ගෞතමයෙනි, ඔහු වළඳවනවාමයි." "ඒ වගේම බ්‍රාහ්මණයන් ඔහුට වේද මන්ත්‍රයන් පාඩම් කරවනවාද? නැද්ද?" "භවත් ගෞතමයෙනි, පාඩම් කරවනවාමයි." "බමුණු දූරියන් හා විවාහ වීම වළක්වනවාද? නොවළක්වනවාද?" "භවත් ගෞතමයෙනි, නොවළක්වනවාමයි." "එසේ නමුත්, ක්ෂත්‍රියවරුන් ඒ දරුවාව ක්ෂත්‍රිය අභිෂේකයෙන් ඔටුනු පළන්දනවාද?" "භවත් ගෞතමයෙනි, මෙය නොවේමය." "ඒකට හේතුව කුමක්ද?" "භවත් ගෞතමයෙනි, මව් පාර්ශවයෙන් ඔහු නිසිතැනට පැමිණ නෑ."

27. "පින්වත් අම්බට්ඨ, මේ ගැන ඔබ කුමක්ද හිතන්නේ? මෙහි බ්‍රාහ්මණ කුමාරයෙක් ක්ෂත්‍රිය දියණියක් සමඟ එකට වාසය කරනවා නම්, ඔවුන්ගේ එකට වාසය කිරීමෙන් දරුවෙක් ලැබෙනවා නම්, ඒ බ්‍රාහ්මණ කුමරයා නිසා ක්ෂත්‍රිය දියණියට උපන් දරුවා බ්‍රාහ්මණ සමාජය තුළ අසුනෙන් සැළකීමත්, සංග්‍රහයෙන් සැළකීමත් ලබනවාද?" "භවත් ගෞතමයෙනි, ලැබෙනවා."

"එතකොට බ්‍රාහ්මණයන් මළවුන් උදෙසා දෙන දානයේදීත්, මංගල්‍ය දානයේදීත්, යාග දානයේදීත්, ආගන්තුක දානයේදීත්, ඔහුට දන්පැන් දෙනවාද?" "භවත් ගෞතමයෙනි, ඔහු වළඳවනවාමයි."

"ඒ වගේම බ්‍රාහ්මණයන් ඔහුට වේද මන්ත්‍රයන් පාඩම් කරවනවාද? නැද්ද?" "භවත් ගෞතමයෙනි, පාඩම් කරවනවාමයි."

"බමුණු දූරියන් හා විවාහ වීම වළක්වනවාද? නොවළක්වනවාද?"

"භවත් ගෞතමයෙනි, නොවළක්වනවාමයි."

"එසේ නමුත්, ක්ෂත්‍රියවරුන් ඒ දරුවාව ක්ෂත්‍රිය අභිෂේකයෙන් ඔටුනු පළන්දනවාද?" "භවත් ගෞතමයෙනි, මෙය නොවේමය."

"ඒකට හේතුව කුමක්ද?" "භවත් ගෞතමයෙනි, පිය පාර්ශවයෙන් ඔහු නිසිතැනට පැමිණ නෑ."

28. මෙසේ පින්වත් අම්බට්ඨ, ස්ත්‍රියක හා තවත් ස්ත්‍රියක සැසඳුවත්, පුරුෂයෙකු හා තවත් පුරුෂයෙකු සැසඳුවත් ශ්‍රේෂ්ඨ වන්නේ ක්ෂත්‍රියයන්මයි. හීන වන්නේ බ්‍රාහ්මණයන්මයි. පින්වත් අම්බට්ඨ, මේ ගැන ඔබ කුමක්ද සිතන්නේ? මෙහි බ්‍රාහ්මණවරු කිසියම් වරදකට තවත් බමුණෙකුට හිස මුඩු කරවලා, හිසෙහි අළු තවරලා, රටෙන් හරි නගරයෙන් හරි පිටුවහල් කරනවා. එතකොට ඔහු බ්‍රාහ්මණ සමාජයේ ආසනයෙන් හෝ දන්පැන්වලින් හෝ සැළකිලි ලබනවාද?" "භවත් ගෞතමයෙනි, මෙය නොවේමයි."

"එතකොට බ්‍රාහ්මණයන් මළවුන් උදෙසා දෙන දානයේදීත්, මංගල්‍ය දානයේදීත්, යාග දානයේදීත්, ආගන්තුක දානයේදීත්, ඔහුට දන්පැන් දෙනවාද?" "භවත් ගෞතමයෙනි, මෙය නොවේමයි."

"ඒ වගේම බ්‍රාහ්මණයන් ඔහුට වේද මන්ත්‍රයන් පාඩම් කරවනවාද? නැද්ද?" "භවත් ගෞතමයෙනි, මෙය නොවේමයි."

"බමුණු දූරියන් හා විවාහ වීම වළක්වනවාද? නොවළක්වනවාද?"

"භවත් ගෞතමයෙනි, වළක්වනවාමයි."

29. "පින්වත් අම්බට්ඨ, මේ ගැන ඔබ කුමක්ද සිතන්නේ? මෙහි ක්ෂත්‍රියවරු කිසියම් වරදකට තවත් ක්ෂත්‍රියෙකුට හිස මුඩු කරවලා, හිසෙහි අළු තවරලා, රටෙන් හරි නගරයෙන් හරි පිටුවහල් කරනවා. එතකොට ඔහු බ්‍රාහ්මණ සමාජයේ ආසනයෙන් හෝ දන්පැන්වලින් හෝ සැළකිලි ලබනවාද?" "භවත් ගෞතමයෙනි, ලැබෙනවා."

"එතකොට බ්‍රාහ්මණයන් මළවුන් උදෙසා දෙන දානයේදීත්, මංගල්‍ය දානයේදීත්, යාග දානයේදීත්, ආගන්තුක දානයේදීත්, ඔහුට දන්පැන් දෙනවාද?" "භවත් ගෞතමයෙනි, ඔහු වළඳවනවාමයි."

"ඒ වගේම බ්‍රාහ්මණයන් ඔහුට වේද මන්ත්‍රයන් පාඩම් කරවනවාද? නැද්ද?" "භවත් ගෞතමයෙනි, පාඩම් කරවනවාමයි."

"බමුණු දූරියන් හා විවාහ වීම වළක්වනවාද? නොවළක්වනවාද?" "භවත් ගෞතමයෙනි, නොවළක්වනවාමයි."

පින්වත් අම්බට්ඨ, මෙපමණකින්ම ක්ෂත්‍රියයා අතිශයින්ම නිහීනබවට පත්වෙනවා. ඒ කියන්නේ ක්ෂත්‍රියවරුන් ඔහුව හිස මුඩු කරවලා, හිසෙහි අළු තවරලා, රටෙන් හරි නගරයෙන් හරි පිටුවහල් කරනවා. අම්බට්ඨ, ඔය විදිහට යම් කලෙක ක්ෂත්‍රියයා අතිශයින්ම නිහීන බවට පත්වෙලා හිටියත් එවේලේදීත් ක්ෂත්‍රියයාමයි ශ්‍රේෂ්ඨ වන්නේ. බ්‍රාහ්මණයන් හීනයි.

30. අම්බට්ඨය, සනංකුමාර බ්‍රහ්මයා විසිනුත් මේ ගැන ගාථාවක් පවසලා තියෙනවා.

ගෝත්‍ර පිළිවෙල අනුව සිය පරපුර අතීතයට යොමු කොට විමසා බැලුවොත් ජනයා අතර ශ්‍රේෂ්ඨ වන්නේ ක්ෂත්‍රියයාමයි. යමෙක් විජ්ජාචරණ දෙකෙන් (අවබෝධය හා ඊට අනුව හැසිරීම) යුක්ත නම්, ඔහු තමයි දෙව් මිනිසුන් අතර ශ්‍රේෂ්ඨ වන්නේ.

පින්වත් අම්බට්ඨ, සනංකුමාර බ්‍රහ්මයා විසින් ඔය ගාථාව මැනැවින්ම පවසන ලද දෙයක්. නොමනා ලෙස කියූ ගාථාවක් නොවේ. සුභාෂිත දෙයක්. දුර්භාෂිතයක් නොවේ. අර්ථ සහිත වූ දෙයක්. අනර්ථ සහිත දෙයක් නොවේ. මා විසින් අනුමත කරලා තියෙන්නේ. අම්බට්ඨය, මමත් ඒ විදිහට තමයි පවසන්නේ.

ගෝත්‍ර පිළිවෙල අනුව සිය පරපුර අතීතයට යොමු කොට විමසා බැලුවොත් ජනයා අතර ශ්‍රේෂ්ඨ වන්නේ ක්ෂත්‍රියයාමයි. යමෙක් විජ්ජාචරණ දෙකෙන් (අවබෝධය හා ඊට අනුව හැසිරීම) යුක්ත නම්, ඔහු තමයි දෙව් මිනිසුන් අතර ශ්‍රේෂ්ඨ වන්නේ.

පළමුවෙනි බණවරයි.

31. "භවත් ගෞතමයෙනි, ඒ චරණ කියන්නේ මොකක්ද? ඒ විද්‍යාව කියන්නේ මොකක්ද?" "පින්වත් අම්බට්ඨ, අනුත්තර වූ විජ්ජාචරණ සම්පත්තියෙහිදී 'නුඹ මට සුදුසුයි' කියලා හෝ 'නුඹ මට නුසුදුසුයි' කියලා හෝ ජාතිවාදය කතා කරන්නේ නෑ. ගෝත්‍රවාදය කතා කරන්නේ නෑ. මැනීම් වාදය කතා කරන්නේ නෑ. නමුත් පින්වත් අම්බට්ඨ, යම් තැනක ආවාහයක්

වෙනවාද, විවාහයක් වෙනවාද, ආවාහවිවාහයක් වෙනවාද අන්න එතැනදී නම් 'නුඹ මට සුදුසුයි' කියලා හෝ 'නුඹ මට නුසුදුසුයි' කියලා හෝ කතා කරනවාද, ඒකටයි ජාතිවාදය කියන්නේ. ඒකට තමයි ගෝත්‍රවාදය කියන්නේ. ඒකට තමයි මැනීම්වාදය කියන්නේ. පින්වත් අම්බට්ඨ, යම්කිසි කෙනෙක් ජාතිවාදයට බැඳිලා ගිහින් හෝ ගෝත්‍රවාදයට බැඳිලා ගිහින් හෝ මැනීම් වාදයකට බැඳිලා ගිහින් හෝ ආවාහවිවාහයකට බැඳිලා ගිහින් හෝ ඉන්නවාද, ඔවුන් අනුත්තර වූ විජ්ජාචරණ සම්පත්තියෙන් දුරුවෙලාමයි ඉන්නේ. පින්වත් අම්බට්ඨ, ජාතිවාදයට ඇති බැඳීමත්, ගෝත්‍රවාදයට ඇති බැඳීමත්, මැනීම්වාදයට ඇති බැඳීමත්, ආවාහවිවාහයට ඇති බැඳීමත් අත්හැරලා තමයි අනුත්තර වූ විජ්ජාචරණ සම්පත්තියෙහි සාක්ෂාත් කිරීම තියෙන්නේ.

32. "භවත් ගෞතමයෙනි, ඒ චරණ කියන්නේ මොකක්ද? ඒ විද්‍යාව කියන්නේ මොකක්ද?" "පින්වත් අම්බට්ඨ, මෙහි අරහත් වූ සම්මාසම්බුද්ධ වූ විජ්ජාචරණසම්පන්න වූ සුගත වූ ලෝකවිදූ වූ අනුත්තර පුරිසදම්ම සාරථී වූ, සත්ථා දේවමනුස්සානං වූ, බුද්ධ වූ, භගවා වූ තථාගතයන් වහන්සේ ලෝකයෙහි උපත ලබනවා. උන්වහන්සේ දෙවියන් සහිත වූ, මරුන් සහිත වූ, බඹුන් සහිත වූ, ශ්‍රමණ බමුණන් සහිත වූ දෙව් මිනිස් ප්‍රජාවෙන් යුතු මේ ලෝකය තමා විසින් උපදවා ගත් විශිෂ්ට ඥාණයෙන් සාක්ෂාත් කරලා ලෝකයට කියා දෙනවා. උන්වහන්සේ දහම් දෙසනවා. ආරම්භය කල්‍යාණ වූත්, මැද කල්‍යාණ වූත්, අවසානය කල්‍යාණ වූත්, අර්ථ සහිත වූත්, පැහැදිලි ප්‍රකාශනවලින් යුතු වූත්, මුළුමණින්ම පිරිපුන් පිරිසිදු බඹසර ප්‍රකාශ කරනවා.

33. එතකොට ගෘහපතියෙක් වේවා, ගෘහපති පුත්‍රයෙක් වේවා කවර හෝ කුලයක උපන් කෙනෙක් වේවා ඒ ධර්මය අසනවා. ඔහු ඒ ධර්මය අසලා තථාගතයන් වහන්සේ කෙරෙහි ශ්‍රද්ධාව උපදවා ගන්නවා. ඉතින් ඔහු ඒ ශ්‍රද්ධාලාභයෙන් යුක්ත වෙලා මේ විදිහට නුවණින් කල්පනා කරනවා. "ගිහි ගෙදර වාසය කිරීම හරිම කරදරයක්. කෙලෙස් වැඩෙන මාවතක්. නමුත් පැවිදි ජීවිතය ආකාසය වගේ. ගිහි ගෙදර වාසය කරමින් මුළුමණින්ම පිරිපුන්, මුළුමණින්ම පිරිසිදු, සුදෝසුදු බඹසර වසනවා යන කරුණ ලෙහෙසි එකක් නොවේ. ඒ නිසා මං කෙස් රැවුල් බාලා, කසාවත් පොරොවා ගෙන ගිහි ගෙයින් නික්ම පැවිද්දට ඇතුළත් වෙන එක තමයි හොඳ" කියලා.

ඔහු පස්සේ කාලෙක ස්වල්ප වූ භෝග සම්පත් අත්හරිනවා. මහත් වූ භෝග සම්පත් අත්හරිනවා. ස්වල්ප වූ නෑදෑයන් අත්හරිනවා. මහත් වූ නෑදෑයන් අත්හරිනවා. කෙස් රැවුල් බාලා, කසාවත් පොරොවා ගෙන ගිහි

ගෙයින් නික්ම පැවිදි ජීවිතයට පත්වෙනවා. ඔහු ඔය විදිහට පැවිද්දෙක් වෙලා ප්‍රාතිමෝක්ෂ සංවර සීලයෙන් (පැවිද්දෙක් විසින් රැකගත යුතු නිවනට උපකාරී වන උතුම් සිල්පදවලින්) සංවරව ඉන්නවා. යහපත් ඇවැතුම් පැවැතුම්වලින් යුතු වෙනවා. අණුමාත්‍ර වූ වරදෙහි පවා භය දකිනවා. ශික්ෂාපදවල සමාදන්ව හික්මෙනවා. කුසල්සහගත කායකර්මයෙන් හා වචීකර්මයෙන් යුතු වෙනවා. පිරිසිදු ආජීවයෙන් යුතු වෙනවා. සිල්වත් වෙනවා. අකුසලයෙන් වැළකූ දොරටු ඇතුව ඉන්නවා. නුවණින් සළකා ආහාර ගන්නවා. සිහිනුවණින් යුතුව ඉන්නවා. ලද දෙයින් සතුටුව ඉන්නවා.

34. පින්වත් අම්බට්ඨ, භික්ෂුව සීලයෙන් යුක්ත වන්නේ කොහොමද? පින්වත් අම්බට්ඨ, මෙහි භික්ෂුව සතුන් මැරීම අත්හැර දාලා සතුන් මැරීමෙන් වැළකී ඉන්නවා. දඬු මුගුරු අත්හැර දාලා, අවි ආයුධ බැහැර කරලා, පවට ලැජ්ජා ඇතිව ඉන්නවා. සතුන් කෙරෙහි දයාවන්ත වෙනවා, සියලු ප්‍රාණීන් කෙරෙහි හිතානුකම්පීව වාසය කරනවා. මෙයත් ඔහුගේ සීලයට අයත් දෙයකි.

නුදුන් දේ ගැනීම අත්හැරලා නුදුන් දේ ගැනීමෙන් වැළකී ඉන්නවා. දුන් දේ පමණක් පිළිගන්නවා. දුන් දේ පමණක් පිළිගනු කැමති වෙනවා. සොර රහිත සිතින් යුතු වූ පිරිසිදු සිතින් යුතු වූ ජීවිතයකින් වාසය කරනවා. මෙයත් ඔහුගේ සීලයට අයත් දෙයකි.

අබ්‍රහ්මචාරී බව අත්හැරලා බ්‍රහ්මචාරීව ඉන්නවා. ලාමක දෙයක් වූ මෛථුන සේවනයෙන් වැළකී එය දුරින්ම දුරුකර දමනවා. මෙයත් ඔහුගේ සීලයට අයත් දෙයකි.

බොරු කීම අත්හැරලා, බොරු කීමෙන් වැළකී ඉන්නවා. සත්‍යය කතා කරනවා. ඇත්තෙන් ඇත්ත ගලපනවා. ස්ථිරව පිහිටලා කතාකරනවා. පිළිගත හැකි දේ කතා කරනවා. ලෝකයාව රවටන්නේ නෑ. මෙයත් ඔහුගේ සීලයට අයත් දෙයකි.

කේලාම් කීම අත්හැරලා කේලාම් කීමෙන් වැළකී ඉන්නවා. මෙතැනින් අහලා මේ අය බිඳවන්නට අතන කියන්නේ නෑ. අතනින් අහලා ඒ උදවිය බිඳවන්නට මෙතැන කියන්නේ නෑ. මේ අයුරින් බිඳුණු උදවිය සමගි කරවනවා. සමගි වූවන්ට අනුබල දෙනවා. සමගි වූවන් හා වාසයට කැමතියි. සමගි වූවන් හා එක්ව වසනවා. සමගි වූවන් සමඟ සතුටු වෙනවා. සාමය උදෙසා සාමකාමී වචන කතා කරනවා. මෙයත් ඔහුගේ සීලයට අයත් දෙයකි.

පරුෂ වචනය අත්හැරලා පරුෂ වචනයෙන් වැළකී ඉන්නවා. යම් වචනයක් දොස් රහිත නම්, කණට සැප නම්, ආදරවන්ත නම්, හෘදයාංගම නම්, ශිෂ්ට සම්පන්න නම්, බොහෝ ජනයා කැමති නම්, බොහෝ ජනයාට ප්‍රියමනාප නම් එබඳු වූ වචන පවසනවා. මෙයත් ඔහුගේ සීලයට අයත් දෙයකි.

තේරුමක් නැති කතා බහ අත්හැරලා තේරුමක් නැති කතා කීමෙන් වැළකී සිටිනවා. කල් යල් බලා කතා කරනවා. ඇත්ත කතා කරනවා. අර්ථවත් දෙය කතා කරනවා. ධර්මයම කතා කරනවා. විනයම කතා කරනවා. සිත්හි ලා දරාගැනීමට සුදුසු, වෙලාවට ගැලපෙන උපදේශ සහිත වූ, මදිපාඩුකම් නොතබා, ප්‍රමාණවත් පරිදි, දෙලොව යහපත පිණිස වූ දේ පවසනවා. මෙයත් ඔහුගේ සීලයට අයත් දෙයකි.

35. පැළවෙන බීජ හා පැළ වුණ ගස් කොළන් විනාශ කිරීමෙන් වැළකී ඉන්නවා. එක් වරුවේ බොජුන් වළඳනවා. රාත්‍රී ආහාරයෙන් වැළකී විකාල භෝජනයෙන් වැළකී ඉන්නවා. නැටුම්, ගැයුම්, වැයුම් හා විසූක දර්ශනයන් නැරඹීමෙන් වැළකී ඉන්නවා. මල් සුවඳ විලවුන් දැරීමෙන්ද ඇඟපත සැරසීමෙන්ද විසිතුරු වස්ත්‍රාභරණයෙන් සැරසීමෙන්ද වැළකී ඉන්නවා. ප්‍රමාණය ඉක්ම වූ උස් ආසනද, වටිනා සුඛෝපභෝගී ආසනද පරිහරණයෙන් වැළකී ඉන්නවා. රන් රිදී මිල මුදල් පිළිගැනීමෙන් වැළකී ඉන්නවා. අමු ධාන්‍ය පිළිගැනීමෙන් වැළකී ඉන්නවා. අමු මස් පිළිගැනීමෙන් වැළකී ඉන්නවා. ස්ත්‍රීන්, කුමරියන් පිළිගැනීමෙන් වැළකී ඉන්නවා. දාසි දස්සන් පිළිගැනීමෙන් වැළකී ඉන්නවා. එළුබැටළුවන් පිළිගැනීමෙන් වැළකී ඉන්නවා. කුකුළන්, ඌරන් පිළිගැනීමෙන් වැළකී ඉන්නවා. ඇතුන්, ගවයන්, අසුන්, වෙළඹුන් පිළිගැනීමෙන් වැළකී ඉන්නවා. කෙත් වතු පිළිගැනීමෙන් වැළකී ඉන්නවා. ගිහි කටයුතු සඳහා දූත මෙහෙවර කිරීමෙන් වැළකී ඉන්නවා. වෙළ හෙළඳාම් කිරීමෙන් වැළකී ඉන්නවා. තරාදියෙන් රැවටීම, නොවටිනා දෙයින් රැවටීම, මිනුමෙන් රැවටීම යන මෙයින් වැළකී ඉන්නවා. අල්ලස් ගෙන හිමිකරුවන්ගේ දේ අහිමි කිරීම, වංචා කිරීම, බාල දේ වටිනා දේ හැටියට පෙන්වීම ආදී නොයෙක් වංචනික දෙයින් වැළකී ඉන්නවා. අත්පා කැපීම්, මැරීම්, බන්ධන කිරීම්, මං පැහැරගැනීම්, ගම් පැහැර ගැනීම් ආදී සැහැසි දෙයින් වැළකී සිටිනවා. මෙයත් ඔහුගේ සීලයට අයත් දෙයකි.

36. ඒ වගේම ඇතැම් භවත් ශ්‍රමණ බ්‍රාහ්මණයන් ඉන්නවා. ඔවුන් ශ්‍රද්ධාවෙන් දුන් දන් අනුභව කරලා මේ විදිහේ පැළවෙන දේ හා ගස් කොළන් ආදිය වනසමින් ඉන්නවා. ඒ කියන්නේ මුලින් පැළවෙන දේවල්, කඳින් පැළවෙන දේවල්, පුරුකින් පැළවෙන දේවල්, දල්ලෙන් පැළවෙන දේවල්, පස්වෙනුවට

බිජුවටින් පැළවෙන දේවල් යන ආදිය වනසමින් ඉන්නවා. ගස් කොළන් සිඳලීම් ආදී මෙවැනි දේවල්වලිනුත් මෙවැනි වෙනත් දේවල්වලිනුත් වැළකී ඉන්නවා. මෙයත් ඔහුගේ සීලයට අයත් දෙයකි.

37. ඒ වගේම ඇතැම් භවත් ශ්‍රමණ බ්‍රාහ්මණයන් ඉන්නවා. ඔවුන් ශ්‍රද්ධාවෙන් දුන් දන් අනුභව කරලා මේ ආකාර වූ දේ රැස්කරගෙන පරිභෝග කරමින් වාසය කරනවා. ඒ කියන්නේ කෑම වර්ග රැස්කරලා තියාගන්නවා. බීම වර්ග රැස්කරලා තියාගන්නවා. වස්ත්‍ර රැස්කරලා තියාගන්නවා. යාන වාහන රැස්කරලා තියාගන්නවා. ඇඳ පුටු මේස රැස්කරලා තියාගන්නවා. සුවඳ වර්ග රැස්කරලා තියාගන්නවා. තවත් ආමිස රැස්කරලා තියාගන්නවා. මෙවැනි හෝ මෙවැනි වෙනත් දේවල් හෝ රැස්කරගෙන පරිහරණය කිරීමෙන් වැළකී ඉන්නවා. මෙයත් ඔහුගේ සීලයට අයත් දෙයකි.

38. ඒ වගේම ඇතැම් භවත් ශ්‍රමණ බ්‍රාහ්මණයන් ඉන්නවා. ඔවුන් ශ්‍රද්ධාවෙන් දුන් දන් අනුභව කරලා මේ ආකාරයේ විසූක දර්ශනයන් නැරඹීමෙහි යෙදිලා ඉන්නවා. ඒ කියන්නේ නැටුම්, ගැයුම්, වැයුම්, නාටක, පැරණි කතා රඟදැක්වීම්, අත්තාල ගසා නැටීම්, වේතාල නැටීම්, බෙර වාදන කිරීම්, රඟමඩලෙහි දේවතාවන්ට පූජා පිණිස නැටීම්, උණ ගසින් කරන ක්‍රීඩා, මිනී ඇට මැද තබා වටකොට නැටීම්, ඇත් යුද බැලීම්, අශ්ව යුද බැලීම්, ගොන් පොර බැලීම්, එළු පොර බැලීම්, බැටළු පොර බැලීම්, කුකුළු පොර බැලීම්, වටු පොර බැලීම්, පොලු හරඹ බැලීම්, මිටි හරඹ බැලීම්, මල්ලව පොර බැලීම්, යුද සේනා බලන්නට යෑම, බලසෙන් ගණින තැන් බලන්නට යාම, බලසෙනඟ විසිරුවන තැන් බලන්නට යාම ආදී දේවල්වල යෙදෙමින් ඉන්නවා. මෙවැනි දේවල්වලිනුත්, මෙවැනි වෙනත් දේවල්වලින් යුතු විසූක දර්ශන නැරඹීම්වලින් වැළකී ඉන්නවා. මෙයත් ඔහුගේ සීලයට අයත් දෙයකි.

39. ඒ වගේම ඇතැම් භවත් ශ්‍රමණ බ්‍රාහ්මණයන් ඉන්නවා. ඔවුන් ශ්‍රද්ධාවෙන් දුන් දන් අනුභව කරලා තමාව ප්‍රමාදයට පත් කරවන මේ ආකාර වූ සූදු කෙළියෙන් කල් යවනවා. ඒ කියන්නේ හතරැස් කොටු අටකින් යුතුව කරන සූදුව, කොටු දහයකින් කරන සූදුව, අහසේ රූ අඳිමින් කරන සූදුව, කොටු පැනීමෙන් කරන සූදුව, සන්තික නම් වූ සූදුව, දාදු කැටයෙන් කරන සූදුව, කල්ලි ගැසුම, බූරුවා ගැසීම, ගුළ කෙළිය, නළා පිඹීම, කරණම් ගැසීම, මුගුරක් ගෙන උඩ යට වැටෙන පරිදි උඩට ගැසීම, කොළවලින් කළ ගොටුවලින් තරඟෙට වැලි මැනීම, කුඩා රිය තරඟ, කුඩා දුනුවලින් විදීමේ තරඟ, අකුරු ලිවීමේ සෙල්ලම, සිතූ දේ කියන සෙල්ලම, විකලාංග අනුකරණයෙන් හිනැස්සීමේ

සෙල්ලම ආදී දේ කිරීමයි. මේ දෙයිනුත් මෙවැනි තවත් දේවල් ඇත්නම් එයිනුත්, වැළකී ප්‍රමාදයට පත්වන සූදුවෙන් වැළකී ඉන්නවා. මෙයත් ඔහුගේ සීලයට අයත් දෙයකි.

40. ඒ වගේම ඇතැම් භවත් ශ්‍රමණ බ්‍රාහ්මණයන් ඉන්නවා. ඔවුන් ශ්‍රද්ධාවෙන් දුන් දන් අනුභව කරලා මේ ආකාර වූ පමණ ඉක්මවා උස් වූ ආසනත්, වටිනා සුඛෝපභෝගී ආසනත් පරිහරණය කරනවා. ඒ කියන්නේ දිග හාන්සි පුටු, කවිච්චි, ලොකු පලස් යෙදූ ආසන, විසිතුරු ගෙත්තම් කළ එළු ලොම් ඇතිරිලි, සුදු එළු ලොමින් කළ ඇතිරිලි, මල් යෙදූ එළු ලොමින් කළ ඇතිරිලි, පුළුන් යෙදූ මෙට්ට, සත්ව රූපවලින් සැරසූ එළු ලොම් ඇතිරිලි, මුළුමණින්ම එළු ලොමින් කළ ඇතිරිලි, රන් නූලෙන් සැරසූ කලාල, පට නූලෙන් කළ කලාල, නාටිකාංගනාවන් ඒ මත නැටිය හැකි එළු ලොමින් කළ කලාල, ඇතුන් පිට යොදන ඇතිරිලි, අසුන් පිට යොදන ඇතිරිලි, රථවල යොදන ඇතිරිලි, අඳුන් දිවි සමෙන් කළ ඇතිරිලි, කදලි මුව සමින් කළ කලාල, හිස දෙපැත්තට රතු විල්ලුද කොට්ට තබා රතු උඩුවියන් බැඳ සැදූ වටිනා යහන් ආදිය පරිහරණය කරයි. මෙවැනි දෙයිනුත් මෙවැනි වෙන දේවල්වලිනුත් වැළකී උස් අසුන් මහා අසුන් පරිහරණයෙන් වැළකී ඉන්නවා. මෙයත් ඔහුගේ සීලයට අයත් දෙයකි.

41. ඒ වගේම ඇතැම් භවත් ශ්‍රමණ බ්‍රාහ්මණයන් ඉන්නවා. ඔවුන් ශ්‍රද්ධාවෙන් දුන් දන් අනුභව කරලා මේ ආකාරයෙන් ඇඟපත සැරසීමෙන් හා විසිතුරු වස්ත්‍රාභරණ පැළඳීමෙන් යුක්තව කල් ගෙවනවා. ඒ කියන්නේ සුවඳ වර්ග ඇඟ තවරා සිරුර සිනිඳු කිරීම, තෙල් වර්ග ගා සම්බාහනය කොට සිරුර හැඩ කිරීම, සුවඳපැන් නෑම, උරහිස් ආදියෙහි මස් වැඩීමට මුගුරෙන් තැළීම, කැඩපතින් මුහුණ බලා සැරසීම, ඇස්වල අඳුන් ගෑම, මල් හා සුවඳ විලවුන් දැරීම, මුව සුවඳ කිරීම, මුව විලවුන් දැරීම, අත්වල ආභරණ දැමීම, හිසෙහි කුඩුම්බි දැරීම, විසිතුරු සැරයටි දැරීම, විසිතුරු බෙහෙත් නල දැරීම, විසිතුරු කඩු දැරීම, විසිතුරු කුඩ දැරීම, විසිතුරු පාවහන් දැරීම, නළල් පට දැරීම, මැණික් පැළඳීම, චාමර දැරීම, දිග වාටි ඇති සුදු වස්ත්‍ර දැරීම ආදියෙන් යුතුවෙයි. මෙවැනි දෙයිනුත්, මෙවැනි වෙන දේවල්වලිනුත් වැළකී ඇඟපත සැරසීම් හා විසිතුරු වස්ත්‍රාභරණ සැරසීමෙන් වැළකී ඉන්නවා. මෙයත් ඔහුගේ සීලයට අයත් දෙයකි.

42. ඒ වගේම ඇතැම් භවත් ශ්‍රමණ බ්‍රාහ්මණයන් ඉන්නවා. ඔවුන් ශ්‍රද්ධාවෙන් දුන් දන් අනුභව කරලා මෙබඳු වූ තිරිසන් කථාවල යෙදී වාසය කරනවා. ඒ කියන්නේ; රජවරුන් ගැන කථා, සොරුන් ගැන කථා, මහ ඇමතිවරුන් ගැන කථා, හමුදාවන් ගැන කථා, භය ඇතිවෙන දේවල් ගැන කථා, ආහාර වර්ග ගැන කථා, බොන දේවල් ගැන කථා, ඇඳුම් පැළඳුම් ගැන කථා, ඇඳ

පුටු ගැන කථා, මල් වර්ග ගැන කථා, සුවඳ වර්ග ගැන කථා, නෑදෑයන් ගැන කථා, යාන වාහන ගැන කථා, ගම්මාන ගැන කථා, නියම් ගම්මාන ගැන කථා, නගර ගැන කථා, රටවල් ගැන කථා, ස්ත්‍රීන් ගැන කථා, පුරුෂයින් ගැන කථා, කුමාරයින් ගැන කථා, කුමාරියන් ගැන කථා, ශූරයින් ගැන කථා, මංමාවත් ගැන කථා, වළං පොලේ දේවල් ගැන කථා, මියගිය උදවිය ගැන කථා, තව තව දේවල් ගැන කථා, ලෝකය ගැන කථා, සාගරය ගැන කථා, මෙහෙමයි වුණේ මෙහෙමයි නොවුණේ කියන දේ ගැන කතා කරකර ඉන්නවා, මෙවැනි දෙයිනුත්, මෙවැනි වෙන දේවල්වලිනුත් වැළකී මෙබඳු වූ තිරිසන් කථාවෙන් වැළකී ඉන්නවා. මෙයත් ඔහුගේ සීලයට අයත් දෙයකි.

43. ඒ වගේම ඇතැම් භවත් ශ්‍රමණ බ්‍රාහ්මණයන් ඉන්නවා. ඔවුන් ශ්‍රද්ධාවෙන් දුන් දන් අනුභව කරලා මේ ආකාරයෙන් එකිනෙකා අතර බැණ දොඩා ගන්නා කතාවෙන් යුතුවයි ඉන්නේ. ඒ කියන්නේ "නුඹ මේ ධර්ම විනය දන්නේ නෑ. මම තමයි මේ ධර්ම විනය දන්නේ, ආ ... එහෙමද එතකොට නුඹද මේ ධර්ම විනය දන්නේ? නුඹ ඉන්නේ මිථ්‍යා වැඩපිළිවෙලකයි. මම තමයි නියම වැඩ පිළිවෙල තුළ ඉන්නේ. මං කරුණු සහිතවයි කියන්නේ. නුඹේ කීම කරුණු රහිතයි. නුඹ කලින් කිවයුතු දේ පස්සේ කිව්වා. පස්සේ කිවයුතු දේ කලින් කිව්වා. නුඹ කලක් තිස්සේ කියපු දේ කණපිට පෙරළුනා. මා විසින් නුඹට වාද නංවලයි තියෙන්නේ. නුඹට නිග්‍රහ කරලයි තියෙන්නේ. වාදයෙන් නිදහස් වීමට මගක් හොයාගෙන පලයන්. පුළුවන් නම් ලිහාගනින්" යනාදිය කියමින් ආරවුල් හදාගන්නවා. මෙවැනි දෙයිනුත්, මෙවැනි වෙන දේවල්වලිනුත් වැළකී මෙබඳු වූ බැණ දොඩාගන්නා කතාවෙන් වැළකී ඉන්නවා. මෙයත් ඔහුගේ සීලයට අයත් දෙයකි.

44. ඒ වගේම ඇතැම් භවත් ශ්‍රමණ බ්‍රාහ්මණයන් ඉන්නවා. ඔවුන් ශ්‍රද්ධාවෙන් දුන් දන් අනුභව කරලා ගිහියන්ගේ පණිවිඩ පණත් ගෙන යන මෙබඳු වූ දූත මෙහෙවරෙහි යෙදෙනවා. ඒ කියන්නේ, "මෙහෙ යන්න, අසවල් තැනට එන්න, මේක (අපේ මේ පණිවිඩය) අරන් යන්න. අසවල් තැනට මේක අරන් යන්න" යනාදී රජුන්ගේ, රාජමහා ඇමැතිවරුන්ගේ, ක්ෂත්‍රියයන්ගේ, බ්‍රාහ්මණයන්ගේ, ගෘහපතියන්ගේ, කුමාරවරුන්ගේ, පණිවිඩ පණත් ගෙනියනවා. මෙවැනි දෙයිනුත් මෙවැනි වෙන දේවල්වලිනුත් වැළකී මෙබඳු වූ පණිවිඩ පණත් ගෙනයන ගිහියන්ගේ දූත මෙහෙවරෙන් වැළකී ඉන්නවා. මෙයත් ඔහුගේ සීලයට අයත් දෙයකි.

45. ඒ වගේම ඇතැම් භවත් ශ්‍රමණ බ්‍රාහ්මණයන් ඉන්නවා. ඔවුන් ශ්‍රද්ධාවෙන් දුන් දන් අනුභව කරලා කුහක (උඩින් වෙන ජීවිතයක් පෙන්වමින් යටින්

වෙනත් ජීවිතයක් ගෙවමින් නැති ගුණ පෙන්වා) ජීවිත ගෙවනවා. ලාභ සත්කාර ලැබෙන විදිහට (පුහු වර්ණනා කිරීම්, තොඳොල් කිරීම්, නැති ගුණ කීම් ආදී) චාටු බස් කියනවා. දායකයින් හට නොදී බැරි තත්වයට පත්වෙන ආකාරයේ නිමිති දක්වමින් කතා කරනවා. තමන්ට ලැබෙන විදිහට අනුන්ට ගරහනවා. ලාභයෙන් ලාභය හොයනවා. මෙවැනි දෙයිනුත් මෙවැනි වෙන දේවල්වලිනුත් වැළකී මෙබඳු වූ කුහක කමින් චාටුබස්වලින් වැළකී ඉන්නවා. මෙයත් ඔහුගේ සීලයට අයත් දෙයකි.

46. ඒ වගේම ඇතැම් භවත් ශ්‍රමණ බ්‍රාහ්මණයන් ඉන්නවා. ඔවුන් ශ්‍රද්ධාවෙන් දුන් දන් අනුභව කරලා මෙවැනි වූ තිරශ්චීන විද්‍යාවෙන් යුතුව මිථ්‍යා ආජීවයෙන් ජීවත්වෙනවා. ඒ කියන්නේ ශාරීරික අංග බලා ඵලාඵල කියනවා, නිමිති බලා ඵලාඵල කියනවා, උත්පාත බලා ඵලාඵල කියනවා, සිහින ඵලාඵල කියනවා, ශාරීරික ලක්ෂණ බලා ඵලාඵල කියනවා, මීයන් කෑ වස්ත්‍ර බලා ඵලාඵල කියනවා, ගිනි පූජා පවත්වනවා, හැන්දෙන් පූජා පවත්වනවා, ධාන්‍ය පොතුවලින් පූජා පවත්වනවා. කණ නම් සහලින් කළ පූජා පවත්වනවා, සහලින් පූජා පවත්වනවා, ගිතෙලින් පූජා පවත්වනවා, තල තෙලින් පූජා පවත්වනවා, විශේෂ කොට කරන පූජා පවත්වනවා, සතුන් මරා ලේ පුදා කරන පූජා පවත්වනවා, අංග විද්‍යාව, වාස්තු විද්‍යාව, දේශපාලන විද්‍යාව, වාසනාව උරගා බැලීමේ (ලොතරැයි) විද්‍යාව, භූත විද්‍යාව, පොළොව යට බිම් ගෙයක හිඳ මැතිරීමෙන් කරන (භූරි) විද්‍යාව, සර්ප විද්‍යාව, විෂ විද්‍යාව, වෘශ්චික විද්‍යාව, මූෂික විද්‍යාව, පක්ෂි විද්‍යාව, විශාල පක්ෂි විද්‍යාව, ඉදුණු දේ මුල් කොට අනාවැකි කියන විද්‍යාව, මතුරන ලද ඊතල විද ආරක්ෂා කරන විද්‍යාව, මෘග පක්ෂ යනාදී මිථ්‍යා ආජීවයෙන් ජීවත් වෙනවා. මෙවැනි දෙයිනුත්, මෙවැනි වෙන දේවල්වලිනුත් වැළකී මෙබඳු වූ තිරශ්චීන විද්‍යාවෙන් යුතු මිථ්‍යා ආජීවයෙන් වැළකී ඉන්නවා. මෙයත් ඔහුගේ සීලයට අයත් දෙයකි.

47. ඒ වගේම ඇතැම් භවත් ශ්‍රමණ බ්‍රාහ්මණයන් ඉන්නවා. ඔවුන් ශ්‍රද්ධාවෙන් දුන් දන් අනුභව කරලා මෙබඳු වූ තිරශ්චීන විද්‍යාවෙන් යුතුව මිථ්‍යා ආජීවයෙන් ජීවත් වෙනවා. ඒ කියන්නේ මැණික්වල සුභ අසුභ ලකුණු කීම, දඬුවල සුභ අසුභ ලකුණු කීම, වස්ත්‍රවල සුභ අසුභ ලකුණු කීම, කඩු ආදී සලකුණුවලින් සුභාසුභ කීම, ඊතල ආදී සලකුණුවලින් සුභාසුභ කීම, දුනු ආදී සලකුණුවලින් සුභාසුභ කීම, ආයුධ ආදී සලකුණුවලින් සුභාසුභ කීම, ස්ත්‍රීන්ගේ හැඩරුවින් සුභාසුභ ලකුණු කීම, පුරුෂයන්ගේ හැඩරුවින් සුභාසුභ ලකුණු කීම, දරුවන්ගේ හැඩරුවින් සුභාසුභ ලකුණු කීම, දූරියන්ගේ හැඩරුවින් සුභාසුභ ලකුණු කීම, දාසයන්ගේ හැඩරුවින් සුභාසුභ ලකුණු කීම, දාසියන්ගේ හැඩරුවින් සුභාසුභ

ලකුණු කීම, ඒ ඒ කටයුතු සඳහා තෝරා ගත යුතු ඇතුන්ගේ ලකුණු කීම, අසුන්ගේ ලකුණු කීම, ඔටුවන්ගේ ලකුණු කීම, වෘෂභයන්ගේ ලකුණු කීම, ගවයන්ගේ ලකුණු කීම, එළුවන්ගේ ලකුණු කීම, බැටළුවන්ගේ ලකුණු කීම, කුකුළු පොර ආදියට සුදුසු කුකුළන්ගේ ලකුණු කීම, වටුවන්ගේ ලකුණු කීම, සුහුනන් ඇඟ වැටීමේ සහ හඬනැගීමේ ඵලාඵල කීම, කනෙහි පළඳාගත් උපකරණවලින් ඵලාඵල කීම, කැස්බෑවන්ට මතුරා ඵලාඵල කීම, මුවන්ට මතුරා ඵලාඵල කීම ආදී තිරශ්චීන විද්‍යාවෙන් යුතු මිථ්‍යා ආජීවයෙන් කල් ගෙවනවා. මෙවැනි දෙයිනුත්, මෙවැනි වෙන දේවල්වලිනුත් වැළකී මෙබඳු වූ තිරශ්චීන විද්‍යාවෙන් යුතු මිථ්‍යා ආජීවයෙන් වැළකී ඉන්නවා. මෙයත් ඔහුගේ සීලයට අයත් දෙයකි.

48. ඒ වගේම ඇතැම් භවත් ශ්‍රමණ බ්‍රාහ්මණයන් ඉන්නවා. ඔවුන් ශ්‍රද්ධාවෙන් දුන් දන් අනුභව කරලා මෙබඳු වූත් තිරිසන් විද්‍යාවෙන් යුතුව මිථ්‍යා ආජීවයෙන් ජීවිකාව ගෙවනවා. ඒ කියන්නේ, 'අසවල් නැකතට රජතුමාගේ යුධ පිණිස නික්මීම වන්නේය. අසවල් නැකතින් ආපසු නුවරට ඇතුල්වීම සිදු කළ යුත්තේය. අසවල් නැකතින් රට ඇතුළේ සිට පිටත සතුරු රජුන් හමුවීමට රජුගේ ගමන කළ යුත්තේය. අසවල් නැකතින් පිටත සිටින රජවරු රට ඇතුළට පැමිණීම වන්නේය. අසවල් නැකතින් රට ඇතුලේ සිටින රජුගේ ඉවත්වීම සිදුවන්නේය. අසවල් නැකතින් රට ඇතුළේ සිටින රජුට ජය වන්නේය. අසවල් නැකතින් බාහිර රජුනට පරාජය වන්නේය. අසවල් නැකතින් බාහිර රජුන්ට ජය වන්නේය. අසවල් නැකතින් රට ඇතුළේ රජුට පරාජය වන්නේය' කියලා මොහුට ජය වෙනවා, මොහුට පරාජය වෙනවා ආදී වශයෙන් පවසමින් තිරිසන් විද්‍යාවෙන් යුතු මිථ්‍යා ආජීවයෙන් කල් ගෙවනවා. මෙවැනි දෙයිනුත්, මෙවැනි වෙන දේවල්වලිනුත් වැළකී මෙබඳු වූ තිරශ්චීන විද්‍යාවෙන් යුතු මිථ්‍යා ආජීවයෙන් වැළකී ඉන්නවා. මෙයත් ඔහුගේ සීලයට අයත් දෙයකි.

49. ඒ වගේම ඇතැම් භවත් ශ්‍රමණ බ්‍රාහ්මණයන් ඉන්නවා. ඔවුන් ශ්‍රද්ධාවෙන් දුන් දන් අනුභව කරලා මෙබඳු වූත් තිරිසන් විද්‍යාවෙන් යුතුව මිථ්‍යා ආජීවයෙන් ජීවිකාව ගෙවනවා. ඒ කියන්නේ, "අසවල් දින චන්ද්‍රග්‍රහණයක් සිදුවෙනවා. අසවල් දින සූර්යග්‍රහණයක් සිදුවෙනවා. අසවල් දින නැකත් ග්‍රහණයක් සිදුවෙනවා. අසවල් දින සඳ හිරුගේ නිසිමගින් යෑම සිදුවෙනවා. අසවල් දින සඳ හිරුගේ නොමගින් යෑම සිදුවෙනවා. අසවල් දින නැකත් තරුවල නිසි මගින් යෑම සිදුවෙනවා. අසවල් දින නැකත් තරුවල නොමගින් යෑම සිදුවෙනවා. අසවල් දින උල්කාපාත වැටෙනවා. අසවල් දින අසවල් දිශාවේ උෂ්ණත්වය වැඩිවෙනවා. අසවල් දින භූමිකම්පාවක් සිදුවෙනවා. අසවල් දින වැසි රහිතව

අහස ගුගුරනවා. හිරු සඳු හා නැකත්වල උදාව, බැසීම, කෙලෙසීම, පිරිසිදු වීම මේ මේ වෙලාවට සිදුවෙනවා. චන්ද්‍ර ග්‍රහණය ලෝකයට මෙවැනි ඵල විපාක ලබාදෙනවා. සූර්ය ග්‍රහණය ලෝකයට මෙවැනි ඵල විපාක ලබාදෙනවා. නැකත් ග්‍රහණය ලෝකයට මෙවැනි ඵල විපාක ලබාදෙනවා. හිරු සඳුගේ නිසි ගමන මෙවැනි ඵල විපාක ලබාදෙනවා. හිරු සඳුගේ නොමග යෑම මෙවැනි ඵල විපාක ලබාදෙනවා. උල්කාපාත වැටීම මෙවැනි ඵල විපාක ලබාදෙනවා. දිශා දාහය මෙවැනි ඵල විපාක ලබාදෙනවා. භූකම්පන මෙවැනි ඵල විපාක ලබාදෙනවා. වැසි නැතිව අහස ගිගිරීම මෙවැනි ඵල විපාක ලබාදෙනවා. හිරු සඳු හා නැකත්වල උදාව, බැසීම, කෙලෙසීම, පිරිසිදු වීම ලෝකයට මෙවැනි විපාක ලබාදෙනවා" කියලා තිරිසන් විද්‍යාවෙන් යුතුව මිථ්‍යා ආජීවයෙන් ජීවත් වෙනවා. මෙවැනි දෙයිනුත්, මෙවැනි වෙන දේවල්වලිනුත් වැළකී මෙබඳු වූ තිරශ්චීන විද්‍යාවෙන් යුතු මිථ්‍යා ආජීවයෙන් වැළකී ඉන්නවා. මෙයත් ඔහුගේ සීලයට අයත් දෙයකි.

50. ඒ වගේම ඇතැම් භවත් ශ්‍රමණ බ්‍රාහ්මණයන් ඉන්නවා. ඔවුන් ශ්‍රද්ධාවෙන් දුන් දන් අනුභව කරලා මෙබඳු වූත් තිරිසන් විද්‍යාවෙන් යුතුව මිථ්‍යා ආජීවයෙන් ජීවිකාව ගෙවනවා. ඒ කියන්නේ, 'මේ කාලයේදී වැස්ස වහිනවා. මේ කාලයේදී නියඟය ඇතිවෙනවා. මේ කාලයේදී ආහාරපානාදියෙන් සරුවෙනවා. මේ කාලයේදී දුර්භික්ෂය ඇතිවෙනවා. මේ කාලයේදී රට සරුවෙනවා. මේ කාලයේදී බිය සැක නැතිව ඉන්නවා. මේ කාලයේදී භය උපදිනවා. මේ කාලයේදී රෝග ඇතිවෙනවා. මේ කාලයේදී නීරෝග බව ඇතිවෙනවා' කියමින් ඵලා ඵල පැවසීමත් මුද්‍රා, ගණිත, සංඛ්‍යාන, කාව්‍ය ශාස්ත්‍ර, ලෝකායත ශාස්ත්‍ර ආදී තිරිසන් විද්‍යාවෙන් යුතුව මිථ්‍යා ආජීවයෙන් ජීවත් වෙනවා. මෙවැනි දෙයිනුත්, මෙවැනි වෙන දේවල්වලිනුත් වැළකී මෙබඳු වූ තිරශ්චීන විද්‍යාවෙන් යුතු මිථ්‍යා ආජීවයෙන් වැළකී ඉන්නවා. මෙයත් ඔහුගේ සීලයට අයත් දෙයකි.

51. ඒ වගේම ඇතැම් භවත් ශ්‍රමණ බ්‍රාහ්මණයන් ඉන්නවා. ඔවුන් ශ්‍රද්ධාවෙන් දුන් දන් අනුභව කරලා මෙබඳු වූත් තිරිසන් විද්‍යාවෙන් යුතුව මිථ්‍යා ආජීවයෙන් ජීවිකාව ගෙවනවා. ඒ කියන්නේ, විවාහයට නැකත් කීම, ආවාහයට නැකත් කීම, වෙන් වූ අඹු සැමියන් එක් කිරීමට නැකත් සෑදීම, එක් වූ අඹු සැමියන් වෙන් කිරීමට නැකත් සෑදීම, දීපු ණය එකතු කිරීමට නැකත් සෑදීම, මුදල් ණයට පොලියට දීමට නැකත් සෑදීම, දියුණු වීමට ගුරුකම් කිරීම, පාළුවී නැති වීමට ගුරුකම් කිරීම, දරුගැබ් රැකෙන්නට ගුරුකම් කිරීම, දිව අගුළු බැදෙන්නට ගුරුකම් කිරීම, හනු තද කරන්නට ගුරුකම් කිරීම, අත් පෙරලෙන්නට ගුරුකම් කිරීම, හනු සිරවෙන්නට ගුරුකම් කිරීම, කන් අගුළු වැටෙන්නට ගුරුකම් කිරීම,

කණ්ණාඩියෙන් භූතයන් කැඳවා ප්‍රශ්න විචාරීම, ගෑණු දරුවන් ලවා පේන කීම, දෙවියන් ලවා පේන කීම, සූර්ය වන්දනාව, මහ බඹු වන්දනාව, මන්ත්‍ර බලයෙන් කටින් ගිනිදැල් පිටකිරීම, මන්ත්‍ර බලෙන් ලක්ෂ්මී පූජා කිරීම යනාදී තිරිසන් විද්‍යාවෙන් යුතුව මිථ්‍යා ආජීවයෙන් ජීවත් වෙනවා. මෙවැනි දෙයිනුත්, මෙවැනි වෙන දේවල්වලිනුත් වැළකී මෙබඳු වූ තිරශ්චීන විද්‍යාවෙන් යුතු මිථ්‍යා ආජීවයෙන් වැළකී ඉන්නවා. මෙයත් ඔහුගේ සීලයට අයත් දෙයකි.

52. ඒ වගේම ඇතැම් භවත් ශ්‍රමණ බ්‍රාහ්මණයන් ඉන්නවා. ඔවුන් ශ්‍රද්ධාවෙන් දුන් දන් අනුභව කරලා මෙබඳු වූත් තිරිසන් විද්‍යාවෙන් යුතුව මිථ්‍යා ආජීවයෙන් ජීවිකාව ගෙවනවා. ඒ කියන්නේ, ශාන්ති කර්ම, බාර ඔප්පු කිරීම, පොළොව යට හිඳ මතුරා ගුරුකම් කිරීම, නපුංසකයා පිරිමියෙකු කිරීම, පිරිමියා නපුංසකයෙකු කිරීම, ගෙවල් තැනීමේ දිශාවන් පෙන්වා දීම, අලුතෙන් නිවාස තැනීමේදී පුද පූජා පැවැත්වීම, වතුර මතුරා මූණ සේදවීම, වතුර මතුරා නැහැවීම, ගිනිපිදීම, ලය විරේක කරවීම, බඩ විරේක කරවීම, වමනය කරවීම, වස්ති කරවීම, ශීර්ෂ විරේකය, කණට තෙල් පිඟීම, ඇස් වෙදකම, නස්න කිරීම, ඇස්වලට අඳුන් සෑදීම, ප්‍රතිඅංජන සෑදීම, ශල්‍යකර්ම කිරීම, ළදරු චිකිත්සාව, කාය චිකිත්සාව, වනවලට බෙහෙත් බැඳීම ආදී තිරිසන් විද්‍යාවෙන් යුතුව මිථ්‍යා ආජීවයෙන් ජීවත් වෙනවා. මෙවැනි දෙයිනුත්, මෙවැනි වෙන දේවල්වලිනුත් වැළකී මෙබඳු වූ තිරශ්චීන විද්‍යාවෙන් යුතු මිථ්‍යා ආජීවයෙන් වැළකී ඉන්නවා. මෙයත් ඔහුගේ සීලයට අයත් දෙයකි.

53. පින්වත් අම්බට්ඨ, ඒ භික්ෂුව වනාහී මේ අයුරින් සීලසම්පන්නව සිටින විට ඒ සීලසංවරය හේතු කොට ගෙන මොනම අයුරකින්වත් බියක් දකින්නේ නෑ. පින්වත් අම්බට්ඨ, ඒක මේ වගේ දෙයක්. ඔටුනු පළන් රජ කෙනෙක් ඉන්නවා. ඔහු සතුරන් පරදවලා බැහැර කරලයි ඉන්නේ. ඉතින් ඔහු සතුරන් හේතුවෙන් මොනම අයුරකින්වත් භයක් දකින්නේ නෑ. පින්වත් අම්බට්ඨ, භික්ෂුවත් ඔය විදිහමයි. මේ අයුරින් සීලසම්පන්නව සිටින විට ඒ සීලසංවරය හේතු කොට ගෙන මොනම අයුරකින්වත් බියක් දකින්නේ නෑ. ඔහු මේ ආර්ය වූ සීලස්කන්ධයෙන් සමන්විතව ආධ්‍යාත්මිකව නිවැරදි සැපයක් විඳිනවා. පින්වත් අම්බට්ඨ, ඔන්න ඔය විදිහටයි භික්ෂුව සීලසම්පන්න වන්නේ.

54. පින්වත් අම්බට්ඨ, භික්ෂුව අකුසලයන් වැළකූ ද්වාර ඇති ඉඳුරන් ඇතිව ඉන්නේ කොහොමද? පින්වත් අම්බට්ඨ, මෙහිලා භික්ෂුව ඇසින් රූප දැක නිමිති ගන්නේ නෑ. නිමිත්තක කොටසක්වත් ගන්නේ නෑ. යම් හෙයකින් ඇස නමැති ඉන්ද්‍රිය අසංවරව වසන කෙනෙකුට දැඩි ලෝභයත්, දොම්නසත්, පාපී

අකුසලත් ඇති වී අර්බුදයක් හටගන්නවා නම්, එහි සංවරය පිණිස පිළිපදිනවා. ඇස රැකගන්නවා. ඇස නැමැති ඉන්ද්‍රියේ සංවරයට පැමිණෙනවා. කනෙන් ශබ්දයක් අහලා ....(පෙ).... නාසයෙන් ගන්ධයක් ආඝ්‍රාණය කරලා ....(පෙ).... දිවෙන් රසයක් රස විඳලා ....(පෙ).... කයෙන් පහසක් ලබලා ....(පෙ).... මනසින් අරමුණක් දැනගෙන නිමිති ගන්නේ නෑ. නිමිත්තක කොටසක්වත් ගන්නේ නෑ. යම් හෙයකින් මනස නමැති ඉන්ද්‍රිය අසංවරව වසන කෙනෙකුට දැඩි ලෝභයත්, දොම්නසත්, පාපී අකුසලත් ඇති වී අර්බුදයක් හටගන්නවා නම්, එහි සංවරය පිණිස පිළිපදිනවා. මනස රැකගන්නවා. මනස නැමැති ඉන්ද්‍රියේ සංවරයට පැමිණෙනවා. ඔහු මේ ආර්ය වූ ඉන්ද්‍රිය සංවරයෙන් යුක්තව ආධ්‍යාත්මිකව පීඩා රහිතව සැපයක් විඳිනවා. පින්වත් අම්බට්ඨ, භික්ෂුව අකුසලයෙන් වැළැක් වූ දොරටු ඇති ඉන්ද්‍රියයන් තුළ ඉන්නේ ඔය විදිහටයි.

55. පින්වත් අම්බට්ඨ, භික්ෂුව සිහිනුවණින් යුතුව සිටින්නේ කොහොමද? පින්වත් අම්බට්ඨ, මෙහිලා භික්ෂුව ඉදිරියට යද්දීත්, ආපසු එද්දීත් එය කරන්නේ සිහි නුවණින්මයි. ඉදිරිය බලද්දී, වටපිට බලද්දී එය කරන්නෙත් සිහි නුවණින්මයි. අතපය හකුළද්දී, දිගහරිද්දී එය කරන්නෙත් සිහිනුවණින්මයි. දෙපට සිවුර, පාත්‍රය, අනෙක් සිවුරු ආදිය දරද්දී එය කරන්නෙත් සිහිනුවණින්මයි. වළඳද්දී, පානය කරද්දී, අනුභව කරද්දී, රස විඳිද්දී එය කරන්නෙත් සිහි නුවණින්මයි. වැසිකිළි කැසිකිළි යාමේදී එය කරන්නෙත් සිහි නුවණින්මයි. ගමන් කරද්දී, සිටගෙන සිටිද්දී, වාඩි වී සිටිද්දී, සැතපෙද්දී, නිදිවරද්දී, කතාබස් කරද්දී, නිහඬව සිටිද්දී එය කරන්නෙත් සිහි නුවණින්මයි. පින්වත් අම්බට්ඨ, භික්ෂුව සිහිනුවණින් යුතු වන්නේ ඔය ආකාරයටයි.

56. පින්වත් අම්බට්ඨ, භික්ෂුව ලද දෙයින් සතුටු වන්නේ කොහොමද? පින්වත් අම්බට්ඨ, මෙහිලා භික්ෂුව කය පරිහරණයට සෑහෙන සිවුරෙන්, කුසගිනි නිවෙන්නට සෑහෙන පිණ්ඩපාතයෙන් සතුටු වෙනවා. ඔහු යම් ම තැනකට පිටත් වෙනවා නම්, පාසිවුරු පමණක් අරගෙන යනවා. ඒක මේ වගේ දෙයක්. කුරුල්ලෙක් යම් ම තැනකට පියඹා යනවා නම්, පියාපත් බර පමණක් සහිතව පියඹනවා වගෙයි. පින්වත් අම්බට්ඨ, ඔය අයුරින්ම භික්ෂුව කය පරිහරණයට සෑහෙන සිවුරෙන්, කුසගිනි නිවෙන්ට සෑහෙන පිණ්ඩපාතයෙන් සතුටු වෙනවා. ඔහු යම් ම තැනකට පිටත් වෙනවා නම්, පාසිවුරු පමණක් අරගෙන යනවා. පින්වත් අම්බට්ඨ, භික්ෂුව ලද දෙයින් සතුටු වන්නේ ඔය විදිහටයි.

57. ඔහු මේ ආර්ය වූ සීලස්කන්ධයෙන් යුක්ත වෙලා, මේ ආර්ය වූ ඉන්ද්‍රිය සංවරයෙන් යුක්ත වෙලා, මේ ආර්ය වූ සිහිනුවණින් යුක්ත වෙලා, මේ ආර්ය වූ

ලද දෙයින් සතුටුවීමෙන් යුක්ත වෙලා හුදෙකලා සෙනසුනක වාසය කරනවා. ඒ කියන්නේ අරණ්‍යය, රුක්සෙවණ, පර්වතය, දිය ඇල්ල, ගිරිගුහාව, සොහොන, වනගැබ, ගස් කොළන් රහිත හිස් පිටිය, පිදුරු ගෙය ආදියයි. ඔහු පිණ්ඩපාතය වළඳා, දානයෙන් පසු (එවැනි තැනක) පළඟක් බැඳගෙන, කය ඍජු කරගෙන, භාවනා අරමුණෙහි සිහිය පිහිටුවාගෙන වාඩිවෙනවා.

58. ඔහු ජීවිතය නම් වූ ලෝකය ගැන ඇති විෂම ලෝභය දුරු කොට ඇලීම් රහිත වූ සිතින් වාසය කරනවා. විෂම ලෝභය කෙරෙන් සිත පිරිසිදු කරනවා. තරහ, වෛර ආදිය අත්හැර තරහ නැති සිතින් සියලු සතුන් කෙරෙහි හිතානුකම්පීව වාසය කරනවා. තරහ, වෛර ආදිය කෙරෙන් සිත පිරිසිදු කරනවා. නිදිමත, අලසකම අත්හැර නිදිමත, අලසකමින් බැහැරව ආලෝක සඤ්ඤාවෙන් යුතුව, සිහිනුවණ ඇතිව වාසය කරනවා. නිදිමත, අලසකම කෙරෙන් සිත පිරිසිදු කරනවා. සිතේ විසිරීමත්, පසුතැවීමත් බැහැර කොට නොකැළඹී ගිය සංසිඳුණු සිතින් වාසය කරනවා. සිතේ විසිරීම හා පසුතැවීම කෙරෙන් සිත පිරිසිදු කරනවා. සැකය දුරු කොට කුසල් දහම් ගැන 'කෙසේද? කෙසේද?' යනාදී සැකයෙන් එතෙරව වාසය කරනවා. සැකය කෙරෙන් සිත පිරිසිදු කරනවා.

59. පින්වත් අම්බට්ඨ, එය මෙවැනි දෙයක්. පුරුෂයෙක් ණයක් අරගෙන කර්මාන්තයක යොදවනවා. ඔහුගේ ඒ ව්‍යාපාරය සාර්ථක වෙනවා. එතකොට ඔහු යම් පරණ මුල් ණයක් ඇද්ද, එය සම්පූර්ණයෙන්ම ගෙවලා දානවා. එයින් පසු ඔහුට අඹුදරුවන් පෝෂණය පිණිස ලාභයක් ඉතිරිත් වෙනවා. එතකොට ඔහුට මෙහෙම හිතෙනවා. "මං කලින් ණයක් අරගෙනයි ව්‍යාපාරයක යෙදෙව්වේ. ඒ මගේ ව්‍යාපාරය සාර්ථක වුනා. ඒ මං යම් පරණ මුල් ණයක් ඇද්ද එය සම්පූර්ණයෙන්ම ගෙව්වා. අඹුදරුවන් පෝෂණයටත් මට ආදායම ඉතිරි වුනා" කියලා. ඒ හේතුවෙන් ඔහු මහත් සතුටක් ලබනවා. මහත් සොම්නසක් ලබනවා.

60. පින්වත් අම්බට්ඨ, ඒක මේ වගේ දෙයක්. පුරුෂයෙක් රෝගී වෙලා, දුකට පත්වෙලා, දැඩිසේ ගිලන්ව ඉන්නවා. ඔහුට බත් කෑමටවත් පිරියක් නෑ. ඔහුගේ ඇඟේ පතේ ප්‍රාණවත් ගතියක් නෑ. නමුත් පස්සෙ කාලෙක ඔහු ඒ රෝගයෙන් මිදුණා. ඔහුට දැන් බත් කෑමත් ප්‍රියයි. ඔහුගේ ඇඟපතත් ප්‍රාණවත්. එතකොට ඔහුට මෙහෙම හිතෙනවා. "මං ඉස්සර රෝගී වෙලා, දුකට පත්වෙලා, දැඩිසේ ගිලන්ව හිටියේ. මට බත් කෑමටවත් පිරියක් තිබුනේ නෑ. මගේ ඇඟේ පතේ ප්‍රාණවත් ගතියක් තිබුනේ නෑ. නමුත් දැන් මං ඒ රෝගයෙන් මිදුනා. මට දැන්

බත් කෑමත් ප්‍රියයි. මගේ ඇඟපතත් ප්‍රාණවත්" කියලා. ඒ හේතුවෙන් ඔහු මහත් සතුටක් ලබනවා. මහත් සොම්නසක් ලබනවා.

61. පින්වත් අම්බට්ඨ, ඒක මේ වගේ දෙයක්. පුරුෂයෙක් හිරගෙදරක බන්ධනයකට හසුවෙනවා. නමුත් ඔහු පස්සෙ කාලෙක තමන්ගේ ධනය වියදම් නොකොට සුවසේම ඒ බන්ධනාගාරයෙන් නිදහස් වෙනවා. ඔහුගේ සම්පත්වලින් කිසි වියදමක් යන්නේ නෑ. එතකොට ඔහුට මෙහෙම හිතෙනවා. "මං ඉස්සර හිරගෙදරක බන්ධනයකට අහු වුනා. නමුත් ඒ මං දැන් ධන වියදමකින් තොරව සුවසේම ඒ බන්ධනාගාරයෙන් නිදහස් වුනා. මගේ භෝග සම්පත්වලින් කිසිදෙයක් වියදම් වුනේ නෑ" කියලා. ඒ හේතුවෙන් ඔහු මහත් සතුටක් ලබනවා. මහත් සොම්නසක් ලබනවා.

62. පින්වත් අම්බට්ඨ, ඒක මේ වගේ දෙයක්. පුරුෂයෙක් තමාට සිතූ පරිදි ගත කරන්නට බැරි, අනුන්ට යටත් වෙලා වාසය කරන, තමා කැමැති පරිදි යා ගත නොහැකි, දාසයෙක් වෙලා හිටියා. ඔහු පස්සෙ කාලෙක ඒ දාසබවෙන් නිදහස් වුනා. තමාට සිතූ පරිදි ගත කරන, අනුන්ට යටත් නොවන, තමන් කැමැති පරිදි යා හැකි ජීවිතයක් ලැබුනා. එතකොට ඔහුට මෙහෙම හිතුනා. "මං ඉස්සර තමාට සිතූ පරිදි ගත කරන්නට බැරි, අනුන්ට යටත් වෙලා වාසය කරන, තමා කැමැති පරිදි යා ගත නොහැකි දාසයෙක් වෙලා හිටියා. ඒ මං දැන් ඒ දාසබවෙන් නිදහස් වෙලයි ඉන්නේ. මට සිතූ පරිදි ගත කරන, අනුන්ට යටත් නොවන, මං කැමැති පරිදි යා හැකි ජීවිතයක් ලැබිලා තියෙනවා" කියලා. ඒ හේතුවෙන් ඔහු මහත් සතුටක් ලබනවා. මහත් සොම්නසක් ලබනවා.

63. පින්වත් අම්බට්ඨ, ඒක මේ වගේ දෙයක්. පුරුෂයෙක් ධනය ඇතිව, භෝග සම්පත් ඇතිව, ආහාරපාන දුලභ වූ, බිය උවදුරු සහිත කාන්තාර ගමනකට පිවිසෙනවා. නමුත් ඔහු පසු කාලෙක ඒ කාන්තාරයෙන් එතෙර වෙනවා. සුවසේම ගමන අවසන් කොට බිය, උවදුරු නැති ආරක්ෂාව ඇති තැනකට පැමිණෙනවා. එතකොට ඔහුට මෙහෙම හිතෙනවා "මං කලින් ධනය ඇතිව, භෝග සම්පත් ඇතිව, ආහාරපාන දුලභ වූ, බිය උවදුරු සහිත කාන්තාර ගමනකට පිවිසුනා. නමුත් දැන් මා ඒ කාන්තාරයෙන් එතෙර වුනා. සුවසේම ගමන අවසන් කොට බිය, උවදුරු නැති ආරක්ෂාව ඇති තැනකට පැමිණුනා" කියලා. ඒ හේතුවෙන් ඔහු මහත් සතුටක් ලබනවා. මහත් සොම්නසක් ලබනවා.

පින්වත් අම්බට්ඨ, අන්න ඒ විදිහමයි. භික්ෂුවත් (කලින්) ණයක් ගත්තා වගේ, ලෙඩ වුනා වගේ, හිරේවිලංගුවේ වැටුනා වගේ, වහල්බවට පත්වුනා වගේ, නිරුදක කතරකට පැමිණුනා වගේ මේ පංච නීවරණයන් ප්‍රහාණය නොවී

තමා තුළ පවතින හැටි දකිනවා. නමුත් පින්වත් අම්බට්ඨ, ඒ ණය ගෙවා දමා ණය රහිත වුනා වගේ, රෝගයෙන් නිදහස් වෙලා නීරෝග වුනා වගේ, වියදම් නැතුව හිරෙන් නිදහස් වුනා වගේ, දාසබවෙන් නිදහස් වුනා වගේ, නිරුදක කතර ගෙවා ආරක්ෂා සහිත ක්ෂේම භූමියකට පැමිණුනා වගේ තමයි. පින්වත් අම්බට්ඨ, අන්න ඒ විදිහමයි භික්ෂුව තමා තුළ මේ පංච නීවරණයන් දුරුවී ඇති ආකාරයත් දකින්නේ.

64. ඔහුට මේ පංච නීවරණයන් තමා තුළ නැති බව දකිද්දී මහත් සතුටක් ඇතිවෙනවා. ඒ ප්‍රමුදිත වීම ඇති කෙනාට ප්‍රීතිය ඇතිවෙනවා. ප්‍රීති මනසක් ඇති කෙනාගේ කය සංසිඳෙනවා. සංසිඳුණු කයින් යුතුව සැපක් විඳිනවා. සැප ඇති කෙනාගේ සිත සමාධිමත් වෙනවා.

65. ඔහු කාමයන්ගෙන් වෙන්ව, අකුසලයන්ගෙන් වෙන්ව, විතර්ක සහිත වූ, විචාර සහිත වූ, විවේකයෙන් හටගත් ප්‍රීති සුඛය ඇති පළමුවෙනි ධ්‍යානය උපදවාගෙන වාසය කරනවා. ඔහු මේ කයම විවේකයෙන් හටගත් ප්‍රීති සුඛයෙන් හොඳට තෙත් කරනවා. මුළුමණින්ම තෙත් කරනවා. එයින් පුරවනවා. පිරිපුන්ව පුරවනවා. ඔහුගේ සියලු කයෙහි විවේකයෙන් හටගත් ප්‍රීති සුඛයෙන් ස්පර්ශ නොකළ කිසිතැනක් නෑ.

66. පින්වත් අම්බට්ඨ, ඒක මේ වගේ දෙයක්. (රජවරුන් ආදී පිරිස් නහවන) දක්ෂ නහවන්නෙක් හෝ නහවන කෙනෙකුගේ ගෝලයෙක් ඉන්නවා. ඔහු ලෝහ බඳුනක නානසුණු විසුරුවනවා. ඊට පස්සේ දිය ඉස ඉස පිඬු කරනවා. එතකොට ඒ නානසුණු පිඬට අර වතුර කාවදිනවා. හොඳින් තෙත් වෙනවා. ඒ නහන පිඬ ඇතුළත පිටත සෑම තැනම හොඳින් දිය පැතිරිලා තියෙනවා. පිටතට වැගිරෙන්නෙත් නෑ.

පින්වත් අම්බට්ඨ, ඔය විදිහමයි. භික්ෂුව මේ කයම විවේකයෙන් හටගත් ප්‍රීති සුඛයෙන් හොඳට තෙත් කරනවා. මුළුමණින්ම තෙත් කරනවා. එයින් පුරවනවා. පිරිපුන්ව පුරවනවා. ඔහුගේ සියලු කයෙහි විවේකයෙන් හටගත් ප්‍රීති සුඛයෙන් ස්පර්ශ නොකළ කිසිතැනක් නෑ. මේකත් ඔහුගේ ධර්මයේ හැසිරීමට අයත් දෙයක්.

67. පින්වත් අම්බට්ඨ, තවදුරටත් කියනවා නම් භික්ෂුව විතක්ක විචාරයන්ගේ සංසිඳීමෙන් ආධ්‍යාත්මිකව පැහැදීම ඇතිව සිතෙහි මනා එකඟ බවෙන් යුතුව විතර්ක රහිත, විචාර රහිත, සමාධියෙන් හටගත්, ප්‍රීති සුඛය ඇති දෙවෙනි ධ්‍යානය උපදවාගෙන වාසය කරනවා. ඔහු මේ කයම සමාධියෙන් හටගත් ප්‍රීති

සුඛයෙන් හොඳට තෙත් කරනවා. මුළුමණින්ම තෙත් කරනවා. එයින් පුරවනවා. පිරිපුන්ව පුරවනවා. ඔහුගේ සියලු කයෙහි සමාධියෙන් හටගත් ප්‍රීති සුඛයෙන් ස්පර්ශ නොකළ කිසිතැනක් නෑ.

68. පින්වත් අම්බට්ඨ, ඒක මේ වගේ දෙයක්. යට දිය උල්පත්වලින් වතුර ගලන ගැඹුරු විලක් තියෙනවා. හැබැයි ඒ විලට නැගෙනහිර පැත්තෙන් වතුර එන මගක් නෑ. දකුණු පැත්තෙන් වතුර එන මගක් නෑ. බටහිර පැත්තෙන් වතුර එන මගක් නෑ. උතුරු පැත්තෙන් වතුර එන මගක් නෑ. වැස්සත් කලින් කලට පිළිවෙලකට වහින්නේ නෑ. එතකොට ඒ විලෙන්ම සීතල දියදහරා උල්පත්වලින් උඩට මතු වෙවී ඒ විලම සීතල ජලයෙන් හොඳට තෙත් කරනවා. මුළුමණින්ම තෙත් කරනවා. වතුරෙන් පුරවනවා. හොඳින් පුරවනවා. ඒ මුළු විලේම සිහිල් ජලයෙන් පහස නොලැබූ කිසි තැනක් නෑ.

පින්වත් අම්බට්ඨ, ඔය විදිහමයි. භික්ෂුව මේ කයම සමාධියෙන් හටගත් ප්‍රීති සුඛයෙන් හොඳට තෙත් කරනවා. මුළුමණින්ම තෙත් කරනවා. එයින් පුරවනවා. පිරිපුන්ව පුරවනවා. ඔහුගේ සියලු කයෙහි සමාධියෙන් හටගත් ප්‍රීති සුඛයෙන් ස්පර්ශ නොකළ කිසිතැනක් නෑ. මේකත් ඔහුගේ ධර්මයේ හැසිරීමට අයත් දෙයක්.

69. පින්වත් අම්බට්ඨ, තවදුරටත් කියනවා නම් භික්ෂුව ප්‍රීතියටද නොඇලීමෙන් උපේක්ෂාවෙන් යුතුව වාසය කරනවා. සිහියෙන් නුවණින් යුතුව කයෙන් සැපයක්ද විඳිනවා. ආර්යයන් වහන්සේලා යම් ධ්‍යානයකට උපේක්ෂා සහගත සිහිය ඇති සැප විහරණය යැයි පවසනවාද, ඒ තුන්වෙනි ධ්‍යානයත් උපදවාගෙන වාසය කරනවා. ඔහු මේ කයම ප්‍රීති රහිත සුඛයෙන් හොඳට තෙත් කරනවා. මුළුමණින්ම තෙත් කරනවා. එයින් පුරවනවා. පිරිපුන්ව පුරවනවා. ඔහුගේ සියලු කයෙහි ප්‍රීති රහිත සුඛයෙන් ස්පර්ශ නොකළ කිසිතැනක් නෑ.

පින්වත් අම්බට්ඨ, ඒක මේ වගේ දෙයක්. මහනෙල් විලක හෝ රතු නෙළුම් විලක හෝ සුදු නෙළුම් විලක හෝ ඇතැම් මහනෙල් වේවා, රතු නෙළුම් වේවා, සුදු නෙළුම් වේවා ඒ නෙළුම් ජලයේමයි හටගන්නේ. ජලයේමයි වැඩෙන්නේ. නමුත් ජලයෙන් උඩට ඇවිත් නෑ. ජලය තුළම ගිලී වැඩෙනවා. එතකොට ඒ නෙළුම් අග දක්වාත්, මුල දක්වාත් සීතල දියෙන් හොඳට තෙත් වෙලා තියෙන්නේ. මුළුමණින්ම තෙත් වෙලා තියෙන්නේ. පිරිලා තියෙන්නේ. හැමතැනම පැතිරිලා තියෙන්නේ. ඒ සෑම මහනෙල්වල, රතු නෙළුම්වල, සුදු නෙළුම්වල සීතල දිය නොපැතුරුණු කිසි තැනක් නෑ.

පින්වත් අම්බට්ඨ, ඔය විදිහමයි. භික්ෂුව මේ කයම ප්‍රීති රහිත සුඛයෙන් හොඳට තෙත් කරනවා. මුළුමණින්ම තෙත් කරනවා. එයින් පුරවනවා. පිරිපුන්ව පුරවනවා. ඔහුගේ සියලු කයෙහි ප්‍රීති රහිත සුඛයෙන් ස්පර්ශ නොකළ කිසිතැනක් නෑ. මේකත් ඔහුගේ ධර්මයේ හැසිරීමට අයත් දෙයක්.

70. පින්වත් අම්බට්ඨ, නැවතත් කියනවා නම්, භික්ෂුව සැපයද ප්‍රහාණය කිරීමෙන්, දුකද ප්‍රහාණය කිරීමෙන් කලින්ම සොම්නස් දොම්නස් දෙක ඉක්ම යෑමෙන් දුක් සැප රහිත වූ පාරිශුද්ධ උපේක්ෂා සහගත සතිය ඇති සතරවෙනි ධ්‍යානය උපදවා ගෙන වාසය කරනවා. ඔහු මේ කයම පාරිශුද්ධ වූ ප්‍රභාශ්වර සිතින් පතුරුවා ගෙන වාඩි වී ඉන්නවා. ඔහුගේ සියලු කයෙහි පාරිශුද්ධ වූ ප්‍රභාශ්වර සිතින් ස්පර්ශ නොකළ කිසිතැනක් නෑ.

පින්වත් අම්බට්ඨ, ඒක මේ වගේ දෙයක්. සුදු වස්ත්‍රයකින් හිස සහිතව මුළු සිරුරම පොරොවාගෙන වාඩි වී සිටින කෙනෙක් ඉන්නවා. එතකොට ඔහුගේ මුළු කයෙහිම සුදු වස්ත්‍රයෙන් නොවැසුණු කිසි තැනක් නෑ. පින්වත් අම්බට්ඨ, අන්න ඒ වගේමයි භික්ෂුව මේ කයම පාරිශුද්ධ වූ ප්‍රභාශ්වර සිතින් පතුරුවා ගෙන වාඩි වී ඉන්නවා. ඔහුගේ සියලු කයෙහි පාරිශුද්ධ වූ ප්‍රභාශ්වර සිතින් ස්පර්ශ නොකළ කිසිතැනක් නෑ. මේකත් ඔහුගේ ධර්මයේ හැසිරීමට අයත් දෙයක්.

පින්වත් අම්බට්ඨය, චරණය යනු මෙයයි.

71. පින්වත් අම්බට්ඨ, තවදුරටත් කියනවා නම් භික්ෂුව ඔය අයුරින් සිත සමාධිමත් වූ විට සිත පිරිසිදු වූ විට, ප්‍රභාෂ්වර වූ විට, කෙලෙසුන්ගෙන් බාධා රහිත වූ විට, උපක්ලේශ බැහැර වූ විට, මෘදුබවට පත් වූ විට, කර්මණ්‍ය (ඕනෑම දෙයකට හැරවිය හැකි පරිදි සකස්) වූ විට, ස්ථිරව පිහිටි විට, අකම්පිතව පිහිටි විට, ඥාණදර්ශනය (නුවණින් අවබෝධ වීම) පිණිස සිත යොමු කරයි. ඒ දෙසටම නතු කරයි. එතකොට ඔහු මේ විදිහට දැනගන්නවා. "මාගේ මේ කය වනාහී සතර මහා භූතයන්ගෙන් හටගත්, මව්පියන් නිසා හටගත්, බත් ව්‍යංජන ආදියෙන් වැඩුන, අනිත්‍ය වූ, ඇතිල්ලීම් පිරිමැදීම්වලින් නඩත්තු කළ යුතු වූ, බිඳී වැනසී යන ස්වභාවයට අයත් වූ, රූපවත් (මහාභූත නම් වූ රූපයෙන් හැදුණු) දෙයක්. මාගේ මේ විඤ්ඤාණයද පවතින්නේ මේ සිරුරෙහිමයි. බැඳී තිබෙන්නේත් මෙහිමයි."

පින්වත් අම්බට්ඨ, ඒක මේ වගේ දෙයක්. වෛරෝඩි මාණික්‍යයක් තියෙනවා. හරි ලස්සනට පහළ වුණ දෙයක්. අටපට්ටම්. හොඳින් ඔපමට්ටම්. ඉතාමත් හොඳයි. ඉතාම ප්‍රසන්නයි. පිවිතුරුයි. මැණිකක තිබිය යුතු හැම

දෙයක්ම තියෙනවා. ඉතින් ඔය මැණික තුළ නිල් වේවා, රන්වන් වේවා, රතු වේවා, සුදු වේවා, පඬු පැහැ වේවා, නූලක් අමුණලා තියෙනවා. එතකොට ඇස් ඇති පුරුෂයෙක් මැණික අතට ගෙන හොඳින් විමසා බලනවා. "මේ වෛරෝඩි මැණික හරි ලස්සනට පහළ වුන දෙයක්. අටපට්ටම්. හොඳින් ඔපමට්ටම්. ඉතාමත් හොඳයි. ඉතාම ප්‍රසන්නයි. පිවිතුරුයි. මැණිකක තිබිය යුතු හැම දෙයක්ම තියෙනවා. මේ මැණික තුළ නිල් වේවා, රන්වන් වේවා, රතු වේවා, සුදු වේවා, පඬු පැහැ වේවා, නූලක් අමුණලා තියෙනවා" කියලා.

පින්වත් අම්බට්ඨ, අන්න ඒ විදිහමයි භික්ෂුව ඔය අයුරින් සිත සමාධිමත් වූ විට, සිත පිරිසිදු වූ විට, ප්‍රභාෂ්වර වූ විට කෙලෙසුන්ගෙන් බාධා රහිත වූ විට, උපක්ලේශ බැහැර වූ විට, මෘදුබවට පත් වූ විට, කර්මණ්‍ය (ඕනෑම දෙයකට හැරවිය හැකි පරිදි සකස්) වූ විට, ස්ථිරව පිහිටි විට, අකම්පිතව පිහිටි විට, ඥාණදර්ශනය (නුවණින් අවබෝධ වීම) පිණිස සිත යොමු කරයි. ඒ දෙසටම නතු කරයි. එතකොට ඔහු මේ විදිහට දැනගන්නවා. "මාගේ මේ කය වනාහී සතර මහා භූතයන්ගෙන් හටගත්, මව්පියන් නිසා හටගත්, බත් ව්‍යංජන ආදියෙන් වැඩුණ, අනිත්‍ය වූ, ඇතිල්ලීම්, පිරිමැදීම්වලින් නඩත්තු කළ යුතු වූ, බිඳී වැනසී යන ස්වභාවයට අයත් වූ, රූපවත් (මහාභූත නම් වූ රූපයෙන් හැදුණු) දෙයක්. මාගේ මේ විඥ්ඥාණයද පවතින්නේ මේ සිරුරෙහිමයි. බැඳී තිබෙන්නේත් මෙහිමයි" කියලා. මේකත් ඔහුගේ විද්‍යාවට (අවබෝධයට) අයත් දෙයක්.

72. ඔහු (ඒ භික්ෂුව) ඔය අයුරින් සිත සමාධිමත් වූ විට සිත පිරිසිදු වූ විට, ප්‍රභාෂ්වර වූ විට, කෙලෙසුන්ගෙන් බාධා රහිත වූ විට, උපක්ලේශ බැහැර වූ විට, මෘදුබවට පත් වූ විට, කර්මණ්‍ය (ඕනෑම දෙයකට හැරවිය හැකි පරිදි සකස්) වූ විට, ස්ථිරව පිහිටි විට, අකම්පිතව පිහිටි විට, මනෝමය කයක් විශේෂයෙන් මැවීම පිණිස සිත යොමු කරයි. ඒ දෙසටම නතු කරයි. ඉතින් ඔහු මේ කයෙන් වෙනත් වූ සියලු අඟපසඟ ඇති, නොපිරිහුණු ඉඳුරන් ඇති රූපී මනෝමය කයක් විශේෂ කොට මවනවා.

පින්වත් අම්බට්ඨ, ඒක මේ වගේ දෙයක්. පුරුෂයෙක් මුඤ්ජ තණ ගසෙන් තණ ගොබය ඇදලා ගන්නවා. එතකොට ඔහුට මෙහෙම හිතෙනවා. "මේ මුඤ්ජ තණ ගසයි, මේ තණ ගොබයයි. එතකොට මුඤ්ජ තණ ගස වෙන එකක්. තණ ගොබය වෙන එකක්. නමුත් මුඤ්ජ තණ ගසෙන්මයි තණ ගොබය ඇදලා ගත්තේ" කියලා. පින්වත් අම්බට්ඨ, ඒක මේ වගේ දෙයක්. පුරුෂයෙක් කොපුවෙන් කඩුවක් ඇදලා ගන්නවා. එතකොට ඔහුට මෙහෙම හිතෙනවා. "මේ කඩුව. මේ කොපුව. එතකොට කඩුව අනෙකක්, කොපුව අනෙකක්. නමුත් කොපුවෙන් තමයි කඩුව ඇදලා ගත්තේ" කියලා. පින්වත් අම්බට්ඨ, ඒක

මේ වගේ දෙයක්. පුරුෂයෙක් නයි පෙට්ටියෙන් නයෙකුව ඇදලා ගන්නවා. එතකොට ඔහුට මෙහෙම හිතෙනවා. "මේ තමයි නයා. මේක නයි පෙට්ටිය. එතකොට නයා අනෙකෙක්. නයි පෙට්ටිය අනෙකක්. නමුත් නයි පෙට්ටියෙන් තමයි නයාව ඇදලා ගත්තේ" කියලා. පින්වත් අම්බට්ඨ, අන්න ඒ විදිහමයි භික්ෂුව ඔය අයුරින් සිත සමාධිමත් වූ විට, සිත පිරිසිදු වූ විට, ප්‍රභාෂ්වර වූ විට, කෙලෙසුන්ගෙන් බාධා රහිත වූ විට, උපක්ලේශ බැහැර වූ විට, මෘදුබවට පත් වූ විට, කර්මණ්‍ය (ඕනෑම දෙයකට හැරවිය හැකි පරිදි සකස්) වූ විට, ස්ථිරව පිහිටි විට, මනෝමය කයක් විශේෂයෙන් මැවීම පිණිස සිත යොමු කරයි. ඒ දෙසටම නතු කරයි. ඉතින් ඔහු මේ කයෙන් වෙනත් වූ සියලු අඟපසඟ ඇති, නොපිරිහුණු ඉඳුරන් ඇති රූපී මනෝමය කයක් විශේෂ කොට මවනවා. මේකත් ඔහුගේ විද්‍යාවට (අවබෝධයට) අයත් දෙයක්.

73. ඔහු (ඒ භික්ෂුව) ඔය අයුරින් සිත සමාධිමත් වූ විට, සිත පිරිසිදු වූ විට, ප්‍රභාෂ්වර වූ විට, කෙලෙසුන්ගෙන් බාධා රහිත වූ විට, උපක්ලේශ බැහැර වූ විට, මෘදුබවට පත් වූ විට, කර්මණ්‍ය (ඕනෑම දෙයකට හැරවිය හැකි පරිදි සකස්) වූ විට, ස්ථිරව පිහිටි විට, අකම්පිතව පිහිටි විට, ඉර්ධි ප්‍රාතිහාර්ය පිණිස සිත මෙහෙයවයි. එයට සිත නතු කරයි. තනි කෙනෙක්ව ඉඳගෙන බොහෝ දෙනෙක් වශයෙන් පෙනී සිටිනවා. බොහෝ දෙනෙක් වශයෙන් ඉඳගෙන එක්කෙනෙක් වශයෙන් පෙනී සිටිනවා. පෙනෙන්න සළස්වනවා. නොපෙනී යනවා. බිත්තිය විනිවිද, ප්‍රාකාරය විනිවිද, පර්වතය විනිවිද කිසිවක් හා නොගැටී, අහසේ යන්නාක් මෙන් යනවා. ජලයේ වගේ පොළොවෙහි කිඳාබැසීමත්, උඩට මතුවීමත් කරනවා. පොළොව මතුපිට වගේ ජලය මත නොගිලී ඇවිද යනවා. අහසෙහි පියාසරන කුරුල්ලන් පරිද්දෙන් පළඟක් බැඳගෙන අහසේ යනවා. මේ සා මහත් ඉර්ධි ඇති, මහානුභාව ඇති හිරු සඳු පවා අතින් අල්ලනවා. පිරිමදිනවා. බඹලොව දක්වාම කයෙන් වශී කරගෙන ඉන්නවා.

පින්වත් අම්බට්ඨ, ඒක මේ වගේ දෙයක්. දක්ෂ කුඹල්කරුවෙක් හෝ කුඹල්කරුවෙකුගේ අතවැසියෙක් ඉන්නවා. ඔහු ඉතා හොඳින් සකස් කළ මැට්ටෙන් යම් ම ආකාරයේ භාජනයක් හදන්න කැමැති නම්, ඒ ඒ ආකාරයේ බඳුන් හදනවා. විශේෂයෙන් නිර්මාණය කරනවා.

පින්වත් අම්බට්ඨ, ඒක මේ වගේ දෙයක්. දක්ෂ ඇත්දත් කැටයම්කරුවෙක් හෝ ඇත්දත් කැටයම්කරුවෙකුගේ අතවැසියෙක් ඉන්නවා. ඔහු ඉතා හොඳින් සකස් කළ ඇත්දතක යම් ම ආකාරයේ ඇත් දළ කැටයමක් කරන්න කැමති නම්, ඒ ඒ ආකාරයේ ඇත්දළ කැටයම් හදනවා. විශේෂයෙන් නිර්මාණය කරනවා. පින්වත් අම්බට්ඨ, ඒක මේ වගේ දෙයක්. දක්ෂ රන් කැටයම්කරුවෙක් හෝ රන්

කැටයම්කරුවෙකුගේ අතවැසියෙක් ඉන්නවා. ඔහු ඉතා හොඳින් සකස් කළ රනක යම් ම ආකාරයේ රන් කැටයමක් කරන්න කැමති නම්, ඒ ඒ ආකාරයේ රන් කැටයම් හදනවා. විශේෂයෙන් නිර්මාණය කරනවා.

පින්වත් අම්බට්ඨ, අන්න ඒ විදිහමයි භික්ෂුව ඔය අයුරින් සිත සමාධිමත් වූ විට, සිත පිරිසිදු වූ විට, ප්‍රභාෂ්වර වූ විට, කෙලෙසුන්ගෙන් බාධා රහිත වූ විට, උපක්ලේශ බැහැර වූ විට, මෘදුබවට පත් වූ විට, කර්මණ්‍ය (ඕනෑම දෙයකට හැරවිය හැකි පරිදි සකස්) වූ විට, ස්ථිරව පිහිටි විට, ඉර්ධි ප්‍රාතිහාර්ය පිණිස සිත මෙහෙයවයි. එයට සිත නතු කරයි. තනි කෙනෙක්ව ඉඳගෙන බොහෝ දෙනෙක් වශයෙන් පෙනී සිටිනවා. බොහෝ දෙනෙක් වශයෙන් ඉඳගෙන එක්කෙනෙක් වශයෙන් පෙනී සිටිනවා. පෙනෙන්නට සළස්වනවා. නොපෙනී යනවා. බිත්තිය විනිවිද, ප්‍රාකාරය විනිවිද, පර්වතය විනිවිද කිසිවක් හා නොගැටී, අහසේ යන්නාක් මෙන් යනවා. ජලයේ වගේ පොළොවෙහි කිඳාබැසීමත්, උඩට මතුවීමත් කරනවා. පොළොව මතුපිට වගේ ජලය මත නොගිලී ඇවිද යනවා. අහසෙහි පියාසරන කුරුල්ලන් පරිද්දෙන් පළඟක් බැඳ ගෙන අහසේ යනවා. මේ සා මහත් ඉර්ධි ඇති, මහානුභාව ඇති හිරු සඳු පවා අතින් අල්ලනවා. පිරිමදිනවා. බඹලොව දක්වාම කයෙන් වශී කරගෙන ඉන්නවා. මේකත් ඔහුගේ විද්‍යාවට (අවබෝධයට) අයත් දෙයක්.

74. ඔහු (ඒ භික්ෂුව) ඔය අයුරින් සිත සමාධිමත් වූ විට සිත පිරිසිදු වූ විට, ප්‍රභාෂ්වර වූ විට, කෙලෙසුන්ගෙන් බාධා රහිත වූ විට, උපක්ලේශ බැහැර වූ විට, මෘදුබවට පත් වූ විට, කර්මණ්‍ය (ඕනෑම දෙයකට හැරවිය හැකි පරිදි සකස්) වූ විට, ස්ථිරව පිහිටි විට, අකම්පිතව පිහිටි විට, දිව්‍ය වූ ශ්‍රවණය පිණිස සිත යොමු කරනවා. එයට සිත නතු කරනවා. එතකොට ඔහු මිනිසුන්ගේ සවන් දීමේ හැකියාව ඉක්මවා ගිය පිරිසිදු වූ, දිව්‍ය වූ ශ්‍රවණයෙන් මානුෂික වූත්, දිව්‍ය වූත් දෙයාකාර වූ දුර ළඟ ශබ්දයන් අසනවා.

පින්වත් අම්බට්ඨ, ඒක මේ වගේ දෙයක්. දිගු ගමනකට පිළිපන් පුරුෂයෙක් ඉන්නවා. ඔහු බෙර හඬත්, මිහිඟු බෙර හඬත්, සක්, පනා බෙර, ගැට බෙර හඬත් අසනවා. එතකොට ඔහුට මෙහෙම හිතෙනවා. "මේක බෙර හඬක්, මේ තමයි මිහිඟු බෙර හඬ, මේක සක් හඬ, මේක පනා බෙර හඬ, මේක ගැට බෙර හඬ" කියලා.

පින්වත් අම්බට්ඨ, අන්න ඒ විදිහමයි භික්ෂුව ඔය අයුරින් සිත සමාධිමත් වූ විට, සිත පිරිසිදු වූ විට, ප්‍රභාෂ්වර වූ විට, කෙලෙසුන්ගෙන් බාධා රහිත වූ

විට, උපක්ලේශ බැහැර වූ විට, මෘදුබවට පත් වූ විට, කර්මණ්‍ය (ඕනෑම දෙයකට හැරවිය හැකි පරිදි සකස්) වූ විට, ස්ථිරව පිහිටි විට, දිව්‍ය වූ ශ්‍රවණය පිණිස සිත යොමු කරනවා. එයට සිත නතු කරනවා. එතකොට ඔහු මිනිසුන්ගේ සවන් දීමේ හැකියාව ඉක්මවා ගිය පිරිසිදු වූ, දිව්‍ය වූ ශ්‍රවණයෙන් මානුෂික වූත්, දිව්‍ය වූත් දෙයාකාර වූ දුර ළඟ ශබ්දයන් අසනවා. මේකත් ඔහුගේ විද්‍යාවට (අවබෝධයට) අයත් දෙයක්.

75. ඔහු (ඒ භික්ෂුව) ඔය අයුරින් සිත සමාධිමත් වූ විට, සිත පිරිසිදු වූ විට, ප්‍රභාෂ්වර වූ විට, කෙලෙසුන්ගෙන් බාධා රහිත වූ විට, උපක්ලේශ බැහැර වූ විට, මෘදුබවට පත් වූ විට, කර්මණ්‍ය (ඕනෑම දෙයකට හැරවිය හැකි පරිදි සකස්) වූ විට, ස්ථිරව පිහිටි විට, අකම්පිතව පිහිටි විට, අනුන්ගේ සිත් පිරිසිඳ දන්නා නුවණ පිණිස සිත යොමු කරයි. එයට සිත නතු කරයි. එතකොට ඔහු වෙනත් සත්වයන්ගේ, වෙනත් පුද්ගලයන්ගේ සිත තම සිතින් පිරිසිඳ දැනගන්නවා.

රාග සහිත සිත රාග සහිත සිතක් වශයෙන් දැනගන්නවා. රාග රහිත සිත වීතරාගී සිතක් වශයෙන් දැනගන්නවා. ද්වේෂ සහිත සිත ද්වේෂ සහිත සිතක් වශයෙන් දැනගන්නවා. ද්වේෂ රහිත සිත වීතදෝසී සිතක් වශයෙන් දැනගන්නවා. මෝහ සහිත සිත මෝහ සහිත සිතක් වශයෙන් දැනගන්නවා. මෝහ රහිත සිත වීතමෝහී සිතක් වශයෙන් දැනගන්නවා. හැකුළුණු සිත හැකිළුණු සිතක් වශයෙන් දැනගන්නවා. විසිරුණු සිත විසිරුණු සිතක් වශයෙන් දැනගන්නවා. සමාධිමත් සිත සමාධිමත් සිතක් වශයෙන් දැනගන්නවා. සමාධි රහිත සිත සමාධි රහිත සිතක් වශයෙන් දැනගන්නවා. නොදියුණු සිත නොදියුණු සිතක් වශයෙන් දැනගන්නවා. දියුණු සිත දියුණු සිතක් වශයෙන් දැනගන්නවා. එකඟ වෙන සිත එකඟ වෙන සිතක් වශයෙන් දැනගන්නවා. එකඟ නොවෙන සිත එකඟ නොවෙන සිතක් වශයෙන් දැනගන්නවා. කෙලෙසුන්ගෙන් මිදුණු සිත කෙලෙසුන්ගෙන් මිදුණු සිතක් වශයෙන් දැනගන්නවා. කෙලෙසුන්ගෙන් නොමිදුණු සිත කෙලෙසුන්ගෙන් නොමිදුණු සිතක් වශයෙන් දැනගන්නවා.

පින්වත් අම්බට්ඨ, ඒක මේ වගේ දෙයක්. ලස්සනට සැරසෙන්නට කැමති ස්ත්‍රියක් හෝ පුරුෂයෙක් හෝ දරුවෙක් හෝ තරුණයෙක් හෝ ඉන්නවා. ඔහු පිරිසිදු දීප්තිමත් කණ්ණාඩියක් ඉදිරියේ හෝ පැහැදිලි දිය ඇති බඳුනකින් හෝ තමන්ගේ මුව මඬල හොඳින් විමසා බලනවා. එතකොට දොස් ඇති තැන දොස් ඇති තැන වශයෙන් දැනගන්නවා. දොස් නැති තැන දොස් නැති තැන වශයෙන් දැනගන්නවා. පින්වත් අම්බට්ඨ, අන්න ඒ විදිහමයි. භික්ෂුව ඔය අයුරින් සිත සමාධිමත් වූ විට, සිත පිරිසිදු වූ විට, ප්‍රභාෂ්වර වූ විට, කෙලෙසුන්ගෙන් බාධා රහිත වූ විට, උපක්ලේශ බැහැර වූ විට, මෘදුබවට පත් වූ විට, කර්මණ්‍ය

(ඕනෑම දෙයකට හැරවිය හැකි පරිදි සකස්) වූ විට, ස්ථිරව පිහිටි විට, අනුන්ගේ සිත් පිරිසිඳ දන්නා නුවණ පිණිස සිත යොමු කරයි. එයට සිත නතු කරයි. එතකොට ඔහු වෙනත් සත්වයන්ගේ, වෙනත් පුද්ගලයන්ගේ සිත තම සිතින් පිරිසිඳ දැනගන්නවා.

රාග සහිත සිත රාග සහිත සිතක් වශයෙන් දැනගන්නවා. රාග රහිත සිත වීතරාගී සිතක් වශයෙන් දැනගන්නවා. ද්වේෂ සහිත සිත ද්වේෂ සහිත සිතක් වශයෙන් දැනගන්නවා. ද්වේෂ රහිත සිත වීතදෝසී සිතක් වශයෙන් දැනගන්නවා. මෝහ සහිත සිත මෝහ සහිත සිතක් වශයෙන් දැනගන්නවා. මෝහ රහිත සිත වීතමෝහී සිතක් වශයෙන් දැනගන්නවා. හැකුළුණු සිත හැකිළුණු සිතක් වශයෙන් දැනගන්නවා. විසිරුණු සිත විසිරුණු සිතක් වශයෙන් දැනගන්නවා. සමාධිමත් සිත සමාධිමත් සිතක් වශයෙන් දැනගන්නවා. සමාධි රහිත සිත සමාධි රහිත සිතක් වශයෙන් දැනගන්නවා. නොදියුණු සිත නොදියුණු සිතක් වශයෙන් දැනගන්නවා. දියුණු සිත දියුණු සිතක් වශයෙන් දැනගන්නවා. එකඟ වෙන සිත එකඟ වෙන සිතක් වශයෙන් දැනගන්නවා. එකඟ නොවෙන සිත එකඟ නොවෙන සිතක් වශයෙන් දැනගන්නවා. කෙලෙසුන්ගෙන් මිදුණු සිත කෙලෙසුන්ගෙන් මිදුණු සිතක් වශයෙන් දැනගන්නවා. කෙලෙසුන්ගෙන් නොමිදුණු සිත කෙලෙසුන්ගෙන් නොමිදුණු සිතක් වශයෙන් දැනගන්නවා. මේකත් ඔහුගේ විද්‍යාවට (අවබෝධයට) අයත් දෙයක්.

76. ඔහු (ඒ භික්ෂුව) ඔය අයුරින් සිත සමාධිමත් වූ විට සිත පිරිසිදු වූ විට, ප්‍රභාෂ්වර වූ විට කෙලෙසුන්ගෙන් බාධා රහිත වූ විට, උපක්ලේශ බැහැර වූ විට, මෘදුබවට පත් වූ විට, කර්මණ්‍ය (ඕනෑම දෙයකට හැරවිය හැකි පරිදි සකස්) වූ විට, ස්ථිරව පිහිටි විට, අකම්පිතව පිහිටි විට, කලින් ජීවිතය ගත කළ ආකාරය දන්නා නුවණ පිණිස සිත යොමු කරයි. එයට සිත නතු කරයි. ඉතින් ඔහු නොයෙක් ආකාරයෙන් කලින් ජීවිත ගෙවූ හැටි (ආපස්සට) සිහිකරනවා. ඒ කියන්නේ එක ජීවිතයක්, ජීවිත දෙකක්, ජීවිත තුනක්, ජීවිත හතරක්, ජීවිත පහක්, ජීවිත දහයක්, ජීවිත විස්සක්, ජීවිත තිහක්, ජීවිත හතළිහක්, ජීවිත පනහක්, ජීවිත සියයක්, ජීවිත දහසක්, ජීවිත ලක්ෂයක්; අනේකවිධ වූ සංවට්ට කල්පයන්ද, අනේකවිධ වූ විවට්ට කල්පයන්ද, අනේකවිධ වූ සංවට්ට විවට්ට කල්පයන්ද සිහිකරනවා. "මං ඉස්සර සිටියේ අසවල් තැන, එතකොට මගේ නම මේකයි. ගෝත්‍ර නාමය මේකයි. හැඩරුව මෙහෙමයි. කෑම බීම මෙහෙමයි. දුක් සැප වින්දේ මේ විදිහටයි. මේ විදිහටයි ජීවිතය අවසන් වුනේ. ඒ මං එතැනින් චුත වුනා. අසවල් තැන උපන්නා. එතකොට මගේ නම වුනේ මේකයි. ගෝත්‍ර නාමය මේකයි. හැඩරුව වුනේ මෙහෙමයි. කෑවේ බිව්වේ මෙහෙමයි. සැප

දුක් වින්දේ මෙහෙමයි. මේ විදිහටයි ජීවිතය අවසන් වුනේ. මං එතැනින් චුත වුනා. මේ ලෝකෙ උපන්නා" ආදී වශයෙන් ආකාර සහිතව සවිස්තරව අනේක ප්‍රකාර වූ කලින් ගත කළ ජීවිත ගැන සිහි කරනවා.

පින්වත් අම්බට්ඨ, ඒක මේ වගේ දෙයක්. පුරුෂයෙක් තමන්ගේ ගමෙන් වෙනත් ගමකට යනවා. ඒ ගමෙන් තවත් ගමකට යනවා. ඒ ගමෙන් යළි තමන්ගේ ගමට එනවා. එතකොට ඔහුට මෙහෙම හිතෙනවා. "මං මගේ ගමෙන් අසවල් ගමට ගියා. මං එහෙදී මෙහෙමයි හිටියේ. මෙහෙමයි වාඩි වුණේ. මෙහෙමයි කතාබහ කළේ. මෙහෙමයි නිශ්ශබ්දව සිටියේ. ඉතින් මං ඒ ගමෙනුත් අසවල් ගමට ගියා. එහෙ හිටියේ මේ විදිහටයි. වාඩිවුනේ මේ විදිහටයි. කතාබස් කළේ මේ විදිහටයි. නිහඬව සිටියේ මේ විදිහටයි. ඒ මං ඒ ගමෙන් මගේ ගමටම නැවත ආවා" කියලා.

පින්වත් අම්බට්ඨ, අන්න ඒ විදිහමයි භික්ෂුව ඔය අයුරින් සිත සමාධිමත් වූ විට, සිත පිරිසිදු වූ විට, ප්‍රභාෂ්වර වූ විට, කෙලෙසුන්ගෙන් බාධා රහිත වූ විට, උපක්ලේශ බැහැර වූ විට, මෘදු බවට පත් වූ විට, කර්මණ්‍ය (ඕනෑම දෙයකට හැරවිය හැකි පරිදි සකස්) වූ විට, ස්ථිරව පිහිටි විට, කලින් ජීවිතය ගත කළ ආකාරය දන්නා නුවණ පිණිස සිත යොමු කරයි. එයට සිත නතු කරයි. ඉතින් ඔහු නොයෙක් ආකාරයෙන් කලින් ජීවිත ගෙවූ හැටි (ආපස්සට) සිහිකරනවා. ඒ කියන්නේ එක ජීවිතයක්, ජීවිත දෙකක්, ජීවිත තුනක්, ජීවිත හතරක්, ජීවිත පහක්, ජීවිත දහයක්, ජීවිත විස්සක්, ජීවිත තිහක්, ජීවිත හතළිහක්, ජීවිත පනහක්, ජීවිත සියයක්, ජීවිත දහසක්, ජීවිත ලක්ෂයක්; අනේකවිධ වූ සංවට්ට කල්පයන්ද, අනේකවිධ වූ විවට්ට කල්පයන්ද, අනේකවිධ වූ සංවට්ට විවට්ට කල්පයන්ද සිහිකරනවා. "මං ඉස්සර සිටියේ අසවල් තැන, එතකොට මගේ නම මේකයි. ගෝත්‍ර නාමය මේකයි. හැඩරුව මෙහෙමයි. කෑම බීම මෙහෙමයි. දුක් සැප වින්දේ මේ විදිහටයි. මේ විදිහටයි ජීවිතය අවසන් වුණේ. ඒ මං එතැනින් චුත වුණා. අසවල් තැන උපන්නා. එතකොට මගේ නම වුණේ මේකයි. ගෝත්‍රනාමය මේකයි. හැඩරුව වුණේ මෙහෙමයි. කෑවේ බිව්වේ මෙහෙමයි. සැප දුක් වින්දේ මෙහෙමයි. මේ විදිහටයි ජීවිතය අවසන් වුණේ. මං එතැනින් චුත වුණා. මේ ලෝකෙ උපන්නා" ආදී වශයෙන් ආකාර සහිතව සවිස්තරව අනේක ප්‍රකාර වූ කලින් ගත කළ ජීවිත ගැන සිහිකරනවා. මේකත් ඔහුගේ විද්‍යාවට (අවබෝධයට) අයත් දෙයක්.

77. ඔහු (ඒ භික්ෂුව) ඔය අයුරින් සිත සමාධිමත් වූ විට සිත පිරිසිදු වූ විට, ප්‍රභාෂ්වර වූ විට කෙලෙසුන්ගෙන් බාධා රහිත වූ විට, උපක්ලේශ බැහැර වූ විට, මෘදු බවට පත් වූ විට, කර්මණ්‍ය (ඕනෑම දෙයකට හැරවිය හැකි පරිදි සකස්)

වූ විට, ස්ථිරව පිහිටි විට, අකම්පිතව පිහිටි විට, සත්වයන්ගේ චුතියත්, උපතත් දකිනා නුවණ පිණිස සිත පිහිටුවනවා. එයට සිත නතු කරනවා. එතකොට ඒ භික්ෂුව මිනිසුන්ගේ දැකීමේ හැකියාව ඉක්මවා ගිය පිරිසිදු වූ දිවැසින් චුත වන්නා වූත්, උපදින්නා වූත් සත්වයන් දකිනවා. ඒ ඒ කර්මයන්ට අනුව හීන ප්‍රණීත වූත්, යහපත් අයහපත් වූත්, සුගති දුගතිවල සිටින්නා වූ සත්වයන් දකිනවා. "අහෝ! මේ භවත් සත්වයන් කයින් දුෂ්චරිතයෙහි යෙදීම නිසා, වචනයෙන් දුෂ්චරිතයෙහි යෙදීම නිසා, මනසින් දුෂ්චරිතයෙහි යෙදීම නිසා, ආර්යයන් වහන්සේලාට අපහාස කරලා, මිසදිටු වෙලා, මිසදිටු දේවල් සමාදන් වෙලා ඉඳලා තියෙනවා. ඔවුන් කය බිඳී මරණයෙන් මත්තේ අපාය නම් වූ දුගතිය නම් වූ විනිපාත නම් වූ නිරයේ ඉපදිලා ඉන්නවා. ඒ වගේම මේ භවත් සත්වයන් කයින් සුචරිතයෙහි යෙදීම නිසා, වචනයෙන් සුචරිතයෙහි යෙදීම නිසා, මනසින් සුචරිතයෙහි යෙදීම නිසා, ආර්යයන් වහන්සේලාට අපහාස නොකොට, සම්දිටු වෙලා, සම්දිටු දේවල් සමාදන් වෙලා ඉඳලා තියෙනවා. ඔවුන් කය බිඳී මරණයෙන් මත්තේ සුගතිය නම් වූ, ස්වර්ග ලෝකයෙහි ඉපදිලා ඉන්නවා" කියලා. මේ විදිහට මිනිසුන්ගේ දැකීමේ හැකියාව ඉක්මවා ගිය පිරිසිදු වූ දිවැසින් චුත වන්නා වූත්, උපදින්නා වූත් සත්වයන් දකිනවා. ඒ ඒ කර්මයන්ට අනුව හීන ප්‍රණීත වූත්, යහපත් අයහපත් වූත්, සුගති දුගතිවල සිටින්නා වූ සත්වයන් දකිනවා.

පින්වත් අම්බට්ඨ, ඒක මේ වගේ දෙයක්. හතරමං හන්දියක තට්ටු නිවසක් තියෙනවා. එහි ඇස් ඇති පුරුෂයෙක් සිටගෙන බලාගෙන ඉන්නවා. ඔහු (පහළ) ගෙට ඇතුළු වන්නා වූත්, නික්මෙන්නා වූත්, වීදියේ එහාට මෙහාට ඇවිදින්නා වූත්, හතරමං හන්දිය මැද වාඩි වී සිටින්නා වූත් මිනිසුන් දකිනවා. එතකොට ඔහුට මෙහෙම හිතෙනවා "මේ මිනිසුන් ගෙට ඇතුළු වෙනවා. මේ උදවිය ගෙයින් නික්මෙනවා. මේ උදවිය වීදියේ එහාට මෙහාට ඇවිදිනවා. මේ උදවිය හතරමං හන්දිය මැද වාඩිවෙලා ඉන්නවා" කියලා.

පින්වත් අම්බට්ඨ, අන්න ඒ විදිහමයි භික්ෂුව ඔය අයුරින් සිත සමාධිමත් වූ විට, සිත පිරිසිදු වූ විට, ප්‍රභාෂ්වර වූ විට, කෙලෙසුන්ගෙන් බාධා රහිත වූ විට, උපක්ලේශ බැහැර වූ විට, මෘදු බවට පත් වූ විට, කර්මණ්‍ය (ඕනෑම දෙයකට හැරවිය හැකි පරිදි සකස්) වූ විට, ස්ථිරව පිහිටි විට, සත්වයන්ගේ චුතියත්, උපතත් දකිනා නුවණ පිණිස සිත පිහිටුවනවා. එයට සිත නතු කරනවා. එතකොට ඒ භික්ෂුව මිනිසුන්ගේ දැකීමේ හැකියාව ඉක්මවා ගිය පිරිසිදු වූ දිවැසින් චුත වන්නා වූත්, උපදින්නා වූත් සත්වයන් දකිනවා. ඒ ඒ කර්මයන්ට අනුව හීන ප්‍රණීත වූත්, යහපත් අයහපත් වූත්, සුගති දුගතිවල සිටින්නා වූ

සත්වයන් දකිනවා. "අහෝ! මේ භවත් සත්වයන් කයින් දුෂ්චරිතයෙහි යෙදීම නිසා, වචනයෙන් දුෂ්චරිතයෙහි යෙදීම නිසා, මනසින් දුෂ්චරිතයෙහි යෙදීම නිසා, ආර්යයන් වහන්සේලාට අපහාස කරලා, මිසදිටු වෙලා, මිසදිටු දේවල් සමාදන් වෙලා ඉඳලා තියෙනවා. ඔවුන් කය බිඳී මරණයෙන් මත්තේ අපාය නම් වූ දුගතිය නම් වූ විනිපාත නම් වූ නිරයේ ඉපදිලා ඉන්නවා. ඒ වගේම මේ භවත් සත්වයන් කයින් සුචරිතයෙහි යෙදීම නිසා, වචනයෙන් සුචරිතයෙහි යෙදීම නිසා, මනසින් සුචරිතයෙහි යෙදීම නිසා, ආර්යයන් වහන්සේලාට අපහාස නොකොට, සම්දිටු වෙලා, සම්දිටු දේවල් සමාදන් වෙලා ඉඳලා තියෙනවා. ඔවුන් කය බිඳී මරණයෙන් මත්තේ සුගති නම් වූ, ස්වර්ග ලෝකයෙහි ඉපදිලා ඉන්නවා" කියලා. මේ විදිහට මිනිසුන්ගේ දැකීමේ හැකියාව ඉක්මවා ගිය පිරිසිදු වූ දිවැසින් චුත වන්නා වූත්, උපදින්නා වූත් සත්වයන් දකිනවා. ඒ ඒ කර්මයන්ට අනුව හීන ප්‍රණීත වූත්, යහපත් අයහපත් වූත්, සුගති දුගතිවල සිටින්නා වූ සත්වයන් දකිනවා. මේකත් ඔහුගේ විද්‍යාවට (අවබෝධයට) අයත් දෙයක්.

78. ඔහු (ඒ භික්ෂුව) ඔය අයුරින් සිත සමාධිමත් වූ විට, සිත පිරිසිදු වූ විට, ප්‍රභාෂ්වර වූ විට, කෙලෙසුන්ගෙන් බාධා රහිත වූ විට, උපක්ලේශ බැහැර වූ විට, මෘදු බවට පත් වූ විට, කර්මණ්‍ය (ඕනෑම දෙයකට හැරවිය හැකි පරිදි සකස්) වූ විට, ස්ථිරව පිහිටි විට, අකම්පිතව පිහිටි විට, ආශ්‍රවයන් ක්ෂය වීම පිළිබඳ දන්නා නුවණ පිණිස සිත පිහිටුවනවා. සිත එයට නතු කරනවා.

එතකොට ඔහු මෙය දුක නම් වූ ආර්ය සත්‍යයයි කියලා යථාර්ථ වශයෙන්ම දැනගන්නවා. මෙය දුකේ හටගැනීම නම් වූ ආර්ය සත්‍යයයි කියලා යථාර්ථ වශයෙන්ම දැනගන්නවා. මෙය දුක නිරුද්ධ වීම නම් වූ ආර්ය සත්‍යයයි කියලා යථාර්ථ වශයෙන්ම දැනගන්නවා. මෙය දුක නිරුද්ධ වීම පිණිස පවතින මාර්ගය නම් වූ ආර්ය සත්‍යයයි කියලා යථාර්ථ වශයෙන්ම දැනගන්නවා. මේවා ආශ්‍රවයන් කියලා යථාර්ථ වශයෙන්ම දැනගන්නවා. මෙය ආශ්‍රවයන්ගේ හටගැනීම කියලා යථාර්ථ වශයෙන්ම දැනගන්නවා. මෙය ආශ්‍රව නිරුද්ධ වීම කියලා යථාර්ථ වශයෙන්ම දැනගන්නවා. මෙය ආශ්‍රව නිරුද්ධ වීම පිණිස පවතින ප්‍රතිපදාව කියලා යථාර්ථ වශයෙන්ම දැනගන්නවා.

ඒ භික්ෂුව ඔය විදිහට දැනගනිද්දී, ඔය විදිහට දැකගනිද්දී කාම ආශ්‍රවයන් ගෙන් සිත නිදහස් වෙනවා. භව ආශ්‍රවයන්ගෙන් සිත නිදහස් වෙනවා. අවිද්‍යා ආශ්‍රවයන්ගෙන් සිත නිදහස් වෙනවා. නිදහස් වූ විට නිදහස් වුන බවට ඥාණය ඇතිවෙනවා. 'ඉපදීම ක්ෂය වුනා. බඹසර වාසය සම්පූර්ණ කළා. කළ යුතු දෙය කළා. නැවත සසරගමනක් නැතැ'යි අවබෝධයෙන්ම දැනගන්නවා.

පින්වත් අම්බට්ඨ, ඒක මේ වගේ දෙයක්. පර්වත මුදුනක ජලාශයක් තියෙනවා. එහි ජලය ඉතා හොඳයි. හරිම ප්‍රසන්නයි. කැළඹිලා නෑ. එතැන ඇස් ඇති පුරුෂයෙක් ඒ ඉවුරේ සිටගෙන ජලාශය දෙස බලා සිටිනවා. එතකොට ඔහුට සිප්පිබෙල්ලනුත්, සක්බෙල්ලනුත්, කැටකැබලිත්, මාළු රංචු ආදියත් හැසිරෙන අයුරු, සිටින අයුරු දකින්නට ලැබෙනවා. එතකොට ඔහුට මෙහෙම හිතෙනවා. 'මේක ඉතා හොඳ ජලය ඇති හරිම ප්‍රසන්න වූ නොකැළඹුණු දිය ඇති විලක්. මෙහි මේ සිප්පිබෙල්ලන්, සක්බෙල්ලන්, කැටකැබලිති, මාළු රංචුත් හැසිරෙනවා නෙව. ඉන්නවා නෙව' කියලා.

පින්වත් අම්බට්ඨ, අන්න ඒ විදිහමයි භික්ෂුව ඔය අයුරින් සිත සමාධිමත් වූ විට, සිත පිරිසිදු වූ විට, ප්‍රභාෂ්වර වූ විට, කෙලෙසුන්ගෙන් බාධා රහිත වූ විට, උපක්ලේශ බැහැර වූ විට, මෘදු බවට පත් වූ විට, කර්මණ්‍ය (ඕනෑම දෙයකට හැරවිය හැකි පරිදි සකස්) වූ විට, ස්ථිරව පිහිටි විට, ආශ්‍රවයන් ක්ෂය වීම පිළිබඳ දන්නා නුවණ පිණිස සිත පිහිටුවනවා. සිත එයට නතු කරනවා.

එතකොට ඔහු මෙය දුක නම් වූ ආර්ය සත්‍යයයි කියලා යථාර්ථ වශයෙන්ම දැනගන්නවා. මෙය දුකේ හටගැනීම නම් වූ ආර්ය සත්‍යයයි කියලා යථාර්ථ වශයෙන්ම දැනගන්නවා. මෙය දුක නිරුද්ධ වීම නම් වූ ආර්ය සත්‍යයයි කියලා යථාර්ථ වශයෙන්ම දැනගන්නවා. මෙය දුක නිරුද්ධ වීම පිණිස පවතින මාර්ගය නම් වූ ආර්ය සත්‍යයයි කියලා යථාර්ථ වශයෙන්ම දැනගන්නවා. මේවා ආශ්‍රවයන් කියලා යථාර්ථ වශයෙන්ම දැනගන්නවා. මෙය ආශ්‍රවයන්ගේ හටගැනීම කියලා යථාර්ථ වශයෙන්ම දැනගන්නවා. මෙය ආශ්‍රව නිරුද්ධ වීම කියලා යථාර්ථ වශයෙන්ම දැනගන්නවා. මෙය ආශ්‍රව නිරුද්ධ වීම පිණිස පවතින ප්‍රතිපදාව කියලා යථාර්ථ වශයෙන්ම දැනගන්නවා.

ඒ භික්ෂුව ඔය විදිහට දැනගනිද්දී, ඔය විදිහට දැකගනිද්දී කාම ආශ්‍රවයන් ගෙන් සිත නිදහස් වෙනවා. භව ආශ්‍රවයන්ගෙන් සිත නිදහස් වෙනවා. අවිද්‍යා ආශ්‍රවයන්ගෙන් සිත නිදහස් වෙනවා. නිදහස් වූ විට නිදහස් වුන බවට ඤාණය ඇතිවෙනවා. 'ඉපදීම ක්ෂය වුණා. බඹසර වාසය සම්පූර්ණ කළා. කළ යුතු දෙය කළා. නැවත සසරගමනක් නැතැ'යි අවබෝධයෙන්ම දැනගන්නවා. පින්වත් අම්බට්ඨය, විද්‍යාව (අවබෝධය) යනු මෙයයි.

79. පින්වත් අම්බට්ඨ, මේ භික්ෂුවට තමයි විද්‍යාවෙන් සමන්විතව ඉන්නවා කියන්නේ. චරණයෙන් සමන්විතව ඉන්නවා කියන්නේ. විජ්ජාචරණීන් සමන්විතව ඉන්නවා කියන්නේ. පින්වත් අම්බට්ඨ, මේ විද්‍යා සම්පත්තියෙනුත්, චරණ සම්පත්තියෙනුත් බැහැර වූ වෙනත් උත්තරීතර වූත්, ප්‍රණීතතර වූත්, විද්‍යා සම්පත්තියක්වත්, චරණ සම්පත්තියක්වත් නෑ.

80. පින්වත් අම්බට්ඨ, මේ අනුත්තර වූ විජ්ජාචරණ සම්පත්තියට විනාශ මුඛ සතරක් තියෙනවා. ඒ කවර සතරක්ද යත්, පින්වත් අම්බට්ඨ, මෙහි ඇතැම් ශ්‍රමණයෙක් වේවා, බ්‍රාහ්මණයෙක් වේවා, මෙම විජ්ජාචරණ සම්පත්තියට පැමිණෙන්නට බැරිව තවුස් පිරිකරත් අරගෙන 'මං පවත්තඵල භෝජනයෙන් යැපෙන (ගසෙන් වැටුණු ගෙඩි වළඳා දිවිගෙවන) කෙනෙක් වෙනවා' කියලා වනාන්තරයක් ඇතුළට යනවා. ඇත්තෙන්ම ඔහු විජ්ජාචරණ සම්පන්න කෙනෙකුගේ ගෝලයෙක් වගේ කෙනෙක්. පින්වත් අම්බට්ඨ, මේ අනුත්තර වූ විජ්ජාචරණ සම්පත්තියට ඇති පළමුවෙනි විනාශ මුඛය මෙයයි.

81. පින්වත් අම්බට්ඨ, තවදුරටත් කියනවා නම්, මෙහි ඇතැම් ශ්‍රමණයෙක් වේවා, බ්‍රාහ්මණයෙක් වේවා, මෙම විජ්ජාචරණ සම්පත්තියට පැමිණෙන්නට බැරිව පවත්තඵල භෝජනයෙන් යැපෙන (ගසෙන් වැටුණු ගෙඩි වළඳා දිවි ගෙවන) කෙනෙක් වෙන්නටත් බැරිව, 'මං අල, මුල්, ගෙඩි වළඳන කෙනෙක් වෙනවා' කියලා උදළුල්ලකුත්, මල්ලකුත් අරගෙන වනාන්තරයක් ඇතුළට යනවා. ඇත්තෙන්ම ඔහු විජ්ජාචරණ සම්පන්න කෙනෙකුගේ ගෝලයෙක් වගේ කෙනෙක්. පින්වත් අම්බට්ඨ, මේ අනුත්තර වූ විජ්ජාචරණ සම්පත්තියට ඇති දෙවෙනි විනාශ මුඛය මෙයයි.

82. පින්වත් අම්බට්ඨ, තවදුරටත් කියනවා නම්, මෙහි ඇතැම් ශ්‍රමණයෙක් වේවා, බ්‍රාහ්මණයෙක් වේවා, මෙම විජ්ජාචරණ සම්පත්තියට පැමිණෙන්නට බැරිව පවත්තඵල භෝජනයෙන් යැපෙන (ගසෙන් වැටුණු ගෙඩි වළඳා දිවි ගෙවන) කෙනෙක් වෙන්නටත් බැරිව, අල මුල් ගෙඩි වළඳන කෙනෙක් වෙන්නටත් බැරිව, ගමක් සමීපයේ හෝ නියම්ගමක් සමීපයෙහි හෝ ගිනිපුදන ගෙයක් හදාගෙන, ගිනි පුදන්නට පටන් ගන්නවා. ඇත්තෙන්ම ඔහු විජ්ජාචරණ සම්පන්න කෙනෙකුගේ ගෝලයෙක් වගේ කෙනෙක්. පින්වත් අම්බට්ඨ, මේ අනුත්තර වූ විජ්ජාචරණ සම්පත්තියට ඇති තුන්වෙනි විනාශ මුඛය මෙයයි.

83. පින්වත් අම්බට්ඨ, තවදුරටත් කියනවා නම්, මෙහි ඇතැම් ශ්‍රමණයෙක් වේවා, බ්‍රාහ්මණයෙක් වේවා, මෙම විජ්ජාචරණ සම්පත්තියට පැමිණෙන්නට බැරිව පවත්තඵල භෝජනයෙන් යැපෙන (ගසෙන් වැටුණු ගෙඩි වළඳා දිවි ගෙවන) කෙනෙක් වෙන්ටනත් බැරිව, අල මුල් ගෙඩි වළඳන කෙනෙක් වෙන්නටත් බැරිව, ගිනි පිදීමත් කරගන්ට බැරිව, හතරමං හන්දියක දොර සතරක් ඇති ගෙයක් තනාගෙන ඉන්නවා. 'කවුරුහරි ශ්‍රමණයෙක් වේවා, බ්‍රාහ්මණයෙක් වේවා සිව් දිසාවෙන් එනවා නම්, මම ඔහුට පුළුවන් තරමින් උපස්ථාන කරනවා' කියලා. ඇත්තෙන්ම ඔහු විජ්ජාචරණ සම්පන්න කෙනෙකුගේ ගෝලයෙක් වගේ

කෙනෙක්. පින්වත් අම්බට්ඨ, මේ අනුත්තර වූ විජ්ජාචරණ සම්පත්තියට ඇති හතරවෙනි විනාශ මුඛය මෙයයි.

පින්වත් අම්බට්ඨ, මෙම අනුත්තර වූ විජ්ජාචරණ සම්පත්තියට බාධක වූ විනාශ මුඛ හතර කියන්නේ මේකටයි.

84. පින්වත් අම්බට්ඨ, මේ ගැන ඔබ කුමක්ද සිතන්නේ? මේ අනුත්තර වූ විජ්ජාචරණ සම්පත්තිය තුළ ඔබ තමන්ගේ ආචාර්යවරයා සමඟ ඉන්න බව දකිනවාද?"

"භවත් ගෞතමයෙනි, මෙය නොවේමයි. භවත් ගෞතමයෙනි, ආචාර්යවරයා සහිත වූ මම කවුද? අනුත්තර වූ විජ්ජාචරණ සම්පත්තිය මොකක්ද? භවත් ගෞතමයෙනි, ආචාර්යවරයා සහිත වූ මං අනුත්තර වූ විජ්ජාචරණ සම්පත්තියෙන් දුරු වෙලාමයි ඉන්නේ."

"පින්වත් අම්බට්ඨ, මේ ගැන ඔබ කුමක්ද සිතන්නේ? එහෙමනම්, ඔබ මේ අනුත්තර වූ විජ්ජාචරණ සම්පත්තිය ලබාගන්නට බැරුව තවුස් පිරිකර කඳ ගෙන 'පවත්තඵල භෝජී වන්නෙමි'යි කියලා ආචාර්යවරයා සහිතව අරණ්‍ය වනයක් මැදට ගිහිල්ලවත් ඉන්න කෙනෙක්ද?" "භවත් ගෞතමයෙනි, මෙය නොවේමයි."

"පින්වත් අම්බට්ඨ, මේ ගැන ඔබ කුමක්ද සිතන්නේ? එහෙම නම්, ඔබ මේ අනුත්තර වූ විජ්ජාචරණ සම්පත්තිය ලබාගන්නට බැරුව, පවත්තඵල භෝජී වන්නටත් බැරුව, 'අල මුල් ගෙඩි අනුභව කරන කෙනෙක් වෙනවා' කියලා ආචාර්යවරයා සහිතව උදැල්ලකුත්, මල්ලකුත් අරගෙන අරණ්‍ය වනයක් මැදට ගිහිල්ලවත් ඉන්න කෙනෙක්ද?" "භවත් ගෞතමයෙනි, මෙය නොවේමයි."

"පින්වත් අම්බට්ඨ, මේ ගැන ඔබ කුමක්ද සිතන්නේ? එහෙම නම්, ඔබ මේ අනුත්තර වූ විජ්ජාචරණ සම්පත්තිය ලබාගන්නට බැරුව, පවත්තඵල භෝජී වන්ටත් බැරුව, අල මුල් ගෙඩි අනුභව කරන කෙනෙක් වෙන්නටත් බැරුව, ගමක් අසල හෝ නියම්ගමක් අසල හෝ ගිනි පුදන ගෙයක් කරවලා, ආචාර්යවරයා සහිතව ඔබ ගිනි පුදමින් ඉන්න කෙනෙක්ද?" "භවත් ගෞතමයෙනි, මෙය නොවේමයි."

"පින්වත් අම්බට්ඨ, මේ ගැන ඔබ කුමක්ද සිතන්නේ? එහෙම නම්, ඔබ මේ අනුත්තර වූ විජ්ජාචරණ සම්පත්තිය ලබාගන්නට බැරුව, පවත්තඵල භෝජී වන්නටත් බැරුව, අල මුල් ගෙඩි අනුභව කරන කෙනෙක් වෙන්නටත් බැරුව, ගිනි පුදා ගන්නටත් බැරුව, සතරමං හන්දියක දොර සතරක් ඇති ගෙයක් කරවලා, ආචාර්යවරයා සහිතව ඔබ 'කවුරුහරි ශ්‍රමණයෙක් වේවා, බ්‍රාහ්මණයෙක්

වේවා සතර දිශාවෙන් එනවා නම් අපි ශක්ති පමණින්, පුළුවන් හැටියට ඔහුට උපස්ථාන කරනවා' කියලා ඉන්න කෙනෙක්ද?" "භවත් ගෞතමයෙනි, මෙය නොවේමයි."

85. "පින්වත් අම්බට්ඨ, ඔය විදිහට ආචාර්යවරයා සහිත වූ ඔබ මෙම අනුත්තර වූ විජ්ජාචරණ සම්පත්තියෙනුත් පිරිහිලා ඉන්නේ. මෙම අනුත්තර වූ විජ්ජාචරණ සම්පත්තියට යම් විනාශ මුඛ හතරක් ඇත්නම්, ආචාර්යවරයා සහිත වූ ඔබ එයිනුත් පිරිහිලා ඉන්නේ. පින්වත් අම්බට්ඨ, ඔබගේ ගුරුවරයා වූ පොක්ඛරසාති බ්‍රාහ්මණයා විසින් මේ වචන කියලා තියෙනවා. 'ලාමක ගිහියන් වූ, කළු වූ, මහබඹුගේ පයින් උපන්, පව්ටු මුඩු ශ්‍රමණයන් කවුද, එබඳු අයත් එක්ක ත්‍රිවිද්‍යා ලබාගත් බ්‍රාහ්මණයන්ට මොන සාකච්ඡාද?' කියලා. එහෙම කියන්නේ තමන් විසින් විනාශ මුඛ හතරවත් නොපුරමිනුයි. පින්වත් අම්බට්ඨ, බලන්න ඔබගේ ආචාර්යවරයා වූ පොක්ඛරසාති බ්‍රාහ්මණයා විසින් මොනතරම් බරපතල වරදක්ද කරලා තියෙන්නේ?

86. පින්වත් අම්බට්ඨ, පොක්ඛරසාති බ්‍රාහ්මණයා භුක්ති විඳින්නේ පසේනදී කොසොල් රජතුමා දීපු දේවල් නෙව. නමුත් කොසොල් රජතුමා ඔහුට මුණගැසීමක්වත් වෙලා නෑ. යම් දවසක ඔහු සමඟ සාකච්ඡා කරනවා නම්, කඩතුරාවකට මුවාවෙලයි ඒකත් කරන්නේ. පින්වත් අම්බට්ඨ, යමෙකු විසින් තමාට දෙන ලද ධාර්මික භික්ෂාව පිළිගන්නවා නම්, ඒ පසේනදී කොසොල් රජු ඔහු හා මුණ ගැසීමක්වත් නොදෙන්නේ කොහොමද? අම්බට්ඨ, බලන්න ඔබගේ ආචාර්යවරයා වූ පොක්ඛරසාති බ්‍රාහ්මණයා විසින් මොනතරම් බරපතල වරදක්ද කරලා තියෙන්නේ?

පින්වත් අම්බට්ඨ, මේ ගැන ඔබ කුමක්ද සිතන්නේ? පසේනදී කොසොල් රජතුමා ඇත් ගෙල මත වාඩිවෙලා ඉන්නවා. එහෙම නැත්නම් අසු පිට වාඩි වෙලා ඉන්නවා. එක්කෝ රථයෙහි සරසා ඇති තැන සිටගෙන හෝ ඉන්නවා. එතකොට රජුට උසස් ඇමතිවරුන් සමඟ හෝ ඔටුන්න හිමි කුමාරවරුන් සමඟ හෝ යම් යම් කරුණු ගැන කතා කරන්නට උවමනා වෙනවා. ඉතින් ඔහු එතැනින් මෑත් වෙලා පැත්තක හිට ගන්නවා. එතකොට ඔතැනට ශුද්‍රයෙක් හෝ ශුද්‍රදාසයෙක් එනවා. ඔහුත් ඒ ප්‍රදේශයේම ඉඳගෙන ඒ කරුණ ගැනම කතා කරනවා. ඒ කියන්නේ "මේ විදිහටත් පසේනදී කොසොල් රජ්ජුරුවෝ කිව්වා. මේ විදිහටත් පසේනදී කොසොල් රජ්ජුරුවෝ කිව්වා" කියලා. එතකොට එකරුණින් ඔහු රාජකීය කතාබහ කරන කෙනෙක්ද? රාජමන්ත්‍රණ කරන කෙනෙක්ද? එපමණකින් ඔහු රජෙක් වෙනවාද? රාජමහාමාත්‍යයෙක් වෙනවාද?" "භවත් ගෞතමයෙනි, එය නොවේමය."

87. "පින්වත් අම්බට්ඨ, අන්න ඒ වගේ තමයි. යම් ඒ බ්‍රාහ්මණයින්ගේ මන්ත්‍ර හදන, මන්ත්‍ර කියන පූර්ව ඍෂිවරු හිටියාද, ඒ කියන්නේ අට්ටක, වාමක, වාමදේව, වෙස්සාමිත්ත, යමතග්ගී, අංගීරස, භාරද්වාජ, වාසෙට්ඨ, කස්සප, භගු කියලා. ඒ පැරණි ඍෂිවරුන් යම් මේ මන්ත්‍රපද ගායනා කළාද, කියෙව්වාද, රැස්කළාද, දැන් ඉන්න බමුණන් ඔවුන් අනුව ගායනා කරනවා. ඒ කියපු දෙය කියාගෙන යනවා. ඒ කියපු දෙයම නැවත නැවතත් කියාගෙන යනවා. ඒ විදිහට පාඩම් කරවනවා. එහෙම කරලා 'මාත් ආචාර්යවරයා සහිතව මන්ත්‍ර හදාරණවා' කියලා කියූ පමණකින් ඔබ ඍෂිවරයෙක් වෙනවා, ඍෂිබවට පිළිපන් කෙනෙක් වෙනවා යන කරුණ සිදුවෙන දෙයක් නොවේ.

88. පින්වත් අම්බට්ඨ, මේ ගැන ඔබ කුමක්ද හිතන්නේ? ඒ වැඩිමහළු ආචාර්ය ප්‍රාචාර්ය වූ බ්‍රාහ්මණයන් ඒ ඍෂිවරුන් ගැන කියන දේ ඔබ අහලා තියෙන්නේ කොහොමද? 'යම් ඒ බ්‍රාහ්මණයින්ගේ මන්ත්‍ර හදන, මන්ත්‍ර කියන පූර්ව ඍෂිවරු හිටියාද, ඒ කියන්නේ අට්ටක, වාමක, වාමදේව, වෙස්සාමිත්ත, යමතග්ගී, අංගීරස, භාරද්වාජ, වාසෙට්ඨ, කස්සප, භගු කියලා. ඒ පැරණි ඍෂිවරුන් යම් මේ මන්ත්‍රපද ගායනා කළාද, කියෙව්වාද, රැස්කළාද, දැන් ඉන්න බමුණන් ඔවුන් අනුවනෙ ගායනා කරන්නේ. ඒ කියපු දෙයනෙ කියාගෙන යන්නේ. ඒ කියපු දෙයමනෙ නැවත නැවතත් කියාගෙන යන්නේ. ඒ විදිහටමනෙ පාඩම් කරවන්නේ. ඉතින් ඔබ අහලා තියෙනවාද දැන් ආචාර්යවරයා සහිතව ඔබ හොඳට නාලා, හොඳට සුවඳ විලවුන් ගාලා, හැඩට කෙස් රැවුල් පීරලා, මිණිකොඩොල් ආභරණවලින් සැරසිලා, සුදුවස්ත්‍ර ඇඳගෙන පංචකාම ගුණයන්හි ඇලී ගැලී එහි සතුටුවෙමින් ඉන්නවා වාගේ ඒ ඍෂිවරුත් සිටියා කියලා? "භවත් ගෞතමයෙනි, එය නොවේමයි."

"ඒ වගේම දැන් ආචාර්යවරයා සහිත ඔබ කළුහාල් ඉවත් කරපු, ඇල්හාලේ බත් ඇතුව, අනේක වූ සූපව්‍යංජන ඇතිව, රසමසවුලින් යුතු කෑම කනවා වගේ ඒ ඍෂිවරුත් ආහාර අරගෙන තියෙනවාද?" "භවත් ගෞතමයෙනි, එය නොවේමයි."

"ඒ වගේම දැන් ආචාර්යවරයා සහිත ඔබ කුසට වෙළුම්පටි බැඳලා, සිහින් කළ ඉඟ තියෙන ස්ත්‍රීන් ලවා උපස්ථාන කරගන්නවා වගේ ඒ ඍෂිවරුත් එහෙම කරගෙන තියෙනවාද?" "භවත් ගෞතමයෙනි, එය නොවේමයි."

"ඒ වගේම දැන් ආචාර්යවරයා සහිත ඔබ ලස්සනට වල්ගා සරසපු, වෙළඹුන් යොදපු රථවල නැගලා, කෙවිටි දික්කරගෙන, සතුන්ට සත්කරමින් ඉන්නවා වගේ ඒ ඍෂිවරුත් එහෙම ගමන් බිමන් ගිහින් තියෙනවාද? " "භවත් ගෞතමයෙනි, එය නොවේමයි." "භවත් ගෞතමයෙනි, එය නොවේමයි."

"ඒ වගේම දැන් ආචාර්යවරයා සහිත ඔබ අගල් කැණලා තියෙන, යටට හාරපු උපකාරිකා තියෙන නගරවල්වල දිග කඩුගත්තු පුරුෂයන්ගේ රැකවරණ ලබමින් ඉන්නවා වගේ ඒ ඍෂිවරුත් රැකවල් ඇතිව සිටියාද?"

"එහෙම නම් පින්වත් අම්බට්ඨ, ආචාර්යවරයා සහිත වූ ඔබ ඍෂිවරයෙකුත් නොවේ. ඍෂිවරයෙක් වීමට පිළිපන් කෙනෙකුත් නොවේ. පින්වත් අම්බට්ඨ, නමුත් යම් කෙනෙකුට මා ගැන සැකයක් හෝ විමතියක් හෝ තියෙනවා නම්, ඔහු මගෙන් ප්‍රශ්න අහන්නට ඕන. එතකොට මං ඔහුගේ ප්‍රශ්න විසඳීමෙන් ඒ සැකය දුරු කරලා දානවා."

90. ඊට පස්සේ භාග්‍යවතුන් වහන්සේ විහාරයෙන් එළියට වැඩලා සක්මන් මළුවට පැමිණ වදාළා. අම්බට්ඨ මාණවකයාත් විහාරයෙන් නික්මිලා සක්මනට නැග්ගා. ඉතින් අම්බට්ඨ මාණවකයා භාග්‍යවතුන් වහන්සේ සක්මනේ වඩිද්දී ඒ අනුව සක්මන් කරමින් බුදු සිරුරක තිබෙන මහාපුරුෂ ලක්ෂණ තිස්දෙක සොයන්න පටන් ගත්තා. එතකොට අම්බට්ඨ මාණවකයා දෙකක් හැර මහාපුරුෂ ලක්ෂණ බොහොමයක් භාග්‍යවතුන් වහන්සේගේ කයෙහි තිබෙන බව දැක ගත්තා. ඔහු කෙමියක් තුළ බහාලූ පරිද්දෙන් ඇති පුරුෂ නිමිත්තද, පුළුල් දිවද යන මහාපුරුෂ ලක්ෂණ දෙක ගැන සැක කළා. විචිකිච්ඡා කළා. ඒ වටහා ගත්තේ නෑ. ඒ ගැන පැහැදුණේ නෑ.

91. එතකොට භාග්‍යවතුන් වහන්සේට මේ අදහස ඇතිවුණා. "මේ අම්බට්ඨ මාණවකයා දෙකක් හැර මහාපුරුෂ ලක්ෂණ බොහොමයක් මාගේ කයෙහි තිබෙන බව දැකගත්තා. නමුත් ඔහු කෙමියක් තුළ බහාලූ පරිද්දෙන් ඇති පුරුෂ නිමිත්තද, පුළුල් දිවද යන මහාපුරුෂ ලක්ෂණ දෙක ගැන සැක කරනවා. විචිකිච්ඡා කරනවා. ඒ වටහා ගන්නේ නෑ. ඒ ගැන පහදින්නේ නෑ.

ඉතින් භාග්‍යවතුන් වහන්සේ ඉර්ධි ප්‍රාතිහාර්යයක් දක්වා වදාළා. ඒ කියන්නේ අම්බට්ඨ මාණවකයා භාග්‍යවතුන් වහන්සේගේ කෙමියක් තුළ බහාලූ පරිද්දෙන් ඇති පුරුෂ නිමිත්ත දැකගන්නවාද අන්න ඒ ආකාරයටයි. ඒ වගේම භාග්‍යවතුන් වහන්සේ (මෙයද ඉර්ධියකි) දිව නිකුත්කොට දෙකන් සිදුරු පිරිමැද වදාළා. දෙනාස්පුඩු පිරිමැද වදාළා. සම්පූර්ණ නළල් තලය දිවෙන් වසා වදාළා.

එතකොට අම්බට්ඨ මාණවකයාට මෙහෙම හිතුනා. 'ශ්‍රමණ ගෞතමයන් වහන්සේ මහාපුරුෂ ලක්ෂණ තිස්දෙකෙන්ම පරිපූර්ණයි. අපරිපූර්ණ නෑ' කියලා. භාග්‍යවතුන් වහන්සේට මෙහෙම කිව්වා. "භවත් ගෞතමයෙනි, දැන් අපි යනවා. අපි ඉතින් බොහෝ වැඩකටයුතු ඇති උදවිය නෙව" කියලා.

"පින්වත් අම්බට්ඨය, යමකට දැන් කාලය යැයි ඔබ සිතනවා නම් එය කරන්න. ඊට පස්සේ අම්බට්ඨ මාණවකයා වෙළඹුන් යෙදූ රථයේ නැගිලා පිටත් වුනා.

92. ඒ වෙලාවේදී පොක්ඛරසාති බ්‍රාහ්මණයා උක්කට්ඨා නගරයෙන් නික්මිලා මහත් බ්‍රාහ්මණ පිරිසත් සමඟ තමන්ගේ ආරාමයෙහි අම්බට්ඨ මාණවකයාගේ පැමිණීම බලාපොරොත්තුවෙන් හිටියා. එතකොට අම්බට්ඨ මාණවකයා තමන්ගේ ආරාමය වෙත පැමිණුනා. රථයෙන් යා හැකිතාක් දුර ගිහින් එයින් බැහැලා පාගමනින්ම පොක්ඛරසාති බ්‍රාහ්මණයා සිටි තැනට ගියා. ගිහින් පොක්ඛරසාති බ්‍රාහ්මණයාට වන්දනා කොට එකත්පස්ව වාඩිවුනා.

93. එකත්පස්ව වාඩිවුන අම්බට්ඨ මාණවකයාගෙන් පොක්ඛරසාති බ්‍රාහ්මණයා මෙහෙම ඇහුවා. "පුතේ අම්බට්ඨ, කොහොමද? භවත් ගෞතමයන් වහන්සේව දැකගත්තද?" "භවතාණෙනි, අපි භවත් ගෞතමයන්ව දැක්කා."

"පුතේ අම්බට්ඨ, ඒ භවත් ගෞතමයන් තුළ තිබෙන්නා වූ ම ගුණයන් පිළිබඳ කීර්ති ඝෝෂාවක්ද පැතිර තිබෙන්නේ? නැති ගුණයන් ගැනද? ඒ වගේම භවත් ගෞතමයන් එබඳු ගුණයන්ගෙන් යුක්තයිද? එහෙම නැත්නම් නැද්ද?"

"භවත, ඒ භවත් ගෞතමයන් තුළ තියෙන ගුණ ගැනමයි කීර්ති රාවයක් පැතිරිලා තියෙන්නේ. නැති ගුණ ගැන නොවෙයි. භවත, ඒ භවත් ගෞතමයන් ඒ පැතිරුණු ගුණයන්ගෙන් යුක්තයි. එහෙම නැතුව වෙන විදිහක් නෑ. භවත, ඒ භවත් ගෞතමයන් මහාපුරුෂ ලක්ෂණ තිස්දෙකෙන්ම පරිපූර්ණයි. අපරිපූර්ණ නෑ."

"පුතේ අම්බට්ඨ, එතකොට ශ්‍රමණ ගෞතමයන් එක්ක ඔබේ මොනවහරි කතාබහක් වුනාද?" "භවත, ශ්‍රමණ ගෞතමයන් සමඟ මගේ යම්කිසි කතාබහක් වුනා තමයි." "පුතේ අම්බට්ඨ, ශ්‍රමණ ගෞතමයන් සමඟ මොන විදිහේ කතාබහක්ද සිද්ධ වුනේ?" එතකොට අම්බට්ඨ මාණවකයා භාග්‍යවතුන් වහන්සේ සමඟ යම්තාක් කතාබහක් වුණාද ඒ සෑම දෙයක් පොක්ඛරසාති බ්‍රාහ්මණයාට කියා සිටියා.

94. එහෙම කිව්වහම පොක්ඛරසාති බ්‍රාහ්මණයා අම්බට්ඨ මාණවකයාට මෙහෙම කිව්වා. "අයියෝ! මේකාද අපේ මහලොකු පණ්ඩිතයා, අයියෝ! මේකාද අපේ මහලොකු බහුශ්‍රැතයා. අයියෝ! මේකාද අපේ මහලොකු ත්‍රිවිද්‍යාධරයා. මේ ජාතියේ එකෙක්ව ඇසුරු කරන භවත් පුරුෂයා ඒ හේතුවෙන්ම කය බිඳී මරණින් මතු අපාය දුර්ගති විනිපාත නිරයේ තමයි උපදින්නේ. එම්බා අම්බට්ඨ, නුඹ භවත් ගෞතමයන් හට එකට එක හැප්පි හැප්පි කියන්න ගියා. ඒ නිසා

තමයි භවත් ගෞතමයන් වහන්සේ අපේ අතීතය එළියට ඇද ඇද දුන්නේ. අයියෝ! මේකාද අපේ මහලොකු පණ්ඩිතයා, අයියෝ! මේකාද අපේ මහලොකු බහුශ්‍රැතයා. අයියෝ! මේකාද අපේ මහලොකු ත්‍රිවිද්‍යාධරයා. මේ ජාතියේ එකෙක්ව ඇසුරු කරන භවත් පුරුෂයා ඒ හේතුවෙන්ම කය බිඳී මරණින් මතු අපාය දුර්ගති විනිපාත නිරයේ තමයි උපදින්නේ" කියලා නොසතුටු සිතින් කිපුණු පොක්ඛරසාති බ්‍රාහ්මණයා අම්බට්ඨ මාණවකයාට දුන් පා පහරින් එතැනම බිම පෙරලී ගියා. ඒ ක්ෂණයෙහිම භාග්‍යවතුන් වහන්සේව බැහැදකින්ට කැමැත්තක් ඇති වුනා.

95. එතකොට ඒ බ්‍රාහ්මණවරු පොක්ඛරසාති බ්‍රාහ්මණයාට මෙහෙම කිව්වා. "භවත, අද ශ්‍රමණ ගෞතමයන්ව දකින්නට යන්න කිසිසේත්ම වෙලාව නොවෙයි. ඒ නිසා භවත් පෙක්ඛරසාතී, හෙට දවසේ ශ්‍රමණ ගෞතමයන් දකින්නට යන එක හොඳයි."

ඉතින් පොක්ඛරසාතී බ්‍රාහ්මණයා තමන්ගේ නිවසේ ප්‍රණීත ලෙස කෑම්බීම් පිළියෙල කරගෙන, රථවල තබාගෙන දඬුවැට පහන් අරගෙන උක්කට්ඨා නුවරින් නික්මුණා. ඉච්ඡානංගල වන පියසට පැමිණුනා. යානයෙන් යා හැකිතාක් බිම ගොස් එයින් බැහැලා පයින් භාග්‍යවතුන් වහන්සේ වැඩසිටි තැනට ගියා. ගිහින් භාග්‍යවතුන් වහන්සේ සමඟ සතුටු වුනා. පිළිසඳර කතාබහේ යෙදිලා එකත්පස්ව වාඩිවුණා. එකත්පස්ව වාඩිවුන පොක්ඛරසාති බ්‍රාහ්මණයා භාග්‍යවතුන් වහන්සේගෙන් මෙකරුණ විමසුවා. "භවත් ගෞතමයෙනි, අම්බට්ඨ මාණවක කියලා අපේ ගෝලයෙක් මේ පැත්තේ ආවද?" "පින්වත් බ්‍රාහ්මණය, අම්බට්ඨ මාණවක කියන ඔබේ ගෝලයා මෙහේ ආවා තමයි."

"භවත් ගෞතමයෙනි, එතකොට අම්බට්ඨ මාණවකයාත් සමඟ ඔබ වහන්සේගේ යම්කිසි කතාබහක් ඇති වුනාද?" "පින්වත් බ්‍රාහ්මණය, අම්බට්ඨ මාණවකයාත් සමඟ මගේ යම්කිසි කතාබහක් ඇති වුනා තමයි." "භවත් ගෞතමයෙනි, අම්බට්ඨ මාණවකයාත් සමඟ ඔබවහන්සේ මොන වගේ කතාබහක්ද කළේ?"

එතකොට භාග්‍යවතුන් වහන්සේ අම්බට්ඨ මාණවකයා සමඟ යම්තාක් කතාබහක යෙදුනාද, ඒ සෑම දෙයක්ම පොක්ඛරසාති බ්‍රාහ්මණයාට පවසා වදාළා.

එසේ වදාළ විට පොක්ඛරසාතී බ්‍රාහ්මණයා භාග්‍යවතුන් වහන්සේට මෙකරුණ පැවසුවා. "භවත් ගෞතමයෙනි, ඔය අම්බට්ඨ මාණවකයා මෝඩයි.

භවත් ගෞතමයාණෝ අම්බට්ඨ මාණවකයාට කමා කරත්වා!" "පින්වත් බ්‍රාහ්මණය අම්බට්ඨ මාණවකයා සුවපත් වේවා!"

96. ඉතින් පොක්ඛරසාතී බ්‍රාහ්මණයා භාග්‍යවතුන් වහන්සේගේ ශරීරයෙහි තිබෙන මහාපුරුෂ ලක්ෂණ තිස්දෙක සොයන්න පටන්ගත්තා. එතකොට පොක්ඛරසාතී බ්‍රාහ්මණයා දෙකක් හැර මහාපුරුෂ ලක්ෂණ බොහොමයක් භාග්‍යවතුන් වහන්සේ ගේ කයෙහි තිබෙන බව දැකගත්තා. ඔහු කෙමියක් තුළ බහාලූ පරිද්දෙන් ඇති පුරුෂ නිමිත්තද, පුළුල් දිවද යන මහාපුරුෂ ලක්ෂණ දෙක ගැන සැක කළා. විචිකිච්ඡා කළා. ඒ වටහා ගත්තේ නෑ. ඒ ගැන පැහැදුනේ නෑ.

97. එතකොට භාග්‍යවතුන් වහන්සේට මේ අදහස ඇතිවුනා. 'මේ පොක්ඛරසාතී බ්‍රාහ්මණයා දෙකක් හැර මහාපුරුෂ ලක්ෂණ බොහොමයක් මාගේ කයෙහි තිබෙන බව දැකගත්තා. නමුත් ඔහු කෙමියක් තුළ බහාලූ පරිද්දෙන් ඇති පුරුෂ නිමිත්තද, පුළුල් දිවද යන මහාපුරුෂ ලක්ෂණ දෙක ගැන සැක කරනවා. විචිකිච්ඡා කරනවා. ඒ වටහා ගන්නේ නෑ. ඒ ගැන පහදින්නේ නෑ.'

ඉතින් භාග්‍යවතුන් වහන්සේ ඉර්ධි ප්‍රාතිහාර්යයක් දක්වා වදාළා. ඒ කියන්නේ පොක්ඛරසාතී බ්‍රාහ්මණයා භාග්‍යවතුන් වහන්සේගේ කෙමියක් තුළ බහාලූ පරිද්දෙන් ඇති පුරුෂ නිමිත්ත දැක ගන්නවාද අන්න ඒ ආකාරයටයි. ඒ වගේම භාග්‍යවතුන් වහන්සේ (මෙයද ඉර්ධියකි) දිව නිකුත්කොට දෙකන් සිදුරු පිරිමැද වදාළා. දෙනාස්පුඩු පිරිමැද වදාළා. සම්පූර්ණ නළල් තලය දිවෙන් වසා වදාළා.

98. එතකොට පොක්ඛරසාතී බ්‍රාහ්මණයාට මෙහෙම හිතුනා. ශ්‍රමණ ගෞතමයන් වහන්සේ මහාපුරුෂ ලක්ෂණ තිස්දෙකෙන්ම පරිපූර්ණයි. අපරිපූර්ණ නෑ කියලා. භාග්‍යවතුන් වහන්සේට මෙහෙම කිව්වා. "භවත් ගෞතමයෙනි, අද දවසේ දානය පිණිස මාගේ බත භික්ෂු සංඝයා සමඟ ඉවසා වදාළ මැනැව" කියලා. භාග්‍යවතුන් වහන්සේ නිශ්ශබ්දව වැඩසිටීමෙන් ඉවසා වදාළා.

99. ඉතින් පොක්ඛරසාති බ්‍රාහ්මණයා භාග්‍යවතුන් වහන්සේගේ නිශ්ශබ්ද බව තුළින් එම ඇරැයුම පිළිගත් බව දැන භාග්‍යවතුන් වහන්සේට "භවත් ගෞතමයන් වහන්ස, දැන් සුදුසු කාලයයි. දානය පිළියෙල කරලා තියෙන්නේ" කියලා නිසිකල් එළඹි බව දන්වා සිටියා.

ඉතින් භාග්‍යවතුන් වහන්සේ පෙරවරු කාලයෙහි සිවුරු හැඳ පොරොවා, පාසිවුරු ගෙන භික්ෂු සංඝයා සමඟ පොක්ඛරසාති බ්‍රාහ්මණයාගේ දන් බෙදන

තැනට වැඩම කළා. වැඩම කොට පණවන ලද ආසනයන්හි වැඩසිටියා. එතකොට පොක්ඛරසාති බ්‍රාහ්මණයා භාග්‍යවතුන් වහන්සේ ප්‍රණීත වූ වැළඳිය යුතු, අනුභව කළ යුතු දෙයින් සියතින්ම හොඳින් වැළඳෙව්වා. හොඳින් පිළිගැන්වූවා. තරුණ පිරිසත් භික්ෂු සංඝයා වහන්සේ සියතින්ම හොඳින් වැළඳෙනවා. හොඳින් පිළිගැන්වූවා. පසුව පොක්ඛරසාති බ්‍රාහ්මණයා භාග්‍යවතුන් වහන්සේ දන් වළඳා අවසන් වූ පසු එක්තරා කුඩා ආසනයක් ගෙන එකත්පස්ව වාඩිවුනා.

100. එකත්පස්ව වාඩිවුන පොක්ඛරසාති බ්‍රාහ්මණයා හට භාග්‍යවතුන් වහන්සේ අනුපිළිවෙළ කථාව වදාළා. ඒ කියන්නේ දන් දීමේ අනුසස් ගැන කථාව, සිල් රැකීමෙහි අනුසස් ගැන කථාව, සුගතියෙහි උපත ගැන කථාව, කාමයන්හි ඇති පීඩාකාරීබව ගැන කථාව, කෙලෙස් නිසා ඇතිවන කිලුට ගැන කථාව, එයින් නික්මීමෙන් ලැබෙන ආනිසංස ගැන කථාව වදාළා. එතකොට යම් වෙලාවක පොක්ඛරසාති බ්‍රාහ්මණයා එයට සවන් දීම නිසා යහපත් සිතක් ඇතිවුනාද, මෘදු සිතක් ඇතිවුනාද, නීවරණ බැහැර වුන සිතක් ඇතිවුනාද, සතුටින් ඔද වැඩුණු සිතක් ඇතිවුනාද, පහන් වූ සිතක් ඇතිවුනාද, එය දැන වදාළ භාග්‍යවතුන් වහන්සේ බුදුවරයන් වහන්සේලාගේ යම් සුවිශේෂී සාමුක්කංසික දේශනාවක් ඇද්ද ඒ කියන්නේ දුක්ඛ ආර්ය සත්‍යය, සමුදය ආර්ය සත්‍යය, නිරෝධ ආර්ය සත්‍යය, දුක්ඛ නිරෝධගාමිනී පටිපදා ආර්ය සත්‍යය යන චතුරාර්ය සත්‍යය වදාළා.

කළු පැල්ලම් නැති පිරිසිදු වස්ත්‍රයකට සායම් පොවද්දී ඉතා හොඳින් ඒ සායම් උරාගන්නේ යම්සේද ඒ අයුරින්ම පොක්ඛරසාති බ්‍රාහ්මණයා හටත් ඒ ආසනයේදීම හේතු ප්‍රත්‍යයන්ගෙන් හටගන්නා ස්වභාවයෙන් යුතු යමක් ඇද්ද ඒ හේතු ප්‍රත්‍යයන් නැතිවීමෙන් ඒවා නිරුද්ධ වී යන ස්වභාවයට අයත් වන්නේය කියලා කෙලෙස් රහිත වූ, අවිද්‍යා මල රහිත වූ දහම් ඇස පහළ වුනා.

101. එතකොට ධර්මය දැකපු, ධර්මයට පැමිණි, ධර්මය අවබෝධ කළ, ධර්මයෙහි බැසගත්, සැකයෙන් එතෙර වුණ, 'කෙසේද, කෙසේද' කියන අවිශ්වාසයෙන් බැහැර වුන, ආර්ය සත්‍ය ධර්මය තුළ විශාරදභාවයට පත්වුන, ශාස්තෘ සාසනය තුළ බාහිර උපකාර නොසොයන බවට පත්වුන පොක්ඛරසාති බ්‍රාහ්මණයා භාග්‍යවතුන් වහන්සේට මෙය පවසා සිටියා. "ස්වාමීනි, භාග්‍යවතුන් වහන්ස, ඉතා සුන්දරයි. ස්වාමීනි භාග්‍යවතුන් වහන්ස, ඉතා සුන්දරයි. යටට හරවා තිබූ දෙයක් උඩු අතට හැරෙව්වා වගෙයි. වහලා තිබුණු දෙයක් ඇරලා පෙන්නුවා වගෙයි. මං මුලා වූවන්ට නියම මග පෙන්වා දෙනවා වගෙයි.

ඇස් ඇති උදවියට රූප දකින්න අඳුරෙහි තෙල් පහනක් දල්වා ගෙන දරා සිටිනවා වගෙයි. ඔය විදිහට භාග්‍යවතුන් වහන්සේ විසින් නොයෙක් අයුරින් ශ්‍රී සද්ධර්මය වදාළා. ස්වාමීනි, මේ මමත් භාග්‍යවතුන් වහන්සේව සරණ යනවා. ශ්‍රී සද්ධර්මයත්, ආර්ය මහා සංඝරත්නයත් සරණ යනවා. ස්වාමීනි, මං ගැන අද පටන් දිවි තිබෙන තුරාවටම තෙරුවන් සරණ ගිය උපාසකයෙක් ලෙස සළකන සේක්වා! ඒ මං පුතුන් සහිතව, බිරින්දෑ සහිතව, පිරිස් සහිතව, ඇමැතිවරුන් සහිතව, භවත් ගෞතමයන් වහන්සේව සරණ යනවා. ශ්‍රී සද්ධර්මයත්, ආර්ය සංඝරත්තනයත් සරණ යනවා. අද පටන් දිවි තිබෙන තුරාවටම තෙරුවන් සරණ ගිය උපාසකයෙකු වශයෙන් භවත් ගෞතමයන් වහන්සේ මාව පිළිගන්නා සේක්වා! භවත් ගෞතමයන් වහන්සේ උක්කට්ඨා නගරයෙහි අනෙක් උපාසක පවුල් කරා යම් අයුරකින් වඩින සේක්ද, ඒ අයුරින්ම භවත් ගෞතමයන් වහන්සේ පොක්ඛරසාතී පවුල වෙතද වඩින සේක්වා! එහිදී යම් මේ මාණවකයන් වේවා, මාණවිකාවන් වේවා, භවත් ගෞතමයන් වහන්සේට ආදරයෙන් වඳිනවාමයි. යටහත් පැවැතුම් දක්වනවාමයි. වැඩසිටින්නට අසුන් හෝ වළඳන්නට පැන් ආදිය හෝ පුදනවාමයි. සිත හෝ පහදවා ගන්නවාමයි. එය ඔවුන්ට බොහෝ කලක් හිත සුව පිණිස පවතීවි." "පින්වත් බ්‍රාහ්මණය, කළ්‍යාණ වූ දෙයක්මයි ඔය කිව්වේ."

සාදු! සාදු!! සාදු!!!

තුන්වෙනි අම්බට්ඨ සූත්‍රය නිමාවිය.

4. සෝණදණ්ඩ සූත්‍රය

සෝණදණ්ඩ බ්‍රාහ්මණයාට වදාළ දෙසුම

1. **මා** හට අසන්ට ලැබුනේ මේ විදිහටයි. ඒ දිනවල භාග්‍යවතුන් වහන්සේ පන්සියයක් පමණ වූ මහත් භික්ෂු පිරිසක් සමඟ චාරිකාවේ වඩිමින් සිටියදී චම්පා නගරයටද වැඩම කොට වදාළා. ඒ චම්පා නගරයේදී භාග්‍යවතුන් වහන්සේ වැඩසිටියේ ගග්ගරා නම් වූ පොකුණ අසබඩය.

ඒ කාලයෙහි සෝණදණ්ඩ බ්‍රාහ්මණයා වාසය කළේ චම්පා නුවරමයි. ඒ නගරය ඔහුට මගධ දේශාධිපති වූ සේනිය බිම්බිසාර රජුගෙන් ලැබුණු තෑග්ගක්. ඒක ශ්‍රේෂ්ඨ තෑග්ගක්. එහි බොහෝ ජනයා ඉන්නවා. තණ සහිත, දර සහිත, ජලය සහිත වූ, බොහෝ ධාන්‍ය තියෙනවා. රාජ පරිභෝග නගරයක්.

2. එතකොට චම්පා නුවරවාසී බ්‍රාහ්මණ ගෘහපතියන් හට මේ කතාව අසන්නට ලැබුණා. "භවත්නි, අන්න ශාක්‍ය පුත්‍ර වූ, ශාක්‍ය කුලයෙන් නික්මී පැවිදි වූ ශ්‍රමණ ගෞතමයන් වහන්සේ පන්සියයක් පමණ වූ මහත් භික්ෂු පිරිසක් සමඟ අංග ජනපදයෙහි චාරිකාවේ වඩිද්දී චම්පා නුවරටත් වැඩම කරලා චම්පා නුවර ගග්ගරා පොකුණ අසබඩ වැඩඉන්නවා. ඒ භවත් ගෞතමයන් වහන්සේ ගැන මෙවැනි වූ කල්‍යාණ කීර්ති ඝෝෂාවක් පැතිර ගොසින් තියෙනවා. "ඒ භාග්‍යවතුන් වහන්සේ මේ මේ කරුණින් අරහත් වන සේක! සම්මාසම්බුද්ධ වන සේක! විජ්ජාචරණසම්පන්න වන සේක! සුගත වන සේක! ලෝකවිදූ වන සේක! අනුත්තර පුරිසදම්මසාරථී වන සේක! සත්ථා දේවමනුස්සානං වන සේක! බුද්ධ වන සේක! භගවා වන සේක! උන්වහන්සේ දෙවියන් සහිත වූ, මරුන් සහිත වූ, බඹුන් සහිත වූ, ශ්‍රමණ බමුණන් සහිත වූ දෙව්මිනිස් ප්‍රජාවෙන් යුතු මේ ලෝකය තමා විසින් උපදවා ගත් විශිෂ්ට ඥාණයෙන් සාක්ෂාත් කරලා ලෝකයට කියා දෙනවා. උන්වහන්සේ දහම් දෙසනවා. ආරම්භය කල්‍යාණ වූත්, මැද කල්‍යාණ වූත්, අවසානය කල්‍යාණ වූත්, අර්ථ සහිත වූත්, පැහැදිලි ප්‍රකාශනවලින් යුතු වූත්, මුළුමණින්ම පිරිපුන්

පිරිසිදු බඹසර ප්‍රකාශ කරනවා. එබඳු වූ රහතුන් දැකගන්නට ලැබීම කොතරම් යහපත් දෙයක්ද" කියලා.

3. එතකොට චම්පා නුවරවැසි බ්‍රාහ්මණ ගෘහපතිවරුන් චම්පා නගරයෙන් නික්ම බොහෝ පිරිස් රැස්වෙලා, කණ්ඩායම් වශයෙන් හැදිලා (භාග්‍යවතුන් වහන්සේ බැහැදැකීම පිණිස) ගග්ගරා පොකුණ දිශාවට පැමිණෙමින් සිටියා.

4. ඒ වෙලාවේදී සෝණදණ්ඩ බ්‍රාහ්මණයා තම ප්‍රාසාදයෙහි උඩුමහල් තලයෙහි දහවල් විවේකයේ හාන්සි වී සිටියා. එතකොට චම්පා නුවරවැසි බ්‍රාහ්මණ ගෘහපතිවරුන් චම්පා නගරයෙන් නික්ම බොහෝ පිරිස් රැස්වෙලා, කණ්ඩායම් වශයෙන් හැදිලා (භාග්‍යවතුන් වහන්සේ බැහැදැකීම පිණිස) ගග්ගරා පොකුණ දෙසට ගමන් කරමින් සිටින අයුරු සෝණදණ්ඩ බ්‍රාහ්මණයාට දැකගන්ට ලැබුනා. දැක තම උපදේශක ඛත්ත නම් තැනැත්තා ඇමතුවා. "භවත් ඛත්ත, චම්පා නුවරවැසි බ්‍රාහ්මණ ගෘහපතිවරුන් මොන කරුණක් නිසාද බොහෝ පිරිස් එකතුව, කණ්ඩායම් වශයෙන් රැස්වෙලා ගග්ගරා පොකුණ දිශාවට යන්නේ?"

"භවත, ශාක්‍ය කුලයෙන් පැවිදි වූ ශාක්‍යපුත්‍ර වූ ශ්‍රමණ ගෞතමයන් වහන්සේ පන්සියයක් පමණ වූ මහත් භික්ෂු පිරිසක් සමඟ අංග ජනපදයෙහි චාරිකාවේ වඩිද්දී චම්පා නුවරටත් වැඩම කරලා චම්පා නුවර ගග්ගරා පොකුණ අසබඩ වැඩඉන්නවා. ඒ භවත් ගෞතමයන් වහන්සේ ගැන මෙවැනි වූ කල්‍යාණ කීර්ති ඝෝෂාවක් පැතිර ගොසින් තියෙනවා. "ඒ භාග්‍යවතුන් වහන්සේ මේ මේ කරුණින් අරහත් වන සේක! සම්මාසම්බුද්ධ වන සේක! විජ්ජාචරණසම්පන්න වන සේක! සුගත වන සේක! ලෝකවිදූ වන සේක! අනුත්තර පුරිසදම්මසාරථි වන සේක! සත්ථා දේවමනුස්සානං වන සේක! බුද්ධ වන සේක! භගවා වන සේක! අන්න ඒ භවත් ගෞතමයන් වහන්සේව දැකීම පිණිසයි ඔය උදවිය යන්නේ."

5. "එහෙම නම් භවත් ඛත්ත, චම්පා නුවරවැසි බ්‍රාහ්මණ ගෘහපතිවරුන් ළඟට යන්න. ගිහින් චම්පා නුවරවැසි බ්‍රාහ්මණ ගෘහපතිවරුන්ට මෙහෙම කියන්න. 'භවත්නි, සෝණදණ්ඩ බ්‍රාහ්මණයා මෙහෙම කියනවා. භවත්නි, මොහොතක් සිටිනු මැනව. ශ්‍රමණ ගෞතමයන් වහන්සේව බැහැදැකීම පිණිස සෝණදණ්ඩ බ්‍රාහ්මණයාද පැමිණෙනවා' කියලා."

"එසේය භවත," කියලා ඒ ඛත්ත නම් තැනැත්තා සෝණදණ්ඩ බ්‍රාහ්මණයාට පිළිතුරු දීලා චම්පා නුවරවැසි බ්‍රාහ්මණ ගෘහපතිවරුන් ළඟට ගියා. ගිහින් චම්පා නුවරවැසි බ්‍රාහ්මණ ගෘහපතිවරුන්ට මෙහෙම කිව්වා.

"භවත්නි, සෝණදණ්ඩ බ්‍රාහ්මණයා මෙහෙම කියනවා. 'භවත්නි, මොහොතක් සිටිනු මැනව. ශ්‍රමණ ගෞතමයන් වහන්සේව බැහැදැකීම පිණිස සෝණදණ්ඩ බ්‍රාහ්මණයාද පැමිණෙනවා' කියලා."

6. ඒ දිනවල නොයෙක් ප්‍රදේශවලින් පැමිණ සිටි පන්සියයක් පමණ වූ බ්‍රාහ්මණ පිරිසක්ද කිසියම් කටයුත්තකට පැමිණ චම්පා නුවර වාසය කළා. ඒ බ්‍රාහ්මණවරුන්ට සෝණදණ්ඩ බ්‍රාහ්මණයා ශ්‍රමණ ගෞතමයන් වහන්සේව බැහැදකින්නට යන බව අසන්නට ලැබුනා. එතකොට ඒ බ්‍රාහ්මණවරුන් සෝණදණ්ඩ බ්‍රාහ්මණයා ළඟට ගියා. ගිහින් සෝණදණ්ඩ බ්‍රාහ්මණයාට මෙකරුණ කිව්වා. "භවත් සෝණදණ්ඩයන් ශ්‍රමණ ගෞතමයන්ව බැහැදකින්නට යන්න ඉන්නවා කියලා කියන්නේ හැබෑවක්ද?"

"එසේය භවත්නි, මාත් ශ්‍රමණ ගෞතමයන්ව බැහැදැකීමට යන්න තමයි ඉන්නේ."

7. "හා... හා... භවත් සෝණදණ්ඩයන් ශ්‍රමණ ගෞතමයන්ව බැහැදකින්නට යන්න එපා! භවත් සෝණදණ්ඩයන් ශ්‍රමණ ගෞතමයන්ව බැහැදැකීමට යන එක තමන්ගේ තත්වයට ගැලපෙන්නේ නෑ. ඉදින් භවත් සෝණදණ්ඩයන් ශ්‍රමණ ගෞතමයන්ව බැහැදකින්නට යනවා නම්, භවත් සෝණදණ්ඩයන්ගේ කීර්තිරාවය පිරිහිලා යාවි. ශ්‍රමණ ගෞතමයන්ගේ කීර්ති රාවය වඩ වඩාත් ඉහළ යාවි. භවත් සෝණදණ්ඩයන්ගේ කීර්තිය පිරිහීමත්, ශ්‍රමණ ගෞතමයන්ගේ කීර්තිය ඉහළ යෑමත් යන යම් කරුණක් ඇද්ද, මෙන්න මේ කරුණ නිසයි භවත් සෝණදණ්ඩයන් ශ්‍රමණ ගෞතමයන්ව බැහැදකින්නට යන එක සුදුසු නොවන්නේ. හැබැයි ශ්‍රමණ ගෞතමයන් නම් භවත් සෝණදණ්ඩයන්ව බැහැදැකීමට එන එක සුදුසුයි."

භවත් සෝණදණ්ඩයන් වනාහී මව් පාර්ශවයෙනුත්, පිය පාර්ශවයෙනුත් යන දෙපාර්ශවයෙන්ම පිරිසිදු වූ සුජාත උපතක් ලද කෙනෙක් නෙව. සත්වෙනි මීමුතු පරම්පරාවල් දක්වාම පිරිසිදු කුල ප්‍රවේණියක් තියෙනවා නෙව. එනිසාම කුලපාරිශුද්ධිය මුල් කොට කිසිවෙකුගෙන් උපහාස ලබා නෑ නෙව. ගැරහුම් ලබා නෑ නෙව.

ඉතින් භවත් සෝණදණ්ඩයන් මව් පාර්ශවයෙනුත්, පිය පාර්ශවයෙනුත් යන දෙපාර්ශවයෙන්ම පිරිසිදු වූ සුජාත උපතක් ලද කෙනෙක් යන යම් කරුණක් ඇද්ද, සත්වෙනි මීමුතු පරම්පරාවල් දක්වාම පිරිසිදු කුල ප්‍රවේණියක් තියෙනවා යන යම් කරුණක් ඇද්ද, එනිසාම කුලපාරිශුද්ධිය මුල් කොට කිසිවෙකුගෙන් උපහාස ලබා නැති බවත්, ගැරහුම් ලබා නැති බවත් යන

යම් කරුණක් ඇද්ද, අන්න ඒ කාරණය නිසයි, භවත් සෝණදණ්ඩයන් ශ්‍රමණ ගෞතමයන්ව බැහැදකින්නට යන එක සුදුසු නොවන්නේ. හැබැයි ශ්‍රමණ ගෞතමයන් නම් භවත් සෝණදණ්ඩයන්ව බැහැදැකීමට එන එක සුදුසුයි.

ඒ වගේම භවත් සෝණදණ්ඩයන් වනාහී සැප සම්පතින් ආඪ්‍ය කෙනෙක් නෙව. මහා ධනවතෙක් නෙව. මහා භෝග ඇති කෙනෙක් නෙව. ....(පෙ)....

ඒ වගේම භවත් සෝණදණ්ඩයන් වනාහී වේද හදාරණ කෙනෙක් නෙව. මන්ත්‍රධාරී කෙනෙක් නෙව. ඉතිහාසය පස්වෙනි කොට ඇති වේදසමයාගත භාෂා ශාස්ත්‍රයන්හි නිපුණත්වයක් ඇති අක්ෂර ප්‍රභේද ගැන හසල බුද්ධිය ඇති ත්‍රිවේද පාරප්‍රප්ත කෙනෙක් නෙව. වේදසමයාගත පද පාඨ දන්නා කෙනෙක් නෙව. ව්‍යාකරණ දන්නා කෙනෙක් නෙව. ලෝකායත ශාස්ත්‍රයෙහි, මහාපුරුෂ ලක්ෂණ ශාස්ත්‍රයෙහි නිපුණ කෙනෙක් නෙව. ....(පෙ)....

ඒ වගේම භවත් සෝණදණ්ඩයන් වනාහී ඉතා රූපවත් කෙනෙක් නෙව. සොඳුරු පෙනුමක් ඇති කෙනෙක් නෙව. දුටුවන් පහදින කෙනෙක් නෙව. උතුම් වර්ණ සෞන්දර්යයෙන් යුතු කෙනෙක් නෙව. රන්වන් පැහැ ඇති කෙනෙක් නෙව. බ්‍රහ්මයාගේ බඳු ශරීරාලෝකය ඇති කෙනෙක් නෙව. දැකීමට පවා ඉඩකඩ අපහසුවෙන් ලැබිය යුතු කෙනෙක් නෙව. ....(පෙ)....

ඒ වගේම භවත් සෝණදණ්ඩයන් වනාහී සිල්වත් නෙව. වැඩුණු සිල් ඇති කෙනෙක් නෙව. වැඩුණු සීලයෙන් සමන්විත කෙනෙක් නෙව ....(පෙ).... ඒ වගේම භවත් සෝණදණ්ඩයන් වනාහී මිහිරි වචන ඇති කෙනෙක් නෙව. මිහිරි ලෙස කරුණු විග්‍රහ කරන කෙනෙක් නෙව. ශිෂ්ඨසම්පන්න වචන ඇති කෙනෙක් නෙව. නොවිසුරුණු වචන ඇති කෙනෙක් නෙව. පැහැදිලි වචන ඇති කෙනෙක් නෙව. අරුත් මතුකොට කතා කරන කෙනෙක් නෙව. ....(පෙ)....

ඒ වගේම භවත් සෝණදණ්ඩයන් වනාහී බොහෝ දෙනාට ආචාර්ය ප්‍රාචාර්ය වූ කෙනෙක් නෙව. බ්‍රාහ්මණ මාණවකයන් තුන් සියයකට වේදය උගන්වන කෙනෙක් නෙව. භවත් සෝණදණ්ඩයන් සමීපයෙහි වේද හදාරණු කැමැති, එහි ප්‍රයෝජන ඇති මාණවකයින් නා නා දිසාවලින්, නා නා ජනපදවලින් බොහෝ සෙයින් එනවා නෙව. ....(පෙ)....

ඒ වගේම භවත් සෝණදණ්ඩයන් වනාහී වයෝවෘද්ධ කෙනෙක් නෙව. මහළු කෙනෙක් නෙව. පිළිවෙලින් වයසට පත් වූ කෙනෙක් නෙව. නමුත් ශ්‍රමණ ගෞතමයන් තරුණයිනෙ. ඒ වගේම තරුණ පැවිද්දෙක්නෙ. ....(පෙ)....

ඒ වගේම භවත් සෝණදණ්ඩයන් වනාහී මගධේශ්වර සේනිය බිම්බිසාර නිරිඳුන්ගෙන් සත්කාර ලැබූ කෙනෙක් නෙව. ගෞරව ලැබූ කෙනෙක් නෙව. බුහුමන් ලැබූ කෙනෙක් නෙව. පිදුම් ලැබූ කෙනෙක් නෙව. යටහත් පැවැතුම් ලැබූ කෙනෙක් නෙව. ....(පෙ)....

ඒ වගේම භවත් සෝණදණ්ඩයන් වනාහී පොක්ඛරසාතී බ්‍රාහ්මණතුමා ගෙන් සත්කාර ලැබූ කෙනෙක් නෙව. ගෞරව ලැබූ කෙනෙක් නෙව. බුහුමන් ලැබූ කෙනෙක් නෙව. පිදුම් ලැබූ කෙනෙක් නෙව. යටහත් පැවැතුම් ලැබූ කෙනෙක් නෙව. ....(පෙ)....

ඒ වගේම භවත් සෝණදණ්ඩයන් වනාහී මගධේශ්වර සේනිය බිම්බිසාර නිරිඳුන් විසින් දෙන ලද රාජ දායාදය වූ, ශ්‍රේෂ්ඨ ත්‍යාගය වූ, රාජපරිභෝග වූ බොහෝ ජනයා ගැවසී සිටින, තණ දර දිය ආදියෙන් පිරි, ධාන්‍යයෙන් පිරි චම්පා නගරයෙහි (ප්‍රධානව) වසන කෙනෙක් නෙව.

ඒ වගේම භවත් සෝණදණ්ඩයන් මගධේශ්වර සේනිය බිම්බිසාර නිරිඳුන් විසින් දෙන ලද රාජ දායාදය වූ, ශ්‍රේෂ්ඨ ත්‍යාගය වූ, රාජපරිභෝග වූ බොහෝ ජනයා ගැවසී සිටින, තණ දර දිය ආදියෙන් පිරි, ධාන්‍යයෙන් පිරි චම්පා නගරයෙහි (ප්‍රධානව) වාසය කරනවා යන යම් කරුණක් ඇද්ද, මෙන්න මේ කරුණ නිසයි භවත් සෝණදණ්ඩයන් ශ්‍රමණ ගෞතමයන්ව බැහැදකින්නට යන එක සුදුසු නොවන්නේ. හැබැයි ශ්‍රමණ ගෞතමයන් නම් භවත් සෝණදණ්ඩයන්ව බැහැදැකීමට එන එක සුදුසුයි."

8. මෙසේ පැවසූ විට සෝණදණ්ඩ බ්‍රාහ්මණයා ඒ බ්‍රාහ්මණවරුන්ට මෙහෙම කිව්වා. "එසේ වී නම් භවත්නි, ඒ භවත් ගෞතමයන් වහන්සේව බැහැදකින්නට යෑම අපට කොයිතරම් සුදුසුද යන වගවූත්, ඒ වගේම ඒ භවත් ගෞතමයන් වහන්සේ වැනි උතුමෙක් අපව දකින්ට පැමිණීම උන්වහන්සේගේ තත්වයට සුදුසු නැති වගටත් කියවෙන මගේ වචනයද අසනු මැනැව. ශ්‍රමණ ගෞතමයන් වහන්සේද මව් පාර්ශවයෙනුත්, පිය පාර්ශවයෙනුත් යන දෙපාර්ශවයෙන්ම පිරිසිදු වූ සුජාත උපතක් ලද කෙනෙක්. සත්වෙනි මීමුතු පරම්පරාවල් දක්වාම පිරිසිදු කුල ප්‍රවේණියක් තියෙනවා. එනිසාම කුලපාරිශුද්ධිය මුල් කොට කිසිවෙකුගෙන් උපහාස ලබා නෑ. ගැරහුම් ලබා නෑ.

ඉතින් භවත් ශ්‍රමණ ගෞතමයන් වහන්සේ මව් පාර්ශවයෙනුත්, පිය පාර්ශවයෙනුත් යන දෙපාර්ශවයෙන්ම පිරිසිදු වූ සුජාත උපතක් ලද කෙනෙක්

යන යම් කරුණක් ඇද්ද, සත්වෙනි මීමුතු පරම්පරාවල් දක්වාම පිරිසිදු කුල ප්‍රවේණියක් තියෙනවා යන යම් කරුණක් ඇද්ද, එනිසාම කුලපාරිශුද්ධිය මුල් කොට කිසිවෙකුගෙන් උපහාස ලබා නැති බවත්, ගැරහුම් ලබා නැති බවත් යන යම් කරුණක් ඇද්ද, අන්න ඒ කාරණය මත ඒ භවත් ගෞතමයන් වහන්සේ වැනි උතුමෙක් අපව දකින්නට පැමිණීම උන්වහන්සේගේ තත්වයට සුදුසු නැහැමයි. එනිසා ශ්‍රමණ භවත් ගෞමයන් වහන්සේව බැහැදකින්නට යෑම අපටමයි සුදුසු.

ඒ වගේම භවත් ශ්‍රමණ ගෞතමයන් වහන්සේ මහත් ඤාති පිරිසක් අත්හැර දමා උතුම් පැවිදිබව ලැබූ කෙනෙක් නෙව ....(පෙ).... ඒ වගේම භවත් ශ්‍රමණ ගෞතමයන් වහන්සේ පොළොවට අයත් වූත්, පොළොවෙන් උඩ තිබෙන්නා වූත් බොහෝ රන්, රිදී ආදී වස්තුව අත්හැර දමා උතුම් පැවිදිබව ලැබූ කෙනෙක් නෙව. ....(පෙ)....

ඒ වගේම භවත් ශ්‍රමණ ගෞතමයන් වහන්සේ ඉතා තරුණ වූ යෞවන කාලයේදීම මනා කළු කෙස් ඇති භද්‍ර වූ යොවුනේ වියෙහි සිටියදීම ජීවිතයෙහි ප්‍රථම වයසේදී ගිහිගෙයින් නික්ම අනගාරිකව උතුම් පැවිදිබව ලැබූ කෙනෙක් නෙව ....(පෙ)....

ඒ වගේම භවත් ශ්‍රමණ ගෞතමයන් වහන්සේ තමන්ගේ රාජවංශික දෙමාපියන් අකැමැත්තෙන් කඳුළු වැකුණු මුහුණින් හඬද්දීම කෙස් රැවුල් බා කසාවත් පොරොවා ගෙන ගිහිගෙයින් නික්ම අනගාරිකව උතුම් පැවිදිබව ලැබූ කෙනෙක් නෙව. ....(පෙ)....

ඒ වගේම භවත් ශ්‍රමණ ගෞතමයන් වහන්සේද ඉතා රූපවත් කෙනෙක් නෙව. සොඳුරු පෙනුමක් ඇති කෙනෙක් නෙව. දුටුවන් පහදින කෙනෙක් නෙව. උතුම් වර්ණ සෞන්දර්යයෙන් යුතු කෙනෙක් නෙව. රන්වන් පැහැ ඇති කෙනෙක් නෙව. බ්‍රහ්මයාගේ බඳු ශරීරාලෝකය ඇති කෙනෙක් නෙව. දැකීමට පවා ඉඩකඩ අපහසුවෙන් ලැබිය යුතු කෙනෙක් නෙව. ....(පෙ)....

ඒ වගේම භවත් ශ්‍රමණ ගෞතමයන් වහන්සේ ආර්ය වූ සිල් ඇති කෙනෙක් නෙව, කුසල සිල් ඇති කෙනෙක් නෙව. කුසල සීලයෙන් සමන්විත කෙනෙක් නෙව. ....(පෙ)....

ඒ වගේම භවත් ශ්‍රමණ ගෞතමයන් වහන්සේද මිහිරි වචන ඇති කෙනෙක් නෙව. මිහිරි ලෙස කරුණු විග්‍රහ කරන කෙනෙක් නෙව. ශිෂ්ඨසම්පන්න වචන ඇති කෙනෙක් නෙව. නොවිසුරුණු වචන ඇති

කෙනෙක් නෙව. පැහැදිලි වචන ඇති කෙනෙක් නෙව. අරුත් මතු කොට කතා කරන කෙනෙක් නෙව. ....(පෙ)....

ඒ වගේම භවත් ශ්‍රමණ ගෞතමයන් වහන්සේද බොහෝ ජනයා හට ආචාර්ය ප්‍රාචාර්ය වූ කෙනෙක් නෙව. ....(පෙ)....

ඒ වගේම භවත් ශ්‍රමණ ගෞතමයන් වහන්සේ කාමරාගය ක්ෂය කළ කෙනෙක් නෙව. චපලබව බැහැර කළ කෙනෙක් නෙව. ....(පෙ)....

ඒ වගේම භවත් ශ්‍රමණ ගෞතමයන් වහන්සේ කර්මවාදී, ක්‍රියාවාදී උත්තමයෙක් නෙව. ශ්‍රේෂ්ඨ වූ දෙයම පෙරටු කොට ඇති කෙනෙක් නෙව. උතුම් බ්‍රාහ්මණ පිරිසටත් අවශේෂ ප්‍රජාවටත් නායකත්වය දරණ කෙනෙක් නෙව ....(පෙ)....

ඒ වගේම භවත් ශ්‍රමණ ගෞතමයන් වහන්සේ සම්භේද නොවූ පිරිසිදු රාජවංශික කුල ප්‍රවේණි ඇති උසස් වංශයෙන් පැවිදි වූ කෙනෙක් නෙව ....(පෙ)....

ඒ වගේම භවත් ශ්‍රමණ ගෞතමයන් වහන්සේ ආඪ්‍ය වූ මහාධන ඇති මහාභෝග ඇති කුලවත් වංශයෙන් පැවිදි වූ කෙනෙක් නෙව. ....(පෙ)....

ඒ වගේම භවත් ශ්‍රමණ ගෞතමයන් වහන්සේ වෙත පිටරටවලින්ද පිට ජනපදවලින්ද ප්‍රශ්න විසඳා ගැනීමට බොහෝ පිරිස් පැමිණෙනවා නෙව. ....(පෙ)....

ඒ වගේම අනේක වූ දහස් සංඛ්‍යාත දෙවිවරුන් භවත් ශ්‍රමණ ගෞතමයන් වහන්සේව දිවිහිමියෙන් සරණ ගිහින් තිබෙනවා නෙව. ....(පෙ)....

ඒ වගේම භවත් ශ්‍රමණ ගෞතමයන් වහන්සේ පිළිබඳව මේ ආකාර වූ කළ්‍යාණ කීර්ති ඝෝෂාවක් පැතිර ගිහින් තිබෙනවා නෙව. "ඒ භාග්‍යවතුන් වහන්සේ මේ මේ කරුණින් අරහත් වන සේක! සම්මාසම්බුද්ධ වන සේක! විජ්ජාචරණසම්පන්න වන සේක! සුගත වන සේක! ලෝකවිදූ වන සේක! අනුත්තර පුරිසදම්ම සාරථී වන සේක! සත්ථා දේවමනුස්සානං වන සේක! බුද්ධ වන සේක! භගවා වන සේක!" කියලා. ....(පෙ)....

ඒ වගේම භවත් ශ්‍රමණ ගෞතමයන් වහන්සේ මහාපුරුෂ ලක්ෂණ තිස්දෙකකින් සමන්විත වූ කෙනෙක් නෙව ....(පෙ)....

ඒ වගේම භවත් ශ්‍රමණ ගෞතමයන් වහන්සේ තමන් වෙත පැමිණෙන පිරිසට ඉතා සුහද ලෙස 'එන්න ඔබේ පැමිණීම සාදරයෙන් පිළිගනිමු' කියමින්

පිළිගන්නා කෙනෙකි. මිහිරි වචන කතා කරන කෙනෙකි. පිළිසඳර කතාවෙහි ඉතා දක්ෂ කෙනෙකි. කවර කරුණකටවත් ඇහිබැම හකුළුවා නොබලන කෙනෙකි. ඕනෑම කෙනෙක් දෙස ප්‍රියශීලී ලෙස මුහුණ ඔසවා කෙළින් බලන කෙනෙකි. පැමිණි පිරිසට පළමුවෙන්ම කතාබස් කරන කෙනෙකි. ....(පෙ)....

ඒ වගේම භවත් ශ්‍රමණ ගෞතමයන් වහන්සේ භික්ෂු, භික්ෂුණී, උපාසක, උපාසිකා යන සිව්වණක් පිරිසෙන් සත්කාර ලැබූ කෙනෙකි. ගෞරව ලැබූ කෙනෙකි. බුහුමන් ලැබූ කෙනෙකි. පිදුම් ලැබූ කෙනෙකි. යටහත් පැවැතුම් ලැබූ කෙනෙකි. ....(පෙ)....

ඒ වගේම භවත් ශ්‍රමණ ගෞතමයන් වහන්සේ කෙරෙහි බොහෝ දෙවිවරුත්, බොහෝ මිනිසුනුත් අතිශයින්ම පැහැදීමෙන් යුක්තයි නෙව. ....(පෙ)....

ඒ වගේම භවත් ශ්‍රමණ ගෞතමයන් වහන්සේ යම් ගමක වේවා, නියම්ගමක වේවා, වැඩසිටිනවා නම් ඒ ගමේවත්, නියම්ගමේවත් අමනුෂ්‍යයන් මිනිසුන් හට කිසි පීඩාවක් කරන්නේ නෑ. ....(පෙ)....

ඒ වගේම භවත් ශ්‍රමණ ගෞතමයන් වහන්සේ මහා පිරිස් සහිතයි. විශාල පිරිස්වලට ආචාර්ය වශයෙන් සිටින්නේ. ඒ වගේම බොහෝ ආගමික නායකයන් අතරින් උන්වහන්සේ තමයි අග්‍ර වන්නේ ....(පෙ)....

භවත්නි, ඇතැම් ශ්‍රමණ බ්‍රාහ්මණයන්ගේ කීර්තිරාවය තියෙන්නේ ඔවුන්ගේ යම් යම් ව්‍රත සමාදන් වීම් ආදී බාහිර දේ මුල් කරගෙනයි. නමුත් ශ්‍රමණ ගෞතමයන් වහන්සේගේ කීර්තිය පැතිරිලා තියෙන්නේ එවන් කරුණක් දෙකක් මුල් කරගෙන නොවේ. සැබැවින්ම අනුත්තර වූ (අවබෝධ ඥාණය නම් වූ විද්‍යාවෙනුත් ඊට අනුකූල හැසිරීම නම් වූ චරණයෙනුත් යන) විජ්ජාචරණ සම්පන්න ගුණයෙන්මයි ශ්‍රමණ ගෞතමයන් වහන්සේගේ කීර්තිරාවය පැතිරී තියෙන්නේ. ....(පෙ)....

ඒ වගේම මගධේශ්වර සේනිය බිම්බිසාර නිරිඳාණන් සිය දරුවනුත් හා එක්ව, බිරින්දෑවරුන් හා එක්ව, පිරිස් හා එක්ව, ඇමැතිවරුන් හා එක්ව භවත් ශ්‍රමණ ගෞතමයන් වහන්සේව දිවිහිමියෙන් සරණ ගිහිල්ලයි ඉන්නේ. ....(පෙ)....

ඒ වගේම පසේනදී කෝසල නිරිඳාණන් සිය දරුවනුත් හා එක්ව, බිරින්දෑවරුන් හා එක්ව, පිරිස් හා එක්ව, ඇමැතිවරුන් හා එක්ව භවත් ශ්‍රමණ ගෞතමයන් වහන්සේව දිවිහිමියෙන් සරණ ගිහිල්ලයි ඉන්නේ. ....(පෙ)....

ඒ වගේම පොක්ඛරසාතී බ්‍රාහ්මණතුමා සිය දරුවනුත් හා එක්ව, බිරින්දෑවරුන් හා එක්ව, පිරිස් හා එක්ව, ඇමැතිවරුන් හා එක්ව භවත් ශ්‍රමණ ගෞතමයන් වහන්සේව දිවිහිමියෙන් සරණ ගිහිල්ලයි ඉන්නේ. ....(පෙ)....

ඒ වගේම භවත් ශ්‍රමණ ගෞතමයන් වහන්සේ මගධේශ්වර සේනිය බිම්බිසාර නිරිඳාණන්ගෙන් සත්කාර ලැබූ කෙනෙකි. ගෞරව ලැබූ කෙනෙකි. බුහුමන් ලැබූ කෙනෙකි. පිදුම් ලැබූ කෙනෙකි. යටහත් පැවැතුම් ලැබූ කෙනෙකි. ....(පෙ)....

ඒ වගේම භවත් ශ්‍රමණ ගෞතමයන් වහන්සේ පසේනදී කෝසල නිරිඳාණන්ගෙන් සත්කාර ලැබූ කෙනෙකි. ගෞරව ලැබූ කෙනෙකි. බුහුමන් ලැබූ කෙනෙකි. පිදුම් ලැබූ කෙනෙකි. යටහත් පැවැතුම් ලැබූ කෙනෙකි. ....(පෙ)....

ඒ වගේම භවත් ශ්‍රමණ ගෞතමයන් වහන්සේ පොක්ඛරසාතී බ්‍රාහ්මණතුමාගෙන් සත්කාර ලැබූ කෙනෙකි. ගෞරව ලැබූ කෙනෙකි. බුහුමන් ලැබූ කෙනෙකි. පිදුම් ලැබූ කෙනෙකි. යටහත් පැවැතුම් ලැබූ කෙනෙකි .... (පෙ) ....

ඒ භවත් ශ්‍රමණ ගෞතමයන් වහන්සේ චම්පා නුවර ගග්ගරා පොකුණ අසබඩ වැඩසිටිනවා. ඉතින් යම්කිසි ශ්‍රමණවරුන් වේවා බ්‍රාහ්මණවරුන් වේවා අපගේ ගම් කෙතට සම්ප්‍රාප්ත වෙනවා නම් ඔවුන් අපට ආගන්තුක පිරිසකි. අප විසින් ඒ ආගන්තුක පිරිසට සත්කාර කළ යුතුයි. ගරු කළ යුතුයි. පිදිය යුතුයි. යටහත් පැවතුම් දැක්විය යුතුයි. යම් හෙයකින් ශ්‍රමණ භවත් ගෞතමයන් වහන්සේ චම්පාවට වැඩම කරලා, චම්පාවෙහි ගග්ගරා පොකුණ අසබඩ වැඩසිටිනවාද, ඒ ශ්‍රමණ ගෞතමයන් වහන්සේ අපගේ ආගන්තුකයෙක්මයි. ඉතින් අප විසින් ආගන්තුක වූ උන්වහන්සේට සත්කාර කළ යුතුයි. ගරු කළ යුතුයි. පිදිය යුතුයි. යටහත් පැවතුම් දැක්විය යුතුයි. ඔන්න ඔය කාරණයේදීත් ඒ භවත් ගෞතමයන් වහන්සේ වැනි උතුමෙක් අපව දකින්නට පැමිණීම උන්වහන්සේගේ තත්වයට සුදුසු නැහැමයි. එනිසා ශ්‍රමණ භවත් ගෞමයන් වහන්සේව බැහැදකින්නට යෑම අපටමයි සුදුසු.

භවත්නි, ඒ භවත් ගෞතමයන් වහන්සේගේ ගුණය පිළිබඳව මා දන්නේ ඔච්චරයි. නමුත් ඒ භවත් ගෞතමයන් වහන්සේ නම්, ගුණ ඔච්චරක් පමණක් තිබෙන උත්තමයෙක් නොවෙයි. ඒ භවත් ගෞතමයන් වහන්සේ ප්‍රමාණ කළ නොහැකි වූ ගුණ සම්පත්වලින් යුක්තයි.

9. මෙසේ පැවසූ විට ඒ බ්‍රාහ්මණවරු සෝණදණ්ඩ බ්‍රාහ්මණයාට මෙහෙම කිව්වා. "භවත් සෝණදණ්ඩයන් ශ්‍රමණ ගෞතමයන්ගේ ගුණයන් යම් ආකාරයකින් පැවසුවා නම්, ඒ ආකාරයෙන් යුතු ගුණ ඇති ශ්‍රමණ ගෞතමයන් වහන්සේ යොදුන් සියයක් එපිටින් වාසය කළත් සැදැහැවත් කුලපුත්‍රයෙක් විසින් මග වියදම් ද රැගෙන උන්වහන්සේව බැහැදකින්නට යෑම සුදුසු දෙයක්මයි. එහෙම නම් අපි හැමෝම ශ්‍රමණ භවත් ගෞතමයන් වහන්සේව බැහැදකින්නට යමු."

ඉතින් සෝණදණ්ඩ බ්‍රාහ්මණයා මහත් වූ බ්‍රාහ්මණ පිරිසත් සමඟ ගග්ගරා පොකුණ දෙසට පිටත් වුනා.

10. ඉතින් සෝණදණ්ඩ බ්‍රාහ්මණයාට ඒ වන ගොමුව අතරින් යද්දී මෙවැනි කල්පනාවක් ඇතිවුනා. "ඉදින් මං ශ්‍රමණ ගෞතමයන් වහන්සේගෙන් ප්‍රශ්නයක් විමසුවොතින් ශ්‍රමණ ගෞතමයන් වහන්සේ ඒ ගැන මට මේ විදිහට පවසන්නට ඉඩ තියෙනවා. 'පින්වත් බ්‍රාහ්මණය, ඔය ප්‍රශ්නය අසන්නට ඕන ඔය විදිහට නොවෙයි, පින්වත් බ්‍රාහ්මණය ඔය ප්‍රශ්නය ඇසිය යුත්තේ මේ විදිහටයි' කියලා. එතකොට මේ පිරිස මට අපහාස කරාවි. 'සෝණදණ්ඩ බ්‍රාහ්මණයා මෝඩයෙක් නෙව. අව්‍යක්ත කෙනෙක් නෙව. ශ්‍රමණ ගෞතමයන්ගෙන් නුවණැති ප්‍රශ්නයක් අසන්නට බැරිවුනා නෙව' කියලා. මේ පිරිස යම් කෙනෙකුට නිග්‍රහ කරනවා නම්, ඔහුගේ කීර්තිය පිරිහෙනවාමයි. යමෙකුගේ කීර්තිය පිරිහෙනවා නම්, ඔහුගේ භෝගසම්පත් පවා පිරිහී යනවා. අපගේ භෝගසම්පත් වුනත් කීර්තිය නිසා ලැබුණු දේවල් නෙව.

ඉතින් ශ්‍රමණ ගෞතමයන් වහන්සේ මගෙන් ප්‍රශ්න ඇසුවොතින් ඒ ප්‍රශ්නයට දෙන පිළිතුරෙන් මට උන්වහන්සේගේ සිත සතුටු කරන්නට බැරි වුනොතින් ඒ පිළිතුර පිළිබඳව ශ්‍රමණ ගෞතමයන් වහන්සේ මට මෙහෙම කියන්නට ඉඩ තියෙනවා. 'පින්වත් බ්‍රාහ්මණය, ඔය ප්‍රශ්නයට උත්තර දිය යුත්තේ ඔහොම නොවෙයිනෙ. පින්වත් බ්‍රාහ්මණය, ඔය ප්‍රශ්නයට උත්තර දිය යුත්තේ මෙහෙමයිනෙ' කියලා. එතකොට ඔය කාරණය මුල් කරගෙන මේ පිරිස මට පරිභව කරාවි. 'සෝණදණ්ඩ බ්‍රාහ්මණයා මෝඩයෙක් නෙව. අව්‍යක්ත කෙනෙක් නෙව. ශ්‍රමණ ගෞතමයන්ගේ ප්‍රශ්නයට උන්වහන්සේගේ සිත සතුටු වෙන ආකාරයට පිළිතුරක් දීගන්නට බැරිවුනා නෙව' කියලා. මේ පිරිස යම් කෙනෙකුට නිග්‍රහ කරනවා නම්, ඔහුගේ කීර්තිය පිරිහෙනවාමයි. යමෙකුගේ කීර්තිය පිරිහෙනවා නම්, ඔහුගේ භෝගසම්පත් පවා පිරිහී යනවා. අපගේ භෝගසම්පත් වුනත් කීර්තිය නිසා ලැබුණු දේවල් නෙව.

ඉදින් මං මෙහෙම ළඟට ඇවිල්ලත් ශ්‍රමණ ගෞතමයන් වහන්සේව නොදැක ආපසු හැරී ගියොත්, ඒ ගැනත් මේ පිරිස මට පරිභව කරාවි. 'සෝණදණ්ඩ බ්‍රාහ්මණයා මෝඩයෙක් නෙව. අව්‍යක්ත කෙනෙක් නෙව. දැඩි මාන්නයෙන් යුතු කෙනෙක් නෙව. භයට පත් වූ කෙනෙක් නෙව. ශ්‍රමණ ගෞතමයන්ව බැහැදැකීම පිණිස පැමිණෙන්ට බැරිවුනානෙ. ශ්‍රමණ ගෞතමයන් වහන්සේ ළඟට ගිහිල්ලත් නොදැකම ආපසු හැරී යන්නේ කොහොමද?' කියලා. මේ පිරිස යම් කෙනෙකුට නිග්‍රහ කරනවා නම්, ඔහුගේ කීර්තිය පිරිහෙනවාමයි. යමෙකුගේ කීර්තිය පිරිහෙනවා නම්, ඔහුගේ භෝග සම්පත් පවා පිරිහී යනවා. අපගේ භෝගසම්පත් වුනත් කීර්තිය නිසා ලැබුණු දේවල් නෙව.

11. ඉතින් සෝණදණ්ඩ බ්‍රාහ්මණයා භාග්‍යවතුන් වහන්සේ කරා පැමිණුනා. පැමිණ භාග්‍යවතුන් වහන්සේ සමඟ සතුටු වුනා. සතුටුවිය යුතු පිළිසඳර කතාබහ අවසන් කොට එකත්පස්ව වාඩිවුණා. චම්පා නුවරවැසි බ්‍රාහ්මණ ගෘහපතියන්ගෙන් ඇතැම් උදවිය භාග්‍යවතුන් වහන්සේට ආදරයෙන් වන්දනා කොට එකත්පස්ව වාඩිවුනා. සමහරුන් භාග්‍යවතුන් වහන්සේ සමඟ සතුටුවුනා. සතුටුවිය යුතු පිළිසඳර කතාබහ අවසන් කොට එකත්පස්ව වාඩිවුනා. තවත් සමහරුන් භාග්‍යවතුන් වහන්සේට ඇඳිලි බැඳ ආචාර කොට එකත්පස්ව වාඩිවුනා. සමහර උදවිය තම තමන්ගේ නම්ගොත් පවසලා එකත්පස්ව වාඩිවුනා. තවත් සමහරුන් නිශ්ශබ්දව එකත්පස්ව වාඩිවුනා.

12. එතකොටත් සෝණදණ්ඩ බ්‍රාහ්මණයා මේ කාරණය ගැනම බහුල වශයෙන් සිත සිතා වාඩිවෙලා හිටියා. ඒ කියන්නේ "ඉදින් මං ශ්‍රමණ ගෞතමයන් වහන්සේගෙන් ප්‍රශ්නයක් විමසුවෝතින් ශ්‍රමණ ගෞතමයන් වහන්සේ ඒ ගැන මට මේ විදිහට පවසන්නට ඉඩ තියෙනවා. 'පින්වත් බ්‍රාහ්මණය, ඔය ප්‍රශ්නය අසන්ට ඕන ඔය විදිහට නොවෙයි, පින්වත් බ්‍රාහ්මණය ඔය ප්‍රශ්නය ඇසිය යුත්තේ මේ විදිහටයි' කියලා. එතකොට මේ පිරිස මට අපහාස කරාවි. 'සෝණදණ්ඩ බ්‍රාහ්මණයා මෝඩයෙක් නෙව. අව්‍යක්ත කෙනෙක් නෙව. ශ්‍රමණ ගෞතමයන්ගෙන් නුවණැති ප්‍රශ්නයක් අසන්නට බැරිවුනා නෙව' කියලා. මේ පිරිස යම් කෙනෙකුට නිග්‍රහ කරනවා නම්, ඔහුගේ කීර්තිය පිරිහෙනවාමයි. යමෙකුගේ කීර්තිය පිරිහෙනවා නම්, ඔහුගේ භෝගසම්පත් පවා පිරිහී යනවා. අපගේ භෝගසම්පත් වුනත් කීර්තිය නිසා ලැබුණු දේවල් නෙව.

ඉතින් ශ්‍රමණ ගෞතමයන් වහන්සේ මගෙන් ප්‍රශ්න ඇසුවොතින් ඒ ප්‍රශ්නයට දෙන පිළිතුරෙන් මට උන්වහන්සේගේ සිත සතුටු කරන්නට බැරි

වුනොතින් ඒ පිළිතුර පිළිබඳව ශ්‍රමණ ගෞතමයන් වහන්සේ මට මෙහෙම කියන්නට ඉඩ තියෙනවා. 'පින්වත් බ්‍රාහ්මණය, ඔය ප්‍රශ්නයට උත්තර දිය යුත්තේ ඔහොම නොවෙයිනෙ. පින්වත් බ්‍රාහ්මණය, ඔය ප්‍රශ්නයට උත්තර දිය යුත්තේ මෙහෙමයිනෙ' කියලා. එතකොට ඔය කාරණය මුල් කරගෙන මේ පිරිස මට පරිභව කරාවි. 'සෝණදණ්ඩ බ්‍රාහ්මණයා මෝඩයෙක් නෙව. අව්‍යක්ත කෙනෙක් නෙව. ශ්‍රමණ ගෞතමයන්ගේ ප්‍රශ්නයට උන්වහන්සේගේ සිත සතුටු වෙන ආකාරයට පිළිතුරක් දීගන්නට බැරිවුනා නෙව' කියලා. මේ පිරිස යම් කෙනෙකුට නිග්‍රහ කරනවා නම්, ඔහුගේ කීර්තිය පිරිහෙනවාමයි. යමෙකුගේ කීර්තිය පිරිහෙනවා නම්, ඔහුගේ භෝගසම්පත් පවා පිරිහී යනවා. අපගේ භෝගසම්පත් වුනත් කීර්තිය නිසා ලැබුණු දේවල් නෙව.

'අනේ! ඒ නිසා ඇත්තෙන්ම ශ්‍රමණ ගෞතමයන් වහන්සේ මගෙන් අපගේ ආචාර්යවාදයට අයත් ත්‍රිවිද්‍යාව ගැන ප්‍රශ්නයක් අසනවා නම් කොතරම් හොඳද? ඒකාන්තයෙන්ම උන්වහන්සේගේ සිත සතුටුවෙන අයුරින් මට ඒ ප්‍රශ්නය විසඳන්නටත් පුළුවනි' කියලා.

13. එතකොට සෝණදණ්ඩ බ්‍රාහ්මණයාගේ සිතේ තිබුන පටලැවිල්ල අවබෝධ කරගත් භාග්‍යවතුන් වහන්සේට මේ අදහස ඇතිවුනා. "මේ සෝණදණ්ඩ බ්‍රාහ්මණයා තමන්ගේ සිතුවිල්ලෙන් පීඩා විඳිනවා. එනිසා මං සෝණදණ්ඩ බ්‍රාහ්මණයාගෙන් තම ආචාර්යවාදය වන ත්‍රිවිද්‍යාව අරභයා ප්‍රශ්නයක් අසනවා නම් හොඳයි" කියලා.

ඉතින් භාග්‍යවතුන් වහන්සේ සෝණදණ්ඩ බ්‍රාහ්මණයාට මෙකරුණ වදාළා. "පින්වත් බ්‍රාහ්මණය, බ්‍රාහ්මණවරුන් බ්‍රාහ්මණයෙකු ලෙස සළකන්නේ කවර අන්දමේ අංගවලින් සමන්විත කෙනෙක්වද? මැනැවින්ම කියනවා නම් 'මම බ්‍රාහ්මණයෙක් වෙමි' කියා පවසන්නෙත් එය මුසාවාදයක් බවට පත් නොවන්නේත් කවර කරුණු මතද?"

14. එතකොට සෝණදණ්ඩ බ්‍රාහ්මණයාට මේ අදහස් ඇතිවුනා. "අනේ ඇත්තෙන්ම ශ්‍රමණ ගෞතමයන් වහන්සේ මගෙන් තම ආචාර්යවාදය වූ ත්‍රිවිද්‍යාව අරභයා ප්‍රශ්නයක් අසනවා නම් හොඳයි කියලා. ඒ වගේම උන්වහන්සේගේ සිත සතුටු වන ආකාරයට මට පිළිතුරු දෙන්ටත් පුළුවනි කියලා ඇත්තෙන්ම අප යම් කරුණක් ගැන රුචි වුනා නම්, යම් කරුණක් කැමැති වුනා නම්, යම් කරුණක් අදහස් කළා නම්, යම් කරුණක් පැතුවා නම් ඒ ගැනම ශ්‍රමණ ගෞතමයන් වහන්සේ මගෙන් තම ආචාර්යවාදය වූ ත්‍රිවිද්‍යාව

අරහයා ප්‍රශ්නයක් අසනවා නෙව. ඉතින් මටත් සැබැවින්ම උන්වහන්සේගේ සිත සතුටුවන අයුරින් පිළිතුරු දෙන්නටත් පුළුවනි."

15. එතකොට සෝණදණ්ඩ බ්‍රාහ්මණයා කය ඍජු කරගෙන හාත්පස සිටි පිරිස දෙස හොඳ හැටියට බලා භාග්‍යවතුන් වහන්සේට මෙකරුණ පවසා සිටියා. "භවත් ගෞතමයෙනි, බ්‍රාහ්මණවරුන් බ්‍රාහ්මණයෙකු ලෙස සළකන්නේත්, මනාකොට කියනවා නම් 'මම බ්‍රාහ්මණයෙක් වෙමි' කියලා කිය හැකිවන්නේත්, එය බොරුවක් නොවන්නේත් අංග පහකින් සමන්විත කෙනා ගැනයි. ඒ අංග පහ මොනවාද? භවත් ගෞතමයෙනි, මෙහිලා බ්‍රාහ්මණයා මව් පිය දෙපාර්ශවයෙන්ම පිරිසිදු සුජාත උපතක් ලැබූ කෙනෙක් වෙනවා. ඒ කියන්නේ මීමුතු යුග පරපුරෙන් සත්වෙනි පරපුර දක්වා පිරිසිදු මව්කුසක් තිබෙන කෙනෙක්. ඒ වගේම තමන්ගේ ජාතිය පිළිබඳව අපවාද නොලැබූ, ගැරහුම් නොලැබූ කෙනෙක්,

ඒ වගේම ඔහු වේද හදාරණ කෙනෙක්. මන්ත්‍රධාරී කෙනෙක්. ඉතිහාසය පස්වෙනි කොට ඇති වේදසමයාගත භාෂා ශාස්ත්‍රයන්හි නිපුණත්වයක් ඇති අක්ෂර ප්‍රභේද ගැන හසල බුද්ධිය ඇති ත්‍රිවේද පාරප්‍රප්ත කෙනෙක්. වේදසමයාගත පද පාඨ දන්නා කෙනෙක්. ව්‍යාකරණ දන්නා කෙනෙක්. ලෝකායත ශාස්ත්‍රයෙහි, මහාපුරුෂ ලක්ෂණ ශාස්ත්‍රයෙහි නිපුණ කෙනෙක්:

ඒ වගේම ඔහු ඉතා රූපවත් කෙනෙක්. සොඳුරු පෙනුමක් ඇති කෙනෙක්. දුටුවන් පහදින කෙනෙක්. උතුම් වර්ණ සෞන්දර්යයෙන් යුතු කෙනෙක්. රන්වන් පැහැ ඇති කෙනෙක්. බ්‍රහ්මයාගේ බඳු ශරීරාලෝකය ඇති කෙනෙක්. දැකීමට පවා ඉඩකඩ අපහසුවෙන් ලැබිය යුතු කෙනෙක්.

ඒ වගේම ඔහු සිල්වත්, වැඩුණු සිල් ඇති කෙනෙක්. වැඩුණු සීලයෙන් සමන්විත කෙනෙක්.

නුවණැති කෙනෙක්, ප්‍රඥාවන්ත කෙනෙක්. යාග කිරීම පිණිස යාග හැන්ද එසවීමේදී පළමුකොට හෝ දෙවනුව හෝ කරන කෙනෙක්. භවත් ගෞතමයෙනි, බ්‍රාහ්මණවරුන් බ්‍රාහ්මණයෙකු ලෙස සළකන්නේත්, මනාකොට කියනවා නම් 'මම බ්‍රාහ්මණයෙක් වෙමි' කියලා කිය හැකිවන්නේත්, එය බොරුවක් නො වන්නේත් මෙම අංග පහෙන් සමන්විත කෙනා ගැනයි.

16. "පින්වත් බ්‍රාහ්මණය, ඔය අංග පහෙන් එක අංගයක් අත්හැර දමා අංග හතරකින් සමන්විත කෙනාව බ්‍රාහ්මණයෙක් වශයෙන් බ්‍රාහ්මණ පිරිස සළකන්නටත්, 'මම බ්‍රාහ්මණයෙක් වෙමි' කියලා මැනැවින් කියන්නටත්, එය බොරුවක් නොවන්නටත් පුළුවන්කමක් තිබේද?"

17. "පුළුවනි භවත් ගෞතමයෙනි, භවත් ගෞතමයෙනි, මේ අංග පහෙන් රූපසෝභාව අත්හරිමු. රූපසෝභාවෙන් කුමක් කරන්නටද? භවත් ගෞතමයෙනි, යම් කලෙක බ්‍රාහ්මණයා මව්පිය දෙපාර්ශවයෙන්ම පිරිසිදු සුජාත උපතක් ලැබූ කෙනෙක් වෙනවාද, ඒ කියන්නේ මීමුතු යුග පරපුරෙන් සත්වෙනි පරපුර දක්වා පිරිසිදු මව්කුසක් තිබෙන කෙනෙක් වෙනවාද, ඒ වගේම තමන්ගේ ජාතිය පිළිබඳව අපවාද නොලැබූ, ගැරහුම් නොලැබූ කෙනෙක් වෙනවාද, ඒ වගේම වේද හදාරණ කෙනෙක් වෙනවාද, මන්ත්‍රධාරී කෙනෙක් වෙනවාද, ඉතිහාසය පස්වෙනි කොට ඇති වේදසමයාගත භාෂා ශාස්ත්‍රයන්හි නිපුණත්වයක් ඇති අක්ෂර ප්‍රභේද ගැන හසල බුද්ධිය ඇති ත්‍රිවේද පාරප්‍රප්ත කෙනෙක් වෙනවාද, වේදසමයාගත පද පාඨ දන්නා කෙනෙක් වෙනවාද, ව්‍යාකරණ දන්නා කෙනෙක් වෙනවාද, ලෝකායත ශාස්ත්‍රයෙහි, මහාපුරුෂ ලක්ෂණ ශාස්ත්‍රයෙහි නිපුණ කෙනෙක් වෙනවාද, ඒ වගේම ඔහු සිල්වත්, වැඩුණු සිල් ඇති කෙනෙක් වෙනවාද, වැඩුණු සීලයෙන් සමන්විත කෙනෙක් වෙනවාද, නුවණැති කෙනෙක් වෙනවාද, ප්‍රඥාවන්ත කෙනෙක් වෙනවාද, ඒ වගේම යාග කිරීම පිණිස යාග හැන්ද එසවීමේදී පළමුකොට හෝ දෙවනුව හෝ කරන කෙනෙක් වෙනවාද, භවත් ගෞතමයෙනි, බ්‍රාහ්මණවරුන් බ්‍රාහ්මණයෙකු ලෙස සළකන්නටත්, මනාකොට කියනවා නම් 'මම බ්‍රාහ්මණයෙක් වෙමි' කියලා කියන්නටත්, එය බොරුවක් නොවන්නටත් මෙම අංග හතරෙන් සමන්විත කෙනාට පුළුවනි."

18. "පින්වත් බ්‍රාහ්මණය, ඔය අංග හතරෙන් එක අංගයක් අත්හැර දමා අංග තුනකින් සමන්විත කෙනාව බ්‍රාහ්මණයෙක් වශයෙන් බ්‍රාහ්මණ පිරිස සළකන්නටත්, 'මම බ්‍රාහ්මණයෙක් වෙමි' කියලා මැනැවින් කියන්නටත්, එය බොරුවක් නොවන්නටත් පුළුවන්කමක් තිබේද?"

19. "පුළුවනි භවත් ගෞතමයෙනි, භවත් ගෞතමයෙනි, මේ අංග හතරෙන් වේදමන්ත්‍ර අත්හරිමු. වේදමන්ත්‍රවලින් කුමක් කරන්නටද? භවත් ගෞතමයෙනි, යම් කලෙක බ්‍රාහ්මණයා මව්පිය දෙපාර්ශවයෙන්ම පිරිසිදු සුජාත උපතක් ලැබූ කෙනෙක් වෙනවාද, ඒ කියන්නේ මීමුතු යුග පරපුරෙන් සත්වෙනි පරපුර දක්වා පිරිසිදු මව්කුසක් තිබෙන කෙනෙක් වෙනවාද, ඒ වගේම තමන්ගේ ජාතිය පිළිබඳව අපවාද නොලැබූ, ගැරහුම් නොලැබූ කෙනෙක් වෙනවාද, ඒ වගේම ඔහු සිල්වත්, වැඩුණු සිල් ඇති කෙනෙක් වෙනවාද, වැඩුණු සීලයෙන් සමන්විත කෙනෙක් වෙනවාද, නුවණැති කෙනෙක් වෙනවාද, ප්‍රඥාවන්ත කෙනෙක් වෙනවාද, ඒ වගේම යාග කිරීම පිණිස යාග හැන්ද එසවීමේදී පළමුකොට හෝ දෙවනුව හෝ කරන කෙනෙක් වෙනවාද, භවත් ගෞතමයෙනි,

බ්‍රාහ්මණවරුන් බ්‍රාහ්මණයෙකු ලෙස සළකන්නටත්, මනාකොට කියනවා නම් 'මම බ්‍රාහ්මණයෙක් වෙමි' කියලා කියන්නටත්, එය බොරුවක් නොවන්නටත් මෙම අංග තුනෙන් සමන්විත කෙනාට පුළුවනි."

20. "පින්වත් බ්‍රාහ්මණය, ඔය අංග තුනෙන් එක අංගයක් අත්හැර දමා අංග දෙකකින් සමන්විත කෙනාව බ්‍රාහ්මණයෙක් වශයෙන් බ්‍රාහ්මණ පිරිස සළකන්නටත්, 'මම බ්‍රාහ්මණයෙක් වෙමි' කියලා මැනැවින් කියන්නටත්, එය බොරුවක් නොවන්නටත් පුළුවන්කමක් තිබේද?"

21. "පුළුවනි භවත් ගෞතමයෙනි, භවත් ගෞතමයෙනි, මේ අංග තුනෙන් උපන් ජාතිය අත්හරිමු. උපන් ජාතියෙන් කුමක් කරන්ටද? භවත් ගෞතමයෙනි, යම් කලෙක බ්‍රාහ්මණයා සිල්වත්, වැඩුණු සිල් ඇති කෙනෙක් වෙනවාද, වැඩුණු සීලයෙන් සමන්විත කෙනෙක් වෙනවාද, නුවණැති කෙනෙක් වෙනවාද, ප්‍රඥාවන්ත කෙනෙක් වෙනවාද, ඒ වගේම යාග කිරීම පිණිස යාග හැන්ද එසවීමේදී පළමුකොට හෝ දෙවනුව හෝ කරන කෙනෙක් වෙනවාද, භවත් ගෞතමයෙනි, බ්‍රාහ්මණවරුන් බ්‍රාහ්මණයෙකු ලෙස සළකන්නටත්, මනාකොට කියනවා නම් 'මම බ්‍රාහ්මණයෙක් වෙමි' කියලා කියන්නටත්, එය බොරුවක් නොවන්නටත් මෙම අංග දෙකෙන් සමන්විත කෙනාට පුළුවනි."

22. මෙසේ පැවසූ විට ඒ බ්‍රාහ්මණවරු සෝණදණ්ඩ බ්‍රාහ්මණයාට මේ විදිහට කියා සිටියා. "භවත් සෝණදණ්ඩයෙනි, ඔහොම කියන්නට එපා! භවත් සෝණදණ්ඩයෙනි, ඔහොම කියන්නට එපා! භවත් සෝණදණ්ඩයන් රූපසෝභාවත් බැහැර කර දමනවා නෙව. වේදමන්ත්‍රත් බැහැර කරනවා නෙව. උපන් ජාතියත් බැහැර කරනවා නෙව. ඒකාන්තයෙන්ම භවත් සෝණදණ්ඩයන් ශ්‍රමණ ගෞතමයන්ගේ අදහසටයි ඔය ඇතුළු වෙන්නේ!" කියලා.

23. එතකොට භාග්‍යවතුන් වහන්සේ ඒ බ්‍රාහ්මණ පිරිසට මෙසේ වදාළා. "ඉදින් පින්වත් බ්‍රාහ්මණවරුනි, ඔබට මෙහෙම හිතෙනවා නම්, ඒ කියන්නේ 'සෝණදණ්ඩ බ්‍රාහ්මණයා ඔය විදිහේ අල්පශ්‍රැත කෙනෙක් සෝණදණ්ඩ බ්‍රාහ්මණයා කළ්‍යාණ කතාබහ නැති කෙනෙක්. සෝණදණ්ඩ බ්‍රාහ්මණයා ප්‍රඥා රහිත කෙනෙක්. සෝණදණ්ඩ බ්‍රාහ්මණයා ශ්‍රමණ ගෞතමයන් සමඟ මෙම වචනය පිළිබඳව සාකච්ඡා කරන්නට සමත් නොවන කෙනෙක්' කියලා. සෝණදණ්ඩ බ්‍රාහ්මණයා පසෙක සිටීවා. මා සමඟ ඔබ සාකච්ඡා කරන්න. ඉදින් පින්වත් බ්‍රාහ්මණවරුනි, ඔබට මෙහෙම හිතෙනවා නම්, ඒ කියන්නේ 'සෝණදණ්ඩ බ්‍රාහ්මණයා බහුශ්‍රැත කෙනෙක්. සෝණදණ්ඩ බ්‍රාහ්මණයා කළ්‍යාණ කතාබහ ඇති කෙනෙක්. සෝණදණ්ඩ බ්‍රාහ්මණයා ප්‍රඥාවන්ත

කෙනෙක්. සෝණදණ්ඩ බ්‍රාහ්මණයා ශ්‍රමණ ගෞතමයන් සමඟ මෙම වචනය පිළිබඳව සාකච්ඡා කරන්නට සමත් කෙනෙක්' කියලා, ඔබ පසෙක සිටිත්වා. සෝණදණ්ඩ බ්‍රාහ්මණයා මා සමඟ සාකච්ඡා කරාවා."

24. මෙසේ වදාළ විට සෝණදණ්ඩ බ්‍රාහ්මණයා භාග්‍යවතුන් වහන්සේට මෙකරුණත් පවසා සිටියා. "භවත් ගෞතමයන් වැඩසිටිත්වා! භවත් ගෞතමයන් නිශ්ශබ්ද වෙත්වා! මම මුන්දලාට කරුණු සහිතව උත්තර දෙන්නම්" කියලා.

ඉතින් සෝණදණ්ඩ බ්‍රාහ්මණයා ඒ බ්‍රාහ්මණවරුන්ට මෙහෙම කිව්වා. "භවත්නි, ඔය විදිහට කතා කරන්නට එපා! භවත්නි, ඔය විදිහට කතා කරන්නට එපා! භවත් සෝණදණ්ඩයන් රූපසෝභාවත් බැහැර කර දමනවා නෙව. වේදමන්ත්‍රත් බැහැර කරනවා නෙව. උපන් ජාතියත් බැහැර කරනවා නෙව. ඒකාන්තයෙන්ම භවත් සෝණදණ්ඩයන් ශ්‍රමණ ගෞතමයන්ගේ අදහසටයි ඔය ඇතුළුවෙනවා නෙව කියලා. භවත්නි, මං රූප සෝභාවත්, වේදමන්ත්‍රවත්, උපන් ජාතියවත් බැහැර කරන්නේ නෑ."

25. ඒ වෙලාවේදී සෝණදණ්ඩ බ්‍රාහ්මණයාගේ බෑණා කෙනෙක් වන අංගක නම් මාණවකයා ඒ පිරිස අතර වාඩිවෙලා හිටියා. එතකොට සෝණදණ්ඩ බ්‍රාහ්මණයා ඒ බමුණු පිරිසට මෙහෙම කිව්වා. "භවත්නි, අපගේ බෑණා කෙනෙක් වන මේ අංගක මාණවකයාව දකිනවාද?" "එසේය භවත."

"භවත්නි, අංගක මාණවකයා ඉතා රූපවත්. සොඳුරු පෙනුමෙන් යුක්තයි. දුටුවන් පහදිනවා. උතුම් වර්ණ සෞන්දර්යයෙන් යුක්තයි. රන්වන් පැහැ තියෙනවා. බ්‍රහ්මයාගේ බඳු ශරීරාලෝකය තියෙනවා. දැකීමට පවා ඉඩකඩ අපහසුවෙන් ලැබිය යුතුයි. ඒ වගේම මේ පිරිස අතර මොහුගේ රූප සෝභාවය ශ්‍රමණ ගෞතමයන් හැරුණු කොට සම කරන්නට පුළුවන් කෙනෙක් නෑ.

ඒ වගේම භවත්නි, අංගක මාණවකයා වේද හදාරණ කෙනෙක්. මන්ත්‍රධාරී කෙනෙක්. ඉතිහාසය පස්වෙනි කොට ඇති වේදසමයාගත භාෂා ශාස්ත්‍රයන්හි නිපුණත්වයක් ඇති අක්ෂර ප්‍රභේද ගැන හසල බුද්ධිය ඇති ත්‍රිවේද පාරප්‍රප්ත කෙනෙක්. වේදසමයාගත පද පාඨ දන්නා කෙනෙක්. ව්‍යාකරණ දන්නා කෙනෙක්. ලෝකායත ශාස්ත්‍රයෙහි, මහාපුරුෂ ලක්ෂණ ශාස්ත්‍රයෙහි නිපුණ කෙනෙක්. මං තමයි මෙයාට මන්ත්‍ර ශාස්ත්‍රය ඉගැන්වූයේ.

ඒ වගේම භවත්නි, අංගක මාණවකයා මව්පිය දෙපාර්ශවයෙන්ම පිරිසිදු සුජාත උපතක් ලැබූ කෙනෙක් වෙනවා. ඒ කියන්නේ මීමුතු යුග පරපුරෙන්

සත්වෙනි පරපුර දක්වා පිරිසිදු මව්කුසක් තිබෙන කෙනෙක්. ඒ වගේම තමන්ගේ ජාතිය පිළිබඳව අපවාද නොලැබූ, ගැරහුම් නොලැබූ කෙනෙක්, මං මෙයාගේ මව්පියන් ගැන දන්නවා.

භවත්නි, ඉදින් අංගක මාණවකයා ප්‍රාණඝාතය කරනවා නම්, සොරකම් කරනවා නම්, පරස්ත්‍රී සේවනයේ යෙදෙනවා නම්, බොරු කියනවා නම්, මත්පැන් මත්ද්‍රව්‍ය පාවිච්චි කරනවා නම්, භවත්නි, එතකොට ඒ රූපසෝභාවයෙන් ඇති ඵලය මොකක්ද? ඒ වේදමන්ත්‍රවලින් ඇති ඵලය මොකක්ද? උපන් ජාතියෙන් ඇති ඵලය මොකක්ද?

භවත්නි, යම් දවසක බ්‍රාහ්මණයා සිල්වත් නම්, වැඩුණු සිල් ඇති කෙනෙක් නම්, වැඩුණු සීලයෙන් සමන්විත කෙනෙක් නම්, නුවණැති නම්, ප්‍රඥාවන්ත නම්, යාග කිරීම පිණිස යාග හැන්ද එසවීමේදී පළමුකොට හෝ දෙවනුව හෝ කරන කෙනෙක් නම්, භවත්නි, බ්‍රාහ්මණවරුන් බ්‍රාහ්මණයෙකු ලෙස සළකන්නටත්, මනාකොට කියනවා නම් 'මම බ්‍රාහ්මණයෙක් වෙමි' කියලා කියන්නටත්, එය බොරුවක් නොවන්නටත් ඔය අංග දෙකින් යුතු පුද්ගලයා ගැන පැණවිය හැකියි."

26. "පින්වත් බ්‍රාහ්මණය, ඔය අංග දෙකෙන් එක අංගයක් අත්හැර දමා එක අංගයකින් සමන්විත කෙනාව බ්‍රාහ්මණයෙක් වශයෙන් බ්‍රාහ්මණ පිරිස සළකන්නටත්, 'මම බ්‍රාහ්මණයෙක් වෙමි' කියලා මැනැවින් කියන්නටත්, එය බොරුවක් නොවන්නටත් පුළුවන්කමක් තිබේද?"

"භවත් ගෞතමයෙනි, එහෙම වෙන්නේ නෑ. භවත් ගෞතමයෙනි, ප්‍රඥාව පිරිසිදු වන්නේ සීලයෙනුයි. සීලය පිරිසිදු වන්නේ ප්‍රඥාවෙනුයි. යම් තැනක සීලය තිබෙනවාද, එතැන තමයි ප්‍රඥාව තිබෙන්නේ. යම් තැනක ප්‍රඥාව තිබෙනවාද, එතැන තමයි සීලය තිබෙන්නේ. සිල්වතාට තමයි ප්‍රඥාව තිබෙන්නේ. ප්‍රඥාවන්තයාට තමයි සීලය තිබෙන්නේ. සීලයටත් ප්‍රඥාවටත් කියන්නේ ලෝකයෙහි අග්‍ර දේ කියලයි. භවත් ගෞතමයෙනි, ඒක මේ වගේ දෙයක්. අතින් අත සෝදනවා වගේ. පයෙන් පය සෝදනවා වගේ. භවත් ගෞතමයෙනි, මෙයත් ඒ වගේමයි. ප්‍රඥාව පිරිසිදු වන්නේ සීලයෙනුයි. සීලය පිරිසිදු වන්නේ ප්‍රඥාවෙනුයි. යම් තැනක සීලය තිබෙනවාද, එතැන තමයි ප්‍රඥාව තිබෙන්නේ. යම් තැනක ප්‍රඥාව තිබෙනවාද, එතැන තමයි සීලය තිබෙන්නේ. සිල්වතාට තමයි ප්‍රඥාව තිබෙන්නේ. ප්‍රඥාවන්තයාට තමයි සීලය තිබෙන්නේ. සීලයටත් ප්‍රඥාවටත් කියන්නේ ලෝකයෙහි අග්‍ර දේ කියලයි."

"පින්වත් බ්‍රාහ්මණය, ඒක එහෙමමයි. ප්‍රඥාව පිරිසිදු වන්නේ සීලයෙනුයි. සීලය පිරිසිදු වන්නේ ප්‍රඥාවෙනුයි. යම් තැනක සීලය තිබෙනවාද, එතැන තමයි ප්‍රඥාව තිබෙන්නේ. යම් තැනක ප්‍රඥාව තිබෙනවාද, එතැන තමයි සීලය තිබෙන්නේ. සිල්වතාට තමයි ප්‍රඥාව තිබෙන්නේ. ප්‍රඥාවන්තයාට තමයි සීලය තිබෙන්නේ. සීලයටත් ප්‍රඥාවටත් කියන්නේ ලෝකයෙහි අග්‍ර දේ කියලයි."

"පින්වත් බ්‍රාහ්මණය, එහෙම නම් ඒ සීලය මොකක්ද? ඒ ප්‍රඥාව මොකක්ද?"

"භවත් ගෞතමයෙනි, අපි නම් මෙකරුණෙහිලා, නම් වශයෙන් විතරයි ඒ වචන දෙක ගැන දන්නේ. එනිසා පින්වත් ගෞතමයන් වහන්සේට මේ කරුණ පිළිබඳව අර්ථ වැටහෙන සේක් නම් ඉතා මැනැවි."

"එහෙම නම් පින්වත් බ්‍රාහ්මණය, සවන් යොමා අසන්න. මැනැවින් නුවණින් මෙනෙහි කරන්න. මං කියා දෙන්නම්." "එසේය භවත්නි," කියලා සෝණදණ්ඩ බ්‍රාහ්මණයා භාග්‍යවතුන් වහන්සේට පිළිතුරු දුන්නා. භාග්‍යවතුන් වහන්සේ මෙය වදාළා.

25. "පින්වත් බ්‍රාහ්මණය, මෙහිලා තථාගත වූ අරහත් සම්මාසම්බුදුරජාණන් වහන්සේ ලෝකයෙහි පහළ වන සේක ....(පෙ)....

(සාමඤ්ඤඵල සූත්‍රයෙහි දැක්වෙන පරිදි මෙම කොටස විස්තර කළ යුතුය) පින්වත් බ්‍රාහ්මණය, ඔය අයුරින් භික්ෂුව සිල්වත් කෙනෙක් වෙයි. පින්වත් බ්‍රාහ්මණය, මේ ඒ සීලයයි. ....(පෙ).... පළමුවෙනි ධ්‍යානය උපදවාගෙන වාසය කරයි ....(පෙ).... දෙවෙනි ධ්‍යානය උපදවාගෙන වාසය කරයි ....(පෙ).... තුන්වෙනි ධ්‍යානය උපදවාගෙන වාසය කරයි ....(පෙ).... හතරවෙනි ධ්‍යානය උපදවාගෙන වාසය කරයි ....(පෙ).... පින්වත් බ්‍රාහ්මණ, මේ ඒ සමාධියයි ....(පෙ).... ආශ්‍රවයන්ගේ ක්ෂය වීම අවබෝධ කරගැනීම පිණිස සිත යොමු කරයි. වඩාත් නැඹුරු කරයි ....(පෙ).... නැවත උපතක් නැතැයි අවබෝධයෙන්ම දැනගන්නවා. මෙය ඒ භික්ෂුවගේ ප්‍රඥාවයි. පින්වත් බ්‍රාහ්මණය, මේ ඒ ප්‍රඥාවයි.

26. මෙසේ වදාළ විට සෝණදණ්ඩ බ්‍රාහ්මණයා භාග්‍යවතුන් වහන්සේට මෙය සැළ කළා. "ස්වාමීනී භාග්‍යවතුන් වහන්ස, ඉතා සුන්දරයි! ස්වාමීනී භාග්‍යවතුන් වහන්ස, ඉතා සුන්දරයි! යටට හරවා තිබූ දෙයක් උඩු අතට හැරෙව්වා වගෙයි. වහලා තිබුණු දෙයක් ඇරලා පෙන්නුවා වගෙයි. මං මුළා වූවන්ට නියම මග පෙන්වා දෙනවා වගෙයි. ඇස් ඇති උදවියට රූප දකින්න අඳුරෙහි තෙල් පහනක් දල්වා ගෙන දරා සිටිනවා වගෙයි. ඔය විදිහට

භාග්‍යවතුන් වහන්සේ විසින් නොයෙක් අයුරින් ශ්‍රී සද්ධර්මය වදාළා. මේ මමත් භවත් ගෞතමයන් වහන්සේව සරණ යනවා. ශ්‍රී සද්ධර්මයත්, ආර්ය මහා සංඝරත්නයත් සරණ යනවා. භවත් ගෞතමයන් වහන්ස, මං ගැන අද පටන් දිවි තිබෙන තුරාවටම තෙරුවන් සරණ ගිය උපාසකයෙක් ලෙස සලකන සේක්වා! භවත් ගෞතමයන් වහන්සේ භික්ෂු සංඝයා සමඟ හෙට දවසෙහි දානය පිණිස මාගේ ආරාධනය පිළිගන්නා සේක්වා!" භාග්‍යවතුන් වහන්සේ නිශ්ශබ්දව වැඩසිටීමෙන් එම ඇරයුම පිළිගෙන වදාළා.

27. ඉන්පසු සෝණදණ්ඩ බ්‍රාහ්මණයා භාග්‍යවතුන් වහන්සේ එම ආරාධනය පිළිගෙන වදාළ බව දැන අසුනෙන් නැගිට භාග්‍යවතුන් වහන්සේට වන්දනා කොට, ප්‍රදක්ෂිණා කොට පිටත් වුණා. ඉතින් සෝණදණ්ඩ බ්‍රාහ්මණයා ඒ රැය ඇවෑමෙන් තම නිවසෙහි වැළඳිය යුතු, අනුභව කළ යුතු ප්‍රණීත වූ දන්පැන් සකසා "භවත් ගෞතමයන් වහන්ස, දන්පැන් පිළියෙළ කොට තිබෙනවා. දන් වඩින්නට කාලයයි" කියලා භාග්‍යවතුන් වහන්සේට කාලය දන්වා යැව්වා.

28. භාග්‍යවතුන් වහන්සේ පෙරවරු සමයෙහි සිවුරු හැඳ පොරොවා, පාසිවුරු ගෙන භික්ෂු සංඝයා සමඟ සෝණදණ්ඩ බ්‍රාහ්මණයාගේ නිවස වෙත වැඩම කළා. වැඩමකොට පණවන ලද ආසනයෙහි වැඩසිටියා. එතකොට සෝණදණ්ඩ බ්‍රාහ්මණයා බුදු රජුන් ප්‍රමුඛ වූ භික්ෂු සංඝයා ප්‍රණීත වූ වළඳන, අනුභව කරන දැයින් සිය අතින් මනාකොට පිළිගැන්වූවා. හොඳින් පැවරුවා.

29. ඊට පස්සේ සෝණදණ්ඩ බ්‍රාහ්මණයා වළඳා අවසන් කොට පාත්‍රයෙන් බැහැර වූ අත් ඇති භාග්‍යවතුන් වහන්සේ අසළින් එක්තරා මිටි අසුනක් ගෙන එකත්පස්ව වාඩිවුනා. එකත්පස්ව වාඩිවුන සෝණදණ්ඩ බ්‍රාහ්මණයා භාග්‍යවතුන් වහන්සේට මෙකරුණ සැළ කළා. "භවත් ගෞතමයන් වහන්ස, මං පිරිස මැද සිටිද්දී පින්වත් ගෞතමයන් වහන්සේ දැක ආසනයෙන් නැගිට වන්දනා කළොත් එකරුණ මුල් කොට ඒ පිරිස මට පරිභව කරාවි. ඒ පිරිස යමෙකුට පරිභව කරනවා නම්, ඔහුගේ කීර්තිරාවය පවා පිරිහී යනවා. යමෙකුගේ කීර්ති රාවය පිරිහී යනවා නම්, ඔහුගේ භෝග සම්පත්ද පිරිහී යනවා. ඉතින් අපගේ භෝග සම්පත් කීර්තිය නිසාම ලැබූ දේවල් නෙව.

භවත් ගෞතමයන් වහන්ස, පිරිස මැද සිටින්නා වූ මම ඇඳිලිබැඳ ආචාර කෙරුවොත් භවත් ගෞතමයන් වහන්සේ එය මා අසුනෙන් නැගිට කරන ලද ගෞරවයක් ලෙස සළකන සේක්වා!

ඒ වගේම භවත් ගෞතමයන් වහන්ස, මා පිරිස මැදට ගිය අවස්ථාවක (භාග්‍යවතුන් වහන්සේ දැක) හිස් වෙළුම මුදා අතට ගන්නේ නම් භවත්

ගෞතමයන් වහන්සේ එය මා හිස නමා කළ වන්දනාවක් ලෙස පිළිගන්නා සේක්වා!

ඒ වගේම භවත් ගෞතමයන් වහන්ස, මා යානයකට නැග ගමන් කරද්දී එයින් බැස භවත් ගෞතමයන් වහන්සේට වන්දනා කරන්නේ නම්, එකරුණ මුල්කොට ඒ පිරිස මට පරිභව කරාවි. ඒ පිරිස යමෙකුට පරිභව කරනවා නම්, ඔහුගේ කීර්තිරාවය පවා පිරිහී යනවා. යමෙකුගේ කීර්ති රාවය පිරිහී යනවා නම්, ඔහුගේ භෝග සම්පත්ද පිරිහී යනවා. ඉතින් අපගේ භෝග සම්පත් කීර්තිය නිසාම ලැබූ දේවල් නෙව.

ඒ වගේම භවත් ගෞතමයන් වහන්ස, මා යානයකට නැග ගමන් කරද්දී (භාග්‍යවතුන් වහන්සේ දැක) කෙවිට බිම පහත් කොට ඉදිරිපසට නැමුනේ නම් භවත් ගෞතමයන් වහන්සේ මා යානයෙන් බැස ගරු කළ ලෙසට සළකන සේක්වා!

ඒගේම භවත් ගෞතමයන් වහන්ස, මා යානයකට නැග ගමන් කරද්දී ඉහලාගෙන සිටින කුඩය පසෙකට හරවා පහළට නවන්නේ නම්, භවත් ගෞතමයන් වහන්සේ එය මා හිස නමා කළ වන්දනාවක් ලෙස පිළිගන්නා සේක්වා!"

ඉතින් භාග්‍යවතුන් වහන්සේ සෝණදණ්ඩ බ්‍රාහ්මණයා දහම් කතාවෙන් සන්තෝෂයට පත් කරවලා, සමාදන් කරවලා, උනන්දු කරවලා, බලවත්ව සතුටු කරවලා වැඩ සිටි අසුනෙන් නැගිට නික්ම වදාළා.

සාදු! සාදු!! සාදු!!!

හතරවෙනි සෝණදණ්ඩ සූත්‍රය නිමාවිය.

5. කූටදන්ත සූත්‍රය

කූටදන්ත බ්‍රාහ්මණයාට වදාළ දෙසුම

1. **මා** හට අසන්නට ලැබුනේ මේ විදිහටයි. ඒ දිනවල භාග්‍යවතුන් වහන්සේ පන්සියයක් පමණ වූ මහත් භික්ෂු පිරිසක් සමඟ මගධ ජනපදයේ චාරිකාවේ වඩිමින් සිටියදී මගධ ජනපදයේ ඛාණුමත නම් බ්‍රාහ්මණ ගමට ද වැඩම කොට වදාළා. ඒ ඛාණුමත බ්‍රාහ්මණ ගමේ අම්බලට්ඨිකා උයනේ තමයි භාග්‍යවතුන් වහන්සේ වැඩසිටියේ.

ඒ දිනවලම කූටදන්ත බ්‍රාහ්මණයා වාසය කළේ ඛාණුමත බ්‍රාහ්මණ ගමේමයි. ඒ බ්‍රාහ්මණ ගම ඔහුට මගධ දේශාධිපති සේනිය බිම්බිසාර රජුගෙන් ලැබුණු තෑග්ගක්. ඒක ශ්‍රේෂ්ඨ තෑග්ගක්. එහි බොහෝ ජනයා ඉන්නවා. තණ සහිත, දර සහිත, ජලය සහිත වූ, බොහෝ ධාන්‍ය තියෙනවා. රාජ පරිභෝග ගමක්.

ඒ කාලයේදී කූටදන්ත බ්‍රාහ්මණයාගේ මහායාගයක් සූදානම් කරලා තිබුනා. ලොකු ගවයන් හත් සියයකුත්, ගොන් නාම්බන් හත් සියයකුත්, නහඹු වැස්සියන් හත් සියයකුත්, එළුවන් හත් සියයකුත්, තරුණ බැටළුවන් හත් සියයකුත් යාගය පිණිස යාග කණුවල ගැටගහලා තිබුනා.

2. ඉතින් ඛාණුමත ගම්වැසි බ්‍රාහ්මණයන්ට මේ කාරණය අසන්නට ලැබුනා. "භවත්නි, අන්න ශාක්‍ය පුත්‍ර වූ, ශාක්‍ය කුලයෙන් නික්මී පැවිදි වූ ශ්‍රමණ ගෞතමයන් වහන්සේ පන්සියයක් පමණ වූ මහත් භික්ෂු පිරිසක් සමඟ මගධ ජනපදයෙහි චාරිකාවේ වඩිද්දී ඛාණුමත ගමටත් වැඩම කරලා, ඛාණුමත ගමේ අම්බලට්ඨිකාවෙහි වැඩඉන්නවා. ඒ භවත් ගෞතමයන් වහන්සේ ගැන මෙවැනි වූ කළ්‍යාණ කීර්ති ඝෝෂාවක් පැතිර ගොසින් තියෙනවා. "ඒ භාග්‍යවතුන් වහන්සේ මේ මේ කරුණින් අරහත් වන සේක! සම්මාසම්බුද්ධ වන සේක! විජ්ජාචරණසම්පන්න වන සේක! සුගත වන සේක! ලෝකවිදූ

වන සේක! අනුත්තර පුරිසදම්මසාරථී වන සේක! සත්ථා දේවමනුස්සානං වන සේක! බුද්ධ වන සේක! භගවා වන සේක! උන්වහන්සේ දෙවියන් සහිත වූ, මරුන් සහිත වූ, බඹුන් සහිත වූ, ශ්‍රමණ බමුණන් සහිත වූ දෙවිමිනිස් ප්‍රජාවෙන් යුතු මේ ලෝකය තමා විසින් උපදවා ගත් විශිෂ්ට ඥාණයෙන් සාක්ෂාත් කරලා ලෝකයට කියා දෙනවා. උන්වහන්සේ දහම් දෙසනවා. ආරම්භය කල්‍යාණ වූත්, මැද කල්‍යාණ වූත්, අවසානය කල්‍යාණ වූත්, අර්ථ සහිත වූත්, පැහැදිලි ප්‍රකාශනවලින් යුතු වූත්, මුළුමණින්ම පිරිපුන් පිරිසිදු බඹසර ප්‍රකාශ කරනවා. එබඳු වූ රහතුන් දැකගන්නට ලැබීම කොතරම් යහපත් දෙයක්ද" කියලා.

එතකොට ඛාණුමත ගම්වැසි බ්‍රාහ්මණ ගෘහපතිවරුන් ඛාණුමතයෙන් නික්ම බොහෝ පිරිස් රැස්වෙලා, කණ්ඩායම් වශයෙන් හැදිලා (භාග්‍යවතුන් වහන්සේ බැහැදැකීම පිණිස) අම්බලට්ඨිකා වනය ඇති දිශාවට පැමිණෙමින් සිටියා.

3. ඒ වෙලාවේදී කූටදන්ත බ්‍රාහ්මණයා තම ප්‍රාසාදයෙහි උඩුමහල් තලයෙහි දහවල් විවේකයෙන් හාන්සි වී සිටියා. එතකොට ඛාණුමත ගම්වැසි බ්‍රාහ්මණ ගෘහපතිවරුන් ඛාණුමතයෙන් නික්ම බොහෝ පිරිස් රැස්වෙලා, කණ්ඩායම් වශයෙන් හැදිලා (භාග්‍යවතුන් වහන්සේ බැහැදැකීම පිණිස) අම්බලට්ඨිකා වනය දෙසට ගමන් කරමින් සිටින අයුරු කූටදන්ත බ්‍රාහ්මණයාට දැකගන්නට ලැබුනා. දැක තම උපදේශක ඛත්ත නම් තැනැත්තා ඇමතුවා. "භවත් ඛත්ත, ඛාණුමත ගම්වැසි බ්‍රාහ්මණ ගෘහපතිවරුන් මොන කරුණක් නිසාද බොහෝ පිරිස් එකතුව, කණ්ඩායම් වශයෙන් රැස්වෙලා ඛාණුමත ගමෙන් නික්මිලා අම්බලට්ඨිකා වනය දිශාවට යන්නේ?"

"භවත, ශාක්‍ය කුලයෙන් පැවිදි වූ ශාක්‍යපුත්‍ර වූ ශ්‍රමණ ගෞතමයන් වහන්සේ පන්සියයක් පමණ වූ මහත් භික්ෂු පිරිසක් සමඟ මගධ ජනපදයෙහි චාරිකාවේ වඩිද්දී ඛාණුමත ගමටත් වැඩම කරලා ඛාණුමත ගමේ අම්බලට්ඨිකා වනයේ වැඩඉන්නවා. ඒ භවත් ගෞතමයන් වහන්සේ ගැන මෙවැනි වූ කල්‍යාණ කීර්ති ඝෝෂාවක් පැතිර ගොසින් තියෙනවා. "ඒ භාග්‍යවතුන් වහන්සේ මේ මේ කරුණින් අරහත් වන සේක! සම්මාසම්බුද්ධ වන සේක! විජ්ජාචරණසම්පන්න වන සේක! සුගත වන සේක! ලෝකවිදූ වන සේක! අනුත්තර පුරිසදම්මසාරථී වන සේක! සත්ථා දේවමනුස්සානං වන සේක! බුද්ධ වන සේක! භගවා වන සේක!" කියලා. අන්න ඒ භවත් ගෞතමයන් වහන්සේව දැකීම පිණිසයි ඔය උදවිය යන්නේ."

4. එතකොට කූටදන්ත බ්‍රාහ්මණයාට මේ අදහස ඇතිවුනා. "ශ්‍රමණ ගෞතමයන් වහන්සේ ත්‍රිවිධ වූ යාග සම්පත් ගැනත්, යාගයට උවමනා දහසය ආකාර පිරිකර ගැනත් දන්නා සේකැයි මං අහලා තියෙනවා. ඒ වුනාට මං ත්‍රිවිධ වූ යාග සම්පත් ගැනත්, යාගයට උවමනා දහසය ආකාර පිරිකර ගැනත් දන්නේ නෑ. මමත් මහා යාගයක් කරන්නට කැමැතියි. එහෙනම් මං ශ්‍රමණ ගෞතමයන් ළඟට ගිහින් ත්‍රිවිධ වූ යාග සම්පත් ගැනත්, යාගයට උවමනා දහසය ආකාර පිරිකර ගැනත් අහන එක තමයි හොඳ."

ඉතින් කූටදන්ත බ්‍රාහ්මණයා ඛත්ත නම් තැනැත්තා ඇමතුවා "භවත් ඛත්ත, ඛාණුමත ගම්වැසි බ්‍රාහ්මණ ගෘහපතිවරුන් ළඟට යන්න. ගිහින් ඛාණුමත ගම්වැසි බ්‍රාහ්මණ ගෘහපතිවරුන්ට මෙහෙම කියන්න. "භවත්නි, කූටදන්ත බ්‍රාහ්මණයා මෙහෙම කියනවා. 'භවත්නි, මොහොතක් සිටිනු මැනව. ශ්‍රමණ ගෞතමයන් වහන්සේව බැහැදැකීම පිණිස කූටදන්ත බ්‍රාහ්මණයාද පැමිණෙනවා' කියලා."

"එසේය භවත," කියලා ඒ ඛත්ත නම් තැනැත්තා කූටදන්ත බ්‍රාහ්මණයාට පිළිතුරු දීලා ඛාණුමත ගම්වැසි බ්‍රාහ්මණගෘහපතිවරුන් ළඟට ගියා. ගිහින් ඛාණුමත ගම්වැසි බ්‍රාහ්මණ ගෘහපතිවරුන්ට මෙහෙම කිව්වා. "භවත්නි, කූටදන්ත බ්‍රාහ්මණයා මෙහෙම කියනවා. 'භවත්නි, මොහොතක් සිටිනු මැනව. ශ්‍රමණ ගෞතමයන් වහන්සේව බැහැදැකීම පිණිස කූටදන්ත බ්‍රාහ්මණයාද පැමිණෙනවා' කියලා."

ඒ දිනවල නොයෙක් ප්‍රදේශවලින් පැමිණ සිටි පන්සියයක් පමණ වූ බ්‍රාහ්මණ පිරිසක්ද 'කූටදන්ත බ්‍රාහ්මණයාගේ මහා යාගය වළඳන්නෙමු'යි කියා ඛාණුමත ගමේ වාසය කළා. ඒ බ්‍රාහ්මණවරුන්ට කූටදන්ත බ්‍රාහ්මණයා ශ්‍රමණ ගෞතමයන් වහන්සේව බැහැදකින්නට යන බව අසන්නට ලැබුනා. එතකොට ඒ බ්‍රාහ්මණවරුන් කූටදන්ත බ්‍රාහ්මණයා ළඟට ගියා. ගිහින් කූටදන්ත බ්‍රාහ්මණයාට මෙකරුණ කිව්වා. "භවත් කූටදන්ත ශ්‍රමණ ගෞතමයන්ව බැහැදකින්නට යන්න ඉන්නවා කියලා කියන්නේ හැබෑවක්ද?"

"එසේය භවත්නි, මාත් ශ්‍රමණ ගෞතමයන්ව බැහැදැකීමට යන්න තමයි ඉන්නේ."

6. "හා... හා... භවත් කූටදන්තයන් ශ්‍රමණ ගෞතමයන්ව බැහැදකින්ට යන්නට එපා! භවත් කූටදන්තයන් ශ්‍රමණ ගෞතමයන්ව බැහැදැකීමට යන එක තමන්ගේ තත්වයට ගැලපෙන්නේ නෑ. ඉදින් භවත් කූටදන්තයන් ශ්‍රමණ ගෞතමයන්ව බැහැදකින්නට යනවා නම්, භවත් කූටදන්තයන්ගේ කීර්තිරාවය

පිරිහිලා යාවි. ශ්‍රමණ ගෞතමයන්ගේ කීර්ති රාවය වඩ වඩාත් ඉහළ යාවි. භවත් කූටදන්තයන්ගේ කීර්තිය පිරිහීමත්, ශ්‍රමණ ගෞතමයන්ගේ කීර්තිය ඉහළ යෑමත් යන යම් කරුණක් ඇද්ද, මෙන්න මේ කරුණ නිසයි භවත් කූටදන්තයන් ශ්‍රමණ ගෞතමයන්ව බැහැදකින්න යන එක සුදුසු නොවන්නේ. හැබැයි ශ්‍රමණ ගෞතමයන් නම් භවත් කූටදන්තයන්ව බැහැදකීමට එන එක සුදුසුයි.

භවත් කූටදන්තයන් වනාහී මව් පාර්ශවයෙනුත්, පිය පාර්ශවයෙනුත්, යන දෙපාර්ශවයෙන්ම පිරිසිදු වූ සුජාත උපතක් ලද කෙනෙක් නෙව. සත්වෙනි මීමුතු පරම්පරාවල් දක්වාම පිරිසිදු කුල ප්‍රවේණියක් තියෙනවා නෙව. එනිසාම කුලපාරිශුද්ධිය මුල් කොට කිසිවෙකුගෙන් උපහාස ලබා නෑ නෙව. ගැරහුම් ලබා නෑ නෙව. ඉතින් භවත් කූටදන්තයන් මව් පාර්ශවයෙනුත්, පිය පාර්ශවයෙනුත්, යන දෙපාර්ශවයෙන්ම පිරිසිදු වූ සුජාත උපතක් ලද කෙනෙක් යන යම් කරුණක් ඇද්ද, සත්වෙනි මීමුතු පරම්පරාවල් දක්වාම පිරිසිදු කුල ප්‍රවේණියක් තියෙනවා යන යම් කරුණක් ඇද්ද, එනිසාම කුල පාරිශුද්ධිය මුල් කොට කිසිවෙකුගෙන් උපහාස ලබා නැති බවත්, ගැරහුම් ලබා නැති බවත් යන යම් කරුණක් ඇද්ද, අන්න ඒ කාරණය නිසයි භවත් කූටදන්තයන් ශ්‍රමණ ගෞතමයන්ව බැහැදකින්ට යන එක සුදුසු නොවන්නේ. හැබැයි ශ්‍රමණ ගෞතමයන් නම් භවත් කූටදන්තයන්ව බැහැදකීමට එන එක සුදුසුයි.

ඒ වගේම භවත් කූටදන්තයන් වනාහී සැපසම්පතින් ආඪ්‍ය කෙනෙක් නෙව. මහා ධනවතෙක් නෙව. මහාභෝග ඇති කෙනෙක් නෙව. ....(පෙ)....

ඒ වගේම භවත් කූටදන්තයන් වනාහී වේද හදාරණ කෙනෙක් නෙව. මන්ත්‍රධාරී කෙනෙක් නෙව. ඉතිහාසය පස්වෙනි කොට ඇති වේදසමයාගත භාෂා ශාස්ත්‍රයන්හි නිපුණත්වයක් ඇති අක්ෂර ප්‍රභේද ගැන හසල බුද්ධිය ඇති ත්‍රිවේද පාරප්‍රප්ත කෙනෙක් නෙව. වේදසමයාගත පද පාඨ දන්නා කෙනෙක් නෙව. ව්‍යාකරණ දන්නා කෙනෙක් නෙව. ලෝකායත ශාස්ත්‍රයෙහි, මහාපුරුෂ ලක්ෂණ ශාස්ත්‍රයෙහි නිපුණ කෙනෙක් නෙව. ....(පෙ)....

ඒ වගේම භවත් කූටදන්තයන් වනාහී ඉතා රූපවත් කෙනෙක් නෙව. සොඳුරු පෙනුමක් ඇති කෙනෙක් නෙව. දුටුවන් පහදින කෙනෙක් නෙව. උතුම් වර්ණ සෞන්දර්යයෙන් යුතු කෙනෙක් නෙව. රන්වන් පැහැ ඇති කෙනෙක් නෙව. බ්‍රහ්මයාගේ බඳු ශරීරාලෝකය ඇති කෙනෙක් නෙව. දැකීමට පවා ඉඩකඩ අපහසුවෙන් ලැබිය යුතු කෙනෙක් නෙව. ....(පෙ)....

ඒ වගේම භවත් කූටදන්තයන් වනාහී සිල්වත් නෙව, වැඩුණු සිල් ඇති කෙනෙක් නෙව. වැඩුණු සීලයෙන් සමන්විත කෙනෙක් නෙව. ....(පෙ)....

ඒ වගේම භවත් කූටදන්තයන් වනාහී මිහිරි වචන ඇති කෙනෙක් නෙව. මිහිරි ලෙස කරුණු විග්‍රහ කරන කෙනෙක් නෙව. ශිෂ්ඨසම්පන්න වචන ඇති කෙනෙක් නෙව. නොවිසුරුණු වචන ඇති කෙනෙක් නෙව. පැහැදිලි වචන ඇති කෙනෙක් නෙව. අරුත් මතුකොට කතා කරන කෙනෙක් නෙව. ....(පෙ)....

ඒ වගේම භවත් කූටදන්තයන් වනාහී බොහෝ දෙනාට ආචාර්ය ප්‍රාචාර්ය වූ කෙනෙක් නෙව. බ්‍රාහ්මණ මාණවකයන් තුන් සියයකට වේදය උගන්වන කෙනෙක් නෙව. භවත් කූටදන්තයන් සමීපයෙහි වේද හදාරණු කැමැති, එහි ප්‍රයෝජන ඇති මාණවකයින් නා නා දිසාවලින්, නා නා ජනපදවලින් බොහෝ සෙයින් එනවා නෙව. ....(පෙ)....

ඒ වගේම භවත් කූටදන්තයන් වනාහී වයෝවෘද්ධ කෙනෙක් නෙව. මහළු කෙනෙක් නෙව. පිළිවෙලින් වයසට පත් වූ කෙනෙක් නෙව. නමුත් ශ්‍රමණ ගෞතමයන් තරුණයිනෙ. ඒ වගේම තරුණ පැවිද්දෙක්නෙ. ....(පෙ)....

ඒ වගේම භවත් කූටදන්තයන් වනාහී මගධේශ්වර සේනිය බිම්බිසාර නිරිඳුන්ගෙන් සත්කාර ලැබූ කෙනෙක් නෙව. ගෞරව ලැබූ කෙනෙක් නෙව. බුහුමන් ලැබූ කෙනෙක් නෙව. පිදුම් ලැබූ කෙනෙක් නෙව. යටහත් පැවැතුම් ලැබූ කෙනෙක් නෙව. ....(පෙ)....

ඒ වගේම භවත් කූටදන්තයන් වනාහී පොක්ඛරසාතී බ්‍රාහ්මණතුමා ගෙන් සත්කාර ලැබූ කෙනෙක් නෙව. ගෞරව ලැබූ කෙනෙක් නෙව. බුහුමන් ලැබූ කෙනෙක් නෙව. පිදුම් ලැබූ කෙනෙක් නෙව. යටහත් පැවැතුම් ලැබූ කෙනෙක් නෙව. ....(පෙ)....

ඒ වගේම භවත් කූටදන්තයන් වනාහී මගධේශ්වර සේනිය බිම්බිසාර නිරිඳුන් විසින් දෙන ලද රාජ දායාදය වූ, ශ්‍රේෂ්ඨ ත්‍යාගය වූ, රාජපරිභෝග වූ, බොහෝ ජනයා ගැවසී සිටින, තණ දර දිය ආදියෙන් පිරි, ධාන්‍යයෙන් පිරි ඛාණුමත ගමෙහි (ප්‍රධානව) වසන කෙනෙක් නෙව. ඒ වගේම භවත් කූටදන්තයන් මගධේශ්වර සේනිය බිම්බිසාර නිරිඳුන් විසින් දෙන ලද රාජ දායාදය වූ, ශ්‍රේෂ්ඨ ත්‍යාගය වූ, රාජපරිභෝග වූ, බොහෝ ජනයා ගැවසී සිටින, තණ දර දිය ආදියෙන් පිරි, ධාන්‍යයෙන් පිරි ඛාණුමත ගමෙහි (ප්‍රධානව) වාසය කරනවා යන යම් කරුණක් ඇද්ද, මෙන්න මේ කරුණ නිසයි භවත්

කූටදන්තයන් ශ්‍රමණ ගෞතමයන්ව බැහැදකින්න යන එක සුදුසු නොවන්නේ. හැබැයි ශ්‍රමණ ගෞතමයන් නම් භවත් කූටදන්තයන්ව බැහැදැකීමට එන එක සුදුසුයි."

7. මෙසේ පැවසූ විට කූටදන්ත බ්‍රාහ්මණයා ඒ බ්‍රාහ්මණවරුන්ට මෙහෙම කිව්වා. "එසේ වී නම් භවත්නි, ඒ භවත් ගෞතමයන් වහන්සේව බැහැදකින්නට යෑම අපට කොයිතරම් සුදුසුද යන වගටත්, ඒ වගේම ඒ භවත් ගෞතමයන් වහන්සේ වැනි උතුමෙක් අපව දකින්න පැමිණීම උන්වහන්සේගේ තත්වයට සුදුසු නැති වගටත් කියවෙන මගේ වචනයද අසනු මැනැව.

ශ්‍රමණ ගෞතමයන් වහන්සේ ද මව් පාර්ශවයෙනුත්, පිය පාර්ශවයෙනුත් යන දෙපාර්ශවයෙන්ම පිරිසිදු වූ සුජාත උපතක් ලද කෙනෙක්. සත්වෙනි මීමුතු පරම්පරාවල් දක්වාම පිරිසිදු කුල ප්‍රවේණියක් තියෙනවා. එනිසාම කුලපාරිශුද්ධිය මුල් කොට කිසිවෙකුගෙන් උපහාස ලබා නෑ. ගැරහුම් ලබා නෑ. ඉතින් භවත් ශ්‍රමණ ගෞතමයන් වහන්සේ මව් පාර්ශවයෙනුත්, පිය පාර්ශවයෙනුත් යන දෙපාර්ශවයෙන්ම පිරිසිදු වූ සුජාත උපතක් ලද කෙනෙක් යන යම් කරුණක් ඇද්ද, සත්වෙනි මීමුතු පරම්පරාවල් දක්වාම පිරිසිදු කුල ප්‍රවේණියක් තියෙනවා යන යම් කරුණක් ඇද්ද, එනිසාම කුලපාරිශුද්ධිය මුල් කොට කිසිවෙකුගෙන් උපහාස ලබා නැති බවත්, ගැරහුම් ලබා නැති බවත් යන යම් කරුණක් ඇද්ද, අන්න ඒ කාරණය මත ඒ භවත් ගෞතමයන් වහන්සේ වැනි උතුමෙක් අපව දකින්නට පැමිණීම උන්වහන්සේගේ තත්වයට සුදුසු නැහැමයි. එනිසා ශ්‍රමණ භවත් ගෞතමයන් වහන්සේව බැහැදකින්නට යෑම අපටමයි සුදුසු.

ඒ වගේම භවත් ශ්‍රමණ ගෞතමයන් වහන්සේ මහත් ඥාතිපිරිසක් අත්හැර දමා උතුම් පැවිදිබව ලැබූ කෙනෙක් නෙව. ....(පෙ)....

ඒ වගේම භවත් ශ්‍රමණ ගෞතමයන් වහන්සේ පොළොවට අයත් වූත්, පොළොවෙන් උඩ තිබෙන්නා වූත් බොහෝ රන් රිදී ආදී වස්තුව අත්හැර දමා උතුම් පැවිදිබව ලැබූ කෙනෙක් නෙව. ....(පෙ)....

ඒ වගේම භවත් ශ්‍රමණ ගෞතමයන් වහන්සේ ඉතා තරුණ වූ යෞවන කාලයේදීම මනා කළු කෙස් ඇති භද්‍ර වූ යොවුන් වියෙහි සිටියදීම ජීවිතයෙහි ප්‍රථම වයසේ දී ගිහිගෙයින් නික්ම අනගාරිකව උතුම් පැවිදිබව ලැබූ කෙනෙක් නෙව. ....(පෙ)....

ඒ වගේම භවත් ශ්‍රමණ ගෞතමයන් වහන්සේ තමන්ගේ රාජවංශික දෙමාපියන් අකැමැත්තෙන් කඳුළු වැකුණු මුහුණින් හඬද්දීම කෙස් රැවුල් බා

කසාවත් පොරොවා ගෙන ගිහිගෙයින් නික්ම අනගාරිකව උතුම් පැවිදිබව ලැබූ කෙනෙක් නෙව. ....(පෙ)....

ඒ වගේම භවත් ශ්‍රමණ ගෞතමයන් වහන්සේද ඉතා රූපවත් කෙනෙක් නෙව. සොඳුරු පෙනුමක් ඇති කෙනෙක් නෙව. දුටුවන් පහදින කෙනෙක් නෙව. උතුම් වර්ණ සෞන්දර්යයෙන් යුතු කෙනෙක් නෙව. රන්වන් පැහැ ඇති කෙනෙක් නෙව. බ්‍රහ්මයාගේ බඳු ශරීරාලෝකය ඇති කෙනෙක් නෙව. දැකීමට පවා ඉඩකඩ අපහසුවෙන් ලැබිය යුතු කෙනෙක් නෙව. ....(පෙ)....

ඒ වගේම භවත් ශ්‍රමණ ගෞතමයන් වහන්සේ ආර්ය වූ සිල් ඇති කෙනෙක් නෙව, කුසල සිල් ඇති කෙනෙක් නෙව. කුසල සීලයෙන් සමන්විත කෙනෙක් නෙව. ....(පෙ)....

ඒ වගේම භවත් ශ්‍රමණ ගෞතමයන් වහන්සේද මිහිරි වචන ඇති කෙනෙක් නෙව. මිහිරි ලෙස කරුණු විග්‍රහ කරන කෙනෙක් නෙව. ශිෂ්ඨසම්පන්න වචන ඇති කෙනෙක් නෙව. නොවිසුරුණු වචන ඇති කෙනෙක් නෙව. පැහැදිලි වචන ඇති කෙනෙක් නෙව. අරුත් මතු කොට කතා කරන කෙනෙක් නෙව. ....(පෙ)....

ඒ වගේම භවත් ශ්‍රමණ ගෞතමයන් වහන්සේද බොහෝ ජනයා හට ආචාර්ය ප්‍රාචාර්ය වූ කෙනෙක් නෙව. ....(පෙ)....

ඒ වගේම භවත් ශ්‍රමණ ගෞතමයන් වහන්සේ කාමරාගය ක්ෂය කළ කෙනෙක් නෙව. චපලබව බැහැර කළ කෙනෙක් නෙව. ....(පෙ)....

ඒ වගේම භවත් ශ්‍රමණ ගෞතමයන් වහන්සේ කර්මවාදී ක්‍රියාවාදී උත්තමයෙක් නෙව. ශ්‍රේෂ්ඨ වූ දෙයම පෙරටු කොට ඇති කෙනෙක් නෙව. උතුම් බ්‍රාහ්මණ පිරිසටත් අවශේෂ ප්‍රජාවටත් නායකත්වය දරණ කෙනෙක් නෙව. ....(පෙ)....

ඒ වගේම භවත් ශ්‍රමණ ගෞතමයන් වහන්සේ සම්භේද නොවූ පිරිසිදු රාජවංශික කුල ප්‍රවේණි ඇති උසස්ම වංශයෙන් පැවිදි වූ කෙනෙක් නෙව. ....(පෙ)....

ඒ වගේම භවත් ශ්‍රමණ ගෞතමයන් වහන්සේ ආඪ්‍ය වූ මහාධන ඇති මහාභෝග ඇති කුලවත් වංශයෙන් පැවිදි වූ කෙනෙක් නෙව. ....(පෙ)....

ඒ වගේම භවත් ශ්‍රමණ ගෞතමයන් වහන්සේ වෙත පිටරටවලින්ද පිට ජනපදවලින්ද ප්‍රශ්න විසඳා ගැනීමට බොහෝ පිරිස් පැමිණෙනවා නෙව. ....(පෙ)....

ඒ වගේම අනේක වූ දහස් සංඛ්‍යාත දෙවිවරුන් භවත් ශ්‍රමණ ගෞතමයන් වහන්සේව දිවිහිමියෙන් සරණ ගිහින් තිබෙනවා නෙව. ....(පෙ)....

ඒ වගේම භවත් ශ්‍රමණ ගෞතමයන් වහන්සේ පිළිබඳව මේ ආකාර වූ කල්‍යාණ කීර්ති ඝෝෂාවක් පැතිර ගිහින් තිබෙනවා නෙව. "ඒ භාග්‍යවතුන් වහන්සේ මේ මේ කරුණින් අරහත් වන සේක! සම්මාසම්බුද්ධ වන සේක! විජ්ජාචරණසම්පන්න වන සේක! සුගත වන සේක! ලෝකවිදූ වන සේක! අනුත්තර පුරිසදම්මසාරථී වන සේක! සත්ථා දේවමනුස්සානං වන සේක! බුද්ධ වන සේක! භගවා වන සේක!" කියලා. ....(පෙ)....

ඒ වගේම භවත් ශ්‍රමණ ගෞතමයන් වහන්සේ මහාපුරුෂ ලක්ෂණ තිස්දෙකකින් සමන්විත වූ කෙනෙක් නෙව. ....(පෙ)....

ඒ වගේම භවත් ශ්‍රමණ ගෞතමයන් වහන්සේ තමන් වෙත පැමිණෙන පිරිසට ඉතා සුහද ලෙස 'එන්න ඔබේ පැමිණීම සාදරයෙන් පිළිගනිමු' කියමින් පිළිගන්නා කෙනෙකි. මිහිරි වචන කතා කරන කෙනෙකි. පිළිසඳර කතාවෙහි ඉතා දක්ෂ කෙනෙකි. කවර කරුණකටවත් ඇහිබැම හකුළුවා නොබලන කෙනෙකි. ඕනෑම කෙනෙක් දෙස ප්‍රියශීලී ලෙස මුහුණ ඔසවා කෙළින් බලන කෙනෙකි. පැමිණි පිරිසට පළමුවෙන්ම කතාබස් කරන කෙනෙකි. ....(පෙ)....

ඒ වගේම භවත් ශ්‍රමණ ගෞතමයන් වහන්සේ භික්ෂු, භික්ෂුණී, උපාසක, උපාසිකා යන සිව්වණක් පිරිසෙන් සත්කාර ලැබූ කෙනෙකි. ගෞරව ලැබූ කෙනෙකි. බුහුමන් ලැබූ කෙනෙකි. පිදුම් ලැබූ කෙනෙකි. යටහත් පැවැතුම් ලැබූ කෙනෙකි. ....(පෙ)....

ඒ වගේම භවත් ශ්‍රමණ ගෞතමයන් වහන්සේ කෙරෙහි බොහෝ දෙවිවරුත්, බොහෝ මිනිසුනුත් අතිශයින්ම පැහැදීමෙන් යුක්තයි නෙව. ....(පෙ)....

ඒ වගේම භවත් ශ්‍රමණ ගෞතමයන් වහන්සේ යම් ගමක වේවා, නියම්ගමක වේවා වැඩසිටිනවා නම් ඒ ගමේවත්, නියම්ගමේවත් අමනුෂ්‍යයන් මිනිසුන් හට කිසි පීඩාවක් කරන්නේ නෑ. ....(පෙ)....

ඒ වගේම භවත් ශ්‍රමණ ගෞතමයන් වහන්සේ මහා පිරිස් සහිතයි. විශාල පිරිස්වලට ආචාර්ය වශයෙන් සිටින්නේ. ඒ වගේම බොහෝ ආගමික නායකයන් අතරින් උන්වහන්සේ තමයි අග්‍ර වන්නේ. ....(පෙ)....

භවත්නි, ඇතැම් ශ්‍රමණ බ්‍රාහ්මණයන්ගේ කීර්තිරාවය තියෙන්නේ ඔවුන්ගේ යම් යම් ව්‍රත සමාදන් වීම් ආදී බාහිර දේ මුල් කරගෙනයි. නමුත්

ශ්‍රමණ ගෞතමයන් වහන්සේගේ කීර්තිය පැතිරිලා තියෙන්නේ එවන් කරුණක් දෙකක් මුල් කරගෙන නොවේ. සැබැවින්ම අනුත්තර වූ (අවබෝධ ඤාණය නම් වූ විද්‍යාවෙනුත්, ඊට අනුකූල හැසිරීම නම් වූ චරණයෙනුත් යන) විජ්ජාචරණ සම්පන්න ගුණයෙන්මයි ශ්‍රමණ ගෞතමයන් වහන්සේගේ කීර්තිරාවය පැතිරී තියෙන්නේ. ....(පෙ)....

ඒ වගේම මගධේශ්වර සේනිය බිම්බිසාර නිරිඳාණන් සිය දරුවනුත් හා එක්ව, බිරින්දෑවරුන් හා එක්ව, පිරිස් හා එක්ව, ඇමැතිවරුන් හා එක්ව භවත් ශ්‍රමණ ගෞතමයන් වහන්සේව දිවිහිමියෙන් සරණ ගිහිල්ලයි ඉන්නේ. ඒ වගේම පසේනදී කෝසල නිරිඳාණන් සිය දරුවනුත් හා එක්ව, බිරින්දෑවරුන් හා එක්ව, පිරිස් හා එක්ව, ඇමැතිවරුන් හා එක්ව භවත් ශ්‍රමණ ගෞතමයන් වහන්සේව දිවිහිමියෙන් සරණ ගිහිල්ලයි ඉන්නේ. ඒ වගේම පොක්ඛරසාතී බ්‍රාහ්මණතුමා සිය දරුවනුත් හා එක්ව, බිරින්දෑවරුන් හා එක්ව, පිරිස් හා එක්ව, ඇමැතිවරුන් හා එක්ව භවත් ශ්‍රමණ ගෞතමයන් වහන්සේව දිවිහිමියෙන් සරණ ගිහිල්ලයි ඉන්නේ. ඒ වගේම භවත් ශ්‍රමණ ගෞතමයන් වහන්සේ මගධේශ්වර සේනිය බිම්බිසාර නිරිඳාණන්ගෙන් සත්කාර ලැබූ කෙනෙකි. ගෞරව ලැබූ කෙනෙකි. බුහුමන් ලැබූ කෙනෙකි. පිදුම් ලැබූ කෙනෙකි. යටහත් පැවැතුම් ලැබූ කෙනෙකි. ඒ වගේම භවත් ශ්‍රමණ ගෞතමයන් වහන්සේ පසේනදී කෝසල නිරිඳාණන්ගෙන් සත්කාර ලැබූ කෙනෙකි. ගෞරව ලැබූ කෙනෙකි. බුහුමන් ලැබූ කෙනෙකි. පිදුම් ලැබූ කෙනෙකි. යටහත් පැවැතුම් ලැබූ කෙනෙකි. ඒ වගේම භවත් ශ්‍රමණ ගෞතමයන් වහන්සේ පොක්ඛරසාතී බ්‍රාහ්මණතුමාගෙන් සත්කාර ලැබූ කෙනෙකි. ගෞරව ලැබූ කෙනෙකි. බුහුමන් ලැබූ කෙනෙකි. පිදුම් ලැබූ කෙනෙකි. යටහත් පැවැතුම් ලැබූ කෙනෙකි.

ඒ භවත් ශ්‍රමණ ගෞතමයන් වහන්සේ ඛාණුමත ගමේ අම්බට්ඨිකාවේ වැඩසිටිනවා. ඉතින් යම්කිසි ශ්‍රමණවරුන් වේවා බ්‍රාහ්මණවරුන් වේවා අපගේ ගම් කෙතට සම්ප්‍රාප්ත වෙනවා නම් ඔවුන් අපට ආගන්තුක පිරිසකි. අප විසින් ඒ ආගන්තුක පිරිසට සත්කාර කළ යුතුයි. ගරු කළ යුතුයි. පිදිය යුතුයි. යටහත් පැවතුම් දක්විය යුතුයි. යම් හෙයකින් ශ්‍රමණ භවත් ගෞතමයන් වහන්සේ ඛාණුමතයට වැඩම කරලා, ඛාණුමත ගමෙහි අම්බට්ඨිකාවෙහි වැඩසිටිනවාද, ඒ ශ්‍රමණ ගෞතමයන් වහන්සේ අපගේ ආගන්තුකයෙක්මයි. ඉතින් අප විසින් ආගන්තුක වූ උන්වහන්සේට සත්කාර කළ යුතුයි. ගරු කළ යුතුයි. පිදිය යුතුයි. යටහත් පැවතුම් දක්විය යුතුයි.

ඔන්න ඔය කාරණයේදීත් ඒ භවත් ගෞතමයන් වහන්සේ වැනි උතුමෙක් අපව දකින්නට පැමිණීම උන්වහන්සේගේ තත්වයට සුදුසු නැහැමයි. එනිසා ශ්‍රමණ භවත් ගෞතමයන් වහන්සේව බැහැදකින්නට යෑම අපටමයි සුදුසු.

භවත්නි, ඒ භවත් ගෞතමයන් වහන්සේගේ ගුණය පිළිබඳව මා දන්නේ ඔච්චරයි. නමුත් ඒ භවත් ගෞතමයන් වහන්සේ නම්, ගුණ ඔච්චරක් පමණක් තිබෙන උත්තමයෙක් නොවෙයි. ඒ භවත් ගෞතමයන් වහන්සේ ප්‍රමාණ කළ නොහැකි වූ ගුණ සම්පත්වලින් යුක්තයි."

8. මෙසේ පැවසූ විට ඒ බ්‍රාහ්මණවරු කූටදන්ත බ්‍රාහ්මණයාට මෙහෙම කිව්වා. "භවත් කූටදන්තයන් ශ්‍රමණ ගෞතමයන්ගේ ගුණයන් යම් ආකාරයකින් පැවසුවා නම්, ඒ ආකාරයෙන් යුතු ගුණ ඇති ශ්‍රමණ ගෞතමයන් වහන්සේ යොදුන් සියයක් එපිටින් වාසය කළත් සැදැහැවත් කුලපුත්‍රයෙක් විසින් මග වියදම් ද රැගෙන උන්වහන්සේව බැහැදකින්නට යෑම සුදුසු දෙයක්මයි. එහෙමනම් අපි හැමෝම ශ්‍රමණ භවත් ගෞතමයන් වහන්සේව බැහැදකින්නට යමු."

9. ඉතින් කූටදන්ත බ්‍රාහ්මණයා මහත් වූ බ්‍රාහ්මණ පිරිසක් සමඟ අම්බලට්ඨිකාවෙහි භාග්‍යවතුන් වහන්සේ වැඩසිටි තැනට පැමිණුනා. පැමිණ භාග්‍යවතුන් වහන්සේ සමඟ සතුටු වුනා. සතුටුවිය යුතු පිළිසඳර කතාබහ අවසන් කොට එකත්පස්ව වාඩිවුනා. ඛාණුමතිකා ගම්වැසි බ්‍රාහ්මණ ගෘහපතියන්ගෙන් ඇතැම් උදවිය භාග්‍යවතුන් වහන්සේට ආදරයෙන් වන්දනා කොට එකත්පස්ව වාඩිවුනා. සමහරුන් භාග්‍යවතුන් වහන්සේ සමඟ සතුටුවුනා. සතුටුවිය යුතු පිළිසඳර කතාබහ අවසන් කොට එකත්පස්ව වාඩිවුනා. තවත් සමහරුන් භාග්‍යවතුන් වහන්සේට ඇඳිලි බැඳ ආචාර කොට එකත්පස්ව වාඩිවුනා. සමහර උදවිය තම තමන්ගේ නම්ගොත් පවසලා එකත්පස්ව වාඩිවුනා. තවත් සමහරුන් නිශ්ශබ්දව එකත්පස්ව වාඩිවුනා.

10. එකත්පස්ව හුන් කූටදන්ත බ්‍රාහ්මණයා භාග්‍යවතුන් වහන්සේට මෙකරුණ පැවසුවා. "ශ්‍රමණ ගෞතමයන් වහන්සේ ත්‍රිවිධ වූ යාග සම්පත් ගැනත්, යාගයට උවමනා දහසය ආකාර පිරිකර ගැනත් දන්නා සේකැයි මං අහලා තියෙනවා. ඒ වුනාට මං ත්‍රිවිධ වූ යාග සම්පත් ගැනත්, යාගයට උවමනා දහසය ආකාර පිරිකර ගැනත් දන්නේ නෑ. මමත් මහා යාගයක් කරන්නට කැමැතියි. ශ්‍රමණ ගෞතමයන් වහන්සේ මා හට ත්‍රිවිධ වූ යාග සම්පත් ගැනත්, යාගයට උවමනා දහසය ආකාර පිරිකර ගැනත් දේශනා කරන සේක්වා."

"එහෙමනම් පින්වත් බ්‍රාහ්මණය, සවන් යොමා අසන්න. හොඳින් නුවණින් මෙනෙහි කරන්න. මං කියා දෙන්නම්." "එසේය භවත" කියලා කූටදන්ත බ්‍රාහ්මණයා භාග්‍යවතුන් වහන්සේට පිළිතුරු දුන්නා. භාග්‍යවතුන් වහන්සේ මෙය වදාළා.

11. පින්වත් බ්‍රාහ්මණය, මේක ඉස්සර සිදුවුන දෙයක්. මහාවිජිත කියලා රජ කෙනෙක් හිටියා. ඔහු සම්පත්වලින් ආඪ්‍ය කෙනෙක්. මහා ධනවත්, මහා භෝග තිබුනා. බොහෝ රන් රිදී තිබුනා. බොහෝ වස්තු උපකරණ තිබුනා. බොහෝ ධනධාන්‍ය තිබුනා. ගබඩාවල් අටුකොටු පුරවලා තිබුනා. ඉතින් පින්වත් බ්‍රාහ්මණය, මහාවිජිත රජ්ජුරුවන්ට හුදෙකලා විවේකයෙන් ඉන්න අවස්ථාවක මෙවැනි කල්පනාවක් සිතේ ඇතිවුනා. 'මට මිනිස් ලෝකයෙහි තිබෙන මහත් භෝගසම්පත් ලැබිලා තියෙනවා. මේ සා විශාල පෘථුවි මණ්ඩලය දිනා ගෙන මං අධිපති වෙලා ඉන්නවා. ඉතින් මාත් මහායාගයක් කළොත් ඒක මට බොහෝ කලක් හිතසුව පිණිස පවතීවි' කියලා.

පින්වත් බ්‍රාහ්මණය, ඊට පස්සේ මහාවිජිත රජ්ජුරුවෝ පුරෝහිත බ්‍රාහ්මණයා අමතා මෙහෙම කිව්වා. "එම්බා බ්‍රාහ්මණය, හුදෙකලා විවේකයෙන් සිටින මට මෙවැනි කල්පනාවක් හිතේ ඇතිවුනා. "මට මිනිස් ලෝකයෙහි තිබෙන මහත් භෝගසම්පත් ලැබිලා තියෙනවා. මේ සා විශාල පෘථුවි මණ්ඩලය දිනාගෙන මං අධිපති වෙලා ඉන්නවා. ඉතින් මාත් මහායාගයක් කළොත් ඒක මට බොහෝ කලක් හිතසුව පිණිස පවතීවි" කියලා. ඉතින් බ්‍රාහ්මණය මං මහා යාගයක් කරන්නට කැමැතියි. භවත, එයට මට අනුශාසනා කළ මැනැව. එය මා හට බොහෝ කලක් හිතසුව පිණිස පවතීවි."

12. පින්වත් බ්‍රාහ්මණය, මෙසේ පැවසූ විට පුරෝහිත බ්‍රාහ්මණයා මහා විජිත රජුට මෙහෙම කිව්වා. "භවත්, රජාණන්ගේ ජනපදය සොර උවදුරු සහිතයි. සොර උවදුරින් පෙළෙනවා. ගම්පහරන සොරුන්ව දකින්නට ලැබෙනවා. නියම්ගම් පහරන සොරුන්වත් දකින්නට ලැබෙනවා. මං පහරන සොරුන්වත් දකින්ට ලැබෙනවා. ඉදින් භවත් රජාණන් මෙවැනි සොර උවදුරු සහිත, සොර උවදුරින් පීඩා විඳින ජනපදවාසීන්ගෙන් අධික බදු අය කරනවා නම්, අන්න ඒ කාරණය භවත් රජාණන් අතින් නොකෙරිය යුත්තක්මයි. භවත් රජ්ජුරාණන් හට මේ විදිහට සිතෙන්නට පුළුවනි. "මං ඔය සොර මුල් අල්ලලා එක්කෝ මරවනවා. එක්කෝ හිරේ දමනවා. දඩ ගසනවා. එක්කෝ අපහාස කරනවා. එක්කෝ පිටුවහල් කරනවා. ඒ විදිහට ඒ ප්‍රශ්නෙ මුලින්ම උදුරා දමනවා" කියලා.

නමුත් සොර මුල්වලට ඔය විදිහට දඬුවම් දීලා ඒ ප්‍රශ්නය මනාකොට මුලින්ම ඉදිරී යන්නේ නෑ. වනසන ලද සොරුන්ගෙන් යමෙක් ඉතිරි වුනොත් ඔවුන් පසුවට මුළු රටම පීඩාවට පත් කරාවි. එසේ නමුත් මේ සංවිධානාත්මක වැඩපිළිවෙලට පැමිණිලා ඔය සොරු මුල් මනාකොට උදුරා දමන්නට පුළුවන්

වෙනවා. එම නිසා භවත් රජතුමා යම් කෙනෙක් භවත් රජුන්ගේ රට තුළ ගොවිතැනටත්, ගව පාලනයටත් උනන්දු වෙනවා නම්, ඔවුන් හට භවත් රජතුමා බිත්තර වී, බත් වැටුප් ආදිය සපයා දෙන සේක්වා! භවත් රජුගේ රට තුළ යම් කෙනෙක් ව්‍යාපාර පිණිස උත්සාහවත් වෙනවා නම්, ඔවුන් හට භවත් රජතුමා ප්‍රාග්ධනය සළසා දෙන සේක්වා! භවත් රජුගේ රට තුළ යම් කෙනෙක් රාජ්‍ය සේවය පිණිස උත්සාහවත් වෙනවා නම්, ඔවුන් හට භවත් රජතුමා බත් වැටුප් පිළියෙල කර දෙන සේක්වා! එතකොට ඒ මිනිසුන් තම තමන්ගේ රාජකාරිවල යෙදෙමින් සිටින විට රජතුමාගේ රට පෙළන්නේ නෑ. රජතුමාටත් මහා ධන ධාන්‍ය වර්ධනයක් වෙනවා. ඒ ඒ ප්‍රදේශ සොර උවදුරු රහිතව, සොර පීඩා රහිතව බිය සැක නැති, රැකවරණ ඇති තැන් බවට පත්වෙනවා. එතකොට සතුටු වන මිනිසුන් උරයෙහි දරුවන් නටවමින් ගෙවල් දොරවල් බිය සැක නැතිව විවෘත කර වාසය කරාවි.

13. පින්වත් බ්‍රාහ්මණය, ඉතින් මහාවිජිත රජ්ජුරුවෝ "එසේය භවත" කියලා පුරෝහිත බ්‍රාහ්මණයාට පිළිතුරු දී රජුගේ රටෙහි ගොවිතැන්, ගව පාලනය කටයුතු කරන්න යමෙක් උත්සාහවත් වුනා නම්, ඔවුන්ට මහාවිජිත රජතුමා බිත්තර වී බත් ආදියත් ලබා දුන්නා. යම් කෙනෙක් රජුගේ රටෙහි ව්‍යාපාර කිරීමෙහි උනන්දු වුනා නම්, ඔවුන්ට මහාවිජිත රජතුමා ප්‍රාග්ධනය දුන්නා. යම් කෙනෙක් රජුගේ රටෙහි රාජ්‍ය සේවයට උත්සහාවත් වුනා නම්, ඔවුන්ට මහාවිජිත රජතුමා බත් වැටුප් දුන්නා. එතකොට ඒ මිනිස්සු තම තමන්ගේ රැකියාවල නියුතු වීම නිසා රජුගේ රට පෙළුවේ නෑ. රජුගේ (භාණ්ඩාගාරය ද) ධන ධාන්‍යවලින් පිරී ගියා. ඒ ඒ ප්‍රදේශ සොර උවදුරු රහිතව, සොර පීඩා රහිතව බිය සැක නැති, රැකවරණ ඇති තැන් බවට පත්වුනා. එතකොට සතුටු වන මිනිසුන් උරයෙහි දරුවන් නටවමින් ගෙවල් දොරවල් බිය සැක නැතිව විවෘත කර වාසය කළා.

14. ඉතින් පින්වත් බ්‍රාහ්මණය, මහාවිජිත රජ්ජුරුවෝ පුරෝහිත බ්‍රාහ්මණයා අමතා මෙහෙම කිව්වා. "භවත මා විසින් සංවිධානාත්මකව කටයුතු කිරීම නිසා ඒ සොර මුල මුලින්ම ඉදිරී ගියා. මාගේ ධනධාන්‍ය රාශිය ද අතිවිශාලයි. ඒ ඒ ප්‍රදේශ සොර උවදුරු රහිතව, පෙළීම් රහිතව බිය සැක නැතුව තියෙනවා. මිනිස්සුත් සතුටින් ඉපිල යමින් දරුවන් උරයේ නටවමින්, ගෙවල් දොරවල් බිය නැතිව විවෘත කරලා දාලා ඉන්නවා වගේ වාසය කරනවා. එම්බා බ්‍රාහ්මණය, මං දැන් මහා යාගයක් කරන්නට කැමැතියි. භවත මට අනුශාසනා කළ මැනැව. එය මට බොහෝ කලක් හිතසුව පිණිස පවතීවි."

"එසේ නම් භවත් රජතුමනි, භවත් රජුගේ රටෙහි රජ අණ පිළිපදින නියම්ගම්වාසී වූත්, ජනපදවාසී වූත් යම් ක්ෂත්‍රියවරුන් (රාජකීය පිරිස) සිටිනවා නම්, භවත් රජතුමා "භවත්නි, මං මහා යාගයක් කරන්නට කැමැතියි. භවත්නි, ඒ සඳහා මට අනුමැතිය දෙත්වා! එය මට බොහෝ කලක් හිත සුව පිණිස පවතීවි" කියලා ඔවුන් අමතන සේක්වා! භවත් රජුගේ රටෙහි රජ අණ පිළිපදින නියම්ගම්වාසී වූත්, ජනපදවාසී වූත් යම් ඇමැති පිරිස සිටිනවා නම් ....(පෙ).... භවත් රජුගේ රටෙහි රජ අණ පිළිපදින නියම්ගම්වාසී වූත්, ජනපදවාසී වූත් යම් සම්භාවනීය බ්‍රාහ්මණ පිරිස සිටිනවා නම් ....(පෙ) .... භවත් රජුගේ රටෙහි රජ අණ පිළිපදින නියම්ගම්වාසී වූත්, ජනපදවාසී වූත් යම් සම්භාවනීය ගිහි පිරිස සිටිනවා නම්, භවත් රජතුමා "භවත්නි, මං මහා යාගයක් කරන්ට කැමැතියි. භවත්නි, ඒ සඳහා මට අනුමැතිය දෙත්වා! එය මට බොහෝ කලක් හිත සුව පිණිස පවතීවි" කියලා ඔවුන් අමතන සේක්වා!

පින්වත් බ්‍රාහ්මණය, "එසේය භවත" කියලා මහාවිජිත රජ්ජුරුවෝ පුරෝහිත බ්‍රාහ්මණයාට පිළිතුරු දී රජුගේ රටෙහි රජ අණ පිළිපදින නියම්ගම් වාසී වූත්, ජනපදවාසී වූත් යම් ක්ෂත්‍රියවරුන් (රාජකීය පිරිස) සිටිනවා නම්, ඒ මහාවිජිත රජතුමා "භවත්නි, මං මහා යාගයක් කරන්නට කැමැතියි. භවත්නි, ඒ සඳහා මට අනුමැතිය දෙත්වා! එය මට බොහෝ කලක් හිත සුව පිණිස පවතීවි" කියලා ඔවුන් ඇමතුවා. "භවත් රජතුමනි, යාගය කරන සේක්වා!මහාරාජයාණෙනි, මේ යාගයට කාලයයි."

රජුගේ රටෙහි රජ අණ පිළිපදින නියම්ගම්වාසී වූත්, ජනපදවාසී වූත් යම් ඇමැති පිරිස සිටිනවා නම් ....(පෙ).... රජුගේ රටෙහි රජ අණ පිළිපදින නියම්ගම්වාසී වූත්, ජනපදවාසී වූත් යම් සම්භාවනීය බ්‍රාහ්මණ පිරිස සිටිනවා නම් ....(පෙ).... රජුගේ රටෙහි රජ අණ පිළිපදින නියම්ගම් වාසී වූත්, ජනපදවාසී වූත් යම් සම්භාවනීය ගිහි පිරිස සිටිනවා නම්, ඒ මහාවිජිත රජතුමා "භවත්නි, මං මහා යාගයක් කරන්නට කැමැතියි. භවත්නි, ඒ සඳහා මට අනුමැතිය දෙත්වා! එය මට බොහෝ කලක් හිත සුව පිණිස පවතීවි" කියලා ඔවුන් ඇමතුවා. "භවත් රජතුමනි, යාගය කරන සේක්වා! මහාරාජයාණෙනි, මේ යාගයට කාලයයි."

මෙසේ යාගයට අවසර දෙන පිරිස් හතර තමයි ඒ යාගයේ පිරිකර බවට පත්වන්නේ.

15. මහාවිජිත රජතුමා අංග අටකින් සමන්විතයි.

මව් පාර්ශවයෙනුත්, පිය පාර්ශවයෙනුත් යන දෙපාර්ශවයෙන්ම පිරිසිදු වූ සුජාත උපතක් ලද කෙනෙක්. සත්වෙනි මීමුතු පරම්පරාවල් දක්වාම පිරිසිදු කුල ප්‍රවේණියක් තියෙනවා. එනිසාම කුලපාරිශුද්ධිය මුල් කොට කිසිවෙකු ගෙන් උපහාස ලබා නෑ. ගැරහුම් ලබා නෑ.

ඉතා රූපවත් කෙනෙක්. සොඳුරු පෙනුමක් ඇති කෙනෙක්. දුටුවන් පහදින කෙනෙක්. උතුම් වර්ණ සෞන්දර්යයෙන් යුතු කෙනෙක්. රන්වන් පැහැ ඇති කෙනෙක්. බ්‍රහ්මයාගේ බඳු ශරීරාලෝකය ඇති කෙනෙක්. දැකීමට පවා ඉඩකඩ අපහසුවෙන් ලැබිය යුතු කෙනෙක්.

සැප සම්පතින් ආඪ්‍ය කෙනෙක්. මහා ධනවතෙක්. මහාභෝග ඇති කෙනෙක්, බොහෝ මිල මුදල් ඇති කෙනෙක්, බොහෝ පාරිභෝගික උපකරණ ඇති කෙනෙක්, බොහෝ ධනධාන්‍ය ඇති කෙනෙක්. අටුකොටු පිරීගිය සම්පත් ඇති කෙනෙක්.

බලවන්තයි. රජ අණට සවන් දෙන, රජුගේ අවවාදයට අනුව කටයුතු කරන ඇත්, අස්, රිය, පාබල යන චතුරංගනී සේනාවෙන් සමන්විතයි. රජුගේ යසස් තේජසින් විරුද්ධ පාක්ෂිකයන් තැවී යන සුළුයි.

ශ්‍රද්ධාවන්තයි, පරිත්‍යාගශීලියි, දානපති කෙනෙක්. ශ්‍රමණ බ්‍රාහ්මණවරුන් හටද දුගී මගී යාචකාදීන්ට ද විවෘත වූ දොරටුවලින් යුක්තයි. හැමට පානය කළ හැකි පැන් ඇති පොකුණක් මෙන් සිටිමින් දන් පින් කරයි.

තමා ඉගෙන ගන්නා ඒ ඒ කරුණු පිළිබඳව බහුශ්‍රැතයි, මේ පවසන දේ තුළ තිබෙන්නේ මේ අර්ථයි. මේ කියමන තුළ තිබෙන්නේ මේ අර්ථයයි කියලා ඒ ඒ පැවසූ කරුණු පිළිබඳව අර්ථ දන්නවා.

ඥාණවන්තයි. ව්‍යක්තයි. ඉතා බුද්ධිමත්. අතීත අනාගත වර්තමාන කරුණු පිළිබඳව අරුත් සිතන්නට දක්ෂයි.

මහාවිජිත රජතුමා ඔය අංග අටෙනුත් සමන්විතයි. ඔය විදිහට මේ අංග අටත් රජතුමාගේ යාග පිරිකර බවට පත්වෙනවා.

16. පුරෝහිත බ්‍රාහ්මණයාත් අංග හතරකින් සමන්විතයි.

මව් පාර්ශවයෙනුත්, පිය පාර්ශවයෙනුත් යන දෙපාර්ශවයෙන්ම පිරිසිදු වූ සුජාත උපතක් ලද කෙනෙක්. සත්වෙනි මීමුතු පරම්පරාවල් දක්වාම පිරිසිදු කුල ප්‍රවේණියක් තියෙනවා. එනිසාම කුලපාරිශුද්ධිය මුල් කොට කිසිවෙකු ගෙන් උපහාස ලබා නෑ. ගැරහුම් ලබා නෑ.

වේද හදාරණ කෙනෙක්. මන්ත්‍රධාරී කෙනෙක්. ඉතිහාසය පස්වෙනි කොට ඇති වේදසමයාගත භාෂා ශාස්ත්‍රයන්හි නිපුණත්වයක් ඇති, අක්ෂර ප්‍රභේද ගැන හසල බුද්ධිය ඇති ත්‍රිවේද පාරප්‍රප්ත කෙනෙක්. වේදසමයාගත පද පාඨ දන්නා කෙනෙක්. ව්‍යාකරණ දන්නා කෙනෙක්. ලෝකායත ශාස්ත්‍රයෙහි, මහාපුරුෂ ලක්ෂණ ශාස්ත්‍රයෙහි නිපුණ කෙනෙක්.

සිල්වත්. වැඩුණු සිල් ඇති කෙනෙක්. වැඩුණු සීලයෙන් සමන්විත කෙනෙක්.

නුවණැති කෙනෙක්, ප්‍රඥාවන්ත කෙනෙක්. යාග කිරීම පිණිස යාග හැන්ද එසවීමේදී පළමු කොට හෝ දෙවනුව හෝ කරන කෙනෙක්. පුරෝහිත බ්‍රාහ්මණයා ඔය අංග හතරෙන් සමන්විතයි. ඔය විදිහට මේ අංග හතරත් රජතුමාගේ යාග පිරිකර බවට පත්වෙනවා.

17. එතකොට පින්වත් බ්‍රාහ්මණය, පුරෝහිත බ්‍රාහ්මණයාත් මහාවිජිත රජතුමා හට කාල තුනක් දැනුම් දුන්නා.

"භවත් රජතුමා හට මහායාගයක් කිරීමට කැමැති වෙද්දී යම්කිසි විපිළිසරබවක් ඇතිවන්නට ඉඩ තිබෙනවා. ඒ කියන්නේ "අයියෝ! මගේ මහත් භෝග රාශියක් මේ වෙනුවෙන් වැනසිලා යාවි" කියලා. පින්වත් රජු විසින් ඒ විපිළිසරබව නොකළ යුතුයි. භවත් රජතුමා හට මහායාගය කරමින් සිටින විටදී යම්කිසි විපිළිසරබවක් ඇතිවන්නට ඉඩ තිබෙනවා. ඒ කියන්නේ "අයියෝ! මගේ මහත් භෝග රාශියක් මේ වෙනුවෙන් වැනසෙනවා" කියලා. පින්වත් රජු විසින් ඒ විපිළිසරබව නොකළ යුතුයි. භවත් රජතුමා හට මහායාගය කළාට පස්සේ යම් කිසි විපිළිසරබවක් ඇතිවන්නට ඉඩ තිබෙනවා. ඒ කියන්නේ "අයියෝ! මගේ මහත් භෝග රාශියක් මේ වෙනුවෙන් වැනසිලා ගියා" කියලා. පින්වත් රජු විසින් ඒ විපිළිසරබව නොකළ යුතුයි."

පින්වත් බ්‍රාහ්මණය, ඉතින් පුරෝහිත බ්‍රාහ්මණයා මහාවිජිත රජ්ජුරුවන්ට යාගයට කලින්ම ත්‍රිවිධ කාල සම්පත්තිය දේශනා කළා.

18. ඉතින් පින්වත් බ්‍රාහ්මණය, පුරෝහිත බ්‍රාහ්මණයා මහාවිජිත රජතුමා හට යාගයට කලින්ම යාගය පිළිගන්නා පිරිස කෙරෙහි ඇති විය හැකි විපිළිසරයන් දහ අයුරකින් දුරු කළා. "භවත් රජතුමාගේ යාගයට ප්‍රාණඝාත කරන අයත්, ප්‍රාණඝාතයෙන් වැළකී සිටින අයත් පැමිණේවි. ඉතින් ඔවුන් අතරේ යමෙක් ප්‍රාණඝාත කරනවා නම් එයින් අයහපතක් සිදුවන්නේ ඔවුන්ටමයි. ඒ පැමිණි පිරිස අතරේ යමෙක් ප්‍රාණඝාතයෙන් වැළකී සිටිනවා නම්, භවතාණන් ඔවුන්

අරහයා යාගය කරන සේක්වා! භවතාණන් ඔවුන් අරහයා පරිත්‍යාග කරන සේක්වා! භවතාණන් යාගයෙන් සතුටු වෙන සේක්වා! භවතාණන් යාගය කරද්දී සිතම පහදා ගන්නා සේක්වා! භවත් රජතුමාගේ යාගයට සොරකම් කරන අයත්, සොරකමින් වැළකී සිටින අයත් පැමිණේවි ....(පෙ).... වැරදි කාමසේවනයෙහි යෙදෙන අයත්, වැරදි කාමසේවනයෙන් වැළකී සිටින අයත් පැමිණේවි ....(පෙ).... බොරු කියන අයත්, බොරු කීමෙන් වැළකී සිටින අයත් පැමිණේවි ....(පෙ).... කේලාම් කියන අයත්, කේලමින් වැළකී සිටින අයත් පැමිණේවි ....(පෙ).... පරුෂ වචන කියන අයත්, පරුෂ වචනයෙන් වැළකී සිටින අයත් පැමිණේවි ....(පෙ).... හිස් වචන කියන අයත්, හිස් වචනයෙන් වැළකී සිටින අයත් පැමිණේවි ....(පෙ).... විෂම ලෝභයෙන් යුතු අයත්, විෂම ලෝභ නැති අයත් පැමිණේවි ....(පෙ).... තරහ සිත් ඇති අයත්, තරහ සිත් නැති අයත් පැමිණේවි ....(පෙ).... මිසදිටු අයත්, සම්මා දිට්ඨියෙන් යුතු අයත් පැමිණේවි. ඉතින් ඔවුන් අතරේ යමෙක් මිසදිටු නම් එයින් අයහපතක් සිදුවන්නේ ඔවුන්ටමයි. ඒ පැමිණ පිරිස අතරේ යමෙක් සම්මා දිට්ඨියෙන් යුතු නම්, භවතාණන් ඔවුන් අරහයා යාගය කරන සේක්වා! භවතාණන් ඔවුන් අරහයා පරිත්‍යාග කරන සේක්වා! භවතාණන් යාගයෙන් සතුටු වෙන සේක්වා!භවතාණන් යාගය කරද්දී සිතම පහදා ගන්නා සේක්වා!"

පින්වත් බ්‍රාහ්මණය, ඉතින් පුරෝහිත බ්‍රාහ්මණයා මහාවිජිත රජතුමාගේ යාගයට කලින්ම යාගය පිළිගන්නා පිරිස කෙරෙහි ඇති විය හැකි විපිළිසරයන් මේ දස ආකාර කරුණින් දුරු කළා.

19. ඉතින් පින්වත් බ්‍රාහ්මණය, පුරෝහිත බ්‍රාහ්මණයා මහා යාගය කරන්නා වූ මහාවිජිත රජතුමාගේ සිතට දහසය ආකාරයකින් කරුණු පෙන්වලා දුන්නා. සමාදන් කෙරෙව්වා. උත්සාහවත් කෙරෙව්වා. එයින් සතුටු කෙරෙව්වා. භවත් රජතුමා හට මහායාගය කරන අතරේදී මෙවැනි දේවල් කියන අය සිටිය හැකියි. "මහාවිජිත රජතුමා නම් මහායාගයක් කරන්නේ. ඒ වුනාට තමාගේ බස් අදහන නියම්ගම් වැසි ජනපදවැසි රාජකීය පිරිස කැඳවලා නෑ නෙව. නමුත් භවත් රජතුමා ඔය විදිහේ මහා යාගයක් නම් කරනවා" කියලා. භවත් රජතුමාණන් හට ඔය අයුරින් කියන අය සිටියත් ධර්මානුකූලව නම් එහෙම කියන කෙනෙක් නෑ. පින්වත් රජතුමාණන් විසින් තමාගේ වචනය අනුව කටයුතු කරන නියම්ගම්වැසි රටවැසි රාජකීය පිරිස් කැඳවලා නෙව තියෙන්නේ.

භවත් රජතුමාණන් ඔය කාරණාව ද දැනසිටින සේක්වා! භවත් රජතුමාණන් යාගය කරන සේක්වා! භවත් රජතුමාණන් දන් දෙන සේක්වා!

භවත් රජතුමාණන් සතුටු වන සේක්වා! භවත් රජතුමාණන් අභ්‍යන්තර සිතම පහදවා ගන්නා සේක්වා!

20. භවත් රජතුමා හට මහායාගය කරන අතරේදී මෙවැනි දේවල් කියන අය සිටිය හැකියි. "මහාවිජිත රජතුමා නම් මහායාගයක් කරන්නේ. ඒ වුනාට තමාගේ බස් අදහන නියම්ගම් වැසි ජනපදවැසි ඇමැති පිරිස කැඳවලා නෑ නෙව. ....(පෙ).... ඒ වුනාට තමාගේ බස් අදහන නියම්ගම් වැසි ජනපදවැසි සම්භාවනීය බ්‍රාහ්මණ පිරිස කැඳවලා නෑ නෙව. ....(පෙ).... ඒ වුනාට තමාගේ බස් අදහන නියම්ගම් වැසි ජනපදවැසි සම්භාවනීය ගිහි පිරිස කැඳවලා නෑ නෙව. නමුත් භවත් රජතුමා ඔය විදිහේ මහා යාගයක් නම් කරනවා" කියලා. භවත් රජතුමාණන් හට ඔය අයුරින් කියන අය සිටියත් ධර්මානුකූලව නම් එහෙම කියන කෙනෙක් නෑ. පින්වත් රජතුමාණන් විසින් තමාගේ වචනය අනුව කටයුතු කරන නියම්ගම්වැසි රටවැසි සම්භාවනීය ගිහි පිරිස් කැඳවලා නෙව තියෙන්නේ. භවත් රජතුමාණන් ඔය කාරණාව ද දැන සිටින සේක්වා! භවත් රජතුමාණන් යාගය කරන සේක්වා! භවත් රජතුමාණන් දන් දෙන සේක්වා! භවත් රජතුමාණන් සතුටු වන සේක්වා! භවත් රජතුමාණන් අභ්‍යන්තර සිතම පහදවා ගන්නා සේක්වා.

21. භවත් රජතුමා හට මහායාගය කරන අතරේදී මෙවැනි දේවල් කියන අය සිටිය හැකියි. "මහාවිජිත රජතුමා නම් මහායාගයක් කරන්නේ. ඒ වුනාට ඔහු මව් පාර්ශවයෙනුත්, පිය පාර්ශවයෙනුත්, යන දෙපාර්ශවයෙන්ම පිරිසිදු වූ සුජාත උපතක් ලද කෙනෙක් නොවෙයි නෙව. සත්වෙනි මීමුතු පරම්පරාවල් දක්වාම පිරිසිදු කුල ප්‍රවේණියක් නෑ නෙව. කුලපාරිශුද්ධිය මුල් කොට කිසිවෙකුගෙන් උපහාස නොලබා නෑ නෙව. ගැරහුම් නොලබා නෑ නෙව. නමුත් භවත් රජතුමා ඔය විදිහේ මහා යාගයක් නම් කරනවා" කියලා. භවත් රජතුමාණන් හට ඔය අයුරින් කියන අය සිටියත් ධර්මානුකූලව නම් එහෙම කියන කෙනෙක් නෑ. පින්වත් රජතුමා මව් පාර්ශවයෙනුත්, පිය පාර්ශවයෙනුත් යන දෙපාර්ශවයෙන්ම පිරිසිදු වූ සුජාත උපතක් ලද කෙනෙක් නෙව. සත්වෙනි මීමුතු පරම්පරාවල් දක්වාම පිරිසිදු කුල ප්‍රවේණියක් තියෙනවා නෙව. එනිසාම කුලපාරිශුද්ධිය මුල් කොට කිසිවෙකුගෙන් උපහාස ලබා නෑ නෙව. ගැරහුම් ලබා නෑ නෙව. භවත් රජතුමාණන් ඔය කාරණාව ද දැන සිටින සේක්වා! භවත් රජතුමාණන් යාගය කරන සේක්වා! භවත් රජතුමාණන් දන් දෙන සේක්වා! භවත් රජතුමාණන් සතුටු වන සේක්වා! භවත් රජතුමාණන් අභ්‍යන්තර සිතම පහදවා ගන්නා සේක්වා!

22. භවත් රජතුමා හට මහායාගය කරන අතරේදී මෙවැනි දේවල් කියන අය සිටිය හැකියි. "මහාවිජිත රජතුමා නම් මහායාගයක් කරන්නේ. ඒ වුණාට ඔහු රූපවත් කෙනෙක් නොවෙයි නෙව. සොඳුරු පෙනුමක් ඇති කෙනෙක් නොවෙයි නෙව. දුටුවන් පහදින කෙනෙක් නොවෙයි නෙව. උතුම් වර්ණ සෞන්දර්යයෙන් යුතු කෙනෙක් නෙවෙයි නෙව. රන්වන් පැහැ ඇති කෙනෙක් නෙවෙයි නෙව. බ්‍රහ්මයාගේ බඳු ශරීරාලෝකය ඇති කෙනෙක් නෙවෙයි නෙව. දැකීමට පවා ඉඩකඩ අපහසුවෙන් ලැබිය යුතු කෙනෙක් නෙවෙයි නෙව. ....(පෙ).... ඒ වුනාට ඔහු සැපසම්පතින් ආඪ්‍ය කෙනෙක් නෙවෙයි නෙව. මහා ධනවතෙක් නෙවෙයි නෙව. මහාභෝග ඇති කෙනෙක් නෙවෙයි නෙව. බොහෝ මිල මුදල් ඇති කෙනෙක් නෙවෙයි නෙව. බොහෝ පාරිභෝගික උපකරණ ඇති කෙනෙක් නෙවෙයි නෙව. බොහෝ ධනධාන්‍ය ඇති කෙනෙක් නෙවෙයි නෙව. අටුකොටු පිරීගිය සම්පත් ඇති කෙනෙක් නෙවෙයි නෙව. ....(පෙ).... ඒ වුනාට ඔහු බලවන්ත නෑ නෙව. රජ අණට සවන් දෙන රජුගේ අවවාදයට අනුව කටයුතු කරන ඇත්, අස්, රිය, පාබල යන චතුරංගනී සේනාවෙන් සමන්විත නෑ නෙව. රජුගේ යසස් තේජසින් විරුද්ධ පාක්ෂිකයන් තැවී යන සුළු නෑ නෙව. ....(පෙ).... ඒ වුනාට ඔහු ශ්‍රද්ධාවන්ත නෑ නෙව, පරිත්‍යාගශීලී නෑ නෙව, දානපති කෙනෙක් නෙවෙයි නෙව. ශ්‍රමණ-බ්‍රාහ්මණවරුන් හට ද දුගී මගී යාචකාදීන්ට ද විවෘත වූ දොරටුවලින් යුක්ත නෑ නෙව. හැමට පානය කළ හැකි පැන් ඇති පොකුණක් මෙන් සිටිමින් දන් පින් කරන්නේ නෑ නෙව. ....(පෙ).... ඒ වුනාට ඔහු තමා ඉගෙන ගන්නා ඒ ඒ කරුණු පිළිබඳව බහුශ්‍රැත නෑ නෙව. මේ පවසන දේ තුළ තිබෙන්නේ මේ අර්ථයි. මේ කියමන තුළ තිබෙන්නේ මේ අර්ථයයි කියලා ඒ ඒ පැවසූ කරුණු පිළිබඳව අර්ථ දන්නේ නෑ නෙව. ....(පෙ).... ඒ වුනාට ඔහු ඥාණවන්ත නෑ නෙව. ව්‍යක්ත නෑ නෙව. බුද්ධිමත් නෑ නෙව. අතීත අනාගත වර්තමාන කරුණු පිළිබඳව අරුත් සිතන්නට දක්ෂ නෑ නෙව කියලා. භවත් රජතුමාණන් හට ඔය අයුරින් කියන අය සිටියත් ධර්මානුකූලව නම් එහෙම කියන කෙනෙක් නෑ. පින්වත් රජතුමාණන් ඥාණවන්තයි. ව්‍යක්තයි. ඉතා බුද්ධිමත්. අතීත අනාගත වර්තමාන කරුණු පිළිබඳව අරුත් සිතන්නට දක්ෂයි. භවත් රජතුමාණන් ඔය කාරණාව ද දැනසිටින සේක්වා! භවත් රජතුමාණන් යාගය කරන සේක්වා! භවත් රජතුමාණන් දන් දෙන සේක්වා! භවත් රජතුමාණන් සතුටු වන සේක්වා! භවත් රජතුමාණන් අභ්‍යන්තර සිතම පහදවා ගන්නා සේක්වා!

23. භවත් රජතුමා හට මහායාගය කරන අතරේදී මෙවැනි දේවල් කියන අය සිටිය හැකියි. "මහාවිජිත රජතුමා නම් මහායාගයක් කරන්නේ. ඒ වුණාට පුරෝහිත බ්‍රාහ්මණයා මව් පාර්ශවයෙනුත්, පිය පාර්ශවයෙනුත්, යන

දෙපාර්ශවයෙන්ම පිරිසිදු වූ සුජාත උපතක් ලද කෙනෙක් නොවෙයි නෙව. සත්වෙනි මීමුතු පරම්පරාවල් දක්වාම පිරිසිදු කුල ප්‍රවේණියක් නෑ නෙව. කුලපාරිශුද්ධිය මුල් කොට කිසිවෙකුගෙන් උපහාස නොලබා නෑ නෙව. ගැරහුම් නොලබා නෑ නෙව. නමුත් භවත් රජතුමා ඔය විදිහේ මහා යාගයක් නම් කරනවා" කියලා. භවත් රජතුමාණන් හට ඔය අයුරින් කියන අය සිටියත් ධර්මානුකූලව නම් එහෙම කියන කෙනෙක් නෑ. පින්වත් රජතුමාණෙනි, පුරෝහිත බ්‍රාහ්මණයා මව් පාර්ශවයෙනුත්, පිය පාර්ශවයෙනුත් යන දෙපාර්ශවයෙන්ම පිරිසිදු වූ සුජාත උපතක් ලද කෙනෙක් නෙව. සත්වෙනි මීමුතු පරම්පරාවල් දක්වාම පිරිසිදු කුල ප්‍රවේණියක් තියෙනවා නෙව. එනිසාම කුලපාරිශුද්ධිය මුල් කොට කිසිවෙකුගෙන් උපහාස ලබා නෑ නෙව. ගැරහුම් ලබා නෑ නෙව. භවත් රජතුමාණන් ඔය කාරණාව ද දැනසිටින සේක්වා! භවත් රජතුමාණන් යාගය කරන සේක්වා! භවත් රජතුමාණන් දන් දෙන සේක්වා! භවත් රජතුමාණන් සතුටු වන සේක්වා! භවත් රජතුමාණන් අභ්‍යන්තර සිතම පහදවා ගන්නා සේක්වා!

24. භවත් රජතුමා හට මහායාගය කරන අතරේදී මෙවැනි දේවල් කියන අය සිටිය හැකියි. "මහාවිජිත රජතුමා නම් මහායාගයක් කරන්නේ. ඒ වුනාට පුරෝහිත බ්‍රාහ්මණයා වේද හදාරණ කෙනෙක් නෙවෙයි නෙව. මන්ත්‍රධාරී කෙනෙක් නෙවෙයි නෙව. ඉතිහාසය පස්වෙනි කොට ඇති වේදසමයාගත භාෂා ශාස්ත්‍රයන්හි නිපුණත්වයක් ඇති, අක්ෂර ප්‍රභේද ගැන හසල බුද්ධිය ඇති, ත්‍රිවේද පාරප්‍රප්ත කෙනෙක් නෙවෙයි නෙව. වේදසමයාගත පද පාඨ දන්නා කෙනෙක් නෙවෙයි නෙව. ව්‍යාකරණ දන්නා කෙනෙක් නෙවෙයි නෙව. ලෝකායත ශාස්ත්‍රයෙහි, මහාපුරුෂ ලක්ෂණ ශාස්ත්‍රයෙහි නිපුණ කෙනෙක් නෙවෙයි නෙව. ....(පෙ).... ඒ වුනාට පුරෝහිත බ්‍රාහ්මණයා සිල්වත් නෑ නෙව. වැඩුණු සිල් ඇති කෙනෙක් නෙවෙයි නෙව. වැඩුණු සීලයෙන් සමන්විත කෙනෙක් නෙවෙයි නෙව. ....(පෙ).... ඒ වුනාට පුරෝහිත බ්‍රාහ්මණයා නුවණැති කෙනෙක් නෙවෙයි නෙව. ප්‍රඥාවන්ත කෙනෙක් නෙවෙයි නෙව. යාග කිරීම පිණිස යාග හැන්ද එසවීමේදී පළමුකොට හෝ දෙවනුව හෝ කරන කෙනෙක් නෙවෙයි නෙව" කියලා. භවත් රජතුමාණන් හට ඔය අයුරින් කියන අය සිටියත් ධර්මානුකූලව නම් එහෙම කියන කෙනෙක් නෑ. පින්වත් රජතුමාණෙනි, පුරෝහිත බ්‍රාහ්මණයා නුවණැති කෙනෙක් නෙව, ප්‍රඥාවන්ත කෙනෙක් නෙව. යාග කිරීම පිණිස යාග හැන්ද එසවීමේදී පළමුකොට හෝ දෙවනුව හෝ කරන කෙනෙක් නෙව. භවත් රජතුමාණන් ඔය කාරණාව ද දැන සිටින සේක්වා! භවත් රජතුමාණන් යාගය කරන සේක්වා! භවත් රජතුමාණන්

දන් දෙන සේක්වා! භවත් රජතුමාණන් සතුටු වන සේක්වා! භවත් රජතුමාණන් අභ්‍යන්තර සිතම පහදවා ගන්නා සේක්වා!

පින්වත් බ්‍රාහ්මණය, පුරෝහිත බ්‍රාහ්මණයා මහාවිජිත රජ්ජුරුවන්ට යාගය කරමින් සිටියදී මේ කරුණු දහසය තුළින් සිත දැනුවත් කළා. එහි සමාදන් කෙරෙව්වා. උත්සාහවත් කෙරෙව්වා. සතුටු කෙරෙව්වා.

25. පින්වත් බ්‍රාහ්මණය, ඒ යාගයේදී ගවයන් මැරුවේ නෑ. එළු බැටළුවන් මැරුවේ නෑ. කුකුළන් ඌරන් මැරුවේ නෑ. තවත් විවිධාකාර වූ සතුන් මැරුවේ නෑ. යාග කණු සැකසීම පිණිස ගස් කැපුවේ නෑ. යාග බිම සකස් කිරීම පිණිස තණකොළ කැපුවෙත් නෑ. ඔහුගේ යම් දාසයන් ඉන්නවා නම්, මෙහෙකරුවන් ඉන්නවා නම්, කම්කරුවන් ඉන්නවා නම් ඔවුන්ව පවා වේවැල් කස ආදී පහරවල්වලින් භය කෙරෙව්වේ නෑ. තැති ගැන්වූයේ නෑ. කඳුළු වැගුරුණු මුහුණින් හඬව හඬවා වැඩ ගත්තේ නෑ. එසේ නමුත් යමෙක් යම් දෙයක් කිරීමට කැමැති නම් ඔවුන් ඒ දේ කළා. යමක් කිරීමට අකැමැති නම් ඔවුන් එය කළේ නෑ. යමක් කැමැති නම් එය කළා. යමක් අකැමැති නම් එය කළේ නෑ. ගිතෙල්, තල තෙල්, වෙඬරු, දී කිරි, මී පැණි, සකුරු ආදී දෙයින් යුතු කැඳබත්වලින් ඒ යාගය අවසන් වුනා.

26. ඉතින් පින්වත් බ්‍රාහ්මණය, රජතුමාගේ අවවාද පරිදි කටයුතු කරන ඒ නියම්ගම්වැසි රටවැසි රාජකීය පිරිසත්, නියම්ගම්වැසි රටවැසි ඇමැති පිරිසත්, නියම්ගම්වැසි රටවැසි සම්භාවනීය බ්‍රාහ්මණ පිරිසත්, නියම්ගම්වැසි රටවැසි සම්භාවනීය ගිහි පිරිසත් බොහෝ ධනධාන්‍යාදී තෑගි භෝග ගෙන මහාවිජිත රජු ළඟට ගිහින් මෙහෙම කියා සිටියා. "දේවයන් වහන්ස, මේ බොහෝ ධනය දේවයන් වහන්සේ උදෙසාමයි අරගෙන ආවේ. එය දේවයන් වහන්සේ පිළිගන්නා සේක්වා!"

"භවත්නි, කම් නැත. මගේත් මේ බොහෝ ධනධාන්‍යාදී සම්පත් තිබෙන්නේ ධාර්මික ලෙස ගත් බදු ආදියෙන් රැස්කරගෙනයි. එනිසා එයත් ඔබටම වේවා! මාගේ ධනයෙනුත් තව අරගෙන යන්න."

27. රජතුමා විසින් නොපිළිගත් ඒ ධනය ඇති ඔවුන් එකත්පස්ව බැහැරට ගොස් මේ විදිහට සාකච්ඡා කළා. "අපි මේ ගෙනාපු තෑගි භෝග ධනය ආයෙමත් තම තමන්ගේ නිවෙස්වලට අරගෙන යන එක අපට ගැලපෙන දෙයක් නොවේ" මහාවිජිත රජ්ජුරුවෝ මහායාගයක් කරනවා. ඒනිසා අපි ඒ යාගයටම අනුයාග කරන අය බවට පත් වෙමු."

එතකොට පින්වත් බ්‍රාහ්මණය, යාග ශාලාවේ නැගෙනහිර දිශාවේ දන්හල් පිහිටෙව්වේ රජුට අනුයුක්ත වූ ඒ නියම්ගම්වැසි, ජනපදවැසි රාජකීය පිරිසයි. යාග ශාලාවේ දකුණු දිශාවේ දන්හල් පිහිටෙව්වේ රජුට අනුයුක්ත වූ ඒ නියම්ගම්වැසි, ජනපදවැසි ඇමැති පිරිසයි. යාග ශාලාවේ බටහිර දිශාවේ දන්හල් පිහිටෙව්වේ රජුට අනුයුක්ත වූ ඒ නියම්ගම්වැසි, ජනපදවැසි සම්භාවනීය බ්‍රාහ්මණ පිරිසයි. යාග ශාලාවේ උතුරු දිශාවේ දන්හල් පිහිටෙව්වේ රජුට අනුයුක්ත වූ ඒ නියම්ගම්වැසි, ජනපදවැසි සම්භාවනීය ගිහි පිරිසයි. පින්වත් බ්‍රාහ්මණය, ඒ යාගයේදී ගවයන් මැරුවේ නෑ. එළු බැටළුවන් මැරුවේ නෑ. කුකුළන් ඌරන් මැරුවේ නෑ. තවත් විවිධාකාර වූ සතුන් මැරුවේ නෑ. යාග කණු සැකසීම පිණිස ගස් කැපුවේ නෑ. යාග බිම සකස් කිරීම පිණිස තණකොළ කැපුවෙත් නෑ. ඔහුගේ යම් දාසයන් ඉන්නවා නම්, මෙහෙකරුවන් ඉන්නවා නම්, කම්කරුවන් ඉන්නවා නම් ඔවුන්ව පවා වේවැල් කස ආදී පහරවල්වලින් භය කෙරෙව්වේ නෑ. තැතිගැන්වූයේ නෑ. කඳුළු වැගුරුණු මුහුණින් හඬව හඬවා වැඩ ගත්තේ නෑ. එසේ නමුත් යමෙක් යම් දෙයක් කිරීමට කැමැති නම් ඔවුන් ඒ දේ කළා. යමක් කිරීමට අකැමැති නම් ඔවුන් එය කළේ නෑ. යමක් කැමැති නම් එය කළා. යමක් ඇකැමැති නම් එය කළේ නෑ. ගිතෙල්, තල තෙල්, වෙඬරු, දී කිරි, මී පැණි, සකුරු ආදී දෙයින් යුතු කැඳබත්වලින් ඒ යාග අවසන් වුණා.

28. මේ විදිහට යාගයට අවසර ගත් පක්ෂ හතරයි. මහාවිජිත රජ්ජුරුවෝ අංග අටකින් සමන්විතයි. පුරෝහිත බ්‍රාහ්මණයා අංග හතරකින් සමන්විතයි. ත්‍රිවිධ කාලසම්පත්තියකින් යුක්තයි. පින්වත් බ්‍රාහ්මණය, මෙයට තමයි කියන්නේ ත්‍රිවිධ යාග සම්පත් හා යාගයට අවශ්‍ය පිරිකර දහසය කියලා.

29. එසේ වදාළ විට ඒ බ්‍රාහ්මණවරු මහා හඬනැගෙන පරිදි උස්හඬින් මහාහඬින් කෑ ගසා කිව්වා "අහෝ! යාගයක් නම් මේකමයි. අහෝ! යාග සම්පත්තිය නම් මේකමයි" කියලා. නමුත් කූටදන්ත බ්‍රාහ්මණයා නිශ්ශබ්දව වාඩිවෙලා හිටියා. එතකොට ඒ බ්‍රාහ්මණවරු කූටදන්ත බ්‍රාහ්මණයාට මෙහෙම කිව්වා. "භවත් කූටදන්තයෙනි, ශ්‍රමණ ගෞතමයන් වහන්සේගේ මේ සුභාෂිත ධර්මය සුභාෂිතයක් ලෙසම අනුමෝදන් නොවන්නේ මක්නිසාද?"

"භවත්නි, මං ශ්‍රමණ ගෞතමයන්ගේ මේ සුභාෂිත ධර්මය සුභාෂිතයක් ලෙසම අනුමෝදන් නොවෙනවා නොවේ" යම් කෙනෙක් ශ්‍රමණ ගෞතමයන් වහන්සේගේ සුභාෂිත ධර්ම සුභාෂිතයක් වශයෙන් අනුමෝදන් වෙන්නේ නැතිනම් ඔහුගේ හිසත් කඩා හැලේවි. නමුත් භවත්නි, මට මේ විදිහටයි

හිතුණේ. ශ්‍රමණ ගෞතමයන් වහන්සේ මෙහෙම වදාරන්නේ නෑ නෙව. ඒ කියන්නේ 'මං අහලා තියෙන්නේ මේ විදිහටයි. මේ විදිහටයි වෙන්න පුළුවන් වෙන්නේ' කියලා. නමුත් ශ්‍රමණ ගෞතමයන් වහන්සේ 'එතකොට මෙහෙම වුනා. ඉතින් එතකොට මේ විදිහටත් වුනා' කියලයි වදාරන්නේ. ඒ මට භවත්නි, ඒ ගැන මෙහෙම හිතෙනවා. ඒකාන්තයෙන්ම ශ්‍රමණ ගෞතමයන් වහන්සේ ඒ කාලේ යාග ස්වාමී වූ මහාවිජිත රජ්ජුරුවෝම වෙන්න ඕන. එක්කෝ ඒ යාගය කරවපු පුරෝහිත බ්‍රාහ්මණයා වෙන්න ඕන. භවත් ගෞතමයන් වහන්සේ, ඔය ආකාරයෙන් යාගයක් කරලා, එහෙමත් නැත්නම් කරවලා කය බිඳී මරණින් මතු සුගති සංඛ්‍යාත දෙව්ලොව ඉපදුණු බවත් දන්නා සේක්ද?"

"පින්වත් බ්‍රාහ්මණය, මං ඔය ආකාරයේ යාගයක් කරලා, කරවලා කය බිඳී මරණින් මතු සුගති සංඛ්‍යාත දෙව්ලොව උපන් බව දන්නවා. ඒ කාලයේ ඒ යාගය කරවපු පුරෝහිත බ්‍රාහ්මණයා වෙලා හිටියේ මමයි."

30.   "භවත් ගෞතමයන් වහන්ස, ඔය ත්‍රිවිධ යාගසම්පත්වලටත් වඩා, යාගපිරිකර දහසයටත් වඩා වැඩකටයුතු අඩු, උත්සාහයන් අඩු නමුත් මහත් ප්‍රතිඵල ඇති මහත් ආනිශංස ඇති අන්‍ය වූ යාගයක් තියෙනවාද?"

"පින්වත් බ්‍රාහ්මණය, ඔය ත්‍රිවිධ යාගසම්පත්වලටත් වඩා, යාගපිරිකර දහසයටත් වඩා වැඩකටයුතු අඩු, උත්සාහයන් අඩු නමුත් මහත් ප්‍රතිඵල ඇති මහත් ආනිශංස ඇති අන්‍ය වූ යාගයක් තියෙනවා.

31.   "භවත් ගෞතමයන් වහන්ස, ඔය ත්‍රිවිධ යාගසම්පත්වලටත් වඩා, යාගපිරිකර දහසයටත් වඩා වැඩකටයුතු අඩු, උත්සාහයන් අඩු නමුත් මහත් ප්‍රතිඵල ඇති මහත් ආනිශංස ඇති ඒ අන්‍ය වූ යාගය කුමක්ද?"

"පින්වත් බ්‍රාහ්මණය, සිල්වත් පැවිදි උතුමන් උදෙසා කුල පරම්පරාවෙන් දෙන යම් නිති දන් වැටවල් තියෙනවා. පින්වත් බ්‍රාහ්මණය, අන්න ඒ දානය කලින් කියපු මේ ත්‍රිවිධ යාගසම්පත්වලටත් වඩා, යාගපිරිකර දහසයටත් වඩා වැඩකටයුතු අඩු, උත්සාහයන් අඩු නමුත් මහත් ප්‍රතිඵල ඇති මහත් ආනිශංස ඇති යාගයක්මයි."

32.   භවත් ගෞතමයන් වහන්ස, මේ ත්‍රිවිධ යාගසම්පත්වලටත් වඩා, යාගපිරිකර දහසයටත් වඩා වැඩකටයුතු අඩු, උත්සාහයන් අඩු නමුත් මහත් ප්‍රතිඵල ඇති මහත් ආනිශංස ඇති යාගය බවට ඒ කුල පරම්පරාවෙන් එන නිත්‍ය දානය පත්වෙන්නේ කවර හේතුවක් නිසාද? කවර ප්‍රත්‍යයක් නිසාද?"

පින්වත් බ්‍රාහ්මණය, මෙන්න මේ විදිහේ යාගයන්ට නම් රහතන් වහන්සේලා හෝ රහත් මගට පිළිපන් උතුමන් හෝ වඩින්නේ නෑ. ඒකට හේතුව මොකක්ද? පින්වත් බ්‍රාහ්මණය, එබඳු මහායාගවලදී දන් දෙන උදවියට 'පෝලිමේ වරෙල්ලා' කියමින් දඬුවලින් පහර දෙනවා. ගෙල අල්ලා ඇද දමනවා. අන්න ඒ නිසයි මේ විදිහේ යාගයන්ට නම් රහතන් වහන්සේලා හෝ රහත් මගට පිළිපන් උතුමන් හෝ වඩින්නේ නැත්තේ. පින්වත් බ්‍රාහ්මණය සිල්වත් පැවිදි උතුමන් උදෙසා කුල පරම්පරාවෙන් නිති දන්වැට පවත්වන තැන් ඇද්ද, අන්න එබඳු තැන්වලට නම් පින්වත් බ්‍රාහ්මණය, රහතන් වහන්සේලා හෝ රහත් මගට පිළිපන් උතුමන් හෝ වඩිනවා. ඒකට හේතුව මොකක්ද? පින්වත් බ්‍රාහ්මණය, එබඳු මහායාගවලදී දන් දෙන උදවියට 'පෝලිමේ වරෙල්ලා' කියමින් දඬුවලින් පහර දෙන්නේ නෑ. ගෙල අල්ලා ඇද දමන්නේ නෑ. අන්න ඒ නිසයි මේ විදිහේ යාගයන්ට නම් රහතන් වහන්සේලා හෝ රහත් මගට පිළිපන් උතුමන් හෝ වඩින්නේ. පින්වත් බ්‍රාහ්මණය, මේ ත්‍රිවිධ යාගසම්පත්වලටත් වඩා, යාගපිරිකර දහසයටත් වඩා වැඩකටයුතු අඩු, උත්සාහයන් අඩු නමුත් මහත් ප්‍රතිඵල ඇති මහත් ආනිශංස ඇති යාගය බවට ඒ කුල පරම්පරාවෙන් එන නිත්‍ය දානය පත්වෙන්නේ මේ හේතුව නිසයි. මේ ප්‍රත්‍ය නිසයි.

33.   "භවත් ගෞතමයන් වහන්ස, ඔය ත්‍රිවිධ යාගසම්පත්වලටත් වඩා, යාගපිරිකර දහසයටත් වඩා, කුල පරම්පරාවෙන් එන මේ නිත්‍ය දන්වැටටත් වඩා වැඩකටයුතු අඩු, උත්සාහයන් අඩු නමුත් මහත් ප්‍රතිඵල ඇති මහත් ආනිශංස ඇති අන්‍ය වූ යාගයක් තියෙනවාද?"

    "පින්වත් බ්‍රාහ්මණය, ඔය ත්‍රිවිධ යාගසම්පත්වලටත් වඩා, යාගපිරිකර දහසයටත් වඩා, කුල පරම්පරාවෙන් එන මේ නිත්‍ය දන්වැටටත් වඩා වැඩකටයුතු අඩු, උත්සාහයන් අඩු නමුත් මහත් ප්‍රතිඵල ඇති මහත් ආනිශංස ඇති අන්‍ය වූ යාගයක් තියෙනවා."

    "භවත් ගෞතමයන් වහන්ස, ඔය ත්‍රිවිධ යාගසම්පත්වලටත් වඩා, යාගපිරිකර දහසයටත් වඩා, කුල පරම්පරාවෙන් එන මේ නිත්‍ය දන්වැටටත් වඩා වැඩකටයුතු අඩු, උත්සාහයන් අඩු නමුත් මහත් ප්‍රතිඵල ඇති මහත් ආනිශංස ඇති ඒ අන්‍ය වූ යාගය කුමක්ද?"

    "පින්වත් බ්‍රාහ්මණය, යම් කෙනෙක් සිව් දිශාවෙන් වඩින සංඝයා උදෙසා විහාරයක් කරවනවා නම්, පින්වත් බ්‍රාහ්මණය මෙය ඔය ත්‍රිවිධ යාගසම්පත්වලටත් වඩා, යාගපිරිකර දහසයටත් වඩා, කුල පරම්පරාවෙන් එන

මේ නිත්‍ය දන්වැටටත් වඩා වැඩකටයුතු අඩු, උත්සාහයන් අඩු නමුත් මහත් ප්‍රතිඵල ඇති මහත් ආනිශංස ඇති ඒ යාගයයි."

34. "භවත් ගෞතමයන් වහන්ස, ඔය ත්‍රිවිධ යාගසම්පත්වලටත් වඩා, යාගපිරිකර දහසයටත් වඩා, කුල පරම්පරාවෙන් එන මේ නිත්‍ය දන්වැටටත් වඩා, මේ විහාර පූජාවටත් වඩා වැඩකටයුතු අඩු, උත්සාහයන් අඩු නමුත් මහත් ප්‍රතිඵල ඇති මහත් ආනිශංස ඇති අන්‍ය වූ යාගයක් තියෙනවාද?"

"පින්වත් බ්‍රාහ්මණය, ඔය ත්‍රිවිධ යාගසම්පත්වලටත් වඩා, යාගපිරිකර දහසයටත් වඩා, කුල පරම්පරාවෙන් එන මේ නිත්‍ය දන්වැටටත් වඩා, මේ විහාර පූජාවටත් වඩා වැඩකටයුතු අඩු, උත්සාහයන් අඩු නමුත් මහත් ප්‍රතිඵල ඇති මහත් ආනිශංස ඇති අන්‍ය වූ යාගයක් තියෙනවා."

"භවත් ගෞතමයන් වහන්ස, ඔය ත්‍රිවිධ යාගසම්පත්වලටත් වඩා, යාගපිරිකර දහසයටත් වඩා, කුල පරම්පරාවෙන් එන මේ නිත්‍ය දන්වැටටත් වඩා, මේ විහාර පූජාවටත් වඩා වැඩකටයුතු අඩු, උත්සාහයන් අඩු නමුත් මහත් ප්‍රතිඵල ඇති මහත් ආනිශංස ඇති ඒ අන්‍ය වූ යාගය කුමක්ද?"

"පින්වත් බ්‍රාහ්මණය, යම් කෙනෙක් පැහැදුණු සිතින් යුතුව බුදුරජාණන් වහන්සේව සරණ යනවා නම්, ශ්‍රී සද්ධර්මය සරණ යනවා නම්, ආර්ය සංඝ රත්නය සරණ යනවා නම් පින්වත් බ්‍රාහ්මණය, ඔය ත්‍රිවිධ යාගසම්පත්වලටත් වඩා, යාගපිරිකර දහසයටත් වඩා, කුල පරම්පරාවෙන් එන මේ නිත්‍ය දන්වැටටත් වඩා, මේ විහාර පූජාවටත් වඩා වැඩකටයුතු අඩු, උත්සාහයන් අඩු නමුත් මහත් ප්‍රතිඵල ඇති මහත් ආනිශංස ඇති ඒ යාගය නම් මෙයයි."

35. "භවත් ගෞතමයන් වහන්ස, ඔය ත්‍රිවිධ යාගසම්පත්වලටත් වඩා, යාගපිරිකර දහසයටත් වඩා, කුල පරම්පරාවෙන් එන මේ නිත්‍ය දන්වැටටත් වඩා, මේ විහාර පූජාවටත් වඩා, මේ තෙරුවන් සරණ යාමටත් වඩා වැඩකටයුතු අඩු, උත්සාහයන් අඩු නමුත් මහත් ප්‍රතිඵල ඇති මහත් ආනිශංස ඇති අන්‍ය වූ යාගයක් තියෙනවාද?"

"පින්වත් බ්‍රාහ්මණය, ඔය ත්‍රිවිධ යාගසම්පත්වලටත් වඩා, යාගපිරිකර දහසයටත් වඩා, කුල පරම්පරාවෙන් එන මේ නිත්‍ය දන්වැටටත් වඩා, මේ විහාර පූජාවටත් වඩා, මේ තෙරුවන් සරණ යාමටත් වඩා වැඩකටයුතු අඩු, උත්සාහයන් අඩු නමුත් මහත් ප්‍රතිඵල ඇති මහත් ආනිශංස ඇති අන්‍ය වූ යාගයක් තියෙනවා."

"භවත් ගෞතමයන් වහන්ස, ඔය ත්‍රිවිධ යාගසම්පත්වලටත් වඩා, යාගපිරිකර දහසයටත් වඩා, කුල පරම්පරාවෙන් එන මේ නිත්‍ය දන්වැටටත් වඩා, මේ විහාර පූජාවටත් වඩා, මේ තෙරුවන් සරණ යාමටත් වඩා වැඩකටයුතු අඩු, උත්සාහයන් අඩු නමුත් මහත් ප්‍රතිඵල ඇති මහත් ආනිශංස ඇති ඒ අන්‍ය වූ යාගය කුමක්ද?"

"පින්වත් බ්‍රාහ්මණය, යම් කෙනෙක් පැහැදුණු සිතින් යුතුව තිසරණයෙහි පිහිටා ප්‍රාණඝාතයෙන් වැළකී සිටීම නම් වූ, සොරකමින් වැළකී සිටීම නම් වූ, වැරදි කාමසේවනයෙන් වැළකී සිටීම නම් වූ, බොරුකීමෙන් වැළකී සිටීම නම් වූ, මත්පැන් මත්ද්‍රව්‍ය භාවිතයෙන් වැළකී සිටීම නම් වූ ශික්ෂාපද සමාදන් වෙනවා නම්, පින්වත් බ්‍රාහ්මණය, මෙය වනාහී ඔය ත්‍රිවිධ යාගසම්පත්වලටත් වඩා, යාගපිරිකර දහසයටත් වඩා, කුල පරම්පරාවෙන් එන මේ නිත්‍ය දන්වැටටත් වඩා, මේ විහාර පූජාවටත් වඩා, මේ තෙරුවන් සරණ යාමටත් වඩා වැඩකටයුතු අඩු, උත්සාහයන් අඩු නමුත් මහත් ප්‍රතිඵල ඇති මහත් ආනිශංස ඇති ඒ යාගයයි."

36. "භවත් ගෞතමයන් වහන්ස, ඔය ත්‍රිවිධ යාගසම්පත්වලටත් වඩා, යාගපිරිකර දහසයටත් වඩා, කුල පරම්පරාවෙන් එන මේ නිත්‍ය දන්වැටටත් වඩා, මේ විහාර පූජාවටත් වඩා, මේ තෙරුවන් සරණ යාමටත් වඩා, මේ සිල්පදවලටත් වඩා වැඩකටයුතු අඩු, උත්සාහයන් අඩු නමුත් මහත් ප්‍රතිඵල ඇති මහත් ආනිශංස ඇති අන්‍ය වූ යාගයක් තියෙනවාද?"

"පින්වත් බ්‍රාහ්මණය, ඔය ත්‍රිවිධ යාගසම්පත්වලටත් වඩා, යාගපිරිකර දහසයටත් වඩා, කුල පරම්පරාවෙන් එන මේ නිත්‍ය දන්වැටටත් වඩා, මේ විහාර පූජාවටත් වඩා, මේ තෙරුවන් සරණ යාමටත් වඩා, මේ සිල්පදවලටත් වඩා වැඩකටයුතු අඩු, උත්සාහයන් අඩු නමුත් මහත් ප්‍රතිඵල ඇති මහත් ආනිශංස ඇති අන්‍ය වූ යාගයක් තියෙනවා."

"භවත් ගෞතමයන් වහන්ස, ඔය ත්‍රිවිධ යාගසම්පත්වලටත් වඩා, යාගපිරිකර දහසයටත් වඩා, කුල පරම්පරාවෙන් එන මේ නිත්‍ය දන්වැටටත් වඩා, මේ විහාර පූජාවටත් වඩා, මේ තෙරුවන් සරණ යාමටත් වඩා, මේ සිල්පදවලටත් වඩා වැඩකටයුතු අඩු, උත්සාහයන් අඩු නමුත් මහත් ප්‍රතිඵල ඇති මහත් ආනිශංස ඇති ඒ අන්‍ය වූ යාගය කුමක්ද?"

37. පින්වත් බ්‍රාහ්මණය, මෙහි අරහත් වූ, සම්මාසම්බුද්ධ වූ, විජ්ජාචරණ සම්පන්න වූ, සුගත වූ, ලෝකවිදූ වූ, අනුත්තර පුරිසදම්මසාරථී වූ, සත්ථා දේවමනුස්සානං වූ, බුද්ධ වූ, භගවා වූ තථාගතයන් වහන්සේ ලෝකයෙහි

උපත ලබනවා. උන්වහන්සේ දෙවියන් සහිත වූ, මරුන් සහිත වූ, බඹුන් සහිත වූ, ශ්‍රමණ බමුණන් සහිත වූ දෙව්මිනිස් ප්‍රජාවෙන් යුතු මේ ලෝකය තමා විසින් උපදවා ගත් විශිෂ්ට ඥාණයෙන් සාක්ෂාත් කරලා ලෝකයට කියාදෙනවා. උන්වහන්සේ දහම් දෙසනවා. ආරම්භය කළ්‍යාණ වූත්, මැද කළ්‍යාණ වූත්, අවසානය කළ්‍යාණ වූත්, අර්ථ සහිත වූත්, පැහැදිලි ප්‍රකාශනවලින් යුතු වූත්, මුළුමණින්ම පිරිපුන් පිරිසිදු බඹසර ප්‍රකාශ කරනවා.

එතකොට ගෘහපතියෙක් වේවා, ගෘහපති පුත්‍රයෙක් වේවා කවර හෝ කුලයක උපන් කෙනෙක් වේවා ඒ ධර්මය අසනවා. ඔහු ඒ ධර්මය අසලා තථාගතයන් වහන්සේ කෙරෙහි ශ්‍රද්ධාව උපදවා ගන්නවා. ඉතින් ඔහු ඒ ශ්‍රද්ධාලාභයෙන් යුක්ත වෙලා මේ විදිහට නුවණින් කල්පනා කරනවා. 'ගිහි ගෙදර වාසය කිරීම හරිම කරදරයක්. කෙලෙස් වැඩෙන මාවතක්. නමුත් පැවිදි ජීවිතය ආකාසය වගේ. ගිහි ගෙදර වාසය කරමින් මුළුමණින්ම පිරිපුන්, මුළුමණින්ම පිරිසිදු, සුදෝසුදු බඹසර වසනවා යන කරුණ ලෙහෙසි එකක් නොවේ. ඒ නිසා මං කෙස් රැවුල් බාලා, කසාවත් පොරොවා ගෙන ගිහි ගෙයින් නික්ම පැවිද්දට ඇතුලත් වෙන එක තමයි හොඳ' කියලා.

ඔහු පස්සේ කාලෙක ස්වල්ප වූ භෝග සම්පත් අත්හරිනවා. මහත් වූ භෝග සම්පත් අත්හරිනවා. ස්වල්ප වූ නෑදෑයන් අත්හරිනවා. මහත් වූ නෑදෑයන් අත්හරිනවා. කෙස් රැවුල් බාලා, කසාවත් පොරොවා ගෙන ගිහි ගෙයින් නික්ම පැවිදි ජීවිතයට පත්වෙනවා. ඔහු ඔය විදිහට පැවිද්දෙක් වෙලා ප්‍රාතිමෝක්ෂ සංවර සීලයෙන් (පැවිද්දෙක් විසින් රැකගත යුතු නිවනට උපකාරී වන උතුම් සිල්පදවලින්) සංවරව ඉන්නවා. යහපත් ඇවැතුම් පැවැතුම්වලින් යුතු වෙනවා. අණුමාත්‍ර වූ වරදෙහි පවා භය දකිනවා. ශික්ෂාපදවල සමාදන්ව හික්මෙනවා. කුසල් සහගත කායකර්මයෙන් හා වචීකර්මයෙන් යුතු වෙනවා. පිරිසිදු ආජීවයෙන් යුතු වෙනවා. සිල්වත් වෙනවා. අකුසලයෙන් වැළකූ දොරටු ඇතුව ඉන්නවා. නුවණින් සළකා ආහාර ගන්නවා. සිහිනුවණින් යුතුව ඉන්නවා. ලද දෙයින් සතුටුව ඉන්නවා.

39. පින්වත් බ්‍රාහ්මණය, භික්ෂුව සීලයෙන් යුක්ත වන්නේ කොහොමද? පින්වත් බ්‍රාහ්මණය, මෙහි භික්ෂුව සතුන් මැරීම අත්හැර දාලා සතුන් මැරීමෙන් වැළකී ඉන්නවා. දඬු මුගුරු අත්හැර දාලා, අවි ආයුධ බැහැර කරලා, පවට ලැජ්ජා ඇතිව ඉන්නවා. සතුන් කෙරෙහි දයාවන්ත වෙනවා, සියලු ප්‍රාණීන් කෙරෙහි හිතානුකම්පීව වාසය කරනවා. මෙයත් ඔහුගේ සීලයට අයත් දෙයකි.

නුදුන් දේ ගැනීම අත්හැරලා නුදුන් දේ ගැනීමෙන් වැළකී ඉන්නවා. දුන් දේ පමණක් පිළිගන්නවා. දුන් දේ පමණක් පිළිගනු කැමති වෙනවා. සොර රහිත සිතින් යුතු වූ පිරිසිදු සිතින් යුතු වූ ජීවිතයකින් වාසය කරනවා. මෙයත් ඔහුගේ සීලයට අයත් දෙයකි.

අබ්‍රහ්මචාරී බව අත්හැරලා බ්‍රහ්මචාරීව ඉන්නවා. ලාමක දෙයක් වූ මෛථුන සේවනයෙන් වැළකී එය දුරින්ම දුරුකර දමනවා. මෙයත් ඔහුගේ සීලයට අයත් දෙයකි.

බොරු කීම අත්හැරලා, බොරු කීමෙන් වැළකී ඉන්නවා. සත්‍යය කතා කරනවා. ඇත්තෙන් ඇත්ත ගලපනවා. ස්ථිරව පිහිටලා කතාකරනවා. පිළිගත හැකි දේ කතා කරනවා. ලෝකයාව රවටන්නේ නෑ. මෙයත් ඔහුගේ සීලයට අයත් දෙයකි.

කේලාම් කීම අත්හැරලා කේලාම් කීමෙන් වැළකී ඉන්නවා. මෙතැනින් අහලා මේ අය බිඳවන්නට අතන කියන්නේ නෑ. අතනින් අහලා ඒ උදවිය බිඳවන්නට මෙතැන කියන්නේ නෑ. මේ අයුරින් බිඳුණු උදවිය සමගි කරවනවා. සමගි වූවන්ට අනුබල දෙනවා. සමගි වූවන් හා වාසයට කැමතියි. සමගි වූවන් හා එක්ව වසනවා. සමගි වූවන් සමඟ සතුටු වෙනවා. සාමය උදෙසා සාමකාමී වචන කතා කරනවා. මෙයත් ඔහුගේ සීලයට අයත් දෙයකි.

පරුෂ වචනය අත්හැරලා පරුෂ වචනයෙන් වැළකී ඉන්නවා. යම් වචනයක් දොස් රහිත නම්, කනට සැප නම්, ආදරවන්ත නම්, හෘදයාංගම නම්, ශිෂ්ට සම්පන්න නම්, බොහෝ ජනයා කැමති නම්, බොහෝ ජනයාට ප්‍රියමනාප නම් එබඳු වූ වචන පවසනවා. මෙයත් ඔහුගේ සීලයට අයත් දෙයකි.

තේරුමක් නැති කතා බහ අත්හැරලා තේරුමක් නැති කතා කීමෙන් වැළකී සිටිනවා. කල් යල් බලා කතා කරනවා. ඇත්ත කතා කරනවා. අර්ථවත් දෙය කතා කරනවා. ධර්මයම කතා කරනවා. විනයම කතා කරනවා. සිත්හි ලා දරාගැනීමට සුදුසු, වෙලාවට ගැලපෙන උපදේශ සහිත වූ, මදිපාඩුකම් නොතබා, ප්‍රමාණවත් පරිදි, දෙලොව යහපත පිණිස වූ දේ පවසනවා. මෙයත් ඔහුගේ සීලයට අයත් දෙයකි.

40. පැළවෙන බීජ හා පැළ වුන ගස් කොළන් විනාශ කිරීමෙන් වැළකී ඉන්නවා. එක් වරුවේ බොජුන් වළඳනවා. රාත්‍රී ආහාරයෙන් වැළකී විකාල භෝජනයෙන් වැළකී ඉන්නවා. නැටුම්, ගැයුම්, වැයුම් හා විසූක දර්ශනයන් නැරඹීමෙන් වැළකී ඉන්නවා. මල් සුවඳ විලවුන් දැරීමෙන්ද, ඇඟපත සැරසීමෙන්ද, විසිතුරු වස්ත්‍රාභරණයෙන් සැරසීමෙන්ද වැළකී ඉන්නවා.

ප්‍රමාණය ඉක්ම වූ උස් ආසනද, වටිනා සුඛෝපභෝගී ආසනද පරිහරණයෙන් වැළකී ඉන්නවා. රන් රිදී මිල මුදල් පිළිගැනීමෙන් වැළකී ඉන්නවා. අමු ධාන්‍ය පිළිගැනීමෙන් වැළකී ඉන්නවා. අමු මස් පිළිගැනීමෙන් වැළකී ඉන්නවා. ස්ත්‍රීන්, කුමරියන් පිළිගැනීමෙන් වැළකී ඉන්නවා. දැසි දස්සන් පිළිගැනීමෙන් වැළකී ඉන්නවා. එළු බැටළුවන් පිළිගැනීමෙන් වැළකී ඉන්නවා. කුකුළන්, ඌරන් පිළිගැනීමෙන් වැළකී ඉන්නවා. ඇතුන්, ගවයන්, අසුන්, වෙළඹුන් පිළිගැනීමෙන් වැළකී ඉන්නවා. කෙත් වතු පිළිගැනීමෙන් වැළකී ඉන්නවා. ගිහි කටයුතු සඳහා දූත මෙහෙවර කිරීමෙන් වැළකී ඉන්නවා. වෙළ හෙළඳාම් කිරීමෙන් වැළකී ඉන්නවා. තරාදියෙන් රැවටීම, නොවටිනා දෙයින් රැවටීම, මිනුමෙන් රැවටීම යන මෙයින් වැළකී ඉන්නවා. අල්ලස් ගෙන හිමිකරුවන්ගේ දේ අහිමි කිරීම, වංචා කිරීම, බාල දේ වටිනා දේ හැටියට පෙන්වීම ආදී නොයෙක් වංචනික දෙයින් වැළකී ඉන්නවා. අත්පා කැපීම්, මැරීම්, බන්ධන කිරීම්, මං පැහැර ගැනීම්, ගම් පැහැර ගැනීම් ආදී සැහැසි දෙයින් වැළකී සිටිනවා. මෙයත් ඔහුගේ සීලයට අයත් දෙයකි.

චූලසීලය නිමාවිය

41. ඒ වගේම ඇතැම් භවත් ශ්‍රමණ බ්‍රාහ්මණයන් ඉන්නවා. ඔවුන් ශ්‍රද්ධාවෙන් දුන් දන් අනුභව කරලා මේ විදිහේ පැළවෙන දේ හා ගස් කොළන් ආදිය වනසමින් ඉන්නවා. ඒ කියන්නේ; මුලින් පැළවෙන දේවල්, කඳින් පැළවෙන දේවල්, පුරුකින් පැළවෙන දේවල්, දල්ලෙන් පැළවෙන දේවල්, පස්වෙනුවට බීජුවටින් පැළවෙන දේවල් යන ආදිය වනසමින් ඉන්නවා. ගස් කොළන් සිඳලීම් ආදී මෙවැනි දේවල්වලිනුත්, මෙවැනි වෙනත් දේවල්වලිනුත් වැළකී ඉන්නවා. මෙයත් ඔහුගේ සීලයට අයත් දෙයකි.

42. ඒ වගේම ඇතැම් භවත් ශ්‍රමණ බ්‍රාහ්මණයන් ඉන්නවා. ඔවුන් ශ්‍රද්ධාවෙන් දුන් දන් අනුභව කරලා මේ ආකාර වූ දේ රැස්කරගෙන පරිභෝග කරමින් වාසය කරනවා. ඒ කියන්නේ; කෑම වර්ග රැස්කරලා තියාගන්නවා. බීම වර්ග රැස්කරලා තියාගන්නවා. වස්ත්‍ර රැස්කරලා තියාගන්නවා. යාන වාහන රැස් කරලා තියාගන්නවා. ඇඳ පුටු මේස රැස්කරලා තියාගන්නවා. සුවඳ වර්ග රැස්කරලා තියාගන්නවා. තවත් ආමිස රැස්කරලා තියාගන්නවා. මෙවැනි හෝ මෙවැනි වෙනත් දේවල් හෝ රැස්කරගෙන පරිහරණය කිරීමෙන් වැළකී ඉන්නවා. මෙයත් ඔහුගේ සීලයට අයත් දෙයකි.

43. ඒ වගේම ඇතැම් භවත් ශ්‍රමණ බ්‍රාහ්මණයන් ඉන්නවා. ඔවුන් ශ්‍රද්ධාවෙන් දුන් දන් අනුභව කරලා මේ ආකාරයේ විසූක දර්ශනයන් නැරඹීමෙහි යෙදිලා

ඉන්නවා. ඒ කියන්නේ; නැටුම්, ගැයුම්, වැයුම්, නාටක, පැරණි කතා රඟදැක්වීම්, අත්තාල ගසා නැටීම්, වේතාල නැටීම්, බෙර වාදන කිරීම්, රඟමඬලෙහි දේවතාවන්ට පූජා පිණිස නැටීම්, උණ ගසින් කරන ක්‍රීඩා, මිනී ඇට මැද තබා වටකොට නැටීම්, ඇත් යුද බැලීම්, අශ්ව යුද බැලීම්, ගොන් පොර බැලීම්, එළු පොර බැලීම්, බැටළු පොර බැලීම්, කුකුළු පොර බැලීම්, වටු පොර බැලීම්, පොලු හරඹ බැලීම්, මිටි හරඹ බැලීම්, මල්ලව පොර බැලීම්, යුද සේනා බලන්නට යෑම, බලසෙන් ගණින තැන් බලන්නට යාම, බලසෙනඟ විසිරුවන තැන් බලන්නට යාම ආදී දේවල්වල යෙදෙමින් ඉන්නවා. මෙවැනි දේවල්වලිනුත්, මෙවැනි වෙනත් දේවල්වලින් යුතු විසූක දර්ශන නැරඹීම්වලින් වැළකී ඉන්නවා. මෙයත් ඔහුගේ සීලයට අයත් දෙයකි.

44. ඒ වගේම ඇතැම් භවත් ශ්‍රමණ බ්‍රාහ්මණයන් ඉන්නවා. ඔවුන් ශ්‍රද්ධාවෙන් දුන් දන් අනුභව කරලා තමාව ප්‍රමාදයට පත් කරවන මේ ආකාර වූ සූදු කෙළියෙන් කල් යවනවා. ඒ කියන්නේ; හතරැස් කොටු අටකින් යුතුව කරන සූදුව, කොටු දහයකින් කරන සූදුව, අහසේ රූ අඳිමින් කරන සූදුව, කොටු පැනීමෙන් කරන සූදුව, සන්තික නම් වූ සූදුව, දාදු කැටයෙන් කරන සූදුව, කල්ලි ගැසුම, බූරුවා ගැසීම, ගුළ කෙළිය, නළා පිඹීම, කරණම් ගැසීම, මුගුරක් ගෙන උඩ යට වැටෙන පරිදි උඩට ගැසීම, කොළවලින් කළ ගොටුවලින් තරගෙට වැලි මැනීම, කුඩා රිය තරඟ, කුඩා දුනුවලින් විදීමේ තරඟ, අකුරු ලිවීමේ සෙල්ලම, සිතූ දේ කියන සෙල්ලම, විකලාංග අනුකරණයෙන් හිනැස්සීමේ සෙල්ලම ආදී දේ කිරීමයි. මේ දෙයිනුත්, මෙවැනි තවත් දේවල් ඇත්නම් එයිනුත් වැළකී ප්‍රමාදයට පත්වන සූදුවෙන් වැළකී ඉන්නවා. මෙයත් ඔහුගේ සීලයට අයත් දෙයකි.

45. ඒ වගේම ඇතැම් භවත් ශ්‍රමණ බ්‍රාහ්මණයන් ඉන්නවා. ඔවුන් ශ්‍රද්ධාවෙන් දුන් දන් අනුභව කරලා මේ ආකාර වූ පමණ ඉක්මවා උස් වූ ආසනත්, වටිනා සුඛෝපභෝගී ආසනත් පරිහරණය කරනවා. ඒ කියන්නේ; දිග හාන්සි පුටු, කවිච්චි, ලොකු පලස් යෙදූ ආසන, විසිතුරු ගෙත්තම් කළ එළු ලොම් ඇතිරිලි, සුදු එළු ලොමින් කළ ඇතිරිලි, මල් යෙදූ එළු ලොමින් කළ ඇතිරිලි, පුළුන් යෙදූ මෙට්ට, සත්ව රූපවලින් සැරසූ එළු ලොම් ඇතිරිලි, මුළුමණින්ම එළු ලොමින් කළ ඇතිරිලි, රන් නූලෙන් සැරසූ කලාල, පට නූලෙන් කළ කලාල, නාටිකාංගනාවන් ඒ මත නැටිය හැකි එළු ලොමින් කළ කලාල, ඇතුන් පිට යොදන ඇතිරිලි, අසුන් පිට යොදන ඇතිරිලි, රථවල යොදන ඇතිරිලි, අඳුන් දිවි සමෙන් කළ ඇතිරිලි, කදලි මුව සමින් කළ කලාල, හිස දෙපැත්තට රතු විල්ලුද කොට්ට තබා රතු උඩුවියන් බැඳ සැදූ වටිනා යහන් ආදිය පරිහරණය

කරයි. මෙවැනි දෙයිනුත්, මෙවැනි වෙන දේවල්වලිනුත් වැළකී උස් අසුන් මහා අසුන් පරිහරණයෙන් වැළකී ඉන්නවා. මෙයත් ඔහුගේ සීලයට අයත් දෙයකි.

46. ඒ වගේම ඇතැම් භවත් ශ්‍රමණ බ්‍රාහ්මණයන් ඉන්නවා. ඔවුන් ශ්‍රද්ධාවෙන් දුන් දන් අනුභව කරලා මේ ආකාරයෙන් ඇඟපත සැරසීමෙන් හා විසිතුරු වස්ත්‍රාභරණ පැළඳීමෙන් යුක්තව කල් ගෙවනවා. ඒ කියන්නේ; සුවඳ වර්ග ඇඟ තවරා සිරුර සිනිඳු කිරීම, තෙල් වර්ග ගා සම්බාහනය කොට සිරුර හැඩ කිරීම, සුවඳපැන් නෑම, උරහිස් ආදියෙහි මස් වැඩීමට මුගුරෙන් තැලීම, කැඩපතින් මුහුණ බලා සැරසීම, ඇස්වල අඳුන් ගෑම, මල් හා සුවඳ විලවුන් දැරීම, මුව සුවඳ කිරීම, මුව විලවුන් දැරීම, අත්වල ආභරණ දැමීම, හිසෙහි කුඩුම්බි දැරීම. විසිතුරු සැරයැටි දැරීම, විසිතුරු බෙහෙත් නල දැරීම, විසිතුරු කඩු දැරීම, විසිතුරු කුඩ දැරීම, විසිතුරු පාවහන් දැරීම, නළල් පට දැරීම, මැණික් පැළඳීම, චාමර දැරීම, දිග වාටි ඇති සුදු වස්ත්‍ර දැරීම ආදියෙන් යුතුවෙයි. මෙවැනි දෙයිනුත්, මෙවැනි වෙන දේවල්වලිනුත් වැළකී ඇඟපත සැරසීම් හා විසිතුරු වස්ත්‍රාභරණ සැරසීමෙන් වැළකී ඉන්නවා. මෙයත් ඔහුගේ සීලයට අයත් දෙයකි.

47. ඒ වගේම ඇතැම් භවත් ශ්‍රමණ බ්‍රාහ්මණයන් ඉන්නවා. ඔවුන් ශ්‍රද්ධාවෙන් දුන් දන් අනුභව කරලා මෙබඳු වූ තිරිසන් කතාවල යෙදී වාසය කරනවා. ඒ කියන්නේ; රජවරුන් ගැන කථා, සොරුන් ගැන කථා, මහ ඇමතිවරුන් ගැන කථා, හමුදාවන් ගැන කථා, භය ඇතිවෙන දේවල් ගැන කථා, ආහාර වර්ග ගැන කථා, බොන දේවල් ගැන කථා, ඇඳුම් පැළඳුම් ගැන කථා, ඇඳ පුටු ගැන කථා, මල් වර්ග ගැන කථා, සුවඳ වර්ග ගැන කථා, නෑදෑයන් ගැන කථා, යාන වාහන ගැන කථා, ගම්මාන ගැන කථා, නියම් ගම්මාන ගැන කථා, නගර ගැන කථා, රටවල් ගැන කථා, ස්ත්‍රීන් ගැන කථා, පුරුෂයින් ගැන කථා, කුමාරයින් ගැන කථා, කුමාරියන් ගැන කථා, ශූරයින් ගැන කථා, මංමාවත් ගැන කථා, වළං පොලේ දේවල් ගැන කථා, මියගිය උදවිය ගැන කථා, තව තව දේවල් ගැන කථා, ලෝකය ගැන කථා, සාගරය ගැන කථා, මෙහෙමයි වුනේ මෙහෙමයි නොවුනේ කියන දේ ගැන කතා කරකර ඉන්නවා, මෙවැනි දෙයිනුත්, මෙවැනි වෙන දේවල්වලිනුත් වැළකී මෙබඳු වූ තිරිසන් කතාවෙන් වැළකී ඉන්නවා. මෙයත් ඔහුගේ සීලයට අයත් දෙයකි.

48. ඒ වගේම ඇතැම් භවත් ශ්‍රමණ බ්‍රාහ්මණයන් ඉන්නවා. ඔවුන් ශ්‍රද්ධාවෙන් දුන් දන් අනුභව කරලා මේ ආකාරයෙන් එකිනෙකා අතර බැණ දොඩා ගන්නා කතාවෙන් යුතුවයි ඉන්නේ. ඒ කියන්නේ; "නුඹ මේ ධර්ම විනය

දන්නේ නෑ. මම තමයි මේ ධර්ම විනය දන්නේ, ආ ... එහෙමද එතකොට නුඹද මේ ධර්ම විනය දන්නේ? නුඹ ඉන්නේ මිථ්‍යා වැඩපිළිවෙලකයි. මම තමයි නියම වැඩ පිළිවෙල තුළ ඉන්නේ. මං කරුණු සහිතවයි කියන්නේ. නුඹේ කීම කරුණු රහිතයි. නුඹ කලින් කිව යුතු දේ පස්සේ කිව්වා. පස්සේ කිව යුතු දේ කලින් කිව්වා. නුඹ කලක් තිස්සේ කියපු දේ කණපිට පෙරළුනා. මා විසින් නුඹට වාද නංවලයි තියෙන්නේ. නුඹට නිග්‍රහ කරලයි තියෙන්නේ. වාදයෙන් නිදහස් වීමට මගක් හොයාගෙන පලයන්. පුළුවන් නම් ලිහාග නින්" යනාදිය කියමින් ආරවුල් හදාගන්නවා. මෙවැනි දෙයිනුත්, මෙවැනි වෙන දේවල්වලිනුත් වැළකී මෙබඳු වූ බැණ දොඩාගන්නා කතාවෙන් වැළකී ඉන්නවා. මෙයත් ඔහුගේ සීලයට අයත් දෙයකි.

49. ඒ වගේම ඇතැම් භවත් ශ්‍රමණ බ්‍රාහ්මණයන් ඉන්නවා. ඔවුන් ශ්‍රද්ධාවෙන් දුන් දන් අනුභව කරලා ගිහියන්ගේ පණිවිඩ පණත් ගෙන යන මෙබඳු වූ දූත මෙහෙවරෙහි යෙදෙනවා. ඒ කියන්නේ; "මෙහෙ යන්න, අසවල් තැනට එන්න, මේක (අපේ මේ පණිවිඩය) අරන් යන්න. අසවල් තැනට මේක අරන් යන්න" යනාදී රජුන්ගේ, රාජමහා ඇමැතිවරුන්ගේ, ක්ෂත්‍රියයන්ගේ, බ්‍රාහ්මණයන්ගේ, ගෘහපතියන්ගේ, කුමාරවරුන්ගේ, පණිවිඩ පණත් ගෙනියනවා. මෙවැනි දෙයිනුත් මෙවැනි වෙන දේවල්වලිනුත් වැළකී මෙබඳු වූ පණිවිඩ පණත් ගෙනයන ගිහියන්ගේ දූත මෙහෙවරෙන් වැළකී ඉන්නවා. මෙයත් ඔහුගේ සීලයට අයත් දෙයකි.

50. ඒ වගේම ඇතැම් භවත් ශ්‍රමණ බ්‍රාහ්මණයන් ඉන්නවා. ඔවුන් ශ්‍රද්ධාවෙන් දුන් දන් අනුභව කරලා කුහක (උඩින් වෙන ජීවිතයක් පෙන්වමින් යටින් වෙනත් ජීවිතයක් ගෙවමින් නැති ගුණ පෙන්වා) ජීවිත ගෙවනවා. ලාභ සත්කාර ලැබෙන විදිහට (පුහු වර්ණනා කිරීම්, තොදොල් කිරීම්, නැති ගුණ කීම් ආදී) චාටු බස් කියනවා. දායකයින් හට නොදී බැරි තත්වයට පත්වෙන ආකාරයේ නිමිති දක්වමින් කතා කරනවා. තමන්ට ලැබෙන විදිහට අනුන්ට ගරහනවා. ලාභයෙන් ලාභය හොයනවා. මෙවැනි දෙයිනුත්, මෙවැනි වෙන දේවල්වලිනුත් වැළකී මෙබඳු වූ කුහක කමින් චාටුබස්වලින් වැළකී ඉන්නවා. මෙයත් ඔහුගේ සීලයට අයත් දෙයකි.

මධ්‍යම සීලය නිමාවිය

51. ඒ වගේම ඇතැම් භවත් ශ්‍රමණ බ්‍රාහ්මණයන් ඉන්නවා. ඔවුන් ශ්‍රද්ධාවෙන් දුන් දන් අනුභව කරලා මෙවැනි වූ තිරශ්චීන විද්‍යාවෙන් යුතුව මිථ්‍යා ආජීවයෙන් ජීවත්වෙනවා. ඒ කියන්නේ; ශාරීරික අංග බලා ඵලාඵල

කියනවා, නිමිති බලා ඵලාඵල කියනවා, උත්පාත බලා ඵලාඵල කියනවා, සිහින ඵලාඵල කියනවා, ශාරීරික ලක්ෂණ බලා ඵලාඵල කියනවා, මීයන් කෑ වස්ත්‍ර බලා ඵලාඵල කියනවා, ගිනි පූජා පවත්වනවා, හැන්දෙන් පූජා පවත්වනවා, ධාන්‍ය පොතුවලින් පූජා පවත්වනවා. කණ නම් සහලින් කළ පූජා පවත්වනවා, සහලින් පූජා පවත්වනවා, ගිතෙලින් පූජා පවත්වනවා, තල තෙලින් පූජා පවත්වනවා, විශේෂ කොට කරන පූජා පවත්වනවා, සතුන් මරා ලේ පුදා කරන පූජා පවත්වනවා, අංග විද්‍යාව, වාස්තු විද්‍යාව, දේශපාලන විද්‍යාව, වාසනාව උරගා බැලීමේ (ලොතරැයි) විද්‍යාව, භූත විද්‍යාව, පොළොව යට බිම් ගෙයක ඉඳ මැතිරීමෙන් කරන (භූරි) විද්‍යාව, සර්ප විද්‍යාව, විෂ විද්‍යාව, වෘශ්චික විද්‍යාව, මූෂික විද්‍යාව, පක්ෂි විද්‍යාව, විශාල පක්ෂි විද්‍යාව, ඉදුණු දේ මුල් කොට අනාවැකි කියන විද්‍යාව, මතුරන ලද ඊතල විද ආරක්ෂා කරන විද්‍යාව, මෘග පක්ෂ යනාදී මිථ්‍යා ආජීවයෙන් ජීවත් වෙනවා. මෙවැනි දෙයිනුත්, මෙවැනි වෙන දේවල්වලිනුත් වැළකී මෙබඳු වූ තිරශ්චීන විද්‍යාවෙන් යුතු මිථ්‍යා ආජීවයෙන් වැළකී ඉන්නවා. මෙයත් ඔහුගේ සීලයට අයත් දෙයකි.

52. ඒ වගේම ඇතැම් භවත් ශ්‍රමණ බ්‍රාහ්මණයන් ඉන්නවා. ඔවුන් ශ්‍රද්ධාවෙන් දුන් දන් අනුභව කරලා මෙබඳු වූ තිරශ්චීන විද්‍යාවෙන් යුතුව මිථ්‍යා ආජීවයෙන් ජීවත් වෙනවා. ඒ කියන්නේ; මැණික්වල සුභ අසුභ ලකුණු කීම, දඬුවල සුභ අසුභ ලකුණු කීම, වස්ත්‍රවල සුභ අසුභ ලකුණු කීම, කඩු ආදී සලකුණුවලින් සුභාසුභ කීම, ඊතල ආදී සලකුණුවලින් සුභාසුභ කීම, දුනු ආදී සලකුණුවලින් සුභාසුභ කීම, ආයුධ ආදී සලකුණුවලින් සුභාසුභ කීම, ස්ත්‍රීන්ගේ හැඩරුවින් සුභාසුභ ලකුණු කීම, පුරුෂයන්ගේ හැඩරුවින් සුභාසුභ ලකුණු කීම, දරුවන්ගේ හැඩරුවින් සුභාසුභ ලකුණු කීම, දූරියන්ගේ හැඩරුවින් සුභාසුභ ලකුණු කීම, දාසයන්ගේ හැඩරුවින් සුභාසුභ ලකුණු කීම, දාසියන්ගේ හැඩරුවින් සුභාසුභ ලකුණු කීම, ඒ ඒ කටයුතු සඳහා තෝරා ගත යුතු ඇතුන්ගේ ලකුණු කීම, අසුන්ගේ ලකුණු කීම, ඔටුවන්ගේ ලකුණු කීම, වෘෂභයන්ගේ ලකුණු කීම, ගවයන්ගේ ලකුණු කීම, එළුවන්ගේ ලකුණු කීම, බැටළුවන්ගේ ලකුණු කීම, කුකුළු පොර ආදියට සුදුසු කුකුළන්ගේ ලකුණු කීම, වටුවන්ගේ ලකුණු කීම, සුහුනන් ඇඟ වැටීමේ සහ හඬනැගීමේ ඵලාඵල කීම, කණෙහි පළඳාගත් උපකරණවලින් ඵලාඵල කීම, කැස්බෑවන්ට මතුරා ඵලාඵල කීම, මුවන්ට මතුරා ඵලාඵල කීම ආදී තිරශ්චීන විද්‍යාවෙන් යුතු මිථ්‍යා ආජීවයෙන් කල් ගෙවනවා. මෙවැනි දෙයිනුත්, මෙවැනි වෙන දේවල්වලිනුත් වැළකී මෙබඳු වූ තිරශ්චීන විද්‍යාවෙන් යුතු මිථ්‍යා ආජීවයෙන් වැළකී ඉන්නවා. මෙයත් ඔහුගේ සීලයට අයත් දෙයකි.

53. ඒ වගේම ඇතැම් භවත් ශ්‍රමණ බ්‍රාහ්මණයන් ඉන්නවා. ඔවුන් ශ්‍රද්ධාවෙන් දුන් දන් අනුභව කරලා මෙබඳු වූත් තිරිසන් විද්‍යාවෙන් යුතුව මිථ්‍යා ආජීවයෙන් ජීවිකාව ගෙවනවා. ඒ කියන්නේ; "අසවල් නැකතට රජතුමාගේ යුධ පිණිස නික්මීම වන්නේය. අසවල් නැකතින් ආපසු නුවරට ඇතුළ්වීම සිදු කළ යුත්තේය. අසවල් නැකතින් රට ඇතුළේ සිට පිටත සතුරු රජුන් හමුවීමට රජුගේ ගමන කළ යුත්තේය. අසවල් නැකතින් පිටත සිටින රජවරු රට ඇතුළට පැමිණීම වන්නේය. අසවල් නැකතින් රට ඇතුළේ සිටින රජුගේ ඉවත්වීම සිදුවන්නේය. අසවල් නැකතින් රට ඇතුළේ සිටින රජුට ජය වන්නේය. අසවල් නැකතින් බාහිර රජුනට පරාජය වන්නේය. අසවල් නැකතින් බාහිර රජුන්ට ජය වන්නේය. අසවල් නැකතින් රට ඇතුළේ රජුට පරාජය වන්නේය කියලා 'මොහුට ජය වෙනවා. මොහුට පරාජය වෙනවා' ආදී වශයෙන් පවසමින් තිරිසන් විද්‍යාවෙන් යුතු මිථ්‍යා ආජීවයෙන් කල් ගෙවනවා. මෙවැනි දෙයිනුත්, මෙවැනි වෙන දේවල්වලිනුත් වැළකී මෙබඳු වූ තිරශ්චීන විද්‍යාවෙන් යුතු මිථ්‍යා ආජීවයෙන් වැළකී ඉන්නවා. මෙයත් ඔහුගේ සීලයට අයත් දෙයකි.

54. ඒ වගේම ඇතැම් භවත් ශ්‍රමණ බ්‍රාහ්මණයන් ඉන්නවා. ඔවුන් ශ්‍රද්ධාවෙන් දුන් දන් අනුභව කරලා මෙබඳු වූත් තිරිසන් විද්‍යාවෙන් යුතුව මිථ්‍යා ආජීවයෙන් ජීවිකාව ගෙවනවා. ඒ කියන්නේ; "අසවල් දින චන්ද්‍රග්‍රහණයක් සිදුවෙනවා. අසවල් දින සූර්යග්‍රහණයක් සිදුවෙනවා. අසවල් දින නැකත් ග්‍රහණයක් සිදුවෙනවා. අසවල් දින සඳ හිරුගේ නිසි මගින් යෑම සිදුවෙනවා. අසවල් දින සඳ හිරුගේ නොමගින් යෑම සිදුවෙනවා. අසවල් දින නැකත් තරුවල නිසි මගින් යෑම සිදුවෙනවා. අසවල් දින නැකත් තරුවල නොමගින් යෑම සිදුවෙනවා. අසවල් දින උල්කාපාත වැටෙනවා. අසවල් දින අසවල් දිශාවේ උෂ්ණත්වය වැඩිවෙනවා. අසවල් දින භූමිකම්පාවක් සිදුවෙනවා. අසවල් දින වැසි රහිතව අහස ගුගුරනවා. හිරු සඳු හා නැකත්වල උදාව, බැසීම, කෙලෙසීම, පිරිසිදු වීම මේ මේ වෙලාවට සිදුවෙනවා. චන්ද්‍ර ග්‍රහණය ලෝකයට මෙවැනි ඵල විපාක ලබාදෙනවා. සූර්ය ග්‍රහණය ලෝකයට මෙවැනි ඵල විපාක ලබාදෙනවා. නැකත් ග්‍රහණය ලෝකයට මෙවැනි ඵල විපාක ලබාදෙනවා. හිරු සඳුගේ නිසි ගමන මෙවැනි ඵල විපාක ලබාදෙනවා. හිරු සඳුගේ නොමග යෑම මෙවැනි ඵල විපාක ලබාදෙනවා. උල්කාපාත වැටීම මෙවැනි ඵල විපාක ලබාදෙනවා. දිශා දාහය මෙවැනි ඵල විපාක ලබාදෙනවා. භූකම්පන මෙවැනි ඵල විපාක ලබාදෙනවා. වැසි නැතිව අහස ගිගිරීම මෙවැනි ඵල විපාක ලබාදෙනවා. හිරු සඳු හා නැකත්වල උදාව, බැසීම, කෙලෙසීම, පිරිසිදු වීම ලෝකයට මෙවැනි විපාක ලබාදෙනවා" කියලා තිරිසන් විද්‍යාවෙන්

යුතුව මිථ්‍යා ආජීවයෙන් ජීවත් වෙනවා. මෙවැනි දෙයිනුත්, මෙවැනි වෙන දේවල්වලිනුත් වැළකී මෙබඳු වූ තිරශ්චීන විද්‍යාවෙන් යුතු මිථ්‍යා ආජීවයෙන් වැළකී ඉන්නවා. මෙයත් ඔහුගේ සීලයට අයත් දෙයකි.

55. ඒ වගේම ඇතැම් භවත් ශ්‍රමණ බ්‍රාහ්මණයන් ඉන්නවා. ඔවුන් ශ්‍රද්ධාවෙන් දුන් දන් අනුභව කරලා මෙබඳු වූත් තිරිසන් විද්‍යාවෙන් යුතුව මිථ්‍යා ආජීවයෙන් ජීවිකාව ගෙවනවා. ඒ කියන්නේ; "මේ කාලයේදී වැස්ස වහිනවා. මේ කාලයේදී නියඟය ඇතිවෙනවා. මේ කාලයේදී ආහාරපානාදියෙන් සරුවෙනවා. මේ කාලයේදී දුර්භික්ෂය ඇතිවෙනවා. මේ කාලයේදී රට සරුවෙනවා. මේ කාලයේදී බිය සැක නැතිව ඉන්නවා. මේ කාලයේදී භය උපදිනවා. මේ කාලයේදී රෝග ඇතිවෙනවා. මේ කාලයේදී නීරෝග බව ඇතිවෙනවා කියමින් එලා එල පැවසීමත්, මුද්‍රා, ගණිත, සංඛ්‍යාන, කාව්‍ය ශාස්ත්‍ර, ලෝකායත ශාස්ත්‍ර ආදී තිරිසන් විද්‍යාවෙන් යුතුව මිථ්‍යා ආජීවයෙන් ජීවත් වෙනවා. මෙවැනි දෙයිනුත්, මෙවැනි වෙන දේවල්වලිනුත් වැළකී මෙබඳු වූ තිරශ්චීන විද්‍යාවෙන් යුතු මිථ්‍යා ආජීවයෙන් වැළකී ඉන්නවා. මෙයත් ඔහුගේ සීලයට අයත් දෙයකි.

56. ඒ වගේම ඇතැම් භවත් ශ්‍රමණ බ්‍රාහ්මණයන් ඉන්නවා. ඔවුන් ශ්‍රද්ධාවෙන් දුන් දන් අනුභව කරලා මෙබඳු වූත් තිරිසන් විද්‍යාවෙන් යුතුව මිථ්‍යා ආජීවයෙන් ජීවිකාව ගෙවනවා. ඒ කියන්නේ; විවාහයට නැකත් කීම, ආවාහයට නැකත් කීම, වෙන් වූ අඹු සැමියන් එක් කිරීමට නැකත් සෑදීම, එක් වූ අඹු සැමියන් වෙන් කිරීමට නැකත් සෑදීම, දීපු ණය එකතු කිරීමට නැකත් සෑදීම, මුදල් ණයට පොලියට දීමට නැකත් සෑදීම, දියුණු වීමට ගුරුකම් කිරීම, පාළුවී නැති වීමට ගුරුකම් කිරීම, දරුගැබ් රැකෙන්නට ගුරුකම් කිරීම, දිව අගුළු බැඳෙන්නට ගුරුකම් කිරීම, හනු තද කරන්නට ගුරුකම් කිරීම, අත් පෙරලෙන්නට ගුරුකම් කිරීම, හනු සිරවෙන්නට ගුරුකම් කිරීම, කන් අගුළු වැටෙන්නට ගුරුකම් කිරීම, කණ්ණාඩියෙන් භූතයන් කැඳවා ප්‍රශ්න විචාරීම, ගෑණු දරුවන් ලවා පේන කීම, දෙවියන් ලවා පේන කීම, සූර්ය වන්දනාව, මහ බඹු වන්දනාව, මන්ත්‍ර බලයෙන් කටින් ගිනිදැල් පිටකිරීම, මන්ත්‍ර බලෙන් ලක්ෂ්මී පූජා කිරීම යනාදී තිරිසන් විද්‍යාවෙන් යුතුව මිථ්‍යා ආජීවයෙන් ජීවත් වෙනවා. මෙවැනි දෙයිනුත්, මෙවැනි වෙන දේවල්වලිනුත් වැළකී මෙබඳු වූ තිරශ්චීන විද්‍යාවෙන් යුතු මිථ්‍යා ආජීවයෙන් වැළකී ඉන්නවා. මෙයත් ඔහුගේ සීලයට අයත් දෙයකි.

57. ඒ වගේම ඇතැම් භවත් ශ්‍රමණ බ්‍රාහ්මණයන් ඉන්නවා. ඔවුන් ශ්‍රද්ධාවෙන් දුන් දන් අනුභව කරලා මෙබඳු වූත් තිරිසන් විද්‍යාවෙන් යුතුව මිථ්‍යා ආජීවයෙන් ජීවිකාව ගෙවනවා. ඒ කියන්නේ; ශාන්ති කර්ම, බාර ඔප්පු

කිරීම, පොළොව යට හිඳ මතුරා ගුරුකම් කිරීම, නපුංසකයා පිරිමියෙකු කිරීම, පිරිමියා නපුංසකයෙකු කිරීම, ගෙවල් තැනීමේ දිශාවන් පෙන්වා දීම, අලුතෙන් නිවාස තැනීමේදී පුද පූජා පැවැත්වීම. වතුර මතුරා මූණ සේදවීම. වතුර මතුරා නැහැවීම, ගිනිපිදීම, ලය විරේක කරවීම, බඩ විරේක කරවීම, වමනය කරවීම, වස්ති කරවීම, ශීර්ෂ විරේකය, කනට තෙල් පිඹීම, ඇස් වෙදකම, නස්න කිරීම, ඇස්වලට අඳුන් සෑදීම, ප්‍රතිඅංජන සෑදීම, ශල්‍යකර්ම කිරීම, ළදරු චිකිත්සාව, කාය චිකිත්සාව, වනවලට බෙහෙත් බැඳීම ආදී තිරිසන් විද්‍යාවෙන් යුතුව මිථ්‍යා ආජීවයෙන් ජීවත් වෙනවා. මෙවැනි දෙයිනුත්, මෙවැනි වෙන දේවල්වලිනුත් වැළකී මෙබඳු වූ තිරශ්චීන විද්‍යාවෙන් යුතු මිථ්‍යා ආජීවයෙන් වැළකී ඉන්නවා. මෙයත් ඔහුගේ සීලයට අයත් දෙයකි.

58. පින්වත් බ්‍රාහ්මණය, ඒ භික්ෂුව වනාහී මේ අයුරින් සීලසම්පන්නව සිටින විට ඒ සීලසංවරය හේතු කොට ගෙන මොනම අයුරකින්වත් බියක් දකින්නේ නෑ. පින්වත් බ්‍රාහ්මණය, ඒක මේ වගේ දෙයක්. ඔටුනු පළන් රජ කෙනෙක් ඉන්නවා. ඔහු සතුරන් පරදවලා බැහැර කරලයි ඉන්නේ. ඉතින් ඔහු සතුරන් හේතුවෙන් මොනම අයුරකින්වත් භයක් දකින්නේ නෑ. පින්වත් බ්‍රාහ්මණය, භික්ෂුවත් ඔය විදිහමයි. මේ අයුරින් සීලසම්පන්නව සිටින විට ඒ සීලසංවරය හේතු කොට ගෙන මොනම අයුරකින්වත් බියක් දකින්නේ නෑ. ඔහු මේ ආර්ය වූ සීලස්කන්ධයෙන් සමන්විතව ආධ්‍යාත්මිකව නිවැරදි සැපයක් විඳිනවා. පින්වත් බ්‍රාහ්මණය, ඔන්න ඔය විදිහටයි භික්ෂුව සීලසම්පන්න වන්නේ.

මහා සීලය නිමා විය.

59. පින්වත් බ්‍රාහ්මණය, භික්ෂුව අකුසලයන් වැළකූ ද්වාර ඇති ඉඳුරන් ඇතිව ඉන්නේ කොහොමද? පින්වත් බ්‍රාහ්මණය, මෙහිලා භික්ෂුව ඇසින් රූප දැක නිමිති ගන්නේ නෑ. නිමිත්තක කොටසක්වත් ගන්නේ නෑ. යම් හෙයකින් ඇස නමැති ඉන්ද්‍රිය අසංවරව වසන කෙනෙකුට දැඩි ලෝභයත්, දොම්නසත්, පාපී අකුසලත් ඇති වී අර්බුදයක් හටගන්නවා නම්, එහි සංවරය පිණිස පිළිපදිනවා. ඇස රැකගන්නවා. ඇස නැමැති ඉන්ද්‍රියයේ සංවරයට පැමිණෙනවා. කනෙන් ශබ්දයක් අහලා ....(පෙ).... නාසයෙන් ගන්ධයක් ආඝ්‍රාණය කරලා ....(පෙ).... දිවෙන් රසයක් රස විඳලා ....(පෙ).... කයෙන් පහසක් ලබලා ....(පෙ).... මනසින් අරමුණක් දැනගෙන නිමිති ගන්නේ නෑ. නිමිත්තක කොටසක්වත් ගන්නේ නෑ. යම් හෙයකින් මනස නමැති ඉන්ද්‍රිය අසංවරව වසන කෙනෙකුට දැඩි ලෝභයත්, දොම්නසත්, පාපී අකුසලත් ඇති වී අර්බුදයක් හටගන්නවා නම්, එහි සංවරය පිණිස පිළිපදිනවා. මනස රැකගන්නවා. මනස නැමැති ඉන්ද්‍රියයේ සංවරයට පැමිණෙනවා. ඔහු මේ

ආර්ය වූ ඉන්ද්‍රිය සංවරයෙන් යුක්තව ආධ්‍යාත්මිකව පීඩා රහිතව සැපයක් විඳිනවා. පින්වත් බ්‍රාහ්මණය, භික්ෂුව අකුසලයෙන් වැළැක් වූ දොරටු ඇති ඉන්ද්‍රියයන් තුළ ඉන්නේ ඔය විදිහටයි.

60. පින්වත් බ්‍රාහ්මණය, භික්ෂුව සිහිනුවණින් යුතුව සිටින්නේ කොහොමද? පින්වත් බ්‍රාහ්මණය, මෙහිලා භික්ෂුව ඉදිරියට යද්දීත්, ආපසු එද්දීත් එය කරන්නේ සිහි නුවණින්මයි. ඉදිරිය බලද්දී, වටපිට බලද්දී එය කරන්නෙත් සිහි නුවණින්මයි. අතපය හකුළද්දී, දිගහරිද්දී එය කරන්නෙත් සිහිනුවණින්මයි. දෙපට සිවුර, පාත්‍රය, අනෙක් සිවුරු ආදිය දරද්දී එය කරන්නෙත් සිහිනුවණින්මයි. වළඳද්දී, පානය කරද්දී, අනුභව කරද්දී, රස විඳිද්දී එය කරන්නෙත් සිහි නුවණින්මයි. වැසිකිළි කැසිකිළි යාමේදී එය කරන්නෙත් සිහි නුවණින්මයි. ගමන් කරද්දී, සිටගෙන සිටිද්දී, වාඩි වී සිටිද්දී, සැතපෙද්දී, නිදිවරද්දී, කතාබස් කරද්දී, නිහඬව සිටිද්දී එය කරන්නෙත් සිහි නුවණින්මයි. පින්වත් බ්‍රාහ්මණය, භික්ෂුව සිහිනුවණින් යුතු වන්නේ ඔය ආකාරයටයි.

61. පින්වත් බ්‍රාහ්මණය, භික්ෂුව ලද දෙයින් සතුටු වන්නේ කොහොමද? පින්වත් බ්‍රාහ්මණය, මෙහිලා භික්ෂුව කය පරිහරණයට සෑහෙන සිවුරෙන්, කුසගිනි නිවෙන්නට සෑහෙන පිණ්ඩපාතයෙන් සතුටු වෙනවා. ඔහු යම් ම තැනකට පිටත් වෙනවා නම්, පාසිවුරු පමණක් අරගෙන යනවා. ඒක මේ වගේ දෙයක්. කුරුල්ලෙක් යම් ම තැනකට පියඹා යනවා නම්, පියාපත් බර පමණක් සහිතව පියඹනවා වගෙයි. පින්වත් බ්‍රාහ්මණය, ඔය අයුරින්ම භික්ෂුව කය පරිහරණයට සෑහෙන සිවුරෙන්, කුසගිනි නිවෙන්නට සෑහෙන පිණ්ඩපාතයෙන් සතුටු වෙනවා. ඔහු යම් ම තැනකට පිටත් වෙනවා නම්, පාසිවුරු පමණක් අරගෙන යනවා. පින්වත් බ්‍රාහ්මණය, භික්ෂුව ලද දෙයින් සතුටු වන්නේ ඔය විදිහටයි.

62. ඔහු මේ ආර්ය වූ සීලස්කන්ධයෙන් යුක්ත වෙලා, මේ ආර්ය වූ ඉන්ද්‍රිය සංවරයෙන් යුක්ත වෙලා, මේ ආර්ය වූ සිහිනුවණින් යුක්ත වෙලා, මේ ආර්ය වූ ලද දෙයින් සතුටුවීමෙන් යුක්ත වෙලා හුදෙකලා සෙනසුනක වාසය කරනවා. ඒ කියන්නේ අරණ්‍යය, රුක්සෙවණ, පර්වතය, දිය ඇල්ල, ගිරිගුහාව, සොහොන, වනගැබ, ගස් කොළන් රහිත හිස් පිටිය, පිදුරු ගෙය ආදියයි. ඔහු පිණ්ඩපාතය වළඳා, දානයෙන් පසු (එවැනි තැනක) පළඟක් බැඳගෙන, කය ඍජු කරගෙන, භාවනා අරමුණෙහි සිහිය පිහිටුවාගෙන වාඩිවෙනවා.

63. ඔහු ජීවිතය නම් වූ ලෝකය ගැන ඇති විෂම ලෝභය දුරු කොට ඇලීම් රහිත වූ සිතින් වාසය කරනවා. විෂම ලෝභය කෙරෙන් සිත පිරිසිදු

කරනවා. තරහ, වෛර ආදිය අත්හැර තරහ නැති සිතින් සියලු සතුන් කෙරෙහි හිතානුකම්පීව වාසය කරනවා. තරහ, වෛර ආදිය කෙරෙන් සිත පිරිසිදු කරනවා. නිදිමත, අලසකම අත්හැර නිදිමත, අලසකමින් බැහැරව ආලෝක සඤ්ඤාවෙන් යුතුව, සිහිනුවණ ඇතිව වාසය කරනවා. නිදිමත, අලසකම කෙරෙන් සිත පිරිසිදු කරනවා. සිතේ විසිරීමත්, පසුතැවීමත් බැහැර කොට නොකැළඹී ගිය සංසිඳුණු සිතින් වාසය කරනවා. සිතේ විසිරීම හා පසුතැවීම කෙරෙන් සිත පිරිසිදු කරනවා. සැකය දුරු කොට කුසල් දහම් ගැන 'කෙසේද? කෙසේද?' යනාදී සැකයෙන් එතෙරව වාසය කරනවා. සැකය කෙරෙන් සිත පිරිසිදු කරනවා.

64. පින්වත් බ්‍රාහ්මණය, එය මෙවැනි දෙයක්. පුරුෂයෙක් ණයක් අරගෙන කර්මාන්තයක යොදවනවා. ඔහුගේ ඒ ව්‍යාපාරය සාර්ථක වෙනවා. එතකොට ඔහු යම් පරණ මුල් ණයක් ඇද්ද, එය සම්පූර්ණයෙන්ම ගෙවලා දානවා. එයින් පසු ඔහුට අඹුදරුවන් පෝෂණය පිණිස ලාභයක් ඉතිරිත් වෙනවා. එතකොට ඔහුට මෙහෙම හිතෙනවා. "මං කලින් ණයක් අරගෙනයි ව්‍යාපාරයක යෙදෙව්වේ. ඒ මගේ ව්‍යාපාරය සාර්ථක වුනා. ඒ මං යම් පරණ මුල් ණයක් ඇද්ද එය සම්පූර්ණයෙන්ම ගෙව්වා. අඹුදරුවන් පෝෂණයටත් මට ආදායම ඉතිරි වුනා" කියලා. ඒ හේතුවෙන් ඔහු මහත් සතුටක් ලබනවා. මහත් සොම්නසක් ලබනවා.

65. පින්වත් බ්‍රාහ්මණය, ඒක මේ වගේ දෙයක්. පුරුෂයෙක් රෝගී වෙලා, දුකට පත්වෙලා, දැඩි සේ ගිලන්ව ඉන්නවා. ඔහුට බත් කැමටවත් පිරියක් නෑ. ඔහුගේ ඇගේ පතේ ප්‍රාණවත් ගතියක් නෑ. නමුත් පස්සේ කාලෙක ඔහු ඒ රෝගයෙන් මිදුනා. ඔහුට දැන් බත් කැමත් ප්‍රියයි. ඔහුගේ ඇඟපතත් ප්‍රාණවත්. එතකොට ඔහුට මෙහෙම හිතෙනවා. "මං ඉස්සර රෝගී වෙලා, දුකට පත්වෙලා, දැඩි සේ ගිලන්ව හිටියේ. මට බත් කැමටවත් පිරියක් තිබුනේ නෑ. මගේ ඇගේ පතේ ප්‍රාණවත් ගතියක් තිබුනේ නෑ. නමුත් දැන් මං ඒ රෝග යෙන් මිදුනා. මට දැන් බත් කැමත් ප්‍රියයි. මගේ ඇඟපතත් ප්‍රාණවත්" කියලා. ඒ හේතුවෙන් ඔහු මහත් සතුටක් ලබනවා. මහත් සොම්නසක් ලබනවා.

66. පින්වත් බ්‍රාහ්මණය, ඒක මේ වගේ දෙයක්. පුරුෂයෙක් හිරගෙදරක බන්ධනයකට හසුවෙනවා. නමුත් ඔහු පස්සේ කාලෙක තමන්ගේ ධනය වියදම් නොකොට සුවසේම ඒ බන්ධනාගාරයෙන් නිදහස් වෙනවා. ඔහුගේ සම්පත්වලින් කිසි වියදමක් යන්නේ නෑ. එතකොට ඔහුට මෙහෙම හිතෙනවා. "මං ඉස්සර හිරගෙදරක බන්ධනයකට අහු වුනා. නමුත් ඒ මං දැන් ධන වියදමකින් තොරව සුවසේම ඒ බන්ධනාගාරයෙන් නිදහස් වුනා. මගේ භෝග

සම්පත්වලින් කිසිදෙයක් වියදම් වුනේ නෑ" කියලා. ඒ හේතුවෙන් ඔහු මහත් සතුටක් ලබනවා. මහත් සොම්නසක් ලබනවා.

67. පින්වත් බ්‍රාහ්මණය, ඒක මේ වගේ දෙයක්. පුරුෂයෙක් තමාට සිතූ පරිදි ගත කරන්නට බැරි, අනුන්ට යටත් වෙලා වාසය කරන, තමා කැමැති පරිදි යා ගත නොහැකි දාසයෙක් වෙලා හිටියා. ඔහු පස්සේ කාලෙක ඒ දාසබවෙන් නිදහස් වුනා. තමාට සිතූ පරිදි ගත කරන, අනුන්ට යටත් නොවන, තමන් කැමැති පරිදි යා හැකි ජීවිතයක් ලැබුනා. එතකොට ඔහුට මෙහෙම හිතුනා. "මං ඉස්සර තමාට සිතූ පරිදි ගත කරන්නට බැරි, අනුන්ට යටත් වෙලා වාසය කරන, තමා කැමැති පරිදි යා ගත නොහැකි දාසයෙක් වෙලා හිටියා. ඒ මං දැන් ඒ දාසබවෙන් නිදහස් වෙලයි ඉන්නේ. මට සිතූ පරිදි ගත කරන, අනුන්ට යටත් නොවන, මං කැමැති පරිදි යා හැකි ජීවිතයක් ලැබිලා තියෙනවා" කියලා. ඒ හේතුවෙන් ඔහු මහත් සතුටක් ලබනවා. මහත් සොම්නසක් ලබනවා.

68. පින්වත් බ්‍රාහ්මණය, ඒක මේ වගේ දෙයක්. පුරුෂයෙක් ධනය ඇතිව, භෝග සම්පත් ඇතිව, ආහාරපාන දුලභ වූ, බිය උවදුරු සහිත කාන්තාර ගමනකට පිවිසෙනවා. නමුත් ඔහු පසු කාලෙක ඒ කාන්තාරයෙන් එතෙර වෙනවා. සුවසේම ගමන අවසන් කොට බිය, උවදුරු නැති ආරක්ෂාව ඇති තැනකට පැමිණෙනවා. එතකොට ඔහුට මෙහෙම හිතෙනවා "මං කලින් ධනය ඇතිව, භෝග සම්පත් ඇතිව, ආහාරපාන දුලභ වූ, බිය උවදුරු සහිත කාන්තාර ගමනකට පිවිසුනා. නමුත් දැන් මා ඒ කාන්තාරයෙන් එතෙර වුනා. සුවසේම ගමන අවසන් කොට බිය, උවදුරු නැති ආරක්ෂාව ඇති තැනකට පැමිණුනා" කියලා. ඒ හේතුවෙන් ඔහු මහත් සතුටක් ලබනවා. මහත් සොම්නසක් ලබනවා.

69. පින්වත් බ්‍රාහ්මණය, අන්න ඒ විදිහමයි. භික්ෂුවත් (කලින්) ණයක් ගත්තා වගේ, ලෙඩ වුනා වගේ, හිරේ විලංගුවේ වැටුනා වගේ, වහල් බවට පත්වුනා වගේ, නිරුදක කතරකට පැමිණුනා වගේ මේ පංච නීවරණයන් ප්‍රහාණය නොවී තමා තුළ පවතින හැටි දකිනවා. නමුත් පින්වත් බ්‍රාහ්මණය, ඒ ණය ගෙවා දමා ණය රහිත වුණා වගේ, රෝගයෙන් නිදහස් වෙලා නීරෝග වුනා වගේ, වියදම් නැතුව හිරෙන් නිදහස් වුනා වගේ, දාසබවෙන් නිදහස් වුනා වගේ, නිරුදක කතර ගෙවා ආරක්ෂා සහිත ක්ෂේම භූමියකට පැමිණුනා වගේ තමයි. පින්වත් බ්‍රාහ්මණය, අන්න ඒ විදිහමයි භික්ෂුව තමා තුළ මේ පංච නීවරණයන් දුරුවී ඇති ආකාරයත් දකින්නේ.

70. ඔහුට මේ පංච නීවරණයන් තමා තුළ නැති බව දකිද්දී මහත් සතුටක් ඇතිවෙනවා. ඒ ප්‍රමුදිත වීම ඇති කෙනාට ප්‍රීතිය ඇතිවෙනවා. ප්‍රීති මනසක් ඇති කෙනාගේ කය සංසිඳෙනවා. සංසිඳුණු කයින් යුතුව සැපක් විඳිනවා. සැප ඇති කෙනාගේ සිත සමාධිමත් වෙනවා.

71. ඔහු කාමයන්ගෙන් වෙන්ව, අකුසලයන්ගෙන් වෙන්ව, විතර්ක සහිත වූ, විචාර සහිත වූ, විවේකයෙන් හටගත් ප්‍රීති සුඛය ඇති පළමුවෙනි ධ්‍යානය උපදවාගෙන වාසය කරනවා. ඔහු මේ කයම විවේකයෙන් හටගත් ප්‍රීති සුඛයෙන් හොඳට තෙත් කරනවා. මුළුමණින්ම තෙත් කරනවා. එයින් පුරවනවා. පිරිපුන්ව පුරවනවා. ඔහුගේ සියලු කයෙහි විවේකයෙන් හටගත් ප්‍රීති සුඛයෙන් ස්පර්ශ නොකළ කිසිතැනක් නෑ.

72. පින්වත් බ්‍රාහ්මණය, ඒක මේ වගේ දෙයක්. (රජවරුන් ආදී පිරිස් නහවන) දක්ෂ නහවන්නෙක් හෝ නහවන කෙනෙකුගේ ගෝලයෙක් ඉන්නවා. ඔහු ලෝහ බඳුනක නානසුණු විසුරුවනවා. ඊට පස්සේ දිය ඉස ඉස පිඬු කරනවා. එතකොට ඒ නානසුණු පිඬට අර වතුර කාවදිනවා. හොඳින් තෙත් වෙනවා. ඒ නහන පිඬ ඇතුළත පිටත සෑම තැනම හොඳින් දිය පැතිරිලා තියෙනවා. පිටතට වැගිරෙන්නෙත් නෑ.

පින්වත් බ්‍රාහ්මණය, ඔය විදිහමයි. භික්ෂුව මේ කයම විවේකයෙන් හටගත් ප්‍රීති සුඛයෙන් හොඳට තෙත් කරනවා. මුළුමණින්ම තෙත් කරනවා. එයින් පුරවනවා. පිරිපුන්ව පුරවනවා. ඔහුගේ සියලු කයෙහි විවේකයෙන් හටගත් ප්‍රීති සුඛයෙන් ස්පර්ශ නොකළ කිසිතැනක් නෑ. **පින්වත් බ්‍රාහ්මණය, කලින් කියන ලද යාගයන්ට වඩා වැඩකටයුතු අඩු, උත්සාහයන් අඩු නමුත් මහත් ප්‍රතිඵල ඇති මහත් ආනිශංස ඇති යාගය නම් මෙයයි.**

73. පින්වත් බ්‍රාහ්මණය, තවදුරටත් කියනවා නම් භික්ෂුව විතක්ක විචාරයන්ගේ සංසිඳීමෙන් ආධ්‍යාත්මිකව පැහැදීම ඇතිව සිතෙහි මනා එකඟ බවෙන් යුතුව විතර්ක රහිත, විචාර රහිත, සමාධියෙන් හටගත්, ප්‍රීති සුඛය ඇති දෙවෙනි ධ්‍යානය උපදවාගෙන වාසය කරනවා. ඔහු මේ කයම සමාධියෙන් හටගත් ප්‍රීති සුඛයෙන් හොඳට තෙත් කරනවා. මුළුමණින්ම තෙත් කරනවා. එයින් පුරවනවා. පිරිපුන්ව පුරවනවා. ඔහුගේ සියලු කයෙහි සමාධියෙන් හටගත් ප්‍රීති සුඛයෙන් ස්පර්ශ නොකළ කිසිතැනක් නෑ.

74. පින්වත් බ්‍රාහ්මණය, ඒක මේ වගේ දෙයක්. යට දිය උල්පත්වලින් වතුර ගලන ගැඹුරු විලක් තියෙනවා. හැබැයි ඒ විලට නැගෙනහිර පැත්තෙන් වතුර එන මගක් නෑ. දකුණු පැත්තෙන් වතුර එන මගක් නෑ. බටහිර පැත්තෙන්

වතුර එන මගක් නෑ. උතුරු පැත්තෙන් වතුර එන මගක් නෑ. වැස්සත් කලින් කලට පිළිවෙලකට වහින්නේ නෑ. එතකොට ඒ විලෙන්ම සීතල දියදහරා උල්පත්වලින් උඩට මතු වෙවී ඒ විලම සීතල ජලයෙන් හොඳට තෙත් කරනවා. මුළුමණින්ම තෙත් කරනවා. වතුරෙන් පුරවනවා. හොඳින් පුරවනවා. ඒ මුළු විලේම සිහිල් ජලයෙන් පහස නොලැබූ කිසි තැනක් නෑ.

පින්වත් බ්‍රාහ්මණය, ඔය විදිහමයි. භික්ෂුව මේ කයම සමාධියෙන් හටගත් ප්‍රීති සුඛයෙන් හොඳට තෙත් කරනවා. මුළුමණින්ම තෙත් කරනවා. එයින් පුරවනවා. පිරිපුන්ව පුරවනවා. ඔහුගේ සියලු කයෙහි සමාධියෙන් හටගත් ප්‍රීති සුඛයෙන් ස්පර්ශ නොකළ කිසිතැනක් නෑ. **පින්වත් බ්‍රාහ්මණය, කලින් කියන ලද යාගයන්ට වඩා වැඩකටයුතු අඩු, උත්සාහයන් අඩු නමුත් මහත් ප්‍රතිඵල ඇති මහත් ආනිශංස ඇති යාගය නම් මෙයයි.**

75. පින්වත් බ්‍රාහ්මණය, තවදුරටත් කියනවා නම් භික්ෂුව ප්‍රීතියටද නොඇලීමෙන් උපේක්ෂාවෙන් යුතුව වාසය කරනවා. සිහියෙන් නුවණින් යුතුව කයෙන් සැපයක්ද විඳිනවා. ආර්යයන් වහන්සේලා යම් ධ්‍යානයකට උපේක්ෂා සහගත සිහිය ඇති සැප විහරණය යැයි පවසනවාද, ඒ තුන්වෙනි ධ්‍යානයත් උපදවාගෙන වාසය කරනවා. ඔහු මේ කයම ප්‍රීති රහිත සුඛයෙන් හොඳට තෙත් කරනවා. මුළුමණින්ම තෙත් කරනවා. එයින් පුරවනවා. පිරිපුන්ව පුරවනවා. ඔහුගේ සියලු කයෙහි ප්‍රීති රහිත සුඛයෙන් ස්පර්ශ නොකළ කිසිතැනක් නෑ.

76. පින්වත් බ්‍රාහ්මණය, ඒක මේ වගේ දෙයක්. මහනෙල් විලක හෝ රතු නෙළුම් විලක හෝ සුදු නෙළුම් විලක හෝ ඇතැම් මහනෙල් වේවා, රතු නෙළුම් වේවා, සුදු නෙළුම් වේවා ඒ නෙළුම් ජලයේමයි හටගන්නේ. ජලයේමයි වැඩෙන්නේ. නමුත් ජලයෙන් උඩට ඇවිත් නෑ. ජලය තුළම ගිලී වැඩෙනවා. එතකොට ඒ නෙළුම් අග දක්වාත්, මුල දක්වාත් සීතල දියෙන් හොඳට තෙත් වෙලා තියෙන්නේ. මුළුමණින්ම තෙත් වෙලා තියෙන්නේ. පිරිලා තියෙන්නේ. හැමතැනම පැතිරිලා තියෙන්නේ. ඒ සෑම මහනෙල්වල, රතු නෙළුම්වල, සුදු නෙළුම්වල සීතල දිය නොපැතුරුණු කිසි තැනක් නෑ.

පින්වත් බ්‍රාහ්මණය, ඔය විදිහමයි. භික්ෂුව මේ කයම ප්‍රීති රහිත සුඛයෙන් හොඳට තෙත් කරනවා. මුළුමණින්ම තෙත් කරනවා. එයින් පුරවනවා. පිරිපුන්ව පුරවනවා. ඔහුගේ සියලු කයෙහි ප්‍රීති රහිත සුඛයෙන් ස්පර්ශ නොකළ කිසිතැනක් නෑ. **පින්වත් බ්‍රාහ්මණය, කලින් කියන ලද යාගයන්ට වඩා වැඩකටයුතු අඩු, උත්සාහයන් අඩු නමුත් මහත් ප්‍රතිඵල ඇති මහත් ආනිශංස ඇති යාගය නම් මෙයයි.**

77. පින්වත් බ්‍රාහ්මණය, නැවතත් කියනවා නම්, භික්ෂුව සැපයද ප්‍රහාණය කිරීමෙන්, දුකද ප්‍රහාණය කිරීමෙන් කලින්ම සොම්නස් දොම්නස් දෙක ඉක්ම යෑමෙන් දුක් සැප රහිත වූ පාරිශුද්ධ උපේක්ෂා සහගත සතිය ඇති සතරවෙනි ධ්‍යානය උපදවා ගෙන වාසය කරනවා. ඔහු මේ කයම පාරිශුද්ධ වූ ප්‍රභාශ්වර සිතින් පතුරුවා ගෙන වාඩි වී ඉන්නවා. ඔහුගේ සියලු කයෙහි පාරිශුද්ධ වූ ප්‍රභාශ්වර සිතින් ස්පර්ශ නොකළ කිසිතැනක් නෑ.

78. පින්වත් බ්‍රාහ්මණය, ඒක මේ වගේ දෙයක්. සුදු වස්ත්‍රයකින් හිස සහිතව මුළු සිරුරම පොරොවාගෙන වාඩි වී සිටින කෙනෙක් ඉන්නවා. එතකොට ඔහුගේ මුළු කයෙහිම සුදු වස්ත්‍රයෙන් නොවැසුණු කිසි තැනක් නෑ. පින්වත් බ්‍රාහ්මණය, අන්න ඒ වගේමයි, භික්ෂුව මේ කයම පාරිශුද්ධ වූ ප්‍රභාශ්වර සිතින් පතුරුවා ගෙන වාඩි වී ඉන්නවා. ඔහුගේ සියලු කයෙහි පාරිශුද්ධ වූ ප්‍රභාශ්වර සිතින් ස්පර්ශ නොකළ කිසිතැනක් නෑ. **පින්වත් බ්‍රාහ්මණය, කලින් කියන ලද යාගයන්ට වඩා වැඩකටයුතු අඩු, උත්සාහයන් අඩු නමුත් මහත් ප්‍රතිඵල ඇති මහත් ආනිශංස ඇති යාගය නම් මෙයයි.**

79. ඒ භික්ෂුව ඔය අයුරින් සිත සමාධිමත් වූ විට සිත පිරිසිදු වූ විට, ප්‍රභාෂ්වර වූ විට, කෙලෙසුන්ගෙන් බාධා රහිත වූ විට, උපක්ලේශ බැහැර වූ විට, මෘදුබවට පත් වූ විට, කර්මණ්‍ය (ඕනෑම දෙයකට හැරවිය හැකි පරිදි සකස්) වූ විට, ස්ථිරව පිහිටි විට, අකම්පිතව පිහිටි විට, ඥාණදර්ශනය (නුවණින් අවබෝධ වීම) පිණිස සිත යොමු කරයි. ඒ දෙසටම නතු කරයි. එතකොට ඔහු මේ විදිහට දැනගන්නවා. "මාගේ මේ කය වනාහී සතර මහා භූතයන් ගෙන් හටගත්, මව්පියන් නිසා හටගත්, බත් ව්‍යංජන ආදියෙන් වැඩුන, අනිත්‍ය වූ, ඇතිල්ලීම් පිරිමැදීම්වලින් නඩත්තු කළ යුතු වූ, බිඳී වැනසී යන ස්වභාවයට අයත් වූ, රූපවත් (මහාභූත නම් වූ රූපයෙන් හැදුණු) දෙයක්. මාගේ මේ විඤ්ඤාණයද පවතින්නේ මේ සිරුරෙහිමයි. බැඳී තිබෙන්නේත් මෙහිමයි.

80. පින්වත් බ්‍රාහ්මණය, ඒක මේ වගේ දෙයක්. වෛරෝඩි මාණික්‍යයක් තියෙනවා. හරි ලස්සනට පහළ වුණ දෙයක්. අටපට්ටම්. හොඳින් ඔපමට්ටම්. ඉතාමත් හොඳයි. ඉතාම ප්‍රසන්නයි. පිවිතුරුයි. මැණිකක තිබිය යුතු හැම දෙයක්ම තියෙනවා. ඉතින් ඔය මැණික තුළ නිල් වේවා, රන්වන් වේවා, රතු වේවා, සුදු වේවා, පඬු පැහැ වේවා, නූලක් අමුණලා තියෙනවා. එතකොට ඇස් ඇති පුරුෂයෙක් මැණික අතට ගෙන හොඳින් විමසා බලනවා. "මේ වෛරෝඩි මැණික හරි ලස්සනට පහළ වුන දෙයක්. අටපට්ටම්. හොඳින් ඔපමට්ටම්. ඉතාමත් හොඳයි. ඉතාම ප්‍රසන්නයි. පිවිතුරුයි. මැණිකක තිබිය

යුතු හැම දෙයක්ම තියෙනවා. මේ මැණික තුළ නිල් වේවා, රන්වන් වේවා, රතු වේවා, සුදු වේවා, පඬු පැහැ වේවා, නූලක් අමුණලා තියෙනවා" කියලා.

පින්වත් බ්‍රාහ්මණය, අන්න ඒ විදිහමයි, භික්ෂුව ඔය අයුරින් සිත සමාධිමත් වූ විට, සිත පිරිසිදු වූ විට, ප්‍රභාෂ්වර වූ විට කෙලෙසුන්ගෙන් බාධා රහිත වූ විට, උපක්ලේශ බැහැර වූ විට, මෘදු බවට පත් වූ විට, කර්මණ්‍ය (ඕනෑම දෙයකට හැරවිය හැකි පරිදි සකස්) වූ විට, ස්ථිරව පිහිටි විට, අකම්පිතව පිහිටි විට, ඤාණදර්ශනය (නුවණින් අවබෝධ වීම) පිණිස සිත යොමු කරයි. ඒ දෙසටම නතු කරයි. එතකොට ඔහු මේ විදිහට දැනගන්නවා. "මාගේ මේ කය වනාහී සතර මහා භූතයන්ගෙන් හටගත්, මව්පියන් නිසා හටගත්, බත් ව්‍යංජන ආදියෙන් වැඩුන, අනිත්‍ය වූ, ඇතිල්ලීම්, පිරිමැදීම්වලින් නඩත්තු කළ යුතු වූ, බිඳී වැනසී යන ස්වභාවයට අයත් වූ, රූපවත් (මහාභූත නම් වූ රූපයෙන් හැදුණු) දෙයක්. මාගේ මේ විඤ්ඤාණයද පවතින්නේ මේ සිරුරෙහිමයි. බැඳී තිබෙන්නේත් මෙහිමයි" කියලා. **පින්වත් බ්‍රාහ්මණය, කලින් කියන ලද යාගයන්ට වඩා වැඩකටයුතු අඩු, උත්සාහයන් අඩු නමුත් මහත් ප්‍රතිඵල ඇති මහත් ආනිශංස ඇති යාගය නම් මෙයයි.**

81. ඔහු (ඒ භික්ෂුව) ඔය අයුරින් සිත සමාධිමත් වූ විට සිත පිරිසිදු වූ විට, ප්‍රභාෂ්වර වූ විට, කෙලෙසුන්ගෙන් බාධා රහිත වූ විට, උපක්ලේශ බැහැර වූ විට, මෘදු බවට පත් වූ විට, කර්මණ්‍ය (ඕනෑම දෙයකට හැරවිය හැකි පරිදි සකස්) වූ විට, ස්ථිරව පිහිටි විට, අකම්පිතව පිහිටි විට, මනෝමය කයක් විශේෂයෙන් මැවීම පිණිස සිත යොමු කරයි. ඒ දෙසටම නතු කරයි. ඉතින් ඔහු මේ කයෙන් වෙනත් වූ සියලු අඟපසඟ ඇති, නොපිරිහුණු ඉඳුරන් ඇති රූපී මනෝමය කයක් විශේෂ කොට මවනවා.

පින්වත් බ්‍රාහ්මණය, ඒක මේ වගේ දෙයක්. පුරුෂයෙක් මුඤ්ජ තණ ගසෙන් තණ ගොබය ඇදලා ගන්නවා. එතකොට ඔහුට මෙහෙම හිතෙනවා. "මේ මුඤ්ජ තණ ගසයි, මේ තණ ගොබයයි. එතකොට මුඤ්ජ තණ ගස වෙන එකක්. තණ ගොබය වෙන එකක්. නමුත් මුඤ්ජ තණ ගසෙන්මයි තණ ගොබය ඇදලා ගත්තේ" කියලා.

පින්වත් බ්‍රාහ්මණය, ඒක මේ වගේ දෙයක්. පුරුෂයෙක් කොපුවෙන් කඩුවක් ඇදලා ගන්නවා. එතකොට ඔහුට මෙහෙම හිතෙනවා. "මේ කඩුව. මේ කොපුව. එතකොට කඩුව අනෙකක්, කොපුව අනෙකක්. නමුත් කොපුවෙන් තමයි කඩුව ඇදලා ගත්තේ" කියලා.

පින්වත් බ්‍රාහ්මණය, ඒක මේ වගේ දෙයක්. පුරුෂයෙක් නයි පෙට්ටියෙන් නයෙකුව ඇදලා ගන්නවා. එතකොට ඔහුට මෙහෙම හිතෙනවා. "මේ තමයි

නයා. මේක නයි පෙට්ටිය. එතකොට නයා අනෙකෙක්. නයි පෙට්ටිය අනෙකක්. නමුත් නයි පෙට්ටියෙන් තමයි නයාව ඇදලා ගත්තේ" කියලා.

පින්වත් බ්‍රාහ්මණය, අන්න ඒ විදිහමයි භික්ෂුව ඔය අයුරින් සිත සමාධිමත් වූ විට, සිත පිරිසිදු වූ විට, ප්‍රභාෂ්වර වූ විට, කෙලෙසුන්ගෙන් බාධා රහිත වූ විට, උපක්ලේශ බැහැර වූ විට, මෘදු බවට පත් වූ විට, කර්මණ්‍ය (ඕනෑම දෙයකට හැරවිය හැකි පරිදි සකස්) වූ විට, ස්ථිරව පිහිටි විට, මනෝමය කයක් විශේෂයෙන් මැවීම පිණිස සිත යොමු කරයි. ඒ දෙසටම නතු කරයි. ඉතින් ඔහු මේ කයෙන් වෙනත් වූ සියලු අඟපසඟ ඇති, නොපිරිහුණු ඉඳුරන් ඇති රූපී මනෝමය කයක් විශේෂ කොට මවනවා. **පින්වත් බ්‍රාහ්මණය, කලින් කියන ලද යාගයන්ට වඩා වැඩකටයුතු අය උත්සාහයන් අය නමුත් මහත් ප්‍රතිඵල ඇති මහත් ආනිශංස ඇති යාගය නම් මෙයයි.**

82. ඔහු (ඒ භික්ෂුව) ඔය අයුරින් සිත සමාධිමත් වූ විට, සිත පිරිසිදු වූ විට, ප්‍රභාෂ්වර වූ විට, කෙලෙසුන්ගෙන් බාධා රහිත වූ විට, උපක්ලේශ බැහැර වූ විට, මෘදු බවට පත් වූ විට, කර්මණ්‍ය (ඕනෑම දෙයකට හැරවිය හැකි පරිදි සකස්) වූ විට, ස්ථිරව පිහිටි විට, අකම්පිතව පිහිටි විට, ඉර්ධි ප්‍රාතිහාර්ය පිණිස සිත මෙහෙයවයි. එයට සිත නතු කරයි. තනි කෙනෙක්ව ඉඳගෙන බොහෝ දෙනෙක් වශයෙන් පෙනී සිටිනවා. බොහෝ දෙනෙක් වශයෙන් ඉඳගෙන එක්කෙනෙක් වශයෙන් පෙනී සිටිනවා. පෙනෙන්න සළස්වනවා. නොපෙනී යනවා. බිත්තිය විනිවිද, ප්‍රාකාරය විනිවිද, පර්වතය විනිවිද කිසිවක් හා නොගැටී, අහසේ යන්නාක් මෙන් යනවා. ජලයේ වගේ පොළොවෙහි කිඳාබැසීමත්, උඩට මතුවීමත් කරනවා. පොළොව මතුපිට වගේ ජලය මත නොගිලී ඇවිද යනවා. අහසෙහි පියාසරන කුරුල්ලන් පරිද්දෙන් පළඟක් බැඳගෙන අහසේ යනවා. මේ සා මහත් ඉර්ධි ඇති, මහානුභාව ඇති හිරු සඳු පවා අතින් අල්ලනවා. පිරිමදිනවා. බඹලොව දක්වාම කයෙන් වශී කරගෙන ඉන්නවා.

පින්වත් බ්‍රාහ්මණය, ඒක මේ වගේ දෙයක්. දක්ෂ කුඹල්කරුවෙක් හෝ කුඹල්කරුවෙකුගේ අතවැසියෙක් ඉන්නවා. ඔහු ඉතා හොඳින් සකස් කළ මැටිටෙන් යම් ම ආකාරයේ භාජනයක් හදන්න කැමැති නම්, ඒ ඒ ආකාරයේ බඳුන් හදනවා. විශේෂයෙන් නිර්මාණය කරනවා.

පින්වත් බ්‍රාහ්මණය, ඒක මේ වගේ දෙයක්. දක්ෂ ඇත්දත් කැටයම්කරුවෙක් හෝ ඇත්දත් කැටයම්කරුවෙකුගේ අතවැසියෙක් ඉන්නවා. ඔහු ඉතා හොඳින් සකස් කළ ඇත්දතක යම් ම ආකාරයේ ඇත් දළ කැටයමක්

කරන්න කැමති නම්, ඒ ඒ ආකාරයේ ඇත්දළ කැටයම් හදනවා. විශේෂයෙන් නිර්මාණය කරනවා.

පින්වත් බ්‍රාහ්මණය, ඒක මේ වගේ දෙයක්. දක්ෂ රන් කැටයම්කරුවෙක් හෝ රන් කැටයම්කරුවෙකුගේ අතවැසියෙක් ඉන්නවා. ඔහු ඉතා හොඳින් සකස් කළ රනක යම් ම ආකාරයේ රන් කැටයමක් කරන්න කැමති නම්, ඒ ඒ ආකාරයේ රන් කැටයම් හදනවා. විශේෂයෙන් නිර්මාණය කරනවා.

පින්වත් බ්‍රාහ්මණය, අන්න ඒ විදිහමයි භික්ෂුව ඔය අයුරින් සිත සමාධිමත් වූ විට, සිත පිරිසිදු වූ විට, ප්‍රභාෂ්වර වූ විට, කෙලෙසුන්ගෙන් බාධා රහිත වූ විට, උපක්ලේශ බැහැර වූ විට, මෘදු බවට පත් වූ විට, කර්මණ්‍ය (ඕනෑම දෙයකට හැරවිය හැකි පරිදි සකස්) වූ විට, ස්ථිරව පිහිටි විට, ඉර්ධි ප්‍රාතිහාර්ය පිණිස සිත මෙහෙයවයි. එයට සිත නතු කරයි. තනි කෙනෙක්ව ඉඳගෙන බොහෝ දෙනෙක් වශයෙන් වශයෙන් පෙනී සිටිනවා. බොහෝ දෙනෙක් වශයෙන් ඉඳගෙන එක්කෙනෙක් වශයෙන් පෙනී සිටිනවා. පෙනෙන්නට සළස්වනවා. නොපෙනී යනවා. බිත්තිය විනිවිද, ප්‍රාකාරය විනිවිද, පර්වතය විනිවිද කිසිවක් හා නොගැටී, අහසේ යන්නාක් මෙන් යනවා. ජලයේ වගේ පොළොවෙහි කිඳාබැසීමත්, උඩට මතුවීමත් කරනවා. පොළොව මතුපිට වගේ ජලය මත නොගිලී ඇවිද යනවා. අහසෙහි පියාසරන කුරුල්ලන් පරිද්දෙන් පළඟක් බැඳ ගෙන අහසේ යනවා. මේසා මහත් ඉර්ධි ඇති, මහානුභාව ඇති හිරු සඳු පවා අතින් අල්ලනවා. පිරිමදිනවා. බඹලොව දක්වාම කයෙන් වශී කරගෙන ඉන්නවා. **පින්වත් බ්‍රාහ්මණය, කලින් කියන ලද යාගයන්ට වඩා වැඩකටයුතු අඩු, උත්සාහයන් අඩු නමුත් මහත් ප්‍රතිඵල ඇති මහත් ආනිශංස ඇති යාගය නම් මෙයයි.**

83. ඔහු (ඒ භික්ෂුව) ඔය අයුරින් සිත සමාධිමත් වූ විට සිත පිරිසිදු වූ විට, ප්‍රභාෂ්වර වූ විට කෙලෙසුන්ගෙන් බාධා රහිත වූ විට, උපක්ලේශ බැහැර වූ විට, මෘදු බවට පත් වූ විට, කර්මණ්‍ය (ඕනෑම දෙයකට හැරවිය හැකි පරිදි සකස්) වූ විට, ස්ථිරව පිහිටි විට, අකම්පිතව පිහිටි විට, දිව්‍ය වූ ශ්‍රවණය පිණිස සිත යොමු කරනවා. එයට සිත නතු කරනවා. එතකොට ඔහු මිනිසුන්ගේ සවන් දීමේ හැකියාව ඉක්මවා ගිය පිරිසිදු වූ, දිව්‍ය වූ ශ්‍රවණයෙන් මානුෂික වූත්, දිව්‍ය වූත් දෙයාකාර වූ දුර ළඟ ශබ්දයන් අසනවා.

84. පින්වත් බ්‍රාහ්මණය, ඒක මේ වගේ දෙයක්. දිගු ගමනකට පිළිපන් පුරුෂයෙක් ඉන්නවා. ඔහු බෙර හඬත්, මිහිඟු බෙර හඬත්, සක්, පනා බෙර, ගැට බෙර හඬත් අසනවා. එතකොට ඔහුට මෙහෙම හිතෙනවා. "මේක බෙර

හඬක්, මේ තමයි මිහිඟු බෙර හඬ, මේක සක් හඬ, මේක පනා බෙර හඬ, මේක ගැට බෙර හඬ" කියලා.

පින්වත් බ්‍රාහ්මණය, අන්න ඒ විදිහමයි. භික්ෂුව ඔය අයුරින් සිත සමාධිමත් වූ විට, සිත පිරිසිදු වූ විට, ප්‍රභාෂ්වර වූ විට, කෙලෙසුන්ගෙන් බාධා රහිත වූ විට, උපක්ලේශ බැහැර වූ විට, මෘදු බවට පත් වූ විට, කර්මණ්‍ය (ඕනෑම දෙයකට හැරවිය හැකි පරිදි සකස්) වූ විට, ස්ථිරව පිහිටි විට, දිව්‍ය වූ ශ්‍රවණය පිණිස සිත යොමු කරනවා. එයට සිත නතු කරනවා. එතකොට ඔහු මිනිසුන්ගේ සවන් දීමේ හැකියාව ඉක්මවා ගිය පිරිසිදු වූ, දිව්‍ය වූ ශ්‍රවණයෙන් මානුෂික වූත්, දිව්‍ය වූත් දෙයාකාර වූ දුර ළඟ ශබ්දයන් අසනවා. **පින්වත් බ්‍රාහ්මණය, කලින් කියන ලද යාගයන්ට වඩා වැඩකටයුතු අඩු උත්සාහයන් අඩු නමුත් මහත් ප්‍රතිඵල ඇති මහත් ආනිශංස ඇති යාගය නම් මෙයයි.**

85. ඔහු (ඒ භික්ෂුව) ඔය අයුරින් සිත සමාධිමත් වූ විට, සිත පිරිසිදු වූ විට, ප්‍රභාෂ්වර වූ විට, කෙලෙසුන්ගෙන් බාධා රහිත වූ විට, උපක්ලේශ බැහැර වූ විට, මෘදු බවට පත් වූ විට, කර්මණ්‍ය (ඕනෑම දෙයකට හැරවිය හැකි පරිදි සකස්) වූ විට, ස්ථිරව පිහිටි විට, අකම්පිතව පිහිටි විට, අනුන්ගේ සිත් පිරිසිඳ දන්නා නුවණ පිණිස සිත යොමු කරයි. එයට සිත නතු කරයි. එතකොට ඔහු වෙනත් සත්වයන්ගේ, වෙනත් පුද්ගලයන්ගේ සිත තම සිතින් පිරිසිඳ දැනගන්නවා. රාග සහිත සිත රාග සහිත සිතක් වශයෙන් දැනගන්නවා. රාග රහිත සිත වීතරාගී සිතක් වශයෙන් දැනගන්නවා. ද්වේෂ සහිත සිත ද්වේෂ සහිත සිතක් වශයෙන් දැනගන්නවා. ද්වේෂ රහිත සිත වීතදෝසී සිතක් වශයෙන් දැනගන්නවා. මෝහ සහිත සිත මෝහ සහිත සිතක් වශයෙන් දැනගන්නවා. මෝහ රහිත සිත වීතමෝහී සිතක් වශයෙන් දැනගන්නවා. හැකුළුණු සිත හැකිළුණු සිතක් වශයෙන් දැනගන්නවා. විසිරුණු සිත විසිරුණු සිතක් වශයෙන් දැනගන්නවා. සමාධිමත් සිත සමාධිමත් සිතක් වශයෙන් දැනගන්නවා. සමාධි රහිත සිත සමාධි රහිත සිතක් වශයෙන් දැනගන්නවා. නොදියුණු සිත නොදියුණු සිතක් වශයෙන් දැනගන්නවා. දියුණු සිත දියුණු සිතක් වශයෙන් දැනගන්නවා. එකඟ වෙන සිත එකඟ වෙන සිතක් වශයෙන් දැනගන්නවා. එකඟ නොවෙන සිත එකඟ නොවෙන සිතක් වශයෙන් දැනගන්නවා. කෙලෙසුන්ගෙන් මිදුණු සිත කෙලෙසුන්ගෙන් මිදුණු සිතක් වශයෙන් දැනගන්නවා. කෙලෙසුන්ගෙන් නොමිදුණු සිත කෙලෙසුන්ගෙන් නොමිදුණු සිතක් වශයෙන් දැනගන්නවා.

86. **පින්වත් බ්‍රාහ්මණය,** ඒක මේ වගේ දෙයක්. ලස්සනට සැරසෙන්නට කැමති ස්ත්‍රියක් හෝ පුරුෂයෙක් හෝ දරුවෙක් හෝ තරුණයෙක් හෝ ඉන්නවා. ඔහු පිරිසිදු දීප්තිමත් කණ්ණාඩියක් ඉදිරියේ හෝ පැහැදිලි දිය

ඇති බඳුනකින් හෝ තමන්ගේ මුව මඬල හොඳින් විමසා බලනවා. එතකොට දොස් ඇති තැන දොස් ඇති තැන වශයෙන් දැනගන්නවා. දොස් නැති තැන දොස් නැති තැන වශයෙන් දැනගන්නවා.

පින්වත් බ්‍රාහ්මණය, අන්න ඒ විදිහමයි. භික්ෂුව ඔය අයුරින් සිත සමාධිමත් වූ විට, සිත පිරිසිදු වූ විට, ප්‍රභාෂ්වර වූ විට, කෙලෙසුන්ගෙන් බාධා රහිත වූ විට, උපක්ලේශ බැහැර වූ විට, මෘදු බවට පත් වූ විට, කර්මණ්‍ය (ඕනෑම දෙයකට හැරවිය හැකි පරිදි සකස්) වූ විට, ස්ථිරව පිහිටි විට, අනුන්ගේ සිත් පිරිසිඳ දන්නා නුවණ පිණිස සිත යොමු කරයි. එයට සිත නතු කරයි.

එතකොට ඔහු වෙනත් සත්වයන්ගේ, වෙනත් පුද්ගලයන්ගේ සිත තම සිතින් පිරිසිඳ දැනගන්නවා. රාග සහිත සිත රාග සහිත සිතක් වශයෙන් දැනගන්නවා. රාග රහිත සිත වීතරාගී සිතක් වශයෙන් දැනගන්නවා. ද්වේෂ සහිත සිත ද්වේෂ සහිත සිතක් වශයෙන් දැනගන්නවා. ද්වේෂ රහිත සිත වීතදෝසී සිතක් වශයෙන් දැනගන්නවා. මෝහ සහිත සිත මෝහ සහිත සිතක් වශයෙන් දැනගන්නවා. මෝහ රහිත සිත වීතමෝහී සිතක් වශයෙන් දැනගන්නවා. හැකුළුණු සිත ....(පෙ).... විසිරුණු සිත ....(පෙ).... සමාධිමත් සිත ....(පෙ).... සමාධි රහිත සිත ....(පෙ).... නොදියුණු සිත ....(පෙ).... දියුණු සිත ....(පෙ).... එකඟ වෙන සිත ....(පෙ).... එකඟ නොවෙන සිත ....(පෙ).... කෙලෙසුන්ගෙන් මිදුණු සිත කෙලෙසුන්ගෙන් මිදුණු සිතක් වශයෙන් දැනගන්නවා. කෙලෙසුන්ගෙන් නොමිදුණු සිත කෙලෙසුන්ගෙන් නොමිදුණු සිතක් වශයෙන් දැනගන්නවා. පින්වත් බ්‍රාහ්මණය, කලින් කියන ලද යාගයන්ට වඩා වැඩකටයුතු අඩු, උත්සාහයන් අඩු නමුත් මහත් ප්‍රතිඵල ඇති මහත් ආනිශංස ඇති යාගය නම් මෙයයි.

87. ඔහු (ඒ භික්ෂුව) ඔය අයුරින් සිත සමාධිමත් වූ විට සිත පිරිසිදු වූ විට, ප්‍රභාෂ්වර වූ විට කෙලෙසුන්ගෙන් බාධා රහිත වූ විට, උපක්ලේශ බැහැර වූ විට, මෘදු බවට පත් වූ විට, කර්මණ්‍ය (ඕනෑම දෙයකට හැරවිය හැකි පරිදි සකස්) වූ විට, ස්ථිරව පිහිටි විට, අකම්පිතව පිහිටි විට, කලින් ජීවිතය ගත කළ ආකාරය දන්නා නුවණ පිණිස සිත යොමු කරයි. එයට සිත නතු කරයි. ඉතින් ඔහු නොයෙක් ආකාරයෙන් කලින් ජීවිත ගෙවූ හැටි (ආපස්සට) සිහිකරනවා. ඒ කියන්නේ එක ජීවිතයක්, ජීවිත දෙකක්, ජීවිත තුනක්, ජීවිත හතරක්, ජීවිත පහක්, ජීවිත දහයක්, ජීවිත විස්සක්, ජීවිත තිහක්, ජීවිත හතළිහක්, ජීවිත පනහක්, ජීවිත සියයක්, ජීවිත දහසක්, ජීවිත ලක්ෂයක්; අනේකවිධ වූ සංවට්ට කල්පයන්ද, අනේකවිධ වූ විවට්ට කල්පයන්ද, අනේකවිධ වූ සංවට්ට විවට්ට කල්පයන්ද සිහිකරනවා. "මං ඉස්සර සිටියේ අසවල් තැන, එතකොට මගේ

නම මේකයි. ගෝත්‍ර නාමය මේකයි. හැඩරුව මෙහෙමයි. කෑම බීම මෙහෙමයි. දුක් සැප වින්දේ මේ විදිහටයි. මේ විදිහටයි ජීවිතය අවසන් වුනේ. ඒ මං එතැනින් චුත වුනා. අසවල් තැන උපන්නා. එතකොට මගේ නම වුනේ මේකයි. ගෝත්‍රනාමය මේකයි. හැඩරුව වුනේ මෙහෙමයි. කැවේ බිව්වේ මෙහෙමයි. සැප දුක් වින්දේ මෙහෙමයි. මේ විදිහටයි ජීවිතය අවසන් වුනේ. මං එතැනින් චුත වුනා. මේ ලෝකෙ උපන්නා" ආදී වශයෙන් ආකාර සහිතව සවිස්තරව අනේක ප්‍රකාර වූ කලින් ගත කළ ජීවිත ගැන සිහි කරනවා.

88. පින්වත් බ්‍රාහ්මණය, ඒක මේ වගේ දෙයක්. පුරුෂයෙක් තමන්ගේ ගමෙන් වෙනත් ගමකට යනවා. ඒ ගමෙන් තවත් ගමකට යනවා. ඒ ගමෙන් යළි තමන්ගේ ගමට එනවා. එතකොට ඔහුට මෙහෙම හිතෙනවා. "මං මගේ ගමෙන් අසවල් ගමට ගියා. මං එහෙදී මෙහෙමයි හිටියේ. මෙහෙමයි වාඩි වුනේ. මෙහෙමයි කතාබහ කළේ. මෙහෙමයි නිශ්ශබ්දව සිටියේ. ඉතින් මං ඒ ගමෙනුත් අසවල් ගමට ගියා. එහෙ හිටියේ මේ විදිහටයි. වාඩිවුනේ මේ විදිහටයි. කතාබස් කළේ මේ විදිහටයි. නිහඬව සිටියේ මේ විදිහටයි. ඒ මං ඒ ගමෙන් මගේ ගමටම නැවත ආවා" කියලා.

පින්වත් බ්‍රාහ්මණය, අන්න ඒ විදිහමයි භික්ෂුව ඔය අයුරින් සිත සමාධිමත් වූ විට, සිත පිරිසිදු වූ විට, ප්‍රභාෂ්වර වූ විට, කෙලෙසුන්ගෙන් බාධා රහිත වූ විට, උපක්ලේශ බැහැර වූ විට, මෘදු බවට පත් වූ විට, කර්මණ්‍ය (ඕනෑම දෙයකට හැරවිය හැකි පරිදි සකස්) වූ විට, ස්ථිරව පිහිටි විට, කලින් ජීවිතය ගත කළ ආකාරය දන්නා නුවණ පිණිස සිත යොමු කරයි. එයට සිත නතු කරයි. ඉතින් ඔහු නොයෙක් ආකාරයෙන් කලින් ජීවිත ගෙවූ හැටි (ආපස්සට) සිහිකරනවා. ඒ කියන්නේ එක ජීවිතයක්, ජීවිත දෙකක්, ජීවිත තුනක්, ජීවිත හතරක්, ජීවිත පහක්, ජීවිත දහයක්, ජීවිත විස්සක්, ජීවිත තිහක්, ජීවිත හතළිහක්, ජීවිත පනහක්, ජීවිත සියයක්, ජීවිත දහසක්, ජීවිත ලක්ෂයක්; අනේකවිධ වූ සංවට්ට කල්පයන්ද, අනේකවිධ වූ විවට්ට කල්පයන් ද, අනේකවිධ වූ සංවට්ට විවට්ට කල්පයන්ද සිහිකරනවා. "මං ඉස්සර සිටියේ අසවල් තැන, එතකොට මගේ නම මේකයි. ගෝත්‍ර නාමය මේකයි. හැඩරුව මෙහෙමයි. කෑම බීම මෙහෙමයි. දුක් සැප වින්දේ මේ විදිහටයි. මේ විදිහටයි ජීවිතය අවසන් වුනේ. ඒ මං එතැනින් චුත වුනා. අසවල් තැන උපන්නා. එතකොට මගේ නම වුනේ මේකයි. ගෝත්‍රනාමය මේකයි. හැඩරුව වුනේ මෙහෙමයි. කැවේ බිව්වේ මෙහෙමයි. සැප දුක් වින්දේ මෙහෙමයි. මේ විදිහටයි ජීවිතය අවසන් වුනේ. මං එතැනින් චුත වුනා. මේ ලෝකෙ උපන්නා" ආදී වශයෙන් ආකාර සහිතව සවිස්තරව අනේක ප්‍රකාර වූ කලින් ගත කළ ජීවිත ගැන සිහිකරනවා. පින්වත්

බ්‍රාහ්මණය කලින් කියන ලද යාගයන්ට වඩා වැඩකටයුතු අඩු, උත්සාහයන් අඩු නමුත් මහත් ප්‍රතිඵල ඇති මහත් ආනිශංස ඇති යාගය නම් මෙයයි.

89. ඔහු (ඒ භික්ෂුව) ඔය අයුරින් සිත සමාධිමත් වූ විට සිත පිරිසිදු වූ විට, ප්‍රභාෂ්වර වූ විට කෙලෙසුන්ගෙන් බාධා රහිත වූ විට, උපක්ලේශ බැහැර වූ විට, මෘදු බවට පත් වූ විට, කර්මණ්‍ය (ඕනෑම දෙයකට හැරවිය හැකි පරිදි සකස්) වූ විට, ස්ථිරව පිහිටි විට, අකම්පිතව පිහිටි විට, සත්වයන්ගේ චුතියත්, උපතත් දකිනා නුවණ පිණිස සිත පිහිටුවනවා. එයට සිත නතු කරනවා. එතකොට ඒ භික්ෂුව මිනිසුන්ගේ දැකීමේ හැකියාව ඉක්මවා ගිය පිරිසිදු වූ දිවැසින් චුත වන්නා වූත්, උපදින්නා වූත් සත්වයන් දකිනවා. ඒ ඒ කර්මයන්ට අනුව හීන ප්‍රණීත වූත්, යහපත් අයහපත් වූත්, සුගති දුගතිවල සිටින්නා වූ සත්වයන් දකිනවා. "අහෝ! මේ භවත් සත්වයන් කයින් දුෂ්චරිතයෙහි යෙදීම නිසා, වචනයෙන් දුෂ්චරිතයෙහි යෙදීම නිසා, මනසින් දුෂ්චරිතයෙහි යෙදීම නිසා, ආර්යයන් වහන්සේලාට අපහාස කරලා, මිසදිටු වෙලා, මිසදිටු දේවල් සමාදන් වෙලා ඉඳලා තියෙනවා. ඔවුන් කය බිඳී මරණයෙන් මත්තේ අපාය නම් වූ දුගතිය නම් වූ විනිපාත නම් වූ නිරයේ ඉපදිලා ඉන්නවා. ඒ වගේම මේ භවත් සත්වයන් කයින් සුචරිතයෙහි යෙදීම නිසා, වචනයෙන් සුචරිතයෙහි යෙදීම නිසා, මනසින් සුචරිතයෙහි යෙදීම නිසා, ආර්යයන් වහන්සේලාට අපහාස නොකොට, සම්දිටු වෙලා, සම්දිටු දේවල් සමාදන් වෙලා ඉඳලා තියෙනවා. ඔවුන් කය බිඳී මරණයෙන් මත්තේ සුගතිය නම් වූ, ස්වර්ග ලෝකයෙහි ඉපදිලා ඉන්නවා" කියලා. මේ විදිහට මිනිසුන්ගේ දැකීමේ හැකියාව ඉක්මවා ගිය පිරිසිදු වූ දිවැසින් චුත වන්නා වූත්, උපදින්නා වූත් සත්වයන් දකිනවා. ඒ ඒ කර්මයන්ට අනුව හීන ප්‍රණීත වූත්, යහපත් අයහපත් වූත්, සුගති දුගතිවල සිටින්නා වූ සත්වයන් දකිනවා.

90. පින්වත් බ්‍රාහ්මණය, ඒක මේ වගේ දෙයක්. හතරමං හන්දියක තට්ටු නිවසක් තියෙනවා. එහි ඇස් ඇති පුරුෂයෙක් සිටගෙන බලාගෙන ඉන්නවා. ඔහු (පහළ) ගෙට ඇතුළු වන්නා වූත්, නික්මෙන්නා වූත්, වීදියේ එහාට මෙහාට ඇවිදින්නා වූත්, හතරමං හන්දිය මැද වාඩි වී සිටින්නා වූත් මිනිසුන් දකිනවා. එතකොට ඔහුට මෙහෙම හිතෙනවා "මේ මිනිසුන් ගෙට ඇතුළු වෙනවා. මේ උදවිය ගෙයින් නික්මෙනවා. මේ උදවිය වීදියේ එහාට මෙහාට ඇවිදිනවා. මේ උදවිය හතරමං හන්දිය මැද වාඩිවෙලා ඉන්නවා" කියලා.

පින්වත් බ්‍රාහ්මණය, අන්න ඒ විදිහමයි භික්ෂුව ඔය අයුරින් සිත සමාධිමත් වූ විට, සිත පිරිසිදු වූ විට, ප්‍රභාෂ්වර වූ විට, කෙලෙසුන්ගෙන් බාධා රහිත වූ විට, උපක්ලේශ බැහැර වූ විට, මෘදු බවට පත් වූ විට, කර්මණ්‍ය (ඕනෑම දෙයකට

හැරවිය හැකි පරිදි සකස්) වූ විට, ස්ථීරව පිහිටි විට, සත්වයන්ගේ චුතියත්, උපතත් දකිනා නුවණ පිණිස සිත පිහිටුවනවා. එයට සිත නතු කරනවා. එතකොට ඒ හික්ෂුව මිනිසුන්ගේ දැකීමේ හැකියාව ඉක්මවා ගිය පිරිසිදු වූ දිවැසින් චුත වන්නා වුත්, උපදින්නා වුත් සත්වයන් දකිනවා. ඒ ඒ කර්මයන්ට අනුව හීන ප්‍රණීත වුත්, යහපත් අයහපත් වුත්, සුගති දුගතිවල සිටින්නා වූ සත්වයන් දකිනවා. "අහෝ! මේ හවත් සත්වයන් කයින් දුශ්චරිතයෙහි යෙදීම නිසා, වචනයෙන් දුශ්චරිතයෙහි යෙදීම නිසා, මනසින් දුශ්චරිතයෙහි යෙදීම නිසා, ආර්යයන් වහන්සේලාට අපහාස කරලා, මිසදිටු වෙලා, මිසදිටු දේවල් සමාදන් වෙලා ඉදලා තියෙනවා. ඔවුන් කය බිඳී මරණයෙන් මත්තේ අපාය නම් වූ දුගතිය නම් වූ විනිපාත නම් වූ නිරයේ ඉපදිලා ඉන්නවා.

ඒ වගේම මේ හවත් සත්වයන් කයින් සුචරිතයෙහි යෙදීම නිසා, වචනයෙන් සුචරිතයෙහි යෙදීම නිසා, මනසින් සුචරිතයෙහි යෙදීම නිසා, ආර්යයන් වහන්සේලාට අපහාස නොකොට, සම්දිටු වෙලා, සම්දිටු දේවල් සමාදන් වෙලා ඉදලා තියෙනවා. ඔවුන් කය බිඳී මරණයෙන් මත්තේ සුගති නම් වූ, ස්වර්ග ලෝකයෙහි ඉපදිලා ඉන්නවා" කියලා. මේ විදිහට මිනිසුන්ගේ දැකීමේ හැකියාව ඉක්මවා ගිය පිරිසිදු වූ දිවැසින් චුත වන්නා වුත්, උපදින්නා වුත් සත්වයන් දකිනවා. ඒ ඒ කර්මයන්ට අනුව හීන ප්‍රණීත වුත්, යහපත් අයහපත් වුත්, සුගති දුගතිවල සිටින්නා වූ සත්වයන් දකිනවා. පින්වත් බ්‍රාහ්මණය, කලින් කියන ලද යාගයන්ට වඩා වැඩකටයුතු අඩු, උත්සාහයන් අඩු නමුත් මහත් ප්‍රතිඵල ඇති මහත් ආනිශංස ඇති යාගය නම් මෙයයි.

91. ඔහු (ඒ හික්ෂුව) ඔය අයුරින් සිත සමාධිමත් වූ විට, සිත පිරිසිදු වූ විට, ප්‍රභාශ්වර වූ විට, කෙලෙසුන්ගෙන් බාධා රහිත වූ විට, උපක්ලේශ බැහැර වූ විට, මෘදු බවට පත් වූ විට, කර්මණ්‍ය (ඕනෑම දෙයකට හැරවිය හැකි පරිදි සකස්) වූ විට, ස්ථීරව පිහිටි විට, අකම්පිතව පිහිටි විට, ආශ්‍රවයන් ක්ෂය වීම පිළිබඳ දන්නා නුවණ පිණිස සිත පිහිටුවනවා. සිත එයට නතු කරනවා. එතකොට ඔහු මෙය දුක නම් වූ ආර්ය සත්‍යයයි කියලා යථාර්ථ වශයෙන්ම දනගන්නවා. මෙය දුකේ හටගැනීම නම් වූ ආර්ය සත්‍යයයි කියලා යථාර්ථ වශයෙන්ම දනගන්නවා. මෙය දුක නිරුද්ධ වීම නම් වූ ආර්ය සත්‍යයයි කියලා යථාර්ථ වශයෙන්ම දනගන්නවා. මෙය දුක නිරුද්ධ වීම පිණිස පවතින මාර්ගය නම් වූ ආර්ය සත්‍යයයි කියලා යථාර්ථ වශයෙන්ම දනගන්නවා. මේවා ආශ්‍රවයන් කියලා යථාර්ථ වශයෙන්ම දනගන්නවා. මෙය ආශ්‍රවයන්ගේ හටගැනීම කියලා යථාර්ථ වශයෙන්ම දනගන්නවා. මෙය ආශ්‍රව නිරුද්ධ වීම කියලා යථාර්ථ වශයෙන්ම දනගන්නවා. මෙය ආශ්‍රව නිරුද්ධ වීම පිණිස

පවතින ප්‍රතිපදාව කියලා යථාර්ථ වශයෙන්ම දැනගන්නවා. ඒ භික්ෂුව ඔය විදිහට දැනගනිද්දී, ඔය විදිහට දැකගනිද්දී කාම ආශ්‍රවයන්ගෙන් සිත නිදහස් වෙනවා. භව ආශ්‍රවයන් ගෙන් සිත නිදහස් වෙනවා. අවිද්‍යා ආශ්‍රවයන්ගෙන් සිත නිදහස් වෙනවා. නිදහස් වූ විට නිදහස් වුන බවට ඤාණය ඇතිවෙනවා. 'ඉපදීම ක්ෂය වුනා. බඹසර වාසය සම්පූර්ණ කළා. කළ යුතු දෙය කළා. නැවත සසර ගමනක් නැතැ'යි අවබෝධයෙන්ම දැනගන්නවා.

92. පින්වත් බ්‍රාහ්මණය, ඒක මේ වගේ දෙයක්. පර්වත මුදුනක ජලාශයක් තියෙනවා. එහි ජලය ඉතා හොඳයි. හරිම ප්‍රසන්නයි. කැළඹීලා නෑ. එතැන ඇස් ඇති පුරුෂයෙක් ඒ ඉවුරේ සිටගෙන ජලාශය දෙස බලා සිටිනවා. එතකොට ඔහුට සිප්පිබෙල්ලනුත්, සක්බෙල්ලනුත්, කැටකැබලිත්, මාළු රංචු ආදියත් හැසිරෙන අයුරු, සිටින අයුරු දකින්නට ලැබෙනවා. එතකොට ඔහුට මෙහෙම හිතෙනවා. "මේක ඉතා හොඳ ජලය ඇති හරිම ප්‍රසන්න වූ නොකැළඹුණු දිය ඇති විලක්. මෙහි මේ සිප්පිබෙල්ලන්, සක්බෙල්ලන්, කැටකැබලිති, මාළු රංචුත් හැසිරෙනවා නෙව. ඉන්නවා නෙව" කියලා.

පින්වත් බ්‍රාහ්මණය, අන්න ඒ විදිහමයි භික්ෂුව ඔය අයුරින් සිත සමාධිමත් වූ විට, සිත පිරිසිදු වූ විට, ප්‍රභාෂ්වර වූ විට, කෙලෙසුන් ගෙන් බාධා රහිත වූ විට, උපක්ලේශ බැහැර වූ විට, මෘදු බවට පත් වූ විට, කර්මණ්‍ය (ඕනෑම දෙයකට හැරවිය හැකි පරිදි සකස්) වූ විට, ස්ථිරව පිහිටි විට, ආශ්‍රවයන් ක්ෂය වීම පිළිබඳ දන්නා නුවණ පිණිස සිත පිහිටුවනවා. සිත එයට නතු කරනවා. එතකොට ඔහු මෙය දුක නම් වූ ආර්ය සත්‍යයයි කියලා යථාර්ථ වශයෙන්ම දැනගන්නවා. මෙය දුකේ හටගැනීම නම් වූ ආර්ය සත්‍යයයි කියලා යථාර්ථ වශයෙන්ම දැනගන්නවා. මෙය දුක නිරුද්ධ වීම නම් වූ ආර්ය සත්‍යයයි කියලා යථාර්ථ වශයෙන්ම දැනගන්නවා. මෙය දුක නිරුද්ධ වීම පිණිස පවතින මාර්ගය නම් වූ ආර්ය සත්‍යයයි කියලා යථාර්ථ වශයෙන්ම දැනගන්නවා. මේවා ආශ්‍රවයන් කියලා යථාර්ථ වශයෙන්ම දැනගන්නවා. මෙය ආශ්‍රවයන්ගේ හටගැනීම කියලා යථාර්ථ වශයෙන්ම දැනගන්නවා. මෙය ආශ්‍රව නිරුද්ධ වීම කියලා යථාර්ථ වශයෙන්ම දැනගන්නවා. මෙය ආශ්‍රව නිරුද්ධ වීම පිණිස පවතින ප්‍රතිපදාව කියලා යථාර්ථ වශයෙන්ම දැනගන්නවා.

ඒ භික්ෂුව ඔය විදිහට දැනගනිද්දී, ඔය විදිහට දැකගනිද්දී කාම ආශ්‍රවයන්ගෙන් සිත නිදහස් වෙනවා. භව ආශ්‍රවයන්ගෙන් සිත නිදහස් වෙනවා. අවිද්‍යා ආශ්‍රවයන්ගෙන් සිත නිදහස් වෙනවා. නිදහස් වූ විට නිදහස් වුන බවට ඤාණය ඇතිවෙනවා. 'ඉපදීම ක්ෂය වුනා. බඹසර වාසය සම්පූර්ණ

කළා. කළ යුතු දෙය කළා. නැවත සසර ගමනක් නැතැ'යි අවබෝධයෙන්ම දැනගන්නවා.

පින්වත් බ්‍රාහ්මණය කලින් කියන ලද යාගයන්ට වඩා වැඩකටයුතු අඩු, උත්සාහයන් අඩු නමුත් මහත් ප්‍රතිඵල ඇති මහත් ආනිශංස ඇති යාගය නම් මෙයයි. පින්වත් බ්‍රාහ්මණය, මේ යාග සම්පතට වඩා උත්තරීතර හෝ ප්‍රණීතතර හෝ අන්‍ය වූ යාග සම්පතක් නම් නෑ."

93. මෙසේ වදාළ විට කූටදන්ත බ්‍රාහ්මණයා භාග්‍යවතුන් වහන්සේට මෙය සැළ කළා. "භවත් ගෞතමයන් වහන්ස, ඉතා සුන්දරයි. භවත් ගෞතමයන් වහන්ස, ඉතා සුන්දරයි. යටට හරවා තිබූ දෙයක් උඩු අතට හැරෙව්වා වගෙයි. වහලා තිබුණු දෙයක් ඇරලා පෙන්නුවා වගෙයි. මං මුළාවූවන්ට නියම මග පෙන්වා දෙනවා වගෙයි. ඇස් ඇති උදවියට රූප දකින්න අඳුරෙහි තෙල් පහනක් දල්වාගෙන දරා සිටිනවා වගෙයි. ඔය විදිහට භවත් ගෞතමයන් වහන්සේ විසින් නොයෙක් අයුරින් ශ්‍රී සද්ධර්මය වදාළා. මේ මමත් භවත් ගෞතමයන් වහන්සේව සරණ යනවා. ශ්‍රී සද්ධර්මයත් ආර්ය මහා සංඝ රත්නයත් සරණ යනවා. භවත් ගෞතමයන් වහන්සේ, මං ගැන අද පටන් දිවි තිබෙන තුරාවටම තෙරුවන් සරණ ගිය උපාසකයෙක් ලෙස සළකන සේක්වා! භවත් ගෞතමයන් වහන්ස, ඒ මං ලොකු ගවයන් හත්සිය දෙනාත්, ගොන්නාම්බන් හත්සිය දෙනාත්, නහඹු වැස්සියන් හත්සිය දෙනාත්, එළුවන් හත්සිය දෙනාත්, තරුණ බැටළුවන් හත්සිය දෙනාත් නිදහස් කරනවා. ජීවිතය දෙනවා. ඔවුන් නිල් තණ කත්වා! සිහිල් පැන් බොත්වා! ඔවුන්ට ද සිහිලැල් පවන් හමත්වා!"

94. එතකොට කූටදන්ත බ්‍රාහ්මණයා හට භාග්‍යවතුන් වහන්සේ අනුපිළිවෙළ කථාව වදාළා. ඒ කියන්නේ; දන් දීමේ අනුසස් ගැන කථාව, සිල් රැකීමෙහි අනුසස් ගැන කථාව, සුගතියෙහි උපත ගැන කථාව, කාමයන්හි ඇති පීඩාකාරීබව ගැන කථාව, කෙලෙස් නිසා ඇතිවන කිළුට ගැන කථාව, එයින් නික්මීමෙන් ලැබෙන ආනිසංස ගැන කථාව වදාළා. එතකොට යම් වෙලාවක කූටදන්ත බ්‍රාහ්මණයා එයට සවන් දීම නිසා යහපත් සිතක් ඇති වුනාද, මෘදු සිතක් ඇති වුනාද, නීවරණ බැහැර වුන සිතක් ඇති වුනාද, සතුටින් ඔද වැඩුණු සිතක් ඇති වුනාද, පහන් වූ සිතක් ඇති වුනාද, එය දැන වදාළ භාග්‍යවතුන් වහන්සේ බුදුවරයන් වහන්සේලාගේ යම් සුවිශේෂී සාමුක්කංසික දේශනාවක් ඇද්ද ඒ කියන්නේ; දුක්ඛාර්ය සත්‍යය, සමුදය ආර්ය සත්‍යය, නිරෝධ ආර්ය සත්‍යය, දුක්ඛ නිරෝධගාමිනී පටිපදා ආර්ය සත්‍යය යන චතුරාර්ය සත්‍යය වදාළා.

කළු පැල්ලම් නැති පිරිසිදු වස්ත්‍රයකට සායම් පොවද්දී ඉතා හොඳින් ඒ සායම් උරාගන්නේ යම් සේ ද ඒ අයුරින්ම කූටදන්ත බ්‍රාහ්මණයා හටත් ඒ ආසනයේදීම හේතු ප්‍රත්‍යයන්ගෙන් හටගන්නා ස්වභාවයෙන් යුතු යමක් ඇද්ද ඒ හේතු ප්‍රත්‍යයන් නැතිවීමෙන් ඒවා නිරුද්ධ වී යන ස්වභාවයට අයත් වන්නේය කියලා කෙලෙස් රහිත වූ අවිද්‍යා මල රහිත වූ දහම් ඇස පහළ වුනා.

95. එතකොට ධර්මය දැකපු, ධර්මයට පැමිණි, ධර්මය අවබෝධ කළ, ධර්මයෙහි බැසගත්, සැකයෙන් එතෙර වුන, 'කෙසේද, කෙසේද' කියන අවිශ්වාසයෙන් බැහැර වුන, ආර්ය සත්‍ය ධර්මය තුළ විශාරදභාවටය පත් වුණ, ශාස්තෘ ශාසනය තුළ බාහිර උපකාර වුනා නොසොයන බවට පත් වුන කූටදන්ත බ්‍රාහ්මණයා භාග්‍යවතුන් වහන්සේට මෙය පවසා සිටියා. "භවත් ගෞතමයන් වහන්සේ භික්ෂු සංඝයා සමඟ හෙට දවසෙහි දානය පිණිස මාගේ ආරාධනය පිළිගන්නා සේක්වා!" භාග්‍යවතුන් වහන්සේ නිශ්ශබ්දව වැඩසිටීමෙන් එම ඇරයුම පිළිගෙන වදාළා.

96. ඉන්පසු කූටදන්ත බ්‍රාහ්මණයා භාග්‍යවතුන් වහන්සේ එම ආරාධනය පිළිගෙන වදාළ බව දැන අසුනෙන් නැගිට භාග්‍යවතුන් වහන්සේට වන්දනා කොට, ප්‍රදක්ෂිණා කොට පිටත් වුනා. ඉතින් කූටදන්ත බ්‍රාහ්මණයා ඒ රැය ඇවෑමෙන් තම යාග ශාලාවේ වැළඳිය යුතු, අනුභව කළ යුතු ප්‍රණීත වූ දන්පැන් සකසා "භවත් ගෞතමයන් වහන්ස, දන්පැන් පිළියෙළ කොට තිබෙනවා. දන් වඩින්නට කාලයයි" කියලා භාග්‍යවතුන් වහන්සේට කාලය දන්වා යැව්වා.

97. භාග්‍යවතුන් වහන්සේ පෙරවරු සමයෙහි සිවුරු හැඳ පොරොවා, පාසිවුරු ගෙන භික්ෂු සංඝයා සමඟ කූටදන්ත බ්‍රාහ්මණයාගේ යාග ශාලාව වෙත වැඩම කළා. වැඩම කොට පණවන ලද ආසනයෙහි වැඩසිටියා. එතකොට කූටදන්ත බ්‍රාහ්මණයා බුදු රජුන් ප්‍රමුඛ වූ භික්ෂු සංඝයා ප්‍රණීත වූ වළඳන, අනුභව කරන දැයින් සිය අතින් මනාකොට පිළිගැන්වූවා. හොඳින් පැවරුවා. ඊට පස්සේ කූටදන්ත බ්‍රාහ්මණයා වළඳා අවසන් කොට පාත්‍රයෙන් බැහැර වූ අත් ඇති භාග්‍යවතුන් වහන්සේ අසළින් එක්තරා මිටි අසුනක් ගෙන එකත්පස්ව වාඩි වුණා. එකත්පස්ව වාඩි වුණ කූටදන්ත බ්‍රාහ්මණයාට භාග්‍යවතුන් වහන්සේ ධර්ම කතාවෙන් කරුණු පැහැදිලි කරවලා, සමාදන් කරවලා, උත්සාහවත් කරවලා, සතුටු කරවලා, අසුනෙන් නැගිට නික්ම වදාළා.

සාදු! සාදු!! සාදු!!!

පස්වෙනි කූටදන්ත සූත්‍රය නිමාවිය.

6. මහාලි සූත්‍රය

මහාලි ලිච්ඡවී හට වදාළ දෙසුම

1. **මා** හට අසන්නට ලැබුනේ මේ විදිහටයි. ඒ දිනවල භාග්‍යවතුන් වහන්සේ වැඩ සිටියේ විශාලා මහනුවර මහාවනයේ කූටාගාර ශාලාවේ.

ඒ දිනවලම කොසොල් රට වාසී රාජ්‍යතාන්ත්‍රික බොහෝ බ්‍රාහ්මණයන්ද, මගධ රට වාසී රාජ්‍යතාන්ත්‍රික බොහෝ බ්‍රාහ්මණයන්ද, කිසියම් කටයුත්තක් පිණිස විශාලා මහනුවරට ඇවිත් වාසය කළා. ඒ කොසොල් රටවැසි බ්‍රාහ්මණ දූතයන්ටත්, මගධ රට වැසි බ්‍රාහ්මණ දූතයන්ටත් මෙය අසන්නට ලැබුනා. "අන්න ශාක්‍ය පුත්‍ර වූ, ශාක්‍ය කුලයෙන් නික්මී පැවිදි වූ ශ්‍රමණ ගෞතමයන් වහන්සේ විශාලා මහනුවර කූටාගාර ශාලාවේ වැඩඉන්නවා. ඒ භවත් ගෞතමයන් වහන්සේ ගැන මෙවැනි වූ කළ්‍යාණ කීර්ති ඝෝෂාවක් පැතිර ගොසින් තියෙනවා. 'ඒ භාග්‍යවතුන් වහන්සේ මේ මේ කරුණින් අරහත් වන සේක! සම්මාසම්බුද්ධ වන සේක! විජ්ජාචරණසම්පන්න වන සේක! සුගත වන සේක! ලෝකවිදූ වන සේක! අනුත්තර පුරිසදම්මසාරථී වන සේක! සත්ථා දේවමනුස්සානං වන සේක! බුද්ධ වන සේක! භගවා වන සේක!' උන්වහන්සේ දෙවියන් සහිත වූ, මරුන් සහිත වූ, බඹුන් සහිත වූ, ශ්‍රමණ බමුණන් සහිත වූ දෙව්මිනිස් ප්‍රජාවෙන් යුතු මේ ලෝකය තමා විසින් උපදවා ගත් විශිෂ්ට ඥාණයෙන් සාක්ෂාත් කරලා ලෝකයට කියා දෙනවා. උන්වහන්සේ දහම් දෙසනවා. ආරම්භය කළ්‍යාණ වූත්, මැද කළ්‍යාණ වූත්, අවසානය කළ්‍යාණ වූත්, අර්ථ සහිත වූත්, පැහැදිලි ප්‍රකාශනවලින් යුතු වූත්, මුළුමණින්ම පිරිපුන් පිරිසිදු බඹසර ප්‍රකාශ කරනවා. එබඳු වූ රහතුන් දැකගන්නට ලැබීම කොතරම් යහපත් දෙයක්ද" කියලා.

2. ඉතින් ඒ කොසොල් රට වැසි බ්‍රාහ්මණ දූතයනුත්, මගධ රට වැසි බ්‍රාහ්මණ දූතයනුත් මහවනයේ කූටාගාර ශාලාව වෙත පැමිණුනා. ඒ කාලයේ

භාග්‍යවතුන් වහන්සේගේ උපස්ථායක වශයෙන් සිටියේ ආයුෂ්මත් නාගිත තෙරුන්. ඉතින් ඒ කොසොල් රට වැසි බ්‍රාහ්මණ දූතයනුත්, මගධ රට වැසි බ්‍රාහ්මණ දූතයනුත් ආයුෂ්මත් නාගිත තෙරුන් වෙත පැමිණුනා. පැමිණිලා ආයුෂ්මත් නාගිත තෙරුන්ට මෙහෙම කිව්වා. "භවත් නාගිතයෙනි, දැන් ඒ භවත් ගෞතමයන් වහන්සේ වැඩඉන්නේ කොහේද? අපි ඒ භවත් ගෞතමයන් වහන්සේව බැහැදකින්නට කැමැතියි."

"ආයුෂ්මතුනි, භාග්‍යවතුන් වහන්සේව බැහැදකින්නට මේ කාලය නොවේ. භාග්‍යවතුන් වහන්සේ දැන් භාවනාවෙනුයි වැඩසිටින්නේ."

එතකොට ඒ කොසොල් රට වැසි බ්‍රාහ්මණ දූතයනුත්, මගධ රට වැසි බ්‍රාහ්මණ දූතයනුත් "අපි ඒ භවත් ගෞතමයන් වහන්සේව බැහැදැකලමයි යන්නේ" කියලා එතැනම එකත්පස්ව වාඩිවුනා.

3. ඔට්ඨද්ධ ලිච්ඡවිත් මහත් ලිච්ඡවි පිරිසක් සමඟ මහාවනයේ කූටාගාර ශාලාවට ගොස් ආයුෂ්මත් නාගිත තෙරුන් වෙත පැමිණුනා. පැමිණිලා ආයුෂ්මත් නාගිත තෙරුන්ට ආදරයෙන් වන්දනා කොට එකත්පස්ව සිටගත්තා. එකත්පස්ව සිටි ඔට්ඨද්ධ ලිච්ඡවිතුමාද ආයුෂ්මත් නාගිත තෙරුන්ට මෙහෙම කිව්වා. "භවත් නාගිතයෙනි, දැන් ඒ භාග්‍යවත් අරහත් සම්මා සම්බුදුරාජාණන් වහන්සේ වැඩ ඉන්නේ කොහේද? අපි ඒ භාග්‍යවත් අරහත් සම්මා සම්බුදුරාජාණන් වහන්සේව බැහැදකින්නට කැමැතියි."

"පින්වත් මහාලි, භාග්‍යවතුන් වහන්සේව බැහැදකින්නට මේ කාලය නොවේ. භාග්‍යවතුන් වහන්සේ දැන් භාවනාවෙනුයි වැඩසිටින්නේ." එතකොට ඔට්ඨද්ධ ලිච්ඡවිතුමා ද "අපි ඒ භාග්‍යවත් අරහත් සම්මා සම්බුදුරජාණන් වහන්සේ බැහැදැකලමයි යන්නේ" කියලා එතැනම එකත්පස්ව වාඩිවුනා.

4. එතකොට සීහ සාමණේරයන් ආයුෂ්මත් නාගිත තෙරුන් වෙත එළඹුනා. එළඹ ආයුෂ්මත් නාගිත තෙරුන්ට වන්දනා කොට එකත්පස්ව සිටගත්තා. එකත්පස්ව සිටගත් සීහ සාමණේරයන් ආයුෂ්මත් නාගිත තෙරුන්ට මෙහෙම කිව්වා. "ස්වාමීනී, කාශ්‍යපයන් වහන්ස, කොසොල්රට වැසි බොහෝ බ්‍රාහ්මණ දූතයිනුත්, මගධරට වැසි බොහෝ බ්‍රාහ්මණ දූතයිනුත් භාග්‍යවතුන් වහන්සේව බැහැදකින්නට මෙහි ඇවිත් ඉන්නවා. ඒ වගේම ඔට්ඨද්ධ ලිච්ඡවිතුමාත් මහත් ලිච්ඡවි පිරිසක් සමඟ භාග්‍යවතුන් වහන්සේව බැහැදකින්නට මෙහි ඇවිත් ඉන්නවා. ඉතින් ස්වාමීනී කාශ්‍යපයන් වහන්ස, ඒ පිරිසට භාග්‍යවතුන් වහන්සේව බැහැදකින්නට ලැබුනොත් ඉතා හොඳයි."

"එසේ වී නම් සීහ, ඔබම භාග්‍යවතුන් වහන්සේට දනුම් දෙන්න." "එසේය, ස්වාමීනී" කියලා සීහ සාමණේරයන් ආයුෂ්මත් නාගිත තෙරුන් හට පිළිතුරු දී භාග්‍යවතුන් වහන්සේ වෙත පැමිණිලා භාග්‍යවතුන් වහන්සේට වන්දනා කොට එකත්පස්ව සිට ගත්තා. එකත්පස්ව සිටි සීහ සාමණේරයන් භාග්‍යවතුන් වහන්සේට මෙකරුණ සැළ කළා. "ස්වාමීනී, කොසොල්රට වැසි බොහෝ බ්‍රාහ්මණ දූතයිනුත්, මගධරට වැසි බොහෝ බ්‍රාහ්මණ දූතයිනුත් භාග්‍යවතුන් වහන්සේව බැහැදකින්නට මෙහි ඇවිත් ඉන්නවා. ඒ වගේම ඔට්ඨද්ධ ලිච්ඡවිතුමාත් මහත් ලිච්ඡවි පිරිසක් සමඟ භාග්‍යවතුන් වහන්සේව බැහැදකින්නට මෙහි ඇවිත් ඉන්නවා. ඉතින් ස්වාමීනී, ඒ පිරිසට භාග්‍යවතුන් වහන්සේව බැහැදකින්නට ලැබුනොත් ඉතා හොඳයි."

"එහෙම නම් සීහයෙනි, විහාරය ඉදිරිපස සෙවණෙහි ආසනයක් පණවන්න."

"එසේය ස්වාමීනී" කියලා සීහ සාමණේරයන් භාග්‍යවතුන් වහන්සේට පිළිතුරු දී විහාරය ඉදිරිපස සෙවණෙහි ආසනයක් පැණෙව්වා. එතකොට භාග්‍යවතුන් වහන්සේ කුටියෙන් නික්ම කුටිය ඉදිරිපස සෙවණෙහි පණවන ලද අසුනෙහි වැඩසිටියා.

5. එතකොට කොසොල් රට වැසි බ්‍රාහ්මණ දූතයිනුත්, මගධ රට වැසි බ්‍රාහ්මණ දූතයිනුත් භාග්‍යවතුන් වහන්සේ වෙත පැමිණුනා. පැමිණිලා භාග්‍යවතුන් වහන්සේ සමඟ සතුටු වුනා. සතුටු විය යුතු පිළිසඳර කතාබහේ යෙදිලා එකත්පස්ව වාඩිවුනා. ඔට්ඨද්ධ ලිච්ඡවිතුමාද මහත් වූ ලිච්ඡවි පිරිස සමඟ භාග්‍යවතුන් වහන්සේ වෙත පැමිණුනා. පැමිණිලා භාග්‍යවතුන් වහන්සේට ආදරයෙන් වන්දනා කොට එකත්පස්ව වාඩිවුනා. එකත්පස්ව වාඩිවුන ඔට්ඨද්ධ ලිච්ඡවි තුමා භාග්‍යවතුන් වහන්සේට මෙකරුණ පැවසුවා.

ස්වාමීනී, ඊයේ දවසෙත් ඊට කලින් දවස්වලත් සුනක්ඛත්ත ලිච්ඡවි පුත්‍රයා මා වෙත ආවා. ඇවිදින් මට මේ කරුණ කීවා. "මහාලි, දන්නවාද? මං භාග්‍යවතුන් වහන්සේව ඇසුරු කරමින් තුන් අවුරුද්දකට වැඩි නැති කාලයක් වාසය කළා. ඒ කාලෙදී මං කැමැත්ත ඇති කරවන්නා වූ, සිත් අලවන්නා වූ, ප්‍රිය මනාප වූත් දිව්‍ය රූප දක්කා. නමුත් මං කැමැත්ත ඇති කරවන්නා වූ, සිත් අලවන්නා වූ, ප්‍රිය මනාප වූත් දිව්‍ය ශබ්ද නම් ඇසුවේ නෑ" කියලා. ඉතින් ස්වාමීනී, සුනක්ඛත්ත ලිච්ඡවි පුත්‍රයා කැමැත්ත ඇති කරවන්නා වූ, සිත් අලවන්නා වූ, ප්‍රිය මනාප වූත් තිබෙන්නා වූම දිව්‍ය ශබ්දයන්ද ඇසුවේ නැත්තේ? එහෙම නැත්නම් නැත්තා වූම දිව්‍ය ශබ්දයන්ද?

"පින්වත් මහාලි, සුනක්ඛත්ත ලිච්ඡවි පුත්‍රයා කැමැත්ත ඇති කරවන්නා වූ, සිත් අලවන්නා වූ, ප්‍රිය මනාප වූත් තිබෙන්නා වූම දිව්‍ය ශබ්දයන් තමයි ඇසුවේ නැත්තේ. එහෙම නැතිව දිව්‍ය ශබ්දයන් නැතිකමට නොවේ."

6. "ස්වාමීනී, එහෙම නම් සුනක්ඛත්ත ලිච්ඡවි පුත්‍රයා ඇසුවේ නැත්තේ කැමැත්ත ඇති කරවන්නා වූ, සිත් අලවන්නා වූ, ප්‍රිය මනාප වූත් තිබෙන්නා වූම දිව්‍ය ශබ්ද නම්, ඒ වගේම නොතිබෙන්නා වූ දිව්‍ය ශබ්ද නොවේ නම් එයට හේතුව කුමක්ද? ප්‍රත්‍ය කුමක්ද?"

"පින්වත් මහාලි, මෙහිලා භික්ෂුව පෙරදිග දිශාවේ කැමැත්ත ඇති කරවන්නා වූ, සිත් අලවන්නා වූ, ප්‍රිය මනාප වූත් දිව්‍යමය රූප දැකීම පිණිස පමණක් යොමු කොට වඩපු සමාධියක් තියෙනවා. නමුත් කැමැත්ත ඇති කරවන්නා වූ, සිත් අලවන්නා වූ, ප්‍රිය මනාප වූත් දිව්‍ය ශබ්දයන් ඇසීම පිණිස එහෙම සමාධියක් වඩලා නෑ. එතකොට ඔහු පෙරදිග දිශාවේ කැමැත්ත ඇති කරවන්නා වූ, සිත් අලවන්නා වූ, ප්‍රිය මනාප වූත් දිව්‍ය රූප දැකීම පිණිස පමණක් සමාධිය වඩලා තියෙන විට පෙරදිග දිශාවේ කැමැත්ත ඇති කරවන්නා වූ, සිත් අලවන්නා වූ, ප්‍රිය මනාප වූත් දිව්‍ය ශබ්දයන් ඇසීම පිණිස සමාධිය වඩලා නැති කොට කැමැත්ත ඇති කරවන්නා වූ, සිත් අලවන්නා වූ, ප්‍රිය මනාප වූත් දිව්‍ය රූප දකිනවා. නමුත් කැමැත්ත ඇති කරවන්නා වූ, සිත් අලවන්නා වූ, ප්‍රිය මනාප වූත් දිව්‍ය ශබ්ද අසන්නේ නෑ. ඒකට හේතුව කුමක්ද? පින්වත් මහාලි, භික්ෂුව පෙරදිග දිශාවේ කැමැත්ත ඇති කරවන්නා වූ, සිත් අලවන්නා වූ, ප්‍රිය මනාප වූත් දිව්‍ය රූප දැකීම පිණිස පමණක් සමාධිය වඩලා තියෙද්දී කැමැත්ත ඇති කරවන්නා වූ, සිත් අලවන්නා වූ, ප්‍රිය මනාප වූත් දිව්‍ය ශබ්ද ඇසීමට සමාධිය වඩලා නොතිබෙන කොට එහෙම තමයි.

7. තවදුරටත් කියනවා නම් පින්වත් මහාලි, භික්ෂුව දකුණු දිශාවේ ....(පෙ).... බටහිර දිශාවේ ....(පෙ).... උතුරු දිශාවේ ....(පෙ).... උඩ යට හරහට දිශාවේ කැමැත්ත ඇති කරවන්නා වූ, සිත් අලවන්නා වූ, ප්‍රිය මනාප වූත් දිව්‍යමය රූප දැකීම පිණිස පමණක් යොමු කොට වඩපු සමාධියක් තියෙනවා. නමුත් කැමැත්ත ඇති කරවන්නා වූ, සිත් අලවන්නා වූ, ප්‍රිය මනාප වූත් දිව්‍ය ශබ්දයන් ඇසීම පිණිස එහෙම සමාධියක් වඩලා නෑ. එතකොට ඔහු කැමැත්ත ඇති කරවන්නා වූ, සිත් අලවන්නා වූ, ප්‍රිය මනාප වූත් දිව්‍ය රූප දැකීම පිණිස පමණක් උඩ යට හරහට සමාධිය වඩලා තියෙන විට කැමැත්ත ඇති කරවන්නා වූ, සිත් අලවන්නා වූ, ප්‍රිය මනාප වූත් දිව්‍ය ශබ්දයන් ඇසීම පිණිස සමාධිය වඩලා නැති කොට උඩ යට හරහට කැමැත්ත ඇති කරවන්නා වූ, සිත් අලවන්නා වූ, ප්‍රිය මනාප වූත් දිව්‍ය රූප දකිනවා. නමුත් කැමැත්ත ඇති කරවන්නා වූ, සිත්

අලවන්නා වූ, ප්‍රිය මනාප වූත් දිව්‍ය ශබ්ද අසන්නේ නෑ. ඒකට හේතුව කුමක්ද? පින්වත් මහාලි, භික්ෂුව දකුණු දිශාවේ ....(පෙ).... උඩ යට හරහට කැමැත්ත ඇති කරවන්නා වූ, සිත් අලවන්නා වූ, ප්‍රිය මනාප වූත් දිව්‍ය රූප දැකීම පිණිස පමණක් සමාධිය වඩලා තියෙද්දී කැමැත්ත ඇති කරවන්නා වූ, සිත් අලවන්නා වූ, ප්‍රිය මනාප වූත් දිව්‍ය ශබ්ද ඇසීමට සමාධිය වඩලා නොතිබෙන කොට එහෙම තමයි.

8. තවදුරටත් කියනවා නම් පින්වත් මහාලි, මෙහිලා භික්ෂුව පෙරදිග දිශාවේ කැමැත්ත ඇති කරවන්නා වූ, සිත් අලවන්නා වූ, ප්‍රිය මනාප වූත් දිව්‍යමය ශබ්ද ඇසීම පිණිස පමණක් යොමුකොට වඩපු සමාධියක් තියෙනවා. නමුත් කැමැත්ත ඇති කරවන්නා වූ, සිත් අලවන්නා වූ, ප්‍රිය මනාප වූත් දිව්‍ය රූප දැකීම පිණිස එහෙම සමාධියක් වඩලා නෑ. එතකොට ඔහු පෙරදිග දිශාවේ කැමැත්ත ඇති කරවන්නා වූ, සිත් අලවන්නා වූ, ප්‍රිය මනාප වූත් දිව්‍ය ශබ්ද ඇසීම පිණිස පෙරදිග දිශාවට පමණක් සමාධිය වඩලා තියෙන විට කැමැත්ත ඇති කරවන්නා වූ, සිත් අලවන්නා වූ, ප්‍රිය මනාප වූත් දිව්‍ය රූප දැකීම පිණිස සමාධිය වඩලා නැති කොට පෙරදිග දිශාවේ කැමැත්ත ඇති කරවන්නා වූ, සිත් අලවන්නා වූ, ප්‍රිය මනාප වූත් දිව්‍ය ශබ්ද පමණක් අසනවා. නමුත් කැමැත්ත ඇති කරවන්නා වූ, සිත් අලවන්නා වූ, ප්‍රිය මනාප වූත් දිව්‍ය රූප දකින්නේ නෑ. ඒකට හේතුව කුමක්ද? පින්වත් මහාලි, භික්ෂුව පෙරදිග දිශාවේ කැමැත්ත ඇති කරවන්නා වූ, සිත් අලවන්නා වූ, ප්‍රිය මනාප වූත් දිව්‍ය ශබ්ද ඇසීම පිණිස පමණක් සමාධිය වඩලා තියෙද්දී කැමැත්ත ඇති කරවන්නා වූ, සිත් අලවන්නා වූ, ප්‍රිය මනාප වූත් දිව්‍ය රූප දැකීමට සමාධිය වඩලා නොතිබෙන කොට එහෙම තමයි.

9. තවදුරටත් කියනවා නම් පින්වත් මහාලි, භික්ෂුව දකුණු දිශාවේ .....(පෙ).... බටහිර දිශාවේ ....(පෙ).... උතුරු දිශාවේ ....(පෙ).... උඩ යට හරහට දිශාවේ කැමැත්ත ඇති කරවන්නා වූ, සිත් අලවන්නා වූ, ප්‍රිය මනාප වූත් දිව්‍යමය ශබ්ද ඇසීම පිණිස පමණක් යොමුකොට වඩපු සමාධියක් තියෙනවා. නමුත් කැමැත්ත ඇති කරවන්නා වූ, සිත් අලවන්නා වූ, ප්‍රිය මනාප වූත් දිව්‍ය රූප දැකීම පිණිස එහෙම සමාධියක් වඩලා නෑ. එතකොට ඔහු කැමැත්ත ඇති කරවන්නා වූ, සිත් අලවන්නා වූ, ප්‍රිය මනාප වූත් දිව්‍ය ශබ්ද ඇසීම පිණිස පමණක් උඩ යට හරහට සමාධිය වඩලා තියෙන විට කැමැත්ත ඇති කරවන්නා වූ, සිත් අලවන්නා වූ, ප්‍රිය මනාප වූත් දිව්‍ය රූප දැකීම පිණිස සමාධිය වඩලා නැති කොට උඩ යට හරහට කැමැත්ත ඇති කරවන්නා වූ, සිත් අලවන්නා වූ, ප්‍රිය මනාප වූත් දිව්‍ය ශබ්ද අසනවා. නමුත් කැමැත්ත ඇති කරවන්නා වූ, සිත් අලවන්නා වූ, ප්‍රිය මනාප වූත් දිව්‍ය රූප දකින්නේ නෑ. ඒකට හේතුව කුමක්ද? පින්වත් මහාලි,

භික්ෂුව දකුණු දිශාවේ ....(පෙ).... උඩ යට හරහට කැමැත්ත ඇති කරවන්නා වූ, සිත් අලවන්නා වූ, ප්‍රිය මනාප වූත් දිව්‍ය ශබ්ද ඇසීම පිණිස පමණක් සමාධිය වඩලා තියෙද්දී කැමැත්ත ඇති කරවන්නා වූ, සිත් අලවන්නා වූ, ප්‍රිය මනාප වූත් දිව්‍ය රූප දැකීමට සමාධිය වඩලා නොතිබෙන කොට එහෙම තමයි.

10. පින්වත් මහාලි, මෙහිලා භික්ෂුව පෙරදිග දිශාවේ කැමැත්ත ඇති කරවන්නා වූ, සිත් අලවන්නා වූ, ප්‍රිය මනාප වූත් දිව්‍ය වූ රූපයන් දැකීම පිණිසත්, කැමැත්ත ඇති කරවන්නා වූ, සිත් අලවන්නා වූ, ප්‍රිය මනාප වූත් දිව්‍ය වූ ශබ්ද ඇසීම පිණිසත් යන දෙපැත්තටම යොමු කරන ලද සමාධියක් වඩලා තියෙනවා. එතකොට ඔහු පෙරදිග දිශාවේ කැමැත්ත ඇති කරවන්නා වූ, සිත් අලවන්නා වූ, ප්‍රිය මනාප වූත් දිව්‍ය වූ රූපයන් දැකීම පිණිස වගේම, කැමැත්ත ඇති කරවන්නා වූ, සිත් අලවන්නා වූ, ප්‍රිය මනාප වූත් දිව්‍ය වූ ශබ්ද ඇසීම පිණිසත් යන ඒ දෙයංශයටම යොමුකොට සමාධිය වඩන ලද හෙයින් පෙරදිග දිශාවේත්, කැමැත්ත ඇති කරවන්නා වූ, සිත් අලවන්නා වූ, ප්‍රිය මනාප වූත් දිව්‍ය වූ රූපයන් දකිනවා. කැමැත්ත ඇති කරවන්නා වූ, සිත් අලවන්නා වූ, ප්‍රිය මනාප වූත් දිව්‍ය වූ ශබ්දත් අසනවා. ඒකට හේතුව කුමක්ද? පින්වත් මහාලි, භික්ෂුව පෙරදිග දිශාවේ කැමැත්ත ඇති කරවන්නා වූ, සිත් අලවන්නා වූ, ප්‍රිය මනාප වූත් දිව්‍ය වූ රූප දැකීම පිණිසත්, කැමැත්ත ඇති කරවන්නා වූ, සිත් අලවන්නා වූ, ප්‍රිය මනාප වූත් දිව්‍ය වූ ඇසීම පිණිසත් යන දෙයංශයටම යොමුකොට වඩන ලද සමාධියක් ඇති විට එහෙම තමයි.

11. තවදුරටත් කියනවා නම් පින්වත් මහාලි, දකුණු දිශාවේ ....(පෙ).... බටහිර දිශාවේ ....(පෙ).... උතුරු දිශාවේ ....(පෙ).... උඩ යට හරහට කැමැත්ත ඇති කරවන්නා වූ, සිත් අලවන්නා වූ, ප්‍රිය මනාප වූත් දිව්‍ය වූ රූපයන් දැකීම පිණිසත්, කැමැත්ත ඇති කරවන්නා වූ, සිත් අලවන්නා වූ, ප්‍රිය මනාප වූත් දිව්‍ය වූ ශබ්ද ඇසීම පිණිසත් යන දෙපැත්තටම යොමු කරන ලද සමාධියක් වඩලා තියෙනවා. එතකොට ඔහු දකුණු දිශාවේ ....(පෙ).... උඩ යට හරහට කැමැත්ත ඇති කරවන්නා වූ, සිත් අලවන්නා වූ, ප්‍රිය මනාප වූත් දිව්‍ය වූ රූපයන් දැකීම පිණිස වගේම, කැමැත්ත ඇති කරවන්නා වූ, සිත් අලවන්නා වූ, ප්‍රිය මනාප වූත් දිව්‍ය වූ ශබ්ද ඇසීම පිණිසත් යන ඒ දෙයංශයටම යොමුකොට සමාධිය වඩන ලද හෙයින් උඩ යට හරහට කැමැත්ත ඇති කරවන්නා වූ, සිත් අලවන්නා වූ, ප්‍රිය මනාප වූත් දිව්‍ය වූ රූපයන් දකිනවා. කැමැත්ත ඇති කරවන්නා වූ, සිත් අලවන්නා වූ, ප්‍රිය මනාප වූත් දිව්‍ය වූ ශබ්දත් අසනවා. ඒකට හේතුව කුමක්ද? පින්වත් මහාලි, භික්ෂුව උඩ යට හරහට කැමැත්ත ඇති කරවන්නා වූ, සිත් අලවන්නා වූ, ප්‍රිය මනාප වූත් දිව්‍ය වූ රූප දැකීම පිණිසත්, කැමැත්ත ඇති

කරවන්නා වූ, සිත් අලවන්නා වූ, ප්‍රිය මනාප වූත් දිව්‍ය වූ ඇසීම පිණිසත් යන දෙයංශයටම යොමුකොට වඩන ලද සමාධියක් ඇති විට එහෙම තමයි.

පින්වත් මහාලි, සුනක්ඛත්ත ලිච්ඡවි පුත්‍රයා කැමැත්ත ඇති කරවන්නා වූ, සිත් අලවන්නා වූ, ප්‍රිය මනාප වූත් නොතිබෙන්නා වූ නොව තිබෙන්නා වූම දිව්‍ය ශබ්දයන් ඇසුවේ නැත්තේ නම් එයට හේතුව මෙයයි. ප්‍රත්‍යය මෙයයි."

12. "ස්වාමීනී, භික්ෂූන් වහන්සේලා භාග්‍යවතුන් වහන්සේ වෙත බ්‍රහ්මචාරීව වාසය කරන්නේ ඔය සමාධි භාවනාවන් සාක්ෂාත් කිරීම පිණිස කියලයි මට හිතෙන්නේ."

13. "නැත, පින්වත් මහාලි, ඔය සමාධි භාවනාවන් සාක්ෂාත් කිරීම පිණිස භික්ෂූන් වහන්සේලා මා වෙත බඹසර හැසිරෙන්නේ නෑ. පින්වත් මහාලි, එයට වඩා උත්තරීතර වූත්, ප්‍රණීතතර වූත්, අන්‍ය වූ ධර්මයන් සාක්ෂාත් කිරීම පිණිසයි මා වෙත භික්ෂූන් වහන්සේලා බඹසර රකින්නේ."

14. "ස්වාමීනි, ඒ යම් දෙයක් සාක්ෂාත් කිරීම පිණිස භාග්‍යවතුන් වහන්සේ කෙරෙහි භික්ෂූන් වහන්සේලා බඹසර රකිනවා නම් වඩාත් උත්තරීතර වූත්, ප්‍රණීතතර වූත් ඒ ධර්මයන් මොනවාද?"

15. "පින්වත් මහාලි, මෙහිලා භික්ෂුව සංයෝජන තුනක් ක්ෂය කිරීමෙන්, සෝවාන් වෙනවා. අපායෙහි නොවැටෙන ස්වභාවයට පත්වෙනවා. නියත වශයෙන්ම අමා මහ නිවන පිහිට කොට ඉන්නවා. පින්වත් මහාලි, යමක් සාක්ෂාත් කිරීම පිණිස භික්ෂූන් වහන්සේලා මා වෙත බඹසර හැසිරෙනවා නම්, මෙයත් ඒ උත්තරීතර වූත්, ප්‍රණීතතර වූත් ධර්මයක් තමයි.

තවදුරටත් කියනවා නම් පින්වත් මහාලි, භික්ෂුව සංයෝජන තුනක් ක්ෂය කිරීමෙන් රාග, ද්වේෂ, මෝහයන්ගේ තුනීවීමෙන් සකදාගාමී වෙනවා. එතකොට එක්වරක් පමණක් මේ ලෝකයට පැමිණිලා දුක් අවසන් කරනවා. (පිරිනිවන් පානවා) පින්වත් මහාලි, යමක් සාක්ෂාත් කිරීම පිණිස භික්ෂූන් වහන්සේලා මා වෙත බඹසර හැසිරෙනවා නම්, මෙයත් ඒ උත්තරීතර වූත්, ප්‍රණීතතර වූත් ධර්මයක් තමයි.

තවදුරටත් කියනවා නම් පින්වත් මහාලි, භික්ෂුව (කාම ලෝකයෙහි බැඳ තබන) ඕරම්භාගීය සංයෝජනයන් ක්ෂය කරලා ඕපපාතිකව බඹ ලොව උපදින කෙනෙක් වෙනවා. ඒ ලෝකයෙන් නැවතත් කාමලොවට නොපැමිණෙන ස්වභාවයෙන් යුතුව එහිම පිරිනිවන් පානවා. පින්වත් මහාලි, යමක් සාක්ෂාත් කිරීම පිණිස භික්ෂූන් වහන්සේලා මා වෙත බඹසර හැසිරෙනවා නම්, මෙයත් ඒ උත්තරීතර වූත්, ප්‍රණීතතර වූත් ධර්මයක් තමයි.

තවදුරටත් කියනවා නම් පින්වත් මහාලි, භික්ෂුව ආශ්‍රවයන් ක්ෂය වීමෙන්, ආශ්‍රව රහිත වූ චේතෝ විමුක්තියත්, ප්‍රඥා විමුක්තියත් මේ ජීවිතයේදීම ස්වකීය ප්‍රඥාවෙන් සාක්ෂාත් කරලා එයට පැමිණ වාසය කරනවා. පින්වත් මහාලි, යමක් සාක්ෂාත් කිරීම පිණිස භික්ෂූන් වහන්සේලා මා වෙත බඹසර හැසිරෙනවා නම්, මෙයත් ඒ උත්තරීතර වූත්, ප්‍රණීතතර වූත් ධර්මයක් තමයි.

පින්වත් මහාලි, යමක් සාක්ෂාත් කිරීම පිණිස භික්ෂූන් වහන්සේලා මා වෙත බඹසර හැසිරෙනවා නම්, මේවා ඒ උත්තරීතර වූත්, ප්‍රණීතතර වූත් ධර්මයන් තමයි."

16. "ස්වාමීනි, මෙම ධර්මයන් සාක්ෂාත් කිරීම පිණිස මාර්ගයක් තිබෙනවාද? ප්‍රතිපදාවක් තිබෙනවාද?"

"පින්වත් මහාලි, මෙම ධර්මයන් සාක්ෂාත් කිරීම පිණිස මාර්ගයක් තිබෙනවා. ප්‍රතිපදාවක් තිබෙනවා."

17. "ස්වාමීනි, මෙම ධර්මයන් සාක්ෂාත් කිරීම පිණිස තිබෙන්නා වූ මාර්ගය කුමක්ද? ප්‍රතිපදාව කුමක්ද?"

"ඒ මේ ආර්ය අෂ්ටාංගික මාර්ගයමයි. ඒ කියන්නේ: සම්මා දිට්ඨිය, සම්මා සංකල්ප, සම්මා වාචා, සම්මා කම්මන්ත, සම්මා ආජීව, සම්මා වායාම, සම්මා සති, සම්මා සමාධි යන මෙයයි. පින්වත් මහාලි, ඒ ධර්මයන් සාක්ෂාත් කිරීමේ මාර්ගය මෙයයි, ප්‍රතිපදාව මෙයයි.

18. පින්වත් මහාලි, එක් කාලයක මා වාසය කළේ කොසඹෑ නුවර ඝෝෂිතාරාමයේ. එතකොට මණ්ඩිස්ස කියන පිරිවැජියාත්, දාරුපත්තිකගේ ගෝලයෙක් වන ජාලියත් යන පැවිද්දන් දෙදෙනා මා ළඟට පැමිණුනා. පැමිණිලා මා සමඟ සතුටු වුනා. සතුටු විය යුතු පිළිසඳර කතාබහ නිමවා එකත්පස්ව සිට ගත්තා. එකත්පස්ව සිටගත් ඒ පැවිද්දන් දෙදෙනා මට මෙහෙම කිව්වා. "ආයුෂ්මත් ගෞතමයෙනි, ඒ ජීවයමද ඒ ශරීරය වන්නේ? එහෙම නැත්නම් ජීවය වෙන එකක්ද? ශරීරය වෙන එකක්ද?" කියලා.

"එසේනම් ආයුෂ්මතුනි, සවන් යොමා අසන්න. හොඳින් මෙනෙහි කරන්න. මා කියා දෙන්නම්."

"එසේය ආයුෂ්මතුනි" කියා ඒ පැවිද්දන් දෙදෙනා මට පිළිතුරු දුන්නා. මං මෙකරුණ පැවසුවා.

19. ආයුෂ්මතුනි, මෙහිලා තථාගත වූ අරහත් සම්මා සම්බුදුරජාණන් වහන්සේ

ලොව පහළ වන සේක (සාමඤ්ඤඵල සූත්‍රයේ විස්තර වන ආකාරයටම විස්තර කළ යුතුය.) ....(පෙ)....

ඔහුට මේ පංච නීවරණයන් තමා තුළ නැති බව දකිද්දී මහත් සතුටක් ඇති වෙනවා. ඒ ප්‍රමුදිත වීම ඇති කෙනාට ප්‍රීතිය ඇති වෙනවා. ප්‍රීති මනසක් ඇති කෙනාගේ කය සංසිඳෙනවා. සංසිඳුණු කයින් යුතුව සැපක් විඳිනවා. සැප ඇති කෙනාගේ සිත සමාධිමත් වෙනවා.

20. ඔහු කාමයන්ගෙන් වෙන්ව, අකුසලයන්ගෙන් වෙන්ව, විතර්ක සහිත වූ, විචාර සහිත වූ, විවේකයෙන් හටගත් ප්‍රීති සුඛය ඇති පළමුවෙනි ධ්‍යානය උපදවාගෙන වාසය කරනවා. ඔහු මේ කයම විවේකයෙන් හටගත් ප්‍රීති සුඛයෙන් හොඳට තෙත් කරනවා. මුළුමණින්ම තෙත් කරනවා. එයින් පුරවනවා. පිරිපුන්ව පුරවනවා. ඔහුගේ සියලු කයෙහි විවේකයෙන් හටගත් ප්‍රීති සුඛයෙන් ස්පර්ශ නොකළ කිසිතැනක් නෑ.

ආයුෂ්මතුනි, ඒක මේ වගේ දෙයක්. (රජවරුන් ආදී පිරිස් නහවන) දක්ෂ නහවන්නෙක් හෝ නහවන කෙනෙකුගේ ගෝලයෙක් ඉන්නවා. ඔහු ලෝහ බඳුනක නාන සුණු විසුරුවනවා. ඊට පස්සේ දිය ඉස ඉස පිඩු කරනවා. එතකොට ඒ නානසුණු පිඬට අර වතුර කාවදිනවා. හොඳින් තෙත් වෙනවා. ඒ නහන පිඬ ඇතුළත පිටත සෑම තැනම හොඳින් දිය පැතිරිලා තියෙනවා. පිටතට වැගිරෙන්නෙත් නෑ.

ආයුෂ්මතුනි, ඔය විදිහමයි. භික්ෂුව මේ කයම විවේකයෙන් හටගත් ප්‍රීති සුඛයෙන් හොඳට තෙත් කරනවා. මුළුමණින්ම තෙත් කරනවා. එයින් පුරවනවා. පිරිපුන්ව පුරවනවා. ඔහුගේ සියලු කයෙහි විවේකයෙන් හටගත් ප්‍රීති සුඛයෙන් ස්පර්ශ නොකළ කිසිතැනක් නෑ.

ආයුෂ්මතුනි, යම් භික්ෂුවක් ඔය විදිහට දන්නවා නම්, ඔය විදිහට දකිනවා නම් ජීවයත් එයමයි, ශරීරයත් එයමයි කියලා හරි, ජීවය වෙනත් එකක්, ශරීරය තවත් එකක් කියලා හරි කරුණු කියන එක ගැලපෙනවාද?"

(ඒ පිරිවැජියන්) "ආයුෂ්මතුනි, යම් භික්ෂුවක් ඔය විදිහට දන්නවා නම්, ඔය විදිහට දකිනවා නම් ජීවයත් එයමයි, ශරීරයත් එයමයි කියලා හරි, ජීවය වෙනත් එකක්, ශරීරය තවත් එකක් කියලා හරි කරුණු කියන එක ගැලපෙනවා."

"ආයුෂ්මතුනි, ඔය කරුණ ගැන මං ඔය විදිහට දන්නවා. ඔය විදිහට දකිනවා. නමුත් මා නම් ජීවයත් එයමයි, ශරීරයත් එයමයි කියලා හරි, ජීවය වෙනත් එකක්, ශරීරය තවත් එකක් කියලා හරි පවසන්නේ නෑ."

21. ආයුෂ්මතුනි, තවදුරටත් කියනවා නම් භික්ෂුව විතක්ක විචාරයන්ගේ සංසිඳීමෙන් ආධ්‍යාත්මිකව පැහැදීම ඇතිව සිතෙහි මනා එකඟ බවෙන් යුතුව විතර්ක රහිත, විචාර රහිත, සමාධියෙන් හටගත්, ප්‍රීති සුඛය ඇති දෙවෙනි ධ්‍යානය උපදවාගෙන වාසය කරනවා. ඔහු මේ කයම සමාධියෙන් හටගත් ප්‍රීති සුඛයෙන් හොඳට තෙත් කරනවා. මුළුමණින්ම තෙත් කරනවා. එයින් පුරවනවා. පිරිපුන්ව පුරවනවා. ඔහුගේ සියලු කයෙහි සමාධියෙන් හටගත් ප්‍රීති සුඛයෙන් ස්පර්ශ නොකළ කිසිතැනක් නෑ.

22. ආයුෂ්මතුනි, ඒක මේ වගේ දෙයක්. යට දිය උල්පත්වලින් වතුර ගලන ගැඹුරු විලක් තියෙනවා. ....(පෙ).... **(සාමඤ්ඤඵල සූත්‍රයේ විස්තර වන ආකාරයටම විස්තර කළ යුතුය.)**

ඒ මුළු විලේම සිහිල් ජලයෙන් පහස නොලැබූ කිසි තැනක් නෑ. ආයුෂ්මතුනි, ඔය විදිහමයි. භික්ෂුව මේ කයම සමාධියෙන් හටගත් ප්‍රීති සුඛයෙන් හොඳට තෙත් කරනවා. මුළුමණින්ම තෙත් කරනවා. එයින් පුරවනවා. පිරිපුන්ව පුරවනවා. ඔහුගේ සියලු කයෙහි සමාධියෙන් හටගත් ප්‍රීති සුඛයෙන් ස්පර්ශ නොකළ කිසිතැනක් නෑ.

ආයුෂ්මතුනි, යම් භික්ෂුවක් ඔය විදිහට දන්නවා නම්, ඔය විදිහට දකිනවා නම් ජීවයත් එයමයි, ශරීරයත් එයමයි කියලා හරි, ජීවය වෙනත් එකක්, ශරීරය තවත් එකක් කියලා හරි කරුණු කියන එක ගැලපෙනවාද?"

(ඒ පිරිවැජියන්) "ආයුෂ්මතුනි, යම් භික්ෂුවක් ඔය විදිහට දන්නවා නම්, ඔය විදිහට දකිනවා නම් ජීවයත් එයමයි, ශරීරයත් එයමයි කියලා හරි, ජීවය වෙනත් එකක්, ශරීරය තවත් එකක් කියලා හරි කරුණු කියන එක ගැලපෙනවා."

"ආයුෂ්මතුනි, ඔය කරුණ ගැන මං ඔය විදිහට දන්නවා. ඔය විදිහට දකිනවා. නමුත් මා නම් ජීවයත් එයමයි, ශරීරයත් එයමයි කියලා හරි, ජීවය වෙනත් එකක්, ශරීරය තවත් එකක් කියලා හරි පවසන්නේ නෑ.

23. ආයුෂ්මතුනි, තවදුරටත් කියනවා නම් භික්ෂුව ප්‍රීතියටද නොඇලීමෙන් උපේක්ෂාවෙන් යුතුව වාසය කරනවා. සිහියෙන් නුවණින් යුතුව කයෙන් සැපයක්ද විඳිනවා. ආර්යයන් වහන්සේලා යම් ධ්‍යානයකට උපේක්ෂා සහගත සිහිය ඇති සැප විහරණය යැයි පවසනවාද, ඒ තුන්වන ධ්‍යානයත් උපදවාගෙන වාසය කරනවා. ඔහු මේ කයම ප්‍රීති රහිත සුඛයෙන් හොඳට තෙත් කරනවා. මුළුමණින්ම තෙත් කරනවා. එයින් පුරවනවා. පිරිපුන්ව පුරවනවා. ඔහුගේ සියලු කයෙහි ප්‍රීති රහිත සුඛයෙන් ස්පර්ශ නොකළ කිසිතැනක් නෑ.

24. ආයුෂ්මතුනි, ඒක මේ වගේ දෙයක්. මහනෙල් විලක හෝ රතු නෙළුම් විලක හෝ ....(පෙ).... සුදු නෙළුම්වල සීතල දිය නොපැතුරුණු කිසි තැනක් නෑ.

ආයුෂ්මතුනි, ඔය විදිහමයි. භික්ෂුව මේ කයම ප්‍රීති රහිත සුඛයෙන් හොඳට තෙත් කරනවා. මුළුමණින්ම තෙත් කරනවා. එයින් පුරවනවා. පිරිපුන්ව පුරවනවා. ඔහුගේ සියලු කයෙහි ප්‍රීති රහිත සුඛයෙන් ස්පර්ශ නොකළ කිසිතැනක් නෑ.

ආයුෂ්මතුනි, යම් භික්ෂුවක් ඔය විදිහට දන්නවා නම්, ඔය විදිහට දකිනවා නම් ජීවයත් එයමයි, ශරීරයත් එයමයි කියලා හරි, ජීවය වෙනත් එකක්, ශරීරය තවත් එකක් කියලා හරි කරුණු කියන එක ගැලපෙනවාද?"

(ඒ පිරිවැජියන්) "ආයුෂ්මතුනි, යම් භික්ෂුවක් ඔය විදිහට දන්නවා නම්, ඔය විදිහට දකිනවා නම් ජීවයත් එයමයි, ශරීරයත් එයමයි කියලා හරි, ජීවය වෙනත් එකක්, ශරීරය තවත් එකක් කියලා හරි කරුණු කියන එක ගැලපෙනවා."

"ආයුෂ්මතුනි, ඔය කරුණ ගැන මං ඔය විදිහට දන්නවා. ඔය විදිහට දකිනවා. නමුත් මා නම් ජීවයත් එයමයි, ශරීරයත් එයමයි කියලා හරි, ජීවය වෙනත් එකක්, ශරීරය තවත් එකක් කියලා හරි පවසන්නේ නෑ.

25. ආයුෂ්මතුනි, නැවතත් කියනවා නම් භික්ෂුව සැපයද ප්‍රහාණය කිරීමෙන්, දුකද ප්‍රහාණය කිරීමෙන් කලින්ම සොම්නස් දොම්නස් දෙක ඉක්ම යෑමෙන් දුක් සැප රහිත වූ පාරිශුද්ධ උපේක්ෂා සහගත සතිය ඇති සතරවෙනි ධ්‍යානය උපදවා ගෙන වාසය කරනවා. ඔහු මේ කයම පාරිශුද්ධ වූ ප්‍රභාශ්වර සිතින් පතුරුවා ගෙන වාඩි වී ඉන්නවා. ඔහුගේ සියලු කයෙහි පාරිශුද්ධ වූ ප්‍රභාශ්වර සිතින් ස්පර්ශ නොකළ කිසිතැනක් නෑ.

ආයුෂ්මතුනි, ඒක මේ වගේ දෙයක්. සුදු වස්ත්‍රයකින් හිස සහිතව මුළු සිරුරම පොරොවාගෙන වාඩි වී සිටින කෙනෙක් ඉන්නවා. එතකොට ඔහුගේ මුළු කයෙහිම සුදු වස්ත්‍රයෙන් නොවැසුණු කිසි තැනක් නෑ. ආයුෂ්මතුනි, අන්න ඒ වගේමයි, භික්ෂුව මේ කයම පාරිශුද්ධ වූ ප්‍රභාශ්වර සිතින් පතුරුවා ගෙන වාඩි වී ඉන්නවා. ඔහුගේ සියලු කයෙහි පාරිශුද්ධ වූ ප්‍රභාශ්වර සිතින් ස්පර්ශ නොකළ කිසිතැනක් නෑ.

ආයුෂ්මතුනි, යම් භික්ෂුවක් ඔය විදිහට දන්නවා නම්, ඔය විදිහට දකිනවා නම් ජීවයත් එයමයි, ශරීරයත් එයමයි කියලා හරි, ජීවය වෙනත් එකක්, ශරීරය තවත් එකක් කියලා හරි කරුණු කියන එක ගැලපෙනවාද?"

(ඒ පිරිවැජියන්) "ආයුෂ්මතුනි, යම් භික්ෂුවක් ඔය විදිහට දන්නවා නම්, ඔය විදිහට දකිනවා නම් ජීවයත් එයමයි, ශරීරයත් එයමයි කියලා හරි, ජීවය වෙනත් එකක්, ශරීරය තවත් එකක් කියලා හරි කරුණු කියන එක ගැලපෙනවා."

"ආයුෂ්මතුනි, ඔය කරුණ ගැන මං ඔය විදිහට දන්නවා. ඔය විදිහට දකිනවා. නමුත් මා නම් ජීවයත් එයමයි, ශරීරයත් එයමයි කියලා හරි, ජීවය වෙනත් එකක්, ශරීරය තවත් එකක් කියලා හරි පවසන්නේ නෑ."

26. ආයුෂ්මතුනි, තවදුරටත් කියනවා නම් භික්ෂුව ඔය අයුරින් සිත සමාධිමත් වූ විට, සිත පිරිසිදු වූ විට, ප්‍රභාෂ්වර වූ විට, කෙලෙසුන්ගෙන් බාධා රහිත වූ විට, උපක්ලේශ බැහැර වූ විට, මෘදු බවට පත් වූ විට, කර්මණ්‍ය (ඕනෑම දෙයකට හැරවිය හැකි පරිදි සකස්) වූ විට, ස්ථිරව පිහිටි විට, අකම්පිතව පිහිටි විට ඥාණදර්ශනය (නුවණින් අවබෝධ වීම) පිණිස සිත යොමු කරයි. ඒ දෙසටම නතු කරයි. එතකොට ඔහු මේ විදිහට දැනගන්නවා. "මාගේ මේ කය වනාහී සතර මහා භූතයන්ගෙන් හටගත්, මව්පියන් නිසා හටගත්, බත් ව්‍යංජන ආදියෙන් වැඩුණු, අනිත්‍ය වූ, ඇතිල්ලීම් පිරිමැදීම්වලින් නඩත්තු කළ යුතු වූ, බිඳී වැනසී යන ස්වභාවයට අයත් වූ, රූපවත් (මහාභූත නම් වූ රූපයෙන් හැදුණු) දෙයක්. මාගේ මේ විඤ්ඤාණයද පවතින්නේ මේ සිරුරෙහිමයි. බැඳී තිබෙන්නේත් මෙහිමයි. ආයුෂ්මතුනි, ඒක මේ වගේ දෙයක්. වෛරෝඩි මාණික්‍යයක් තියෙනවා ....(පෙ).... මැණිකක තිබිය යුතු හැම දෙයක්ම තියෙනවා. ඉතින් ඔය මැණික තුළ නිල් වේවා ....(පෙ).... පඬුපැහැ වේවා, නූලක් අමුණලා තියෙනවා. එතකොට ඇස් ඇති පුරුෂයෙක් මැණික අතට ගෙන හොඳින් විමසා බලනවා. "මේ වෛරෝඩි මැණික ....(පෙ).... මැණිකක තිබිය යුතු හැම දෙයක්ම තියෙනවා. මේ මැණික තුළ නිල් වේවා ....(පෙ).... පඬුපැහැ වේවා, නූලක් අමුණලා තියෙනවා" කියලා.

ආයුෂ්මතුනි, අන්න ඒ විදිහමයි භික්ෂුව ඔය අයුරින් සිත සමාධිමත් වූ විට ....(පෙ).... ඥාණදර්ශනය (නුවණින් අවබෝධ වීම) පිණිස සිත යොමු කරයි ....(පෙ).... එතකොට ඔහු මේ විදිහට දැනගන්නවා. "මාගේ මේ කය වනාහී සතර මහා භූතයන්ගෙන් හටගත් ....(පෙ).... මාගේ මේ විඤ්ඤාණයද පවතින්නේ මේ සිරුරෙහිමයි. බැඳී තිබෙන්නේත් මෙහිමයි" කියලා.

ආයුෂ්මතුනි, යම් භික්ෂුවක් ඔය විදිහට දන්නවා නම්, ඔය විදිහට දකිනවා නම් ජීවයත් එයමයි, ශරීරයත් එයමයි කියලා හරි, ජීවය වෙනත් එකක්, ශරීරය තවත් එකක් කියලා හරි කරුණු කියන එක ගැලපෙනවාද?"

(ඒ පිරිවැජියන්) "ආයුෂ්මතුනි, යම් භික්ෂුවක් ඔය විදිහට දන්නවා නම්, ඔය විදිහට දකිනවා නම් ජීවයත් එයමයි, ශරීරයත් එයමයි කියලා හරි, ජීවය වෙනත් එකක්, ශරීරය තවත් එකක් කියලා හරි කරුණු කියන එක ගැලපෙනවා."

"ආයුෂ්මතුනි, ඔය කරුණ ගැන මං ඔය විදිහට දන්නවා. ඔය විදිහට දකිනවා. නමුත් මා නම් ජීවයත් එයමයි, ශරීරයත් එයමයි කියලා හරි, ජීවය වෙනත් එකක්, ශරීරය තවත් එකක් කියලා හරි පවසන්නේ නෑ.

27. ආයුෂ්මතුනි, තවදුරටත් කියනවා නම්, භික්ෂුව සිත සමාධිමත් වූ විට ....(පෙ).... මනෝමය කයක් විශේෂයෙන් මැවීම පිණිස සිත යොමු කරයි ....(පෙ).... ආයුෂ්මතුනි, ඒක මේ වගේ දෙයක්. පුරුෂයෙක් මුඤ්ජතණ ගසෙන් තණ ගොබය ඇදලා ගන්නවා. ....(පෙ).... ආයුෂ්මතුනි, අන්න ඒ විදිහමයි භික්ෂුව ඔය අයුරින් සිත සමාධිමත් වූ විට ....(පෙ).... මනෝමය කයක් විශේෂයෙන් මැවීම පිණිස සිත යොමු කරයි. ....(පෙ).... ඉතින් ඔහු මේ කයෙන් වෙනත් වූ සියලු අඟපසඟ ඇති, නොපිරිහුණු ඉඳුරන් ඇති රූපී මනෝමය කයක් විශේෂ කොට මවනවා.

ආයුෂ්මතුනි, යම් භික්ෂුවක් ඔය විදිහට දන්නවා නම්, ඔය විදිහට දකිනවා නම් ජීවයත් එයමයි, ශරීරයත් එයමයි කියලා හරි, ජීවය වෙනත් එකක්, ශරීරය තවත් එකක් කියලා හරි කරුණු කියන එක ගැලපෙනවාද?"

(ඒ පිරිවැජියන්) "ආයුෂ්මතුනි, යම් භික්ෂුවක් ඔය විදිහට දන්නවා නම්, ඔය විදිහට දකිනවා නම් ජීවයත් එයමයි, ශරීරයත් එයමයි කියලා හරි, ජීවය වෙනත් එකක්, ශරීරය තවත් එකක් කියලා හරි කරුණු කියන එක ගැලපෙනවා."

"ආයුෂ්මතුනි, ඔය කරුණ ගැන මං ඔය විදිහට දන්නවා. ඔය විදිහට දකිනවා. නමුත් මා නම් ජීවයත් එයමයි, ශරීරයත් එයමයි කියලා හරි, ජීවය වෙනත් එකක්, ශරීරය තවත් එකක් කියලා හරි පවසන්නේ නෑ.

28. ආයුෂ්මතුනි, තවදුරටත් කියනවා නම්, භික්ෂුව ඔය අයුරින් සිත සමාධිමත් වූ විට ....(පෙ).... ඉර්ධි ප්‍රාතිහාර්ය පිණිස සිත මෙහෙයවයි ....(පෙ).... ආයුෂ්මතුනි, ඒක මේ වගේ දෙයක්. දක්ෂ කුඹල්කරුවෙක් හෝ කුඹල්කරුවෙකුගේ අතවැසියෙක් ඉන්නවා. ඔහු ඉතා හොඳින් සකස් කළ මැටිටෙන් යම් ම ආකාරයේ භාජනයක් හදන්නට කැමැති නම්, ඒ ඒ ආකාරයේ බඳුන් හදනවා ....(පෙ).... ආයුෂ්මතුනි, අන්න ඒ විදිහමයි භික්ෂුව ඔය අයුරින් සිත සමාධිමත් වූ විට ....(පෙ).... ඉර්ධි ප්‍රාතිහාර්ය පිණිස සිත මෙහෙයවයි ....(පෙ).... මේසා මහත් ඉර්ධි ඇති ....(පෙ).... බඹලොව දක්වාම කයෙන් වශී කරගෙන ඉන්නවා.

ආයුෂ්මතුනි, යම් භික්ෂුවක් ඔය විදිහට දන්නවා නම්, ඔය විදිහට දකිනවා නම් ජීවයත් එයමයි, ශරීරයත් එයමයි කියලා හරි, ජීවය වෙනත් එකක්, ශරීරය තවත් එකක් කියලා හරි කරුණු කියන එක ගැලපෙනවාද?"

(ඒ පිරිවැජියන්) "ආයුෂ්මතුනි, යම් භික්ෂුවක් ඔය විදිහට දන්නවා නම්, ඔය විදිහට දකිනවා නම් ජීවයත් එයමයි, ශරීරයත් එයමයි කියලා හරි, ජීවය වෙනත් එකක්, ශරීරය තවත් එකක් කියලා හරි කරුණු කියන එක ගැලපෙනවා."

"ආයුෂ්මතුනි, ඔය කරුණ ගැන මං ඔය විදිහට දන්නවා. ඔය විදිහට දකිනවා. නමුත් මා නම් ජීවයත් එයමයි, ශරීරයත් එයමයි කියලා හරි, ජීවය වෙනත් එකක්, ශරීරය තවත් එකක් කියලා හරි පවසන්නේ නෑ.

29. ආයුෂ්මතුනි, තවදුරටත් කියනවා නම්, ඔය අයුරින් සිත සමාධිමත් වූ විට ....(පෙ).... දිව්‍ය වූ ශ්‍රවණය පිණිස සිත යොමු කරනවා ....(පෙ).... දිව්‍ය වූ ශ්‍රවණයෙන් මානුෂික වූත්, දිව්‍ය වූත් දෙයාකාර වූ දුර ළඟ ශබ්දයන් අසනවා ....(පෙ).... ආයුෂ්මතුනි, ඒක මේ වගේ දෙයක්. දිගු ගමනකට පිළිපන් පුරුෂයෙක් ඉන්නවා. ඔහු බෙර හඬත් ....(පෙ).... එතකොට ඔහුට මෙහෙම හිතෙනවා. "මේක බෙර හඬක් ....(පෙ).... ආයුෂ්මතුනි, අන්න ඒ විදිහමයි භික්ෂුව ඔය අයුරින් සිත සමාධිමත් වූ විට ....(පෙ).... දිව්‍ය වූ ශ්‍රවණය පිණිස සිත යොමු කරනවා ....(පෙ).... දිව්‍ය වූ ශ්‍රවණයෙන් ....(පෙ).... දෙයාකාර වූ දුර ළඟ ශබ්දයන් අසනවා.

ආයුෂ්මතුනි, යම් භික්ෂුවක් ඔය විදිහට දන්නවා නම්, ඔය විදිහට දකිනවා නම් ජීවයත් එයමයි, ශරීරයත් එයමයි කියලා හරි, ජීවය වෙනත් එකක්, ශරීරය තවත් එකක් කියලා හරි කරුණු කියන එක ගැලපෙනවාද?"

(ඒ පිරිවැජියන්) "ආයුෂ්මතුනි, යම් භික්ෂුවක් ඔය විදිහට දන්නවා නම්, ඔය විදිහට දකිනවා නම් ජීවයත් එයමයි, ශරීරයත් එයමයි කියලා හරි, ජීවය වෙනත් එකක්, ශරීරය තවත් එකක් කියලා හරි කරුණු කියන එක ගැලපෙනවා."

"ආයුෂ්මතුනි, ඔය කරුණ ගැන මං ඔය විදිහට දන්නවා. ඔය විදිහට දකිනවා. නමුත් මා නම් ජීවයත් එයමයි, ශරීරයත් එයමයි කියලා හරි, ජීවය වෙනත් එකක්, ශරීරය තවත් එකක් කියලා හරි පවසන්නේ නෑ.

30. ආයුෂ්මතුනි, තවදුරටත් කියනවා නම්, ඔය අයුරින් සිත සමාධිමත් වූ විට ....(පෙ).... සිත් පිරිසිඳ දන්නා නුවණ පිණිස සිත යොමු කරයි ....(පෙ).... එතකොට ඔහු වෙනත් සත්වයන්ගේ වෙනත් පුද්ගලයන්ගේ සිත තම සිතින්

පිරිසිඳ දැනගන්නවා. රාග සහිත සිත රාග සහිත සිතක් වශයෙන් දැනගන්නවා ....(පෙ).... කෙලෙසුන්ගෙන් නොමිදුණු සිත කෙලෙසුන්ගෙන් නොමිදුණු සිතක් වශයෙන් දැනගන්නවා. ආයුෂ්මතුනි, ඒක මේ වගේ දෙයක්. ලස්සනට සැරසෙන්නට කැමති ස්ත්‍රියක් හෝ පුරුෂයෙක් හෝ ....(පෙ).... ඔහු පිරිසිදු දීප්තිමත් කණ්ණාඩියක් ඉදිරියේ හෝ පැහැදිලි දිය ඇති බඳුනකින් හෝ තමන්ගේ මුව මඬල හොඳින් විමසා බලනවා. එතකොට දොස් ඇති තැන දොස් ඇති තැන වශයෙන් දැනගන්නවා. දොස් නැති තැන දොස් නැති තැන වශයෙන් දැනගන්නවා. ආයුෂ්මතුනි, අන්න ඒ විදිහමයි භික්ෂුව ඔය අයුරින් සිත සමාධිමත් වූ විට ....(පෙ).... සිත් පිරිසිඳ දන්නා නුවණ පිණිස සිත යොමු කරයි. ....(පෙ).... එතකොට ඔහු වෙනත් සත්වයන්ගේ වෙනත් පුද්ගලයන්ගේ සිත තම සිතින් පිරිසිඳ දැනගන්නවා. රාග සහිත සිත රාග සහිත සිතක් වශයෙන් දැනගන්නවා ....(පෙ).... කෙලෙසුන්ගෙන් මිදුණු සිත කෙලෙසුන්ගෙන් මිදුණු සිතක් වශයෙන් දැනගන්නවා. කෙලෙසුන්ගෙන් නොමිදුණු සිත කෙලෙසුන් ගෙන් නොමිදුණු සිතක් වශයෙන් දැනගන්නවා.

ආයුෂ්මතුනි, යම් භික්ෂුවක් ඔය විදිහට දන්නවා නම්, ඔය විදිහට දකිනවා නම් ජීවයත් එයමයි, ශරීරයත් එයමයි කියලා හරි, ජීවය වෙනත් එකක්, ශරීරය තවත් එකක් කියලා හරි කරුණු කියන එක ගැලපෙනවාද?"

(ඒ පිරිවැජියන්) "ආයුෂ්මතුනි, යම් භික්ෂුවක් ඔය විදිහට දන්නවා නම්, ඔය විදිහට දකිනවා නම් ජීවයත් එයමයි, ශරීරයත් එයමයි කියලා හරි, ජීවය වෙනත් එකක්, ශරීරය තවත් එකක් කියලා හරි කරුණු කියන එක ගැලපෙනවා."

"ආයුෂ්මතුනි, ඔය කරුණ ගැන මං ඔය විදිහට දන්නවා. ඔය විදිහට දකිනවා. නමුත් මා නම් ජීවයත් එයමයි, ශරීරයත් එයමයි කියලා හරි, ජීවය වෙනත් එකක්, ශරීරය තවත් එකක් කියලා හරි පවසන්නේ නෑ.

31. ආයුෂ්මතුනි, තවදුරටත් කියනවා නම්, ඔහු (ඒ භික්ෂුව) ඔය අයුරින් සිත සමාධිමත් වූ විට ....(පෙ).... කලින් ජීවිතය ගත කළ ආකාරය දන්නා නුවණ පිණිස සිත යොමු කරයි ....(පෙ).... එයට සිත නතු කරයි ....(පෙ).... නොයෙක් ආකාරයෙන් කලින් ජීවිත ගෙවූ හැටි (ආපස්සට) සිහි කරනවා. ඒ කියන්නේ: එක ජීවිතයක් ....(පෙ).... ආදී වශයෙන් ආකාර සහිතව සවිස්තර ව අනේක ප්‍රකාර වූ කලින් ගත කළ ජීවිත ගැන සිහි කරනවා.

ආයුෂ්මතුනි, යම් භික්ෂුවක් ඔය විදිහට දන්නවා නම්, ඔය විදිහට දකිනවා නම් ජීවයත් එයමයි, ශරීරයත් එයමයි කියලා හරි, ජීවය වෙනත් එකක්, ශරීරය තවත් එකක් කියලා හරි කරුණු කියන එක ගැලපෙනවාද?"

(ඒ පිරිවැජියන්) "ආයුෂ්මතුනි, යම් භික්ෂුවක් ඔය විදිහට දන්නවා නම්, ඔය විදිහට දකිනවා නම් ජීවයත් එයමයි, ශරීරයත් එයමයි කියලා හරි, ජීවය වෙනත් එකක්, ශරීරය තවත් එකක් කියලා හරි කරුණු කියන එක ගැලපෙනවා."

"ආයුෂ්මතුනි, ඔය කරුණ ගැන මං ඔය විදිහට දන්නවා. ඔය විදිහට දකිනවා. නමුත් මා නම් ජීවයත් එයමයි, ශරීරයත් එයමයි කියලා හරි, ජීවය වෙනත් එකක්, ශරීරය තවත් එකක් කියලා හරි පවසන්නේ නෑ.

32. ආයුෂ්මතුනි, තවදුරටත් කියනවා නම්, භික්ෂුව ඔය අයුරින් සිත සමාධිමත් වූ විට ....(පෙ).... සත්වයන්ගේ චුතියත් උපතත් දකිනා නුවණ පිණිස සිත පිහිටුවනවා ....(පෙ).... එතකොට ඒ භික්ෂුව දිවැසින් ....(පෙ).... චුත වන්නා වූත්, උපදින්නා වූත් සත්වයන් දකිනවා ....(පෙ).... ඒ ඒ කර්මයන්ට අනුව හීන ප්‍රණීත වූත්, යහපත් අයහපත් වූත්, සුගති දුගතිවල සිටින්නා වූ සත්වයන් දකිනවා.

ආයුෂ්මතුනි, තවදුරටත් කියනවා නම්, භික්ෂුව ඔය අයුරින් සිත සමාධිමත් වූ විට ....(පෙ).... ආයුෂ්මතුනි, ඒක මේ වගේ දෙයක්. පර්වත මුදුනක ජලාශයක් තියෙනවා. එහි ජලය ඉතා හොඳයි. හරිම ප්‍රසන්නයි. කැළඹිලා නෑ. එතැන ඇස් ඇති පුරුෂයෙක් ඒ ඉවුරේ සිටගෙන ජලාශය දෙස බලා සිටිනවා. එතකොට ඔහුට සිප්පිබෙල්ලනුත්, සක්බෙල්ලනුත්, කැටකැබලිත්, මාළු රංචු ආදියත් හැසිරෙන අයුරු, සිටින අයුරු දකින්නට ලැබෙනවා. එතකොට ඔහුට මෙහෙම හිතෙනවා. 'මේක ඉතා හොඳ ජලය ඇති හරිම ප්‍රසන්න වූ නොකැළඹුණු දිය ඇති විලක්. මෙහි මේ සිප්පිබෙල්ලන්, සක්බෙල්ලන්, කැටකැබලිති, මාළු රංචුත් හැසිරෙනවා නෙව. ඉන්නවා නෙව' කියලා. ආයුෂ්තුනි, අන්න ඒ විදිහමයි භික්ෂුව ඔය අයුරින් සිත සමාධිමත් වූ විට ....(පෙ).... ආශ්‍රවයන් ක්ෂය වීම පිළිබඳ දන්නා නුවණ පිණිස සිත පිහිටුවනවා. සිත එයට නතු කරනවා. එතකොට ඔහු මෙය දුක නම් වූ ආර්ය සත්‍යයයි කියලා යථාර්ථ වශයෙන්ම දැනගන්නවා ....(පෙ).... මෙය ආශ්‍රව නිරුද්ධ වීම පිණිස පවතින ප්‍රතිපදාව කියලා යථාර්ථ වශයෙන්ම දැනගන්නවා.

ඒ භික්ෂුව ඔය විදිහට දැනගනිද්දී, ඔය විදිහට දැකගනිද්දී කාම ආශ්‍රවයන්ගෙන් සිත නිදහස් වෙනවා. භව ආශ්‍රවයන්ගෙන් සිත නිදහස් වෙනවා. අවිද්‍යා ආශ්‍රවයන්ගෙන් සිත නිදහස් වෙනවා. නිදහස් වූ විට නිදහස් වුන බවට ඥාණය ඇතිවෙනවා. 'ඉපදීම ක්ෂය වුනා. බඹසර වාසය සම්පූර්ණ කළා. කළ යුතු දෙය කළා. නැවත සසරගමනක් නැතැ'යි අවබෝධයෙන්ම දැනගන්නවා.

33. ආයුෂ්මතුනි, යම් භික්ෂුවක් ඔය විදිහට දන්නවා නම්, ඔය විදිහට දකිනවා නම් ජීවයත් එයමයි, ශරීරයත් එයමයි කියලා හරි, ජීවය වෙනත් එකක්, ශරීරය තවත් එකක් කියලා හරි කරුණු කියන එක ගැලපෙනවාද?"

(ඒ පිරිවැජියන්) "ආයුෂ්මතුනි, යම් භික්ෂුවක් ඔය විදිහට දන්නවා නම්, ඔය විදිහට දකිනවා නම් ජීවයත් එයමයි, ශරීරයත් එයමයි කියලා හරි, ජීවය වෙනත් එකක්, ශරීරය තවත් එකක් කියලා හරි කරුණු කියන එක ගැලපෙන්නේ නෑ."

"ආයුෂ්මතුනි, ඔය කරුණ ගැන මං ඔය විදිහට දන්නවා. ඔය විදිහට දකිනවා. නමුත් මා නම් ජීවයත් එයමයි, ශරීරයත් එයමයි කියලා හරි, ජීවය වෙනත් එකක්, ශරීරය තවත් එකක් කියලා හරි පවසන්නේ නෑ."

34. භාග්‍යවතුන් වහන්සේ මෙය වදාළා. සතුටට පත් ඔට්ඨද්ධ ලිච්ඡවි භාග්‍යවතුන් වහන්සේගේ මෙම දේශනය සතුටින් පිළිගත්තා.

සාදු! සාදු!! සාදු!!!

හයවෙනි මහාලි සූත්‍රය නිමාවිය.

7. ජාලිය සූත්‍රය
ජාලිය පිරිවැජියාට වදාළ දෙසුම

1. **මා** හට අසන්නට ලැබුණේ මේ විදිහටයි. ඒ දිනවල භාග්‍යවතුන් වහන්සේ වාසය කළේ කොසඹෑ නුවර ඝෝෂිතාරාමයේ. එතකොට මණ්ඩිස්ස කියන පිරිවැජියාත්, දාරුපත්තිකගේ ගෝලයෙක් වන ජාලියත් යන පැවිද්දන් දෙදෙනා භාග්‍යවතුන් වහන්සේ ළඟට පැමිණුනා. පැමිණිලා භාග්‍යවතුන් වහන්සේ සමඟ සතුටු වුණා. සතුටු විය යුතු පිළිසඳර කතාබහ නිමවා එකත්පස්ව සිට ගත්තා. එකත්පස්ව සිටගත් ඒ පැවිද්දන් දෙදෙනා භාග්‍යවතුන් වහන්සේට මෙහෙම කිව්වා. "ආයුෂ්මත් ගෞතමයෙනි, ඒ ජීවයමද ඒ ශරීරය වන්නේ? එහෙම නැත්නම් ජීවය වෙන එකක්ද? ශරීරය වෙන එකක්ද?" කියලා.

2. "එසේ නම් ආයුෂ්මතුනි, සවන් යොමා අසන්න. හොඳින් මෙනෙහි කරන්න. මා කියා දෙන්නම්." "එසේය ආයුෂ්මතුනි" කියා ඒ පැවිද්දන් දෙදෙනා භාග්‍යවතුන් වහන්සේට පිළිතුරු දුන්නා. භාග්‍යවතුන් වහන්සේ මෙකරුණ පැවසුවා.

3. "ආයුෂ්මතුනි, මෙහිලා තථාගත වූ අරහත් සම්මා සම්බුදුරජාණන් වහන්සේ ලොව පහළ වන සේක **(සාමඤ්ඤඵල සූත්‍රයේ විස්තර වන ආකාරයටම විස්තර කළ යුතුය)** ....(පෙ).... ආයුෂ්මතුනි, භික්ෂුව සීලසම්පන්න වන්නේ ඔය ආකාරයටයි.

4. ආයුෂ්මතුනි, භික්ෂුව අකුසලයෙන් වැළකූ ද්වාර ඇති ඉඳුරන් ඇතිව ඉන්නේ කොහොමද? ආයුෂ්මතුනි, මෙහිලා භික්ෂුව ඇසින් රූප දැක නිමිති ගන්නේ නෑ ....(පෙ).... ආයුෂ්මතුනි, භික්ෂුව අකුසලයෙන් වැළැක් වූ දොරටු ඇති ඉන්ද්‍රියයන් තුළ ඉන්නේ ඔය විදිහටයි.

5. ආයුෂ්මතුනි, භික්ෂුව සිහිනුවණින් යුතුව සිටින්නේ කොහොමද? ආයුෂ්මතුනි, මෙහිලා භික්ෂුව ඉදිරියට යද්දීත්, ආපසු එද්දීත්, එය කරන්නේ

සිහි නුවණින්මයි ....(පෙ).... ආයුෂ්මතුනි, භික්ෂුව සිහිනුවණින් යුතු වන්නේ ඔය ආකාරයටයි.

6. ආයුෂ්මතුනි, භික්ෂුව ලද දෙයින් සතුටු වන්නේ කොහොමද? ආයුෂ්මතුනි, මෙහිලා භික්ෂුව කය පරිහරණයට සෑහෙන සිවුරෙන් ....(පෙ).... ආයුෂ්මතුනි, භික්ෂුව ලද දෙයින් සතුටු වන්නේ ඔය විදිහටයි.

7. ඔහු මේ ආර්ය වූ සීලස්කන්ධයෙන් යුක්ත වෙලා ....(පෙ).... භාවනා අරමුණෙහි සිහිය පිහිටුවා ගෙන වාඩිවෙනවා ....(පෙ).... ඔහු ජීවිතය නම් වූ ලෝකය ගැන ඇති විසම ලෝභය දුරු කොට ....(පෙ).... සැකය කෙරෙන් සිත පිරිසිදු කරනවා.

ආයුෂ්මතුනි, එය මෙවැනි දෙයක්. පුරුෂයෙක් ණයක් අරගෙන කර්මාන්තයක යොදවනවා ....(පෙ).... ආයුෂ්මතුනි, ඒක මේ වගේ දෙයක්. පුරුෂයෙක් රෝගී වෙලා ....(පෙ).... ආයුෂ්මතුනි, ඒක මේ වගේ දෙයක්. පුරුෂයෙක් හිරගෙදරක බන්ධනයකට හසුවෙනවා ....(පෙ).... ආයුෂ්මතුනි, ඒක මේ වගේ දෙයක්. පුරුෂයෙක් තමාට සිතූ පරිදි ගත කරන්නට බැරි, අනුන්ට යටත් වෙලා වාසය කරන, තමා කැමැති පරිදි යා ගත නොහැකි, දාසයෙක් වෙලා හිටියා ....(පෙ).... ආයුෂ්මතුනි, ඒක මේ වගේ දෙයක්. පුරුෂයෙක් ධනය ඇතිව, භෝග සම්පත් ඇතිව, ආහාරපාන දුලභ වූ, බිය උවදුරු සහිත කාන්තාර ගමනකට පිවිසෙනවා ....(පෙ).... මේ පංච නීවරණයන් ප්‍රහාණය නොවී තමා තුළ පවතින හැටි දකිනවා ....(පෙ).... ඔහු පසුකලෙක නිරුදක කතර ගෙවා ආරක්ෂා සහිත ක්ෂේම භූමියකට පැමිණුනා ....(පෙ).... ආයුෂ්මතුනි, අන්න ඒ විදිහමයි භික්ෂුව තමා තුළ මේ පංච නීවරණයන් දුරුවී ඇති ආකාරයත් දකින්නේ. ....(පෙ)....

ඔහුට මේ පංච නීවරණයන් තමා තුළ නැති බව දකිද්දි ....(පෙ).... සිත සමාධිමත් වෙනවා.

ඔහු කාමයන්ගෙන් වෙන්ව ....(පෙ).... පළමුවෙනි ධ්‍යානය උපදවාගෙන වාසය කරනවා ....(පෙ).... ඔහුගේ සියලු කයෙහි විවේකයෙන් හටගත් ප්‍රීති සුඛයෙන් ස්පර්ශ නොකළ කිසිතැනක් නෑ.

ආයුෂ්මතුනි, යම් භික්ෂුවක් ඔය විදිහට දන්නවා නම්, ඔය විදිහට දකිනවා නම් ජීවයත් එයමයි, ශරීරයත් එයමයි කියලා හරි, ජීවය වෙනත් එකක්, ශරීරය තවත් එකක් කියලා හරි කරුණු කියන එක ගැලපෙනවාද?"

(ඒ පිරිවැජියන්) "ආයුෂ්මතුනි, යම් භික්ෂුවක් ඔය විදිහට දන්නවා නම්, ඔය විදිහට දකිනවා නම් ජීවයත් එයමයි, ශරීරයත් එයමයි කියලා හරි, ජීවය වෙනත් එකක්, ශරීරය තවත් එකක් කියලා හරි කරුණු කියන එක ගැලපෙනවා."

"ආයුෂ්මතුනි, ඔය කරුණ ගැන මං ඔය විදිහට දන්නවා. ඔය විදිහට දකිනවා. නමුත් මා නම් ජීවයත් එයමයි, ශරීරයත් එයමයි කියලා හරි, ජීවය වෙනත් එකක්, ශරීරය තවත් එකක් කියලා හරි පවසන්නේ නෑ.

8. ආයුෂ්මතුනි, තවදුරටත් කියනවා නම් භික්ෂුව විතක්ක විචාරයන්ගේ සංසිඳීමෙන් ....(පෙ).... දෙවෙනි ධ්‍යානය උපදවාගෙන වාසය කරනවා ....(පෙ).... ඔහුගේ සියලු කයෙහි සමාධියෙන් හටගත් ප්‍රීති සුඛයෙන් ස්පර්ශ නොකළ කිසිතැනක් නෑ.

ආයුෂ්මතුනි, යම් භික්ෂුවක් ඔය විදිහට දන්නවා නම්, ඔය විදිහට දකිනවා නම් ජීවයත් එයමයි, ශරීරයත් එයමයි කියලා හරි, ජීවය වෙනත් එකක්, ශරීරය තවත් එකක් කියලා හරි කරුණු කියන එක ගැලපෙනවාද?"

(ඒ පිරිවැජියන්) "ආයුෂ්මතුනි, යම් භික්ෂුවක් ඔය විදිහට දන්නවා නම්, ඔය විදිහට දකිනවා නම් ජීවයත් එයමයි, ශරීරයත් එයමයි කියලා හරි, ජීවය වෙනත් එකක්, ශරීරය තවත් එකක් කියලා හරි කරුණු කියන එක ගැලපෙනවා."

"ආයුෂ්මතුනි, ඔය කරුණ ගැන මං ඔය විදිහට දන්නවා. ඔය විදිහට දකිනවා. නමුත් මා නම් ජීවයත් එයමයි, ශරීරයත් එයමයි කියලා හරි, ජීවය වෙනත් එකක්, ශරීරය තවත් එකක් කියලා හරි පවසන්නේ නෑ.

ආයුෂ්මතුනි, තවදුරටත් කියනවා නම් භික්ෂුව ප්‍රීතියටද නොඇලීමෙන් ....(පෙ).... තුන්වන ධ්‍යානයත් උපදවාගෙන වාසය කරනවා ....(පෙ).... ඔහුගේ සියලු කයෙහි ප්‍රීති රහිත සුඛයෙන් ස්පර්ශ නොකළ කිසිතැනක් නෑ.

ආයුෂ්මතුනි, යම් භික්ෂුවක් ඔය විදිහට දන්නවා නම්, ඔය විදිහට දකිනවා නම් ජීවයත් එයමයි, ශරීරයත් එයමයි කියලා හරි, ජීවය වෙනත් එකක්, ශරීරය තවත් එකක් කියලා හරි කරුණු කියන එක ගැලපෙනවාද?"

(ඒ පිරිවැජියන්) "ආයුෂ්මතුනි, යම් භික්ෂුවක් ඔය විදිහට දන්නවා නම්, ඔය විදිහට දකිනවා නම් ජීවයත් එයමයි, ශරීරයත් එයමයි කියලා හරි, ජීවය වෙනත් එකක්, ශරීරය තවත් එකක් කියලා හරි කරුණු කියන එක ගැලපෙනවා."

"ආයුෂ්මතුනි, ඔය කරුණ ගැන මං ඔය විදිහට දන්නවා. ඔය විදිහට දකිනවා. නමුත් මා නම් ජීවයත් එයමයි, ශරීරයත් එයමයි කියලා හරි, ජීවය වෙනත් එකක්, ශරීරය තවත් එකක් කියලා හරි පවසන්නේ නෑ.

9. ආයුෂ්මතුනි, නැවතත් කියනවා නම් භික්ෂුව සැපයද ප්‍රහාණය කිරීමෙන්, දුකද ප්‍රහාණය කිරීමෙන් ....(පෙ).... සතරවෙනි ධ්‍යානය උපදවාගෙන වාසය කරනවා ....(පෙ).... ඔහුගේ සියලු කයෙහි පාරිශුද්ධ වූ ප්‍රභාශ්වර සිතින් ස්පර්ශ නොකළ කිසිතැනක් නෑ.

ආයුෂ්මතුනි, යම් භික්ෂුවක් ඔය විදිහට දන්නවා නම්, ඔය විදිහට දකිනවා නම් ජීවයත් එයමයි, ශරීරයත් එයමයි කියලා හරි, ජීවය වෙනත් එකක්, ශරීරය තවත් එකක් කියලා හරි කරුණු කියන එක ගැලපෙනවාද?"

(ඒ පිරිවැජියන්) "ආයුෂ්මතුනි, යම් භික්ෂුවක් ඔය විදිහට දන්නවා නම්, ඔය විදිහට දකිනවා නම් ජීවයත් එයමයි, ශරීරයත් එයමයි කියලා හරි, ජීවය වෙනත් එකක්, ශරීරය තවත් එකක් කියලා හරි කරුණු කියන එක ගැලපෙනවා."

"ආයුෂ්මතුනි, ඔය කරුණ ගැන මං ඔය විදිහට දන්නවා. ඔය විදිහට දකිනවා. නමුත් මා නම් ජීවයත් එයමයි, ශරීරයත් එයමයි කියලා හරි, ජීවය වෙනත් එකක්, ශරීරය තවත් එකක් කියලා හරි පවසන්නේ නෑ.

10. ආයුෂ්මතුනි, තවදුරටත් කියනවා නම් භික්ෂුව ඔය අයුරින් සිත සමාධිමත් වූ විට ....(පෙ).... ඥාණදර්ශණය (නුවණින් අවබෝධ වීම) පිණිස සිත යොමු කරයි. ඒ දෙසටම නතු කරයි. එතකොට ඔහු මේ විදිහට දැනගන්නවා. "සතර මහා භූතයන්ගෙන් හටගත් රූපවත් වූ මාගේ මේ කය වනාහී ....(පෙ).... බිඳී වැනසී යන ස්වභාවයට අයත් වූ, (මහාභූත නම් වූ රූපයෙන් හැදුණු) දෙයක්. මාගේ මේ විඤ්ඤාණයද පවතින්නේ මේ සිරුරෙහිමයි. බැඳී තිබෙන්නේත් මෙහිමයි. ආයුෂ්මතුනි, ඒක මේ වගේ දෙයක්. වෛරෝඩි මාණික්‍යයක් තියෙනවා ....(පෙ).... මේ මැණික තුළ නිල් නූලක් වේවා ....(පෙ).... පඬුපැහැ නූලක් වේවා, අමුණලා තියෙනවා" කියලා. ආයුෂ්මතුනි, අන්න ඒ විදිහමයි භික්ෂුව ඔය අයුරින් සිත සමාධිමත් වූ විට ....(පෙ).... ඥාණදර්ශනය (නුවණින් අවබෝධ වීම) පිණිස සිත යොමු කරයි ....(පෙ).... එතකොට ඔහු මේ විදිහට දැනගන්නවා. "මාගේ මේ කය වනාහී සතර මහා භූතයන්ගෙන් හටගත් ....(පෙ).... මාගේ මේ විඤ්ඤාණයද පවතින්නේ මේ සිරුරෙහිමයි. බැඳී තිබෙන්නේත් මෙහිමයි" කියලා. **(පෙර පරිදිම විස්තර කළ යුතුයි)**

11. ආයුෂ්මතුනි, තවදුරටත් කියනවා නම් ....(පෙ).... ඔය අයුරින් සිත සමාධිමත් වූ විට ....(පෙ).... මනෝමය කයක් විශේෂයෙන් මැවීම පිණිස සිත යොමු කරයි ....(පෙ)....

12. ආයුෂ්මතුනි, තවදුරටත් කියනවා නම්, භික්ෂුව ....(පෙ).... ඔය අයුරින් සිත සමාධිමත් වූ විට ....(පෙ).... ඉර්ධි ප්‍රාතිහාර්ය පිණිස සිත මෙහෙයවයි ....(පෙ).... බඹලොව දක්වාම කයෙන් වශී කරගෙන ඉන්නවා.

13. ආයුෂ්මතුනි, තවදුරටත් කියනවා නම්, ඔය අයුරින් සිත සමාධිමත් වූ විට ....(පෙ).... දිව්‍ය වූ ශ්‍රවණය පිණිස සිත යොමු කරනවා ....(පෙ).... අනුන්ගේ සිත් පිරිසිඳ දන්නා නුවණ ....(පෙ).... කලින් ජීවිතය ගත කළ ආකාරය දන්නා නුවණ ....(පෙ).... **(මහාලි සූත්‍රයේ පරිදි විස්තර කළ යුතුයි)**

14. ආයුෂ්මතුනි, තවදුරටත් කියනවා නම්, භික්ෂුව ඔය අයුරින් සිත සමාධිමත් වූ විට ....(පෙ).... සත්වයන්ගේ චුතියත්, උපතත් දකිනා නුවණ පිණිස සිත පිහිටුවනවා ....(පෙ).... ඒ ඒ කර්මයන්ට අනුව හීන ප්‍රණීත වූත්, යහපත් අයහපත් වූත්, සුගති දුගතිවල සිටින්නා වූ සත්වයන් දකිනවා.

ආයුෂ්මතුනි, යම් භික්ෂුවක් ඔය විදිහට දන්නවා නම්, ඔය විදිහට දකිනවා නම් ජීවයත් එයමයි, ශරීරයත් එයමයි කියලා හරි, ජීවය වෙනත් එකක්, ශරීරය තවත් එකක් කියලා හරි කරුණු කියන එක ගැලපෙනවාද?"

(ඒ පිරිවැජියන්) "ආයුෂ්මතුනි, යම් භික්ෂුවක් ඔය විදිහට දන්නවා නම්, ඔය විදිහට දකිනවා නම් ජීවයත් එයමයි, ශරීරයත් එයමයි කියලා හරි, ජීවය වෙනත් එකක්, ශරීරය තවත් එකක් කියලා හරි කරුණු කියන එක ගැලපෙනවා."

"ආයුෂ්මතුනි, ඔය කරුණ ගැන මං ඔය විදිහට දන්නවා. ඔය විදිහට දකිනවා. නමුත් මා නම් ජීවයත් එයමයි, ශරීරයත් එයමයි කියලා හරි, ජීවය වෙනත් එකක්, ශරීරය තවත් එකක් කියලා හරි පවසන්නේ නෑ.

15. ඔහු (ඒ භික්ෂුව) ඔය අයුරින් සිත සමාධිමත් වූ විට සිත පිරිසිදු වූ විට ....(පෙ).... ආශ්‍රවයන් ක්ෂය වීම පිළිබඳ දන්නා නුවණ පිණිස සිත පිහිටුවනවා. සිත එයට නතු කරනවා. එතකොට ඔහු මෙය දුක නම් වූ ආර්ය සත්‍යයයි කියලා යථාර්ථ වශයෙන්ම දැනගන්නවා ....(පෙ).... 'ඉපදීම ක්ෂය වුනා. බඹසර වාසය සම්පූර්ණ කළා. කළ යුතු දෙය කළා. නැවත සසර ගමනක් නැතැ'යි අවබෝධයෙන්ම දැනගන්නවා.

ආයුෂ්මතුනි, යම් භික්ෂුවක් ඔය විදිහට දන්නවා නම්, ඔය විදිහට දකිනවා නම් ජීවයත් එයමයි, ශරීරයත් එයමයි කියලා හරි, ජීවය වෙනත් එකක්, ශරීරය තවත් එකක් කියලා හරි කරුණු කියන එක ගැලපෙනවාද?"

(ඒ පිරිවැජියන්) "ආයුෂ්මතුනි, යම් භික්ෂුවක් ඔය විදිහට දන්නවා නම්, ඔය විදිහට දකිනවා නම් ජීවයත් එයමයි, ශරීරයත් එයමයි කියලා හරි, ජීවය වෙනත් එකක්, ශරීරය තවත් එකක් කියලා හරි කරුණු කියන එක ගැලපෙන්නේ නෑ."

"ආයුෂ්මතුනි, ඔය කරුණ ගැන මං ඔය විදිහට දන්නවා. ඔය විදිහට දකිනවා. නමුත් මා නම් ජීවයත් එයමයි, ශරීරයත් එයමයි කියලා හරි, ජීවය වෙනත් එකක්, ශරීරය තවත් එකක් කියලා හරි පවසන්නේ නෑ."

16. භාග්‍යවතුන් වහන්සේ මෙය වදාළා. සතුටට පත් ඒ පැවිද්දන් දෙදෙනා භාග්‍යවතුන් වහන්සේගේ මෙම දේශනය සතුටින් පිළිගත්තා.

සාදු! සාදු!! සාදු!!!

හත්වෙනි ජාලිය සූත්‍රය නිමාවිය.

8. සීහනාද සූත්‍රය

අචේලකස්සපට වදාළ සිංහනාදයක් බඳු දෙසුම

1. **මා** හට අසන්නට ලැබුනේ මේ විදිහටයි. ඒ දිනවල භාග්‍යවතුන් වහන්සේ වැඩසිටියේ උජුඤ්ඤා නුවර කණ්ණකත්ථල නම් මුව වනයෙහිය. එදා අචේලකස්සප (නම් වූ නිරුවත් තවුසා) භාග්‍යවතුන් වහන්සේ වැඩසිටි තැනට පැමිණුනා. පැමිණිලා භාග්‍යවතුන් වහන්සේ සමඟ සතුටු වුනා. සතුටුවිය යුතු පිළිසඳර කතාබහ අවසන් කොට එකත්පස්ව සිටගත්තා.

2. එකත්පස්ව සිටි අචේලකස්සප භාග්‍යවතුන් වහන්සේට මෙහෙම කිව්වා. "භවත් ගෞතමයෙනි, මට මේ කාරණය අසන්නට ලැබුනා. ඒ කියන්නේ ශ්‍රමණ ගෞතමයන් සෑම තපසකටම ගරහනවා කියලා. ඒ වගේම රූක්ෂ ජීවිකා ඇති සෑම තවුසෙකුටමත් එක් අංශයකින් විතරක් බලලා ආක්‍රෝෂ, උපවාද කරනවා කියලා. ඒ යමෙක් භවත් ගෞතමයන්ට මෙහෙම කිව්වා නම්, ඒ කියන්නේ "ශ්‍රමණ ගෞතමයන් සෑම තපසකටම ගරහනවා කියලා. ඒ වගේම රූක්ෂ ජීවිකා ඇති සෑම තවුසෙකුටමත් එක් අංශයකින් විතරක් බලලා ආක්‍රෝෂ, උපවාද කරනවා" කියලා, ඇත්තෙන්ම ඔවුන් කියන්නේ භවත් ගෞතමයන් වහන්සේ පැවැසූ දෙයක්මද? භවත් ගෞතමයන් වහන්සේට අභූතයෙන් චෝදනා කිරීමක් නැද්ද? ධර්මානුකූල දෙයක්ම පැවසීමක්ද? කිසිවෙක් කරුණු සහිතව වාද නන්වා ගැරහිය යුතු බවට පත්වීමක් නැද්ද? අනික අපට නම් භවත් ගෞතමයන් වහන්සේට අභූතයෙන් චෝදනා කරන්නට කැමැත්තක් නෑ."

3. "පින්වත් කස්සප, යම් කෙනෙක් මේ විදිහට කිව්වා නම්, ඒ කියන්නේ "ශ්‍රමණ ගෞතමයන් සෑම තපසකටම ගරහනවා කියලා. ඒ වගේම රූක්ෂ ජීවිකා ඇති සෑම තවුසෙකුටමත් එක් අංශයකින් විතරක් බලලා ආක්‍රෝෂ, උපවාද කරනවා" කියලා, ඔවුන් කියන්නේ මා පැවසූ දෙයක් නොවේ. ඔවුන් මට නැති දෙයකින් අභූතයෙන් චෝදනා කරනවා.

පින්වත් කස්සප, මෙහි මම මිනිස් දර්ශන පථය ඉක්මවා ගිය පිරිසිදු දිවැසින් රූක්ෂ ජීවිත ඇති ඇතැම් තවුසෙකු කය බිඳී මරණින් මතු අපාය දුගති විනිපාත නම් වූ නිරයෙහි ඉපිද සිටින බව දකිනවා. ඒ වගේම පින්වත් කස්සප, මෙහි මම මිනිස් දර්ශන පථය ඉක්මවා ගිය පිරිසිදු දිවැසින් රූක්ෂ ජීවිත ඇති ඇතැම් තවුසෙකු කය බිඳී මරණින් මතු සුගති සංඛ්‍යාත ස්වර්ග ලෝකයෙහි ඉපිද සිටින බව දකිනවා.

පින්වත් කස්සප, මෙහි මම මිනිස් දර්ශන පථය ඉක්මවා ගිය පිරිසිදු දිවැසින් අල්ප දුක් ඇති විහරණයෙන් ගත කළ ජීවිත ඇති ඇතැම් තවුසෙකු කය බිඳී මරණින් මතු අපාය දුගති විනිපාත නම් වූ නිරයෙහි ඉපිද සිටින බව දකිනවා. ඒ වගේම පින්වත් කස්සප, මෙහි මම මිනිස් දර්ශන පථය ඉක්මවා ගිය පිරිසිදු දිවැසින් අල්ප දුක් ඇති විහරණයෙන් ගත කළ ජීවිත ඇති ඇතැම් තවුසෙකු කය බිඳී මරණින් මතු සුගති සංඛ්‍යාත ස්වර්ග ලෝකයෙහි ඉපිද සිටින බව දකිනවා.

පින්වත් කස්සප, යම් බඳු මා ඔය තාපසයන්ගේ මෙලොව පැමිණීමත්, පරලොව උපතත්, චුතවීමත්, ඉපදීමත් ඒ ආකාරයෙන්ම දැනගන්නවා නම්, එතකොට ඒ මං සියලු තපසට මොනවට නම් ගරහනවාද? කටුක දිවිපෙවෙත් ඇති සියලු තවුසන්ට එක් පැත්තකින් පමණක් බලා මොනවට නම් ආක්‍රෝෂ කරන්නද? උපවාද කරන්නද?

4. පින්වත් කස්සප, ඇතැම් ශ්‍රමණ බ්‍රාහ්මණයින් ඉන්නවා. ඥාණවන්තයි. නිපුණයි. අතිශයින්ම දක්ෂ දුනුවායන් වගේ අනුන් සමඟ වාදවිවාද කරලා තමන්ගේ ප්‍රඥා කෞෂල්‍යයෙන් දෘෂ්ටිගතිකයන් පරදවලා ඉන්නවා. ඔවුනුත් මා සමඟ ඇතැම් ආකල්ප පිළිබඳව සමාන වෙනවා. ඇතැම් ආකල්ප පිළිබඳව සමාන නෑ. ඔවුන් ඇතැම් දේවල් යහපත් කියා කියනවාද, අපිත් ඒ ඇතැම් දේවල් යහපත් කියා කියනවා. ඔවුන් යම් ඇතැම් දේවල් අයහපත් කියා කියනවාද, අපිත් ඒ ඇතැම් දේවල් අයහපත් කියා කියනවා. ඔවුන් ඇතැම් දේවල් හොඳයි කියනවා. ඉතින් ඔවුන් ඒ හොඳයි කියන ඇතැම් දේවල් ගැන අපි කියන්නේ හොඳ නෑ කියලා. ඔවුන් ඇතැම් දේවල් හොඳ නෑ කියනවා. ඉතින් ඔවුන් ඒ හොඳ නෑ කියන ඇතැම් දේවල් ගැන අපි කියන්නේ හොඳයි කියලා. අපි යම් දෙයක් හොඳයි කියලා කියනවා ද අනෙක් අයත් එය හොඳයි කියලා කියනවා. අපි යම් දෙයක් හොඳ නෑ කියලා කියනවාද අනෙක් අය එය හොඳ නෑ කියලා කියනවා. අපි යම් දෙයක් හොඳයි කියලා කියනවාද අනෙක් අය එය හොඳ නෑ කියලා කියනවා. අපි යම් දෙයක් හොඳ නෑ කියලා කියනවාද අනෙක් අය එය හොඳයි කියලා කියනවා.

මං ඔවුන් කරා ගිහින් මෙහෙම කියනවා. "ආයුෂ්මත්නි, යම් යම් ආකල්ප පිළිබඳව අපි සමාන වෙන්නේ නැත්නම්, ඒවා පසෙක තබත්වා. යම් යම් ආකල්ප පිළිබඳව අපි සමාන වෙනවා නම්, ඒ පිළිබඳව නුවණැති උදවිය ශාස්තෘවරයෙක් ශාස්තෘවරයෙක් සමඟ හෝ ශ්‍රාවක පිරිසක් ශ්‍රාවක පිරිසක් සමඟ හෝ එක්ව සාකච්ඡා කරත්වා. කරුණු මතු කරත්වා. තම අදහස් ඉදිරිපත් කරත්වා" කියලා. ඒ කියන්නේ "මේ භවතුන්ගේ යම්කිසි ධර්මයක් තියෙනවා නම් එක්කෝ අකුසල් වේවා, අකුසල පාක්ෂික වේවා, වැරදි සහිත වේවා, වැරදි පක්ෂයට අයත් වේවා, සේවනය නොකළ යුතු දෙයක් වේවා, සේවනය නොකළ යුතු පක්ෂයට අයත් දෙයක් වේවා, ආර්යභාවය ඇති නොකරන දෙයක් වේවා, ආර්යභාවය ඇති නොකරන පක්ෂයට අයත් දෙයක් වේවා, පව්ටු දෙයක් වේවා, පව්ටු පාක්ෂික දෙයක් වේවා, කවුද මේ දේවල් ඉතිරි නැතුව ප්‍රහාණය කරල ඉන්නේ? ශ්‍රමණ ගෞතමයන්ද? එහෙම නැත්නම් අන්‍ය වූ භවත් ගණාචාර්යවරුන්ද?" කියලා.

පින්වත් කස්සප, එතකොට මෙවැනි දෙයක් දකින්නට ලැබෙනවා. නුවණැති උදවිය තමන්ගේ මතවාද එක්ව සාකච්ඡා කරද්දී, කරුණු මතු කරද්දී තම අදහස් ඉදිරිපත් කරද්දී මෙහෙමයි කියන්නේ. "මේ භවතුන්ගේ යම්කිසි ධර්මයක් තියෙනවා නම් එක්කෝ අකුසල් වේවා, අකුසල පාක්ෂික වේවා, වැරදි සහිත වේවා, වැරදි පක්ෂයට අයත් වේවා, සේවනය නොකළ යුතු දෙයක් වේවා, සේවනය නොකළ යුතු පක්ෂයට අයත් දෙයක් වේවා, ආර්යභාවය ඇති නොකරන දෙයක් වේවා, ආර්යභාවය ඇති නොකරන පක්ෂයට අයත් දෙයක් වේවා, පව්ටු දෙයක් වේවා, පව්ටු පාක්ෂික දෙයක් වේවා, මේ අකුසල ධර්මයන් ශ්‍රමණ ගෞතමයන් වහන්සේ තමයි මුළුමණින්ම ප්‍රහාණය කරලා සිටින්නේ. අන්‍ය වූ භවත් ගණාචාර්යවරු යන්තමින් දෙයක් බැහැර කරලා ඉන්නවා" කියලා. ඉතින් පින්වත් කස්සප, ඔය විදිහට නුවණැති උදවිය තමන්ගේ මතවාද එක්ව සාකච්ඡා කරද්දී, කරුණු මතු කරද්දී තම අදහස් ඉදිරිපත් කරද්දී ඒ කාරණා අරභයා බොහෝ සෙයින්ම ප්‍රශංසා කරන්නේ අපටමයි.

5. තවදුරටත් කියනවා නම් පින්වත් කස්සප, නුවණැති උදවිය ශාස්තෘවරයෙක් ශාස්තෘවරයෙක් සමඟ හෝ ශ්‍රාවක පිරිසක් ශ්‍රාවක පිරිසක් සමඟ හෝ එක්ව සාකච්ඡා කරත්වා, කරුණු මතු කරත්වා, තම අදහස් ඉදිරිපත් කරත්වා කියලා. ඒ කියන්නේ "මේ භවතුන්ගේ යම්කිසි ධර්මයක් තියෙනවා නම් එක්කෝ කුසල් වේවා, කුසල පාක්ෂික වේවා, වැරදි රහිත වේවා, නිවැරදි පක්ෂයට අයත් වේවා, සේවනය කළ යුතු දෙයක් වේවා, සේවනය කළ යුතු පක්ෂයට අයත් දෙයක් වේවා, ආර්යභාවය ඇති කරන දෙයක් වේවා, ආර්යභාවය ඇති කරන පක්ෂයට අයත් දෙයක් වේවා, යහපත් දෙයක් වේවා, යහපත් පාක්ෂික දෙයක්

වේවා, කවුද මේ දේවල් අඩු නැතුව සම්පූර්ණ කරගෙන ඉන්නේ? ශ්‍රමණ ගෞතමයන්ද? එහෙම නැත්නම් අන්‍ය වූ භවත් ගණාචාර්යවරුන්ද?" කියලා.

පින්වත් කස්සප, එතකොට මෙවැනි දෙයක් දකින්නට ලැබෙනවා. නුවණැති උදවිය තමන්ගේ මතවාද එක්ව සාකච්ඡා කරද්දී, කරුණු මතු කරද්දී තම අදහස් ඉදිරිපත් කරද්දී මෙහෙමයි කියන්නේ. "මේ භවතුන්ගේ යම්කිසි ධර්මයක් තියෙනවා නම් එක්කෝ කුසල් වේවා, කුසල පාක්ෂික වේවා, වැරදි රහිත වේවා, නිවැරදි පක්ෂයට අයත් වේවා, සේවනය කළ යුතු දෙයක් වේවා, සේවනය කළ යුතු පක්ෂයට අයත් දෙයක් වේවා, ආර්යභාවය ඇති කරන දෙයක් වේවා, ආර්යභාවය ඇති කරන පක්ෂයට අයත් දෙයක් වේවා, යහපත් දෙයක් වේවා, යහපත් පාක්ෂික දෙයක් වේවා, මේ කුසල ධර්මයන් ශ්‍රමණ ගෞතමයන් වහන්සේ තමයි මුළුමණින්ම සම්පූර්ණ කරලා සිටින්නේ. අන්‍ය වූ භවත් ගණාචාර්යවරු යන්තම් දෙයක් කරගෙන ඉන්නවා කියලා. ඉතින් පින්වත් කස්සප, ඔය විදිහට නුවණැති උදවිය තමන්ගේ මතවාද එක්ව සාකච්ඡා කරද්දී, කරුණු මතු කරද්දී තම අදහස් ඉදිරිපත් කරද්දී ඒ කරුණ අරභයා බොහෝ සෙයින්ම ප්‍රශංසා කරන්නේ අපටමයි.

6. තවදුරටත් කියනවා නම් පින්වත් කස්සප, නුවණැති උදවිය ශාස්තෘවරයෙක් ශාස්තෘවරයෙක් සමඟ හෝ ශ්‍රාවක පිරිසක් ශ්‍රාවක පිරිසක් සමඟ හෝ එක්ව සාකච්ඡා කරත්වා, කරුණු මතු කරත්වා, තම අදහස් ඉදිරිපත් කරත්වා කියලා. ඒ කියන්නේ "මේ භවතුන්ගේ යම්කිසි ධර්මයක් තියෙනවා නම් එක්කෝ අකුසල් වේවා, අකුසල පාක්ෂික වේවා, වැරදි සහිත වේවා, වැරදි පක්ෂයට අයත් වේවා, සේවනය නොකළ යුතු දෙයක් වේවා, සේවනය නොකළ යුතු පක්ෂයට අයත් දෙයක් වේවා, ආර්යභාවය ඇති නොකරන දෙයක් වේවා, ආර්යභාවය ඇති නොකරන පක්ෂයට අයත් දෙයක් වේවා, පව්ටු දෙයක් වේවා, පව්ටු පාක්ෂික දෙයක් වේවා, කවුද මේ දේවල් ඉතිරි නැතුව ප්‍රහාණය කරල ඉන්නේ? ශ්‍රමණ ගෞතමයන්ගේ ශ්‍රාවක සංඝයාද? එහෙම නැත්නම් අන්‍ය වූ භවත් ගණාචාර්යවරුන්ගේ ශ්‍රාවක සංඝයාද?" කියලා.

පින්වත් කස්සප, එතකොට මෙවැනි දෙයක් දකින්නට ලැබෙනවා. නුවණැති උදවිය තමන්ගේ මතවාද එක්ව සාකච්ඡා කරද්දී, කරුණු මතු කරද්දී තම අදහස් ඉදිරිපත් කරද්දී මෙහෙමයි කියන්නේ. "මේ භවතුන්ගේ යම්කිසි ධර්මයක් තියෙනවා නම් එක්කෝ අකුසල් වේවා, අකුසල පාක්ෂික වේවා, වැරදි සහිත වේවා, වැරදි පක්ෂයට අයත් වේවා, සේවනය නොකළ යුතු දෙයක් වේවා, සේවනය නොකළ යුතු පක්ෂයට අයත් දෙයක් වේවා, ආර්යභාවය ඇති නොකරන දෙයක් වේවා, ආර්යභාවය ඇති නොකරන පක්ෂයට අයත්

දෙයක් වේවා, පව්ටු දෙයක් වේවා, පව්ටු පාක්ෂික දෙයක් වේවා, මේ අකුසල ධර්මයන් ශ්‍රමණ ගෞතමයන් වහන්සේගේ ශ්‍රාවකයින් තමයි මුළුමණින්ම ප්‍රහාණය කරලා සිටින්නේ. අන්‍ය වූ භවත් ගණාචාර්යවරුගේ ශ්‍රාවකයින් යන්තම් දෙයක් බැහැර කරල ඉන්නවා කියලා. ඉතින් පින්වත් කස්සප, ඔය විදිහට නුවණැති උදවිය තමන්ගේ මතවාද එක්ව සාකච්ඡා කරද්දී, කරුණු මතු කරද්දී, තම අදහස් ඉදිරිපත් කරද්දී ඒ කරුණ අරභයා බොහෝ සෙයින්ම ප්‍රශංසා කරන්නේ අපටමයි.

තවදුරටත් කියනවා නම් පින්වත් කස්සප, නුවණැති උදවිය ශාස්තෘවරයෙක් ශාස්තෘවරයෙක් සමඟ හෝ ශ්‍රාවක පිරිසක් ශ්‍රාවක පිරිසක් සමඟ හෝ එක්ව සාකච්ඡා කරත්වා, කරුණු මතු කරත්වා, තම අදහස් ඉදිරිපත් කරත්වා කියලා. ඒ කියන්නේ "මේ භවතුන්ගේ යම්කිසි ධර්මයක් තියෙනවා නම් එක්කෝ කුසල් වේවා, කුසල පාක්ෂික වේවා, වැරදි රහිත වේවා, නිවැරදි පක්ෂයට අයත් වේවා, සේවනය කළ යුතු දෙයක් වේවා, සේවනය කළ යුතු පක්ෂයට අයත් දෙයක් වේවා, ආර්යභාවය ඇති කරන දෙයක් වේවා, ආර්යභාවය ඇති කරන පක්ෂයට අයත් දෙයක් වේවා, යහපත් දෙයක් වේවා, යහපත් පාක්ෂික දෙයක් වේවා, කවුද මේ දේවල් අඩු නැතුව සම්පූර්ණ කරගෙන ඉන්නේ? ශ්‍රමණ ගෞතමයන්ගේ ශ්‍රාවක සංඝයාද? එහෙම නැත්නම් අන්‍ය වූ භවත් ගණාචාර්යවරුන්ගේ ශ්‍රාවක සංඝයාද?" කියලා.

පින්වත් කස්සප, එතකොට මෙවැනි දෙයක් දකින්නට ලැබෙනවා. නුවණැති උදවිය තමන්ගේ මතවාද එක්ව සාකච්ඡා කරද්දී, කරුණු මතු කරද්දී, තම අදහස් ඉදිරිපත් කරද්දී මෙහෙමයි කියන්නේ. "මේ භවතුන්ගේ යම්කිසි ධර්මයක් තියෙනවා නම් එක්කෝ කුසල් වේවා, කුසල පාක්ෂික වේවා, වැරදි රහිත වේවා, නිවැරදි පක්ෂයට අයත් වේවා, සේවනය කළ යුතු දෙයක් වේවා, සේවනය කළ යුතු පක්ෂයට අයත් දෙයක් වේවා, ආර්යභාවය ඇති කරන දෙයක් වේවා, ආර්යභාවය ඇති කරන පක්ෂයට අයත් දෙයක් වේවා, යහපත් දෙයක් වේවා, යහපත් පාක්ෂික දෙයක් වේවා, මේ කුසල ධර්මයන් ශ්‍රමණ ගෞතමයන් වහන්සේගේ ශ්‍රාවක සංඝයා තමයි මුළුමණින්ම සම්පූර්ණ කරලා සිටින්නේ. අන්‍ය වූ භවත් ගණාචාර්යවරුගේ ශ්‍රාවක සංඝයා යන්තමින් දෙයක් කරගෙන ඉන්නවා" කියලා. ඉතින් පින්වත් කස්සප, ඔය විදිහට නුවණැති උදවිය තමන්ගේ මතවාද එක්ව සාකච්ඡා කරද්දී, කරුණු මතු කරද්දී, තම අදහස් ඉදිරිපත් කරද්දී ඒ කරුණ අරභයා බොහෝ සෙයින්ම ප්‍රශංසා කරන්නේ අපටමයි.

8. පින්වත් කස්සපය, යම් අයුරකින් පිළිපදිද්දී තමන්ම දැනගන්නවා නම්, දැකගන්නවා නම්, "ශ්‍රමණ ගෞතමයන් වහන්සේමයි කල්යල් බලා කතා

කරන්නේ. සත්‍යය කතා කරන්නේ. අර්ථවත්ව කතා කරන්නේ. ධර්මවාදීව කතා කරන්නේ. විනයවාදීව කතා කරන්නේ" කියලා එබඳු මාර්ගයක් තියෙනවා. ප්‍රතිපදාවක් තියෙනවා.

පින්වත් කස්සපය, යම් අයුරකින් පිළිපදිද්දී තමන්ම දැනගන්නවා නම්, දැකගන්නවා නම්, "ශ්‍රමණ ගෞතමයන් වහන්සේමයි කල්යල් බලා කතා කරන්නේ. සත්‍යය කතා කරන්නේ. අර්ථවත්ව කතා කරන්නේ. ධර්මවාදීව කතා කරන්නේ. විනයවාදීව කතා කරන්නේ" කියලා ඒ මාර්ගය කුමක්ද? ප්‍රතිපදාව කුමක්ද?

ඒ මේ ආර්ය අෂ්ටාංගික මාර්ගයමයි. ඒ කියන්නේ; සම්මා දිට්ඨි, සම්මා සංකප්ප, සම්මා වාචා, සම්මා කම්මන්ත, සම්මා ආජීව, සම්මා වායාම, සම්මා සති, සම්මා සමාධි යන අටයි. පින්වත් කස්සපය, යම් අයුරකින් පිළිපදිද්දී තමන්ම දැනගන්නවා නම්, දැකගන්නවා නම්, 'ශ්‍රමණ ගෞතමයන් වහන්සේමයි කල්යල් බලා කතා කරන්නේ. සත්‍යය කතා කරන්නේ. අර්ථවත්ව කතා කරන්නේ. ධර්මවාදීව කතා කරන්නේ. විනයවාදීව කතා කරන්නේ' කියලා මේ තමයි ඒ මාර්ගය. මේ තමයි ඒ ප්‍රතිපදාව."

9. මෙසේ වදාළ විට අචේලකස්සප භාග්‍යවතුන් වහන්සේට මෙකරුණ පැවසුවා.

"ආයුෂ්මත් ගෞතමයෙනි, ඇතැම් ශ්‍රමණ බ්‍රාහ්මණයන්ගේ මහණකමත්, බ්‍රාහ්මණකමත් යනු මේ තපස් උපක්‍රම බවයි කියන්නේ. ඒ කියන්නේ: නිරුවත්ව ඉන්නවා. ආචාර ධර්ම අත්හරිනවා. කෑමෙන් පසු අත ලෙව කනවා. 'ස්වාමීනී, මෙහි වඩින්න' කියූ විට එන්නේ නෑ. 'ස්වාමීනී, සිටින්න' කියූ විට ඉන්නේ නෑ. තමා එන්නට කලින් ගෙනා බොජුන් ගන්නේ නෑ. තමා උදෙසා කළ බොජුන් ගන්නේ නෑ. ඇරයුම් පිළිගන්නේ නෑ. වළඳේ උඩ කොටසෙන් දුන් දන් පිළිගන්නේ නෑ. බඳුන්වල උඩින්ම දෙන දන් පිළිගන්නේ නෑ. එළිපත්තේ සිට දෙන දන් පිළිගන්නේ නෑ. කණුවක් අසලදී දෙන දන් පිළිගන්නේ නෑ. මෝල්ග සක් අසල සිට දෙන දන් පිළිගන්නේ නෑ. දෙදෙනෙක් ආහාර ගනිද්දී දෙන දන් පිළිගන්නේ නෑ. ගැබිණි මවක් දෙන දන් පිළිගන්නේ නෑ. කිරිදෙන මව දෙන දන් පිළිගන්නේ නෑ. පුරුෂයා වෙතට ගිය ස්ත්‍රිය දෙන දන් පිළිගන්නේ නෑ. සම්මාදම් කොට පිස දෙන දන් පිළිගන්නේ නෑ. බල්ලෙක් සිටිද්දී ඌට නොදී දෙන දන් පිළිගන්නේ නෑ. අධික ලෙස මැස්සන් ගැවසුණු තැනින් දෙන දන් පිළිගන්නේ නෑ. මස්මාළු පිළිගන්නේ නෑ. රහමෙර බොන්නෙ නෑ. කාඩිහොදි බොන්නෙ නෑ. ඇතැම්විට ඔහු එක ගෙදරකින් ලැබෙන එක්

බත් පිඬකින් යැපෙනවා. ගෙවල් දෙකකින් ලැබෙන එක් බත් පිඬු දෙකකින් යැපෙනවා. ගෙවල් හතකින් ලැබෙන එක් බත් පිඬු හතකින් යැපෙනවා. එක් බත් තලියකින් යැපෙනවා. බත් තලි දෙකකින් යැපෙනවා. බත් තලි සතකින් යැපෙනවා. දවසක් හැර දවසක් ආහාර ගන්නවා. දෙදවසක් හැර දවසක් ආහාර ගන්නවා. සත් දවසක් හැර දවසක් ආහාර ගන්නවා. මේ විදිහට අඩමාසයක් හැර දවසක් බත් අනුභව කිරීම් වශයෙන් ව්‍රත සමාදානයෙන් වාසය කරනවා.

10. ආයුෂ්මත් ගෞතමයෙනි, ඇතැම් ශ්‍රමණ බ්‍රාහ්මණයන්ගේ මහණකමත්, බ්‍රාහ්මණකමත් යනු මේ තපස් උපක්‍රම බවයි කියන්නේ. ඒ කියන්නේ: කොළ ,වර්ග අමුවෙන් අනුභව කරනවා. ගස් බොඩ අනුභව කරනවා. හූරු හැල් වී අනුභව කරනවා. සම් තැම්බූ කහට වතුර අනුභව කරනවා. ලහටු දියසෙවල අනුභව කරනවා. සහල්කුඩු අනුභව කරනවා. දන්කුඩ අනුභව කරනවා. මුරුවට අනුභව කරනවා. තණකොළ අනුභව කරනවා. ගොම අනුභව කරනවා. වනමුල් ගෙඩි අනුභව කරනවා. ගස්වලින් වැටුණු ගෙඩි පමණක් අනුභව කරනවා.

11. ආයුෂ්මත් ගෞතමයෙනි, ඇතැම් ශ්‍රමණ බ්‍රාහ්මණයන්ගේ මහණකමත්, බ්‍රාහ්මණකමත් යනු මේ තපස් උපක්‍රම බවයි කියන්නේ. ඒ කියන්නේ: හණවැහැරි දරනවා. හණවැහැරි මිශ්‍ර වස්ත්‍ර දරනවා. ඉවත්කළ කඩමාලු දරනවා. මිනියෙන් බැහැර කළ රෙදි දරනවා. පොතුසුළුවලින් කළ වස්ත්‍ර දරනවා. අඳුන් දිවිසම් දරනවා. මැදින් පැලූ අඳුන් දිවිසම් දරනවා. කුසතණින් ගෙතූ වස්ත්‍ර දරනවා. නියඳවැහැරි දරනවා. එළුලොමින් කළ වස්ත්‍ර දරනවා. මිනිස් කෙස්වලින් කළ වස්ත්‍ර දරනවා. අස්ලොමින් කළ වස්ත්‍ර දරනවා. බකමූණු පියාපතින් කළ වස්ත්‍ර දරනවා. කෙස්රැවුල් උදුරනවා. කෙස්රැවුල් උදුරන වැඩපිළිවෙලක යෙදී සිටිනවා. වාඩිවෙන අසුන් ප්‍රතික්ෂේප කොට හිටගෙන ඉන්නවා. උක්කුටියෙන් ඉන්නවා. උක්කුටියෙන්ම ගමන් කරනවා. කටුසයනයන්හි වාසය කරනවා. ලෑලි මත කටු ගසා එහි සැතපෙනවා. පිළෙහි නිදනවා. ලෑල්ලෙහි නිදනවා. එක් ඇලයෙන් නිදනවා. නොනා දූලිකුණු දරා සිටිනවා. එළිමහනේ සිටිනවා. ආසන තිබෙන අයුරින් වෙනස් නොකොට සිටිනවා. තමන්ගේම මලමුත්‍ර අනුභව කරනවා. සිහිල් දිය නොබී ඉන්නවා. සවස තුන්වෙනි කොට දිනකට තුන්වරක් ජලයෙහි ගිලී තපස් කිරීමේ ව්‍රත සමාදන්ව ඉන්නවා."

12. "ඉදින් පින්වත් කස්සප, ඔහු නිරුවත්ව සිටියත්, ආචාර ධර්ම බැහැර කළත්, කැමෙන් පසු අත ලෙව කෑවත් ....(පෙ).... සත් දිනකට වරක් ආහාර ගත්තත්, මෙවැනි අයුරින් අඩමසකට වරක් ආහාර ගනිමින් ව්‍රත සමාදානයේ යෙදී වාසය කෙරුවත්, ඔහුට මේ සීල සම්පත්තිය, සමාධි සම්පත්තිය, ප්‍රඥා සම්පත්තිය වැඩීමක් වෙලා නැත්නම්, සාක්ෂාත් කිරීමක් වෙලා නැත්නම්,

ඇත්තෙන්ම ඔහු මහණකමින් දුරු වෙලාමයි ඉන්නේ. බ්‍රාහ්මණකමෙනුත් දුරු වෙලාමයි ඉන්නේ.

පින්වත් කස්සප, යම් දවසක් භික්ෂුව වෛරයෙන් තොර, තරහෙන් තොර මෙත් සිත වඩනවා නම්, ආශ්‍රවයන්ගේ ක්ෂය වීමෙන් අනාශ්‍රව වූ චිත්ත විමුක්තියත්, ප්‍රඥා විමුක්තියත් මේ ජීවිතයේදීම ස්වකීය විශිෂ්ට නුවණින් සාක්ෂාත් කොට එයට පැමිණ වාසය කරනවා නම්, පින්වත් කස්සප, මෙන්න මේ භික්ෂුවට තමයි ශ්‍රමණයා කියන්නේ. බ්‍රාහ්මණයා කියන්නේ.

13. පින්වත් කස්සප, ඉදින් කෙනෙක් අමු කොළ කකා හිටියත්, ගස් බොඩ කකා හිටියත්, ...(පෙ).... වනමුල් ගෙඩි කකා හිටියත්, ගස්වලින් වැටෙන ගෙඩි පමණක් කකා හිටියත්, ඔහුට මේ සීල සම්පත්තිය, සමාධි සම්පත්තිය, ප්‍රඥා සම්පත්තිය වැඩීමක් වෙලා නැත්නම්, සාක්ෂාත් කිරීමක් වෙලා නැත්නම්, ඇත්තෙන්ම ඔහු මහණකමින් දුරු වෙලාමයි ඉන්නේ. බ්‍රාහ්මණකමෙනුත් දුරු වෙලාමයි ඉන්නේ.

පින්වත් කස්සප, යම් දවසක් භික්ෂුව වෛරයෙන් තොර, තරහෙන් තොර මෙත් සිත වඩනවා නම්, ආශ්‍රවයන්ගේ ක්ෂය වීමෙන් අනාශ්‍රව වූ චිත්ත විමුක්තියත්, ප්‍රඥා විමුක්තියත් මේ ජීවිතයේදීම ස්වකීය විශිෂ්ට නුවණින් සාක්ෂාත් කොට එයට පැමිණ වාසය කරනවා නම්, පින්වත් කස්සප, මෙන්න මේ භික්ෂුවට තමයි ශ්‍රමණයා කියන්නේ. බ්‍රාහ්මණයා කියන්නේ.

14. පින්වත් කස්සප, යම් කෙනෙක් හණවැහැරි දැරුවත්, හණවැහැර මිශ්‍ර රෙදි දැරුවත්, ...(පෙ).... සවස තුන්වෙනි කොට දිනකට තුන්වරක් ජලයෙහි ගිලී තපස් රැක්කත්, ඔහුට මේ සීල සම්පත්තිය, සමාධි සම්පත්තිය, ප්‍රඥා සම්පත්තිය වැඩීමක් වෙලා නැත්නම්, සාක්ෂාත් කිරීමක් වෙලා නැත්නම්, ඇත්තෙන්ම ඔහු මහණකමින් දුරු වෙලාමයි ඉන්නේ. බ්‍රාහ්මණකමෙනුත් දුරු වෙලාමයි ඉන්නේ.

පින්වත් කස්සප, යම් දවසක් භික්ෂුව වෛරයෙන් තොර, තරහෙන් තොර මෙත් සිත වඩනවා නම්, ආශ්‍රවයන්ගේ ක්ෂය වීමෙන් අනාශ්‍රව වූ චිත්ත විමුක්තියත්, ප්‍රඥා විමුක්තියත්, මේ ජීවිතයේදීම ස්වකීය විශිෂ්ට නුවණින් සාක්ෂාත් කොට එයට පැමිණ වාසය කරනවා නම්, පින්වත් කස්සප, මෙන්න මේ භික්ෂුවට තමයි ශ්‍රමණයා කියන්නේ. බ්‍රාහ්මණයා කියන්නේ."

15. මෙසේ වදාළ විට අචේල කස්සප භාග්‍යවතුන් වහන්සේට මෙකරුණ පැවසුවා. "භවත් ගෞතමයෙනි, මහණකම දුෂ්කරයි නෙව. බ්‍රාහ්මණකම දුෂ්කරයි නෙව."

"පින්වත් කස්සප, මහණකම දුෂ්කරයි යන කීමත්, බ්‍රාහ්මණකම දුෂ්කරයි යන කීමත් මේ ලෝකයෙහි ඇති ප්‍රකෘති කතාවකි.

පින්වත් කස්සප, කෙනෙක් නිරුවත්ව සිටියා කියලා, ආචාර ධර්ම අත්හැරියා කියලා ....(පෙ).... ඔය විදිහට අඩමසකට වරක් බත් කෑවා කියලා, ඒ තපස් රැකුමෙන් වාසය කළා කියලා එපමණකින්ම කස්සප, මහණකමත් බ්‍රාහ්මණකමත් දුෂ්කර වෙනවා නම්, වඩාත් දුෂ්කර වෙනවා නම්, මහණකම දුෂ්කරයි, බ්‍රාහ්මණකම දුෂ්කරයි කියලා කීම සුදුසු වන්නේ නෑ.

16. පින්වත් කස්සප, ගෘහපතියෙකුට වුනත්, ගෘහපති පුත්‍රයෙකුට වුනත්, අඩු ගණනේ ගෙදරකට වතුර අදින දාසී කෙල්ලකට වුනත් පුළුවනි "මං දැන් නිරුවත් තවුසෙක් වෙනවා, ආචාර ධර්ම අත්හරිනවා ....(පෙ).... මේ විදිහට සති දෙකකට වරක් බත් අනුභව කරනවා. තපස් කරනවා" කියලා ඉන්න. නමුත් කස්සප, මේ ඉතා ස්වල්ප වූ තපස් උපක්‍රමයෙන් වෙන් වෙලා මේ තපස් ක්‍රමයෙන් බැහැරව මහණකමත්, බ්‍රාහ්මණකමත් දුෂ්කර වෙනවා නම්, වඩාත් දුෂ්කර වෙනවා නම්, අන්න එතකොට නම් මහණකම දුෂ්කරයි, බ්‍රාහ්මණකම දුෂ්කරයි කියලා කිව්වට කමක් නෑ.

පින්වත් කස්සප, යම් දවසක භික්ෂුව වෛරයෙන් තොර, තරහෙන් තොර මෙත් සිත වඩනවා නම්, ආශ්‍රවයන්ගේ ක්ෂය වීමෙන් අනාශ්‍රව වූ චිත්ත විමුක්තියත්, ප්‍රඥා විමුක්තියත්, මේ ජීවිතයේදීම ස්වකීය විශිෂ්ට නුවණින් සාක්ෂාත් කොට එයට පැමිණ වාසය කරනවා නම්, පින්වත් කස්සප, මෙන්න මේ භික්ෂුවට තමයි ශ්‍රමණයා කියන්නේ. බ්‍රාහ්මණයා කියන්නේ.

17. පින්වත් කස්සප, යම් කෙනෙක් කොළ වර්ග අමුවෙන් කෑවා කියලා, ගස් බොඩ අනුභව කළා කියලා, ...(පෙ).... වනමුල් ගෙඩි කෑවා කියලා, ගසෙන් වැටුණු ගෙඩි පමණක් කෑවා කියලා මේ ඉතා ස්වල්ප වූ තපස් උපක්‍රමයෙන් වෙන් වෙලා මේ තපස් ක්‍රමයෙන් බැහැරව මහණකමත්, බ්‍රාහ්මණකමත් දුෂ්කර වෙනවා නම්, වඩාත් දුෂ්කර වෙනවා නම්, එකරුණින් නම් මහණකම දුෂ්කරයි, බ්‍රාහ්මණකම දුෂ්කරයි කියලා කියන එක සුදුසු නෑ.

පින්වත් කස්සප, ගෘහපතියෙකුට වුනත්, ගෘහපති පුත්‍රයෙකුට වුනත්, අඩු ගණනේ ගෙදරකට වතුර අදින දාසී කෙල්ලකට වුනත් පුළුවනි "මං දැන් අමුවෙන් කොළ කන කෙනෙක් වෙනවා ....(පෙ).... වනමුල් ගෙඩි කන කෙනෙක් වෙනවා. ගස්වලින් වැටෙන ගෙඩි විතරක් කන කෙනෙක් වෙලා ඉන්නවා" කියලා. නමුත් කස්සප, මේ ඉතා ස්වල්ප වූ තපස් උපක්‍රමයෙන් වෙන් වෙලා මේ තපස් ක්‍රමයෙන් බැහැරව මහණකමත්, බ්‍රාහ්මණකමත් දුෂ්කර වෙනවා

නම්, වඩාත් දුෂ්කර වෙනවා නම්, අන්න එතකොට නම් මහණකම දුෂ්කරයි, බ්‍රාහ්මණකම දුෂ්කරයි කියලා කිව්වට කමක් නෑ.

පින්වත් කස්සප, යම් දවසක භික්ෂුව වෛරයෙන් තොර, තරහෙන් තොර මෙත් සිත වඩනවා නම්, ආශ්‍රවයන්ගේ ක්ෂය වීමෙන් අනාශ්‍රව වූ චිත්ත විමුක්තියත්, ප්‍රඥා විමුක්තියත්, මේ ජීවිතයේදීම ස්වකීය විශිෂ්ට නුවණින් සාක්ෂාත් කොට එයට පැමිණ වාසය කරනවා නම්, පින්වත් කස්සප, මෙන්න මේ භික්ෂුවට තමයි ශ්‍රමණයා කියන්නේ. බ්‍රාහ්මණයා කියන්නේ.

18. පින්වත් කස්සප, හණවැහැරි ඇන්දා කියලා, හණවැහැරි මුසු රෙදි ඇන්දා කියලා ....(පෙ).... සවස තුන්වෙනි කොට දවසට තුන්වරක් ජලයේ ගිලී තපස් රකිමින් වාසය කළා කියලා මේ ඉතා ස්වල්ප වූ තපස් උපක්‍රමයෙන් වෙන් වෙලා මේ තපස් ක්‍රමයෙන් බැහැරව මහණකමත්, බ්‍රාහ්මණකමත් දුෂ්කර වෙනවා නම්, වඩාත් දුෂ්කර වෙනවා නම්, එකරුණින් නම් මහණකම දුෂ්කරයි, බ්‍රාහ්මණකම දුෂ්කරයි කියලා කියන එක සුදුසු නෑ.

පින්වත් කස්සප, ගෘහපතියෙකුට වුනත්, ගෘහපති පුත්‍රයෙකුට වුනත්, අඩු ගණනේ ගෙදරකට වතුර අදින දාසී කෙල්ලකට වුනත් පුළුවනි "මං දැන් හණ වැහැරි අඳිනවා. හණවැහැරි මුසු වස්ත්‍ර අඳිනවා ....(පෙ).... සවස තුන්වෙනි කොට දවසට තුන්වරක් ජලයේ ගිලී තපස් රකිමින් වාසය කරන කෙනෙක් වෙලා ඉන්නවා" කියලා. නමුත් කස්සප, මේ ඉතා ස්වල්ප වූ තපස් උපක්‍රමයෙන් වෙන් වෙලා මේ තපස් ක්‍රමයෙන් බැහැරව මහණකමත්, බ්‍රාහ්මණකමත් දුෂ්කර වෙනවා නම්, වඩාත් දුෂ්කර වෙනවා නම්, අන්න එතකොට නම් මහණකම දුෂ්කරයි, බ්‍රාහ්මණකම දුෂ්කරයි කියලා කිව්වට කමක් නෑ.

පින්වත් කස්සප, යම් දවසක භික්ෂුව වෛරයෙන් තොර, තරහෙන් තොර මෙත් සිත වඩනවා නම්, ආශ්‍රවයන්ගේ ක්ෂය වීමෙන් අනාශ්‍රව වූ චිත්ත විමුක්තියත්, ප්‍රඥා විමුක්තියත්, මේ ජීවිතයේදීම ස්වකීය විශිෂ්ට නුවණින් සාක්ෂාත් කොට එයට පැමිණ වාසය කරනවා නම්, පින්වත් කස්සප, මෙන්න මේ භික්ෂුවට තමයි ශ්‍රමණයා කියන්නේ. බ්‍රාහ්මණයා කියන්නේ.

19. මෙසේ වදාළ විට අචේලකස්සප භාග්‍යවතුන් වහන්සේට මෙය කියා සිටියා. "භවත් ගෞතමයෙනි, ශ්‍රමණයා තේරුම් ගැනීම දුෂ්කරයි. බ්‍රාහ්මණයා තේරුම් ගැනීම දුෂ්කරයි" කියලා.

"පින්වත් කස්සප, 'ශ්‍රමණයා තේරුම් ගැනීම දුෂ්කරයි. බ්‍රාහ්මණයා තේරුම් ගැනීම දුෂ්කරයි' යන මෙය ලෝකයෙහි ඇති ප්‍රකෘති කථාවක්.

20. පින්වත් කස්සප, කෙනෙක් නිරුවත්ව සිටියා කියලා, ආචාර ධර්ම අත්හැරියා කියලා ....(පෙ).... ඔය විදිහට අඩමසකට වරක් බත් කෑවා කියලා, ඒ තපස් රැකුමෙන් වාසය කළා කියලා එපමණකින්ම කස්සප, ශ්‍රමණයාත්, බ්‍රාහ්මණයාත් තේරුම් ගැනීම දුෂ්කර වෙනවා නම්, වඩාත් දුෂ්කර වෙනවා නම්, ශ්‍රමණයා තේරුම් ගැනීම දුෂ්කරයි, බ්‍රාහ්මණයා තේරුම් ගැනීම දුෂ්කරයි කියලා කීම සුදුසු වන්නේ නෑ.

පින්වත් කස්සප, ගෘහපතියෙකුට වුනත්, ගෘහපති පුත්‍රයෙකුට වුනත්, අඩු ගණනේ ගෙදරකට වතුර අදින දාසී කෙල්ලකට වුනත් පුළුවනි "මොහු නිරුවත් තවුසෙක්, ආචාර ධර්ම අත්හැරලා ....(පෙ).... මේ විදිහට සති දෙකකට වරක් බත් අනුභව කරනවා. තපස් කරනවා" කියලා තේරුම් ගන්න. නමුත් කස්සප, මේ ඉතා ස්වල්ප වූ තපස් උපක්‍රමයෙන් වෙන් වෙලා මේ තපස් ක්‍රමයෙන් බැහැරව ශ්‍රමණයාත්, බ්‍රාහ්මණයාත් තේරුම් ගැනීම දුෂ්කර වෙනවා නම්, වඩාත් දුෂ්කර වෙනවා නම්, ශ්‍රමණයා තේරුම් ගැනීම දුෂ්කරයි, බ්‍රාහ්මණයා තේරුම් ගැනීම දුෂ්කරයි කියලා කිව්වට කමක් නෑ.

පින්වත් කස්සප, යම් දවසක භික්ෂුව වෛරයෙන් තොර, තරහෙන් තොර මෙත් සිත වඩනවා නම්, ආශ්‍රවයන්ගේ ක්ෂය වීමෙන් අනාශ්‍රව වූ චිත්ත විමුක්තියත්, ප්‍රඥා විමුක්තියත්, මේ ජීවිතයේදීම ස්වකීය විශිෂ්ට නුවණින් සාක්ෂාත් කොට එයට පැමිණ වාසය කරනවා නම්, පින්වත් කස්සප, මෙන්න මේ භික්ෂුවට තමයි ශ්‍රමණයා කියන්නේ. බ්‍රාහ්මණයා කියන්නේ.

21. පින්වත් කස්සප, යම් කෙනෙක් කොළ වර්ග අමුවෙන් කෑවා කියලා. ගස් බොඩ අනුභව කළා කියලා ....(පෙ).... වනමුල් ගෙඩි කෑවා කියලා, ගසෙන් වැටුණු ගෙඩි පමණක් කෑවා කියලා, ඒ තපස් රැකුමෙන් වාසය කළා කියලා එපමණකින්ම කස්සප, ශ්‍රමණයාත්, බ්‍රාහ්මණයාත් තේරුම් ගැනීම දුෂ්කර වෙනවා නම්, වඩාත් දුෂ්කර වෙනවා නම්, ශ්‍රමණයා තේරුම් ගැනීම දුෂ්කරයි, බ්‍රාහ්මණයා තේරුම් ගැනීම දුෂ්කරයි කියලා කීම සුදුසු වන්නේ නෑ.

පින්වත් කස්සප, ගෘහපතියෙකුට වුනත්, ගෘහපති පුත්‍රයෙකුට වුනත්, අඩු ගණනේ ගෙදරකට වතුර අදින දාසී කෙල්ලකට වුනත් පුළුවනි "මොහු අමුවෙන් කොළ කන කෙනෙක් ....(පෙ).... වනමුල් ගෙඩි කන කෙනෙක්, ගස්වලින් වැටෙන ගෙඩි විතරක් කන කෙනෙක්" කියලා තේරුම් ගන්න. නමුත් කස්සප, මේ ඉතා ස්වල්ප වූ තපස් උපක්‍රමයෙන් වෙන් වෙලා මේ තපස් ක්‍රමයෙන් බැහැරව ශ්‍රමණයාත්, බ්‍රාහ්මණයාත් තේරුම් ගැනීම දුෂ්කර වෙනවා නම්, වඩාත්

දුෂ්කර වෙනවා නම්, ශ්‍රමණයා තේරුම් ගැනීම දුෂ්කරයි, බ්‍රාහ්මණයා තේරුම් ගැනීම දුෂ්කරයි කියලා කිව්වට කමක් නෑ.

පින්වත් කස්සප, යම් දවසක භික්ෂුව වෛරයෙන් තොර, තරහෙන් තොර මෙත් සිත වඩනවා නම්, ආශ්‍රවයන්ගේ ක්ෂය වීමෙන් අනාශ්‍රව වූ චිත්ත විමුක්තියත්, ප්‍රඥා විමුක්තියත්, මේ ජීවිතයේදීම ස්වකීය විශිෂ්ට නුවණින් සාක්ෂාත් කොට එයට පැමිණ වාසය කරනවා නම්, පින්වත් කස්සප, මෙන්න මේ භික්ෂුවට තමයි ශ්‍රමණයා කියන්නේ. බ්‍රාහ්මණයා කියන්නේ.

පින්වත් කස්සප, හණවැහැරි ඇන්දා කියලා, හණවැහැරි මුසු රෙදි ඇන්දා කියලා ....(පෙ).... සවස තුන්වෙනි කොට දවසට තුන්වරක් ජලයේ ගිලී තපස් රකිමින් වාසය කළා කියලා, ඒ තපස් රැකුමෙන් වාසය කළා කියලා එපමණකින්ම කස්සප, ශ්‍රමණයාත්, බ්‍රාහ්මණයාත් තේරුම් ගැනීම දුෂ්කර වෙනවා නම්, වඩාත් දුෂ්කර වෙනවා නම්, ශ්‍රමණයා තේරුම් ගැනීම දුෂ්කරයි, බ්‍රාහ්මණයා තේරුම් ගැනීම දුෂ්කරයි කියලා කීම සුදුසු වන්නේ නෑ.

පින්වත් කස්සප, ගෘහපතියෙකුට වුනත්, ගෘහපති පුත්‍රයෙකුට වුනත්, අඩු ගණනේ ගෙදරකට වතුර අදින දාසී කෙල්ලකට වුනත් පුළුවනි "මොහු හණ වැහැරි අඳිනවා. හණවැහැරි මුසු වස්ත්‍ර අඳිනවා ....(පෙ).... සවස තුන්වෙනි කොට දවසට තුන්වරක් ජලයේ ගිලී තපස් රකිමින් වාසය කරන කෙනෙක් වෙලා ඉන්නවා" කියලා තේරුම් ගන්න. නමුත් කස්සප, මේ ඉතා ස්වල්ප වූ තපස් උපක්‍රමයෙන් වෙන් වෙලා මේ තපස් ක්‍රමයෙන් බැහැරව ශ්‍රමණයාත්, බ්‍රාහ්මණයාත් තේරුම් ගැනීම දුෂ්කර වෙනවා නම්, වඩාත් දුෂ්කර වෙනවා නම්, ශ්‍රමණයා තේරුම් ගැනීම දුෂ්කරයි, බ්‍රාහ්මණයා තේරුම් ගැනීම දුෂ්කරයි කියලා කිව්වට කමක් නෑ.

පින්වත් කස්සප, යම් දවසක භික්ෂුව වෛරයෙන් තොර, තරහෙන් තොර මෙත් සිත වඩනවා නම්, ආශ්‍රවයන්ගේ ක්ෂය වීමෙන් අනාශ්‍රව වූ චිත්ත විමුක්තියත්, ප්‍රඥා විමුක්තියත්, මේ ජීවිතයේදීම ස්වකීය විශිෂ්ට නුවණින් සාක්ෂාත් කොට එයට පැමිණ වාසය කරනවා නම්, පින්වත් කස්සප, මෙන්න මේ භික්ෂුවට තමයි ශ්‍රමණයා කියන්නේ. බ්‍රාහ්මණයා කියන්නේ."

23. මෙසේ වදාළ විට අචේලකස්සප භාග්‍යවතුන් වහන්සේගෙන් මෙහෙම ඇසුවා. "භවත් ගෞතමයන් වහන්ස, මොකක්ද ඒ සීල සම්පත්තිය? මොකක්ද ඒ සමාධි සම්පත්තිය? මොකක්ද ඒ ප්‍රඥා සම්පත්තිය?"

පින්වත් කස්සප, මෙහි අරහත් වූ තථාගතයන් වහන්සේ ලෝකයෙහි උපත ලබනවා ....(පෙ).... තමා විසින් උපදවා ගත් විශිෂ්ට ඥාණයෙන් සාක්ෂාත්

කරලා ලෝකයට කියා දෙනවා. උන්වහන්සේ දහම් දෙසනවා ....(පෙ).... බඹසර ප්‍රකාශ කරනවා. එතකොට ගෘහපතියෙක් වේවා, ගෘහපති පුත්‍රයෙක් වේවා කවර හෝ කුලයක උපන් කෙනෙක් වේවා ඒ ධර්මය අසනවා ....(පෙ).... ඔහු ඒ ධර්මය අසලා තථාගතයන් වහන්සේ කෙරෙහි ශ්‍රද්ධාව උපදවා ගන්නවා. ඉතින් ඔහු ඒ ශ්‍රද්ධා ලාභයෙන් යුක්ත වෙලා මේ විදිහට නුවණින් කල්පනා කරනවා. "ගිහි ගෙදර වාසය කිරීම හරිම කරදරයක් ....(පෙ).... ඒ නිසා මං කෙස් රැවුල් බාලා, කසාවත් පොරොවා ගෙන ගිහිගෙයින් නික්ම පැවිද්දට ඇතුළත් වෙන එක තමයි හොඳ" කියලා.

ඔහු පස්සේ කාලෙක ....(පෙ).... ගිහි ගෙයින් නික්ම පැවිදි ජීවිතයට පත් වෙනවා. ඔහු ඔය විදිහට පැවිද්දෙක් වෙලා ප්‍රාතිමෝක්ෂ සංවර සීලයෙන් (පැවිද්දෙක් විසින් රැකගත යුතු නිවනට උපකාරී වන උතුම් සිල්පදවලින්) සංවරව ඉන්නවා ....(පෙ).... ශික්ෂාපදවල සමාදන්ව හික්මෙනවා ....(පෙ)....

24. පින්වත් කස්සප, භික්ෂුව සීලයෙන් යුක්ත වන්නේ කොහොමද? පින්වත් කස්සප, මෙහි භික්ෂුව සතුන් මැරීම අත්හැර දාලා සතුන් මැරීමෙන් වැළකී ඉන්නවා ....(පෙ).... මෙයත් ඔහුගේ සීලයට අයත් දෙයකි ....(පෙ).... **(සාමඤ්ඤඵල සූත්‍රයෙහි මෙන් විස්තර කළ යුතුය)**

ඒ වගේම ඇතැම් භවත් ශ්‍රමණ බ්‍රාහ්මණයන් ඉන්නවා. ඔවුන් ශ්‍රද්ධාවෙන් දුන් දන් අනුභව කරලා මෙවැනි වූ තිරශ්චීන විද්‍යාවෙන් යුතුව මිථ්‍යා ආජීවයෙන් ජීවත් වෙනවා. ඒ කියන්නේ, ශාන්ති කර්ම ....(පෙ).... වනවලට බෙහෙත් බැඳීම, ආදී තිරිසන් විද්‍යාවෙන් යුතුව මිථ්‍යා ආජීවයෙන් ජීවත් වෙනවා. මෙවැනි දෙයිනුත්, මෙවැනි වෙන දේවල්වලිනුත් වැළකී මෙබඳු වූ තිරශ්චීන විද්‍යාවෙන් යුතු මිථ්‍යා ආජීවයෙන් වැළකී ඉන්නවා. මෙයත් ඔහුගේ සීලයට අයත් දෙයකි.

පින්වත් කස්සප, ඒ භික්ෂුව වනාහී මේ අයුරින් සීලසම්පන්නව සිටින විට ඒ සීල සංවරය හේතු කොට ගෙන මොනම අයුරකින්වත් බියක් දකින්නේ නෑ. පින්වත් කස්සප, ඒක මේ වගේ දෙයක්. ඔටුනු පළන් රජ කෙනෙක් ඉන්නවා. ඔහු සතුරන් පරදවලා බැහැර කරලයි ඉන්නේ. ඉතින් ඔහු සතුරන් හේතුවෙන් මොනම අයුරකින්වත් භයක් දකින්නේ නෑ. පින්වත් කස්සප, භික්ෂුවත් ඔය විදිහමයි. මේ අයුරින් සීලසම්පන්නව සිටින විට ඒ සීලසංවරය හේතු කොට ගෙන මොනම අයුරකින්වත් බියක් දකින්නේ නෑ.

ඔහු මේ ආර්ය වූ සීලස්කන්ධයෙන් සමන්විතව ආධ්‍යාත්මිකව නිවැරදි සැපයක් විඳිනවා. පින්වත් කස්සප, ඔන්න ඔය විදිහටයි භික්ෂුව සීලසම්පන්න වන්නේ. පින්වත් කස්සප, මේ තමයි සීල සම්පත්තිය ....(පෙ)....

25. පින්වත් කස්සප, භික්ෂුව අකුසලයන් වැළකූ ද්වාර ඇති ඉඳුරන් ඇතිව ඉන්නේ කොහොමද? පින්වත් කස්සප, මෙහිලා භික්ෂුව ඇසින් රූප දැක නිමිති ගන්නේ නෑ. නිමිත්තක කොටසක්වත් ගන්නේ නෑ ....(පෙ).... ඇස නැමැති ඉන්ද්‍රියයේ සංවරයට පැමිණෙනවා. කනෙන් ශබ්දයක් අහලා ....(පෙ).... නාසයෙන් ගන්ධයක් ආඝ්‍රාණය කරලා ....(පෙ).... දිවෙන් රසයක් රස විඳලා ....(පෙ).... කයෙන් පහසක් ලබලා ....(පෙ).... මනසින් අරමුණක් දැනගෙන නිමිති ගන්නේ නෑ. නිමිත්තක කොටසක්වත් ගන්නේ නෑ ....(පෙ).... මනස නැමැති ඉන්ද්‍රියයේ සංවරයට පැමිණෙනවා. ඔහු මේ ආර්ය වූ ඉන්ද්‍රිය සංවරයෙන් යුක්තව ආධ්‍යාත්මිකව පීඩා රහිතව සැපයක් විඳිනවා. පින්වත් කස්සප, භික්ෂුව අකුසලයෙන් වැළැක් වූ දොරටු ඇති ඉන්ද්‍රියයන් තුළ ඉන්නේ ඔය විදිහටයි.

26. පින්වත් කස්සප, භික්ෂුව සිහිනුවණින් යුතුව සිටින්නේ කොහොමද? පින්වත් කස්සප, මෙහිලා භික්ෂුව ඉදිරියට යද්දීත්, ආපසු එද්දීත්, එය කරන්නේ සිහි නුවණින්මයි ....(පෙ).... ගමන් කරද්දී, සිටගෙන සිටිද්දී, වාඩි වී සිටිද්දී, සැතපෙද්දී, නිදිවරද්දී, කතාබස් කරද්දී, නිහඬව සිටිද්දී එය කරන්නෙත් සිහි නුවණින්මයි. පින්වත් කස්සප, භික්ෂුව සිහිනුවණින් යුතු වන්නේ ඔය ආකාරයටයි.

27. පින්වත් කස්සප, භික්ෂුව ලද දෙයින් සතුටු වන්නේ කොහොමද? පින්වත් කස්සප, මෙහිලා භික්ෂුව කය පරිහරණයට සෑහෙන සිවුරෙන් ....(පෙ).... කුසගිනි නිවෙන්නට සෑහෙන පිණ්ඩපාතයෙන් සතුටු වෙනවා. ඔහු යම් ම තැනකට පිටත් වෙනවා නම්, පාසිවුරු පමණක් අරගෙන යනවා. පින්වත් කස්සප, භික්ෂුව ලද දෙයින් සතුටු වන්නේ ඔය විදිහටයි.

28. ඔහු මේ ආර්ය වූ සීලස්කන්ධයෙන් යුක්ත වෙලා, මේ ආර්ය වූ ඉන්ද්‍රිය සංවරයෙන් යුක්ත වෙලා, මේ ආර්ය වූ සිහිනුවණින් යුක්ත වෙලා, මේ ආර්ය වූ ලද දෙයින් සතු වීමෙන් යුක්ත වෙලා හුදෙකලා සෙනසුනක වාසය කරනවා. ඒ කියන්නේ අරණ්‍යය, රුක්සෙවණ, පර්වතය, දිය ඇල්ල, ගිරිගුහාව, සොහොන, වනගැබ, ගස් කොළන් රහිත හිස් පිටිය, පිදුරු ගෙය ආදියයි. ඔහු පිණ්ඩපාතය වළඳා, දානයෙන් පසු (එවැනි තැනක) පළඟක් බැඳ ගෙන, කය ඍජු කරගෙන, භාවනා අරමුණෙහි සිහිය පිහිටුවා ගෙන වාඩිවෙනවා.

ඔහු ජීවිතය නම් වූ ලෝකය ගැන ඇති විසම ලෝභය දුරු කොට ඇලීම් රහිත වූ සිතින් වාසය කරනවා. විසම ලෝභය කෙරෙන් සිත පිරිසිදු කරනවා. ....(පෙ).... තරහ, වෛර ආදිය අත්හැර තරහ නැති සිතින් සියලු සතුන් කෙරෙහි හිතානුකම්පීව වාසය කරනවා ....(පෙ).... නිදිමත, අලසකම අත්හැර නිදිමත,

අලසකමින් බැහැරව වාසය කරනවා ....(පෙ).... සිතේ විසිරීමත්, පසුතැවීමත් බැහැර කොට වාසය කරනවා ....(පෙ).... සැකය දුරු කොට කුසල් දහම් ගැන කෙසේද? කෙසේද? යනාදී සැකයෙන් එතෙරව වාසය කරනවා. සැකය කෙරෙන් සිත පිරිසිදු කරනවා.

පින්වත් කස්සප, එය මෙවැනි දෙයක්. පුරුෂයෙක් ණයක් අරගෙන කර්මාන්තයක යොදවනවා. ඔහුගේ ඒ ව්‍යාපාරය සාර්ථක වෙනවා ....(පෙ).... ඒ හේතුවෙන් ඔහු මහත් සතුටක් ලබනවා. මහත් සොම්නසක් ලබනවා. පින්වත් කස්සප, ඒක මේ වගේ දෙයක්. පුරුෂයෙක් රෝගී වෙලා, දුකට පත්වෙලා ....(පෙ).... නමුත් පස්සෙ කාලෙක ඔහු ඒ රෝගයෙන් මිදුනා ....(පෙ).... ඒ හේතුවෙන් ඔහු මහත් සතුටක් ලබනවා. මහත් සොම්නසක් ලබනවා. පින්වත් කස්සප, ඒක මේ වගේ දෙයක්. පුරුෂයෙක් හිරගෙදරක බන්ධනයකට හසුවෙනවා. නමුත් ඔහු පස්සෙ කාලෙක තමන්ගේ ධනය වියදම් නොකොට සුවසේම ඒ බන්ධනාගාරයෙන් නිදහස් වෙනවා ....(පෙ).... ඒ හේතුවෙන් ඔහු මහත් සතුටක් ලබනවා. මහත් සොම්නසක් ලබනවා. පින්වත් කස්සප, ඒක මේ වගේ දෙයක්. පුරුෂයෙක් තමාට සිතූ පරිදි ගත කරන්නට බැරි, අනුන්ට යටත් වෙලා වාසය කරන, තමා කැමැති පරිදි යා ගත නොහැකි, දාසයෙක් වෙලා හිටියා ....(පෙ).... නමුත් පසු කලෙක ඔහු ඒ දාසභාවයෙන් මිදුනා ....(පෙ).... ඒ හේතුවෙන් ඔහු මහත් සතුටක් ලබනවා. මහත් සොම්නසක් ලබනවා. පින්වත් කස්සප, ඒක මේ වගේ දෙයක්. පුරුෂයෙක් ධනය ඇතිව, භෝග සම්පත් ඇතිව, ආහාරපාන දුලභ වූ, බිය උවදුරු සහිත කාන්තාර ගමනකට පිවිසෙනවා ....(පෙ).... නමුත් ඔහු පසු කාලෙක ඒ කාන්තාරයෙන් එතෙර වෙනවා ....(පෙ).... ඒ හේතුවෙන් ඔහු මහත් සතුටක් ලබනවා. මහත් සොම්නසක් ලබනවා. පින්වත් කස්සප, අන්න ඒ විදිහමයි. භික්ෂුවත් (කලින්) ණයක් ගත්තා වගේ, ලෙඩ වුනා වගේ, හිරේවිලංගුවේ වැටුනා වගේ, වහල්බවට පත්වුනා වගේ, නිරුදක කතරකට පැමිණුනා වගේ මේ පංච නීවරණයන් ප්‍රහාණය නොවී තමා තුළ පවතින හැටි දකිනවා. නමුත් පින්වත් කස්සප, ඒ ණය ගෙවා දමා ණය රහිත වුනා වගේ, රෝගයෙන් නිදහස් වෙලා නීරෝග වුනා වගේ, වියදම් නැතුව හිරෙන් නිදහස් වුනා වගේ, දාසබවෙන් නිදහස් වුනා වගේ, නිරුදක කතර ගෙවා ආරක්ෂා සහිත ක්ෂේම භූමියකට පැමිණුනා වගේ තමයි. පින්වත් කස්සප, අන්න ඒ විදිහමයි භික්ෂුව තමා තුළ මේ පංච නීවරණයන් දුරු වී ඇති ආකාරයත් දකින්නේ.

30. ඔහුට මේ පංච නීවරණයන් තමා තුළ නැති බව දකිද්දී මහත් සතුටක් ඇතිවෙනවා. ඒ ප්‍රමුදිත වීම ඇති කෙනාට ප්‍රීතිය ඇතිවෙනවා. ප්‍රීති මනසක්

ඇති කෙනාගේ කය සංසිඳෙනවා. සංසිඳුණු කයින් යුතුව සැපක් විඳිනවා. සැප ඇති කෙනාගේ සිත සමාධිමත් වෙනවා. ඔහු කාමයන්ගෙන් වෙන්ව, අකුසලයන්ගෙන් වෙන්ව ....(පෙ).... පළමුවෙනි ධ්‍යානය උපදවාගෙන වාසය කරනවා ....(පෙ).... දෙවෙනි ධ්‍යානය ....(පෙ).... තුන්වන ධ්‍යානයත් ....(පෙ).... සතරවෙනි ධ්‍යානය උපදවා ගෙන වාසය කරනවා. මෙයත් ඔහුගේ සමාධි සම්පත්තියට අයිති දෙයක්. පින්වත් කස්සප, මේ තමයි ඒ චිත්ත සම්පත්තිය.

31. ඔහු (ඒ භික්ෂුව) ඔය අයුරින් සිත සමාධිමත් වූ විට ....(පෙ).... ඤාණදර්ශනය (නුවණින් අවබෝධ වීම) පිණිස සිත යොමු කරයි. ඒ දෙසටම නතු කරයි ....(පෙ).... මෙයත් ඔහුගේ ප්‍රඥා සම්පත්තියට අයත් දෙයක් ....(පෙ).... නැවත සසර ගමනක් නැතැ'යි අවබෝධයෙන්ම දැනගන්නවා. මෙයත් ඔහුගේ ප්‍රඥා සම්පත්තියට අයත් දෙයක්. පින්වත් කස්සප, මේ තමයි ඒ ප්‍රඥා සම්පත්තිය.

32. පින්වත් කස්සප මේ සීල සම්පත්තියෙනුත්, මේ සමාධි සම්පත්තියෙනුත්, මේ ප්‍රඥා සම්පත්තියෙනුත් බැහැර වූ වෙනත් උත්තරීතර වූත් ප්‍රණීතතර වූත් සීල සම්පත්තියක්, සමාධි සම්පත්තියක්, ප්‍රඥා සම්පත්තියක් නෑ.

33. පින්වත් කස්සප, සීලය ගැන පමණක් කතා කරන ඇතැම් ශ්‍රමණ බ්‍රාහ්මණයින් ඉන්නවා. ඔවුන් නොයෙක් ආකාරයෙන් සීලයෙහි ගුණ කියනවා. එහෙත් කස්සප, යම්තාක් උත්තම වූ ආර්ය සීලයක් ඇද්ද එහිලා මං, මා හට සම සම වූ සිල්වත් කෙනෙක්ව දකින්නේ නෑ. ඊට වැඩි කෙනෙක් කොයින් සොයන්නද? එකරුණේදී ඒ අධි සීලයක් ඇද්ද, එහිලා වැඩි දියුණු කොට ඇති සිල් ඇත්තේ මා තුළමයි.

34. පින්වත් කස්සප, කෙලෙසුන් පිළිකුල් කරන කෙලෙස් තැවීම ගැන කතා කරන ඇතැම් ශ්‍රමණ බ්‍රාහ්මණවරුන් ඉන්නවා. ඔවුන් නොයෙක් ආකාරයෙන් කෙලෙස් පිළිකුල් කිරීමේ ගුණ කියනවා. නමුත් කස්සප, යම්තාක් උත්තම වූ ආර්ය කෙලෙස් පිළිකුල් කිරීමක් ඇද්ද එහිලා මං, මා හට සම සම වූ කෙලෙස් පිළිකුල් කරන කෙනෙක්ව දකින්නේ නෑ. ඊට වැඩි කෙනෙක් කොයින් සොයන්නද? එකරුණේදී ඒ අධි කෙලෙස් පිළිකුල් කිරීමක් ඇද්ද, එහිලා වැඩි දියුණු කොට ඇති කෙලෙස් පිළිකුල් කිරීම ඇත්තේ මා තුළමයි.

35. පින්වත් කස්සප, ප්‍රඥාව ගැන කතා කරන ඇතැම් ශ්‍රමණ බ්‍රාහ්මණවරුන් ඉන්නවා. ඔවුන් නොයෙක් ආකාරයෙන් ප්‍රඥාවේ ගුණ කියනවා. නමුත් කස්සප, යම්තාක් උත්තම වූ ආර්ය ප්‍රඥාවක් ඇද්ද එහිලා මං, මා හට සම සම වූ ප්‍රඥාව ඇති කෙනෙක්ව දකින්නේ නෑ. ඊට වැඩි කෙනෙක් කොයින් සොයන්නද? එකරුණේදී ඒ අධිප්‍රඥාවක් ඇද්ද, එහිලා වැඩි දියුණු කොට ඇති ප්‍රඥාව ඇත්තේ මා තුළමයි.

36. පින්වත් කස්සප, විමුක්තිය ගැන කතා කරන ඇතැම් ශ්‍රමණ බ්‍රාහ්මණවරුන් ඉන්නවා. ඔවුන් නොයෙක් ආකාරයෙන් විමුක්තියේ ගුණ කියනවා. නමුත් කස්සප, යම්තාක් උත්තම වූ ආර්ය විමුක්තියක් ඇද්ද එහිලා මං, මා හට සම සම වූ විමුක්තිය ඇති කෙනෙක්ව දකින්නේ නෑ. ඊට වැඩි කෙනෙක් කොයින් සොයන්නද? එකරුණේදී ඒ අධි විමුක්තියක් ඇද්ද, එහිලා වැඩි දියුණු කොට ඇති විමුක්තිය ඇත්තේ මා තුළමයි.

37. පින්වත් කස්සප, මෙවැනි දෙයක් දකින්නට ලැබෙනවා. අන්‍ය ආගමික පිරිවැජියන් යමක් අරභයා මෙවැනි දෙයක් කියනවාද, ඒ කියන්නේ "ශ්‍රමණ ගෞතමයන් සිංහනාදයෙන් නද දෙනවා. ඒ වුනාට ඔහු සිංහනාද කරන්නේ කාත් කවුරුත් නැති තැනක මිස පිරිස් අතර නොවෙයි" කියලා. එතකොට ඔවුන්ට කිව යුත්තේ "එහෙම කියන්නට එපා" කියලයි. "ශ්‍රමණ ගෞතමයන් සිංහනාද කරනවා. පිරිස් අතරේමයි සිංහනාද කරන්නේ" කියලයි පින්වත් කස්සප, ඔවුන්ට කිව යුත්තේ.

38. පින්වත් කස්සප, මෙවැනි දෙයක් දකින්නට ලැබෙනවා. අන්‍ය ආගමික පිරිවැජියන් යමක් අරභයා මෙවැනි දෙයක් කියනවාද, ඒ කියන්නේ "ශ්‍රමණ ගෞතමයන් සිංහනාදයෙන් නද දෙනවා. පිරිස් අතරත් සිංහනාද කරනවා. ඒ වුනාට විශාරද ලෙස සිංහනාද කරන්නේ නෑ" කියලා. එතකොට ඔවුන්ට කිව යුත්තේ "එහෙම කියන්නට එපා" කියලයි. "ශ්‍රමණ ගෞතමයන් සිංහනාද කරනවා. පිරිස් අතරේමයි සිංහනාද කරන්නේ, විශාරදවමයි සිංහනාද කරන්නේ" කියලයි පින්වත් කස්සප, ඔවුන්ට කිව යුත්තේ.

39. පින්වත් කස්සප, මෙවැනි දෙයක් දකින්නට ලැබෙනවා. අන්‍ය ආගමික පිරිවැජියන් යමක් අරභයා මෙවැනි දෙයක් කියනවාද, ඒ කියන්නේ "ශ්‍රමණ ගෞතමයන් සිංහනාදයෙන් නද දෙනවා. පිරිස් අතරත් සිංහනාද කරනවා. විශාරදව සිංහනාද කරනවා. ඒ වුනාට ඔහුගෙන් කවුරුවත් ප්‍රශ්න අසන්නේ නෑ" කියලා. එතකොට ඔවුන්ට කිව යුත්තේ "එහෙම කියන්නට එපා" කියලයි. "ශ්‍රමණ ගෞතමයන් සිංහනාද කරනවා. පිරිස් අතරේමයි සිංහනාද කරන්නේ, විශාරදවමයි සිංහනාද කරන්නේ, ඒ වගේම ඔහුගෙන් අනික් උදවිය ප්‍රශ්න අසනවා" කියලයි පින්වත් කස්සප, ඔවුන්ට කිව යුත්තේ.

40. පින්වත් කස්සප, මෙවැනි දෙයක් දකින්නට ලැබෙනවා. අන්‍ය ආගමික පිරිවැජියන් යමක් අරභයා මෙවැනි දෙයක් කියනවාද, ඒ කියන්නේ "ශ්‍රමණ ගෞතමයන් සිංහනාදයෙන් නද දෙනවා. පිරිස් අතරත් සිංහනාද කරනවා. විශාරදව සිංහනාද කරනවා. ඔහුගෙන් අනික් උදවිය ප්‍රශ්නත් අසනවා. ඒ වුනාට

ඔවුන්ගේ ඒ ප්‍රශ්නවලට පිළිතුරු දෙන්නේ නෑ" කියලා. එතකොට ඔවුන්ට කිව යුත්තේ "එහෙම කියන්නට එපා" කියලයි. "ශ්‍රමණ ගෞතමයන් සිංහනාද කරනවා. පිරිස් අතරේමයි සිංහනාද කරන්නේ, විශාරදවමයි සිංහනාද කරන්නේ, ඒ වගේම ඔහුගෙන් අනික් උදවිය ප්‍රශ්න අසනවා, ඒ වගේම ඔවුන්ගේ ඒ ප්‍රශ්නවලට පිළිතුරුත් දෙනවා" කියලයි පින්වත් කස්සප, ඔවුන්ට කිව යුත්තේ.

41. පින්වත් කස්සප, මෙවැනි දෙයක් දකින්නට ලැබෙනවා. අන්‍ය ආගමික පිරිවැජියන් යමක් අරභයා මෙවැනි දෙයක් කියනවාද, ඒ කියන්නේ "ශ්‍රමණ ගෞතමයන් සිංහනාදයෙන් නද දෙනවා. පිරිස් අතරත් සිංහනාද කරනවා ....(පෙ).... ඔවුන්ගේ ඒ ප්‍රශ්නවලට පිළිතුරුත් දෙනවා. ඒ වුනාට ඔවුන් ඒ පිළිතුරු ගැන සිත සතුටු වෙන්නේ නෑ" කියලා. එතකොට ඔවුන්ට කිව යුත්තේ "එහෙම කියන්නට එපා" කියලයි. "ශ්‍රමණ ගෞතමයන් සිංහනාද කරනවා ....(පෙ).... ඒ වගේම ඔවුන්ගේ ඒ ප්‍රශ්නවලට දෙන පිළිතුරුවලින් ඔවුන්ගේ සිතත් සතුටට පත්වෙනවා" කියලයි පින්වත් කස්සප, ඔවුන්ට කිව යුත්තේ.

42. පින්වත් කස්සප, මෙවැනි දෙයක් දකින්නට ලැබෙනවා. අන්‍ය ආගමික පිරිවැජියන් යමක් අරභයා මෙවැනි දෙයක් කියනවාද, ඒ කියන්නේ "ශ්‍රමණ ගෞතමයන් සිංහනාදයෙන් නද දෙනවා. පිරිස් අතරත් සිංහනාද කරනවා ....(පෙ).... ඔවුන්ගේ ඒ ප්‍රශ්නවලට දෙන පිළිතුරුවලින් ඔවුන්ගේ සිතත් සතුටට පත්වෙනවා. ඒ වුනාට ඔවුන් ඔහුගේ ධර්මය ඇසිය යුතුයි කියලා හිතන්නේ නෑ" කියලා. එතකොට ඔවුන්ට කිව යුත්තේ "එහෙම කියන්නට එපා" කියලයි. "ශ්‍රමණ ගෞතමයන් සිංහනාද කරනවා ....(පෙ).... ඒ වගේම ඔවුන්ගේ ඒ ප්‍රශ්නවලට දෙන පිළිතුරුවලින් ඔවුන්ගේ සිතත් සතුටට පත්වෙනවා මෙන්ම ඔහුගේ ධර්මයට සවන් දිය යුතුයි කියලාත් හිතනවා" කියලයි පින්වත් කස්සප, ඔවුන්ට කිව යුත්තේ.

43. පින්වත් කස්සප, මෙවැනි දෙයක් දකින්නට ලැබෙනවා. අන්‍ය ආගමික පිරිවැජියන් යමක් අරභයා මෙවැනි දෙයක් කියනවාද, ඒ කියන්නේ "ශ්‍රමණ ගෞතමයන් සිංහනාදයෙන් නද දෙනවා. පිරිස් අතරත් සිංහනාද කරනවා ....(පෙ).... ඔවුන් ඔහුගේ ධර්මය ඇසිය යුතුයි කියලා හිතනවා. ඒ වුනාට ඔහුගේ බණ අසා ඔවුන් පහදින්නේ නෑ" කියලා. එතකොට ඔවුන්ට කිව යුත්තේ "එහෙම කියන්නට එපා" කියලයි. "ශ්‍රමණ ගෞතමයන් සිංහනාද කරනවා ....(පෙ).... ඒ වගේම ඔහුගේ ධර්මයට සවන් දිය යුතුය කියලත් හිතනවා. ධර්මය අසා ඔවුන් පහදිනවා" කියලයි පින්වත් කස්සප, ඔවුන්ට කිව යුත්තේ.

44. පින්වත් කස්සප, මෙවැනි දෙයක් දකින්නට ලැබෙනවා. අන්‍ය ආගමික පිරිවැජියන් යමක් අරභයා මෙවැනි දෙයක් කියනවාද, ඒ කියන්නේ "ශ්‍රමණ ගෞතමයන් සිංහනාදයෙන් නද දෙනවා. පිරිස් අතරත් සිංහනාද කරනවා ....(පෙ).... ඔහුගේ බණ අසා ඔවුන් පහදිනවා. ඒ වුනාට ඔවුන් පැහැදිලා ඒ පහන්බව දක්වන්නේ නෑ" කියලා. එතකොට ඔවුන්ට කිව යුත්තේ "එහෙම කියන්නට එපා" කියලයි. "ශ්‍රමණ ගෞතමයන් සිංහනාද කරනවා ....(පෙ).... ඒ වගේම ධර්මය අසා ඔවුන් පහදිනවා. පැහැදිලා ඔවුන් පහන්බවත් දක්වනවා" කියලයි පින්වත් කස්සප, ඔවුන්ට කිව යුත්තේ.

45. පින්වත් කස්සප, මෙවැනි දෙයක් දකින්නට ලැබෙනවා. අන්‍ය ආගමික පිරිවැජියන් යමක් අරභයා මෙවැනි දෙයක් කියනවාද, ඒ කියන්නේ "ශ්‍රමණ ගෞතමයන් සිංහනාදයෙන් නද දෙනවා. පිරිස් අතරත් සිංහනාද කරනවා ....(පෙ).... ඔවුන් පැහැදිලා ඒ පහන්බව දක්වනවා. ඒ වුනාට ඔවුන් එය අවබෝධ කරගැනීම පිණිස ප්‍රතිපදාවේ යෙදෙන්නේ නෑ" කියලා. එතකොට ඔවුන්ට කිව යුත්තේ "එහෙම කියන්නට එපා" කියලයි. "ශ්‍රමණ ගෞතමයන් සිංහනාද කරනවා ....(පෙ).... ඒ වගේම පැහැදිලා ඔවුන් පහන්බවත් දක්වනවා. එය අවබෝධ කරගැනීමටත් ප්‍රතිපදාවෙහි යෙදෙනවා" කියලයි පින්වත් කස්සප, ඔවුන්ට කිව යුත්තේ. පින්වත් කස්සප, මෙවැනි දෙයක් දකින්නට ලැබෙනවා. අන්‍ය ආගමික පිරිවැජියන් යමක් අරභයා මෙවැනි දෙයක් කියනවාද, ඒ කියන්නේ "ශ්‍රමණ ගෞතමයන් සිංහනාදයෙන් නද දෙනවා. පිරිස් අතරත් සිංහනාද කරනවා ....(පෙ).... ඔවුන් එය අවබෝධ කරගැනීම පිණිස ප්‍රතිපදාවේ යෙදෙනවා. නමුත් ඒ ප්‍රතිපදාව අනුගමනය කොට ශ්‍රමණ ගෞතමයන්ව සතුටු කරවන්නේ නෑ" කියලා. එතකොට ඔවුන්ට කිව යුත්තේ "එහෙම කියන්නට එපා" කියලයි. "ශ්‍රමණ ගෞතමයන් සිංහනාද කරනවා, පිරිස් මැදත් සිංහනාද කරනවා, විශාරදවත් සිංහනාද කරනවා, ඔහුගෙන් ප්‍රශ්නත් අහනවා, ඔවුන්ගේ ප්‍රශ්නවලට පිළිතුරුත් දෙනවා. ඒ ප්‍රශ්න විසඳීමෙන් ඔවුන්ගේ සිතත් සතුටු වෙනවා. ඔහුගේ ධර්මය ඇසිය යුතුයි කියලත් හිතනවා. ධර්මය අසාත් පහදිනවා. පැහැදිලා ඒ පහන්බවත් දක්වනවා. එය අවබෝධ කර ගැනීමටත් ප්‍රතිපදාවෙහි යෙදෙනවා. ප්‍රතිපදාවෙහි යෙදිලා ශ්‍රමණ ගෞතමයන්ව සතුටට පත් කරවනවා" කියලයි පින්වත් කස්සප, ඔවුන්ට කිව යුත්තේ.

47. පින්වත් කස්සප, එක් කාලයක මං වාසය කළේ රජගහ නුවර ගිජුකුළුපව්වේ. ඉතින් දවසක් එක්තරා තපෝ බ්‍රහ්මචාරී තවුසෙක් වන නිග්‍රෝධ නම් පිරිවැජියා මගෙන් අධිකෙලෙස් පිළිකුළ ගැන ප්‍රශ්නයක් ඇසුවා. මං ඔහුට

අධි කෙලෙස් පිළිකුළ ගැන ඇසූ ප්‍රශ්නයට පිළිතුරු දුන්නා. මා එය විසඳූ විට ඔහු අතිශයින්ම සන්තෝෂයට පත්වුනා."

48. "ස්වාමීනී, භාග්‍යවතුන් වහන්සේගේ ධර්මය අසා අතිශයින්ම චිත්ත සන්තෝෂයට පත් නොවන්නේ කවුද? ස්වාමීනී, මමත් භාග්‍යවතුන් වහන්සේගේ ධර්මය අසා අතිශයින්ම චිත්ත සන්තෝෂයට පත්වුනා. ස්වාමීනී භාග්‍යවතුන් වහන්ස, ඉතා සුන්දරයි. ස්වාමීනී භාග්‍යවතුන් වහන්ස, ඉතා සුන්දරයි. යටට හරවා තිබූ දෙයක් උඩු අතට හැරෙව්වා වගෙයි. වහලා තිබුණු දෙයක් ඇරලා පෙන්නුවා වගෙයි. මංමුළා වූවන්ට නියම මග පෙන්වා දෙනවා වගෙයි. ඇස් ඇති උදවියට රූප දකින්න අඳුරෙහි තෙල් පහනක් දල්වා ගෙන දරා සිටිනවා වගෙයි. ඔය විදිහට භාග්‍යවතුන් වහන්සේ විසින් නොයෙක් අයුරින් ශ්‍රී සද්ධර්මය වදාළා. ස්වාමීනී, මේ මමත් භාග්‍යවතුන් වහන්සේව සරණ යනවා. ශ්‍රී සද්ධර්මයත්, ආර්ය මහා සංඝරත්නයත් සරණ යනවා. ස්වාමීනී, මාත් භාග්‍යවතුන් වහන්සේගේ සමීපයෙහි පැවිදි බව ලබනවා නම්, උපසම්පදාවත් ලබනවා නම් ඉතා යහපති."

49. "පින්වත් කස්සප, යම් කෙනෙක් කලින් අන්‍යාගමක ඉඳලා ඔහු මේ ධර්ම විනය තුළ පැවිදි බව කැමැති වෙනවා නම්, උපසම්පදාව කැමැති වෙනවා නම්, ඔහු මාස හතරක් පිරිවෙස් වසන්නට ඕන. ඒ මාස හතර ඇවෑමෙන් සතුටු සිත් ඇති භික්ෂූන් වහන්සේලා ඔහුව පැවිදි කරනවා. භික්ෂුභාවය පිණිස උපසම්පදා කරනවා. කොහොම නමුත් මෙහිලා මා පුද්ගලයන්ගේ විවිධ ස්වභාවයන් ගැන අවබෝධයකිනුයි ඉන්නේ."

50. "ස්වාමීනී, ඉදින් කලින් අන්‍යාගමක සිටපු කෙනෙක් මේ ධර්ම විනය තුළ පැවිදිබව කැමැති වෙද්දී, උපසම්පදාව කැමැති වෙද්දී ඔහු මාස හතරක පරිවාස කාලයක් ගත කළ යුතු නම්, ඒ සිව්මාසය ඇවෑමෙන් ඔහු කෙරෙහි සතුටු සිත් ඇති භික්ෂූන් වහන්සේලා ඔහුව පැවිදි කරනවා නම්, භික්ෂුභාවය පිණිස උපසම්පදා කරනවා නම්, මං අවුරුදු හතරක පරිවාස කාලයක් වුනත් ඉන්නම්. ඒ අවුරුදු හතර ඇවෑමෙන් මා කෙරෙහි සතුටු සිත් ඇති භික්ෂූන් වහන්සේලා මාව පැවිදි කරන සේක්වා! භික්ෂුභාවය පිණිස උපසම්පදා කරන සේක්වා!"

51. ඉතින් අචේලකස්සප භාග්‍යවතුන් වහන්සේගේ සමීපයෙහි පැවිද්ද ලබා ගත්තා. උපසම්පදාවත් ලබා ගත්තා. උපසම්පදාව ලබාගත් නොබෝ කලකින්ම ආයුෂ්මත් කස්සපයන් හුදෙකලා වුනා. පිරිසෙන් වෙන් වුනා. අප්‍රමාදී වුනා. කෙලෙස් තවන වීරියෙන් යුතු වුනා. දහමට දිවි පුදා ධර්මයේ හැසිරෙන කොට

යම් කුල පුත්‍රයෙක් යම්කිසි බලාපොරොත්තුවකින් ගිහි ජීවිතය අත්හැරලා බුදු සසුනේ පැවිදි වුනා ද, අන්න ඒ උත්තරීතර බඹසර පූර්ණත්වය වන අමා නිවන මේ ජීවිතයෙහිදීම විශේෂ ඤාණයකින් යුතුව අවබෝධ කරගෙන පැමිණ වාසය කළා. "ඉපදීම ක්ෂය වුනා. බඹසර වාසය සම්පූර්ණ කරගත්තා. නිවන පිණිස කළ යුතු දේ කරගත්තා. ආයෙමත් නම් වෙන උපතක් නැතැ"යි අවබෝධ වුනා.

ආයුෂ්මත් කස්සප තෙරුන් එක්තරා රහතන් වහන්සේ නමක් බවට පත් වුනා.

සාදු! සාදු!! සාදු!!!

අටවෙනි සීහනාද සූත්‍රය නිමාවිය.

9. පොට්ඨපාද සූත්‍රය
පොට්ඨපාද පිරිවැජියාට වදාළ දෙසුම

1. **මා** හට අසන්නට ලැබුනේ මේ විදිහටයි. ඒ දිනවල භාග්‍යවතුන් වහන්සේ වැඩසිටියේ සැවැත් නුවර ජේතවන නම් වූ අනේපිඬු සිටුතුමාගේ ආරාමයේ. ඒ දිනවලම පොට්ඨපාද පිරිවැජියා තම තමන්ගේ ආගම් පැවසිය හැකි සමයප්පවාදක නම් වූ ද, තින්දුකාචීර (තිඹිරි රුක්වලින් වට වූ) නම් වූ ද, ඒකසාලක නම් වූ ද, මල්ලිකා බිසව විසින් කරන ලද්දා වූ ද ආරාමයේ තුන් දහසක් පමණ මහත් පිරිවැජි පිරිසක් සමඟ වාසය කළා.

2. එදා භාග්‍යවතුන් වහන්සේ පෙරවරුවෙහි සිවුරු හැඳපොරවා, පාසිවුරු ගෙන සැවැත් නුවර පිඬු පිණිස වැඩම කළා. එතකොට භාග්‍යවතුන් වහන්සේට මේ අදහස ඇතිවුණා. "සැවැත් නුවර පිඬු සිඟා වැඩීමට තවම වේලාසන වැඩියි. එනිසා මං සමයප්පවාදක නම් වූ ද, තින්දුකාචීර (තිඹිරි රුක්වලින් වට වූ) නම් වූ ද, ඒකසාලක නම් වූ ද, මල්ලිකා බිසව විසින් කරන ලද්දා වූද ආරාමය යම් තැනකද, පොට්ඨපාද පිරිවැජියා යම් තැනක ද එතැනට යනවා නම් හොඳයි" කියලා. ඉතින් භාග්‍යවතුන් වහන්සේ ඒ සමයප්පවාදක වූත්, තින්දුකාචීර වූත්, ඒකසාලක නම් වූද, මල්ලිකා බිසව විසින් කරන ලද්දා වූද ආරාමය වෙත වැඩම කළා.

3. ඒ වෙලාවෙහි පොට්ඨපාද පිරිවැජියා මහත් වූ පිරිවැජි පිරිසක් සමඟ උස් හඬින් මහාහඬින් අනේකප්‍රකාර වූ තිරිසන් කථාවන් කථා කරමින් කෑගසමින් වාඩිවෙලා හිටියා. ඒ කවර තිරිසන් කථාද යත්: රජවරුන් ගැන කථා, සොරුන් ගැන කථා, මහ ඇමතිවරුන් ගැන කථා, හමුදාවන් ගැන කථා, භය ඇතිවෙන දේවල් ගැන කථා, ආහාර වර්ග ගැන කථා, බොන දේවල් ගැන කථා, ඇඳුම් පැළඳුම් ගැන කථා, ඇඳ පුටු ගැන කථා, මල් වර්ග ගැන කථා, සුවඳ වර්ග ගැන කථා, නෑදෑයන් ගැන කථා, යාන වාහන ගැන කථා, ගම්මාන ගැන කථා, නියම් ගම්මාන ගැන කථා, නගර ගැන කථා, රටවල් ගැන කථා, ස්ත්‍රීන් ගැන

කථා, පුරුෂයින් ගැන කථා, ශූරයින් ගැන කථා, මංමාවත් ගැන කථා, වළං පොලේ දේවල් ගැන කථා, මියගිය උදවිය ගැන කථා, තව තව දේවල් ගැන කථා, ලෝකය ගැන කථා, සාගරය ගැන කථා, මෙහෙමයි වුනේ මෙහෙමයි නොවුණේ කියන දේ ගැන කථා කරකර ඉන්නවා.

4. එතකොට දුරින්ම වැඩම කරන්නා වූ භාග්‍යවතුන් වහන්සේව පොට්ඨපාද පිරිවැජියාට දැකගන්නට ලැබුනා. දැකලා තමන්ගේ පිරිස සංසුන් කෙරෙව්වා. "හා... හා... භවත්නි, නිශ්ශබ්ද වෙත්වා! භවත්නි, ශබ්ද කරන්නට එපා! මේ ශ්‍රමණ ගෞතමයන් පැමිණෙනවා. ඒ ආයුෂ්මතුන් නිශ්ශබ්දතාවයට හරි කැමැතියි. නිශ්ශබ්දතාවයෙහි ගුණ වර්ණනා කරනවා. නිශ්ශබ්දව සිටින පිරිසක් බව දැන ඒ වෙත පැමිණිය යුතුයි කියලා හිතලයි ඔය වඩින්නේ."

එසේ පැවැසූ විට ඒ පිරිවැජියන් නිශ්ශබ්ද වුනා. එතකොට භාග්‍යවතුන් වහන්සේ පොට්ඨපාද පිරිවැජියා වෙත වැඩම කළා. පොට්ඨපාද පිරිවැජියා භාග්‍යවතුන් වහන්සේට මෙය පවසා සිටියා."ස්වාමීනී, භාග්‍යවතුන් වහන්ස, වඩින සේක්වා! ස්වාමීනී, භාග්‍යවතුන් වහන්සේව සාදරයෙන් පිළිගන්නවා. සෑහෙන කාලෙකට පස්සෙයි භාග්‍යවතුන් වහන්සේ මෙහි වැඩම කරන්ට අවස්ථාව ලබාගෙන තියෙන්නේ. ස්වාමීනී, භාග්‍යවතුන් වහන්ස, වැඩ හිඳින සේක්වා! මේ ආසන පණවලා තියෙන්නේ." ඉතින් භාග්‍යවතුන් වහන්සේ පණවන ලද අසුනෙහි වැඩසිටියා. පොට්ඨපාද පිරිවැජියාද එක්තරා කුඩා අසුනක් ගෙන එකත්පස්ව වාඩිවුනා. එකත්පස්ව වාඩිවුන පොට්ඨපාද පිරිවැජියාට භාග්‍යවතුන් වහන්සේ මෙය වදාළා. "පින්වත් පොට්ඨපාද, දැන් ඔබ මෙහි කර කර හිටියේ මොන වගේ කථාවක්ද? මාගේ පැමිණීමෙන් ඔබේ ඒ කවර කථාවක්ද අඩාල වුනේ?" කියලා.

5. මෙසේ වදාළ විට පොට්ඨපාද පිරිවැජියා භාග්‍යවතුන් වහන්සේට මෙය පැවසුවා. "ස්වාමීනී, අපි යම් කතාබහක යෙදිල හිටියා නම්, ඒ කථාව පසෙක තිබේවා! ස්වාමීනී, භාග්‍යවතුන් වහන්සේට එවැනි කතාබස් අසන්නට ලැබීම දුර්ලභ දෙයක් නොවේ. නමුත් ස්වාමීනී, දින කිහිපයකට කලින් නා නා ආගම්වලට අයත් ශ්‍රමණ බ්‍රාහ්මණයින් කුතුහල ශාලාවේ එක්වෙලා රැස්වෙලා කතා කර කර සිටිද්දී අභිසඤ්ඤා නිරෝධය ගැන කථාවක් ඇතිවුනා. භවත්නි, අභිසඤ්ඤා නිරෝධය ඇති වෙන්නේ කොහොමද? කියලා.

(1). එතකොට සමහරු මෙහෙම කිව්වා. "පුරුෂයා හට සඤ්ඤා උපදින්නේත් නිරුද්ධවන්නේත් හේතු රහිතවයි. ප්‍රත්‍ය රහිතවයි. යම් වෙලාවක සඤ්ඤාවන් උපදිනවා නම් ඒ වෙලාවේ තමයි සඤ්ඤාව ඇතිවන්නේ. යම් වෙලාවක

සඤ්ඤාවන් නිරුද්ධ වෙනවා නම් ඒ වෙලාවේ ඔහු සඤ්ඤා රහිත වෙනවා" කියලා. ඔය විදිහටයි සමහර අය අභිසඤ්ඤා නිරෝධය විස්තර කළේ.

(2). එතකොට තව සමහරු මෙහෙම කිව්වා. "භවත්නි, ඕක වෙන්නේ ඔහොම නොවෙයි. භවත්නි, සඤ්ඤාව කියන්නේ පුරුෂයාගේ ආත්මයයි. ඒ සඤ්ඤාව පුරුෂයා වෙතට එනවා වගේම ඉවත් වෙලත් යනවා. යම් වෙලාවක ඒ සඤ්ඤාව එනවා නම්, ඒ වෙලාවට ඔහු සඤ්ඤා සහිතව ඉන්නවා. යම් වෙලාවක ඒ සඤ්ඤාව ඉවත් වෙනවා නම් ඒ වෙලාවේදී ඔහු සඤ්ඤා රහිත වෙනවා" කියලා. ඔය විදිහටයි සමහර අය අභිසඤ්ඤා නිරෝධය විස්තර කළේ.

(3). එතකොට තව සමහරු මෙහෙම කිව්වා. "භවත්නි, ඕක වෙන්නේ ඔහොම නොවෙයි. භවත්නි, මහා ඉර්ධිමත් මහානුභාව සම්පන්න ශ්‍රමණ බ්‍රාහ්මණවරු ඉන්නවා. මේ පුරුෂයා හට සඤ්ඤාව පමුණුවන්නේත්, ඔහුගෙන් බැහැර කරන්නේත් ඔවුන් විසිනුයි. යම් වෙලාවක ඔවුන් පුරුෂයා හට සඤ්ඤාව පමුණුවනවාද, ඒ වෙලාවේදී ඔහු සඤ්ඤා සහිතයි. යම් වෙලාවක සඤ්ඤාව ඉවතට අදිනවාද ඒ වෙලාවේදී ඔහු සඤ්ඤා රහිතයි" කියලා. ඔය විදිහටයි සමහර අය අභිසඤ්ඤා නිරෝධය විස්තර කළේ.

(4). එතකොට තව සමහරු මෙහෙම කිව්වා. "භවත්නි, ඕක වෙන්නේ ඔහොම නොවෙයි. භවත්නි, මහා ඉර්ධිමත් මහානුභාව සම්පන්න දෙවිවරු ඉන්නවා. මේ පුරුෂයා හට සඤ්ඤාව පමුණුවන්නේත්, ඔහුගෙන් බැහැර කරන්නේත් ඔවුන් විසිනුයි. යම් වෙලාවක ඔවුන් පුරුෂයා හට සඤ්ඤාව පමුණුවනවාද, ඒ වෙලාවේදී ඔහු සඤ්ඤා සහිතයි. යම් වෙලාවක සඤ්ඤාව ඉවතට අදිනවාද ඒ වෙලාවේදී ඔහු සඤ්ඤා රහිතයි" කියලා. ඔය විදිහටයි සමහර අය අභිසඤ්ඤා නිරෝධය විස්තර කළේ.

6. එතකොට ස්වාමීනී, ඒ මට භාග්‍යවතුන් වහන්සේවමයි මතක් වුනේ. 'යම් කෙනෙක් මේ ධර්මයන් ගැන අතිශයින්ම දක්ෂ වුනාද, අනේ මේ වෙලාවේ ඒ භාග්‍යවතුන් වහන්සේ වැඩසිටියා නම්, අනේ මේ වෙලාවේ ඒ සුගතයන් වහන්සේ වැඩසිටියා නම්' කියලා. ස්වාමීනී, භාග්‍යවතුන් වහන්සේම මේ පිළිබඳව දක්ෂ වන සේක. භාග්‍යවතුන් වහන්සේම අභිසඤ්ඤා නිරෝධය පිළිබඳව නිපුණ වන සේක. ස්වාමීනී, ඇත්තෙන්ම අභිසඤ්ඤා නිරෝධය වන්නේ කොහොමද?"

7. "පින්වත් පොට්ඨපාද, එහිලා යම් ඒ ශ්‍රමණ බ්‍රාහ්මණ කෙනෙක් මෙහෙම කිව්වා නම්, 'පුරුෂයා හට සඤ්ඤා උපදින්නේත්, නිරුද්ධ වන්නේත් හේතු රහිතවයි. ප්‍රත්‍ය රහිතවයි' කියලා. ඔවුන්ට පටන්ගත් තැනම වැරදුනා. ඒකට

හේතුව මොකක්ද? පින්වත් පොට්ඨපාද, පුරුෂයා හට සඤ්ඤා උපදින්නේත්, නිරුද්ධ වන්නේත් හේතු සහිතවයි. ප්‍රත්‍ය සහිතවයි. ශික්ෂාවෙන් ඇතැම් සඤ්ඤා උපදිනවා. ශික්ෂාවෙන්ම ඇතැම් සඤ්ඤා නිරුද්ධ වෙනවා."

ඒ ශික්ෂාව මොකක්ද?" කියලා භාග්‍යවතුන් වහන්සේ පවසා වදාළා.

"පින්වත් පොට්ඨපාද, මෙහි අරහත් වූ, සම්මා සම්බුද්ධ වූ, විජ්ජාචරණසම්පන්න වූ, සුගත වූ, ලෝකවිදූ වූ, අනුත්තර පුරිසදම්මසාරථී වූ, සත්ථා දේවමනුස්සානං වූ, බුද්ධ වූ, භගවා වූ තථාගතයන් වහන්සේ ලෝකයෙහි උපත ලබනවා. උන්වහන්සේ දෙවියන් සහිත වූ, මරුන් සහිත වූ, බඹුන් සහිත වූ, ශ්‍රමණ බමුණන් සහිත වූ දෙව් මිනිස් ප්‍රජාවෙන් යුතු මේ ලෝකය තමා විසින් උපදවා ගත් විශිෂ්ට ඥාණයෙන් සාක්ෂාත් කරලා ලෝකයට කියා දෙනවා. උන්වහන්සේ දහම් දෙසනවා. ආරම්භය කල්‍යාණ වූත්, මැද කල්‍යාණ වූත්, අවසානය කල්‍යාණ වූත්, අර්ථ සහිත වූත්, පැහැදිලි ප්‍රකාශනවලින් යුතු වූත්, මුළුමණින්ම පිරිපුන් පිරිසිදු බඹසර ප්‍රකාශ කරනවා.

8. එතකොට ගෘහපතියෙක් වේවා, ගෘහපති පුත්‍රයෙක් වේවා කවර හෝ කුලයක උපන් කෙනෙක් වේවා ඒ ධර්මය අසනවා. ඔහු ඒ ධර්මය අසලා තථාගතයන් වහන්සේ කෙරෙහි ශ්‍රද්ධාව උපදවා ගන්නවා. ඉතින් ඔහු ඒ ශ්‍රද්ධා ලාභයෙන් යුක්ත වෙලා මේ විදිහට නුවණින් කල්පනා කරනවා. 'ගිහි ගෙදර වාසය කිරීම හරිම කරදරයක්. කෙලෙස් වැඩෙන මාවතක්. නමුත් පැවිදි ජීවිතය ආකාසය වගේ. ගිහි ගෙදර වාසය කරමින් මුළුමණින්ම පිරිපුන්, මුළුමණින්ම පිරිසිදු, සුදෝසුදු බඹසර වසනවා යන කරන ලෙහෙසි එකක් නොවේ. ඒ නිසා මං කෙස් රැවුල් බාලා, කසාවත් පොරොවා ගෙන ගිහි ගෙයින් නික්ම පැවිද්දට ඇතුළත් වෙන එක තමයි හොඳ' කියලා.

9. ඔහු පස්සේ කාලෙක ස්වල්ප වූ භෝග සම්පත් අත්හරිනවා. මහත් වූ භෝග සම්පත් අත්හරිනවා. ස්වල්ප වූ නෑදෑයන් අත්හරිනවා. මහත් වූ නෑදෑයන් අත්හරිනවා. කෙස් රැවුල් බාලා, කසාවත් පොරොවා ගෙන ගිහි ගෙයින් නික්ම පැවිදි ජීවිතයට පත්වෙනවා. ඔහු ඔය විදිහට පැවිද්දෙක් වෙලා ප්‍රාතිමෝක්ෂ සංවර සීලයෙන් (පැවිද්දෙක් විසින් රැකගත යුතු නිවනට උපකාරී වන උතුම් සිල්පදවලින්) සංවරව ඉන්නවා. යහපත් ඇවැතුම් පැවැතුම්වලින් යුතු වෙනවා. අණුමාත්‍ර වූ වරදෙහි පවා භය දකිනවා. ශික්ෂාපදවල සමාදන්ව හික්මෙනවා. කුසල් සහගත කායකර්මයෙන් හා වචීකර්මයෙන් යුතු වෙනවා. පිරිසිදු ආජීවයෙන් යුතු වෙනවා. සිල්වත් වෙනවා. අකුසලයෙන් වැළකු දොරටු ඇතුව ඉන්නවා. නුවණින් සළකා ආහාර ගන්නවා. සිහිනුවණින් යුතුව ඉන්නවා. ලද දෙයින් සතුටුව ඉන්නවා.

10. පින්වත් පොට්ඨපාද, භික්ෂුව සීලයෙන් යුක්ත වන්නේ කොහොමද? පින්වත් පොට්ඨපාද, මෙහි භික්ෂුව සතුන් මැරීම අත්හැර දාලා සතුන් මැරීමෙන් වැළකී ඉන්නවා. දඬු මුගුරු අත්හැර දාලා, අවි ආයුධ බැහැර කරලා ....(පෙ).... නුදුන් දේ ගැනීම අත්හැරලා නුදුන් දේ ගැනීමෙන් වැළකී ඉන්නවා ....(පෙ).... අබ්‍රහ්මචාරීබව අත්හැරලා බ්‍රහ්මචාරීව ඉන්නවා ....(පෙ).... බොරු කීම අත්හැරලා, බොරු කීමෙන් වැළකී ඉන්නවා ....(පෙ).... කේලාම් කීම අත්හැරලා කේලාම් කීමෙන් වැළකී ඉන්නවා ....(පෙ).... පරුෂ වචනය අත්හැරලා පරුෂ වචනයෙන් වැළකී ඉන්නවා ....(පෙ).... තේරුමක් නැති කතාබහ අත්හැරලා තේරුමක් නැති කතා කීමෙන් වැළකී සිටිනවා ....(පෙ).... මෙයත් ඔහුගේ සීලයට අයත් දෙයකි.

11. පැළවෙන බීජ හා පැළ වුන ගස් කොළන් විනාශ කිරීමෙන් වැළකී ඉන්නවා ....(පෙ).... අත්පා කැපීම්, මැරීම්, බන්ධන කිරීම්, මං පැහැරගැනීම්, ගම් පැහැර ගැනීම් ආදී සැහැසි දෙයින් වැළකී සිටිනවා. මෙයත් ඔහුගේ සීලයට අයත් දෙයකි.

12. ඒ වගේම ඇතැම් භවත් ශ්‍රමණ බ්‍රාහ්මණයන් ඉන්නවා. ඔවුන් ශ්‍රද්ධාවෙන් දුන් දන් අනුභව කරලා මේ ආකාරයේ විසූක දර්ශනයන් නැරඹීමෙහි යෙදිලා ඉන්නවා. ඒ කියන්නේ; නැටුම්, ගැයුම් ....(පෙ).... හමුදාව නැරඹීම ආදී දේවල්වල යෙදෙමින් ඉන්නවා. මෙවැනි දේවල්වලිනුත්, මෙවැනි වෙනත් දේවල්වලින් යුතු විසූක දර්ශන නැරඹීම්වලින් වැළකී ඉන්නවා. මෙයත් ඔහුගේ සීලයට අයත් දෙයකි.

13. ඒ වගේම ඇතැම් භවත් ශ්‍රමණ බ්‍රාහ්මණයන් ඉන්නවා. ඔවුන් ශ්‍රද්ධාවෙන් දුන් දන් අනුභව කරලා තමාව ප්‍රමාදයට පත් කරවන මේ ආකාර වූ සූදු කෙළියෙන් කල් යවනවා. ඒ කියන්නේ; හතරැස් කොටු අටකින් යුතුව කරන සූදුව, කොටු දහයකින් කරන සූදුව ....(පෙ).... විකලාංග අනුකරණයෙන් හිනැස්සීමේ සෙල්ලම ආදී දේ කිරීමයි. මේ දෙයිනුත්, මෙවැනි තවත් දේවල් ඇත්නම් එයිනුත් වැළකී ප්‍රමාදයට පත්වන සූදුවෙන් වැළකී ඉන්නවා. මෙයත් ඔහුගේ සීලයට අයත් දෙයකි.

14. ඒ වගේම ඇතැම් භවත් ශ්‍රමණ බ්‍රාහ්මණයන් ඉන්නවා ....(පෙ).... මේ ආකාර වූ පමණ ඉක්මවා උස් වූ ආසනත්, වටිනා සුඛෝපභෝගී ආසනත් පරිහරණය කරනවා. ඒ කියන්නේ; දිග හාන්සි පුටු, කවිච්චි ....(පෙ).... හිස දෙපැත්තට රතු විල්ලුද කොට්ට තබා රතු උඩුවියන් බැඳ සැදූ වටිනා යහන් ආදිය පරිහරණය කරයි. මෙවැනි දෙයිනුත්, මෙවැනි වෙන දේවල්වලිනුත් වැළකී උස් අසුන් මහා අසුන් පරිහරණයෙන් වැළකී ඉන්නවා. මෙයත් ඔහුගේ සීලයට අයත් දෙයකි.

15. ඒ වගේම ඇතැම් භවත් ශ්‍රමණ බ්‍රාහ්මණයන් ඉන්නවා. ඔවුන් ශ්‍රද්ධාවෙන් දුන් දන් අනුභව කරලා මේ ආකාරයෙන් ඇඟපත සැරසීමෙන් හා විසිතුරු වස්ත්‍රාභරණ පැළඳීමෙන් යුක්තව කල් ගෙවනවා. ඒ කියන්නේ; සුවඳ වර්ග ඇඟ තවරා සිරුර සිනිඳු කිරීම, තෙල් වර්ග ගා සම්බාහනය කොට සිරුර හැඩ කිරීම ....(පෙ).... දිග වාටි ඇති සුදු වස්ත්‍ර දැරීම ආදියෙන් යුතුවෙයි. මෙවැනි දෙයිනුත්, මෙවැනි වෙන දේවල්වලිනුත් වැළකී ඇඟපත සැරසීම් හා විසිතුරු වස්ත්‍රාභරණ සැරසීමෙන් වැළකී ඉන්නවා. මෙයත් ඔහුගේ සීලයට අයත් දෙයකි.

16. ඒ වගේම ඇතැම් භවත් ශ්‍රමණ බ්‍රාහ්මණයන් ඉන්නවා ....(පෙ).... මෙබඳු වූ තිරිසන් කථාවල යෙදී වාසය කරනවා. ඒ කියන්නේ; රජවරුන් ගැන කථා, සොරුන් ගැන කථා ....(පෙ).... මෙහෙමයි වුනේ මෙහෙමයි නොවුනේ කියන දේ ගැන කථා කරකර ඉන්නවා, මෙවැනි දෙයිනුත්, මෙවැනි වෙන දේවල්වලිනුත් වැළකී මෙබඳු වූ තිරිසන් කථාවෙන් වැළකී ඉන්නවා. මෙයත් ඔහුගේ සීලයට අයත් දෙයකි.

17. ඒ වගේම ඇතැම් භවත් ශ්‍රමණ බ්‍රාහ්මණයන් ඉන්නවා ....(පෙ).... මේ ආකාරයෙන් එකිනෙකා අතර බැණ දොඩා ගන්නා කථාවෙන් යුතුවයි ඉන්නේ. ඒ කියන්නේ; 'නුඹ මේ ධර්ම විනය දන්නේ නෑ ....(පෙ).... වාදයෙන් නිදහස් වීමට මගක් හොයාගෙන පලයන්. පුළුවන් නම් ලිහාගනින්' යනාදිය කියමින් ආරවුල් හදාගන්නවා. මෙවැනි දෙයිනුත්, මෙවැනි වෙන දේවල්වලිනුත් වැළකී මෙබඳු වූ බැණ දොඩාගන්නා කතාවෙන් වැළකී ඉන්නවා. මෙයත් ඔහුගේ සීලයට අයත් දෙයකි.

18. ඒ වගේම ඇතැම් භවත් ශ්‍රමණ බ්‍රාහ්මණයන් ඉන්නවා ....(පෙ).... ගිහියන්ගේ පණිවිඩ පණත් ගෙන යන මෙබඳු වූ දූත මෙහෙවරෙහි යෙදෙනවා. ඒ කියන්නේ; 'මෙහෙ යන්න, අසවල් තැනට එන්න, මේක (අපේ මේ පණිවිඩය) අරන් යන්න. අසවල් තැනට මේක අරන් යන්න' යනාදී රජුන්ගේ, රාජමහා ඇමතිවරුන්ගේ, ක්ෂත්‍රියයන්ගේ, බ්‍රාහ්මණයන්ගේ, ගෘහපතියන්ගේ, කුමාරවරුන්ගේ, පණිවිඩ පණත් ගෙනියනවා. මෙවැනි දෙයිනුත්, මෙවැනි වෙන දේවල්වලිනුත් වැළකී මෙබඳු වූ පණිවිඩ පණත් ගෙනයන ගිහියන්ගේ දූත මෙහෙවරෙන් වැළකී ඉන්නවා. මෙයත් ඔහුගේ සීලයට අයත් දෙයකි.

19. ඒ වගේම ඇතැම් භවත් ශ්‍රමණ බ්‍රාහ්මණයන් ඉන්නවා ....(පෙ).... කුහක (උඩින් වෙන ජීවිතයක් පෙන්වමින් යටින් වෙනත් ජීවිතයක් ගෙවමින් නැති ගුණ පෙන්වා) ජීවිත ගෙවනවා ....(පෙ).... ලාභයෙන් ලාභය හොයනවා. මෙවැනි දෙයිනුත්, මෙවැනි වෙන දේවල්වලිනුත් වැළකී මෙබඳු වූ කුහකකමින්, චාටුබස්වලින් වැළකී ඉන්නවා. මෙයත් ඔහුගේ සීලයට අයත් දෙයකි.

20. ඒ වගේම ඇතැම් භවත් ශ්‍රමණ බ්‍රාහ්මණයන් ඉන්නවා ....(පෙ).... මෙවැනි වූ තිරශ්චීන විද්‍යාවෙන් යුතුව මිථ්‍යා ආජීවයෙන් ජීවත් වෙනවා. ඒ කියන්නේ; ශාරීරික අංග බලා ඵලාඵල කියනවා, නිමිති බලා ඵලාඵල කියනවා ....(පෙ).... මෘග පක්ෂ යනාදී මිථ්‍යා ආජීවයෙන් ජීවත් වෙනවා. මෙවැනි දෙයිනුත්, මෙවැනි වෙන දේවල්වලිනුත් වැළකී මෙබඳු වූ තිරශ්චීන විද්‍යාවෙන් යුතු මිථ්‍යා ආජීවයෙන් වැළකී ඉන්නවා. මෙයත් ඔහුගේ සීලයට අයත් දෙයකි.

21. ඒ වගේම ඇතැම් භවත් ශ්‍රමණ බ්‍රාහ්මණයන් ඉන්නවා ....(පෙ).... මෙබඳු වූ තිරශ්චීන විද්‍යාවෙන් යුතුව මිථ්‍යා ආජීවයෙන් ජීවත් වෙනවා. ඒ කියන්නේ; මැණික්වල සුභ අසුභ ලකුණු කීම, වස්ත්‍රවල සුභ අසුභ ලකුණු කීම ....(පෙ).... මුවන්ට මතුරා ඵලාඵල කීම ආදී තිරශ්චීන විද්‍යාවෙන් යුතු මිථ්‍යා ආජීවයෙන් කල් ගෙවනවා. මෙවැනි දෙයිනුත්, මෙවැනි වෙන දේවල්වලිනුත් වැළකී මෙබඳු වූ තිරශ්චීන විද්‍යාවෙන් යුතු මිථ්‍යා ආජීවයෙන් වැළකී ඉන්නවා. මෙයත් ඔහුගේ සීලයට අයත් දෙයකි.

22. ඒ වගේම ඇතැම් භවත් ශ්‍රමණ බ්‍රාහ්මණයන් ඉන්නවා ....(පෙ).... මෙබඳු වූත් තිරිසන් විද්‍යාවෙන් යුතුව මිථ්‍යා ආජීවයෙන් ජීවිකාව ගෙවනවා. ඒ කියන්නේ; 'අසවල් නැකතට රජතුමාගේ යුධ පිණිස නික්මීම වන්නේය ....(පෙ).... මොහුට පරාජය වෙනවා' ආදී වශයෙන් පවසමින් තිරිසන් විද්‍යාවෙන් යුතු මිථ්‍යා ආජීවයෙන් කල් ගෙවනවා. මෙවැනි දෙයිනුත්, මෙවැනි වෙන දේවල්වලිනුත් වැළකී මෙබඳු වූ තිරශ්චීන විද්‍යාවෙන් යුතු මිථ්‍යා ආජීවයෙන් වැළකී ඉන්නවා. මෙයත් ඔහුගේ සීලයට අයත් දෙයකි.

23. ඒ වගේම ඇතැම් භවත් ශ්‍රමණ බ්‍රාහ්මණයන් ඉන්නවා ....(පෙ).... මෙබඳු වූත් තිරිසන් විද්‍යාවෙන් යුතුව මිථ්‍යා ආජීවයෙන් ජීවිකාව ගෙවනවා. ඒ කියන්නේ; 'අසවල් දින චන්ද්‍ර ග්‍රහණයක් සිදුවෙනවා ....(පෙ).... හිරු සඳු හා නැකත්වල උදාව, බැසීම, කෙලෙසීම, පිරිසිදු වීම ලෝකයට මෙවැනි විපාක ලබාදෙනවා' කියලා තිරිසන් විද්‍යාවෙන් යුතුව මිථ්‍යා ආජීවයෙන් ජීවත් වෙනවා. මෙවැනි දෙයිනුත්, මෙවැනි වෙන දේවල්වලිනුත් වැළකී මෙබඳු වූ තිරශ්චීන විද්‍යාවෙන් යුතු මිථ්‍යා ආජීවයෙන් වැළකී ඉන්නවා. මෙයත් ඔහුගේ සීලයට අයත් දෙයකි.

24. ඒ වගේම ඇතැම් භවත් ශ්‍රමණ බ්‍රාහ්මණයන් ඉන්නවා ....(පෙ).... මෙබඳු වූත් තිරිසන් විද්‍යාවෙන් යුතුව මිථ්‍යා ආජීවයෙන් ජීවිකාව ගෙවනවා. ඒ කියන්නේ; 'මේ කාලයේදී වැස්ස වහිනවා ....(පෙ).... ලෝකායත ශාස්ත්‍ර, ආදී තිරිසන් විද්‍යාවෙන් යුතුව මිථ්‍යා ආජීවයෙන් ජීවත් වෙනවා. මෙවැනි දෙයිනුත්,

මෙවැනි වෙන දේවල්වලිනුත් වැළකී මෙබඳු වූ තිරශ්චීන විද්‍යාවෙන් යුතු මිථ්‍යා ආජීවයෙන් වැළකී ඉන්නවා. මෙයත් ඔහුගේ සීලයට අයත් දෙයකි.

25. ඒ වගේම ඇතැම් භවත් ශ්‍රමණ බ්‍රාහ්මණයන් ඉන්නවා ....(පෙ).... මෙබඳු වූත් තිරිසන් විද්‍යාවෙන් යුතුව මිථ්‍යා ආජීවයෙන් ජීවිකාව ගෙවනවා. ඒ කියන්නේ; ආවාහයට නැකත් කීම ....(පෙ).... මන්ත්‍ර බලෙන් ලක්ෂ්මී පූජා කිරීම යනාදී තිරිසන් විද්‍යාවෙන් යුතුව මිථ්‍යා ආජීවයෙන් ජීවත් වෙනවා. මෙවැනි දෙයිනුත්, මෙවැනි වෙන දේවල්වලිනුත් වැළකී මෙබඳු වූ තිරශ්චීන විද්‍යාවෙන් යුතු මිථ්‍යා ආජීවයෙන් වැළකී ඉන්නවා. මෙයත් ඔහුගේ සීලයට අයත් දෙයකි.

26. ඒ වගේම ඇතැම් භවත් ශ්‍රමණ බ්‍රාහ්මණයන් ඉන්නවා ....(පෙ).... මෙබඳු වූත් තිරිසන් විද්‍යාවෙන් යුතුව මිථ්‍යා ආජීවයෙන් ජීවිකාව ගෙවනවා. ඒ කියන්නේ; ශාන්ති කර්ම, බාර ඔප්පු කිරීම ....(පෙ).... වණවලට බෙහෙත් බැඳීම, ආදී තිරිසන් විද්‍යාවෙන් යුතුව මිථ්‍යා ආජීවයෙන් ජීවත් වෙනවා. මෙවැනි දෙයිනුත්, මෙවැනි වෙන දේවල්වලිනුත් වැළකී මෙබඳු වූ තිරශ්චීන විද්‍යාවෙන් යුතු මිථ්‍යා ආජීවයෙන් වැළකී ඉන්නවා. මෙයත් ඔහුගේ සීලයට අයත් දෙයකි.

27. පින්වත් පොට්ඨපාද, ඒ භික්ෂුව වනාහී මේ අයුරින් සීලසම්පන්නව සිටින විට ඒ සීල සංවරය හේතු කොට ගෙන මොනම අයුරකින්වත් බියක් දකින්නේ නෑ ....(පෙ).... ඔහු මේ ආර්ය වූ සීලස්කන්ධයෙන් සමන්විතව ආධ්‍යාත්මිකව නිවැරදි සැපයක් විඳිනවා. පින්වත් පොට්ඨපාද, ඔන්න ඔය විදිහටයි භික්ෂුව සීලසම්පන්න වන්නේ.

28. පින්වත් පොට්ඨපාද, භික්ෂුව අකුසලයෙන් වැළකූ ද්වාර ඇති ඉඳුරන් ඇතිව ඉන්නේ කොහොමද? පින්වත් පොට්ඨපාද, මෙහිලා භික්ෂුව ඇසින් රූප දැක නිමිති ගන්නේ නෑ. නිමිත්තක කොටසක්වත් ගන්නේ නෑ ....(පෙ).... මනස නැමැති ඉන්ද්‍රියේ සංවරයට පැමිණෙනවා. ඔහු මේ ආර්ය වූ ඉන්ද්‍රිය සංවරයෙන් යුක්තව ආධ්‍යාත්මිකව පීඩා රහිතව සැපයක් විඳිනවා. පින්වත් පොට්ඨපාද, භික්ෂුව අකුසලයෙන් වැළැක් වූ දොරටු ඇති ඉන්ද්‍රියයන් තුළ ඉන්නේ ඔය විදිහටයි.

29. පින්වත් පොට්ඨපාද, භික්ෂුව සිහිනුවණින් යුතුව සිටින්නේ කොහොමද? පින්වත් පොට්ඨපාද, මෙහිලා භික්ෂුව ඉදිරියට යද්දීත්, ආපසු එද්දීත්, එය කරන්නේ සිහි නුවණින්මයි ....(පෙ).... නිහඬව සිටිද්දී එය කරන්නෙත් සිහි නුවණින්මයි. පින්වත් පොට්ඨපාද, භික්ෂුව සිහිනුවණින් යුතු වන්නේ ඔය ආකාරයටයි.

30. පින්වත් පොට්ඨපාද, භික්ෂුව ලද දෙයින් සතුටු වන්නේ කොහොමද? පින්වත් පොට්ඨපාද, මෙහිලා භික්ෂුව කය පරිහරණයට සෑහෙන සිවුරෙන් ....(පෙ).... පින්වත් පොට්ඨපාද, ඒක මේ වගේ දෙයක්. කුරුල්ලෙක් යම් ම තැනකට පියඹා යනවා නම්, පියාපත් බර පමණක් සහිතව පියඹනවා වගෙයි. පින්වත් පොට්ඨපාද, ඔය අයුරින්ම භික්ෂුව ....(පෙ).... ඔහු යම් ම තැනකට පිටත් වෙනවා නම්, පාසිවුරු පමණක් අරගෙන යනවා. පින්වත් පොට්ඨපාද, භික්ෂුව ලද දෙයින් සතුටු වන්නේ ඔය විදිහටයි.

31. ඔහු මේ ආර්ය වූ සීලස්කන්ධයෙන් යුක්ත වෙලා, මේ ආර්ය වූ ඉන්ද්‍රිය සංවරයෙන් යුක්ත වෙලා, මේ ආර්ය වූ සිහිනුවණින් යුක්ත වෙලා, මේ ආර්ය වූ ලද දෙයින් සතුටු වීමෙන් යුක්ත වෙලා හුදෙකලා සෙනසුනක වාසය කරනවා. ඒ කියන්නේ අරණ්‍යය, රුක්සෙවණ, පර්වතය, දිය ඇල්ල, ගිරිගුහාව, සොහොන, වනගැබ, ගස් කොළන් රහිත හිස් පිටිය, පිදුරු ගෙය ආදියයි. ඔහු පිණ්ඩපාතය වළඳා, දානයෙන් පසු (එවැනි තැනක) පළඟක් බැඳගෙන, කය ඍජු කරගෙන, භාවනා අරමුණෙහි සිහිය පිහිටුවාගෙන වාඩිවෙනවා.

32. ඔහු ජීවිතය නම් වූ ලෝකය ගැන ඇති විසම ලෝභය දුරුකොට ....(පෙ).... තරහ, වෛර ආදිය අත්හැර ....(පෙ).... නිදිමත, අලසකම අත්හැර නිදිමත, අලසකමින් බැහැරව ....(පෙ).... සිතේ විසිරීමත්, පසුතැවීමත් බැහැර කොට ....(පෙ).... සැකය දුරුකොට කුසල් දහම් ගැන 'කෙසේද?, කෙසේද?' යනාදී සැකයෙන් එතෙරව වාසය කරනවා. සැකය කෙරෙන් සිත පිරිසිදු කරනවා.

පින්වත් පොට්ඨපාද, එය මෙවැනි දෙයක්. පුරුෂයෙක් ණයක් අරගෙන කර්මාන්තයක යොදවනවා. ඔහුගේ ඒ ව්‍යාපාරය සාර්ථක වෙනවා ....(පෙ).... ඒ හේතුවෙන් ඔහු මහත් සතුටක් ලබනවා. මහත් සොම්නසක් ලබනවා.

පින්වත් පොට්ඨපාද, ඒක මේ වගේ දෙයක්. පුරුෂයෙක් රෝගී වෙලා ....(පෙ).... නමුත් පස්සේ කාලෙක ඔහු ඒ රෝගයෙන් මිදුනා ....(පෙ).... ඒ හේතුවෙන් ඔහු මහත් සතුටක් ලබනවා. මහත් සොම්නසක් ලබනවා.

පින්වත් පොට්ඨපාද, ඒක මේ වගේ දෙයක්. පුරුෂයෙක් හිරගෙදරක බන්ධනයකට හසුවෙනවා. නමුත් ඔහු පස්සේ කාලෙක තමන්ගේ ධනය වියදම් නොකොට සුවසේම ඒ බන්ධනාගාරයෙන් නිදහස් වෙනවා. ඔහුගේ සම්පත්වලින් කිසි වියදමක් යන්නේ නෑ ....(පෙ).... ඒ හේතුවෙන් ඔහු මහත් සතුටක් ලබනවා. මහත් සොම්නසක් ලබනවා.

පින්වත් පොට්ඨපාද, ඒක මේ වගේ දෙයක්. පුරුෂයෙක් දාසයෙක් වෙලා හිටියා ....(පෙ).... ඔහු පස්සේ කාලෙක ඒ දාසබවෙන් නිදහස් වුනා ....(පෙ).... ඒ හේතුවෙන් ඔහු මහත් සතුටක් ලබනවා. මහත් සොම්නසක් ලබනවා.

පින්වත් පොට්ඨපාද, ඒක මේ වගේ දෙයක්. පුරුෂයෙක් ධනය ඇතිව, භෝග සම්පත් ඇතිව, ආහාරපාන දුලභ වූ, බිය උවදුරු සහිත කාන්තාර ගමනකට පිවිසෙනවා. නමුත් ඔහු පසු කාලෙක ඒ කාන්තාරයෙන් එතෙර වෙනවා ....(පෙ).... ඒ හේතුවෙන් ඔහු මහත් සතුටක් ලබනවා. මහත් සොම්නසක් ලබනවා.

පින්වත් පොට්ඨපාද, අන්න ඒ විදිහමයි. භික්ෂුවත් (කලින්) ණයක් ගත්තා වගේ, ලෙඩ වුනා වගේ, හිරේ විලංගුවේ වැටුනා වගේ, වහල් බවට පත්වුනා වගේ, නිරුදක කතරකට පැමිණුනා වගේ මේ පංච නීවරණයන් ප්‍රහාණය නොවී තමා තුළ පවතින හැටි දකිනවා. නමුත් පින්වත් පොට්ඨපාද, ඒ ණය ගෙවා දමා ණය රහිත වුනා වගේ, රෝගයෙන් නිදහස් වෙලා නීරෝග වුනා වගේ, වියදම් නැතුව හිරෙන් නිදහස් වුනා වගේ, දාස බවෙන් නිදහස් වුනා වගේ, නිරුදක කතර ගෙවා ආරක්ෂා සහිත ක්ෂේම භූමියකට පැමිණුනා වගේ තමයි. පින්වත් පොට්ඨපාද, අන්න ඒ විදිහමයි භික්ෂුව තමා තුළ මේ පංච නීවරණයන් දුරුවී ඇති ආකාරයත් දකින්නේ.

33. ඔහුට මේ පංච නීවරණයන් තමා තුළ නැති බව දකිද්දි මහත් සතුටක් ඇතිවෙනවා. ඒ ප්‍රමුදිත වීම ඇති කෙනාට ප්‍රීතිය ඇතිවෙනවා. ප්‍රීති මනසක් ඇති කෙනාගේ කය සංසිඳෙනවා. සංසිඳුණු කයින් යුතුව සැපක් විඳිනවා. සැප ඇති කෙනාගේ සිත සමාධිමත් වෙනවා. ඔහු කාමයන්ගෙන් වෙන්ව, අකුසලයන්ගෙන් වෙන්ව, විතර්ක සහිත වූ, විචාර සහිත වූ, විවේකයෙන් හට ගත් ප්‍රීති සුඛය ඇති පළමුවෙනි ධ්‍යානය උපදවාගෙන වාසය කරනවා. ඔහුට කලින් යම් කාම සඤ්ඤාවක් තිබුනා නම්, ඒක නිරුද්ධ වෙනවා. ඒ වෙලාවට ඔහුට තිබෙන්නේ විවේකයෙන් හටගත් ඉතා සියුම් වූ ප්‍රීතිමත් ස්වභාවයෙන් යුතු සඤ්ඤාවයි. ඔය ආකාරයෙනුත් ශික්ෂාවෙන් එක් සඤ්ඤාවක් උපදිනවා. ශික්ෂාවෙන් එක් සඤ්ඤාවක් නිරුද්ධ වෙනවා. මේ තමයි ශික්ෂාව" කියලා භාග්‍යවතුන් වහන්සේ වදාළා.

34. "පින්වත් පොට්ඨපාද, තවදුරටත් කියනවා නම්, භික්ෂුව විතක්ක විචාරයන්ගේ සංසිඳීමෙන් ආධ්‍යාත්මිකව පැහැදීම ඇතිව සිතෙහි මනා එකඟ බවෙන් යුතුව විතර්ක රහිත, විචාර රහිත, සමාධියෙන් හටගත්, ප්‍රීති සුඛය ඇති දෙවෙනි ධ්‍යානය උපදවාගෙන වාසය කරනවා. ඔහුට කලින් යම් විවේකයෙන්

හටගත් ඉතා සියුම් වූ ප්‍රීතිමත් ස්වභාවයෙන් යුතු සඤ්ඤාවක් තිබුනා නම්, ඒක නිරුද්ධ වෙනවා. ඒ වෙලාවට ඔහුට තිබෙන්නේ සමාධියෙන් හටගත් ඉතා සියුම් වූ සැප සහගත ස්වභාවයෙන් යුතු සඤ්ඤාවයි. ඔය ආකාරයෙනුත් ශික්ෂාවෙන් එක් සඤ්ඤාවක් උපදිනවා. ශික්ෂාවෙන් එක් සඤ්ඤාවක් නිරුද්ධ වෙනවා. මේ තමයි ශික්ෂාව" කියලා භාග්‍යවතුන් වහන්සේ වදාළා.

35. "පින්වත් පොට්ඨපාද, තවදුරටත් කියනවා නම්, භික්ෂුව ප්‍රීතියටද නොඇලීමෙන් උපේක්ෂාවෙන් යුතුව වාසය කරනවා. සිහියෙන් නුවණින් යුතුව කයෙන් සැපයක්ද විඳිනවා. ආර්යයන් වහන්සේලා යම් ධ්‍යානයකට උපේක්ෂා සහගත සිහිය ඇති සැප විහරණය යැයි පවසනවාද, ඒ තුන්වන ධ්‍යානයත් උපදවාගෙන වාසය කරනවා. ඔහුට කලින් යම් සමාධියෙන් හටගත් ඉතා සියුම් වූ සැප සහගත ස්වභාවයෙන් යුතු සඤ්ඤාවක් තිබුනා නම්, ඒක නිරුද්ධ වෙනවා. ඒ වෙලාවට ඔහුට තිබෙන්නේ උපේක්ෂාවෙන් හටගත් ඉතා සියුම් වූ සැප සහගත ස්වභාවයෙන් යුතු සඤ්ඤාවයි. ඔය ආකාරයෙනුත් ශික්ෂාවෙන් එක් සඤ්ඤාවක් උපදිනවා. ශික්ෂාවෙන් එක් සඤ්ඤාවක් නිරුද්ධ වෙනවා. මේ තමයි ශික්ෂාව" කියලා භාග්‍යවතුන් වහන්සේ වදාළා.

36. "පින්වත් පොට්ඨපාද, නැවතත් කියනවා නම්, භික්ෂුව සැපයද ප්‍රහාණය කිරීමෙන්, දුකද ප්‍රහාණය කිරීමෙන් කලින්ම සොම්නස් දොම්නස් දෙක ඉක්ම යෑමෙන් දුක් සැප රහිත වූ පාරිශුද්ධ උපේක්ෂා සහගත සතිය ඇති සතරවෙනි ධ්‍යානය උපදවාගෙන වාසය කරනවා. ඔහුට කලින් යම් උපේක්ෂාවෙන් හටගත් ඉතා සියුම් වූ සැප සහගත ස්වභාවයෙන් යුතු සඤ්ඤාවක් තිබුනා නම්, ඒක නිරුද්ධ වෙනවා. ඒ වෙලාවට ඔහුට තිබෙන්නේ දුක් සැප රහිතව හටගත් ඉතා සියුම් වූ සැප සහගත ස්වභාවයෙන් යුතු සඤ්ඤාවයි. ඔය ආකාරයෙනුත් ශික්ෂාවෙන් එක් සඤ්ඤාවක් උපදිනවා. ශික්ෂාවෙන් එක් සඤ්ඤාවක් නිරුද්ධ වෙනවා. මේ තමයි ශික්ෂාව" කියලා භාග්‍යවතුන් වහන්සේ වදාළා.

37. "පින්වත් පොට්ඨපාද, නැවතත් කියනවා නම්, භික්ෂුව සියලු රූප සඤ්ඤාවන් ඉක්මවා ගිහින් ගොරෝසු සඤ්ඤාවන් නැතිවීමෙන් නා නා සඤ්ඤාවන් මෙනෙහි නොකර 'අනන්ත ආකාසය' කියලා මෙනෙහි කිරීමෙන් ආකාසානඤ්චායතනය උපදවාගෙන වාසය කරනවා. ඔහුට කලින් යම් රූප සඤ්ඤාවක් තිබුනා නම්, ඒක නිරුද්ධ වෙනවා. ඒ වෙලාවට ඔහුට තිබෙන්නේ ආකාසානඤ්චායතන වූ ඉතා සියුම් වූ ස්වභාවයෙන් සඤ්ඤාවයි. ඔය ආකාරයෙනුත් ශික්ෂාවෙන් එක් සඤ්ඤාවක් උපදිනවා. ශික්ෂාවෙන් එක් සඤ්ඤාවක් නිරුද්ධ වෙනවා. මේ තමයි ශික්ෂාව" කියලා භාග්‍යවතුන් වහන්සේ වදාළා.

38. "පින්වත් පොට්ඨපාද, නැවතත් කියනවා නම්, භික්ෂුව සියලු ආකාසානඤ්චායතනය ඉක්මවා යෑමෙන් 'අනන්ත වූ විඤ්ඤාණය' කියලා අරූප ධ්‍යාන වැඩීමෙන් විඤ්ඤාණඤ්චායතනය උපදවාගෙන වාසය කරනවා. ඔහුට කලින් යම් ආකාසානඤ්චායතන වූ ඉතා සියුම් වූ ස්වභාවයෙන් යුතු සඤ්ඤාවක් තිබුනා නම්, ඒක නිරුද්ධ වෙනවා. ඒ වෙලාවට ඔහුට තිබෙන්නේ විඤ්ඤාණඤ්චායතන වූ ඉතා සියුම් වූ ස්වභාවයෙන් යුතු සඤ්ඤාවයි. ඔය ආකාරයෙනුත් ශික්ෂාවෙන් එක් සඤ්ඤාවක් උපදිනවා. ශික්ෂාවෙන් එක් සඤ්ඤාවක් නිරුද්ධ වෙනවා. මේ තමයි ශික්ෂාව" කියලා භාග්‍යවතුන් වහන්සේ වදාළා.

39. "පින්වත් පොට්ඨපාද, නැවතත් කියනවා නම් භික්ෂුව සියලු විඤ්ඤාණඤ්චායතනය ඉක්මවා යෑමෙන් 'කිසිවක් නැත' කියලා අරූප ධ්‍යාන වැඩීමෙන් ආකිඤ්චඤ්ඤායතනය උපදවාගෙන වාසය කරනවා. ඔහුට කලින් යම් විඤ්ඤාණඤ්චායතන වූ ඉතා සියුම් වූ ස්වභාවයෙන් යුතු සඤ්ඤාවක් තිබුනා නම්, ඒක නිරුද්ධ වෙනවා. ඒ වෙලාවට ඔහුට තිබෙන්නේ ආකිඤ්චඤ්ඤායතන වූ ඉතා සියුම් වූ ස්වභාවයෙන් යුතු සඤ්ඤාවයි. ඔය ආකාරයෙනුත් ශික්ෂාවෙන් එක් සඤ්ඤාවක් උපදිනවා. ශික්ෂාවෙන් එක් සඤ්ඤාවක් නිරුද්ධ වෙනවා. මේ තමයි ශික්ෂාව" කියලා භාග්‍යවතුන් වහන්සේ වදාළා.

40. "පින්වත් පොට්ඨපාද, යම් විටෙක භික්ෂුව මෙහි තමන්ගේ සඤ්ඤාව සහිතව ඉන්නවා. එතකොට ඔහු ඒ ඒ සඤ්ඤාවෙන් ඔබ්බට අනුපිළිවෙලින් සඤ්ඤා කෙළවර ස්පර්ශ කරනවා. ඉතින් ඒ සඤ්ඤා කෙළවරෙහි පිහිටි ඔහුට මෙහෙම හිතෙනවා. 'චේතනාවන් පහළ කරන එක මට ලාමක දෙයක්. චේතනා පහළ නොකරන දෙය තමයි මට උතුම් වන්නේ එහෙම නම් මම චේතනා පහළ කරනවා නම්, අභිසංස්කරණ කරනවා නම් මාගේ මේ සඤ්ඤාවලුත් නිරුද්ධ වෙලා යාවි. අන්‍ය වූ ගොරෝසු සඤ්ඤාවන් උපදීවි. එනිසා මං චේතනා පහළ නොකර අභිසංස්කරණය නොකොට ඉන්න ඕන' කියලා. ඉතින් ඔහු සිතන්නෙත් නෑ. අභිසංස්කරණ කරන්නෙත් නෑ. නොසිතා ඉන්න කොට, අභිසංස්කරණය නොකරන කොට ඔහුගේ ඒ සඤ්ඤාවන් නිරුද්ධ වෙලා යනවා. අන්‍ය වූ ගොරෝසු සඤ්ඤාවන් උපදින්නේ නැතුව යනවා. එතකොට ඔහු නිරෝධය ස්පර්ශ කරනවා. පින්වත් පොට්ඨපාද, ඔන්න ඔය විදිහටයි අනුපිළිවෙලින් අභිසඤ්ඤා නිරෝධය දැනගෙන එයට සමවදින්නේ.

41. පින්වත් පොට්ඨපාද, මේ ගැන ඔබ කුමක්ද හිතන්නේ? ඔබ මේ විදිහේ විස්තර සහිතව අනුපිළිවෙලින් අභිසඤ්ඤා නිරෝධය දැනගෙන එයට සමවැදීම ගැන මෙයට කලින් අහලා තියෙනවාද?"

"අනේ ස්වාමීනී, අහලා නෑ. ස්වාමීනී, භාග්‍යවතුන් වහන්සේගේ දේශනාවෙන් තමයි මං මේක දැනගත්තේ. ඒ කියන්නේ: 'පින්වත් පොට්ඨපාද, යම් විටෙක භික්ෂුව මෙහි තමන්ගේ සඤ්ඤාව සහිතව ඉන්නවා. එතකොට ඔහු ඒ ඒ සඤ්ඤාවෙන් ඔබ්බට අනුපිළිවෙලින් සඤ්ඤා කෙළවර ස්පර්ශ කරනවා. ඉතින් ඒ සඤ්ඤා කෙළවරෙහි පිහිටි ඔහුට මෙහෙම හිතෙනවා. 'චේතනාවන් පහළ කරන එක මට ළාමක දෙයක්. චේතනා පහළ නොකරන දෙය තමයි මට උතුම් වන්නේ. එහෙම නම් මම චේතනා පහළ කරනවා නම්, අභිසංස්කරණ කරනවා නම් මාගේ මේ සඤ්ඤාවලුත් නිරුද්ධ වෙලා යාවි. අන්‍ය වූ ගොරෝසු සඤ්ඤාවන් උපදීවි. එනිසා මං චේතනා පහළ නොකර අභිසංස්කරණය නොකොට ඉන්න ඕන' කියලා. ඉතින් ඔහු සිතන්නෙත් නෑ. අභිසංස්කරණ කරන්නෙත් නෑ. නොසිතා ඉන්න කොට අභිසංස්කරණය නොකරන කොට ඔහුගේ ඒ සඤ්ඤාවන් නිරුද්ධ වෙලා යනවා. අන්‍ය වූ ගොරෝසු සඤ්ඤාවන් උපදින්නේ නැතුව යනවා. එතකොට ඔහු නිරෝධය ස්පර්ශ කරනවා. පින්වත් පොට්ඨපාද, ඔන්න ඔය විදිහටයි අනුපිළිවෙලින් අභිසඤ්ඤා නිරෝධය දැනගෙන එයට සමවදින්නේ' කියලා."

"පින්වත් පොට්ඨපාද, එහෙම තමයි."

"ස්වාමීනී, භාග්‍යවතුන් වහන්සේ එකම සඤ්ඤා කෙළවරක් පණවන සේක්ද, එහෙමත් නැත්නම් විවිධ වූ සඤ්ඤා කෙළවරවල් පණවන සේක්ද?"

"පින්වත් පොට්ඨපාද, මං එකම සඤ්ඤා කෙළවරත් පණවනවා. විවිධ වූ සඤ්ඤා කෙළවරවලුත් පණවනවා."

"ස්වාමීනී, භාග්‍යවතුන් වහන්සේ එකම සඤ්ඤා කෙළවරකුත් පණවන සේක් නම්, විවිධ වූ සඤ්ඤා කෙළවරවල්ද පණවන සේක් නම් එසේ පණවන්නේ කොහොමද?"

"පින්වත් පොට්ඨපාද, යම් යම් ආකාරයකින් නිරෝධය ස්පර්ශ කරනවා නම්, මං සඤ්ඤාවේ කෙළවර පණවන්නේ ඒ ඒ ආකාරයෙනුයි.

පින්වත් පොට්ඨපාද, මං එකම සඤ්ඤා කෙළවරක් පණවන්නේත්, විවිධ වූ සඤ්ඤා කෙළවරවල් පණවන්නේ ඔය විදිහටයි."

"ස්වාමීනී, ඉස්සෙල්ලාම උපදින්නේ සඤ්ඤාවද? ඊට පස්සෙද ඤාණය උපදින්නේ? එහෙම නැත්නම්, මුලින්ම ඤාණය උපදිනවාද? පස්සේ සඤ්ඤාව උපදිනවාද? එහෙමත් නැත්නම්, සඤ්ඤාවත් ඤාණයත් යන දෙකම පෙර පසු නොවී එක්වරම උපදිනවාද?"

"පින්වත් පොට්ඨපාද, සඤ්ඤාව තමයි මුලින්ම උපදින්නේ. පස්සේ උපදින්නේ ඤාණයයි. සඤ්ඤාව ඉපදීමෙනුයි ඤාණය උපදින්නේ. එතකොට ඔහු මේ විදිහට දැනගන්නවා. 'මේ මේ කරුණු ප්‍රත්‍ය කරගෙනයි මට ඤාණය ඉපදුණේ' කියලා. පින්වත් පොට්ඨපාද, ඔය කාරණය මෙන්න මේ ක්‍රමයෙනුත් තේරුම් ගත යුතුයි. 'යම් අයුරකින් සඤ්ඤාව පළමුව උපදිනවාද, පසුවට ඤාණය උපදිනවාද, සඤ්ඤාව ඉපදීමෙනුයි ඤාණය උපදින්නේ' කියලා."

"ස්වාමීනී, සඤ්ඤාව කියන්නේ පුරුෂයාගේ ආත්මයද? එහෙම නැත්නම්, සඤ්ඤාව වෙන එකක්ද? ආත්මය වෙන එකක්ද?"

"පින්වත් පොට්ඨපාද, ඔබ ආත්මය කියලා අදහස් කළේ කුමක්ද?"

"ස්වාමීනී, මං ආත්මය හැටියට සළකන්නේ සතර මහා භූතයන්ගෙන් හට ගත් රූපවත් වූද, ගොරෝසු ආහාර අනුභව කරන්නා වූද, ඕළාරික ශරීරයයි."

"පින්වත් පොට්ඨපාද, ඉතින් එහෙම නම් ඔබගේ ආත්මය සතර මහා භූතයන්ගෙන් හටගත් රූපවත් වූද, ගොරෝසු ආහාර අනුභව කරන්නා වූද, ඕළාරික ශරීරය නම් ඒ විදිහට සළකද්දී ඔබගේ සඤ්ඤාව වෙන දෙයක්මය. ආත්මයත් වෙන දෙයක්මය. එහෙම නම් පින්වත් පොට්ඨපාද, එය මේ විදිහට තේරුම් ගත යුතුය. 'යම් අයුරකින් සඤ්ඤාව වෙනත් දෙයක් නම් ආත්මය තවත් දෙයක්' කියලා.

42. පින්වත් පොට්ඨපාද සතර මහා භූතයන්ගෙන් හටගත් රූපවත් වූද, ගොරෝසු ආහාර අනුභව කරන්නා වූද, ඕළාරික ශරීරය නම් වූ ආත්මය පසෙක තිබේවා! එසේ නමුත් පුරුෂයාට අන්‍ය වූ ම සඤ්ඤාවන් උපදිනවා. අන්‍ය වූ ම සඤ්ඤාව නිරුද්ධ වෙනවා. පින්වත් පොට්ඨපාද, එය මේ විදිහට තේරුම් ගත යුතුය. 'යම් අයුරකින් සඤ්ඤාව වෙනත් දෙයක් නම් ආත්මය තවත් දෙයක්' කියලා."

"එතකොට ස්වාමීනී, ආත්මය හැටියට මට සළකන්න වෙන්නේ නොපිරිහුණු ඉඳුරන් සහිත සියලු අඟපසඟ ඇති මනෝමය ශරීරයයි."

"පින්වත් පොට්ඨපාද, ඉතින් එහෙම නම් ඔබගේ ආත්මය නොපිරිහුණු ඉඳුරන් සහිත සියලු අඟපසඟ ඇති මනෝමය ශරීරය නම් ඒ විදිහට සළකද්දී ඔබගේ සඤ්ඤාව වෙන දෙයක්මය. ආත්මයත් වෙන දෙයක්මය. එහෙම නම් පින්වත් පොට්ඨපාද, එය මේ විදිහට තේරුම් ගත යුතුය. 'යම් අයුරකින් සඤ්ඤාව වෙනත් දෙයක් නම් ආත්මය තවත් දෙයක්' කියලා.

පින්වත් පොට්ඨපාද, නොපිරිහුණු ඉඳුරන් සහිත සියලු අඟපසඟ ඇති මනෝමය ශරීරය නම් වූ ආත්මය පසෙක තිබේවා! එසේ නමුත් පුරුෂයාට අන්‍ය වූ ම සඤ්ඤාවන් උපදිනවා. අන්‍ය වූ ම සඤ්ඤාව නිරුද්ධ වෙනවා. පින්වත් පොට්ඨපාද, එය මේ විදිහට තේරුම්ගත යුතුය. 'යම් අයුරකින් සඤ්ඤාව වෙනත් දෙයක් නම් ආත්මය තවත් දෙයක්' කියලා."

"එතකොට ස්වාමීනී, ආත්මය හැටියට මට සළකන්න වෙන්නේ අරූපී වූ සඤ්ඤාමය ශරීරයයි."

"පින්වත් පොට්ඨපාද, ඉතින් එහෙම නම් ඔබගේ ආත්මය අරූපී වූ සඤ්ඤාමය ශරීරය නම් ඒ විදිහට සළකද්දී ඔබගේ සඤ්ඤාව වෙන දෙයක්මය. ආත්මයත් වෙන දෙයක්ම ය. එහෙම නම් පින්වත් පොට්ඨපාද, එය මේ විදිහට තේරුම්ගත යුතුය. 'යම් අයුරකින් සඤ්ඤාව වෙනත් දෙයක් නම් ආත්මය තවත් දෙයක්' කියලා.

පින්වත් පොට්ඨපාද අරූපී වූ සඤ්ඤාමය ශරීරය නම් වූ ආත්මය පසෙක තිබේවා! එසේ නමුත් පුරුෂයාට අන්‍ය වූ ම සඤ්ඤාවන් උපදිනවා. අන්‍ය වූ ම සඤ්ඤාව නිරුද්ධ වෙනවා. පින්වත් පොට්ඨපාද, එය මේ විදිහට තේරුම්ගත යුතුය. 'යම් අයුරකින් සඤ්ඤාව වෙනත් දෙයක් නම් ආත්මය තවත් දෙයක්' කියලා."

"එහෙම නම් ස්වාමීනී, සඤ්ඤාව කියන්නේ පුරුෂයාගේ ආත්මයද? නැත්නම් සඤ්ඤාව වෙනත් දෙයක්ද? ආත්මය වෙනත් දෙයක්ද? යන කරුණ මට අවබෝධ කරන්නට පුළුවන් වේවිද?"

"පින්වත් පොට්ඨපාද, 'සඤ්ඤාව කියන්නේ පුරුෂයාගේ ආත්මයද? නැත්නම් සඤ්ඤාව වෙනත් දෙයක්ද? ආත්මය වෙනත් දෙයක්ද?' යන කරුණ අන්‍ය දෘෂ්ටික වූ, අන්‍ය ලබ්ධික වූ, අන්‍ය මතයක් රුචි කරන, අන්‍ය ප්‍රතිපත්තියක සිටින, අන්‍ය වූ ආචාර්යවරයෙකු වන ඔබට අවබෝධ කිරීම දුෂ්කර දෙයක්."

"ස්වාමීනී, අන්‍ය දෘෂ්ටික වූ, අන්‍ය ලබ්ධික වූ, අන්‍ය මතයක් රුචි කරන, අන්‍ය ප්‍රතිපත්තියක සිටින, අන්‍ය වූ ආචාර්යවරයෙකු වන මට 'සඤ්ඤාව කියන්නේ පුරුෂයාගේ ආත්මයද? නැත්නම් සඤ්ඤාව වෙනත් දෙයක්ද? ආත්මය වෙනත් දෙයක්ද?' යන කරුණ අවබෝධ කිරීම දුෂ්කර දෙයක් නම් ස්වාමීනී, එහෙම නම් මේ ලෝකය සදාකාලිකයි යන මේ කාරණා නේද සත්‍යය? අනෙක් මතවාද හිස් නේද?"

"පින්වත් පොට්ඨපාද, ලෝකය සදාකාලිකයි යන මෙය තමයි ඇත්ත, අනෙක් මතවාද හිස් කියන කරුණ මා විසින් ප්‍රකාශ නොකළ දෙයක්."

"එහෙම නම් ස්වාමීනී, ලෝකය සදාකාලික නැත යන මේ කාරණා නේද සත්‍යය? අනෙක් මතවාද හිස් නේද?"

"පින්වත් පොට්ඨපාද, ලෝකය සදාකාලික නැත යන මෙය තමයි ඇත්ත, අනෙක් මතවාද හිස් කියන කරුණත් මා විසින් ප්‍රකාශ නොකළ දෙයක්."

"එහෙම නම් ස්වාමීනී, ලෝකය අන්තවත්ය යන මේ කාරණා නේද සත්‍යය? අනෙක් මතවාද හිස් නේද?"

"පින්වත් පොට්ඨපාද, ලෝකය අන්තවත්ය යන මෙය තමයි ඇත්ත, අනෙක් මතවාද හිස් කියන කරුණත් මා විසින් ප්‍රකාශ නොකළ දෙයක්."

"එහෙම නම් ස්වාමීනී, ලෝකය අනන්තවත්ය යන මේ කාරණා නේද සත්‍යය? අනෙක් මතවාද හිස් නේද?"

"පින්වත් පොට්ඨපාද, ලෝකය අනන්තවත්ය යන මෙය තමයි ඇත්ත, අනෙක් මතවාද හිස් කියන කරුණත් මා විසින් ප්‍රකාශ නොකළ දෙයක්."

"එහෙම නම් ස්වාමීනී, 'ජීවයත් එයමයි, ශරීරයත් එයමයි' යන මේ කාරණා නේද සත්‍යය? අනෙක් මතවාද හිස් නේද?"

"පින්වත් පොට්ඨපාද, 'ජීවයත් එයමයි, ශරීරයත් එයමයි' යන මෙය තමයි ඇත්ත, අනෙක් මතවාද හිස් කියන කරුණත් මා විසින් ප්‍රකාශ නොකළ දෙයක්."

"එහෙම නම් ස්වාමීනී, 'ජීවය අනෙකකි. ශරීරයත් තවත් දෙයකි' යන මේ කාරණා නේද සත්‍යය? අනෙක් මතවාද හිස් නේද?"

"පින්වත් පොට්ඨපාද, 'ජීවය අනෙකකි. ශරීරයත් තවත් දෙයකි' යන මෙය තමයි ඇත්ත, අනෙක් මතවාද හිස් කියන කරුණත් මා විසින් ප්‍රකාශ නොකළ දෙයක්."

"එහෙම නම් ස්වාමීනී, 'තථාගතයන් වහන්සේ මරණින් මතු සිටිති' යන මේ කාරණා නේද සත්‍යය? අනෙක් මතවාද හිස් නේද?"

"පින්වත් පොට්ඨපාද, 'තථාගතයන් වහන්සේ මරණින් මතු සිටිති' යන මෙය තමයි ඇත්ත, අනෙක් මතවාද හිස් කියන කරුණත් මා විසින් ප්‍රකාශ නොකළ දෙයක්."

"එහෙම නම් ස්වාමීනී, 'තථාගතයන් වහන්සේ මරණින් මතු නොසිටිති' යන මේ කාරණා නේද සත්‍යය? අනෙක් මතවාද හිස් නේද?"

"පින්වත් පොට්ඨපාද, 'තථාගතයන් වහන්සේ මරණින් මතු නොසිටිති' යන මෙය තමයි ඇත්ත, අනෙක් මතවාද හිස් කියන කරුණත් මා විසින් ප්‍රකාශ නොකළ දෙයක්."

"එහෙම නම් ස්වාමීනී, 'තථාගතයන් වහන්සේ මරණින් මතු සිටිනවා මෙන්ම, නොසිටිනවා' යම් යන මේ කාරණා නේද සත්‍යය? අනෙක් මතවාද හිස් නේද?"

"පින්වත් පොට්ඨපාද, 'තථාගතයන් වහන්සේ මරණින් මතු සිටිනවා මෙන්ම, නොසිටිනවාය' යන මෙය තමයි ඇත්ත, අනෙක් මතවාද හිස් කියන කරුණත් මා විසින් ප්‍රකාශ නොකළ දෙයක්."

"එහෙම නම් ස්වාමීනී, 'තථාගතයන් වහන්සේ මරණින් මතු ඇත්තේත් නැත, නැත්තේත් නැත' යන මේ කාරණා නේද සත්‍යය? අනෙක් මතවාද හිස් නේද?"

"පින්වත් පොට්ඨපාද, 'තථාගතයන් වහන්සේ මරණින් මතු ඇත්තේත් නැත, නැත්තේත් නැත' යන මෙය තමයි ඇත්ත, අනෙක් මතවාද හිස් කියන කරුණත් මා විසින් ප්‍රකාශ නොකළ දෙයක්."

"ස්වාමීනී, භාග්‍යවතුන් වහන්සේ විසින් මේ නොවිසඳන ලද්දේ කවර හේතුවක් නිසාද?"

"පින්වත් පොට්ඨපාද, ඔය දෙය අර්ථවත් දෙයක් නොවෙයි. ධර්මානුකූල දෙයකුත් නොවෙයි. නිවන් මගට මුල්වන දෙයකුත් නොවෙයි. අවබෝධයෙන් කළකිරෙන දෙයකුත් නොවෙයි. විරාගය පිණිස පවතින දෙයකුත් නොවෙයි. තණ්හාව නිරුද්ධවීම පිණිස පවතින දෙයකුත් නොවෙයි. සංසිඳීම පිණිස පවතින දෙයකුත් නොවෙයි. විශේෂ නුවණ පිණිස පවතින දෙයකුත් නොවෙයි. සත්‍යාවබෝධය පිණිස පවතින දෙයකුත් නොවෙයි. නිවන පිණිස පවතින දෙයකුත් නොවෙයි. ඒ නිසයි ඔය දෙයට මා පිළිතුරු නොදෙන්නේ.

"පින්වත් පොට්ඨපාද, 'මෙය තමයි දුක' කියලා මා පැහැදිලි කරලා තියෙනවා. පින්වත් පොට්ඨපාද, 'මෙය තමයි දුකේ හටගැනීම' කියලා මා පැහැදිලි කරලා තියෙනවා. පින්වත් පොට්ඨපාද, 'මෙය තමයි දුක නිරුද්ධ වීම' කියලා මා පැහැදිලි කරලා තියෙනවා. පින්වත් පොට්ඨපාද, 'මෙය තමයි දුක නිරුද්ධ වීම' පිණිස පවතින ප්‍රතිපදාව කියලා මා පැහැදිලි කරලා තියෙනවා."

"ස්වාමීනී, භාග්‍යවතුන් වහන්සේ විසින් ඔය කාරණය පැහැදිලි කොට වදාළේ කවර කරුණක් නිසාද?"

"පින්වත් පොට්ඨපාද, ඔය කරුණ අර්ථවත් දෙයක්. ධර්මානුකූල දෙයක්. නිවන් මගට මුල්වන දෙයක්. අවබෝධයෙන් කළකිරෙන දෙයක්. විරාගය පිණිස පවතින දෙයක්. තණ්හාව නිරුද්ධවීම පිණිස පවතින දෙයක්. සංසිඳීම පිණිස පවතින දෙයක්. විශේෂ නුවණ පිණිස පවතින දෙයක්. සත්‍යාවබෝධය පිණිස පවතින දෙයක්. නිවන පිණිස පවතින දෙයක්. ඒ නිසයි ඔය දෙය මා පැහැදිලි කරන්නේ."

"භාග්‍යවතුන් වහන්ස, එය එසේමයි. සුගතයන් වහන්ස, එය එසේමයි. ස්වාමීනී, භාග්‍යවතුන් වහන්සේ යම් පිණ්ඩපාත ගමනට කල් එළඹී වග හඟිනා සේක් නම් දැන් එයට කාලයයි." ඉතින් භාග්‍යවතුන් වහන්සේ අසුනෙන් නැගිට සැවැත් නුවර දෙසට නික්ම වදාළා.

43. භාග්‍යවතුන් වහන්සේ වැඩම කොට නොබෝ වේලාවකින් ඒ පිරිවැජියන් පොට්ඨපාද පිරිවැජියාව වට කරගෙන නපුරු වචන නැමැති ආයුධවලින් පහර දුන්නා. "ශ්‍රමණ ගෞතමයා, කියන්නේ මොකක්ද? ඒ කියන කියන එක 'භාග්‍යවතුන් වහන්ස, එය එසේමයි. සුගතයන් වහන්ස, එය එසේමයි' කියලා මෙයා අනුමෝදන් වුනා. ඒ වුනාට අපි නම් "ලෝකය ශාස්වතයි කියන කරුණ හෝ, ලෝකය අශාස්වතයි කියන කරුණ හෝ ලෝකය අන්තවත්ය කියන කරුණ හෝ ලෝකය අනන්තවත්ය කියන කරුණ හෝ ජීවයත් ඒකමයි ශරීරයත් ඒකමයි කියන කරුණ හෝ ජීවය තව එකක් ශරීරය වෙනත් එකක් කියන කරුණ හෝ තථාගතයන් වහන්සේ මරණින් මතු සිටිනවා කියන කරුණ හෝ තථාගතයන් වහන්සේ මරණින් මතු නැත කියන කරුණ හෝ තථාගතයන් වහන්සේ මරණින් මතු සිටිනවා මෙන්ම නැත කියන කරුණ හෝ තථාගතයන් වහන්සේ මරණින් මතු ඇත්තේත් නැත, නැත්තේත් නැත කියන කරුණ හෝ අරභයා ඔය ශ්‍රමණ ගෞතමයා එක දෙයක් ඉලක්ක කොට දෙසූ ධර්මයක් ගැන දන්නේ නෑ."

44. මෙසේ කී විට පොට්ඨපාද පිරිවැජියා ඒ පිරිවැජියන්ට මෙහෙම කිව්වා. "භවත්නි, මම වුනත් 'ලෝකය ශාස්වතයි කියන කරුණ හෝ, ලෝකය අශාස්වතයි කියන කරුණ හෝ ....(පෙ).... තථාගතයන් වහන්සේ මරණින් මතු ඇත්තේත් නැත, නැත්තේත් නැත කියන කරුණ හෝ. අරභයා ඔය ශ්‍රමණ ගෞතමයන් වහන්සේ එක දෙයක් ඉලක්ක කොට දෙසූ ධර්මයක් ගැන දන්නේ නෑ තමයි. නමුත් ශ්‍රමණ ගෞතමයන් වහන්සේ තිබෙන්නා වූ ම ඇත්ත පෙනි පෙනී එබඳු වූ ම ප්‍රතිපදාවක් ධර්මය පිහිටුවන පරිදි, ධර්මය උපදවන පරිදි හරි

ලස්සනට පහදලා දෙද්දී මං වගේ නුවණැති මනුෂ්‍යයෙක් ඒ ශ්‍රමණ ගෞතමයන් වහන්සේගේ සුභාෂිතය සුභාෂිතයක් වශයෙන්ම අනුමෝදන් නොවී ඉන්නේ කොහොමද?"

45. ඊට දෙතුන් දිනකට පස්සේ හත්ථිසාරිපුත්ත චිත්ත නැමැති කෙනාත්, පොට්ඨපාද පිරිවැජියාත් භාග්‍යවතුන් වහන්සේ වෙත පැමිණුනා. පැමිණිලා හත්ථිසාරිපුත්ත චිත්ත භාග්‍යවතුන් වහන්සේට ආදරයෙන් වන්දනා කොට එකත්පස්ව වාඩිවුනා. පොට්ඨපාද පිරිවැජියා භාග්‍යවතුන් වහන්සේ සමඟ සතුටු වුනා. සතුටු විය යුතු පිළිසඳර කතාබහ අවසන් කොට එකත්පස්ව වාඩි වුනා. එකත්පස්ව වාඩිවුන පොට්ඨපාද පිරිවැජියා භාග්‍යවතුන් වහන්සේට මෙකරුණ පැවසුවා. "එදා ස්වාමීනී, භාග්‍යවතුන් වහන්සේ වැඩම කොට නොබෝ වේලාවකින් ඒ පිරිවැජියන් මාව වට කරගෙන තපුරු වචන නැමැති අවි ආයුධවලින් මට අනින්න පටන් ගත්තා නෙව. 'ශ්‍රමණ ගෞතමයා, කියන්නේ මොකක්ද? ඒ කියන කියන එක භාග්‍යවතුන් වහන්ස, එය එසේමයි. සුගතයන් වහන්ස, එය එසේමයි' කියලා මෙයා අනුමෝදන් වුනා. ඒ වුනාට අපි නම් ලෝකය ශාස්වතයි කියන කරුණ හෝ ලෝකය අශාස්වතයි කියන කරුණ හෝ ලෝකය අන්තවත්ය කියන කරුණ හෝ ලෝකය අනන්තවත්ය කියන කරුණ හෝ ජීවයත් ඒකමයි ශරීරයත් ඒකමයි කියන කරුණ හෝ ජීවය තව එකක් ශරීරය වෙනත් එකක් කියන කරුණ හෝ තථාගතයන් වහන්සේ මරණින් මතු සිටිනවා කියන කරුණ හෝ තථාගතයන් වහන්සේ මරණින් මතු නැත කියන කරුණ හෝ තථාගතයන් වහන්සේ මරණින් මතු සිටිනවා මෙන්ම නැත කියන කරුණ හෝ තථාගතයන් වහන්සේ මරණින් මතු ඇත්තේත් නැත, නැත්තේත් නැත කියන කරුණ හෝ අරහයා ඔය ශ්‍රමණ ගෞතමයා එක දෙයක් ඉලක්ක කොට දෙසූ ධර්මයක් ගැන දන්නේ නෑ' කියලා.

46. ස්වාමීනී, එහෙම කිව්වහම ඒ පිරිවැජියන්ට මං මෙහෙම කිව්වා. 'භවත්නි, මම වුනත් ලෝකය ශාස්වතයි කියන කරුණ හෝ ලෝකය අශාස්වතයි කියන කරුණ හෝ ....(පෙ).... තථාගතයන් වහන්සේ මරණින් මතු ඇත්තේත් නැත, නැත්තේත් නැත කියන කරුණ හෝ අරහයා ඔය ශ්‍රමණ ගෞතමයන් වහන්සේ එක දෙයක් ඉලක්ක කොට දෙසූ ධර්මයක් ගැන දන්නේ නෑ තමයි. නමුත් ශ්‍රමණ ගෞතමයන් වහන්සේ තිබෙන්නා වූ ම ඇත්ත පෙනි පෙනී එබඳු වූ ම ප්‍රතිපදාවක් ධර්මය පිහිටුවන පරිදි, ධර්මය උපදවන පරිදි හරි ලස්සනට පහදලා දෙද්දී මං වගේ නුවණැති මනුෂ්‍යයෙක් ඒ ශ්‍රමණ ගෞතමයන් වහන්සේගේ සුභාෂිතය සුභාෂිතයක් වශයෙන්ම අනුමෝදන් නොවී ඉන්නේ කොහොමද?' කියලා."

"පින්වත් පොට්ඨපාද, ඔය ඔක්කෝම පිරිවැජියන් අන්ධයි. ඔවුන්ට නුවණැස නෑ. ඔවුන් අතරේ ඇස් ඇති එකම කෙනා ඔබ විතරයි. පින්වත් පොට්ඨපාද, මා එකම දෙයක් අරමුණු කරගෙනත් ධර්මය දේශනා කරලා තියෙනවා. පණවලා තියෙනවා. පින්වත් පොට්ඨපාද, මා අනේක අරමුණු මතත් ධර්මය දේශනා කරලා තියෙනවා. පණවලා තියෙනවා.

47. පින්වත් පොට්ඨපාද, අනේක අරමුණු ඇතිව මා දේශනා කොට තියෙන්නේ කවර ධර්මයක්ද? පින්වත් පොට්ඨපාද, ලෝකය ශාස්වතය යන කරුණ ගැන වේවා මා අනේක අරමුණු ඇතිව දහම් දෙසා තියෙනවා. පණවලා තියෙනවා. පින්වත් පොට්ඨපාද, ලෝකය අශාස්වතය යන කරුණ ගැන වේවා මා අනේක අරමුණු ඇතිව දහම් දෙසා තියෙනවා. පණවලා තියෙනවා. පින්වත් පොට්ඨපාද, ලෝකය අන්තවත්ය ....(පෙ).... පින්වත් පොට්ඨපාද, ලෝකය අනන්තවත්ය ....(පෙ).... පින්වත් පොට්ඨපාද, එයමයි ජීවය එයමයි ශරීරය ....(පෙ).... පින්වත් පොට්ඨපාද, ජීවය අනෙකකි ශරීරය තව දෙයකි ....(පෙ).... පින්වත් පොට්ඨපාද, තථාගතයන් වහන්සේ මරණින් මතු සිටිනවා ....(පෙ).... පින්වත් පොට්ඨපාද, තථාගතයන් වහන්සේ මරණින් මතු නැත ....(පෙ).... පින්වත් පොට්ඨපාද, තථාගතයන් වහන්සේ මරණින් මතු සිටිනවා මෙන්ම නැත ....(පෙ).... පින්වත් පොට්ඨපාද, තථාගතයන් වහන්සේ මරණින් මතු ඇත්තේත් නැත, නැත්තේත් නැත යන කරුණ ගැන වේවා මා අනේක අරමුණු ඇතිව දහම් දෙසා තියෙනවා. පණවලා තියෙනවා.

පින්වත් පොට්ඨපාද, මා විවිධ කරුණු ඔස්සේ දහම් දෙසා තිබෙන්නේ, පණවා තිබෙන්නේත් මක් නිසාද? පින්වත් පොට්ඨපාද, ඔය කියන ලද දෘෂ්ටීන්වල කිසි අර්ථයක් නෑ. ධර්මානුකූලභවක් නෑ. නිවනට මුල් වන්නේ නෑ. අවබෝධයෙන් කළකිරෙන්නේ නෑ. විරාගය පිණිස පවතින්නේ නෑ. නිරෝධය පිණිස පවතින්නේ නෑ. සංසිඳීම පිණිස පවතින්නේ නෑ. විශේෂ ඥාණය පිණිස පවතින්නේ නෑ. ආර්ය සත්‍යාවබෝධය පිණිස පවතින්නේ නෑ. නිවන පිණිස පවතින්නේ නෑ. ඒ නිසරුකම පහදා දීම පිණිසයි මා විවිධ කරුණු ඔස්සේ දහම් දෙසා තියෙන්නේ. පණවලා තියෙන්නේ.

48. පින්වත් පොට්ඨපාද, මා විසින් එකම අරමුණක් මත දේශනා කොට තියෙන, පණවා තියෙන ධර්මය කුමක්ද? පින්වත් පොට්ඨපාද, මා විසින් එකම අරමුණක් මත දේශනා කොට තියෙන්නේ, පණවා තියෙන්නේ 'මෙය දුකකි' යන ධර්මයයි. පින්වත් පොට්ඨපාද, මා විසින් එකම අරමුණක් මත දේශනා කොට තියෙන්නේ, පණවා තියෙන්නේ 'මෙය දුකේ හටගැනීමයි' යන ධර්මයයි. පින්වත් පොට්ඨපාද, මා විසින් එකම අරමුණක් මත දේශනා කොට තියෙන්නේ,

පණවා තියෙන්නේ 'මෙය දුක නිරුද්ධ වීමයි' යන ධර්මයයි. පින්වත් පොට්ඨපාද, මා විසින් එකම අරමුණක් මත දේශනා කොට තියෙන්නේ, පණවා තියෙන්නේ 'මෙය දුක නිරුද්ධ වීම පිණිස පවතින ප්‍රතිපදාවයි' යන ධර්මයයි."

පින්වත් පොට්ඨපාද, මා එකම කරුණක් ඔස්සේ දහම් දෙසා තිබෙන්නේ, පණවා තිබෙන්නේත් මක් නිසාද? පින්වත් පොට්ඨපාද, ඔය කියන ලද චතුරාර්ය සත්‍ය ධර්මය අර්ථ සහිතයි. ධර්මානුකූලයි. නිවනට මුල් වෙනවා. අවබෝධයෙන් කළකිරෙනවා. විරාගය පිණිස පවතිනවා. නිරෝධය පිණිස පවතිනවා. සංසිඳීම පිණිස පවතිනවා. විශේෂ ඤාණය පිණිස පවතිනවා. ආර්ය සත්‍යාවබෝධය පිණිස පවතිනවා. නිවන පිණිස පවතිනවා. ඒ වටිනාකම පහදා දීම පිණිසයි මා එකම කරුණක් ඔස්සේ දහම් දෙසා තියෙන්නේ. පණවලා තියෙන්නේ.

49. පින්වත් පොට්ඨපාද, මෙබඳු වාද ඇති, මෙබඳු දෘෂ්ටි ඇති ඇතැම් ශ්‍රමණ බ්‍රාහ්මණයින් ඉන්නවා. ඒ කියන්නේ "මරණින් මතු ආරෝග්‍ය වූ ඒකාන්ත සැපවත් වූ ආත්මයක් තියෙනවා" කියලා. මං ඔවුන් ළඟට ගිහින් මෙහෙම අහනවා. "හැබෑද ආයුෂ්මතුනි, 'මරණින් මතු ආරෝග්‍ය වූ ඒකාන්ත සැපවත් වූ ආත්මයක් තියෙනවා' කියන මෙබඳු දෘෂ්ටි ඇති, මෙබඳු වාද ඇති දෙයක් ඔබ කියනවා කියන්නේ?" එතකොට මෙසේ අසන මා හට ඔවුන් "එසේය" කියලා පිළිතුරු දෙනවා. එතකොට මං මෙහෙම කියනවා. "එහෙම නම් ආයුෂ්මතුනි, ඔබ ඒකාන්ත සැප ඇති ලෝකය මේකයි කියලා දැනගෙන, දැකගෙනද වාසය කරන්නේ?" එසේ ඇසූ විට ඔවුන් "නැත" කියලා පිළිතුරු දෙනවා. එතකොට මං මෙහෙම කියනවා. "එහෙම නම් ආයුෂ්මතුනි, ඔබ එක රාත්‍රියක් හෝ එක දහවලක් හෝ අඩ රැයක් හෝ අඩ දහවලක් හෝ ඒකාන්ත සැපවත්ව තියෙන ආත්මයක් ගැන දන්නවාද?" එසේ ඇසූ විටත් ඔවුන් පිළිතුරු දෙන්නේ "නැත" කියලයි. එතකොට මං මෙහෙම කියනවා. "එහෙම නම් ආයුෂ්මතුනි, ඔබ දන්නවාද ඒකාන්ත සැප ඇති ලෝකය සාක්ෂාත් කිරීම පිණිස පවතින්නේ මේ මාර්ගයයි. මේ ප්‍රතිපදාවයි කියලා?" එසේ ඇසූවිට ඔවුන් පිළිතුරු දෙන්නෙත් "නැත" කියලාමයි. එතකොට මං මෙහෙම කියනවා. "එහෙම නම් ආයුෂ්මතුනි, ඒකාන්ත සැප ඇති ලොවක උපන්න යම් දේවතාවරු සිටිත් නම්, ඔවුන් කතාබස් කරන හඬවත් ඔබට අසන්නට ලැබුනාද? 'නිදුකාණෙනි, මනා පිළිවෙතෙහි යෙදෙව්. ඒකාන්ත සැප ඇති ලොව සාක්ෂාත් කිරීම පිණිස ඍජු පිළිවෙතෙහි යෙදෙව්. අපිත් නිදුකාණෙනි, එබඳු පිළිවෙතෙක යෙදිලයි ඒකාන්ත සැප ඇති ලොවකට ආවේ' කියලා." එසේ ඇසූවිටත් ඔවුන්ගේ පිළිතුරු එවන්නක් ඇසුවේ නැති බවයි.

පින්වත් පොට්ඨපාද, මේ ගැන ඔබ කුමක්ද හිතන්නේ? "එතකොට කරුණු යෙදෙන්නේ ඔය විදිහට නම්, ඒ ශ්‍රමණ බ්‍රාහ්මණයින්ගේ කතාවන් කිසි පිළිසරණක් නැති දෙයක් බවට පත් නොවේද?"

"ස්වාමීනී, එතකොට කරුණු යෙදෙන්නේ ඔය විදිහට නිසා, ඒකාන්තයෙන්ම ඒ ශ්‍රමණ බ්‍රාහ්මණයින්ගේ කතාවන් කිසි පිළිසරණක් නැති දෙයක් බවට පත් වෙනවා."

50. පින්වත් පොට්ඨපාද, ඒක මේ වගේ දෙයක්. පුරුෂයෙක් මෙහෙම කියනවා. "මේ ජනපදයෙහි යම් රූපරාජිනියක් ඉන්නවා නම් මං ඇයව පතනවා. මං ඇයට කැමතියි" කියලා. එතකොට ඔහුගේ යහළුවන් මෙහෙම අහනවා. "එම්බා පුරුෂය, ඔබ යම් රූපරාජිනියක් පතනවා නම්, කැමැති නම් ඒ රූපරාජිනී ක්ෂත්‍රිය කුමරියක්ද? බ්‍රාහ්මණියක්ද? වෛශ්‍ය කුමරියක්ද? ශුද්‍ර තැනැත්තියක්ද? කියලා ඔබ දන්නවාද?" මෙසේ අසද්දී ඔහු පිළිතුරු දෙන්නේ "දන්නේ නැත" කියලයි. එතකොට ඔහුගෙන් මෙහෙම අහනවා. "එම්බා පුරුෂය, ඔබ යම් රූපරාජිනියක් පතනවා නම්, කැමැති නම් ඒ රූපරාජිනියගේ නම මේකයි, ගෝත්‍රනාමය මේකයි කියලා දන්නවාද? ඒ වගේම ඇය උසයි. මිටියි. මධ්‍යම ප්‍රමාණයි කියලා දන්නවාද? ඒ වගේම ඇය කළුයි, තලෙළුයි, සොඳුරු පැහැයෙන් යුක්තයි කියලා දන්නවාද? ඒ වගේම ඇය ඉන්නේ අසවල් ගමේ, නියම්ගමේ, නගරයේ කියලා දන්නවාද? ඒ හැම දෙයටම ඔහු පිළිතුරු දෙන්නේ "දන්නේ නැත" කියලයි. එතකොට ඔහුගෙන් මෙහෙම අහනවා, "එම්බා පුරුෂය, යම් ස්ත්‍රියක් ගැන ඔබ දන්නෙත් නැත්නම්, දැක්කෙත් නැත්නම්, ඒ ස්ත්‍රියවද ඔබ පතන්නේ? කැමැති වන්නේ?" එතකොට ඔහු පිළිතුරු දෙන්නේ "එසේය" කියලයි.

පින්වත් පොට්ඨපාද, මේ ගැන ඔබ කුමක්ද හිතන්නේ? එතකොට කරුණු යෙදෙන්නේ ඔය විදිහට නම්, ඒ පුරුෂයාගේ කතාව කිසි පිළිසරණක් නැති දෙයක් බවට පත් නොවේද?"

"ස්වාමීනී, එතකොට කරුණු යෙදෙන්නේ ඔය විදිහට නිසා, ඒකාන්තයෙන්ම ඒ පුරුෂයාගේ කතාව කිසි පිළිසරණක් නැති දෙයක් බවට පත් වෙනවා."

51. "පින්වත් පොට්ඨපාද, මේකත් ඒ විදිහමයි. මෙබඳු වාද ඇති, මෙබඳු දෘෂ්ටි ඇති ඇතැම් ශ්‍රමණ බ්‍රාහ්මණයින් ඉන්නවා. ඒ කියන්නේ 'මරණින් මතු ආරෝග්‍ය වූ ඒකාන්ත සැපවත් වූ ආත්මයක් තියෙනවා' කියලා. මං ඔවුන් ළඟට ගිහින් මෙහෙම අහනවා. "හැබෑද ආයුෂ්මතුනි, 'මරණින් මතු ආරෝග්‍ය

වූ ඒකාන්ත සැපවත් වූ ආත්මයක් තියෙනවා' කියන මෙබඳු දෘෂ්ටි ඇති, මෙබඳු වාද ඇති දෙයක් ඔබ කියනවා කියන්නේ?" එතකොට මෙසේ අසන මා හට ඔවුන් "එසේය" කියලා පිළිතුරු දෙනවා. එතකොට මං මෙහෙම කියනවා. "එහෙම නම් ආයුෂ්මතුනි, ඔබ ඒකාන්ත සැප ඇති ලෝකය මේකයි කියලා දැනගෙන, දැකගෙනද වාසය කරන්නේ?" එසේ ඇසූ විට ඔවුන් "නැත" කියලා පිළිතුරු දෙනවා. එතකොට මං මෙහෙම කියනවා. "එහෙම නම් ආයුෂ්මතුනි, ඔබ එක රාත්‍රියක් හෝ එක දහවලක් හෝ අඩ රැයක් හෝ අඩ දහවලක් හෝ ඒකාන්ත සැපවත්ව තියෙන ආත්මයක් ගැන දන්නවාද?" එසේ ඇසූ විටත් ඔවුන් පිළිතුරු දෙන්නේ "නැත" කියලයි. එතකොට මං මෙහෙම කියනවා. "එහෙම නම් ආයුෂ්මතුනි, ඔබ දන්නවාද ඒකාන්ත සැප ඇති ලෝකය සාක්ෂාත් කිරීම පිණිස පවතින්නේ මේ මාර්ගයයි. මේ ප්‍රතිපදාවයි කියලා?" එසේ ඇසූවිට ඔවුන් පිළිතුරු දෙන්නෙත් "නැත" කියලාමයි. එතකොට මං මෙහෙම කියනවා. "එහෙම නම් ආයුෂ්මතුනි, ඒකාන්ත සැප ඇති ලොවක උපන්න යම් දේවතාවරු සිටිත් නම්, ඔවුන් කතාබස් කරන හඬවත් ඔබට අසන්නට ලැබුණාද? 'නිදුකාණෙනි, මනා පිළිවෙතෙහි යෙදෙව්. ඒකාන්ත සැප ඇති ලොව සාක්ෂාත් කිරීම පිණිස ඍජු පිළිවෙතෙහි යෙදෙව්. අපිත් නිදුකාණෙනි, එබඳු පිළිවෙතක යෙදිලයි ඒකාන්ත සැප ඇති ලොවකට ආවේ' කියලා?" එසේ ඇසූවිටත් ඔවුන්ගේ පිළිතුරු එවන්නක් ඇසුවේ නැති බවයි.

පින්වත් පොට්ඨපාද, මේ ගැන ඔබ කුමක්ද හිතන්නේ? එතකොට කරුණු යෙදෙන්නේ ඔය විදිහට නම්, ඒ ශ්‍රමණ බ්‍රාහ්මණයින්ගේ කතාවන් කිසි පිළිසරණක් නැති දෙයක් බවට පත් නොවේද?"

"ස්වාමීනී, එතකොට කරුණු යෙදෙන්නේ ඔය විදිහට නිසා, ඒකාන්තයෙන්ම ඒ ශ්‍රමණ බ්‍රාහ්මණයින්ගේ කතාවන් කිසි පිළිසරණක් නැති දෙයක් බවට පත්වෙනවා."

52. "පින්වත් පොට්ඨපාද, මේ වගේ දේකුත් තියෙනවා. පුරුෂයෙක් හතරමං හන්දියක ප්‍රාසාදයකට නැගීම පිණිස කියලා ඉණිමගක් බඳිනවා. එතකොට අනෙක් අය ඔහුගෙන් මෙහෙම අහනවා. 'එම්බා පුරුෂය, ඔබ යම් ප්‍රාසාදයකට නැගීම පිණිස ඉණිමගක් බඳිමින් ඉන්නවා. ඒ ප්‍රාසාදය තියෙන්නේ පෙරදිග දිශාවේද? දකුණු දිශාවේද? බටහිර දිශාවේද? උතුරු දිශාවේද? කියලා දන්නවාද? ඒ ප්‍රාසාදය උස එකක්ද? මිටි එකක්ද? මධ්‍යම එකක්ද? කියලා දන්නවාද?' මෙසේ අසද්දිත් ඔහු පිළිතුරු දෙන්නේ 'දන්නේ නැත' කියලයි. එතකොට අනෙක් අය මෙහෙම අහනවා 'එම්බා පුරුෂය, යම් ප්‍රාසාදයක් ගැන ඔබ දන්නෙත්

නැත්නම්, දකින්නෙත් නැත්නම්, ඒ ප්‍රාසාදයට නැගීම පිණිසද ඔබ ඔය ඉණිමග බඳින්නේ?' කියලා. එතකොට ඔහු පිළිතුරු දෙන්නේ 'එසේය' කියලයි.

පින්වත් පොට්ඨපාද, මේ ගැන ඔබ කුමක්ද හිතන්නේ? එතකොට කරුණු යෙදෙන්නේ ඔය විදිහට නම්, ඒ පුරුෂයාගේ කථාව කිසි පිළිසරණක් නැති දෙයක් බවට පත් නොවේද?"

"ස්වාමීනී, එතකොට කරුණු යෙදෙන්නේ ඔය විදිහට නිසා, ඒකාන්තයෙන්ම ඒ පුරුෂයාගේ කථාව කිසි පිළිසරණක් නැති දෙයක් බවට පත් වෙනවා."

53. පින්වත් පොට්ඨපාද, මේකත් ඒ විදිහමයි. මෙබඳු වාද ඇති, මෙබඳු දෘෂ්ටි ඇති ඇතැම් ශ්‍රමණ බ්‍රාහ්මණයින් ඉන්නවා. ඒ කියන්නේ 'මරණින් මතු ආරෝග්‍ය වූ ඒකාන්ත සැපවත් වූ ආත්මයක් තියෙනවා' කියලා. මං ඔවුන් ළඟට ගිහින් මෙහෙම අහනවා. "හැබෑද ආයුෂ්මතුනි, 'මරණින් මතු ආරෝග්‍ය වූ ඒකාන්ත සැපවත් වූ ආත්මයක් තියෙනවා' කියන මෙබඳු දෘෂ්ටි ඇති, මෙබඳු වාද ඇති දෙයක් ඔබ කියනවා කියන්නේ?" එතකොට මෙසේ අසන මා හට ඔවුන් "එසේය" කියලා පිළිතුරු දෙනවා. එතකොට මං මෙහෙම කියනවා. "එහෙම නම් ආයුෂ්මතුනි, ඔබ ඒකාන්ත සැප ඇති ලෝකය මේකයි කියලා දැනගෙන, දැකගෙනද වාසය කරන්නේ?" එසේ ඇසූ විට ඔවුන් "නැත" කියලා පිළිතුරු දෙනවා. එතකොට මං මෙහෙම කියනවා. "එහෙම නම් ආයුෂ්මතුනි, ඔබ එක රාත්‍රියක් හෝ එක දහවලක් හෝ අඩ රැයක් හෝ අඩ දහවලක් හෝ ඒකාන්ත සැපවත්ව තියෙන ආත්මයක් ගැන දන්නවාද?" එසේ ඇසූ විටත් ඔවුන් පිළිතුරු දෙන්නේ "නැත" කියලයි. එතකොට මං මෙහෙම කියනවා. "එහෙම නම් ආයුෂ්මතුනි, ඔබ දන්නවාද ඒකාන්ත සැප ඇති ලෝකය සාක්ෂාත් කිරීම පිණිස පවතින්නේ මේ මාර්ගයයි. මේ ප්‍රතිපදාවයි කියලා." එසේ ඇසූවිට ඔවුන් පිළිතුරු දෙන්නෙත් "නැත" කියලමයි. එතකොට මං මෙහෙම කියනවා. "එහෙම නම් ආයුෂ්මතුනි, ඒකාන්ත සැප ඇති ලොවක උපන්න යම් දේවතාවරු සිටිත් නම්, ඔවුන් කථාබස් කරන හඬවත් ඔබට අසන්නට ලැබුනාද? 'නිදුකාණෙනි, මනා පිළිවෙතෙහි යෙදෙව්. ඒකාන්ත සැප ඇති ලොව සාක්ෂාත් කිරීම පිණිස ඍජු පිළිවෙතෙහි යෙදෙව්. අපිත් නිදුකාණෙනි, එබඳු පිළිවෙතක යෙදිලයි ඒකාන්ත සැප ඇති ලොවකට ආවේ' කියලා. එසේ ඇසූවිටත් ඔවුන්ගේ පිළිතුරු එවන්නක් ඇසුවේ නැති බවයි.

පින්වත් පොට්ඨපාද, මේ ගැන ඔබ කුමක්ද හිතන්නේ? එතකොට කරුණු යෙදෙන්නේ ඔය විදිහට නම්, ඒ ශ්‍රමණ බ්‍රාහ්මණයින්ගේ කථාවත් කිසි පිළිසරණක් නැති දෙයක් බවට පත් නොවේද?"

"ස්වාමීනී, එතකොට කරුණු යෙදෙන්නේ ඔය විදිහට නිසා, ඒකාන්තයෙන්ම ඒ ශ්‍රමණ බ්‍රාහ්මණයින්ගේ කථාවන් කිසි පිළිසරණක් නැති දෙයක් බවට පත්වෙනවා."

"පින්වත් පොට්ඨපාද, මේ ආත්ම ප්‍රතිලාභ හෙවත් ශරීර තුනක් තියෙනවා. ඕළාරික ශරීරය, මනෝමය ශරීරය, අරූපී ශරීරය කියලා.

පින්වත් පොට්ඨපාද, මොකක්ද මේ ඕළාරික ශරීරය? සතර මහා භූතයින්ගෙන් හටගත් ගොරෝසු ආහාර අනුභවයෙන් යැපෙන, රූපවත් වූ ශරීරයයි. මේක තමයි ඕළාරික ආත්ම ප්‍රතිලාභය.

පින්වත් පොට්ඨපාද, මොකක්ද මේ මනෝමය ශරීරය? නොපිරිහුණු ඉඳුරන් ඇති සියලු අඟපසඟ ඇති රූපවත් වූ මනෝමය වූ ශරීරයයි. මේක තමයි මනෝමය ආත්ම ප්‍රතිලාභය.

පින්වත් පොට්ඨපාද, මොකක්ද මේ අරූපී ශරීරය? අරූපී සඤ්ඤාමය ශරීරයයි. මේක තමයි අරූපී ආත්ම ප්‍රතිලාභය.

54. පින්වත් පොට්ඨපාද, මං ඕළාරික ශරීරයක් ලැබීම පිණිස පවතින දෙය ප්‍රහාණය කිරීම පිණිස දහම් දෙසනවා. ඒ කියාදෙන ආකාරයට අනුගමනය කළොත් සිත කෙලෙසෙන දේවල් ප්‍රහීණ වෙලා යනවා. සිත පිරිසිදු වෙන දේවල් වඩා වර්ධනය වෙනවා. ප්‍රඥාව පරිපූර්ණ වී විපුල බවට පත්වෙනවා. මේ ජීවිතයේදීම ඒ නිකෙලෙස් බව තමන්ගේම සුවිශේෂී නුවණින් සාක්ෂාත් කොට පැමිණ වාසය කරනවා.

55. පින්වත් පොට්ඨපාද, ඔබට මෙවැනි අදහසක් සිතෙන්න පුළුවනි. 'සිත කෙලෙසෙන දේවල් ප්‍රහාණය වෙලා යනවා නම්, සිත පිරිසිදු කරන දේවල් වඩා වර්ධනය වෙනවා නම්, ප්‍රඥාව පරිපූර්ණ වී විපුල බවට පත්වෙනවා. මේ ජීවිතයේදීම ඒ නිකෙලෙස් බව තමන්ගේම සුවිශේෂී නුවණින් සාක්ෂාත් කොට පැමිණ මාත් වාසය කරනවා නම් ඒ විහරණය දුක් සහිතයි' කියලා.

පින්වත් පොට්ඨපාද, ඔබ එය සිතිය යුත්තේ ඔය විදිහට නොවේ. 'සිත කෙලෙසෙන දේවල් ප්‍රහාණය වෙලා යනවා නම්, සිත පිරිසිදු කරන දේවල් වඩා වර්ධනය වෙනවා නම්, ප්‍රඥාව පරිපූර්ණ වී විපුල බවට පත්වෙනවා. මේ ජීවිතයේදීම ඒ නිකෙලෙස් බව තමන්ගේම සුවිශේෂී නුවණින් සාක්ෂාත් කොට පැමිණ වාසය කරනවා නම් ප්‍රමුදිතබවමයි ඇති වන්නේ. ප්‍රීතියත්, සැහැල්ලු බවත්, සිහියත්, මනා නුවණත් තමයි ඇති වන්නේ. ඒ විහරණය සැප සහිතයි.'

56.   පින්වත් පොට්ඨපාද, මං මනෝමය ශරීරයක් ලැබීම පිණිස පවතින දෙය ප්‍රහාණය කිරීම පිණිස දහම් දෙසනවා. ඒ කියාදෙන ආකාරයට අනුගමනය කළොත් සිත කෙලෙසෙන දේවල් ප්‍රහීණ වෙලා යනවා. සිත පිරිසිදු වෙන දේවල් වඩා වර්ධනය වෙනවා. ප්‍රඥාව පරිපූර්ණ වී විපුල බවට පත්වෙනවා. මේ ජීවිතයේදීම ඒ නිකෙලෙස් බව තමන්ගේම සුවිශේෂී නුවණින් සාක්ෂාත් කොට පැමිණ වාසය කරනවා.

පින්වත් පොට්ඨපාද, ඔබට මෙවැනි අදහසක් සිතෙන්න පුළුවනි. 'සිත කෙලෙසෙන දේවල් ප්‍රහාණය වෙලා යනවා නම්, සිත පිරිසිදු කරන දේවල් වඩා වර්ධනය වෙනවා නම්, ප්‍රඥාව පරිපූර්ණ වී විපුල බවට පත්වෙනවා. මේ ජීවිතයේදීම ඒ නිකෙලෙස් බව තමන්ගේම සුවිශේෂී නුවණින් සාක්ෂාත් කොට පැමිණ මාත් වාසය කරනවා නම් ඒ විහරණය දුක් සහිතයි' කියලා.

පින්වත් පොට්ඨපාද, ඔබ එය සිතිය යුත්තේ ඔය විදිහට නොවේ. 'සිත කෙලෙසෙන දේවල් ප්‍රහාණය වෙලා යනවා නම්, සිත පිරිසිදු කරන දේවල් වඩා වර්ධනය වෙනවා නම්, ප්‍රඥාව පරිපූර්ණ වී විපුලබවට පත්වෙනවා. මේ ජීවිතයේදීම ඒ නිකෙලෙස් බව තමන්ගේම සුවිශේෂී නුවණින් සාක්ෂාත් කොට පැමිණ වාසය කරනවා නම් ප්‍රමුදිතබවමයි ඇතිවන්නේ. ප්‍රීතියත්, සැහැල්ලු බවත්, සිහියත්, මනා නුවණත් තමයි ඇතිවන්නේ. ඒ විහරණය සැප සහිතයි.'

57.   පින්වත් පොට්ඨපාද, මං අරූපී ශරීරයක් ලැබීම පිණිස පවතින දෙය ප්‍රහාණය කිරීම පිණිස දහම් දෙසනවා. ඒ කියාදෙන ආකාරයට අනුගමනය කළොත් සිත කෙලෙසෙන දේවල් ප්‍රහීණ වෙලා යනවා. සිත පිරිසිදු වෙන දේවල් වඩා වර්ධනය වෙනවා. ප්‍රඥාව පරිපූර්ණ වී විපුල බවට පත්වෙනවා. මේ ජීවිතයේදීම ඒ නිකෙලෙස් බව තමන්ගේම සුවිශේෂී නුවණින් සාක්ෂාත් කොට පැමිණ වාසය කරනවා.

පින්වත් පොට්ඨපාද, ඔබට මෙවැනි අදහසක් සිතෙන්න පුළුවනි. 'සිත කෙලෙසෙන දේවල් ප්‍රහාණය වෙලා යනවා නම්, සිත පිරිසිදු කරන දේවල් වඩා වර්ධනය වෙනවා නම්, ප්‍රඥාව පරිපූර්ණ වී විපුල බවට පත්වෙනවා. මේ ජීවිතයේදීම ඒ නිකෙලෙස් බව තමන්ගේම සුවිශේෂී නුවණින් සාක්ෂාත් කොට පැමිණ මාත් වාසය කරනවා නම් ඒ විහරණය දුක් සහිතයි' කියලා.

පින්වත් පොට්ඨපාද, ඔබ එය සිතිය යුත්තේ ඔය විදිහට නොවේ. 'සිත කෙලෙසෙන දේවල් ප්‍රහාණය වෙලා යනවා නම්, සිත පිරිසිදු කරන දේවල් වඩා වර්ධනය වෙනවා නම්, ප්‍රඥාව පරිපූර්ණ වී විපුලබවට පත්වෙනවා. මේ ජීවිතයේදීම ඒ නිකෙලෙස් බව තමන්ගේම සුවිශේෂී නුවණින් සාක්ෂාත් කොට

පැමිණ වාසය කරනවා නම් ප්‍රමුදිතබවමයි ඇතිවන්නේ. ප්‍රීතියත්, සැහැල්ලු බවත්, සිහියත්, මනා නුවණත් තමයි ඇතිවන්නේ. ඒ විහරණය සැප සහිතයි.'

58. පින්වත් පොට්ඨපාද, අනෙක් අය අපෙන් මෙසේ අසන්නට පුළුවනි. "යමක් ප්‍රහාණය කිරීම පිණිස ඔබ දහම් දෙසනවා නම්, ඒ ආකාරයෙන් අනුගමනය කරන විට සිත කෙලෙසෙන දේවල් ප්‍රහාණය වෙලා යනවා නම්, සිත පිරිසිදු කරන දේවල් වඩා වර්ධනය වෙනවා නම්, ප්‍රඥාව පරිපූර්ණ වී විපුල බවට පත්වෙනවා. මේ ජීවිතයේදීම ඒ නිකෙලෙස් බව තමන්ගේම සුවිශේෂී නුවණින් සාක්ෂාත් කොට පැමිණ වාසය කරනවා නම් ආයුෂ්මතුනි, ඒ ඔබ කියන ඕළාරික ආත්ම ප්‍රතිලාභය කුමක්ද?" කියලා. එසේ අපෙන් අසන විට අපි මෙහෙම පිළිතුරු දෙනවා. "යමක් ප්‍රහාණය කිරීම පිණිස අපි දහම් දෙසනවා නම්, ඒ ආකාරයෙන් අනුගමනය කරන විට සිත කෙලෙසෙන දේවල් ප්‍රහාණය වෙලා යනවා නම්, සිත පිරිසිදු කරන දේවල් වඩා වර්ධනය වෙනවා නම්, ප්‍රඥාව පරිපූර්ණ වී විපුල බවට පත්වෙනවා. මේ ජීවිතයේදීම ඒ නිකෙලෙස් බව තමන්ගේම සුවිශේෂී නුවණින් සාක්ෂාත් කොට පැමිණ වාසය කරනවා නම් ආයුෂ්මතුනි, ඒ ඕළාරික ආත්මභාවය නම් මෙයයි" කියලා.

59. පින්වත් පොට්ඨපාද, අනෙක් අය අපෙන් මෙසේ අසන්නට පුළුවනි. "යමක් ප්‍රහාණය කිරීම පිණිස ඔබ දහම් දෙසනවා නම්, ඒ ආකාරයෙන් අනුගමනය කරන විට සිත කෙලෙසෙන දේවල් ප්‍රහාණය වෙලා යනවා නම්, සිත පිරිසිදු කරන දේවල් වඩා වර්ධනය වෙනවා නම්, ප්‍රඥාව පරිපූර්ණ වී විපුල බවට පත්වෙනවා. මේ ජීවිතයේදීම ඒ නිකෙලෙස් බව තමන්ගේම සුවිශේෂී නුවණින් සාක්ෂාත් කොට පැමිණ වාසය කරනවා නම් ආයුෂ්මතුනි, ඒ ඔබ කියන මනෝමය ආත්ම ප්‍රතිලාභය කුමක්ද?" කියලා. එසේ අපෙන් අසන විට අපි මෙහෙම පිළිතුරු දෙනවා. "යමක් ප්‍රහාණය කිරීම පිණිස අපි දහම් දෙසනවා නම්, ඒ ආකාරයෙන් අනුගමනය කරන විට සිත කෙලෙසෙන දේවල් ප්‍රහාණය වෙලා යනවා නම්, සිත පිරිසිදු කරන දේවල් වඩා වර්ධනය වෙනවා නම්, ප්‍රඥාව පරිපූර්ණ වී විපුල බවට පත්වෙනවා. මේ ජීවිතයේදීම ඒ නිකෙලෙස් බව තමන්ගේම සුවිශේෂී නුවණින් සාක්ෂාත් කොට පැමිණ වාසය කරනවා නම් ආයුෂ්මතුනි, ඒ මනෝමය ආත්ම ප්‍රතිලාභය නම් මෙයයි" කියලා.

60. පින්වත් පොට්ඨපාද, අනෙක් අය අපෙන් මෙසේ අසන්නට පුළුවනි. "යමක් ප්‍රහාණය කිරීම පිණිස ඔබ දහම් දෙසනවා නම්, ඒ ආකාරයෙන් අනුගමනය කරන විට සිත කෙලෙසෙන දේවල් ප්‍රහාණය වෙලා යනවා නම්, සිත පිරිසිදු කරන දේවල් වඩා වර්ධනය වෙනවා නම්, ප්‍රඥාව පරිපූර්ණ වී විපුල බවට පත් වෙනවා. මේ ජීවිතයේදීම ඒ නිකෙලෙස් බව තමන්ගේම සුවිශේෂී

නුවණින් සාක්ෂාත් කොට පැමිණ වාසය කරනවා නම් ආයුෂ්මතුනි, ඒ ඔබ කියන අරූපී ආත්ම ප්‍රතිලාභය කුමක්ද?" කියලා. එසේ අපෙන් අසන විට අපි මෙහෙම පිළිතුරු දෙනවා. "යමක් ප්‍රහාණය කිරීම පිණිස අපි දහම් දෙසනවා නම්, ඒ ආකාරයෙන් අනුගමනය කරන විට සිත කෙලෙසෙන දේවල් ප්‍රහාණය වෙලා යනවා නම්, සිත පිරිසිදු කරන දේවල් වඩා වර්ධනය වෙනවා නම්, ප්‍රඥාව පරිපූර්ණ වී විපුල බවට පත්වෙනවා. මේ ජීවිතයේදීම ඒ නිකෙලෙස් බව තමන්ගේම සුවිශේෂී නුවණින් සාක්ෂාත් කොට පැමිණ වාසය කරනවා නම් ආයුෂ්මතුනි, ඒ අරූපී ආත්ම ප්‍රතිලාභය නම් මෙයයි" කියලා.

පින්වත් පොට්ඨපාද, මේ ගැන ඔබ කුමක්ද හිතන්නේ? මේ විදිහට කරුණු යෙදෙන විට අපගේ වචනය පිළිසරණ සහිත වන්නේ නැද්ද?"

"ස්වාමීනී, මේ විදිහට කරුණු යෙදෙන විට ඒකාන්තයෙන්ම ඔබවහන්සේගේ වචනය පිළිසරණ සහිතමයි."

61. "පින්වත් පොට්ඨපාද, ඒක මේ වගේ දෙයක්. පුරුෂයෙක් ප්‍රාසාදයක යට තට්ටුවේ ඉඳලා ඒ ප්‍රාසාදයේම උඩට නැගීම පිණිස ඉණිමගක් බඳිනවා නම්, ඔහුට අනික් අය මෙහෙම කියනවා. 'එම්බා පුරුෂය, ඔබ යම් ප්‍රාසාදයකට නැගීම පිණිස ඉණිමගක් බඳිමින් ඉන්නවා. එතකොට ඒ ප්‍රාසාදය තියෙන්නේ පෙරදිග දිශාවේද? දකුණු දිශාවේද? බටහිර දිශාවේද? උතුරු දිශාවේද? ඒ වගේම ඒ ප්‍රාසාදය උසයිද? පොඩියිද? මධ්‍යමද?' කියලා. එතකොට ඔහු මෙහෙම කියනවා. 'ආයුෂ්මතුනි, යම් ප්‍රාසාදයකට නැගීම පිණිස මං ඒ ප්‍රාසාදයේම යට ඉඳලා ඉණිමගක් කරනවා නම්, මේ තියෙන්නේ ඒ ප්‍රාසාදය තමයි.'

පින්වත් පොට්ඨපාද, මේ ගැන ඔබ කුමක්ද හිතන්නේ? මේ විදිහට කරුණු යෙදෙන විට ඒ පුරුෂයාගේ වචනය පිළිසරණ සහිත වන්නේ නැද්ද?"

"ස්වාමීනී, මේ විදිහට කරුණු යෙදෙන විට ඒකාන්තයෙන්ම ඒ පුරුෂයාගේ වචනය පිළිසරණ සහිතමයි."

62. "පින්වත් පොට්ඨපාද ඔන්න ඔය විදිහමයි. අනෙක් අය අපෙන් මෙසේ අසන්නට පුළුවනි. 'යමක් ප්‍රහාණය කිරීම පිණිස ....(පෙ).... ආයුෂ්මතුනි, ඒ ඔබ කියන ඕළාරික ආත්ම ප්‍රතිලාභය කුමක්ද?" කියලා ....(පෙ).... මනෝමය ආත්ම ප්‍රතිලාභය කුමක්ද?" කියලා ....(පෙ).... යමක් ප්‍රහාණය කිරීම පිණිස ඔබ දහම් දෙසනවා නම්, ඒ ආකාරයෙන් අනුගමනය කරන විට සිත කෙලෙසෙන දේවල් ප්‍රහාණය වෙලා යනවා නම්, සිත පිරිසිදු කරන දේවල් වඩා වර්ධනය වෙනවා නම්, ප්‍රඥාව පරිපූර්ණ වී විපුල බවට පත්වෙනවා. මේ ජීවිතයේදීම ඒ

නිකෙලෙස් බව තමන්ගේම සුවිශේෂී නුවණින් සාක්ෂාත් කොට පැමිණ වාසය කරනවා නම් ආයුෂ්මතුනි, ඒ ඔබ කියන අරූපී ආත්ම ප්‍රතිලාභය කුමක්ද?' කියලා.

63. 'ආයුෂ්මතුනි, ඒ ඕළාරික ආත්ම ප්‍රතිලාභය නම් මෙයයි' කියලා ....(පෙ).... ඒ මනෝමය ආත්ම ප්‍රතිලාභය නම් මෙයයි' කියලා. ....(පෙ).... යමක් ප්‍රහාණය කිරීම පිණිස අපි දහම් දෙසනවා නම්, ඒ ආකාරයෙන් අනුගමනය කරන විට සිත කෙලෙසෙන දේවල් ප්‍රහාණය වෙලා යනවා නම්, සිත පිරිසිදු කරන දේවල් වඩා වර්ධනය වෙනවා නම්, ප්‍රඥාව පරිපූර්ණ වී විපුල බවට පත්වෙනවා. මේ ජීවිතයේදීම ඒ නිකෙලෙස් බව තමන්ගේම සුවිශේෂී නුවණින් සාක්ෂාත් කොට පැමිණ වාසය කරනවා නම් ආයුෂ්මතුනි, ඒ අරූපී ආත්ම ප්‍රතිලාභය නම් මෙයයි' කියලා.

පින්වත් පොට්ඨපාද, මේ ගැන ඔබ කුමක්ද හිතන්නේ? මේ විදිහට කරුණු යෙදෙන විට අපගේ වචනය පිළිසරණ සහිත වන්නේ නැද්ද?"

"ස්වාමීනී, මේ විදිහට කරුණු යෙදෙන විට ඒකාන්තයෙන්ම ඔබ වහන්සේගේ වචනය පිළිසරණ සහිතමයි."

64. මෙසේ වදාළ විට හත්ථිසාරිපුත්ත චිත්තයන් භාග්‍යවතුන් වහන්සේට මෙහෙම කිව්වා. "ස්වාමීනී, යම් වෙලාවක ඕළාරික ශරීරය නම් තියෙන්නේ, ඒ වෙලාවට මනෝමය ශරීරය හිස් නේද? (අප්‍රකටයි) අරූපී ශරීරයත් හිස් නේද? ඒ වෙලාවේදී ඔහුගේ ඕළාරික ශරීරය විතරක්ම නේද සත්‍ය ලෙස ප්‍රකට වන්නේ?

ස්වාමීනී, යම් වෙලාවක මනෝමය ශරීරය නම් තියෙන්නේ, ඒ වෙලාවට ඕළාරික ශරීරය හිස් නේද? (අප්‍රකටයි) අරූපී ශරීරයත් හිස් නේද? ඒ වෙලාවේදී ඔහුගේ මනෝමය ශරීරය විතරක්ම නේද සත්‍ය ලෙස ප්‍රකට වන්නේ?

ස්වාමීනී, යම් වෙලාවක අරූපී ශරීරය නම් තියෙන්නේ, ඒ වෙලාවට ඕළාරික ශරීරය හිස් නේද? (අප්‍රකටයි) මනෝමය ශරීරයත් හිස් නේද? ඒ වෙලාවේදී ඔහුගේ අරූපී ශරීරය විතරක්ම නේද සත්‍ය ලෙස ප්‍රකට වන්නේ?"

"පින්වත් චිත්ත, යම් වෙලාවක ඕළාරික ශරීරය නම් තියෙන්නේ, ඒ වෙලාවට මනෝමය ශරීරය තියෙනවා යන කරුණ ව්‍යවහාරයට එන්නේ නෑ. අරූපී ශරීරය තියෙනවා යන කරුණත් ව්‍යවහාරයට එන්නේ නෑ. ඒ වෙලාවේදී ඔහුගේ ඕළාරික ශරීරය විතරයි ව්‍යවහාරයට එන්නේ.

පින්වත් චිත්ත, යම් වෙලාවක මනෝමය ශරීරය නම් තියෙන්නේ, ඒ වෙලාවට ඕළාරික ශරීරය තියෙනවා යන කරුණ ව්‍යවහාරයට එන්නේ නෑ.

අරූපී ශරීරය තියෙනවා යන කරුණත් ව්‍යවහාරයට එන්නේ නෑ. ඒ වෙලාවේදී ඔහුගේ මනෝමය ශරීරය විතරයි ව්‍යවහාරයට එන්නේ.

"පින්වත් චිත්ත, යම් වෙලාවක අරූපී ශරීරය නම් තියෙන්නේ ඒ වෙලාවට ඕළාරික ශරීරය තියෙනවා යන කරුණ ව්‍යවහාරයට එන්නේ නෑ. මනෝමය ශරීරය තියෙනවා යන කරුණත් ව්‍යවහාරයට එන්නේ නෑ. ඒ වෙලාවේදී ඔහුගේ අරූපී ශරීරය විතරයි ව්‍යවහාරයට එන්නේ."

65. ඉදින් චිත්ත, කවුරුහරි මේ විදිහට ඇහුවොත් 'ඔබ අතීතයෙහි සිටියාද? ඔබ නොසිටියේ නැද්ද? ඔබ අනාගත කාලයෙහි ඉන්නවාද? ඔබ නොඉන්නේ නැද්ද? ඔබ වර්තමානයෙහි ඉන්නවාද? ඔබ නොඉන්නේ නැද්ද?' කියලා. පින්වත් චිත්‍ර, ඒ විදිහට ඇසුවොත් ඔබ පිළිතුරු දෙන්නේ කොහොමද?"

"ඉදින් ස්වාමීනී, කවුරුහරි මේ විදිහට ඇහුවොත් 'ඔබ අතීතයෙහි සිටියාද? ඔබ නොසිටියේ නැද්ද? ඔබ අනාගත කාලයෙහි ඉන්නවාද? ඔබ නොඉන්නේ නැද්ද? ඔබ වර්තමානයෙහි ඉන්නවාද? ඔබ නොඉන්නේ නැද්ද?' කියලා. ස්වාමීනී, ඒ විදිහට ඇසුවොත් මා මෙහෙමයි පිළිතුරු දෙන්නේ. 'අතීතයෙහි මං හිටියා තමයි. නොසිටියා නොවේ. අනාගතයේත් මං ඉන්නවා තමයි. නොඉන්නවා නොවේ. වර්තමානයේ මං ඉන්නවා. ඉන්නේ නැතුවා නොවේ' කියලා, ස්වාමීනී, ඔය විදිහටයි මං උත්තර දෙන්නේ."

66. "එතකොට පින්වත් චිත්ත, ඔබෙන් මේ විදිහට ඇහුවොත්, 'ඔබට අතීත වූ යම් ශරීරයක් තිබුනාද, ඒ ආත්ම ප්‍රතිලාභයමද සත්‍ය වන්නේ? අනාගත ශරීරය හිස්ද? වර්තමාන ශරීරයත් හිස්ද? ඔබට අනාගත වූ යම් ශරීරයක් ඇතිවෙනවාද, ඒ ආත්ම ප්‍රතිලාභයමද සත්‍ය වන්නේ? අතීත ශරීරය හිස්ද? වර්තමාන ශරීරයත් හිස්ද? ඔබට වර්තමාන ශරීරයක් තියෙනවාද, ඒ ආත්ම ප්‍රතිලාභයමද සත්‍ය වන්නේ? අතීත ශරීරය හිස්ද? අනාගත ශරීරයත් හිස්ද?' කියලා. ඔය විදිහට ඇහුවොත් පින්වත් චිත්ත, ඔබ පිළිතුරු දෙන්නේ කොහොමද?"

67. "ඉදින් ස්වාමීනී, මගෙන් මේ විදිහට ඇසුවොත්, 'ඔබට අතීත වූ යම් ශරීරයක් තිබුනාද, ඒ ආත්ම ප්‍රතිලාභයමද සත්‍ය වන්නේ? අනාගත ශරීරය හිස්ද? වර්තමාන ශරීරයත් හිස්ද? ඔබට අනාගත වූ යම් ශරීරයක් ඇතිවෙනවාද, ඒ ආත්ම ප්‍රතිලාභයමද සත්‍ය වන්නේ? අතීත ශරීරය හිස්ද? වර්තමාන ශරීරයත් හිස්ද? ඔබට වර්තමාන ශරීරයක් තියෙනවාද, ඒ ආත්ම ප්‍රතිලාභයමද සත්‍ය වන්නේ? අතීත ශරීරය හිස්ද? අනාගත ශරීරයත් හිස්ද?' කියලා. ස්වාමීනී, එතකොට මං මෙහෙම පිළිතුරු දෙනවා. 'මට අතීත වූ යම් ශරීරයක් තිබුනා

නම්, ඒ ශරීරයමයි ඒ කාලයේදී මට සත්‍ය වශයෙන් ප්‍රකට වන්නේ. එතකොට අනාගත සිරුර හිස්. වර්තමාන සිරුරත් හිස්. ඒ වගේම මට අනාගත වූ යම් ශරීරයක් තියෙනවා නම්, ඒ ශරීරයමයි ඒ කාලයේදී මට සත්‍ය වශයෙන් ප්‍රකට වන්නේ. එතකොට අතීත සිරුර හිස්. වර්තමාන සිරුරත් හිස්. ඒ වගේම මට වර්තමාන වූ යම් ශරීරයක් තියෙනවා නම්, ඒ ශරීරයමයි ඒ කාලයේදී මට සත්‍ය වශයෙන් ප්‍රකට වන්නේ. එතකොට අතීත සිරුර හිස්. අනාගත සිරුරත් හිස්' කියලා. ස්වාමීනී, එහෙම ඇසූ විට ඔය විදිහටයි මං පිළිතුරු දෙන්නේ."

68. "පින්වත් චිත්ත, අන්න ඒ විදිහම තමයි. යම් වෙලාවක ඕළාරික ශරීරය නම් තියෙන්නේ, ඒ වෙලාවට මනෝමය ශරීරය තියෙනවා යන කරුණ ව්‍යවහාරයට එන්නේ නෑ. අරූපී ශරීරය තියෙනවා යන කරුණත් ව්‍යවහාරයට එන්නේ නෑ. ඒ වෙලාවේදී ඔහුගේ ඕළාරික ශරීරය විතරයි ව්‍යවහාරයට එන්නේ. පින්වත් චිත්ත, යම් වෙලාවක මනෝමය ශරීරය නම් තියෙන්නේ, ඒ වෙලාවට ඕළාරික ශරීරය තියෙනවා යන කරුණ ව්‍යවහාරයට එන්නේ නෑ. අරූපී ශරීරය තියෙනවා යන කරුණත් ව්‍යවහාරයට එන්නේ නෑ. ඒ වෙලාවේදී ඔහුගේ මනෝමය ශරීරය විතරයි ව්‍යවහාරයට එන්නේ. පින්වත් චිත්ත, යම් වෙලාවක අරූපී ශරීරය නම් තියෙන්නේ, ඒ වෙලාවට ඕළාරික ශරීරය තියෙනවා යන කරුණ ව්‍යවහාරයට එන්නේ නෑ. මනෝමය ශරීරය තියෙනවා යන කරුණත් ව්‍යවහාරයට එන්නේ නෑ. ඒ වෙලාවේදී ඔහුගේ අරූපී ශරීරය විතරයි ව්‍යවහාරයට එන්නේ.

69. පින්වත් චිත්ත, ඒක මේ වගේ දෙයක්. ගව දෙනගෙන් කිරි ගන්නවා. කිරෙන් දී කිරි ගන්නවා. දී කිරෙන් වෙඬරු ගන්නවා. වෙඬරුවලින් ගිතෙල් ගන්නවා. ගිතෙලෙන් ගීමඬ ගන්නවා. එතකොට යම් වෙලාවක තියෙන්නේ කිරි නම්, ඒ වෙලාවට දී කිරි කියලා ව්‍යවහාර වන්නේ නෑ. වෙඬරු කියලා ව්‍යවහාර වන්නේ නෑ. ගිතෙල් කියලා ව්‍යවහාර වන්නේ නෑ. ගීමඬ කියලා ව්‍යවහාර වන්නේ නෑ. එතකොට ඒ වෙලාවෙදි ව්‍යවහාර වන්නේ කිරි කියලාමයි. යම් වෙලාවක තියෙන්නේ දී කිරි නම් ....(පෙ).... වෙඬරු නම් ....(පෙ).... ගිතෙල් නම් ....(පෙ).... යම් වෙලාවක තියෙන්නේ ගීමඬ නම්, ඒ වෙලාවට කිරි කියලා ව්‍යවහාර වන්නේ නෑ. දී කිරි කියලා ව්‍යවහාර වන්නේ නෑ. වෙඬරු කියලා ව්‍යවහාර වන්නේ නෑ. ගිතෙල් කියලා ව්‍යවහාර වන්නේ නෑ. එතකොට ඒ වෙලාවේදී ව්‍යවහාර වන්නේ ගීමඬ කියලාමයි.

පින්වත් චිත්ත, අන්න ඒ විදිහම තමයි. යම් වෙලාවක ඕළාරික ශරීරය නම් තියෙන්නේ ....(පෙ).... පින්වත් චිත්ත, යම් වෙලාවක මනෝමය ශරීරය නම් තියෙන්නේ ....(පෙ).... පින්වත් චිත්ත, යම් වෙලාවක අරූපී ශරීරය නම්

තියෙන්නේ ඒ වෙලාවට ඕළාරික ශරීරය තියෙනවා යන කරුණ ව්‍යවහාරයට එන්නේ නෑ. මනෝමය ශරීරය තියෙනවා යන කරුණත් ව්‍යවහාරයට එන්නේ නෑ. ඒ වෙලාවේදී ඔහුගේ අරූපී ශරීරය විතරයි ව්‍යවහාරයට එන්නේ.

පින්වත් චිත්ත, මේවා ලෝක සම්මත නාමයන්. ලෝකයෙහි කතාබස් කරන ක්‍රමයන්. ලෝක ව්‍යවහාරයන්. ලෝකයේ සන්නිවේදන කරන ක්‍රමයන්. තථාගතයන් වහන්සේ ඒ කිසිවෙකට නොපැටලී ව්‍යවහාර කරනවා."

70. මෙහෙම දේශනා කළ විට පොට්ඨපාද පරිබ්‍රාජකයා භාග්‍යවතුන් වහන්සේට මේ විදිහට පවසා සිටියා. "ස්වාමීනී, භාග්‍යවතුන් වහන්ස, ඉතා සුන්දරයි. ස්වාමීනී, භාග්‍යවතුන් වහන්ස, ඉතා සුන්දරයි. යටට හරවා තිබූ දෙයක් උඩු අතට හැරෙව්වා වගෙයි. වහලා තිබුණු දෙයක් ඇරලා පෙන්නුවා වගෙයි. මං මුළා වූවන්ට නියම මග පෙන්වා දෙනවා වගෙයි. ඇස් ඇති උදවියට රූප දකින්න අඳුරෙහි තෙල් පහනක් දල්වාගෙන දරා සිටිනවා වගෙයි. ඔය විදිහට භාග්‍යවතුන් වහන්සේ විසින් නොයෙක් අයුරින් ශ්‍රී සද්ධර්මය වදාළා. ස්වාමීනී, මේ මමත් භාග්‍යවතුන් වහන්සේව සරණ යනවා. ශ්‍රී සද්ධර්මයත් ආර්ය මහා සංඝ රත්නයත් සරණ යනවා. ස්වාමීනී, මං ගැන අද පටන් දිවි තිබෙන තුරාවටම තෙරුවන් සරණ ගිය උපාසකයෙක් ලෙස සළකන සේක්වා!"

71. හත්ථිසාරිපුත්ත චිත්තයන්ද භාග්‍යවතුන් වහන්සේට මේ විදිහට පවසා සිටියා. "ස්වාමීනී, භාග්‍යවතුන් වහන්ස, ඉතා සුන්දරයි. ස්වාමීනී, භාග්‍යවතුන් වහන්ස, ඉතා සුන්දරයි. යටට හරවා තිබූ දෙයක් උඩු අතට හැරෙව්වා වගෙයි. වහලා තිබුණු දෙයක් ඇරලා පෙන්නුවා වගෙයි. මං මුළා වූවන්ට නියම මග පෙන්වා දෙනවා වගෙයි. ඇස් ඇති උදවියට රූප දකින්න අඳුරෙහි තෙල් පහනක් දල්වාගෙන දරා සිටිනවා වගෙයි. ඔය විදිහට භාග්‍යවතුන් වහන්සේ විසින් නොයෙක් අයුරින් ශ්‍රී සද්ධර්මය වදාළා. ස්වාමීනී, මේ මමත් භාග්‍යවතුන් වහන්සේව සරණ යනවා. ශ්‍රී සද්ධර්මයත් ආර්ය මහා සංඝ රත්නයත් සරණ යනවා. ස්වාමීනී, මාත් භාග්‍යවතුන් වහන්සේගේ සමීපයෙහි පැවිදි බව ලබනවා නම්, උපසම්පදාවත් ලබනවා නම් ඉතා යහපති."

72. ඉතින් හත්ථිසාරිපුත්ත චිත්තයන් භාග්‍යවතුන් වහන්සේගේ සමීපයෙහි පැවිද්ද ලබාගත්තා. උපසම්පදාවත් ලබාගත්තා. උපසම්පදාව ලබාගත් නොබෝ කලකින්ම ආයුෂ්මත් හත්ථිසාරිපුත්ත චිත්තයන් හුදෙකලා වුනා. පිරිසෙන් වෙන් වුනා. අප්‍රමාදී වුනා. කෙලෙස් තවන වීරියෙන් යුතු වුනා. දහමට දිවි පුදා ධර්මයේ හැසිරෙන කොට යම් කුලපුත්‍රයෙක් යම්කිසි බලාපොරොත්තුවකින් ගිහි ජීවිතය අත්හැරලා බුදු සසුනේ පැවිදි වුනාද, අන්න ඒ උත්තරීතර බඹසර

පූර්ණත්වය වන අමා නිවන මේ ජීවිතයෙහිදීම විශේෂ ඤාණයකින් යුතුව අවබෝධ කරගෙන පැමිණ වාසය කළා. 'ඉපදීම ක්ෂය වුනා. බඹසර වාසය සම්පූර්ණ කරගත්තා. නිවන පිණිස කළ යුතු දේ කරගත්තා. ආයෙමත් නම් වෙන උපතක් නැතැ'යි අවබෝධ වුනා. ආයුෂ්මත් හත්ථිසාරිපුත්ත චිත්ත තෙරුන් එක්තරා රහතන් වහන්සේ නමක් බවට පත්වුනා.

සාදු! සාදු!! සාදු!!!

නවවෙනි පොට්ඨපාද සූත්‍රය නිමාවිය.

10. සුභ සූත්‍රය

සුභ මාණවකයාට වදාළ දෙසුම

1. **මා** හට අසන්නට ලැබුනේ මේ විදිහටයි. භාග්‍යවතුන් වහන්සේ පිරිනිවන් පෑමෙන් වැඩිකලක් ගත නොවුන ඒ දිනවල ආයුෂ්මත් ආනන්දයන් වහන්සේ වැඩසිටියේ සැවැත් නුවර ජේතවන නම් වූ අනේපිඬු සිටුතුමාගේ ආරාමයේ. ඒ දිනවලම තෝදෙය්‍ය පුත්‍ර සුභ මාණවකයා කිසියම් කරුණක් වෙනුවෙන් සැවැත් නුවර නැවතිලා හිටියා.

2. එදා තෝදෙය්‍ය පුත්‍ර සුභ මාණවකයා එක්තරා මාණවකයෙකු ඇමතුවා. "එම්බා මාණවකය, මෙහෙ එන්න. ආනන්ද ශ්‍රමණයන් වහන්සේ වෙත යන්න. ගිහින් මගේ වචනයෙන් ආනන්ද ශ්‍රමණයන් වහන්සේගෙන් ලෙඩදුක් අඩුබව, කරදර අඩුබව, සැහැල්ලු බව, කායබලය, පහසු විහරණය ගැන අහන්න. 'තෝදෙය්‍ය පුත්‍ර සුභ මාණවකයා භවත් ආනන්දයන් වහන්සේගෙන් ලෙඩදුක් අඩුබව, කරදර අඩුබව, සැහැල්ලු බව, කායබලය, පහසු විහරණය ගැන අහනවා' කියලා. මෙහෙමත් කියන්න. භවත් ආනන්දයන් වහන්සේ අනුකම්පාව උපදවාගෙන තෝදෙය්‍ය පුත්‍ර සුභ මාණවකයාගේ නිවස කරා වඩින සේක් නම් ඉතා හොඳයි" කියලා.

3. "එසේය භවත" කියලා ඒ මාණවකයා තෝදෙය්‍ය පුත්‍ර සුභ මාණවකයාට පිළිතුරු දී ආයුෂ්මත් ආනන්දයන් වහන්සේ වෙත පැමිණුනා. පැමිණ ආයුෂ්මත් ආනන්දයන් වහන්සේ සමඟ සතුටු වුනා. සතුටු විය යුතු පිළිසඳර කතාබහ අවසන් කොට එකත්පස්ව වාඩිවුනා. එකත්පස්ව වාඩිවුන ඒ මාණවකයා ආයුෂ්මත් අනඳ තෙරුන් හට මෙකරුණ පැවසුවා. 'තෝදෙය්‍ය පුත්‍ර සුභ මාණවකයා භවත් ආනන්දයන් වහන්සේගෙන් ලෙඩදුක් අඩුබව, කරදර අඩුබව, සැහැල්ලු බව, කායබලය, පහසු විහරණය ගැන අහනවා' කියලා. මෙහෙමත් කියනවා. භවත් ආනන්දයන් වහන්සේ අනුකම්පාව උපදවාගෙන තෝදෙය්‍ය පුත්‍ර සුභ මාණවකයාගේ නිවස කරා වඩින සේක් නම් ඉතා හොඳයි" කියලා.

4. මෙසේ කී කල්හී ආයුෂ්මත් ආනන්ද තෙරුන් ඒ මාණවකයාට මෙය පැවසුවා. "පින්වත් මාණවකය, මේ සුදුසු කාලය නොවේ. මා අද බෙහෙත් ස්වල්පයක් වළඳලා තියෙන්නේ. කල්වේලා සළකා හෙට දවසේදීවත් මට පැමිණෙන්නට පුළුවන් වේවි." "එසේය භවත" කියලා ඒ මාණවකයා ආයුෂ්මත් අනඳ තෙරුන් හට පිළිතුරු දී අසුනෙන් නැගිට තෝදෙය්‍ය පුත්‍ර සුභ මාණවකයා වෙත පැමිණුනා. පැමිණිලා තෝදෙය්‍ය පුත්‍ර සුභ මාණවකයාට මෙහෙම කිව්වා. "භවතාණන්ගේ වචනයෙන් ඒ භවත් ආනන්දයන් හට එකරුණ සැළ කළා. 'තෝදෙය්‍ය පුත්‍ර සුභ මාණවකයා භවත් ආනන්දයන් වහන්සේගෙන් ලෙඩදුක් අඩුබව, කරදර අඩුබව, සැහැල්ලු බව, කායබලය, පහසු විහරණය ගැන අහනවා' කියලා. මෙහෙමත් කියනවා. භවත් ආනන්දයන් වහන්සේ අනුකම්පාව උපදවාගෙන තෝදෙය්‍ය පුත්‍ර සුභ මාණවකයාගේ නිවස කරා වඩින සේක් නම් ඉතා හොඳයි" කියලා. ඉතින් භවත, මෙසේ කී විට ආනන්ද ශ්‍රමණයන් වහන්සේ මට මෙහෙම පැවසුවා. "පින්වත් මාණවකය, මේ සුදුසු කාලය නොවේ. මා අද බෙහෙත් ස්වල්පයක් වළඳල තියෙන්නේ. කල්වේලා සළකා හෙට දවසේදීවත් මට පැමිණෙන්නට පුළුවන් වේවි" කියලා. ඉතින් යම් හෙයකින් භවත, ඒ භවත් ආනන්දයන් හෙට දවසේදීවත් මෙහි පැමිණෙන්නට අවකාශ ලබාගන්නවා යන කරුණ මෙතෙකින්ම මා කරගත්තා.

5. ආයුෂ්මත් ආනන්ද තෙරුන් ඒ රෑ ඇවෑමෙන් උදේ වරුවේ සිවුරු හැඳපොරවා පාසිවුරු ගෙන චේතක භික්ෂුව තමා සමඟ පසුපසින් වඩින ශ්‍රමණ කෙනෙක් හැටියට රැගෙන තෝදෙය්‍ය පුත්‍ර සුභ මාණවකයාගේ නිවස කරා වැඩම කළා. වැඩම කොට පණවන ලද අසුනේ වැඩසිටියා. එතකොට තෝදෙය්‍ය පුත්‍ර සුභ මාණවකයා ආයුෂ්මත් ආනන්ද තෙරුන් වෙත පැමිණුනා.

පැමිණිලා ආයුෂ්මත් ආනන්ද තෙරුන් සමඟ සතුටු වුනා. සතුටුවිය යුතු පිළිසඳර කතාබහේ යෙදිලා එකත්පස්ව වාඩිවුනා.

6. එකත්පස්ව වාඩිවුණ තෝදෙය්‍ය පුත්‍ර සුභ මාණවකයා ආයුෂ්මත් ආනන්ද තෙරුන් හට මෙය පැවසුවා. "භවත් ආනන්දයන් වහන්සේ ඒ භවත් ගෞතමයන් වහන්සේ හට බොහෝ කාලයක් උපස්ථායක වශයෙන් ළඟින්ම හැසිරෙමින් සමීපව හැසිරෙමින් සිටියා. ඒ භවත් ගෞතමයන් වහන්සේ යම් ධර්මයන් පිළිබඳව ගුණ කියනවා නම්, ඒ ධර්මයන් තුළම මේ ජනතාව සමාදන් කරවනවා නම්, පිවිසවනවා නම්, පිහිටුවනවා නම් අන්න ඒ කරුණ ආයුෂ්මත් ආනන්දයන් වහන්සේ දන්නවා. භවත් ආනන්දයෙනි, ඒ භවත් ගෞතමයන් වහන්සේ කවර ධර්මයන්ද වර්ණනා කොට වදාළේ? කවර ධර්මයන් තුළද මේ ජනතාව සමාදන් කෙරෙව්වේ, ඇතුළු කෙරෙව්වේ, පිහිටෙව්වේ?"

7. "පින්වත් මාණවකය, ඒ භාග්‍යවතුන් වහන්සේ ත්‍රිවිධ ස්කන්ධයක් ගැන වර්ණනා කොට වදාළා. එහිම මේ ජනතාව සමාදන් කොට වදාළා. ඇතුළු කොට වදාළා. පිහිටුවා වදාළා. කවර තුනකද යත්? ආර්ය වූ සීල ස්කන්ධයත්, ආර්ය වූ සමාධි ස්කන්ධයත්, ආර්ය වූ ප්‍රඥා ස්කන්ධයත් යන තුනයි. පින්වත් මාණවකය, ඒ භාග්‍යවතුන් වහන්සේ මේ ත්‍රිවිධ ස්කන්ධයන් ගැන තමයි වර්ණනා කොට වදාළේ. එහිම තමයි මේ ජනතාව සමාදන් කොට වදාළේ. ඇතුළු කොට වදාළේ. පිහිටුවා වදාළේ.

8. "භවත් ආනන්දයන් වහන්ස, ඒ භවත් ගෞතමයන් වහන්සේ යම් ධර්මයක් වර්ණනා කළ සේක් නම්, යම් ධර්මයක් තුළ මේ ජනතාව සමාදන් කර වූ සේක් නම්, ඇතුළු කළ සේක් නම්, පිහිට වූ සේක් නම් ඒ ආර්ය වූ සීලස්කන්ධය කුමක්ද?"

09. පින්වත් මාණවකය, මෙහි අරහත් වූ සම්මාසම්බුද්ධ වූ විජ්ජාචරණසම්පන්න වූ සුගත වූ ලෝකවිදූ වූ අනුත්තර පුරිසදම්ම සාරථී වූ, සත්ථා දේවමනුස්සානං වූ, බුද්ධ වූ, භගවා වූ තථාගතයන් වහන්සේ ලෝකයෙහි උපත ලබනවා. උන්වහන්සේ දෙවියන් සහිත වූ, මරුන් සහිත වූ, බඹුන් සහිත වූ, ශ්‍රමණ බමුණන් සහිත වූ දෙව් මිනිස් ප්‍රජාවෙන් යුතු මේ ලෝකය තමා විසින් උපදවා ගත් විශිෂ්ට ඤාණයෙන් සාක්ෂාත් කරලා ලෝකයට කියා දෙනවා. උන්වහන්සේ දහම් දෙසනවා. ආරම්භය කල්‍යාණ වූත්, මැද කල්‍යාණ වූත්, අවසානය කල්‍යාණ වූත්, අර්ථ සහිත වූත්, පැහැදිලි ප්‍රකාශනවලින් යුතු වූත්, මුළුමණින්ම පිරිපුන් පිරිසිදු බඹසර ප්‍රකාශ කරනවා.

10. එතකොට ගෘහපතියෙක් වේවා, ගෘහපති පුත්‍රයෙක් වේවා කවර හෝ කුලයක උපන් කෙනෙක් වේවා ඒ ධර්මය අසනවා. ඔහු ඒ ධර්මය අහලා තථාගතයන් වහන්සේ කෙරෙහි ශ්‍රද්ධාව උපදවා ගන්නවා. ඉතින් ඔහු ඒ ශ්‍රද්ධාලාභයෙන් යුක්ත වෙලා මේ විදිහට නුවණින් කල්පනා කරනවා. "ගිහි ගෙදර වාසය කිරීම හරිම කරදරයක්. කෙලෙස් වැඩෙන මාවතක්. නමුත් පැවිදි ජීවිතය ආකාසය වගේ. ගිහි ගෙදර වාසය කරමින් මුළුමණින්ම පිරිපුන්, මුළුමණින්ම පිරිසිදු, සුදෝසුදු බඹසර වසනවා යන කාරණය ලෙහෙසි එකක් නොවේ. ඒ නිසා මං කෙස් රැවුල් බාලා, කසාවත් පොරොවා ගෙන ගිහි ගෙයින් නික්ම පැවිද්දට ඇතුළත් වෙන එක තමයි හොඳ" කියලා.

11. ඔහු පස්සේ කාලෙක ස්වල්ප වූ භෝග සම්පත් අත්හරිනවා. මහත් වූ භෝග සම්පත් අත්හරිනවා. ස්වල්ප වූ නෑදෑයන් අත්හරිනවා. මහත් වූ නෑදෑයන් අත්හරිනවා. කෙස් රැවුල් බාලා, කසාවත් පොරොවා ගෙන ගිහි ගෙයින් නික්ම

පැවිදි ජීවිතයට පත්වෙනවා. ඔහු ඔය විදිහට පැවිද්දෙක් වෙලා ප්‍රාතිමෝක්ෂ සංවර සීලයෙන් (පැවිද්දෙක් විසින් රැකගත යුතු නිවනට උපකාරී වන උතුම් සිල්පදවලින්) සංවරව ඉන්නවා. යහපත් ඇවැතුම් පැවැතුම්වලින් යුතු වෙනවා. අණුමාත්‍ර වූ වරදෙහි පවා භය දකිනවා. ශික්ෂාපදවල සමාදන්ව හික්මෙනවා. කුසල්සහගත කාය සංවරය හා වචී කර්මයෙන් යුතු වෙනවා. පිරිසිදු ආජීවයෙන් යුතු වෙනවා. සිල්වත් වෙනවා. අකුසලයෙන් වැළකූ දොරටු ඇතුව ඉන්නවා. නුවණින් සළකා ආහාර ගන්නවා. සිහිනුවණින් යුතුව ඉන්නවා. ලද දෙයින් සතුටුව ඉන්නවා.

12. පින්වත් මාණවකය, භික්ෂුව සීලයෙන් යුක්ත වන්නේ කොහොමද? පින්වත් මාණවකය, මෙහි භික්ෂුව සතුන් මැරීම අත්හැර දාලා සතුන් මැරීමෙන් වැළකී ඉන්නවා. දඬු මුගුරු අත්හැර දාලා, අවි ආයුධ බැහැර කරලා, පවට ලැජ්ජා ඇතිව ඉන්නවා. සතුන් කෙරෙහි දයාවන්ත වෙනවා, සියලු ප්‍රාණීන් කෙරෙහි හිතානුකම්පීව වාසය කරනවා. මෙයත් ඔහුගේ සීලයට අයත් දෙයකි.

13. නුදුන් දේ ගැනීම අත්හැරලා නුදුන් දේ ගැනීමෙන් වැළකී ඉන්නවා. දුන් දේ පමණක් පිළිගන්නවා. දුන් දේ පමණක් පිළිගනු කැමති වෙනවා. සොර රහිත සිතින් යුතු වූ, පිරිසිදු සිතින් යුතු වූ ජීවිතයකින් වාසය කරනවා. මෙයත් ඔහුගේ සීලයට අයත් දෙයකි.

14. අබ්‍රහ්මචාරී බව අත්හැරලා බ්‍රහ්මචාරීව ඉන්නවා. ලාමක දෙයක් වූ මෛථුන සේවනයෙන් වැළකී එය දුරින්ම දුරුකර දමනවා. මෙයත් ඔහුගේ සීලයට අයත් දෙයකි.

15. බොරු කීම අත්හැරලා, බොරු කීමෙන් වැළකී ඉන්නවා. සත්‍යය කතා කරනවා. ඇත්තෙන් ඇත්ත ගලපනවා. ස්ථිරව පිහිටලා කතාකරනවා. පිළිගත හැකි දේ කතා කරනවා. ලෝකයාව රවටන්නේ නෑ. මෙයත් ඔහුගේ සීලයට අයත් දෙයකි.

16. කේලාම් කීම අත්හැරලා කේලාම් කීමෙන් වැළකී ඉන්නවා. මෙතැනින් අහලා මේ අය බිඳවන්නට අතන කියන්නේ නෑ. අතනින් අහලා ඒ උදවිය බිඳවන්නට මෙතැන කියන්නේ නෑ. මේ අයුරින් බිඳුණු උදවිය සමගි කරවනවා. සමගි වූවන්ට අනුබල දෙනවා. සමගි වූවන් හා වාසයට කැමතියි. සමගි වූවන් හා එක්ව වසනවා. සමගි වූවන් සමඟ සතුටු වෙනවා. සාමය උදෙසා සාමකාමී වචන කතා කරනවා. මෙයත් ඔහුගේ සීලයට අයත් දෙයකි.

17. පරුෂ වචනය අත්හැරලා පරුෂ වචනයෙන් වැළකී ඉන්නවා. යම් වචනයක් දොස් රහිත නම්, කනට සැප නම්, ආදරවන්ත නම්, හෘදයාංගම

නම්, ශිෂ්ට සම්පන්න නම්, බොහෝ ජනයා කැමති නම්, බොහෝ ජනයාට ප්‍රියමනාප නම් එබඳු වූ වචන පවසනවා. මෙයත් ඔහුගේ සීලයට අයත් දෙයකි.

18. තේරුමක් නැති කතා බහ අත්හැරලා තේරුමක් නැති කතා කීමෙන් වැළකී සිටිනවා. කල් යල් බලා කතා කරනවා. ඇත්ත කතා කරනවා. අර්ථවත් දෙය කතා කරනවා. ධර්මයම කතා කරනවා. විනයම කතා කරනවා. සිත්හි ලා දරාගැනීමට සුදුසු, වෙලාවට ගැලපෙන උපදේශ සහිත වූ, මදිපාඩුකම් නොතබා, ප්‍රමාණවත් පරිදි, දෙලොව යහපත පිණිස වූ දේ පවසනවා. මෙයත් ඔහුගේ සීලයට අයත් දෙයකි.

19. පැළවෙන බීජ හා පැළ වුන ගස් කොළන් විනාශ කිරීමෙන් වැළකී ඉන්නවා. එක් වරුවේ බොජුන් වළඳනවා. රාත්‍රී ආහාරයෙන් වැළකී විකාල භෝජනයෙන් වැළකී ඉන්නවා. නැටුම්, ගැයුම්, වැයුම් හා විසූක දර්ශනයන් නැරඹීමෙන් වැළකී ඉන්නවා. මල් සුවඳ විලවුන් දැරීමෙන්ද ඇඟපත සැරසීමෙන්ද විසිතුරු වස්ත්‍රාභරණයෙන් සැරසීමෙන්ද වැළකී ඉන්නවා. ප්‍රමාණය ඉක්ම වූ උස් ආසනද, වටිනා සුඛෝපභෝගී ආසනද පරිහරණයෙන් වැළකී ඉන්නවා. රන් රිදී මිල මුදල් පිළිගැනීමෙන් වැළකී ඉන්නවා. අමු ධාන්‍ය පිළිගැනීමෙන් වැළකී ඉන්නවා. අමු මස් පිළිගැනීමෙන් වැළකී ඉන්නවා. ස්ත්‍රීන්, කුමරියන් පිළිගැනීමෙන් වැළකී ඉන්නවා. දැසි දස්සන් පිළිගැනීමෙන් වැළකී ඉන්නවා. එළු බැටළුවන් පිළිගැනීමෙන් වැළකී ඉන්නවා. කුකුළන්, ඌරන් පිළිගැනීමෙන් වැළකී ඉන්නවා. ඇතුන්, ගවයන්, අසුන්, වෙළඹුන් පිළිගැනීමෙන් වැළකී ඉන්නවා. කෙත් වතු පිළිගැනීමෙන් වැළකී ඉන්නවා. ගිහි කටයුතු සඳහා දූත මෙහෙවර කිරීමෙන් වැළකී ඉන්නවා. වෙළ හෙළඳාම් කිරීමෙන් වැළකී ඉන්නවා. තරාදියෙන් රැවටීම, නොවටිනා දෙයින් රැවටීම, මිනුමෙන් රැවටීම යන මෙයින් වැළකී ඉන්නවා. අල්ලස් ගෙන හිමිකරුවන්ගේ දේ අහිමි කිරීම, වංචා කිරීම, බාල දේ වටිනා දේ හැටියට පෙන්වීම ආදී නොයෙක් වංචනික දෙයින් වැළකී ඉන්නවා. අත්පා කැපීම්, මැරීම්, බන්ධන කිරීම්, මං පැහැරගැනීම්, ගම් පැහැර ගැනීම් ආදී සැහැසි දෙයින් වැළකී සිටිනවා. මෙයත් ඔහුගේ සීලයට අයත් දෙයකි.

චූලසීලය නිමාවිය

20. ඒ වගේම ඇතැම් භවත් ශ්‍රමණ බ්‍රාහ්මණයන් ඉන්නවා. ඔවුන් ශ්‍රද්ධාවෙන් දුන් දන් අනුභව කරලා මේ විදිහේ පැළවෙන දේ හා ගස් කොළන් ආදිය වනසමින් ඉන්නවා. ඒ කියන්නේ; මුලින් පැළවෙන දේවල්, කඳින් පැළවෙන දේවල්, පුරුකින් පැළවෙන දේවල්, දල්ලෙන් පැළවෙන දේවල්, පස්වෙනුවට

බිජුවටින් පැළවෙන දේවල් යන ආදිය වනසමින් ඉන්නවා. ගස් කොළන් සිඳලීම් ආදී මෙවැනි දේවල්වලිනුත් මෙවැනි වෙනත් දේවල්වලිනුත් වැළකී ඉන්නවා. මෙයත් ඔහුගේ සීලයට අයත් දෙයකි.

21. ඒ වගේම ඇතැම් භවත් ශ්‍රමණ බ්‍රාහ්මණයන් ඉන්නවා. ඔවුන් ශ්‍රද්ධාවෙන් දුන් දන් අනුභව කරලා මේ ආකාර වූ දේ රැස්කරගෙන පරිභෝග කරමින් වාසය කරනවා. ඒ කියන්නේ; කෑම වර්ග රැස්කරලා තියාගන්නවා. බීම වර්ග රැස්කරලා තියාගන්නවා. වස්ත්‍ර රැස්කරලා තියාගන්නවා. යාන වාහන රැස්කරලා තියාගන්නවා. ඇඳ පුටු මේස රැස්කරලා තියාගන්නවා. සුවඳ වර්ග රැස්කරලා තියාගන්නවා. තවත් ආමිස රැස්කරලා තියාගන්නවා. මෙවැනි හෝ මෙවැනි වෙනත් දේවල් හෝ රැස්කරගෙන පරිහරණය කිරීමෙන් වැළකී ඉන්නවා. මෙයත් ඔහුගේ සීලයට අයත් දෙයකි.

22. ඒ වගේම ඇතැම් භවත් ශ්‍රමණ බ්‍රාහ්මණයන් ඉන්නවා. ඔවුන් ශ්‍රද්ධාවෙන් දුන් දන් අනුභව කරලා මේ ආකාරයේ විසූක දර්ශනයන් නැරඹීමෙහි යෙදිලා ඉන්නවා. ඒ කියන්නේ; නැටුම්, ගැයුම්, වැයුම්, නාටක, පැරණි කතා රඟදැක්වීම්, අත්තාල ගසා නැටීම්, වේතාල නැටීම්, බෙර වාදන කිරීම්, රඟමඬළෙහි දේවතාවන්ට පූජා පිණිස නැටීම්, උණ ගසින් කරන ක්‍රීඩා, මිනී ඇට මැද තබා වටකොට නැටීම්, ඇත් යුද බැලීම්, අශ්ව යුද බැලීම්, ගොන් පොර බැලීම්, එළු පොර බැලීම්, බැටළු පොර බැලීම්, කුකුළු පොර බැලීම්, වටු පොර බැලීම්, පොලු හරඹ බැලීම්, මිටි හරඹ බැලීම්, මල්ලව පොර බැලීම්, යුද සේනා බලන්නට යෑම, බලසෙන් ගණින තැන් බලන්නට යාම, බලසෙනඟ විසිරුවන තැන් බලන්නට යාම ආදී දේවල්වල යෙදෙමින් ඉන්නවා. මෙවැනි දේවල්වලිනුත්, මෙවැනි වෙනත් දේවල්වලින් යුතු විසූක දර්ශන නැරඹීම්වලින් වැළකී ඉන්නවා. මෙයත් ඔහුගේ සීලයට අයත් දෙයකි.

23. ඒ වගේම ඇතැම් භවත් ශ්‍රමණ බ්‍රාහ්මණයන් ඉන්නවා. ඔවුන් ශ්‍රද්ධාවෙන් දුන් දන් අනුභව කරලා තමාව ප්‍රමාදයට පත් කරවන මේ ආකාර වූ සූදු කෙළියෙන් කල් යවනවා. ඒ කියන්නේ; හතරැස් කොටු අටකින් යුතුව කරන සූදුව, කොටු දහයකින් කරන සූදුව, අහසේ රූ අඳිමින් කරන සූදුව, කොටු පැනීමෙන් කරන සූදුව, සන්තික නම් වූ සූදුව, දාදු කැටයෙන් කරන සූදුව, කල්ලි ගැසුම, බූරුවා ගැසීම, ගුළ කෙළිය, නළා පිඹීම, කරණම් ගැසීම, මුගුරක් ගෙන උඩ යට වැටෙන පරිදි උඩට ගැසීම, කොළවලින් කළ ගොටුවලින් තරඟෙට වැලි මැනීම, කුඩා රිය තරඟ, කුඩා දුනුවලින් විදීමේ තරඟ, අකුරු ලිවීමේ සෙල්ලම, සිතූ දේ කියන සෙල්ලම, විකලාංග අනුකරණයෙන් හිනැස්සීමේ සෙල්ලම ආදී දේ කිරීමයි. මේ දෙයිනුත්, මෙවැනි තවත් දේවල් ඇත්නම්

එයිනුත් වැළකී ප්‍රමාදයට පත්වන සූදුවෙන් වැළකී ඉන්නවා. මෙයත් ඔහුගේ සීලයට අයත් දෙයකි.

24. ඒ වගේම ඇතැම් භවත් ශ්‍රමණ බ්‍රාහ්මණයන් ඉන්නවා. ඔවුන් ශ්‍රද්ධාවෙන් දුන් දන් අනුභව කරලා මේ ආකාර වූ පමණ ඉක්මවා උස් වූ ආසනත්, වටිනා සුඛෝපභෝගී ආසනත් පරිහරණය කරනවා. ඒ කියන්නේ; දිග හාන්සි පුටු, කවිච්චි, ලොකු පලස් යෙදූ ආසන, විසිතුරු ගෙත්තම් කළ එළු ලොම් ඇතිරිලි, සුදු එළු ලොමින් කළ ඇතිරිලි, මල් යෙදූ එළු ලොමින් කළ ඇතිරිලි, පුළුන් යෙදූ මෙට්ට, සත්ව රූපවලින් සැරසූ එළු ලොම් ඇතිරිලි, මුළුමණින්ම එළු ලොමින් කළ ඇතිරිලි, රන් නූලෙන් සැරසූ කලාල, පට නූලෙන් කළ කලාල, නාටිකාංගනාවන් ඒ මත නැටිය හැකි එළු ලොමින් කළ කලාල, ඇතුන් පිට යොදන ඇතිරිල, අසුන් පිට යොදන ඇතිරිලි, රථවල යොදන ඇතිරිලි, අඳුන් දිවි සමෙන් කළ ඇතිරිලි, කදලි මුව සමින් කළ කලාල, හිස දෙපැත්තට රතු විල්ලුද කොට්ට තබා රතු උඩුවියන් බැඳ සැදූ වටිනා යහන් ආදිය පරිහරණය කරයි. මෙවැනි දෙයිනුත්, මෙවැනි වෙන දේවල්වලිනුත් වැළකී උස් අසුන් මහා අසුන් පරිහරණයෙන් වැළකී ඉන්නවා. මෙයත් ඔහුගේ සීලයට අයත් දෙයකි.

25. ඒ වගේම ඇතැම් භවත් ශ්‍රමණ බ්‍රාහ්මණයන් ඉන්නවා. ඔවුන් ශ්‍රද්ධාවෙන් දුන් දන් අනුභව කරලා මේ ආකාරයෙන් ඇඟපත සැරසීමෙන් හා විසිතුරු වස්ත්‍රාභරණ පැළඳීමෙන් යුක්තව කල් ගෙවනවා. ඒ කියන්නේ; සුවඳ වර්ග ඇඟ තවරා සිරුර සිනිඳු කිරීම, තෙල් වර්ග ගා සම්බාහනය කොට සිරුර හැඩ කිරීම, සුවඳපැන් නෑම, උරහිස් ආදියෙහි මස් වැඩීමට මුගුරෙන් තැලීම, කැඩපතින් මුහුණ බලා සැරසීම, ඇස්වල අඳුන් ගෑම, මල් හා සුවඳ විලවුන් දැරීම, මුව සුවඳ කිරීම, මුව විලවුන් දැරීම, අත්වල ආභරණ දැමීම, හිසෙහි කුඩුම්බි දැරීම. විසිතුරු සැරයැටි දැරීම, විසිතුරු බෙහෙත් නල දැරීම, විසිතුරු කඩු දැරීම, විසිතුරු කුඩ දැරීම, විසිතුරු පාවහන් දැරීම, නලල් පට දැරීම, මැණික් පැළඳීම, චාමර දැරීම, දිග වාටි ඇති සුදු වස්ත්‍ර දැරීම ආදියෙන් යුතුවෙයි. මෙවැනි දෙයිනුත්, මෙවැනි වෙන දේවල්වලිනුත් වැළකී ඇඟපත සැරසීම් හා විසිතුරු වස්ත්‍රාභරණ සැරසීමෙන් වැළකී ඉන්නවා. මෙයත් ඔහුගේ සීලයට අයත් දෙයකි.

26. ඒ වගේම ඇතැම් භවත් ශ්‍රමණ බ්‍රාහ්මණයන් ඉන්නවා. ඔවුන් ශ්‍රද්ධාවෙන් දුන් දන් අනුභව කරලා මෙබඳු වූ තිරිසන් කතාවල යෙදී වාසය කරනවා. ඒ කියන්නේ; රජවරුන් ගැන කථා, සොරුන් ගැන කථා, මහ ඇමතිවරුන් ගැන කථා, හමුදාවන් ගැන කථා, භය ඇතිවෙන දේවල් ගැන කථා, ආහාර වර්ග ගැන කථා, බොන දේවල් ගැන කථා, ඇඳුම් පැළඳුම් ගැන කථා, ඇඳ පුටු ගැන කථා, මල් වර්ග ගැන කථා, සුවඳ වර්ග ගැන කථා, නෑදෑයන් ගැන

කථා, යාන වාහන ගැන කථා, ගම්මාන ගැන කථා, නියම් ගම්මාන ගැන කථා, නගර ගැන කථා, රටවල් ගැන කථා, ස්ත්‍රීන් ගැන කථා, පුරුෂයින් ගැන කථා, කුමාරයින් ගැන කථා, කුමාරියන් ගැන කථා, ශූරයින් ගැන කථා, මංමාවත් ගැන කථා, වළං පොළේ දේවල් ගැන කථා, මියගිය උදවිය ගැන කථා, තව තව දේවල් ගැන කථා, ලෝකය ගැන කථා, සාගරය ගැන කථා, මෙහෙමයි වුණේ මෙහෙමයි නොවුණේ කියන දේ ගැන කතා කරකර ඉන්නවා. මෙවැනි දෙයිනුත්, මෙවැනි වෙන දේවල්වලිනුත් වැළකී මෙබඳු වූ තිරිසන් කතාවෙන් වැළකී ඉන්නවා. මෙයත් ඔහුගේ සීලයට අයත් දෙයකි.

27 ඒ වගේම ඇතැම් භවත් ශ්‍රමණ බ්‍රාහ්මණයන් ඉන්නවා. ඔවුන් ශ්‍රද්ධාවෙන් දුන් දන් අනුභව කරලා මේ ආකාරයෙන් එකිනෙකා අතර බැණ දොඩා ගන්නා කතාවෙන් යුතුවයි ඉන්නේ. ඒ කියන්නේ; 'නුඹ මේ ධර්ම විනය දන්නේ නෑ. මම තමයි මේ ධර්ම විනය දන්නේ, ආ... එහෙමද එතකොට නුඹද මේ ධර්ම විනය දන්නේ? නුඹ ඉන්නේ මිථ්‍යා වැඩපිළිවෙලකයි. මම තමයි නියම වැඩ පිළිවෙල තුළ ඉන්නේ. මං කරුණු සහිතවයි කියන්නේ. නුඹේ කීම කරුණු රහිතයි. නුඹ කලින් කිවයුතු දේ පස්සේ කිව්වා. පස්සේ කිවයුතු දේ කලින් කිව්වා. නුඹ කලක් තිස්සේ කියපු දේ කණපිට පෙරළුනා. මා විසින් නුඹට වාද නංවලයි තියෙන්නේ. නුඹට නිග්‍රහ කරලයි තියෙන්නේ. වාදයෙන් නිදහස් වීමට මගක් හොයාගෙන පලයන්. පුළුවන් නම් ලිහාගනින්' යනාදිය කියමින් ආරවුල් හදාගන්නවා. මෙවැනි දෙයිනුත්, මෙවැනි වෙන දේවල්වලිනුත් වැළකී මෙබඳු වූ බැණ දොඩාගන්නා කතාවෙන් වැළකී ඉන්නවා. මෙයත් ඔහුගේ සීලයට අයත් දෙයකි.

28. ඒ වගේම ඇතැම් භවත් ශ්‍රමණ බ්‍රාහ්මණයන් ඉන්නවා. ඔවුන් ශ්‍රද්ධාවෙන් දුන් දන් අනුභව කරලා ගිහියන්ගේ පණිවිඩ පණත් ගෙන යන මෙබඳු වූ දූත මෙහෙවරෙහි යෙදෙනවා. ඒ කියන්නේ; 'මෙහෙ යන්න, අසවල් තැනට එන්න, මේක (අපේ මේ පණිවිඩය) අරන් යන්න. අසවල් තැනට මේක අරන් යන්න' යනාදී රජුන්ගේ, රාජමහා ඇමැතිවරුන්ගේ, ක්ෂත්‍රියයන්ගේ, බ්‍රාහ්මණයන්ගේ, ගෘහපතියන්ගේ, කුමාරවරුන්ගේ, පණිවිඩ පණත් ගෙනියනවා. මෙවැනි දෙයිනුත්, මෙවැනි වෙන දේවල්වලිනුත් වැළකී මෙබඳු වූ පණිවිඩ පණත් ගෙනයන ගිහියන්ගේ දූත මෙහෙවරෙන් වැළකී ඉන්නවා. මෙයත් ඔහුගේ සීලයට අයත් දෙයකි.

29 ඒ වගේම ඇතැම් භවත් ශ්‍රමණ බ්‍රාහ්මණයන් ඉන්නවා. ඔවුන් ශ්‍රද්ධාවෙන් දුන් දන් අනුභව කරලා කුහක (උඩින් වෙන ජීවිතයක් පෙන්වමින් යටින් වෙනත් ජීවිතයක් ගෙවමින් නැති ගුණ පෙන්වා) ජීවිත ගෙවනවා. ලාභ සත්කාර

ලැබෙන විදිහට (පුහු වර්ණනා කිරීම්, තොදොල් කිරීම්, නැති ගුණ කීම් ආදී) චාටු බස් කියනවා. දායකයින් හට නොදී බැරි තත්වයට පත්වෙන ආකාරයේ නිමිති දක්වමින් කතා කරනවා. තමන්ට ලැබෙන විදිහට අනුන්ට ගරහනවා. ලාභයෙන් ලාභය හොයනවා. මෙවැනි දෙයිනුත්, මෙවැනි වෙන දේවල්වලිනුත් වැළකී මෙබඳු වූ කුහක කමින් චාටුබස්වලින් වැළකී ඉන්නවා. මෙයත් ඔහුගේ සීලයට අයත් දෙයකි.

මධ්‍යම සීලය නිමාවිය.

30. ඒ වගේම ඇතැම් භවත් ශ්‍රමණ බ්‍රාහ්මණයන් ඉන්නවා. ඔවුන් ශ්‍රද්ධාවෙන් දුන් දන් අනුභව කරලා මෙවැනි වූ තිරශ්චීන විද්‍යාවෙන් යුතුව මිථ්‍යා ආජීවයෙන් ජීවත්වෙනවා. ඒ කියන්නේ; ශාරීරික අංග බලා ඵලාඵල කියනවා, නිමිති බලා ඵලාඵල කියනවා, උත්පාත බලා ඵලාඵල කියනවා, සිහින ඵලාඵල කියනවා, ශාරීරික ලක්ෂණ බලා ඵලාඵල කියනවා, මීයන් කෑ වස්ත්‍ර බලා ඵලාඵල කියනවා, ගිනි පූජා පවත්වනවා, හැන්දෙන් පූජා පවත්වනවා, ධාන්‍ය පොතුවලින් පූජා පවත්වනවා. කණ නම් සහලින් කළ පූජා පවත්වනවා, සහලින් පූජා පවත්වනවා, ගිතෙලින් පූජා පවත්වනවා, තල තෙලින් පූජා පවත්වනවා, විශේෂ කොට කරන පූජා පවත්වනවා, සතුන් මරා ලේ පුදා කරන පූජා පවත්වනවා, අංග විද්‍යාව, වාස්තු විද්‍යාව, දේශපාලන විද්‍යාව, වාසනාව උරගා බැලීමේ (ලොතරැයි) විද්‍යාව, භූත විද්‍යාව, පොළොව යට බිම් ගෙයක ඉඳ මැතිරීමෙන් කරන (භූරි) විද්‍යාව, සර්ප විද්‍යාව, විෂ විද්‍යාව, වෘශ්චික විද්‍යාව, මූෂික විද්‍යාව, පක්ෂි විද්‍යාව, විශාල පක්ෂි විද්‍යාව, ඉදුණු දේ මුල් කොට අනාවැකි කියන විද්‍යාව, මතුරන ලද ඊතල විද ආරක්ෂා කරන විද්‍යාව, මෘග පක්ෂ යනාදී මිථ්‍යා ආජීවයෙන් ජීවත් වෙනවා. මෙවැනි දෙයිනුත්, මෙවැනි වෙන දේවල්වලිනුත් වැළකී මෙබඳු වූ තිරශ්චීන විද්‍යාවෙන් යුතු මිථ්‍යා ආජීවයෙන් වැළකී ඉන්නවා. මෙයත් ඔහුගේ සීලයට අයත් දෙයකි.

31. ඒ වගේම ඇතැම් භවත් ශ්‍රමණ බ්‍රාහ්මණයන් ඉන්නවා. ඔවුන් ශ්‍රද්ධාවෙන් දුන් දන් අනුභව කරලා මෙබඳු වූ තිරශ්චීන විද්‍යාවෙන් යුතුව මිථ්‍යා ආජීවයෙන් ජීවත් වෙනවා. ඒ කියන්නේ; මැණික්වල සුභ අසුභ ලකුණු කීම, දඬුවල සුභ අසුභ ලකුණු කීම, වස්ත්‍රවල සුභ අසුභ ලකුණු කීම, කඩු ආදී සලකුණුවලින් සුභාසුභ කීම, ඊතල ආදී සලකුණුවලින් සුභාසුභ කීම, දුනු ආදී සලකුණුවලින් සුභාසුභ කීම, ආයුධ ආදී සලකුණුවලින් සුභාසුභ කීම, ස්ත්‍රීන්ගේ හැඩරුවින් සුභාසුභ ලකුණු කීම, පුරුෂයන්ගේ හැඩරුවින් සුභාසුභ ලකුණු කීම, දරුවන්ගේ හැඩරුවින් සුභාසුභ ලකුණු කීම, දූරියන්ගේ හැඩරුවින් සුභාසුභ ලකුණු කීම, දාසයන්ගේ හැඩරුවින් සුභාසුභ ලකුණු කීම, දාසියන්ගේ හැඩරුවින් සුභාසුභ

ලකුණු කීම, ඒ ඒ කටයුතු සඳහා තෝරා ගත යුතු ඇතුන්ගේ ලකුණු කීම, අසුන්ගේ ලකුණු කීම, ඔටුවන්ගේ ලකුණු කීම, වෘෂභයන්ගේ ලකුණු කීම, ගවයන්ගේ ලකුණු කීම, එළුවන්ගේ ලකුණු කීම, බැටළුවන්ගේ ලකුණු කීම, කුකුළු පොර ආදියට සුදුසු කුකුළන්ගේ ලකුණු කීම, වටුවන්ගේ ලකුණු කීම, සුහුනන් ඇඟ වැටීමේ සහ හඬනැගීමේ ඵලාඵල කීම, කණෙහි පළඳාගත් උපකරණවලින් ඵලාඵල කීම, කැස්බෑවන්ට මතුරා ඵලාඵල කීම, මුවන්ට මතුරා ඵලාඵල කීම ආදී තිරශ්චීන විද්‍යාවෙන් යුතු මිථ්‍යා ආජීවයෙන් කල් ගෙවනවා. මෙවැනි දෙයිනුත්, මෙවැනි වෙන දේවල්වලිනුත් වැළකී මෙබඳු වූ තිරශ්චීන විද්‍යාවෙන් යුතු මිථ්‍යා ආජීවයෙන් වැළකී ඉන්නවා. මෙයත් ඔහුගේ සීලයට අයත් දෙයකි.

32. ඒ වගේම ඇතැම් භවත් ශ්‍රමණ බ්‍රාහ්මණයන් ඉන්නවා. ඔවුන් ශ්‍රද්ධාවෙන් දුන් දන් අනුභව කරලා මෙබඳු වූත් තිරිසන් විද්‍යාවෙන් යුතුව මිථ්‍යා ආජීවයෙන් ජීවිකාව ගෙවනවා. ඒ කියන්නේ; 'අසවල් නැකතට රජතුමාගේ යුද පිණිස නික්මීම වන්නේය. අසවල් නැකතින් ආපසු නුවරට ඇතුල්වීම සිදු කළ යුත්තේය. අසවල් නැකතින් රට ඇතුළේ සිට පිටත සතුරු රජුන් හමුවීමට රජුගේ ගමන කළ යුත්තේය. අසවල් නැකතින් පිටත සිටින රජවරු රට ඇතුළට පැමිණීම වන්නේය. අසවල් නැකතින් රට ඇතුළේ සිටින රජුගේ ඉවත්වීම සිදුවන්නේය. අසවල් නැකතින් රට ඇතුළේ සිටින රජුට ජය වන්නේය. අසවල් නැකතින් බාහිර රජුනට පරාජය වන්නේය. අසවල් නැකතින් බාහිර රජුන්ට ජය වන්නේය. අසවල් නැකතින් රට ඇතුළේ රජුට පරාජය වන්නේය' කියලා මොහුට ජය වෙනවා, මොහුට පරාජය වෙනවා ආදී වශයෙන් පවසමින් තිරිසන් විද්‍යාවෙන් යුතු මිථ්‍යා ආජීවයෙන් කල් ගෙවනවා. මෙවැනි දෙයිනුත්, මෙවැනි වෙන දේවල්වලිනුත් වැළකී මෙබඳු වූ තිරශ්චීන විද්‍යාවෙන් යුතු මිථ්‍යා ආජීවයෙන් වැළකී ඉන්නවා. මෙයත් ඔහුගේ සීලයට අයත් දෙයකි.

33. ඒ වගේම ඇතැම් භවත් ශ්‍රමණ බ්‍රාහ්මණයන් ඉන්නවා. ඔවුන් ශ්‍රද්ධාවෙන් දුන් දන් අනුභව කරලා මෙබඳු වූත් තිරිසන් විද්‍යාවෙන් යුතුව මිථ්‍යා ආජීවයෙන් ජීවිකාව ගෙවනවා. ඒ කියන්නේ; 'අසවල් දින චන්ද්‍රග්‍රහණයක් සිදුවෙනවා. අසවල් දින සූර්යග්‍රහණයක් සිදුවෙනවා. අසවල් දින නැකත් ග්‍රහණයක් සිදුවෙනවා. අසවල් දින සඳ හිරුගේ නිසි මඟින් යෑම සිදුවෙනවා. අසවල් දින සඳ හිරුගේ නොමඟින් යෑම සිදුවෙනවා. අසවල් දින නැකත් තරුවල නිසි මඟින් යෑම සිදුවෙනවා. අසවල් දින නැකත් තරුවල නොමඟින් යෑම සිදුවෙනවා. අසවල් දින උල්කාපාත වැටෙනවා. අසවල් දින අසවල් දිශාවේ උෂ්ණත්වය වැඩිවෙනවා. අසවල් දින භූමිකම්පාවක් සිදුවෙනවා. අසවල් දින වැසි රහිතව

අහස ගුගුරනවා. හිරු සඳු හා නැකත්වල උදාව, බැසීම, කෙලෙසීම, පිරිසිදු වීම මේ මේ වෙලාවට සිදුවෙනවා. චන්ද්‍ර ග්‍රහණය ලෝකයට මෙවැනි ඵල විපාක ලබාදෙනවා. සූර්ය ග්‍රහණය ලෝකයට මෙවැනි ඵල විපාක ලබාදෙනවා. නැකත් ග්‍රහණය ලෝකයට මෙවැනි ඵල විපාක ලබාදෙනවා. හිරු සඳුගේ නිසි ගමන මෙවැනි ඵල විපාක ලබාදෙනවා. හිරු සඳුගේ නොමග යෑම මෙවැනි ඵල විපාක ලබාදෙනවා. උල්කාපාත වැටීම මෙවැනි ඵල විපාක ලබාදෙනවා. දිශා දාහය මෙවැනි ඵල විපාක ලබාදෙනවා. භූකම්පන මෙවැනි ඵල විපාක ලබාදෙනවා. වැසි නැතිව අහස ගිගිරීම මෙවැනි ඵල විපාක ලබාදෙනවා. හිරු සඳු හා නැකත්වල උදාව, බැසීම, කෙලෙසීම, පිරිසිදු වීම ලෝකයට මෙවැනි විපාක ලබාදෙනවා" කියලා තිරිසන් විද්‍යාවෙන් යුතුව මිථ්‍යා ආජීවයෙන් ජීවත් වෙනවා. මෙවැනි දෙයිනුත්, මෙවැනි වෙන දේවල්වලිනුත් වැළකී මෙබඳු වූ තිරශ්චීන විද්‍යාවෙන් යුතු මිථ්‍යා ආජීවයෙන් වැළකී ඉන්නවා. මෙයත් ඔහුගේ සීලයට අයත් දෙයකි.

34. ඒ වගේම ඇතැම් භවත් ශ්‍රමණ බ්‍රාහ්මණයන් ඉන්නවා. ඔවුන් ශ්‍රද්ධාවෙන් දුන් දන් අනුභව කරලා මෙබඳු වූත් තිරිසන් විද්‍යාවෙන් යුතුව මිථ්‍යා ආජීවයෙන් ජීවිකාව ගෙවනවා. ඒ කියන්නේ; 'මේ කාලයේදී වැස්ස වහිනවා. මේ කාලයේදී නියඟය ඇතිවෙනවා. මේ කාලයේදී ආහාරපානාදියෙන් සරුවෙනවා. මේ කාලයේදී දුර්භික්ෂය ඇතිවෙනවා. මේ කාලයේදී රට සරුවෙනවා. මේ කාලයේදී බිය සැක නැතිව ඉන්නවා. මේ කාලයේදී භය උපදිනවා. මේ කාලයේදී රෝග ඇතිවෙනවා. මේ කාලයේදී නීරෝග බව ඇතිවෙනවා' කියමින් ඒලා ඵල පැවසීමත් මුද්‍රා, ගණිත, සංඛ්‍යාන, කාව්‍ය ශාස්ත්‍ර, ලෝකායත ශාස්ත්‍ර ආදී තිරිසන් විද්‍යාවෙන් යුතුව මිථ්‍යා ආජීවයෙන් ජීවත් වෙනවා. මෙවැනි දෙයිනුත්, මෙවැනි වෙන දේවල්වලිනුත් වැළකී මෙබඳු වූ තිරශ්චීන විද්‍යාවෙන් යුතු මිථ්‍යා ආජීවයෙන් වැළකී ඉන්නවා. මෙයත් ඔහුගේ සීලයට අයත් දෙයකි.

35. ඒ වගේම ඇතැම් භවත් ශ්‍රමණ බ්‍රාහ්මණයන් ඉන්නවා. ඔවුන් ශ්‍රද්ධාවෙන් දුන් දන් අනුභව කරලා මෙබඳු වූත් තිරිසන් විද්‍යාවෙන් යුතුව මිථ්‍යා ආජීවයෙන් ජීවිකාව ගෙවනවා. ඒ කියන්නේ; විවාහයට නැකත් කීම, ආවාහයට නැකත් කීම, වෙන් වූ අඹු සැමියන් එක් කිරීමට නැකත් සෑදීම, එක් වූ අඹු සැමියන් වෙන් කිරීමට නැකත් සෑදීම, දීපු ණය එකතු කිරීමට නැකත් සෑදීම, මුදල් ණයට පොලියට දීමට නැකත් සෑදීම, දියුණු වීමට ගුරුකම් කිරීම, පාළුවී නැති වීමට ගුරුකම් කිරීම, දරුගැබ් රැකෙන්නට ගුරුකම් කිරීම, දිව අගුළු බැඳෙන්නට ගුරුකම් කිරීම, හනු තද කරන්නට ගුරුකම් කිරීම, අත් පෙරලෙන්නට ගුරුකම් කිරීම, හනු සිරවෙන්නට ගුරුකම් කිරීම, කන් අගුළු වැටෙන්නට ගුරුකම් කිරීම,

කණ්ණාඩියෙන් භූතයන් කැඳවා ප්‍රශ්න විචාරීම, ගෑණු දරුවන් ලවා පේන කීම, දෙවියන් ලවා පේන කීම, සූර්ය වන්දනාව, මහ බඹු වන්දනාව, මන්ත්‍ර බලයෙන් කටින් ගිනිදැල් පිටකිරීම, මන්ත්‍ර බලෙන් ලක්ෂ්මී පූජා කිරීම යනාදී තිරිසන් විද්‍යාවෙන් යුතුව මිථ්‍යා ආජීවයෙන් ජීවත් වෙනවා. මෙවැනි දෙයිනුත්, මෙවැනි වෙන දේවල්වලිනුත් වැළකී මෙබඳු වූ තිරශ්චීන විද්‍යාවෙන් යුතු මිථ්‍යා ආජීවයෙන් වැළකී ඉන්නවා. මෙයත් ඔහුගේ සීලයට අයත් දෙයකි.

36. ඒ වගේම ඇතැම් භවත් ශ්‍රමණ බ්‍රාහ්මණයන් ඉන්නවා. ඔවුන් ශ්‍රද්ධාවෙන් දුන් දන් අනුභව කරලා මෙබඳු වූත් තිරිසන් විද්‍යාවෙන් යුතුව මිථ්‍යා ආජීවයෙන් ජීවිකාව ගෙවනවා. ඒ කියන්නේ; ශාන්ති කර්ම, බාර ඔප්පු කිරීම, පොළොව යට හිඳ මතුරා ගුරුකම් කිරීම, නපුංසකයා පිරිමියෙකු කිරීම, පිරිමියා නපුංසකයෙකු කිරීම, ගෙවල් තැනීමේ දිශාවන් පෙන්වා දීම, අලුතෙන් නිවාස තැනීමේදී පුද පූජා පැවැත්වීම, වතුර මතුරා මූණ සේදවීම, වතුර මතුරා නැහැවීම, ගිනිපිදීම, ලය විරේක කරවීම, බඩ විරේක කරවීම, වමනය කරවීම, වස්ති කරවීම, ශීර්ෂ විරේකය, කණට තෙල් පිඹීම, ඇස් වෙදකම, නස්න කිරීම, ඇස්වලට අඳුන් සෑදීම, ප්‍රතිඅංජන සෑදීම, ශල්‍යකර්ම කිරීම, ළදරු චිකිත්සාව, කාය චිකිත්සාව, වනවලට බෙහෙත් බැඳීම ආදී තිරිසන් විද්‍යාවෙන් යුතුව මිථ්‍යා ආජීවයෙන් ජීවත් වෙනවා. මෙවැනි දෙයිනුත්, මෙවැනි වෙන දේවල්වලිනුත් වැළකී මෙබඳු වූ තිරශ්චීන විද්‍යාවෙන් යුතු මිථ්‍යා ආජීවයෙන් වැළකී ඉන්නවා. මෙයත් ඔහුගේ සීලයට අයත් දෙයකි.

37. පින්වත් මාණවකය, ඒ භික්ෂුව වනාහී මේ අයුරින් සීලසම්පන්නව සිටින විට ඒ සීලසංවරය හේතු කොට ගෙන මොනම අයුරකින්වත් බියක් දකින්නේ නෑ. පින්වත් මාණවකය, ඒක මේ වගේ දෙයක්. ඔටුනු පළන් රජ කෙනෙක් ඉන්නවා. ඔහු සතුරන් පරදවලා බැහැර කරලයි ඉන්නේ. ඉතින් ඔහු සතුරන් හේතුවෙන් මොනම අයුරකින්වත් භයක් දකින්නේ නෑ. පින්වත් මාණවකය, භික්ෂුවත් ඔය විදිහමයි. මේ අයුරින් සීලසම්පන්නව සිටින විට ඒ සීලසංවරය හේතු කොට ගෙන මොනම අයුරකින්වත් බියක් දකින්නේ නෑ. ඔහු මේ ආර්ය වූ සීලස්කන්ධයෙන් සමන්විතව ආධ්‍යාත්මිකව නිවැරදි සැපයක් විඳිනවා. පින්වත් මාණවකය, ඔන්න විදිහටයි භික්ෂුව සීලසම්පන්න වන්නේ.

38. පින්වත් මාණවකය, ඒ භවත් ගෞතමයන් වහන්සේ යම් ධර්මයක් වර්ණනා කළ සේක් නම්, යම් ධර්මයක් තුළ මේ ජනතාව සමාදන් කර වූ සේක් නම්, ඇතුළු කළ සේක් නම්, පිහිට වූ සේක් නම් ඒ මේ ආර්ය වූ සීලස්කන්ධයයි. ඒ වගේම ඒ සීලයෙන් මතුවටත් තව කළ යුතු දේවල් තියෙනවා."

39. "භවත් ආනන්දයෙනි, ආශ්චර්යයි. භවත් ආනන්දයෙනි, පුදුම සහගතයි. භවත් ආනන්දයෙනි, ඒ මේ ආර්ය වූ සීලස්කන්ධය නම් පරිපූර්ණමයි. අපරිපූර්ණ නොවේ. භවත් ආනන්දයෙනි, ඔය ආකාරයෙන් පරිපූර්ණ වූ ආර්ය වූ සීලස්කන්ධයක් මේ බුදු සසුනෙන් බැහැර වූ වෙන ආගමක ශ්‍රමණ බ්‍රාහ්මණයින් තුළ මම නම් දකින්නේ නෑ. භවත් ආනන්දයෙනි, ඔය ආකාරයෙන් පරිපූර්ණ වූ ආර්ය වූ සීලස්කන්ධයක් මේ බුදු සසුනෙන් බැහැර වූ වෙන ආගමක ශ්‍රමණ බ්‍රාහ්මණයින් තුළ තම තමන් හට දකින්ට ලැබුනා නම්, ඔවුන් එපමණකින්ම සතුටට පත්වෙනවා 'මේ අපට ඇති, මේ කරගත්තු හරිය ඇති, මහණකමේ අර්ථයට අපි පැමිණුනා, අපට මින් මත්තෙහි කළ යුතු කිසි දෙයක් නැත' කියලා. නමුත් භවත් ආනන්දයන් පවසන්නේ මේ විදිහටයි. 'ඒ වගේම ඔය සීලයෙන් මතුවටත් තවත් කළ යුතු දේවල් තියෙනවා' කියලා.

පළමු බණවරයි

40. භවත් ආනන්දයන් වහන්ස, ඒ භවත් ගෞතමයන් වහන්සේ යම් ධර්මයක් වර්ණනා කළ සේක් නම්, යම් ධර්මයක් තුළ මේ ජනතාව සමාදන් කර වූ සේක් නම්, ඇතුළු කළ සේක් නම්, පිහිට වූ සේක් නම් ඒ ආර්ය වූ සමාධි ස්කන්ධය කුමක්ද?"

41. පින්වත් මාණවකය, භික්ෂුව අකුසලයන් වැළකූ ද්වාර ඇති ඉඳුරන් ඇතිව ඉන්නේ කොහොමද? පින්වත් මාණවකය, මෙහිලා භික්ෂුව ඇසින් රූප දැක නිමිති ගන්නේ නෑ. නිමිත්තක කොටසක්වත් ගන්නේ නෑ. යම් හෙයකින් ඇස නමැති ඉන්ද්‍රිය අසංවරව වසන කෙනෙකුට දැඩි ලෝභයත්, දොම්නසත්, පාපී අකුසලත් ඇති වී අර්බුදයක් හටගන්නවා නම්, එහි සංවරය පිණිස පිළිපදිනවා. ඇස රැකගන්නවා. ඇස නැමැති ඉන්ද්‍රියයේ සංවරයට පැමිණෙනවා. කනෙන් ශබ්දයක් අහලා ....(පෙ).... නාසයෙන් ගන්ධයක් ආඝ්‍රාණය කරලා ....(පෙ).... දිවෙන් රසයක් රස විඳලා ....(පෙ).... කයෙන් පහසක් ලබලා ....(පෙ).... මනසින් අරමුණක් දැනගෙන නිමිති ගන්නේ නෑ. නිමිත්තක කොටසක්වත් ගන්නේ නෑ. යම් හෙයකින් මනස නමැති ඉන්ද්‍රිය අසංවරව වසන කෙනෙකුට දැඩි ලෝභයත්, දොම්නසත්, පාපී අකුසලත් ඇති වී අර්බුදයක් හටගන්නවා නම්, එහි සංවරය පිණිස පිළිපදිනවා. මනස රැකගන්නවා. මනස නැමැති ඉන්ද්‍රියයේ සංවරයට පැමිණෙනවා. ඔහු මේ ආර්ය වූ ඉන්ද්‍රිය සංවරයෙන් යුක්තව ආධ්‍යාත්මිකව පීඩා රහිතව සැපයක් විඳිනවා. පින්වත් මාණවකය, භික්ෂුව අකුසලයෙන් වැළැක් වූ දොරටු ඇති ඉන්ද්‍රියයන් තුළ ඉන්නේ ඔය විදිහටයි.

42. පින්වත් මාණවකය, භික්ෂුව සිහිනුවණින් යුතුව සිටින්නේ කොහොමද? පින්වත් මාණවකය, මෙහිලා භික්ෂුව ඉදිරියට යද්දීත්, ආපසු එද්දීත් එය කරන්නේ

සිහි නුවණින්මයි. ඉදිරිය බලද්දී, වටපිට බලද්දී එය කරන්නෙත් සිහි නුවණින්මයි. අතපය හකුළද්දී, දිගහරිද්දී එය කරන්නෙත් සිහිනුවණින්මයි. දෙපට සිවුර, පාත්‍රය, අනෙක් සිවුරු ආදිය දරද්දී එය කරන්නෙත් සිහිනුවණින්මයි. වළඳද්දී, පානය කරද්දී, අනුභව කරද්දී, රස විඳිද්දී එය කරන්නෙත් සිහි නුවණින්මයි. වැසිකිළි කැසිකිළි යාමේදී එය කරන්නෙත් සිහි නුවණින්මයි. ගමන් කරද්දී, සිටගෙන සිටිද්දී, වාඩි වී සිටිද්දී, සැතපෙද්දී, නිදිවරද්දී, කතාබස් කරද්දී, නිහඬව සිටිද්දී එය කරන්නෙත් සිහි නුවණින්මයි. පින්වත් මාණවකය, භික්ෂුව සිහිනුවණින් යුතු වන්නේ ඔය ආකාරයටයි.

43. පින්වත් මාණවකය, භික්ෂුව ලද දෙයින් සතුටු වන්නේ කොහොමද? පින්වත් මාණවකය, මෙහිලා භික්ෂුව කය පරිහරණයට සෑහෙන සිවුරෙන්, කුසගිනි නිවෙන්නට සෑහෙන පිණ්ඩපාතයෙන් සතුටු වෙනවා. ඔහු යම් ම තැනකට පිටත් වෙනවා නම්, පාසිවුරු පමණක් අරගෙන යනවා. පින්වත් මාණවකය, ඒක මේ වගේ දෙයක්. කුරුල්ලෙක් යම් ම තැනකට පියඹා යනවා නම්, පියාපත් බර පමණක් සහිතව පියඹනවා වගෙයි. පින්වත් මාණවකය, ඔය අයුරින්ම භික්ෂුව කය පරිහරණයට සෑහෙන සිවුරෙන්, කුසගිනි නිවෙන්නට සෑහෙන පිණ්ඩපාතයෙන් සතුටු වෙනවා. ඔහු යම් ම තැනකට පිටත් වෙනවා නම්, පාසිවුරු පමණක් අරගෙන යනවා. පින්වත් මාණවකය, භික්ෂුව ලද දෙයින් සතුටු වන්නේ ඔය විදිහටයි.

44. ඔහු මේ ආර්ය වූ සීලස්කන්ධයෙන් යුක්ත වෙලා, මේ ආර්ය වූ ඉන්ද්‍රිය සංවරයෙන් යුක්ත වෙලා, මේ ආර්ය වූ සිහිනුවණින් යුක්ත වෙලා, මේ ආර්ය වූ ලද දෙයින් සතුටුවීමෙන් යුක්ත වෙලා හුදෙකලා සෙනසුනක වාසය කරනවා. ඒ කියන්නේ අරණ්‍යය, රුක්සෙවණ, පර්වතය, දිය ඇල්ල, ගිරිගුහාව, සොහොන, වනගැබ, ගස් කොළන් රහිත හිස් පිටිය, පිදුරු ගෙය ආදියයි. ඔහු පිණ්ඩපාතය වළඳා, දානයෙන් පසු (එවැනි තැනක) පළඟක් බැඳගෙන, කය සෘජු කරගෙන, භාවනා අරමුණෙහි සිහිය පිහිටුවාගෙන වාඩිවෙනවා.

45. ඔහු ජීවිතය නම් වූ ලෝකය ගැන ඇති විෂම ලෝභය දුරු කොට ඇලීම් රහිත වූ සිතින් වාසය කරනවා. විෂම ලෝභය කෙරෙන් සිත පිරිසිදු කරනවා. තරහ, වෛර ආදිය අත්හැර තරහ නැති සිතින් සියලු සතුන් කෙරෙහි හිතානුකම්පීව වාසය කරනවා. තරහ, වෛර ආදිය කෙරෙන් සිත පිරිසිදු කරනවා. නිදිමත, අලසකම අත්හැර නිදිමත, අලසකමින් බැහැරව ආලෝක සඤ්ඤාවෙන් යුතුව, සිහිනුවණ ඇතිව වාසය කරනවා. නිදිමත, අලසකම කෙරෙන් සිත පිරිසිදු කරනවා. සිතේ විසිරීමත්, පසුතැවීමත් බැහැර කොට නොකැළඹී ගිය සංසිඳුණු සිතින් වාසය කරනවා. සිතේ විසිරීම හා පසුතැවීම

කෙරෙන් සිත පිරිසිදු කරනවා. සැකය දුරු කොට කුසල් දහම් ගැන 'කෙසේද? කෙසේද?' යනාදී සැකයෙන් එතෙරව වාසය කරනවා. සැකය කෙරෙන් සිත පිරිසිදු කරනවා.

46. පින්වත් මාණවකය, එය මෙවැනි දෙයක්. පුරුෂයෙක් ණයක් අරගෙන කර්මාන්තයක යොදවනවා. ඔහුගේ ඒ ව්‍යාපාරය සාර්ථක වෙනවා. එතකොට ඔහු යම් පරණ මුල් ණයක් ඇද්ද, එය සම්පූර්ණයෙන්ම ගෙවලා දානවා. එයින් පසු ඔහුට අඹුදරුවන් පෝෂණය පිණිස ලාභයක් ඉතිරිත් වෙනවා. එතකොට ඔහුට මෙහෙම හිතෙනවා. 'මං කලින් ණයක් අරගෙනයි ව්‍යාපාරයක යෙදෙව්වේ. ඒ මගේ ව්‍යාපාරය සාර්ථක වුනා. ඒ මං යම් පරණ මුල් ණයක් ඇද්ද එය සම්පූර්ණයෙන්ම ගෙව්වා. අඹුදරුවන් පෝෂණයටත් මට ආදායම ඉතිරි වුනා' කියලා. ඒ හේතුවෙන් ඔහු මහත් සතුටක් ලබනවා. මහත් සොම්නසක් ලබනවා.

47. පින්වත් මාණවකය, ඒක මේ වගේ දෙයක්. පුරුෂයෙක් රෝගී වෙලා, දුකට පත්වෙලා, දැඩිසේ ගිලන්ව ඉන්නවා. ඔහුට බත් කෑමටවත් පිරියක් නෑ. ඔහුගේ ඇඟේ පතේ ප්‍රාණවත් ගතියක් නෑ. නමුත් පස්සේ කාලෙක ඔහු ඒ රෝගයෙන් මිදුනා. ඔහුට දැන් බත් කෑමත් ප්‍රියයි. ඔහුගේ ඇඟපතත් ප්‍රාණවත්. එතකොට ඔහුට මෙහෙම හිතෙනවා. 'මං ඉස්සර රෝගී වෙලා, දුකට පත්වෙලා, දැඩිසේ ගිලන්ව හිටියේ. මට බත් කෑමටවත් පිරියක් තිබුනේ නෑ. මගේ ඇඟේ පතේ ප්‍රාණවත් ගතියක් තිබුනේ නෑ. නමුත් දැන් මං ඒ රෝගයෙන් මිදුනා. මට දැන් බත් කෑමත් ප්‍රියයි. මගේ ඇඟපතත් ප්‍රාණවත්' කියලා. ඒ හේතුවෙන් ඔහු මහත් සතුටක් ලබනවා. මහත් සොම්නසක් ලබනවා.

48. පින්වත් මාණවකය, ඒක මේ වගේ දෙයක්. පුරුෂයෙක් හිරගෙදරක බන්ධනයකට හසුවෙනවා. නමුත් ඔහු පස්සේ කාලෙක තමන්ගේ ධනය වියදම් නොකොට සුවසේම ඒ බන්ධනාගාරයෙන් නිදහස් වෙනවා. ඔහුගේ සම්පත්වලින් කිසි වියදමක් යන්නේ නෑ. එතකොට ඔහුට මෙහෙම හිතෙනවා. 'මං ඉස්සර හිරගෙදරක බන්ධනයකට අහු වුනා. නමුත් ඒ මං දැන් ධන වියදමකින් තොරව සුවසේම ඒ බන්ධනාගාරයෙන් නිදහස් වුනා. මගේ භෝග සම්පත්වලින් කිසිදෙයක් වියදම් වුනේ නෑ' කියලා. ඒ හේතුවෙන් ඔහු මහත් සතුටක් ලබනවා. මහත් සොම්නසක් ලබනවා.

49. පින්වත් මාණවකය, ඒක මේ වගේ දෙයක්. පුරුෂයෙක් තමාට සිතූ පරිදි ගත කරන්නට බැරි, අනුන්ට යටත් වෙලා වාසය කරන, තමා කැමැති පරිදි යා ගත නොහැකි, දාසයෙක් වෙලා හිටියා. ඔහු පස්සේ කාලෙක ඒ දාසබවෙන්

නිදහස් වුණා. තමාට සිතූ පරිදි ගත කරන, අනුන්ට යටත් නොවන, තමන් කැමැති පරිදි යා හැකි ජීවිතයක් ලැබුනා. එතකොට ඔහුට මෙහෙම හිතුනා. 'මං ඉස්සර තමාට සිතූ පරිදි ගත කරන්නට බැරි, අනුන්ට යටත් වෙලා වාසය කරන, තමා කැමැති පරිදි යා ගත නොහැකි දාසයෙක් වෙලා හිටියා. ඒ මං දැන් ඒ දාසබවෙන් නිදහස් වෙලයි ඉන්නේ. මට සිතූ පරිදි ගත කරන, අනුන්ට යටත් නොවන, මං කැමැති පරිදි යා හැකි ජීවිතයක් ලැබිලා තියෙනවා' කියලා. ඒ හේතුවෙන් ඔහු මහත් සතුටක් ලබනවා. මහත් සොම්නසක් ලබනවා.

50. පින්වත් මාණවකය, ඒක මේ වගේ දෙයක්. පුරුෂයෙක් ධනය ඇතිව, භෝග සම්පත් ඇතිව, ආහාරපාන දුලභ වූ, බිය උවදුරු සහිත කාන්තාර ගමනකට පිවිසෙනවා. නමුත් ඔහු පසු කාලෙක ඒ කාන්තාරයෙන් එතෙර වෙනවා. සුවසේම ගමන අවසන් කොට බිය, උවදුරු නැති ආරක්ෂාව ඇති තැනකට පැමිණෙනවා. එතකොට ඔහුට මෙහෙම හිතෙනවා 'මං කලින් ධනය ඇතිව, භෝග සම්පත් ඇතිව, ආහාරපාන දුලභ වූ, බිය උවදුරු සහිත කාන්තාර ගමනකට පිවිසුනා. නමුත් දැන් මා ඒ කාන්තාරයෙන් එතෙර වුනා. සුවසේම ගමන අවසන් කොට බිය, උවදුරු නැති ආරක්ෂාව ඇති තැනකට පැමිණුනා' කියලා. ඒ හේතුවෙන් ඔහු මහත් සතුටක් ලබනවා. මහත් සොම්නසක් ලබනවා.

51. පින්වත් මාණවකය, අන්න ඒ විදිහමයි. භික්ෂුවත් (කලින්) ණයක් ගත්තා වගේ, ලෙඩ වුනා වගේ, හිරේ විලංගුවේ වැටුනා වගේ, වහල් බවට පත්වුනා වගේ, නිරුදක කතරකට පැමිණුනා වගේ මේ පංච නීවරණයන් ප්‍රහාණය නොවී තමා තුළ පවතින හැටි දකිනවා. නමුත් පින්වත් මාණවකය, ඒ ණය ගෙවා දමා ණය රහිත වුනා වගේ, රෝගයෙන් නිදහස් වෙලා නීරෝග වුනා වගේ, වියදම් නැතුව හිරෙන් නිදහස් වුනා වගේ, දාසබවෙන් නිදහස් වුනා වගේ, නිරුදක කතර ගෙවා ආරක්ෂා සහිත ක්ෂේම භූමියකට පැමිණුනා වගේ තමයි. පින්වත් මාණවකය, අන්න ඒ විදිහමයි භික්ෂුව තමා තුළ මේ පංච නීවරණයන් දුරුවී ඇති ආකාරයත් දකින්නේ.

52. ඔහුට මේ පංච නීවරණයන් තමා තුළ නැති බව දකිද්දී මහත් සතුටක් ඇතිවෙනවා. ඒ ප්‍රමුදිත වීම ඇති කෙනාට ප්‍රීතිය ඇතිවෙනවා. ප්‍රීති මනසක් ඇති කෙනාගේ කය සංසිඳෙනවා. සංසිඳුණු කයින් යුතුව සැපක් විඳිනවා. සැප ඇති කෙනාගේ සිත සමාධිමත් වෙනවා.

53. ඔහු කාමයන්ගෙන් වෙන්ව, අකුසලයන්ගෙන් වෙන්ව, විතර්ක සහිත වූ, විචාර සහිත වූ, විවේකයෙන් හටගත් ප්‍රීති සුඛය ඇති පළමුවෙනි ධ්‍යානය උපදවාගෙන වාසය කරනවා. ඔහු මේ කයම විවේකයෙන් හටගත් ප්‍රීති සුඛයෙන්

හොඳට තෙත් කරනවා. මුළුමණින්ම තෙත් කරනවා. එයින් පුරවනවා. පිරිපුන්ව පුරවනවා. ඔහුගේ සියලු කයෙහි විවේකයෙන් හටගත් ප්‍රීති සුඛයෙන් ස්පර්ශ නොකළ කිසිතැනක් නෑ.

54. පින්වත් මාණවකය, ඒක මේ වගේ දෙයක්. (රජවරුන් ආදී පිරිස් නහවන) දක්ෂ නහවන්නෙක් හෝ නහවන කෙනෙකුගේ ගෝලයෙක් ඉන්නවා. ඔහු ලෝහ බඳුනක නානසුණු විසුරුවනවා. ඊට පස්සේ දිය ඉස ඉස පිඩු කරනවා. එතකොට ඒ නානසුණු පිඬට අර වතුර කාවදිනවා. හොඳින් තෙත් වෙනවා. ඒ නහන පිඬ ඇතුළත පිටත සෑම තැනම හොඳින් දිය පැතිරිලා තියෙනවා. පිටතට වැගිරෙන්නෙත් නෑ. පින්වත් මාණවකය, ඔය විදිහමයි. භික්ෂුව මේ කයම විවේකයෙන් හටගත් ප්‍රීති සුඛයෙන් හොඳට තෙත් කරනවා. මුළුමණින්ම තෙත් කරනවා. එයින් පුරවනවා. පිරිපුන්ව පුරවනවා. ඔහුගේ සියලු කයෙහි විවේකයෙන් හටගත් ප්‍රීති සුඛයෙන් ස්පර්ශ නොකළ කිසිතැනක් නෑ.

55. පින්වත් මාණවකය, භික්ෂුව කාමයන්ගෙන් වෙන්ව, අකුසලයන්ගෙන් වෙන්ව, විතර්ක සහිත වූ, විචාර සහිත වූ, විවේකයෙන් හටගත් ප්‍රීති සුඛය ඇති යම් පළමුවෙනි ධ්‍යානය උපදවාගෙන වාසය කරනවා නම්, ඔහු මේ කයම විවේකයෙන් හටගත් ප්‍රීති සුඛයෙන් හොඳට තෙත් කරනවා. මුළුමණින්ම තෙත් කරනවා. එයින් පුරවනවා. පිරිපුන්ව පුරවනවා. ඔහුගේ සියලු කයෙහි විවේකයෙන් හටගත් ප්‍රීති සුඛයෙන් ස්පර්ශ නොකළ කිසිතැනක් නෑ. මෙය අයිති වන්නේත් ඔහුගේ සමාධියටමයි.

56. පින්වත් මාණවකය, තවදුරටත් කියනවා නම්, භික්ෂුව විතක්ක විචාරයන්ගේ සංසිඳීමෙන් ආධ්‍යාත්මිකව පැහැදීම ඇතිව සිතෙහි මනා එකඟ බවෙන් යුතුව විතර්ක රහිත, විචාර රහිත, සමාධියෙන් හටගත්, ප්‍රීති සුඛය ඇති දෙවෙනි ධ්‍යානය උපදවාගෙන වාසය කරනවා. ඔහු මේ කයම සමාධියෙන් හටගත් ප්‍රීති සුඛයෙන් හොඳට තෙත් කරනවා. මුළුමණින්ම තෙත් කරනවා. එයින් පුරවනවා. පිරිපුන්ව පුරවනවා. ඔහුගේ සියලු කයෙහි සමාධියෙන් හටගත් ප්‍රීති සුඛයෙන් ස්පර්ශ නොකළ කිසිතැනක් නෑ.

57. පින්වත් මාණවකය, ඒක මේ වගේ දෙයක්. යට දිය උල්පත්වලින් වතුර ගලන ගැඹුරු විලක් තියෙනවා. හැබැයි ඒ විලට නැගෙනහිර පැත්තෙන් වතුර එන මගක් නෑ. දකුණු පැත්තෙන් වතුර එන මගක් නෑ. බටහිර පැත්තෙන් වතුර එන මගක් නෑ. උතුරු පැත්තෙන් වතුර එන මගක් නෑ. වැස්සත් කලින් කලට පිළිවෙලකට වහින්නේ නෑ. එතකොට ඒ විලෙන්ම සීතල දියදහරා උල්පත්වලින් උඩට මතු වෙවී ඒ විලම සීතල ජලයෙන් හොඳට තෙත් කරනවා. මුළුමණින්ම

තෙත් කරනවා. වතුරෙන් පුරවනවා. හොඳින් පුරවනවා. ඒ මුළු විලේම සිහිල් ජලයෙන් පහස නොලැබූ කිසි තැනක් නෑ. පින්වත් මාණවකය, ඔය විදිහමයි. භික්ෂුව මේ කයම සමාධියෙන් හටගත් ප්‍රීති සුඛයෙන් හොඳට තෙත් කරනවා. මුළුමණින්ම තෙත් කරනවා. එයින් පුරවනවා. පිරිපුන්ව පුරවනවා. ඔහුගේ සියලු කයෙහි සමාධියෙන් හටගත් ප්‍රීති සුඛයෙන් ස්පර්ශ නොකළ කිසිතැනක් නෑ.

58. පින්වත් මාණවකය, භික්ෂුව විතක්ක විචාරයන්ගේ සංසිඳීමෙන් ආධ්‍යාත්මිකව පැහැදීම ඇතිව සිතෙහි මනා එකඟ බවෙන් යුතුව විතර්ක රහිත, විචාර රහිත, සමාධියෙන් හටගත්, ප්‍රීති සුඛය ඇති යම් දෙවෙනි ධ්‍යානය උපදවාගෙන වාසය කරනවා නම්, ඔහු මේ කයම සමාධියෙන් හටගත් ප්‍රීති සුඛයෙන් හොඳට තෙත් කරනවා. මුළුමණින්ම තෙත් කරනවා. එයින් පුරවනවා. පිරිපුන්ව පුරවනවා. ඔහුගේ සියලු කයෙහි සමාධියෙන් හටගත් ප්‍රීති සුඛයෙන් ස්පර්ශ නොකළ කිසිතැනක් නෑ. මෙය අයිති වන්නේත් ඔහුගේ සමාධියටමයි.

59. පින්වත් මාණවකය, තවදුරටත් කියනවා නම් භික්ෂුව ප්‍රීතියටද නොඇලීමෙන් උපේක්ෂාවෙන් යුතුව වාසය කරනවා. සිහියෙන් නුවණින් යුතුව කයෙන් සැපයක්ද විඳිනවා. ආර්යයන් වහන්සේලා යම් ධ්‍යානයකට උපේක්ෂා සහගත සිහිය ඇති සැප විහරණය යැයි පවසනවාද, ඒ තුන්වෙනි ධ්‍යානයත් උපදවාගෙන වාසය කරනවා. ඔහු මේ කයම ප්‍රීති රහිත සුඛයෙන් හොඳට තෙත් කරනවා. මුළුමණින්ම තෙත් කරනවා. එයින් පුරවනවා. පිරිපුන්ව පුරවනවා. ඔහුගේ සියලු කයෙහි ප්‍රීති රහිත සුඛයෙන් ස්පර්ශ නොකළ කිසිතැනක් නෑ.

60. පින්වත් මාණවකය, ඒක මේ වගේ දෙයක්. මහනෙල් විලක හෝ රතු නෙළුම් විලක හෝ සුදු නෙළුම් විලක හෝ ඇතැම් මහනෙල් වේවා, රතු නෙළුම් වේවා, සුදු නෙළුම් වේවා ඒ නෙළුම් ජලයේමයි හටගන්නේ. ජලයේමයි වැඩෙන්නේ. නමුත් ජලයෙන් උඩට ඇවිත් නෑ. ජලය තුළම ගිලී වැඩෙනවා. එතකොට ඒ නෙළුම් අග දක්වාත්, මුල දක්වාත් සීතල දියෙන් හොඳට තෙත් වෙලා තියෙන්නේ. මුළුමණින්ම තෙත් වෙලා තියෙන්නේ. පිරිලා තියෙන්නේ. හැමතැනම පැතිරිලා තියෙන්නේ. ඒ සැම මහනෙල්වල, රතු නෙළුම්වල, සුදු නෙළුම්වල සීතල දිය නොපැතුරුණු කිසි තැනක් නෑ. පින්වත් මාණවකය, ඔය විදිහමයි. භික්ෂුව මේ කයම ප්‍රීති රහිත සුඛයෙන් හොඳට තෙත් කරනවා. මුළුමණින්ම තෙත් කරනවා. එයින් පුරවනවා. පිරිපුන්ව පුරවනවා. ඔහුගේ සියලු කයෙහි ප්‍රීති රහිත සුඛයෙන් ස්පර්ශ නොකළ කිසිතැනක් නෑ.

61. පින්වත් මාණවකය, භික්ෂුව ප්‍රීතියටද නොඇලීමෙන්, උපේක්ෂාවෙන් යුතුව වාසය කරනවා. සිහියෙන් නුවණින් යුතුව කයෙන් සැපයක්ද විඳිනවා.

ආර්යයන් වහන්සේලා යම් ධ්‍යානයකට උපේක්ෂා සහගත සිහිය ඇති සැප විහරණය යැයි පවසනවාද, යම් ඒ තුන්වෙනි ධ්‍යානයත් උපදවාගෙන වාසය කරනවා නම්, ඔහු මේ කයම ප්‍රීති රහිත සුඛයෙන් හොඳට තෙත් කරනවා. මුළුමණින්ම තෙත් කරනවා. එයින් පුරවනවා. පිරිපුන්ව පුරවනවා. ඔහුගේ සියලු කයෙහි ප්‍රීති රහිත සුඛයෙන් ස්පර්ශ නොකළ කිසිතැනක් නෑ. මෙය අයිති වන්නේත් ඔහුගේ සමාධියටමයි.

62. පින්වත් මාණවකය, නැවතත් කියනවා නම්, භික්ෂුව සැපයද ප්‍රහාණය කිරීමෙන්, දුකද ප්‍රහාණය කිරීමෙන් කලින්ම සොම්නස් දොම්නස් දෙක ඉක්ම යැමෙන් දුක් සැප රහිත වූ පාරිශුද්ධ උපේක්ෂා සහගත සතිය ඇති සතරවෙනි ධ්‍යානය උපදවා ගෙන වාසය කරනවා. ඔහු මේ කයම පාරිශුද්ධ වූ ප්‍රභාෂ්වර සිතින් පතුරුවා ගෙන වාඩි වී ඉන්නවා. ඔහුගේ සියලු කයෙහි පාරිශුද්ධ වූ ප්‍රභාෂ්වර සිතින් ස්පර්ශ නොකළ කිසිතැනක් නෑ. පින්වත් මාණවකය, ඒක මේ වගේ දෙයක්. සුදු වස්ත්‍රයකින් හිස සහිතව මුළු සිරුරම පොරොවාගෙන වාඩි වී සිටින කෙනෙක් ඉන්නවා. එතකොට ඔහුගේ මුළු කයෙහිම සුදු වස්ත්‍රයෙන් නොවැසුණු කිසි තැනක් නෑ. පින්වත් මාණවකය, අන්න ඒ වගේමයි භික්ෂුව මේ කයම පාරිශුද්ධ වූ ප්‍රභාෂ්වර සිතින් පතුරුවා ගෙන වාඩි වී ඉන්නවා. ඔහුගේ සියලු කයෙහි පාරිශුද්ධ වූ ප්‍රභාෂ්වර සිතින් ස්පර්ශ නොකළ කිසිතැනක් නෑ.

63. පින්වත් මාණවකය, භික්ෂුව සැපයද ප්‍රහාණය කිරීමෙන්, දුකද ප්‍රහාණය කිරීමෙන් කලින්ම සොම්නස් දොම්නස් දෙක ඉක්ම යැමෙන් දුක් සැප රහිත වූ පාරිශුද්ධ උපේක්ෂා සහගත සතිය ඇති යම් සතරවෙනි ධ්‍යානයත් උපදවාගෙන වාසය කරනවා නම්, ඔහු මේ කයම පාරිශුද්ධ වූ ප්‍රභාෂ්වර සිතින් පතුරුවාගෙන වාඩි වී ඉන්නවා. ඔහුගේ සියලු කයෙහි පාරිශුද්ධ වූ ප්‍රභාෂ්වර සිතින් ස්පර්ශ නොකළ කිසි තැනක් නැහැ. මෙය අයිති වන්නේත් ඔහුගේ සමාධියටමයි. පින්වත් මාණවකය, මේ වනාහී ආර්ය වූ සමාධි ස්කන්ධයයි. ඒ භාග්‍යවතුන් වහන්සේ යම් සමාධියක ගුණ වර්ණනා කළ සේක් නම්, ඒ තුළ තමයි මේ ජනතාව සමාදන් කොට වදාළේ. ඇතුළු කොට වදාළේ. පිහිටුවා වදාළේ. ඒ වගේම මේ සමාධියෙන් මත්තටත් කළ යුතු දේවල් තියෙනවා."

64. "භවත් ආනන්දයෙනි, ආශ්චර්යයි. භවත් ආනන්දයෙනි, පුදුම සහගතයි. භවත් ආනන්දයෙනි, ඒ මේ ආර්ය වූ සමාධිස්කන්ධය නම් පරිපූර්ණමයි. අපරිපූර්ණ නොවේ. භවත් ආනන්දයෙනි, ඔය ආකාරයෙන් පරිපූර්ණ වූ ආර්ය වූ සමාධිස්කන්ධයක් මේ බුදු සසුනෙන් බැහැර වූ වෙන ආගමක ශ්‍රමණ බ්‍රාහ්මණයින් තුළ මම නම් දකින්නේ නෑ. භවත් ආනන්දයෙනි, ඔය ආකාරයෙන් පරිපූර්ණ වූ ආර්ය වූ සමාධිස්කන්ධයක් මේ බුදු සසුනෙන් බැහැර වූ වෙන

ආගමක ශ්‍රමණ බ්‍රාහ්මණයින් තුළ තම තමන් හට දකින්නට ලැබුනා නම්, ඔවුන් එපමණකින්ම සතුටට පත්වෙනවා 'මේ අපට ඇති, මේ කරගත්තු හරිය ඇති, මහණකමේ අර්ථයට අපි පැමිණුනා, අපට මින් මත්තෙහි කළ යුතු කිසි දෙයක් නැත' කියලා. නමුත් භවත් ආනන්දයන් පවසන්නේ මේ විදිහටයි. 'ඒ වගේම ඔය සමාධියෙන් මතුවටත් තවත් කළ යුතු දේවල් තියෙනවා' කියලා.

65. භවත් ආනන්දයන් වහන්ස, යම් ප්‍රඥාවක් ගැන ඒ භවත් ගෞතමයන් වහන්සේ වර්ණනා කළ සේක් නම්, යම් ධර්මයක් තුළ මේ ජනතාව සමාදන් කර වූ සේක් නම්, ඇතුළු කළ සේක් නම්, පිහිට වූ සේක් නම් ඒ ආර්ය වූ ප්‍රඥා ස්කන්ධය කුමක්ද?"

66. "පින්වත් මාණවකය, තවදුරටත් කියනවා නම්, භික්ෂුව ඔය අයුරින් සිත සමාධිමත් වූ විට සිත පිරිසිදු වූ විට, ප්‍රභාෂ්වර වූ විට, කෙලෙසුන්ගෙන් බාධා රහිත වූ විට, උපක්ලේශ බැහැර වූ විට, මෘදු බවට පත් වූ විට, කර්මණ්‍ය (ඕනෑම දෙයකට හැරවිය හැකි පරිදි සකස්) වූ විට, ස්ථිරව පිහිටි විට, අකම්පිතව පිහිටි විට, ඥාණදර්ශනය (නුවණින් අවබෝධ වීම) පිණිස සිත යොමු කරයි. ඒ දෙසටම නතු කරයි. එතකොට ඔහු මේ විදිහට දැනගන්නවා. "මාගේ මේ කය වනාහී සතර මහා භූතයන්ගෙන් හටගත්, මව්පියන් නිසා හටගත්, බත් ව්‍යංජන ආදියෙන් වැඩුණ, අනිත්‍ය වූ, ඇතිල්ලීම් පිරිමැදීම්වලින් නඩත්තු කළ යුතු වූ, බිඳී වැනසී යන ස්වභාවයට අයත් වූ, රූපවත් (මහාභූත නම් වූ රූපයෙන් හැදුණු) දෙයක්. මාගේ මේ විඤ්ඤාණයද පවතින්නේ මේ සිරුරෙහිමයි. බැඳී තිබෙන්නේත් මෙහිමයි."

67. පින්වත් මාණවකය, ඒක මේ වගේ දෙයක්. වෛරෝඩි මාණික්‍යයක් තියෙනවා. හරි ලස්සනට පහළ වුණ දෙයක්. අටපට්ටම්. හොඳින් ඔපමට්ටම්. ඉතාමත් හොඳයි. ඉතාම ප්‍රසන්නයි. පිවිතුරුයි. මැණිකක තිබිය යුතු හැම දෙයක්ම තියෙනවා. ඉතින් ඔය මැණික තුළ නිල් වේවා, රන්වන් වේවා, රතු වේවා, සුදු වේවා, පඬු පැහැ වේවා නූලක් අමුණලා තියෙනවා. එතකොට ඇස් ඇති පුරුෂයෙක් මැණික අතට ගෙන හොඳින් විමසා බලනවා. 'මේ වෛරෝඩි මැණික හරි ලස්සනට පහළ වුණ දෙයක්. අටපට්ටම්. හොඳින් ඔපමට්ටම්. ඉතාමත් හොඳයි. ඉතාම ප්‍රසන්නයි. පිවිතුරුයි. මැණිකක තිබිය යුතු හැම දෙයක්ම තියෙනවා. මේ මැණික තුළ නිල් වේවා, රන්වන් වේවා, රතු වේවා, සුදු වේවා, පඬු පැහැ වේවා, නූලක් අමුණලා තියෙනවා' කියලා. පින්වත් මාණවකය, අන්න ඒ විදිහමයි භික්ෂුව ඔය අයුරින් සිත සමාධිමත් වූ විට, සිත පිරිසිදු වූ විට, ප්‍රභාෂ්වර වූ විට කෙලෙසුන්ගෙන් බාධා රහිත වූ විට, උපක්ලේශ බැහැර වූ විට, මෘදු බවට පත් වූ විට, කර්මණ්‍ය (ඕනෑම දෙයකට

හැරවිය හැකි පරිදි සකස්) වූ විට, ස්ථිරව පිහිටි විට, අකම්පිතව පිහිටි විට, ඤාණදර්ශනය (නුවණින් අවබෝධ වීම) පිණිස සිත යොමු කරයි. ඒ දෙසටම නතු කරයි. එතකොට ඔහු මේ විදිහට දැනගන්නවා. 'මාගේ මේ කය වනාහී සතර මහා භූතයන්ගෙන් හටගත්, මව්පියන් නිසා හටගත්, බත් වෑංජන ආදියෙන් වැඩුණ, අනිත්‍ය වූ, ඇතිල්ලීම්, පිරිමැදීම්වලින් නඩත්තු කළ යුතු වූ, බිඳී වැනසී යන ස්වභාවයට අයත් වූ, රූපවත් (මහාභූත නම් වූ රූපයෙන් හැදුණු) දෙයක්. මාගේ මේ විඤ්ඤාණයද පවතින්නේ මේ සිරුරෙහිමයි. බැඳී තිබෙන්නේත් මෙහිමයි' කියලා.

68. පින්වත් මාණවකය, භික්ෂුව ඔය අයුරින් සිත සමාධිමත් වූ විට ....(පෙ).... මේ විදිහට දැනගන්නවා ....(පෙ).... මාගේ මේ විඤ්ඤාණයද පවතින්නේ මේ සිරුරෙහිමයි. බැඳී තිබෙන්නෙත් මෙහිමයි" කියලා. මෙය අයිති වන්නෙත් ඔහුගේ ප්‍රඥාවටයි.

69. ඔහු (ඒ භික්ෂුව) ඔය අයුරින් සිත සමාධිමත් වූ විට සිත පිරිසිදු වූ විට, ප්‍රභාෂ්වර වූ විට, කෙලෙසුන්ගෙන් බාධා රහිත වූ විට, උපක්ලේශ බැහැර වූ විට, මෘදු බවට පත් වූ විට, කර්මණ්‍ය (ඕනෑම දෙයකට හැරවිය හැකි පරිදි සකස්) වූ විට, ස්ථිරව පිහිටි විට, අකම්පිතව පිහිටි විට මනෝමය කයක් විශේෂයෙන් මැවීම පිණිස සිත යොමු කරයි. ඒ දෙසටම නතු කරයි. ඉතින් ඔහු මේ කයෙන් වෙනත් වූ සියලු අඟපසඟ ඇති, නොපිරිහුණු ඉඳුරන් ඇති රූපී මනෝමය කයක් විශේෂ කොට මවනවා.

70. පින්වත් මාණවකය, ඒක මේ වගේ දෙයක්. පුරුෂයෙක් මුඤ්ජ තණ ගසෙන් තණ ගොබය ඇදලා ගන්නවා. එතකොට ඔහුට මෙහෙම හිතෙනවා. 'මේ මුඤ්ජ තණ ගසයි, මේ තණ ගොබයයි. එතකොට මුඤ්ජ තණ ගස වෙන එකක්. තණ ගොබය වෙන එකක්. නමුත් මුඤ්ජ තණ ගසෙන්මයි තණ ගොබය ඇදලා ගත්තේ' කියලා. පින්වත් මාණවකය, ඒක මේ වගේ දෙයක්. පුරුෂයෙක් කොපුවෙන් කඩුවක් ඇදලා ගන්නවා. එතකොට ඔහුට මෙහෙම හිතෙනවා. 'මේ කඩුව. මේ කොපුව. එතකොට කඩුව අනෙකක්, කොපුව අනෙකක්. නමුත් කොපුවෙන් තමයි කඩුව ඇදලා ගත්තේ' කියලා. පින්වත් මාණවකය, ඒක මේ වගේ දෙයක්. පුරුෂයෙක් නයි පෙට්ටියෙන් නයෙකුව ඇදලා ගන්නවා. එතකොට ඔහුට මෙහෙම හිතෙනවා. 'මේ තමයි නයා. මේක නයි පෙට්ටිය. එතකොට නයා අනෙකෙක්. නයි පෙට්ටිය අනෙකක්. නමුත් නයි පෙට්ටියෙන් තමයි නයාව ඇදලා ගත්තේ' කියලා. පින්වත් මාණවකය, අන්න ඒ විදිහමයි භික්ෂුව ඔය අයුරින් සිත සමාධිමත් වූ විට, සිත පිරිසිදු වූ විට, ප්‍රභාෂ්වර වූ විට,

කෙලෙසුන්ගෙන් බාධා රහිත වූ විට, උපක්ලේශ බැහැර වූ විට, මෘදු බවට පත් වූ විට, කර්මණ්‍ය (ඕනෑම දෙයකට හැරවිය හැකි පරිදි සකස්) වූ විට, ස්ථිරව පිහිටි විට, මනෝමය කයක් විශේෂයෙන් මැවීම පිණිස සිත යොමු කරයි. ඒ දෙසටම නතු කරයි. ඉතින් ඔහු මේ කයෙන් වෙනත් වූ සියලු අඟපසඟ ඇති, නොපිරිහුණු ඉඳුරන් ඇති රූපී මනෝමය කයක් විශේෂ කොට මවනවා.

71. පින්වත් මාණවකය, භික්ෂුව ඔය අයුරින් සිත සමාධිමත් වූ විට ....(පෙ).... මේ කයෙන් වෙනත් වූ සියලු අඟපසඟ ඇති, නොපිරිහුණු ඉඳුරන් ඇති රූපී මනෝමය කයක් විශේෂ කොට මවනවා. මෙය අයිති වන්නෙත් ඔහුගේ ප්‍රඥාවටමයි.

72. ඔහු (ඒ භික්ෂුව) ඔය අයුරින් සිත සමාධිමත් වූ විට, සිත පිරිසිදු වූ විට, ප්‍රභාෂ්වර වූ විට, කෙලෙසුන්ගෙන් බාධා රහිත වූ විට, උපක්ලේශ බැහැර වූ විට, මෘදු බවට පත් වූ විට, කර්මණ්‍ය (ඕනෑම දෙයකට හැරවිය හැකි පරිදි සකස්) වූ විට, ස්ථිරව පිහිටි විට, අකම්පිතව පිහිටි විට ඉර්ධි ප්‍රාතිහාර්ය පිණිස සිත මෙහෙයවයි. එයට සිත නතු කරයි. තනි කෙනෙක්ව ඉඳගෙන බොහෝ දෙනෙක් වශයෙන් පෙනී සිටිනවා. බොහෝ දෙනෙක් වශයෙන් ඉඳගෙන එක්කෙනෙක් වශයෙන් පෙනී සිටිනවා. පෙනෙන්න සළස්වනවා. නොපෙනී යනවා. බිත්තිය විනිවිද, ප්‍රාකාරය විනිවිද, පර්වතය විනිවිද කිසිවක් හා නොගැටී, අහසේ යන්නාක් මෙන් යනවා. ජලයේ වගේ පොළොවෙහි කිඳාබැසීමත්, උඩට මතුවීමත් කරනවා. පොළොව මතුපිට වගේ ජලය මත නොගිලී ඇවිද යනවා. අහසෙහි පියාසරන කුරුල්ලන් පරිද්දෙන් පළඟක් බැඳගෙන අහසේ යනවා. මේ සා මහත් ඉර්ධි ඇති, මහානුභාව ඇති හිරු සඳු පවා අතින් අල්ලනවා. පිරිමදිනවා. බඹලොව දක්වාම කයෙන් වශී කරගෙන ඉන්නවා.

73. පින්වත් මාණවකය, ඒක මේ වගේ දෙයක්. දක්ෂ කුඹල්කරුවෙක් හෝ කුඹල්කරුවෙකුගේ අතවැසියෙක් ඉන්නවා. ඔහු ඉතා හොඳින් සකස් කළ මැටිටෙන් යම් ම ආකාරයේ භාජනයක් හදන්න කැමැති නම්, ඒ ඒ ආකාරයේ බඳුන් හදනවා. විශේෂයෙන් නිර්මාණය කරනවා.

74. පින්වත් මාණවකය, ඒක මේ වගේ දෙයක්. දක්ෂ ඇත්දත් කැටයම්කරුවෙක් හෝ ඇත්දත් කැටයම්කරුවෙකුගේ අතවැසියෙක් ඉන්නවා. ඔහු ඉතා හොඳින් සකස් කළ ඇත්දතක යම් ම ආකාරයේ ඇත්දළ කැටයමක් කරන්න කැමති නම්, ඒ ඒ ආකාරයේ ඇත්දළ කැටයම් හදනවා. විශේෂයෙන් නිර්මාණය කරනවා.

75. පින්වත් මාණවකය, ඒක මේ වගේ දෙයක්. දක්ෂ රන් කැටයම්කරුවෙක් හෝ රන් කැටයම්කරුවෙකුගේ අතවැසියෙක් ඉන්නවා. ඔහු ඉතා හොඳින්

සකස් කළ රනක යම් ම ආකාරයේ රන් කැටයමක් කරන්න කැමති නම්, ඒ ඒ ආකාරයේ රන් කැටයම් හදනවා. විශේෂයෙන් නිර්මාණය කරනවා.

76. පින්වත් මාණවකය, අන්න ඒ විදිහමයි භික්ෂුව ඔය අයුරින් සිත සමාධිමත් වූ විට, සිත පිරිසිදු වූ විට, ප්‍රභාෂ්වර වූ විට, කෙලෙසුන්ගෙන් බාධා රහිත වූ විට, උපක්ලේශ බැහැර වූ විට, මෘදු බවට පත් වූ විට, කර්මණ්‍ය (ඕනෑම දෙයකට හැරවිය හැකි පරිදි සකස්) වූ විට, ස්ථිරව පිහිටි විට ඉර්ධි ප්‍රාතිහාර්ය පිණිස සිත මෙහෙයවයි. එයට සිත නතු කරයි. තනි කෙනෙක්ව ඉඳගෙන බොහෝ දෙනෙක් වශයෙන් පෙනී සිටිනවා. ....(පෙ).... බඹලොව දක්වාම කයෙන් වශී කරගෙන ඉන්නවා.

77. පින්වත් මාණවකය, භික්ෂුව ඔය අයුරින් සිත සමාධිමත් වූ විට ....(පෙ).... බඹලොව දක්වාම කයෙන් වශී කරගෙන ඉන්නවා. මෙය අයිති වන්නෙත් ඔහුගේ ප්‍රඥාවටමයි.

78. ඔහු (ඒ භික්ෂුව) ඔය අයුරින් සිත සමාධිමත් වූ විට, සිත පිරිසිදු වූ විට, ප්‍රභාෂ්වර වූ විට කෙලෙසුන්ගෙන් බාධා රහිත වූ විට, උපක්ලේශ බැහැර වූ විට, මෘදු බවට පත් වූ විට, කර්මණ්‍ය (ඕනෑම දෙයකට හැරවිය හැකි පරිදි සකස්) වූ විට, ස්ථිරව පිහිටි විට, අකම්පිතව පිහිටි විට, දිව්‍ය වූ ශ්‍රවණය පිණිස සිත යොමු කරනවා. එයට සිත නතු කරනවා. එතකොට ඔහු මිනිසුන්ගේ සවන් දීමේ හැකියාව ඉක්මවා ගිය පිරිසිදු වූ, දිව්‍ය වූ ශ්‍රවණයෙන් මානුෂික වූත්, දිව්‍ය වූත් දෙයාකාර වූ දුර ළඟ ශබ්දයන් අසනවා.

79. පින්වත් මාණවකය, ඒක මේ වගේ දෙයක්. දිගු ගමනකට පිළිපන් පුරුෂයෙක් ඉන්නවා. ඔහු බෙර හඬත්, මිහිඟු බෙර හඬත්, සක්, පනා බෙර, ගැට බෙර හඬත් අසනවා. එතකොට ඔහුට මෙහෙම හිතෙනවා. 'මේක බෙර හඬක්, මේ තමයි මිහිඟු බෙර හඬ, මේක සක් හඬ, මේක පනා බෙර හඬ, මේක ගැට බෙර හඬ' කියලා. පින්වත් මාණවකය, අන්න ඒ විදිහමයි භික්ෂුව ඔය අයුරින් සිත සමාධිමත් වූ විට, සිත පිරිසිදු වූ විට, ප්‍රභාෂ්වර වූ විට, කෙලෙසුන්ගෙන් බාධා රහිත වූ විට, උපක්ලේශ බැහැර වූ විට, මෘදු බවට පත් වූ විට, කර්මණ්‍ය (ඕනෑම දෙයකට හැරවිය හැකි පරිදි සකස්) වූ විට, ස්ථිරව පිහිටි විට, දිව්‍ය වූ ශ්‍රවණය පිණිස සිත යොමු කරනවා. එයට සිත නතු කරනවා. එතකොට ඔහු මිනිසුන්ගේ සවන් දීමේ හැකියාව ඉක්මවා ගිය පිරිසිදු වූ, දිව්‍ය වූ ශ්‍රවණයෙන් මානුෂික වූත්, දිව්‍ය වූත් දෙයාකාර වූ දුර ළඟ ශබ්දයන් අසනවා.

80. පින්වත් මාණවකය, භික්ෂුව ඔය අයුරින් සිත සමාධිමත් වූ විට ....(පෙ).... එතකොට ඔහු මිනිසුන්ගේ සවන්දීමේ හැකියාව ඉක්මවා ගිය පිරිසිදු වූ, දිව්‍ය වූ

ශ්‍රවණයෙන් මානුෂික වූත්, දිව්‍ය වූත් දෙයාකාර වූ දුර ළඟ ශබ්දයන් අසනවා. මෙය අයිති වන්නෙත් ඔහුගේ ප්‍රඥාවටමයි.

81. ඔහු (ඒ භික්ෂුව) ඔය අයුරින් සිත සමාධිමත් වූ විට, සිත පිරිසිදු වූ විට, ප්‍රභාෂ්වර වූ විට, කෙලෙසුන්ගෙන් බාධා රහිත වූ විට, උපක්ලේශ බැහැර වූ විට, මෘදු බවට පත් වූ විට, කර්මණ්‍ය (ඕනෑම දෙයකට හැරවිය හැකි පරිදි සකස්) වූ විට, ස්ථිරව පිහිටි විට, අකම්පිතව පිහිටි විට, අනුන්ගේ සිත් පිරිසිඳ දන්නා නුවණ පිණිස සිත යොමු කරයි. එයට සිත නතු කරයි. එතකොට ඔහු වෙනත් සත්වයන්ගේ, වෙනත් පුද්ගලයන්ගේ සිත තම සිතින් පිරිසිඳ දැනගන්නවා. රාග සහිත සිත රාග සහිත සිතක් වශයෙන් දැනගන්නවා. රාග රහිත සිත වීතරාගී සිතක් වශයෙන් දැනගන්නවා. ද්වේෂ සහිත සිත ද්වේෂ සහිත සිතක් වශයෙන් දැනගන්නවා. ද්වේෂ රහිත සිත වීතදෝසී සිතක් වශයෙන් දැනගන්නවා. මෝහ සහිත සිත මෝහ සහිත සිතක් වශයෙන් දැනගන්නවා. මෝහ රහිත සිත වීතමෝහී සිතක් වශයෙන් දැනගන්නවා. හැකුළුණු සිත හැකිළුණු සිතක් වශයෙන් දැනගන්නවා. විසිරුණු සිත විසිරුණු සිතක් වශයෙන් දැනගන්නවා. සමාධිමත් සිත සමාධිමත් සිතක් වශයෙන් දැනගන්නවා. සමාධි රහිත සිත සමාධි රහිත සිතක් වශයෙන් දැනගන්නවා. නොදියුණු සිත නොදියුණු සිතක් වශයෙන් දැනගන්නවා. දියුණු සිත දියුණු සිතක් වශයෙන් දැනගන්නවා. එකඟ වෙන සිත එකඟ වෙන සිතක් වශයෙන් දැනගන්නවා. එකඟ නොවෙන සිත එකඟ නොවෙන සිතක් වශයෙන් දැනගන්නවා. කෙලෙසුන්ගෙන් මිදුණු සිත කෙලෙසුන්ගෙන් මිදුණු සිතක් වශයෙන් දැනගන්නවා. කෙලෙසුන්ගෙන් නොමිදුණු සිත කෙලෙසුන්ගෙන් නොමිදුණු සිතක් වශයෙන් දැනගන්නවා.

82. පින්වත් මාණවකය, ඒක මේ වගේ දෙයක්. ලස්සනට සැරසෙන්නට කැමති ස්ත්‍රියක් හෝ පුරුෂයෙක් හෝ දරුවෙක් හෝ තරුණයෙක් හෝ ඉන්නවා. ඔහු පිරිසිදු දීප්තිමත් කණ්ණාඩියක් ඉදිරියේ හෝ පැහැදිලි දිය ඇති බඳුනකින් හෝ තමන්ගේ මුව මඬල හොඳින් විමසා බලනවා. එතකොට දොස් ඇති තැන දොස් ඇති තැන වශයෙන් දැනගන්නවා. දොස් නැති තැන දොස් නැති තැන වශයෙන් දැනගන්නවා. පින්වත් මාණවකය, අන්න ඒ විදිහමයි භික්ෂුව ඔය අයුරින් සිත සමාධිමත් වූ විට, සිත පිරිසිදු වූ විට, ප්‍රභාෂ්වර වූ විට, කෙලෙසුන්ගෙන් බාධා රහිත වූ විට, උපක්ලේශ බැහැර වූ විට, මෘදු බවට පත් වූ විට, කර්මණ්‍ය (ඕනෑම දෙයකට හැරවිය හැකි පරිදි සකස්) වූ විට, ස්ථිරව පිහිටි විට, අනුන්ගේ සිත් පිරිසිඳ දන්නා නුවණ පිණිස සිත යොමු කරයි. එයට සිත නතු කරයි. එතකොට ඔහු වෙනත් සත්වයන්ගේ වෙනත් පුද්ගලයන්ගේ සිත තම සිතින් පිරිසිඳ දැනගන්නවා. රාග සහිත සිත රාග සහිත සිතක් වශයෙන්

දැනගන්නවා. රාග රහිත සිත වීතරාගී සිතක් වශයෙන් දැනගන්නවා. ද්වේෂ සහිත සිත ද්වේෂ සහිත සිතක් වශයෙන් දැනගන්නවා. ද්වේෂ රහිත සිත වීතදෝසී සිතක් වශයෙන් දැනගන්නවා. මෝහ සහිත සිත මෝහ සහිත සිතක් වශයෙන් දැනගන්නවා. මෝහ රහිත සිත වීතමෝහී සිතක් වශයෙන් දැනගන්නවා. හැකුළුණු සිත ....(පෙ).... විසිරුණු සිත ....(පෙ).... සමාධිමත් සිත ....(පෙ).... සමාධි රහිත සිත ....(පෙ).... නොදියුණු සිත ....(පෙ).... දියුණු සිත ....(පෙ).... එකඟ වෙන සිත ....(පෙ).... එකඟ නොවෙන සිත ....(පෙ).... කෙලෙසුන්ගෙන් මිදුණු සිත කෙලෙසුන්ගෙන් මිදුණු සිතක් වශයෙන් දැනගන්නවා. කෙලෙසුන්ගෙන් නොමිදුණු සිත කෙලෙසුන්ගෙන් නොමිදුණු සිතක් වශයෙන් දැනගන්නවා.

83. පින්වත් මාණවකය, භික්ෂුව ඔය අයුරින් සිත සමාධිමත් වූ විට ....(පෙ).... කෙලෙසුන්ගෙන් නොමිදුණු සිත කෙලෙසුන්ගෙන් නොමිදුණු සිතක් වශයෙන් දැනගන්නවා. මෙය අයිති වන්නෙත් ඔහුගේ ප්‍රඥාවටමයි.

84. ඔහු (ඒ භික්ෂුව) ඔය අයුරින් සිත සමාධිමත් වූ විට සිත පිරිසිදු වූ විට, ප්‍රභාෂ්වර වූ විට, කෙලෙසුන්ගෙන් බාධා රහිත වූ විට, උපක්ලේශ බැහැර වූ විට, මෘදුබවට පත් වූ විට, කර්මණ්‍ය (ඕනෑම දෙයකට හැරවිය හැකි පරිදි සකස්) වූ විට, ස්ථිරව පිහිටි විට, අකම්පිතව පිහිටි විට, කලින් ජීවිතය ගත කළ ආකාරය දන්නා නුවණ පිණිස සිත යොමු කරයි. එයට සිත නතු කරයි. ඉතින් ඔහු නොයෙක් ආකාරයෙන් කලින් ජීවිත ගෙවූ හැටි (ආපස්සට) සිහිකරනවා. ඒ කියන්නේ එක ජීවිතයක්, ජීවිත දෙකක්, ජීවිත තුනක්, ජීවිත හතරක්, ජීවිත පහක්, ජීවිත දහයක්, ජීවිත විස්සක්, ජීවිත තිහක්, ජීවිත හතළිහක්, ජීවිත පනහක්, ජීවිත සියයක්, ජීවිත දහසක්, ජීවිත ලක්ෂයක්; අනේකවිධ වූ සංවට්ට කල්පයන්ද, අනේකවිධ වූ විවට්ට කල්පයන්ද, අනේකවිධ වූ සංවට්ට විවට්ට කල්පයන්ද සිහිකරනවා. 'මං ඉස්සර සිටියේ අසවල් තැන, එතකොට මගේ නම මේකයි. ගෝත්‍ර නාමය මේකයි. හැඩරුව මෙහෙමයි. කෑම බීම මෙහෙමයි. දුක් සැප වින්දේ මේ විදිහටයි. මේ විදිහටයි ජීවිතය අවසන් වුනේ. ඒ මං එතැනින් චුත වුණා. අසවල් තැන උපන්නා. එතකොට මගේ නම වුනේ මේකයි. ගෝත්‍රනාමය මේකයි. හැඩරුව වුනේ මෙහෙමයි. කෑවේ බිව්වේ මෙහෙමයි. සැප දුක් වින්දේ මෙහෙමයි. මේ විදිහටයි ජීවිතය අවසන් වුනේ. මං එතැනින් චුත වුනා. මේ ලෝකෙ උපන්නා' ආදී වශයෙන් ආකාර සහිතව සවිස්තරව අනේක ප්‍රකාර වූ කලින් ගත කළ ජීවිත ගැන සිහි කරනවා.

85. පින්වත් මාණවකය, ඒක මේ වගේ දෙයක්. පුරුෂයෙක් තමන්ගේ ගමෙන් වෙනත් ගමකට යනවා. ඒ ගමෙන් තවත් ගමකට යනවා. ඒ ගමෙන් යළි තමන්ගේ ගමට එනවා. එතකොට ඔහුට මෙහෙම හිතෙනවා. 'මං මගේ

ගමෙන් අසවල් ගමට ගියා. මං එහෙදී මෙහෙමයි හිටියේ. මෙහෙමයි වාඩි වුණේ. මෙහෙමයි කතාබහ කළේ. මෙහෙමයි නිශ්ශබ්දව සිටියේ. ඉතින් මං ඒ ගමෙනුත් අසවල් ගමට ගියා. එහෙ හිටියේ මේ විදිහටයි. වාඩිවුණේ මේ විදිහටයි. කතාබස් කළේ මේ විදිහටයි. නිහඬව සිටියේ මේ විදිහටයි. ඒ මං ඒ ගමෙන් මගේ ගමටම නැවත ආවා' කියලා. පින්වත් මාණවකය, අන්න ඒ විදිහමයි භික්ෂුව ඔය අයුරින් සිත සමාධිමත් වූ විට, සිත පිරිසිදු වූ විට, ප්‍රභාෂ්වර වූ විට, කෙලෙසුන්ගෙන් බාධා රහිත වූ විට, උපක්ලේශ බැහැර වූ විට, මෘදු බවට පත් වූ විට, කර්මණ්‍ය (ඕනෑම දෙයකට හැරවිය හැකි පරිදි සකස්) වූ විට, ස්ථිරව පිහිටි විට, කලින් ජීවිතය ගත කළ ආකාරය දන්නා නුවණ පිණිස සිත යොමු කරයි. එයට සිත නතු කරයි. ඉතින් ඔහු නොයෙක් ආකාරයෙන් කලින් ජීවිත ගෙවූ හැටි (ආපස්සට) සිහිකරනවා. ඒ කියන්නේ එක ජීවිතයක්, ජීවිත දෙකක්, ජීවිත තුනක්, ජීවිත හතරක්, ජීවිත පහක්, ජීවිත දහයක්, ජීවිත විස්සක්, ජීවිත තිහක්, ජීවිත හතළිහක්, ජීවිත පනහක්, ජීවිත සියයක්, ජීවිත දහසක්, ජීවිත ලක්ෂයක්; අනේකවිධ වූ සංවට්ට කල්පයන්ද, අනේකවිධ වූ විවට්ට කල්පයන්ද, අනේකවිධ වූ සංවට්ට විවට්ට කල්පයන්ද සිහිකරනවා. 'මං ඉස්සර සිටියේ අසවල් තැන, එතකොට මගේ නම මේකයි. ගෝත්‍ර නාමය මේකයි. හැඩරුව මෙහෙමයි. කෑම බීම මෙහෙමයි. දුක් සැප වින්දේ මේ විදිහටයි. මේ විදිහටයි ජීවිතය අවසන් වුනේ. ඒ මං එතැනින් චුත වුනා. අසවල් තැන උපන්නා. එතකොට මගේ නම වුනේ මේකයි. ගෝත්‍රනාමය මේකයි. හැඩරුව වුනේ මෙහෙමයි. කෑවේ බිව්වේ මෙහෙමයි. සැප දුක් වින්දේ මෙහෙමයි. මේ විදිහටයි ජීවිතය අවසන් වුනේ. මං එතැනින් චුත වුනා. මේ ලෝකෙ උපන්නා' ආදී වශයෙන් ආකාර සහිතව සවිස්තරව අනේක ප්‍රකාර වූ කලින් ගත කළ ජීවිත ගැන සිහිකරනවා.

86. පින්වත් මාණවකය, භික්ෂුව ඔය අයුරින් සිත සමාධිමත් වූ විට ....(පෙ).... අනේක ප්‍රකාර වූ කලින් ජීවිත ගැන සිහි කරනවා. මෙය අයිති වන්නෙත් ඔහුගේ ප්‍රඥාවටමයි.

87. ඔහු (ඒ භික්ෂුව) ඔය අයුරින් සිත සමාධිමත් වූ විට සිත පිරිසිදු වූ විට, ප්‍රභාෂ්වර වූ විට කෙලෙසුන්ගෙන් බාධා රහිත වූ විට, උපක්ලේශ බැහැර වූ විට, මෘදු බවට පත් වූ විට, කර්මණ්‍ය (ඕනෑම දෙයකට හැරවිය හැකි පරිදි සකස්) වූ විට, ස්ථිරව පිහිටි විට, අකම්පිතව පිහිටි විට, සත්වයන්ගේ චුතියත්, උපතත් දකිනා නුවණ පිණිස සිත පිහිටුවනවා. එයට සිත නතු කරනවා. එතකොට ඒ භික්ෂුව මිනිසුන්ගේ දැකීමේ හැකියාව ඉක්මවා ගිය පිරිසිදු වූ දිවැසින් චුත වන්නා වූත්, උපදින්නා වූත් සත්වයන් දකිනවා. ඒ ඒ කර්මයන්ට අනුව හීන

ප්‍රණීත වුත්, යහපත් අයහපත් වුත්, සුගති දුගතිවල සිටින්නා වූ සත්වයන් දකිනවා. 'අහෝ! මේ භවත් සත්වයන් කයින් දුශ්චරිතයෙහි යෙදීම නිසා, වචනයෙන් දුශ්චරිතයෙහි යෙදීම නිසා, මනසින් දුශ්චරිතයෙහි යෙදීම නිසා, ආර්යයන් වහන්සේලාට අපහාස කරලා, මිසදිටු වෙලා, මිසදිටු දේවල් සමාදන් වෙලා ඉදලා තියෙනවා. ඔවුන් කය බිඳී මරණයෙන් මත්තේ අපාය නම් වූ දුගතිය නම් වූ විනිපාත නම් වූ නිරයේ ඉපදිලා ඉන්නවා. ඒ වගේම මේ භවත් සත්වයන් කයින් සුචරිතයෙහි යෙදීම නිසා, වචනයෙන් සුචරිතයෙහි යෙදීම නිසා, මනසින් සුචරිතයෙහි යෙදීම නිසා, ආර්යයන් වහන්සේලාට අපහාස නොකොට, සම්දිටු වෙලා, සම්දිටු දේවල් සමාදන් වෙලා ඉදලා තියෙනවා. ඔවුන් කය බිඳී මරණයෙන් මත්තේ සුගතිය නම් වූ, ස්වර්ග ලෝකයෙහි ඉපදිලා ඉන්නවා' කියලා. මේ විදිහට මිනිසුන්ගේ දැකීමේ හැකියාව ඉක්මවා ගිය පිරිසිදු වූ දිවැසින් චුත වන්නා වූත්, උපදින්නා වූත් සත්වයන් දකිනවා. ඒ ඒ කර්මයන්ට අනුව හීන ප්‍රණීත වුත්, යහපත් අයහපත් වුත්, සුගති දුගතිවල සිටින්නා වූ සත්වයන් දකිනවා.

88.　　පින්වත් මාණවකය, ඒක මේ වගේ දෙයක්. හතරමං හන්දියක තට්ටු නිවසක් තියෙනවා. එහි ඇස් ඇති පුරුෂයෙක් සිටගෙන බලාගෙන ඉන්නවා. ඔහු (පහළ) ගෙට ඇතුළ වන්නා වූත්, නික්මෙන්නා වූත්, වීදියේ එහාට මෙහාට ඇවිදින්නා වූත්, හතරමං හන්දිය මැද වාඩි වී සිටින්නා වූත් මිනිසුන් දකිනවා. එතකොට ඔහුට මෙහෙම හිතෙනවා 'මේ මිනිසුන් ගෙට ඇතුළ වෙනවා. මේ උදවිය ගෙයින් නික්මෙනවා. මේ උදවිය වීදියේ එහාට මෙහාට ඇවිදිනවා. මේ උදවිය හතරමං හන්දිය මැද වාඩිවෙලා ඉන්නවා' කියලා.

89.　　පින්වත් මාණවකය, අන්න ඒ විදිහමයි භික්ෂුව ඔය අයුරින් සිත සමාධිමත් වූ විට, සිත පිරිසිදු වූ විට, ප්‍රභාශ්වර වූ විට, කෙලෙසුන්ගෙන් බාධා රහිත වූ විට, උපක්ලේශ බැහැර වූ විට, මෘදු බවට පත් වූ විට, කර්මණ්‍ය (ඕනෑම දෙයකට හැරවිය හැකි පරිදි සකස්) වූ විට, ස්ථීරව පිහිටි විට සත්වයන්ගේ චුතියත්, උපතත් දකිනා නුවණ පිණිස සිත පිහිටුවනවා. එයට සිත නතු කරනවා. එතකොට ඒ භික්ෂුව මිනිසුන්ගේ දැකීමේ හැකියාව ඉක්මවා ගිය පිරිසිදු වූ දිවැසින් චුත වන්නා වූත්, උපදින්නා වූත් සත්වයන් දකිනවා. ඒ ඒ කර්මයන්ට අනුව හීන ප්‍රණීත වුත්, යහපත් අයහපත් වුත්, සුගති දුගතිවල සිටින්නා වූ සත්වයන් දකිනවා. 'අහෝ! මේ භවත් සත්වයන් කයින් දුශ්චරිතයෙහි යෙදීම නිසා, වචනයෙන් දුශ්චරිතයෙහි යෙදීම නිසා, මනසින් දුශ්චරිතයෙහි යෙදීම නිසා, ආර්යයන් වහන්සේලාට අපහාස කරලා, මිසදිටු වෙලා, මිසදිටු දේවල් සමාදන් වෙලා ඉදලා තියෙනවා. ඔවුන් කය බිඳී මරණයෙන් මත්තේ අපාය

නම් වූ දුගතිය නම් වූ විනිපාත නම් වූ නිරයේ ඉපදිලා ඉන්නවා. ඒ වගේම මේ භවත් සත්වයන් කයින් සුචරිතයෙහි යෙදීම නිසා, වචනයෙන් සුචරිතයෙහි යෙදීම නිසා, මනසින් සුචරිතයෙහි යෙදීම නිසා, ආර්යයන් වහන්සේලාට අපහාස නොකොට, සම්දිටු වෙලා, සම්දිටු දේවල් සමාදන් වෙලා ඉඳලා තියෙනවා. ඔවුන් කය බිඳී මරණයෙන් මත්තේ සුගති නම් වූ, ස්වර්ග ලෝකයෙහි ඉපදිලා ඉන්නවා' කියලා. මේ විදිහට මිනිසුන්ගේ දැකීමේ හැකියාව ඉක්මවා ගිය පිරිසිදු වූ දිවැසින් චුත වන්නා වූත්, උපදින්නා වූත් සත්වයන් දකිනවා. ඒ ඒ කර්මයන්ට අනුව හීන ප්‍රණීත වූත්, යහපත් අයහපත් වූත්, සුගති දුගතිවල සිටින්නා වූ සත්වයන් දකිනවා.

90. පින්වත් මාණවකය, භික්ෂුව ඔය අයුරින් සිත සමාධිමත් වූ විට ....(පෙ).... ඒ කර්මයන්ට අනුව හීන ප්‍රණීත වූත්, යහපත අයහපත වූත්, සුගති දුගතිවල සිටින්නා වූ සත්වයන් දකිනවා. මෙය අයිති වන්නෙත් ඔහුගේ ප්‍රඥාවටමයි.

91. ඔහු (ඒ භික්ෂුව) ඔය අයුරින් සිත සමාධිමත් වූ විට, සිත පිරිසිදු වූ විට, ප්‍රභාෂ්වර වූ විට, කෙලෙසුන්ගෙන් බාධා රහිත වූ විට, උපක්ලේශ බැහැර වූ විට, මෘදු බවට පත් වූ විට, කර්මණ්‍ය (ඕනෑම දෙයකට හැරවිය හැකි පරිදි සකස්) වූ විට, ස්ථිරව පිහිටි විට, අකම්පිතව පිහිටි විට, ආශ්‍රවයන් ක්ෂය වීම පිළිබඳ දන්නා නුවණ පිණිස සිත පිහිටුවනවා. සිත එයට නතු කරනවා. එතකොට ඔහු මෙය දුක නම් වූ ආර්ය සත්‍යයයි කියලා යථාර්ථ වශයෙන්ම දැනගන්නවා. මෙය දුකේ හටගැනීම නම් වූ ආර්ය සත්‍යයයි කියලා යථාර්ථ වශයෙන්ම දැනගන්නවා. මෙය දුක නිරුද්ධ වීම නම් වූ ආර්ය සත්‍යයයි කියලා යථාර්ථ වශයෙන්ම දැනගන්නවා. මෙය දුක නිරුද්ධ වීම පිණිස පවතින මාර්ගය නම් වූ ආර්ය සත්‍යයයි කියලා යථාර්ථ වශයෙන්ම දැනගන්නවා. මේවා ආශ්‍රවයන් කියලා යථාර්ථ වශයෙන්ම දැනගන්නවා. මෙය ආශ්‍රවයන්ගේ හටගැනීම කියලා යථාර්ථ වශයෙන්ම දැනගන්නවා. මෙය ආශ්‍රව නිරුද්ධ වීම කියලා යථාර්ථ වශයෙන්ම දැනගන්නවා. මෙය ආශ්‍රව නිරුද්ධ වීම පිණිස පවතින ප්‍රතිපදාව කියලා යථාර්ථ වශයෙන්ම දැනගන්නවා. ඒ භික්ෂුව ඔය විදිහට දැනගනිද්දී, ඔය විදිහට දැකගනිද්දී කාම ආශ්‍රවයන්ගෙන් සිත නිදහස් වෙනවා. භව ආශ්‍රවයන් ගෙන් සිත නිදහස් වෙනවා. අවිද්‍යා ආශ්‍රවයන්ගෙන් සිත නිදහස් වෙනවා. නිදහස් වූ විට නිදහස් වුන බවට ඤාණය ඇතිවෙනවා. 'ඉපදීම ක්ෂය වුනා. බඹසර වාසය සම්පූර්ණ කළා. කළ යුතු දෙය කළා. නැවත සසර ගමනක් නැතැ'යි අවබෝධයෙන්ම දැනගන්නවා.

පින්වත් මාණවකය, ඒක මේ වගේ දෙයක්. පර්වත මුදුනක ජලාශයක් තියෙනවා. එහි ජලය ඉතා හොඳයි. හරිම ප්‍රසන්නයි. කැළඹිලා නෑ. එතැන ඇස්

ඇති පුරුෂයෙක් ඒ ඉවුරේ සිටගෙන ජලාශය දෙස බලා සිටිනවා. එතකොට ඔහුට සිප්පිබෙල්ලනුත්, සක්බෙල්ලනුත්, කැටකැබලිත්, මාළු රංචු ආදියත් හැසිරෙන අයුරු, සිටින අයුරු දකින්ට ලැබෙනවා. එතකොට ඔහුට මෙහෙම හිතෙනවා. 'මේක ඉතා හොඳ ජලය ඇති හරිම ප්‍රසන්න වූ නොකැළඹුණු දිය ඇති විලක්. මෙහි මේ සිප්පිබෙල්ලන්, සක්බෙල්ලන්, කැටකැබලිති, මාළු රංචුත් හැසිරෙනවා නෙව. ඉන්නවා නෙව' කියලා. පින්වත් මාණවකය, අන්න ඒ විදිහමයි භික්ෂුව ඔය අයුරින් සිත සමාධිමත් වූ විට, සිත පිරිසිදු වූ විට, ප්‍රභාෂ්වර වූ විට, කෙලෙසුන්ගෙන් බාධා රහිත වූ විට, උපක්ලේශ බැහැර වූ විට, මෘදු බවට පත් වූ විට, කර්මණ්‍ය (ඕනෑම දෙයකට හැරවිය හැකි පරිදි සකස්) වූ විට, ස්ථිරව පිහිටි විට, ආශ්‍රවයන් ක්ෂය වීම පිළිබඳ දන්නා නුවණ පිණිස සිත පිහිටුවනවා. සිත එයට නතු කරනවා. එතකොට ඔහු මෙය දුක නම් වූ ආර්ය සත්‍යයයි කියලා යථාර්ථ වශයෙන්ම දැනගන්නවා. මෙය දුකේ හටගැනීම නම් වූ ආර්ය සත්‍යයයි කියලා යථාර්ථ වශයෙන්ම දැනගන්නවා. මෙය දුක නිරුද්ධ වීම නම් වූ ආර්ය සත්‍යයයි කියලා යථාර්ථ වශයෙන්ම දැනගන්නවා. මෙය දුක නිරුද්ධ වීම පිණිස පවතින මාර්ගය නම් වූ ආර්ය සත්‍යයයි කියලා යථාර්ථ වශයෙන්ම දැනගන්නවා. මේවා ආශ්‍රවයන් කියලා යථාර්ථ වශයෙන්ම දැනගන්නවා. මෙය ආශ්‍රවයන්ගේ හටගැනීම කියලා යථාර්ථ වශයෙන්ම දැනගන්නවා. මෙය ආශ්‍රව නිරුද්ධ වීම කියලා යථාර්ථ වශයෙන්ම දැනගන්නවා. මෙය ආශ්‍රව නිරුද්ධ වීම පිණිස පවතින ප්‍රතිපදාව කියලා යථාර්ථ වශයෙන්ම දැනගන්නවා.

92. ඒ භික්ෂුව ඔය විදිහට දැනගනිද්දී, ඔය විදිහට දැකගනිද්දී කාම ආශ්‍රවයන් ගෙන් සිත නිදහස් වෙනවා. භව ආශ්‍රවයන්ගෙන් සිත නිදහස් වෙනවා. අවිද්‍යා ආශ්‍රවයන්ගෙන් සිත නිදහස් වෙනවා. නිදහස් වූ විට නිදහස් වුන බවට ඤාණය ඇතිවෙනවා. 'ඉපදීම ක්ෂය වුනා. බඹසර වාසය සම්පූර්ණ කළා. කළ යුතු දෙය කළා. නැවත සසර ගමනක් නැතැ'යි අවබෝධයෙන්ම දැනගන්නවා. මෙයත් ඔහුගේ ප්‍රඥා ස්කන්ධයට අයිති දෙයක්. පින්වත් මාණවකය, භික්ෂුව ඔය අයුරින් සිත සමාධිමත් වූ විට ....(පෙ).... කළ යුතු දෙය කළා. නැවත සසර ගමනක් නැතැ'යි අවබෝධයෙන්ම දැනගන්නවා. මෙය අයිති වන්නෙත් ඔහුගේ ප්‍රඥාවටමයි.

93. පින්වත් මාණවකය, මේ වනාහී ආර්ය වූ ප්‍රඥා ස්කන්ධයයි. ඒ භාග්‍යවතුන් වහන්සේ යම් ප්‍රඥාවක ගුණ වර්ණනා කළ සේක් නම්, මේ තුළ තමයි මේ ජනතාව සමාදන් කොට වදාළේ. ඇතුළු කොට වදාළේ. පිහිටුවා වදාළේ. මෙම ප්‍රඥාවෙන් මතුවට නම් කළ යුතු කිසිදෙයක් නෑ."

94. "භවත් ආනන්දයෙනි, ආශ්චර්යයි. භවත් ආනන්දයෙනි, පුදුම සහගතයි. භවත් ආනන්දයෙනි, ඒ මේ ආර්ය වූ ප්‍රඥා ස්කන්ධය නම් පරිපූර්ණමයි. අපරිපූර්ණ නොවේ. භවත් ආනන්දයෙනි, ඔය ආකාරයෙන් පරිපූර්ණ වූ ආර්ය වූ ප්‍රඥාස්කන්ධයක් මේ බුදු සසුනෙන් බැහැර වූ වෙන ආගමක ශ්‍රමණ බ්‍රාහ්මණයින් තුළ මම නම් දකින්නේ නෑ. මෙම ප්‍රඥාවෙන් මතුවට නම් කළ යුතු කිසිදෙයක් නෑ තමයි. භවත් ආනන්දයන් වහන්ස, ඉතා සුන්දරයි. භවත් ආනන්දයන් වහන්ස ඉතා සුන්දරයි. යටට හරවා තිබූ දෙයක් උඩු අතට හැරෙව්වා වගෙයි. වහලා තිබුණු දෙයක් ඇරලා පෙන්නුවා වගෙයි. මං මුළා වූවන්ට නියම මග පෙන්වා දෙනවා වගෙයි. ඇස් ඇති උදවියට රූප දකින්න අඳුරෙහි තෙල් පහනක් දල්වාගෙන දරා සිටිනවා වගෙයි. ඔය විදිහට භවත් ආනන්දයන් වහන්සේ විසින් නොයෙක් අයුරින් ශ්‍රී සද්ධර්මය වදාළා. භවත් ආනන්දයන් වහන්ස, මේ මමත් භාග්‍යවත් ගෞතමයන් වහන්සේව සරණ යනවා. ශ්‍රී සද්ධර්මයත්, ආර්ය මහා සංඝරත්නයත් සරණ යනවා. භවත් ආනන්දයන් වහන්ස, මං ගැන අද පටන් දිවි තිබෙන තුරාවටම තෙරුවන් සරණ ගිය උපාසකයෙක් ලෙස සළකන සේක්වා!"

සාදු! සාදු!! සාදු!!!

දහවෙනි සුභ සූත්‍රය නිමාවිය.

11. කේවඩ්ඪ සූත්‍රය

කේවඩ්ඪ ගෘහපති පුත්‍රයාට වදාළ දෙසුම

1. මා හට අසන්නට ලැබුනේ මේ විදිහටයි. ඒ දිනවල භාග්‍යවතුන් වහන්සේ වැඩසිටියේ නාලන්දාවේ පාවාරික අඹ වනයේ. එදා කේවඩ්ඪ ගෘහපති පුත්‍රයා භාග්‍යවතුන් වහන්සේ වෙත පැමිණුනා. පැමිණ භාග්‍යවතුන් වහන්සේට ආදරයෙන් වන්දනා කරලා එකත්පසකින් වාඩිවුනා. එකත්පස්ව වාඩිවුණ කේවඩ්ඪ ගෘහපති පුත්‍රයා භාග්‍යවතුන් වහන්සේට මෙකරුණ සැළ කළා. "ස්වාමීනී, මේ නාලන්දා නුවර ඉතා දියුණුයි. බොහෝ මිනිසුන්ගෙන් ජනයාගෙන් පිරී තියෙනවා. අනික ඔවුන් භාග්‍යවතුන් වහන්සේ කෙරෙහි හරියට පැහැදිලා ඉන්නේ. ඉතින් ස්වාමීනී, භාග්‍යවතුන් වහන්සේ යම් භික්ෂුවක් මිනිස් දහමින් උත්තරීතර වූ ඉර්ධි ප්‍රාතිහාර්යයන් කරන්නේ නම් එබඳු එක් භික්ෂුවක් ඒ සඳහා යොදවන සේක් නම් කොතරම් අගේද! එතකොට මේ නාලන්දා වැසියන් ඒ දෙයින් භාග්‍යවතුන් වහන්සේ කෙරෙහි වඩ වඩාත් බලවත්ව පහදීවි."

2. මෙසේ කී විට භාග්‍යවතුන් වහන්සේ කේවඩ්ඪ ගෘහපති පුත්‍රයාට මෙය වදාළා. "පින්වත් කේවඩ්ඪ, මං භික්ෂූන්ට 'පින්වත් මහණෙනි, මෙහෙ එව්. සුදුවත් හඳින ගිහි පින්වතුන් හට උතුරු මිනිස් දහම් වූ ඉර්ධි ප්‍රාතිහාර්යය දක්වව්' කියලා ඔය විදිහට දහම් දෙසන්නේ නම් නෑ."

3. දෙවන වතාවටත් කේවඩ්ඪ ගෘහපති පුත්‍රයා භාග්‍යවතුන් වහන්සේට මෙකරුණ පවසා සිටියා. "ස්වාමීනී, මං භාග්‍යවතුන් වහන්සේගේ ගුණ බැහැර කොට කතා කළා නොවේ. ඒ නිසයි මං මෙහෙම කියන්නේ. 'ස්වාමීනී, මේ නාලන්දා නුවර ඉතා දියුණුයි. බොහෝ මිනිසුන්ගෙන් ජනයාගෙන් පිරී තියෙනවා. අනික ඔවුන් භාග්‍යවතුන් වහන්සේ කෙරෙහි හරියට පැහැදිලා ඉන්නේ. ඉතින් ස්වාමීනී, භාග්‍යවතුන් වහන්සේ යම් භික්ෂුවක් මිනිස් දහමින් උත්තරීතර වූ ඉර්ධි ප්‍රාතිහාර්යයන් කරන්නේ නම් එබඳු එක් භික්ෂුවක් ඒ සඳහා යොදවන සේක් නම් කොතරම් අගේද! එතකොට මේ නාලන්දා වැසියන් ඒ

දෙයින් භාග්‍යවතුන් වහන්සේ කෙරෙහි වඩ වඩාත් බලවත්ව පහදීවි' කියලා." දෙවෙනි වතාවටද භාග්‍යවතුන් වහන්සේ කේවඩ්ඪ ගෘහපති පුත්‍රයාට මෙය වදාළා. "පින්වත් කේවඩ්ඪ, මං භික්ෂූන්ට 'පින්වත් මහණෙනි, මෙහෙ එව්. සුදුවත් හඳින ගිහි පින්වතුන් හට උතුරු මිනිස් දහම් වූ ඉර්ධි ප්‍රාතිහාර්යය දක්වව්' කියලා ඔය විදිහට දහම් දෙසන්නේ නම් නෑ.

4. තෙවෙනි වතාවටත් කේවඩ්ඪ ගෘහපති පුත්‍රයා භාග්‍යවතුන් වහන්සේට මෙකරුණ පවසා සිටියා. "ස්වාමීනී, මං භාග්‍යවතුන් වහන්සේගේ ගුණ බැහැර කොට කතා කළා නොවේ. ඒ නිසයි මං මෙහෙම කියන්නේ. 'ස්වාමීනී, මේ නාලන්දා නුවර ඉතා දියුණුයි. බොහෝ මිනිසුන්ගෙන් ජනයාගෙන් පිරී තියෙනවා. අනික ඔවුන් භාග්‍යවතුන් වහන්සේ කෙරෙහි හරියට පැහැදිලා ඉන්නේ. ඉතින් ස්වාමීනී, භාග්‍යවතුන් වහන්සේ යම් භික්ෂුවක් මිනිස් දහමින් උත්තරීතර වූ ඉර්ධි ප්‍රාතිහාර්යයන් කරන්නේ නම් එබඳු එක් භික්ෂුවක් ඒ සඳහා යොදවන සේක්නම් කොතරම් අගේද! එතකොට මේ නාලන්දා වැසියන් ඒ දෙයින් භාග්‍යවතුන් වහන්සේ කෙරෙහි වඩ වඩාත් බලවත්ව පහදීවි' කියලා."

5. "පින්වත් කේවඩ්ඪ, මා විසින් ස්වකීය ප්‍රඥාවෙන් සාක්ෂාත් කොට දෙසන ලද මේ ප්‍රාතිහාර්යයන් තුනක් තියෙනවා. මොනවාද ඒ තුන? ඉර්ධි ප්‍රාතිහාර්යයත්, ආදේශනා ප්‍රාතිහාර්යයත්, අනුශාසනා ප්‍රාතිහාර්යයත් යන තුනයි. පින්වත් කේවඩ්ඪ, මොකක්ද මේ ඉර්ධි ප්‍රාතිහාර්යය? පින්වත් කේවඩ්ඪ, මෙහිලා භික්ෂුව, අනේක ප්‍රකාර වූ ඉර්ධි ප්‍රාතිහාර්යය දක්වනවා. ඒ කියන්නේ තනි කෙනෙක්ව ඉඳගෙන බොහෝ දෙනෙක් වශයෙන් පෙනී සිටිනවා. බොහෝ දෙනෙක් වශයෙන් ඉඳගෙන එක්කෙනෙක් වශයෙන් පෙනී සිටිනවා. පෙනෙන්නට සළස්වනවා. නොපෙනී යනවා. බිත්තිය විනිවිද, ප්‍රාකාරය විනිවිද, පර්වතය විනිවිද කිසිවක් හා නොගැටී අහසේ යන්නාක් මෙන් යනවා. ජලයේ වගේ පොළොවෙහි කිඳාබැසීමත්, උඩට මතුවීමත් කරනවා. පොළොව මතුපිට වගේ ජලය මත නොගිලී ඇවිද යනවා. අහසෙහි පියාසලන කුරුල්ලන් පරිද්දෙන් පළඟක් බැඳගෙන අහසේ යනවා. මේ සා මහත් ඉර්ධි ඇති, මහානුභාව ඇති හිරු සඳු පවා අතින් අල්ලනවා. පිරිමදිනවා. බඹලොව දක්වාම කයෙන් වශී කරගෙන ඉන්නවා.

6. ඕකට ශ්‍රද්ධාවන්ත ඇතැම් කෙනෙක් පැහැදේවි තමයි. 'ඒ භික්ෂුව අනේක ප්‍රකාර වූ ඉර්ධි ප්‍රාතිහාර්යය දක්වනවා නෙව. ඒ කියන්නේ තනි කෙනෙක්ව ඉඳගෙන බොහෝ දෙනෙක් වශයෙන් පෙනී සිටිනවා නෙව. බොහෝ දෙනෙක් වශයෙන් ඉඳගෙන එක්කෙනෙක් වශයෙන් පෙනී සිටිනවා නෙව. පෙනෙන්නට සළස්වනවා නෙව. නොපෙනී යනවා නෙව. බිත්තිය විනිවිද, ප්‍රාකාරය විනිවිද,

පර්වතය විනිවිද කිසිවක් හා නොගැටී අහසේ යන්නාක් මෙන් යනවා නෙව. ජලයේ වගේ පොළොවෙහි කිඳාබැසීමත්, උඩට මතුවීමත් කරනවා නෙව. පොළොව මතුපිට වගේ ජලය මත නොගිලී ඇවිද යනවා නෙව. අහසෙහි පියාසලන කුරුල්ලන් පරිද්දෙන් පළඟක් බැඳගෙන අහසේ යනවා නෙව. මේ සා මහත් ඉර්ධි ඇති, මහානුභාව ඇති හිරු සඳු පවා අතින් අල්ලනවා නෙව. පිරිමදිනවා නෙව. බඹලොව දක්වාම කයෙන් වශී කරගෙන ඉන්නවා නෙව.'

7. එතකොට ඒ ගැන පැහැදුණු ශ්‍රද්ධාවන්ත කෙනා ශ්‍රද්ධා රහිතව නොපැහැදුණු සිතින් සිටින තවත් කෙනෙකුට ඕක දැනුම් දෙනවා. 'භවත්නි, ඒ ශ්‍රමණයන් වහන්සේගේ මහා ඉර්ධිමත් බව, මහානුභාව ඇති බව ආශ්චර්යයි. භවත්නි, පුදුම සහගතයි. මේ ඒ භික්ෂුව අනේක ප්‍රකාර විදිහට ඉර්ධි ප්‍රාතිහාර්යය දක්වන හැටි මං දැක්කා නෙව. තනි කෙනෙක්ව ඉඳගෙන බොහෝ දෙනෙක් වශයෙන් පෙනී සිටිනවා නෙව. බොහෝ දෙනෙක් වශයෙන් ඉඳගෙන එක්කෙනෙක් වශයෙන් පෙනී සිටිනවා නෙව ....(පෙ).... බඹලොව දක්වාම කයෙන් වශී කරගෙන ඉන්නවා නෙව.' එතකොට ශ්‍රද්ධා රහිත වූ නොපහන් වූ කෙනා අර ශ්‍රද්ධාවන්ත පහන් වූ කෙනාට මෙහෙම කියන්නට පුළුවනි. 'භවත, ගන්ධාරී කියලත් විජ්ජාවක් තියෙනවා නෙව. ඒ භික්ෂුව අනේක ප්‍රකාර ඉර්ධි ප්‍රාතිහාර්ය දක්වන්නට ඇත්තේ ඒකෙන් තමයි. ඒ කියන්නේ තනි කෙනෙක්ව ඉඳගෙන බොහෝ දෙනෙක් වශයෙන් පෙනී සිටිනවා නෙව. බොහෝ දෙනෙක් වශයෙන් ඉඳගෙන එක්කෙනෙක් වශයෙන් පෙනී සිටිනවා නෙව ....(පෙ).... බඹලොව දක්වාම කයෙන් වශී කරගෙන ඉන්නවා නෙව.' පින්වත් කේවඩ්ඪ ඒ ගැන ඔබ කුමක්ද හිතන්නේ? ඒ ශ්‍රද්ධා රහිත වූ නොපහන් පුද්ගලයා අර සැදැහැවත් පැහැදුණු කෙනාට ඔය විදිහට කියාවි නේද?" "ස්වාමීනී, එහෙම කියාවි නම් තමයි." "පින්වත් කේවඩ්ඪ, ඉර්ධි ප්‍රාතිහාර්යයේ තිබෙන ඔය දෝෂය දැකලා තමයි මං ඉර්ධි ප්‍රාතිහාර්යය ගැන අකමැති වෙන්නේ. ලැජ්ජා වෙන්නේ. පිළිකුල් කරන්නේ.

8. පින්වත් කේවඩ්ඪ, ආදේශනා ප්‍රාතිහාර්යය කියන්නේ මොකක්ද? පින්වත් කේවඩ්ඪ, මෙහිලා භික්ෂුව පිටස්තර උදවියගේ, පිටස්තර පුද්ගලයන්ගේ සිතද හෙළිදරව් කරනවා. සිතේ ස්වභාවයන්ද හෙළිදරව් කරනවා. විතර්ක කරන දේත් හෙළිදරව් කරනවා. හිත හැසිරෙන හැටිත් හෙළිදරව් කරනවා. 'ඔබේ මනස මේ විදිහයි. ඔබේ මනස මේ විදිහටත් තියෙනවා. ඔබේ සිත මේ විදිහයි' කියලා. එතකොට 'ඔබේ මනස මේ විදිහයි. ඔබේ මනස මේ විදිහටත් තියෙනවා. ඔබේ සිත මේ විදිහයි' කියලා පිටස්තර උදවියගේ, පිටස්තර පුද්ගලයන්ගේ සිතද හෙළිදරව් කරන, සිතේ ස්වභාවයන්ද හෙළිදරව් කරන, විතර්ක කරන දේත්

හෙළිදරව් කරන, හිත හැසිරෙන හැටිත් හෙළිදරව් කරන ඒ භික්ෂුව සැදැහැවත් පහන් වූ ඇතැම් කෙනෙකුට දකින්නට ලැබෙනවා. එතකොට ඒ ගැන පැහැදුණු ශ්‍රද්ධාවන්ත කෙනා ශ්‍රද්ධා රහිතව නොපැහැදුණු සිතින් සිටින තවත් කෙනෙකුට ඕක දැනුම් දෙනවා. 'භවත්නි, ඒ ශ්‍රමණයන් වහන්සේගේ මහා ඉර්ධිමත් බව, මහානුභාව ඇති බව ආශ්චර්යයි. භවත්නි, පුදුම සහගතයි. මේ ඒ භික්ෂුව 'ඔබේ මනස මේ විදිහයි. ඔබේ මනස මේ විදිහටත් තියෙනවා. ඔබේ සිත මේ විදිහයි' කියලා පිටස්තර උදවියගේ, පිටස්තර පුද්ගලයන්ගේ සිතද හෙළිදරව් කරන හැටි, සිතේ ස්වභාවයන්ද හෙළිදරව් කරන හැටි, විතර්ක කරන දේත් හෙළිදරව් කරන හැටි, හිත හැසිරෙන හැටිත් හෙළිදරව් කරන හැටි මං දැක්කා නෙව.' එතකොට ශ්‍රද්ධා රහිත වූ නොපහන් වූ කෙනා අර ශ්‍රද්ධාවන්ත පහන් වූ කෙනාට මෙහෙම කියන්නට පුළුවනි. 'භවත, මණිකා කියලත් විජ්ජාවක් තියෙනවා නෙව. ඒ භික්ෂුව 'ඔබේ මනස මේ විදිහයි. ඔබේ මනස මේ විදිහටත් තියෙනවා. ඔබේ සිත මේ විදිහයි' කියලා පිටස්තර උදවියගේ, පිටස්තර පුද්ගලයන්ගේ සිතද හෙළිදරව් කරන්නේ, සිතේ ස්වභාවයන්ද හෙළිදරව් කරන්නේ, විතර්ක කරන දේත් හෙළිදරව් කරන්නේ, හිත හැසිරෙන හැටිත් හෙළිදරව් කරන්නේ ඔය විජ්ජාවෙන් තමයි' කියලා. පින්වත් කේවඩ්ඪ, ඒ ගැන ඔබ කුමක්ද හිතන්නේ? ඒ ශ්‍රද්ධා රහිත වූ නොපහන් පුද්ගලයා අර සැදැහැවත් පැහැදුණු කෙනාට ඔය විදිහට කියාවි නේද?" "ස්වාමීනී, එහෙම කියාවි නම් තමයි." "පින්වත් කේවඩ්ඪ, ආදේශනා ප්‍රාතිහාර්යයේ තිබෙන ඔය දෝෂය දැකලා තමයි මං ආදේශනා ප්‍රාතිහාර්යය ගැන අකමැති වෙන්නේ. ලැජ්ජා වෙන්නේ. පිළිකුල් කරන්නේ.

9. පින්වත් කේවඩ්ඪ, අනුශාසනා ප්‍රාතිහාර්යය කියන්නේ මොකක්ද? පින්වත් කේවඩ්ඪ, මෙහිලා භික්ෂුව මේ විදිහට අනුශාසනා කරනවා. 'මේ අයුරින් කල්පනා කරන්න. මේ අයුරින් කල්පනා කරන්න එපා. මේ විදිහට මෙනෙහි කරන්න. මේ විදිහට මෙනෙහි කරන්න එපා. මේ දේ අත්හරින්න. මේ දේ උපදවාගෙන වාසය කරන්න' කියලා. පින්වත් කේවඩ්ඪ, මේකට තමයි අනුශාසනා ප්‍රාතිහාර්යය කියලා කියන්නේ.

10. පින්වත් කේවඩ්ඪ, තවදුරටත් කියනවා නම්, මෙහි අරහත් වූ, සම්මාසම්බුද්ධ වූ, විජ්ජාචරණ සම්පන්න වූ, සුගත වූ, ලෝකවිදූ වූ, අනුත්තර පුරිසදම්ම සාරථී වූ, සත්ථා දේවමනුස්සානං වූ, බුද්ධ වූ, භගවා වූ තථාගතයන් වහන්සේ ලෝකයෙහි උපත ලබනවා. උන්වහන්සේ දෙවියන් සහිත වූ, මරුන් සහිත වූ, බඹුන් සහිත වූ, ශ්‍රමණ බමුණන් සහිත වූ දෙව්මිනිස් ප්‍රජාවෙන් යුතු මේ ලෝකය තමා විසින් උපදවා ගත් විශිෂ්ට ඥාණයෙන් සාක්ෂාත් කරලා ලෝකයට කියාදෙනවා. උන්වහන්සේ දහම් දෙසනවා. ආරම්භය කළ්‍යාණ

වූත්, මැද කල්‍යාණ වූත්, අවසානය කල්‍යාණ වූත්, අර්ථ සහිත වූත්, පැහැදිලි ප්‍රකාශනවලින් යුතු වූත්, මුළුමණින්ම පිරිපුන් පිරිසිදු බඹසර ප්‍රකාශ කරනවා.

11. එතකොට ගෘහපතියෙක් වේවා, ගෘහපති පුත්‍රයෙක් වේවා කවර හෝ කුලයක උපන් කෙනෙක් වේවා ඒ ධර්මය අසනවා. ඔහු ඒ ධර්මය අසලා තථාගතයන් වහන්සේ කෙරෙහි ශ්‍රද්ධාව උපදවා ගන්නවා. ඉතින් ඔහු ඒ ශ්‍රද්ධා ලාභයෙන් යුක්ත වෙලා මේ විදිහට නුවණින් කල්පනා කරනවා. 'ගිහි ගෙදර වාසය කිරීම හරිම කරදරයක්. කෙලෙස් වැඩෙන මාවතක්. නමුත් පැවිදි ජීවිතය ආකාසය වගේ. ගිහි ගෙදර වාසය කරමින් මුළුමණින්ම පිරිපුන්, මුළුමණින්ම පිරිසිදු, සුදෝසුදු බඹසර වසනවා යන කරුණ ලෙහෙසි එකක් නොවේ. ඒ නිසා මං කෙස් රැවුල් බාලා, කසාවත් පොරොවා ගෙන ගිහිගෙයින් නික්ම පැවිද්දට ඇතුලත් වෙන එක තමයි හොඳ' කියලා. ඔහු පස්සේ කාලෙක ස්වල්ප වූ භෝග සම්පත් අත්හරිනවා. මහත් වූ භෝග සම්පත් අත්හරිනවා. ස්වල්ප වූ නෑදෑයන් අත්හරිනවා. මහත් වූ නෑදෑයන් අත්හරිනවා. කෙස් රැවුල් බාලා, කසාවත් පොරොවාගෙන ගිහි ගෙයින් නික්ම පැවිදි ජීවිතයට පත්වෙනවා. ඔහු ඔය විදිහට පැවිද්දෙක් වෙලා ප්‍රාතිමෝක්ෂ සංවර සීලයෙන් (පැවිද්දෙක් විසින් රැකගත යුතු නිවනට උපකාරී වන උතුම් සිල්පදවලින්) සංවරව ඉන්නවා. යහපත් ඇවැතුම් පැවැතුම්වලින් යුතු වෙනවා. අණුමාත්‍ර වූ වරදෙහි පවා භය දකිනවා. ශික්ෂාපදවල සමාදන්ව හික්මෙනවා. කුසල් සහගත කායකර්මයෙන් හා වචීකර්මයෙන් යුතු වෙනවා. පිරිසිදු ආජීවයෙන් යුතු වෙනවා. සිල්වත් වෙනවා. අකුසලයෙන් වැළකූ දොරටු ඇතුව ඉන්නවා. නුවණින් සළකා ආහාර ගන්නවා. සිහිනුවණින් යුතුව ඉන්නවා. ලද දෙයින් සතුටුව ඉන්නවා.

12. පින්වත් කේවඩ්ඪ, භික්ෂුව සීලයෙන් යුක්ත වන්නේ කොහොමද? පින්වත් කේවඩ්ඪ, මෙහි භික්ෂුව සතුන් මැරීම අත්හැර දාලා සතුන් මැරීමෙන් වැළකී ඉන්නවා. දඬු මුගුරු අත්හැර දාලා, අවි ආයුධ බැහැර කරලා, පවට ලැජ්ජා ඇතිව ඉන්නවා. සතුන් කෙරෙහි දයාවන්ත වෙනවා, සියලු ප්‍රාණීන් කෙරෙහි හිතානුකම්පීව වාසය කරනවා. මෙයත් ඔහුගේ සීලයට අයත් දෙයකි. නුදුන් දේ ගැනීම අත්හැරලා නුදුන් දේ ගැනීමෙන් වැළකී ඉන්නවා. දුන් දේ පමණක් පිළිගන්නවා. දුන් දේ පමණක් පිළිගනු කැමති වෙනවා. සොර රහිත සිතින් යුතු වූ පිරිසිදු සිතින් යුතු වූ ජීවිතයකින් වාසය කරනවා. මෙයත් ඔහුගේ සීලයට අයත් දෙයකි. අබ්‍රහ්මචාරී බව අත්හැරලා බ්‍රහ්මචාරීව ඉන්නවා. ලාමක දෙයක් වූ මෛථුන සේවනයෙන් වැළකී එය දුරින්ම දුරුකර දමනවා. මෙයත් ඔහුගේ සීලයට අයත් දෙයකි. බොරු කීම අත්හැරලා, බොරු කීමෙන් වැළකී ඉන්නවා. සත්‍යය කතා කරනවා. ඇත්තෙන් ඇත්ත ගලපනවා. ස්ථිරව

පිහිටලා කතාකරනවා. පිළිගත හැකි දේ කතා කරනවා. ලෝකයාව රවටන්නේ නෑ. මෙයත් ඔහුගේ සීලයට අයත් දෙයකි. කේලාම් කීම අත්හැරලා කේලාම් කීමෙන් වැළකී ඉන්නවා. මෙතැනින් අහලා මේ අය බිඳවන්නට අතන කියන්නේ නෑ. අතනින් අහලා ඒ උදවිය බිඳවන්නට මෙතැන කියන්නේ නෑ. මේ අයුරින් බිඳුණු උදවිය සමගි කරවනවා. සමගි වූවන්ට අනුබල දෙනවා. සමගි වූවන් හා වාසයට කැමතියි. සමගි වූවන් හා එක්ව වසනවා. සමගි වූවන් සමඟ සතුටු වෙනවා. සාමය උදෙසා සාමකාමී වචන කතා කරනවා. මෙයත් ඔහුගේ සීලයට අයත් දෙයකි. පරුෂ වචනය අත්හැරලා, පරුෂ වචනයෙන් වැළකී ඉන්නවා. යම් වචනයක් දොස් රහිත නම්, කනට සැප නම්, ආදරවන්ත නම්, හෘදයාංගම නම්, ශිෂ්ට සම්පන්න නම්, බොහෝ ජනයා කැමති නම්, බොහෝ ජනයාට ප්‍රියමනාප නම් එබඳු වූ වචන පවසනවා. මෙයත් ඔහුගේ සීලයට අයත් දෙයකි. තේරුමක් නැති කතා බහ අත්හැරලා, තේරුමක් නැති කතා කීමෙන් වැළකී සිටිනවා. කල් යල් බලා කතා කරනවා. ඇත්ත කතා කරනවා. අර්ථවත් දෙය කතා කරනවා. ධර්මයම කතා කරනවා. විනයම කතා කරනවා. සිත්හිලා දරාගැනීමට සුදුසු, වෙලාවට ගැලපෙන උපදේශ සහිත වූ, මදිපාඩුකම් නොතබා, ප්‍රමාණවත් පරිදි, දෙලොව යහපත පිණිස වූ දේ පවසනවා. මෙයත් ඔහුගේ සීලයට අයත් දෙයකි.

13. පැළවෙන බීජ හා පැළවුන ගස් කොළන් විනාශ කිරීමෙන් වැළකී ඉන්නවා. එක් වරුවේ බොජුන් වළඳනවා. රාත්‍රී ආහාරයෙන් වැළකී විකාල භෝජනයෙන් වැළකී ඉන්නවා. නැටුම්, ගැයුම්, වැයුම් හා විසූක දර්ශනයන් නැරඹීමෙන් වැළකී ඉන්නවා. මල් සුවඳ විලවුන් දැරීමෙන්ද, ඇඟපත සැරසීමෙන්ද, විසිතුරු වස්ත්‍රාභරණයෙන් සැරසීමෙන්ද වැළකී ඉන්නවා. ප්‍රමාණය ඉක්ම වූ උස් ආසනද, වටිනා සුඛෝපභෝගී ආසනද පරිහරණයෙන් වැළකී ඉන්නවා. රන් රිදී මිල මුදල් පිළිගැනීමෙන් වැළකී ඉන්නවා. අමු ධාන්‍ය පිළිගැනීමෙන් වැළකී ඉන්නවා. අමු මස් පිළිගැනීමෙන් වැළකී ඉන්නවා. ස්ත්‍රීන්, කුමරියන් පිළිගැනීමෙන් වැළකී ඉන්නවා. දාසි දස්සන් පිළිගැනීමෙන් වැළකී ඉන්නවා. එළු බැටළුවන් පිළිගැනීමෙන් වැළකී ඉන්නවා. කුකුළන්, ඌරන් පිළිගැනීමෙන් වැළකී ඉන්නවා. ඇතුන්, ගවයන්, අසුන්, වෙළඹුන් පිළිගැනීමෙන් වැළකී ඉන්නවා. කෙත් වතු පිළිගැනීමෙන් වැළකී ඉන්නවා. ගිහි කටයුතු සඳහා දූත මෙහෙවර කිරීමෙන් වැළකී ඉන්නවා. වෙළ හෙළඳාම් කිරීමෙන් වැළකී ඉන්නවා. තරාදියෙන් රැවටීම, නොවටිනා දෙයින් රැවටීම, මිනුමෙන් රැවටීම යන මෙයින් වැළකී ඉන්නවා. අල්ලස් ගෙන හිමිකරුවන්ගේ දේ අහිමි කිරීම, වංචා කිරීම, බාල දේ වටිනා දේ හැටියට පෙන්වීම ආදී නොයෙක් වංචනික දෙයින් වැළකී ඉන්නවා. අත්පා කැපීම්, මැරීම්, බන්ධන

කිරීම්, මං පැහැරගැනීම්, ගම් පැහැර ගැනීම් ආදී සැහැසි දෙයින් වැළකී සිටිනවා. මෙයත් ඔහුගේ සීලයට අයත් දෙයකි.

14. ඒ වගේම ඇතැම් භවත් ශ්‍රමණ බ්‍රාහ්මණයන් ඉන්නවා. ඔවුන් ශ්‍රද්ධාවෙන් දුන් දන් අනුභව කරලා මේ විදිහේ පැළවෙන දේ හා ගස් කොළන් ආදිය වනසමින් ඉන්නවා. ඒ කියන්නේ; මුලින් පැළවෙන දේවල්, කඳින් පැළවෙන දේවල්, පුරුකින් පැළවෙන දේවල්, දල්ලෙන් පැළවෙන දේවල්, පස්වෙනුවට බිජුවටින් පැළවෙන දේවල් යන ආදිය වනසමින් ඉන්නවා. ගස් කොළන් සිඳලීම් ආදී මෙවැනි දේවල්වලිනුත්, මෙවැනි වෙනත් දේවල්වලිනුත් වැළකී ඉන්නවා. මෙයත් ඔහුගේ සීලයට අයත් දෙයකි.

15. ඒ වගේම ඇතැම් භවත් ශ්‍රමණ බ්‍රාහ්මණයන් ඉන්නවා. ඔවුන් ශ්‍රද්ධාවෙන් දුන් දන් අනුභව කරලා මේ ආකාර වූ දේ රැස්කරගෙන පරිභෝග කරමින් වාසය කරනවා. ඒ කියන්නේ; කෑම වර්ග රැස්කරලා තියාගන්නවා. බීම වර්ග රැස්කරලා තියාගන්නවා. වස්ත්‍ර රැස්කරලා තියාගන්නවා. යාන වාහන රැස්කරලා තියාගන්නවා. ඇඳ පුටු මේස රැස්කරලා තියාගන්නවා. සුවඳ වර්ග රැස්කරලා තියාගන්නවා. තවත් ආමිස රැස්කරලා තියාගන්නවා. මෙවැනි හෝ මෙවැනි වෙනත් දේවල් හෝ රැස්කරගෙන පරිහරණය කිරීමෙන් වැළකී ඉන්නවා. මෙයත් ඔහුගේ සීලයට අයත් දෙයකි.

16. ඒ වගේම ඇතැම් භවත් ශ්‍රමණ බ්‍රාහ්මණයන් ඉන්නවා. ඔවුන් ශ්‍රද්ධාවෙන් දුන් දන් අනුභව කරලා මේ ආකාරයේ විසූක දර්ශනයන් නැරඹීමෙහි යෙදිලා ඉන්නවා. ඒ කියන්නේ නැටුම්, ගැයුම්, වැයුම්, නාටක, පැරණි කතා රඟදැක්වීම්, අත්තාල ගසා නැටීම්, වේතාල නැටීම්, බෙර වාදන කිරීම්, රඟමඬලෙහි දේවතාවන්ට පූජා පිණිස නැටීම්, උණ ගසින් කරන ක්‍රීඩා, මිනී ඇට මැද තබා වටකොට නැටීම්, ඇත් යුද බැලීම්, අශ්ව යුද බැලීම්, ගොන් පොර බැලීම්, එළු පොර බැලීම්, බැටළු පොර බැලීම්, කුකුළු පොර බැලීම්, වටු පොර බැලීම්, පොලු හරඹ බැලීම්, මිටි හරඹ බැලීම්, මල්ලව පොර බැලීම්, යුද සේනා බලන්නට යෑම, බලසෙන් ගණින තැන් බලන්නට යාම, බලසෙනඟ විසිරුවන තැන් බලන්නට යාම ආදී දේවල්වල යෙදෙමින් ඉන්නවා. මෙවැනි දේවල්වලිනුත්, මෙවැනි වෙනත් දේවල්වලින් යුතු විසූක දර්ශන නැරඹීම්වලින් වැළකී ඉන්නවා. මෙයත් ඔහුගේ සීලයට අයත් දෙයකි.

17. ඒ වගේම ඇතැම් භවත් ශ්‍රමණ බ්‍රාහ්මණයන් ඉන්නවා. ඔවුන් ශ්‍රද්ධාවෙන් දුන් දන් අනුභව කරලා තමාව ප්‍රමාදයට පත් කරවන මේ ආකාර වූ සූදු කෙළියෙන් කල් යවනවා. ඒ කියන්නේ; හතරැස් කොටු අටකින් යුතුව කරන

සූදුව, කොටු දහයකින් කරන සූදුව, අහසේ රූ අඳිමින් කරන සූදුව, කොටු පැනීමෙන් කරන සූදුව, සන්තික නම් වූ සූදුව, දාදු කැටයෙන් කරන සූදුව, කල්ලි ගැසුම, බූරුවා ගැසීම, ගුළ කෙළිය, නළා පිඹීම, කරණම් ගැසීම, මුගුරක් ගෙන උඩ යට වැටෙන පරිදි උඩට ගැසීම, කොළවලින් කළ ගොටුවලින් තරගෙට වැලි මැනීම, කුඩා රිය තරඟ, කුඩා දුනුවලින් විදීමේ තරඟ, අකුරු ලිවීමේ සෙල්ලම, සිතූ දේ කියන සෙල්ලම, විකලාංග අනුකරණයෙන් හිනැස්සීමේ සෙල්ලම ආදී දේ කිරීමයි. මේ දෙයිනුත්, මෙවැනි තවත් දේවල් ඇත්නම් එයිනුත් වැළකී ප්‍රමාදයට පත්වන සූදුවෙන් වැළකී ඉන්නවා. මෙයත් ඔහුගේ සීලයට අයත් දෙයකි.

18. ඒ වගේම ඇතැම් භවත් ශ්‍රමණ බ්‍රාහ්මණයන් ඉන්නවා. ඔවුන් ශ්‍රද්ධාවෙන් දුන් දන් අනුභව කරලා මේ ආකාර වූ පමණ ඉක්මවා උස් වූ ආසනත්, වටිනා සුඛෝපභෝගී ආසනත් පරිහරණය කරනවා. ඒ කියන්නේ; දිග හාන්සි පුටු, කවිච්චි, ලොකු පලස් යෙදූ ආසන, විසිතුරු ගෙත්තම් කළ එළු ලොම් ඇතිරිලි, සුදු එළු ලොමින් කළ ඇතිරිලි, මල් යෙදූ එළු ලොමින් කළ ඇතිරිලි, පුළුන් යෙදූ මෙට්ට, සත්ව රූපවලින් සැරසූ එළු ලොම් ඇතිරිලි, මුළුමණින්ම එළු ලොමින් කළ ඇතිරිලි, රන් නූලෙන් සැරසූ කලාල, පට නූලෙන් කළ කලාල, නාටිකාංගනාවන් ඒ මත නැටිය හැකි එළු ලොමින් කළ කලාල, ඇතුන් පිට යොදන ඇතිරිලි, අසුන් පිට යොදන ඇතිරිලි, රථවල යොදන ඇතිරිලි, අඳුන් දිවි සමෙන් කළ ඇතිරිලි, කදලි මුව සමින් කළ කලාල, හිස දෙපැත්තට රතු විල්ලුද කොට්ට තබා රතු උඩුවියන් බැඳ සැදූ වටිනා යහන් ආදිය පරිහරණය කරයි. මෙවැනි දෙයිනුත්, මෙවැනි වෙන දේවල්වලිනුත් වැළකී උස් අසුන් මහා අසුන් පරිහරණයෙන් වැළකී ඉන්නවා. මෙයත් ඔහුගේ සීලයට අයත් දෙයකි.

19. ඒ වගේම ඇතැම් භවත් ශ්‍රමණ බ්‍රාහ්මණයන් ඉන්නවා. ඔවුන් ශ්‍රද්ධාවෙන් දුන් දන් අනුභව කරලා මේ ආකාරයෙන් ඇඟපත සැරසීමෙන් හා විසිතුරු වස්ත්‍රාභරණ පැළඳීමෙන් යුක්තව කල් ගෙවනවා. ඒ කියන්නේ; සුවඳ වර්ග ඇඟ තවරා සිරුර සිනිඳු කිරීම, තෙල් වර්ග ගා සම්බාහනය කොට සිරුර හැඩ කිරීම, සුවඳපැන් නෑම, උරහිස් ආදියෙහි මස් වැඩීමට මුගුරෙන් තැලීම, කැඩපතින් මුහුණ බලා සැරසීම, ඇස්වල අඳුන් ගෑම, මල් හා සුවඳ විලවුන් දැරීම, මුව සුවඳ කිරීම, මුව විලවුන් දැරීම, අත්වල ආභරණ දැමීම, හිසෙහි කුඩුම්බි දැරීම. විසිතුරු සැරයැටි දැරීම, විසිතුරු බෙහෙත් නල දැරීම, විසිතුරු කඩු දැරීම, විසිතුරු කුඩ දැරීම, විසිතුරු පාවහන් දැරීම, නළල් පට දැරීම, මැණික් පැළඳීම, චාමර දැරීම, දිග වාටි ඇති සුදු වස්ත්‍ර දැරීම ආදියෙන් යුතුවෙයි.

මෙවැනි දෙයිනුත්, මෙවැනි වෙන දේවල්වලිනුත් වැළකී ඇඟපත සැරසීම් හා විසිතුරු වස්ත්‍රාභරණ සැරසීමෙන් වැළකී ඉන්නවා. මෙයත් ඔහුගේ සීලයට අයත් දෙයකි.

20. ඒ වගේම ඇතැම් භවත් ශ්‍රමණ බ්‍රාහ්මණයන් ඉන්නවා. ඔවුන් ශ්‍රද්ධාවෙන් දුන් දන් අනුභව කරලා මෙබඳු වූ තිරිසන් කතාවල යෙදී වාසය කරනවා. ඒ කියන්නේ; රජවරුන් ගැන කථා, සොරුන් ගැන කථා, මහ ඇමතිවරුන් ගැන කථා, හමුදාවන් ගැන කථා, භය ඇතිවෙන දේවල් ගැන කථා, ආහාර වර්ග ගැන කථා, බොන දේවල් ගැන කථා, ඇඳුම් පැළඳුම් ගැන කථා, ඇඳ පුටු ගැන කථා, මල් වර්ග ගැන කථා, සුවඳ වර්ග ගැන කථා, නෑදෑයන් ගැන කථා, යාන වාහන ගැන කථා, ගම්මාන ගැන කථා, නියම් ගම්මාන ගැන කථා, නගර ගැන කථා, රටවල් ගැන කථා, ස්ත්‍රීන් ගැන කථා, පුරුෂයින් ගැන කථා, කුමාරයින් ගැන කථා, කුමාරියන් ගැන කථා, ශූරයින් ගැන කථා, මංමාවත් ගැන කථා, වළං පොලේ දේවල් ගැන කථා, මියගිය උදවිය ගැන කථා, තව තව දේවල් ගැන කථා, ලෝකය ගැන කථා, සාගරය ගැන කථා, මෙහෙමයි වුණේ මෙහෙමයි නොවුණේ කියන දේ ගැන කතා කරකර ඉන්නවා, මෙවැනි දෙයිනුත්, මෙවැනි වෙන දේවල්වලිනුත් වැළකී මෙබඳු වූ තිරිසන් කතාවෙන් වැළකී ඉන්නවා. මෙයත් ඔහුගේ සීලයට අයත් දෙයකි.

21. ඒ වගේම ඇතැම් භවත් ශ්‍රමණ බ්‍රාහ්මණයන් ඉන්නවා. ඔවුන් ශ්‍රද්ධාවෙන් දුන් දන් අනුභව කරලා මේ ආකාරයෙන් එකිනෙකා අතර බැණ දොඩා ගන්නා කතාවෙන් යුතුවයි ඉන්නේ. ඒ කියන්නේ; 'නුඹ මේ ධර්ම විනය දන්නේ නෑ. මම තමයි මේ ධර්ම විනය දන්නේ, ආ ... එහෙමද එතකොට නුඹද මේ ධර්ම විනය දන්නේ? නුඹ ඉන්නේ මිථ්‍යා වැඩපිළිවෙලකයි. මම තමයි නියම වැඩ පිළිවෙල තුළ ඉන්නේ. මං කරුණු සහිතවයි කියන්නේ. නුඹේ කීම කරුණු රහිතයි. නුඹ කලින් කිවයුතු දේ පස්සේ කිව්වා. පස්සේ කිවයුතු දේ කලින් කිව්වා. නුඹ කලක් තිස්සේ කියපු දේ කණපිට පෙරළුනා. මා විසින් නුඹට වාද නංවලයි තියෙන්නේ. නුඹට නිග්‍රහ කරලයි තියෙන්නේ. වාදයෙන් නිදහස් වීමට මගක් හොයාගෙන පලයන්. පුළුවන් නම් ලිහා ගනින්' යනාදිය කියමින් ආරවුල් හදාගන්නවා. මෙවැනි දෙයිනුත්, මෙවැනි වෙන දේවල්වලිනුත් වැළකී මෙබඳු වූ බැණ දොඩාගන්නා කතාවෙන් වැළකී ඉන්නවා. මෙයත් ඔහුගේ සීලයට අයත් දෙයකි.

22. ඒ වගේම ඇතැම් භවත් ශ්‍රමණ බ්‍රාහ්මණයන් ඉන්නවා. ඔවුන් ශ්‍රද්ධාවෙන් දුන් දන් අනුභව කරලා ගිහියන්ගේ පණිවිඩ පණත් ගෙන යන මෙබඳු වූ දූත මෙහෙවරෙහි යෙදෙනවා. ඒ කියන්නේ; 'මෙහෙ යන්න, අසවල් තැනට එන්න,

මේක (අපේ මේ පණිවිඩය) අරන් යන්න. අසවල් තැනට මේක අරන් යන්න' යනාදී රජුන්ගේ, රාජමහා ඇමැතිවරුන්ගේ, ක්ෂත්‍රියයන්ගේ, බ්‍රාහ්මණයන්ගේ, ගෘහපතියන්ගේ, කුමාරවරුන්ගේ, පණිවිඩ පණත් ගෙනියනවා. මෙවැනි දෙයිනුත්, මෙවැනි වෙන දේවල්වලිනුත් වැළකී මෙබඳු වූ පණිවිඩ පණත් ගෙනයන ගිහියන්ගේ දූත මෙහෙවරෙන් වැළකී ඉන්නවා. මෙයත් ඔහුගේ සීලයට අයත් දෙයකි.

23. ඒ වගේම ඇතැම් භවත් ශ්‍රමණ බ්‍රාහ්මණයන් ඉන්නවා. ඔවුන් ශ්‍රද්ධාවෙන් දුන් දන් අනුභව කරලා කුහක (උඩින් වෙන ජීවිතයක් පෙන්වමින් යටින් වෙනත් ජීවිතයක් ගෙවමින් නැති ගුණ පෙන්වා) ජීවිත ගෙවනවා. ලාභ සත්කාර ලැබෙන විදිහට (පුහු වර්ණනා කිරීම්, තොදොල් කිරීම්, නැති ගුණ කීම් ආදී) චාටු බස් කියනවා. දායකයින් හට නොදී බැරි තත්වයට පත්වෙන ආකාරයේ නිමිති දක්වමින් කතා කරනවා. තමන්ට ලැබෙන විදිහට අනුන්ට ගරහනවා. ලාභයෙන් ලාභය හොයනවා. මෙවැනි දෙයිනුත්, මෙවැනි වෙන දේවල්වලිනුත් වැළකී මෙබඳු වූ කුහක කමින් චාටුබස්වලින් වැළකී ඉන්නවා. මෙයත් ඔහුගේ සීලයට අයත් දෙයකි.

24. ඒ වගේම ඇතැම් භවත් ශ්‍රමණ බ්‍රාහ්මණයන් ඉන්නවා. ඔවුන් ශ්‍රද්ධාවෙන් දුන් දන් අනුභව කරලා මෙවැනි වූ තිරශ්චීන විද්‍යාවෙන් යුතුව මිථ්‍යා ආජීවයෙන් ජීවත්වෙනවා. ඒ කියන්නේ; ශාරීරික අංග බලා ඵලාඵල කියනවා, නිමිති බලා ඵලාඵල කියනවා, උත්පාත බලා ඵලාඵල කියනවා, සිහින ඵලාඵල කියනවා, ශාරීරික ලක්ෂණ බලා ඵලාඵල කියනවා, මීයන් කෑ වස්ත්‍ර බලා ඵලාඵල කියනවා, ගිනි පූජා පවත්වනවා, හැන්දෙන් පූජා පවත්වනවා, ධාන්‍ය පොතුවලින් පූජා පවත්වනවා. කණ නම් සහලින් කළ පූජා පවත්වනවා, සහලින් පූජා පවත්වනවා, ගිතෙලින් පූජා පවත්වනවා, තල තෙලින් පූජා පවත්වනවා, විශේෂ කොට කරන පූජා පවත්වනවා, සතුන් මරා ලේ පුදා කරන පූජා පවත්වනවා, අංග විද්‍යාව, වාස්තු විද්‍යාව, දේශපාලන විද්‍යාව, වාසනාව උරගා බැලීමේ (ලොතරැයි) විද්‍යාව, භූත විද්‍යාව, පොළොව යට බිම් ගෙයක ඉඳ මැතිරීමෙන් කරන (භූරි) විද්‍යාව, සර්ප විද්‍යාව, විෂ විද්‍යාව, වෘශ්චික විද්‍යාව, මූෂික විද්‍යාව, පක්ෂි විද්‍යාව, විශාල පක්ෂි විද්‍යාව, ඉදුණු දේ මුල් කොට අනාවැකි කියන විද්‍යාව, මතුරන ලද ඊතල විද ආරක්ෂා කරන විද්‍යාව, මෘග පක්ෂ යනාදී මිත්‍යා ආජීවයෙන් ජීවත් වෙනවා. මෙවැනි දෙයිනුත්, මෙවැනි වෙන දේවල්වලිනුත් වැළකී මෙබඳු වූ තිරශ්චීන විද්‍යාවෙන් යුතු මිථ්‍යා ආජීවයෙන් වැළකී ඉන්නවා. මෙයත් ඔහුගේ සීලයට අයත් දෙයකි.

25. ඒ වගේම ඇතැම් භවත් ශ්‍රමණ බ්‍රාහ්මණයන් ඉන්නවා. ඔවුන් ශ්‍රද්ධාවෙන් දුන් දන් අනුභව කරලා මෙබඳු වූ තිරශ්චීන විද්‍යාවෙන් යුතුව මිථ්‍යා ආජීවයෙන් ජීවත් වෙනවා. ඒ කියන්නේ; මැණික්වල සුභ අසුභ ලකුණු කීම, දඬුවල සුභ අසුභ ලකුණු කීම, වස්ත්‍රවල සුභ අසුභ ලකුණු කීම, කඩු ආදී සලකුණුවලින් සුභාසුභ කීම, ඊතල ආදී සලකුණුවලින් සුභාසුභ කීම, දුනු ආදී සලකුණුවලින් සුභාසුභ කීම, ආයුධ ආදී සලකුණුවලින් සුභාසුභ කීම, ස්ත්‍රීන්ගේ හැඩරුවින් සුභාසුභ ලකුණු කීම, පුරුෂයන්ගේ හැඩරුවින් සුභාසුභ ලකුණු කීම, දරුවන්ගේ හැඩරුවින් සුභාසුභ ලකුණු කීම, දූරියන්ගේ හැඩරුවින් සුභාසුභ ලකුණු කීම, දාසයන්ගේ හැඩරුවින් සුභාසුභ ලකුණු කීම, දාසියන්ගේ හැඩරුවින් සුභාසුභ ලකුණු කීම, ඒ ඒ කටයුතු සඳහා තෝරා ගත යුතු ඇතුන්ගේ ලකුණු කීම, අසුන්ගේ ලකුණු කීම, ඔටුවන්ගේ ලකුණු කීම, වෘෂභයන්ගේ ලකුණු කීම, ගවයන්ගේ ලකුණු කීම, එළුවන්ගේ ලකුණු කීම, බැටළුවන්ගේ ලකුණු කීම, කුකුළු පොර ආදියට සුදුසු කුකුළන්ගේ ලකුණු කීම, වටුවන්ගේ ලකුණු කීම, සුහුනන් ඇඟ වැටීමේ සහ හඬනැගීමේ ඵලාඵල කීම, කණෙහි පළඳාගත් උපකරණවලින් ඵලාඵල කීම, කැස්බෑවන්ට මතුරා ඵලාඵල කීම, මුවන්ට මතුරා ඵලාඵල කීම ආදී තිරශ්චීන විද්‍යාවෙන් යුතු මිථ්‍යා ආජීවයෙන් කල් ගෙවනවා. මෙවැනි දෙයිනුත්, මෙවැනි වෙන දේවල්වලිනුත් වැළකී මෙබඳු වූ තිරශ්චීන විද්‍යාවෙන් යුතු මිථ්‍යා ආජීවයෙන් වැළකී ඉන්නවා. මෙයත් ඔහුගේ සීලයට අයත් දෙයකි.

26. ඒ වගේම ඇතැම් භවත් ශ්‍රමණ බ්‍රාහ්මණයන් ඉන්නවා. ඔවුන් ශ්‍රද්ධාවෙන් දුන් දන් අනුභව කරලා මෙබඳු වූත් තිරිසන් විද්‍යාවෙන් යුතුව මිථ්‍යා ආජීවයෙන් ජීවිකාව ගෙවනවා. ඒ කියන්නේ; 'අසවල් නැකතට රජතුමාගේ යුද පිණිස නික්මීම වන්නේය. අසවල් නැකතින් ආපසු නුවරට ඇතුළ්වීම සිදු කළ යුත්තේය. අසවල් නැකතින් රට ඇතුළේ සිට පිටත සතුරු රජුන් හමුවීමට රජුගේ ගමන කළ යුත්තේය. අසවල් නැකතින් පිටත සිටින රජවරු රට ඇතුළට පැමිණීම වන්නේය. අසවල් නැකතින් රට ඇතුළේ සිටින රජුගේ ඉවත්වීම සිදුවන්නේය. අසවල් නැකතින් රට ඇතුළේ සිටින රජුට ජය වන්නේය. අසවල් නැකතින් බාහිර රජුනට පරාජය වන්නේය. අසවල් නැකතින් බාහිර රජුන්ට ජය වන්නේය. අසවල් නැකතින් රට ඇතුළේ රජුට පරාජය වන්නේය' කියලා මොහුට ජය වෙනවා, මොහුට පරාජය වෙනවා ආදී වශයෙන් පවසමින් තිරිසන් විද්‍යාවෙන් යුතු මිථ්‍යා ආජීවයෙන් කල් ගෙවනවා. මෙවැනි දෙයිනුත්, මෙවැනි වෙන දේවල්වලිනුත් වැළකී මෙබඳු වූ තිරශ්චීන විද්‍යාවෙන් යුතු මිථ්‍යා ආජීවයෙන් වැළකී ඉන්නවා. මෙයත් ඔහුගේ සීලයට අයත් දෙයකි.

27. ඒ වගේම ඇතැම් භවත් ශ්‍රමණ බ්‍රාහ්මණයන් ඉන්නවා. ඔවුන් ශ්‍රද්ධාවෙන් දුන් දන් අනුභව කරලා මෙබඳු වූත් තිරිසන් විද්‍යාවෙන් යුතුව මිථ්‍යා ආජීවයෙන් ජීවිකාව ගෙවනවා. ඒ කියන්නේ; 'අසවල් දින චන්ද්‍රග්‍රහණයක් සිදුවෙනවා. අසවල් දින සූර්යග්‍රහණයක් සිදුවෙනවා. අසවල් දින නැකත් ග්‍රහණයක් සිදුවෙනවා. අසවල් දින සඳ හිරුගේ නිසිමගින් යෑම සිදුවෙනවා. අසවල් දින සඳ හිරුගේ නොමගින් යෑම සිදුවෙනවා. අසවල් දින නැකත් තරුවල නිසි මගින් යෑම සිදුවෙනවා. අසවල් දින නැකත් තරුවල නොමගින් යෑම සිදුවෙනවා. අසවල් දින උල්කාපාත වැටෙනවා. අසවල් දින අසවල් දිශාවේ උෂ්ණත්වය වැඩිවෙනවා. අසවල් දින භූමිකම්පාවක් සිදුවෙනවා. අසවල් දින වැසි රහිතව අහස ගුගුරනවා. හිරු සඳු හා නැකත්වල උදාව, බැසීම, කෙලෙසීම, පිරිසිදු වීම මේ මේ වෙලාවට සිදුවෙනවා. චන්ද්‍ර ග්‍රහණය ලෝකයට මෙවැනි ඵල විපාක ලබාදෙනවා. සූර්ය ග්‍රහණය ලෝකයට මෙවැනි ඵල විපාක ලබාදෙනවා. නැකත් ග්‍රහණය ලෝකයට මෙවැනි ඵල විපාක ලබාදෙනවා. හිරු සඳුගේ නිසි ගමන මෙවැනි ඵල විපාක ලබාදෙනවා. හිරු සඳුගේ නොමග යෑම මෙවැනි ඵල විපාක ලබාදෙනවා. උල්කාපාත වැටීම මෙවැනි ඵල විපාක ලබාදෙනවා. දිශා දාහය මෙවැනි ඵල විපාක ලබාදෙනවා. භූකම්පන මෙවැනි ඵල විපාක ලබාදෙනවා. වැසි නැතිව අහස ගිගිරීම මෙවැනි ඵල විපාක ලබාදෙනවා. හිරු සඳු හා නැකත්වල උදාව, බැසීම, කෙලෙසීම, පිරිසිදු වීම ලෝකයට මෙවැනි විපාක ලබාදෙනවා' කියලා තිරිසන් විද්‍යාවෙන් යුතුව මිත්‍යා ආජීවයෙන් ජීවත් වෙනවා. මෙවැනි දෙයිනුත්, මෙවැනි වෙන දේවල්වලිනුත් වැළකී මෙබඳු වූ තිරශ්චීන විද්‍යාවෙන් යුතු මිථ්‍යා ආජීවයෙන් වැළකී ඉන්නවා. මෙයත් ඔහුගේ සීලයට අයත් දෙයකි.

28. ඒ වගේම ඇතැම් භවත් ශ්‍රමණ බ්‍රාහ්මණයන් ඉන්නවා. ඔවුන් ශ්‍රද්ධාවෙන් දුන් දන් අනුභව කරලා මෙබඳු වූත් තිරිසන් විද්‍යාවෙන් යුතුව මිථ්‍යා ආජීවයෙන් ජීවිකාව ගෙවනවා. ඒ කියන්නේ; 'මේ කාලයේදී වැස්ස වහිනවා. මේ කාලයේදී නියඟය ඇතිවෙනවා. මේ කාලයේදී ආහාරපානාදියෙන් සරුවෙනවා. මේ කාලයේදී දුර්භික්ෂය ඇතිවෙනවා. මේ කාලයේදී රට සරුවෙනවා. මේ කාලයේදී බිය සැක නැතිව ඉන්නවා. මේ කාලයේදී භය උපදිනවා. මේ කාලයේදී රෝග ඇතිවෙනවා. මේ කාලයේදී නීරෝග බව ඇතිවෙනවා' කියමින් එලා එල පැවසීමත් මුද්‍රා, ගණිත, සංඛ්‍යාන, කාව්‍ය ශාස්ත්‍ර, ලෝකායත ශාස්ත්‍ර ආදී තිරිසන් විද්‍යාවෙන් යුතුව මිථ්‍යා ආජීවයෙන් ජීවත් වෙනවා. මෙවැනි දෙයිනුත්, මෙවැනි වෙන දේවල්වලිනුත් වැළකී මෙබඳු වූ තිරශ්චීන විද්‍යාවෙන් යුතු මිථ්‍යා ආජීවයෙන් වැළකී ඉන්නවා. මෙයත් ඔහුගේ සීලයට අයත් දෙයකි.

29. ඒ වගේම ඇතැම් භවත් ශ්‍රමණ බ්‍රාහ්මණයන් ඉන්නවා. ඔවුන් ශ්‍රද්ධාවෙන් දුන් දන් අනුභව කරලා මෙබඳු වූත් තිරිසන් විද්‍යාවෙන් යුතුව මිථ්‍යා ආජීවයෙන් ජීවිකාව ගෙවනවා. ඒ කියන්නේ; විවාහයට නැකත් කීම, ආවාහයට නැකත් කීම, වෙන් වූ අඹු සැමියන් එක් කිරීමට නැකත් සෑදීම, එක් වූ අඹු සැමියන් වෙන් කිරීමට නැකත් සෑදීම, දීපු ණය එකතු කිරීමට නැකත් සෑදීම, මුදල් ණයට පොලියට දීමට නැකත් සෑදීම, දියුණු වීමට ගුරුකම් කිරීම, පාළුවී නැති වීමට ගුරුකම් කිරීම, දරුගැබ් රැකෙන්නට ගුරුකම් කිරීම, දිව අගුළු බැඳෙන්නට ගුරුකම් කිරීම, හනු තද කරන්නට ගුරුකම් කිරීම, අත් පෙරලෙන්නට ගුරුකම් කිරීම, හනු සිරවෙන්නට ගුරුකම් කිරීම, කන් අගුළු වැටෙන්නට ගුරුකම් කිරීම, කණ්ණාඩියෙන් භූතයන් කැඳවා ප්‍රශ්න විචාරීම, ගැණු දරුවන් ලවා පේන කීම, දෙවියන් ලවා පේන කීම, සූර්ය වන්දනාව, මහ බඹු වන්දනාව, මන්ත්‍ර බලයෙන් කටින් ගිනිදැල් පිටකිරීම, මන්ත්‍ර බලෙන් ලක්ෂ්මී පූජා කිරීම යනාදී තිරිසන් විද්‍යාවෙන් යුතුව මිථ්‍යා ආජීවයෙන් ජීවත් වෙනවා. මෙවැනි දෙයිනුත්, මෙවැනි වෙන දේවල්වලිනුත් වැළකී මෙබඳු වූ තිරශ්චීන විද්‍යාවෙන් යුතු මිථ්‍යා ආජීවයෙන් වැළකී ඉන්නවා. මෙයත් ඔහුගේ සීලයට අයත් දෙයකි.

30. ඒ වගේම ඇතැම් භවත් ශ්‍රමණ බ්‍රාහ්මණයන් ඉන්නවා. ඔවුන් ශ්‍රද්ධාවෙන් දුන් දන් අනුභව කරලා මෙබඳු වූත් තිරිසන් විද්‍යාවෙන් යුතුව මිථ්‍යා ආජීවයෙන් ජීවිකාව ගෙවනවා. ඒ කියන්නේ; ශාන්ති කර්ම, බාර ඔප්පු කිරීම, පොළොව යට හිඳ මතුරා ගුරුකම් කිරීම, නපුංසකයා පිරිමියෙකු කිරීම, පිරිමියා නපුංසකයෙකු කිරීම, ගෙවල් තැනීමේ දිශාවන් පෙන්වා දීම, අලුතෙන් නිවාස තැනීමේදී පුද පූජා පැවැත්වීම, වතුර මතුරා මූණ සේදවීම, වතුර මතුරා නැහැවීම, ගිනිපිදීම, ලය විරේක කරවීම, බඩ විරේක කරවීම, වමනය කරවීම, වස්ති කරවීම, ශීර්ෂ විරේකය, කනට තෙල් පිඹීම, ඇස් වෙදකම, නස්න කිරීම, ඇස්වලට අඳුන් සෑදීම, ප්‍රතිඅංජන සෑදීම, ශල්‍යකර්ම කිරීම, ළදරු චිකිත්සාව, කාය චිකිත්සාව, වනවලට බෙහෙත් බැඳීම ආදී තිරිසන් විද්‍යාවෙන් යුතුව මිථ්‍යා ආජීවයෙන් ජීවත් වෙනවා. මෙවැනි දෙයිනුත්, මෙවැනි වෙන දේවල්වලිනුත් වැළකී මෙබඳු වූ තිරශ්චීන විද්‍යාවෙන් යුතු මිථ්‍යා ආජීවයෙන් වැළකී ඉන්නවා. මෙයත් ඔහුගේ සීලයට අයත් දෙයකි.

31. **පින්වත් කේවඩ්ඪ**, ඒ භික්ෂුව වනාහී මේ අයුරින් සීලසම්පන්නව සිටින විට ඒ සීලසංවරය හේතු කොට ගෙන මොනම අයුරකින්වත් බියක් දකින්නේ නෑ. පින්වත් කේවඩ්ඪ, ඒක මේ වගේ දෙයක්. ඔටුනු පළන් රජ කෙනෙක් ඉන්නවා. ඔහු සතුරන් පරදවලා බැහැර කරලයි ඉන්නේ. ඉතින් ඔහු සතුරන්

හේතුවෙන් මොනම අයුරකින්වත් භයක් දකින්නේ නෑ. පින්වත් කේවඩ්ඪ, භික්ෂුවත් ඔය විදිහමයි. මේ අයුරින් සීලසම්පන්නව සිටින විට ඒ සීලසංවරය හේතු කොට ගෙන මොනම අයුරකින්වත් බියක් දකින්නේ නෑ. ඔහු මේ ආර්ය වූ සීලස්කන්ධයෙන් සමන්විතව ආධ්‍යාත්මිකව නිවැරදි සැපයක් විඳිනවා. පින්වත් කේවඩ්ඪ, ඔන්න ඔය විදිහටයි භික්ෂුව සීලසම්පන්න වන්නේ.

32. පින්වත් කේවඩ්ඪ, භික්ෂුව අකුසලයන් වැළකූ ද්වාර ඇති ඉඳුරන් ඇතිව ඉන්නේ කොහොමද? පින්වත් කේවඩ්ඪ, මෙහිලා භික්ෂුව ඇසින් රූප දැක නිමිති ගන්නේ නෑ. නිමිත්තක කොටසක්වත් ගන්නේ නෑ. යම් හෙයකින් ඇස නමැති ඉන්ද්‍රිය අසංවරව වසන කෙනෙකුට දැඩි ලෝභයත්, දොම්නසත්, පාපී අකුසලත් ඇති වී අර්බුදයක් හටගන්නවා නම්, එහි සංවරය පිණිස පිළිපදිනවා. ඇස රැකගන්නවා. ඇස නැමැති ඉන්ද්‍රියයේ සංවරයට පැමිණෙනවා. කනෙන් ශබ්දයක් අහලා ....(පෙ).... නාසයෙන් ගන්ධයක් ආඝ්‍රාණය කරලා ....(පෙ).... දිවෙන් රසයක් රස විඳලා ....(පෙ).... කයෙන් පහසක් ලබලා ....(පෙ).... මනසින් අරමුණක් දැනගෙන නිමිති ගන්නේ නෑ. නිමිත්තක කොටසක්වත් ගන්නේ නෑ. යම් හෙයකින් මනස නමැති ඉන්ද්‍රිය අසංවරව වසන කෙනෙකුට දැඩි ලෝභයත්, දොම්නසත්, පාපී අකුසලත් ඇති වී අර්බුදයක් හටගන්නවා නම්, එහි සංවරය පිණිස පිළිපදිනවා. මනස රැකගන්නවා. මනස නැමැති ඉන්ද්‍රියයේ සංවරයට පැමිණෙනවා. ඔහු මේ ආර්ය වූ ඉන්ද්‍රිය සංවරයෙන් යුක්තව ආධ්‍යාත්මිකව පීඩා රහිතව සැපයක් විඳිනවා. පින්වත් කේවඩ්ඪ, භික්ෂුව අකුසලයෙන් වැළැක් වූ දොරටු ඇති ඉන්ද්‍රියයන් තුළ ඉන්නේ ඔය විදිහටයි.

33. පින්වත් කේවඩ්ඪ, භික්ෂුව සිහිනුවණින් යුතුව සිටින්නේ කොහොමද? පින්වත් කේවඩ්ඪ, මෙහිලා භික්ෂුව ඉදිරියට යද්දීත්, ආපසු එද්දීත් එය කරන්නේ සිහි නුවණින්මයි. ඉදිරිය බලද්දී, වටපිට බලද්දී එය කරන්නෙත් සිහි නුවණින්මයි. අතපය හකුළද්දී, දිගහරිද්දී එය කරන්නෙත් සිහිනුවණින්මයි. දෙපට සිවුර, පාත්‍රය, අනෙක් සිවුරු ආදිය දරද්දී එය කරන්නෙත් සිහිනුවණින්මයි. වළඳද්දී, පානය කරද්දී, අනුභව කරද්දී, රස විඳිද්දී එය කරන්නෙත් සිහි නුවණින්මයි. වැසිකිළි කැසිකිළි යාමේදී එය කරන්නෙත් සිහි නුවණින්මයි. ගමන් කරද්දී, සිටගෙන සිටිද්දී, වාඩි වී සිටිද්දී, සැතපෙද්දී, නිදිවරද්දී, කතාබස් කරද්දී, නිහඬව සිටිද්දී එය කරන්නෙත් සිහි නුවණින්මයි. පින්වත් කේවඩ්ඪ, භික්ෂුව සිහිනුවණින් යුතු වන්නේ ඔය ආකාරයටයි.

34. පින්වත් කේවඩ්ඪ, භික්ෂුව ලද දෙයින් සතුටු වන්නේ කොහොමද? පින්වත් කේවඩ්ඪ, මෙහිලා භික්ෂුව කය පරිහරණයට සෑහෙන සිවුරෙන්, කුසගිනි නිවෙන්නට සෑහෙන පිණ්ඩපාතයෙන් සතුටු වෙනවා. ඔහු යම් ම

තැනකට පිටත් වෙනවා නම්, පාසිවුරු පමණක් අරගෙන යනවා. ඒක මේ වගේ දෙයක්. කුරුල්ලෙක් යම් ම තැනකට පියඹා යනවා නම්, පියාපත් බර පමණක් සහිතව පියඹනවා වගෙයි. පින්වත් කේවඩ්ඪ, ඔය අයුරින්ම භික්ෂුව කය පරිහරණයට සෑහෙන සිවුරෙන්, කුසගිනි නිවෙන්නට සෑහෙන පිණ්ඩපාතයෙන් සතුටු වෙනවා. ඔහු යම් ම තැනකට පිටත් වෙනවා නම්, පාසිවුරු පමණක් අරගෙන යනවා. පින්වත් කේවඩ්ඪ, භික්ෂුව ලද දෙයින් සතුටු වන්නේ ඔය විදිහටයි.

35. ඔහු මේ ආර්ය වූ සීලස්කන්ධයෙන් යුක්ත වෙලා, මේ ආර්ය වූ ඉන්ද්‍රිය සංවරයෙන් යුක්ත වෙලා, මේ ආර්ය වූ සිහිනුවණින් යුක්ත වෙලා, මේ ආර්ය වූ ලද දෙයින් සතුටුවීමෙන් යුක්ත වෙලා හුදෙකලා සෙනසුනක වාසය කරනවා. ඒ කියන්නේ අරණ්‍යය, රුක්සෙවණ, පර්වතය, දිය ඇල්ල, ගිරිගුහාව, සොහොන, වනගැබ, ගස් කොළන් රහිත හිස් පිටිය, පිදුරු ගෙය ආදියයි. ඔහු පිණ්ඩපාතය වළඳා, දානයෙන් පසු (එවැනි තැනක) පළඟක් බැඳගෙන, කය ඍජු කරගෙන, භාවනා අරමුණෙහි සිහිය පිහිටුවාගෙන වාඩිවෙනවා.

36. ඔහු ජීවිතය නම් වූ ලෝකය ගැන ඇති විෂම ලෝභය දුරු කොට ඇලීම් රහිත වූ සිතින් වාසය කරනවා. විෂම ලෝභය කෙරෙන් සිත පිරිසිදු කරනවා. තරහ, වෛර ආදිය අත්හැර තරහ නැති සිතින් සියලු සතුන් කෙරෙහි හිතානුකම්පීව වාසය කරනවා. තරහ, වෛර ආදිය කෙරෙන් සිත පිරිසිදු කරනවා. නිදිමත, අලසකම අත්හැර නිදිමත, අලසකමින් බැහැරව ආලෝක සඤ්ඤාවෙන් යුතුව, සිහිනුවණ ඇතිව වාසය කරනවා. නිදිමත, අලසකම කෙරෙන් සිත පිරිසිදු කරනවා. සිතේ විසිරීමත්, පසුතැවීමත් බැහැර කොට නොකැළඹී ගිය සංසිඳුණු සිතින් වාසය කරනවා. සිතේ විසිරීම හා පසුතැවීම කෙරෙන් සිත පිරිසිදු කරනවා. සැකය දුරු කොට කුසල් දහම් ගැන 'කෙසේද? කෙසේද?' යනාදී සැකයෙන් එතෙරව වාසය කරනවා. සැකය කෙරෙන් සිත පිරිසිදු කරනවා.

37. පින්වත් කේවඩ්ඪ, එය මෙවැනි දෙයක්. පුරුෂයෙක් ණයක් අරගෙන කර්මාන්තයක යොදවනවා. ඔහුගේ ඒ ව්‍යාපාරය සාර්ථක වෙනවා. එතකොට ඔහු යම් පරණ මුල් ණයක් ඇද්ද, එය සම්පූර්ණයෙන්ම ගෙවලා දානවා. එයින් පසු ඔහුට අඹුදරුවන් පෝෂණය පිණිස ලාභයක් ඉතිරිත් වෙනවා. එතකොට ඔහුට මෙහෙම හිතෙනවා. 'මං කලින් ණයක් අරගෙනයි ව්‍යාපාරයක යෙදෙව්වේ. ඒ මගේ ව්‍යාපාරය සාර්ථක වුනා. ඒ මං යම් පරණ මුල් ණයක් ඇද්ද එය සම්පූර්ණයෙන්ම ගෙව්වා. අඹුදරුවන් පෝෂණයටත් මට ආදායම ඉතිරි

වුනා' කියලා. ඒ හේතුවෙන් ඔහු මහත් සතුටක් ලබනවා. මහත් සොම්නසක් ලබනවා.

38. පින්වත් කේවඩ්ඪ, ඒක මේ වගේ දෙයක්. පුරුෂයෙක් රෝගී වෙලා, දුකට පත්වෙලා, දැඩිසේ ගිලන්ව ඉන්නවා. ඔහුට බත් කෑමටවත් පිරියක් නෑ. ඔහුගේ ඇගේ පතේ ප්‍රාණවත් ගතියක් නෑ. නමුත් පස්සේ කාලෙක ඔහු ඒ රෝගයෙන් මිදුණා. ඔහුට දැන් බත් කෑමත් ප්‍රියයි. ඔහුගේ ඇඟපතත් ප්‍රාණවත්. එතකොට ඔහුට මෙහෙම හිතෙනවා. 'මං ඉස්සර රෝගී වෙලා, දුකට පත්වෙලා, දැඩිසේ ගිලන්ව හිටියේ. මට බත් කෑමටවත් පිරියක් තිබුනේ නෑ. මගේ ඇගේ පතේ ප්‍රාණවත් ගතියක් තිබුනේ නෑ. නමුත් දැන් මං ඒ රෝගයෙන් මිදුනා. මට දැන් බත් කෑමත් ප්‍රියයි. මගේ ඇඟපතත් ප්‍රාණවත්' කියලා. ඒ හේතුවෙන් ඔහු මහත් සතුටක් ලබනවා. මහත් සොම්නසක් ලබනවා.

39. පින්වත් කේවඩ්ඪ, ඒක මේ වගේ දෙයක්. පුරුෂයෙක් හිරගෙදරක බන්ධනයකට හසුවෙනවා. නමුත් ඔහු පස්සේ කාලෙක තමන්ගේ ධනය වියදම් නොකොට සුවසේම ඒ බන්ධනාගාරයෙන් නිදහස් වෙනවා. ඔහුගේ සම්පත්වලින් කිසි වියදමක් යන්නේ නෑ. එතකොට ඔහුට මෙහෙම හිතෙනවා. 'මං ඉස්සර හිරගෙදරක බන්ධනයකට අහු වුනා. නමුත් ඒ මං දැන් ධන වියදමකින් තොරව සුවසේම ඒ බන්ධනාගාරයෙන් නිදහස් වුනා. මගේ භෝග සම්පත්වලින් කිසිදෙයක් වියදම් වුනේ නෑ' කියලා. ඒ හේතුවෙන් ඔහු මහත් සතුටක් ලබනවා. මහත් සොම්නසක් ලබනවා.

40. පින්වත් කේවඩ්ඪ, ඒක මේ වගේ දෙයක්. පුරුෂයෙක් තමාට සිතූ පරිදි ගත කරන්නට බැරි, අනුන්ට යටත් වෙලා වාසය කරන, තමා කැමැති පරිදි යා ගත නොහැකි, දාසයෙක් වෙලා හිටියා. ඔහු පස්සේ කාලෙක ඒ දාසබවෙන් නිදහස් වුණා. තමාට සිතූ පරිදි ගත කරන, අනුන්ට යටත් නොවන, තමන් කැමැති පරිදි යා හැකි ජීවිතයක් ලැබුනා. එතකොට ඔහුට මෙහෙම හිතුනා. 'මං ඉස්සර තමාට සිතූ පරිදි ගත කරන්නට බැරි, අනුන්ට යටත් වෙලා වාසය කරන, තමා කැමැති පරිදි යා ගත නොහැකි දාසයෙක් වෙලා හිටියා. ඒ මං දැන් ඒ දාසබවෙන් නිදහස් වෙලයි ඉන්නේ. මට සිතූ පරිදි ගත කරන, අනුන්ට යටත් නොවන, මං කැමැති පරිදි යා හැකි ජීවිතයක් ලැබිලා තියෙනවා' කියලා. ඒ හේතුවෙන් ඔහු මහත් සතුටක් ලබනවා. මහත් සොම්නසක් ලබනවා.

41. පින්වත් කේවඩ්ඪ, ඒක මේ වගේ දෙයක්. පුරුෂයෙක් ධනය ඇතිව, භෝග සම්පත් ඇතිව, ආහාරපාන දුලභ වූ, බිය උවදුරු සහිත කාන්තාර ගමනකට පිවිසෙනවා. නමුත් ඔහු පසු කාලෙක ඒ කාන්තාරයෙන් එතෙර

වෙනවා. සුවසේම ගමන අවසන් කොට බිය, උවදුරු නැති ආරක්ෂාව ඇති තැනකට පැමිණෙනවා. එතකොට ඔහුට මෙහෙම හිතෙනවා 'මං කලින් ධනය ඇතිව, භෝග සම්පත් ඇතිව, ආහාරපාන දුලභ වූ, බිය උවදුරු සහිත කාන්තාර ගමනකට පිවිසුනා. නමුත් දැන් මා ඒ කාන්තාරයෙන් එතෙර වුනා. සුවසේම ගමන අවසන් කොට බිය, උවදුරු නැති ආරක්ෂාව ඇති තැනකට පැමිණුනා' කියලා. ඒ හේතුවෙන් ඔහු මහත් සතුටක් ලබනවා. මහත් සොම්නසක් ලබනවා.

42. පින්වත් කේවඩ්ඪ, අන්න ඒ විදිහමයි. භික්ෂුවත් (කලින්) ණයක් ගත්තා වගේ, ලෙඩ වුණා වගේ, හිරේවිලංගුවේ වැටුනා වගේ, වහල්බවට පත්වුනා වගේ, නිරුදක කතරකට පැමිණුනා වගේ මේ පංච නීවරණයන් ප්‍රහාණය නොවී තමා තුළ පවතින හැටි දකිනවා. නමුත් පින්වත් කේවඩ්ඪ, ඒ ණය ගෙවා දමා ණය රහිත වුනා වගේ, රෝගයෙන් නිදහස් වෙලා නීරෝග වුනා වගේ, වියදම් නැතුව හිරෙන් නිදහස් වුනා වගේ, දාසබවෙන් නිදහස් වුනා වගේ, නිරුදක කතර ගෙවා ආරක්ෂා සහිත ක්ෂේම භූමියකට පැමිණුනා වගේ තමයි. පින්වත් කේවඩ්ඪ, අන්න ඒ විදිහමයි භික්ෂුව තමා තුළ මේ පංච නීවරණයන් දුරුවී ඇති ආකාරයත් දකින්නේ.

43. ඔහුට මේ පංච නීවරණයන් තමා තුළ නැති බව දකිද්දී මහත් සතුටක් ඇතිවෙනවා. ඒ ප්‍රමුදිත වීම ඇති කෙනාට ප්‍රීතිය ඇතිවෙනවා. ප්‍රීති මනසක් ඇති කෙනාගේ කය සංසිඳෙනවා. සංසිඳුණු කයින් යුතුව සැපක් විඳිනවා. සැප ඇති කෙනාගේ සිත සමාධිමත් වෙනවා.

44. ඔහු කාමයන්ගෙන් වෙන්ව, අකුසලයන්ගෙන් වෙන්ව, විතර්ක සහිත වූ, විචාර සහිත වූ, විවේකයෙන් හටගත් ප්‍රීති සුඛය ඇති පළමුවෙනි ධ්‍යානය උපදවාගෙන වාසය කරනවා. ඔහු මේ කයම විවේකයෙන් හටගත් ප්‍රීති සුඛයෙන් හොඳට තෙත් කරනවා. මුළුමණින්ම තෙත් කරනවා. එයින් පුරවනවා. පිරිපුන්ව පුරවනවා. ඔහුගේ සියලු කයෙහි විවේකයෙන් හටගත් ප්‍රීති සුඛයෙන් ස්පර්ශ නොකළ කිසිතැනක් නෑ.

45. පින්වත් කේවඩ්ඪ, ඒක මේ වගේ දෙයක්. (රජවරුන් ආදී පිරිස් නහවන) දක්ෂ නහවන්නෙක් හෝ නහවන කෙනෙකුගේ ගෝලයෙක් ඉන්නවා. ඔහු ලෝහ බඳුනක නාන සුණු විසුරුවනවා. ඊට පස්සේ දිය ඉස ඉස පිඬු කරනවා. එතකොට ඒ නාන සුණු පිඬට අර වතුර කාවදිනවා. හොඳින් තෙත් වෙනවා. ඒ නහන පිඬ ඇතුළත පිටත සෑම තැනම හොඳින් දිය පැතිරිලා තියෙනවා. පිටතට වැගිරෙන්නෙත් නෑ. පින්වත් කේවඩ්ඪ, ඔය විදිහමයි. භික්ෂුව මේ කයම විවේකයෙන් හටගත් ප්‍රීති සුඛයෙන් හොඳට තෙත් කරනවා. මුළුමණින්ම

තෙත් කරනවා. එයින් පුරවනවා. පිරිපුන්ව පුරවනවා. ඔහුගේ සියලු කයෙහි විවේකයෙන් හටගත් ප්‍රීති සුඛයෙන් ස්පර්ශ නොකළ කිසිතැනක් නෑ.

පින්වත් කේවඩ්ඪ, භික්ෂුව කාමයන්ගෙන් වෙන්ව, අකුසලයන්ගෙන් වෙන්ව, විතර්ක සහිත වූ, විචාර සහිත වූ, විවේකයෙන් හටගත් ප්‍රීති සුඛය ඇති යම් පළමුවෙනි ධ්‍යානය උපදවාගෙන වාසය කරනවා නම්, ඔහු මේ කයම විවේකයෙන් හටගත් ප්‍රීති සුඛයෙන් හොඳට තෙත් කරනවා. මුළුමණින්ම තෙත් කරනවා. එයින් පුරවනවා. පිරිපුන්ව පුරවනවා. ඔහුගේ සියලු කයෙහි විවේකයෙන් හටගත් ප්‍රීති සුඛයෙන් ස්පර්ශ නොකළ කිසිතැනක් නෑ. මෙය අයිති වන්නේත් ඔහුගේ සමාධියටමයි.

46. පින්වත් කේවඩ්ඪ, තවදුරටත් කියනවා නම් භික්ෂුව විතක්ක විචාරයන්ගේ සංසිඳීමෙන් ආධ්‍යාත්මිකව පැහැදීම ඇතිව සිතෙහි මනා එකඟ බවෙන් යුතුව විතර්ක රහිත, විචාර රහිත, සමාධියෙන් හටගත්, ප්‍රීති සුඛය ඇති දෙවෙනි ධ්‍යානය උපදවාගෙන වාසය කරනවා. ඔහු මේ කයම සමාධියෙන් හටගත් ප්‍රීති සුඛයෙන් හොඳට තෙත් කරනවා. මුළුමණින්ම තෙත් කරනවා. එයින් පුරවනවා. පිරිපුන්ව පුරවනවා. ඔහුගේ සියලු කයෙහි සමාධියෙන් හටගත් ප්‍රීති සුඛයෙන් ස්පර්ශ නොකළ කිසිතැනක් නෑ.

47. පින්වත් කේවඩ්ඪ, ඒක මේ වගේ දෙයක්. යට දිය උල්පත්වලින් වතුර ගලන ගැඹුරු විලක් තියෙනවා. හැබැයි ඒ විලට නැගෙනහිර පැත්තෙන් වතුර එන මගක් නෑ. දකුණු පැත්තෙන් වතුර එන මගක් නෑ. බටහිර පැත්තෙන් වතුර එන මගක් නෑ. උතුරු පැත්තෙන් වතුර එන මගක් නෑ. වැස්සත් කලින් කලට පිළිවෙලකට වහින්නේ නෑ. එතකොට ඒ විලෙන්ම සීතල දියදහරා උල්පත්වලින් උඩට මතු වෙවී ඒ විලම සීතල ජලයෙන් හොඳට තෙත් කරනවා. මුළුමණින්ම තෙත් කරනවා. වතුරෙන් පුරවනවා. හොඳින් පුරවනවා. ඒ මුළු විලේම සිහිල් ජලයෙන් පහස නොලැබූ කිසි තැනක් නෑ. පින්වත් කේවඩ්ඪ, ඔය විදිහමයි. භික්ෂුව මේ කයම සමාධියෙන් හටගත් ප්‍රීති සුඛයෙන් හොඳට තෙත් කරනවා. මුළුමණින්ම තෙත් කරනවා. එයින් පුරවනවා. පිරිපුන්ව පුරවනවා. ඔහුගේ සියලු කයෙහි සමාධියෙන් හටගත් ප්‍රීති සුඛයෙන් ස්පර්ශ නොකළ කිසිතැනක් නෑ.

පින්වත් කේවඩ්ඪ, භික්ෂුව විතක්ක විචාරයන්ගේ සංසිඳීමෙන් ආධ්‍යාත්මිකව පැහැදීම ඇතිව සිතෙහි මනා එකඟ බවෙන් යුතුව විතර්ක රහිත, විචාර රහිත, සමාධියෙන් හටගත්, ප්‍රීති සුඛය ඇති යම් දෙවෙනි ධ්‍යානය උපදවාගෙන වාසය කරනවා නම්, ඔහු මේ කයම සමාධියෙන් හටගත් ප්‍රීති

සුඛයෙන් හොඳට තෙත් කරනවා. මුළුමණින්ම තෙත් කරනවා. එයින් පුරවනවා. පිරිපුන්ව පුරවනවා. ඔහුගේ සියලු කයෙහි සමාධියෙන් හටගත් ප්‍රීති සුඛයෙන් ස්පර්ශ නොකළ කිසිතැනක් නෑ. මෙය අයිති වන්නේත් ඔහුගේ සමාධියටමයි.

48. පින්වත් කේවඩ්ඪ, තවදුරටත් කියනවා නම් භික්ෂුව ප්‍රීතියටද නොඇලීමෙන් උපේක්ෂාවෙන් යුතුව වාසය කරනවා. සිහියෙන් නුවණින් යුතුව කයෙන් සැපයක්ද විඳිනවා. ආර්යයන් වහන්සේලා යම් ධ්‍යානයකට උපේක්ෂා සහගත සිහිය ඇති සැප විහරණය යැයි පවසනවාද, ඒ තුන්වෙනි ධ්‍යානයත් උපදවාගෙන වාසය කරනවා. ඔහු මේ කයම ප්‍රීති රහිත සුඛයෙන් හොඳට තෙත් කරනවා. මුළුමණින්ම තෙත් කරනවා. එයින් පුරවනවා. පිරිපුන්ව පුරවනවා. ඔහුගේ සියලු කයෙහි ප්‍රීති රහිත සුඛයෙන් ස්පර්ශ නොකළ කිසිතැනක් නෑ.

49. පින්වත් කේවඩ්ඪ, ඒක මේ වගේ දෙයක්. මහනෙල් විලක හෝ රතු නෙළුම් විලක හෝ සුදු නෙළුම් විලක හෝ ඇතැම් මහනෙල් වේවා, රතු නෙළුම් වේවා, සුදු නෙළුම් වේවා ඒ නෙළුම් ජලයේමයි හටගන්නේ. ජලයේමයි වැඩෙන්නේ. නමුත් ජලයෙන් උඩට ඇවිත් නෑ. ජලය තුළම ගිලී වැඩෙනවා. එතකොට ඒ නෙළුම් අග දක්වාත්, මුල දක්වාත් සීතල දියෙන් හොඳට තෙත් වෙලා තියෙන්නේ. මුළුමණින්ම තෙත් වෙලා තියෙන්නේ. පිරිලා තියෙන්නේ. හැමතැනම පැතිරිලා තියෙන්නේ. ඒ සෑම මහනෙල්වල, රතු නෙළුම්වල, සුදු නෙළුම්වල සීතල දිය නොපැතුරුණු කිසි තැනක් නෑ. පින්වත් කේවඩ්ඪ, ඔය විදිහමයි. භික්ෂුව මේ කයම ප්‍රීති රහිත සුඛයෙන් හොඳට තෙත් කරනවා. මුළුමණින්ම තෙත් කරනවා. එයින් පුරවනවා. පිරිපුන්ව පුරවනවා. ඔහුගේ සියලු කයෙහි ප්‍රීති රහිත සුඛයෙන් ස්පර්ශ නොකළ කිසිතැනක් නෑ.

පින්වත් කේවඩ්ඪ, භික්ෂුව ප්‍රීතියටද නොඇලීමෙන්, උපේක්ෂාවෙන් යුතුව වාසය කරනවා. සිහියෙන් නුවණින් යුතුව කයෙන් සැපයක්ද විඳිනවා. ආර්යයන් වහන්සේලා යම් ධ්‍යානයකට උපේක්ෂා සහගත සිහිය ඇති සැප විහරණය යැයි පවසනවාද, යම් ඒ තුන්වෙනි ධ්‍යානයත් උපදවාගෙන වාසය කරනවා නම්, ඔහු මේ කයම ප්‍රීති රහිත සුඛයෙන් හොඳට තෙත් කරනවා. මුළුමණින්ම තෙත් කරනවා. එයින් පුරවනවා. පිරිපුන්ව පුරවනවා. ඔහුගේ සියලු කයෙහි ප්‍රීති රහිත සුඛයෙන් ස්පර්ශ නොකළ කිසිතැනක් නෑ. මෙය අයිති වන්නේත් ඔහුගේ සමාධියටමයි.

50. පින්වත් කේවඩ්ඪ, නැවතත් කියනවා නම්, භික්ෂුව සැපයද ප්‍රහාණය කිරීමෙන්, දුකද ප්‍රහාණය කිරීමෙන් කලින්ම සොම්නස් දොම්නස් දෙක ඉක්ම යෑමෙන් දුක් සැප රහිත වූ පාරිශුද්ධ උපේක්ෂා සහගත සතිය ඇති සතරවෙනි

ධ්‍යානය උපදවා ගෙන වාසය කරනවා. ඔහු මේ කයම පාරිශුද්ධ වූ ප්‍රභාශ්වර සිතින් පතුරුවා ගෙන වාඩි වී ඉන්නවා. ඔහුගේ සියලු කයෙහි පාරිශුද්ධ වූ ප්‍රභාශ්වර සිතින් ස්පර්ශ නොකළ කිසිතැනක් නෑ. පින්වත් කේවඩ්ඪ, ඒක මේ වගේ දෙයක්. සුදු වස්ත්‍රයකින් හිස සහිතව මුළු සිරුරම පොරොවාගෙන වාඩි වී සිටින කෙනෙක් ඉන්නවා. එතකොට ඔහුගේ මුළු කයෙහිම සුදු වස්ත්‍රයෙන් නොවැසුණු කිසි තැනක් නෑ. පින්වත් කේවඩ්ඪ, අන්න ඒ වගේමයි භික්ෂුව මේ කයම පාරිශුද්ධ වූ ප්‍රභාෂ්වර සිතින් පතුරුවා ගෙන වාඩි වී ඉන්නවා. ඔහුගේ සියලු කයෙහි පාරිශුද්ධ වූ ප්‍රභාෂ්වර සිතින් ස්පර්ශ නොකළ කිසිතැනක් නෑ.

පින්වත් කේවඩ්ඪ, භික්ෂුව සැපයද ප්‍රහාණය කිරීමෙන්, දුකද ප්‍රහාණය කිරීමෙන්, කලින්ම සොම්නස් දොම්නස් දෙක ඉක්ම යෑමෙන් දුක් සැප රහිත වූ පාරිශුද්ධ උපේක්ෂා සහගත සතිය ඇති යම් සතරවෙනි ධ්‍යානයත් උපදවාගෙන වාසය කරනවා නම්, ඔහු මේ කයම පාරිශුද්ධ වූ ප්‍රභාෂ්වර සිතින් පතුරුවාගෙන වාඩි වී ඉන්නවා. ඔහුගේ සියලු කයෙහි පාරිශුද්ධ වූ ප්‍රභාෂ්වර සිතින් ස්පර්ශ නොකළ කිසි තැනක් නැහැ. මෙය අයිති වන්නේත් ඔහුගේ සමාධියටමයි.

51. පින්වත් කේවඩ්ඪ, තවදුරටත් කියනවා නම්, භික්ෂුව ඔය අයුරින් සිත සමාධිමත් වූ විට සිත පිරිසිදු වූ විට, ප්‍රභාෂ්වර වූ විට, කෙලෙසුන්ගෙන් බාධා රහිත වූ විට, උපක්ලේශ බැහැර වූ විට, මෘදු බවට පත් වූ විට, කර්මණ්‍ය (ඕනෑම දෙයකට හැරවිය හැකි පරිදි සකස්) වූ විට, ස්ථිරව පිහිටි විට, අකම්පිතව පිහිටි විට, ඤාණදර්ශනය (නුවණින් අවබෝධ වීම) පිණිස සිත යොමු කරයි. ඒ දෙසටම නතු කරයි. එතකොට ඔහු මේ විදිහට දැනගන්නවා. 'මාගේ මේ කය වනාහී සතර මහා භූතයන්ගෙන් හටගත්, මව්පියන් නිසා හටගත්, බත් ව්‍යංජන ආදියෙන් වැඩුන, අනිත්‍ය වූ, ඇතිල්ලීම් පිරිමැදීම්වලින් නඩත්තු කළ යුතු වූ, බිඳී වැනසී යන ස්වභාවයට අයත් වූ, රූපවත් (මහාභූත නම් වූ රූපයෙන් හැදුණු) දෙයක්. මාගේ මේ විඤ්ඤාණයද පවතින්නේ මේ සිරුරෙහිමයි. බැඳී තිබෙන්නේත් මෙහිමයි.'

52. පින්වත් කේවඩ්ඪ, ඒක මේ වගේ දෙයක්. වෛරෝඩි මාණික්‍යයක් තියෙනවා. හරි ලස්සනට පහළ වුන දෙයක්. අටපට්ටම්. හොඳින් ඔපමට්ටම්. ඉතාමත් හොඳයි. ඉතාම ප්‍රසන්නයි. පිවිතුරුයි. මැණිකක තිබිය යුතු හැම දෙයක්ම තියෙනවා. ඉතින් ඔය මැණික තුළ නිල් වේවා, රන්වන් වේවා, රතු වේවා, සුදු වේවා, පඬු පැහැ වේවා, නූලක් අමුණලා තියෙනවා. එතකොට ඇස් ඇති පුරුෂයෙක් මැණික අතට ගෙන හොඳින් විමසා බලනවා. 'මේ වෛරෝඩි මැණික හරි ලස්සනට පහළ වුන දෙයක්. අටපට්ටම්. හොඳින් ඔපමට්ටම්. ඉතාමත් හොඳයි. ඉතාම ප්‍රසන්නයි. පිවිතුරුයි. මැණිකක තිබිය

යුතු හැම දෙයක්ම තියෙනවා. මේ මැණික තුළ නිල් වේවා, රන්වන් වේවා, රතු වේවා, සුදු වේවා, පඬු පැහැ වේවා, නූලක් අමුණලා තියෙනවා' කියලා. පින්වත් කේවඩ්ඪ, අන්න ඒ විදිහමයි භික්ෂුව ඔය අයුරින් සිත සමාධිමත් වූ විට, සිත පිරිසිදු වූ විට, ප්‍රභාෂ්වර වූ විට, කෙලෙසුන්ගෙන් බාධා රහිත වූ විට, උපක්ලේශ බැහැර වූ විට, මෘදු බවට පත් වූ විට, කර්මණ්‍ය (ඕනෑම දෙයකට හැරවිය හැකි පරිදි සකස්) වූ විට, ස්ථිරව පිහිටි විට, අකම්පිතව පිහිටි විට, ඥාණදර්ශනය (නුවණින් අවබෝධ වීම) පිණිස සිත යොමු කරයි. ඒ දෙසටම නතු කරයි. එතකොට ඔහු මේ විදිහට දැනගන්නවා. 'මාගේ මේ කය වනාහී සතර මහා භූතයන්ගෙන් හටගත්, මව්පියන් නිසා හටගත්, බත් ව්‍යංජන ආදියෙන් වැඩුණ, අනිත්‍ය වූ, ඇතිල්ලීම්, පිරිමැදීම්වලින් නඩත්තු කළ යුතු වූ, බිඳී වැනසී යන ස්වභාවයට අයත් වූ, රූපවත් (මහාභූත නම් වූ රූපයෙන් හැදුණු) දෙයක්. මාගේ මේ විඤ්ඤාණයද පවතින්නේ මේ සිරුරෙහිමයි. බැඳී තිබෙන්නේත් මෙහිමයි' කියලා.

53. පින්වත් කේවඩ්ඪ, භික්ෂුව ඔය අයුරින් සිත සමාධිමත් වූ විට ....(පෙ).... මේ විදිහට දැනගන්නවා ....(පෙ).... මාගේ මේ විඤ්ඤාණයද පවතින්නේ මේ සිරුරෙහිමයි. බැඳී තිබෙන්නෙත් මෙහිමයි' කියලා. මෙය අයිති වන්නෙත් ඔහුගේ ප්‍රඥාවටමයි.

54. ඔහු (ඒ භික්ෂුව) ඔය අයුරින් සිත සමාධිමත් වූ විට සිත පිරිසිදු වූ විට, ප්‍රභාෂ්වර වූ විට, කෙලෙසුන්ගෙන් බාධා රහිත වූ විට, උපක්ලේශ බැහැර වූ විට, මෘදු බවට පත් වූ විට, කර්මණ්‍ය (ඕනෑම දෙයකට හැරවිය හැකි පරිදි සකස්) වූ විට, ස්ථිරව පිහිටි විට, අකම්පිතව පිහිටි විට, මනෝමය කයක් විශේෂයෙන් මැවීම පිණිස සිත යොමු කරයි. ඒ දෙසටම නතු කරයි. ඉතින් ඔහු මේ කයෙන් වෙනත් වූ සියලු අඟපසඟ ඇති, නොපිරිහුණු ඉඳුරන් ඇති රූපී මනෝමය කයක් විශේෂ කොට මවනවා. පින්වත් කේවඩ්ඪ, ඒක මේ වගේ දෙයක්. පුරුෂයෙක් මුඤ්ජ තණ ගසෙන් තණ ගොබය ඇදලා ගන්නවා. එතකොට ඔහුට මෙහෙම හිතෙනවා. 'මේ මුඤ්ජ තණ ගසයි, මේ තණ ගොබයයි. එතකොට මුඤ්ජ තණ ගස වෙන එකක්. තණ ගොබය වෙන එකක්. නමුත් මුඤ්ජ තණ ගසෙන්මයි තණ ගොබය ඇදලා ගත්තේ' කියලා. පින්වත් කේවඩ්ඪ, ඒක මේ වගේ දෙයක්. පුරුෂයෙක් කොපුවෙන් කඩුවක් ඇදලා ගන්නවා. එතකොට ඔහුට මෙහෙම හිතෙනවා. 'මේ කඩුව. මේ කොපුව. එතකොට කඩුව අනෙකක්, කොපුව අනෙකක්. නමුත් කොපුවෙන් තමයි කඩුව ඇදලා ගත්තේ' කියලා. පින්වත් කේවඩ්ඪ, ඒක මේ වගේ දෙයක්. පුරුෂයෙක් නයි පෙට්ටියෙන් නයෙකුව ඇදලා ගන්නවා. එතකොට ඔහුට මෙහෙම හිතෙනවා. 'මේ තමයි නයා. මේක නයි

පෙට්ටිය. එතකොට නයා අනෙකෙක්. නයි පෙට්ටිය අනෙකක්. නමුත් නයි පෙට්ටියෙන් තමයි නයාව ඇදලා ගත්තේ' කියලා. පින්වත් කේවඩ්ඪ, අන්න ඒ විදිහමයි භික්ෂුව ඔය අයුරින් සිත සමාධිමත් වූ විට, සිත පිරිසිදු වූ විට, ප්‍රභාෂ්වර වූ විට, කෙලෙසුන්ගෙන් බාධා රහිත වූ විට, උපක්ලේශ බැහැර වූ විට, මෘදු බවට පත් වූ විට, කර්මණ්‍ය (ඕනෑම දෙයකට හැරවිය හැකි පරිදි සකස්) වූ විට, ස්ථිරව පිහිටි විට, මනෝමය කයක් විශේෂයෙන් මැවීම පිණිස සිත යොමු කරයි. ඒ දෙසටම නතු කරයි. ඉතින් ඔහු මේ කයෙන් වෙනත් වූ සියලු අඟපසඟ ඇති, නොපිරිහුණු ඉඳුරන් ඇති රූපී මනෝමය කයක් විශේෂ කොට මවනවා.

පින්වත් කේවඩ්ඪ, භික්ෂුව ඔය අයුරින් සිත සමාධිමත් වූ විට ....(පෙ).... මේ කයෙන් වෙනත් වූ සියලු අඟපසඟ ඇති, නොපිරිහුණු ඉඳුරන් ඇති රූපී මනෝමය කයක් විශේෂ කොට මවනවා. මෙය අයිති වන්නෙත් ඔහුගේ ප්‍රඥාවටමයි.

55. ඔහු (ඒ භික්ෂුව) ඔය අයුරින් සිත සමාධිමත් වූ විට, සිත පිරිසිදු වූ විට, ප්‍රභාෂ්වර වූ විට, කෙලෙසුන්ගෙන් බාධා රහිත වූ විට, උපක්ලේශ බැහැර වූ විට, මෘදු බවට පත් වූ විට, කර්මණ්‍ය (ඕනෑම දෙයකට හැරවිය හැකි පරිදි සකස්) වූ විට, ස්ථිරව පිහිටි විට, අකම්පිතව පිහිටි විට, ඉර්ධි ප්‍රාතිහාර්ය පිණිස සිත මෙහෙයවයි. එයට සිත නතු කරයි. තනි කෙනෙක්ව ඉඳගෙන බොහෝ දෙනෙක් වශයෙන් පෙනී සිටිනවා. බොහෝ දෙනෙක් වශයෙන් ඉඳගෙන එක්කෙනෙක් වශයෙන් පෙනී සිටිනවා. පෙනෙන්න සළස්වනවා. නොපෙනී යනවා. බිත්තිය විනිවිද, ප්‍රාකාරය විනිවිද, පර්වතය විනිවිද කිසිවක් හා නොගැටී, අහසේ යන්නාක් මෙන් යනවා. ජලයේ වගේ පොළොවෙහි කිඳා බැසීමත්, උඩට මතුවීමත් කරනවා. පොළොව මතුපිට වගේ ජලය මත නොගිලී ඇවිද යනවා. අහසෙහි පියාසරන කුරුල්ලන් පරිද්දෙන් පළඟක් බැඳගෙන අහසේ යනවා. මේසා මහත් ඉර්ධි ඇති, මහානුභාව ඇති හිරු සඳු පවා අතින් අල්ලනවා. පිරිමදිනවා. බඹලොව දක්වාම කයෙන් වශී කරගෙන ඉන්නවා.

56. පින්වත් කේවඩ්ඪ, ඒක මේ වගේ දෙයක්. දක්ෂ කුඹල්කරුවෙක් හෝ කුඹල්කරුවෙකුගේ අතවැසියෙක් ඉන්නවා. ඔහු ඉතා හොඳින් සකස් කළ මැටිටෙන් යම් ම ආකාරයේ භාජනයක් හදන්න කැමැති නම්, ඒ ඒ ආකාරයේ බඳුන් හදනවා. විශේෂයෙන් නිර්මාණය කරනවා. පින්වත් කේවඩ්ඪ, ඒක මේ වගේ දෙයක්. දක්ෂ ඇත්දත් කැටයම්කරුවෙක් හෝ ඇත්දත් කැටයම්කරුවෙකුගේ අතවැසියෙක් ඉන්නවා. ඔහු ඉතා හොඳින් සකස් කළ ඇත්දතක යම් ම ආකාරයේ ඇත්දළ කැටයමක් කරන්න කැමති නම්, ඒ ඒ

ආකාරයේ ඇත්දළ කැටයම් හදනවා. විශේෂයෙන් නිර්මාණය කරනවා. පින්වත් කේවඩ්ඪ, ඒක මේ වගේ දෙයක්. දක්ෂ රන් කැටයම්කරුවෙක් හෝ රන් කැටයම්කරුවෙකුගේ අතවැසියෙක් ඉන්නවා. ඔහු ඉතා හොඳින් සකස් කළ රනක යම් ම ආකාරයේ රන් කැටයමක් කරන්න කැමති නම්, ඒ ඒ ආකාරයේ රන් කැටයම් හදනවා. විශේෂයෙන් නිර්මාණය කරනවා. පින්වත් කේවඩ්ඪ, අන්න ඒ විදිහමයි භික්ෂුව ඔය අයුරින් සිත සමාධිමත් වූ විට, සිත පිරිසිදු වූ විට, ප්‍රභාෂ්වර වූ විට, කෙලෙසුන්ගෙන් බාධා රහිත වූ විට, උපක්ලේශ බැහැර වූ විට, මෘදු බවට පත් වූ විට, කර්මණ්‍ය (ඕනෑම දෙයකට හැරවිය හැකි පරිදි සකස්) වූ විට, ස්ථිරව පිහිටි විට, ඉර්ධි ප්‍රාතිහාර්ය පිණිස සිත මෙහෙයවයි. එයට සිත නතු කරයි. තනි කෙනෙක්ව ඉඳගෙන බොහෝ දෙනෙක් වශයෙන් පෙනී සිටිනවා. ....(පෙ).... බඹලොව දක්වාම කයෙන් වශී කරගෙන ඉන්නවා.

පින්වත් කේවඩ්ඪ, භික්ෂුව ඔය අයුරින් සිත සමාධිමත් වූ විට ....(පෙ).... බඹලොව දක්වාම කයෙන් වශී කරගෙන ඉන්නවා. මෙය අයිති වන්නෙත් ඔහුගේ ප්‍රඥාවටමයි.

57. ඔහු (ඒ භික්ෂුව) ඔය අයුරින් සිත සමාධිමත් වූ විට සිත පිරිසිදු වූ විට, ප්‍රභාෂ්වර වූ විට, කෙලෙසුන්ගෙන් බාධා රහිත වූ විට, උපක්ලේශ බැහැර වූ විට, මෘදු බවට පත් වූ විට, කර්මණ්‍ය (ඕනෑම දෙයකට හැරවිය හැකි පරිදි සකස්) වූ විට, ස්ථිරව පිහිටි විට, අකම්පිතව පිහිටි විට, දිව්‍ය වූ ශ්‍රවණය පිණිස සිත යොමු කරනවා. එයට සිත නතු කරනවා. එතකොට ඔහු මිනිසුන්ගේ සවන් දීමේ හැකියාව ඉක්මවා ගිය පිරිසිදු වූ, දිව්‍ය වූ ශ්‍රවණයෙන් මානුෂික වූත්, දිව්‍ය වූත් දෙයාකාර වූ දුර ළඟ ශබ්දයන් අසනවා. පින්වත් කේවඩ්ඪ, ඒක මේ වගේ දෙයක්. දිගු ගමනකට පිළිපන් පුරුෂයෙක් ඉන්නවා. ඔහු බෙර හඬත්, මිහිඟු බෙර හඬත්, සක්, පනා බෙර, ගැට බෙර හඬත් අසනවා. එතකොට ඔහුට මෙහෙම හිතෙනවා. 'මේක බෙර හඬක්, මේ තමයි මිහිඟු බෙර හඬ, මේක සක් හඬ, මේක පනා බෙර හඬ, මේක ගැට බෙර හඬ' කියලා. පින්වත් කේවඩ්ඪ, අන්න ඒ විදිහමයි භික්ෂුව ඔය අයුරින් සිත සමාධිමත් වූ විට, සිත පිරිසිදු වූ විට, ප්‍රභාෂ්වර වූ විට, කෙලෙසුන්ගෙන් බාධා රහිත වූ විට, උපක්ලේශ බැහැර වූ විට, මෘදු බවට පත් වූ විට, කර්මණ්‍ය (ඕනෑම දෙයකට හැරවිය හැකි පරිදි සකස්) වූ විට, ස්ථිරව පිහිටි විට, දිව්‍ය වූ ශ්‍රවණය පිණිස සිත යොමු කරනවා. එයට සිත නතු කරනවා. එතකොට ඔහු මිනිසුන්ගේ සවන් දීමේ හැකියාව ඉක්මවා ගිය පිරිසිදු වූ, දිව්‍ය වූ ශ්‍රවණයෙන් මානුෂික වූත්, දිව්‍ය වූත් දෙයාකාර වූ දුර ළඟ ශබ්දයන් අසනවා.

58. පින්වත් කේවඩ්ඪ, භික්ෂුව ඔය අයුරින් සිත සමාධිමත් වූ විට ....(පෙ).... එතකොට ඔහු මිනිසුන්ගේ සවන්දීමේ හැකියාව ඉක්මවා ගිය පිරිසිදු වූ, දිව්‍ය වූ ශ්‍රවණයෙන් මානුෂික වූත්, දිව්‍ය වූත් දෙයාකාර වූ දුර ළඟ ශබ්දයන් අසනවා. මෙය අයිති වන්නෙත් ඔහුගේ ප්‍රඥාවටමයි.

59. ඔහු (ඒ භික්ෂුව) ඔය අයුරින් සිත සමාධිමත් වූ විට, සිත පිරිසිදු වූ විට, ප්‍රභාෂ්වර වූ විට, කෙලෙසුන්ගෙන් බාධා රහිත වූ විට, උපක්ලේශ බැහැර වූ විට, මෘදු බවට පත් වූ විට, කර්මණ්‍ය (ඕනෑම දෙයකට හැරවිය හැකි පරිදි සකස්) වූ විට, ස්ථිරව පිහිටි විට, අකම්පිතව පිහිටි විට, අනුන්ගේ සිත් පිරිසිඳ දන්නා නුවණ පිණිස සිත යොමු කරයි. එයට සිත නතු කරයි. එතකොට ඔහු වෙනත් සත්වයන්ගේ, වෙනත් පුද්ගලයන්ගේ සිත තම සිතින් පිරිසිඳ දැනගන්නවා. රාග සහිත සිත රාග සහිත සිතක් වශයෙන් දැනගන්නවා. රාග රහිත සිත වීතරාගී සිතක් වශයෙන් දැනගන්නවා. ද්වේෂ සහිත සිත ද්වේෂ සහිත සිතක් වශයෙන් දැනගන්නවා. ද්වේෂ රහිත සිත වීතදෝසී සිතක් වශයෙන් දැනගන්නවා. මෝහ සහිත සිත මෝහ සහිත සිතක් වශයෙන් දැනගන්නවා. මෝහ රහිත සිත වීතමෝහී සිතක් වශයෙන් දැනගන්නවා. හැකුළුණු සිත හැකිළුණු සිතක් වශයෙන් දැනගන්නවා. විසිරුණු සිත විසිරුණු සිතක් වශයෙන් දැනගන්නවා. සමාධිමත් සිත සමාධිමත් සිතක් වශයෙන් දැනගන්නවා. සමාධි රහිත සිත සමාධි රහිත සිතක් වශයෙන් දැනගන්නවා. නොදියුණු සිත නොදියුණු සිතක් වශයෙන් දැනගන්නවා. දියුණු සිත දියුණු සිතක් වශයෙන් දැනගන්නවා. එකඟ වෙන සිත එකඟ වෙන සිතක් වශයෙන් දැනගන්නවා. එකඟ නොවෙන සිත එකඟ නොවෙන සිතක් වශයෙන් දැනගන්නවා. කෙලෙසුන්ගෙන් මිදුණු සිත කෙලෙසුන්ගෙන් මිදුණු සිතක් වශයෙන් දැනගන්නවා. කෙලෙසුන්ගෙන් නොමිදුණු සිත කෙලෙසුන්ගෙන් නොමිදුණු සිතක් වශයෙන් දැනගන්නවා.

60. පින්වත් කේවඩ්ඪ, ඒක මේ වගේ දෙයක්. ලස්සනට සැරසෙන්නට කැමති ස්ත්‍රියක් හෝ පුරුෂයෙක් හෝ දරුවෙක් හෝ තරුණයෙක් හෝ ඉන්නවා. ඔහු පිරිසිදු දීප්තිමත් කණ්ණාඩියක් ඉදිරියේ හෝ පැහැදිලි දිය ඇති බඳුනකින් හෝ තමන්ගේ මුව මඬල හොඳින් විමසා බලනවා. එතකොට දොස් ඇති තැන දොස් ඇති තැන වශයෙන් දැනගන්නවා. දොස් නැති තැන දොස් නැති තැන වශයෙන් දැනගන්නවා. පින්වත් කේවඩ්ඪ, අන්න ඒ විදිහමයි භික්ෂුව ඔය අයුරින් සිත සමාධිමත් වූ විට, සිත පිරිසිදු වූ විට, ප්‍රභාෂ්වර වූ විට, කෙලෙසුන්ගෙන් බාධා රහිත වූ විට, උපක්ලේශ බැහැර වූ විට, මෘදු බවට පත් වූ විට, කර්මණ්‍ය (ඕනෑම දෙයකට හැරවිය හැකි පරිදි සකස්) වූ විට, ස්ථිරව පිහිටි විට, අනුන්ගේ සිත් පිරිසිඳ දන්නා නුවණ පිණිස සිත යොමු කරයි. එයට

සිත නතු කරයි. එතකොට ඔහු වෙනත් සත්වයන්ගේ වෙනත් පුද්ගලයන්ගේ සිත තම සිතින් පිරිසිඳ දැනගන්නවා. රාග සහිත සිත රාග සහිත සිතක් වශයෙන් දැනගන්නවා. රාග රහිත සිත වීතරාගී සිතක් වශයෙන් දැනගන්නවා. ද්වේෂ සහිත සිත ද්වේෂ සහිත සිතක් වශයෙන් දැනගන්නවා. ද්වේෂ රහිත සිත වීතදෝසී සිතක් වශයෙන් දැනගන්නවා. මෝහ සහිත සිත මෝහ සහිත සිතක් වශයෙන් දැනගන්නවා. මෝහ රහිත සිත වීතමෝහී සිතක් වශයෙන් දැනගන්නවා. හැකුළුණු සිත ....(පෙ).... විසිරුණු සිත ....(පෙ).... සමාධිමත් සිත ....(පෙ).... සමාධි රහිත සිත ....(පෙ).... නොදියුණු සිත ....(පෙ).... දියුණු සිත ....(පෙ).... එකඟ වෙන සිත ....(පෙ).... එකඟ නොවෙන සිත ....(පෙ).... කෙලෙසුන්ගෙන් මිදුණු සිත කෙලෙසුන්ගෙන් මිදුණු සිතක් වශයෙන් දැනගන්නවා. කෙලෙසුන්ගෙන් නොමිදුණු සිත කෙලෙසුන්ගෙන් නොමිදුණු සිතක් වශයෙන් දැනගන්නවා.

61. පින්වත් කේවඩ්ඪ, භික්ෂුව ඔය අයුරින් සිත සමාධිමත් වූ විට ....(පෙ).... කෙලෙසුන්ගෙන් නොමිදුණු සිත කෙලෙසුන්ගෙන් නොමිදුණු සිතක් වශයෙන් දැනගන්නවා. මෙය අයිති වන්නෙත් ඔහුගේ ප්‍රඥාවටමයි.

62. ඔහු (ඒ භික්ෂුව) ඔය අයුරින් සිත සමාධිමත් වූ විට, සිත පිරිසිදු වූ විට, ප්‍රභාෂ්වර වූ විට, කෙලෙසුන්ගෙන් බාධා රහිත වූ විට, උපක්ලේශ බැහැර වූ විට, මෘදු බවට පත් වූ විට, කර්මණ්‍ය (ඕනෑම දෙයකට හැරවිය හැකි පරිදි සකස්) වූ විට, ස්ථිරව පිහිටි විට, අකම්පිතව පිහිටි විට, කලින් ජීවිතය ගත කළ ආකාරය දන්නා නුවණ පිණිස සිත යොමු කරයි. එයට සිත නතු කරයි. ඉතින් ඔහු නොයෙක් ආකාරයෙන් කලින් ජීවිත ගෙවූ හැටි (ආපස්සට) සිහිකරනවා. ඒ කියන්නේ එක ජීවිතයක්, ජීවිත දෙකක්, ජීවිත තුනක්, ජීවිත හතරක්, ජීවිත පහක්, ජීවිත දහයක්, ජීවිත විස්සක්, ජීවිත තිහක්, ජීවිත හතළිහක්, ජීවිත පනහක්, ජීවිත සියයක්, ජීවිත දහසක්, ජීවිත ලක්ෂයක්; අනේකවිධ වූ සංවට්ට කල්පයන්ද, අනේකවිධ වූ විවට්ට කල්පයන්ද, අනේකවිධ වූ සංවට්ට විවට්ට කල්පයන්ද සිහිකරනවා. 'මං ඉස්සර සිටියේ අසවල් තැන, එතකොට මගේ නම මේකයි. ගෝත්‍ර නාමය මේකයි. හැඩරුව මෙහෙමයි. කෑම බීම මෙහෙමයි. දුක් සැප වින්දේ මේ විදිහටයි. මේ විදිහටයි ජීවිතය අවසන් වුනේ. ඒ මං එතැනින් චුත වුනා. අසවල් තැන උපන්නා. එතකොට මගේ නම වුනේ මේකයි. ගෝත්‍රනාමය මේකයි. හැඩරුව වුනේ මෙහෙමයි. කෑවේ බිව්වේ මෙහෙමයි. සැප දුක් වින්දේ මෙහෙමයි. මේ විදිහටයි ජීවිතය අවසන් වුනේ. මං එතැනින් චුත වුනා. මේ ලෝකෙ උපන්නා' ආදී වශයෙන් ආකාර සහිතව සවිස්තරව අනේක ප්‍රකාර වූ කලින් ගත කළ ජීවිත ගැන සිහි කරනවා.

63. පින්වත් කේවඩ්ඪ, ඒක මේ වගේ දෙයක්. පුරුෂයෙක් තමන්ගේ ගමෙන් වෙනත් ගමකට යනවා. ඒ ගමෙන් තවත් ගමකට යනවා. ඒ ගමෙන් යළි තමන්ගේ ගමට එනවා. එතකොට ඔහුට මෙහෙම හිතෙනවා. 'මං මගේ ගමෙන් අසවල් ගමට ගියා. මං එහෙදී මෙහෙමයි හිටියේ. මෙහෙමයි වාඩි වුනේ. මෙහෙමයි කතාබහ කළේ. මෙහෙමයි නිශ්ශබ්දව සිටියේ. ඉතින් මං ඒ ගමෙනුත් අසවල් ගමට ගියා. එහෙ හිටියේ මේ විදිහටයි. වාඩිවුනේ මේ විදිහටයි. කතාබස් කළේ මේ විදිහටයි. නිහඬව සිටියේ මේ විදිහටයි. ඒ මං ඒ ගමෙන් මගේ ගමටම නැවත ආවා' කියලා. පින්වත් කේවඩ්ඪ, අන්න ඒ විදිහමයි භික්ෂුව ඔය අයුරින් සිත සමාධිමත් වූ විට, සිත පිරිසිදු වූ විට, ප්‍රභාෂ්වර වූ විට, කෙලෙසුන්ගෙන් බාධා රහිත වූ විට, උපක්ලේශ බැහැර වූ විට, මෘදු බවට පත් වූ විට, කර්මණ්‍ය (ඕනෑම දෙයකට හැරවිය හැකි පරිදි සකස්) වූ විට, ස්ථිරව පිහිටි විට, කලින් ජීවිතය ගත කළ ආකාරය දන්නා නුවණ පිණිස සිත යොමු කරයි. එයට සිත නතු කරයි. ඉතින් ඔහු නොයෙක් ආකාරයෙන් කලින් ජීවිත ගෙවූ හැටි (ආපස්සට) සිහිකරනවා. ඒ කියන්නේ එක ජීවිතයක්, ජීවිත දෙකක්, ජීවිත තුනක්, ජීවිත හතරක්, ජීවිත පහක්, ජීවිත දහයක්, ජීවිත විස්සක්, ජීවිත තිහක්, ජීවිත හතළිහක්, ජීවිත පනහක්, ජීවිත සියයක්, ජීවිත දහසක්, ජීවිත ලක්ෂයක්; අනේකවිධ වූ සංවට්ට කල්පයන්ද, අනේකවිධ වූ විවට්ට කල්පයන්ද, අනේකවිධ වූ සංවට්ට විවට්ට කල්පයන්ද සිහිකරනවා. 'මං ඉස්සර සිටියේ අසවල් තැන, එතකොට මගේ නම මේකයි. ගෝත්‍ර නාමය මේකයි. හැඩරුව මෙහෙමයි. කෑම බීම මෙහෙමයි. දුක් සැප වින්දේ මේ විදිහටයි. මේ විදිහටයි ජීවිතය අවසන් වුනේ. ඒ මං එතැනින් චුත වුනා. අසවල් තැන උපන්නා. එතකොට මගේ නම වුනේ මේකයි. ගෝත්‍රනාමය මේකයි. හැඩරුව වුනේ මෙහෙමයි. කෑවේ බිව්වේ මෙහෙමයි. සැප දුක් වින්දේ මෙහෙමයි. මේ විදිහටයි ජීවිතය අවසන් වුණේ. මං එතැනින් චුත වුනා. මේ ලෝකෙ උපන්නා' ආදී වශයෙන් ආකාර සහිතව සවිස්තරව අනේක ප්‍රකාර වූ කලින් ගත කළ ජීවිත ගැන සිහිකරනවා.

පින්වත් කේවඩ්ඪ, භික්ෂුව ඔය අයුරින් සිත සමාධිමත් වූ විට ....(පෙ).... අනේක ප්‍රකාර වූ කලින් ජීවිත ගැන සිහි කරනවා. මෙය අයිති වන්නෙත් ඔහුගේ ප්‍රඥාවටමයි.

64. ඔහු (ඒ භික්ෂුව) ඔය අයුරින් සිත සමාධිමත් වූ විට, සිත පිරිසිදු වූ විට, ප්‍රභාෂ්වර වූ විට, කෙලෙසුන්ගෙන් බාධා රහිත වූ විට, උපක්ලේශ බැහැර වූ විට, මෘදු බවට පත් වූ විට, කර්මණ්‍ය (ඕනෑම දෙයකට හැරවිය හැකි පරිදි සකස්) වූ විට, ස්ථිරව පිහිටි විට, අකම්පිතව පිහිටි විට, සත්වයන්ගේ චුතියත්, උපතත්

දකිනා නුවණ පිණිස සිත පිහිටුවනවා. එයට සිත නතු කරනවා. එතකොට ඒ භික්ෂුව මිනිසුන්ගේ දැකීමේ හැකියාව ඉක්මවා ගිය පිරිසිදු වූ දිවැසින් චුත වන්නා වූත්, උපදින්නා වූත් සත්වයන් දකිනවා. ඒ ඒ කර්මයන්ට අනුව හීන ප්‍රණීත වූත්, යහපත් අයහපත් වූත්, සුගති දුගතිවල සිටින්නා වූ සත්වයන් දකිනවා. 'අහෝ! මේ භවත් සත්වයන් කයින් දුෂ්චරිතයෙහි යෙදීම නිසා, වචනයෙන් දුෂ්චරිතයෙහි යෙදීම නිසා, මනසින් දුෂ්චරිතයෙහි යෙදීම නිසා, ආර්යයන් වහන්සේලාට අපහාස කරලා, මිසදිටු වෙලා, මිසදිටු දේවල් සමාදන් වෙලා ඉඳලා තියෙනවා. ඔවුන් කය බිඳී මරණයෙන් මත්තේ අපාය නම් වූ දුගතිය නම් වූ විනිපාත නම් වූ නිරයේ ඉපදිලා ඉන්නවා. ඒ වගේම මේ භවත් සත්වයන් කයින් සුචරිතයෙහි යෙදීම නිසා, වචනයෙන් සුචරිතයෙහි යෙදීම නිසා, මනසින් සුචරිතයෙහි යෙදීම නිසා, ආර්යයන් වහන්සේලාට අපහාස නොකොට, සම්දිටු වෙලා, සම්දිටු දේවල් සමාදන් වෙලා ඉඳලා තියෙනවා. ඔවුන් කය බිඳී මරණයෙන් මත්තේ සුගතිය නම් වූ, ස්වර්ග ලෝකයෙහි ඉපදිලා ඉන්නවා' කියලා. මේ විදිහට මිනිසුන්ගේ දැකීමේ හැකියාව ඉක්මවා ගිය පිරිසිදු වූ දිවැසින් චුත වන්නා වූත්, උපදින්නා වූත් සත්වයන් දකිනවා. ඒ ඒ කර්මයන්ට අනුව හීන ප්‍රණීත වූත්, යහපත් අයහපත් වූත්, සුගති දුගතිවල සිටින්නා වූ සත්වයන් දකිනවා.

65. පින්වත් කේවඩ්ඪ, ඒක මේ වගේ දෙයක්. හතරමං හන්දියක තට්ටු නිවසක් තියෙනවා. එහි ඇස් ඇති පුරුෂයෙක් සිටගෙන බලාගෙන ඉන්නවා. ඔහු (පහළ) ගෙට ඇතුළු වන්නා වූත්, නික්මෙන්නා වූත්, වීදියේ එහාට මෙහාට ඇවිදින්නා වූත්, හතරමං හන්දිය මැද වාඩි වී සිටින්නා වූත් මිනිසුන් දකිනවා. එතකොට ඔහුට මෙහෙම හිතෙනවා 'මේ මිනිසුන් ගෙට ඇතුළු වෙනවා. මේ උදවිය ගෙයින් නික්මෙනවා. මේ උදවිය වීදියේ එහාට මෙහාට ඇවිදිනවා. මේ උදවිය හතරමං හන්දිය මැද වාඩිවෙලා ඉන්නවා' කියලා. පින්වත් කේවඩ්ඪ, අන්න ඒ විදිහමයි භික්ෂුව ඔය අයුරින් සිත සමාධිමත් වූ විට, සිත පිරිසිදු වූ විට, ප්‍රභාෂ්වර වූ විට, කෙලෙසුන්ගෙන් බාධා රහිත වූ විට, උපක්ලේශ බැහැර වූ විට, මෘදු බවට පත් වූ විට, කර්මණ්‍ය (ඕනෑම දෙයකට හැරවිය හැකි පරිදි සකස්) වූ විට, ස්ථිරව පිහිටි විට, සත්වයන්ගේ චුතියත්, උපතත් දකිනා නුවණ පිණිස සිත පිහිටුවනවා. එයට සිත නතු කරනවා. එතකොට ඒ භික්ෂුව මිනිසුන්ගේ දැකීමේ හැකියාව ඉක්මවා ගිය පිරිසිදු වූ දිවැසින් චුත වන්නා වූත්, උපදින්නා වූත් සත්වයන් දකිනවා. ඒ ඒ කර්මයන්ට අනුව හීන ප්‍රණීත වූත්, යහපත් අයහපත් වූත්, සුගති දුගතිවල සිටින්නා වූ සත්වයන් දකිනවා. 'අහෝ! මේ භවත් සත්වයන් කයින් දුෂ්චරිතයෙහි යෙදීම නිසා, වචනයෙන් දුෂ්චරිතයෙහි යෙදීම නිසා, මනසින් දුෂ්චරිතයෙහි යෙදීම නිසා, ආර්යයන් වහන්සේලාට අපහාස

කරලා, මිසදිටු වෙලා, මිසදිටු දේවල් සමාදන් වෙලා ඉඳලා තියෙනවා. ඔවුන් කය බිඳී මරණයෙන් මත්තේ අපාය නම් වූ දුගතිය නම් වූ විනිපාත නම් වූ නිරයේ ඉපදිලා ඉන්නවා. ඒ වගේම මේ භවත් සත්වයන් කයින් සුචරිතයෙහි යෙදීම නිසා, වචනයෙන් සුචරිතයෙහි යෙදීම නිසා, මනසින් සුචරිතයෙහි යෙදීම නිසා, ආර්යයන් වහන්සේලාට අපහාස නොකොට, සම්දිටු වෙලා, සම්දිටු දේවල් සමාදන් වෙලා ඉඳලා තියෙනවා. ඔවුන් කය බිඳී මරණයෙන් මත්තේ සුගති නම් වූ, ස්වර්ග ලෝකයෙහි ඉපදිලා ඉන්නවා' කියලා. මේ විදිහට මිනිසුන්ගේ දැකීමේ හැකියාව ඉක්මවා ගිය පිරිසිදු වූ දිවැසින් චුත වන්නා වූත්, උපදින්නා වූත් සත්වයන් දකිනවා. ඒ ඒ කර්මයන්ට අනුව හීන ප්‍රණීත වූත්, යහපත් අයහපත් වූත්, සුගති දුගතිවල සිටින්නා වූ සත්වයන් දකිනවා.

66. පින්වත් කේවඩ්ඪ, භික්ෂුව ඔය අයුරින් සිත සමාධිමත් වූ විට ....(පෙ).... ඒ කර්මයන්ට අනුව හීන ප්‍රණීත වූත්, යහපත් අයහපත් වූත්, සුගති දුගතිවල සිටින්නා වූ සත්වයන් දකිනවා. මෙය අයිති වන්නෙත් ඔහුගේ ප්‍රඥාවටමයි.

67. ඔහු (ඒ භික්ෂුව) ඔය අයුරින් සිත සමාධිමත් වූ විට, සිත පිරිසිදු වූ විට, ප්‍රභාෂ්වර වූ විට, කෙලෙසුන්ගෙන් බාධා රහිත වූ විට, උපක්ලේශ බැහැර වූ විට, මෘදු බවට පත් වූ විට, කර්මණ්‍ය (ඕනෑම දෙයකට හැරවිය හැකි පරිදි සකස්) වූ විට, ස්ථිරව පිහිටි විට, අකම්පිතව පිහිටි විට, ආශ්‍රවයන් ක්ෂය වීම පිළිබඳ දන්නා නුවණ පිණිස සිත පිහිටුවනවා. සිත එයට නතු කරනවා. එතකොට ඔහු මෙය දුක නම් වූ ආර්ය සත්‍යයයි කියලා යථාර්ථ වශයෙන්ම දැනගන්නවා. මෙය දුකේ හටගැනීම නම් වූ ආර්ය සත්‍යයයි කියලා යථාර්ථ වශයෙන්ම දැනගන්නවා. මෙය දුක නිරුද්ධ වීම නම් වූ ආර්ය සත්‍යයයි කියලා යථාර්ථ වශයෙන්ම දැනගන්නවා. මෙය දුක නිරුද්ධ වීම පිණිස පවතින මාර්ගය නම් වූ ආර්ය සත්‍යයයි කියලා යථාර්ථ වශයෙන්ම දැනගන්නවා. මේවා ආශ්‍රවයන් කියලා යථාර්ථ වශයෙන්ම දැනගන්නවා. මෙය ආශ්‍රවයන්ගේ හටගැනීම කියලා යථාර්ථ වශයෙන්ම දැනගන්නවා. මෙය ආශ්‍රව නිරුද්ධ වීම කියලා යථාර්ථ වශයෙන්ම දැනගන්නවා. මෙය ආශ්‍රව නිරුද්ධ වීම පිණිස පවතින ප්‍රතිපදාව කියලා යථාර්ථ වශයෙන්ම දැනගන්නවා. ඒ භික්ෂුව ඔය විදිහට දැනගනිද්දී, ඔය විදිහට දැකගනිද්දී කාම ආශ්‍රවයන්ගෙන් සිත නිදහස් වෙනවා. භව ආශ්‍රවයන් ගෙන් සිත නිදහස් වෙනවා. අවිද්‍යා ආශ්‍රවයන්ගෙන් සිත නිදහස් වෙනවා. නිදහස් වූ විට නිදහස් වුණ බවට ඤාණය ඇතිවෙනවා. 'ඉපදීම ක්ෂය වුනා. බඹසර වාසය සම්පූර්ණ කළා. කළ යුතු දෙය කළා. නැවත සසර ගමනක් නැතැ'යි අවබෝධයෙන්ම දැනගන්නවා.

පින්වත් කේවඩ්ඪ, ඒක මේ වගේ දෙයක්. පර්වත මුදුනක ජලාශයක් තියෙනවා. එහි ජලය ඉතා හොඳයි. හරිම ප්‍රසන්නයි. කැළඹිලා නෑ. එතැන ඇස් ඇති පුරුෂයෙක් ඒ ඉවුරේ සිටගෙන ජලාශය දෙස බලා සිටිනවා. එතකොට ඔහුට සිප්පිබෙල්ලනුත්, සක්බෙල්ලනුත්, කැටකැබලිත්, මාළු රංචු ආදියත් හැසිරෙන අයුරු, සිටින අයුරු දකින්නට ලැබෙනවා. එතකොට ඔහුට මෙහෙම හිතෙනවා. 'මේක ඉතා හොඳ ජලය ඇති හරිම ප්‍රසන්න වූ නොකැළඹුණු දිය ඇති විලක්. මෙහි මේ සිප්පිබෙල්ලන්, සක්බෙල්ලන්, කැටකැබලිති, මාළු රංචුත් හැසිරෙනවා නෙව. ඉන්නවා නෙව' කියලා. පින්වත් කේවඩ්ඪ, අන්න ඒ විදිහමයි භික්ෂුව ඔය අයුරින් සිත සමාධිමත් වූ විට, සිත පිරිසිදු වූ විට, ප්‍රභාෂ්වර වූ විට, කෙලෙසුන්ගෙන් බාධා රහිත වූ විට, උපක්ලේශ බැහැර වූ විට, මෘදු බවට පත් වූ විට, කර්මණ්‍ය (ඕනෑම දෙයකට හැරවිය හැකි පරිදි සකස්) වූ විට, ස්ථිරව පිහිටි විට, ආශ්‍රවයන් ක්ෂය වීම පිළිබඳ දන්නා නුවණ පිණිස සිත පිහිටුවනවා. සිත එයට නතු කරනවා. එතකොට ඔහු මෙය දුක නම් වූ ආර්ය සත්‍යයයි කියලා යථාර්ථ වශයෙන්ම දැනගන්නවා. මෙය දුකේ හටගැනීම නම් වූ ආර්ය සත්‍යයයි කියලා යථාර්ථ වශයෙන්ම දැනගන්නවා. මෙය දුක නිරුද්ධ වීම නම් වූ ආර්ය සත්‍යයයි කියලා යථාර්ථ වශයෙන්ම දැනගන්නවා. මෙය දුක නිරුද්ධ වීම පිණිස පවතින මාර්ගය නම් වූ ආර්ය සත්‍යයයි කියලා යථාර්ථ වශයෙන්ම දැනගන්නවා. මේවා ආශ්‍රවයන් කියලා යථාර්ථ වශයෙන්ම දැනගන්නවා. මෙය ආශ්‍රවයන්ගේ හටගැනීම කියලා යථාර්ථ වශයෙන්ම දැනගන්නවා. මෙය ආශ්‍රව නිරුද්ධ වීම කියලා යථාර්ථ වශයෙන්ම දැනගන්නවා. මෙය ආශ්‍රව නිරුද්ධ වීම පිණිස පවතින ප්‍රතිපදාව කියලා යථාර්ථ වශයෙන්ම දැනගන්නවා.

ඒ භික්ෂුව ඔය විදිහට දැනගනිද්දී, ඔය විදිහට දැකගනිද්දී කාම ආශ්‍රවයන් ගෙන් සිත නිදහස් වෙනවා. භව ආශ්‍රවයන්ගෙන් සිත නිදහස් වෙනවා. අවිද්‍යා ආශ්‍රවයන්ගෙන් සිත නිදහස් වෙනවා. නිදහස් වූ විට නිදහස් වුන බවට ඥාණය ඇතිවෙනවා. 'ඉපදීම ක්ෂය වුනා. බඹසර වාසය සම්පූර්ණ කළා. කළ යුතු දෙය කළා. නැවත සසර ගමනක් නැතැ'යි අවබෝධයෙන්ම දැනගන්නවා.

පින්වත් කේවඩ්ඪ, භික්ෂුව ඔය අයුරින් සිත සමාධිමත් වූ විට ...(පෙ).... කළ යුතු දෙය කළා. නැවත සසර ගමනක් නැතැ'යි අවබෝධයෙන්ම දැනගන්නවා. මෙය අයිති වන්නෙත් ඔහුගේ ප්‍රඥාවටමයි.

68. පින්වත් කේවඩ්ඪ, අනුශාසනා ප්‍රාතිහාර්යය කියලා කියන්නේ මේකටයි. පින්වත් කේවඩ්ඪ, මා ස්වකීය විශිෂ්ට වූ නුවණින්ම සාක්ෂාත් කරගෙනයි මේ ත්‍රිවිධ වූ ප්‍රාතිහාර්යයන් දේශනා කරලා තියෙන්නේ.

69. පින්වත් කේවඩ්ඪ, මේක කලින් වෙච්ච දෙයක්. මේ භික්ෂු සංඝයා අතරම ඉන්න එක්තරා භික්ෂුවකට මෙවැනි චිත්ත පරිවිතර්කයක් උපන්නා. ඒ කියන්නේ 'මේ පඨවී ධාතු, ආපෝ ධාතු, තේජෝ ධාතු, වායෝ ධාතු යන සතරමහා භූතයන් ඉතිරි නැතිවම මුළුමණින්ම නිරුද්ධ වන්නේ කොහේද?' කියලා. ඉතින් පින්වත් කේවඩ්ඪ, ඒ භික්ෂුව සමාහිත සිතින් ඉර්ධියෙන් දෙව්ලොව යා හැකි මගක් පහළ වෙනවා නම්, එබඳු ආකාර වූ සමාධියක් ඇති කරගත්තා. පින්වත් කේවඩ්ඪ, ඒ භික්ෂුව චාතුම්මහාරාජික දෙවියන් කරා ගියා. ගිහින් චාතුම්මහාරාජික දෙවියන් හට ඔය කාරණය කිව්වා. "ඇවැත්නි, මේ පඨවී ධාතු, ආපෝ ධාතු, තේජෝ ධාතු, වායෝ ධාතු යන සතරමහා භූතයන් ඉතිරි නැතිවම මුළුමණින්ම නිරුද්ධ වන්නේ කොහේද?" කියලා. එසේ කී විට පින්වත් කේවඩ්ඪ, චාතුම්මහාරාජික දෙවිවරු අර භික්ෂුවට මෙහෙම කිව්වා. "අනේ! පින්වත් භික්ෂුව, අපි වුණත් 'මේ පඨවී ධාතු, ආපෝ ධාතු, තේජෝ ධාතු, වායෝ ධාතු යන සතරමහා භූතයන් ඉතිරි නැතිවම මුළුමණින්ම නිරුද්ධ වන්නේ කොහේද?' කියන ඔය කාරණය දන්නේ නෑ. පින්වත් භික්ෂුව, අපට වඩා ඉතා රූප සෝභා ඇති, ප්‍රණීතතර වූ සතරවරම් දිව්‍ය රාජවරු ඉන්නවා. උන්නාන්සේලා නම් 'මේ පඨවී ධාතු, ආපෝ ධාතු, තේජෝ ධාතු, වායෝ ධාතු යන සතරමහා භූතයන් ඉතිරි නැතිවම මුළුමණින්ම නිරුද්ධ වන්නේ කොහේද?' කියන ඔය කාරණය දන්නවා ඇති."

70. පින්වත් කේවඩ්ඪ, එතකොට ඒ භික්ෂුව සතරවරම් දිව්‍ය රාජවරුන් ළඟට ගියා. ගිහින් සතරවරම් දිව්‍ය රාජවරුන්ට මෙකරුණ කිව්වා. "ආයුෂ්මතුනි, මේ පඨවී ධාතු, ආපෝ ධාතු, තේජෝ ධාතු, වායෝ ධාතු යන සතරමහා භූතයන් ඉතිරි නැතිවම මුළුමණින්ම නිරුද්ධ වන්නේ කොහේද?" කියලා.

71. එසේ කී විට පින්වත් කේවඩ්ඪ, සතරවරම් දිව්‍ය රාජවරු අර භික්ෂුවට මෙහෙම කිව්වා. "අනේ! පින්වත් භික්ෂුව, අපි වුනත් 'මේ පඨවී ධාතු, ආපෝ ධාතු, තේජෝ ධාතු, වායෝ ධාතු යන සතරමහා භූතයන් ඉතිරි නැතිවම මුළුමණින්ම නිරුද්ධ වන්නේ කොහේද?' කියන ඔය කාරණය දන්නේ නෑ. පින්වත් භික්ෂුව, අපට වඩා ඉතා රූප සෝභා ඇති, ප්‍රණීතතර වූ තව්තිසා නම් දෙවිවරු ඉන්නවා. උන්නාන්සේලා නම් 'මේ පඨවී ධාතු, ආපෝ ධාතු, තේජෝ ධාතු, වායෝ ධාතු යන සතරමහා භූතයන් ඉතිරි නැතිවම මුළුමණින්ම නිරුද්ධ වන්නේ කොහේද?' කියන ඔය කාරණය දන්නවා ඇති."

72. පින්වත් කේවඩ්ඪ, එතකොට ඒ භික්ෂුව තව්තිසා නම් දෙවිවරුන් ළඟට ගියා. ගිහින් තව්තිසා නම් දෙවිවරුන්ට මෙකරුණ කවා. "ආයුෂ්මතුනි, මේ පඨවී ධාතු, ආපෝ ධාතු, තේජෝ ධාතු, වායෝ ධාතු යන සතරමහා භූතයන්

ඉතිරි නැතිවම මුළුමණින්ම නිරුද්ධ වන්නේ කොහේද?" කියලා. එසේ කී විට පින්වත් කේවඩ්ඪ, තව්තිසා නම් දෙවිවරු අර භික්ෂුවට මෙහෙම කිව්වා. "අනේ! පින්වත් භික්ෂුව, අපි වුණත් "මේ පඨවී ධාතු, ආපෝ ධාතු, තේජෝ ධාතු, වායෝ ධාතු යන සතරමහා භූතයන් ඉතිරි නැතිවම මුළුමණින්ම නිරුද්ධ වන්නේ කොහේද?" කියන ඔය කාරණය දන්නේ නෑ. පින්වත් භික්ෂුව, අපට වඩා ඉතා රූප සෝභා ඇති, ප්‍රණීතතර වූ ශක්‍ර නම් දේවේන්ද්‍රයා ඉන්නවා. උන්නාන්සේ නම් මේ පඨවී ධාතු, ආපෝ ධාතු, තේජෝ ධාතු, වායෝ ධාතු යන සතරමහා භූතයන් ඉතිරි නැතිවම මුළුමණින්ම නිරුද්ධ වන්නේ කොහේද?" කියන ඔය කාරණය දන්නවා ඇති."

73. පින්වත් කේවඩ්ඪ, එතකොට ඒ භික්ෂුව ශක්‍ර දේවේන්ද්‍රයා ළඟට ගියා. ගිහින් ශක්‍ර දේවේන්ද්‍රයාට මෙකරුණ කිව්වා. "ආයුෂ්මතුනි, මේ පඨවි ධාතු, ආපෝ ධාතු, තේජෝ ධාතු, වායෝ ධාතු යන සතරමහා භූතයන් ඉතිරි නැතිවම මුළුමණින්ම නිරුද්ධ වන්නේ කොහේද?" කියලා. එසේ කී විට පින්වත් කේවඩ්ඪ, ශක්‍ර දේවේන්ද්‍රයා අර භික්ෂුවට මෙහෙම කිව්වා. "අනේ! පින්වත් භික්ෂුව, මම වුනත් "මේ පඨවි ධාතු, ආපෝ ධාතු, තේජෝ ධාතු, වායෝ ධාතු යන සතරමහා භූතයන් ඉතිරි නැතිවම මුළුමණින්ම නිරුද්ධ වන්නේ කොහේද?" කියන ඔය කාරණය දන්නේ නෑ. පින්වත් භික්ෂුව, අපට වඩා ඉතා රූප සෝභා ඇති, ප්‍රණීතතර වූ යාම නම් දෙවිවරු ඉන්නවා. උන්නාන්සේලා නම් මේ පඨවි ධාතු, ආපෝ ධාතු, තේජෝ ධාතු, වායෝ ධාතු යන සතරමහා භූතයන් ඉතිරි නැතිවම මුළුමණින්ම නිරුද්ධ වන්නේ කොහේද?" කියන ඔය කාරණය දන්නවා ඇති."

74. පින්වත් කේවඩ්ඪ, එතකොට ඒ භික්ෂුව යාම දෙවිවරුන් ළඟට ගියා. ගිහින් යාම දෙවිවරුන්ට මෙකරුණ කිව්වා. "ආයුෂ්මතුනි, මේ පඨවි ධාතු, ආපෝ ධාතු, තේජෝ ධාතු, වායෝ ධාතු යන සතරමහා භූතයන් ඉතිරි නැතිවම මුළුමණින්ම නිරුද්ධ වන්නේ කොහේද?" කියලා. එසේ කී විට පින්වත් කේවඩ්ඪ, යාම දෙවිවරුන් අර භික්ෂුවට මෙහෙම කිව්වා. "අනේ! පින්වත් භික්ෂුව, අපි වුනත් "මේ පඨවි ධාතු, ආපෝ ධාතු, තේජෝ ධාතු, වායෝ ධාතු යන සතරමහා භූතයන් ඉතිරි නැතිවම මුළුමණින්ම නිරුද්ධ වන්නේ කොහේද?" කියන ඔය කාරණය දන්නේ නෑ. පින්වත් භික්ෂුව, අපට වඩා ඉතා රූප සෝභා ඇති, ප්‍රණීතතර වූ සුයාම නම් දිව්‍ය පුත්‍රයා ඉන්නවා. උන්නාන්සේ නම් මේ පඨවි ධාතු, ආපෝ ධාතු, තේජෝ ධාතු, වායෝ ධාතු යන සතරමහා භූතයන් ඉතිරි නැතිවම මුළුමණින්ම නිරුද්ධ වන්නේ කොහේද?" කියන ඔය කාරණය දන්නවා ඇති."

75. පින්වත් කේවඩ්ඪ, එතකොට ඒ භික්ෂුව සුයාම දිව්‍ය පුත්‍රයා ළඟට ගියා. ගිහින් සුයාම දිව්‍ය පුත්‍රයාට මෙකරුණ කිව්වා. "ආයුෂ්මතුනි, මේ පඨවි ධාතු, ආපෝ ධාතු, තේජෝ ධාතු, වායෝ ධාතු යන සතරමහා භූතයන් ඉතිරි නැතිවම මුළුමණින්ම නිරුද්ධ වන්නේ කොහේද?" කියලා. එසේ කී විට පින්වත් කේවඩ්ඪ, සුයාම දිව්‍ය පුත්‍රයා අර භික්ෂුවට මෙහෙම කිව්වා. "අනේ! පින්වත් භික්ෂුව, මම වුනත් "මේ පඨවි ධාතු, ආපෝ ධාතු, තේජෝ ධාතු, වායෝ ධාතු යන සතරමහා භූතයන් ඉතිරි නැතිවම මුළුමණින්ම නිරුද්ධ වන්නේ කොහේද?" කියන ඔය කාරණය දන්නේ නෑ. පින්වත් භික්ෂුව, අපට වඩා ඉතා රූප සෝභා ඇති, ප්‍රණීතතර වූ තුසිත නම් වූ දෙවිවරු ඉන්නවා. උන්නාන්සේලා නම් මේ පඨවි ධාතු, ආපෝ ධාතු, තේජෝ ධාතු, වායෝ ධාතු යන සතරමහා භූතයන් ඉතිරි නැතිවම මුළුමණින්ම නිරුද්ධ වන්නේ කොහේද?" කියන ඔය කාරණය දන්නවා ඇති."

76. පින්වත් කේවඩ්ඪ, එතකොට ඒ භික්ෂුව තුසිත නම් වූ දෙවිවරුන් ළඟට ගියා. ගිහින් තුසිත නම් වූ දෙවිවරුන්ට මෙකරුණ කීවා. "ආයුෂ්මතුනි, මේ පඨවි ධාතු, ආපෝ ධාතු, තේජෝ ධාතු, වායෝ ධාතු යන සතරමහා භූතයන් ඉතිරි නැතිවම මුළුමණින්ම නිරුද්ධ වන්නේ කොහේද?" කියලා. එසේ කී විට පින්වත් කේවඩ්ඪ, තුසිත නම් වූ දෙවිවරුන් අර භික්ෂුවට මෙහෙම කිව්වා. "අනේ! පින්වත් භික්ෂුව, අපි වුනත් "මේ පඨවි ධාතු, ආපෝ ධාතු, තේජෝ ධාතු, වායෝ ධාතු යන සතරමහා භූතයන් ඉතිරි නැතිවම මුළුමණින්ම නිරුද්ධ වන්නේ කොහේද?" කියන ඔය කාරණය දන්නේ නෑ. පින්වත් භික්ෂුව, අපට වඩා ඉතා රූප සෝභා ඇති, ප්‍රණීතතර වූ සන්තුසිත නම් දිව්‍ය පුත්‍රයෙක් ඉන්නවා. උන්නාන්සේ නම් මේ පඨවි ධාතු, ආපෝ ධාතු, තේජෝ ධාතු, වායෝ ධාතු යන සතරමහා භූතයන් ඉතිරි නැතිවම මුළුමණින්ම නිරුද්ධ වන්නේ කොහේද?" කියන ඔය කාරණය දන්නවා ඇති."

77. පින්වත් කේවඩ්ඪ, එතකොට ඒ භික්ෂුව සන්තුසිත දිව්‍ය පුත්‍රයා ළඟට ගියා. ගිහින් සන්තුසිත දිව්‍ය පුත්‍රයාට මෙකරුණ කීවා. "ආයුෂ්මතුනි, මේ පඨවි ධාතු, ආපෝ ධාතු, තේජෝ ධාතු, වායෝ ධාතු යන සතරමහා භූතයන් ඉතිරි නැතිවම මුළුමණින්ම නිරුද්ධ වන්නේ කොහේද?" කියලා. එසේ කී විට පින්වත් කේවඩ්ඪ, සන්තුසිත දිව්‍ය පුත්‍රයා අර භික්ෂුවට මෙහෙම කිව්වා. "අනේ! පින්වත් භික්ෂුව, මම වුනත් "මේ පඨවි ධාතු, ආපෝ ධාතු, තේජෝ ධාතු, වායෝ ධාතු යන සතරමහා භූතයන් ඉතිරි නැතිවම මුළුමණින්ම නිරුද්ධ වන්නේ කොහේද?" කියන ඔය කාරණය දන්නේ නෑ. පින්වත් භික්ෂුව, අපට වඩා ඉතා රූප සෝභා ඇති, ප්‍රණීතතර වූ නිම්මාණරතී නම් දෙවිවරුන් ඉන්නවා. උන්නාන්සේලා

නම් මේ පඨවි ධාතු, ආපෝ ධාතු, තේජෝ ධාතු, වායෝ ධාතු යන සතරමහා භූතයන් ඉතිරි නැතිවම මුළුමණින්ම නිරුද්ධ වන්නේ කොහේද?" කියන ඔය කාරණය දන්නවා ඇති."

78. පින්වත් කේවඩ්ඪ, එතකොට ඒ භික්ෂුව නිම්මාණරතී දෙවිවරුන් ළඟට ගියා. ගිහින් නිම්මාණරතී දෙවිවරුන්ට මෙකරුණ කීවා. "ආයුෂ්මතුනි, මේ පඨවි ධාතු, ආපෝ ධාතු, තේජෝ ධාතු, වායෝ ධාතු යන සතරමහා භූතයන් ඉතිරි නැතිවම මුළුමණින්ම නිරුද්ධ වන්නේ කොහේද?" කියලා. එසේ කී විට පින්වත් කේවඩ්ඪ, නිම්මාණරතී දෙවිවරුන් අර භික්ෂුවට මෙහෙම කිව්වා. "අනේ! පින්වත් භික්ෂුව, අපි වුනත් "මේ පඨවි ධාතු, ආපෝ ධාතු, තේජෝ ධාතු, වායෝ ධාතු යන සතරමහා භූතයන් ඉතිරි නැතිවම මුළුමණින්ම නිරුද්ධ වන්නේ කොහේද?" කියන ඔය කාරණය දන්නේ නෑ. පින්වත් භික්ෂුව, අපට වඩා ඉතා රූප සෝභා ඇති, ප්‍රණීතතර වූ සුනිම්මිත නම් දිව්‍ය පුත්‍රයෙක් ඉන්නවා. උන්නාන්සේ නම් මේ පඨවි ධාතු, ආපෝ ධාතු, තේජෝ ධාතු, වායෝ ධාතු යන සතරමහා භූතයන් ඉතිරි නැතිවම මුළුමණින්ම නිරුද්ධ වන්නේ කොහේද?" කියන ඔය කාරණය දන්නවා ඇති."

79. පින්වත් කේවඩ්ඪ, එතකොට ඒ භික්ෂුව සුනිම්මිත දිව්‍ය පුත්‍රයා ළඟට ගියා. ගිහින් සුනිම්මිත දිව්‍ය පුත්‍රයාට මෙකරුණ කීවා. "ආයුෂ්මතුනි, මේ පඨවි ධාතු, ආපෝ ධාතු, තේජෝ ධාතු, වායෝ ධාතු යන සතරමහා භූතයන් ඉතිරි නැතිවම මුළුමණින්ම නිරුද්ධ වන්නේ කොහේද?" කියලා. එසේ කී විට පින්වත් කේවඩ්ඪ, සුනිම්මිත දිව්‍ය පුත්‍රයා අර භික්ෂුවට මෙහෙම කිව්වා. "අනේ! පින්වත් භික්ෂුව, මම වුනත් 'මේ පඨවි ධාතු, ආපෝ ධාතු, තේජෝ ධාතු, වායෝ ධාතු යන සතරමහා භූතයන් ඉතිරි නැතිවම මුළුමණින්ම නිරුද්ධ වන්නේ කොහේද?' කියන ඔය කාරණය දන්නේ නෑ. පින්වත් භික්ෂුව, අපට වඩා ඉතා රූප සෝභා ඇති, ප්‍රණීතතර වූ පරනිම්මිත වසවත්තී නම් දෙවිවරුන් ඉන්නවා. උන්නාන්සේලා නම් මේ පඨවි ධාතු, ආපෝ ධාතු, තේජෝ ධාතු, වායෝ ධාතු යන සතරමහා භූතයන් ඉතිරි නැතිවම මුළුමණින්ම නිරුද්ධ වන්නේ කොහේද?" කියන ඔය කාරණය දන්නවා ඇති."

80. පින්වත් කේවඩ්ඪ, එතකොට ඒ භික්ෂුව පරනිම්මිත වසවත්තී දෙවිවරුන් ළඟට ගියා. ගිහින් පරනිම්මිත වසවත්තී දෙවිවරුන්ට මෙකරුණ කිව්වා. "ආයුෂ්මතුනි, මේ පඨවි ධාතු, ආපෝ ධාතු, තේජෝ ධාතු, වායෝ ධාතු යන සතරමහා භූතයන් ඉතිරි නැතිවම මුළුමණින්ම නිරුද්ධ වන්නේ කොහේද?" කියලා. එසේ කී විට පින්වත් කේවඩ්ඪ, පරනිම්මිත වසවත්තී දෙවිවරුන් අර භික්ෂුවට මෙහෙම කිව්වා. "අනේ! පින්වත් භික්ෂුව, අපි වුනත් "මේ පඨවි ධාතු,

ආපෝ ධාතු, තේජෝ ධාතු, වායෝ ධාතු යන සතරමහා භූතයන් ඉතිරි නැතිවම මුළුමණින්ම නිරුද්ධ වන්නේ කොහේද?" කියන ඔය කාරණය දන්නේ නෑ. පින්වත් භික්ෂුව, අපට වඩා ඉතා රූප සෝභා ඇති, ප්‍රණීතතර වූ වසවත්තී නම් දිව්‍ය පුත්‍රයෙක් ඉන්නවා. උන්නාන්සේ නම් "මේ පඨවි ධාතු, ආපෝ ධාතු, තේජෝ ධාතු, වායෝ ධාතු යන සතරමහා භූතයන් ඉතිරි නැතිවම මුළුමණින්ම නිරුද්ධ වන්නේ කොහේද?" කියන ඔය කාරණය දන්නවා ඇති."

81. පින්වත් කේවඩ්ඪ, එතකොට ඒ භික්ෂුව වසවත්තී දිව්‍ය පුත්‍රයා ළඟට ගියා. ගිහින් වසවත්තී දිව්‍ය පුත්‍රයාට මෙකරුණ කිව්වා. "ආයුෂ්මතුනි, මේ පඨවි ධාතු, ආපෝ ධාතු, තේජෝ ධාතු, වායෝ ධාතු යන සතරමහා භූතයන් ඉතිරි නැතිවම මුළුමණින්ම නිරුද්ධ වන්නේ කොහේද?" කියලා. එසේ කී විට පින්වත් කේවඩ්ඪ, වසවත්තී දිව්‍ය පුත්‍රයා අර භික්ෂුවට මෙහෙම කිව්වා. "අනේ! පින්වත් භික්ෂුව, මම වුනත් "මේ පඨවි ධාතු, ආපෝ ධාතු, තේජෝ ධාතු, වායෝ ධාතු යන සතරමහා භූතයන් ඉතිරි නැතිවම මුළුමණින්ම නිරුද්ධ වන්නේ කොහේද?" කියන ඔය කාරණය දන්නේ නෑ. පින්වත් භික්ෂුව, අපට වඩා ඉතා රූප සෝභා ඇති, ප්‍රණීතතර වූ බ්‍රහ්මකායික නම් දෙව්වරුන් ඉන්නවා. උන්නාන්සේලා නම් මේ පඨවි ධාතු, ආපෝ ධාතු, තේජෝ ධාතු, වායෝ ධාතු යන සතරමහා භූතයන් ඉතිරි නැතිවම මුළුමණින්ම නිරුද්ධ වන්නේ කොහේද?" කියන ඔය කාරණය දන්නවා ඇති."

82. එතකොට පින්වත් කේවඩ්ඪ, ඒ භික්ෂුව යම් ආකාර වූ සමාධියකින් බඹලොව යන මාර්ගය පහළ වෙනවාද, එබඳු වූ චිත්ත සමාධියකට පත්වුනා. පින්වත් කේවඩ්ඪ, එතකොට ඒ භික්ෂුව බ්‍රහ්මකායික දෙව්වරුන් ළඟට ගියා. ගිහින් බ්‍රහ්මකායික දෙව්වරුන්ට මෙකරුණ කිව්වා. "ආයුෂ්මතුනි, මේ පඨවි ධාතු, ආපෝ ධාතු, තේජෝ ධාතු, වායෝ ධාතු යන සතරමහා භූතයන් ඉතිරි නැතිවම මුළුමණින්ම නිරුද්ධ වන්නේ කොහේද?" කියලා. එසේ කී විට පින්වත් කේවඩ්ඪ, බ්‍රහ්මකායික දෙව්වරුන් අර භික්ෂුවට මෙහෙම කිව්වා. "අනේ! පින්වත් භික්ෂුව, අපි වුනත් "මේ පඨවි ධාතු, ආපෝ ධාතු, තේජෝ ධාතු, වායෝ ධාතු යන සතරමහා භූතයන් ඉතිරි නැතිවම මුළුමණින්ම නිරුද්ධ වන්නේ කොහේද?" කියන ඔය කාරණය දන්නේ නෑ. පින්වත් භික්ෂුව, අපට වඩා ඉතා රූප සෝභා ඇති, ප්‍රණීතතර වූ, බ්‍රහ්මයා ඉන්නවා. එයා තමයි මහා බ්‍රහ්මයා. ලොව මැඬලන කෙනා. වෙන කෙනෙකුන්ට නොමැඬිය හැකි කෙනා. සියල්ල දක්නා කෙනා. ලොව වසඟයෙහි පවත්වන කෙනා. මෙයා තමයි කර්තෘ. නිර්මාතෘ. මෙයා තමයි ශ්‍රේෂ්ඨ කෙනා. ලොව සකස් කරන කෙනා. පුරුදු කළ වශී ඇති කෙනා. ඉපදුණු උපදින සත්වයන්ගේ පියාණන් වහන්සේ. උන්නාන්සේ නම් මේ පඨවි

ධාතු, ආපෝ ධාතු, තේජෝ ධාතු, වායෝ ධාතු යන සතරමහා භූතයන් ඉතිරි නැතිවම මුළුමණින්ම නිරුද්ධ වන්නේ කොහේද?" කියන ඔය කාරණය දන්නවා ඇති."

83. "ආයුෂ්මතුනි, මේ දවස්වල ඒ මහාබ්‍රහ්මයා ඉන්නේ කොහේද?" "පින්වත් භික්ෂුව, අපි දන්නෙත් නෑ. ඒ බ්‍රහ්මයා කොතැනක ඉන්නවාද? කොහෙන් එනවාද? කොතැනක පහළ වෙනවාද? කියලා. නමුත් පින්වත් භික්ෂුව, යම් විටෙක නිමිති පහළ වෙලා. ආලෝකය ඇතිවෙනවාද, දීප්තිමත් බවක් පහළ වෙනවාද, එතකොට බ්‍රහ්මයා පහළ වෙනවා. බ්‍රහ්මයාගේ පහළ වීමට පෙර නිමිත්ත වශයෙන් තිබෙන්නේ ආලෝකය හටගැනීමයි. දීප්තිමත් බව පහළ වීමයි." ඉතින් පින්වත් කේවඩ්ඪ, ඒ මහාබ්‍රහ්මයා වැඩි වෙලාවක් නොගිහින් පහළ වෙනවා. එතකොට පින්වත් කේවඩ්ඪ, අර භික්ෂුව මහා බ්‍රහ්මයා ළඟට ගියා. ගිහින් ඒ මහා බ්‍රහ්මයාට මෙහෙම කිව්වා. "ආයුෂ්මතුනි, මේ පඨවි ධාතු, ආපෝ ධාතු, තේජෝ ධාතු, වායෝ ධාතු යන සතරමහා භූතයන් ඉතිරි නැතිවම මුළුමණින්ම නිරුද්ධ වන්නේ කොහේද?" කියලා. එසේ කී විට ඒ මහා බ්‍රහ්මයා අර භික්ෂුවට මෙහෙම කිව්වා. "පින්වත් භික්ෂුව, මං තමයි බ්‍රහ්මයා. මහාබ්‍රහ්මයා. ලොව මැඩලන කෙනා. වෙන කෙනෙකුන්ට නොමැඩිය හැකි කෙනා. සියල්ල දක්නා කෙනා. ලොව වසඟයෙහි පවත්වන කෙනා. මම තමයි කර්තෘ. නිර්මාතෘ. මම තමයි ශ්‍රේෂ්ඨ කෙනා. ලොව සකස් කරන කෙනා. පුරුදු කළ වශී ඇති කෙනා. ඉපදුණු උපදින සත්වයන්ගේ පියාණන් වහන්සේ" කියලා.

84. පින්වත් කේවඩ්ඪ, දෙවෙනි වතාවටත් අර භික්ෂුව ඒ මහා බ්‍රහ්මයාට මෙකරුණ කිව්වා "ආයුෂ්මතුනි, මං ඔබෙන් ඔය කාරණය ඇසුවේ නෑ නෙව. ඒ කියන්නේ ඔබ බ්‍රහ්මයාද? මහාබ්‍රහ්මයාද? ලොව මැඩලන කෙනාද? වෙන කෙනෙකුන්ට නොමැඩිය හැකි කෙනාද? සියල්ල දක්නා කෙනාද? ලොව වසඟයෙහි පවත්වන කෙනාද? ඔබ කර්තෘද? නිර්මාතෘද? ඔබ ශ්‍රේෂ්ඨ කෙනාද? ලොව සකස් කරන කෙනාද? පුරුදු කළ වශී ඇති කෙනාද? ඉපදුණු උපදින සත්වයන්ගේ පියාණන් වහන්සේද? කියලා. නමුත් ආයුෂ්මතුනි, මං ඔබෙන් අහන්නේ මෙයයි. 'මේ පඨවි ධාතු, ආපෝ ධාතු, තේජෝ ධාතු, වායෝ ධාතු යන සතරමහා භූතයන් ඉතිරි නැතිවම මුළුමණින්ම නිරුද්ධ වන්නේ කොහේද?' කියලා." එතකොට පින්වත් කේවඩ්ඪ, දෙවෙනි වතාවේදීත් ඒ මහා බ්‍රහ්මයා අර භික්ෂුවට මෙහෙම කිව්වා. "පින්වත් භික්ෂුව, මං තමයි බ්‍රහ්මයා. මහාබ්‍රහ්මයා. ලොව මැඩලන කෙනා. වෙන කෙනෙකුන්ට නොමැඩිය හැකි කෙනා. සියල්ල දක්නා කෙනා. ලොව වසඟයෙහි පවත්වන කෙනා. මම තමයි කර්තෘ. නිර්මාතෘ. මම තමයි ශ්‍රේෂ්ඨ කෙනා. ලොව සකස් කරන කෙනා. පුරුදු කළ වශී ඇති කෙනා. ඉපදුණු උපදින සත්වයන්ගේ පියාණන් වහන්සේ" කියලා.

85. පින්වත් කේවඩ්ඪ, තුන්වෙනි වතාවටත් අර භික්ෂුව ඒ මහා බ්‍රහ්මයාට මෙකරුණ කිව්වා "ආයුෂ්මතුනි, මං ඔබෙන් ඔය කාරණය ඇසුවේ නෑ නෙව. ඒ කියන්නේ 'ඔබ බ්‍රහ්මයාද? මහාබ්‍රහ්මයාද? ලොව මැඬලන කෙනාද? වෙන කෙනෙකුන්ට නොමැඬිය හැකි කෙනාද? සියල්ල දක්නා කෙනාද? ලොව වසඟයෙහි පවත්වන කෙනාද? ඔබ කර්තෘද? නිර්මාතෘද? ඔබ ශ්‍රේෂ්ඨ කෙනාද? ලොව සකස් කරන කෙනාද? පුරුදු කළ වශී ඇති කෙනාද? ඉපදුණු උපදින සත්වයන්ගේ පියාණන් වහන්සේද?' කියලා. නමුත් ආයුෂ්මතුනි, මං ඔබෙන් අහන්නේ මෙයයි. 'මේ පඨවී ධාතු, ආපෝ ධාතු, තේජෝ ධාතු, වායෝ ධාතු යන සතරමහා භූතයන් ඉතිරි නැතිවම මුළුමණින්ම නිරුද්ධ වන්නේ කොහේද?' කියලා."

86. පින්වත් කේවඩ්ඪ, එතකොට ඒ මහාබ්‍රහ්මයා අර භික්ෂුවගේ අතින් අල්ලාගෙන එකත්පසට කරවලා ඒ භික්ෂුවට (රහසේ) මෙහෙම කිව්වා. "පින්වත් භික්ෂුව, මේ බ්‍රහ්මකායික දෙවිවරුන් මං ගැන හිතාගෙන ඉන්නේ මේ විදිහටයි. මහා බ්‍රහ්මයා නොදුටු මොකවත්ම නෑ කියලයි. මහා බ්‍රහ්මයා අවබෝධ නොකළ කිසිවක් නෑ කියලයි. මහා බ්‍රහ්මයා සාක්ෂාත් නොකළ කිසිවක් නෑ කියලයි. උන්නැහෙලා ඉදිරියේ මං මේක නොකිව්වේ ඒ නිසයි. පින්වත් භික්ෂුව "මේ පඨවි ධාතු, ආපෝ ධාතු, තේජෝ ධාතු, වායෝ ධාතු යන සතරමහා භූතයන් ඉතිරි නැතිවම මුළුමණින්ම නිරුද්ධ වන්නේ කොහේද?" කියන කාරණය මංවත් දන්නේ නෑ. එනිසා පින්වත් භික්ෂුව ඔබ යම් ඒ භාග්‍යවතුන් වහන්සේව ඉක්මවා උන්වහන්සේගෙන් බාහිරව ඔය ප්‍රශ්නයට පිළිතුරු සොයන්නට යෑම කරන්නට ගිහින් ඔබ අතින්මයි මේ වැරැද්ද වුනේ. ඔබ අතින්මයි මේ දෝෂය වුනේ. පින්වත් භික්ෂුව, ඔබ ඒ භාග්‍යවතුන් වහන්සේ ළඟට යන්න. ගිහින් ඔය ප්‍රශ්නය අහන්න. ඒ භාග්‍යවතුන් වහන්සේ යම් පරිදි පිළිතුරු දෙන සේක් නම් ඒ අයුරින්ම එය දරාගන්න."

87. පින්වත් කේවඩ්ඪ, එතකොට ඒ භික්ෂුව බලවත් පුරුෂයෙක් හැකුළු අතක් දිගු කරන වේගයෙන්, දිගු කළ අතක් හකුළුවන වේගයෙන් ඔය විදිහට බඹලොවින් අතුරුදහන් වෙලා මා ඉදිරියේ පහළ වුනා. පින්වත් කේවඩ්ඪ, ඉතින් ඒ භික්ෂුව මට ආදරයෙන් වන්දනා කොට එකත්පස්ව වාඩිවුනා. පින්වත් කේවඩ්ඪ, එකත්පස්ව වාඩිවුන ඒ භික්ෂුව මට මෙහෙම කිව්වා. "ස්වාමීනී, මේ පඨවි ධාතු, ආපෝ ධාතු, තේජෝ ධාතු, වායෝ ධාතු යන සතරමහා භූතයන් ඉතිරි නැතිවම මුළුමණින්ම නිරුද්ධ වන්නේ කොහේද?" කියලා.

88. එසේ කී විට පින්වත් කේවඩ්ඪ, මං ඒ භික්ෂුව මෙය පැවසුවා. "පින්වත් භික්ෂුව, ඉස්සර මෙහෙම දෙයක් වුනා. මුහුදු යන වෙළෙන්දෝ පරතෙර

හඳුනාගැනීමෙහි දක්ෂ ලිහිණියෙකුත් අරගෙන නැවෙන් මුහුදේ ඈත දියඹට යනවා. ඔවුන්ට ගොඩබිමක් සොයාගන්ට බැරිවෙන කොට අර ගොඩබිම දකිනා ලිහිණියාව මුදා හරිනවා. එතකොට ඌ පෙරදිග දිශාවටත් යනවා, දකුණු දිශාවටත් යනවා, බටහිර දිශාවටත් යනවා, උතුරු දිශාවටත් යනවා, උඩ දිශාවටත් යනවා, අනු දිශාවටත් යනවා, ඉදින් ඒ ලිහිණියා හාත්පස ගොඩබිමක් දකිනවා නම්, ඒ ගිය පැත්තටම යනවා. (නැවත හැරී එන්නේ නෑ) ඉදින් ඒ ලිහිණියා හාත්පස ගොඩබිමක් දකින්නේ නැත්නම්, ආයෙමත් ඒ නැවටම ආපහු හැරිල එනවා. ඒ වගේමයි පින්වත් භික්ෂුව, ඔබ යම්තාක් බ්‍රහ්මලෝක දක්වා ඔබගේ ප්‍රශ්නයට උත්තරය සොය සොයා ගිහින් හමුවුනේ නෑ නෙව. අයෙමත් මා සමීපයටම හැරිලා ආව නෙව. පින්වත් භික්ෂුව, ඔය ප්‍රශ්නය ඇසිය යුත්තේ "ස්වාමීනී, මේ පඨවි ධාතු, ආපෝ ධාතු, තේජෝ ධාතු, වායෝ ධාතු යන සතරමහා භූතයන් ඉතිරි නැතිවම මුළුමණින්ම නිරුද්ධ වන්නේ කොහේද?" කියලා මේ විදිහට නොවෙයි. පින්වත් භික්ෂුව, ඔය ප්‍රශ්නය ඇසිය යුත්තේ මේ විදිහටයි.

"ආපෝ ධාතුවත්, පඨවි ධාතුවත්, තේජෝ ධාතුවත්, වායෝ ධාතුවත් නොපිහිටන්නේ කොහේද? දිග වූත්, කෙටි වූත්, ඉතා කුඩා වූත්, මහත් වූත්, ලස්සන අවලස්සන වූත්, රූප ස්වභාවයන් නොපිහිටන්නේ කොහේද? නාමත්, රූපත් ශේෂ රහිතව නිරුද්ධ වන්නේ කොහේද?"

එයට පිළිතුර වන්නේ මෙයයිඃ

"(තෘෂ්ණාව ප්‍රහීණවීමෙන්) නිදර්ශන රහිත වූත්, අන්ත රහිත වූත්, සියලු අයුරින්ම ප්‍රඥාවෙන් ආලෝකවත් වූත් විඤ්ඤාණයක් ඇද්ද, (රහතන් වහන්සේගේ විඤ්ඤාණය) මෙහි ආපෝ ධාතුවත්, පඨවි ධාතුවත්, තේජෝ ධාතුවත්, වායෝ ධාතුවත් පිහිටන්නේ නෑ. දිග වූත්, කෙටි වූත්, ඉතා කුඩා වූත්, මහත් වූත්, ලස්සන අවලස්සන වූත්, රූප ස්වභාවයන් පිහිටන්නේ නෑ. නාමත්, රූපත් ශේෂ රහිතව නිරුද්ධ වන්නේ මෙහි තමයි. විඤ්ඤාණය නිරුද්ධ වීමෙන් (පිරිනිවන් පෑමෙන්) එහිදී ඔය සෑම දෙයක්ම නිරුද්ධ වී යනවා."

භාග්‍යවතුන් වහන්සේ මෙය වදාළා. සතුටු සිත් ඇති කේවඩ්ඪ ගෘහපති පුත්‍රයා භාග්‍යවතුන් වහන්සේගේ මෙම දේශනය සතුටින් පිළිගත්තා.

සාදු! සාදු!! සාදු!!!

එකොළොස්වෙනි කේවඩ්ඪ සූත්‍රය නිමාවිය.

12. ලෝහිච්ච සූත්‍රය

ලෝහිච්ච බ්‍රාහ්මණයාට වදාළ දෙසුම

1. **මා** හට අසන්නට ලැබුනේ මේ විදිහටයි. ඒ දිනවල භාග්‍යවතුන් වහන්සේ පන්සියයක් පමණ වූ මහත් භික්ෂු පිරිසක් සමඟ කොසොල් රටෙහි චාරිකාවේ වඩිද්දී සාලවතී ගමටද වැඩම කළා. ඒ දිනවල ලෝහිච්ච බ්‍රාහ්මණයා වාසය කළේ සාලවතික ගමේමයි. ඒ බ්‍රාහ්මණ ගම ඔහුට පසේනදී කොසොල් රජු ගෙන් ලැබුණු තෑග්ගක්. ඒක ශ්‍රේෂ්ඨ තෑග්ගක්. එහි බොහෝ ජනයා ඉන්නවා. තණ සහිත, දර සහිත, ජලය සහිත වූ, බොහෝ ධාන්‍ය තියෙනවා. රාජ පරිභෝග ගමක්.

2. ඒ කාලයේදී ලෝහිච්ච බ්‍රාහ්මණයා හට මෙවැනි වූ පවිටු මිථ්‍යා දෘෂ්ටියක් ඇතිවෙලා තිබෙනවා. ඒ කියන්නේ මෙහි ශ්‍රමණයෙක් වේවා, බ්‍රාහ්මණයෙක් වේවා, යම් කුසල ධර්මයක් උපදවා ගෙන සිටිනවා නම්, ඒ කුසල ධර්මය උපදවාගෙන ඒ ගැන අන් අයට නොකිව යුතුයි කියලා. තව කෙනෙක් තවත් කෙනෙකුට කවර නම් දෙයක් කරන්නද? ඒක හරියට පැරණි බන්ධනයක් සිඳදමා වෙනත් අළුත් බන්ධනයක් කරනවා වගේ. තමන් උපදවාගත් කුසල ධර්ම ගැන අනුන්ට කියන එකත් ඒ වගේම පවිටු ලෝභ දෙයක්. තව කෙනෙක් තව කෙනෙකුට කවර නම් දෙයක් කරන්නද? කියලා.

3. ඉතින් ලෝහිච්ච බ්‍රාහ්මණයා හට මේ කාරණය අසන්නට ලැබුනා. "භවත්නි, අන්න ශාක්‍ය පුත්‍ර වූ, ශාක්‍ය කුලයෙන් නික්මී පැවිදි වූ ශ්‍රමණ ගෞතමයන් වහන්සේ පන්සියයක් පමණ වූ මහත් භික්ෂු පිරිසක් සමඟ කොසොල් ජනපදයෙහි චාරිකාවේ වඩිද්දී සාලවතික ගමටත් වැඩම කරලා ඉන්නවා. ඒ භවත් ගෞතමයන් වහන්සේ ගැන මෙවැනි වූ කළ්‍යාණ කීර්ති

ඝෝෂාවක් පැතිර ගොසින් තියෙනවා. "ඒ භාග්‍යවතුන් වහන්සේ මේ මේ කරුණින් අරහත් වන සේක! සම්මාසම්බුද්ධ වන සේක! විජ්ජාචරණසම්පන්න වන සේක! සුගත වන සේක! ලෝකවිදූ වන සේක! අනුත්තර පුරිසදම්ම සාරථී වන සේක! සත්ථා දේවමනුස්සානං වන සේක! බුද්ධ වන සේක! භගවා වන සේක! උන්වහන්සේ දෙවියන් සහිත වූ, මරුන් සහිත වූ, බඹුන් සහිත වූ, ශ්‍රමණ බමුණන් සහිත වූ දෙව්මිනිස් ප්‍රජාවෙන් යුතු මේ ලෝකය තමා විසින් උපදවා ගත් විශිෂ්ට ඥාණයෙන් සාක්ෂාත් කරලා ලෝකයට කියා දෙනවා. උන්වහන්සේ දහම් දෙසනවා. ආරම්භය කල්‍යාණ වූත්, මැද කල්‍යාණ වූත්, අවසානය කල්‍යාණ වූත්, අර්ථ සහිත වූත්, පැහැදිලි ප්‍රකාශනවලින් යුතු වූත්, මුළුමණින්ම පිරිපුන් පිරිසිදු බඹසර ප්‍රකාශ කරනවා. එබඳු වූ රහතුන් දැකගන්නට ලැබීම කොතරම් යහපත් දෙයක්ද" කියලා.

4. ඉතින් ලෝහිච්ච බ්‍රාහ්මණයා භේසිකා නම් වූ තමාව නහවන කෙනා ඇමතුවා. "යහළු භේසිකා, මෙහෙ එන්න. ශ්‍රමණ ගෞතමයන් වහන්සේ වෙත යන්න. ගිහින් මගේ වචනයෙන් ශ්‍රමණ ගෞතමයන් වහන්සේගේ සැප සනීප, නීරෝග බව, සැහැල්ලු බව, කායබලය, පහසු විහරණය ගැන අසන්න. 'භවත් ගෞතමයන් වහන්ස, ලෝහිච්ච බ්‍රාහ්මණයා භවත් ගෞතමයන් වහන්සේ ගෙන් සැප සනීප, නීරෝග බව, සැහැල්ලු බව, කායබලය, පහසු විහරණය ගැන අසනවා. ඒ වගේම ඔහු මෙහෙමත් කියනවා. භවත් ගෞතමයන් වහන්සේ භික්ෂු සංඝයා සමඟ හෙට දවසේ ලෝහිච්ච බ්‍රාහ්මණයාගේ දානය පිළිගන්නා සේක්වා' කියලා."

5. "එසේය හිමියනි" කියලා දිය නහවන භේසිකා ලෝහිච්ච බ්‍රාහ්මණයාට පිළිතුරු දී භාග්‍යවතුන් වහන්සේ වෙත ගියා. ගිහින් භාග්‍යවතුන් වහන්සේට වන්දනා කොට එකත්පස්ව වාඩිවුනා. එකත්පස්ව වාඩිවුණ දිය නහවන භේසිකා භාග්‍යවතුන් වහන්සේට මෙකරුණ සැළ කළා. "ස්වාමීනි, ලෝහිච්ච බ්‍රාහ්මණයා භාග්‍යවතුන් වහන්සේගෙන් සැප සනීප, නීරෝග බව, සැහැල්ලු බව, කායබලය, පහසු විහරණය ගැන අසනවා. ඒ වගේම ඔහු මෙහෙමත් කියනවා. භාග්‍යවතුන් වහන්සේ භික්ෂු සංඝයා සමඟ හෙට දවසේ ලෝහිච්ච බ්‍රාහ්මණයාගේ දානය පිළිගන්නා සේක්වා" කියලා. භාග්‍යවතුන් වහන්සේ නිශ්ශබ්දව වැඩසිටීමෙන් එම ඇරැයුම පිළිගෙන වදාළා.

6. එතකොට දියනහවන භේසිකා භාග්‍යවතුන් වහන්සේ එම ඇරයුම පිළිගෙන වදාළ බව දැන අසුනෙන් නැගිට භාග්‍යවතුන් වහන්සේට වන්දනා කොට පැදකුණු කොට ලෝහිච්ච බ්‍රාහ්මණයා සිටි තැනට ගියා. ගිහින් ලෝහිච්ච බ්‍රාහ්මණයාට මෙහෙම කිව්වා. "හිමියනි, ඔබේ වචනයෙන් ඒ භාග්‍යවතුන්

වහන්සේට අපි සැළ කළා. 'ස්වාමීනි, ලෝහිච්ච බ්‍රාහ්මණයා භාග්‍යවතුන් වහන්සේගෙන් සැප සනීප, නීරෝග බව, සැහැල්ලු බව, කායබලය, පහසු විහරණය ගැන අසනවා. ඒ වගේම ඔහු මෙහෙමත් කියනවා. භාග්‍යවතුන් වහන්සේ භික්ෂු සංඝයා සමඟ හෙට දවසේ ලෝහිච්ච බ්‍රාහ්මණයාගේ දානය පිළිගන්නා සේක්වා' කියලා. ඉතින් ඒ භාග්‍යවතුන් වහන්සේ ඒ ඇරයුම පිළිගත් සේක."

7. ඉතින් ලෝහිච්ච බ්‍රාහ්මණයා ඒ රෑ ඇවෑමෙන් තම නිවසෙහි ප්‍රණීත වූ වළඳන අනුභව කරන දන් පිළියෙල කොට දියනහවන භේසිකා ඇමතුවා. "යහළු භේසිකා, ඔබ එන්න. ශ්‍රමණ ගෞතමයන් වහන්සේ ළඟට යන්න. ගිහින් 'භවත් ගෞතමයන් වහන්ස, දානය පිළියෙළ කරලා තියෙන්නේ. දැන් එයට සුදුසු කාලයයි' කියලා ශ්‍රමණ ගෞතමයන් වහන්සේට කල් දන්වන්න." "එසේය හිමියනි" කියලා දියනහවන භේසිකා ලෝහිච්ච බ්‍රාහ්මණයාට පිළිතුරු දීලා භාග්‍යවතුන් වහන්සේ ළඟට ගියා. ගිහින් භාග්‍යවතුන් වහන්සේට වන්දනා කොට එකත්පස්ව සිට ගත්තා. එකත්පස්ව සිටි දියනහවන භේසිකා භාග්‍යවතුන් වහන්සේට "ස්වාමීනි, දානය පිළියෙළ කරලා තියෙන්නේ. දැන් එයට සුදුසු කාලයයි" කියලා කල් දැනම් දුන්නා. එතකොට භාග්‍යවතුන් වහන්සේ පෙරවරුවෙහි සිවුරු හැඳපොරවා පාසිවුරු ගෙන භික්ෂු සංඝයා සමඟ සාලවතිකාවට වැඩම කළා.

8. ඉතින් (භාග්‍යවතුන් වහන්සේ දානයට වඩින වේලේ) දියනහවන භේසිකා භාග්‍යවතුන් වහන්සේ පිටුපසින් ගමන් කළා. එතකොට දියනහවන භේසිකා භාග්‍යවතුන් වහන්සේට මෙකරුණ සැළ කළා. "ස්වාමීනි, ලෝහිච්ච බ්‍රාහ්මණයා හට මෙවැනි වූ පවිටු මිථ්‍යා දෘෂ්ටියක් ඇතිවෙලා තිබෙනවා. ඒ කියන්නේ මෙහි ශ්‍රමණයෙක් වේවා, බ්‍රාහ්මණයෙක් වේවා, යම් කුසල ධර්මයක් උපදවාගෙන සිටිනවා නම්, ඒ කුසල ධර්මය උපදවාගෙන ඒ ගැන අන් අයට නොකිව යුතුයි කියලා. තව කෙනෙක් තවත් කෙනෙකුට කවර නම් දෙයක් කරන්නද? ඒක හරියට පැරණි බන්ධනයක් සිඳදමා වෙනත් අළුත් බන්ධනයක් කරනවා වගේ. තමන් උපදවා ගත් කුසල ධර්ම ගැන අනුන්ට කියන එකත් ඒ වගේම පවිටු ලෝභ දෙයක්. තව කෙනෙක් තව කෙනෙකුට කවර නම් දෙයක් කරන්නද?" කියලා. ස්වාමීනි, භාග්‍යවතුන් වහන්සේ විසින් ලෝහිච්ච බ්‍රාහ්මණයාව මේ පවිටු දෘෂ්ටියෙන් මුදවන සේක් නම් ඉතා යහපති." "පින්වත් භේසිකයෙනි, ඒක එහෙම වේවි. පින්වත් භේසිකයෙනි, ඒක එහෙම වේවි."

9. ඉතින් භාග්‍යවතුන් වහන්සේ ලෝහිච්ච බ්‍රාහ්මණයාගේ නිවසට වැඩම කළා. වැඩමකොට පණවන ලද ආසනයෙහි වැඩසිටියා. එතකොට ලෝහිච්ච

බ්‍රාහ්මණයා බුදුරජාණන් වහන්සේ ප්‍රමුඛ භික්ෂු සංඝයා වහන්සේ ප්‍රණීත වූ වැළඳිය යුතු, අනුභව කළ යුතු දෙයින් සියතින්ම හොඳින් වැළඳෙව්වා. හොඳින් පිළිගැන්වූවා. පසුව ලෝහිච්ච බ්‍රාහ්මණයා භාග්‍යවතුන් වහන්සේ දන් වළඳා අවසන් වූ පසු එක්තරා කුඩා ආසනයක් ගෙන එකත්පස්ව වාඩිවුනා. එකත්පස්ව වාඩිවුන ලෝහිච්ච බ්‍රාහ්මණයාට භාග්‍යවතුන් වහන්සේ මෙකරුණ වදාළා. "පින්වත් ලෝහිච්ච, ඔබ තුළ මෙවැනි වූ පවිටු මිථ්‍යා දෘෂ්ටියක් ඇති වෙලා තිබෙනවා කියන්නේ ඇත්තකද? ඒ කියන්නේ මෙහි ශ්‍රමණයෙක් වේවා, බ්‍රාහ්මණයෙක් වේවා, යම් කුසල ධර්මයක් උපදවාගෙන සිටිනවා නම්, ඒ කුසල ධර්මය උපදවාගෙන ඒ ගැන අන් අයට නොකිව යුතුයි කියලා. තව කෙනෙක් තවත් කෙනෙකුට කවර නම් දෙයක් කරන්නද? ඒක හරියට පැරණි බන්ධනයක් සිඳදමා වෙනත් අළුත් බන්ධනයක් කරනවා වගේ. තමන් උපදවා ගත් කුසල ධර්ම ගැන අනුන්ට කියන එකත් ඒ වගේම පවිටු ලෝභ දෙයක්. තව කෙනෙක් තව කෙනෙකුට කවර නම් දෙයක් කරන්නද?" කියලා.

"භවත් ගෞතමයන් වහන්ස, එසේය."

10. "පින්වත් ලෝහිච්ච, මේ ගැන ඔබ කුමක්ද හිතන්නේ? ඔබ සාලවතිකා ගම් ප්‍රධානියාව සිටින කෙනෙක් නේද?"

"භවත් ගෞතමයන් වහන්ස, එසේය."

"ඉතින් පින්වත් ලෝහිච්ච, යම් කෙනෙක් මෙහෙම කිව්වොත්, "ලෝහිච්ච බ්‍රාහ්මණයා සාලවතිකාවෙහි ප්‍රධානියා වශයෙන් ඉන්නවා. ඉතින් සාලවතිකා ගමේ යම් ධනධාන්‍යයක් ඇතිවෙනවා නම් ඒවා ලෝහිච්ච බ්‍රාහ්මණයා තනියම අනුභව කළ යුතුයි. අනික් අයට දිය යුතු නෑ" කියලා. ඒ විදිහට කියන ඒ තැනැත්තා යමෙක් ඔබ ඇසුරෙන් ජීවත් වෙනවා නම්, ඔවුන්ට අන්තරාය කරන කෙනෙක්ද? නොකරන කෙනෙක්ද?"

"භවත් ගෞතමයන් වහන්ස, ඔහු අන් අය ලබන දෙයට අන්තරාය කරන කෙනෙක්මයි."

"පින්වත් ලෝහිච්ච, යමෙකුගේ ලාභයට අනතුරු කරන කෙනා ඒ උදවිය ගැන හිතානුකම්පීව ඉන්නවාද? අනුකම්පා රහිතව ඉන්නවාද?"

"භවත් ගෞතමයන් වහන්ස, ඔහු අනුකම්පා රහිත කෙනෙක්මයි."

"අනුකම්පා රහිත කෙනෙකුට ඔවුන් කෙරෙහි ඇතිවන්නේ මෙත් සිතද? සතුරු සිතද?"

"භවත් ගෞතමයන් වහන්ස, සතුරු සිතයි."

"යමෙකු තුළ සතුරු සිත පිහිටා තියෙන විට ඔහු මිථ්‍යා දෘෂ්ටික කෙනෙක් වෙනවාද? සම්මා දිට්ඨියෙන් යුතු වෙනවාද?"

"භවත් ගෞතමයන් වහන්ස, ඔහු මිථ්‍යා දෘෂ්ටික කෙනෙක්."

"පින්වත් ලෝහිච්ච, මිථ්‍යා දෘෂ්ටික කෙනෙකුට මේ උපත් අතරින් එක උපතක් ලැබෙන බවයි මා කියන්නේ. එක්කෝ නිරයේ යනවා. නැත්නම් තිරිසන් අපායේ උපදිනවා."

11. "පින්වත් ලෝහිච්ච, මේ ගැන ඔබ කුමක්ද හිතන්නේ? පසේනදී කොසොල් රජ්ජුරුවෝ කාසිකෝසල රාජධානිවලට අධිපතිව නේද ඉන්නේ?"

"භවත් ගෞතමයන් වහන්ස, එසේය."

"ඉතින් පින්වත් ලෝහිච්ච, යම් කෙනෙක් මෙහෙම කිව්වොත්, "පසේනදී කොසොල් රජතුමා කාසිකෝසල දෙරටට ප්‍රධානියා වශයෙන් ඉන්නවා. ඉතින් කාසිකෝසල ජනපදවල යම් ධනධාන්‍යයක් ඇතිවෙනවා නම් ඒවා පසේනදි කොසොල් රජතුමා තනියම අනුභව කළ යුතුයි. අනික් අයට දිය යුතු නෑ" කියලා. ඒ විදිහට කියන ඒ තැනැත්තා යමෙක් පසේනදී කෝසල රජු ඇසුරෙන් ජීවත් වෙන්නා වූ ඔබටත් අන් අයටත් කියන මේ අයට අන්තරාය කරන කෙනෙක්ද? නොකරන කෙනෙක්ද?" "භවත් ගෞතමයන් වහන්ස, ඔහු අන් අය ලබන දෙයට අන්තරාය කරන කෙනෙක්මයි."

"පින්වත් ලෝහිච්ච, යමෙකුගේ ලාභයට අනතුරු කරන කෙනා ඒ උදවිය ගැන හිතානුකම්පීව ඉන්නවාද? අනුකම්පා රහිතව ඉන්නවාද?"

"භවත් ගෞතමයන් වහන්ස, ඔහු අනුකම්පා රහිත කෙනෙක්මයි."

"අනුකම්පා රහිත කෙනෙකුට ඔවුන් කෙරෙහි ඇතිවන්නේ මෙත් සිතද? සතුරු සිතද?" "භවත් ගෞතමයන් වහන්ස, සතුරු සිතයි."

"යමෙකු තුළ සතුරු සිත පිහිටා තියෙන විට ඔහු මිථ්‍යා දෘෂ්ටික කෙනෙක් වෙනවාද? සම්මා දිට්ඨියෙන් යුතු වෙනවාද?" "භවත් ගෞතමයන් වහන්ස, ඔහු මිථ්‍යා දෘෂ්ටික කෙනෙක්."

"පින්වත් ලෝහිච්ච, මිථ්‍යා දෘෂ්ටික කෙනෙකුට මේ උපත් අතරින් එක උපතක් ලැබෙන බවයි මා කියන්නේ. එක්කෝ නිරයේ යනවා. නැත්නම් තිරිසන් අපායේ උපදිනවා.

12. ඉතින් පින්වත් ලෝහිච්ච, යම් කෙනෙක් මෙහෙම කියනවා නම්, "ලෝහිච්ච බ්‍රාහ්මණයා සාලවතික ගමෙහි අධිපතිව ඉන්නවා. සාලවතික ගමෙහි යම් ධනධාන්‍යාදියක් උපදිනවා නම්, ඒවා ලෝහිච්ච බ්‍රාහ්මණයා විතරක් පරිභෝග කළ යුතුයි. අන් අයට නොදිය යුතුයි" කියලා. එතකොට ඔය විදිහට කියන කෙනා ඔබ නිසා ජීවත්වන උදවියට අන්තරායක් කරනවා.

ඒ වගේම ඒ ලාභයට අනතුරු කරන කෙනා අනුකම්පාව නැති කෙනෙක්මයි. අනුකම්පා රහිත කෙනා තුළ ඔවුන් කෙරෙහි පිහිටලා තියෙන්නේ සතුරු සිතයි. සතුරු සිත පිහිටා තියෙන විට තියෙන්නේ මිථ්‍යා දෘෂ්ටියයි. පින්වත් ලෝහිච්ච, අන්න ඒ වගේමයි. යම් කෙනෙක් මෙහෙම කියනවා නම්, "මෙහි ශ්‍රමණයෙක් වේවා, බ්‍රාහ්මණයෙක් වේවා, යම් කුසල ධර්මයක් උපදවාගෙන සිටිනවා නම්, ඒ කුසල ධර්මය උපදවාගෙන ඒ ගැන අන් අයට නොකිව යුතුයි කියලා. තව කෙනෙක් තවත් කෙනෙකුට කවර නම් දෙයක් කරන්නද? ඒක හරියට පැරණි බන්ධනයක් සිඳදමා වෙනත් අළුත් බන්ධනයක් කරනවා වගේ. තමන් උපදවා ගත් කුසල ධර්ම ගැන අනුන්ට කියන එකත් ඒ වගේම පවිටු ලෝභ දෙයක්. තව කෙනෙක් තව කෙනෙකුට කවර නම් දෙයක් කරන්නද?" කියලා.

ඔය ආකාරයට කියන කෙනා යම් ඒ කුලපුත්‍රයන් තථාගතයන් වහන්සේ අවබෝධයෙන්ම දෙසන ලද ධර්ම විනයට පැමිණිලා මෙබඳු උදාර වූ විශේෂතා සාක්ෂාත් කරගන්නවා නම්, ඒ කියන්නේ සෝවාන් ඵලය සාක්ෂාත් කරනවා නම්, සකදාගාමී ඵලය සාක්ෂාත් කරනවා නම්, අනාගාමී ඵලය සාක්ෂාත් කරනවා නම්, අරහත් ඵලය සාක්ෂාත් කරනවා නම්, ඒ වගේම යමෙක් දෙව්ලොව උපත පිණිස දිව්‍ය ගර්භයන් මුහුකුරුවනවා නම්, ඔවුන්ටත් අන්තරායක් කරනවා. එතකොට ඒ ලාභයට අනතුරු කරන කෙනා අනුකම්පාව නැති කෙනෙක්මයි. අනුකම්පා රහිත කෙනා තුළ ඔවුන් කෙරෙහි පිහිටලා තියෙන්නේ සතුරු සිතයි. සතුරු සිත පිහිටා තියෙන විට තියෙන්නේ මිථ්‍යා දෘෂ්ටියයි. පින්වත් ලෝහිච්ච, මං මිථ්‍යා දෘෂ්ටිකයා හට කියන්නේ මේ උපත් දෙකෙන් එක්තරා උපතක් තමයි. එක්කෝ නිරයේ උපදිනවා. නැත්නම් තිරිසන් යෝනියේ උපදිනවා.

13. ඉතින් පින්වත් ලෝහිච්ච, යම් කෙනෙක් මෙහෙම කියනවා නම්, "පසේනදී කොසොල් රජතුමා කාසිකෝසල දේශයන්ට අධිපතිව ඉන්නවා. කාසිකෝසල දේශයෙහි යම් ධනධාන්‍යාදියක් උපදිනවා නම්, ඒවා පසේනදී කොසොල් රජතුමා විතරක් පරිභෝග කළ යුතුයි. අන් අයට නොදිය යුතුයි" කියලා, එතකොට ඔය විදිහට කියන කෙනා පසේනදී කොසොල් රජතුමා නිසා ජීවත්වන උදවියට අන්තරායක් කරනවා. ඒ වගේම ඒ ලාභයට අනතුරු

කරන කෙනා අනුකම්පාව නැති කෙනෙක්මයි. අනුකම්පා රහිත කෙනා තුළ ඔවුන් කෙරෙහි පිහිටලා තියෙන්නේ සතුරු සිතයි. සතුරු සිත පිහිටා තියෙන විට තියෙන්නේ මිථ්‍යා දෘෂ්ටියයි. පින්වත් ලෝහිච්ච, අන්න ඒ වගේමයි. යම් කෙනෙක් මෙහෙම කියනවා නම්, "මෙහි ශ්‍රමණයෙක් වේවා, බ්‍රාහ්මණයෙක් වේවා, යම් කුසල ධර්මයක් උපදවා ගෙන සිටිනවා නම්, ඒ කුසල ධර්මය උපදවාගෙන ඒ ගැන අන් අයට නොකිව යුතුයි කියලා. තව කෙනෙක් තවත් කෙනෙකුට කවර නම් දෙයක් කරන්නද? ඒක හරියට පැරණි බන්ධනයක් සිඳදමා වෙනත් අළුත් බන්ධනයක් කරනවා වගේ. තමන් උපදවා ගත් කුසල ධර්ම ගැන අනුන්ට කියන එකත් ඒ වගේම පවිටු ලෝභ දෙයක්. තව කෙනෙක් තව කෙනෙකුට කවර නම් දෙයක් කරන්නද?" කියලා.

ඔය ආකාරයට කියන කෙනා යම් ඒ කුලපුත්‍රයන් තථාගතයන් වහන්සේ අවබෝධයෙන්ම දෙසන ලද ධර්ම විනයට පැමිණිලා මෙබඳු උදාර වූ විශේෂතා සාක්ෂාත් කරගන්නවා නම්, ඒ කියන්නේ සෝවාන් ඵලය සාක්ෂාත් කරනවා නම්, සකදාගාමී ඵලය සාක්ෂාත් කරනවා නම්, අනාගාමී ඵලය සාක්ෂාත් කරනවා නම්, අරහත් ඵලය සාක්ෂාත් කරනවා නම්, ඒ වගේම යමෙක් දෙව්ලොව උපත පිණිස දිව්‍ය ගර්භයන් මුහුකුරුවනවා නම්, ඔවුන්ටත් අන්තරායක් කරනවා. එතකොට ඒ ලාභයට අනතුරු කරන කෙනා අනුකම්පාව නැති කෙනෙක්මයි. අනුකම්පා රහිත කෙනා තුළ ඔවුන් කෙරෙහි පිහිටලා තියෙන්නේ සතුරු සිතයි. සතුරු සිත පිහිටා තියෙන විට තියෙන්නේ මිථ්‍යා දෘෂ්ටියයි. පින්වත් ලෝහිච්ච, මං මිථ්‍යා දෘෂ්ටිකයා හට කියන්නේ මේ උපත් දෙකෙන් එක්තරා උපතක් තමයි. එක්කෝ නිරයේ උපදිනවා. නැත්නම් තිරිසන් යෝනියේ උපදිනවා.

14. පින්වත් ලෝහිච්ච, මේ ලෝකයෙහි යම් ශාස්තෘවරයෙක් චෝදනා ලැබිය යුතු නම්, ඒ වගේම යම් කෙනෙක් ශාස්තෘවරුන්ට චෝදනා කරනවා නම්, ඒ චෝදනාව ඔවුන් තුළ තිබෙන දෙයක් නම්, ඇත්තක් නම්, ධාර්මික නම්, නිවැරදි නම්, එබඳු චෝදනා ලබන ශාස්තෘවරු තුන් දෙනෙක් ඉන්නවා. ඒ තුන් දෙනා කවුද? පින්වත් ලෝහිච්ච, ඇතැම් ශාස්තෘවරයෙක් යම් අර්ථයක් පිණිස ගිහි ජීවිතය අත්හැර පැවිදි වෙලා ඉන්නවා. ඔහුට ඒ පැවිදි බවෙහි ඵලය උපදවා ගන්නට බැරි වෙනවා. ඒ ශාස්තෘවරයා ඒ ශ්‍රමණඵල නොලබා "මෙය ඔබට හිත පිණිස පවතිනවා. මෙය ඔබට සුව පිණිස පවතිනවා" කියලා ශ්‍රාවකයින් හට දහම් දෙසනවා. එතකොට ඔහුගේ ශ්‍රාවකයන් එයට සවන් දෙන්නේ නැත්නම්, කන් යොමු කරන්නේ නැත්නම්, අවබෝධය පිණිස හිත පිහිටුවන්නේ නැත්නම්, ඔවුන් වාසය කරන්නේ ශාස්තෘ සාසනයෙන් බැහැර වෙලයි. ඒ ශාස්තෘවරයා මෙවැනි චෝදනාවකට ලක් විය යුතුයි. "ආයුෂ්මතුන් යම්කිසි අරුතක් පිණිසයි

ගිහි ජීවිතය අත්හැර අනගාරිකව පැවිදි වුනේ. ඒ ඔබ මහණකමේ කිසිවක් උපදවාගෙනත් නෑ. ශ්‍රමණ ඵලයක් නූපදවාගෙනම "මෙය ඔබට හිත පිණිස පවතිනවා. මෙමය ඔබට සුව පිණිස පවතිනවා" කියලා ශ්‍රාවකයින්ට ධර්මයත් කියනවා. ඒ ශ්‍රාවකයිනුත් ඔබේ ධර්මයට සවන් දෙන්නෙත් නෑ, කන් යොමු කරන්නෙත් නෑ, අවබෝධය පිණිස හිත පිහිටුවන්නෙත් නෑ, ඔවුන් වාසය කරන්නෙත් ශාස්තෘ සාසනයෙන් බැහැර වෙලයි" කියලා. ඒක මේ වගේ දෙයක් තමාව පිළිකෙව් කොට ඉවත්ව යන්නියක පසුපස යනවා වගෙයි. තමාට නොකැමැත්තෙන් පිටුපා සිටින්නියක වැළඳ ගන්නවා වගෙයි. ඔන්න ඔය විදිහේ කරුණක් නම් පව්ටු වූ ලෝභ ධර්මයක් කියලයි මං කියන්නේ. එබඳු ශාස්තෘවරයා වූ කෙනෙක් තවත් කෙනෙකුට කවර නම් දෙයක් කරන්නද? පින්වත් ලෝහිච්ච, මේ ශාස්තෘවරයා ලෝකයෙහි චෝදනා ලැබීමට සුදුසු ප්‍රථමයා ය. යමෙක් මෙබඳු ශාස්තෘවරයෙකුට චෝදනා කරයි නම්, ඒ චෝදනාව ඔහු තුළ තියෙනවා. ඒක ඇත්තක්. ධාර්මිකයි. නිවැරදියි.

15. පින්වත් ලෝහිච්ච, තවදුරටත් කියනවා නම්, මෙහි ඇතැම් ශාස්තෘවරයෙක් යම් අර්ථයක් පිණිස ගිහි ජීවිතය අත්හැර පැවිදි වෙලා ඉන්නවා. ඔහුට ඒ පැවිදි බවෙහි ඵලයක් උපදවා ගන්නට බැරි වෙනවා. ඒ ශාස්තෘවරයා ඒ ශ්‍රමණඵල නොලබා "මෙය ඔබට හිත පිණිස පවතිනවා. මෙය ඔබට සුව පිණිස පවතිනවා" කියලා ශ්‍රාවකයින් හට දහම් දෙසනවා. එතකොට ඔහුගේ ශ්‍රාවකයන් එයට සවන් දෙනවා. කණ් යොමු කරනවා. අවබෝධය පිණිස හිත පිහිටුවනවා. ඔවුන් වාසය කරන්නේ ශාස්තෘ සාසනයෙන් බැහැර වෙලා නොවෙයි.

ඒ ශාස්තෘවරයා මෙවැනි චෝදනාවකට ලක් විය යුතුයි. "ආයුෂ්මතුන් යම්කිසි අරුතක් පිණිසයි ගිහි ජීවිතය අත්හැර අනගාරිකව පැවිදි වුනේ. ඔබ මහණකමේ කිසිවක් උපදවාගෙනත් නෑ. ශ්‍රමණ ඵලයක් නූපදවා ගෙනම "මෙය ඔබට හිත පිණිස පවතිනවා. මෙය ඔබට සුව පිණිස පවතිනවා" කියලා ශ්‍රාවකයින්ට ධර්මයත් කියනවා. ඒ ශ්‍රාවකයිනුත් ඔබේ ධර්මයට සවන් දෙනවා. කන් යොමු කරනවා. අවබෝධය පිණිස හිත පිහිටුවනවා. ඔවුන් වාසය කරන්නෙත් ශාස්තෘ සාසනයෙන් බැහැර වෙලා නොවෙයි" කියලා. ඒක මේ වගේ දෙයක් තමන්ගේ කුඹුර අත්හැරලා අනුන්ගේ කුඹුරේ වල් නෙලිය යුතු කොට සිතනවා වගේ. ඔන්න ඔය විදිහේ කරුණක් නම් පව්ටු වූ ලෝභ ධර්මයක් කියලයි මං කියන්නේ. එබඳු ශාස්තෘවරයා වූ කෙනෙක් තවත් කෙනෙකුට කවර නම් දෙයක් කරන්නටද? පින්වත් ලෝහිච්ච, මේ ශාස්තෘවරයා ලෝකයෙහි චෝදනා ලැබීමට සුදුසු දෙවෙනියායි. යමෙක් මෙබඳු ශාස්තෘවරයෙකුට චෝදනා කරයි නම්, ඒ චෝදනාව ඔහු තුළ තියෙනවා. ඒක ඇත්තක්. ධාර්මිකයි. නිවැරදියි.

16. පින්වත් ලෝහිච්ච, තවදුරටත් කියනවා නම්, මෙහි ඇතැම් ශාස්තෘවරයෙක් යම් අර්ථයක් පිණිස ගිහි ජීවිතය අත්හැර පැවිදි වෙලා ඉන්නවා. ඔහු ඒ පැවිදි බවෙහි ඵලය උපදවා ගන්නවා. ඒ ශාස්තෘවරයා ඒ ශ්‍රමණඵලය ලබාගෙනම "මෙය ඔබට හිත පිණිස පවතිනවා. මෙය ඔබට සුව පිණිස පවතිනවා" කියලා ශ්‍රාවකයින් හට දහම් දෙසනවා. එතකොට ඔහුගේ ශ්‍රාවකයන් එයට සවන් දෙන්නේ නෑ. කණ් යොමු කරන්නේ නෑ. අවබෝධය පිණිස හිත පිහිටුවන්නේ නෑ. ඔවුන් වාසය කරන්නේ ශාස්තෘ සාසනයෙන් බැහැර වෙලයි.

ඒ ශාස්තෘවරයා මෙවැනි චෝදනාවකට ලක් විය යුතුයි. "ආයුෂ්මතුන් යම්කිසි අරුතක් පිණිසයි ගිහි ජීවිතය අත්හැර අනගාරිකව පැවිදි වුනේ. ඒ ඔබ මහණකමේ ඵලය උපදවාගෙන තියෙනවා. ශ්‍රමණ ඵලය උපදවාගෙනම "මෙය ඔබට හිත පිණිස පවතිනවා. මෙය ඔබට සුව පිණිස පවතිනවා" කියලා ශ්‍රාවකයින්ට ධර්මයත් කියනවා. නමුත් ශ්‍රාවකයින් ඔබේ ධර්මයට සවන් දෙන්නේ නෑ. කන් යොමු කරන්නේ නෑ. අවබෝධය පිණිස හිත පිහිටුවන්නේ නෑ. ඔවුන් වාසය කරන්නෙත් ශාස්තෘ සාසනයෙන් බැහැර වෙලයි" කියලා. ඒක මේ වගේ දෙයක් පුරාණ බන්ධනය සිඳ දමා, අන්‍ය වූ අළුත් බන්ධනයක් කරනවා වගේ. ඔන්න ඔය විදිහේ කරුණක් නම් පව්ටු වූ ලෝභ ධර්මයක් කියලයි මං කියන්නේ. එබඳු ශාස්තෘවරයා වූ කෙනෙක් තවත් කෙනෙකුට කවර නම් දෙයක් කරන්නටද? පින්වත් ලෝහිච්ච, මේ ශාස්තෘවරයා ලෝකයෙහි චෝදනා ලැබීමට සුදුසු තුන්වෙනියායි. යමෙක් මෙබඳු ශාස්තෘවරයෙකුට චෝදනා කරයි නම්, ඒ චෝදනාව ඔහු තුළ තියෙනවා. ඒක ඇත්තක්. ධාර්මිකයි. නිවැරදියි. පින්වත් ලෝහිච්ච, මේ ලෝකයෙහි යම් ශාස්තෘවරයෙක් චෝදනා ලැබිය යුතු නම්, ඒ වගේම යම් කෙනෙක් ශාස්තෘවරුන්ට චෝදනා කරනවා නම්, ඒ චෝදනාව ඔවුන් තුළ තිබෙන දෙයක් නම්, ඇත්තක් නම්, ධාර්මික නම්, නිවැරදි නම්, එබඳු චෝදනා ලබන්නේ මේ ශාස්තෘවරුන් තුන් දෙනා තමයි."

17. මෙසේ වදාළ විට ලෝහිච්ච බ්‍රාහ්මණයා භාග්‍යවතුන් වහන්සේට මෙකරුණ සැළ කළා. "භවත් ගෞතමයන් වහන්ස, ලෝකයෙහි යම් ශාස්තෘවරයෙක් චෝදනා නොලැබිය යුතු නම්, එබඳු ශාස්තෘවරයෙක් ඉන්නවාද?"

"පින්වත් ලෝහිච්ච, ලෝකයෙහි යම් ශාස්තෘවරයෙක් චෝදනා නොලැබිය යුතු නම්, එබඳු ශාස්තෘවරයෙක් ඉන්නවා."

"භවත් ගෞතමයන් වහන්ස, ලෝකයෙහි යම් ශාස්තෘවරයෙක් චෝදනා නොලැබිය යුතු නම්, එබඳු ශාස්තෘවරයා කවුද?"

18. "පින්වත් ලෝහිච්ච, මෙහි අරහත් වූ, සම්මාසම්බුද්ධ වූ, විජ්ජාචරණ සම්පන්න වූ, සුගත වූ, ලෝකවිදූ වූ, අනුත්තර පුරිසදම්ම සාරථී වූ, සත්ථා දේවමනුස්සානං වූ, බුද්ධ වූ, භගවා වූ තථාගතයන් වහන්සේ ලෝකයෙහි උපත ලබනවා. උන්වහන්සේ දෙවියන් සහිත වූ, මරුන් සහිත වූ, බඹුන් සහිත වූ, ශ්‍රමණ බමුණන් සහිත වූ දෙව්මිනිස් ප්‍රජාවෙන් යුතු මේ ලෝකය තමා විසින් උපදවා ගත් විශිෂ්ට ඤාණයෙන් සාක්ෂාත් කරලා ලෝකයට කියාදෙනවා. උන්වහන්සේ දහම් දෙසනවා. ආරම්භය කල්‍යාණ වූත්, මැද කල්‍යාණ වූත්, අවසානය කල්‍යාණ වූත්, අර්ථ සහිත වූත්, පැහැදිලි ප්‍රකාශනවලින් යුතු වූත්, මුළුමණින්ම පිරිපුන් පිරිසිදු බඹසර ප්‍රකාශ කරනවා. එතකොට ගෘහපතියෙක් වේවා, ගෘහපති පුත්‍රයෙක් වේවා කවර හෝ කුලයක උපන් කෙනෙක් වේවා ඒ ධර්මය අසනවා. ඔහු ඒ ධර්මය අසලා තථාගතයන් වහන්සේ කෙරෙහි ශ්‍රද්ධාව උපදවා ගන්නවා. ඉතින් ඔහු ඒ ශ්‍රද්ධාලාභයෙන් යුක්ත වෙලා මේ විදිහට නුවණින් කල්පනා කරනවා. 'ගිහි ගෙදර වාසය කිරීම හරිම කරදරයක්. කෙලෙස් වැඩෙන මාවතක්. නමුත් පැවිදි ජීවිතය ආකාසය වගේ. ගිහි ගෙදර වාසය කරමින් මුළුමණින්ම පිරිපුන්, මුළුමණින්ම පිරිසිදු, සුදෝසුදු බඹසර වසනවා යන කරුණ ලෙහෙසි එකක් නොවේ. ඒ නිසා මං කෙස් රැවුල් බාලා, කසාවත් පොරොවා ගෙන ගිහිගෙයින් නික්ම පැවිද්දට ඇතුලත් වෙන එක තමයි හොඳ' කියලා.

19. ඔහු පස්සේ කාලෙක ස්වල්ප වූ භෝග සම්පත් අත්හරිනවා. මහත් වූ භෝග සම්පත් අත්හරිනවා. ස්වල්ප වූ නෑදෑයන් අත්හරිනවා. මහත් වූ නෑදෑයන් අත්හරිනවා. කෙස් රැවුල් බාලා, කසාවත් පොරොවා ගෙන ගිහි ගෙයින් නික්ම පැවිදි ජීවිතයට පත්වෙනවා. ඔහු ඔය විදිහට පැවිද්දෙක් වෙලා ප්‍රාතිමෝක්ෂ සංවර සීලයෙන් (පැවිද්දෙක් විසින් රැකගත යුතු නිවනට උපකාරී වන උතුම් සිල්පදවලින්) සංවරව ඉන්නවා. යහපත් ඇවැතුම් පැවැතුම්වලින් යුතු වෙනවා. අණුමාත්‍ර වූ වරදෙහි පවා භය දකිනවා. ශික්ෂාපදවල සමාදන්ව හික්මෙනවා. කුසල්සහගත කායකර්මයෙන් හා වචීකර්මයෙන් යුතු වෙනවා. පිරිසිදු ආජීවයෙන් යුතු වෙනවා. සිල්වත් වෙනවා. අකුසලයෙන් වැළකූ දොරටු ඇතුව ඉන්නවා. නුවණින් සළකා ආහාර ගන්නවා. සිහිනුවණින් යුතුව ඉන්නවා. ලද දෙයින් සතුටුව ඉන්නවා.

20. පින්වත් ලෝහිච්ච, භික්ෂුව සීලයෙන් යුක්ත වන්නේ කොහොමද? පින්වත් කේවඩ්ඪ, මෙහි භික්ෂුව සතුන් මැරීම අත්හැර දාලා සතුන් මැරීමෙන් වැළකී ඉන්නවා. දඬු මුගුරු අත්හැර දාලා, අවි ආයුධ බැහැර කරලා, පවට ලැජ්ජා ඇතිව ඉන්නවා. සතුන් කෙරෙහි දයාවන්ත වෙනවා, සියලු ප්‍රාණීන්

කෙරෙහි හිතානුකම්පීව වාසය කරනවා. මෙයත් ඔහුගේ සීලයට අයත් දෙයකි. නුදුන් දේ ගැනීම අත්හැරලා නුදුන් දේ ගැනීමෙන් වැළකී ඉන්නවා. දුන් දේ පමණක් පිළිගන්නවා. දුන් දේ පමණක් පිළිගනු කැමති වෙනවා. සොර රහිත සිතින් යුතු වූ පිරිසිදු සිතින් යුතු වූ ජීවිතයකින් වාසය කරනවා. මෙයත් ඔහුගේ සීලයට අයත් දෙයකි. අබ්‍රහ්මචාරී බව අත්හැරලා බ්‍රහ්මචාරීව ඉන්නවා. ලාමක දෙයක් වූ මෛථූන සේවනයෙන් වැළකී එය දුරින්ම දුරුකර දමනවා. මෙයත් ඔහුගේ සීලයට අයත් දෙයකි. බොරු කීම අත්හැරලා, බොරු කීමෙන් වැළකී ඉන්නවා. සත්‍යය කතා කරනවා. ඇත්තෙන් ඇත්ත ගලපනවා. ස්ථිරව පිහිටලා කතාකරනවා. පිළිගත හැකි දේ කතා කරනවා. ලෝකයාව රවටන්නේ නෑ. මෙයත් ඔහුගේ සීලයට අයත් දෙයකි. කේලාම් කීම අත්හැරලා කේලාම් කීමෙන් වැළකී ඉන්නවා. මෙතැනින් අහලා මේ අය බිඳවන්නට අතන කියන්නේ නෑ. අතනින් අහලා ඒ උදවිය බිඳවන්නට මෙතැන කියන්නේ නෑ. මේ අයුරින් බිඳුණු උදවිය සමගි කරවනවා. සමගි වූවන්ට අනුබල දෙනවා. සමගි වූවන් හා වාසයට කැමතියි. සමගි වූවන් හා එක්ව වසනවා. සමගි වූවන් සමඟ සතුටු වෙනවා. සාමය උදෙසා සාමකාමී වචන කතා කරනවා. මෙයත් ඔහුගේ සීලයට අයත් දෙයකි. පරුෂ වචනය අත්හැරලා පරුෂ වචනයෙන් වැළකී ඉන්නවා. යම් වචනයක් දොස් රහිත නම්, කනට සැප නම්, ආදරවන්ත නම්, හෘදයාංගම නම්, ශිෂ්ට සම්පන්න නම්, බොහෝ ජනයා කැමති නම්, බොහෝ ජනයාට ප්‍රියමනාප නම් එබඳු වූ වචන පවසනවා. මෙයත් ඔහුගේ සීලයට අයත් දෙයකි. තේරුමක් නැති කතා බහ අත්හැරලා තේරුමක් නැති කතා කීමෙන් වැළකී සිටිනවා. කල් යල් බලා කතා කරනවා. ඇත්ත කතා කරනවා. අර්ථවත් දෙය කතා කරනවා. ධර්මයම කතා කරනවා. විනයම කතා කරනවා. සිත්හි ලා දරා ගැනීමට සුදුසු, වෙලාවට ගැලපෙන උපදේශ සහිත වූ, මදිපාඩුකම් නොතබා, ප්‍රමාණවත් පරිදි, දෙලොව යහපත පිණිස වූ දේ පවසනවා. මෙයත් ඔහුගේ සීලයට අයත් දෙයකි.

21. පැළවෙන බීජ හා පැළවුන ගස් කොළන් විනාශ කිරීමෙන් වැළකී ඉන්නවා. එක් වරුවේ බොජුන් වළඳනවා. රාත්‍රී ආහාරයෙන් වැළකී විකාල භෝජනයෙන් වැළකී ඉන්නවා. නැටුම්, ගැයුම්, වැයුම් හා විසූක දර්ශනයන් නැරඹීමෙන් වැළකී ඉන්නවා. මල් සුවඳ විලවුන් දැරීමෙන්ද ඇඟපත සැරසීමෙන්ද විසිතුරු වස්ත්‍රාභරණයෙන් සැරසීමෙන්ද වැළකී ඉන්නවා. ප්‍රමාණය ඉක්ම වූ උස් ආසනද, වටිනා සුඛෝපභෝගී ආසනද පරිහරණයෙන් වැළකී ඉන්නවා. රන් රිදී මිල මුදල් පිළිගැනීමෙන් වැළකී ඉන්නවා. අමු ධාන්‍ය පිළිගැනීමෙන් වැළකී ඉන්නවා. අමු මස් පිළිගැනීමෙන් වැළකී ඉන්නවා. ස්ත්‍රීන්, කුමරියන් පිළිගැනීමෙන් වැළකී ඉන්නවා. දැසි දස්සන් පිළිගැනීමෙන් වැළකී ඉන්නවා.

එළුබැටළුවන් පිළිගැනීමෙන් වැළකී ඉන්නවා. කුකුළන්, ඌරන් පිළිගැනීමෙන් වැළකී ඉන්නවා. ඇතුන්, ගවයන්, අසුන්, වෙළඹුන් පිළිගැනීමෙන් වැළකී ඉන්නවා. කෙත් වතු පිළිගැනීමෙන් වැළකී ඉන්නවා. ගිහි කටයුතු සඳහා දූත මෙහෙවර කිරීමෙන් වැළකී ඉන්නවා. වෙළ හෙළදාම් කිරීමෙන් වැළකී ඉන්නවා. තරාදියෙන් රැවටීම, නොවටිනා දෙයින් රැවටීම, මිනුමෙන් රැවටීම යන මෙයින් වැළකී ඉන්නවා. අල්ලස් ගෙන හිමිකරුවන්ගේ දේ අහිමි කිරීම, වංචා කිරීම, බාල දේ වටිනා දේ හැටියට පෙන්වීම ආදී නොයෙක් වංචනික දෙයින් වැළකී ඉන්නවා. අත්පා කැපීම්, මැරීම්, බන්ධන කිරීම්, මං පැහැරගැනීම්, ගම් පැහැර ගැනීම් ආදී සැහැසි දෙයින් වැළකී සිටිනවා. මෙයත් ඔහුගේ සීලයට අයත් දෙයකි.

22. ඒ වගේම ඇතැම් භවත් ශ්‍රමණ බ්‍රාහ්මණයන් ඉන්නවා. ඔවුන් ශ්‍රද්ධාවෙන් දුන් දන් අනුභව කරලා මේ විදිහේ පැළවෙන දේ හා ගස් කොළන් ආදිය වනසමින් ඉන්නවා. ඒ කියන්නේ මුලින් පැළවෙන දේවල්, කඳින් පැළවෙන දේවල්, පුරුකින් පැළවෙන දේවල්, දල්ලෙන් පැළවෙන දේවල්, පස්වෙනුවට බීජුවටින් පැළවෙන දේවල් යන ආදිය වනසමින් ඉන්නවා. ගස් කොළන් සිඳලීම් ආදී මෙවැනි දේවල්වලිනුත්, මෙවැනි වෙනත් දේවල්වලිනුත් වැළකී ඉන්නවා. මෙයත් ඔහුගේ සීලයට අයත් දෙයකි.

23. ඒ වගේම ඇතැම් භවත් ශ්‍රමණ බ්‍රාහ්මණයන් ඉන්නවා. ඔවුන් ශ්‍රද්ධාවෙන් දුන් දන් අනුභව කරලා මේ ආකාර වූ දේ රැස්කරගෙන පරිභෝග කරමින් වාසය කරනවා. ඒ කියන්නේ කෑම වර්ග රැස්කරලා තියාගන්නවා. බීම වර්ග රැස්කරලා තියාගන්නවා. වස්ත්‍ර රැස්කරලා තියාගන්නවා. යාන වාහන රැස්කරලා තියාගන්නවා. ඇඳ පුටු මේස රැස්කරලා තියාගන්නවා. සුවඳ වර්ග රැස්කරලා තියාගන්නවා. තවත් ආමිස රැස්කරලා තියාගන්නවා. මෙවැනි හෝ මෙවැනි වෙනත් දේවල් හෝ රැස්කරගෙන පරිහරණය කිරීමෙන් වැළකී ඉන්නවා. මෙයත් ඔහුගේ සීලයට අයත් දෙයකි.

24. ඒ වගේම ඇතැම් භවත් ශ්‍රමණ බ්‍රාහ්මණයන් ඉන්නවා. ඔවුන් ශ්‍රද්ධාවෙන් දුන් දන් අනුභව කරලා මේ ආකාරයේ විසූක දර්ශනයන් නැරඹීමෙහි යෙදිලා ඉන්නවා. ඒ කියන්නේ නැටුම්, ගැයුම්, වැයුම්, නාටක, පැරණි කතා රඟදැක්වීම්, අත්තාල ගසා නැටීම්, වේතාල නැටීම්, බෙර වාදන කිරීම්, රඟමඬළෙහි දේවතාවන්ට පූජා පිණිස නැටීම්, උණ ගසින් කරන ක්‍රීඩා, මිනී ඇට මැද තබා වටකොට නැටීම්, ඇත් යුද බැලීම්, අශ්ව යුද බැලීම්, ගොන් පොර බැලීම්, එළු පොර බැලීම්, බැටළු පොර බැලීම්, කුකුළු පොර බැලීම්, වටු පොර බැලීම්, පොලු හරඹ බැලීම්, මිටි හරඹ බැලීම්, මල්ලව පොර බැලීම්, යුද සේනා බලන්නට

යෑම, බලසෙන් ගණින තැන් බලන්නට යාම, බලසෙනඟ විසිරුවන තැන් බලන්නට යාම ආදී දේවල්වල යෙදෙමින් ඉන්නවා. මෙවැනි දේවල්වලිනුත්, මෙවැනි වෙනත් දේවල්වලින් යුතු විසූක දර්ශන නැරඹීම්වලින් වැළකී ඉන්නවා. මෙයත් ඔහුගේ සීලයට අයත් දෙයකි.

25. ඒ වගේම ඇතැම් භවත් ශ්‍රමණ බ්‍රාහ්මණයන් ඉන්නවා. ඔවුන් ශ්‍රද්ධාවෙන් දුන් දන් අනුභව කරලා තමාව ප්‍රමාදයට පත් කරවන මේ ආකාර වූ සූදු කෙළියෙන් කල් යවනවා. ඒ කියන්නේ හතරැස් කොටු අටකින් යුතුව කරන සූදුව, කොටු දහයකින් කරන සූදුව, අහසේ රූ අඳිමින් කරන සූදුව, කොටු පැනීමෙන් කරන සූදුව, සන්තික නම් වූ සූදුව, දාදු කැටයෙන් කරන සූදුව, කල්ලි ගැසුම, බූරුවා ගැසීම, ගුළ කෙළිය, නළා පිඹීම, කරණම් ගැසීම, මුගුරක් ගෙන උඩ යට වැටෙන පරිදි උඩට ගැසීම, කොළවලින් කළ ගොටුවලින් තරගෙට වැලි මැනීම, කුඩා රිය තරඟ, කුඩා දුනුවලින් විදීමේ තරඟ, අකුරු ලිවීමේ සෙල්ලම, සිතූ දේ කියන සෙල්ලම, විකලාංග අනුකරණයෙන් හිනැස්සීමේ සෙල්ලම ආදී දේ කිරීමයි. මේ දෙයිනුත්, මෙවැනි තවත් දේවල් ඇත්නම් එයිනුත් වැළකී ප්‍රමාදයට පත්වන සූදුවෙන් වැළකී ඉන්නවා. මෙයත් ඔහුගේ සීලයට අයත් දෙයකි.

26. ඒ වගේම ඇතැම් භවත් ශ්‍රමණ බ්‍රාහ්මණයන් ඉන්නවා. ඔවුන් ශ්‍රද්ධාවෙන් දුන් දන් අනුභව කරලා මේ ආකාර වූ පමණ ඉක්මවා උස් වූ ආසනත්, වටිනා සුඛෝපභෝගී ආසනත් පරිහරණය කරනවා. ඒ කියන්නේ දිග හාන්සි පුටු, කවිච්චි, ලොකු පලස් යෙදූ ආසන, විසිතුරු ගෙත්තම් කළ එළු ලොම් ඇතිරිලි, සුදු එළු ලොමින් කළ ඇතිරිලි, මල් යෙදූ එළු ලොමින් කළ ඇතිරිලි, පුළුන් යෙදූ මෙට්ට, සත්ව රූපවලින් සැරසූ එළු ලොම් ඇතිරිලි, මුළුමණින්ම එළු ලොමින් කළ ඇතිරිලි, රන් නූලෙන් සැරසූ කලාල, පට නූලෙන් කළ කලාල, නාටිකාංගනාවන් ඒ මත නැටිය හැකි එළු ලොමින් කළ කලාල, ඇතුන් පිට යොදන ඇතිරිලි, අසුන් පිට යොදන ඇතිරිලි, රථවල යොදන ඇතිරිලි, අඳුන් දිවි සමෙන් කළ ඇතිරිලි, කදලි මුව සමින් කළ කලාල, හිස දෙපැත්තට රතු විල්ලුද කොට්ට තබා රතු උඩුවියන් බැඳ සැදූ වටිනා යහන් ආදිය පරිහරණය කරයි. මෙවැනි දෙයිනුත්, මෙවැනි වෙන දේවල්වලිනුත් වැළකී උස් අසුන් මහා අසුන් පරිහරණයෙන් වැළකී ඉන්නවා. මෙයත් ඔහුගේ සීලයට අයත් දෙයකි.

27. ඒ වගේම ඇතැම් භවත් ශ්‍රමණ බ්‍රාහ්මණයන් ඉන්නවා. ඔවුන් ශ්‍රද්ධාවෙන් දුන් දන් අනුභව කරලා මේ ආකාරයෙන් ඇඟපත සැරසීමෙන් හා විසිතුරු වස්ත්‍රාභරණ පැළඳීමෙන් යුක්තව කල් ගෙවනවා. ඒ කියන්නේ සුවඳ වර්ග ඇඟ තවරා සිරුර සිනිඳු කිරීම, තෙල් වර්ග ගා සම්බාහනය කොට සිරුර හැඩ කිරීම,

සුවඳපැන් නෑම, උරහිස් ආදියෙහි මස් වැඩීමට මුගුරෙන් තැලීම, කැඩපතින් මුහුණ බලා සැරසීම, ඇස්වල අඳුන් ගෑම, මල් හා සුවඳ විලවුන් දැරීම, මුව සුවඳ කිරීම, මුව විලවුන් දැරීම, අත්වල ආභරණ දැමීම, හිසෙහි කුටුම්බි දැරීම. විසිතුරු සැරයැටි දැරීම, විසිතුරු බෙහෙත් නල දැරීම, විසිතුරු කඩු දැරීම, විසිතුරු කුඩ දැරීම, විසිතුරු පාවහන් දැරීම, නළල් පට දැරීම, මැණික් පැළඳීම, චාමර දැරීම, දිග වාටි ඇති සුදු වස්ත්‍ර දැරීම ආදියෙන් යුතුවෙයි. මෙවැනි දෙයිනුත්, මෙවැනි වෙන දේවල්වලිනුත් වැළකී ඇඟපත සැරසීම් හා විසිතුරු වස්ත්‍රාභරණ සැරසීමෙන් වැළකී ඉන්නවා. මෙයත් ඔහුගේ සීලයට අයත් දෙයකි.

28. ඒ වගේම ඇතැම් භවත් ශ්‍රමණ බ්‍රාහ්මණයන් ඉන්නවා. ඔවුන් ශ්‍රද්ධාවෙන් දුන් දන් අනුභව කරලා මෙබඳු වූ තිරිසන් කතාවල යෙදී වාසය කරනවා. ඒ කියන්නේ, රජවරුන් ගැන කථා, සොරුන් ගැන කථා, මහ ඇමතිවරුන් ගැන කථා, හමුදාවන් ගැන කථා, භය ඇතිවෙන දේවල් ගැන කථා, ආහාර වර්ග ගැන කථා, බොන දේවල් ගැන කථා, ඇඳුම් පැළඳුම් ගැන කථා, ඇඳ පුටු ගැන කථා, මල් වර්ග ගැන කථා, සුවඳ වර්ග ගැන කථා, නෑදෑයන් ගැන කථා, යාන වාහන ගැන කථා, ගම්මාන ගැන කථා, නියම් ගම්මාන ගැන කථා, නගර ගැන කථා, රටවල් ගැන කථා, ස්ත්‍රීන් ගැන කථා, පුරුෂයින් ගැන කථා, කුමාරයින් ගැන කථා, කුමාරියන් ගැන කථා, ශූරයින් ගැන කථා, මංමාවත් ගැන කථා, වළං පොලේ දේවල් ගැන කථා, මියගිය උදවිය ගැන කථා, තව තව දේවල් ගැන කථා, ලෝකය ගැන කථා, සාගරය ගැන කථා, මෙහෙමයි වුනේ මෙහෙමයි නොවුනේ කියන දේ ගැන කතා කරකර ඉන්නවා, මෙවැනි දෙයිනුත්, මෙවැනි වෙන දේවල්වලිනුත් වැළකී මෙබඳු වූ තිරිසන් කතාවෙන් වැළකී ඉන්නවා. මෙයත් ඔහුගේ සීලයට අයත් දෙයකි.

29. ඒ වගේම ඇතැම් භවත් ශ්‍රමණ බ්‍රාහ්මණයන් ඉන්නවා. ඔවුන් ශ්‍රද්ධාවෙන් දුන් දන් අනුභව කරලා මේ ආකාරයෙන් එකිනෙකා අතර බැණ දොඩා ගන්නා කතාවෙන් යුතුවයි ඉන්නේ. ඒ කියන්නේ "නුඹ මේ ධර්ම විනය දන්නේ නෑ. මම තමයි මේ ධර්ම විනය දන්නේ, ආ... එහෙමද එතකොට නුඹද මේ ධර්ම විනය දන්නේ? නුඹ ඉන්නේ මිථ්‍යා වැඩපිළිවෙලකයි. මම තමයි නියම වැඩ පිළිවෙල තුළ ඉන්නේ. මං කරුණු සහිතවයි කියන්නේ. නුඹේ කීම කරුණු රහිතයි. නුඹ කලින් කිවයුතු දේ පස්සේ කිව්වා. පස්සේ කිවයුතු දේ කලින් කිව්වා. නුඹ කලක් තිස්සේ කියපු දේ කණපිට පෙරළුනා. මා විසින් නුඹට වාද නංවලයි තියෙන්නේ. නුඹට නිග්‍රහ කරලයි තියෙන්නේ. වාදයෙන් නිදහස් වීමට මගක් හොයාගෙන පලයන්. පුළුවන් නම් ලිහාගනින්" යනාදිය කියමින් ආරවුල් හදාගන්නවා. මෙවැනි දෙයිනුත්, මෙවැනි වෙන දේවල්වලිනුත් වැළකී මෙබඳු

වූ බැණ දොඩාගන්නා කතාවෙන් වැළකී ඉන්නවා. මෙයත් ඔහුගේ සීලයට අයත් දෙයකි.

30. ඒ වගේම ඇතැම් භවත් ශ්‍රමණ බ්‍රාහ්මණයන් ඉන්නවා. ඔවුන් ශ්‍රද්ධාවෙන් දුන් දන් අනුභව කරලා ගිහියන්ගේ පණිවිඩ පණත් ගෙන යන මෙබඳු වූ දූත මෙහෙවරෙහි යෙදෙනවා. ඒ කියන්නේ, "මෙහෙ යන්න, අසවල් තැනට එන්න, මේක (අපේ මේ පණිවිඩය) අරන් යන්න. අසවල් තැනට මේක අරන් යන්න" යනාදී රජුන්ගේ, රාජමහා ඇමැතිවරුන්ගේ, ක්ෂත්‍රියයන්ගේ, බ්‍රාහ්මණයන්ගේ, ගෘහපතියන්ගේ, කුමාරවරුන්ගේ, පණිවිඩ පණත් ගෙනියනවා. මෙවැනි දෙයිනුත්, මෙවැනි වෙන දේවල්වලිනුත් වැළකී මෙබඳු වූ පණිවිඩ පණත් ගෙනයන ගිහියන්ගේ දූත මෙහෙවරෙන් වැළකී ඉන්නවා. මෙයත් ඔහුගේ සීලයට අයත් දෙයකි.

31. ඒ වගේම ඇතැම් භවත් ශ්‍රමණ බ්‍රාහ්මණයන් ඉන්නවා. ඔවුන් ශ්‍රද්ධාවෙන් දුන් දන් අනුභව කරලා කුහක (උඩින් වෙන ජීවිතයක් පෙන්වමින් යටින් වෙනත් ජීවිතයක් ගෙවමින් නැති ගුණ පෙන්වා) ජීවිත ගෙවනවා. ලාභ සත්කාර ලැබෙන විදිහට (පුහු වර්ණනා කිරීම්, තොඳොල් කිරීම්, නැති ගුණ කීම් ආදී) චාටු බස් කියනවා. දායකයින් හට නොදී බැරි තත්වයට පත්වෙන ආකාරයේ නිමිති දක්වමින් කතා කරනවා. තමන්ට ලැබෙන විදිහට අනුන්ට ගරහනවා. ලාභයෙන් ලාභය හොයනවා. මෙවැනි දෙයිනුත්, මෙවැනි වෙන දේවල්වලිනුත් වැළකී මෙබඳු වූ කුහක කමින් චාටුබස්වලින් වැළකී ඉන්නවා. මෙයත් ඔහුගේ සීලයට අයත් දෙයකි.

32. ඒ වගේම ඇතැම් භවත් ශ්‍රමණ බ්‍රාහ්මණයන් ඉන්නවා. ඔවුන් ශ්‍රද්ධාවෙන් දුන් දන් අනුභව කරලා මෙවැනි වූ තිරශ්චීන විද්‍යාවෙන් යුතුව මිථ්‍යා ආජීවයෙන් ජීවත්වෙනවා. ඒ කියන්නේ ශාරීරික අංග බලා ඵලාඵල කියනවා, නිමිති බලා ඵලාඵල කියනවා, උත්පාත බලා ඵලාඵල කියනවා, සිහින ඵලාඵල කියනවා, ශාරීරික ලක්ෂණ බලා ඵලාඵල කියනවා, මීයන් කෑ වස්ත්‍ර බලා ඵලාඵල කියනවා, ගිනි පූජා පවත්වනවා, හැන්දෙන් පූජා පවත්වනවා, ධාන්‍ය පොතුවලින් පූජා පවත්වනවා. කණ නම් සහලින් කළ පූජා පවත්වනවා, සහලින් පූජා පවත්වනවා, ගිතෙලින් පූජා පවත්වනවා, තල තෙලින් පූජා පවත්වනවා, විශේෂ කොට කරන පූජා පවත්වනවා, සතුන් මරා ලේ පුදා කරන පූජා පවත්වනවා, අංග විද්‍යාව, වාස්තු විද්‍යාව, දේශපාලන විද්‍යාව, වාසනාව උරගා බැලීමේ (ලොතරැයි) විද්‍යාව, භූත විද්‍යාව, පොළොව යට බිම් ගෙයක ඉඳ මැතිරීමෙන් කරන (භූරි) විද්‍යාව, සර්ප විද්‍යාව, විෂ විද්‍යාව, වෘශ්චික විද්‍යාව, මූෂික විද්‍යාව, පක්ෂි විද්‍යාව, විශාල පක්ෂි විද්‍යාව, ඉදුණු දේ මුල් කොට අනාවැකි කියන විද්‍යාව, මතුරන ලද

ඊතල විද ආරක්ෂා කරන විද්‍යාව, මෘග පක්ෂ යනාදී මිථ්‍යා ආජීවයෙන් ජීවත් වෙනවා. මෙවැනි දෙයිනුත්, මෙවැනි වෙන දේවල්වලිනුත් වැළකී මෙබඳු වූ තිරශ්චීන විද්‍යාවෙන් යුතු මිථ්‍යා ආජීවයෙන් වැළකී ඉන්නවා. මෙයත් ඔහුගේ සීලයට අයත් දෙයකි.

33. ඒ වගේම ඇතැම් භවත් ශ්‍රමණ බ්‍රාහ්මණයන් ඉන්නවා. ඔවුන් ශ්‍රද්ධාවෙන් දුන් දන් අනුභව කරලා මෙබඳු වූ තිරශ්චීන විද්‍යාවෙන් යුතුව මිථ්‍යා ආජීවයෙන් ජීවත් වෙනවා. ඒ කියන්නේ මැණික්වල සුභ අසුභ ලකුණු කීම, දඬුවල සුභ අසුභ ලකුණු කීම, වස්ත්‍රවල සුභ අසුභ ලකුණු කීම, කඩු ආදී සලකුණුවලින් සුභාසුභ කීම, ඊතල ආදී සලකුණුවලින් සුභාසුභ කීම, දුනු ආදී සලකුණුවලින් සුභාසුභ කීම, ආයුධ ආදී සලකුණුවලින් සුභාසුභ කීම, ස්ත්‍රීන්ගේ හැඩරුවින් සුභාසුභ ලකුණු කීම, පුරුෂයන්ගේ හැඩරුවින් සුභාසුභ ලකුණු කීම, දරුවන්ගේ හැඩරුවින් සුභාසුභ ලකුණු කීම, දූරියන්ගේ හැඩරුවින් සුභාසුභ ලකුණු කීම, දාසයන්ගේ හැඩරුවින් සුභාසුභ ලකුණු කීම, දාසියන්ගේ හැඩරුවින් සුභාසුභ ලකුණු කීම, ඒ ඒ කටයුතු සඳහා තෝරා ගත යුතු ඇතුන්ගේ ලකුණු කීම, අසුන්ගේ ලකුණු කීම, ඔටුවන්ගේ ලකුණු කීම, වෘෂභයන්ගේ ලකුණු කීම, ගවයන්ගේ ලකුණු කීම, එළුවන්ගේ ලකුණු කීම, බැටළුවන්ගේ ලකුණු කීම, කුකුළු පොර ආදියට සුදුසු කුකුළන්ගේ ලකුණු කීම, වටුවන්ගේ ලකුණු කීම, සුහුනන් ඇඟ වැටීමේ සහ හඬනැගීමේ ඵලාඵල කීම, කනෙහි පළඳාගත් උපකරණවලින් ඵලාඵල කීම, කැස්බෑවන්ට මතුරා ඵලාඵල කීම, මුවන්ට මතුරා ඵලාඵල කීම ආදී තිරශ්චීන විද්‍යාවෙන් යුතු මිථ්‍යා ආජීවයෙන් කල් ගෙවනවා. මෙවැනි දෙයිනුත්, මෙවැනි වෙන දේවල්වලිනුත් වැළකී මෙබඳු වූ තිරශ්චීන විද්‍යාවෙන් යුතු මිථ්‍යා ආජීවයෙන් වැළකී ඉන්නවා. මෙයත් ඔහුගේ සීලයට අයත් දෙයකි.

34. ඒ වගේම ඇතැම් භවත් ශ්‍රමණ බ්‍රාහ්මණයන් ඉන්නවා. ඔවුන් ශ්‍රද්ධාවෙන් දුන් දන් අනුභව කරලා මෙබඳු වූත් තිරිසන් විද්‍යාවෙන් යුතුව මිථ්‍යා ආජීවයෙන් ජීවිකාව ගෙවනවා. ඒ කියන්නේ, "අසවල් නැකතට රජතුමාගේ යුද පිණිස නික්මීම වන්නේය. අසවල් නැකතින් ආපසු නුවරට ඇතුළ්වීම සිදු කළ යුත්තේය. අසවල් නැකතින් රට ඇතුළේ සිට පිටත සතුරු රජුන් හමුවීමට රජුගේ ගමන කළ යුත්තේය. අසවල් නැකතින් පිටත සිටින රජවරු රට ඇතුළට පැමිණීම වන්නේය. අසවල් නැකතින් රට ඇතුළේ සිටින රජුගේ ඉවත්වීම සිදුවන්නේය. අසවල් නැකතින් රට ඇතුළේ සිටින රජුට ජය වන්නේය. අසවල් නැකතින් බාහිර රජුනට පරාජය වන්නේය. අසවල් නැකතින් බාහිර රජුන්ට ජය වන්නේය. අසවල් නැකතින් රට ඇතුළේ රජුට පරාජය වන්නේය කියලා මොහුට ජය

වෙනවා. මොහුට පරාජය වෙනවා" ආදී වශයෙන් පවසමින් තිරිසන් විද්‍යාවෙන් යුතු මිථ්‍යා ආජීවයෙන් කල් ගෙවනවා. මෙවැනි දෙයිනුත්, මෙවැනි වෙන දේවල්වලිනුත් වැළකී මෙබඳු වූ තිරශ්චීන විද්‍යාවෙන් යුතු මිථ්‍යා ආජීවයෙන් වැළකී ඉන්නවා. මෙයත් ඔහුගේ සීලයට අයත් දෙයකි.

35. ඒ වගේම ඇතැම් භවත් ශ්‍රමණ බ්‍රාහ්මණයන් ඉන්නවා. ඔවුන් ශ්‍රද්ධාවෙන් දුන් දන් අනුභව කරලා මෙබඳු වූත් තිරිසන් විද්‍යාවෙන් යුතුව මිථ්‍යා ආජීවයෙන් ජීවිකාව ගෙවනවා. ඒ කියන්නේ, "අසවල් දින චන්ද්‍රග්‍රහණයක් සිදුවෙනවා. අසවල් දින සූර්යග්‍රහණයක් සිදුවෙනවා. අසවල් දින නැකත් ග්‍රහණයක් සිදුවෙනවා. අසවල් දින සඳ හිරුගේ නිසිමගින් යෑම සිදුවෙනවා. අසවල් දින සඳ හිරුගේ නොමගින් යෑම සිදුවෙනවා. අසවල් දින නැකත් තරුවල නිසි මඟින් යෑම සිදුවෙනවා. අසවල් දින නැකත් තරුවල නොමගින් යෑම සිදුවෙනවා. අසවල් දින උල්කාපාත වැටෙනවා. අසවල් දින අසවල් දිශාවේ උෂ්ණත්වය වැඩිවෙනවා. අසවල් දින භූමිකම්පාවක් සිදුවෙනවා. අසවල් දින වැසි රහිතව අහස ගුගුරනවා. හිරු සඳු හා නැකත්වල උදාව බැසීම කෙලෙසීම පිරිසිදු වීම මේ මේ වෙලාවට සිදුවෙනවා. චන්ද්‍ර ග්‍රහණය ලෝකයට මෙවැනි ඵල විපාක ලබාදෙනවා. සූර්ය ග්‍රහණය ලෝකයට මෙවැනි ඵල විපාක ලබාදෙනවා. නැකත් ග්‍රහණය ලෝකයට මෙවැනි ඵල විපාක ලබාදෙනවා. හිරු සඳුගේ නිසි ගමන මෙවැනි ඵල විපාක ලබාදෙනවා. හිරු සඳුගේ නොමග යෑම මෙවැනි ඵල විපාක ලබාදෙනවා. උල්කාපාත වැටීම මෙවැනි ඵල විපාක ලබාදෙනවා. දිශා දාහය මෙවැනි ඵල විපාක ලබාදෙනවා. භූකම්පන මෙවැනි ඵල විපාක ලබාදෙනවා. වැසි නැතිව අහස ගිගිරීම මෙවැනි ඵල විපාක ලබාදෙනවා. හිරු සඳු හා නැකත්වල උදාව, බැසීම, කෙලෙසීම, පිරිසිදු වීම ලෝකයට මෙවැනි විපාක ලබාදෙනවා" කියලා තිරිසන් විද්‍යාවෙන් යුතුව මිථ්‍යා ආජීවයෙන් ජීවත් වෙනවා. මෙවැනි දෙයිනුත්, මෙවැනි වෙන දේවල්වලිනුත් වැළකී මෙබඳු වූ තිරශ්චීන විද්‍යාවෙන් යුතු මිථ්‍යා ආජීවයෙන් වැළකී ඉන්නවා. මෙයත් ඔහුගේ සීලයට අයත් දෙයකි.

36. ඒ වගේම ඇතැම් භවත් ශ්‍රමණ බ්‍රාහ්මණයන් ඉන්නවා. ඔවුන් ශ්‍රද්ධාවෙන් දුන් දන් අනුභව කරලා මෙබඳු වූත් තිරිසන් විද්‍යාවෙන් යුතුව මිථ්‍යා ආජීවයෙන් ජීවිකාව ගෙවනවා. ඒ කියන්නේ, "මේ කාලයේදී වැස්ස වහිනවා. මේ කාලයේදී නියඟය ඇතිවෙනවා. මේ කාලයේදී ආහාරපානාදියෙන් සරුවෙනවා. මේ කාලයේදී දුර්භික්ෂය ඇතිවෙනවා. මේ කාලයේදී රට සරුවෙනවා. මේ කාලයේදී බිය සැක නැතිව ඉන්නවා. මේ කාලයේදී භය උපදිනවා. මේ කාලයේදී රෝග ඇතිවෙනවා. මේ කාලයේදී නීරෝග බව ඇතිවෙනවා කියමින් ඵලා

ඵල පැවසීමත් මුද්‍රා, ගණිත, සංඛ්‍යාන, කාව්‍ය ශාස්ත්‍ර, ලෝකායත ශාස්ත්‍ර ආදී තිරිසන් විද්‍යාවෙන් යුතුව මිථ්‍යා ආජීවයෙන් ජීවත් වෙනවා. මෙවැනි දෙයිනුත්, මෙවැනි වෙන දේවල්වලිනුත් වැළකී මෙබඳු වූ තිරශ්චීන විද්‍යාවෙන් යුතු මිත්‍යා ආජීවයෙන් වැළකී ඉන්නවා. මෙයත් ඔහුගේ සීලයට අයත් දෙයකි.

37. ඒ වගේම ඇතැම් භවත් ශ්‍රමණ බ්‍රාහ්මණයන් ඉන්නවා. ඔවුන් ශ්‍රද්ධාවෙන් දුන් දන් අනුභව කරලා මෙබඳු වූත් තිරිසන් විද්‍යාවෙන් යුතුව මිථ්‍යා ආජීවයෙන් ජීවිකාව ගෙවනවා. ඒ කියන්නේ, විවාහයට නැකත් කීම, ආවාහයට නැකත් කීම, වෙන් වූ අඹු සැමියන් එක් කිරීමට නැකත් සෑදීම, එක් වූ අඹු සැමියන් වෙන් කිරීමට නැකත් සෑදීම, දීපු ණය එකතු කිරීමට නැකත් සෑදීම, මුදල් ණයට පොලියට දීමට නැකත් සෑදීම, දියුණු වීමට ගුරුකම් කිරීම, පාළුවී නැති වීමට ගුරුකම් කිරීම, දරුගැබ් රැකෙන්නට ගුරුකම් කිරීම, දිව අගුළු බැඳෙන්නට ගුරුකම් කිරීම, හනු තද කරන්නට ගුරුකම් කිරීම, අත් පෙරලෙන්නට ගුරුකම් කිරීම, හනු සිරවෙන්නට ගුරුකම් කිරීම, කන් අගුළු වැටෙන්නට ගුරුකම් කිරීම, කණ්ණාඩියෙන් භූතයන් කැඳවා ප්‍රශ්න විචාරීම, ගෑණු දරුවන් ලවා පේන කීම, දෙවියන් ලවා පේන කීම, සූර්ය වන්දනාව, මහ බඹු වන්දනාව, මන්ත්‍ර බලයෙන් කටින් ගිනිදැල් පිටකිරීම, මන්ත්‍ර බලෙන් ලක්ෂ්මී පූජා කිරීම යනාදී තිරිසන් විද්‍යාවෙන් යුතුව මිථ්‍යා ආජීවයෙන් ජීවත් වෙනවා. මෙවැනි දෙයිනුත්, මෙවැනි වෙන දේවල්වලිනුත් වැළකී මෙබඳු වූ තිරශ්චීන විද්‍යාවෙන් යුතු මිත්‍යා ආජීවයෙන් වැළකී ඉන්නවා. මෙයත් ඔහුගේ සීලයට අයත් දෙයකි.

38. ඒ වගේම ඇතැම් භවත් ශ්‍රමණ බ්‍රාහ්මණයන් ඉන්නවා. ඔවුන් ශ්‍රද්ධාවෙන් දුන් දන් අනුභව කරලා මෙබඳු වූත් තිරිසන් විද්‍යාවෙන් යුතුව මිථ්‍යා ආජීවයෙන් ජීවිකාව ගෙවනවා. ඒ කියන්නේ, ශාන්ති කර්ම, බාර ඔප්පු කිරීම, පොළොව යට හිඳ මතුරා ගුරුකම් කිරීම, නපුංසකයා පිරිමියෙකු කිරීම, පිරිමියා නපුංසකයෙකු කිරීම, ගෙවල් තැනීමේ දිශාවන් පෙන්වා දීම, අලුතෙන් නිවාස තැනීමේදී පුද පූජා පැවැත්වීම. වතුර මතුරා මූණ සේදවීම. වතුර මතුරා නැහැවීම, ගිනිපිදීම, ලය විරේක කරවීම, බඩ විරේක කරවීම, වමනය කරවීම, වස්ති කරවීම, ශීර්ෂ විරේකය, කණට තෙල් පිඹීම, ඇස් වෙදකම, නස්න කිරීම, ඇස්වලට අඳුන් සෑදීම, ප්‍රතිඅංජන සෑදීම, ශල්‍යකර්ම කිරීම, ළදරු චිකිත්සාව, කාය චිකිත්සාව, වනවලට බෙහෙත් බැඳීම ආදී තිරිසන් විද්‍යාවෙන් යුතුව මිථ්‍යා ආජීවයෙන් ජීවත් වෙනවා. මෙවැනි දෙයිනුත්, මෙවැනි වෙන දේවල්වලිනුත් වැළකී මෙබඳු වූ තිරශ්චීන විද්‍යාවෙන් යුතු මිථ්‍යා ආජීවයෙන් වැළකී ඉන්නවා. මෙයත් ඔහුගේ සීලයට අයත් දෙයකි.

39. පින්වත් ලෝහිච්ච, ඒ භික්ෂුව වනාහී මේ අයුරින් සීලසම්පන්නව සිටින විට ඒ සීලසංවරය හේතු කොට ගෙන මොනම අයුරකින්වත් බියක් දකින්නේ

නෑ. පින්වත් ලෝහිච්ච, ඒක මේ වගේ දෙයක්. ඔටුනු පළන් රජ කෙනෙක් ඉන්නවා. ඔහු සතුරන් පරදවලා බැහැර කරලයි ඉන්නේ. ඉතින් ඔහු සතුරන් හේතුවෙන් මොනම අයුරකින්වත් භයක් දකින්නේ නෑ. පින්වත් ලෝහිච්ච, භික්ෂුවත් ඔය විදිහමයි. මේ අයුරින් සීලසම්පන්නව සිටින විට ඒ සීලසංවරය හේතු කොට ගෙන මොනම අයුරකින්වත් බියක් දකින්නේ නෑ. ඔහු මේ ආර්ය වූ සීලස්කන්ධයෙන් සමන්විතව ආධ්‍යාත්මිකව නිවැරදි සැපයක් විඳිනවා. පින්වත් ලෝහිච්ච, ඔන්න ඔය විදිහටයි භික්ෂුව සීලසම්පන්න වන්නේ.

40. පින්වත් ලෝහිච්ච, භික්ෂුව අකුසලයන් වැළකූ ද්වාර ඇති ඉඳුරන් ඇතිව ඉන්නේ කොහොමද? පින්වත් ලෝහිච්ච, මෙහිලා භික්ෂුව ඇසින් රූප දැක නිමිති ගන්නේ නෑ. නිමිත්තක කොටසක්වත් ගන්නේ නෑ. යම් හෙයකින් ඇස නමැති ඉන්ද්‍රිය අසංවරව වසන කෙනෙකුට දැඩි ලෝභයත්, දොම්නසත්, පාපී අකුසලත් ඇති වී අර්බුදයක් හටගන්නවා නම්, එහි සංවරය පිණිස පිළිපදිනවා. ඇස රැකගන්නවා. ඇස නැමැති ඉන්ද්‍රියයේ සංවරයට පැමිණෙනවා. කනෙන් ශබ්දයක් අහලා ....(පෙ).... නාසයෙන් ගන්ධයක් ආඝ්‍රාණය කරලා ....(පෙ).... දිවෙන් රසයක් රස විඳලා ....(පෙ).... කයෙන් පහසක් ලබලා ....(පෙ).... මනසින් අරමුණක් දැනගෙන නිමිති ගන්නේ නෑ. නිමිත්තක කොටසක්වත් ගන්නේ නෑ. යම් හෙයකින් මනස නමැති ඉන්ද්‍රිය අසංවරව වසන කෙනෙකුට දැඩි ලෝභයත්, දොම්නසත්, පාපී අකුසලත් ඇති වී අර්බුදයක් හටගන්නවා නම්, එහි සංවරය පිණිස පිළිපදිනවා. මනස රැකගන්නවා. මනස නැමැති ඉන්ද්‍රියයේ සංවරයට පැමිණෙනවා. ඔහු මේ ආර්ය වූ ඉන්ද්‍රිය සංවරයෙන් යුක්තව ආධ්‍යාත්මිකව පීඩා රහිතව සැපයක් විඳිනවා. පින්වත් ලෝහිච්ච, භික්ෂුව අකුසලයෙන් වැළැක්වූ දොරටු ඇති ඉන්ද්‍රියයන් තුළ ඉන්නේ ඔය විදිහටයි.

41. පින්වත් ලෝහිච්ච, භික්ෂුව සිහිනුවණින් යුතුව සිටින්නේ කොහොමද? පින්වත් ලෝහිච්ච, මෙහිලා භික්ෂුව ඉදිරියට යද්දීත්, ආපසු එද්දීත් එය කරන්නේ සිහි නුවණින්මයි. ඉදිරිය බලද්දී, වටපිට බලද්දී එය කරන්නෙත් සිහි නුවණින්මයි. අතපය හකුළද්දී, දිගහරිද්දී එය කරන්නෙත් සිහිනුවණින්මයි. දෙපට සිවුර, පාත්‍රය, අනෙක් සිවුරු ආදිය දරද්දී එය කරන්නෙත් සිහිනුවණින්මයි. වළඳද්දී, පානය කරද්දී, අනුභව කරද්දී, රස විඳිද්දී එය කරන්නෙත් සිහි නුවණින්මයි. වැසිකිළි කැසිකිළි යාමේදී එය කරන්නෙත් සිහි නුවණින්මයි. ගමන් කරද්දී, සිටගෙන සිටිද්දී, වාඩි වී සිටිද්දී, සැතපෙද්දී, නිදිවරද්දී, කතාබස් කරද්දී, නිහඬව සිටිද්දී එය කරන්නෙත් සිහි නුවණින්මයි. පින්වත් ලෝහිච්ච, භික්ෂුව සිහිනුවණින් යුතු වන්නේ ඔය ආකාරයටයි.

42. පින්වත් ලෝහිච්ච, භික්ෂුව ලද දෙයින් සතුටු වන්නේ කොහොමද? පින්වත් ලෝහිච්ච, මෙහිලා භික්ෂුව කය පරිහරණයට සෑහෙන සිවුරෙන්, කුසගිනි නිවෙන්නට සෑහෙන පිණ්ඩපාතයෙන් සතුටු වෙනවා. ඔහු යම් ම තැනකට පිටත් වෙනවා නම්, පාසිවුරු පමණක් අරගෙන යනවා. ඒක මේ වගේ දෙයක්. කුරුල්ලෙක් යම් ම තැනකට පියඹා යනවා නම්, පියාපත් බර පමණක් සහිතව පියඹනවා වගෙයි. පින්වත් ලෝහිච්ච, ඔය අයුරින්ම භික්ෂුව කය පරිහරණයට සෑහෙන සිවුරෙන්, කුසගිනි නිවෙන්නට සෑහෙන පිණ්ඩපාතයෙන් සතුටු වෙනවා. ඔහු යම් ම තැනකට පිටත් වෙනවා නම්, පාසිවුරු පමණක් අරගෙන යනවා. පින්වත් ලෝහිච්ච, භික්ෂුව ලද දෙයින් සතුටු වන්නේ ඔය විදිහටයි.

43. ඔහු මේ ආර්ය වූ සීලස්කන්ධයෙන් යුක්ත වෙලා, මේ ආර්ය වූ ඉන්ද්‍රිය සංවරයෙන් යුක්ත වෙලා, මේ ආර්ය වූ සිහිනුවණින් යුක්ත වෙලා, මේ ආර්ය වූ ලද දෙයින් සතුටුවීමෙන් යුක්ත වෙලා හුදෙකලා සෙනසුනක වාසය කරනවා. ඒ කියන්නේ අරණ්‍යය, රුක්සෙවණ, පර්වතය, දිය ඇල්ල, ගිරිගුහාව, සොහොන, වනගැබ, ගස් කොළන් රහිත හිස් පිටිය, පිදුරු ගෙය ආදියයි. ඔහු පිණ්ඩපාතය වළඳා, දානයෙන් පසු (එවැනි තැනක) පළඟක් බැඳගෙන, කය ඍජු කරගෙන, භාවනා අරමුණෙහි සිහිය පිහිටුවාගෙන වාඩිවෙනවා.

44. ඔහු ජීවිතය නම් වූ ලෝකය ගැන ඇති විෂම ලෝභය දුරු කොට ඇලීම් රහිත වූ සිතින් වාසය කරනවා. විෂම ලෝභය කෙරෙන් සිත පිරිසිදු කරනවා. තරහ, වෛර ආදිය අත්හැර තරහ නැති සිතින් සියලු සතුන් කෙරෙහි හිතානුකම්පීව වාසය කරනවා. තරහ, වෛර ආදිය කෙරෙන් සිත පිරිසිදු කරනවා. නිදිමත, අලසකම අත්හැර නිදිමත, අලසකමින් බැහැරව ආලෝක සඤ්ඤාවෙන් යුතුව, සිහිනුවණ ඇතිව වාසය කරනවා. නිදිමත අලසකම කෙරෙන් සිත පිරිසිදු කරනවා. සිතේ විසිරීමත්, පසුතැවීමත් බැහැර කොට නොකැළඹී ගිය සංසිඳුණු සිතින් වාසය කරනවා. සිතේ විසිරීම හා පසුතැවීම කෙරෙන් සිත පිරිසිදු කරනවා. සැකය දුරු කොට කුසල් දහම් ගැන 'කෙසේද? කෙසේද?' යනාදී සැකයෙන් එතෙරව වාසය කරනවා. සැකය කෙරෙන් සිත පිරිසිදු කරනවා.

45. පින්වත් ලෝහිච්ච, එය මෙවැනි දෙයක්. පුරුෂයෙක් ණයක් අරගෙන කර්මාන්තයක යොදවනවා. ඔහුගේ ඒ ව්‍යාපාරය සාර්ථක වෙනවා. එතකොට ඔහු යම් පරණ මුල් ණයක් ඇද්ද, එය සම්පූර්ණයෙන්ම ගෙවලා දානවා. එයින් පසු ඔහුට අඹුදරුවන් පෝෂණය පිණිස ලාභයක් ඉතිරිත් වෙනවා. එතකොට ඔහුට මෙහෙම හිතෙනවා. "මං කලින් ණයක් අරගෙනයි ව්‍යාපාරයක

යෙදෙව්වේ. ඒ මගේ ව්‍යාපාරය සාර්ථක වුනා. ඒ මං යම් පරණ මුල් ණයක් ඇද්ද එය සම්පූර්ණයෙන්ම ගෙව්වා. අඹුදරුවන් පෝෂණයටත් මට ආදායම ඉතිරි වුනා" කියලා. ඒ හේතුවෙන් ඔහු මහත් සතුටක් ලබනවා. මහත් සොම්නසක් ලබනවා.

46. පින්වත් ලෝහිච්ච, ඒක මේ වගේ දෙයක්. පුරුෂයෙක් රෝගී වෙලා, දුකට පත්වෙලා, දැඩිසේ ගිලන්ව ඉන්නවා. ඔහුට බත් කෑමටවත් පිරියක් නෑ. ඔහුගේ ඇගේ පතේ ප්‍රාණවත් ගතියක් නෑ. නමුත් පස්සේ කාලෙක ඔහු ඒ රෝගයෙන් මිදුණා. ඔහුට දැන් බත් කෑමත් ප්‍රියයි. ඔහුගේ ඇඟපතත් ප්‍රාණවත්. එතකොට ඔහුට මෙහෙම හිතෙනවා. "මං ඉස්සර රෝගී වෙලා, දුකට පත්වෙලා, දැඩිසේ ගිලන්ව හිටියේ. මට බත් කෑමටවත් පිරියක් තිබුනේ නෑ. මගේ ඇගේ පතේ ප්‍රාණවත් ගතියක් තිබුනේ නෑ. නමුත් දැන් මං ඒ රෝගයෙන් මිදුනා. මට දැන් බත් කෑමත් ප්‍රියයි. මගේ ඇඟපතත් ප්‍රාණවත්" කියලා. ඒ හේතුවෙන් ඔහු මහත් සතුටක් ලබනවා. මහත් සොම්නසක් ලබනවා.

47. පින්වත් ලෝහිච්ච, ඒක මේ වගේ දෙයක්. පුරුෂයෙක් හිරගෙදරක බන්ධනයකට හසුවෙනවා. නමුත් ඔහු පස්සේ කාලෙක තමන්ගේ ධනය වියදම් නොකොට සුවසේම ඒ බන්ධනාගාරයෙන් නිදහස් වෙනවා. ඔහුගේ සම්පත්වලින් කිසි වියදමක් යන්නේ නෑ. එතකොට ඔහුට මෙහෙම හිතෙනවා. "මං ඉස්සර හිරගෙදරක බන්ධනයකට අහු වුනා. නමුත් ඒ මං දැන් ධන වියදමකින් තොරව සුවසේම ඒ බන්ධනාගාරයෙන් නිදහස් වුනා. මගේ භෝග සම්පත්වලින් කිසිදෙයක් වියදම් වුනේ නෑ" කියලා. ඒ හේතුවෙන් ඔහු මහත් සතුටක් ලබනවා. මහත් සොම්නසක් ලබනවා.

48. පින්වත් ලෝහිච්ච, ඒක මේ වගේ දෙයක්. පුරුෂයෙක් තමාට සිතූ පරිදි ගත කරන්නට බැරි, අනුන්ට යටත් වෙලා වාසය කරන, තමා කැමැති පරිදි යා ගත නොහැකි, දාසයෙක් වෙලා හිටියා. ඔහු පස්සේ කාලෙක ඒ දාසබවෙන් නිදහස් වුනා. තමාට සිතූ පරිදි ගත කරන, අනුන්ට යටත් නොවන, තමන් කැමැති පරිදි යා හැකි ජීවිතයක් ලැබුනා. එතකොට ඔහුට මෙහෙම හිතුනා. "මං ඉස්සර තමාට සිතූ පරිදි ගත කරන්නට බැරි, අනුන්ට යටත් වෙලා වාසය කරන, තමා කැමැති පරිදි යා ගත නොහැකි දාසයෙක් වෙලා හිටියා. ඒ මං දැන් ඒ දාසබවෙන් නිදහස් වෙලයි ඉන්නේ. මට සිතූ පරිදි ගත කරන, අනුන්ට යටත් නොවන, මං කැමැති පරිදි යා හැකි ජීවිතයක් ලැබිලා තියෙනවා" කියලා. ඒ හේතුවෙන් ඔහු මහත් සතුටක් ලබනවා. මහත් සොම්නසක් ලබනවා.

49. පින්වත් ලෝහිච්ච, ඒක මේ වගේ දෙයක්. පුරුෂයෙක් ධනය ඇතිව, භෝග සම්පත් ඇතිව, ආහාරපාන දුලභ වූ, බිය උවදුරු සහිත කාන්තාර

ගමනකට පිවිසෙනවා. නමුත් ඔහු පසු කාලෙක ඒ කාන්තාරයෙන් එතෙර වෙනවා. සුවසේම ගමන අවසන් කොට බිය, උවදුරු නැති ආරක්ෂාව ඇති තැනකට පැමිණෙනවා. එතකොට ඔහුට මෙහෙම හිතෙනවා "මං කලින් ධනය ඇතිව, භෝග සම්පත් ඇතිව, ආහාරපාන දුලභ වූ, බිය උවදුරු සහිත කාන්තාර ගමනකට පිවිසුනා. නමුත් දැන් මා ඒ කාන්තාරයෙන් එතෙර වුනා. සුවසේම ගමන අවසන් කොට බිය, උවදුරු නැති ආරක්ෂාව ඇති තැනකට පැමිණුනා" කියලා. ඒ හේතුවෙන් ඔහු මහත් සතුටක් ලබනවා. මහත් සොම්නසක් ලබනවා.

50. පින්වත් ලෝහිච්ච, අන්න ඒ විදිහමයි. භික්ෂුවත් (කලින්) ණයක් ගත්තා වගේ, ලෙඩ වුනා වගේ, හිරේවිලංගුවේ වැටුනා වගේ, වහල්බවට පත්වුනා වගේ, නිරුදක කතරකට පැමිණුනා වගේ මේ පංච නීවරණයන් ප්‍රහාණය නොවී තමා තුළ පවතින හැටි දකිනවා. නමුත් පින්වත් ලෝහිච්ච, ඒ ණය ගෙවා දමා ණය රහිත වුනා වගේ, රෝගයෙන් නිදහස් වෙලා නීරෝග වුනා වගේ, වියදම් නැතුව හිරෙන් නිදහස් වුනා වගේ, දාසබවෙන් නිදහස් වුනා වගේ, නිරුදක කතර ගෙවා ආරක්ෂා සහිත ක්ෂේම භූමියකට පැමිණුනා වගේ තමයි. පින්වත් ලෝහිච්ච, අන්න ඒ විදිහමයි භික්ෂුව තමා තුළ මේ පංච නීවරණයන් දුරුවී ඇති ආකාරයත් දකින්නේ.

51. ඔහුට මේ පංච නීවරණයන් තමා තුළ නැති බව දකිද්දී මහත් සතුටක් ඇතිවෙනවා. ඒ ප්‍රමුදිත වීම ඇති කෙනාට ප්‍රීතිය ඇතිවෙනවා. ප්‍රීති මනසක් ඇති කෙනාගේ කය සංසිඳෙනවා. සංසිඳුණු කයින් යුතුව සැපක් විඳිනවා. සැප ඇති කෙනාගේ සිත සමාධිමත් වෙනවා.

52. ඔහු කාමයන්ගෙන් වෙන්ව, අකුසලයන්ගෙන් වෙන්ව, විතර්ක සහිත වූ, විචාර සහිත වූ, විවේකයෙන් හටගත් ප්‍රීති සුඛය ඇති පළමුවෙනි ධ්‍යානය උපදවාගෙන වාසය කරනවා. ඔහු මේ කයම විවේකයෙන් හටගත් ප්‍රීති සුඛයෙන් හොඳට තෙත් කරනවා. මුළුමණින්ම තෙත් කරනවා. එයින් පුරවනවා. පිරිපුන්ව පුරවනවා. ඔහුගේ සියලු කයෙහි විවේකයෙන් හටගත් ප්‍රීති සුඛයෙන් ස්පර්ශ නොකළ කිසිතැනක් නෑ.

53. පින්වත් ලෝහිච්ච, ඒක මේ වගේ දෙයක්. (රජවරුන් ආදී පිරිස් නහවන) දක්ෂ නහවන්නෙක් හෝ නහවන කෙනෙකුගේ ගෝලයෙක් ඉන්නවා. ඔහු ලෝහ බඳුනක නානසුණු විසුරුවනවා. ඊට පස්සේ දිය ඉස ඉස පිඬු කරනවා. එතකොට ඒ නානසුණු පිඬට අර වතුර කාවදිනවා. හොඳින් තෙත් වෙනවා. ඒ නහන පිඬ ඇතුළත පිටත සෑම තැනම හොඳින් දිය පැතිරිලා තියෙනවා. පිටතට වැගිරෙන්නෙත් නෑ. පින්වත් ලෝහිච්ච, ඔය විදිහමයි. භික්ෂුව මේ

කයම විවේකයෙන් හටගත් ප්‍රීති සුඛයෙන් හොඳට තෙත් කරනවා. මුළුමණින්ම තෙත් කරනවා. එයින් පුරවනවා. පිරිපුන්ව පුරවනවා. ඔහුගේ සියලු කයෙහි විවේකයෙන් හටගත් ප්‍රීති සුඛයෙන් ස්පර්ශ නොකළ කිසිතැනක් නෑ.

54. පින්වත් ලෝහිච්ච, භික්ෂුව කාමයන්ගෙන් වෙන්ව, අකුසලයන්ගෙන් වෙන්ව, විතර්ක සහිත වූ, විචාර සහිත වූ, විවේකයෙන් හටගත් ප්‍රීති සුඛය ඇති යම් පළමුවෙනි ධ්‍යානය උපදවාගෙන වාසය කරනවා නම්, ඔහු මේ කයම විවේකයෙන් හටගත් ප්‍රීති සුඛයෙන් හොඳට තෙත් කරනවා. මුළුමණින්ම තෙත් කරනවා. එයින් පුරවනවා. පිරිපුන්ව පුරවනවා. ඔහුගේ සියලු කයෙහි විවේකයෙන් හටගත් සුඛයෙන් ස්පර්ශ නොකළ කිසිතැනක් නෑ. මෙය අයිති වන්නේත් ඔහුගේ සමාධියටමයි.

55. පින්වත් ලෝහිච්ච, යම්කිසි ශාස්තෘවරයෙක් වෙත පැමිණි ශ්‍රාවකයා මෙබඳු වූ උදාර විශේෂත්වයන් සාක්ෂාත් කරනවා නම්, පින්වත් ලෝහිච්ච, මේ ශාස්තෘවරයා ලෝකයෙහි චෝදනා ලැබීමට සුදුස්සෙක් නොවේ. යම්කිසි කෙනෙක් මෙබඳු ශාස්තෘවරයෙකුට චෝදනා කරනවා නම්, ඒ චෝදනාව ඒ ශාස්තෘවරයා තුළ නෑ. එය අසත්‍යයක්. අධාර්මිකයි. වැරදියි.

56. පින්වත් ලෝහිච්ච, තවදුරටත් කියනවා නම් භික්ෂුව විතක්ක විචාරයන්ගේ සංසිඳීමෙන් ආධ්‍යාත්මිකව පැහැදීම ඇතිව සිතෙහි මනා එකඟ බවෙන් යුතුව විතර්ක රහිත, විචාර රහිත, සමාධියෙන් හටගත්, ප්‍රීති සුඛය ඇති දෙවෙනි ධ්‍යානය උපදවාගෙන වාසය කරනවා. ඔහු මේ කයම සමාධියෙන් හටගත් ප්‍රීති සුඛයෙන් හොඳට තෙත් කරනවා. මුළුමණින්ම තෙත් කරනවා. එයින් පුරවනවා. පිරිපුන්ව පුරවනවා. ඔහුගේ සියලු කයෙහි සමාධියෙන් හටගත් ප්‍රීති සුඛයෙන් ස්පර්ශ නොකළ කිසිතැනක් නෑ.

57. පින්වත් ලෝහිච්ච, ඒක මේ වගේ දෙයක්. යට දිය උල්පත්වලින් වතුර ගලන ගැඹුරු විලක් තියෙනවා. හැබැයි ඒ විලට නැගෙනහිර පැත්තෙන් වතුර එන මගක් නෑ. දකුණු පැත්තෙන් වතුර එන මගක් නෑ. බටහිර පැත්තෙන් වතුර එන මගක් නෑ. උතුරු පැත්තෙන් වතුර එන මගක් නෑ. වැස්සත් කලින් කලට පිළිවෙලකට වහින්නේ නෑ. එතකොට ඒ විලෙන්ම සීතල දියදහරා උල්පත්වලින් උඩට මතු වෙවී ඒ විලම සීතල ජලයෙන් හොඳට තෙත් කරනවා. මුළුමණින්ම තෙත් කරනවා. වතුරෙන් පුරවනවා. හොඳින් පුරවනවා. ඒ මුළු විලේම සිහිල් ජලයෙන් පහස නොලැබූ කිසි තැනක් නෑ. පින්වත් ලෝහිච්ච, ඔය විදිහමයි. භික්ෂුව මේ කයම සමාධියෙන් හටගත් ප්‍රීති සුඛයෙන් හොඳට තෙත් කරනවා. මුළුමණින්ම තෙත් කරනවා. එයින් පුරවනවා. පිරිපුන්ව පුරවනවා. ඔහුගේ

සියලු කයෙහි සමාධියෙන් හටගත් ප්‍රීති සුඛයෙන් ස්පර්ශ නොකළ කිසිතැනක් නෑ.

58. පින්වත් ලෝහිච්ච, භික්ෂුව විතක්ක විචාරයන්ගේ සංසිඳීමෙන් ආධ්‍යාත්මිකව පැහැදීම ඇතිව සිතෙහි මනා එකඟ බවෙන් යුතුව විතර්ක රහිත, විචාර රහිත, සමාධියෙන් හටගත්, ප්‍රීති සුඛය ඇති යම් දෙවෙනි ධ්‍යානය උපදවාගෙන වාසය කරනවා නම්, ඔහු මේ කයම සමාධියෙන් හටගත් ප්‍රීති සුඛයෙන් හොඳට තෙත් කරනවා. මුළුමණින්ම තෙත් කරනවා. එයින් පුරවනවා. පිරිපුන්ව පුරවනවා. ඔහුගේ සියලු කයෙහි සමාධියෙන් හටගත් ප්‍රීති සුඛයෙන් ස්පර්ශ නොකළ කිසිතැනක් නෑ. මෙය අයිති වන්නේත් ඔහුගේ සමාධියටමයි.

59. පින්වත් ලෝහිච්ච, යම්කිසි ශාස්තෲවරයෙක් වෙත පැමිණි ශ්‍රාවකයා මෙබඳු වූ උදාර විශේෂත්වයන් සාක්ෂාත් කරනවා නම්, පින්වත් ලෝහිච්ච, මේ ශාස්තෲවරයා ලෝකයෙහි චෝදනා ලැබීමට සුදුස්සෙක් නොවේ. යම්කිසි කෙනෙක් මෙබඳු ශාස්තෲවරයෙකුට චෝදනා කරනවා නම්, ඒ චෝදනාව ඒ ශාස්තෲවරයා තුළ නෑ. එය අසත්‍යයක්. අධාර්මිකයි. වැරදියි.

60. පින්වත් ලෝහිච්ච, තවදුරටත් කියනවා නම් භික්ෂුව ප්‍රීතියටද නොඇලීමෙන් උපේක්ෂාවෙන් යුතුව වාසය කරනවා. සිහියෙන් නුවණින් යුතුව කයෙන් සැපයක්ද විඳිනවා. ආර්යයන් වහන්සේලා යම් ධ්‍යානයකට උපේක්ෂා සහගත සිහිය ඇති සැප විහරණය යැයි පවසනවාද, ඒ තුන්වෙනි ධ්‍යානයත් උපදවාගෙන වාසය කරනවා. ඔහු මේ කයම ප්‍රීති රහිත සුඛයෙන් හොඳට තෙත් කරනවා. මුළුමණින්ම තෙත් කරනවා. එයින් පුරවනවා. පිරිපුන්ව පුරවනවා. ඔහුගේ සියලු කයෙහි ප්‍රීති රහිත සුඛයෙන් ස්පර්ශ නොකළ කිසිතැනක් නෑ.

61. පින්වත් ලෝහිච්ච, ඒක මේ වගේ දෙයක්. මහනෙල් විලක හෝ රතු නෙළුම් විලක හෝ සුදු නෙළුම් විලක හෝ ඇතැම් මහනෙල් වේවා, රතු නෙළුම් වේවා, සුදු නෙළුම් වේවා ඒ නෙළුම් ජලයේමයි හටගන්නේ. ජලයේමයි වැඩෙන්නේ. නමුත් ජලයෙන් උඩට ඇවිත් නෑ. ජලය තුළම ගිලී වැඩෙනවා. එතකොට ඒ නෙළුම් අග දක්වාත්, මුල දක්වාත් සීතල දියෙන් හොඳට තෙත් වෙලා තියෙන්නේ. මුළුමණින්ම තෙත් වෙලා තියෙන්නේ. පිරිලා තියෙන්නේ. හැමතැනම පැතිරිලා තියෙන්නේ. ඒ සෑම මහනෙල්වල, රතු නෙළුම්වල, සුදු නෙළුම්වල සීතල දිය නොපැතුරුණු කිසි තැනක් නෑ. පින්වත් ලෝහිච්ච, ඔය විදිහමයි. භික්ෂුව මේ කයම ප්‍රීති රහිත සුඛයෙන් හොඳට තෙත් කරනවා. මුළුමණින්ම තෙත් කරනවා. එයින් පුරවනවා. පිරිපුන්ව පුරවනවා. ඔහුගේ සියලු කයෙහි ප්‍රීති රහිත සුඛයෙන් ස්පර්ශ නොකළ කිසිතැනක් නෑ.

62. පින්වත් ලෝහිච්ච, භික්ෂුව ප්‍රීතියටද නොඇලීමෙන්, උපේක්ෂාවෙන් යුතුව වාසය කරනවා. සිහියෙන් නුවණින් යුතුව කයෙන් සැපයක්ද විඳිනවා. ආර්යයන් වහන්සේලා යම් ධ්‍යානයකට උපේක්ෂා සහගත සිහිය ඇති සැප විහරණය යැයි පවසනවාද, යම් ඒ තුන්වෙනි ධ්‍යානයත් උපදවාගෙන වාසය කරනවා නම්, ඔහු මේ කයම ප්‍රීති රහිත සුඛයෙන් හොඳට තෙත් කරනවා. මුළුමණින්ම තෙත් කරනවා. එයින් පුරවනවා. පිරිපුන්ව පුරවනවා. ඔහුගේ සියලු කයෙහි ප්‍රීති රහිත ප්‍රීති සුඛයෙන් ස්පර්ශ නොකළ කිසිතැනක් නෑ. මෙය අයිති වන්නේත් ඔහුගේ සමාධියටමයි.

63. පින්වත් ලෝහිච්ච, යම්කිසි ශාස්තෘවරයෙක් වෙත පැමිණි ශ්‍රාවකයා මෙබඳු වූ උදාර විශේෂත්වයන් සාක්ෂාත් කරනවා නම්, පින්වත් ලෝහිච්ච, මේ ශාස්තෘවරයා ලෝකයෙහි චෝදනා ලැබීමට සුදුස්සෙක් නොවේ. යම්කිසි කෙනෙක් මෙබඳු ශාස්තෘවරයෙකුට චෝදනා කරනවා නම්, ඒ චෝදනාව ඒ ශාස්තෘවරයා තුළ නෑ. එය අසත්‍යයක්. අධාර්මිකයි. වැරදියි.

64. පින්වත් ලෝහිච්ච, නැවතත් කියනවා නම්, භික්ෂුව සැපයද ප්‍රහාණය කිරීමෙන්, දුකද ප්‍රහාණය කිරීමෙන් කලින්ම සොම්නස් දොම්නස් දෙක ඉක්ම යෑමෙන් දුක් සැප රහිත වූ පාරිශුද්ධ උපේක්ෂා සහගත සතිය ඇති සතරවෙනි ධ්‍යානය උපදවා ගෙන වාසය කරනවා. ඔහු මේ කයම පාරිශුද්ධ වූ ප්‍රභාශ්වර සිතින් පතුරුවා ගෙන වාඩි වී ඉන්නවා. ඔහුගේ සියලු කයෙහි පාරිශුද්ධ වූ ප්‍රභාශ්වර සිතින් ස්පර්ශ නොකළ කිසිතැනක් නෑ.

65. පින්වත් ලෝහිච්ච, ඒක මේ වගේ දෙයක්. සුදු වස්ත්‍රයකින් හිස සහිතව මුළු සිරුරම පොරෝවාගෙන වාඩි වී සිටින කෙනෙක් ඉන්නවා. එතකොට ඔහුගේ මුළු කයෙහිම සුදු වස්ත්‍රයෙන් නොවැසුණු කිසි තැනක් නෑ. පින්වත් ලෝහිච්ච, අන්න ඒ වගේමයි භික්ෂුව මේ කයම පාරිශුද්ධ වූ ප්‍රභාෂ්වර සිතින් පතුරුවා ගෙන වාඩි වී ඉන්නවා. ඔහුගේ සියලු කයෙහි පාරිශුද්ධ වූ ප්‍රභාෂ්වර සිතින් ස්පර්ශ නොකළ කිසිතැනක් නෑ.

66. පින්වත් ලෝහිච්ච, භික්ෂුව සැපයද ප්‍රහාණය කිරීමෙන්, දුකද ප්‍රහාණය කිරීමෙන් කලින්ම සොම්නස් දොම්නස් දෙක ඉක්ම යෑමෙන් දුක් සැප රහිත වූ පාරිශුද්ධ උපේක්ෂා සහගත සතිය ඇති යම් සතරවෙනි ධ්‍යානයත් උපදවාගෙන වාසය කරනවා නම්, ඔහු මේ කයම පාරිශුද්ධ වූ ප්‍රභාෂ්වර සිතින් පතුරුවාගෙන වාඩි වී ඉන්නවා. ඔහුගේ සියලු කයෙහි පාරිශුද්ධ වූ ප්‍රභාෂ්වර සිතින් ස්පර්ශ නොකළ කිසි තැනක් නැහැ. මෙය අයිති වන්නේත් ඔහුගේ සමාධියටමයි.

67. පින්වත් ලෝහිච්ච, යම්කිසි ශාස්තෘවරයෙක් වෙත පැමිණි ශ්‍රාවකයා මෙබඳු වූ උදාර විශේෂත්වයන් සාක්ෂාත් කරනවා නම්, පින්වත් ලෝහිච්ච, මේ ශාස්තෘවරයා ලෝකයෙහි චෝදනා ලැබීමට සුදුස්සෙක් නොවේ. යම්කිසි කෙනෙක් මෙබඳු ශාස්තෘවරයෙකුට චෝදනා කරනවා නම්, ඒ චෝදනාව ඒ ශාස්තෘවරයා තුළ නෑ. එය අසත්‍යයක්. අධාර්මිකයි. වැරදියි.

68. පින්වත් ලෝහිච්ච, තවදුරටත් කියනවා නම් භික්ෂුව ඔය අයුරින් සිත සමාධිමත් වූ විට සිත පිරිසිදු වූ විට, ප්‍රභාෂ්වර වූ විට, කෙලෙසුන්ගෙන් බාධා රහිත වූ විට, උපක්ලේශ බැහැර වූ විට, මෘදු බවට පත් වූ විට, කර්මණ්‍ය (ඕනෑම දෙයකට හැරවිය හැකි පරිදි සකස්) වූ විට, ස්ථිරව පිහිටි විට, අකම්පිතව පිහිටි විට, ඤාණදර්ශනය (නුවණින් අවබෝධ වීම) පිණිස සිත යොමු කරයි. ඒ දෙසටම නතු කරයි. එතකොට ඔහු මේ විදිහට දැනගන්නවා. "මාගේ මේ කය වනාහී සතර මහා භූතයන්ගෙන් හටගත්, මව්පියන් නිසා හටගත්, බත් ව්‍යංජන ආදියෙන් වැඩුණ, අනිත්‍ය වූ, ඇතිල්ලීම් පිරිමැදීම්වලින් නඩත්තු කළ යුතු වූ, බිඳී වැනසී යන ස්වභාවයට අයත් වූ, රූපවත් (මහාභූත නම් වූ රූපයෙන් හැදුණු) දෙයක්. මාගේ මේ විඤ්ඤාණයද පවතින්නේ මේ සිරුරෙහිමයි. බැඳී තිබෙන්නේත් මෙහිමයි."

69. පින්වත් ලෝහිච්ච, ඒක මේ වගේ දෙයක්. වෛරෝඩි මාණික්‍යයක් තියෙනවා. හරි ලස්සනට පහළ වුණ දෙයක්. අටපට්ටම්. හොඳින් ඔපමට්ටම්. ඉතාමත් හොඳයි. ඉතාම ප්‍රසන්නයි. පිවිතුරුයි. මැණිකක තිබිය යුතු හැම දෙයක්ම තියෙනවා. ඉතින් ඔය මැණික තුළ නිල් වේවා, රන්වන් වේවා, රතු වේවා, සුදු වේවා, පඬු පැහැ වේවා, නූලක් අමුණලා තියෙනවා. එතකොට ඇස් ඇති පුරුෂයෙක් මැණික අතට ගෙන හොඳින් විමසා බලනවා. "මේ වෛරෝඩි මැණික හරි ලස්සනට පහළ වුන දෙයක්. අටපට්ටම්. හොඳින් ඔපමට්ටම්. ඉතාමත් හොඳයි. ඉතාම ප්‍රසන්නයි. පිවිතුරුයි. මැණිකක තිබිය යුතු හැම දෙයක්ම තියෙනවා. මේ මැණික තුළ නිල් වේවා, රන්වන් වේවා, රතු වේවා, සුදු වේවා, පඬු පැහැ වේවා, නූලක් අමුණලා තියෙනවා" කියලා. පින්වත් ලෝහිච්ච, අන්න ඒ විදිහමයි. භික්ෂුව ඔය අයුරින් සිත සමාධිමත් වූ විට, සිත පිරිසිදු වූ විට, ප්‍රභාෂ්වර වූ විට කෙලෙසුන්ගෙන් බාධා රහිත වූ විට, උපක්ලේශ බැහැර වූ විට, මෘදු බවට පත් වූ විට, කර්මණ්‍ය (ඕනෑම දෙයකට හැරවිය හැකි පරිදි සකස්) වූ විට, ස්ථිරව පිහිටි විට, අකම්පිතව පිහිටි විට, ඤාණදර්ශනය (නුවණින් අවබෝධ වීම) පිණිස සිත යොමු කරයි. ඒ දෙසටම නතු කරයි. එතකොට ඔහු මේ විදිහට දැනගන්නවා. "මාගේ මේ කය වනාහී සතර මහා භූතයන්ගෙන් හටගත්, මව්පියන් නිසා හටගත්, බත් ව්‍යංජන ආදියෙන්

වැඩුණ, අනිත්‍ය වූ, ඇතිල්ලීම්, පිරිමැදීම්වලින් නඩත්තු කළ යුතු වූ, බිඳී වැනසී යන ස්වභාවයට අයත් වූ, රූපවත් (මහාභූත නම් වූ රූපයෙන් හැදුනු) දෙයක්. මාගේ මේ විඤ්ඤාණයද පවතින්නේ මේ සිරුරෙහිමයි. බැඳී තිබෙන්නේත් මෙහිමයි" කියලා.

70. පින්වත් ලෝහිච්ච, භික්ෂුව ඔය අයුරින් සිත සමාධිමත් වූ විට ....(පෙ).... මේ විදිහට දැනගන්නවා ....(පෙ).... මාගේ මේ විඤ්ඤාණයද පවතින්නේ මේ සිරුරෙහිමයි. බැඳී තිබෙන්නෙත් මෙහිමයි" කියලා. මෙය අයිති වන්නෙත් ඔහුගේ ප්‍රඥාවටමයි.

71. පින්වත් ලෝහිච්ච, යම්කිසි ශාස්තෲවරයෙක් වෙත පැමිණි ශ්‍රාවකයා මෙබඳු වූ උදාර විශේෂත්වයන් සාක්ෂාත් කරනවා නම්, පින්වත් ලෝහිච්ච, මේ ශාස්තෲවරයා ලෝකයෙහි චෝදනා ලැබීමට සුදුස්සෙක් නොවේ. යම්කිසි කෙනෙක් මෙබඳු ශාස්තෲවරයෙකුට චෝදනා කරනවා නම්, ඒ චෝදනාව ඒ ශාස්තෲවරයා තුළ නෑ. එය අසත්‍යයක්. අධාර්මිකයි. වැරදියි.

72. ඔහු (ඒ භික්ෂුව) ඔය අයුරින් සිත සමාධිමත් වූ විට සිත පිරිසිදු වූ විට, ප්‍රභාෂ්වර වූ විට, කෙලෙසුන්ගෙන් බාධා රහිත වූ විට, උපක්ලේශ බැහැර වූ විට, මෘදු බවට පත් වූ විට, කර්මණ්‍ය (ඕනෑම දෙයකට හැරවිය හැකි පරිදි සකස්) වූ විට, ස්ථිරව පිහිටි විට, අකම්පිතව පිහිටි විට, මනෝමය කයක් විශේෂයෙන් මැවීම පිණිස සිත යොමු කරයි. ඒ දෙසටම නතු කරයි. ඉතින් ඔහු මේ කයෙන් වෙනත් වූ සියලු අඟපසඟ ඇති, නොපිරිහුණු ඉඳුරන් ඇති රූපී මනෝමය කයක් විශේෂ කොට මවනවා.

73. පින්වත් ලෝහිච්ච, ඒක මේ වගේ දෙයක්. පුරුෂයෙක් මුඤ්ජ තණ ගසෙන් තණ ගොබය ඇදලා ගන්නවා. එතකොට ඔහුට මෙහෙම හිතෙනවා. "මේ මුඤ්ජ තණ ගසයි, මේ තණ ගොබයයි. එතකොට මුඤ්ජ තණ ගස වෙන එකක්. තණ ගොබය වෙන එකක්. නමුත් මුඤ්ජ තණ ගසෙන්මයි තණ ගොබය ඇදලා ගත්තේ" කියලා. පින්වත් ලෝහිච්ච, ඒක මේ වගේ දෙයක්. පුරුෂයෙක් කොපුවෙන් කඩුවක් ඇදලා ගන්නවා. එතකොට ඔහුට මෙහෙම හිතෙනවා. "මේ කඩුව. මේ කොපුව. එතකොට කඩුව අනෙකක්, කොපුව අනෙකක්. නමුත් කොපුවෙන් තමයි කඩුව ඇදලා ගත්තේ" කියලා. පින්වත් ලෝහිච්ච, ඒක මේ වගේ දෙයක්. පුරුෂයෙක් නයි පෙට්ටියෙන් නයෙකුව ඇදලා ගන්නවා. එතකොට ඔහුට මෙහෙම හිතෙනවා. "මේ තමයි නයා. මේක නයි පෙට්ටිය. එතකොට නයා අනෙකෙක්. නයි පෙට්ටිය අනෙකක්. නමුත් නයි පෙට්ටියෙන් තමයි නයාව ඇදලා ගත්තේ" කියලා. පින්වත් ලෝහිච්ච,

අන්න ඒ විදිහමයි භික්ෂුව ඔය අයුරින් සිත සමාධිමත් වූ විට, සිත පිරිසිදු වූ විට, ප්‍රභාෂ්වර වූ විට, කෙලෙසුන්ගෙන් බාධා රහිත වූ විට, උපක්ලේශ බැහැර වූ විට, මෘදු බවට පත් වූ විට, කර්මණ්‍ය (ඕනෑම දෙයකට හැරවිය හැකි පරිදි සකස්) වූ විට, ස්ථිරව පිහිටි විට, මනෝමය කයක් විශේෂයෙන් මැවීම පිණිස සිත යොමු කරයි. ඒ දෙසටම නතු කරයි. ඉතින් ඔහු මේ කයෙන් වෙනත් වූ සියලු අඟපසඟ ඇති, නොපිරිහුණු ඉඳුරන් ඇති රූපී මනෝමය කයක් විශේෂ කොට මවනවා.

74. පින්වත් ලෝහිච්ච, භික්ෂුව ඔය අයුරින් සිත සමාධිමත් වූ විට ....(පෙ).... මේ කයෙන් වෙනත් වූ සියලු අඟපසඟ ඇති, නොපිරිහුණු ඉඳුරන් ඇති රූපී මනෝමය කයක් විශේෂ කොට මවනවා. මෙය අයිති වන්නේත් ඔහුගේ ප්‍රඥාවටමයි.

75. පින්වත් ලෝහිච්ච, යම් කිසි ශාස්තෘවරයෙක් වෙත පැමිණි ශ්‍රාවකයා මෙබඳු වූ උදාර විශේෂත්වයන් සාක්ෂාත් කරනවා නම්, පින්වත් ලෝහිච්ච, මේ ශාස්තෘවරයා ලෝකයෙහි චෝදනා ලැබීමට සුදුස්සෙක් නොවේ. යම් කිසි කෙනෙක් මෙබඳු ශාස්තෘවරයෙකුට චෝදනා කරනවා නම්, ඒ චෝදනාව ඒ ශාස්තෘවරයා තුළ නෑ. එය අසත්‍යයක්. අධාර්මිකයි. වැරදියි.

76. ඔහු (ඒ භික්ෂුව) ඔය අයුරින් සිත සමාධිමත් වූ විට, සිත පිරිසිදු වූ විට, ප්‍රභාෂ්වර වූ විට, කෙලෙසුන්ගෙන් බාධා රහිත වූ විට, උපක්ලේශ බැහැර වූ විට, මෘදුබවට පත් වූ විට, කර්මණ්‍ය (ඕනෑම දෙයකට හැරවිය හැකි පරිදි සකස්) වූ විට, ස්ථිරව පිහිටි විට, අකම්පිතව පිහිටි විට, ඉර්ධි ප්‍රාතිහාර්ය පිණිස සිත මෙහෙයවයි. එයට සිත නතු කරයි. තනි කෙනෙක්ව ඉඳගෙන බොහෝ දෙනෙක් වශයෙන් පෙනී සිටිනවා. බොහෝ දෙනෙක් වශයෙන් ඉඳගෙන එක්කෙනෙක් වශයෙන් පෙනී සිටිනවා. පෙනෙන්න සළස්වනවා. නොපෙනී යනවා. බිත්තිය විනිවිද, ප්‍රාකාරය විනිවිද, පර්වතය විනිවිද කිසිවක් හා නොගැටී, අහසේ යන්නාක් මෙන් යනවා. ජලයේ වගේ පොළොවෙහි කිඳාබැසීමත්, උඩට මතුවීමත් කරනවා. පොළොව මතුපිට වගේ ජලය මත නොගිලී ඇවිද යනවා. අහසෙහි පියාසරන කුරුල්ලන් පරිද්දෙන් පළඟක් බැඳගෙන අහසේ යනවා. මේ සා මහත් ඉර්ධි ඇති, මහානුභාව ඇති හිරු සඳු පවා අතින් අල්ලනවා. පිරිමදිනවා. බඹලොව දක්වාම කයෙන් වශී කරගෙන ඉන්නවා.

77. පින්වත් ලෝහිච්ච, ඒක මේ වගේ දෙයක්. දක්ෂ කුඹල්කරුවෙක් හෝ කුඹල්කරුවෙකුගේ අතවැසියෙක් ඉන්නවා. ඔහු ඉතා හොඳින් සකස් කළ මැට්ටෙන් යම් ම ආකාරයේ භාජනයක් හදන්න කැමැති නම්, ඒ ඒ

ආකාරයේ බඳුන් හදනවා. විශේෂයෙන් නිර්මාණය කරනවා. පින්වත් ලෝහිච්ච, ඒක මේ වගේ දෙයක්. දක්ෂ ඇත්දත් කැටයම්කරුවෙක් හෝ ඇත්දත් කැටයම්කරුවෙකුගේ අතවැසියෙක් ඉන්නවා. ඔහු ඉතා හොඳින් සකස් කළ ඇත්දතක යම් ම ආකාරයේ ඇත්දළ කැටයමක් කරන්න කැමති නම්, ඒ ඒ ආකාරයේ ඇත්දළ කැටයම් හදනවා. විශේෂයෙන් නිර්මාණය කරනවා. පින්වත් ලෝහිච්ච, ඒක මේ වගේ දෙයක්. දක්ෂ රන් කැටයම්කරුවෙක් හෝ රන් කැටයම්කරුවෙකුගේ අතවැසියෙක් ඉන්නවා. ඔහු ඉතා හොඳින් සකස් කළ රනක යම් ම ආකාරයේ රන් කැටයමක් කරන්න කැමති නම්, ඒ ඒ ආකාරයේ රන් කැටයම් හදනවා. විශේෂයෙන් නිර්මාණය කරනවා. පින්වත් ලෝහිච්ච, අන්න ඒ විදිහමයි භික්ෂුව ඔය අයුරින් සිත සමාධිමත් වූ විට, සිත පිරිසිදු වූ විට, ප්‍රභාෂ්වර වූ විට, කෙලෙසුන්ගෙන් බාධා රහිත වූ විට, උපක්ලේශ බැහැර වූ විට, මෘදු බවට පත් වූ විට, කර්මණ්‍ය (ඕනෑම දෙයකට හැරවිය හැකි පරිදි සකස්) වූ විට, ස්ථිරව පිහිටි විට, ඉර්ධි ප්‍රාතිහාර්ය පිණිස සිත මෙහෙයවයි. එයට සිත නතු කරයි. තනි කෙනෙක් ඉඳගෙන බොහෝ දෙනෙක් වශයෙන් පෙනී සිටිනවා. ....(පෙ).... බඹලොව දක්වාම කයෙන් වශී කරගෙන ඉන්නවා.

පින්වත් ලෝහිච්ච, භික්ෂුව ඔය අයුරින් සිත සමාධිමත් වූ විට .... (පෙ) .... බඹලොව දක්වාම කයෙන් වශී කරගෙන ඉන්නවා. මෙය අයිති වන්නෙත් ඔහුගේ ප්‍රඥාවටමයි.

78. පින්වත් ලෝහිච්ච, යම්කිසි ශාස්තෘවරයෙක් වෙත පැමිණි ශ්‍රාවකයා මෙබඳු වූ උදාර විශේෂත්වයන් සාක්ෂාත් කරනවා නම්, පින්වත් ලෝහිච්ච, මේ ශාස්තෘවරයා ලෝකයෙහි චෝදනා ලැබීමට සුදුස්සෙක් නොවේ. යම්කිසි කෙනෙක් මෙබඳු ශාස්තෘවරයෙකුට චෝදනා කරනවා නම්, ඒ චෝදනාව ඒ ශාස්තෘවරයා තුළ නෑ. එය අසත්‍යයක්. අධාර්මිකයි. වැරදියි.

79. ඔහු (ඒ භික්ෂුව) ඔය අයුරින් සිත සමාධිමත් වූ විට සිත පිරිසිදු වූ විට, ප්‍රභාෂ්වර වූ විට කෙලෙසුන්ගෙන් බාධා රහිත වූ විට, උපක්ලේශ බැහැර වූ විට, මෘදු බවට පත් වූ විට, කර්මණ්‍ය (ඕනෑම දෙයකට හැරවිය හැකි පරිදි සකස්) වූ විට, ස්ථිරව පිහිටි විට, අකම්පිතව පිහිටි විට, දිව්‍ය වූ ශ්‍රවණය පිණිස සිත යොමු කරනවා. එයට සිත නතු කරනවා. එතකොට ඔහු මිනිසුන්ගේ සවන් දීමේ හැකියාව ඉක්මවා ගිය පිරිසිදු වූ, දිව්‍ය වූ ශ්‍රවණයෙන් මානුෂික වූත්, දිව්‍ය වූත් දෙයාකාර වූ දුර ළඟ ශබ්දයන් අසනවා. පින්වත් ලෝහිච්ච, ඒක මේ වගේ දෙයක්. දිගු ගමනකට පිළිපන් පුරුෂයෙක් ඉන්නවා. ඔහු බෙර හඬත්, මිහිඟු බෙර හඬත්, සක්, පනා බෙර, ගැට බෙර හඬත් අසනවා. එතකොට ඔහුට මෙහෙම හිතෙනවා. "මේක බෙර හඬක්, මේ තමයි මිහිඟු බෙර හඬ, මේක සක්

හඬ, මේක පනා බෙර හඬ, මේක ගැට බෙර හඬ" කියලා. පින්වත් ලෝහිච්ච, අන්න ඒ විදිහමයි. භික්ෂුව ඔය අයුරින් සිත සමාධිමත් වූ විට, සිත පිරිසිදු වූ විට, ප්‍රභාෂ්වර වූ විට, කෙලෙසුන්ගෙන් බාධා රහිත වූ විට, උපක්ලේශ බැහැර වූ විට, මෘදු බවට පත් වූ විට, කර්මණ්‍ය (ඕනෑම දෙයකට හැරවිය හැකි පරිදි සකස්) වූ විට, ස්ථිරව පිහිටි විට, දිව්‍ය වූ ශ්‍රවණය පිණිස සිත යොමු කරනවා. එයට සිත නතු කරනවා. එතකොට ඔහු මිනිසුන්ගේ සවන් දීමේ හැකියාව ඉක්මවා ගිය පිරිසිදු වූ, දිව්‍ය වූ ශ්‍රවණයෙන් මානුෂික වූත්, දිව්‍ය වූත් දෙයාකාර වූ දුර ළඟ ශබ්දයන් අසනවා.

80. පින්වත් ලෝහිච්ච, භික්ෂුව ඔය අයුරින් සිත සමාධිමත් වූ විට ....(පෙ).... එතකොට ඔහු මිනිසුන්ගේ සවන්දීමේ හැකියාව ඉක්මවා ගිය පිරිසිදු වූ, දිව්‍ය වූ ශ්‍රවණයෙන් මානුෂික වූත්, දිව්‍ය වූත් දෙයාකාර වූ දුර ළඟ ශබ්දයන් අසනවා. මෙය අයිති වන්නෙත් ඔහුගේ ප්‍රඥාවටමයි.

81. පින්වත් ලෝහිච්ච, යම්කිසි ශාස්තෘවරයෙක් වෙත පැමිණි ශ්‍රාවකයා මෙබඳු වූ උදාර විශේෂත්වයන් සාක්ෂාත් කරනවා නම්, පින්වත් ලෝහිච්ච, මේ ශාස්තෘවරයා ලෝකයෙහි චෝදනා ලැබීමට සුදුස්සෙක් නොවේ. යම්කිසි කෙනෙක් මෙබඳු ශාස්තෘවරයෙකුට චෝදනා කරනවා නම්, ඒ චෝදනාව ඒ ශාස්තෘවරයා තුළ නෑ. එය අසත්‍යයක්. අධාර්මිකයි. වැරදියි.

82. ඔහු (ඒ භික්ෂුව) ඔය අයුරින් සිත සමාධිමත් වූ විට, සිත පිරිසිදු වූ විට, ප්‍රභාෂ්වර වූ විට, කෙලෙසුන්ගෙන් බාධා රහිත වූ විට, උපක්ලේශ බැහැර වූ විට, මෘදු බවට පත් වූ විට, කර්මණ්‍ය (ඕනෑම දෙයකට හැරවිය හැකි පරිදි සකස්) වූ විට, ස්ථිරව පිහිටි විට, අකම්පිතව පිහිටි විට, අනුන්ගේ සිත් පිරිසිඳ දන්නා නුවණ පිණිස සිත යොමු කරයි. එයට සිත නතු කරයි. එතකොට ඔහු වෙනත් සත්වයන්ගේ, වෙනත් පුද්ගලයන්ගේ සිත තම සිතින් පිරිසිඳ දැනගන්නවා. රාග සහිත සිත රාග සහිත සිතක් වශයෙන් දැනගන්නවා. රාග රහිත සිත වීතරාගී සිතක් වශයෙන් දැනගන්නවා. ද්වේෂ සහිත සිත ද්වේෂ සහිත සිතක් වශයෙන් දැනගන්නවා. ද්වේෂ රහිත සිත වීතදෝසී සිතක් වශයෙන් දැනගන්නවා. මෝහ සහිත සිත මෝහ සහිත සිතක් වශයෙන් දැනගන්නවා. මෝහ රහිත සිත වීතමෝහී සිතක් වශයෙන් දැනගන්නවා. හැකුළුණු සිත හැකිළුණු සිතක් වශයෙන් දැනගන්නවා. විසිරුණු සිත විසිරුණු සිතක් වශයෙන් දැනගන්නවා. සමාධිමත් සිත සමාධිමත් සිතක් වශයෙන් දැනගන්නවා. සමාධි රහිත සිත සමාධි රහිත සිතක් වශයෙන් දැනගන්නවා. නොදියුණු සිත නොදියුණු සිතක් වශයෙන් දැනගන්නවා. දියුණු සිත දියුණු සිතක් වශයෙන් දැනගන්නවා. එකඟ වෙන සිත එකඟ වෙන සිතක් වශයෙන් දැනගන්නවා. එකඟ නොවෙන සිත

එකඟ නොවෙන සිතක් වශයෙන් දැනගන්නවා. කෙලෙසුන්ගෙන් මිදුණු සිත කෙලෙසුන්ගෙන් මිදුණු සිතක් වශයෙන් දැනගන්නවා. කෙලෙසුන්ගෙන් නොමිදුණු සිත කෙලෙසුන්ගෙන් නොමිදුණු සිතක් වශයෙන් දැනගන්නවා.

83. පින්වත් ලෝහිච්ච, ඒක මේ වගේ දෙයක්. ලස්සනට සැරසෙන්නට කැමති ස්ත්‍රියක් හෝ පුරුෂයෙක් හෝ දරුවෙක් හෝ තරුණයෙක් හෝ ඉන්නවා. ඔහු පිරිසිදු දීප්තිමත් කණ්ණාඩියක් ඉදිරියේ හෝ පැහැදිලි දිය ඇති බඳුනකින් හෝ තමන්ගේ මුව මඬල හොඳින් විමසා බලනවා. එතකොට දොස් ඇති තැන දොස් ඇති තැන වශයෙන් දැනගන්නවා. දොස් නැති තැන දොස් නැති තැන වශයෙන් දැනගන්නවා. පින්වත් ලෝහිච්ච, අන්න ඒ විදිහමයි භික්ෂුව ඔය අයුරින් සිත සමාධිමත් වූ විට, සිත පිරිසිදු වූ විට, ප්‍රභාෂ්වර වූ විට, කෙලෙසුන්ගෙන් බාධා රහිත වූ විට, උපක්ලේශ බැහැර වූ විට, මෘදු බවට පත් වූ විට, කර්මණ්‍ය (ඕනෑම දෙයකට හැරවිය හැකි පරිදි සකස්) වූ විට, ස්ථිරව පිහිටි විට, අනුන්ගේ සිත් පිරිසිඳ දන්නා නුවණ පිණිස සිත යොමු කරයි. එයට සිත නතු කරයි. එතකොට ඔහු වෙනත් සත්වයන්ගේ වෙනත් පුද්ගලයන්ගේ සිත තම සිතින් පිරිසිඳ දැනගන්නවා. රාග සහිත සිත රාග සහිත සිතක් වශයෙන් දැනගන්නවා. රාග රහිත සිත වීතරාගී සිතක් වශයෙන් දැනගන්නවා. ද්වේෂ සහිත සිත ද්වේෂ සහිත සිතක් වශයෙන් දැනගන්නවා. ද්වේෂ රහිත සිත වීතදෝසී සිතක් වශයෙන් දැනගන්නවා. මෝහ සහිත සිත මෝහ සහිත සිතක් වශයෙන් දැනගන්නවා. මෝහ රහිත සිත වීතමෝහී සිතක් වශයෙන් දැනගන්නවා. හැකුළුණු සිත ....(පෙ).... විසිරුණු සිත ....(පෙ).... සමාධිමත් සිත ....(පෙ).... සමාධි රහිත සිත ....(පෙ).... නොදියුණු සිත ....(පෙ).... දියුණු සිත ....(පෙ).... එකඟ වෙන සිත ....(පෙ).... එකඟ නොවෙන සිත ....(පෙ).... කෙලෙසුන්ගෙන් මිදුණු සිත කෙලෙසුන්ගෙන් මිදුණු සිතක් වශයෙන් දැනගන්නවා. කෙලෙසුන්ගෙන් නොමිදුණු සිත කෙලෙසුන්ගෙන් නොමිදුණු සිතක් වශයෙන් දැනගන්නවා.

84. පින්වත් ලෝහිච්ච, භික්ෂුව ඔය අයුරින් සිත සමාධිමත් වූ විට ....(පෙ).... කෙලෙසුන්ගෙන් නොමිදුණු සිත කෙලෙසුන්ගෙන් නොමිදුණු සිතක් වශයෙන් දැනගන්නවා. මෙය අයිති වන්නෙත් ඔහුගේ ප්‍රඥාවටමයි.

85. පින්වත් ලෝහිච්ච, යම්කිසි ශාස්තෘවරයෙක් වෙත පැමිණි ශ්‍රාවකයා මෙබඳු වූ උදාර විශේෂත්වයන් සාක්ෂාත් කරනවා නම්, පින්වත් ලෝහිච්ච, මේ ශාස්තෘවරයා ලෝකයෙහි චෝදනා ලැබීමට සුදුස්සෙක් නොවේ. යම්කිසි කෙනෙක් මෙබඳු ශාස්තෘවරයෙකුට චෝදනා කරනවා නම්, ඒ චෝදනාව ඒ ශාස්තෘවරයා තුළ නෑ. එය අසත්‍යයක්. අධාර්මිකයි. වැරදියි.

86. ඔහු (ඒ භික්ෂුව) ඔය අයුරින් සිත සමාධිමත් වූ විට, සිත පිරිසිදු වූ විට, ප්‍රභාෂ්වර වූ විට, කෙලෙසුන්ගෙන් බාධා රහිත වූ විට, උපක්ලේශ බැහැර වූ විට, මෘදු බවට පත් වූ විට, කර්මණ්‍ය (ඕනෑම දෙයකට හැරවිය හැකි පරිදි සකස්) වූ විට, ස්ථිරව පිහිටි විට, අකම්පිතව පිහිටි විට, කලින් ජීවිතය ගත කළ ආකාරය දන්නා නුවණ පිණිස සිත යොමු කරයි. එයට සිත නතු කරයි. ඉතින් ඔහු නොයෙක් ආකාරයෙන් කලින් ජීවිත ගෙවූ හැටි (ආපස්සට) සිහිකරනවා. ඒ කියන්නේ එක ජීවිතයක්, ජීවිත දෙකක්, ජීවිත තුනක්, ජීවිත හතරක්, ජීවිත පහක්, ජීවිත දහයක්, ජීවිත විස්සක්, ජීවිත තිහක්, ජීවිත හතළිහක්, ජීවිත පනහක්, ජීවිත සියයක්, ජීවිත දහසක්, ජීවිත ලක්ෂයක්; අනේකවිධ වූ සංවට්ට කල්පයන්ද, අනේකවිධ වූ විවට්ට කල්පයන්ද, අනේකවිධ වූ සංවට්ට විවට්ට කල්පයන්ද සිහිකරනවා. "මං ඉස්සර සිටියේ අසවල් තැන, එතකොට මගේ නම මේකයි. ගෝත්‍ර නාමය මේකයි. හැඩරුව මෙහෙමයි. කෑම බීම මෙහෙමයි. දුක් සැප වින්දේ මේ විදිහටයි. මේ විදිහටයි ජීවිතය අවසන් වුනේ. ඒ මං එතැනින් චුත වුනා. අසවල් තැන උපන්නා. එතකොට මගේ නම වුනේ මේකයි. ගෝත්‍රනාමය මේකයි. හැඩරුව වුනේ මෙහෙමයි. කෑවේ බිව්වේ මෙහෙමයි. සැප දුක් වින්දේ මෙහෙමයි. මේ විදිහටයි ජීවිතය අවසන් වුනේ. මං එතැනින් චුත වුනා. මේ ලෝකෙ උපන්නා" ආදී වශයෙන් ආකාර සහිතව සවිස්තරව අනේක ප්‍රකාර වූ කලින් ගත කළ ජීවිත ගැන සිහි කරනවා.

87. පින්වත් ලෝහිච්ච, ඒක මේ වගේ දෙයක්. පුරුෂයෙක් තමන්ගේ ගමෙන් වෙනත් ගමකට යනවා. ඒ ගමෙන් තවත් ගමකට යනවා. ඒ ගමෙන් යළි තමන්ගේ ගමට එනවා. එතකොට ඔහුට මෙහෙම හිතෙනවා. "මං මගේ ගමෙන් අසවල් ගමට ගියා. මං එහෙදී මෙහෙමයි හිටියේ. මෙහෙමයි වාඩි වුණේ. මෙහෙමයි කතාබහ කළේ. මෙහෙමයි නිශ්ශබ්දව සිටියේ. ඉතින් මං ඒ ගමෙනුත් අසවල් ගමට ගියා. එහෙ හිටියේ මේ විදිහටයි. වාඩිවුනේ මේ විදිහටයි. කතාබස් කළේ මේ විදිහටයි. නිහඬව සිටියේ මේ විදිහටයි. ඒ මං ඒ ගමෙන් මගේ ගමටම නැවත ආවා" කියලා. පින්වත් ලෝහිච්ච, අන්න ඒ විදිහමයි භික්ෂුව ඔය අයුරින් සිත සමාධිමත් වූ විට, සිත පිරිසිදු වූ විට, ප්‍රභාෂ්වර වූ විට, කෙලෙසුන්ගෙන් බාධා රහිත වූ විට, උපක්ලේශ බැහැර වූ විට, මෘදු බවට පත් වූ විට, කර්මණ්‍ය (ඕනෑම දෙයකට හැරවිය හැකි පරිදි සකස්) වූ විට, ස්ථිරව පිහිටි විට, කලින් ජීවිතය ගත කළ ආකාරය දන්නා නුවණ පිණිස සිත යොමු කරයි. එයට සිත නතු කරයි. ඉතින් ඔහු නොයෙක් ආකාරයෙන් කලින් ජීවිත ගෙවූ හැටි (ආපස්සට) සිහිකරනවා. ඒ කියන්නේ එක ජීවිතයක්, ජීවිත දෙකක්, ජීවිත තුනක්, ජීවිත හතරක්, ජීවිත පහක්, ජීවිත දහයක්, ජීවිත විස්සක්, ජීවිත තිහක්, ජීවිත හතළිහක්, ජීවිත පනහක්, ජීවිත

සියයක්, ජීවිත දහසක්, ජීවිත ලක්ෂයක්; අනේකවිධ වූ සංවට්ට කල්පයන්ද, අනේකවිධ වූ විවට්ට කල්පයන්ද, අනේකවිධ වූ සංවට්ට විවට්ට කල්පයන්ද සිහිකරනවා. "මං ඉස්සර සිටියේ අසවල් තැන, එතකොට මගේ නම මේකයි. ගෝත්‍ර නාමය මේකයි. හැඩරුව මෙහෙමයි. කෑම බීම මෙහෙමයි. දුක් සැප වින්දේ මේ විදිහටයි. මේ විදිහටයි ජීවිතය අවසන් වුනේ. ඒ මං එතැනින් චුත වුනා. අසවල් තැන උපන්නා. එතකොට මගේ නම වුනේ මේකයි. ගෝත්‍රනාමය මේකයි. හැඩරුව වුනේ මෙහෙමයි. කෑවේ බිව්වේ මෙහෙමයි. සැප දුක් වින්දේ මෙහෙමයි. මේ විදිහටයි ජීවිතය අවසන් වුනේ. මං එතැනින් චුත වුනා. මේ ලෝකෙ උපන්නා" ආදී වශයෙන් ආකාර සහිතව සවිස්තරව අනේක ප්‍රකාර වූ කලින් ගත කළ ජීවිත ගැන සිහිකරනවා.

පින්වත් ලෝහිච්ච, භික්ෂුව ඔය අයුරින් සිත සමාධිමත් වූ විට ....(පෙ).... අනේක ප්‍රකාර වූ කලින් ජීවිත ගැන සිහි කරනවා. මෙය අයිති වන්නෙත් ඔහුගේ ප්‍රඥාවටමයි.

88. පින්වත් ලෝහිච්ච, යම්කිසි ශාස්තෲවරයෙක් වෙත පැමිණ ශ්‍රාවකයා මෙබඳු වූ උදාර විශේෂත්වයන් සාක්ෂාත් කරනවා නම්, පින්වත් ලෝහිච්ච, මේ ශාස්තෲවරයා ලෝකයෙහි චෝදනා ලැබීමට සුදුස්සෙක් නොවේ. යම්කිසි කෙනෙක් මෙබඳු ශාස්තෲවරයෙකුට චෝදනා කරනවා නම්, ඒ චෝදනාව ඒ ශාස්තෲවරයා තුළ නෑ. එය අසත්‍යයක්. අධාර්මිකයි. වැරදියි.

89. ඔහු (ඒ භික්ෂුව) ඔය අයුරින් සිත සමාධිමත් වූ විට, සිත පිරිසිදු වූ විට, ප්‍රභාෂ්වර වූ විට, කෙලෙසුන්ගෙන් බාධා රහිත වූ විට, උපක්ලේශ බැහැර වූ විට, මෘදු බවට පත් වූ විට, කර්මණ්‍ය (ඕනෑම දෙයකට හැරවිය හැකි පරිදි සකස්) වූ විට, ස්ථිරව පිහිටි විට, අකම්පිතව පිහිටි විට, සත්වයන්ගේ චුතියත්, උපතත් දකිනා නුවණ පිණිස සිත පිහිටුවනවා. එයට සිත නතු කරනවා. එතකොට ඒ භික්ෂුව මිනිසුන්ගේ දැකීමේ හැකියාව ඉක්මවා ගිය පිරිසිදු වූ දිවැසින් චුත වන්නා වූත්, උපදින්නා වූත් සත්වයන් දකිනවා. ඒ ඒ කර්මයන්ට අනුව හීන ප්‍රණීත වූත්, යහපත් අයහපත් වූත්, සුගති දුගතිවල සිටින්නා වූ සත්වයන් දකිනවා. "අහෝ! මේ භවත් සත්වයන් කයින් දුෂ්චරිතයෙහි යෙදීම නිසා, වචනයෙන් දුෂ්චරිතයෙහි යෙදීම නිසා, මනසින් දුෂ්චරිතයෙහි යෙදීම නිසා, ආර්යයන් වහන්සේලාට අපහාස කරලා, මිසදිටු වෙලා, මිසදිටු දේවල් සමාදන් වෙලා ඉඳලා තියෙනවා. ඔවුන් කය බිඳී මරණයෙන් මත්තේ අපාය නම් වූ දුගතිය නම් වූ විනිපාත නම් වූ නිරයේ ඉපදිලා ඉන්නවා. ඒ වගේම මේ භවත් සත්වයන් කයින් සුචරිතයෙහි යෙදීම නිසා, වචනයෙන් සුචරිතයෙහි යෙදීම නිසා, මනසින් සුචරිතයෙහි යෙදීම නිසා, ආර්යයන් වහන්සේලාට අපහාස

නොකොට, සම්දිටු වෙලා, සම්දිටු දේවල් සමාදන් වෙලා ඉඳලා තියෙනවා. ඔවුන් කය බිඳී මරණයෙන් මත්තේ සුගතිය නම් වූ, ස්වර්ග ලෝකයෙහි ඉපදිලා ඉන්නවා" කියලා. මේ විදිහට මිනිසුන්ගේ දැකීමේ හැකියාව ඉක්මවා ගිය පිරිසිදු වූ දිවැසින් චුත වන්නා වූත්, උපදින්නා වූත් සත්වයන් දකිනවා. ඒ ඒ කර්මයන්ට අනුව හීන ප්‍රණීත වූත්, යහපත් අයහපත් වූත්, සුගති දුගතිවල සිටින්නා වූ සත්වයන් දකිනවා.

90. පින්වත් ලෝහිච්ච, ඒක මේ වගේ දෙයක්. හතරමං හන්දියක තට්ටු නිවසක් තියෙනවා. එහි ඇස් ඇති පුරුෂයෙක් සිටගෙන බලාගෙන ඉන්නවා. ඔහු (පහළ) ගෙට ඇතුළු වන්නා වූත්, නික්මෙන්නා වූත්, වීදියේ එහාට මෙහාට ඇවිදින්නා වූත්, හතරමං හන්දිය මැද වාඩි වී සිටින්නා වූත් මිනිසුන් දකිනවා. එතකොට ඔහුට මෙහෙම හිතෙනවා "මේ මිනිසුන් ගෙට ඇතුළු වෙනවා. මේ උදවිය ගෙයින් නික්මෙනවා. මේ උදවිය වීදියේ එහාට මෙහාට ඇවිදිනවා. මේ උදවිය හතරමං හන්දිය මැද වාඩිවෙලා ඉන්නවා" කියලා. පින්වත් ලෝහිච්ච, අන්න ඒ විදිහමයි භික්ෂුව ඔය අයුරින් සිත සමාධිමත් වූ විට, සිත පිරිසිදු වූ විට, ප්‍රභාෂ්වර වූ විට, කෙලෙසුන්ගෙන් බාධා රහිත වූ විට, උපක්ලේශ බැහැර වූ විට, මෘදු බවට පත් වූ විට, කර්මණ්‍ය (ඕනෑම දෙයකට හැරවිය හැකි පරිදි සකස්) වූ විට, ස්ථිරව පිහිටි විට, සත්වයන්ගේ චුතියත්, උපතත් දකිනා නුවණ පිණිස සිත පිහිටුවනවා. එයට සිත නතු කරනවා. එතකොට ඒ භික්ෂුව මිනිසුන්ගේ දැකීමේ හැකියාව ඉක්මවා ගිය පිරිසිදු වූ දිවැසින් චුත වන්නා වූත්, උපදින්නා වූත් සත්වයන් දකිනවා. ඒ ඒ කර්මයන්ට අනුව හීන ප්‍රණීත වූත්, යහපත් අයහපත් වූත්, සුගති දුගතිවල සිටින්නා වූ සත්වයන් දකිනවා. "අහෝ! මේ භවත් සත්වයන් කයින් දුෂ්චරිතයෙහි යෙදීම නිසා, වචනයෙන් දුෂ්චරිතයෙහි යෙදීම නිසා, මනසින් දුෂ්චරිතයෙහි යෙදීම නිසා, ආර්යයන් වහන්සේලාට අපහාස කරලා, මිසදිටු වෙලා, මිසදිටු දේවල් සමාදන් වෙලා ඉඳලා තියෙනවා. ඔවුන් කය බිඳී මරණයෙන් මත්තේ අපාය නම් වූ දුගතිය නම් වූ විනිපාත නම් වූ නිරයේ ඉපදිලා ඉන්නවා. ඒ වගේම මේ භවත් සත්වයන් කයින් සුචරිතයෙහි යෙදීම නිසා, වචනයෙන් සුචරිතයෙහි යෙදීම නිසා, මනසින් සුචරිතයෙහි යෙදීම නිසා, ආර්යයන් වහන්සේලාට අපහාස නොකොට, සම්දිටු වෙලා, සම්දිටු දේවල් සමාදන් වෙලා ඉඳලා තියෙනවා. ඔවුන් කය බිඳී මරණයෙන් මත්තේ සුගති නම් වූ, ස්වර්ග ලෝකයෙහි ඉපදිලා ඉන්නවා" කියලා. මේ විදිහට මිනිසුන්ගේ දැකීමේ හැකියාව ඉක්මවා ගිය පිරිසිදු වූ දිවැසින් චුත වන්නා වූත්, උපදින්නා වූත් සත්වයන් දකිනවා. ඒ ඒ කර්මයන්ට අනුව හීන ප්‍රණීත වූත්, යහපත් අයහපත් වූත්, සුගති දුගතිවල සිටින්නා වූ සත්වයන් දකිනවා.

පින්වත් ලෝහිච්ච, භික්ෂුව ඔය අයුරින් සිත සමාධිමත් වූ විට ....(පෙ).... ඒ කර්මයන්ට අනුව හීන ප්‍රණීත වූත්, යහපත අයහපත වූත්, සුගති දුගතිවල සිටින්නා වූ සත්වයන් දකිනවා. මෙය අයිති වන්නෙත් ඔහුගේ ප්‍රඥාවටමයි.

91. පින්වත් ලෝහිච්ච, යම්කිසි ශාස්තෘවරයෙක් වෙත පැමිණි ශ්‍රාවකයා මෙබඳු වූ උදාර විශේෂත්වයන් සාක්ෂාත් කරනවා නම්, පින්වත් ලෝහිච්ච, මේ ශාස්තෘවරයා ලෝකයෙහි චෝදනා ලැබීමට සුදුස්සෙක් නොවේ. යම්කිසි කෙනෙක් මෙබඳු ශාස්තෘවරයෙකුට චෝදනා කරනවා නම්, ඒ චෝදනාව ඒ ශාස්තෘවරයා තුළ නෑ. එය අසත්‍යයක්. අධාර්මිකයි. වැරදියි.

92. ඔහු (ඒ භික්ෂුව) ඔය අයුරින් සිත සමාධිමත් වූ විට, සිත පිරිසිදු වූ විට, ප්‍රභාෂ්වර වූ විට, කෙලෙසුන්ගෙන් බාධා රහිත වූ විට, උපක්ලේශ බැහැර වූ විට, මෘදු බවට පත් වූ විට, කර්මණ්‍ය (ඕනෑම දෙයකට හැරවිය හැකි පරිදි සකස්) වූ විට, ස්ථිරව පිහිටි විට, අකම්පිතව පිහිටි විට, ආශ්‍රවයන් ක්ෂය වීම පිළිබඳ දන්නා නුවණ පිණිස සිත පිහිටුවනවා. සිත එයට නතු කරනවා. එතකොට ඔහු මෙය දුක නම් වූ ආර්ය සත්‍යයයි කියලා යථාර්ථ වශයෙන්ම දැනගන්නවා. මෙය දුකේ හටගැනීම නම් වූ ආර්ය සත්‍යයයි කියලා යථාර්ථ වශයෙන්ම දැනගන්නවා. මෙය දුක නිරුද්ධ වීම නම් වූ ආර්ය සත්‍යයයි කියලා යථාර්ථ වශයෙන්ම දැනගන්නවා. මෙය දුක නිරුද්ධ වීම පිණිස පවතින මාර්ගය නම් වූ ආර්ය සත්‍යයයි කියලා යථාර්ථ වශයෙන්ම දැනගන්නවා. මේවා ආශ්‍රවයන් කියලා යථාර්ථ වශයෙන්ම දැනගන්නවා. මෙය ආශ්‍රවයන්ගේ හටගැනීම කියලා යථාර්ථ වශයෙන්ම දැනගන්නවා. මෙය ආශ්‍රව නිරුද්ධ වීම කියලා යථාර්ථ වශයෙන්ම දැනගන්නවා. මෙය ආශ්‍රව නිරුද්ධ වීම පිණිස පවතින ප්‍රතිපදාව කියලා යථාර්ථ වශයෙන්ම දැනගන්නවා. ඒ භික්ෂුව ඔය විදිහට දැනගනිද්දී, ඔය විදිහට දැකගනිද්දී කාම ආශ්‍රවයන්ගෙන් සිත නිදහස් වෙනවා. භව ආශ්‍රවයන් ගෙන් සිත නිදහස් වෙනවා. අවිද්‍යා ආශ්‍රවයන්ගෙන් සිත නිදහස් වෙනවා. නිදහස් වූ විට නිදහස් වුන බවට ඤාණය ඇතිවෙනවා. "ඉපදීම ක්ෂය වුනා. බඹසර වාසය සම්පූර්ණ කළා. කළ යුතු දෙය කළා. නැවත සසර ගමනක් නැතැ"යි අවබෝධයෙන්ම දැනගන්නවා.

93. පින්වත් ලෝහිච්ච, ඒක මේ වගේ දෙයක්. පර්වත මුදුනක ජලාශයක් තියෙනවා. එහි ජලය ඉතා හොඳයි. හරිම ප්‍රසන්නයි. කැළඹිලා නෑ. එතැන ඇස් ඇති පුරුෂයෙක් ඒ ඉවුරේ සිටගෙන ජලාශය දෙස බලා සිටිනවා. එතකොට ඔහුට සිප්පිබෙල්ලනුත්, සක්බෙල්ලනුත්, කැටකැබලිත්, මාළු රංචු ආදියත් හැසිරෙන අයුරු, සිටින අයුරු දකින්නට ලැබෙනවා. එතකොට ඔහුට මෙහෙම හිතෙනවා. "මේක ඉතා හොඳ ජලය ඇති හරිම ප්‍රසන්න වූ නොකැළඹුණු දිය

ඇති විලක්. මෙහි මේ සිප්පිබෙල්ලන්, සක්බෙල්ලන්, කැටකැබලිති, මාළු රංචුත් හැසිරෙනවා නෙව. ඉන්නවා නෙව" කියලා.

94. පින්වත් ලෝහිච්ච, අන්න ඒ විදිහමයි භික්ෂුව ඔය අයුරින් සිත සමාධිමත් වූ විට, සිත පිරිසිදු වූ විට, ප්‍රභාෂ්වර වූ විට, කෙලෙසුන්ගෙන් බාධා රහිත වූ විට, උපක්ලේශ බැහැර වූ විට, මෘදු බවට පත් වූ විට, කර්මණ්‍ය (ඕනෑම දෙයකට හැරවිය හැකි පරිදි සකස්) වූ විට, ස්ථිරව පිහිටි විට, ආශ්‍රවයන් ක්ෂය වීම පිළිබඳ දන්නා නුවණ පිණිස සිත පිහිටුවනවා. සිත එයට නතු කරනවා. එතකොට ඔහු මෙය දුක නම් වූ ආර්ය සත්‍යයයි කියලා යථාර්ථ වශයෙන්ම දැනගන්නවා. මෙය දුකේ හටගැනීම නම් වූ ආර්ය සත්‍යයයි කියලා යථාර්ථ වශයෙන්ම දැනගන්නවා. මෙය දුක නිරුද්ධ වීම නම් වූ ආර්ය සත්‍යයයි කියලා යථාර්ථ වශයෙන්ම දැනගන්නවා. මෙය දුක නිරුද්ධ වීම පිණිස පවතින මාර්ගය නම් වූ ආර්ය සත්‍යයයි කියලා යථාර්ථ වශයෙන්ම දැනගන්නවා. මේවා ආශ්‍රවයන් කියලා යථාර්ථ වශයෙන්ම දැනගන්නවා. මෙය ආශ්‍රවයන්ගේ හටගැනීම කියලා යථාර්ථ වශයෙන්ම දැනගන්නවා. මෙය ආශ්‍රව නිරුද්ධ වීම කියලා යථාර්ථ වශයෙන්ම දැනගන්නවා. මෙය ආශ්‍රව නිරුද්ධ වීම පිණිස පවතින ප්‍රතිපදාව කියලා යථාර්ථ වශයෙන්ම දැනගන්නවා.

ඒ භික්ෂුව ඔය විදිහට දැනගනිද්දී, ඔය විදිහට දකගනිද්දී කාම ආශ්‍රවයන් ගෙන් සිත නිදහස් වෙනවා. භව ආශ්‍රවයන්ගෙන් සිත නිදහස් වෙනවා. අවිද්‍යා ආශ්‍රවයන්ගෙන් සිත නිදහස් වෙනවා. නිදහස් වූ විට නිදහස් වුන බවට ඥාණය ඇතිවෙනවා. "ඉපදීම ක්ෂය වුනා. බඹසර වාසය සම්පූර්ණ කළා. කළ යුතු දෙය කළා. නැවත සසරගමනක් නැතැ"යි අවබෝධයෙන්ම දැනගන්නවා.

පින්වත් ලෝහිච්ච, භික්ෂුව ඔය අයුරින් සිත සමාධිමත් වූ විට ...(පෙ).... කළ යුතු දෙය කළා. නැවත සසර ගමනක් නැතැ"යි අවබෝධයෙන්ම දැනගන්නවා. මෙය අයිතිවන්නෙත් ඔහුගේ ප්‍රඥාවටමයි.

96. පින්වත් ලෝහිච්ච, යම්කිසි ශාස්තෘවරයෙක් වෙත පැමිණි ශ්‍රාවකයා මෙබඳු වූ උදාර විශේෂත්වයන් සාක්ෂාත් කරනවා නම්, පින්වත් ලෝහිච්ච, මේ ශාස්තෘවරයා ලෝකයෙහි චෝදනා ලැබීමට සුදුස්සෙක් නොවේ. යම්කිසි කෙනෙක් මෙබඳු ශාස්තෘවරයෙකුට චෝදනා කරනවා නම්, ඒ චෝදනාව ඒ ශාස්තෘවරයා තුළ නෑ. එය අසත්‍යයක්. අධාර්මිකයි. වැරදියි.

97. මෙසේ වදාළ විට ලෝහිච්ච බ්‍රාහ්මණයා භාග්‍යවතුන් වහන්සේට මෙකරුණ සැළ කළා. "භවත් ගෞතමයන් වහන්ස, නරා වලක වැටෙන පුරුෂයෙකු කෙස්වලින් අල්ලාගෙන ඔසවා ගොඩ තබනවා වගේ, භවත්

ගෞතමයන් වහන්සේ ඒ විදිහටම නරා වලේ වැටෙමින් සිටි මාව ඔසවා ගොඩට ගෙන වදාළා. භවත් ගෞතමයාණන් වහන්ස, ඉතා සුන්දරයි. භවත් ගෞතමයාණන් වහන්ස, ඉතා සුන්දරයි. යටට හරවා තිබූ දෙයක් උඩු අතට හැරෙව්වා වගෙයි. වහලා තිබුණු දෙයක් ඇරලා පෙන්නුවා වගෙයි. මං මුළා වූවන්ට නියම මග පෙන්වා දෙනවා වගෙයි. ඇස් ඇති උදවියට රූප දකින්න අඳුරෙහි තෙල් පහනක් දල්වාගෙන දරා සිටිනවා වගෙයි. ඔය විදිහට භවත් ගෞතමයාණන් වහන්සේ විසින් නොයෙක් අයුරින් ශ්‍රී සද්ධර්මය වදාළා. ස්වාමීනි, මේ මමත් භවත් ගෞතමයාණන් වහන්සේව සරණ යනවා. ශ්‍රී සද්ධර්මයත් ආර්ය මහා සංඝරත්නයත් සරණ යනවා. භවත් ගෞතමයාණන් වහන්ස, මං ගැන අද පටන් දිවි තිබෙන තුරාවටම තෙරුවන් සරණ ගිය උපාසකයෙක් ලෙස සළකන සේක්වා!

සාදු! සාදු!! සාදු!!!

දොළොස් වෙනි ලෝහිච්ච සූත්‍රය නිමාවිය.

13. තේවිජ්ජ සූත්‍රය
ත්‍රිවිද්‍යාව යනු කුමක්දැයි වදාළ දෙසුම

1. **මා** හට අසන්නට ලැබුනේ මේ විදිහටයි. ඒ දිනවල භාග්‍යවතුන් වහන්සේ පන්සියයක් පමණ වූ මහත් භික්ෂු පිරිසක් සමඟ කොසොල් ජනපදයෙහි චාරිකාවෙහි වඩිද්දී මනසාකට නම් වූ කොසොල් රටවැසියන්ගේ බ්‍රාහ්මණ ගමටත් වැඩම කළා. එහිදී භාග්‍යවතුන් වහන්සේ වැඩසිටියේ මනසාකට ගමේ මනසාකටයට උතුරින් අචිරවතී නදී තෙර අඹ වනයේ.

2. ඒ දිනවල ඉතාමත් ප්‍රසිද්ධ වූ, බොහෝ ප්‍රසිද්ධ වූ, සම්භාවනීය බ්‍රාහ්මණයන් බොහෝ දෙනෙක් මනසාකට ගමේ වාසය කළා. ඒ කියන්නේ චංකී බ්‍රාහ්මණයා, තාරුක්ඛ බ්‍රාහ්මණයා, පොක්ඛරසාති බ්‍රාහ්මණයා, ජාණුස්සෝනි බ්‍රාහ්මණයා, තෝදෙය්‍ය බ්‍රාහ්මණයා ආදී තවත් ඉතා ප්‍රසිද්ධ, බොහෝ ප්‍රසිද්ධ, සම්භාවනීය බ්‍රාහ්මණයන් වාසය කළා.

3. එදා වාසෙට්ඨ, භාරද්වාජ යන බ්‍රාහ්මණ වංශික තරුණයන් දෙදෙනා ව්‍යායාම පිණිස ඔබමොබ ඇවිදගෙන යද්දී ඔවුන් අතර කථාවක් ඇතිවුනා. වාසෙට්ඨ, මාණවකයා මෙහෙම කිව්වා. "පොක්ඛරසාතී බ්‍රාහ්මණයා විසින් යම් මගක් කියා තිබෙනවාද, ඒකම තමයි බඹලොව උපදින්නට තියෙන ඍජු මාර්ගය. ඒකම තමයි එකම මාවත. ඔය මාර්ගය විතරමයි ඒ සඳහා තියෙන්නේ" කියලා.

4. එතකොට භාරද්වාජ මාණවකයා මෙහෙම කිව්වා. "තාරුක්ඛ බ්‍රාහ්මණයා විසින් යම් මගක් කියා තිබෙනවාද, ඕකම තමයි බඹලොව උපදින්නට තියෙන ඍජු මාර්ගය. ඕකම තමයි එකම මාවත. ඔය මාර්ගය විතරමයි ඒ සඳහා තියෙන්නේ" කියලා. වාසෙට්ඨ මාණවකයා හට තම මතය භාරද්වාජ මාණවකයා හට දැනුවත් කරන්නට නොහැකි වුනා. භාරද්වාජ මාණවකයා හටත් තම මතය වාසෙට්ඨ මාණවකයා හට දැනුවත් කරන්නට නොහැකි වුනා.

5. එතකොට වාසෙට්ඨ, මාණවකයා භාරද්වාජ මාණවකයාව ඇමතුවා. "භාරද්වාජයෙනි, ශාක්‍ය කුලයෙන් පැවිදි වූ ශාක්‍ය පුත්‍ර වූ මේ ශ්‍රමණ ගෞතමයන් වහන්සේ මනසාකට ගමේ උතුරු පෙදෙසේ මනසාකටයේ අචිරවතී නදී තෙර අඹ වනයේ වැඩඉන්නවා. ඒ භවත් ගෞතමයන් වහන්සේ ගැන මෙවැනි වූ කළ්‍යාණ කීර්ති ඝෝෂාවක් පැතිර ගොසින් තියෙනවා. "ඒ භාග්‍යවතුන් වහන්සේ මේ මේ කරුණින් අරහත් වන සේක! සම්මාසම්බුද්ධ වන සේක! විජ්ජාචරණසම්පන්න වන සේක! සුගත වන සේක! ලෝකවිදූ වන සේක! අනුත්තර පුරිසදම්ම සාරථී වන සේක! සත්ථා දේවමනුස්සානං වන සේක! බුද්ධ වන සේක! භගවා වන සේක!" කියලා. ඉතින් භවත් භාරද්වාජයෙනි, යමු. ශ්‍රමණ ගෞතමයන් වහන්සේ ළඟට යමු. ගිහින් ශ්‍රමණ ගෞතමයන් වහන්සේගෙන් ඔය කාරණය විමසමු. ශ්‍රමණ ගෞතමයන් වහන්සේ ඔය ගැටළුව විසඳන්නේ යම් අයුරකින්ද ඒ අයුරින් දරා ගනිමු." "එසේය භවත" කියලා භාරද්වාජ මාණවකයා වාසෙට්ඨ, මාණවකයාට පිළිතුරු දුන්නා.

ඉතින් වාසෙට්ඨ, භාරද්වාජ මාණවකයන් භාග්‍යවතුන් වහන්සේ වැඩ සිටි තැනට ගියා. ගිහින් භාග්‍යවතුන් වහන්සේ සමඟ සතුටු වුනා. සතුටු විය යුතු පිළිසඳර කථාබහ නිමවා එකත්පස්ව වාඩිවුනා. එකත්පස්ව වාඩිවුන වාසෙට්ඨ මාණවකයා භාග්‍යවතුන් වහන්සේට මෙකරුණ පැවසුවා. "භවත් ගෞතමයන් වහන්ස, ව්‍යායාම පිණිස එහාට මෙහාට ඇවිද ඇවිද සිටි අප අතර කථාවක් ඇති වුණා. මං මේ විදිහට කිව්වා. "පොක්ඛරසාතී බ්‍රාහ්මණයා විසින් යම් මගක් කියා තිබෙනවාද, ඕකම තමයි බඹලොව උපදින්නට තියෙන ඍජු මාර්ගය. ඕකම තමයි එකම මාවත. ඔය මාර්ගය විතරමයි ඒ සඳහා තියෙන්නේ" කියලා. එතකොට භාරද්වාජ මාණවකයා මෙහෙම කිව්වා. "තාරුක්ඛ බ්‍රාහ්මණයා විසින් යම් මගක් කියා තිබෙනවාද, ඕකම තමයි බඹලොව උපදින්නට තියෙන ඍජු මාර්ගය. ඕකම තමයි එකම මාවත. ඔය මාර්ගය විතරමයි ඒ සඳහා තියෙන්නේ" කියලා. භවත් ගෞතමයන් වහන්ස, ඔය කරුණ පිළිබඳව අප අතර නොගැලපීමක් ඇතිවුනා. වාදයක් ඇතිවුනා. නා නා අදහස් ඇතිවුනා."

7. "එතකොට පින්වත් වාසෙට්ඨ, ඔබ කියන්නේ මෙහෙමයි නේද? "පොක්ඛරසාතී බ්‍රාහ්මණයා විසින් යම් මගක් කියා තිබෙනවාද, ඕකම තමයි බඹ ලොව උපදින්නට තියෙන ඍජු මාර්ගය. ඕකම තමයි එකම මාවත. ඔය මාර්ගය විතරමයි ඒ සඳහා තියෙන්නේ" කියලා. එතකොට භාරද්වාජ මාණවකයා කිව්වේ මෙහෙමනේ. "තාරුක්ඛ බ්‍රාහ්මණයා විසින් යම් මගක් කියා තිබෙනවාද, ඕකම තමයි බඹලොව උපදින්නට තියෙන ඍජු මාර්ගය. ඕකම තමයි එකම මාවත. ඔය මාර්ගය විතරමයි ඒ සඳහා තියෙන්නේ" කියලා. එහෙම නම්

වාසෙට්ඨයෙනි, මොකක් ගැනද නොගැලපීම? මොකක් ගැනද වාදය? මොකක් ගැනද නා නා අදහස්?"

8. "භවත් ගෞතමයන් වහන්ස, මග නොමග ගැනයි. භවත් ගෞතමයන් වහන්ස, බ්‍රාහ්මණවරුන් නා නා මාර්ගයන් ගැන කියලා තියෙනවා. අද්ධරිය බ්‍රාහ්මණයන්, තිත්තිරිය බ්‍රාහ්මණයන්, ඡන්දෝක බ්‍රාහ්මණයන්, බව්හිරිවා බ්‍රාහ්මණයන් ඒ වගේම ඒ සියලු මාර්ගයන් බ්‍රහ්මලෝකයේ උපදින්නට හේතු වෙනවා කියලා තියෙනවා. භවත් ගෞතමයන් වහන්ස, ඒක මේ වගේ දෙයක්. ගමකට හෝ නියම්ගමකට යෑම පිණිස වැඩිදුර නැතුව වුනත් බොහෝ නා නා මාර්ග තියෙනවා. ඒ සෑම මාර්ගයක්ම තියෙන්නේ ගමට යෑම පිණිසයි. භවත් ගෞතමයන් වහන්ස, මේකත් ඒ වගේ තමයි. බ්‍රාහ්මණවරුන් නොයෙක් නොයෙක් මාර්ග පෙන්වූවත්, ඒ කියන්නේ අද්ධරිය බ්‍රාහ්මණයන්, තිත්තිරිය බ්‍රාහ්මණයන්, ඡන්දෝක බ්‍රාහ්මණයන්, බව්හිරිවා බ්‍රාහ්මණයන්, ඒ වගේම ඒ සියලු මාර්ගයන් බ්‍රහ්මලෝකයේ උපදින්නට හේතු වෙනවා කියලා තියෙනවා."

9. "පින්වත් වාසෙට්ඨ, ඒ සෑම මාර්ගයක්ම බඹලොව ඉපදීම පිණිස පවතිනවා කියලද කියන්නේ?" "භවත් ගෞතමයන් වහන්ස, මං කියන්නේ ඒ සෑම මාර්ගයක්ම බඹලොව ඉපදීම පිණිස පවතිනවා කියලයි."

"පින්වත් වාසෙට්ඨ, ඒ සෑම මාර්ගයක්ම බඹලොව ඉපදීම පිණිස පවතිනවා කියලද කියන්නේ?" "භවත් ගෞතමයන් වහන්ස, මං කියන්නේ ඒ සෑම මාර්ගයක්ම බඹලොව ඉපදීම පිණිස පවතිනවා කියලයි."

"පින්වත් වාසෙට්ඨ, ඒ සෑම මාර්ගයක්ම බඹලොව ඉපදීම පිණිස පවතිනවා කියලද කියන්නේ?" "භවත් ගෞතමයන් වහන්ස, මං කියන්නේ ඒ සෑම මාර්ගයක්ම බඹලොව ඉපදීම පිණිස පවතිනවා කියලයි."

10. "පින්වත් වාසෙට්ඨ, එතකොට ඔය ත්‍රිවේද ඇති බ්‍රාහ්මණයන්ගෙන් එක බ්‍රාහ්මණයෙක්වත් ඉන්නවාද සියැසින්ම බ්‍රහ්මයාව දැකපු කෙනෙක්?" "භවත් ගෞතමයන් වහන්ස, එහෙම කෙනෙක් නම් නෑ."

"පින්වත් වාසෙට්ඨ, එතකොට ඔය ත්‍රිවේද ඇති බ්‍රාහ්මණයන්ගෙන් එක ආචාර්යවරයෙක්වත් ඉන්නවාද සියැසින්ම බ්‍රහ්මයාව දැකපු කෙනෙක්?"

"භවත් ගෞතමයන් වහන්ස, එහෙම කෙනෙක් නම් නෑ."

"පින්වත් වාසෙට්ඨ, එතකොට ඔය ත්‍රිවේද ඇති බ්‍රාහ්මණයන්ගෙන් එක ආචාර්ය ප්‍රාචාර්යවරයෙක්වත් ඉන්නවාද සියැසින්ම බ්‍රහ්මයාව දැකපු කෙනෙක්?" "භවත් ගෞතමයන් වහන්ස, එහෙම කෙනෙක් නම් නෑ."

"පින්වත් වාසෙට්ඨ, එතකොට ඔය ත්‍රිවේද ඇති බ්‍රාහ්මණයන්ගෙන් සත්වෙනි ආචාර්ය පරම්පරාව දක්වා කවුරුවත් ඉන්නවාද සියැසින්ම බ්‍රහ්මයාව දැකපු කෙනෙක්?" "භවත් ගෞතමයන් වහන්ස, එහෙම කෙනෙක් නම් නෑ."

"එතකොට වාසෙට්ඨ, ඒ ත්‍රිවේද ඇති බ්‍රාහ්මණයන්ගේ මන්ත්‍ර හදපු, මන්ත්‍ර නිර්මාණය කරපු, මන්ත්‍ර පවසපු පූර්ව ඍෂිවරු ඉන්නවා. ඒ කියන්නේ; අට්ටක, වාමක, වාමදේව, වෙස්සාමිත්ත, යමතග්ගි, අංගීරස, භාරද්වාජ, වාසෙට්ඨ, කස්සප, භගු යන අයයි. දැන් කාලේ ඒ විදිහටම ත්‍රිවේද ඇති බමුණන් ඒ ඍෂිවරුන්ගේ පැරණි මන්ත්‍රපද ගායනා කරනවාද, රැස් කරනවාද, ඒවා ඒ විදිහටම ගයනවාද, ඔවුන් කිව්ව අයුරින්ම කියනවාද, ඔවුන් පවසන වචනවලින්ම පවසනවාද, ඒ ඍෂිවරු පවා මෙහෙම කියලා තියෙනවාද? "යම් තැනක බ්‍රහ්මයා ඉන්නවාද, යම් විටෙක බ්‍රහ්මයා ඉන්නවාද, යම් පෙදෙසක බ්‍රහ්මයා ඉන්නවාද ඒ ඔහුව අපි දන්නවා. අපි දකිනවා" කියලා. "භවත් ගෞතමයන් වහන්ස, එහෙම දැකපු කෙනෙක් නම් නෑ."

11. "එහෙම නම් වාසෙට්ඨ, යමෙකු විසින් සියැසින් බ්‍රහ්මයා දැකලා තියෙනවා නම්, ත්‍රිවේද ඇති බ්‍රාහ්මණයන් අතර එබඳු වූ එක බ්‍රාහ්මණයෙක්වත් නැත්නම්, යමෙකු විසින් සියැසින් බ්‍රහ්මයා දැකලා තියෙනවා නම්, ත්‍රිවේද ඇති බ්‍රාහ්මණයන් අතර එබඳු වූ එක ආචාර්යවරයෙක්වත් නැත්නම්, යමෙකු විසින් සියැසින් බ්‍රහ්මයා දැකලා තියෙනවා නම්, ත්‍රිවේද ඇති බ්‍රාහ්මණයන් අතර එබඳු වූ එක ආචාර්ය ප්‍රාචාර්යවරයෙක්වත් නැත්නම්, යමෙකු විසින් සියැසින් බ්‍රහ්මයා දැකලා තියෙනවා නම්, ත්‍රිවේද ඇති බ්‍රාහ්මණයන් අතර එබඳු වූ එක සත්වෙනි ආචාර්ය පරපුර දක්වා කවුරුවත් නැත්නම්, ඒ වගේම ඒ ත්‍රිවේද ඇති බ්‍රාහ්මණයන්ගේ මන්ත්‍ර හදපු, මන්ත්‍ර නිර්මාණය කරපු, මන්ත්‍ර පවසපු පූර්ව ඍෂිවරු ඉන්නවා. ඒ කියන්නේ; අට්ටක, වාමක, වාමදේව, වෙස්සාමිත්ත, යමතග්ගි, අංගීරස, භාරද්වාජ, වාසෙට්ඨ, කස්සප, භගු යන අයයි. දැන් කාලේ ඒ විදිහටම ත්‍රිවේද ඇති බමුණන් ඒ ඍෂිවරුන්ගේ පැරණි මන්ත්‍රපද ගායනා කරනවාද, රැස් කරනවාද, ඒවා ඒ විදිහටම ගයනවාද, ඔවුන් කිව්ව අයුරින්ම කියනවාද, ඔවුන් පවසන වචනවලින්ම පවසනවාද, ඒ ඍෂිවරු පවා "යම් තැනක බ්‍රහ්මයා ඉන්නවාද, යම් විටෙක බ්‍රහ්මයා ඉන්නවාද, යම් පෙදෙසක බ්‍රහ්මයා ඉන්නවාද ඒ ඔහුව අපි දන්නවා. අපි දකිනවා" යයි මෙහෙම කියලා නැතුව තිබියදී ත්‍රිවේද ඇති බමුණන් ඒකාන්ත කොට මෙහෙම කියනවා නෙව. "අපි යම් බ්‍රහ්මයෙක්ව දන්නේ නෑ, දැකලා නෑ. නමුත් ඔහු හා එක්වීම පිණිස මාර්ගය කියා දෙන්නම්. මේකමයි මාර්ගය. මේකමයි මාවත. මේකමයි බඹ ලොව ඉපදීම පිණිස තිබෙන්නේ" කියලා.

12. පින්වත් වාසෙට්ඨ, මේ ගැන ඔබ කුමක්ද හිතන්නේ? ඔය විදිහට නම් කරුණු යෙදෙන්නේ ත්‍රිවේද ඇති බ්‍රාහ්මණයන්ගේ කථාව කිසි ආනුභාවයක් නැති දෙයක් වෙනවා නේද?"

"භවත් ගෞතමයන් වහන්ස, ඒකාන්තයෙන්ම ඔය විදිහට නම් කරුණු යෙදෙන්නේ ත්‍රිවේද ඇති බ්‍රාහ්මණයන්ගේ කථාව කිසි ආනුභාවයක් නැති දෙයක් වෙනවාමයි."

13. "හොඳයි පින්වත් වාසෙට්ඨයෙනි. ඒකාන්තයෙන්ම පින්වත් වාසෙට්ඨයෙනි, ඒ ත්‍රිවේද බ්‍රාහ්මණයන් යම් බ්‍රහ්මයෙකුව දන්නෙත් නැත්නම්, දකින්නෙත් නැත්නම්, ඔහු හා එක් වීම පිණිස මාර්ගයකුත් දේශනා කරනවා නම්, ඒ කියන්නේ "මේකමයි මාර්ගය. මේකමයි ඒකාන්ත මාවත, මේකමයි බ්‍රහ්මයාගේ ලෝකය කරා යන මාවත" කියලා ඒක වෙන්න පුළුවන් දෙයක් නොවෙයි. පින්වත් වාසෙට්ඨයෙනි, ඒක මේ වගේ දෙයක්. සැරයටි අරගත් අන්ධ පරපුරක් ඉන්නවා නම්, අන්න ඒ වගෙයි. ඉදිරියෙන් යන කෙනා දකින්නෙත් නෑ. මැදින් යන කෙනා දකින්නෙත් නෑ. පස්සෙන් යන කෙනා දකින්නෙත් නෑ. පින්වත් වාසෙට්ඨ, ඔය ත්‍රිවේද බ්‍රාහ්මණයන්ගේ කීමත් අන්ධයන්ගේ සැරයටි පරපුර වගේ කියලයි හිතෙන්නෙ. ඉදිරියෙන් යන කෙනා දකින්නෙත් නෑ. මැදින් යන කෙනා දකින්නෙත් නෑ. පස්සෙන් යන කෙනා දකින්නෙත් නෑ. ඔය ත්‍රිවේද බ්‍රාහ්මණයන්ගේ කීම සිනහවටමයි ලක්වෙන්නේ. ළාමක දෙයක්මයි වෙන්නේ. හිස්දෙයක්මයි වෙන්නේ. තුච්ඡ දෙයක්මයි වෙන්නේ.

14. පින්වත් වාසෙට්ඨ, මේ ගැන කුමක්ද හිතන්නේ? යම් වෙලාවක සඳ හිරු නැගෙනවාද, යම් වෙලාවක සඳ හිරු බසිනවාද, එතකොට ත්‍රිවේද බ්‍රාහ්මණයොත් අනෙක් බොහෝ දෙනාත් එය දකිනවාද, එතකොට ඔවුන් ඒ සඳහිරු දෙදෙනාට යාඥා කරනවා නේද? ස්තුති කරනවා නේද? දොහොත් මුදුන් දී වැඳගෙන බිම පෙරළෙනවා නේද?"

"එසේය භවත් ගෞතමයන් වහන්ස, යම් වෙලාවක සඳ හිරු නැගෙනවාද, යම් වෙලාවක සඳ හිරු බසිනවාද, එතකොට ත්‍රිවේද බ්‍රාහ්මණයොත් අනෙක් බොහෝ දෙනාත් එය දකිනවාද, එතකොට ඔවුන් ඒ සඳ හිරු දෙදෙනාට යාඥා කරනවා තමයි. ස්තුති කරනවා තමයි. දොහොත් මුදුන් දී වැඳගෙන බිම පෙරළෙනවා තමයි."

15. "පින්වත් වාසෙට්ඨ, මේ ගැන කුමක්ද හිතන්නේ? යම් වෙලාවක සඳ හිරු නැගෙනවාද, යම් වෙලාවක සඳ හිරු බසිනවාද, එතකොට ත්‍රිවේද බ්‍රාහ්මණයොත් අනෙක් බොහෝ දෙනාත් එය දකිනවාද, එතකොට ඔවුන් ඒ

සඳහිරු දෙදෙනාට යාඥා කරනවා නම්, ස්තුති කරනවා නම්, දොහොත් මුදුන් දී වැඳගෙන බිම පෙරළෙනවා නම්, ඒ ත්‍රිවිද්‍යා බ්‍රාහ්මණයන්ට සඳ හිරු දෙක සමඟ එක්වීම පිණිස "මේකමයි මාර්ගය. මේකමයි ඒකාන්ත මාවත, මේකමයි සඳ හිරු දෙදෙනාගේ ලෝකය කරා යන මාවත" කියලා මාර්ගයක් දේශනා කරන්නට පුළුවන්ද?" "භවත් ගෞතමයෙනි, මෙය නොවේමයි."

16. "පින්වත් වාසෙට්ඨ, ඉතින් එහෙම නම් යම් වෙලාවක සඳ හිරු නැගෙනවාද, යම් වෙලාවක සඳ හිරු බසිනවාද, එතකොට ත්‍රිවේද බ්‍රාහ්මණයොත් අනෙක් බොහෝ දෙනාත් එය දකිනවාද, එතකොට ඔවුන් ඒ සඳහිරු දෙදෙනාට යාඥා කරන නමුත්, ස්තුති කරනවා නමුත්, දොහොත් මුදුන් දී වැඳගෙන බිම පෙරළෙනවා නමුත්, ඒ ත්‍රිවිද්‍යා බ්‍රාහ්මණයන්ට සඳ හිරු දෙක සමඟ එක්වීම පිණිස "මේකමයි මාර්ගය. මේකමයි ඒකාන්ත මාවත, මේකමයි සඳ හිරු දෙදෙනාගේ ලෝකය කරා යන මාවත" කියලා මාර්ගයක් දේශනා කරන්නටත් බැරි නම්,

එහෙම තියෙද්දිත් ඒ ත්‍රිවිද්‍යා බ්‍රාහ්මණවරුන් විසින් බ්‍රහ්මයාව සියැසින් දැකලත් නෑ. ඒ ත්‍රිවිද්‍යා බ්‍රාහ්මණවරුන්ගේ ආචාර්යවරුන් විසින් බ්‍රහ්මයාව සියැසින් දැකලත් නෑ. ඒ ත්‍රිවිද්‍යා බ්‍රාහ්මණවරුන්ගේ ආචාර්යප්‍රාචාර්යවරුන් විසින් බ්‍රහ්මයාව සියැසින් දැකලත් නෑ. ඒ ත්‍රිවිද්‍යා බ්‍රාහ්මණවරුන්ගේ සත්වෙනි ආචාර්ය පරපුර විසින්ද බ්‍රහ්මයාව සියැසින් දැකලත් නෑ. ඒ වගේම ඒ ත්‍රිවේද ඇති බ්‍රාහ්මණයන්ගේ මන්ත්‍ර හදපු, මන්ත්‍ර නිර්මාණය කරපු, මන්ත්‍ර පවසපු පූර්ව ඍෂිවරු ඉන්නවා. ඒ කියන්නේ; අට්ටක, වාමක, වාමදේව, වෙස්සාමිත්ත, යමතග්ගි, අංගීරස, භාරද්වාජ, වාසෙට්ඨ, කස්සප, භගු යන අයයි. දැන් කාලේ ඒ විදිහටම ත්‍රිවේද ඇති බමුණන් ඒ ඍෂිවරුන්ගේ පැරණි මන්ත්‍රපද ගායනා කරනවාද, රැස් කරනවාද, ඒවා ඒ විදිහටම ගයනවාද, ඔවුන් කිව්ව අයුරින්ම කියනවාද, ඔවුන් පවසන වචනවලින්ම පවසනවාද, ඒ ඍෂිවරු පවා "යම් තැනක බ්‍රහ්මයා ඉන්නවාද, යම් විටෙක බ්‍රහ්මයා ඉන්නවාද, යම් පෙදෙසක බ්‍රහ්මයා ඉන්නවාද ඒ ඔහුව අපි දන්නවා. අපි දකිනවා" යයි මෙහෙම කියලත් නෑ. නමුත් ත්‍රිවේද බ්‍රාහ්මණයන් මෙහෙම කියනවා. යම් බ්‍රහ්මයෙක් ගැන අපි දන්නේ නෑ තමයි. අපි දකින්නෙ නෑ තමයි. ඒ බ්‍රහ්මයා සමඟ එක්වෙන මාර්ගය නම් දේශනා කරනවා. "මේකමයි මාර්ගය. මේකමයි ඒකාන්ත මාවත, මේකමයි බ්‍රහ්මයාගේ ලෝකය කරා යන මාවත" කියලා.

පින්වත් වාසෙට්ඨ, මේ ගැන කුමක්ද හිතන්නේ? ඔය විදිහට නම් ඒ කීම තියෙන්නෙ ත්‍රිවේද බ්‍රාහ්මණයන්ගේ කථාව පදනමක් නැති බවට පත්වෙනවා නේද?"

"භවත් ගෞතමයන් වහන්ස, ඔය විදිහට නම් ඒ කීම තියෙන්නෙ ත්‍රිවේද බ්‍රාහ්මණයන්ගේ කථාව ඒකාන්තයෙන්ම පදනමක් නැති බවට පත් වෙනවාමයි."

17. "හොඳයි පින්වත් වාසෙට්ඨයෙනි, ඒකාන්තයෙන්ම පින්වත් වාසෙට්ඨයෙනි, ඒ ත්‍රිවේද බ්‍රාහ්මණයන් යම් බ්‍රහ්මයෙකුව දන්නෙත් නැත්නම්, දකින්නෙත් නැත්නම්, ඔහු හා එක්වීම පිණිස මාර්ගයකුත් දේශනා කරනවා නම්, ඒ කියන්නේ "මේකමයි මාර්ගය. මේකමයි ඒකාන්ත මාවත, මේකමයි බ්‍රහ්මයාගේ ලෝකය කරා යන මාවත" කියලා ඒක වෙන්න පුළුවන් දෙයක් නොවෙයි.

18. පින්වත් වාසෙට්ඨ, ඒක මේ වගේ දෙයක්. පුරුෂයෙක් මෙවැනි දෙයක් කියනවා. "මේ ජනපදයෙහි යම් රූප සුන්දරියක් ඉන්නවා නම්, ඇයට මං කැමැතියි. ඇයට මං ආසයි" කියලා. එතකොට අනෙක් අය ඔහුට මෙහෙම කියනවා. "එම්බා පුරුෂය, ඔබ යම් රූප සුන්දරියකට කැමැති නම්, ආශා නම්, ඒ රූප සුන්දරිය ක්ෂත්‍රිය කුලයේ කෙනෙක්ය කියලා හෝ බ්‍රාහ්මණ කුලයේ කෙනෙක්ය කියලා හෝ වෛශ්‍ය කුලයේ කෙනෙක්ය කියලා හෝ ශුද්‍ර කුලයේ කෙනෙක්ය කියලා හෝ දන්නවාද?" ඔහොම ඇසූ විට ඔහු පිළිතුරු දෙන්නේ ඒ ගැන දන්නේ නැති බවයි. එතකොට ඔහුට මෙහෙම කියනවා. "එම්බා පුරුෂය, ඔබ යම් රූප සුන්දරියකට කැමැති නම්, ආශා නම්, ඒ රූප සුන්දරිය මෙවැනි මෙවැනි නම් ඇත්තියක්, මෙවැනි ගෝත්‍ර ඇත්තියක්, ඈ උසයි. ඈ මිටියි. ඈ මධ්‍යම ප්‍රමාණයි. ඈ කළුයි. ඈ රන්වන් පාටයි. ඈ තළෙළුයි ආදී වශයෙන් ඈ ගැන දන්නවාද? ඒ වගේම ඈ අසවල් ගමේ හෝ නියම්ගමේ හෝ නගරයේ එකියක්ය කියලා ඇය ගැන දන්නවාද?" ඔහොම ඇසූ විට ඔහු පිළිතුරු දෙන්නේ ඒ ගැන දන්නේ නැති බවයි. එතකොට ඔහුගෙන් මෙහෙම අහනවා. "එම්බා පුරුෂය, ඔබ යම් රූප සුන්දරියක් ගැන දන්නෙත් නැත්නම්, ඇය දකින්නෙත් නැත්නම්, ඇයවද ඔබ කැමැති වන්නේ? ආසා කරන්නේ?" එතකොට එසේය කියලා ඔහු පිළිතුරු දෙනවා. "පින්වත් වාසෙට්ඨ, මේ ගැන කුමක්ද හිතන්නේ? ඔහුගේ කීම එවැනි දෙයක් නම් ඒ පුරුෂයාගේ ඒ කථාව පදනමක් නැති දෙයක් බවට පත් වෙනවා නේද?"

"භවත් ගෞතමයන් වහන්ස, ඔහුගේ කීම එවැනි දෙයක් නම් ඒ පුරුෂයාගේ ඒ කථාව ඒකාන්තයෙන්ම පදනමක් නැති දෙයක් බවට පත් වෙනවාමයි."

19. "පින්වත් වාසෙට්ඨ, ඔය විදිහමයි. ඒ ත්‍රිවිද්‍යා බ්‍රාහ්මණවරුන් විසින් බ්‍රහ්මයාව සියැසින් දැකලත් නෑ. ඒ ත්‍රිවිද්‍යා බ්‍රාහ්මණවරුන්ගේ ආචාර්යවරුන්

විසින් බ්‍රහ්මයාව සියැසින් දැකලත් නෑ. ඒ ත්‍රිවිද්‍යා බ්‍රාහ්මණවරුන්ගේ ආචාර්යප්‍රාචාර්යවරුන් විසින් බ්‍රහ්මයාව සියැසින් දැකලත් නෑ. ඒ ත්‍රිවිද්‍යා බ්‍රාහ්මණවරුන්ගේ සත්වෙනි ආචාර්ය පරපුර විසින්ද බ්‍රහ්මයාව සියැසින් දැකලත් නෑ. ඒ වගේම ඒ ත්‍රිවේද ඇති බ්‍රාහ්මණයන්ගේ මන්ත්‍ර හදපු, මන්ත්‍ර නිර්මාණය කරපු, මන්ත්‍ර පවසපු පූර්ව ඍෂිවරු ඉන්නවා. ඒ කියන්නේ; අට්ටක, වාමක, වාමදේව, වෙස්සාමිත්ත, යමතග්ගි, අංගීරස, භාරද්වාජ, වාසෙට්ඨ, කස්සප, භගු යන අයයි. දැන් කාලේ ඒ විදිහටම ත්‍රිවේද ඇති බමුණන් ඒ ඍෂිවරුන්ගේ පැරණි මන්ත්‍රපද ගායනා කරනවාද, රැස් කරනවාද, ඒවා ඒ විදිහටම ගයනවාද, ඔවුන් කිව්ව අයුරින්ම කියනවාද, ඔවුන් පවසන වචනවලින්ම පවසනවාද, ඒ ඍෂිවරු පවා "යම් තැනක බ්‍රහ්මයා ඉන්නවාද, යම් විටෙක බ්‍රහ්මයා ඉන්නවාද, යම් පෙදෙසක බ්‍රහ්මයා ඉන්නවාද ඒ ඔහුව අපි දන්නවා. අපි දකිනවා" යයි මෙහෙම කියලත් නෑ. නමුත් ත්‍රිවේද බ්‍රාහ්මණයන් මෙහෙම කියනවා. යම් බ්‍රහ්මයෙක් ගැන අපි දන්නේ නෑ තමයි. අපි දකින්නේ නෑ තමයි. ඒ බ්‍රහ්මයා සමඟ එක්වෙන මාර්ගය නම් දේශනා කරනවා. "මේකමයි මාර්ගය. මේකමයි ඒකාන්ත මාවත, මේකමයි බ්‍රහ්මයාගේ ලෝකය කරා යන මාවත" කියලා.

පින්වත් වාසෙට්ඨ, මේ ගැන කුමක්ද හිතන්නේ? ඔය විදිහට නම් ඒ කීම තියෙන්නෙ ත්‍රිවේද බ්‍රාහ්මණයන්ගේ කථාව පදනමක් නැති බවට පත් වෙනවා නේද?"

"භවත් ගෞතමයන් වහන්ස, ඔය විදිහට නම් ඒ කීම තියෙන්නෙ ත්‍රිවේද බ්‍රාහ්මණයන්ගේ කථාව ඒකාන්තයෙන්ම පදනමක් නැති බවට පත් වෙනවාමයි."

20. "හොඳයි පින්වත් වාසෙට්ඨයෙනි, ඒකාන්තයෙන්ම පින්වත් වාසෙට්ඨයෙනි, ඒ ත්‍රිවේද බ්‍රාහ්මණයන් යම් බ්‍රහ්මයෙකුව දන්නෙත් නැත්නම්, දකින්නෙත් නැත්නම්, ඔහු හා එක්වීම පිණිස මාර්ගයකුත් දේශනා කරනවා නම්, ඒ කියන්නේ "මේකමයි මාර්ගය. මේකමයි ඒකාන්ත මාවත, මේකමයි බ්‍රහ්මයාගේ ලෝකය කරා යන මාවත" කියලා ඒක වෙන්න පුළුවන් දෙයක් නොවෙයි.

21. පින්වත් වාසෙට්ඨ, මේ වගේ දේකුත් තියෙනවා. පුරුෂයෙක් හතරමං හන්දියක ප්‍රාසාදයකට නැගීම පිණිස කියලා ඉණිමගක් බඳිනවා. එතකොට අනෙක් අය ඔහුගෙන් මෙහෙම අහනවා. "එම්බා පුරුෂය, ඔබ යම් ප්‍රාසාදයකට නැගීම පිණිස ඉණිමගක් බඳිමින් ඉන්නවා. ඒ ප්‍රාසාදය තියෙන්නේ පෙරදිග දිශාවේද? දකුණු දිශාවේද? බටහිර දිශාවේද? උතුරු දිශාවේද? කියලා දන්නවාද? ඒ ප්‍රාසාදය උස එකක්ද? මිටි එකක්ද? මධ්‍යම එකක්ද? කියලා දන්නවාද?"

මෙසේ අසද්දිත් ඔහු පිළිතුරු දෙන්නේ "දන්නේ නැත" කියලයි. එතකොට අනෙක් අය මෙහෙම අහනවා "එම්බා පුරුෂය, යම් ප්‍රාසාදයක් ගැන ඔබ දන්නෙත් නැත්නම්, දකින්නෙත් නැත්නම්, ඒ ප්‍රාසාදයට නැගීම පිණිසද ඔබ ඔය ඉණිමග බඳින්නේ?" කියලා. එතකොට ඔහු පිළිතුරු දෙන්නේ "එසේය" කියලයි.

"පින්වත් වාසෙට්ඨ, මේ ගැන කුමක්ද හිතන්නේ? ඔහුගේ කීම එවැනි දෙයක් නම් ඒ පුරුෂයාගේ ඒ කථාව පදනමක් නැති දෙයක් බවට පත් වෙනවා නේද?"

"භවත් ගෞතමයන් වහන්ස, ඔහුගේ කීම එවැනි දෙයක් නම් ඒ පුරුෂයාගේ ඒ කථාව ඒකාන්තයෙන්ම පදනමක් නැති දෙයක් බවට පත් වෙනවාමයි."

22. "පින්වත් වාසෙට්ඨ, ඔය විදිහමයි ඒ ත්‍රිවිද්‍යා බ්‍රාහ්මණවරුන් විසින් බ්‍රහ්මයාව සියැසින් දැකලත් නෑ. ඒ ත්‍රිවිද්‍යා බ්‍රාහ්මණවරුන්ගේ ආචාර්යවරුන් විසින් බ්‍රහ්මයාව සියැසින් දැකලත් නෑ. ඒ ත්‍රිවිද්‍යා බ්‍රාහ්මණවරුන්ගේ ආචාර්යප්‍රාචාර්යවරුන් විසින් බ්‍රහ්මයාව සියැසින් දැකලත් නෑ. ඒ ත්‍රිවිද්‍යා බ්‍රාහ්මණවරුන්ගේ සත්වෙනි ආචාර්ය පරපුර විසින්ද බ්‍රහ්මයාව සියැසින් දැකලත් නෑ. ඒ වගේම ඒ ත්‍රිවේද ඇති බ්‍රාහ්මණයන්ගේ මන්ත්‍ර හදපු, මන්ත්‍ර නිර්මාණය කරපු, මන්ත්‍ර පවසපු පූර්ව ඍෂිවරු ඉන්නවා. ඒ කියන්නේ; අට්ඨක, වාමක, වාමදේව, වෙස්සාමිත්ත, යමතග්ගි, අංගීරස, භාරද්වාජ, වාසෙට්ඨ, කස්සප, භගු යන අයයි. දැන් කාලේ ඒ විදිහටම ත්‍රිවේද ඇති බමුණන් ඒ ඍෂිවරුන්ගේ පැරණි මන්ත්‍රපද ගායනා කරනවාද, රැස් කරනවාද, ඒවා ඒ විදිහටම ගයනවාද, ඔවුන් කිව්ව අයුරින්ම කියනවාද, ඔවුන් පවසන වචනවලින්ම පවසනවාද, ඒ ඍෂිවරු පවා "යම් තැනක බ්‍රහ්මයා ඉන්නවාද, යම් විටෙක බ්‍රහ්මයා ඉන්නවාද, යම් පෙදෙසක බ්‍රහ්මයා ඉන්නවාද ඒ ඔහුව අපි දන්නවා. අපි දකිනවා" යයි මෙහෙම කියලත් නෑ. නමුත් ත්‍රිවේද බ්‍රාහ්මණයන් මෙහෙම කියනවා. යම් බ්‍රහ්මයෙක් ගැන අපි දන්නේ නෑ තමයි. අපි දකින්නෙ නෑ තමයි. ඒ බ්‍රහ්මයා සමඟ එක්වෙන මාර්ගය නම් දේශනා කරනවා. "මේකමයි මාර්ගය. මේකමයි ඒකාන්ත මාවත, මේකමයි බ්‍රහ්මයාගේ ලෝකය කරා යන මාවත" කියලා.

"පින්වත් වාසෙට්ඨ, මේ ගැන කුමක්ද හිතන්නේ? ඔය විදිහට නම් ඒ කීම තියෙන්නෙ ත්‍රිවේද බ්‍රාහ්මණයන්ගේ කථාව පදනමක් නැති බවට පත් වෙනවා නේද?"

"භවත් ගෞතමයන් වහන්ස, ඔය විදිහට නම් ඒ කීම තියෙන්නෙ ත්‍රිවේද බ්‍රාහ්මණයන්ගේ කථාව ඒකාන්තයෙන්ම පදනමක් නැති බවට පත් වෙනවාමයි."

23. "හොඳයි පින්වත් වාසෙට්ඨයෙනි, ඒකාන්තයෙන්ම පින්වත් වාසෙට්ඨයෙනි, ඒ ත්‍රිවේද බ්‍රාහ්මණයන් යම් බ්‍රහ්මයෙකුව දන්නෙත් නැත්නම්, දකින්නෙත් නැත්නම්, ඔහු හා එක්වීම පිණිස මාර්ගයකුත් දේශනා කරනවා නම්, ඒ කියන්නේ "මේකමයි මාර්ගය. මේකමයි ඒකාන්ත මාවත, මේකමයි බ්‍රහ්මයාගේ ලෝකය කරා යන මාවත" කියලා ඒක වෙන්න පුළුවන් දෙයක් නොවෙයි.

24. පින්වත් වාසෙට්ඨ, ඒක මේ වගේ දෙයක්. මේ අචිරවතී නදිය වතුරෙන් පිරිලා කට මට්ටමට ඇවිදින් කපුටන්ට වුනත් ඉවුරේ ඉඳන් වතුර බොන්න පුළුවන් වෙලා තියෙද්දී, ඔතැනට පුරුෂයෙක් එනවා. ඔහු එතෙර යෑමෙන් ප්‍රයෝජන ඇති, එතෙර වීමක් සොයන, එතෙර යන, එතෙර යනු කැමැති කෙනෙක්. ඉතින් ඔහු මෙතෙර සිටියදීම එතෙරට අඬගසනවා. "අනේ එතෙර මෙතෙරට එනු මැනැව. අනේ එතෙර මෙතෙරට එනු මැනැව" කියලා. පින්වත් වාසෙට්ඨ, මේ ගැන කුමක්ද හිතන්නේ? අර පුද්ගලයාගේ අඬගැසීමේ හේතුවෙන් හෝ යාඥාවේ හේතුවෙන් හෝ පැතීමේ හේතුවෙන් හෝ ස්තුති කිරීමේ හේතුවෙන් හෝ අචිරවතී නදියේ එතෙර මෙතෙරට ඒවිද?" "භවත් ගෞතමයෙනි, එය නොවේමයි."

25. "පින්වත් වාසෙට්ඨ, ඔන්න ඔය විදිහමයි. ඒ ත්‍රිවේද බ්‍රාහ්මණවරු බ්‍රාහ්මණ බවට පමුණුවන යම් ධර්ම ඇත්නම්, ඒ ධර්මයන් බැහැර කරලා, අබ්‍රාහ්මණබව ඇති කරන යම් ධර්ම ඇත්නම්, ඒ ධර්ම සමාදන් වෙලා පුරුදු කර කර මෙහෙම කියනවා. "අපි ඉන්ද්‍ර දෙවියාව කැඳවනවා. සෝම දෙවියාව කැඳවනවා. වරුණ දෙවියාව කැඳවනවා. ඊසාන දෙවියාව කැඳවනවා. ප්‍රජාපතී දෙවියාව කැඳවනවා. බ්‍රහ්ම දෙවියාව කැඳවනවා. මහේන්ද්‍ර දෙවියාව කැඳවනවා. යාම දෙවියාව කැඳවනවා" කියලා. ඉතින් පින්වත් වාසෙට්ඨ, ඒ ත්‍රිවේද බ්‍රාහ්මණවරු බ්‍රාහ්මණ බවට පමුණුවන යම් ධර්ම ඇත්නම්, ඒ ධර්මයන් බැහැර කරලා, අබ්‍රාහ්මණ බව ඇති කරන යම් ධර්ම ඇත්නම්, ඒ ධර්ම සමාදන් වෙලා පුරුදු කර කර දෙවියන්ට අඬගැසීමේ හේතුවෙන් හෝ යාඥාවේ හේතුවෙන් හෝ පැතීමේ හේතුවෙන් හෝ ස්තුති කිරීමේ හේතුවෙන් හෝ කය බිඳී මරණින් මතු බ්‍රහ්මයා සමඟ එක්වීමකට පත් වෙනවාය යන කරුණ විය හැකි දෙයක් නම් නොවෙයි.

26. පින්වත් වාසෙට්ඨ, මේ වගේ දෙයක් තියෙනවා. මේ අචිරවතී නදිය වතුරෙන් පිරිලා කට මට්ටමට ඇවිදින් කපුටන්ට වුනත් ඉවුරේ ඉඳන් වතුර

බොන්න පුළුවන් වෙලා තියෙද්දී, ඔතැනට පුරුෂයෙක් එනවා. ඔහු එතෙර යෑමෙන් ප්‍රයෝජන ඇති, එතෙර වීමක් සොයන, එතෙර යන, එතෙර යනු කැමැති කෙනෙක්. නමුත් ඔහුව මෙතෙරට තියලා දෑත් පිටුපසට කරලා දැඩි දම්වැලකින් තද කොට බැඳලා නම් තියෙන්නේ, පින්වත් වාසෙට්ඨ, කුමක්ද මේ ගැන සිතන්නේ? එතකොට ඒ පුරුෂයාට අචිරවතී නදියේ මෙතෙරින් එතෙරට යන්ට පුළුවන් වේවිද?" "භවත් ගෞතමයන් වහන්ස, එය නොවේමය."

27. "පින්වත් වාසෙට්ඨ, අන්න ඒ වගේමයි ආර්ය විනයෙහි මේ පංච කාම ගුණයන්ට කියන්නේ දම්වැල කියලයි, බන්ධනය කියලයි. කවර පහක්ද යත්; ඉතා යහපත් වූ, සුන්දර වූ, මනාප වූ, ප්‍රිය ස්වභාව ඇති කාමරාගය ඇති කරවන, කෙලෙස් ඇති කරවන, ඇසින් දත යුතු රූප තියෙනවා ....(පෙ).... කනෙන් දත යුතු ශබ්ද තියෙනවා. ....(පෙ).... නාසයෙන් දත යුතු ගඳ සුවඳ තියෙනවා. ....(පෙ).... දිවෙන් දත යුතු රස තියෙනවා. ....(පෙ).... ඉතා යහපත් වූ, සුන්දර වූ, මනාප වූ, ප්‍රිය ස්වභාව ඇති කාමරාගය ඇති කරවන, කෙලෙස් ඇති කරවන, කයින් දත යුතු පහස තියෙනවා. පින්වත් වාසෙට්ඨ, ආර්ය විනයෙහි දම්වැල කියන්නෙත්, බන්ධනය කියන්නෙත් ඔය පංචකාම ගුණයටයි. පින්වත් වාසෙට්ඨ, ත්‍රිවේද බ්‍රාහ්මණයන් මේ පංච කාමගුණයෙහි ගිජුවෙලා, මුසපත් වෙලා, එහිම බැසගෙන ඒ පංචකාමයන් ගැන ආදීනව නොදැක එය අත්හැරීමේ ප්‍රඥාවෙන් තොරව තමයි ඒවා පරිභෝග කරන්නේ.

28. පින්වත් වාසෙට්ඨ, ඔන්න ඔය විදිහටම ත්‍රිවේද බ්‍රාහ්මණවරු බ්‍රාහ්මණ බවට පමුණුවන යම් ධර්ම ඇත්නම්, ඒ ධර්මයන් බැහැර කරලා, අබ්‍රාහ්මණබව ඇති කරන යම් ධර්ම ඇත්නම්, ඒ ධර්ම සමාදන් වෙලා පුරුදු කර කර පංච කාම ගුණයන්ට ගිජුවෙලා, මුසපත් වෙලා, එහිම බැසගෙන, ඒ පංචකාමයන් ගැන ආදීනව නොදැක, එය අත්හැරීමේ ප්‍රඥවෙන් තොරව තමයි ඒවා පරිභෝග කරමින් කාම බන්ධනයෙන් බැඳිලා ඉඳගෙන කය බිඳී මරණින් මතු බ්‍රහ්මයා සමඟ එක්වීමකට යනවා කියන කරුණ නම් සිදුවිය හැකි දෙයක් නොවෙයි.

29. පින්වත් වාසෙට්ඨ, මේ වගේ දෙයක් තියෙනවා. මේ අචිරවතී නදිය වතුරෙන් පිරිලා කට මට්ටමට ඇවිදින් කපුටන්ට වුනත් ඉවුරේ ඉඳන් වතුර බොන්න පුළුවන් වෙලා තියෙද්දී, ඔතැනට පුරුෂයෙක් එනවා. ඔහු එතෙර යෑමෙන් ප්‍රයෝජන ඇති, එතෙර වීමක් සොයන, එතෙර යන, එතෙර යනු කැමැති කෙනෙක්. නමුත් ඔහු මෙතෙරට වෙලා හිසපටන් මුළු ඇඟම පොරොවා ගෙන වැතිරිලා ඉන්නවා. පින්වත් වාසෙට්ඨ, කුමක්ද මේ ගැන සිතන්නේ? එතකොට ඒ පුරුෂයාට අචිරවතී නදියේ මෙතෙරින් එතෙරට යන්ට පුළුවන් වේවිද?" "භවත් ගෞතමයන් වහන්ස, එය නොවේමය."

30. පින්වත් වාසෙට්ඨ, අන්න ඒ වගේමයි ආර්ය විනයෙහි මේ පංච නීවරණයන්ට කියන්නේ "නිවන් මග වසාලන දේ" කියලයි. "නීවරණ" කියලයි. "යටිකුරු අතට (අපා ගමනට) බැඳ තබන දේ" කියලයි. "හාත්පසින් බැඳ තබන දේ" කියලයි. කවර පහක්ද යත්? කාමච්ඡන්ද (කම් සුවයට ඇති කැමැත්ත) නීවරණය. ව්‍යාපාද (තරහ) නීවරණය. ථීනමිද්ධ (නිදිමත, අලසබව) නීවරණය. උද්ධච්ච කුක්කුච්ච (සිතේ විසිරීම, පසුතැවීම) නීවරණය. විචිකිච්ඡා (සැකය) නීවරණය යන පහයි. පින්වත් වාසෙට්ඨ, ආර්ය විනයෙහි "නිවන් මග වසාලන දේ" කියලා, "නීවරණ" කියලා, "යටිකුරු අතට (අපා ගමනට) බැඳතබන දේ" කියලා, "හාත්පසින් බැඳ තබන දේ" කියලා කියන්නේ මේ පංච නීවරණයන්ටයි. පින්වත් වාසෙට්ඨ, ත්‍රිවේද බ්‍රාහ්මණවරු මේ පංච නීවරණයන්ගෙන් වැහිලයි ඉන්නේ, ඒ තුළටම වැදිලයි ඉන්නේ, ගැටගැසිලයි ඉන්නේ, හාත්පසින්ම බැඳිලයි ඉන්නේ, ඉතින් පින්වත් වාසෙට්ඨ, ඒ ත්‍රිවේද බ්‍රාහ්මණවරු බ්‍රාහ්මණබව ඇති කරවන යම් ධර්ම ඇත්නම් එයින් බැහැර වෙලා, අබ්‍රාහ්මණබව ඇති කරවන යම් ධර්ම ඇත්නම් ඒවා සමාදන් වෙලා, පුරුදු කර කර පංච නීවරණයන්ගෙන් වැහිලා ඒ තුළටම වැදිලා, ගැට ගැසිල, හාත්පසින්ම බැඳිලා ඉඳගෙන කය බිඳී මරණින් මතු බ්‍රහ්මයා හා එක්වීමකට යනවා කියන කරුණ සිදුවෙන දෙයක් නම් නොවෙයි.

31. පින්වත් වාසෙට්ඨ, කුමක්ද මේ ගැන හිතන්නේ? වයෝවෘද්ධ මහළු ආචාර්ය ප්‍රාචාර්ය වූ බ්‍රාහ්මණයන් කියන්නා වූ වචන ඔබ අහලා තියෙන්නේ කොහොමද? "බ්‍රහ්මයා ස්ත්‍රීන් සමඟ එක්ව වාසය කරන කෙනෙක්ද? ස්ත්‍රීන් හා එක්වීම නැති කෙනෙක්ද?" "භවත් ගෞතමයන් වහන්ස, (බ්‍රහ්මයා) ස්ත්‍රීන් හා එක්වීම නැති කෙනෙක්."

"(බ්‍රහ්මයා) වෛර සිත් ඇති කෙනෙක්ද? අවෛරී සිත් ඇති කෙනෙක්ද?" "භවත් ගෞතමයන් වහන්ස, (බ්‍රහ්මයා) අවෛරී සිත් ඇති කෙනෙක්."

"(බ්‍රහ්මයා) පීඩා සහිත සිත් ඇති කෙනෙක්ද? පීඩා රහිත සිත් ඇති කෙනෙක්ද?" "භවත් ගෞතමයන් වහන්ස, (බ්‍රහ්මයා) පීඩා රහිත සිත් ඇති කෙනෙක්."

"(බ්‍රහ්මයා) කිලිටි සිත් ඇති කෙනෙක්ද? නොකිලිටි සිත් ඇති කෙනෙක්ද?" "භවත් ගෞතමයන් වහන්ස, (බ්‍රහ්මයා) නොකිලිටි සිත් ඇති කෙනෙක්."

"(බ්‍රහ්මයා) තමා වසඟයෙහි පවත්වාගත හැකි සිත් ඇති කෙනෙක්ද? තමා වසඟයෙහි පවත්වාගත නොහැකි සිත් ඇති කෙනෙක්ද?" "භවත් ගෞතමයන් වහන්ස, (බ්‍රහ්මයා) තමා වසඟයෙහි පවත්වාගත හැකි සිත් ඇති කෙනෙක්."

32. "පින්වත් වාසෙට්ඨ, කුමක්ද මේ ගැන හිතන්නේ? ත්‍රිවේද බ්‍රාහ්මණවරු ස්ත්‍රීන් සමඟ එක්ව වාසය කරනවාද? ස්ත්‍රීන් හා එක්ව වාසය කිරීමක් නැද්ද?"

"භවත් ගෞතමයන් වහන්ස, (ත්‍රිවේද බ්‍රාහ්මණවරු) ස්ත්‍රීන් සමඟ එක්ව වාසය කරනවා."

"(ත්‍රිවේද බ්‍රාහ්මණවරු) වෛර සිත් ඇතුව ඉන්නවාද? අවෛරී සිත් ඇතුව ඉන්නවාද?" "භවත් ගෞතමයන් වහන්ස, (ත්‍රිවේද බ්‍රාහ්මණවරු) වෛරී සිත් ඇතිවයි ඉන්නේ."

"(ත්‍රිවේද බ්‍රාහ්මණවරු) පීඩා සහිත සිත් ඇතුව ඉන්නවාද? පීඩා රහිත සිත් ඇතුව ඉන්නවාද?" "භවත් ගෞතමයන් වහන්ස, (ත්‍රිවේද බ්‍රාහ්මණවරු) පීඩා සහිත සිත් ඇතිවයි ඉන්නේ."

"(ත්‍රිවේද බ්‍රාහ්මණවරු) කිලිටි සිත් ඇතුව ඉන්නවාද? නොකිලිටි සිත් ඇතුව ඉන්නවාද?" "භවත් ගෞතමයන් වහන්ස, (ත්‍රිවේද බ්‍රාහ්මණවරු) කිලිටි සිත් ඇතිවයි ඉන්නේ."

"(ත්‍රිවේද බ්‍රාහ්මණවරු) තමා වසඟයෙහි පවත්වාගත හැකි සිත් ඇතුව ඉන්නවාද? තමා වසඟයෙහි පවත්වාගත නොහැකි සිත් ඇතුව ඉන්නවාද?" "භවත් ගෞතමයන් වහන්ස, (ත්‍රිවේද බ්‍රාහ්මණවරු) තමා වසඟයෙහි පවත්වාගත නොහැකි සිත් ඇතිවයි ඉන්නේ."

33. "එහෙම නම් පින්වත් වාසෙට්ඨ, ත්‍රිවේද බ්‍රාහ්මණවරු ස්ත්‍රීන් සමඟ ඇසුරෙන් යුක්තවයි ඉන්නේ. නමුත් බ්‍රහ්මයා ස්ත්‍රී ඇසුරෙන් තොරවයි ඉන්නේ. එහෙම නම් ස්ත්‍රීන් සමඟ එක්ව වාසය කරන ත්‍රිවේද බ්‍රාහ්මණයන් හා ස්ත්‍රී ඇසුරෙන් තොරව ඉන්න බ්‍රහ්මයා සැසඳෙනවාද? සම වෙනවාද?" "භවත් ගෞතමයන් වහන්ස, එය නොවේමය."

"හොඳයි පින්වත් වාසෙට්ඨ, ස්ත්‍රී ඇසුරෙන් යුක්ත වූ ඒ ත්‍රිවේද බ්‍රාහ්මණවරු ඒකාන්තයෙන්ම කය බිඳී මරණින් මතු ස්ත්‍රී ඇසුරක් නැති බ්‍රහ්මයා හා එක්වීමකට යනවාය යන කරුණ සිදුවෙන දෙයක් නම් නොවේ.

34. එහෙම නම් පින්වත් වාසෙට්ඨ, ත්‍රිවේද බ්‍රාහ්මණවරු වෛර සිතින් යුක්තවයි ඉන්නේ. නමුත් බ්‍රහ්මයා වෛර සිතින් තොරවයි ඉන්නේ. එහෙම නම් වෛර සිතින් වාසය කරන ත්‍රිවේද බ්‍රාහ්මණයන් හා වෛර සිතින් තොරව ඉන්න බ්‍රහ්මයා සැසඳෙනවාද? සම වෙනවා ද?" "භවත් ගෞතමයන් වහන්ස, එය නොවේමය."

"හොඳයි පින්වත් වාසෙට්ඨ, වෛර සිතින් යුක්ත වූ ඒ ත්‍රිවේද බ්‍රාහ්මණවරු ඒකාන්තයෙන්ම කය බිඳී මරණින් මතු වෛර සිත් නැති බ්‍රහ්මයා හා එක්වීමකට යනවාය යන කරුණ සිදුවෙන දෙයක් නම් නොවේ.

35. එහෙම නම් පින්වත් වාසෙට්ඨ, ත්‍රිවේද බ්‍රාහ්මණවරු පීඩා සහිත සිතින් යුක්තවයි ඉන්නේ. නමුත් බ්‍රහ්මයා පීඩා රහිත සිතිනුයි ඉන්නේ. එහෙම නම් පීඩා සහිත සිතින් වාසය කරන ත්‍රිවේද බ්‍රාහ්මණයන් හා පීඩා රහිත සිත් ඇති බ්‍රහ්මයා සැසඳෙනවාද? සම වෙනවාද?" "භවත් ගෞතමයන් වහන්ස, එය නොවේමය."

"හොඳයි පින්වත් වාසෙට්ඨ, පීඩා සහිත සිතින් යුක්ත වූ ඒ ත්‍රිවේද බ්‍රාහ්මණවරු ඒකාන්තයෙන්ම කය බිඳී මරණින් මතු පීඩා රහිත සිත් ඇති බ්‍රහ්මයා හා එක්වීමකට යනවාය යන කරුණ සිදුවෙන දෙයක් නම් නොවේ.

36. එහෙම නම් පින්වත් වාසෙට්ඨ, ත්‍රිවේද බ්‍රාහ්මණවරු කිලිටි සිතින් යුක්තවයි ඉන්නේ. නමුත් බ්‍රහ්මයා නොකිලිටි සිතිනුයි ඉන්නේ. එහෙම නම් කිලිටි සිතින් වාසය කරන ත්‍රිවේද බ්‍රාහ්මණයන් හා නොකිලිටි සිත් ඇති බ්‍රහ්මයා සැසඳෙනවාද? සම වෙනවාද?" "භවත් ගෞතමයන් වහන්ස, එය නොවේමය."

"හොඳයි පින්වත් වාසෙට්ඨ, කිලිටි සිතින් යුක්ත වූ ඒ ත්‍රිවේද බ්‍රාහ්මණවරු ඒකාන්තයෙන්ම කය බිඳී මරණින් මතු නොකිලිටි සිත් ඇති බ්‍රහ්මයා හා එක්වීමකට යනවාය යන කරුණ සිදුවෙන දෙයක් නම් නොවේ.

37. එහෙම නම් පින්වත් වාසෙට්ඨ, ත්‍රිවේද බ්‍රාහ්මණවරු තමාගේ වසඟයේ පැවැත්විය නොහැකි සිතින් යුක්තවයි ඉන්නේ. නමුත් බ්‍රහ්මයා තමාගේ වසඟයේ පැවැත්විය හැකි සිතිනුයි ඉන්නේ. එහෙම නම් තමාගේ වසඟයේ පැවැත්විය නොහැකි සිතින් වාසය කරන ත්‍රිවේද බ්‍රාහ්මණයන් හා තමාගේ වසඟයේ පැවැත්විය හැකි සිත් ඇති බ්‍රහ්මයා සැසඳෙනවාද? සම වෙනවාද?" "භවත් ගෞතමයන් වහන්ස, එය නොවේමය."

"හොඳයි පින්වත් වාසෙට්ඨ, තමාගේ වසඟයේ පැවැත්විය නොහැකි සිතින් යුක්ත වූ ඒ ත්‍රිවේද බ්‍රාහ්මණවරු ඒකාන්තයෙන්ම කය බිඳී මරණින් මතු තමාගේ වසඟයේ පැවැත්විය හැකි සිත් ඇති බ්‍රහ්මයා හා එක්වීමකට යනවාය යන කරුණ සිදුවෙන දෙයක් නම් නොවේ.

පින්වත් වාසෙට්ඨ, මෙහිලා ඒ ත්‍රිවේද බ්‍රාහ්මණවරු නොමගට පැමිණිලා කාම මඩේමයි එරිලා ඉන්නේ. කාම මඩේ එරී දුකටමයි පත්වෙලා ඉන්නේ. දිය සිඳුණු වියළි බිමක අත්පා ගසමින් පිහිනන අය වගේ වෙහෙසෙන්නේ. ඒ නිසා

ත්‍රිවේද බ්‍රාහ්මණයන්ගේ ඔය ත්‍රිවිද්‍යාව මහා කටුවනයක් කියලයි කියන්නේ. ඔය ත්‍රිවිද්‍යාව මහා කැලෑවක් කියලයි කියන්නේ. ඔය ත්‍රිවිද්‍යාව මහා විපත්තියක් කියලයි කියන්නේ."

38. මෙසේ වදාළ විට වාසෙට්ඨ මාණවකයා භාග්‍යවතුන් වහන්සේට මෙකරුණ සැළ කළා. "භවත් ගෞතමයන් වහන්ස, මං අහල තියෙනවා ශ්‍රමණ ගෞතමයන් වහන්සේ බ්‍රහ්මයා හා එක්වීමට මාර්ගය දන්නා සේක්ය කියලා."

"පින්වත් වාසෙට්ඨ, ඔබ මේ ගැන කුමක්ද හිතන්නේ? මනසාකට ගම තියෙන්නේ මේ ළඟම නේද? නැත්නම් මනසාකට තියෙන්නේ මෙයින් සෑහෙන දුරකින් නොවේ නේද?"

"භවත් ගෞතමයන් වහන්ස, එසේය. මනසාකටය තියෙන්නේ මේ ළඟමයි. මෙයින් එතරම් දුරක් නෑ."

39. "පින්වත් වාසෙට්ඨ, ඔබ මේ ගැන කුමක්ද හිතන්නේ? මෙහි මනසාකට ගමේ ඉපදුණු, එහිම හැදුණු වැඩුණු පුරුෂයෙක් ඉන්නවා. ඔහු මනසාකටයෙන් ගිය දවසේම ඔහුගෙන් මනසාකටයට යන මාර්ගය කවුරුහරි විමසනවා නම්, එතකොට පින්වත් වාසෙට්ඨ, අර මනසාකට ගමේම උපන්, ඒ ගමේම හැදුණු වැඩුණු පුරුෂයාට මනසාකටයට යන මාර්ගය විමසද්දී ඒ ගැන කියා ගන්නට බැරුව, වැටහීම ප්‍රමාද වෙවී තියේවිද? කට උත්තර නැතුව සිටීවිද?

"භවත් ගෞතමයන් වහන්ස, එය නොවේමයි. කවර කරුණක් නිසාද යත්, භවත් ගෞතමයන් වහන්ස, මනසාකටයේ උපන් එහිම හැදුණු වැඩුණු අර පුරුෂයාට මනසාකටයේ සියලු මාර්ග ගැන ඉතා පැහැදිලි අවබෝධයක් තියෙනවා."

40. "පින්වත් වාසෙට්ඨ, මනසාකටයේ උපන් එහිම හැදුණු වැඩුණු ඒ පුරුෂයාට මනසාකටයට යන පාර ගැන විමසද්දී වැටහීමේ ප්‍රමාද බවක් සිදු වෙන්ට ඉඩ තියෙන නමුත්, කට උත්තර නැතුව සිටින්නට ඉඩ තියෙන නමුත්, බ්‍රහ්ම ලෝකයත්, බ්‍රහ්ම ලෝකයට යෑම පිණිස පවතින ප්‍රතිපදාව ගැනත් විමසන විට තථාගතයන් වහන්සේට නම් වැටහීමේ ප්‍රමාද බවක්වත්, කට උත්තර නැතුව සිටීමක්වත් ඇතිවෙන්නේ නැමයි. පින්වත් වාසෙට්ඨ, මං බ්‍රහ්මයා ගැනත් දන්නවා, බ්‍රහ්ම ලෝකය ගැනත් දන්නවා. බ්‍රහ්ම ලෝකයට යන ප්‍රතිපදාවත් දන්නවා. යම් ප්‍රතිපදාවකින් යුක්ත වූ කෙනෙක් බඹලොව උපදිනවා නම්, මං ඔහු ගැනත් දන්නවා."

41. මෙසේ වදාළ විට වාසෙට්ඨ මාණවකයා භාග්‍යවතුන් වහන්සේට මෙකරුණ සැළ කළා. "භවත් ගෞතමයන් වහන්ස, මං අහලා තියෙනවා ශ්‍රමණ

ගෞතමයන් වහන්සේ බ්‍රහ්මයා හා එක්වීමේ මාර්ගය දේශනා කරන සේක්ය කියලා. ඉතින් භවත් ගෞතමයන් වහන්සේත් අපට බ්‍රහ්මයා හා එක්වීමේ මාර්ගය දේශනා කරන සේක් නම් ඉතා මැනැවි. භවත් ගෞතමයන් වහන්ස, බ්‍රාහ්මණ දරුවන් වන අපව මේ මගින් ඔසවා බඹලොවෙහි පිහිටුවා වදාරණ සේක්වා"

"එසේ නම් පින්වත් වාසෙට්ඨ, සවන් යොමා අසන්න. හොඳින් නුවණින් මෙනෙහි කරන්න. මං කියා දෙන්නම්."

"එසේය භවතාණෙනි" කියලා වාසෙට්ඨ මාණවකයා භාග්‍යවතුන් වහන්සේට පිළිතුරු දුන්නා. භාග්‍යවතුන් වහන්සේ මෙය වදාළා.

42. "පින්වත් වාසෙට්ඨ, මෙහි අරහත් වූ, සම්මාසම්බුද්ධ වූ, විජ්ජාචරණ සම්පන්න වූ, සුගත වූ, ලෝකවිදූ වූ, අනුත්තර පුරිසදම්ම සාරථී වූ, සත්ථා දේවමනුස්සානං වූ, බුද්ධ වූ, භගවා වූ තථාගතයන් වහන්සේ ලෝකයෙහි උපත ලබනවා. උන්වහන්සේ දෙවියන් සහිත වූ, මරුන් සහිත වූ, බඹුන් සහිත වූ, ශ්‍රමණ බමුණන් සහිත වූ දෙව්මිනිස් ප්‍රජාවෙන් යුතු මේ ලෝකය තමා විසින් උපදවා ගත් විශිෂ්ට ඥාණයෙන් සාක්ෂාත් කරලා ලෝකයට කියාදෙනවා. උන්වහන්සේ දහම් දෙසනවා. ආරම්භය කළ්‍යාණ වූත්, මැද කළ්‍යාණ වූත්, අවසානය කළ්‍යාණ වූත්, අර්ථ සහිත වූත්, පැහැදිලි ප්‍රකාශනවලින් යුතු වූත්, මුළුමණින්ම පිරිපුන් පිරිසිදු බඹසර ප්‍රකාශ කරනවා.

43. එතකොට ගෘහපතියෙක් වේවා, ගෘහපති පුත්‍රයෙක් වේවා කවර හෝ කුලයක උපන් කෙනෙක් වේවා ඒ ධර්මය අසනවා. ඔහු ඒ ධර්මය අසලා තථාගතයන් වහන්සේ කෙරෙහි ශ්‍රද්ධාව උපදවා ගන්නවා. ඉතින් ඔහු ඒ ශ්‍රද්ධාලාභයෙන් යුක්ත වෙලා මේ විදිහට නුවණින් කල්පනා කරනවා. "ගිහි ගෙදර වාසය කිරීම හරිම කරදරයක්. කෙලෙස් වැඩෙන මාවතක්. නමුත් පැවිදි ජීවිතය ආකාසය වගේ. ගිහි ගෙදර වාසය කරමින් මුළුමණින්ම පිරිපුන්, මුළුමණින්ම පිරිසිදු, සුදෝසුදු බඹසර වසනවා යන කරුණ ලෙහෙසි එකක් නොවේ. ඒ නිසා මං කෙස් රැවුල් බාලා, කසාවත් පොරොවා ගෙන ගිහි ගෙයින් නික්ම පැවිද්දට ඇතුලත් වෙන එක තමයි හොඳ" කියලා.

44. ඔහු පස්සේ කාලෙක ස්වල්ප වූ භෝග සම්පත් අත්හරිනවා. මහත් වූ භෝග සම්පත් අත්හරිනවා. ස්වල්ප වූ නෑදැයන් අත්හරිනවා. මහත් වූ නෑදැයන් අත්හරිනවා. කෙස් රැවුල් බාලා, කසාවත් පොරොවා ගෙන ගිහි ගෙයින් නික්ම පැවිදි ජීවිතයට පත්වෙනවා. ඔහු ඔය විදිහට පැවිද්දෙක් වෙලා

ප්‍රාතිමෝක්ෂ සංවර සීලයෙන් (පැවිද්දෙක් විසින් රැකගත යුතු නිවනට උපකාරී වන උතුම් සිල්පදවලින්) සංවරව ඉන්නවා. යහපත් ඇවැතුම් පැවැතුම්වලින් යුතු වෙනවා. අණුමාත්‍ර වූ වරදෙහි පවා භය දකිනවා. ශික්ෂාපදවල සමාදන්ව හික්මෙනවා. කුසල්සහගත කායකර්මයෙන් හා වචීකර්මයෙන් යුතු වෙනවා. පිරිසිදු ආජීවයෙන් යුතු වෙනවා. සිල්වත් වෙනවා. අකුසලයෙන් වැළකූ දොරටු ඇතුව ඉන්නවා. නුවණින් සළකා ආහාර ගන්නවා. සිහිනුවණින් යුතුව ඉන්නවා. ලද දෙයින් සතුටුව ඉන්නවා.

45. පින්වත් වාසෙට්ඨ, භික්ෂුව සීලයෙන් යුක්ත වන්නේ කොහොමද? පින්වත් වාසෙට්ඨ, මෙහි භික්ෂුව සතුන් මැරීම අත්හැර දාලා සතුන් මැරීමෙන් වැළකී ඉන්නවා. දඬු මුගුරු අත්හැර දාලා, අවි ආයුධ බැහැර කරලා, පවට ලැජ්ජා ඇතිව ඉන්නවා. සතුන් කෙරෙහි දයාවන්ත වෙනවා, සියලු ප්‍රාණීන් කෙරෙහි හිතානුකම්පීව වාසය කරනවා. මෙයත් ඔහුගේ සීලයට අයත් දෙයකි. නුදුන් දේ ගැනීම අත්හැරලා නුදුන් දේ ගැනීමෙන් වැළකී ඉන්නවා. දුන් දේ පමණක් පිළිගන්නවා. දුන් දේ පමණක් පිළිගනු කැමති වෙනවා. සොර රහිත සිතින් යුතු වූ පිරිසිදු සිතින් යුතු වූ ජීවිතයකින් වාසය කරනවා. මෙයත් ඔහුගේ සීලයට අයත් දෙයකි. අබ්‍රහ්මචාරී බව අත්හැරලා බ්‍රහ්මචාරීව ඉන්නවා. ලාමක දෙයක් වූ මෛථුන සේවනයෙන් වැළකී එය දුරින්ම දුරුකර දමනවා. මෙයත් ඔහුගේ සීලයට අයත් දෙයකි. බොරු කීම අත්හැරලා, බොරු කීමෙන් වැළකී ඉන්නවා. සත්‍යය කතා කරනවා. ඇත්තෙන් ඇත්ත ගලපනවා. ස්ථිරව පිහිටලා කතාකරනවා. පිළිගත හැකි දේ කතා කරනවා. ලෝකයාව රවටන්නේ නෑ. මෙයත් ඔහුගේ සීලයට අයත් දෙයකි. කේලාම් කීම අත්හැරලා කේලාම් කීමෙන් වැළකී ඉන්නවා. මෙතැනින් අහලා මේ අය බිඳවන්නට අතන කියන්නේ නෑ. අතනින් අහලා ඒ උදවිය බිඳවන්නට මෙතැන කියන්නේ නෑ. මේ අයුරින් බිඳුණු උදවිය සමගි කරවනවා. සමගි වූවන්ට අනුබල දෙනවා. සමගි වූවන් හා වාසයට කැමතියි. සමගි වූවන් හා එක්ව වසනවා. සමගි වූවන් සමඟ සතුටු වෙනවා. සාමය උදෙසා සාමකාමී වචන කතා කරනවා. මෙයත් ඔහුගේ සීලයට අයත් දෙයකි. පරුෂ වචනය අත්හැරලා පරුෂ වචනයෙන් වැළකී ඉන්නවා. යම් වචනයක් දොස් රහිත නම්, කනට සැප නම්, ආදරවන්ත නම්, හෘදයාංගම නම්, ශිෂ්ට සම්පන්න නම්, බොහෝ ජනයා කැමති නම්, බොහෝ ජනයාට ප්‍රියමනාප නම් එබඳු වූ වචන පවසනවා. මෙයත් ඔහුගේ සීලයට අයත් දෙයකි. තේරුමක් නැති කතා බහ අත්හැරලා තේරුමක් නැති කතා කීමෙන් වැළකී සිටිනවා. කල් යල් බලා කතා කරනවා. ඇත්ත කතා කරනවා. අර්ථවත් දෙය කතා කරනවා. ධර්මයම කතා කරනවා. විනයම කතා කරනවා. සිත්හි ලා දරා ගැනීමට සුදුසු, වෙලාවට ගැලපෙන උපදේශ සහිත වූ, මදිපාඩුකම් නොතබා,

ප්‍රමාණවත් පරිදි, දෙලොව යහපත පිණිස වූ දේ පවසනවා. මෙයත් ඔහුගේ සීලයට අයත් දෙයකි.

46. පැළවෙන බීජ හා පැළවුන ගස් කොළන් විනාශ කිරීමෙන් වැළකී ඉන්නවා. එක් වරුවේ බොජුන් වළඳනවා. රාත්‍රී ආහාරයෙන් වැළකී විකාල භෝජනයෙන් වැළකී ඉන්නවා. නැටුම්, ගැයුම්, වැයුම් හා විසූක දර්ශනයන් නැරඹීමෙන් වැළකී ඉන්නවා. මල් සුවඳ විලවුන් දැරීමෙන්ද ඇඟපත සැරසීමෙන්ද විසිතුරු වස්ත්‍රාභරණයෙන් සැරසීමෙන්ද වැළකී ඉන්නවා. ප්‍රමාණය ඉක්ම වූ උස් ආසනද, වටිනා සුඛෝපභෝගී ආසනද පරිහරණයෙන් වැළකී ඉන්නවා. රන් රිදී මිල මුදල් පිළිගැනීමෙන් වැළකී ඉන්නවා. අමු ධාන්‍ය පිළිගැනීමෙන් වැළකී ඉන්නවා. අමු මස් පිළිගැනීමෙන් වැළකී ඉන්නවා. ස්ත්‍රීන්, කුමරියන් පිළිගැනීමෙන් වැළකී ඉන්නවා. දැසි දස්සන් පිළිගැනීමෙන් වැළකී ඉන්නවා. එළුබැටළුවන් පිළිගැනීමෙන් වැළකී ඉන්නවා. කුකුළන්, ඌරන් පිළිගැනීමෙන් වැළකී ඉන්නවා. ඇතුන්, ගවයන්, අසුන්, වෙළඹුන් පිළිගැනීමෙන් වැළකී ඉන්නවා. කෙත් වතු පිළිගැනීමෙන් වැළකී ඉන්නවා. ගිහි කටයුතු සඳහා දූත මෙහෙවර කිරීමෙන් වැළකී ඉන්නවා. වෙළහෙළඳාම් කිරීමෙන් වැළකී ඉන්නවා. තරාදියෙන් රැවටීම, නොවටිනා දෙයින් රැවටීම, මිනුමෙන් රැවටීම යන මෙයින් වැළකී ඉන්නවා. අල්ලස් ගෙන හිමිකරුවන්ගේ දේ අහිමි කිරීම, වංචා කිරීම, බාල දේ වටිනා දේ හැටියට පෙන්වීම ආදී නොයෙක් වංචනික දෙයින් වැළකී ඉන්නවා. අත්පා කැපීම්, මැරීම්, බන්ධන කිරීම්, මං පැහැරගැනීම්, ගම් පැහැර ගැනීම් ආදී සැහැසි දෙයින් වැළකී සිටිනවා. මෙයත් ඔහුගේ සීලයට අයත් දෙයකි.

47. ඒ වගේම ඇතැම් භවත් ශ්‍රමණ බ්‍රාහ්මණයන් ඉන්නවා. ඔවුන් ශ්‍රද්ධාවෙන් දුන් දන් අනුභව කරලා මේ විදිහේ පැළවෙන දේ හා ගස් කොළන් ආදිය වනසමින් ඉන්නවා. ඒ කියන්නේ මුලින් පැළවෙන දේවල්, කඳින් පැළවෙන දේවල්, පුරුකින් පැළවෙන දේවල්, දල්ලෙන් පැළවෙන දේවල්, පස්වෙනුවට බිජුවටින් පැළවෙන දේවල් යන ආදිය වනසමින් ඉන්නවා. ගස් කොළන් සිඳලීම් ආදී මෙවැනි දේවල්වලිනුත් මෙවැනි වෙනත් දේවල්වලිනුත් වැළකී ඉන්නවා. මෙයත් ඔහුගේ සීලයට අයත් දෙයකි.

48. ඒ වගේම ඇතැම් භවත් ශ්‍රමණ බ්‍රාහ්මණයන් ඉන්නවා. ඔවුන් ශ්‍රද්ධාවෙන් දුන් දන් අනුභව කරලා මේ ආකාර වූ දේ රැස්කරගෙන පරිභෝග කරමින් වාසය කරනවා. ඒ කියන්නේ කෑම වර්ග රැස්කරලා තියාගන්නවා. බීම වර්ග රැස්කරලා තියාගන්නවා. වස්ත්‍ර රැස්කරලා තියාගන්නවා. යාන වාහන රැස්කරලා තියාගන්නවා. ඇඳ පුටු මේස රැස්කරලා තියාගන්නවා. සුවඳ වර්ග රැස්කරලා

තියාගන්නවා. තවත් ආමිස රැස්කරලා තියාගන්නවා. මෙවැනි හෝ මෙවැනි වෙනත් දේවල් හෝ රැස්කරගෙන පරිහරණය කිරීමෙන් වැළකී ඉන්නවා. මෙයත් ඔහුගේ සීලයට අයත් දෙයකි.

49. ඒ වගේම ඇතැම් භවත් ශ්‍රමණ බ්‍රාහ්මණයන් ඉන්නවා. ඔවුන් ශ්‍රද්ධාවෙන් දුන් දන් අනුභව කරලා මේ ආකාරයේ විසූක දර්ශනයන් නැරඹීමෙහි යෙදිලා ඉන්නවා. ඒ කියන්නේ නැටුම්, ගැයුම්, වැයුම්, නාටක, පැරණි කතා රඟදැක්වීම්, අත්තාල ගසා නැටීම්, වේතාල නැටීම්, බෙර වාදන කිරීම්, රඟමඬළෙහි දේවතාවන්ට පූජා පිණිස නැටීම්, උණ ගසින් කරන ක්‍රීඩා, මිනී ඇට මැද තබා වටකොට නැටීම්, ඇත් යුද බැලීම්, අශ්ව යුද බැලීම්, ගොන් පොර බැලීම්, එළු පොර බැලීම්, බැටළු පොර බැලීම්, කුකුළු පොර බැලීම්, වටු පොර බැලීම්, පොලු හරඹ බැලීම්, මිටි හරඹ බැලීම්, මල්ලව පොර බැලීම්, යුද සේනා බලන්නට යෑම, බලසෙන් ගණින තැන් බලන්නට යාම, බලසෙනඟ විසිරුවන තැන් බලන්නට යාම ආදී දේවල්වල යෙදෙමින් ඉන්නවා. මෙවැනි දේවල්වලිනුත් මෙවැනි වෙනත් දේවල්වලින් යුතු විසූක දර්ශන නැරඹීම්වලින් වැළකී ඉන්නවා. මෙයත් ඔහුගේ සීලයට අයත් දෙයකි.

50. ඒ වගේම ඇතැම් භවත් ශ්‍රමණ බ්‍රාහ්මණයන් ඉන්නවා. ඔවුන් ශ්‍රද්ධාවෙන් දුන් දන් අනුභව කරලා තමාව ප්‍රමාදයට පත් කරවන මේ ආකාර වූ සූදු කෙළියෙන් කල් යවනවා. ඒ කියන්නේ හතරැස් කොටු අටකින් යුතුව කරන සූදුව, කොටු දහයකින් කරන සූදුව, අහසේ රූ අඳිමින් කරන සූදුව, කොටු පැනීමෙන් කරන සූදුව, සන්තික නම් වූ සූදුව, දාදු කැටයෙන් කරන සූදුව, කල්ලි ගැසුම, බූරුවා ගැසීම, ගුළ කෙළිය, නළා පිඹීම, කරණම් ගැසීම, මුගුරක් ගෙන උඩ යට වැටෙන පරිදි උඩට ගැසීම, කොළවලින් කළ ගොටුවලින් තරඟෙට වැලි මැනීම, කුඩා රිය තරඟ, කුඩා දුනුවලින් විදීමේ තරඟ, අකුරු ලිවීමේ සෙල්ලම, සිතූ දේ කියන සෙල්ලම, විකලාංග අනුකරණයෙන් හිනැස්සීමේ සෙල්ලම ආදී දේ කිරීමයි. මේ දෙයිනුත්, මෙවැනි තවත් දේවල් ඇත්නම් එයිනුත් වැළකී ප්‍රමාදයට පත්වන සූදුවෙන් වැළකී ඉන්නවා. මෙයත් ඔහුගේ සීලයට අයත් දෙයකි.

51. ඒ වගේම ඇතැම් භවත් ශ්‍රමණ බ්‍රාහ්මණයන් ඉන්නවා. ඔවුන් ශ්‍රද්ධාවෙන් දුන් දන් අනුභව කරලා මේ ආකාර වූ පමණ ඉක්මවා උස් වූ ආසනත්, වටිනා සුඛෝපභෝගී ආසනත් පරිහරණය කරනවා. ඒ කියන්නේ දිග හාන්සි පුටු, කවිච්චි, ලොකු පලස් යෙදූ ආසන, විසිතුරු ගෙත්තම් කළ එළු ලොම් ඇතිරිලි, සුදු එළු ලොමින් කළ ඇතිරිලි, මල් යෙදූ එළු ලොමින් කළ ඇතිරිලි, පුළුන් යෙදූ මෙට්ට, සත්ව රූපවලින් සැරසූ එළු ලොම් ඇතිරිලි, මුළුමණින්ම එළු

ලොමින් කළ ඇතිරිලි, රන් නූලෙන් සැරසූ කලාල, පට නූලෙන් කළ කලාල, නාටිකාංගනාවන් ඒ මත නැටිය හැකි එළු ලොමින් කළ කලාල, ඇතුන් පිට යොදන ඇතිරිලි, අසුන් පිට යොදන ඇතිරිලි, රථවල යොදන ඇතිරිලි, අඳුන් දිවි සමෙන් කළ ඇතිරිලි, කදලි මුව සමින් කළ කලාල, හිස දෙපැත්තට රතු විල්ලුද කොට්ට තබා රතු උඩුවියන් බැඳ සැදූ වටිනා යහන් ආදිය පරිහරණය කරයි. මෙවැනි දෙයිනුත්, මෙවැනි වෙන දේවල්වලිනුත් වැළකී උස් අසුන් මහා අසුන් පරිහරණයෙන් වැළකී ඉන්නවා. මෙයත් ඔහුගේ සීලයට අයත් දෙයකි.

52. ඒ වගේම ඇතැම් භවත් ශ්‍රමණ බ්‍රාහ්මණයන් ඉන්නවා. ඔවුන් ශ්‍රද්ධාවෙන් දුන් දන් අනුභව කරලා මේ ආකාරයෙන් ඇඟපත සැරසීමෙන් හා විසිතුරු වස්ත්‍රාභරණ පැළඳීමෙන් යුක්තව කල් ගෙවනවා. ඒ කියන්නේ සුවඳ වර්ග ඇඟ තවරා සිරුර සිනිඳු කිරීම, තෙල් වර්ග ගා සම්බාහනය කොට සිරුර හැඩ කිරීම, සුවඳපැන් නෑම, උරහිස් ආදියෙහි මස් වැඩීමට මුගුරෙන් තැලීම, කැඩපතින් මුහුණ බලා සැරසීම, ඇස්වල අඳුන් ගෑම, මල් හා සුවඳ විලවුන් දැරීම, මුව සුවඳ කිරීම, මුව විලවුන් දැරීම, අත්වල ආභරණ දැමීම, හිසෙහි කුඩුම්බි දැරීම, විසිතුරු සැරයැටි දැරීම, විසිතුරු බෙහෙත් නල දැරීම, විසිතුරු කඩු දැරීම, විසිතුරු කුඩ දැරීම, විසිතුරු පාවහන් දැරීම, නළල් පට දැරීම, මැණික් පැළඳීම, චාමර දැරීම, දිග වාටි ඇති සුදු වස්ත්‍ර දැරීම ආදියෙන් යුතුවෙයි. මෙවැනි දෙයිනුත්, මෙවැනි වෙන දේවල්වලිනුත් වැළකී ඇඟපත සැරසීම් හා විසිතුරු වස්ත්‍රාභරණ සැරසීමෙන් වැළකී ඉන්නවා. මෙයත් ඔහුගේ සීලයට අයත් දෙයකි.

53. ඒ වගේම ඇතැම් භවත් ශ්‍රමණ බ්‍රාහ්මණයන් ඉන්නවා. ඔවුන් ශ්‍රද්ධාවෙන් දුන් දන් අනුභව කරලා මෙබඳු වූ තිරිසන් කතාවල යෙදී වාසය කරනවා. ඒ කියන්නේ; රජවරුන් ගැන කථා, සොරුන් ගැන කථා, මහ ඇමතිවරුන් ගැන කථා, හමුදාවන් ගැන කථා, භය ඇතිවෙන දේවල් ගැන කථා, ආහාර වර්ග ගැන කථා, බොන දේවල් ගැන කථා, ඇඳුම් පැළඳුම් ගැන කථා, ඇඳ පුටු ගැන කථා, මල් වර්ග ගැන කථා, සුවඳ වර්ග ගැන කථා, නෑදෑයන් ගැන කථා, යාන වාහන ගැන කථා, ගම්මාන ගැන කථා, නියම් ගම්මාන ගැන කථා, නගර ගැන කථා, රටවල් ගැන කථා, ස්ත්‍රීන් ගැන කථා, පුරුෂයින් ගැන කථා, කුමාරයින් ගැන කථා, කුමාරියන් ගැන කථා, ශූරයින් ගැන කථා, මංමාවත් ගැන කථා, වළං පොළේ දේවල් ගැන කථා, මියගිය උදවිය ගැන කථා, තව තව දේවල් ගැන කථා, ලෝකය ගැන කථා, සාගරය ගැන කථා, මෙහෙමයි වුණේ මෙහෙමයි නොවුණේ කියන දේ ගැන කතා කරකර ඉන්නවා, මෙවැනි දෙයිනුත්, මෙවැනි වෙන දේවල්වලිනුත් වැළකී මෙබඳු වූ තිරිසන් කතාවෙන් වැළකී ඉන්නවා. මෙයත් ඔහුගේ සීලයට අයත් දෙයකි.

54. ඒ වගේම ඇතැම් භවත් ශ්‍රමණ බ්‍රාහ්මණයන් ඉන්නවා. ඔවුන් ශ්‍රද්ධාවෙන් දුන් දන් අනුභව කරලා මේ ආකාරයෙන් එකිනෙකා අතර බැණ දොඩා ගන්නා කතාවෙන් යුතුවයි ඉන්නේ. ඒ කියන්නේ "නුඹ මේ ධර්ම විනය දන්නේ නෑ. මම තමයි මේ ධර්ම විනය දන්නේ, ආ... එහෙමද එතකොට නුඹද මේ ධර්ම විනය දන්නේ? නුඹ ඉන්නේ මිථ්‍යා වැඩපිළිවෙලකයි. මම තමයි නියම වැඩ පිළිවෙල තුළ ඉන්නේ. මං කරුණු සහිතවයි කියන්නේ. නුඹේ කීම කරුණු රහිතයි. නුඹ කලින් කිවයුතු දේ පස්සේ කිව්වා. පස්සේ කිවයුතු දේ කලින් කිව්වා. නුඹ කලක් තිස්සේ කියපු දේ කණපිට පෙරළුනා. මා විසින් නුඹට වාද නංවලයි තියෙන්නේ. නුඹට නිග්‍රහ කරලයි තියෙන්නේ. වාදයෙන් නිදහස් වීමට මගක් හොයාගෙන පලයන්. පුළුවන් නම් ලිහාගනින්" යනාදිය කියමින් ආරවුල් හදාගන්නවා. මෙවැනි දෙයිනුත්, මෙවැනි වෙන දේවල්වලිනුත් වැළකී මෙබඳු වූ බැණ දොඩාගන්නා කතාවෙන් වැළකී ඉන්නවා. මෙයත් ඔහුගේ සීලයට අයත් දෙයකි.

55. ඒ වගේම ඇතැම් භවත් ශ්‍රමණ බ්‍රාහ්මණයන් ඉන්නවා. ඔවුන් ශ්‍රද්ධාවෙන් දුන් දන් අනුභව කරලා ගිහියන්ගේ පණිවිඩ පණත් ගෙන යන මෙබඳු වූ දූත මෙහෙවරෙහි යෙදෙනවා. ඒ කියන්නේ, "මෙහෙ යන්න, අසවල් තැනට එන්න, මේක (අපේ මේ පණිවිඩය) අරන් යන්න. අසවල් තැනට මේක අරන් යන්න" යනාදී රජුන්ගේ, රාජමහා ඇමැතිවරුන්ගේ, ක්ෂත්‍රියයන්ගේ, බ්‍රාහ්මණයන්ගේ, ගෘහපතියන්ගේ, කුමාරවරුන්ගේ, පණිවිඩ පණත් ගෙනියනවා. මෙවැනි දෙයිනුත්, මෙවැනි වෙන දේවල්වලිනුත් වැළකී මෙබඳු වූ පණිවිඩ පණත් ගෙනයන ගිහියන්ගේ දූත මෙහෙවරෙන් වැළකී ඉන්නවා. මෙයත් ඔහුගේ සීලයට අයත් දෙයකි.

56. ඒ වගේම ඇතැම් භවත් ශ්‍රමණ බ්‍රාහ්මණයන් ඉන්නවා. ඔවුන් ශ්‍රද්ධාවෙන් දුන් දන් අනුභව කරලා කුහක (උඩින් වෙන ජීවිතයක් පෙන්වමින් යටින් වෙනත් ජීවිතයක් ගෙවමින් නැති ගුණ පෙන්වා) ජීවිත ගෙවනවා. ලාභ සත්කාර ලැබෙන විදිහට (පුහු වර්ණනා කිරීම්, තොදොල් කිරීම්, නැති ගුණ කීම් ආදී) චාටු බස් කියනවා. දායකයින් හට නොදී බැරි තත්වයට පත්වෙන ආකාරයේ නිමිති දක්වමින් කතා කරනවා. තමන්ට ලැබෙන විදිහට අනුන්ට ගරහනවා. ලාභයෙන් ලාභය හොයනවා. මෙවැනි දෙයිනුත්, මෙවැනි වෙන දේවල්වලිනුත් වැළකී මෙබඳු වූ කුහක කමින් චාටුබස්වලින් වැළකී ඉන්නවා. මෙයත් ඔහුගේ සීලයට අයත් දෙයකි.

57. ඒ වගේම ඇතැම් භවත් ශ්‍රමණ බ්‍රාහ්මණයන් ඉන්නවා. ඔවුන් ශ්‍රද්ධාවෙන් දුන් දන් අනුභව කරලා මෙවැනි වූ තිරශ්චීන විද්‍යාවෙන් යුතුව මිථ්‍යා ආජීවයෙන්

ජීවත්වෙනවා. ඒ කියන්නේ ශාරීරික අංග බලා ඵලාඵල කියනවා, නිමිති බලා ඵලාඵල කියනවා, උත්පාත බලා ඵලාඵල කියනවා, සිහින ඵලාඵල කියනවා, ශාරීරික ලක්ෂණ බලා ඵලාඵල කියනවා, මීයන් කෑ වස්ත්‍ර බලා ඵලාඵල කියනවා, ගිනි පූජා පවත්වනවා, හැන්දෙන් පූජා පවත්වනවා, ධාන්‍ය පොතුවලින් පූජා පවත්වනවා. කණ නම් සහලින් කළ පූජා පවත්වනවා, සහලින් පූජා පවත්වනවා, ගිතෙලින් පූජා පවත්වනවා, තල තෙලින් පූජා පවත්වනවා, විශේෂ කොට කරන පූජා පවත්වනවා, සතුන් මරා ලේ පුදා කරන පූජා පවත්වනවා, අංග විද්‍යාව, වාස්තු විද්‍යාව, දේශපාලන විද්‍යාව, වාසනාව උරගා බැලීමේ (ලොතරැයි) විද්‍යාව, භූත විද්‍යාව, පොළොව යට බිම් ගෙයක ඉඳ මැතිරීමෙන් කරන (භූරි) විද්‍යාව, සර්ප විද්‍යාව, විෂ විද්‍යාව, වෘශ්චික විද්‍යාව, මූෂික විද්‍යාව, පක්ෂි විද්‍යාව, විශාල පක්ෂි විද්‍යාව, ඉදුණු දේ මුල් කොට අනාවැකි කියන විද්‍යාව, මතුරන ලද ඊතල විද ආරක්ෂා කරන විද්‍යාව, මෘග පක්ෂ යනාදී මිථ්‍යා ආජීවයෙන් ජීවත් වෙනවා. මෙවැනි දෙයිනුත්, මෙවැනි වෙන දේවල්වලිනුත් වැළකී මෙබඳු වූ තිරශ්චීන විද්‍යාවෙන් යුතු මිථ්‍යා ආජීවයෙන් වැළකී ඉන්නවා. මෙයත් ඔහුගේ සීලයට අයත් දෙයකි.

58. ඒ වගේම ඇතැම් භවත් ශ්‍රමණ බ්‍රාහ්මණයන් ඉන්නවා. ඔවුන් ශ්‍රද්ධාවෙන් දුන් දන් අනුභව කරලා මෙබඳු වූ තිරශ්චීන විද්‍යාවෙන් යුතුව මිථ්‍යා ආජීවයෙන් ජීවත් වෙනවා. ඒ කියන්නේ මැණික්වල සුභ අසුභ ලකුණු කීම, දඬුවල සුභ අසුභ ලකුණු කීම, වස්ත්‍රවල සුභ අසුභ ලකුණු කීම, කඩු ආදී සලකුණුවලින් සුභාසුභ කීම, ඊතල ආදී සලකුණුවලින් සුභාසුභ කීම, දුනු ආදී සලකුණුවලින් සුභාසුභ කීම, ආයුධ ආදී සලකුණුවලින් සුභාසුභ කීම, ස්ත්‍රීන්ගේ හැඩරුවින් සුභාසුභ ලකුණු කීම, පුරුෂයන්ගේ හැඩරුවින් සුභාසුභ ලකුණු කීම, දරුවන්ගේ හැඩරුවින් සුභාසුභ ලකුණු කීම, දූරියන්ගේ හැඩරුවින් සුභාසුභ ලකුණු කීම, දාසයන්ගේ හැඩරුවින් සුභාසුභ ලකුණු කීම, දාසියන්ගේ හැඩරුවින් සුභාසුභ ලකුණු කීම, ඒ ඒ කටයුතු සඳහා තෝරා ගත යුතු ඇතුන්ගේ ලකුණු කීම, අසුන්ගේ ලකුණු කීම, ඔටුවන්ගේ ලකුණු කීම, වෘෂභයන්ගේ ලකුණු කීම, ගවයන්ගේ ලකුණු කීම, එළුවන්ගේ ලකුණු කීම, බැටළුවන්ගේ ලකුණු කීම, කුකුළු පොර ආදියට සුදුසු කුකුළන්ගේ ලකුණු කීම, වටුවන්ගේ ලකුණු කීම, සුහුනන් ඇඟ වැටීමේ සහ හඬනැගීමේ ඵලාඵල කීම, කණෙහි පළඳාගත් උපකරණවලින් ඵලාඵල කීම, කැස්බෑවන්ට මතුරා ඵලාඵල කීම, මුවන්ට මතුරා ඵලාඵල කීම ආදී තිරශ්චීන විද්‍යාවෙන් යුතු මිථ්‍යා ආජීවයෙන් කල් ගෙවනවා. මෙවැනි දෙයිනුත්, මෙවැනි වෙන දේවල්වලිනුත් වැළකී මෙබඳු වූ තිරශ්චීන විද්‍යාවෙන් යුතු මිථ්‍යා ආජීවයෙන් වැළකී ඉන්නවා. මෙයත් ඔහුගේ සීලයට අයත් දෙයකි.

59. ඒ වගේම ඇතැම් භවත් ශ්‍රමණ බ්‍රාහ්මණයන් ඉන්නවා. ඔවුන් ශ්‍රද්ධාවෙන් දුන් දන් අනුභව කරලා මෙබඳු වූත් තිරිසන් විද්‍යාවෙන් යුතුව මිථ්‍යා ආජීවයෙන් ජීවිකාව ගෙවනවා. ඒ කියන්නේ, "අසවල් නැකතට රජතුමාගේ යුද පිණිස නික්මීම වන්නේය. අසවල් නැකතින් ආපසු නුවරට ඇතුළ්වීම සිදු කළ යුත්තේය. අසවල් නැකතින් රට ඇතුළේ සිට පිටත සතුරු රජුන් හමුවීමට රජුගේ ගමන කළ යුත්තේය. අසවල් නැකතින් පිටත සිටින රජවරු රට ඇතුළට පැමිණීම වන්නේය. අසවල් නැකතින් රට ඇතුළේ සිටින රජුගේ ඉවත්වීම සිදුවන්නේය. අසවල් නැකතින් රට ඇතුළේ සිටින රජුට ජය වන්නේය. අසවල් නැකතින් බාහිර රජුනට පරාජය වන්නේය. අසවල් නැකතින් බාහිර රජුන්ට ජය වන්නේය. අසවල් නැකතින් රට ඇතුළේ රජුට පරාජය වන්නේය කියලා මොහුට ජය වෙනවා. මොහුට පරාජය වෙනවා ආදී වශයෙන් පවසමින් තිරිසන් විද්‍යාවෙන් යුතු මිථ්‍යා ආජීවයෙන් කල් ගෙවනවා. මෙවැනි දෙයිනුත්, මෙවැනි වෙන දේවල්වලිනුත් වැළකී මෙබඳු වූ තිරශ්චීන විද්‍යාවෙන් යුතු මිථ්‍යා ආජීවයෙන් වැළකී ඉන්නවා. මෙයත් ඔහුගේ සීලයට අයත් දෙයකි.

60. ඒ වගේම ඇතැම් භවත් ශ්‍රමණ බ්‍රාහ්මණයන් ඉන්නවා. ඔවුන් ශ්‍රද්ධාවෙන් දුන් දන් අනුභව කරලා මෙබඳු වූත් තිරිසන් විද්‍යාවෙන් යුතුව මිථ්‍යා ආජීවයෙන් ජීවිකාව ගෙවනවා. ඒ කියන්නේ, "අසවල් දින චන්ද්‍රග්‍රහණයක් සිදුවෙනවා. අසවල් දින සූර්යග්‍රහණයක් සිදුවෙනවා. අසවල් දින නැකත් ග්‍රහණයක් සිදුවෙනවා. අසවල් දින සඳ හිරුගේ නිසිමගින් යෑම සිදුවෙනවා. අසවල් දින සඳ හිරුගේ නොමගින් යෑම සිදුවෙනවා. අසවල් දින නැකත් තරුවල නිසි මගින් යෑම සිදුවෙනවා. අසවල් දින නැකත් තරුවල නොමගින් යෑම සිදුවෙනවා. අසවල් දින උල්කාපාත වැටෙනවා. අසවල් දින අසවල් දිශාවේ උෂ්ණත්වය වැඩිවෙනවා. අසවල් දින භූමිකම්පාවක් සිදුවෙනවා. අසවල් දින වැසි රහිතව අහස ගුගුරනවා. හිරු සඳු හා නැකත්වල උදාව, බැසීම, කෙලෙසීම, පිරිසිදු වීම මේ මේ වෙලාවට සිදුවෙනවා. චන්ද්‍ර ග්‍රහණය ලෝකයට මෙවැනි ඵල විපාක ලබාදෙනවා. සූර්ය ග්‍රහණය ලෝකයට මෙවැනි ඵල විපාක ලබාදෙනවා. නැකත් ග්‍රහණය ලෝකයට මෙවැනි ඵල විපාක ලබාදෙනවා. හිරු සඳුගේ නිසි ගමන මෙවැනි ඵල විපාක ලබාදෙනවා. හිරු සඳුගේ නොමග යෑම මෙවැනි ඵල විපාක ලබාදෙනවා. උල්කාපාත වැටීම මෙවැනි ඵල විපාක ලබාදෙනවා. දිශා දාහය මෙවැනි ඵල විපාක ලබාදෙනවා. භූකම්පන මෙවැනි ඵල විපාක ලබාදෙනවා. වැසි නැතිව අහස ගිගිරීම මෙවැනි ඵල විපාක ලබාදෙනවා. හිරු සඳු හා නැකත්වල උදාව, බැසීම, කෙලෙසීම, පිරිසිදු වීම ලෝකයට මෙවැනි විපාක ලබාදෙනවා" කියලා තිරිසන් විද්‍යාවෙන් යුතුව මිථ්‍යා ආජීවයෙන් ජීවත්

වෙනවා. මෙවැනි දෙයිනුත්, මෙවැනි වෙන දේවල්වලිනුත් වැළකී මෙබඳු වූ තිරශ්චීන විද්‍යාවෙන් යුතු මිථ්‍යා ආජීවයෙන් වැළකී ඉන්නවා. මෙයත් ඔහුගේ සීලයට අයත් දෙයකි.

61. ඒ වගේම ඇතැම් භවත් ශ්‍රමණ බ්‍රාහ්මණයන් ඉන්නවා. ඔවුන් ශ්‍රද්ධාවෙන් දුන් දන් අනුභව කරලා මෙබඳු වූත් තිරිසන් විද්‍යාවෙන් යුතුව මිථ්‍යා ආජීවයෙන් ජීවිකාව ගෙවනවා. ඒ කියන්නේ, "මේ කාලයේදී වැස්ස වහිනවා. මේ කාලයේදී නියඟය ඇතිවෙනවා. මේ කාලයේදී ආහාරපානාදියෙන් සරුවෙනවා. මේ කාලයේදී දුර්භික්ෂය ඇතිවෙනවා. මේ කාලයේදී රට සරුවෙනවා. මේ කාලයේදී බිය සැක නැතිව ඉන්නවා. මේ කාලයේදී භය උපදිනවා. මේ කාලයේදී රෝග ඇතිවෙනවා. මේ කාලයේදී නීරෝග බව ඇතිවෙනවා කියමින් එලා එල පැවසීමත් මුද්‍රා, ගණිත, සංඛ්‍යාන, කාව්‍ය ශාස්ත්‍ර, ලෝකායත ශාස්ත්‍ර ආදී තිරිසන් විද්‍යාවෙන් යුතුව මිථ්‍යා ආජීවයෙන් ජීවත් වෙනවා. මෙවැනි දෙයිනුත්, මෙවැනි වෙන දේවල්වලිනුත් වැළකී මෙබඳු වූ තිරශ්චීන විද්‍යාවෙන් යුතු මිථ්‍යා ආජීවයෙන් වැළකී ඉන්නවා. මෙයත් ඔහුගේ සීලයට අයත් දෙයකි.

62. ඒ වගේම ඇතැම් භවත් ශ්‍රමණ බ්‍රාහ්මණයන් ඉන්නවා. ඔවුන් ශ්‍රද්ධාවෙන් දුන් දන් අනුභව කරලා මෙබඳු වූත් තිරිසන් විද්‍යාවෙන් යුතුව මිථ්‍යා ආජීවයෙන් ජීවිකාව ගෙවනවා. ඒ කියන්නේ, විවාහයට නැකත් කීම, ආවාහයට නැකත් කීම, වෙන් වූ අඹු සැමියන් එක් කිරීමට නැකත් සැදීම, එක් වූ අඹු සැමියන් වෙන් කිරීමට නැකත් සැදීම, දීපු ණය එකතු කිරීමට නැකත් සැදීම, මුදල් ණයට පොලියට දීමට නැකත් සැදීම, දියුණු වීමට ගුරුකම් කිරීම, පාළුවී නැති වීමට ගුරුකම් කිරීම, දරුගැබ් රැකෙන්නට ගුරුකම් කිරීම, දිව අගුළු බැඳෙන්නට ගුරුකම් කිරීම, හනු තද කරන්නට ගුරුකම් කිරීම, අත් පෙරලෙන්නට ගුරුකම් කිරීම, හනු සිරවෙන්නට ගුරුකම් කිරීම, කන් අගුළු වැටෙන්නට ගුරුකම් කිරීම, කණ්ණාඩියෙන් භූතයන් කැඳවා ප්‍රශ්න විචාරීම, ගෑණු දරුවන් ලවා පේන කීම, දෙවියන් ලවා පේන කීම, සූර්ය වන්දනාව, මහ බඹු වන්දනාව, මන්ත්‍ර බලයෙන් කටින් ගිනිදැල් පිටකිරීම, මන්ත්‍ර බලෙන් ලක්ෂ්මී පූජා කිරීම යනාදී තිරිසන් විද්‍යාවෙන් යුතුව මිථ්‍යා ආජීවයෙන් ජීවත් වෙනවා. මෙවැනි දෙයිනුත්, මෙවැනි වෙන දේවල්වලිනුත් වැළකී මෙබඳු වූ තිරශ්චීන විද්‍යාවෙන් යුතු මිථ්‍යා ආජීවයෙන් වැළකී ඉන්නවා. මෙයත් ඔහුගේ සීලයට අයත් දෙයකි.

63. ඒ වගේම ඇතැම් භවත් ශ්‍රමණ බ්‍රාහ්මණයන් ඉන්නවා. ඔවුන් ශ්‍රද්ධාවෙන් දුන් දන් අනුභව කරලා මෙබඳු වූත් තිරිසන් විද්‍යාවෙන් යුතුව මිථ්‍යා ආජීවයෙන් ජීවිකාව ගෙවනවා. ඒ කියන්නේ, ශාන්ති කර්ම, බාර ඔප්පු කිරීම, පොළොව යට

හිඳ මතුරා ගුරුකම් කිරීම, නපුංසකයා පිරිමියෙකු කිරීම, පිරිමියා නපුංසකයෙකු කිරීම, ගෙවල් තැනීමේ දිශාවන් පෙන්වා දීම, අලුතෙන් නිවාස තැනීමේදී පුද පූජා පැවැත්වීම. වතුර මතුරා මූණ සේදවීම, වතුර මතුරා නැහැවීම, ගිනිපිදීම, ලය විරේක කරවීම, බඩ විරේක කරවීම, වමනය කරවීම, වස්ති කරවීම, ශීර්ෂ විරේකය, කනට තෙල් පිඹීම, ඇස් වෙදකම, නස්න කිරීම, ඇස්වලට අඳුන් සෑදීම, ප්‍රතිඅංජන සෑදීම, ශල්‍යකර්ම කිරීම, ළදරු චිකිත්සාව, කාය චිකිත්සාව, වනවලට බෙහෙත් බැඳීම ආදී තිරිසන් විද්‍යාවෙන් යුතුව මිථ්‍යා ආජීවයෙන් ජීවත් වෙනවා. මෙවැනි දෙයිනුත්, මෙවැනි වෙන දේවල්වලිනුත් වැළකී මෙබඳු වූ තිරශ්චීන විද්‍යාවෙන් යුතු මිථ්‍යා ආජීවයෙන් වැළකී ඉන්නවා. මෙයත් ඔහුගේ සීලයට අයත් දෙයකි.

64. පින්වත් වාසෙට්ඨ, ඒ භික්ෂුව වනාහී මේ අයුරින් සීලසම්පන්නව සිටින විට ඒ සීලසංවරය හේතු කොට ගෙන මොනම අයුරකින්වත් බියක් දකින්නේ නෑ. පින්වත් වාසෙට්ඨ, ඒක මේ වගේ දෙයක්. ඔටුනු පළන් රජ කෙනෙක් ඉන්නවා. ඔහු සතුරන් පරදවලා බැහැර කරලයි ඉන්නේ. ඉතින් ඔහු සතුරන් හේතුවෙන් මොනම අයුරකින්වත් භයක් දකින්නේ නෑ. පින්වත් වාසෙට්ඨ, භික්ෂුවත් ඔය විදිහමයි. මේ අයුරින් සීලසම්පන්නව සිටින විට ඒ සීලසංවරය හේතු කොට ගෙන මොනම අයුරකින්වත් බියක් දකින්නේ නෑ. ඔහු මේ ආර්ය වූ සීලස්කන්ධයෙන් සමන්විතව ආධ්‍යාත්මිකව නිවැරදි සැපයක් විඳිනවා. පින්වත් වාසෙට්ඨ, ඔන්න ඔය විදිහටයි භික්ෂුව සීලසම්පන්න වන්නේ.

65. පින්වත් වාසෙට්ඨ, භික්ෂුව අකුසලයන් වැළකූ ද්වාර ඇති ඉඳුරන් ඇතිව ඉන්නේ කොහොමද? පින්වත් වාසෙට්ඨ, මෙහිලා භික්ෂුව ඇසින් රූප දැක නිමිති ගන්නේ නෑ. නිමිත්තක කොටසක්වත් ගන්නේ නෑ. යම් හෙයකින් ඇස නමැති ඉන්ද්‍රිය අසංවරව වසන කෙනෙකුට දැඩි ලෝභයත්, දොම්නසත්, පාපී අකුසලත් ඇති වී අර්බුදයක් හටගන්නවා නම්, එහි සංවරය පිණිස පිළිපදිනවා. ඇස රැකගන්නවා. ඇස නැමැති ඉන්ද්‍රියයේ සංවරයට පැමිණෙනවා. කනෙන් ශබ්දයක් අහලා ....(පෙ).... නාසයෙන් ගන්ධයක් ආඝ්‍රාණය කරලා ....(පෙ).... දිවෙන් රසයක් රස විඳලා ....(පෙ).... කයෙන් පහසක් ලබලා ....(පෙ).... මනසින් අරමුණක් දැනගෙන නිමිති ගන්නේ නෑ. නිමිත්තක කොටසක්වත් ගන්නේ නෑ. යම් හෙයකින් මනස නමැති ඉන්ද්‍රිය අසංවරව වසන කෙනෙකුට දැඩි ලෝභයත්, දොම්නසත්, පාපී අකුසලත් ඇති වී අර්බුදයක් හටගන්නවා නම්, එහි සංවරය පිණිස පිළිපදිනවා. මනස රැකගන්නවා. මනස නැමැති ඉන්ද්‍රියයේ සංවරයට පැමිණෙනවා. ඔහු මේ ආර්ය වූ ඉන්ද්‍රිය සංවරයෙන් යුක්තව ආධ්‍යාත්මිකව පීඩා රහිතව සැපයක් විඳිනවා. පින්වත් වාසෙට්ඨ, භික්ෂුව අකුසලයෙන් වැළැක්වූ දොරටු ඇති ඉන්ද්‍රියයන් තුළ ඉන්නේ ඔය විදිහටයි.

66. පින්වත් වාසෙට්ඨ, භික්ෂුව සිහිනුවණින් යුතුව සිටින්නේ කොහොමද? පින්වත් වාසෙට්ඨ, මෙහිලා භික්ෂුව ඉදිරියට යද්දීත්, ආපසු එද්දීත් එය කරන්නේ සිහි නුවණින්මයි. ඉදිරිය බලද්දී, වටපිට බලද්දී එය කරන්නෙත් සිහි නුවණින්මයි. අතපය හකුළද්දී, දිගහරිද්දී එය කරන්නෙත් සිහිනුවණින්මයි. දෙපට සිවුර, පාත්‍රය, අනෙක් සිවුරු ආදිය දරද්දී එය කරන්නෙත් සිහිනුවණින්මයි. වළඳද්දී, පානය කරද්දී, අනුභව කරද්දී, රස විඳිද්දී එය කරන්නෙත් සිහි නුවණින්මයි. වැසිකිළි කැසිකිළි යාමේදී එය කරන්නෙත් සිහි නුවණින්මයි. ගමන් කරද්දී, සිටගෙන සිටිද්දී, වාඩි වී සිටිද්දී, සැතපෙද්දී, නිදිවරද්දී, කතාබස් කරද්දී, නිහඬව සිටිද්දී එය කරන්නෙත් සිහි නුවණින්මයි. පින්වත් වාසෙට්ඨ, භික්ෂුව සිහිනුවණින් යුතු වන්නේ ඔය ආකාරයටයි.

67. පින්වත් වාසෙට්ඨ, භික්ෂුව ලද දෙයින් සතුටු වන්නේ කොහොමද? පින්වත් වාසෙට්ඨ, මෙහිලා භික්ෂුව කය පරිහරණයට සෑහෙන සිවුරෙන්, කුසගිනි නිවෙන්නට සෑහෙන පිණ්ඩපාතයෙන් සතුටු වෙනවා. ඔහු යම්ම තැනකට පිටත් වෙනවා නම්, පාසිවුරු පමණක් අරගෙන යනවා. ඒක මේ වගේ දෙයක්. කුරුල්ලෙක් යම් ම තැනකට පියඹා යනවා නම්, පියාපත් බර පමණක් සහිතව පියඹනවා වගෙයි. පින්වත් වාසෙට්ඨ, ඔය අයුරින්ම භික්ෂුව කය පරිහරණයට සෑහෙන සිවුරෙන්, කුසගිනි නිවෙන්නට සෑහෙන පිණ්ඩපාතයෙන් සතුටු වෙනවා. ඔහු යම් ම තැනකට පිටත් වෙනවා නම්, පාසිවුරු පමණක් අරගෙන යනවා. පින්වත් වාසෙට්ඨ, භික්ෂුව ලද දෙයින් සතුටු වන්නේ ඔය විදිහටයි.

68. ඔහු මේ ආර්ය වූ සීලස්කන්ධයෙන් යුක්ත වෙලා, මේ ආර්ය වූ ඉන්ද්‍රිය සංවරයෙන් යුක්ත වෙලා, මේ ආර්ය වූ සිහිනුවණින් යුක්ත වෙලා, මේ ආර්ය වූ ලද දෙයින් සතුටුවීමෙන් යුක්ත වෙලා හුදෙකලා සෙනසුනක වාසය කරනවා. ඒ කියන්නේ අරණ්‍යය, රුක්සෙවණ, පර්වතය, දිය ඇල්ල, ගිරිගුහාව, සොහොන, වනගැබ, ගස් කොළන් රහිත හිස් පිටිය, පිදුරු ගෙය ආදියයි. ඔහු පිණ්ඩපාතය වළඳා, දානයෙන් පසු (එවැනි තැනක) පළඟක් බැඳගෙන, කය ඍජු කරගෙන, භාවනා අරමුණෙහි සිහිය පිහිටුවාගෙන වාඩිවෙනවා.

69. ඔහු ජීවිතය නම් වූ ලෝකය ගැන ඇති විෂම ලෝභය දුරු කොට ඇලීම් රහිත වූ සිතින් වාසය කරනවා. විෂම ලෝභය කෙරෙන් සිත පිරිසිදු කරනවා. තරහ, වෛර ආදිය අත්හැර තරහ නැති සිතින් සියලු සතුන් කෙරෙහි හිතානුකම්පීව වාසය කරනවා. තරහ, වෛර ආදිය කෙරෙන් සිත පිරිසිදු කරනවා. නිදිමත, අලසකම අත්හැර නිදිමත, අලසකමින් බැහැරව ආලෝක සඤ්ඤාවෙන් යුතුව, සිහිනුවණ ඇතිව වාසය කරනවා. නිදිමත, අලසකම

කෙරෙන් සිත පිරිසිදු කරනවා. සිතේ විසිරීමත්, පසුතැවීමත් බැහැර කොට නොකැළඹී ගිය සංසිඳුණු සිතින් වාසය කරනවා. සිතේ විසිරීම හා පසුතැවීම කෙරෙන් සිත පිරිසිදු කරනවා. සැකය දුරු කොට කුසල් දහම් ගැන 'කෙසේද? කෙසේද?' යනාදී සැකයෙන් එතෙරව වාසය කරනවා. සැකය කෙරෙන් සිත පිරිසිදු කරනවා.

70. පින්වත් වාසෙට්ඨ, එය මෙවැනි දෙයක්. පුරුෂයෙක් ණයක් අරගෙන කර්මාන්තයක යොදවනවා. ඔහුගේ ඒ ව්‍යාපාරය සාර්ථක වෙනවා. එතකොට ඔහු යම් පරණ මුල් ණයක් ඇද්ද, එය සම්පූර්ණයෙන්ම ගෙවලා දානවා. එයින් පසු ඔහුට අඹුදරුවන් පෝෂණය පිණිස ලාභයක් ඉතිරිත් වෙනවා. එතකොට ඔහුට මෙහෙම හිතෙනවා. "මං කලින් ණයක් අරගෙනයි ව්‍යාපාරයක යෙදෙව්වේ. ඒ මගේ ව්‍යාපාරය සාර්ථක වුනා. ඒ මං යම් පරණ මුල් ණයක් ඇද්ද එය සම්පූර්ණයෙන්ම ගෙව්වා. අඹුදරුවන් පෝෂණයටත් මට ආදායම ඉතිරි වුනා" කියලා. ඒ හේතුවෙන් ඔහු මහත් සතුටක් ලබනවා. මහත් සොම්නසක් ලබනවා.

71. පින්වත් වාසෙට්ඨ, ඒක මේ වගේ දෙයක්. පුරුෂයෙක් රෝගී වෙලා, දුකට පත්වෙලා, දැඩිසේ ගිලන්ව ඉන්නවා. ඔහුට බත් කෑමටවත් පිරියක් නෑ. ඔහුගේ ඇඟේ පතේ ප්‍රාණවත් ගතියක් නෑ. නමුත් පස්සේ කාලෙක ඔහු ඒ රෝගයෙන් මිදුනා. ඔහුට දැන් බත් කෑමත් ප්‍රියයි. ඔහුගේ ඇඟපතත් ප්‍රාණවත්. එතකොට ඔහුට මෙහෙම හිතෙනවා. "මං ඉස්සර රෝගී වෙලා, දුකට පත්වෙලා, දැඩිසේ ගිලන්ව හිටියේ. මට බත් කෑමටවත් පිරියක් තිබුනේ නෑ. මගේ ඇඟේ පතේ ප්‍රාණවත් ගතියක් තිබුනේ නෑ. නමුත් දැන් මං ඒ රෝගයෙන් මිදුනා. මට දැන් බත් කෑමත් ප්‍රියයි. මගේ ඇඟපතත් ප්‍රාණවත්" කියලා. ඒ හේතුවෙන් ඔහු මහත් සතුටක් ලබනවා. මහත් සොම්නසක් ලබනවා.

72. පින්වත් වාසෙට්ඨ, ඒක මේ වගේ දෙයක්. පුරුෂයෙක් හිරගෙදරක බන්ධනයකට හසුවෙනවා. නමුත් ඔහු පස්සේ කාලෙක තමන්ගේ ධනය වියදම් නොකොට සුවසේම ඒ බන්ධනාගාරයෙන් නිදහස් වෙනවා. ඔහුගේ සම්පත්වලින් කිසි වියදමක් යන්නේ නෑ. එතකොට ඔහුට මෙහෙම හිතෙනවා. "මං ඉස්සර හිරගෙදරක බන්ධනයකට අහු වුනා. නමුත් ඒ මං දැන් ධන වියදමකින් තොරව සුවසේම ඒ බන්ධනාගාරයෙන් නිදහස් වුනා. මගේ භෝග සම්පත්වලින් කිසිදෙයක් වියදම් වුනේ නෑ" කියලා. ඒ හේතුවෙන් ඔහු මහත් සතුටක් ලබනවා. මහත් සොම්නසක් ලබනවා.

73. පින්වත් වාසෙට්ඨ, ඒක මේ වගේ දෙයක්. පුරුෂයෙක් තමාට සිතූ පරිදි ගත කරන්නට බැරි, අනුන්ට යටත් වෙලා වාසය කරන, තමා කැමැති පරිදි යා

ගත නොහැකි, දාසයෙක් වෙලා හිටියා. ඔහු පස්සේ කාලෙක ඒ දාසබවෙන් නිදහස් වුනා. තමාට සිතූ පරිදි ගත කරන, අනුන්ට යටත් නොවන, තමන් කැමැති පරිදි යා හැකි ජීවිතයක් ලැබුනා. එතකොට ඔහුට මෙහෙම හිතුනා. "මං ඉස්සර තමාට සිතූ පරිදි ගත කරන්නට බැරි, අනුන්ට යටත් වෙලා වාසය කරන, තමා කැමැති පරිදි යා ගත නොහැකි දාසයෙක් වෙලා හිටියා. ඒ මං දැන් ඒ දාසබවෙන් නිදහස් වෙලයි ඉන්නේ. මට සිතූ පරිදි ගත කරන, අනුන්ට යටත් නොවන, මං කැමැති පරිදි යා හැකි ජීවිතයක් ලැබිලා තියෙනවා" කියලා. ඒ හේතුවෙන් ඔහු මහත් සතුටක් ලබනවා. මහත් සොම්නසක් ලබනවා.

74. පින්වත් වාසෙට්ඨ, ඒක මේ වගේ දෙයක්. පුරුෂයෙක් ධනය ඇතිව, භෝග සම්පත් ඇතිව, ආහාරපාන දුලභ වූ, බිය උවදුරු සහිත කාන්තාර ගමනකට පිවිසෙනවා. නමුත් ඔහු පසු කාලෙක ඒ කාන්තාරයෙන් එතෙර වෙනවා. සුවසේම ගමන අවසන් කොට බිය, උවදුරු නැති ආරක්ෂාව ඇති තැනකට පැමිණෙනවා. එතකොට ඔහුට මෙහෙම හිතෙනවා "මං කලින් ධනය ඇතිව, භෝග සම්පත් ඇතිව, ආහාරපාන දුලභ වූ, බිය උවදුරු සහිත කාන්තාර ගමනකට පිවිසුනා. නමුත් දැන් මා ඒ කාන්තාරයෙන් එතෙර වුනා. සුවසේම ගමන අවසන් කොට බිය, උවදුරු නැති ආරක්ෂාව ඇති තැනකට පැමිණුනා" කියලා. ඒ හේතුවෙන් ඔහු මහත් සතුටක් ලබනවා. මහත් සොම්නසක් ලබනවා.

75. පින්වත් වාසෙට්ඨ, අන්න ඒ විදිහමයි. භික්ෂුවත් (කලින්) ණයක් ගත්තා වගේ, ලෙඩ වුනා වගේ, හිරේවිලංගුවේ වැටුනා වගේ, වහල්බවට පත්වුනා වගේ, නිරුදක කතරකට පැමිණුනා වගේ මේ පංච නීවරණයන් ප්‍රහාණය නොවී තමා තුළ පවතින හැටි දකිනවා. නමුත් පින්වත් වාසෙට්ඨ, ඒ ණය ගෙවා දමා ණය රහිත වුනා වගේ, රෝගයෙන් නිදහස් වෙලා නීරෝග වුනා වගේ, වියදම් නැතුව හිරෙන් නිදහස් වුනා වගේ, දාසබවෙන් නිදහස් වුනා වගේ, නිරුදක කතර ගෙවා ආරක්ෂා සහිත ක්ෂේම භූමියකට පැමිණුනා වගේ තමයි. පින්වත් වාසෙට්ඨ, අන්න ඒ විදිහමයි භික්ෂුව තමා තුළ මේ පංච නීවරණයන් දුරුවී ඇති ආකාරයත් දකින්නේ.

76. ඔහුට මේ පංච නීවරණයන් තමා තුළ නැති බව දකිද්දි මහත් සතුටක් ඇතිවෙනවා. ඒ ප්‍රමුදිත වීම ඇති කෙනාට ප්‍රීතිය ඇතිවෙනවා. ප්‍රීති මනසක් ඇති කෙනාගේ කය සංසිඳෙනවා. සංසිඳුණු කයින් යුතුව සැපක් විඳිනවා. සැප ඇති කෙනාගේ සිත සමාධිමත් වෙනවා.

77. ඔහු මෛත්‍රී සහගත සිතින් එක් දිශාවක් පතුරුවා වාසය කරනවා. ඒ වගේම දෙවෙනි දිශාවටත්, තුන්වෙනි දිශාවටත්, හතරවෙනි දිශාවටත් පතුරුවා

වාසය කරනවා. ඒ වගේම උඩ යට හරහට සියලු තැනම, සියලු අයුරින් තමා හා සමකොට සකල ලෝකයටම විපුල වූ ප්‍රදේශ වශයෙන් පුළුල් වූ ප්‍රමාණ රහිත වූ වෛර නැති, තරහ නැති මෙත් සිත පතුරුවා වාසය කරනවා. පින්වත් වාසෙට්ඨ, එය මෙවැනි දෙයක්. සක්පිඹින බලවත් පුරුෂයෙක් ඉතා පහසුවෙන්ම සිව් දිශාවට සක් හඬ පතුරුවනවා වගේ, අන්න ඒ අයුරින්ම පින්වත් වාසෙට්ඨ, ඔය විදිහට වඩන ලද මෛත්‍රී චිත්ත විමුක්තියෙන් ප්‍රමාණවත් පරිදි කරන ලද යම් කර්මයක් ඇත්නම් එය එහි (කාම ලෝකයෙහි) ඉතුරු වෙන්නේ නෑ. එය එහි යටවෙලා තිබෙන්නේ නෑ. පින්වත් වාසෙට්ඨ, මේ මෛත්‍රී චිත්ත විමුක්තියත් බ්‍රහ්මයා හා එක්වන මාර්ගයකි.

78. පින්වත් වාසෙට්ඨ, තවදුරටත් කියනවා නම්, භික්ෂුව කරුණා සහගත සිතින් එක් දිශාවක් පතුරුවා වාසය කරනවා. ඒ වගේම දෙවෙනි දිශාවටත්, තුන්වෙනි දිශාවටත්, හතරවෙනි දිශාවටත් පතුරුවා වාසය කරනවා. ඒ වගේම උඩ යට හරහට සියලු තැනම, සියලු අයුරින් තමා හා සමකොට සකල ලෝකයටම විපුල වූ ප්‍රදේශ වශයෙන් පුළුල් වූ ප්‍රමාණ රහිත වූ වෛර නැති, තරහ නැති කරුණා සිත පතුරුවා වාසය කරනවා. පින්වත් වාසෙට්ඨ, එය මෙවැනි දෙයක්. සක්පිඹින බලවත් පුරුෂයෙක් ඉතා පහසුවෙන්ම සව් දිශාවට සක් හඬ පතුරුවනවා වගේ, අන්න ඒ අයුරින්ම පින්වත් වාසෙට්ඨ, ඔය විදිහට වඩන ලද කරුණා චිත්ත විමුක්තියෙන් ප්‍රමාණවත් පරිදි කරන ලද යම් කර්මයක් ඇත්නම් එය එහි (කාම ලෝකයෙහි) ඉතුරු වෙන්නේ නෑ. එය එහි යටවෙලා තිබෙන්නේ නෑ. පින්වත් වාසෙට්ඨ, මේ කරුණා චිත්ත විමුක්තියත් බ්‍රහ්මයා හා එක්වන මාර්ගයකි.

79. පින්වත් වාසෙට්ඨ, තවදුරටත් කියනවා නම්, භික්ෂුව මුදිතා (අන්‍යයන් සැප සේ වාසය කිරීම ගැන තමා සතුටු වීම) සහගත සිතින් එක් දිශාවක් පතුරුවා වාසය කරනවා. ඒ වගේම දෙවෙනි දිශාවටත්, තුන්වෙනි දිශාවටත්, හතරවෙනි දිශාවටත් පතුරුවා වාසය කරනවා. ඒ වගේම උඩ යට හරහට සියලු තැනම, සියලු අයුරින් තමා හා සමකොට සකල ලෝකයටම විපුල වූ ප්‍රදේශ වශයෙන් පුළුල් වූ ප්‍රමාණ රහිත වූ වෛර නැති, තරහ නැති මුදිතා සිත පතුරුවා වාසය කරනවා. පින්වත් වාසෙට්ඨ, එය මෙවැනි දෙයක්. සක්පිඹින බලවත් පුරුෂයෙක් ඉතා පහසුවෙන්ම සිව් දිශාවට සක් හඬ පතුරුවනවා වගේ. අන්න ඒ අයුරින්ම පින්වත් වාසෙට්ඨ, ඔය විදිහට වඩන ලද මුදිතා චිත්ත විමුක්තියෙන් ප්‍රමාණවත් පරිදි කරන ලද යම් කර්මයක් ඇත්නම් එය එහි (කාම ලෝකයෙහි) ඉතුරු වෙන්නේ නෑ. එය එහි යටවෙලා තිබෙන්නේ නෑ. පින්වත් වාසෙට්ඨ, මේ මුදිතා චිත්ත විමුක්තියත් බ්‍රහ්මයා හා එක්වන මාර්ගයකි.

80. පින්වත් වාසෙට්ඨ, තවදුරටත් කියනවා නම්, භික්ෂුව උපේක්ෂා සහගත සිතින් එක් දිශාවක් පතුරුවා වාසය කරනවා. ඒ වගේම දෙවෙනි දිශාවටත්, තුන්වෙනි දිශාවටත්, හතරවෙනි දිශාවටත් පතුරුවා වාසය කරනවා. ඒ වගේම උඩ යට හරහට සියලු තැනම, සියලු අයුරින් තමා හා සමකොට සකල ලෝකයටම විපුල වූ ප්‍රදේශ වශයෙන් පුළුල් වූ ප්‍රමාණ රහිත වූ වෛර නැති, තරහ නැති උපේක්ෂා සිත පතුරුවා වාසය කරනවා. පින්වත් වාසෙට්ඨ, එය මෙවැනි දෙයක්. සක්පිඹින බලවත් පුරුෂයෙක් ඉතා පහසුවෙන්ම සිව් දිශාවට සක් හඬ පතුරුවනවා වගේ, අන්න ඒ අයුරින්ම පින්වත් වාසෙට්ඨ, ඔය විදිහට වඩන ලද උපේක්ෂා චිත්ත විමුක්තියෙන් ප්‍රමාණවත් පරිදි කරන ලද යම් කර්මයක් ඇත්නම් එය එහි (කාම ලෝකයෙහි) ඉතුරු වෙන්නේ නෑ. එය එහි යටවෙලා තිබෙන්නේ නෑ. පින්වත් වාසෙට්ඨ, මේ උපේක්ෂා චිත්ත විමුක්තියත් බ්‍රහ්මයා හා එක්වන මාර්ගයකි.

81. පින්වත් වාසෙට්ඨ, මේ ගැන කුමක්ද හිතන්නේ? ඔය විදිහට වාසය කරන භික්ෂුව ස්ත්‍රීන් සමඟ එක්වීමක් තියෙනවාද? ස්ත්‍රීන් සමඟ එක්වීමක් නැද්ද?" "භවත් ගෞතමයන් වහන්ස, (ඒ භික්ෂුව) ස්ත්‍රීන් සමඟ එක්වීමක් නෑ."

"(ඒ භික්ෂුව) වෛර සිත් ඇතිවද ඉන්නේ? අවෛරී සිතින්ද ඉන්නේ?" "භවත් ගෞතමයන් වහන්ස, (ඒ භික්ෂුව) අවෛරී සිතිනුයි ඉන්නේ."

"(ඒ භික්ෂුව) පීඩා සහිත සිත් ඇතිවද ඉන්නේ? පීඩා රහිත සිතින්ද ඉන්නේ?" "භවත් ගෞතමයන් වහන්ස, (ඒ භික්ෂුව) පීඩා රහිත සිතිනුයි ඉන්නේ."

"(ඒ භික්ෂුව) කිලිටි වූ සිත් ඇතිවද ඉන්නේ? නොකිලිටි සිතින්ද ඉන්නේ?" භවත් ගෞතමයන් වහන්ස, (ඒ භික්ෂුව) නොකිලිටි සිතිනුයි ඉන්නේ."

"(ඒ භික්ෂුව) තමාගේ වසඟයේ පැවැත්විය නොහැකි සිත් ඇතිවද ඉන්නේ? තමාගේ වසඟයේ පැවැත්විය හැකි සිතින්ද ඉන්නේ?" භවත් ගෞතමයන් වහන්ස, (ඒ භික්ෂුව) තමාගේ වසඟයේ පැවැත්විය හැකි සිතිනුයි ඉන්නේ."

82. "එහෙම නම් පින්වත් වාසෙට්ඨ, භික්ෂුව ස්ත්‍රී ඇසුරෙන් තොරවයි ඉන්නේ. ඒ වගේම බ්‍රහ්මයාත් ස්ත්‍රී ඇසුරෙන් තොරවයි ඉන්නේ. එහෙම නම් ස්ත්‍රී ඇසුරෙන් තොරව ඉන්න භික්ෂුව හා ස්ත්‍රී ඇසුරෙන් තොරව ඉන්න බ්‍රහ්මයා සැසඳෙනවාද? සම වෙනවාද?" "භවත් ගෞතමයන් වහන්ස, එය එසේමයි."

"හොඳයි පින්වත් වාසෙට්ඨ, ස්ත්‍රී ඇසුරෙන් තොරව ඉන්න භික්ෂුව ඒකාන්තයෙන්ම කය බිඳී මරණින් මතු ස්ත්‍රී ඇසුරක් නැති බ්‍රහ්මයා හා එක්වීමකට යනවාය යන කරුණ සිදු විය හැකි දෙයක්මයි.

83. එහෙම නම් පින්වත් වාසෙට්ඨ, භික්ෂුව අවෛරී සිත් ඇතිවයි ඉන්නේ. ඒ වගේම බ්‍රහ්මයාත් අවෛරී සිත් ඇතුවයි ඉන්නේ. එහෙම නම් අවෛරී සිත් ඇතිව ඉන්න භික්ෂුව හා අවෛරී සිත් ඇතිව ඉන්න බ්‍රහ්මයා සැසඳෙනවාද? සම වෙනවාද?" "භවත් ගෞතමයන් වහන්ස, එය එසේමයි."

"හොඳයි පින්වත් වාසෙට්ඨ, අවෛරී සිත් ඇතිව ඉන්න භික්ෂුව ඒකාන්තයෙන්ම කය බිඳී මරණින් මතු අවෛරී සිත් ඇති බ්‍රහ්මයා හා එක්වීමකට යනවාය යන කරුණ සිදු විය හැකි දෙයක්මයි.

84. එහෙම නම් පින්වත් වාසෙට්ඨ, භික්ෂුව පීඩා රහිත සිත් ඇතිවයි ඉන්නේ. ඒ වගේම බ්‍රහ්මයාත් පීඩා රහිත සිත් ඇතුවයි ඉන්නේ. එහෙම නම් පීඩා රහිත සිත් ඇතිව ඉන්න භික්ෂුව හා පීඩා රහිත සිත් ඇතිව ඉන්න බ්‍රහ්මයා සැසඳෙනවාද? සම වෙනවාද?" "භවත් ගෞතමයන් වහන්ස, එය එසේමයි."

"හොඳයි පින්වත් වාසෙට්ඨ, පීඩා රහිත සිත් ඇතිව ඉන්න භික්ෂුව ඒකාන්තයෙන්ම කය බිඳී මරණින් මතු පීඩා රහිත සිත් ඇති බ්‍රහ්මයා හා එක්වීමකට යනවාය යන කරුණ සිදු විය හැකි දෙයක්මයි.

85. එහෙම නම් පින්වත් වාසෙට්ඨ, භික්ෂුව නොකිලිටි සිත් ඇතිවයි ඉන්නේ. ඒ වගේම බ්‍රහ්මයාත් නොකිලිටි සිත් ඇතුවයි ඉන්නේ. එහෙම නම් නොකිලිටි සිත් ඇතිව ඉන්න භික්ෂුව හා නොකිලිටි සිත් ඇතිව ඉන්න බ්‍රහ්මයා සැසඳෙනවාද? සම වෙනවා ද?" "භවත් ගෞතමයන් වහන්ස, එය එසේමයි."

"හොඳයි පින්වත් වාසෙට්ඨ, නොකිලිටි සිත් ඇතිව ඉන්න භික්ෂුව ඒකාන්තයෙන්ම කය බිඳී මරණින් මතු නොකිලිටි සිත් ඇති බ්‍රහ්මයා හා එක්වීමකට යනවාය යන කරුණ සිදු විය හැකි දෙයක්මයි.

86. එහෙම නම් පින්වත් වාසෙට්ඨ, භික්ෂුව තමා වසඟයේ පවත්වා ගත හැකි සිත් ඇතිවයි ඉන්නේ. ඒ වගේම බ්‍රහ්මයාත් තමා වසඟයේ පවත්වා ගත හැකි සිත් ඇතුවයි ඉන්නේ. එහෙම නම් තමා වසඟයේ පවත්වා ගත හැකි සිත් ඇතිව ඉන්න භික්ෂුව හා තමා වසඟයේ පවත්වා ගත හැකි සිත් ඇතිව ඉන්න බ්‍රහ්මයා සැසඳෙනවාද? සම වෙනවාද?" "භවත් ගෞතමයන් වහන්ස, එය එසේමයි."

"හොඳයි පින්වත් වාසෙට්ඨ, තමා වසඟයේ පවත්වා ගත හැකි සිත් ඇතිව ඉන්න භික්ෂුව ඒකාන්තයෙන්ම කය බිඳී මරණින් මතු තමා වසඟයේ පවත්වා ගත හැකි සිත් ඇති බ්‍රහ්මයා හා එක්වීමකට යනවාය යන කරුණ සිදු විය හැකි දෙයක්මයි."

87. මෙසේ වදාළ විට වාසෙට්ඨ, භාරද්වාජ මාණවකයන් භාග්‍යවතුන් වහන්සේට මෙහෙම සැළකර සිටියා. "ස්වාමීනී, භාග්‍යවතුන් වහන්ස, ඉතා සුන්දරයි. ස්වාමීනී භාග්‍යවතුන් වහන්ස, ඉතා සුන්දරයි. යටට හරවා තිබූ දෙයක් උඩු අතට හැරෙව්වා වගෙයි. වහලා තිබුණු දෙයක් ඇරලා පෙන්නුවා වගෙයි. මං මුළා වූවන්ට නියම මග පෙන්වා දෙනවා වගෙයි. ඇස් ඇති උදවියට රූප දකින්න අඳුරෙහි තෙල් පහනක් දල්වා ගෙන දරා සිටිනවා වගෙයි. ඔය විදිහට භාග්‍යවතුන් වහන්සේ විසින් නොයෙක් අයුරින් ශ්‍රී සද්ධර්මය වදාළා. ස්වාමීනී, මේ අපිත් භාග්‍යවතුන් වහන්සේව සරණ යනවා. ශ්‍රී සද්ධර්මයත් ආර්ය මහා සංඝ රත්නයත් සරණ යනවා. ස්වාමීනී, අප ගැන අද පටන් දිවි තිබෙන තුරාවටම තෙරුවන් සරණ ගිය උපාසකයන් ලෙස සළකන සේක්වා!" කියලා.

සාදු! සාදු!! සාදු!!!

දහතුන්වෙනි තේවිජ්ජ සූත්‍රය නිමාවිය.

පළමුවෙනි සීලක්ඛන්ධ වර්ගය නිමාවිය.

දසබලසේලප්පභවා නිබ්බානමහාසමුද්දපරියන්තා
අට්ඨංග මග්ගසලිලා ජිනවචනනදී චිරං වහතූති

දසබලයන් වහන්සේ නමැති ශෛලමය පර්වතයෙන් පැන නැගී
අමා මහා නිවන නම් වූ මහා සාගරය අවසන් කොට ඇති
ආර්ය අෂ්ටාංගික මාර්ගය නම් වූ සිහිල් දිය දහරින් හෙබි
උතුම් ශ්‍රී මුඛ බුද්ධ වචන ගංගාව (ලෝ සතුන්ගේ සසර දුක නිවාලමින්)
බොහෝ කල් ගලාබස්නා සේක්වා !

(සළායතන සංයුත්තය - උද්දාන ගාථා)

සාදු! සාදු!! සාදු!!!

නමෝ තස්ස භගවතෝ අරහතෝ සම්මාසම්බුද්ධස්ස.
ඒ භාග්‍යවත් අරහත් සම්මා සම්බුදුරජාණන් වහන්සේට නමස්කාර වේවා!

මේ උතුම් ගෞතම බුදු සසුනේදීම මේ ආශ්චර්යවත් ශ්‍රී සද්ධර්මය මැනැවින් උගෙන තම තමන්ගේ නුවණ මෙහෙයවා ධර්මයෙහි හැසිරීමෙන් ආර්ය ශ්‍රාවකයන් බවට පත්ව සතර අපා දුකෙන් සදහටම මිදෙනු කැමැති ලංකාවාසී සැදැහැවත් නුවණැතියන් හට වඩාත් හොඳින් තේරුම් ගැනීම පිණිස මහත් ශ්‍රද්ධාවෙන් යුතුව සිංහල භාෂාවට දීඝ නිකායෙහි පළමුවෙනි කොටස වන සීලස්කන්ධ වර්ගය පරිවර්තනය කිරීමෙන් ලත් සකල විපුල පුණ්‍ය සම්භාර ධර්මයන් පින් කැමැති සියල්ලෝම සතුටින් අනුමෝදන් වෙත්වා! අප සියලු දෙනාටම වහ වහා උතුම් චතුරාර්ය සත්‍ය ධර්මය සත්‍ය ඤාණ වශයෙන් ද, කෘත්‍ය ඤාණ වශයෙන් ද, කෘත ඤාණ වශයෙන් ද අවබෝධ වීම පිණිස ඒකාන්තයෙන්ම මේ පුණ්‍ය වාසනාව උපකාර වේවා!

සාදු! සාදු!! සාදු!!!

නමෝ තස්ස භගවතෝ අරහතෝ සම්මාසම්බුද්ධස්ස.